Londres

1777-1783

Robinet, Jean-Baptiste-René

Dictionnaire universel des sciences morale, économique, politique et diplomatique, ou bibliothèque de l'Homme-d'Etat et du Citoyen

1

DICTIONNAIRE
UNIVERSEL.

TOME PREMIER.

A — AI.

DICTIONNAIRE
UNIVERSEL
DES
SCIENCES
MORALE, ÉCONOMIQUE,
POLITIQUE ET DIPLOMATIQUE;
OU
BIBLIOTHEQUE
DE
L'HOMME-D'ÉTAT ET DU CITOYEN.

Au Temps & à la Vérité.

TOME PREMIER.

A LONDRES,
CHEZ LES LIBRAIRES ASSOCIÉS.

M. DCC. LXXVII.

PROSPECTUS.

I. LE Droit naturel, ses principes, ses conséquences & leur application; ce qui comprend toute la science des Droits & des Devoirs de l'Homme considéré comme tel.

II. Le Droit civil, qui regle les affaires particulieres des citoyens entre eux. On donne une idée juste & précise du Droit civil des Nations anciennes & modernes; mais dans l'immensité des loix que présentent leurs codes différens, on s'est contenté d'insister sur les plus sages, les plus utiles, les plus dignes d'être adoptées; on en a développé l'esprit, discuté les effets, examiné jusqu'aux formes pour en tirer un fonds d'instruction propre à perfectionner les systêmes actuels de législation.

III. Le Droit public, qui traite des Droits & des Devoirs réciproques des Souverains & des Sujets; du Commandement & de l'Obéissance; de la Souveraineté considérée dans son origine & les diverses manieres de l'acquérir & de la perdre; de sa nature, des pouvoirs qui la constituent, de la proportion de ces pouvoirs & de leur action réciproque; de ses caracteres & de ses fonctions, de ses charges & de ses prérogatives; des rapports du Souverain à l'Etat & de l'Etat au Souverain, sous quelque forme de gouvernement que ce soit; des Loix fondamentales de chaque Société politique, *&c.* On y trouve le Droit Public d'Allemagne, & tout ce qui concerne la Constitution du Corps Germanique, le Droit Public de France, celui d'Angleterre, d'Espagne, de Portugal, des différentes Républiques & Principautés d'Italie; celui de la Suisse; celui de la Suede, de la Pologne, de la Prusse, de la Russie, de l'Empire-Ottoman, *&c. &c.*

IV. Tout ce qui concerne la Politique intérieure, l'Administration & ses différents Départements, les Conseils, les Ministres, les Magistrats, les divers Ordres des Citoyens, les Droits de Charges Municipales, & autres; les Fonctions des Compagnies, la Police des Villes & des Campagnes, l'Education civile ou l'art de donner des mœurs aux Peuples, celui de faire régner l'ordre, d'assurer les propriétés, de maintenir la sûreté, de faire fleurir l'Agriculture & de procurer la plus grande abondance des denrées de toute espece, de porter la Population à sa juste proportion avec l'étendue des possessions & les moyens de subsistance; l'administration de la Justice civile & criminelle; la distribution des peines & des récompenses, des honneurs & des emplois; les Finances & leur régie, les Impôts & leur perception; le Commerce intérieur & extérieur; l'encouragement aux Sciences qui rendent l'homme meilleur, & aux Arts qui ajoutent à l'agrément de la vie.

V. Le Droit ecclésiastique, qui regle les affaires de la Religion. Il traite des Systêmes Religieux envisagés du côté politique, de la Discipline entant qu'elle appartient à l'Administration civile; de l'Autorité ecclésiastique resserrée dans ses justes bornes; des libertés & des usages des différentes Eglises, &c.

VI. Le Droit des gens & généralement tout ce qui regarde la Politique extérieure. Le Droit des gens unissant les nations malgré l'indépendance où elles sont les unes des autres, les gouverne comme une grande République composée d'autant de familles qu'il y a de peuples sur la terre; il donne des loix à la guerre même, établit les principes des traités, ménage les négociations, regle les ambassades, ainsi que les fonctions & les privileges des différents ordres de Ministres publics, &c.

VII. L'Histoire de la fondation des Empires, de leurs principales révolutions, de leur élévation & de leur décadence; des plus célebres conjurations & des autres grands événements qui font époque dans les annales du monde. L'Histoire est la meilleure école de l'Homme d'Etat. Elle instruit les âges futurs par les siecles passés, & nous rend maîtres de ce qui sera par l'expérience de ce qui a été.

VIII. Un Tableau politique de chaque Etat, de sa constitution & des altérations qu'elle a souffertes; de son Administration, de ses richesses, de son commerce, de sa marine, de ses colonies, de son militaire, de son économie rustique, de sa population, de ses forces absolues & relatives, de ses intérêts, en un mot de son existence politique sous ses différens rapports. En comparant les Gouvernements anciens aux modernes & ceux-ci entre eux, en calculant leurs avantages & leurs inconvénients, on découvre le dégré de leur influence sur le sort des peuples, & les moyens de parvenir au grand but de toute société civile, la félicité publique.

IX. L'Histoire des négociations, des traités de paix, d'alliance & de commerce; les traités même en entier depuis la paix de Westphalie. On s'est borné à cette époque, parce que cette paix sert de base au systême politique actuel de l'Europe; cependant on a rappellé les traités précédens toutes les fois qu'ils peuvent être utiles dans la discussion des intérêts présens des Puissances.

C'est un vaste Recueil Diplomatique, où le Négociateur trouve, soit en totalité, soit par extrait, les Traités, Conventions, Transactions, Pactes, Concordats, & autres Contrats faits entre les Potentats; les Capitulations Impériales & Royales; les Contrats de Mariages des grands Princes, leurs Testamens, Donations, Renonciations, Protestations; les Erections des grandes Compagnies de Commerce, & en général tous les Titres, de quelque nature qu'ils soient, qui peuvent servir à fonder, établir, ou justifier les Droits & les Intérêts des Princes, & des Etats de l'Europe.

X. La Vie abrégée des plus grands Hommes d'Etat, Monarques & Ministres, avec un examen critique de leur regne ou de leur ministere. On y a joint une notice des favoris & favorites dont le pouvoir a eu une influence marquée sur le sort des Etats.

XI. Des Analyses raisonnées des meilleurs ouvrages sur toutes les matieres d'Administration, & les opérations du Gouvernement. Ces Analyses, qui complettent cette Bibliotheque, en font un résumé de ce que les plus habiles politiques ont écrit de plus sensé sur les objets énoncés ci-dessus, & un dépôt précieux de la sagesse de tous les âges.

On peut juger d'après cet exposé succinct, qu'on a tâché de ne rien omettre de tout ce qu'il importe à l'Homme d'Etat de savoir, de tout ce qui peut instruire les Chefs des Nations & leurs Ministres, les Directeurs, Présidens, Conseillers, Assesseurs & Commis des différens Départemens, les Gouverneurs, les Intendans des Provinces & leurs subdélégués; les Juges des divers Tribunaux, les Magistrats & Officiers Municipaux, les Gens de Loix, en un mot tous ceux qui sont employés ou appellés au maniement des affaires publiques, dans quelque charge ou emploi que ce soit, & même tous les Citoyens qui, sans avoir part à l'administration, aiment à approfondir des objets qui, influant d'une maniere directe sur le sort des hommes réunis en société, les touchent de si près.

Pour former ce corps de science politique, le plus complet que l'on puisse souhaiter dans l'état actuel des connoissances humaines, il a fallu extraire, analyser, traduire, dépouiller plus de six mille volumes Anglois, François, Allemands, Italiens, *&c.* Mais cette vaste compilation, fruit d'une lecture immense, commencée il y a plus de quinze ans par plusieurs Gens de Lettres, & continuée avec autant de choix que d'assiduité, ne fait qu'une partie de l'Ouvrage: l'autre est composée de morceaux neufs, Observations, Discours, Mémoires, Projets, Dissertations sur des points d'Histoire, de Morale, de Droit, de Législation, de Commerce, de Finance, d'Économie, de Police, *&c.* non-seulement par des Savans de profession, mais aussi par des personnes qui, ayant part à l'Administration, ont un titre particulier pour en discuter les matieres. Ces discussions, soit historiques, économiques ou politiques, sont marquées au coin de l'impartialité la plus inviolable. Les Rédacteurs de cet Ouvrage ne sont d'aucune Nation, d'aucune Secte, ni Anglois ni François, ni Wighs ni Torys, ni Economistes ni Anti-économistes, ni Enthousiastes ni Frondeurs; ils aiment tous les hommes, ils haïssent tous les vices; mais ils savent compatir à la foiblesse humaine, & ne proposer que le bien possible.

Le Manuscrit entiérement fini nous permet d'ouvrir une souscription aux conditions suivantes.

CONDITIONS DE LA SOUSCRIPTION.

L'Ouvrage sera composé de 30 Vol. in-4to. d'environ sept cents pages chacun, & comme le Manuscrit est entiérement fini, les Volumes se succéderont tous les trois mois, ou même plus rapidement, à compter du 1er. Juin 1777. On souscrit:

A Londres chez ELMSLY.
A Paris chez PANCKOUCKE, à l'Hôtel de Thou rue des Poitevins.
A Liége chez PLOMTEUX, Imprimeur des Etats.
A Amsterdam chez van HARREVELT.
A Lyon chez ROSSET.
Et chez les principaux Libraires de l'Europe.

On paie 24 liv. argent de France en souscrivant, & l'on paiera 10 liv. en recevant chaque Volume, à l'exception des Tomes Xe, XXe & XXXe, qui seront délivrés *gratis* aux Souscripteurs.

La souscription ne sera ouverte que jusqu'au 1er. Janvier 1778. Ceux qui n'auront pas souscrit, paieront chaque Volume 12 liv. & n'en auront aucun *gratis*.

TABLE

TABLE
DES ARTICLES
DU TOME PREMIER.

DISCOURS PRÉLIMINAIRE.
De l'influence de la Philosophie sur les Mœurs & la Législation. Page j

A

AARON, (Isaac) *Favori d'Andronic Comnene.* 1

A B

ABANNATION, s. f. *Exil d'un an.* 3
ABANTIDAS, *Tyran de Sicyone.* 4
ABASSA, *fameux Rebelle.* ibid.
ABATTEMENT, s. m.
De l'Abattement d'esprit. 6
ABBADIE, (Jacques) *né à Nay en Béarn, Docteur en Théologie, successivement Ministre de la Religion Réformée, en France, en Brandebourg, & en Angleterre, mort en 1727 à Maribone, à une lieue de Londres, étant alors Doyen de Killaloé en Irlande.* 8
Analyse de l'art de se connoître soi-même. 9
ABBAYE, s. f. *Monastere ou Maison Religieuse gouvernée par un Supérieur, ou une Supérieure, qui prend le nom d'Abbé ou d'Abbesse.* 12
ABBÉ, s. m. *Supérieur d'un Monastere de Religieux érigé en Abbaye.* 13
ABBÉ, *titre d'une ancienne Magistrature à Gênes.* 18
ABBESSE, s. f. *Supérieure d'un Monastere de Religieuses, érigé en Abbaye.* ibid.
ABBOT, (Robert) *Evêque de Salysbury, Ville du Comté de Surrey, en Angleterre, où il mourut en 1618.* 19
ABDICATION, s. f. ABDIQUER, v. a. & n. ibid.
I. *Différentes especes d'Abdication. Exemples.* ibid.
II. *Abdication de l'Empereur Charles-Quint.* 21
III. *Abdication de Christine, Reine de Suede.* 23
IV. *Abdication de Philippe V, Roi d'Espagne.* 27
V. *Abdication de Victor-Amédée II, Roi de Sardaigne.* 31
VI. *Quand l'Abdication volontaire est légitime.* 33
VII. *Abdication forcée. Abdication de Frédéric-Auguste II, & de Stanislas, Rois de Pologne.* 35
Acte d'Abdication du Roi de Pologne, Stanislas I, signé à Konigsberg, le 27 Janvier 1736. 36
VIII. *Abdication de Pierre III, Empereur de Russie.* 38
Manifeste de S. M. I. Catherine II, Impératrice de toutes les Russies, publié le $\frac{6}{17}$ Juillet 1762. 39

TABLE.

IX. *Abdication du Droit de Bourgeoisie & de Cité, par M. J. J. Rousseau.* 45

Lettre de M. J. J. Rousseau à M. Favre, premier Syndic de la République de Geneve, par laquelle M. Rousseau abdique à perpétuité son droit de Bourgeoisie & de Cité dans la Ville & République de Geneve. ibid.

Réponse de M. Rousseau à une Lettre d'un de ses Concitoyens, du 26 Mai 1763. 46

ABEX, *Côte d'Afrique le long de la mer Rouge.* 48

ABIGEAT, s. m. 49

ABJURATION, s. f. ABJURER, v. a.

Du Serment d'Abjuration en Angleterre. 50

ABO, *Capitale de la Finlande.* 51

Paix d'Abo, conclue en 1743, entre la Suede & la Russie. ibid.

N°. I. *Traité d'amitié & d'alliance entre la Porte & le Royaume de Suede, conclu à Constantinople, le 22 Décembre 1739.* 55

N°. II. *Traité d'alliance entre l'Impératrice de Russie & le Roi de la Grande-Bretagne, conclu à Moscou le 11 Décembre 1742.* 58

N°. III. *Traité de Paix entre l'Empire de Russie & la Couronne de Suede, conclu à Abo le 17 Août 1743.* 64

ABOLIR, v. a. ABOLITION, s. f.

De l'Abolition des Loix & des Usages établis. 73

Abolition des crimes. 79

Des Lettres de grace & d'Abolition en France. 80

Prétention singuliere de la Cour de Rome. 90

ABONDANCE, s. f.

Des moyens de procurer l'Abondance dans un Etat. 91

ABONNEMENT, s. m. 96

ABROGATION, s. f. ABROGER, v. a.

De l'Abrogation des Loix. 97

ABRUTISSEMENT, s. m. 100

ABSALON, *Ministre d'Etat sous Valdémar I & Canut VI, Rois de Danemarck, dans le XIIe. Siecle.* 101

ABSENCE, s. f. ABSENT, adj. 103

Examen de cette question: Quand un Absent peut-il être réputé mort? ibid.

ABSOSU, ABSOLUE, adj.

§. I. *Il doit y avoir un Pouvoir Absolu dans l'Etat. La Souveraineté est absolue par sa nature. Y a-t-il, dans le Droit, des Magistrats ou Monarques absolus?* 106

§. II. *Le Pouvoir Absolu est dangereux: il importe de le limiter par les Loix.* 112

§. III. *Distinction à faire entre le Pouvoir Absolu & le Pouvoir Arbitraire.* 117

§. IV. *Etat malheureux & plein de dangers où les Princes sont réduits par un Pouvoir excessif.* 121

§. V. *Impression dangereuse que fait le Pouvoir Absolu sur l'esprit des Princes. Combien il corrompt les ames le mieux nées.* 123

§. VI. *Inquiétudes cruelles de Caligula, de Claude, de Néron, de Caracalla. Qui ne veut point faire le mal ne recherche point la puissance de le faire.* 125

ABSTINENCE, s. f. 126

ABUS, s. m.

§. I. *Moyen général d'empêcher les Abus.* 128

§. II. *Des Abus qui se glissent dans les principales branches de l'Administration.* 129

§. III. *Abus du Pouvoir. Ses Causes, ses Effets, ses Remedes.* 131

Suite du même Sujet. 134

Comment on peut prévenir l'Abus du Pouvoir. 141

§. IV. *Abus de la confiance & de la faveur des Rois.* 142

§. V. *Abus de la Religion.* 149

§. VI. *Abus de la Liberté: dans les Gouvernemens Démocratiques, & les Aristocratiques.* 153

Dans les Monarchies modérées. 160

§. VII. *Abus de l'Esclavage.* 161

§. VIII. *De l'Abus des Sciences.* 163

ABUSER, v. a. & n. 167

ABYSSINIE, ABISSINIE ou ETHIOPIE, s. f. *Empire d'Afrique.* 168

TABLE.

A C

ACADÉMICIEN, s. m. 171

ADADÉMIE, s. f. *Société ou Compagnie de Gens de Lettres établie pour la culture & l'avancement des Sciences & des Arts. Académie de Politique.* 175

ACADIE, ou NOUVELLE ÉCOSSE.
Description de cette grande péninsule. Les François s'y établissent. Leurs guerres avec les Habitans de la Nouvelle-Angleterre. La France est obligée de céder l'Acadie avec ses dépendances à l'Angleterre. Etat actuel de cette Colonie. 184

ACAPULCO, *Ville & Port de l'Amérique dans le Mexique, sur la mer du Sud. Commerce d'Acapulco aux Isles Philippines; moyens de l'étendre & de le rendre plus avantageux à l'Espagne.* 191

ACARIATRE, adj. 200

ACCAPAREMENT, s. m. ACCAPARER, v. a. 202

ACCEPTION, s. f.
Acception des Mots. ibid.
Acception des Personnes. 205

ACCESSIBLE, adj.
Le Prince doit être accessible à tout le monde avec bonté & dignité. 206

ACCESSION, s. f. 210

ACCESSOIRE, adj. & s. m. 212
De l'Accessoire, considéré dans le Droit naturel, comme une chose ajoutée ou survenue à une autre plus essentielle ou de plus grand prix. 213
Accessoire d'une chose léguée. 214

ACCESSOIRE ou COMPLICE, s. m.
Des Accessoires au crime, suivant le Code criminel d'Angleterre. 218

ACCIDENT, s. m. *Evénement fâcheux.* 220

ACCISE, s. f. 221
De l'Accise en Hollande. ibid.
De l'Accise Angloise. ibid.
Notions générales sur les Droits d'Accise. 223
Droit du Timbre. ibid.
Droits sur le Sel. ibid.
Droits sur les Voitures. ibid.
Droits sur les permissions de vendre en détail de la Bierre, du Vin, &c. 224
Droits sur les Porte-balles, Colporteurs, &c. ibid.

ACCLAMATION, s. f. 225

ACCOLTI, (François de) *célebre Jurisconsulte.* 226

ACCOLTI, (Benoit de) *Sa conspiration contre le Pape Pie IV.* 227

ACCOUCHEUR, s. m. ACCOUCHEUSE, s. f. ibid.

ACCROISSEMENT, s. m.
Du Droit d'Accroissement. 230
Accroissement des Etats. Des divers moyens par lesquels les Etats s'accroissent. Mariages, Elections, Donations, Acquisitions, Engagemens, Conquêtes. 242

ACCUSATEUR, s. m.
Des personnes qui peuvent valablement accuser, & de celles qui ne peuvent pas accuser, suivant la Jurisprudence de France. 246

ACCUSATION, s. f. 253
Les Accusations dans les divers Gouvernemens. ibid.
Combien la liberté de former des Accusations est nécessaire dans une République, pour y maintenir la liberté. ibid.
Autant que les Accusations sont utiles dans une République, autant les calomnies y sont pernicieuses. 256
De certaines Accusations qui ont particuliérement besoin de modération & de prudence. 258
De l'Accusation strictement réguliere, dans la Procédure criminelle en Angleterre. 260
Des Accusations secrettes. 262

ACCUSÉ, s. m.
Des Personnes qui ne peuvent pas être valablement accusées, & de celles qui peuvent l'être, suivant la Jurisprudence de France. 263
Des égards dûs aux Accusés avant qu'ils soient convaincus. 266
On doit procurer aux Accusés tous les moyens de prouver leur innocence. 267

TABLE.

Des Défenses des Accusés suivant le Titre XII du Code des Loix & Constitutions du Roi de Sardaigne, publié en 1770. 268
Du jugement de l'Accusé par ses Pairs. 271
De la liberté que les Accusés doivent avoir dans le choix de leurs Juges. 272
Comparaison de la Loi qui, en Angleterre & ailleurs, permet à l'Accusé de produire ses témoins, avec la Loi qui, en France & dans d'autres Pays, n'admet point cette production de témoins de la part de l'Accusé. ibid.
ACHAIE, f. f. *Province du Péloponese.*
ACHÉENS, f. m. pl. *Habitans de l'Achaïe.* 273
De la République des Achéens. Sa grandeur, ses révolutions & sa décadence. ibid.
ACHAT, f. m.
Achat & Vente. 280
ACHETER, v. a. 281
Réglement de Police. 283
ACHETEUR, f. m. ibid.
ACILIA.
De la Loi Acilia. 284
AÇORES, *Isles dans la mer du Nord, que quelques Géographes mettent au nombre des Isles d'Afrique, mais plus communément parmi celles de l'Amérique.* 285
ACQUÉREUR, f. m. *Celui qui fait une Acquisition, c'est-à-dire, celui à qui un autre transporte la propriété d'une chose, par vente, cession, ou autrement.* 286
ACQUÉRIR, v. a. *Se procurer la propriété d'une chose, soit par Achat, ou autrement.* ibid.
ACQUÊT, f. m. *Bien immeuble que l'on acquiert par achat, donation, legs, ou toute autre maniere.* ibid.
ACQUISITION, f. f. *L'action de se procurer la propriété d'une chose; ou la chose même acquise.* ibid.
De différentes especes d'Acquisition. ibid.
Des Acquisitions des gens d'Eglise. 287
Acquisitions des Ecclésiastiques adjugées au Roi, au lieu des Pauvres, qui en recevront l'équivalent en rentes sur les Hôtels-de-Ville, au denier 12. ibid.
ACTE, f. m.
Des Actes considérés par rapport au Droit Naturel & à la Morale. 288
Actes judiciaires, Actes privés, &c. 290
Des gens chargés de dresser les Actes. 291
Actes publics. 292
Actes de Parlement. 293
ACTEUR, f. m. ACTRICE, f. f. ibid.
ACTIF, IVE, adj. ACTIVITÉ, f. f. 294
ACTION, f. f.
De la moralité des Actions humaines. 295
Action dans le Droit Civil. 299
Action de Compagnie. 301
Du Commerce ou Jeu d'Actions. 302
ACTIONNAIRE, f. m. *Le propriétaire d'une action, celui qui possede une action ou une part dans les fonds publics, ou dans le capital d'une compagnie particuliere.* 312
ACTIONISTE, f. m. *Espece d'agioteur qui commerce en actions par des achats & des ventes à terme, & par des primes.* ibid.
ACTUAIRE, f. m. 313

A D

ADALBERT, *Archevêque de Brême. Abus qu'il fit de son ascendant sur l'esprit de Suénon, Roi de Danemarck.* 314
ADDISON, (Joseph) *Secrétaire d'Etat en Angleterre.* 315
ADELCHISE, *Femme de Sichard, Prince de Bénévent. Révolution qu'elle causa dans cette Principauté.* 316
ADJOINT, adj. pris substantivement. ibid.
ADMINISTRATEUR, f. m. 317
Administrateurs de Charité, ou Administrateurs des Hôpitaux. 318
ADMINISTRATION, f. f.
De l'Administration des Affaires publiques. 321
ADMISSION, f. f.
De l'Admission du Ministre public. Deux sortes d'Admissions. 325
Un Souverain peut-il refuser d'admettre un Ministre Public qui lui est envoyé? 326

Si un Souverain peut refuser de reconnoître le caractere d'un Ministre public après l'avoir admis pour tel? 327
Extrait des Résolutions des Hauts & Puissans Seigneurs les Etats-Généraux des Provinces-Unies des Pays-Bas; du Lundi 12 Octobre 1699. 328
Réponse de l'Ambassadeur d'Espagne, Résident en Hollande, sur la Résolution de Messieurs les Etats qui lui fut délivrée le 15 Octobre 1699. 329
ADMONITION, s. f. 335
ADOLESCENCE, s. f. ibid.
ADOPTER, v. a. 337
ADOPTIF, IVE, adj. ibid.
ADOPTION, s. f. ibid.
De l'Adoption dans l'ancienne Loi. ibid.
De l'Adoption chez les Grecs, suivant la Législation de Solon. 338
De l'Adoption chez les Romains. ibid.
De l'Adoption sous les Empereurs. 339
De l'Adoption chez les Modernes. ibid.
Projet d'une Loi d'Adoption. 341
Avantages de l'Adoption. ibid.
Loix de l'Adoption chez les Chinois. 342
De l'Adoption qui se pratique dans les Familles Souveraines. 343
Adoption par les Armes. 344
Adoption par la barbe & par les cheveux. 346
De l'Adoption faite par les Villes. ibid.
ADORATION, s. f.
Adoration du Pape. 347
Si les Ministres des Princes Protestans doivent baiser les pieds du Pape. 348
ADORNO, ou ADORNE, *Famille illustre de Gênes.* 349
ADRESSE, s. m. 362
Adresse des Chartres & Diplômes. 365
Adresse des Lettres Royaux ou de Chancellerie en France. 366
Adresse au Roi, en Angleterre. ibid.
ADRIEN, (Ælius) *Empereur Romain, cousin, fils adoptif & successeur de Trajan, né à Rome l'an 76 de l'Ere Chrétienne, & mort l'an 138.* 367
ADROGATION, s. f. 369
ADVERSITÉ, s. f. 370
ADULATEUR, s. m. 374
Combien il y a de bassesse & de méchanceté dans le caractere de l'Adulateur. ibid.
ADULATION, s. f.
Combien l'Adulation est basse dans ses motifs, infame dans ses vues, & terrible dans ses effets. Elle ne manque guere de perdre à la fois, & le Prince qui en est l'objet, & le Courtisan qui en est l'auteur. 379
ADULTÉRATION, s. f. ADULTÉRER, v. a. 390
ADULTERE, s. m.
Loix & peines contre l'Adultere. ibid.
De l'Accusation publique d'Adultere chez les Romains. Loix à ce sujet. 393
Moyens de prévenir l'Adultere. 394
ADVOUÉ, s. m.
Advoué de l'Eglise. ibid.
Advoué Impérial. 395
ADVOUERIE, s. f. *qualité d'Advoué.* ibid.
ADVOYER, s. m. ibid.

A E

AERSENS, (François) *Seigneur de Somelsdyck, de Spyck, &c. habile Négociateur Hollandois.* 396
ÆLIA SENTIA.
De la Loi Ælia Sentia. 398

A F

AFFABLE, adj. AFFABILITÉ, s. f. 403
AFFAIRE, s. f.
AFFAIRES POLITIQUES. 404
De l'Ordre dans les Affaires. ibid.
De la sagesse dans la Direction des Affaires. 410
De la promptitude dans l'expédition des Affaires. 414
AFFAIRES ÉTRANGERES.
Les Affaires Étrangeres sont tous les intérêts possibles qu'un Souverain, une Ré-

publique, ou autre Corps politique quelconque, peut avoir à traiter ou à discuter avec les autres Puissances de l'Univers. 416
I. Objets du Département des Affaires Étrangeres. 419
II. Fonction de chacun des Membres qui composent le Département des Affaires Étrangeres. 425
AFFECTATION, s. f. 434
AFFILIATION, s. f. 435
Affiliation aux Ordres Religieux. 436
AFFINITÉ, s. f. 438
AFFIRMATION, s. f.
De l'Affirmation en Justice. 441
De l'Affirmation des Quacres en Angleterre. 442
AFFOIBLISSEMENT, s. m. AFFOIBLIR, v. a.
De l'Affoiblissement de la Monnoie. 443
AFFRANCHI, s. m. Esclave mis en liberté. 444
Pouvoir excessif des Affranchis des Empereurs. Combien il étoit avilissant pour les Romains. ibid.
AFFRANCHIR, v. a. AFFRANCHISSEMENT, s. m. 447
Des Affranchissemens en France. 449
Affranchissement, Immunité, Exemption. 450
AFRIQUE, une des quatre grandes Parties de la Terre. 451
Considérations Politiques sur le Commerce d'Afrique. 455

A G

AGATOCLÉE, Courtisane célebre, Maîtresse de Ptolomée, Roi d'Egypte. 462
AGE, s. m. 463
De l'Age le plus propre au Gouvernement. 464
Examen de cette Question : les qualités nécessaires à un Ministre d'État se trouvent-elles plus difficilement réunies dans un homme de trente ans ou environ, que dans un vieillard ? 469
AGEN, ancienne Ville de France, Capitale de l'Agénois. 474
AGÉNOIS, Contrée de la France, dans la Guienne. ibid.
Réunion de l'Agénois & du Querci à la Couronne de France. ibid.
AGENT, s. m. 475
Agens Généraux du Clergé. 476
AGHUANS, s. m. pl. 478
AGIO, s. m. AGIOTAGE, s. m. AGIOTER, v. n. AGIOTEUR, s. m. 479
AGNATS, s. m. 482
AGNATION, s. f. ibid.
AGNATIQUE, adj.
Succession Agnatique ou Françoise. 483
AGNEAU, s. m. ibid.
AGRAIRE, adj.
Des Loix Agraires chez les Romains. 484
Chambres Agraires. 485
Etablissement de Chambres Agraires, Rurales ou Arpentaires, pour gouverner & régenter la culture & fécondité des terres négligées. ibid.
AGRANDISSEMENT, s. m.
Agrandissement des Etats. 491
AGRÉABLE, adj.
AGRÉMENT, s. m. 494
AGRESSER, v. a. AGRESSEUR, s. m. AGRESSION, s. f. 496
AGRICOLA, (Cneus Julius.) 497
AGRICOLE, adj.
Maximes générales du Gouvernement Economique d'un Royaume Agricole. 502
Notes sur les Maximes précédentes. 508
AGRICULTEUR, s. m. 531
AGRICULTURE, s. f.
Excellence de l'Agriculture. Attention & encouragemens qu'elle mérite de la part du Gouvernement. 533
De l'estime que les Anciens faisoient de l'Agriculture. Loix & Réglemens favorables à cet Art. 535
Vues Economiques & Politiques sur l'Agriculture, par M. le Baron de Haller. 540
De l'Agriculture comparée aux Arts de pur agrément. 560

Des moyens de faire fleurir l'Agriculture. 561
Des Sociétés d'Agriculture établies dans les differens Etats de l'Europe. 564
Institution d'Agriculture. 567
Conditions. 570
Projet d'une Légion Agrico-Militaire, proposé par M. le Comte d'Hui de Béthusy, Conseiller-Privé d'Etat de S. A. E. de Saxe, Membre de plusieurs Académies & Société, &c. qui veille lui-même à la culture d'une Terre considérable qu'il possede dans la Haute Lusace. 571
L'Etat florissant de l'Agriculture est un des indices les plus fideles du bonheur des Peuples. Supériorité de l'Agriculture des modernes sur celle des anciens. 575
Nouvelle Méthode d'Agriculture. 580
Tableau de C. [illegible] pendant vingt-quatre ans. 582
AGRIPPA, *ami d'Auguste, trois fois Consul, deux fois Tribun, & une fois Censeur.* 589
AGUESSEAU, (Henri-François d') *Chancelier de France.* 591
AGUIERRE, Joseph Saenz de) *né à Zagrogno en Espagne, en 1630, & mort à Rome en 1699.* 601
AGUIRRE, (Michel de) *mort en 1588.* 602

A I

AJAO, AJAOIENS, 603
Arrivée du Sieur Van Doelvelt chez les Ajaoïens. Sa réception. ibid.
Description de l'Isle des Ajaoïens. 605
De la Religion des Ajaoïens. 607
De l'éducation de la Jeunesse chez les Ajaoïens. 608
Ode sur la fondation de la République d'Ajao. 610
Ode sur la Vertu. ibid.
Des différens Magistrats des Ajaoïens. 611
Police des Ajaoïens. 612
Fonctions des Minchistes, des Minchiskoa, des Minchiskoa-Adoë, & des Adoë-Rezi. 614
De la Guerre, du Trésor, des Esclaves & de la Politique des Ajaoïens. 618
Du Mariage & de la Naissance des Enfans. 621
De la Mort & des Funérailles. 622
AICHSTAT ou EICHSTETT, *Principauté Ecclésiastique d'Allemagne.* 625
AIDE, *s. m.* 626
Considérations sur les Aides ou Impôt sur le Vin en France. ibid.
Cour des Aides. 631
Directeurs des Aides. 640
Receveur-Général des Aides. ibid.
Receveur-Particulier des Aides. 641
AIESHA, *femme de Mahomet.* ibid.

Fin de la Table.

DISCOURS

DISCOURS PRÉLIMINAIRE.

DE L'INFLUENCE DE LA PHILOSOPHIE SUR LES MŒURS ET LA LÉGISLATION.

A Juger de l'Influence de la Philosophie sur les Mœurs & la Législation des Peuples, par l'excellence de sa nature, on doit s'attendre qu'elle se fera sentir par les effets les plus avantageux. La Philosophie est l'amour de la sagesse, ou en d'autres termes, l'amour du bien & du vrai; car faire le bien & s'attacher au vrai, c'est la sagesse. Amour généreux, il rend l'ame grande & libre: amour constant & fort, il la confirme dans la vertu: amour réfléchi, il se plie avec douceur aux opinions reçues, quand la raison n'en est pas offensée: amour sublime, il s'éleve à l'appui de cette même raison, au-dessus de la sphere immense des préjugés: amour ardent, il suit l'impulsion du génie & s'élance quelquefois au delà du vrai; mais cet écart peu contagieux est ordinairement sans inconvéniens: il a même quelque chose de respectable; on doit admirer l'esprit audacieux qui put aller si loin pour y faire un naufrage illustre. De cet amour du vrai & du bon naît une bienveillance universelle, une amitié qui, comme dit Montaigne, a les bras assez longs pour se tenir & se joindre d'un coin du monde à l'autre, embrassant tout ce qu'il contient.

Tous les sentimens du Philosophe sont universels & homogenes, si j'ose ainsi m'exprimer: il aime tout le vrai, à l'exclusion de tout le faux; il chérit tous les hommes, & déteste tous les vices.

Un Roi d'Afie demandoit à Pythagore, ce que c'étoit qu'un Philofophe, quel étoit fon emploi? Nous fommes, lui dit-il, fpectateurs du monde & de tout ce qui s'y paffe. Comme aux jeux Olympiques où accourt toute la Grece, il y a des gens qui viennent, non en qualité d'Athletes pour montrer leur force & leur adreffe, non en qualité de marchands pour y vendre chérement leurs brillantes bagatelles, mais feulement pour voir : telle eft notre occupation. Nous fommes témoins des foibleffes des hommes, de leurs folies, de leurs vices, de leurs vertus. Nous plaignons leurs miferes, fans nous emporter en invectives ameres contre ces foibles jouets de l'opinion & de la fortune; ou bien nous applaudiffons, fans emphafe, à leur magnanimité. Nous leur apprenons à aimer les chofes honnêtes, à fe rendre dociles à la voix de la raifon, à chercher le bonheur au fein de la juftice.

Voyons fi les faits confirment ce difcours. Les monumens qui nous reftent de la morale des Philofophes Chaldéens & Egyptiens, fuffifent pour nous faire croire qu'ils avoient des notions affez juftes de la vertu. Les Mages de la Perfe, héritiers de leur fageffe, appuient cette conjecture. Rien n'eft plus beau que les préceptes moraux de Zoroaftre leur maître. Il parle du bien de la fociété, de la bienveillance que les hommes fe doivent les uns aux autres, de l'amour de la juftice, de l'excellence des actions vertueufes, & conclut par cette maxime d'une perfection fublime : Faites donc aux autres ce que vous voudriez qu'ils fiffent pour vous (*). Tous les favans conviennent, d'après Philoftrate, que les Gymnofophiftes de l'Inde avoient des idées fort faines des loix naturelles & des devoirs de la morale. Ainfi dans la barbarie de ces tems reculés où le Paganifme nous montre par-tout des peuples religieux par corruption, & vicieux par religion, où il étoit à craindre que les principes les plus clairs de l'équité naturelle ne fe perdiffent dans la foule des abfurdités de l'Idolâtrie, un petit nombre de fages en confervoit le dépôt précieux.

Les premiers Légiflateurs des Nations furent des fages que la vénération des peuples mit au rang des Dieux : heureux les hommes,

---

(*) Sadder, Port. LXXI.

s'ils n'eussent jamais adoré que les bienfaiteurs de l'humanité! Quel spectacle nous offrent les grandes Monarchies de l'Asie, avant que le flambeau de la philosophie en débrouillât le cahos? L'orgueil assis sur le trône avec la débauche; la superstition unie au despotisme pour abrutir toutes les ames; des Monarques enivrés de leur puissance monstrueuse, occupés à en déployer le faste, à en faire sentir le joug; des Peuples livrés à toute la bassesse de l'esclavage, à tous les déréglemens qu'entraînent l'oisiveté, le luxe & la mollesse, n'ayant de goût que pour ce qui flatte les sens & enflamme les passions les plus fougueuses, sans principes de morale, sans police raisonnée, sans aucune idée de la nature du Gouvernement, de la Jurisprudence civile & du Droit politique. Chez les Assyriens, les Babyloniens & les Medes, chez les Peuples qui en étoient tributaires, on ne connoissoit point d'autre vertu que la valeur meurtriere, d'autre gloire que celle des conquêtes & de la destruction des Empires. Les noms des Princes qui ne furent ni guerriers ni conquérans, n'ont pas été jugés dignes d'être conservés dans l'histoire.

Cependant Osiris, Mercure & Mnevès donnerènt des loix à l'Egypte. Dès ce moment, l'Egypte prit une nouvelle face. L'amour du travail remplaça la fainéantise & la mollesse. Quelques maximes de Gouvernement commencerent à être connues & mises en vigueur. Une meilleure police s'établit dans les villes; la justice y fut mieux administrée. Les Rois commencerent à comprendre que le véritable but de la politique étoit de rendre leurs sujets heureux, & ceux-ci furent convaincus que le bonheur devoit naître de la pratique des vertus sociales. De-là tant de bons réglemens pour assurer les propriétés, faire fleurir l'agriculture, mere de l'abondance, bannir les vices, prévenir les crimes, maintenir entre les citoyens, je ne dis pas seulement le bon ordre, la paix & la concorde, mais une amitié sincere, une affection vraiment cordiale (*), & leur faire contracter un caractere de douceur & d'humanité bien au dessus de cette politesse affectée qui souvent masque

(*) Telle étoit en particulier la loi qui confioit les citoyens à la garde les uns des autres, en décernant la peine de mort contre quiconque, pouvant sauver un homme qu'on vouloit tuer, ne l'avoit pas fait.

la haine, & presque toujours la froide indifférence. De-là encore ce respect inviolable pour les loix, ce jugement rigoureux qu'on faisoit subir aux morts, jugement auquel le Monarque étoit soumis comme le moindre de ses sujets. Son regne étoit jugé par le Peuple assemblé; & sur la décision de cette assemblée, il étoit honoré ou privé de la sépulture : usage bien différent de nos oraisons funebres où la flatterie caresse encore les Rois dans la tombe, se tait sur leurs défauts, exalte leurs moindres qualités, & place souvent un Monarque foible & débauché auprès des Peres de la Patrie. Toute l'antiquité a semblé regarder le Gouvernement de l'Egypte comme un modele de sagesse politique. Elle dut à ses Législateurs philosophes cette haute réputation qui entraîneroit peut-être encore les suffrages de la postérité, si les vrais principes de la police des Etats, mieux connus, ne nous avoient fait appercevoir des vices énormes dans ce Gouvernement si vanté.

Confucius enseigna une morale qui, au jugement de Leibnitz, est plus excellente que celle d'aucun Peuple de l'Europe. Ses ouvrages sont les livres sacrés des Chinois; il seroit leur Dieu, s'il n'avoit préféré la douce satisfaction de les rendre bons & heureux, à la gloire toujours funeste de fonder une religion. Depuis deux mille ans & plus, il jouit de l'honneur immortel d'avoir établi un Gouvernement presque semblable en tout à la constitution la plus parfaite dont un grand Empire soit susceptible. Sa durée est la preuve de son excellence, le garant des avantages du despotisme légal, c'est-à-dire, de l'empire absolu des Loix; & en même tems l'effet permanent de l'Influence salutaire de la Philosophie sur la police des Etats. A la Chine, la science fait la noblesse, comme l'argent l'achete ailleurs. Les lettres menent à la fortune, aux honneurs, aux emplois, aux grandes charges de la Couronne. Mais ce n'est pas cette littérature frivole & oiseuse, ni cette érudition pédantesque qui ne sont d'aucune utilité dans la vie civile; c'est la science des Mœurs, la connoissance des Loix, l'Economique, la Politique. Les lettrés seuls peuvent être Mandarins : ils remplissent toutes les fonctions de l'Administration; & ces Philosophes, Magistrats, Gouverneurs de Provinces, Ministres d'Etat, ne peuvent se maintenir dans ces emplois honorables & pénibles, qu'autant qu'ils instruisent le Peuple de ses devoirs, qu'ils lui en rendent la pratique douce & utile, & font ainsi régner la justice & le bonheur chacun dans le degré convenable à son département. Les Loix y sont indestructibles, parce que nulle autorité n'y est supérieure ou égale à celle des Loix. Ce n'est pas une foible marque de l'esprit philosophique qui fait la gloire de cette constitution fondée sur la base immuable du Droit naturel, que le pouvoir, les honneurs, la noblesse, les dignités, les titres, en un mot toutes les distinctions soient toujours des récompenses que le Souverain, ou plutôt la Loi, accorde aux Citoyens en reconnoissance & en proportion des services qu'ils ont rendus à la nation. Le fils du premier Mandarin rentre dans la classe du peuple, s'il n'a pour s'élever que le titre de sa naissance. Il hérite seulement des biens de ses peres; mais qu'est-ce que la richesse dans un Etat où le mérite seul distingue les hommes?

Zaleucus, Charondas, Dracon, Lycurgue & Solon, policerent la Grece, & formerent les différens Etats de cette contrée si fertile en grands hommes. Il est vrai que ces premieres *institutions* politiques eurent des commencemens bien imparfaits; n'en accusons que la grossiéreté & la férocité des premiers Grecs aussi bruts que le limon dont ils se disoient issus. Il n'en est pas des législateurs comme des statuaires: ceux-ci choisissent le marbre qu'ils veulent façonner; ceux-là obligés de travailler sur les Peuples tels qu'ils sont, le grand problême qu'ils ont à résoudre n'est pas de trouver les meilleures Loix en elles-mêmes, mais les meilleures que comporte l'état des hommes à qui elles sont destinées. Dracon donna des loix de sang à des hommes de sang. Lycurgue, cédant trop facilement à l'impression de la fureur guerriere qui sembloit faire alors le principal, sinon l'unique mérite des Peuples, voulut former des hommes robustes & vigoureux, lorsqu'il étoit à craindre que l'oisiveté, le luxe & la mollesse ne fissent dégénérer l'espece; opposer des soldats toujours armés à des voisins entreprenans; rompre les liens des familles, ceux du mariage, de la paternité, de l'amour filial, pour fortifier ceux de la société politique; fondre toutes les autres affections en une seule affection pour la patrie, & accroître l'honnêteté publique par le sacrifice des autres vertus. La Législation se perfectionna avec la Philosophie. Solon donna des mœurs aux Athéniens qui commençoient à en devenir susceptibles.

On a remarqué avant moi que le nom de *Sage*, le premier que porterent les Philosophes, signifioit un homme capable de gouverner les autres. Aussi des Sept sages de la Grece, il y en eut six qui gouvernerent leur pays, & leur pays éprouva les doux effets de leur Gouvernement. Ils s'armerent de force pour garder leur ame de l'attrait dangereux du pouvoir arbitraire; ils redoublerent de zele pour rendre leur autorité douce & bienfaisante; sous leur sage administration, la vertu étoit préférée à tout le reste; le patriote étoit plus considéré que l'homme riche & puissant. Les Citoyens étoient freres : la Patrie étoit leur mere commune. Pittacus, après avoir gouverné Mytilene pendant dix ans, fut rendu à son premier état. Réduit à la condition de simple particulier, sans rien conserver de son autorité que le plaisir de l'avoir dignement exercée, il montra qu'il avoit appris à obéir en commandant, & sa soumission aux loix fut aussi noble, aussi entiere, que son Gouvernement avoit été juste & modéré. Thalès, qui n'eut point de part aux affaires publiques, entretint dans sa patrie, l'amour de la concorde civile par ses leçons & son exemple. Il enseignoit à conformer ses pensées & ses actions aux lumieres de la raison. Rien de plus utile que la vertu, disoit-il, rien de plus pernicieux que le vice. Aimez la tempérance, la prudence, la fidélité, l'amitié, l'économie, les arts & la piété.

Pythagore travailla utilement à instruire & à réformer le monde. (*) Mais Socrate est regardé comme le pere de la Philosophie morale, parce qu'il en traita d'une maniere plus exacte & plus éten-

---

(*) » Il falloit, dit un illustre Ecrivain, que son éloquence eût beaucoup de force, » puisque ses exhortations porterent les habitans d'une grande ville (Cortone) plongée dans la débauche, à fuir le luxe & la bonne chere, & à vivre selon les regles » de la vertu. Il obtint même des dames qu'elles se défissent de leurs beaux habits & » de leurs ornemens, & qu'elles en fissent un sacrifice à la principale Divinité du lieu. » L'un de ses principaux soins fut de corriger les abus qui se commettoient dans le » mariage; il ne crut pas que sans cela la paix publique, la liberté, une bonne » forme de gouvernement, & semblables choses auxquelles il travailloit avec un grand » zele, pussent rendre heureux les particuliers.... Son affection pour le bien public le » détermina à porter ses instructions aux palais des Grands.... Il eut le bonheur & la » gloire d'avoir formé des disciples qui furent d'excellens Législateurs.... *Dictionnaire Historique & Critique*, *Art.* PYTHAGORE. Il est difficile qu'un Peuple corrompu, revienne à la pureté de ses anciennes mœurs. Mais si jamais il sort de sa corruption, il en sera redevable aux leçons & aux exemples de ses philosophes.

due que ceux qui l'avoient précédé, & parce que de son école sortit un grand nombre de disciples dignes d'un tel maître, qui répandirent son utile doctrine dans toutes les villes de la Grece & de l'Italie. Socrate s'attacha tellement à la science des mœurs, qu'il négligea ou du moins lui subordonna toutes les autres parties des connoissances humaines. La Philosophie, disoit-il, a quelque chose de grand, de divin, d'infiniment au dessus de tous les arts & de toutes les sciences, parce qu'elle apprend à l'homme à se bien conduire, au pere de famille à régler sa maison, au magistrat à rendre la Justice, au Roi à gouverner son Peuple suivant les regles de la prudence & de l'équité, ensorte que, dans cette diversité de rangs qui distinguent les membres d'un même corps, nous soyons utiles à nos semblables comme à nous-mêmes, & que nous sachions faire notre bonheur en procurant celui des autres. (*) Les sciences morales & politiques sont en effet une seule & même science qui dirige la conduite des particuliers & les actes du Gouvernement. Elle donne des regles pour faire le bien, ce qui est le devoir de tous les Citoyens, & pour le faire pratiquer, ce qui est le but des Magistrats; elle fait connoître aux hommes qu'ils ne peuvent être heureux sans la vertu, elle fait sentir aux Souverains que, sans la vertu, leur autorité devient chancelante, que leur sûreté & leur bonheur sont toujours en proportion de la sûreté & du bonheur qu'ils procurent à ceux dont ils reglent les destinées. La science des mœurs est celle des loix : elle enchaîne tous les intérêts de la société, met celui du chef dans celui des sujets, & forme de leur union l'intérêt général de la communauté entiere.

Les disciples de Socrate s'adonnerent comme lui à la doctrine civile. Platon, le plus célebre d'entre eux, faisoit consister le bonheur dans la jouissance de la science & de la vérité, dans la pratique de la sainteté & de la justice, dans l'amour du beau & de l'ordre, qui produit la tempérance, la force, la sagesse, & toutes les vertus. Les loix, ajoutoit-il, sont absolument nécessaires au maintien de la société. La loi est une ordonnance publique du corps de l'Etat sur ce qui est avantageux à la communauté. Il y a une convention ex-

(*) Voyez le Dialogue de Platon intitulé, *Les Rivaux.*

presse ou tacite entre les particuliers & l'Etat. Ceux qui refusent de se soumettre aux loix, violent ce traité ou contrat social. Les Chefs de l'Etat ne sont que les ministres des Loix, &c. D'après ces notions, il avoit conçu le plan d'une République fondée sur la Justice. Mais les principes de l'économie politique n'étoient pas encore assez développés pour l'exécution d'un si beau plan. Il composa aussi un Traité des Loix, où comparant la Législation des trois Républiques qui florissoient alors dans la Grece, il tire de ce parallele l'idée d'une quatrieme constitution qui réunit leurs avantages sans avoir leurs défauts. La doctrine de Platon est si sublime, si épurée, si extraordinaire, qu'elle en est quelquefois obscure, peu solide & souvent inconséquente. Celle d'Aristote est plus méthodique, plus accommodée à la condition humaine.

Celui-ci mettoit le souverain bien, ou la béatitude, dans l'état d'une ame raisonnable, pratiquant la vertu la plus excellente dans le cours d'une longue vie. Il définissoit la vertu, l'accomplissement de tous les devoirs de l'homme. Il distinguoit la vertu intellectuelle, de la vertu morale; celle-là appartenant à l'entendement, & l'autre à l'appétit raisonnable, ou à la volonté humaine. La premiere est le principe de la seconde. La vertu intellectuelle a pour objet la vérité, à laquelle se rapportent la science, l'art, la prudence, la sagesse. La vertu morale est en général l'habitude d'agir avec choix, de suivre la raison pour regle, de modérer ses passions, de se tenir toujours dans un juste milieu également éloigné des excès contraires. Ses especes particulieres sont la force qui soutient l'ame dans les revers, & lui fait produire des actions héroïques; la tempérance, juste modératrice des appétits sensuels; la libéralité qui, par une généreuse distribution du superflu, tend à corriger l'excès de l'inégalité, & apprend à l'indigent à ne point envier les trésors du riche en voyant le bon usage qu'il en fait; la grandeur d'ame, ce sentiment légitime de son propre mérite; la douceur, l'affabilité, la candeur, la modestie, l'égalité d'humeur, qualités précieuses qui répandent tant d'agrément dans le commerce de la vie; la justice, ou l'observation exacte du droit naturel, du droit civil, public ou privé, du droit des nations: car la justice embrasse l'universalité des droits & des devoirs; la bienfaisance, la vertu des hommes nés pour le bonheur du genre humain.

Diogene

Diogene qui donna tant de lustre à la secte des Cyniques, en opposant l'austérité de ses mœurs à la corruption de son siecle, le courage à la fortune, la frugalité au luxe, la raison aux passions, la nature libre au joug arbitraire d'une fausse pudeur & d'une bienséance qui sert de voile au crime; Diogene que la calomnie n'a point épargné, (*) parce qu'il ne fit grace à aucun vice; Diogene qui, malgré le ton dur & offensant avec lequel il censura la mollesse, le faste, & la sensualité des Athéniens; malgré le mépris hautain dont il les accabloit, les regardant à peine comme des hommes, se concilia leur estime par la solidité de ses instructions & la régularité de sa conduite; Diogene enfin, à qui la postérité ne doit pas faire un crime d'avoir outré la vertu par une haine excessive du vice; Diogene, dis-je, enseignoit que l'étude & la réflexion conduisoient a la vertu, & l'oisiveté à tous les maux; que le travail gardoit l'homme des pieges de la volupté; que l'habitude rendoit les privations agréables; que la Philosophie élevoit l'ame au dessus du chagrin & du plaisir; mais que les Philosophes étoient les plus insensés des hommes, si, estimant & prêchant la vertu, ils ne la pratiquoient pas.

On disoit, en forme de proverbe, que le sensuel Aristipe distinguoit au tact le vrai & le faux, le juste & l'injuste. En effet, il discouroit, avec beaucoup de sagacité & de finesse, des principes du bien & du mal. Cependant, quoiqu'il inculquât la nécessité d'éviter toute espece d'excès, de se dégager des entraves de la superstition, de vivre de maniere à ne pas craindre la mort, d'user des

(*) M. Saverien fait voir, dans le Discours préliminaire du second Tome de son *Histoire des Philosophes modernes*, que les indécences imputées à Diogene, doivent être mises sur le compte de la calomnie; que Brucker & d'autres Savans ont pris la défense de ce Philosophe; & que l'autorité seule de S. Augustin doit valoir en cette occasion une preuve complette de son innocence. Il est étrange avec quelle légéreté on juge les plus grands hommes; ce qui est peut-être plus étrange encore, c'est que ces jugemens hazardés soient soutenus ensuite avec opiniâtreté par des hommes qui les adoptent sans leur avoir fait subir l'épreuve d'une saine critique; & lorsqu'on leur démontre qu'ils sont en contradiction avec les monumens historiques, avec les Savans les plus judicieux, avec ceux sur-tout qui ont eu recours aux sources, & qui ont pesé le pour & le contre, honteux de s'être trompés, ils cherchent encore à couvrir la honte d'une méprise grossiere par leur entêtement à défendre une imputation à laquelle ils ne croient plus.

plaisirs sans être esclave de ses passions ; quoiqu'il se glorifiât de n'être point possédé de Laïs qu'il possédoit, on ne sauroit nier qu'il ne donnât plus aux sens qu'à la raison. En voulant rendre la volupté vertueuse, il faisoit la vertu trop voluptueuse. Etoit-ce la faute de la Philosophie ? Non ; dans plusieurs occasions délicates elle lui apprit à se vaincre lui-même. (*) C'étoit l'ascendant d'un tempérament ardent ; & si Aristipe ne lui eut pas opposé la force réprimante de la raison, il eut été le courtisan le plus débauché de la cour de Denis.

Epicure sut épurer la doctrine d'Aristipe, sans bannir de la morale le doux nom de volupté. Il entendoit par ce mot, non la jouissance des plaisirs sensuels, non les avantages futiles qu'on se promet de la possession des richesses, des honneurs & de la puissance ; mais le plaisir pur de la vertu, le contentement d'esprit qu'elle procure. Lorsqu'il parloit des moyens propres à parvenir à la volupté, il indiquoit la sobriété, la tempérance, la justice, le gouvernement des passions ; en un mot, tout ce qui pouvoit rendre l'ame tranquille dans un corps sain. (**) Epicure vécut presqu'aussi austérement que Diogene ; tant il est vrai que la Philosophie est toujours la même, malgré la diversité des formes sous lesquelles elle se montre aux humains !

Zenon paroît à la tête des Stoïciens. Sa morale porte l'empreinte de son génie ferme & vigoureux. Il l'a puisée dans la rai-

(*) Je n'en citerai qu'un trait. Un jour Denis lui fit amener trois Courtisanes, en lui disant de choisir celle qui lui plairoit le plus. Aristipe les garda toutes trois, disant pour excuse, que Pâris n'avoit pas été plus heureux pour avoir préféré une seule femme à toutes les autres. Il mena ensuite ces Courtisanes jusqu'à sa porte, & les congédia. *Diogene dans la vie d'Aristipe.* Quels hommes sont les Philosophes, si les moins vertueux sont capables de donner de tels exemples à une Cour corrompue !

(**) Je me trouve encore arrêté ici par les imputations faites mal-à-propos à Epicure. Le mot seul de *Volupté* servit de prétexte à ses ennemis pour le décrier. Ce Philosophe avoit néanmoins si clairement expliqué ce qu'il entendoit par ce terme, que de ces calomnies odieuses, il ne reste à ses détracteurs que la honte de les avoir inventées ou adoptées, & un surcroît de gloire au sage qui les méprisa. Tant de Savans modernes ont pris la défense d'Epicure, qu'il seroit superflu d'y insister. St. Augustin goûtoit fort sa morale ; il l'auroit mis au dessus de tous les autres Philosophes, s'il avoit enseigné l'immortalité de l'ame, & le dogme d'une vie à venir. *August. Confess. L. VII. c. 16.*

son éternelle des choses, dans la constitution immuable de la nature de l'homme. Il faut vivre conformément à la Nature, La Nature nous forme à la vertu : car la vertu est la perfection de la Nature raisonnable. La Nature est la lumiere qui nous fait discerner ce qui convient à notre condition, qui nous prescrit ce qui lui est conforme, & nous défend ce qui lui est contraire. Le juste est tel, non par l'institution des hommes, mais par la Nature, ainsi que la loi & la droite raison. Il faut avoir soin de son ame, cultiver son entendement, travailler constamment à mettre sa volonté d'accord avec la Loi; s'aimer les uns les autres de cœur & d'affection, se supporter avec indulgence, ne faire tort à personne: toute injustice est une impiété. C'est trop peu, il faut faire aux autres tout le bien dont on est capable. L'homme n'est pas né pour lui seul, mais pour procurer le bien de la société selon l'étendue de ses facultés, pour accumuler les bonnes actions sur les bonnes actions, sans se lasser jamais de bien faire, & sans en chercher d'autre récompense que la satisfaction intérieure d'avoir bien fait. Il doit être persuadé qu'il fait son propre bien en faisant celui des autres, comme s'il recevoit le bien qu'il fait. Sachons gré à ceux qui nous fournissent l'occasion de leur rendre service; nous en sommes suffisamment payés s'ils savent profiter de ce que nous faisons pour eux. Ne nous laissons détourner de notre devoir, par quoi que ce soit, ni par l'espoir, ni par la crainte; comme il n'y a rien de bon que l'honnête, comme la sagesse constitue le bonheur, l'amour du bien doit être plus fort que les plaisirs, plus fort que les tourmens, plus fort que la mort même. (*)

(*) Les Athéniens eurent tant d'estime pour Zenon, qu'ils déposerent chez lui les clefs de leur ville, l'honorerent d'une couronne d'or, & lui dresserent une statue d'airain. Ses compatriotes en firent autant, persuadés qu'un pareil monument érigé à un si grand homme, leur seroit honorable. Les Cittiens imiterent leur exemple; & Antigone lui-même lui accorda sa bienveillance. Il alla l'entendre, lorsqu'il vint à Athenes, & le pria avec instance de le venir voir lorsqu'il fut de retour dans ses Etats. Zenon n'y alla pas, mais il lui envoya Persée, l'un de ses amis, fils de Démétrius, & Cittien de naissance, qui florissoit vers la 130. Olympiade, tems auquel notre Philosophe étoit déjà sur l'âge. Apollonius de Tyr, dans ses *Ecrits sur Zenon*, nous a conservé la lettre qu'Antigone lui écrivit.

» Le Roi Antigone au Philosophe Zenon, Salut.

» Du côté de la fortune & de la gloire, je crois que la vie que je mene, vaut

Quelle ſublimité de morale! quelle honte pour ceux qui s'acharnent à déprimer la ſcience des Philoſophes! La connoiſſent-ils? L'ont-ils approfondie? En ont-ils entendu parler? Le ſage de Zenon ne ſe roidit pas ſeulement contre la fougue des paſſions, il veut émouſſer la ſenſibilité phyſique à force de réflexions, afin de ſe mettre au deſſus du plaiſir & de la douleur. Il prétend, ſans iſoler ſon être, le rendre indépendant des objets extérieurs, tirer tout de ſon propre fonds, faire ſon bonheur par ſa ſeule vertu, être libre dans l'eſclavage, tranquille dans les tourmens. Jupiter n'eſt ni plus grand ni plus heureux que lui. Que dis-je? Le Sage a cet avantage ſur les Dieux qu'ils doivent leur ſageſſe à leur nature, & le Philoſophe à ſes réflexions. Si l'on me dit que le Stoïciſme a quelque choſe de giganteſque; je ne l'en admire pas moins : c'eſt le ſentiment de la vertu trop fortement prononcé; c'eſt l'eſſor d'une

---

» mieux que la vôtre; je ne doute pas auſſi que je ne vous ſois inférieur, ſi je » conſidere l'uſage que vous faites de la raiſon, les lumieres qui vous ſont acquiſes, » & le vrai bonheur dont vous jouiſſez. Ces raiſons m'engagent à vous prier de » vous rendre auprès de moi, & je me flatte que vous ne ferez point de difficulté » de conſentir à ma demande. Levez donc tous les obſtacles qui pourroient vous » empêcher de lier commerce avec moi. Conſidérez, ſur-tout, que non-ſeulement » vous deviendrez mon Maître; mais que vous ſerez en même tems celui de tous » les Macédoniens, mes ſujets. En inſtruiſant leur Roi, en le portant à la vertu, » vous leur donnerez en ma perſonne un modele à ſuivre pour ſe conduire ſelon » l'équité & la raiſon; puiſque tel eſt celui qui commande, tels ſont ordinairement » ceux qui obéiſſent. ».

Zenon lui répondit en ces termes :

» Zenon au Roi Antigone, Salut.

» Je reconnois avec plaiſir l'empreſſement que vous avez de vous inſtruire & » d'acquérir de ſolides connoiſſances qui vous ſoient utiles, ſans vous borner à une » ſcience vulgaire dont l'étude n'eſt propre qu'à dérégler les mœurs. Celui qui ſe » donne à la Philoſophie, qui a ſoin d'éviter cette volupté ſi ordinaire, ſi capable » d'émouſſer l'eſprit de la jeuneſſe, ennoblit ſes ſentimens, je ne dis pas par incli- » nation naturelle, mais auſſi par principe. Au reſte, quand un heureux naturel eſt » cultivé par l'exercice & fortifié par une bonne inſtruction, il ne tarde pas à ſe » faire une parfaite notion de la vertu. Pour moi qui ſuccombe à la foibleſſe du » corps, fruit d'une vieilleſſe de quatre-vingts ans, je crois pouvoir me diſpenſer de » me rendre auprès de votre perſonne. Souffrez donc que je ſubſtitue à ma place, » quelques-uns de mes compagnons d'étude, qui ne me ſont point inférieurs du côté » des dons de l'eſprit, & qui me ſurpaſſent pour la vigueur du corps. Si vous les » fréquentez, j'oſe me promettre que vous ne manquerez d'aucun des ſecours né- » ceſſaires pour vous rendre parfaitement heureux.

ame dont l'énergie trop resserrée dans sa sphere, l'emporte au delà de l'humanité.

La Philosophie naturalisée à Athenes, y déployoit sa douce influence sur toutes les classes des Citoyens. Elle étoit l'ame de l'éducation : elle apprenoit aux jeunes gens à s'assujettir de bonne heure aux différentes charges de la vie civile, à regarder les emplois, moins comme des distinctions honorables, que comme un engagement solemnel à être plus sage, plus juste, plus exact observateur des loix, que les Citoyens d'un rang inférieur. Elle imposoit à tous les membres de l'Etat l'obligation indispensable de se former au maniement des affaires publiques, & conduisoit aux dignités, en apprenant à les remplir convenablement. Introduite dans le cabinet des hommes d'Etat, elle étoit leur conseil. Elle haranguoit le Peuple, & ses décisions étoient des oracles. Elle formoit encore des guerriers sous la tente. Si Carnéades, Critolaüs, Diogene le

---

Ceux que Zenon envoya à Antigone, furent Persée, & Philonide Thebain. Epicure parle d'eux dans sa lettre à son frere Aristobule (ou Aristodeme, selon d'autres) & nous apprend qu'Antigone les traita comme ses amis.

Je vais joindre ici le Décret que les Athéniens rendirent en l'honneur de Zenon.

» Sous l'Archontat d'Arrenidas, la Tribu d'Acamantis, la cinquieme en tour, exer» çant le Pritanéat, la troisieme dixaine de jours du mois de Septembre, le vingt» troisieme du Pritanéat courant, l'Assemblée principale des Présidens a pris ses con» clusions sous la Présidence d'Hippo, fils de Crastitolete Crastitotele, de Xympétéon » & de leurs Collegues; Thrason, fils de Thrason du bourg d'Anacaïe, disant ce » qui suit :

» Comme Zenon, fils de Mnasée, Cittien de naissance, a employé plusieurs an» nées dans cette ville à cultiver la Philosophie; qu'il s'est montré homme de bien » dans toutes les autres choses auxquelles il s'est adonné; qu'il a exhorté à la vertu » & à la sagesse les jeunes gens qui venoient prendre ses instructions; & qu'il a » excité tout le monde à bien faire, par l'exemple de sa propre vie, toujours con» forme à sa doctrine, le Peuple a jugé sous de favorables auspices, devoir re» compenser Zenon, Cittien, fils de Mnasée, & le couronner avec justice d'une cou» ronne d'or, pour sa vertu & sa sagesse. De plus, il a été résolu de lui élever » une tombe publique dans la place Céramique, cinq hommes d'Athenes étant dé» signés, avec ordre de faire la couronne & de construire la tombe. Le présent » Décret sera couché par l'Ecrivain sur deux colonnes, dont il pourra en dresser » une dans l'Académie, & l'autre dans le Lycée. Les dépenses de ces colonnes se » feront par l'Administrateur des deniers publics, afin que tout le monde sache que » les Athéniens honorent les gens de bien, autant pendant leur vie qu'après leur » mort. " *Diog. Laërce, Vie de Zenon.*

Stoïcien & d'autres chargés de négociations importantes, justifierent l'idée qu'on avoit de leur talent pour la Politique, Thémistocles & Aristide se distinguerent aux fameuses batailles de Maraton, de Salamine & de Platée. Quels hommes ont jamais rendu plus de services à leur patrie par leurs actions & la sagesse de leurs conseils, que Xenophon, Demosthenes & Polybe ? Xenophon, grand Capitaine, plus grand Philosophe, fait éclater toute la profondeur de son génie, lorsque dévoilant les ressorts des Gouvernemens d'Athenes & de Lacédémone, il indique les moyens de leur donner plus de force & d'activité; lorsque discutant les Loix de Licurgue, il se montre capable de les perfectionner; lorsque traitant de la condition des Rois, il leur donne de si belles instructions sur les devoirs de la Royauté; lorsqu'enfin dans l'histoire de Cyrus, sans altérer le fond des événemens, il trace le modele d'un Prince accompli dans l'art de régner, d'un Prince chéri de ses sujets, auxquels il ne fait sentir l'autorité souveraine que par la paix, la prospérité, l'abondance de tous les biens dont il les fait jouir. Démosthenes commanda des armées, exerça des ambassades, mais sur-tout il préserva pendant trente ans sa patrie, du joug des Macédoniens. Polybe gouverna son pays. Ses conseils auroient sauvé l'Achaïe, s'ils eussent été suivis, & il fut réduit à la consoler dans ses malheurs (*). Son histoire sera à jamais une école pour les Rois dans la paix comme dans la guerre. C'est que la Philosophie est la source de toutes les connoissances, comme la mere de toutes les vertus. Son esprit entretint dans la Grece le double amour de la justice & de la liberté. C'est lui qui donna aux Athéniens cette douceur, cette bonté, cette honnêteté, cette magnanimité qui firent leur caractere distinctif dans le bel âge de leur République, & qui nous les font regarder encore aujourd'hui comme le Peuple le plus doux, le plus humain, le plus généreux qui ait jamais existé, & en même tems, le plus poli & le plus délicat sur les bienséances.

La Philosophie pénétra difficilement en Italie. Quelques Grecs venus à Rome lors de la confédération des Achéens, y laisserent

---

(*) C'est ce qu'on lisoit au bas d'une des Statues que sa Patrie lui érigea. *Pausan.*

des impressions assez fortes pour alarmer le Sénat. Les fiers Romains n'avoient encore aucune idée de cette science, qui regle les mœurs sans énerver le courage, & forme à la fois des gens de bien, des Citoyens, des Magistrats & des Héros. La Philosophie méconnue fut bannie. Trois Athéniens la ramenerent peu de tems après lorsqu'ils furent envoyés à Rome en qualité d'Ambassadeurs. Caton la repoussa de nouveau. O Caton, vous la connoîtrez, & elle sera votre consolation dans les jours de votre vieillesse! Cependant quelques Romains assidus à entendre les Ambassadeurs philosophes, sentirent le prix de la sagesse, & bientôt ce qu'il y eut de plus illustre dans Rome, cultiva la philosophie. Caton, l'austere Caton, la vengea par son estime & son attachement, de l'outrage qu'il lui avoit fait. On la vit régler le barreau dans Crassus & Antoine; & perfectionner les loix sous les auspices des deux Scevola, & s'illustrer aux champs de Mars dans Sylla, Lucullus & tant d'autres (*). Scipion avoit été disciple d'un Stoïcien de l'isle de Rhodes, nommé Panoctius. Brutus, sans être d'aucune Secte, étoit versé dans tous les systêmes philosophiques. Pompée, élevé sous la toile, n'avoit aucune teinture du droit public; il écouta Varron & devint un aussi excellent Homme d'Etat qu'il étoit grand Capitaine.

Mais Ciceron sembloit avoir lui seul toute la sagesse de la République, lorsque César en avoit toute la puissance. Cet Orateur embellit la Philosophie des graces de la langue Romaine, du charme de l'éloquence & de la beauté de son génie. Elle tira encore plus d'avantage de la droiture de son ame. Ce fut pendant son Consulat qu'il composa son Traité de la République, dont il ne nous reste que des fragmens qui feront regretter éternellement la perte d'un ouvrage si précieux. Dans son Traité des Loix, échappé presqu'en entier aux ravages des tems, Ciceron établit qu'il y a une loi indépendante de l'institution des hommes, un droit dicté par la Nature, le fondement de toutes les institutions justes & raisonnables; que l'homme est né pour la société, & que de cette sociabilité découlent tous les devoirs réciproques des hommes.

(*) Voyez les *Fragmens sur le sort de la Philosophie chez les Romains.*

Atticus mérite d'être cité après Ciceron, son ami. Si nous comparons ces deux Romains célébres par leur vertu, nous verrons les effets semblables de la Philosophie sur les cœurs dans des conditions différentes; nous verrons comment elle intéresse les Citoyens au bien de la Patrie, sans troubler la tranquillité de leur vie privée, s'ils sont éloignés des affaires, & sans leur faire préférer les douceurs de la retraite aux soins pénibles du Gouvernement ou du Commandement, lorsque l'Etat a besoin de leur bras ou de leurs lumieres. Ce sont deux Sages, dont la sagesse, la même pour le fonds, ne reçoit de nuance que du genre de vie qu'ils ont choisi. Le premier servit la République par goût & par devoir. Il défendit l'innocence, commanda des armées, gouverna des provinces, réprima l'insolence des conspirateurs, fut l'ame de la République, & mérita le titre glorieux de pere de la Patrie. Atticus refusa constamment d'entrer dans les Affaires publiques, soit par modestie, soit plutôt que les guerres civiles qui déchiroient alors le sein de l'Etat, lui donnassent un éloignement invincible pour toute sorte d'emploi, dans un tems où la bonne cause même ne se soutenoit qu'en faisant couler le sang Romain. Il y prenoit pourtant tout l'intérêt d'un bon Patriote, uniquement attaché à la justice, sans chercher à faire parade de son impartialité, sûr d'être honoré de tous ceux qui n'avoient pas encore perdu le goût de la vertu, de quelque parti qu'ils fussent. Mettons ces deux grands hommes à la place l'un de l'autre, nous ne ferons que transposer les noms; Atticus aura toute la vigueur de Ciceron, & celui-ci toute l'aménité d'Atticus. L'un s'acquit plus de gloire, l'autre fut plus généralement aimé; de sorte que, si j'avois à choisir, j'aimerois mieux être Atticus, & conseillerois à tout Homme d'Etat, de ressembler à Ciceron (*).

Les discours adressés à César, & attribués à Salluste, soit qu'il les ait composés, ou qu'ils soient de quelqu'autre, sont toujours un beau monument de la Philosophie politique des Romains. Avec quelle noble fermeté l'Auteur y exhorte le Dictateur à rétablir le Gouvernement Démocratique; à s'opposer aux usurpations des No-

(*) Là-même.

bles,

bles, à rendre au Sénat sa splendeur & son autorité, au Peuple ses droits & ses prérogatives.

Sous Auguste, la Philosophie fit oublier aux Romains qu'ils avoient un maître, parce qu'elle apprit à l'Empereur à confondre son bonheur avec celui de ses sujets, & à leur procurer tous les biens en échange de leur liberté. Peut-être lui inspira-t-elle le dessein de se démettre de l'autorité souveraine, pour ne la plus tenir que de la libre volonté du Sénat. Mais les regnes de Tibere, de Caligula, de Néron, nous la montrent aux prises avec la tyrannie. Persécutée, exilée, chargée de fers, tourmentée, & non accablée, elle triomphe, dans son malheur, d'avoir pour ennemis ceux de la vertu & du bien public. Sous Tibere, lorsque l'adulation avilissoit presque toutes les ames, le nombre des honnêtes gens fut réduit à celui des Philosophes. Armés du plus fort stoïcisme, ils supporterent la cruauté de Caligula, dont le Sénat s'étoit fait le Ministre. Ils écrivirent peu : ils changerent leurs discours en actions. Néron résolut de faire périr ce qui restoit d'honnêteté dans Rome. Burrhus, Séneque, Thraséa moururent avec leur vertu. Pétrone, que son goût portoit à la doctrine de Zenon, en dépouilla l'austérité pour humaniser les mœurs farouches de l'Empereur; se fit l'arbitre de ses plaisirs pour le détourner de la tyrannie; l'entretenoit la nuit dans une débauche agréable, afin que sa cruauté dormît le jour. Un ordre d'arrêter Pétrone lui fit sentir qu'un monstre sur le Trône ne s'apprivoise point. Il se fit ouvrir les veines, ôtant au tyran la satisfaction de faire mourir un innocent, & montrant, par cette mort plus courageuse que volontaire, que Zenon lui avoit appris à ne s'attacher ni à la volupté, ni à la faveur, ni à la vie.

Ceux qui échapperent à la mort, ou furent exilés, ou vécurent inconnus; contens d'être sages pour eux seuls, ils attendirent dans l'obscurité qu'il fût permis à la vertu de se montrer. Titus les rappella, Titus les honora. Il aimoit à converser avec eux; il prenoit leurs conseils. Apollonius de Thyanes lui écrivoit : » Vous m'interrogez sur la maniere dont vous devez vous conduire pour » régner avec sagesse. Aimez à entendre la vérité : recherchez » ceux qui oseront vous la dire. Je connois, à Rome, un Philo» sophe cinique, nommé Démétrius : faites-en votre ami. S'il

» apperçoit quelque tache dans votre vie, quelque défaut dans » votre conduite, il vous en avertira sans déguisement. » Formé, par les oracles de la sagesse dans le grand art de régner, Titus fut les delices du Genre humain, heureux par la jouissance des biens qu'il répandoit autour de lui.

Domitien bannit de nouveau les Philosophes. Le nom de la vertu lui étoit odieux; pouvoit-il en supporter l'image importune? Il les dépouilla de leurs biens, mais il ne put leur enlever leur sagesse (*). Quand il se fut délivré de ces censeurs incommodes, de ces hommes privilégiés, disoit-il, qui dans la corruption générale, osoient s'abstenir du crime (**), il fit voir au monde épouvanté, que Tibere & Néron n'avoient point épuisé les cruautés de la tyrannie. Epictete sorti de Rome, sut opposer un courage inflexible au sort qui le persécutoit. Son Manuel & ses Discours conservés par Arrien son Disciple, sont remplis d'une morale plus que stoïque, mais convenable à la dureté des tems fâcheux où il vivoit. Arrien n'est point inférieur à son Maître, soit qu'il recueille ses préceptes, ou qu'il imite ses exemples. Les honneurs auxquels son mérite l'éleva, ne changerent point ses mœurs. Toujours juste, toujours vrai, toujours modeste, s'il lui arrivoit de se tromper, il l'avouoit franchement; aveu noble & rare dans les hommes en place.

Plutarque avoit enseigné publiquement à Rome les dogmes

(*) Une Dame, Romaine & Philosophe d'inclination, composa une Satyre très-vive contre l'Edit de Domitien, & ne l'épargna pas lui-même.

» O Muse, dit-elle, à quoi pense le Maitre des Dieux? Veut-il changer bizarre- » ment ce que nos peres ont établi? Veut-il nous dépouiller de tous les présens » que sa bonté ingénieuse nous a faits? Son dessein seroit-il, après nous avoir ar- » raché la raison & même l'usage de la parole, de nous réduire à vivre de gland, » & à ne boire que de l'eau? Peut-être qu'il abandonne le Gouvernement de Rome, » pour veiller de plus près à celui des autres nations...... Un Empereur qu'avilit » une longue débauche, ose proscrire tous ceux qui se plaisent à l'étude de la sa- » gesse. Quel est notre malheur! Nous avons quitté Corinthe & Athenes, pour don- » ner un nouveau lustre à la ville de Rome. Et cependant, Rome ingrate bannit » aujourd'hui ces mêmes hommes qui l'honoroient davantage. Ils fuient : ils n'ont » pas seulement la liberté d'emporter le peu qui leur appartient. » *Histoire Critique de la Philosophie, par Deslandes.*

(**) *Suet. in Dom.*

de Platon, ſous le regne de Nerva, & s'étoit concilié l'eſtime de tous les Romains diſtingués par leur rang ou leur mérite. Trajan, ſucceſſeur de Nerva, le combla de biens & d'honneurs: il ſe l'attacha ſur-tout par le cas qu'il faiſoit de ſes lumieres. Plutarque & Séneque, que j'ai nommés plus haut, nous font voir d'une maniere bien ſenſible, combien la Philoſophie ſait ſe prêter aux tems, ſans rien perdre de ſon caractere. Séneque fut le précepteur de Néron, Plutarque le conſeil de Trajan. L'un & l'autre jouirent de la faveur, des honneurs, de l'opulence, mais dans des tems bien différens : Séneque fut comblé de graces, par un tyran, ſans en être avili. Plutarque ſe montra digne de la libéralité d'un bon Prince. Tous deux étrangers dans Rome, ils firent taire l'envie par la ſupériorité de leur mérite. Leur morale eſt également pure & ſaine; mais celle de Plutarque eſt plus uniforme, plus douce, plus libre, parce qu'il vivoit à la Cour d'un Empereur, ami de la juſtice & de l'humanité. Celle de Séneque ſe reſſent de l'alarme que porte un méchant Prince dans les ames vertueuſes : ſon ſtoïciſme géné laiſſe voir les efforts qu'il fait pour ſe roidir contre le torrent de la corruption; il ſemble quelquefois céder, ſe relâcher, puis il ſe retend tout-à-coup avec plus de force pour déployer toute ſon énergie. Le Platoniſme de l'autre, plus aiſé dans ſa marche, va droit à la vertu, ſans daigner ſe défier de la fragilité humaine. Les maximes de Plutarque ſont plus accommodées à la vie commune. Les préceptes de Séneque, au deſſus de l'uſage ordinaire, ont quelque choſe de plus mâle, parce que la morale doit être plus auſtere, à meſure que le vice devient plus dominant. Le Platonicien nous attire doucement, en nous perſuadant. Le Stoïcien nous frappe, nous émeut, nous entraîne; c'eſt qu'il parle à d'illuſtres proſcrits, ou bien à leurs infâmes délateurs, à des Princes bourreaux de leurs Peuples. Il doit armer les uns d'un courage plus qu'humain; il faut épouvanter les autres par l'ombre terrible de la vertu opprimée, armée d'un glaive vengeur prêt à les frapper. Mais la Philoſophie de Plutarque forme des jeunes gens aux vertus ſociales, marque la différence qu'il y a entre l'ami & le flatteur, entretient des Rois pacifiques du prix ineſtimable de la bienfaiſance, & leurs miniſtres vertueux de

c ij

l'attention qu'ils doivent apporter à ce que personne ne reçoive aucun dommage ; c'est Nerva qu'il forme à *régner de maniere que, s'il venoit à quitter l'Empire, il n'eut rien à craindre dans une condition privée ;* c'est Trajan qu'il instruit à *user de son autorité envers ses sujets, comme il voudroit que le Prince en usât à son égard, s'il étoit dans le rang de sujet.* Lisez dans Tacite avec quel embarras Séneque, par un discours étudié, demande à Néron la permission de se retirer de la Cour ; avec quelle soumission il exagere les dons qu'il en a reçus : il s'en reconnoît indigne, il veut les lui rendre, il cede à l'envie, il aspire au repos & à la médiocrité. Cependant Néron ne pouvant soutenir le rôle de tyran devant un homme juste, prend le parti de la dissimulation, cache sa barbarie sous de perfides caresses. Séneque demandoit sa retraite, il obtint la mort. Plutarque au contraire, croit avoir acquis, par de longs services, le droit de jouir d'une vieillesse tranquille. Rassasié d'honneurs & de distinctions, il se retire librement en Grece, & soutient, dans une vie privée, la gloire que lui avoient mérité ses emplois laborieux.

Pline le jeune avertit Trajan que l'on abusoit de son nom pour persécuter les Chrétiens. L'Empereur affligé du mal qu'on lui faisoit commettre, défendit de faire aucune recherche contre des hommes qui pouvoient être d'honnêtes gens, quoiqu'ils méprisassent les Dieux de Rome.

Tacite, dont le nom porte avec lui l'idée d'un grand Philosophe, d'un habile Historien & d'un profond Politique, eut part aux affaires de l'Empire Romain, sous quatre regnes consécutifs. La maniere dont son histoire est écrite, en rend la lecture nécessaire aux Hommes d'Etat. Il leur apprend à connoître les Princes. Il dévoile les intrigues de leur Cour & de leur Cabinet, démasque les vices déguisés, développe les horreurs d'un Gouvernement déréglé. Mais sur-tout il peint la tyrannie de maniere à la faire détester de ceux même qui seroient tentés de l'exercer.

Les deux Antonins associerent la Philosophie à l'Empire. Qui peut lire les maximes du premier sans se sentir pénétré de cet amour de l'ordre & de la justice qui les dicta ! La sagesse revêtue de la pourpre, gouverne les humains. Ses préceptes les conduisent à la vertu & ses bienfaits au bonheur. Marc-Antonin fit publier une Loi par laquelle celui qui accuſeroit un homme en juſtice ſeulement pour être Chrêtien, ſeroit puni à la place de l'accuſé. Prince pacifique, il montra une grande averſion pour la guerre. » J'aime mieux, diſoit-il, ſauver un Citoyen que tuer » mille ennemis. « Des gladiateurs, Marc-Aurele fit des ſoldats, perſuadé que les hommes ne doivent ſe battre que par néceſſité. Mais le Peuple, par un reſte de ſon ancienne férocité, ſupporta impatiemment la perte de ſes gladiateurs. Il s'échappa en murmures, diſant hautement : » L'Empereur nous ôte nos » amuſemens & nos ſpectacles, veut-il nous rendre tous Philo- » ſophes comme lui ?" Caſſius, profitant du mécontentement du Peuple, oſa conſpirer.

Ce Caſſius, Syrien de nation, étoit fils d'Héliodore Secrétaire d'Adrien, puis Gouverneur d'Egypte. Il ſe diſoit deſcendant de cet ancien Caſſius qui conſpira contre Céſar. Il avoit déja conſpiré lui-même contre Antonin le pieux; mais la prudence d'Héliodore avoit arrêté les progrès de cette premiere conſpiration. Luce-Vere, que Marc-Aurele avoit fait aſſeoir ſur le Trône avec lui, connoiſſoit l'ambition & l'eſprit réſolu de ce jeune intrigant; il en avertit ſon collegue. La bonté de celui-ci lui fit négliger cet avis. Comme rien n'avoit encore éclaté, un ſoupçon lui parut indigne de la Majeſté Impériale. Caſſius abuſa de la clémence de Marc-Aurele, forma un parti, & déclara que le nom d'Empereur lui étoit odieux, qu'il rétabliroit l'autorité de la République. On vit alors combien la Philoſophie étoit au deſſus du rang ſuprême. Le ſage ne gouverne point les humains malgré eux. L'Empereur ſe montra aux ſoldats, & leur répéta ce qu'il venoit d'écrire au Sénat, qu'il étoit prêt à renoncer à l'Empire, même à ſe démettre de l'autorité en faveur de Caſſius, ſi cette démarche pouvoit être ſalutaire à l'Etat. Caſſius alloit peut-être jouir du fruit de ſa révolte, lorſqu'il fut tué à l'inſçu de Marc-Aurele, qui fut aſſez généreux pour pardonner aux enfans, à la femme & au gendre du rebelle. Que les politiques appellent foibleſſe une grandeur d'ame qui les humilie. Peuvent-ils ne pas admirer ce Prince, lorſque le tréſor public ſe trouvant diſſipé par les guerres, il fait vendre ſes meubles les plus précieux, ſa vaiſſelle, les pierreries de l'Impératrice, non comme une derniere ressource après avoir épuisé les bourses des particuliers par des impôts excessifs, mais pour porter lui seul tout le poids des charges publiques, jugeant qu'il étoit de son devoir de sacrifier ses propres richesses, avant que de toucher à celles de ses sujets. Avec quel stoïcisme, il supporta les galanteries de Faustine! Il crut sans doute sa patience héroïque plus puissante que tout autre moyen, pour la faire rentrer en elle-même; ou, s'il poussa trop loin l'esprit philosophique, il est beau de n'avoir qu'un excès de sagesse à se reprocher. Que dis-je, un excès? Par quelles actions avons-nous acquis le droit de mettre des bornes à la sagesse?

Commode, impie & cruel, persécuta les Savans : Julien, sobre & chaste, fut leur ami. Ses lettres à Iamblique sont pleines de traits qui marquent sa considération pour eux. Il s'honoroit du nom de Philosophe, & peut-être en eut-il été digne s'il se fût montré plus impartial envers les Chrétiens. La Philosophie, en avouant les mœurs du stoïcien, rejette le païen dévot, & déteste le persécuteur.

Alexandre accueillit les Philosophes, & les consulta. D'après leurs conseils, ce sage Empereur maintint & adoucit à propos la sévérité des Loix. Il punit un de ses Courtisans pour avoir fait un indigne trafic des emplois. Il défrayoit les Gouverneurs des Provinces, afin qu'ils ne fussent point à charge aux Peuples. On lisoit sur la porte de son Palais, cette belle maxime gravée dans son cœur, *Ne fais point à autrui ce que tu ne voudrois pas qu'on te fît à toi-même.*

Ainsi la Philosophie influe de la maniere la plus avantageuse sur les mœurs des Peuples & le caractere des Rois (*). Par-tout elle contribue aux progrès de la vertu. Tous les Princes qui la cultivent, sont bienfaisans; les tyrans seuls persécutent les Philoso-

---

(*) Je n'ai point nommé Plotine, digne d'avoir Trajan pour époux; Julie que l'amour de Septime-Severe éleva à l'Empire : cette Princesse nommoit elle-même aux Chaires de Philosophie, tant elle estimoit cette science utile aux bonnes mœurs; Pertinax qui refusa la pourpre par modestie, conserva cette précieuse vertu sur le Trône, & fut assassiné pour avoir voulu réformer les désordres que Commode, son prédécesseur, avoit introduits ou accrédités à la Cour.

phes, les exilent, les tourmentent, brûlent leurs livres, pour empêcher que leur ſageſſe ne ſurvive à leur perſonne (*). Les Romains lui dûrent leurs meilleurs Empereurs & la foible doſe de félicité dont ils jouirent ſous leur regne. Je dis la foible doſe : car de quel bonheur étoit ſuſceptible un Peuple dégénéré, accoutumé à la plus baſſe ſervitude? Du moins il n'eut point à ſouffrir, ſous les Antonins, les concuſſions, les proſcriptions, les impôts, les outrages de toute eſpece dont il fut accablé ſous des maîtres moins philoſophes. Ces bons Princes firent ce qu'ils purent pour adoucir le ſort de leurs ſujets dans l'état d'aviliſſement où les avoit mis le joug des tyrans. Si la bienfaiſance de Titus & de Trajan ne fut pas toujours dirigée vers le plus grand bien, ſi la ſphere n'en fut pas plus étendue, ce ne fut pas la faute de leur cœur : n'en accuſons que les circonſtances; la grandeur exceſſive d'une domination trop vaſte pour que les Provinces éloignées puſſent recevoir commodément l'influence de la bonté de l'Empereur; la conſtitution de l'Empire qui ne comportoit peut-être pas une plus grande quantité de félicité publique; l'imperfection de la Juriſprudence Romaine qui occaſionnoit habituellement des mépriſes dans l'adminiſtration; l'ignorance où l'on étoit alors des meilleurs moyens de Gouvernement & des vrais principes de l'œconomie politique; ou bien encore le génie d'une Nation toute guerriere peu propre à goûter les douceurs de la paix : outre que la ſupériorité des Romains ſur les autres Peuples, ne ſe ſoutenoit que par la guerre; le préjugé national faiſoit de l'art militaire la ſcience unique, & regardoit l'Agriculture, le Commerce & les Arts comme des occupations d'eſclaves. Le Gouvernement, diſtrait par les meſures qu'il falloit prendre pour aſſurer les frontieres, pour affoiblir ou intimider des voiſins puiſſans, pour contenir des troupes mercenaires, pouvoit d'autant

(*) Tacite remarque que, ſous les premiers Empereurs, ou plutôt les premiers tyrans de Rome, on fit brûler un grand nombre d'Ouvrages curieux & de Livres importans. Sans doute, ajoute cet Hiſtorien, que ces Empereurs s'imaginoient que le même feu qui réduiſoit en cendre les travaux de tant d'excellens eſprits, anéantiroit les juſtes plaintes du Peuple Romain, la liberté du Sénat, le ſentiment intérieur de tout le genre humain.

moins s'occuper du soin de policer l'intérieur de l'Etat, d'y maintenir la vigueur des Loix, d'y faire fleurir l'amour de la justice, sans quoi il n'y a point de bonheur.

Les Fastes Philosophiques nous offrent encore beaucoup d'autres personnages illustres qui fleurirent avant ou après ceux que j'ai nommés : Antiochus, un des Maîtres de Ciceron & d'Atticus; Œnomaüs qui jetta au milieu des Prêtres expliquant les Oracles, un livre intitulé, *Les fourbes découverts*; Sextus Empyricus dont la conduite morale dément heureusement les subtilités de l'esprit; Maxime de Tyr & Rusticus qui avoient présidé à l'éducation de Marc-Aurele; Quadrat & Aristide qui oserent faire l'apologie des Chrétiens au fort des persécutions, & la présenter à leurs persécuteurs; Potamon dont l'Eclectisme fut si goûté des premiers Docteurs du Christianisme; Gallien aussi bon moraliste qu'habile médecin, fortifia la délicatesse de sa complexion par la tempérance, & mena une longue vie exempte d'inquiétudes & d'infirmités, parce qu'elle fut sobre & sans désirs violens; Plotin fut l'oracle de la Cour, du Sénat & du Peuple, l'arbitre de tous les différens, le génie tutélaire de toutes les familles : il forma le projet de fonder une République de Philosophes, & l'auroit exécuté, si des courtisans jaloux ne l'eussent fait échouer; Boëce, trois fois Consul, plus grand par ses vertus que par ses dignités, périt glorieusement, victime des ennemis que lui avoit suscité son intégrité incorruptible (*). Boëce

(*) » Le bon usage qu'il fit de l'autorité dont il étoit revêtu, lui attira de puissans ennemis. Un indigne usurpateur des biens de ses Concitoyens, nommé Conigaste, qu'il força de mettre fin à ses injustices; un Triguilla, Grand-Maître de la Maison du Roi, dont il réprima les entreprises criminelles; un Préfet du Prétoire, qu'il empêcha de dépouiller par un monopole odieux la Province de Campanie; une foule de Courtisans avides des biens de Paulin, homme consulaire, & qu'il frustra de leur attente en s'opposant aux projets de leur insatiable cupidité; un Cyprien, délateur infâme, dont il confondit la méchanceté; toutes ces sangsues du Peuple, qui ne travailloient qu'à l'accabler par des impôts aussi inhumainement exigés, qu'artificieusement imaginés : gens infiniment plus à charge à l'Etat, qu'utiles au Prince auquel il s'en plaignit hautement; tous les méchans, en un mot, conspirerent à le perdre; & ils en vinrent à bout d'autant plus aisément, que Théodoric ne put lui pardonner la grandeur d'ame avec laquelle il avoit pris la défense du Sénat, contre le Prince lui-même qui faisoit accuser ce corps respectable

fut

fut peut-être le dernier des Philosophes anciens. Les sciences & les arts se perdirent dans ces tems d'horreurs & de calamités publiques où l'Italie devint la proie des barbares. Le flambeau de la raison sembla s'éteindre pour ne se rallumer qu'après plus de dix siecles passés dans les ténebres de l'ignorance.

» du crime de Leze-Majesté. D'ailleurs, Théodoric étoit Arrien & n'avoit point oublié le zele avec lequel Boëce avoit soutenu, en toute occasion, la foi Catholique.....

» Dès que les ennemis de ce grand homme virent le Roi aigri contre lui, ils chargerent trois d'entre eux de l'accuser d'avoir entretenu une intelligence criminelle avec l'Empereur Justinien, & ils produisirent à cet effet des lettres supposées, par lesquelles Boëce paroissoit traiter avec ce Prince des moyens de rétablir la République à Rome, & de soustraire l'Italie à la Domination de Théodoric. Je sais que quelques Historiens ont regardé cette entreprise comme vraie, parce qu'elle leur a paru vraisemblable. Boëce étoit parent de l'Empereur Justinien; il étoit catholique comme lui, & catholique zélé; d'ailleurs l'Empereur étoit le légitime Souverain de l'Italie; Théodoric au fond n'en étoit que l'usurpateur. Ces raisons, qui leur ont paru suffisantes pour justifier la prétendue intelligence de Boëce avec l'Empereur, leur ont aussi paru suffisantes pour en assurer la vérité. Mais, sans décider si cette intelligence eut été excusable par ces motifs, ou si elle n'eût été qu'une infidélité condamnable dans un Ministre auquel Théodoric avoit livré sa confiance, j'assurerai sans hésiter qu'elle n'eut jamais lieu, & que la calomnie seule peut l'en avoir accusé. Je n'en veux d'autre garant que lui-même. Il dit nettement dans le premier livre de la *Consolation de la Philosophie*, que ces lettres, seul fondement de l'accusation, étoient fausses & fabriquées par la malice de ses ennemis; & que leur fausseté eût paru avec évidence, si, contre toute justice, on ne lui eût ôté la liberté de confondre ses délateurs, en empêchant qu'ils ne lui fussent confrontés. Après un désaveu aussi formel, un homme tel que Boëce en doit être cru sur sa foi. Il avoit trop de droiture & trop de grandeur d'ame pour trahir la vérité. S'il avoit en effet conspiré contre Théodoric, il auroit cru avoir de justes motifs pour le faire, & il s'en seroit fait gloire, loin de se déshonorer par un mensonge d'autant plus impudent qu'il étoit plus aisé de le mettre en évidence par la confrontation. Eh! qui hésitera de décider en faveur de ce vénérable Consulaire, rempli de religion & d'une probité si reconnue, contre un Basile, chassé du Ministere, homme perdu, accablé de dettes & de crimes, & contre un Opilion & un Gaudence, fameux par mille fraudes criminelles, commises publiquement, & justement punies par un exil honteux? Reconnus pour des fourbes, ils n'auroient dû, sans doute, faire aucune foi dans l'esprit du Prince; mais un usurpateur croit aisément tout ce qu'il craint. Ses soupçons donnent de la réalité à toutes les entreprises qu'il croit mériter qu'on fasse contre lui. D'ailleurs le courroux des Rois est terrible; tout sert d'aliment à leur fureur, & de matiere à leur vengeance. Théodoric étant aigri contre Boëce, étoit disposé à embrasser tout ce qui pouvoit lui servir de prétexte à le perdre. Ses trois infâmes

La Philoſophie ne parle plus aux humains. La théurgie, la divination, la magie, les ſuperſtitions de toute eſpece, les chimeres de la cabale judaïque, les vaines ſubtilités de la ſcholaſtique ont étouffé ſa voix. A la ſcience des mœurs a ſuccédé la ſcience des enchantemens. Des diſputes auſſi abſurdes que violentes ſur des queſtions puériles, ont remplacé l'étude de la vertu. Ceux qui ſe diſent Platoniciens, n'en ont que le nom. Au lieu de cultiver la morale de leur maître, ils s'attachent à commenter des ſpéculations ſublimes ou profondes qu'ils ne comprennent pas : ils les défigurent, ils les pervertiſſent en erreurs ſacrileges. Ils négligent de voir dans les écrits de Platon, les principes du droit naturel qui y ſont indiqués & ſouvent développés; mais ils y trouvent des formules de magie, des moyens d'évoquer les démons & de s'entretenir familiérement avec eux. Les Païens enthouſiaſtes veulent faire opérer des miracles aux plus illuſtres de leurs Philoſophes. Eh! n'en eſt-ce pas un aſſez grand, d'avoir appris aux hommes à être vertueux, lorſqu'ils adoroient des Dieux inceſtueux, jaloux, vindicatifs & cruels? Au lieu de prêcher l'amour du prochain, la ſoumiſſion aux Loix, la pratique de tous les devoirs de l'homme en ſociété, on ne parle que de la purification intérieure de l'ame, de ſa délivrance, de ſa tranſformation qui doit l'unir aux Puiſſances céleſtes, de la maniere d'attirer les Génies, de les rendre propices, d'entretenir un com-

» délateurs, chaſſés depuis long-tems de la Cour, y furent rappellés dès qu'ils eurent fait entendre qu'ils avoient à dépoſer contre lui; & leurs dépoſitions, toutes fauſſes qu'elles étoient, leur valurent un parfait rétabliſſement dans leurs anciennes places & leur premier crédit. Pour Boëce, il fut auſſi-tôt arrêté, conduit à Pavie, & jetté dans une obſcure priſon. Le tyran ſe hâta de l'éloigner de Rome où ſes amis pouvoient beaucoup, & ſon nom encore plus; & il le fit rigoureuſement reſſerrer, afin que n'ayant aucune communication avec les perſonnes du dehors, il lui fût impoſſible de travailler à ſa juſtification. On ne ſait pas au juſte le tems qui s'écoula entre ſa détention & ſa mort; mais il eſt vraiſemblable qu'il fut aſſez long, & il eſt certain qu'il l'employa très-utilement, puiſqu'il compoſa dans ſa priſon pluſieurs Traités, & entr'autres ſon excellent Livre de la *Conſolation de la Philoſophie.* Fortifié contre tous les événemens par la conſidération des grandes vérités qu'il y développe avec tant d'énergie, il vit la mort ſans la crainte, & la reçut en héros, & pour dire encore plus, en Chrétien. *Vie de Boëce*, à la tête de la Traduction de la *Conſolation de la Philoſophie.*

merce intime avec Dieu même, en quoi l'on fait consister le bonheur & la perfection.

Si nous cherchons la cause de ce désordre de l'esprit humain, nous la trouvons dans la jalousie que le Christianisme naissant inspira aux Païens & aux Juifs. Ceux-ci croyoient opposer avec avantage Moyse à Jesus-Christ, le merveilleux de l'ancienne Loi à ce que la nouvelle avoit de plus éclatant, les secrets de la cabale aux mysteres de l'Evangile. Les Païens voulurent aussi opposer des merveilles à des prodiges, une science ésoterique à des dogmes incompréhensibles, des mysteres à des mysteres, des harmonies & des consécrations théurgiques à des sacremens, des enchantemens à des consécrations, Pythagore & Apollonius aux Apôtres de la nouvelle Religion. Ils conférerent l'enthousiasme, comme les Chrétiens conféroient l'Esprit-Saint; ils supposerent des visions, des extases, des apparitions, des exorcismes, des révélations. Lorsqu'enfin la Religion Chrétienne prévalut par les efforts même des deux autres qui, croyant la combattre, la servoient en se rapprochant d'elle; lorsqu'elle eut gagné quelques savans du paganisme, on poussa le zele indiscret pour la nouvelle doctrine jusqu'à prétendre que quelques-uns des anciens Philosophes avoient été Chrétiens avant le Christianisme, & avoient enseigné ses dogmes les plus sublimes. Alors deux Païens tinrent tour-à-tour le sceptre dans les Ecoles Chrétiennes, jusqu'à ce que l'aristotélisme barbare d'Avicenes, d'Averroès & des autres Arabes enfanta un monstre encore plus informe, la scholastique qui asservit les esprits sous le double joug de l'ignorance & de l'esprit de persécution, défendit de penser & n'apprit qu'a disputer. Dans cet avilissement des facultés intellectuelles, on perdit de vue la morale philosophique. Que dis-je? l'orgueil de paroître subtil avoit étouffé la noble envie d'être sage. Les Chrétiens même négligeoient la doctrine pratique de leur divin Maître, pour éplucher le dogme. La fureur des vaines disputes leur avoit ôté le goût des connoissances utiles. De-là ces héréfies sans nombre, amas confus d'opinions ridicules, absurdes, sacrileges, contradictoires, contraste bizarre avec la simplicité de l'Evangile dans sa naissance; de-là tant de schismes qui, en rompant l'unité de la foi pour des idées abstraites, armerent les Chrétiens contre les Chrétiens; de-là cette haine théologique qui changea l'esprit évangélique, esprit de douceur & de paix, en un zele fougueux, intolérant, persécuteur. Et quelles horreurs n'a-t-elle pas produites? Quelles plaies elle a faites à l'humanité! Elles saignent encore. Rappellerai-je ici les guerres de Religion, les plus cruelles de toutes les guerres; les Croisades qui coûterent deux millions de Chrétiens a l'Europe, & ne lui gagnerent pas un Infidele; l'Espagne épuisée par l'expulsion des Maures & des Juifs; l'Allemagne voulant à toute force adopter une Religion qui la noyoit dans son sang; & le massacre de la Saint-Barthelemi, opprobre éternel du nom François, & les fureurs de la Ligue qui pensa priver la France du meilleur de ses Rois, & la révocation de l'Edit de Nantes qui la dépeupla?.....

Quoi! la lumiere de l'Evangile a remplacé le flambeau de la Philosophie : le Christianisme assis sur le trône des Césars, a gagné successivement toutes les contrées de l'Europe, & je ne vois de toutes parts qu'injustice & noirceur, orgueil & bassesse, tyrannie & souffrances. Nous sommes bien éloignés de rendre la Religion responsable de ce qui n'en étoit que l'abus & la corruption; mais telle étoit la méchanceté des hommes, qu'ils la faisoient servir de masque ou d'instrument à leurs viles passions. Jamais le parricide, l'adultere, l'inceste, les duels, les assassinats ne furent si communs, Jamais on ne vit tant de perfidies domestiques, tant de trahisons publiques, tant de discussions civiles, tant de concussions de toute espece, un abus si criant des choses les plus respectables. Par-tout le crime vend au crime le sang de l'innocent. Les plus belles Provinces sont ravagées par des bêtes féroces sous le nom de conquérans; la foi publique est violée jusqu'au pied des autels; j'y vois des Pontifes souillés de tous les crimes (*); & pour comble d'atrocité, un tribunal de sang élevé sous les auspices d'une Loi de charité. Voilà l'horrible tableau de dix siecles. On diroit que la Nature s'étoit épuisée par la production des grands Hommes qui illustrerent les beaux âges d'Athe-

(*) Alexandre VI, *&c.* Ceux qui ont lu l'Histoire ne m'accuseront pas d'avoir chargé ce tableau. Celle d'Italie offre seule tous ces traits.

nes & de Rome, & que les générations qui suivirent n'en étoient que le rebut.

L'Europe étoit chrétienne; au moins elle en portoit le nom, mais elle n'avoit plus de Philosophes : elle n'avoit plus de Sages qui formassent la jeunesse aux vertus sociales, qui conversassent avec les Rois, qui apprissent aux Magistrats à être justes, qui prêchassent au Peuple l'union & la concorde, ou qui, ne pouvant faire mieux, opposassent de grands exemples à une grande corruption. Les chaires publiques étoient remplies par des Scholastiques; ces Professeurs ineptes avoient substitué à la Science civile, un mélange décousu de pensées d'Aristote, de commentaires du Droit Romain, avec des maximes de l'Ecriture Sainte, des Peres & des Jurisconsultes, défigurées par une métaphysique aride, affoiblies, embrouillées par les décisions souvent contradictoires des Casuistes, obscurcies encore par un jargon inintelligible, desorte qu'elles n'étoient d'aucun usage pour régler les mœurs (*)......

(*) Ce n'est pas moi qui parle ainsi de la morale des Scholastiques; ce sont tous ceux qui l'ont étudiée. On ne récusera pas le jugement d'un Prêtre Catholique Romain. Le Jésuite Bussier dit : » De toutes les parties de la Philosophie, la morale est » demeurée la plus défectueuse dans l'Ecole.....

» A peine dans tout un Traité Scholastique de Morale, s'y trouve-t-il rien qui re- » garde véritablement la morale; c'est-à-dire qui serve à la conduite de la vie, à la » regle des mœurs, & aux motifs capables d'en inspirer le goût.

» Le peu de sujets qu'on y traite, qui regardent les mœurs; comme ce qui regarde » la fin de notre conduite, comme le bien que nous devons chercher, ou le mal que » nous devons fuir, la bonté, la perversité ou l'indifférence de nos actions, *&c.* s'y » trouvent métamorphosés en une métaphysique aride, souvent frivole, & qui sure- » ment ne sauroit être d'aucun usage pour se conduire dans la vie, & pour procurer » son propre repos & celui des autres.

» Ceux qui passent pour réussir le mieux dans la morale des Ecoles, se contentent » d'indiquer en général la nature des vertus & des vices, des passions & de la con- » science; avec quelques problêmes détachés qui ne servent qu'à une spéculation in- » fructueuse, ou tout au plus à une dispute subtilisée; par exemple, si la vertu de » la force se montre plus à attaquer qu'à se défendre; comme si elle ne se montroit » pas également, selon les diverses occurrences, dans l'un & dans l'autre.

» La raison qu'on allegue de cet usage, est, dit-on, qu'il faut donner aux jeunes » gens de quoi disputer, afin de s'exercer l'esprit; mais la raison du mal est ici » pire que le mal même : car c'est prétendre que l'exercice de disputer est préférable » aux instructions nécessaires ou utiles à la conduite de la vie, pour former un hon-

Après un long sommeil léthargique, presqu'aussi affreux que la mort, la raison se réveille épouvantée des monstres qui l'obsèdent. Le génie, armé du don de penser, se présente pour les combattre. La vérité paroît sous ses auspices; son éclat perce avec peine au travers des épaisses ténebres de l'ignorance. L'erreur frémit; les serpens sifflent sur la tête de l'envie; la superstition chancelle sur sa base mal assurée. Une grande révolution se prépare. Si Bacon n'a pas la gloire de l'opérer, il l'annonce, il en trace le plan; quelques hommes privilégiés, suivant les indications qu'il leur donne, vont changer la face de l'univers.

La sagesse est encore parmi les humains, non dans leurs cœurs, mais dans quelques livres échappés à la barbarie des tems. On les lit, on les étudie. Déja l'homme est sensible au plaisir d'apprendre; bientôt il goûtera les délices d'être vertueux. L'étude de la morale ne fut pourtant pas celle qui l'occupa le plus à la renaissance des lettres. La Poésie, l'Histoire, la Physique, les Mathématiques furent d'abord cultivées avec plus d'empressement. La Morale, cette science naturellement douce & engageante, avoit contracté un air dur & repoussant avec les derniers Savans. C'en fut peut-être assez pour déterminer alors les objets des travaux littéraires. L'homme se fuit à mesure qu'il perd l'habitude de penser. Il n'y a qu'une réflexion profonde qui le replie sur lui-même. Dès qu'il a cessé d'exister dans lui & pour lui, son existence répandue, pour ainsi dire, sur la surface des objets extérieurs, l'appelle & l'invite à s'y reposer. Lorsqu'il craint de se voir, parce que cette vue l'humilieroit; lorsque la passion trouvant son intérêt à ne point changer, le cache lui-même a lui-même, il se livre à des objets de distractions, à la distinction des rangs, à l'ambition des honneurs, à des projets de fortune, à l'importance prétendue des petits talens; ou s'il affecte des occupations plus relevées, il observera les astres, mesurera les gran-

» nête homme & un homme de bien, & pour se procurer le repos, la paix, & » le bonheur le plus grand que nous soyons capables d'obtenir en cette vie. Cependant les jeunes gens n'apprenant sous le nom de morale, souvent que des inutilités, » perdent le goût pour l'étude de la vie morale qui est la plus essentielle de la » vie, *&c. Traité de la Vie Civile.*

deurs des corps, calculera des quantités, retracera le souvenir des événemens passés, chantera les exploits des héros & les plaisirs de l'amour, s'adonnera à la critique; mais il négligera l'art de délivrer l'esprit des erreurs qui le tyrannisent, & de surmonter des inclinations vicieuses par le sentiment du beau moral.

Nous avons vu que les Philosophes de l'antiquité avoient donné d'excellens préceptes soutenus par des exemples excellens. Mais dans l'état de dépravation où se trouvoit le cœur humain au seizieme siecle, les leçons du Portique eussent été trop fortes pour lui, & celles qu'on venoit entendre dans les jardins d'Epicure, eussent probablement servi à le corrompre davantage par l'abus qu'il en eut fait. Il falloit le traiter avec indulgence, ménager son amour-propre sans exposer sa raison, se prêter à ses préjugés pour l'en faire revenir, lui présenter le tableau de ses vices sans le choquer, & le faire rire plutôt que rougir de sa sottise. C'est ce que fit Erasme que je nomme volontiers à la tête des moralistes modernes. Il ne s'annonce ni comme censeur, ni comme précepteur du genre humain. C'est la Folie qu'il introduit sur la scene : par un tour aussi spirituel qu'agréable, en faisant l'éloge des travers des hommes, elle retrace à la fois & les vices & les devoirs des différentes conditions de la vie humaine, & fait aimer ceux-ci par le ridicule justement ménagé qu'il jette sur les autres. Cette reine du monde, en exaltant l'illusion générale qui soumet tout à son empire, apprend elle-même à ses esclaves à secouer le joug qu'elle leur fait porter. Elle célebre des fous, & fait le plus beau portrait du sage, de cet homme maître de lui-même, sourd au langage des sens, lorsqu'il n'est pas celui de la nature, qui ne juge des choses qu'après l'examen le plus réfléchi, qui aime la vérité & la dit hardiment, qui n'épargne aucun vice & traite les vicieux comme un médecin habile donne à ses malades les remedes les plus convenables à leur état. Elle préconise la fatuité des nobles sans mérite personnel, parlant sans cesse de leurs aïeux, parce qu'ils *ramperoient dans la boue s'ils ne se tenoient pas toujours perchés sur leur arbre généalogique*. Elle met les héros à côté des assassins pour leur faire partager l'honneur de détruire l'espece humaine. Elle triomphe au milieu du sanctuaire avec les prélats dont le luxe & le faste contrastent heureusement avec l'humilité de Jesus-Christ & la pauvreté de ses Apôtres, pour faire sentir l'avancement de la Religion dans le monde. Elle se réjouit parmi les moines fourbes & fainéans qui ont inventé tant de pieuses fraudes pour mettre la crédulité des Peuples à contribution : ils savent rançonner la mort même. Elle approche du trône, elle plaint d'abord un homme qui n'est plus à lui, obligé par état de faire le bonheur du monde comme un astre bienfaisant, & exposé à en faire le malheur comme une comete funeste ; un homme dont la vertu doit être toujours armée pour lutter contre la facilité de satisfaire ses passions, contre la flatterie prête à encenser ses vices, contre l'impunité que son rang lui assure. Mais lorsqu'elle voit les Rois s'étourdir sur tous leurs devoirs, en quoi ils sont admirablement secondés par leurs courtisans, leurs bouffons & leurs maîtresses; lorsqu'elle les voit passer une vie si précieuse dans un cercle d'amusemens frivoles, alors elle les traite comme ses plus chers favoris; plus leur sottise est éclatante, car ils sont en spectacle au dedans & au dehors, plus ils ont droit à son estime. Ainsi les vérités les plus importantes sont insinuées à la faveur du ton piquant & gai de l'ironie.

Avant Erasme, un Anglois, illustre par son savoir, ses dignités & ses malheurs, avoit publié un ouvrage à peu près dans le même genre, où la plus saine Politique se cachoit sous le voile d'une fine plaisanterie. L'Utopie de Thomas More, ainsi que la République de Platon, la Cité du Soleil de Campanelle, l'Atlantide de Bacon, l'Oceana d'Harrington, l'Histoire des Sévarambès, la République des Cessares, & les autres modeles d'un Gouvernement fondé sur la base du bien public, ne sont peut-être impraticables que par le déréglement des passions humaines, qui, dans un Gouvernement vicieux, tendront toujours à élever l'intérêt d'un amour-propre mal entendu au-dessus de l'intérêt de la Communauté; mais tout impossibles qu'on les suppose, ils ne doivent paroître ridicules qu'à des hommes vicieux que le sentiment de leur propre corruption empêche de croire à la vertu. Au moins sachons gré a ces Savans d'avoir assez bien pensé de leurs Contemporains pour leur présenter de si bonnes institutions; & comme elles ont été imaginées d'après l'etude la plus réfléchie des Gouvernemens existans, elles contiennent toujours des vues applicables à bien des égards

égards aux formes Politiques actuelles, soit pour les perfectionner ou les corriger.

Machiavel, témoin des excès de perfidie & de cruauté auxquels se portoient les Princes de son tems, osa emprunter le masque de la méchanceté pour leur montrer toute la noirceur de leur ame. A des Princes fourbes, cruels, sans foi & sans loi, il osa donner des préceptes de Politique conformes à l'atrocité de leur conduite, & leur présenter un modele digne d'eux, un modele qui réunissoit à la fois tous les vices. Mais ses leçons étoient plutôt une Satyre sanglante qu'une Apologie. Machiavel, Républicain zélé, Patriote ardent, grand admirateur de ces fameux Romains qui délivrerent Rome de ses Tyrans, pouvoit-il être l'Apôtre de la tyrannie? Il sentoit au contraire que dans l'état de barbarie où l'Italie étoit encore plongée, il ne falloit attendre de remede que de l'excès du mal; qu'il n'y avoit plus que le tableau affreux de la méchanceté réduite en art, qui pût la décrier, & que la tyrannie démasquée feroit comme ces poisons éventés qui n'ont plus la force de nuire: tems malheureux, où au lieu de dire aux Princes: soyez justes, soyez bons; vos sujets vous aimeront & vos voisins vous respecteront; il falloit leur dire: le peuple est une bête féroce, chargez-le de chaînes; il vous haïra, mais il vous craindra: vos voisins sont des monstres, soyez plus méchans qu'eux, c'est l'unique moyen de vous en faire redouter.

Ce qui acheve de mettre en évidence la pureté des intentions du Philosophe Florentin, ce sont ses Discours politiques sur Tite-Live. C'est-là qu'il faut chercher sa véritable doctrine. C'est-là qu'il inculque avec force les plus saines maximes de la Politique. C'est-là que, traitant de la fondation, de la réformation & du gouvernement des Etats, il pose pour principes la Religion, l'union des Citoyens, l'ordre dans les différentes classes, une justice exacte; & pour maximes, que la vertu fait la grandeur des Princes & des Empires; qu'un Peuple sage & uni est invincible; que la licence amene l'esclavage; que ceux qui ont l'autorité en main, travaillent également à leur propre ruine en violant les Loix, & en souffrant qu'on les viole; que la liberté & la corruption des mœurs sont incompatibles; que les femmes sont quelquefois cause de la ruine des plus grandes Monarchies; que la douceur, la justice

& la bonne-foi font la meilleure Politique des Princes, au lieu que la rigueur, le caprice & la dissimulation font autant de mal à ceux qui les emploient, qu'à ceux contre qui elles sont employées. En jugeant donc du Prince de Machiavel par ces Discours dont la Doctrine n'est point équivoque, on ne peut douter qu'il ne l'ait présenté à l'exécration plutôt qu'à l'imitation des Rois. Quand je vois encore le Pape Clément VII faire du bien à Machiavel, parce qu'il redoutoit son jugement, & celui-ci engagé par le même Pontife à écrire l'Histoire de la République de Florence qu'il opprimoit, la lui dédier, & dans sa Dédicace l'avertir qu'il n'excusera jamais une méchante action par une bonne intention, comme il est incapable d'obscurcir une conduite glorieuse par une mauvaise interprétation; quand je le vois, fidele à sa parole, ne dissimuler ni les vices ni les injustices des Ancêtres de Clément, développer avec une vertueuse audace, la conduite affreuse des Pontifes de Rome en plusieurs occasions, les désordres, les divisions, les carnages qu'ils avoient causés en Italie, dont, ajoute-t-il, ils ont presque toujours été les boute-feux; quand ces traits aussi forts que vrais, amenent des réflexions énergiques applicables à son Protecteur, & que l'Historien en fait lui-même l'application par ces paroles remarquables, *nous voyons encore aujourd'hui les mêmes choses*, sans que les bienfaits qu'il en recevoit pussent corrompre son impartialité, ou même modérer son indignation contre des abus crians, je ne puis soupçonner un homme de cette trempe de jouer sincérement le rôle d'un vil adulateur qui adore le vice couronné & prêche la tyrannie. Peut-être que, si Machiavel, prenant une autre méthode, nous eût peint les Princes, non tels qu'ils étoient alors, mais tels qu'ils cherchent à paroître ou qu'ils devroient être, son livre seroit moins utile. Il importe de connoître toute l'atrocité dont les méchans sont capables lorsqu'ils prosperent. Dévoiler leurs artifices, c'est presque toujours en diminuer le danger; sonder la profondeur de leur iniquité, c'est en préparer le contrepoison. Enfin l'intention du Secrétaire de Florence est si sensible à tout esprit droit & non préoccupé, que son livre mal compris par les critiques a été mal réfuté. Les censures portent souvent à faux, je n'en excepte pas même la derniere qui, quoique l'ouvrage d'un Auteur d'un rang suprême, qui s'instruisoit lui-même dans l'art des Rois, ne soutient pas la bonne cause avec tout l'avantage qu'on pourroit lui donner.

Montaigne n'enveloppa sa morale d'aucune espèce de voile. Ce Philosophe d'un naturel enjoué, plein de candeur & d'aménité, ennemi de toute gêne, conversa avec les hommes comme avec lui-même. Il joignoit la simplicité d'un enfant au bon sens d'un homme mûri par la réflexion & l'usage du monde, pensoit sans effort, parloit sans prétention, écrivoit sans apprêt. Ses Essais contiennent une morale douce & accommodée aux différentes conditions de la Société. C'est l'ami de l'humanité, qui l'entretient familiérement de ses défauts & de ses perfections, l'instruit en l'amusant, la flatte pour la corriger, & lui donne des conseils qu'elle aime à suivre.

Charron réduisit la sagesse en art, mais il en puisa les principes dans le cœur humain. Son livre est plein de grandes leçons, peut-être trop fortes pour son siecle. Il commence par inviter l'homme à se connoître : c'est peu, il lui sert de guide & de soutien dans cette étude pénible. Lorsqu'il fait l'anatomie de l'esprit & du cœur, aucune pensée, aucune affectation n'échappe à la sagacité de ses observations. Il faut ensuite le garantir de deux maux: l'un extérieur, l'empire de l'opinion, de la coutume & de l'exemple; l'autre intérieur, la tyrannie des passions. C'est ce que Charron appelle se garder du monde & de soi. L'homme en garde contre la contagion du monde & les séductions de l'amour-propre, acquiert cette entiere & généreuse liberté de jugement & de volonté, laquelle exalte ses facultés, & ne souffre en lui que des affections justes. Cette disposition mene à la sagesse. Celle-ci consiste en une volonté fortement attachée au conseil de la raison, toujours droite, franche, mâle, riante, égale, uniforme & constante, en quelque situation qu'elle se trouve. Par elle, l'homme régle ses desirs, apprend à se contenter de peu, de ce peu qui est assez; à ne pas regarder comme des biens ce qui ne rend pas le juste meilleur, ne corrige pas le méchant & est commun à l'un & à l'autre; à ne pas mettre au rang des maux, ce qui n'ôte ni la probité ni le courage; à supporter également l'adversité & la prospérité; à jouir de tout son être sans trop l'étendre ni le resserrer; à trouver le bonheur dans la possession du nécessaire. Voilà en substance ce qui regarde la conduite intérieure du Sage. La Société lui impose de nouveaux devoirs : il doit de la soumission aux Loix & à la Religion, de la déférence aux coutumes de son Pays, du respect aux Magistrats, du zele, de l'activité, de l'intégrité aux affaires publiques ou particulieres, de la modestie, de la douceur, de l'égalité, de la discrétion, de la justice, de l'indulgence, de l'amitié à tous les hommes en général ; des services & un attachement inviolable à la Patrie, soit qu'elle l'appelle aux emplois du Gouvernement intérieur ou aux négociations au dehors, soit qu'elle arme son bras pour sa défense, soit enfin qu'elle se contente de sa probité dans une condition privée. Ainsi le Sage remplit utilement le cours de la vie, & la couronne par une mort glorieuse qu'il attend sans inquiétude dans l'exercice de toutes les vertus. Voilà une idée légere de *la Sagesse* de Charron dans un tems où la Morale de l'Ecole étoit encore si défectueuse (*).

Les esprits, remontés au ton de la raison, ne le quitteront plus. Guichardin, Paul Paruta, Sansovin, Scipion Ammirato, Fra-Paolo, Boccalin, Giannone en Italie ; Sidney, Hobbes, Locke, Gordon, Cumberland, Wollaston, Hutcheson, Shaftsbury en Angleterre ; Pufendorff, Leibnitz & Wolff en Allemagne ; Grotius, Barbeyrac & Wicquefort en Hollande ; Sully, Bodin, Domat, la Rochefoucault, Gassendi, Bernier, Castel de Saint-Pierre, Vauban, la Marre, Fénelon, Montesquieu, Helvetius, Quesnai & ses Disciples en France, vont, en moins d'un siecle & demi, porter les Sciences morales & politiques à un degré de solidité & de précision que n'avoient pu leur donner tous les Sages d'Athenes & de Rome. (**)

Wincler avoit publié en 1615 des *Principes de Droit*. Dix ans après parut le grand Ouvrage de Grotius *du Droit de la Guerre & de la Paix*. C'étoit la production d'un homme de génie mûri par les affaires, les disgraces & la méditation. Des Maximes de la Jurisprudence naturelle & politique, il déduit des regles sûres pour maintenir les Nations en paix, lorsqu'elles y sont, pour les y rame-

---

(*) Voyez ci-devant la Note Pag. xxix.

(**) On trouvera dans ce Dictionnaire une Analyse raisonnée des Ouvrages moraux & politiques des Auteurs qu'on vient de nommer & d'une infinité d'autres.

ner le plutôt possible lorsqu'elles sont en guerre, & mettre de la justice, de l'humanité même, dans un état qui semble être le renversement de toute espece d'ordre, & devoir étouffer tout sentiment de pitié.

Cumberland rechercha le Principe Philosophique des Loix naturelles, & le trouva dans la bienveillance universelle envers tous les êtres raisonnables : bienveillance qui est à la fois l'abrégé de toutes les obligations morales & la source de tous les biens dans l'ordre naturel & social, & qui portée au suprême degré, constitue l'état le plus parfait & le plus heureux de tous & de chacun.

Pufendorff mit dans un nouveau jour la Science que Grotius avoit tirée de la barbarie. Doué d'un esprit pénétrant, d'un jugement exquis, d'une raison libre de préjugés, il remonte aux plus simples élémens de la Science des mœurs, & suivant pas à pas l'enchaînement naturel des vérités morales, il en forme un systême méthodique des droits & des devoirs de l'Homme, du Citoyen, du Souverain, qu'il déduit du principe fécond de la sociabilité naturelle.

Wolff, une des plus grandes lumieres de l'Allemagne, y perfectionna encore la Jurisprudence. Locke fit sentir à ses Compatriotes les inconvéniens d'une éducation barbare. Instituteur éclairé, il leur apprit à donner à leurs enfans un corps sain, un esprit libre, une ame droite. Politique profond, il traita aussi de l'origine, des fondemens, de la nature du Gouvernement, & il en traita avec cette impartialité qui doit tenir la balance lorsqu'on pese les Privileges du Peuple & l'Autorité souveraine. Hobbes, Filmer & Barclay, trop sensibles aux malheurs affreux que cause la licence d'un peuple séditieux, avoient étendu trop loin la prérogative royale, ils jugeoient trop avantageusement des Magistrats, & par une confiance indiscrete, marque d'une ame honnête, ils les exposoient à abuser d'un pouvoir qui est déja assez entreprenant de sa nature. Milton, Buchanan & Sidney, séduits par l'indignation qu'inspirent les horreurs de la tyrannie, s'étoient montrés Partisans outrés de la démocratie; ils faisoient tout dépendre d'un Peuple inquiet, passionné, mal éclairé sur ses véritables intérêts, facile à alarmer, incapable d'une résolution constante, moins capable encore de se procurer les biens qu'il désire. Locke fut tempérer un système par l'autre. Par ses principes, également éloignés des bassesses de l'obéissance passive & des excès d'une résistance séditieuse, les droits respectifs de ceux qui gouvernent & de ceux qui sont gouvernés, se trouvent établis d'une maniere plus solide : tous les pouvoirs sont plus sagement combinés, & toutes les spheres du Gouvernement, retenues à leur place, se meuvent avec un accord plus merveilleux. Ainsi le génie philosophique après avoir été porté & comme ballotté d'une extrémité à l'autre, se repose enfin dans un juste milieu où il rencontre le vrai. Ce qui prouve qu'on ne doit point craindre les paradoxes les plus étranges. Loin d'être dangereux, ils contribuent aux progrès de la Science. C'est le propre de la Philosophie, de faire servir l'erreur même à la manifestation de la vérité.

Wollaston détermina avec précision la nature du bien & du mal & en fixa la différence. Il fit voir que la vertu étoit la vérité mise en pratique; que l'homme le plus vrai étoit le plus vertueux. Selon lui, les actions humaines sont susceptibles de vérité & de fausseté, comme les propositions, & c'est ce qui fait leur moralité. Elles sont vraies, ou moralement bonnes, lorsqu'elles sont conformes à la nature des choses, à ce que chaque chose est en elle-même & relativement aux autres. Les actions sont fausses, ou moralement mauvaises, lorsqu'elles contredisent la nature des choses & leurs rapports réels. L'agent intelligent & libre ne doit pas plus contredire la nature des choses dans ses actions que dans ses paroles. S'il le fait, il sort de l'ordre : il offense la raison : il détruit, autant qu'il est en lui, l'harmonie de l'univers. Si ce principe semble avoir quelque chose d'abstrait, il est tout pratique dans ses conséquences. Il accorde le bien physique avec le bien moral; il rend raison de la beauté intrinseque de toute action honnête, de la satisfaction intime qui l'accompagne, des avantages qui en résultent nécessairement & pour l'agent, & pour ceux sur qui elle influe plus ou moins, suivant que la sphere de son activité a plus ou moins d'étendue. Il montre de même la laideur naturelle du vice, ce sentiment désagréable dont il affecte les ames droites, indépendamment des circonstances extérieures, & sa maligne influence sur la Société. Quel est en effet l'état le meilleur, le plus agréable, le plus voluptueux pour l'homme? c'est sans contredit le plus analogue à sa constitution, & à celle des objets qui peuvent agir sur lui, celui qui se trouve le plus conforme à ses rapports réels avec ses semblables, en un mot celui qui le met en parfait accord avec toute la nature. Il ne peut y être qu'en remplissant ses obligations envers tous les autres êtres, & s'ils remplissent également les leurs envers lui, c'est le bien moral porté à sa perfection. Mais le système total doit souffrir du désordre de la moindre de ses parties : la souffrance est en raison composée du désordre & de sa distance. Les parties les plus voisines souffrent davantage que les plus éloignées ; & celle qui cause le désordre est elle-même dans l'état le plus violent. Ainsi Wollaston en tirant la vertu du sein de la vérité, & le bonheur du sein de la vertu, inculque la nécessité de remplir ses devoirs pour être bien avec soi & avec les autres.

Hutcheson découvrit, ou crut découvrir un sixieme sens dans l'homme, la faculté de percevoir les distinctions morales comme le goût perçoit les saveurs, comme le tact juge du poli & de l'inégalité des surfaces. Quelle que soit la réalité de cette découverte, son Auteur en déduit une belle Théorie, où il établit d'une maniere claire & précise les plus justes maximes de la Jurisprudence naturelle & civile.

Shaftsbury voulut épurer la vertu de tout motif intéressé : non pas qu'il prétendît sevrer le Sage de la douceur qui en est inséparable. Partisan du sens moral, il étoit plus sensible que personne à la satisfaction qui naît de l'honnêteté des actions ; mais il ne vouloit pas que ce plaisir, ni aucun autre fût le motif de la vertu. Il craignoit qu'en favorisant dans l'homme un penchant déja trop fort à rapporter tout à son propre avantage, on ne diminuât d'autant sa bienveillance pour les autres. Comme la crainte des châtimens est un sentiment d'esclave, ainsi l'espoir des récompenses lui sembloit un motif mercenaire. A son jugement une affection généreuse pour les objets intellectuels & moraux de la Justice, étoit la mesure du mérite, & l'amour du bien général le mérite par excellence. Il étoit réservé aux Philosophes François de dévoiler les liens secrets par lesquels la nature a uni l'intérêt particulier à l'intérêt public, pour faire de la vertu la base de l'union sociale, le soutien de l'économie politique & la prospérité des Etats.

En France deux disciples d'Epicure préserverent la morale de l'austérité outrée d'une secte religieuse, & du relâchement d'un autre. Les Rigoristes enthousiastes affectoient de s'élever au-dessus de l'homme, & prétendoient corriger la raison ; les Moralistes relâchés méconnoissoient la dignité de son être & ne rougissoient pas de rester au-dessous. Gassendi & Bernier se tinrent au niveau de la nature humaine. Ils n'avoient point l'art empoisonné de mettre la vertu en opposition avec le plaisir. Ils la voyoient sous un jour plus attrayant. Elle leur sembloit se confondre avec le plaisir honnête, cet être délicat, inalliable avec toute espece d'indécence & d'excès. L'amour du plaisir bien ordonné est dans l'homme l'amour de son bien-être, c'est-à-dire, un penchant nécessaire qui l'intéresse à la conservation & à l'amélioration de son existence, & le porte avec vivacité vers ce qui lui convient seulement ; car un désir plus vaste n'est plus strictement l'amour du bien, c'est l'abus ou la corruption de cet instinct naturellement soumis à la raison. La nature ne trouve point agréable ce qui lui est contraire. Le moindre désordre est douloureux. L'ombre même de la douleur marque à nos passions les bornes qu'elles ne doivent point franchir, & qu'elles ne franchissent jamais impunément. Il n'est donc pas de vrai plaisir qui soit en même-tems criminel. Lorsqu'il le devient, c'est qu'il s'altere, & qu'il est prêt à se changer en douleur, en chagrin, en remords. Tout ce qui flatte réellement la nature raisonnable, est dans l'ordre : ce qu'elle exige lui convient & lui est dû : le lui accorder est un devoir, & la pratique de nos devoirs est la vertu. Ainsi l'amour du plaisir honnête, l'amour de l'ordre, l'amour de la vertu sont le même. Il produit la tempérance, la sobriété, la bonne foi, l'amitié & tout le cortege des qualités utiles. Qu'on ne dise donc plus que le plaisir corrompt l'ame. Les pures délices de la vie sociale, capables d'adoucir les caracteres les plus revêches, & si propres à affiner le sentiment des ames délicates, pourroient-elles rendre l'homme insensible au bonheur de ses freres ? Plus il éprouvera que l'acquit de ses devoirs envers sa famille, ses amis, ses concitoyens, le met dans une situation agréable, & plus l'attrait de sa propre félicité, le portera à procurer celle des autres.

Les *Maximes* de la Rochefoucault & les *Caracteres* de la Bruyere sont

ſont des ouvrages précieux. La Rochefoucault, grand ſcrutateur du cœur humain, fait la ſatyre des Courtiſans, les plus diſſimulés de tous les hommes. Il pourſuit ſans relâche l'amour-propre (*) ſous les différentes métamorphoſes qu'il prend pour échapper à ſes coups, & après avoir dépouillé ce Protée de toutes les formes qui le déguiſoient, il le livre à ſa propre laideur comme à ſon plus cruel bourreau.

La Bruiere, peintre habile des mœurs, ſaiſit juſqu'aux nuances fugitives des caracteres; la reſſemblance de ſes Portraits force les originaux à rougir & à ſe corriger.

Le *Télémaque* eſt le plus beau préſent que la Philoſophie ait fait aux hommes par la main des Muſes; & ſi le bonheur du genre-humain pouvoit naître d'un Poëme, il naîtroit de celui-là, dit un habile Critique. C'eſt l'art de gouverner mis en action. La raiſon échauffée par l'amour de l'humanité, y enſeigne d'un ton touchant la Morale la plus épurée, & une Politique bienfaiſante. O Rois, reſſemblez au modele qui vous eſt préſenté, la vertu aſſiſe avec vous ſur le trône fera votre bonheur & celui de vos Sujets!

Les projets de l'Abbé de Saint-Pierre, tout chimériques qu'ils ſont ſans doute par la conſtitution vicieuſe de nos Gouvernemens, font ſentir au moins juſqu'où l'Eſprit Philoſophique porte ſes vues bienfaiſantes.

Les *Loix Civiles diſpoſées dans leur ordre naturel*, annoncerent un livre d'une trempe plus forte, celui *de l'Eſprit des Loix*. Monteſquieu n'a point fait de Loix, mais il en a pénétré l'eſprit, diſcuté les motifs, développé les rapports, & ſuivi les effets. Il apprend aux Souverains à faire des Loix, à les adapter au génie particulier des Nations, à la qualité du climat, à la Religion, a la forme du Gouvernement. O Monteſquieu! vous faites des Légiſlateurs, c'eſt plus que de l'être. Il eſt vrai, vos principes auroient acquis bien plus de force & d'évidence, ſi vous les aviez tirés de cette Loi unique qui engendre toutes les Loix & toutes les inſtitutions. Malgré ce défaut racheté par tant de grandes vues, votre livre ſera lu

(*) Il s'agit ici de l'amour-propre déſordonné, tel que celui de ces vils Courtiſans que dévore la ſoif des richeſſes ou des honneurs, & qui mettent toujours leur intérêt perſonnel en contradiction avec le bien public.

avec fruit par les Rois, & médité par les Sages. Votre nom ſera en vénération dans tous les âges où il y aura des êtres ſenſibles aux droits ſacrés de l'humanité, & capables d'une bonne Légiſlation.

Un Philoſophe, dont les ames honnêtes pleurent encore la perte; un Philoſophe, qui préféra la ſageſſe à tous les tréſors, & n'eſtima de l'opulence que l'avantage de faire des heureux, Helvetius crut voir tout le ſyſtême de nos facultés dans notre ſenſibilité phyſique; il en fit découler nos talens & nos vertus, nos paſſions & nos vices. Sans doute il donna trop d'extenſion à ce principe; il confondit ſouvent la ſenſibilité de l'amour-propre avec la ſenſibilité phyſique. Quoi qu'il en ſoit, il comprit combien il importoit de diriger ce grand mobile vers le bien, de le fortifier, de l'exalter pour lui faire produire de grands & heureux effets: il montra & la néceſſité & les moyens d'intéreſſer les hommes au bien général par l'attrait du bien particulier, ce qui eſt le grand-œuvre de l'adminiſtration.

Et vous, Auteur eſtimable du Livre *des Mœurs*, vous dont les cendres repoſent dans une terre étrangere, une fauſſe honte ne tiendra point ma langue captive. Je puis, ſans manquer de reſpect pour l'autorité qui vous condamna, reconnoître la droiture de vos intentions, en expoſant librement la maniere dont votre ouvrage m'affecte.

Le Livre *des Mœurs* eſt peut-être le traité le plus complet que nous ayons de la Religion naturelle. Les devoirs de l'homme envers Dieu, envers lui-même, envers ſes ſemblables, y ſont expoſés d'une maniere préciſe, prêchés d'un ton inſinuant, appuyés des motifs les plus nobles que l'humanité ſeule puiſſe fournir. Si la Morale de l'Auteur ne s'éleve point juſqu'à la ſublimité de l'Evangile, c'eſt qu'il parle au Juif, au Muſulman & à l'Idolâtre, comme au Chrétien; c'eſt qu'il parle au Chrétien chancelant dans la foi, que les paſſions ont conduit ſur le bord de l'abîme de l'incrédulité; c'eſt qu'il parle à l'incrédule même, & qu'animé du beau déſir d'épurer les mœurs de tous les hommes de quelque Religion qu'ils ſoient, ou même ſans Religion, il leur offre à tous des Principes moraux également indépendans de la Religion & de l'Irréligion, des Principes qui les obligent tous, dans tous les tems & par-tout. C'eſt-là ſon but & l'eſprit de ſon Livre. Il y auroit de l'injuſtice à lui demander davantage, & il ne rempliroit pas sa tâche, s'il donnoit moins. Fidele à sa promesse, il instruit l'univers. Que l'univers seroit vertueux, s'il suivoit ses leçons!

Ce Plan se justifie par lui-même; il est vraiment digne d'un Philosophe dont l'ame embrasse tous les tems & tous les climats, chérit tous les hommes, est jaloux de montrer à tous une regle de vertu qu'ils n'aient aucun prétexte de rejetter : c'est la Loi Naturelle. Dès lors il doit s'y borner, pour être écouté & compris de tous les Peuples. Il doit s'attacher uniquement à leur en démontrer la sainteté, l'universalité, l'invariabilité, la nécessité indispensable. Il doit garder un silence absolu sur toutes les Loix positives. En faire mention, ce seroit sortir de son plan. Il révolteroit immanquablement une bonne partie des Peuples qu'il se propose de rendre vertueux; il ne seroit plus à la portée de tous; enfin il manqueroit son but. Le voilà donc non-seulement dispensé de montrer une affection particuliere pour la Religion qu'il professe dans le cœur, mais strictement obligé de ne pas laisser pressentir, en quelque sorte que ce puisse être, qu'il la préfere aux autres : cela seul feroit soupçonner que les Principes de sa Morale sont ceux de sa Religion; & les hommes qui ne croient point sa Religion, s'en autoriseroient pour rejetter sa Morale. Il poussera donc si loin qu'il pourra, la réticence sur cet article, sans craindre qu'il y ait de l'excès.

On ne m'accusera pas de prêter à ce Moraliste un dessein qu'il n'eut pas. Il s'en explique clairement en ces termes : „ Qu'on „ se rappelle le titre de cet Ouvrage, on n'exigera point de „ moi ce que je n'ai pas promis. Ce sont les Mœurs que j'ai „ promis; la Religion Naturelle suffit pour cet effet, je ne „ vais pas plus avant, je veux qu'un Mahometan puisse me „ lire, aussi-bien qu'un Chrétien; j'écris pour les quatre parties „ du monde. (*) «

Quelle intention fut jamais plus droite! Quel projet fut jamais plus noble! L'exécution y a répondu. Quand l'ouvrage parut, il

(*) Voyez l'Avertissement qui est à la tête du Livre *des Mœurs*.

fut accueilli avec les éloges qu'on donne aux productions les plus excellentes. Les étrangers éclairés se joignirent aux François les plus sensés, pour dire d'une voix unanime que le Livre faisoit autant d'honneur à la bonté de l'ame qu'à celle du génie de l'Auteur.

Cependant, soit que son intention, telle que nous venons de la rendre d'après lui-même, ne fût pas bien saisie, soit que l'envie s'armât contre lui, soit enfin que la Religion des Magistrats fût surprise, l'Ouvrage fut proscrit; & ce Traité de Morale, bon & utile, s'il avoit été lu dans l'Esprit qui le dicta, passa pour un système d'impiété. Se taire sur sa Religion, lorsqu'on le doit, est-ce l'abjurer? Enseigner les Vertus humaines, est-ce anéantir les Devoirs Evangéliques? Apprendre aux hommes à être honnêtes, est-ce leur défendre d'être Chrétiens? N'est-ce pas plutôt les y disposer? (*)

Les Charron, les Wollaston, les Montesquieu n'avoient pas échappé non plus à la malignité des détracteurs de la Philosophie. Hommes mal-intentionnés, qui avez résolu de ne point croire à la sagesse, lors même que vous en recueillez les fruits, compa-

(*) Malgré cette Apologie du Livre *des Mœurs*, je ne prétends pas approuver quelques passages accusés justement d'inexactitude, sur lesquels l'Auteur a passé lui-même condamnation. Et ceci doit s'appliquer à tous les autres Ouvrages censurés ou non-censurés, dont j'ai parlé, ainsi qu'à ceux dont je ferai mention. Je puis louer ce qu'ils ont de bon, sans adopter ce qu'ils peuvent avoir de répréhensible; comme en lisant je m'attache au bon pour en profiter, & ferme volontiers les yeux sur le mauvais pour en éviter la contagion, il n'est pas étonnant que l'un m'affecte plus que l'autre. Mais il y a des gens qui condamnent un livre avant que de l'avoir lu. Prévenus contre l'Auteur, ou parce qu'il est d'une secte différente, ou parce que l'éclat de ses talens excite leur jalousie, ils ont une sorte d'intérêt à le trouver coupable. Est-il étonnant que dans cette disposition d'esprit, ils le jugent avec partialité? Est-il étonnant qu'aveuglés par la passion, ils fassent violence aux textes les plus clairs, & alterent le sens des propositions les moins équivoques? Est-il étonnant enfin que la piété des Magistrats, d'autant plus facile à alarmer qu'elle est plus sincere, s'en laisse quelquefois imposer par un bruit qui s'accrédite? Quelqu'attentifs & integres qu'ils soient, ils sont comme entraînés par le torrent.

Voyez CONDAMNATION DES LIVRES.

rez votre conduite avec celle des Gens-de-Lettres que vous persécutez. Vous maltraitez d'utiles Citoyens, & leur patience contraste avec votre acharnement. Vous les décriez, vous les diffâmez, vous les accablez d'injures, ils se taisent, ou s'ils répondent c'est avec le sang froid de la raison. Vous les déférez aux Tribunaux. Vous dictez vous-mêmes leur condamnation; ils vous pardonnent; parce que leur conscience les absout. Vous tâchez d'ameuter contre eux tous les ordres de l'Etat. A tant de méchanceté, ils n'opposent que des mœurs douces & irréprochables. Vous avez beau leur susciter des ennemis, vous avez beau flétrir leurs travaux, vous ne les découragerez point, vous n'éteindrez point en eux l'amour de la sagesse. Vous pourrez vous lasser de les outrager, ils ne se lasseront point d'être vertueux & utiles. Voyez leurs ouvrages devenir plus nombreux, plus forts, plus solides, à mesure que vous les calomniez davantage. C'est ainsi qu'ils sauront tourner en bien pour eux, votre censure toute amere & injuste qu'elle est. C'est en vous éclairant qu'ils se vengeront; c'est à force de raison qu'ils vous arracheront la justice que vous leur refusez. Voyez comme ils tendent plus immédiatement au bien public; comme ils plaident la cause de l'humanité, de la liberté, de la vertu, de l'intérêt national, de la souveraineté. Car la Philosophie est tout-à-la-fois la fidele surveillante du bonheur des Peuples, & le plus ferme appui du trône. La prospérité de l'Etat fait la sûreté du Souverain. Comme ceux qui gouvernent ne sont revêtus de l'autorité suprême que pour procurer le bien de la société, leur puissance devient précaire dès qu'elle n'agit plus pour cette fin, au lieu que sa force, sa plénitude, son intégrité sont comme attachées au zele qu'ils témoignent pour régner par les Loix & pour faire présider la justice & l'intérêt de la Nation à toutes les résolutions. Mais les actes de violence & d'oppression ne sont point des actes de Gouvernement, ils tendent plutôt à le détruire. C'est être ami des Rois, que de leur inspirer de l'horreur pour toute espece d'injustice, d'oppression & de flatterie, de les prémunir contre la tentation du pouvoir arbitraire, de leur faire goûter les douces maximes de la paix, de la justice, de la modération, de la clémence, de l'amour du bien public, de l'attachement aux

Loix; d'accoutumer leurs oreilles à la voix impérieuse de la vérité.

C'est une maxime générale parmi les Philosophes, que l'étude de l'homme est la seule digne d'être cultivée; que toutes les autres doivent s'y rapporter; que le Sage s'occupe uniquement de ce qui tend à procurer le bonheur du genre humain. Les Sociétés Littéraires trop long-tems occupées de discussions frivoles, de paradoxes vainement subtils, consacrent leurs veilles à la propagation des vérités utiles, proposent à la sagacité des Savans des questions morales, politiques, économiques, ou l'éloge des grands hommes qui ont bien mérité de l'humanité. Toutes les productions du génie portent cette vertueuse empreinte. On l'applaudit au Théâtre; on la retrouve jusques dans les moindres jeux de l'esprit. Aux contes Arabes, Turcs & Mogols, ont succédé des contes Moraux, des contes Philosophiques.

Quelle sublime maniere d'écrire l'Histoire, que de tracer à grands coups de pinceau, le tableau frappant du sort de l'humanité dans les différentes révolutions qu'elle a éprouvées, & en marquant dans ces époques les pas lents & chancelans que la Politique a faits vers le bonheur public, de montrer la route que les conducteurs de la génération présente doivent suivre pour y parvenir!

Ces recueils puériles de voyages où le vrai est sacrifié au merveilleux, l'utile à l'agréable, où l'on nous apprend tout ce que nous pourrions ignorer sans inconvénient, & presque rien de ce qu'il nous importe le plus de savoir, ces relations seches & stériles, les romans poétiques & plus stériles encore de ces brillantes expéditions qui firent tant d'honneur à quelques Navigateurs hardis, & tant de mal à l'humanité, deviennent dans ce siecle éclairé, des Traités profonds de Morale, de Politique & de Commerce. Le Philosophe apperçoit la ruine & l'opprobre des Nations se préparer de loin par des découvertes où des yeux moins pénétrans ne voient que leur gloire & leur opulence actuelles; quelquefois encore il découvre le germe de leur prospérité future dans leur calamité présente. Il suit les Peuples Européens sur les mers qu'ils franchissent avec audace, il les suit jusques dans le vaste continent de l'Inde qu'ils subjuguent à force de guerre & de mauvaiſe foi. Il obſerve la marche, tantôt lente & tantôt rapide, de leurs établiſſemens; la nature, la forme, l'étendue, la valeur de leur commerce; il compare les dépenſes aux produits, les avantages aux échecs, les pertes aux profits; il apprécie les fautes qu'ils ont faites & les reſſources qui leur reſtent pour les réparer; il leur met ſous les yeux leur état actuel, c'eſt-à-dire, la ſituation violente de leurs affaires dans ces régions opulentes, ce qu'ils ont à craindre, ce qu'ils peuvent eſpérer; comment il leur importe de ſe conduire avec des Nations qu'ils ont indiſpoſées, aigries, indignées par la maniere dont ils ſe ſont montrés à elles, armés pour les opprimer, prodigues de leur ſang, avides de leurs richeſſes; par quels moyens ils ſe les rendront amies : révolution qui ſera l'ouvrage des progrès de la raiſon, de la juſtice, de la modération, d'un commerce fondé ſur la double baſe de la bonne foi & d'un intérêt réciproque. Il voit encore dans la découverte de l'Amérique, les vices & les maladies du nouveau monde, achetés au même prix que ſes marchandiſes; nos ridicules, notre luxe, notre eſprit d'oppreſſion tranſplantés dans des contrées que des mers immenſes devoient en préſerver. Les gémiſſemens de tant de victimes immolées à notre inſatiable cupidité, lui arrachent des larmes, mais ce déſordre du moment, quelque grand qu'il ſoit, ne force point le jugement qu'il porte ſur l'avenir. Il ſait que de la communication des Peuples entr'eux doit réſulter tôt ou tard un ſurcroît de félicité pour tous. Il cherche les cauſes qui ont empêché cet effet; & cette recherche le conduit à la découverte des moyens qui doivent l'amener. C'eſt alors que l'obſervateur Philoſophe s'éleve à la ſublime fonction d'Homme d'Etat & de Légiſlateur. Il la remplit avec dignité : les véritables intérêts mercantils ſont diſcutés & accordés, la liberté & la concurrence établies, les abus dévoilés & réformés, les privileges reconnus pour des charges; les Colonies ſont fondées ſur leurs véritables principes, & gouvernées ſelon le régime le plus expédient pour elles & pour la Métropole. L'action des deux mondes l'un ſur l'autre eſt rendue douce & bénigne, les degrés en ſont calculés avec juſteſſe, & ſagement dirigés. Par-tout l'équité, d'accord avec la Politique, apprend aux Nations & à leurs Chefs à faire ſervir cette grande révolution au complément de la somme de bonheur dont chaque partie du globe est susceptible. Ils y sont encore portés par les motifs les plus propres à toucher des ames généreuses, la justice de réparer leurs torts par des bienfaits, de rétablir l'ordre où ils ont jetté la confusion ; la noble envie d'être les bienfaicteurs de la terre après en avoir été les tyrans : la gloire de faire germer la vertu & le bonheur à côté de l'or qui jusqu'ici a été la source de tous les vices & de tous les maux : la jouissance du bien que l'on fait, plus douce que la jouissance du bien qu'on reçoit : la flatteuse espérance d'être béni par les âges futurs qui hériteront de la prospérité & de la reconnoissance du siecle présent : Et, s'il faut des motifs plus analogues à l'avilissement des hommes corrompus, ils seront peut-être sensibles à la crainte de perdre le peu de puissance qui leur reste, à la privation totale de leur commerce dont une partie s'est déja échappée de leurs mains, à la honte d'être toujours méchans & misérables, d'encourir en pure perte l'exécration publique, & de se voir peut-être chassés d'un pays où ils prétendoient tout envahir.

La Philosophie, dans son enfance, s'irritoit contre les hommes parce qu'ils étoient méchans : elle s'étonnoit de leur sottise, elle déclamoit vaguement contre la corruption des mœurs, l'absurdité des préjugés, la fougue des passions, la tyrannie de l'opinion; & trop facilement découragée par les obstacles de toute espece qui s'opposoient à la réforme du genre humain, elle regardoit l'homme, tantôt comme un être méchant par sa nature qu'il falloit dompter par la force, tantôt comme un animal féroce qu'on ne pouvoit apprivoiser, qu'il falloit abandonner à sa propre méchanceté, sans chercher à le corriger. De-là ces maximes trop long-tems accréditées, que les hommes ont toujours été ce qu'ils sont, & seront toujours les mêmes; Que l'espece dégénere plutôt qu'elle ne s'améliore; Qu'il ne paroît pas que la nature humaine comporte plus de perfection qu'il n'en résulte d'un mélange de vice & de vertu, où celle-ci est presque toujours moindre que l'autre. Ainsi parlent des malades qui ne sentent que l'excès de leur mal : ainsi raisonnent des moralistes qui, faute de connoître les vraies causes d'une si grande corruption, ne voient pas les remedes qu'il faut y appliquer. Aujourd'hui, la Philosophie déclame me moins, parce qu'elle obſerve mieux. Elle eſt moins choquée de l'énormité des abus, qu'attentive à les corriger. Elle ne s'irrite plus contre les paſſions, elle s'attache à les rendre vertueuſes, en les faiſant ſervir aux grandes fins de la ſociété politique. Elle médite profondément la nature de l'homme, les reſſorts qui le meuvent, & l'influence des circonſtances qui en modifient le jeu; elle étudie l'hiſtoire des Sociétés, ſuit la marche de l'eſprit, & en reconnoiſſant les cauſes qui ont empêché la morale & la Politique de ſe perfectionner, elle avoue que, dans les différens états où les hommes ſe ſont trouvés, ils ne pouvoient gueres avoir de meilleures inſtitutions que celles qu'ils ont eues. Alors elle s'applique à diminuer l'énergie de ces cauſes, à diſſiper les ténebres de l'ignorance, à décréditer la ſuperſtition, à ſubſtituer des vérités aux opinions erronées, à diriger l'éducation vers le but de tout Gouvernement légitime, à vaincre la pareſſe des gens indifférens pour la choſe publique, à développer les vrais principes du Gouvernement des Etats.

Tel eſt l'objet d'une foule de bons ouvrages, les *Inſtitutions Politiques*, la *Science du Gouvernement*, l'*Eſprit de la Légiſlation*, le Traité de l'*Economie Politique*, la *Politique Naturelle*, le *Syſtême Social*, & pluſieurs autres qui nous préſentent tant de vérités précieuſes énoncées d'un ton noble, généreux & perſuaſif.

De ces grandes & importantes diſcuſſions, eſt née la Science Economique qui paroît être la perfection de la philoſophie politique. Cette ſageſſe vraiment céleſte, diſons mieux, cette ſageſſe toute naturelle n'entretient les hommes que de propriété, de liberté, d'induſtrie, de population, de proſpérité, d'abondance; & partant de ce double principe que le bonheur des hommes eſt attaché à l'accompliſſement de leurs devoirs, & l'accompliſſement de leurs devoirs à la jouiſſance de leurs droits inaliénables, elle fonde l'ordre moral ſur l'ordre phyſique, & tire la Loi du ſein de la Nature.

La *Philoſophie rurale*, l'*Ordre naturel & eſſentiel des Sociétés Politiques*, l'*Ordre légal*, les *Economiques*, l'*Analyſe des Etats policés*, la *Légiſlation univerſelle*, ont acquis à la vérité Morale & Politique, un degré d'évidence qu'elle n'avoit point eue juſqu'ici. La ſcience du Gouvernement y ſemble ramenée à des principes aussi solides que bienfaisans; les devoirs de l'homme sont constatés, & ses droits établis d'une maniere à résister désormais à toutes les usurpations humaines & religieuses.

Jettez les yeux sur les plaines parfumées de l'Orient que la Philosophie n'a point éclairées; vous y verrez le Despote assis sur un trône soutenu par la mollesse & la stupidité; il régne par la crainte; & cette crainte est encore plus dans son cœur, que dans celui de ses esclaves. Sur les bords du Mançanarès, où l'ignorance & la superstition tiennent encore les esprits sous le joug, un glaive persécuteur vient d'être mis derechef en des mains barbares.

L'Angleterre & la France nous offrent un spectacle bien différent. Là, depuis le premier Pair, jusqu'au dernier des Citoyens, tout homme dit : Je suis libre sous la protection de la Loi, & la Loi est l'expression de ma volonté unie à celle de mes compatriotes. J'ose penser tout haut. Ma raison est à moi, & je défierois l'univers de la réduire en servitude. Je sais apprécier les humains au poids de la justice, & les Rois, loin d'être Dieux, sont moins que des hommes, s'ils les rendent malheureux.

En France, depuis que la Philosophie, sous les auspices de l'immortel Montesquieu & de ses imitateurs, a porté ses discussions sur les Loix, la Police, le Commerce, l'Agriculture & les Finances, l'Administration a commencé à se perfectionner, on s'est formé des idées plus justes de ces objets importans d'où dépendent si intimement le bonheur & la grandeur des Etats. Depuis que l'esprit des affaires est devenu philosophique, les Ministres ont appris à connoître les hommes & à les conduire, à employer les talens, à en créer de nouveaux en les employant heureusement. De simples négocians deviennent des Hommes d'Etat.

Tout est grand dans un siecle & chez une Nation Philosophe. Une science qui apprend à penser, à parler, à agir grandement, doit nécessairement former de grands hommes dans tous les genres. Cependant on ose dire encore que jamais il n'y eut tant de Philosophie & moins de grands Hommes qu'aujourd'hui. C'est sur-tout en France que j'ai entendu faire ces plaintes. O François, d'où vient la différence qui se trouve entre l'idée que vous avez des hommes excellens qui vivent parmi vous, & le jugement que l'Etranger en porte, & qu'ils pressentent eux-mêmes que la postérité en portera. Souffrez que je vous le dise, vous n'êtes pas dans un point de vue propre à juger sainement du mérite réel de vos compatriotes & de vos contemporains. La grandeur de l'ame est relative comme celle du corps. Quand on est grand, on trouve petit tout ce qui est au dessous de soi. Une Nation parvenue à un certain degré d'élévation, admirera peu ses grands Hommes, parce qu'elle se sera mise presqu'à leur niveau; ne s'élevant plus si fort au dessus d'elle, ils ne lui paroîtront plus des hommes extraordinaires: c'est une marque non-équivoque de grandeur, de ne rien voir de grand autour de soi.

César, Ciceron, Lucullus, Atticus, ne parurent point aussi grands aux yeux de Rome, qu'ils l'étoient réellement; parce qu'alors Rome étoit toute grande. Chez vous, l'esprit philosophique, cet esprit fort & sublime, qui malgré les obstacles qu'on lui oppose, gagne toujours quelque point de génération en génération, éleve toutes les ames à l'égal des génies du premier ordre, au moins autant que la sphere de chacun le comporte. Alors ceux-ci ne doivent plus avoir, aux yeux de leurs Concitoyens, ce merveilleux qu'ils conservent devant des êtres moins sublimes. Voyez comme vos grands hommes sont accueillis & fêtés chez les Etrangers. Dès qu'ils rentrent dans le sein de leur Patrie, on diroit que leur grandeur s'anéantit. Non, elle ne se perd pas; mais ils ne peuvent briller avec le même éclat, confondus dans cette foule d'hommes dont quelques-uns les égalent, & d'autres ne leur sont gueres inférieurs.

Je ne m'étonnerai donc pas que vos Philosophes ne soient pas aussi admirés chez vous, qu'ils le sont ailleurs & qu'ils le seront des races futures; ce qui me surprend, ce qui est vraiment incompréhensible, c'est que vous persécutiez ceux à qui vous devez cette force & cette élévation qui vous ont mis dans le cas de ne les plus admirer. Ce qui m'étonne, c'est que vous opposant sans cesse à l'activité salutaire de la Philosophie, vous tourniez contre elle votre propre malice, & méconnoissiez le bien qu'elle a fait, parce que vous l'avez empêchée d'en faire davantage. Ingrats, à qui je souhaiterois volontiers, pour punition, de n'avoir jamais de Philosophes, si je pouvois cesser un moment d'être sensible aux maux de l'humanité, voyez votre Jurisprudence perfectionnée, votre Code criminel devenu plus humain, le Droit d'Aubaine aboli, des Chaires de Droit Naturel & Politique substituées à des Chaires moins utiles; votre Police plus attentive à prévenir les crimes, que sévere à les punir; votre Administration éclairée, active, bienfaisante, veillant en secret à la sûreté, à la prospérité de la Nation au dedans, tandis qu'une Politique prévoyante & sage assure son repos & sa gloire au dehors; vos Finances mieux administrées faisant renaître la confiance, tandis que votre Marine acquiert un nouveau lustre; l'Agriculture encouragée; le goût Philosophique gagnant toutes les professions pour les perfectionner, remontant aux principes des Arts & des Métiers, dirigeant la main de l'ouvrier, la conduisant, la fixant au beau, au moins dans tout ce qui n'est pas absolument de mode & de caprice. Dix jours de ce Siecle savant offrent plus de traits de bienfaisance à votre admiration, que dix siecles d'ignorance. Je ne les rappellerai point ici, ils sont consignés dans vos papiers publics; & si vous permettez à l'esprit Philosophique d'agir selon toute l'énergie dont il est capable, il viendra un tems où l'on vous fera un reproche d'avoir célébré comme des traits héroïques, ce qui fera le caractere ordinaire de la Nation.

O Princes! O Magistrats! O Prélats! Je vous ai dévoilé l'intérieur de cette Science que l'on cherche à vous rendre suspecte & odieuse. Les Annales de la Philosophie ancienne & moderne vous l'ont montrée par-tout amie des Mœurs & des Loix, épurant la Morale, perfectionnant la Législation, formant les hommes à toutes les vertus sociales, amie des Rois & des Peuples, instruisant les uns & les autres de leurs droits & de leurs devoirs, s'attachant dans tous les âges & dans tous les climats, à former des sujets soumis, non par instinct ou par bassesse, mais par raison, des Magistrats integres, des Hommes d'Etat uniquement occupés du bien public, des Rois peres du Peuple. Connoissez donc les Savans, & convenez que les hommes les plus éclairés sont ordinairement les meilleurs Citoyens. Vous ne pouvez refuser votre estime à de paisibles raisonneurs qui renoncent aux honneurs, aux richesses, aux plaisirs, pour cultiver leurs facultés intellectuelles, s'enrichir des connoissances les plus utiles, & en répandre les trésors parmi leurs Concitoyens. Si en s'occupant de la recherche pénible de la vérité, ils ont le malheur de se tromper (eh! quel homme est infaillible?), loin qu'une méprise leur fasse perdre le mérite de tant de vérités découvertes ou développées, de tant de sciences créées ou perfectionnées, rendez justice à la pureté de leurs intentions; n'imputez point au cœur les erreurs de l'esprit; considérant combien il est difficile de parvenir jusqu'au vrai, soyez indulgens pour la foiblesse humaine, retenus dans vos jugemens, lents à décider, plus lents à condamner; applaudissez à leurs efforts généreux, & soyez sûrs que, si les hommes doivent un jour atteindre la perfection de la Morale & de la Législation, ce sera un bienfait de la Philosophie.

ERRATA.

PAGE v, ligne 22, ceux-là obligés, *lisez* ceux-là étant obligés.

-- xxxij, -- 25, Sévarambès, *lisez* Sévarambes.

-- l, -- 18, loin d'être Dieux, *lisez* loin d'être des Dieux.

-- liij, -- 12, atteindre la, *lisez* atteindre à la.

-- 11, -- 26, on se fait, *lisez* on fait.

-- 24, -- 28, négocioit avec les, *lisez* négocioit les.

-- 45, -- 7, Loix. M. Rousseau, *lisez* loix, fut cause que M. Rousseau.

-- 84, -- 6, l'autorité, *lisez* l'atrocité.

-- 95, -- 23 & 24, on l'échange, *lisez* qu'on l'échangeoit.

-- *ibid.* -- 25, pour se faire, *lisez* pour faire.

-- *ibid.* -- 36, disettes; *lisez* disettes?

-- 132, -- 21, la plus légere idée, *lisez* une idée suffisante.

-- 147, -- 6, des parties nobles, *lisez* des plus nobles fonctions.

-- 173, -- 10, qu'on y, *lisez* qu'on n'y.

-- 292, -- 10 & 11, vigoureux, *lisez* rigoureux.

-- 369, -- 35, ceux-là, *lisez* celles-là.

-- 406, -- 27 & 28, prétende, *lisez* prétend.

-- 412, *lig. dern.* fait : mais encore de celui qu'il laisse faire du *lisez* fait, mais encore de celui qu'il laisse faire ; du.

-- 413, *ligne* 2, l'acquis nécessaire, *lisez* l'acquit nécessaire.

-- *ibid.* *lig. dern.* aux biens, *lisez* au bien.

-- 421, -- 20, ces Envoyés, *lisez* chacun de ces Envoyés.

-- *ibid.* -- 22, il rend, *lisez* il rende.

-- 563, -- 13, chassés, *lisez* punis.

-- 601, -- 2, les vues, *lisez* les vices.

-- 615, -- 6, de robe, *lisez* de chicane.

BIBLIOTHEQUE

BIBLIOTHEQUE DE L'HOMME-D'ÉTAT, ET DU CITOYEN.

A

AARON, (Isaac) *Favori d'Andronic Comnene.*

SI les Princes sont ordinairement ce que leurs Ministres & leurs Favoris les font être, de quelle importance n'est-il pas pour eux & pour leurs Sujets, que le Trône ne soit jamais entouré que d'hommes vertueux, désintéressés, incapables de se prévaloir de la confiance & de la faveur du Monarque, assez éclairés pour voir le bien, assez honnêtes pour le vouloir, assez courageux pour l'exécuter ?

Isaac-Aaron, Grec de naissance, fait prisonnier, lors de la prise de Corinthe par Roger, Roi de Sicile, en 1148, fut emmené en Italie où il apprit la Langue. Esprit souple & intrigant, il s'insinua dans la suite à la Cour de Manuel Comnene, sut se rendre nécessaire, & se faire nommer Interprete de l'Empereur pour les Langues Occidentales, ce qui lui donna du crédit à la Cour. Il en abusa cruellement pour perdre par ses calomnies, Alexis, un des plus illustres Seigneurs de l'Empire, qui avoit épousé la niece de Manuel. Sa perfidie fut découverte, mais il en éluda le châtiment. Il fut accusé peu après de magie & de sortilege; mais l'Empereur, qui faisoit lui-même le Devin, laissa tomber l'accusation. Aaron, encouragé sans doute par l'impunité, osa trahir les intérêts de son Maitre en expliquant en sa présence ses volontés aux Ambassadeurs des Princes d'Occident. L'Impératrice ayant découvert cette trahison, il eut les yeux crevés, & ses biens furent confisqués : punition au-dessous du crime. Tout aveugle qu'il étoit, & portant ainsi des marques frappantes de la noirceur de son ame, il rentra en grace auprès d'Andronic Comnene qui usurpa l'Empire; & ce digne favori d'un Usurpateur, flattant sa barbarie, lui conseilla de priver ses ennemis, non seulement des yeux, mais aussi de l'organe de la parole. Ce méchant homme fut lui-même la victime de son infâme conseil, sous Isaac l'Ange : Celui-ci, ayant chassé Andronic du trône en 1203, fit couper la langue à Aaron : il en mourut de rage & de douleur. Ainsi périssent les hommes vils & perfides, corrupteurs des bons Princes, & suppôts des Tyrans !

Voyez à l'article ABUS, *le titre* ABUS DE LA CONFIANCE ET DE LA FAVEUR DES ROIS.

AB

ABANNATION, f. f. *Exil pour un an.*

L'ABANNATION (*) étoit un exil d'un an, auquel la Loi, chez les Grecs & les Romains, condamnoit celui qui avoit commis un meurtre involontaire. Le meurtrier pouvoit cependant se racheter de cette peine, soit en satisfaisant à la personne qu'il avoit blessée à mort, avant qu'elle expirât; ou, si elle étoit expirée, en satisfaisant à ceux qui le poursuivoient pour ce meurtre, avant que l'affaire fût portée devant les Juges.

Le but de cette Loi étoit sans doute de laisser à la colere & à la douleur des parens du mort, le temps de se calmer. Elle avoit raison de craindre que la présence du meurtrier n'excitât, n'exaltât en eux ces sentimens naturels, tandis que la plaie étoit encore récente.

En France, lorsqu'on a eu le malheur de commettre un meurtre involontaire, on demande au Prince des Lettres de Rémission, que l'on obtient de la petite Chancellerie, à charge ordinairement de quelques aumônes & de faire dire des Messes pour l'ame du mort, sans quoi le meurtrier seroit poursuivi pour raison de ce crime involontaire. La Loi Françoise est conforme en cela à la Loi Impériale, suivant laquelle l'homicide par cas fortuit avoit besoin de grace signée de l'Empereur; sans quoi, tout meurtre, de quelque façon qu'il fût arrivé, étoit punissable en quelque dégré. *Cod. 9, 16, 5.*

En Angleterre, la Loi même absout le meurtrier en déclarant le meurtre involontaire. Le délinquant reçoit sa grace en payant seulement les frais nécessaires pour lever la sentence; ou même pour épargner cette dépense dans les cas où l'homicide est évidemment arrivé par un pur malheur, ou en se défendant, les Juges permettent, s'ils ne l'ordonnent, une sentence rendue par les Jurés qui affranchit de tout droit.

Chez les Saxons, tout homme coupable d'un homicide involontaire payoit une amende aux parens du mort.

Chez les Goths Occidentaux, l'homicide involontaire étoit de-même puni par une amende, mais plus forte de beaucoup que chez les Saxons.

La Loi de Moyse avoit désigné certaines villes d'asyle pour celui qui en tueroit un autre par malheur. Si la coignée d'un Bucheron, dit-elle, se détache du manche au moment qu'il frappe le coup, & va tuer quelqu'un,

(*) En Latin *Abannatio*, composé de la préposition *ab* & du mot *Annus*, année.

l'homicide se refugiera dans une ville d'asyle & on le laissera vivre. *Nomb. chap. 35. & Deut. chap. 19.*

L'esprit de toutes ces loix est de rendre l'homicide plus odieux, & l'homme plus circonspect, plus économe du sang de son semblable, en faisant connoître par la peine qu'elles infligent, que le meurtre le moins volontaire, laisse toujours après lui quelque tache qu'il faut effacer : ce que nous développerons plus au long aux articles HOMICIDE & MEURTRE.

ABANTIDAS, *Tyran de Sicyone.*

ABANTIDAS, fils de Paséas, parvint à la suprême Puissance dans Sicyone, par le meurtre de Clinias à qui le peuple avoit confié le gouvernement comme au plus sage & au plus brave des Citoyens. Abantidas, pour affermir sa tyrannie, résolut de se défaire de tous les parens & amis de Clinias, bannissant les uns & faisant massacrer les autres. Il cherchoit Aratus son fils âgé de 7 ans, pour le faire mourir; mais parmi le trouble & le désordre dont la maison étoit pleine lorsque le pere fut tué, l'enfant se déroba avec ceux qui prirent la fuite, & errant par la ville, il entra par hazard dans la maison de Soso, sœur du Tyran, laquelle avoit épousé Prophante, frere de Clinias. Cette femme naturellement généreuse cacha le jeune Aratus & l'envoya secretement à Argos. Cependant Abantidas ne tarda pas à subir le juste châtiment de son crime. Il avoit coutume d'assister aux harangues & aux leçons publiques que faisoient Dinias & Aristote le Dialecticien qui avoient eu l'adresse de l'y attirer, dans le dessein de saisir quelque jour cette occasion de le tuer : ce qu'ils exécuterent dès que le moment leur parut favorable, délivrant par là Sicyone de sa tyrannie.

ABASSA, *fameux rebelle.*

NÉ avec un génie guerrier, & une audace excessive, Abassa fit sentir à l'Empire Ottoman, ce que peut un particulier entreprenant dans un Etat dont la constitution est vicieuse. Les Janissaires venoient d'assassiner le Sultan Osman pour mettre à sa place Mustapha I, son oncle, Prince dont ils avoient reconnu peu auparavant l'imbécillité. Abassa, indigné de leur insolence extrême, feignit que le Prophete Mahomet lui étoit apparu dans la Mosquée, pour lui commander de venger la mort d'Osman par celle de soixante mille Janissaires ou Spahis, en l'assurant que la fortune couronneroit ses armes. A la faveur de cette imposture, & par l'ascendant de ses qualités personnelles, aussi brillantes que dangereuses, il se forme bientôt un parti considérable : il ravageoit les plaines de Cara-Hisar avec un corps de quinze mille chevaux, passant au fil de l'épée tous ceux des Janissaires qui tomboient en sa puissance, n'épargnant même ni leurs femmes, ni leurs enfans, ni leurs parens. On envoya contre lui de grands corps de troupes que l'épouvante dissipa. De son camp il attiroit à lui les meilleurs soldats de l'Empire, qui désertoient en foule pour venir se ranger sous ses étendarts. Le Mufti & le Général des Janissaires déposerent Mustapha, comme pour l'appaiser, & placerent Amurath IV sur le trône, mais il leur sut peu de gré de cette complaisance forcée. Le Beglerbey de Natolie vint le joindre avec un grand nombre des plus puissans Spahis : le Bacha de Babylone se déclara pour lui. Envain les Janissaires de Constantinople demandoient qu'on les menât contre ce Rebelle, le Grand Visir refusa de s'avancer pour le combattre. Fier de ses progrès, Abassa vint camper à cinq petites journées de la Capitale qui, pour surcroit de malheur, étoit ravagée par la peste & la famine. D'un autre côté, le Roi de Perse étoit entré en Turquie avec une nombreuse armée. Cette circonstance & le peu de succès que les Turcs avoient eu dans la guerre contre l'Empereur, contribuoient à rendre Abassa plus redoutable. Cependant les Janissaires, qui étoient altérés de son sang, ne vouloient point entendre parler de traiter avec lui. Ils y furent contraints malgré eux par la nécessité des conjonctures. Abassa accepta la paix, dicta les conditions du Traité, & permit que son armée fût employée contre les Persans. Il entra comme en triomphe dans Constantinople, accompagné du Grand-Visir. Tous les yeux étoient fixés sur Abassa : on regardoit, avec une admiration mêlée d'horreur, ce grand Capitaine qui après avoir long-temps tenu tête à tout l'Empire Ottoman, employoit à sa défense les mêmes armes qui le menaçoient d'une ruine prochaine. Abassa montra la fierté de son ame jusques dans le nouvel hommage qu'il rendit au Sultan, en touchant la terre du front, selon la coutume. Il protesta „ qu'il avoit » toujours été un très-fidele sujet ; qu'il n'avoit pris les armes que dans le » dessein d'appaiser les manes du Grand Osman par un sacrifice de ceux » qui l'avoient cruellement mis à mort ; de mettre un frein à l'insolence » des Janissaires, de leur apprendre à mieux respecter leurs Princes, & » de les contraindre à regarder comme un sang sacré & inviolable le sang » des Empereurs Ottomans. " Le Sultan le combla d'honneurs & de distinctions. Il lui donna le Gouvernement de Bosnie, outre celui d'Erzerum qu'Abassa avoit stipulé par le Traité de paix.

En 1634, ce fameux Général marcha contre la Pologne par les ordres d'Amurath, & ayant passé le Danube il auroit remporté une victoire complete, sans la lâcheté des Moldaves & des Valaques qui prirent la fuite après une foible résistance. Les Polonois vouloient la paix. Abassa porta Amurath à la leur refuser. Les affaires changerent subitement de face : la Pologne se vit en état de faire trembler la Puissance Ottomane. Le Sultan demanda la paix à son tour, & ne l'obtint qu'en sacrifiant Abassa à la vengeance des Polonois : il le fit étrangler, par une bassesse d'ame que l'on excuse mal en lui donnant le beau nom de politique, & de raison d'Etat. Voilà une de ces contradictions qui ne sont pas rares dans les Etats constitués comme l'Empire Ottoman. Abassa, rebelle heureux, fait la loi au Sultan & est comblé d'honneurs après avoir mis le désordre & la confusion, l'horreur & le carnage dans l'Empire. Abassa devenu utile & mal secondé est étranglé après avoir servi généreusement l'Etat.

ABATTEMENT, s. m.

De l'Abattement d'esprit.

L'ABBATTEMENT d'esprit est un état de l'ame qui succombe sous le poids de ses chagrins & de ses peines. Les conditions les plus élevées sont les plus sujettes aux peines, aux soucis, aux inquiétudes, aux embarras, aux traverses de toute espece, & sur-tout à ce que les revers ont de plus cuisant, de plus humiliant, de plus accablant. Les Grands, les Magistrats, les Ministres, les Rois ont donc besoin de plus de constance que les autres hommes. Le Sage ne se laisse point abattre par les malheurs ; mais les Sages sont rares sur le Trône & dans les Cours.

Un Ministre qui veut le bien, éprouve quelquefois tant de contradiction de la part de ceux mêmes qui devroient y coopérer avec lui, qu'il se voit dans la dure nécessité de sacrifier ses bonnes intentions aux vues intéressées d'autrui, sur-tout lorsqu'une force supérieure lui fait la loi, lors encore que la corruption d'une Cour est montée à un tel dégré d'énormité, que le bien qu'on fait se tourne en mal par l'abus dont il est suivi ; ou bien, lorsque la nation imbue de certains préjugés qu'elle chérit plus que les Loix, abusée par la superstition à laquelle elle immole sans remords ses intérêts les plus essentiels, endurcie dans son erreur, se refuse opiniâtrément à toute institution, à tout arrangement propre à l'en tirer, quel tourment ne doit pas souffrir une ame vraiment patriotique ? L'homme d'Etat, qui voit toutes les spheres du Gouvernement dans une telle confusion, & entraînées par un mouvement si rapide, si desordonné, que tout ce qui se présente pour y rétablir l'ordre, est emporté, englouti par le tourbillon, sent une peine extrême qu'il ne sauroit surmonter, s'il n'a pas l'esprit de la trempe la plus forte. Plus il a de lumieres, mieux il comprend la grandeur du mal, & s'il ne trouve pas dans l'étendue de son génie des ressources plus grandes encore, son ame en est accablée : il abandonne le timon des affaires ; il s'abandonne lui-même, & tombe dans une inaction léthargique qui dégénere en une insensibilité dangereuse pour tout événement bon ou mauvais :

apathie fatale qui fait qu'on laisse aller les choses au branle de la roue de fortune, sans se soucier de ce que le sort aménera.

C'est une grande qualité dans un homme en place, de ne jamais désespérer du salut de la République, de se roidir contre les événemens, de leur opposer une fermeté, une présence d'esprit capables de tirer le bien de l'excès du mal. C'est dans les violentes secousses qu'éprouve l'Etat, qu'il doit le soutenir contre la violence du choc. C'est dans les circonstances les plus fâcheuses, qu'il se montre vraiment grand, vraiment digne de la place qu'il occupe. C'est alors que tous les gens de bien ont les yeux fixés sur lui, qu'ils attendent de lui leur salut. S'il se décourage, s'il les abandonne, il est indigne de leur estime & de leur confiance, il se rend coupable envers la nation. Les Loix n'ont point décerné de peines contre lui; mais la nation le juge & le condamne.

Souvent un travail opiniâtre, une contention d'esprit prolongée indiscrétement, un épuisement occasionné par une trop forte application aux affaires, contribue à cet abattement, qui peut occasionner la stupidité & l'anéantissement total des facultés intellectuelles : ce qui n'est pas sans exemple. Un Ministre doit s'affectionner au bien public, en faire son idole, son bonheur : c'est ici que l'enthousiasme est permis. Encore ne doit-il pas s'en affecter au point de négliger le soin de sa santé, de son sommeil, de sa nourriture, d'un honnête délassement; sans quoi le corps secondant mal l'activité du génie, l'épuisement des esprits succédera à un travail immodéré, l'abattement de l'ame à l'épuisement des esprits; & l'on deviendra incapable de rendre désormais aucuns services à la Patrie pour avoir voulu lui en rendre trop à la fois.

Il faut en convenir, le découragement ne vient pas toujours d'une cause aussi noble qu'un amour ardent du bien public qui brûle de voir ses bonnes intentions remplies & se dépite de ne pouvoir faire tout le bien qu'il desire, ou qu'une ardeur indiscrete pour le travail qui fait qu'un homme, ne croyant jamais en avoir fait assez, excede ses forces & consume en peu d'années la quantité d'action qui devoit suffire à un demi-siecle. Il vient plus souvent d'un esprit foible & leger que les affaires fatiguent, que l'application dégoûte, que les moindres difficultés rebutent; ou d'un esprit borné qui, ayant peu de ressources en lui-même en a bientôt épuisé le fond; ou d'un amour-propre, déraisonnable, qui ne peut souffrir d'être contrarié; ou d'une présomption imbécille qui, réalisant en idée tout ce qu'elle projette, se désole de ne voir jamais ou presque jamais le succès répondre à son attente; ou enfin d'un défaut d'expérience qui, en appréciant les hommes & les événemens, combine mal les causes ou juge mal des effets, qui suppose, par exemple, que les hommes se conduiront toujours par la vue de leur intérêt réel, tandis que tout est plein de bisarrerie & d'inconséquence, & qu'en général il n'est rien sur quoi les hommes se laissent plus duper par leurs préjugés & leurs passions, que sur ce qui importe davantage à leur bien-être.

L'administration est un fardeau pesant; quiconque ne se sent pas la force de le porter, ne doit point s'en charger. Mais lorsqu'on est appellé au maniement des affaires, il faut savoir se montrer digne d'une charge si belle. Lorsque le Prince vous fit entrer dans son Conseil, vous promit-il que tout y seroit soumis à vos lumieres, à vos volontés, que tous vos projets seroient adoptés, qu'il vous seroit permis de tout changer, tout bouleverser, sans aucune opposition, qu'on ne cabaleroit point contre vous? Vous connoissiez la situation critique des affaires, le dérangement des finances, le mécontentement des Peuples, les intrigues de la Cour. Le choix du Prince vous honora, en vous jugeant capable de servir l'Etat dans des circonstances difficiles. Et le courage vous manque au bout de quelques mois; vous vous laissez effrayer par les contradictions & les difficultés. Vous demandez à vous retirer. Pourquoi? Parce que tout ne va pas au gré de vos vues, suivant vos idées systématiques. On espéroit beaucoup de vos lumieres, de votre probité, de votre sagesse; vous trompez toutes les espérances. Ce n'étoit pas la peine de paroître sur le Théâtre pour y jouer le rôle d'un médecin qui abandonne ses malades lorsqu'ils ont le plus grand besoin de lui.

Tout homme au-dessous de son emploi, en sentira le poids accablant, & ne manquera guere d'en être abattu. Rien ne fait plus de peine que de ne se trouver jamais de niveau avec les affaires que l'on a à traiter. On réussit rarement, on se surprend souvent en faute. Le jugement du Public qui voit cette disproportion de l'homme à la place, se fait sentir en mille occasions. L'amour-propre est humilié. Le dégoût, le chagrin, l'abattement en sont les suites ordinaires, sur-tout lorsque l'on a une ame droite, & que desirant le bien sans pouvoir le faire, on ressent vivement son incapacité. Au lieu de se décourager, il faut avoir recours aux lumieres d'autrui pour suppléer à celles que l'on n'a pas, écouter, consulter, s'instruire, & faire voir que si l'on n'a pas reçu de la nature des talens supérieurs, au moins l'on a celui de tirer le meilleur parti possible de son foible génie. Peut-on exiger davantage?

ABBADIE, (Jacques) *né à Nay en Béarn, Docteur en Theologie, successivement Ministre de la Religion réformée en France, en Brandebourg, & en Angleterre, mort en 1727, à Maribone, à une lieue de Londres, étant alors Doyen de Killaloé en Irlande.*

L'OUVRAGE qui nous fait mettre Abbadie au nombre des Ecrivains Politiques est intitulé » Défense de la Nation Britannique, où les » Droits de Dieu, de la Nature & de la Société sont clairement établis » au sujet de la Révolution d'Angleterre, contre l'Auteur de l'*Avis important aux Réfugiés.*" La révolution dont il s'agit est celle qui fit perdre la la Couronne à Jacques II. On sait que, par une opiniâtreté assez singuliere du Public, l'*Avis important aux Réfugiés* a passé constamment pour être de Bayle, quoique ce Philosophe se soit toujours défendu d'en être l'Auteur. La défense d'Abbadie, imprimée à Londres en 1692, *in-8vo*, & bientôt après à La Haye en 1693, *in-12*, n'est pas seulement une justification de la révolution d'Angleterre, mais encore une censure fort vive de l'Edit de Louis XIV, qui révoqua celui de Nantes. Cet ouvrage fut suivi d'un autre du même Théologien politique, intitulé „ Histoire „ de la derniere conspiration d'Angleterre, avec le détail des diverses „ entreprises contre le Roi & contre la Nation, qui ont précédé cet attentat, à Londres, 1696, *in-8vo*. " Celui-ci fut composé par ordre du Roi Guillaume III, sur les mémoires & pieces originales qui furent communiqués à l'Auteur par le Comte de Portland, & par Guillaume Trumbal, Secrétaire d'Etat. La conspiration dont il s'agit, est celle des partisans de Jacques, qui proposerent une grosse récompense à un homme obscur, nommé *Grandval*, s'il vouloit assassiner le Roi Guillaume. Ce malheureux, avide d'argent, ne balança pas à se charger de ce parricide; mais le complot fut découvert, & le coupable expia, dans les supplices, l'énormité de son crime.

Ces deux Livres d'Abbadie, ne sont guere que des Factum pour Guillaume III, & n'ont pas, à beaucoup près, le mérite d'un excellent Traité de morale qu'il donna au Public en 1700, sous ce titre : „ L'Art de se „ connoître soi-même, ou la recherche des sources de la morale, " à La Haye 1700, *in-8vo*. Nous allons en donner une courte analyse. Il n'importe pas moins à l'homme d'Etat de se connoître lui-même que de connoître les autres.

Analyse de l'Art de se connoître soi-même.

Le premier principe de la connoissance de soi-même, est que l'homme est très-peu de chose. Tous ses âges lui apportent quelque foiblesse ou quelque misere particuliere. L'enfance n'est qu'un oubli & une ignorance de soi-même, la jeunesse qu'un emportement, & la vieillesse qu'une mort languissante, sous les apparences de la vie, tant elle est suivie d'infirmités. Le corps de l'homme est le centre des infirmités; son esprit est rempli d'erreurs, & son cœur d'affections peu réglées. Il souffre par la considération du passé, qui ne peut être rappellé, & par celle de l'avenir, qui est inévitable. Son esprit veut toujours connoître, & son cœur ne cesse de desirer.

Quand il est dans la pauvreté, il fait seulement des vœux pour avoir le nécessaire. Lorsqu'il a le nécessaire à la nature, il demande le nécessaire à la condition. Est-il parvenu à cet état, il cherche ce qui peut satisfaire sa cupidité. Et quand il a obtenu tout ce que son cœur semble pouvoir desirer, il forme encore, contre la raison, de nouveaux desirs.

Tel eſt l'homme en général. Pour le connoître en particulier, il faut ſavoir quels ſont ſes devoirs & ſes obligations naturelles. Cette connoiſſance eſt fondée ſur deux principes. Le premier eſt, que naturellement nous nous aimons nous-mêmes, étant ſenſibles au plaiſir, deſirant le bien, & ayant ſoin de notre conſervation. Le ſecond, qu'avec ce penchant de nous aimer, nous avons encore une raiſon pour nous conduire.

Nous nous aimons naturellement nous-mêmes; c'eſt une vérité de ſentiment. Nous ſommes capables de raiſon; c'eſt une vérité de fait. La nature nous porte à faire uſage de la raiſon pour diriger cet amour de nous-mêmes, parce que nous ne pouvons nous aimer véritablement, ſans employer nos lumieres à chercher ce qui nous convient.

Cette loi de nature ou naturelle, ſe diviſe en quatre autres, qui ſont ſes eſpeces particulieres. La premiere eſt la loi de tempérance, laquelle nous fait éviter les excès & les débauches, qui ruinent notre corps, & font tort à notre ame. La ſeconde eſt la loi de juſtice, qui nous engage à rendre à chacun ce qui lui appartient, & à le traiter comme nous ſouhaiterions qu'il nous traitât. La loi de modération eſt la troiſieme. Elle nous défend de nous venger, en nous faiſant connoitre que nous ne pouvons le faire qu'à nos dépens; & que reſpecter en cela les droits de Dieu, c'eſt avoir ſoin de nous-mêmes. Enfin la derniere loi ſe nomme loi de bienfaiſance, & elle nous porte à faire du bien à notre prochain.

Tout cela peut ſe réduire à ces deux facultés de l'homme, ſentiment & raiſon. La raiſon eſt le conſeiller de l'ame. Le ſentiment eſt comme la force ou le poids qui la détermine. Nous comparons dans nos actions l'une avec l'autre. L'ame conſidere, non-ſeulement ce qui lui donne du plaiſir dans le moment, mais encore ce qui peut lui en donner dans la ſuite. Elle compare le plaiſir avec la douleur; le bien préſent avec le bien éloigné; le bien qu'elle eſpere avec les dangers qu'il faut courir; & elle ſe détermine, ſelon l'inſtruction qu'elle reçoit dans ſes différentes recherches; ſa liberté n'étant que l'étendue de ſes connoiſſances, & l'obligation où elle eſt de ne choiſir qu'après avoir tout examiné.

Ainſi nous ne ſommes point avares lorſque nous craignons de faire tort à notre honneur par les baiſſeſſes de l'intérêt. Nous ne ſommes point prodigues, ſi nous craignons de ruiner nos affaires, quoique nous aſpirions à nous faire eſtimer des autres par nos libéralités. La crainte des maladies nous fait réſiſter aux tentations de la volupté. Enfin l'amour-propre nous rend modérés & circonſpects; & par orgueil nous paroiſſons humbles & modeſtes.

Le plaiſir & la gloire ſont les deux biens généraux qui aſſaiſonnent tous les autres. Ils en ſont comme l'eſprit & le ſel. Il y a néanmoins entr'eux cette différence, que l'eſprit ſe fait aimer & deſirer pour l'amour de lui-même, au-lieu que la gloire ſe fait ſentir par la ſatisfaction qui l'accompagne. Cette ſatisfaction conſiſte en ce que nous gagnons l'eſtime des autres, & que l'estime que les autres font de nous, confirme la bonne opinion que nous avons de nous-mêmes. Ainsi, de quelque maniere que nous acquérions cette estime, soit réelle ou apparente, notre amour-propre est flatté. De-là naissent la présomption, la vanité, l'ambition & la fierté.

Le desir excessif que nous avons de nous faire estimer des autres hommes, fait que nous desirons avec passion d'être doués des qualités estimables, & que nous craignons extrêmement avoir des défauts qui nous fassent tort dans l'esprit des hommes, ou de nous trahir nous-mêmes, en ne donnant point une opinion assez avantageuse de nous. Or comme on se persuade ce qu'on desire & ce qu'on craint trop fortement, ou nous concevons une trop bonne opinion de nous-mêmes, ou nous tombons dans une excessive défiance de nous. Le premier de ces défauts s'appelle *Présomption*. Le second *Timidité*. La présomption est un orgueil confiant, & la timidité un orgueil qui craint de se trahir.

La vanité est la disposition à s'attribuer des avantages qu'on n'a point, ou de rehausser ceux qu'on a. Son aliment le plus ordinaire est le luxe. La broderie & la dorure entrent dans la raison formelle de l'estime. Un homme bien vêtu est moins contredit qu'un autre. On donne son estime & sa considération à des chevaux, à des équipages, à des ameublemens, à des livres, &c. & la parure du corps partage la gloire qui nous paroît être la plus brillante parure de l'ame. *Cicéron* appelloit un homme qui oublioit la gloire de sa profession, pour s'attacher à cette ridicule vanité, *vir in dicendis causis benè vestitus*.

La vanité se nourrit encore de l'ostentation. On se pique d'avoir de l'esprit, & on se fait tout ce qu'il faut pour persuader qu'on en a véritablement. On contredit les autres, afin qu'on croie qu'on a plus de lumieres qu'eux. On dédaigne ceux qui en savent plus que nous, afin qu'ils ne nous humilient pas. On parle avec un ton de confiance des choses qu'on connoît très-superficiellement, pour qu'on croie qu'on les entend parfaitement. En un mot, & dans les discours & dans les actions, on se ment sans cesse à soi-même; c'est-à-dire, qu'on tâche de persuader aux autres qu'on possede des qualités qu'on sait bien ne point avoir.

L'ambition est un desir de s'élever au-dessus des autres, desir qui produit l'envie, sentiment implacable qui vit autant que le mérite subsiste. On vous pardonnera les derniers outrages qu'on aura reçus de vous; mais on ne vous pardonnera pas vos bonnes qualités.

La fierté & l'orgueil sont une sorte d'ivresse de l'ame, de même que la haine, l'envie & la malignité en sont comme la fureur. Ce sentiment est à-peu-près égal dans tous les hommes. Dans les uns il se manifeste davantage : dans les autres il est plus caché. Tous ne pensent pas à se faire estimer, parce qu'il y en a beaucoup à qui la pauvreté donne des occupations plus pressantes : mais tout le monde a du penchant pour l'estime.

L'orgueil vit de l'erreur des autres, & des illusions; il faut modérer l'amour de l'estime qui regne dans notre cœur.

O vous! qui gouvernez les autres, étudiez votre cœur, apprenez à vous connoître vous-même. Cette connoissance vous conduira à vous défaire de vos défauts, & à acquérir des perfections qui vous mettront en état de contribuer plus efficacement au bonheur des peuples confiés à votre sagesse.

ABBAYE, f. f. *Monastere ou Maison Religieuse gouvernée par un Supérieur, ou une Supérieure, qui prend le nom d'Abbé ou d'Abbesse.*

NOUS aurions bien des choses à dire sur la richesse immense de certaines Abbayes, sur la somptuosité des bâtimens destinés à loger de simples Religieux, sur l'irrégularité & la licence des mœurs qui profanent trop souvent ces maisons destinées à la continence, à la dévotion, à la pénitence, sur la discorde qui divise quelquefois des hommes qui, naturellement étrangers les uns aux autres, sembloient s'être rapprochés pour vivre plus unis, sur les petitesses de toute espece qui font de la vie monastique un tissu de miseres, de pratiques minutieuses & souvent absurdes; sur le gouvernement intérieur des Maisons religieuses, tantôt relâché, tantôt excessivement austere, presque toujours capricieux & éloigné de cette juste modération qui convient à des hommes; sur l'orgueil & l'ambition des chefs qu'on a vus plus d'une fois se disputer à outrance de vains titres. (*)

Par-tout où la Religion & l'Etat admettent de pareilles institutions, le Magistrat est d'autant plus obligé d'avoir les yeux ouverts sur ces maisons & ce qui s'y passe, qu'elles semblent fuir davantage les regards du monde, & se séquestrer du reste de la société civile. Mais comme nous traiterons en détail tout ce qui les concerne aux Articles COUVENT, MONASTERE, MONASTIQUE (VIE,) RELIGIEUX, RELIGIEUSE, &c. Nous nous contentons d'annoncer ici ces objets qui deviennent importans par la multiplicité des Ordres Monastiques & des Maisons Religieuses autorisés dans certains Etats, sur-tout dans les Etats Ecclésiastiques : multiplicité qui n'a pas peu contribué à les corrompre & à les avilir. Nous proposerons des moyens de leur rendre leur premiere dignité, de corriger les abus qui s'y

---

(*) Les Annales Ecclésiastiques font mention des violens débats qu'excita entre les Abbés de Cluni & du Mont-Cassin le titre d'*Abbé des Abbés*, que l'un & l'autre vouloient s'attribuer exclusivement. La Cour de Rome donnant une certaine importance à cette dispute, jugea l'affaire dans un Concile, en 1126, en faveur de l'Abbé du Mont-Cassin. L'Abbé de Cluni humilié, sans en être plus humble, se vengea de cette sentence en prenant le titre d'*Archi-Abbé*.

ſont enracinés, & d'en tirer tous les ſecours que la ſociété a droit d'en attendre.

La plupart des meilleurs Bénéfices d'Angleterre étoient anciennement, par la Conceſſion des Papes, appropriés aux Abbayes & aux autres Monaſteres. Henri VIII changea cet ordre, & les bénéfices devinrent des fiefs ſéculiers. Cent-quatre-vingt-dix de ces bénéfices abolis rapportoient annuellement chacun de deux cens à trois cens cinquante mille livres, ce qui en prenant le milieu forme un total de deux millions huit cens cinquante trois mille livres par an.

En vertu du Concordat entre le Pape Léon X & le Roi François I, les Abbayes de France ſont à la nomination du Roi, à l'exception d'un petit nombre.

ABBÉ, ſ. m. *Supérieur d'un Monaſtere de Religieux érigé en Abbaye.*

LA néceſſité de la ſubordination dans toute ſociété, fit comprendre aux Inſtituteurs des Communautés Religieuſes & aux Moines eux-mêmes, que les Monaſteres ne pouvoient ſe paſſer de directeurs. Auſſi dès la premiere fondation de ces Monaſteres on établit ſur chaque dixaine de Moines un *Decanus* ou Doyen; & ſur chaque centaine, un *Centenarius.* Ces deux ordres de Préfets ne doivent pas être confondus avec les *Abbates*, c'eſt-à-dire, les *Peres* : car c'eſt la ſignification du mot *Abbé.*

Les anciens Abbés furent ou des Moines, qui avoient fondé des Communautés & des Monaſteres qu'ils gouvernoient, comme Antoine & Pacôme, ou qui avoient été prépoſés par l'Inſtituteur de quelque Ordre Monaſtique, pour gouverner une Communauté nombreuſe réſidente ailleurs que dans le chef-lieu, ou enfin qui étoient choiſis par les Moines mêmes d'un Monaſtere qui vouloient bien ſe ſoumettre à l'autorité d'un ſeul.

C'étoit à l'Abbé que l'on rendoit compte de l'économie du Monaſtere. Chaque Doyen répondoit de ſa geſtion à celui qu'on appelloit l'Econome, & celui-ci rapportoit le tout à l'Abbé.

Quoique l'Abbé ne fût pas toujours Prêtre, il ne laiſſoit pas de jouir d'une grande autorité dans ſon Monaſtere. Non-ſeulement il diſpoſoit de tout le temporel, mais encore il étoit le Directeur de tous les Moines pour le ſpirituel, & pour la conduite intérieure. La premiere regle parmi eux, étoit d'obéir en tout à leur Supérieur, comme le dit Saint Jérôme dans ſes Lettres à Euſtochium. Si quelqu'un d'eux s'écartoit de ſon devoir, l'Abbé pouvoit lui infliger des peines ſpirituelles, & même des châtimens corporels. Cette juriſdiction s'étendoit juſqu'au droit de les exclure de l'Egliſe & des prieres communes, juſqu'à ce qu'ils euſſent, par les plus grandes humiliations, mérité leur pardon. L'Abbé pouvoit même les chasser du Monastere.

Il assembloit les Moines pour leur demander leur avis dans les affaires importantes; mais il étoit toujours le maître de la décision. Outre les Doyens, il pouvoit encore établir un Prévôt pour le soulager dans le gouvernement.

Du reste l'Abbé vivoit comme un autre Moine, excepté qu'il avoit sa table à part, pour y recevoir les hotes, ou les étrangers envers qui, suivant le but & la regle des fondations Monastiques, on étoit tenu d'exercer l'hospitalité.

Les Abbés furent aussi en grande considération dans l'Eglise. On les invitoit souvent aux Conciles où ils avoient leur séance d'abord après les Evêques, & leur suffrage comme les Prêtres ou Anciens.

Il y en eut 23 au Concile de Constantinople l'an 448, qui souscrivirent avec 30 Evêques à la condamnation d'Eutychés, comme on peut le voir par les fragmens de ce Concile, insérés dans celui de Chalcedoine. Saint Benoit fut appellé au Concile tenu à Rome l'an 531, sous le Pape Boniface. Il y eut aussi un Concile, l'an 694, à Becancelde, en Angleterre, où assisterent plusieurs Abbés & Abbesses, qui signerent même avant les Prêtres, comme l'atteste la chronique Anglo-Saxonne. Quelque chose de plus singulier, c'est qu'au rapport du vénérable Bede, une Abbesse nommée Hilda, présida dans une assemblée ecclésiastique.

Quels que fussent les privileges des Abbés, & la considération dont ils jouissoient dans l'Eglise, cependant ils relevent toujours, de même que leur Monastere, de la jurisdiction des Evêques. Il ne leur fut jamais permis d'ériger nulle part un Monastere ou Oratoire, sans le consentement de l'Evêque du Diocese. Le Concile écumenique de Chalcedoine, rendit là-dessus une décision formelle. Il ordonna en même tems à tous les Moines d'être soumis à l'Evêque du district, de vaquer dans le silence au jeûne & à la priere; il leur défendit de se mêler d'aucune affaire civile, ni même ecclésiastique, & de s'absenter de leur Monastere sans la permission de l'Evêque, le tout sous peine d'excommunication, *can.* 8. La chose fut réglée de la même maniere par le 19 & le 21 Canon du Concile d'Orléans, le 21 de celui d'Epaone, le 38 de celui d'Agde, le 3 de celui de Lerida, le 22 du IIe. Concile d'Orléans.

On trouve aussi une loi fort analogue dans le code de Justinien, *L. I. Tit. III. de Episc. Leg. XL*, & même par la *Novel. 5. cap. IX.* Il donne aux Evêques le droit d'élire les Abbés. Sur quoi Bede & quelques autres ont observé combien il est étrange qu'il y ait dans un district de l'Ecosse des Evêques soumis à un Abbé. Cela n'est pas cependant si surprenant, si l'on considere que leur dépendance est plutôt civile qu'ecclésiastique.

Dans la suite des tems certains Abbés obtinrent dispense ou exemption de la Jurisdiction des Evêques, pour eux & pour leur Abbaye, comme ceux de Lerins, d'Agaune de Luxeuil. Ce privilege leur étoit accordé du consentement des Evêques, à la priere des Rois & des fondateurs. On prétend que c'est le Monastere de Lerins qui fut le premier honoré de cette exemption par le IIIe. Concile d'Arles l'an 455. Il y en eut plusieurs dans la suite favorisés de ce privilege tant dans l'Eglise d'Occident que dans celle d'Orient. On les appelle parmi les Grecs d'aujourd'hui, des Monasteres Patriarchaux, parce qu'ils relevent immédiatement de la Jurisdiction des Patriarches.

Quoique les Abbés aient été souvent confondus avec les Ecclésiastiques, à cause de leur supériorité sur les Laïques, cependant ils en furent toujours réellement distingués dans les premiers tems. *Alia Monachorum est causa, alia Clericorum*, dit Saint Jérôme, écrivant à Héliodore. *Voyez* CLERGÉ.

Delà vient que les Abbés étoient soumis non-seulement aux Evêques, mais même aux Pasteurs ordinaires. Leurs Monasteres étant éloignés des Villes, & bâtis dans les solitudes les plus reculées, ils n'avoient aucune part dans les affaires ecclésiastiques; ils alloient les Dimanches aux Eglises Paroissiales avec le reste du Peuple, ou, s'ils étoient trop éloignés, on leur envoyoit un Prêtre pour leur administrer les Sacremens : enfin on leur permit d'avoir des Prêtres de leur propre corps. Lorsque les Abbés étoient Prêtres, ce qui étoit assez ordinaire, leurs fonctions ne s'étendoient qu'à l'assistance spirituelle de leurs Religieux, & ils demeuroient toujours soumis aux Evêques du Diocese.

Leur habileté dans les sciences les fit rechercher des Evêques qui les appellerent de leurs déserts, pour les établir dans le voisinage des villes, & ensuite dans les villes mêmes. C'est de ce tems qu'on doit dater l'époque de leur relâchement. Ils commencerent à être regardés comme autant de petits Prélats, & la considération dont ils furent honorés, les rendit insupportables. C'est alors qu'ils chercherent à se soustraire à la dépendance des Evêques par les exemptions. C'est dès-lors qu'ils prirent le titre de Seigneur, & les marques de l'Episcopat, comme la crosse & la mitre. C'est dès-lors que l'on commença à distinguer plusieurs ordres ou especes d'Abbés ; savoir : Abbés mitrés, crossés, & non crossés ; Abbés écuméniques ; Abbés Cardinaux.

Les Abbés mitrés sont ceux qui ont le privilege de porter la mitre, & qui ont en même tems une autorité pleinement Episcopale dans leur territoire. En Angleterre on les appella aussi Abbés Souverains, & Abbés généraux, & ils étoient Lords du Parlement, selon Coke. Il y en avoit en Angleterre 27 de cette sorte, sans compter 2 Prieurs mitrés. Les autres qui n'étoient point mitrés, étoient soumis à l'Evêque Diocésain.

Lorsque les Abbés commencerent à porter la mitre, les Evêques se plaignirent que leurs privileges étoient envahis par des Moines ; ils étoient principalement choqués de ce que dans les Conciles & dans les Synodes, il n'y avoit point de distinction entr'eux. C'est à cette occasion que le Pape Clément IV ordonna que les Abbés porteroient seulement la mitre brodée en or, & qu'ils laisseroient les pierres précieuses aux Evêques.

Les Abbés crossés, sont ceux qui portent la crosse ou le bâton Pastoral.

Il y en a quelques-uns qui *sont crossés & non mitrés*; d'autres qui sont l'un & l'autre.

Parmi les Grecs, il y a des Abbés qui prennent le titre d'Abbé écuménique ou universel, à l'imitation des Patriarches de Constantinople.

L'Abbé de Cluni, dans un Concile tenu à Rome, prit le nom *d'Abbé des Abbés*, & le Pape Calixte donna à ce même Abbé le nom d'Abbé Cardinal. On appella aussi Cardinaux, ceux qui demeuroient Abbés en chef, lorsque deux Abbayes qui avoient été autrefois unies, venoient à être séparées. Il y a des Abbés Cardinaux Séculiers, ou qui ne sont point chefs d'ordre, & par conséquent n'ont point de Jurisdiction sur les Religieux.

Les Abbés se divisent aujourd'hui principalement en Abbés réguliers ou titulaires, & en Abbés commendataires. Les Abbés Réguliers sont des Religieux qui ont fait les vœux, & portent l'habit de l'ordre. Ils sont tous aujourd'hui présumés être tels, les canons défendant expressément, qu'aucun autre qu'un Moine ait le commandement sur des Moines : mais dans le fait il en est bien autrement.

Les Abbés commendataires ou en commende, sont le plus souvent des Séculiers qui ont été auparavant tonsurés. Ils sont obligés, par leurs Bulles, de prendre les Ordres quand ils seront en âge; obligation qui paroît n'être que de style dans la Chancellerie Romaine, du moins plusieurs Abbés commendataires ne prennent point les Ordres, sans doute, pour consommer avec moins de contrainte les revenus de l'Abbaye.

Quoique le terme de commende insinue qu'ils ont seulement pour un tems l'administration de leurs Abbayes, ils ne laissent pas d'en jouir, & d'en percevoir les fruits toute leur vie, aussi bien que les Abbés Réguliers.

Quoique les Bulles leur donnent un plein pouvoir, *tam in Spiritualibus quàm in temporalibus*; cependant ils n'exercent aucune Jurisdiction spirituelle sur les Moines.

Quelques Canonistes mettent les Abbayes en commende, au nombre des bénéfices; elles ne sont cependant qu'un titre canonique, ou une provision pour jouir des fruits d'un bénéfice; & comme de telles provisions sont contraires aux anciens Canons, il n'y a que le Pape qui puisse les accorder, en dispensant du droit ancien.

Les biens des Monasteres étant devenus considérables, exciterent la cupidité des Séculiers. Dès le Ve. siecle en Italie & en France, les Rois s'en emparerent, & en gratifierent leurs Officiers & leurs Courtisans. Ce fut en vain que les Papes & les Evêques s'y opposerent. Cette nouveauté, quoique

quoique condamnée par Charlemagne, ne fut point réprimée, puisque les Princes dans la suite donnerent eux-mêmes les revenus des Monasteres à leurs Officiers, à titre de récompenses pour leurs services; d'où est venu le mot de Bénéfice, & peut-être l'ancien mot, *Beneficium propter Officium*, quoiqu'on l'entende aujourd'hui des services rendus à l'Eglise.

Cet usage entraîna celui des commendes, dont nous venons de parler. Les Papes eux-mêmes furent les premiers à en accorder; & ils ont eu occasion de s'en repentir plus d'une fois, puisque c'est ce qui leur a fait perdre la nomination d'un grand nombre d'Abbayes.

La cérémonie par laquelle on installe un Abbé, se nomme *Bénédiction*, & quelquefois, quoiqu'abusivement, *Consécration.*

Cette cérémonie consistoit anciennement à revêtir l'Abbé de l'habit appellé *cuculla*, coule, en lui mettant le bâton pastoral dans la main, & les souliers appellés *pedales*, sandales, à ses pieds.

La bénédiction des Abbés s'est constamment faite avec beaucoup de solemnité par les Evêques Diocésains.

La profession des Religieux faite contre le consentement de l'Abbé, est nulle. L'Abbé ne peut cependant recevoir aucun Religieux sans prendre l'avis de la Communauté.

Les Abbés tiennent le second rang dans le Clergé, immédiatement après les Evêques; les Abbés commendataires doivent marcher avec les Réguliers, & selon l'ancienneté de leur réception.

Les Abbés Réguliers ont trois sortes de puissance : l'Économique, qui consiste dans l'administration du temporel du Monastere; celle de l'Ordre, en vertu de laquelle ils peuvent ordonner du service divin, recevoir les Religieux à la profession, leur donner la tonsure, conférer les bénéfices, qui sont à la nomination du Monastere; enfin celle de la Jurisdiction, qui leur donne le droit de corriger, d'excommunier, de suspendre.

L'Abbé commendataire n'est pas revêtu de cette derniere; elle est exercée en sa place par le Prieur-Claustral, qui est comme son Lieutenant à cet égard.

Quelques Abbés ont obtenu le pouvoir de conférer les Ordres Mineurs. Innocent VIII a même accordé à l'Abbé de Cîteaux celui d'Ordonner des Diacres & des Sous-Diacres, & de faire diverses Bénédictions, comme celles des Abbayes, des Autels & des Vases Sacrés, &c.

Le Pere Ray, Bénédictin, dans son Livre intitulé, *Astrum Inextinctum*, soutient que les Abbés de son Ordre ont non-seulement une Jurisdiction, comme Episcopale, mais même comme Papale, *quasi Papalem*, & qu'en cette qualité ils peuvent conférer les Ordres inférieurs.

ABBÉ, *titre d'une ancienne Magiſtrature à Genes.*

LE nom d'*Abbé* eſt auſſi un titre qu'ont porté différens Magiſtrats ou autres perſonnes Laïques. Parmi les Génois, un de leur premier Magiſtrat étoit appellé l'*Abbé du Peuple* : nom glorieux qui dans ſon véritable ſens ſignifioit *Pere du Peuple*.

ABBESSE, ſ. f. *Supérieure d'un Monaſtere de Religieuſes, érigé en Abbaye.*

L'INSTITUTION des Abbeſſes eſt poſtérieure à celle des Abbés, comme celle des Monaſteres de Religieuſes l'eſt à celle des Monaſteres de Religieux. Il ſeroit pourtant difficile de fixer au juſte l'époque de leur origine. Mais une Bulle d'Alexandre IV, du 10 Juin 1260, offre pour la premiere fois la qualification d'*Abbeſſe Séculiere*, donnée à Gertrude, Abbeſſe de Quedlimbourg. *Bibliot. Germ. T. VI. p. 156.*

L'Abbeſſe étoit autrefois élue par la Communauté : elle recevoit la Bénédiction de l'Evêque, & ſon autorité étoit perpétuelle : autorité qui répond à celle des Abbés, avec cette exception qu'elles ne peuvent exercer les fonctions attachées à la Prêtriſe, comme font les Abbés; mais pluſieurs ont le droit de commettre un Prêtre qui les exerce pour elles.

Il y en a auſſi qui ont des exemptions, & même qui exercent ſur leur Diſtrict la Juriſdiction Epiſcopale. L'Abbeſſe de Fontevraud a la ſupériorité ſur les Religieux qui dépendent de ſon Abbaye : ils ſont ſoumis à ſa correction, & prennent leur miſſion d'elle.

Le Concile de Trente fixe à 40 ans d'âge & 8 ans de profeſſion l'éligibilité des Abbeſſes.

Saint Baſile, dans ſes *Regles abrégées*, permet à l'Abbeſſe d'entendre, avec le Prêtre, la confeſſion de ſes Religieuſes. Anciennement elle les confeſſoit toute ſeule. On aſſure même que des Abbeſſes ſe mêloient de recevoir des confeſſions de toutes ſortes de perſonnes, qui vouloient bien les leur faire par humilité. Mais ces confeſſions n'étoient point regardées comme ſacramentales. C'étoit un abus qui fut ſupprimé dans le treizieme ſiecle. Cependant il y a dans preſque tous les Monaſteres une pratique appellée *la Coulpe*, qui eſt un reſte de cet ancien uſage.

ABBOT, (Robert) *Evêque de Salisbury, Ville du Comté de Surrey, en Angleterre, où il mourut en 1618.*

CE Prélat écrivit beaucoup contre la Cour de Rome. L'Evêché de Salisbury lui fut donné par Jacques I, Roi d'Angleterre, en récompense du zele avec lequel il avoit défendu l'autorité des Rois contre les prétentions du St. Siege, & les subtils raisonnemens des deux Jésuites Bellarmin & Suarez, par un Ouvrage intitulé *Roberti Abbot de supremâ potestate regiâ exercitationes habitæ in Academiâ Oxoniensi contra Robertum Bellarminum & Franciscum Suarez.* Il composa encore une réponse à l'Apologie de Henri Garnet, aussi Jésuite, compliqué dans la conspiration des poudres. Mais ces Ouvrages ne contiennent rien d'assez instructif pour que nous en donnions une notice détaillée. Il suffit d'en connoître le titre. Le plan de cette Bibliotheque & le respect que nous devons au Lecteur, nous imposent le devoir de ne nous arrêter qu'aux livres qui en valent la peine.

ABDICATION, s. f. ABDIQUER, v. a. & n.

LE mot Abdication a plusieurs significations dans le Droit Public & le Droit Civil. Dans le Droit Public il signifie l'acte par lequel un Magistrat se démet de la charge, dignité, ou autorité dont il est revêtu. Nous allons traiter avec quelques détails de l'Abdication en ce premier sens.

Dans le Droit Civil on entend, par l'Abdication, l'acte par lequel un pere désavoue son fils, le déclare exclu de sa famille, & par conséquent des biens auxquels sa naissance lui donnoit droit. C'est donc une espece d'exhérédation qui se faisoit du vivant du pere, & pour les mêmes raisons que l'exhérédation ordinaire qui ne se faisoit qu'à la mort.

L'Abdication étoit encore l'action d'un homme libre qui, renonçant à sa liberté, se déclaroit esclave de quelqu'un; ou celle d'un Citoyen Romain qui abdiquoit cette qualité, & les privileges qui y étoient attachés. Notre temps fournit aussi un exemple mémorable d'une Abdication de cette espece dans un homme célebre par ses talens, & les disgraces dont ils ont été pour lui la source. Comme on a parlé diversement de cette action d'éclat, nous en donnerons un précis historique qui mettra le public en état de l'apprécier.

I. *Différentes especes d'Abdication. Exemples.*

L'Abdication (l'acte par lequel une personne se démet de la dignité ou de l'autorité dont elle est revêtue) est pure & simple, ou bien elle se fait en faveur d'une personne tierce. Dans ce dernier cas elle se nomme aussi *Résignation.*

L'Abdication peut être tacite, ou expresse & solemnelle. L'histoire nous fournit quelques exemples d'une Abdication tacite, ou, pour parler plus exactement, d'une démarche réputée telle. Lorsque Jacques II quitta son Royaume, sans avoir pourvu à l'administration des affaires pendant son absence, le Parlement d'Angleterre regarda cette fuite comme une Abdication qui laissoit la Nation libre de se choisir un autre Roi, & de lui imposer de nouvelles conditions. Henri III, sorti clandestinement de Pologne pour venir s'asseoir sur le Trône de ses ancêtres, prétendit envain conserver sa premiere Couronne, & être à la fois Roi de France & de Pologne : il n'en put retenir que le titre. Les Polonois déclarerent leur trône vacant. Décidant que Henri n'étoit plus à portée de les gouverner, & que sa retraite étoit une Abdication, ou plutôt une désertion, ils procéderent à l'élection d'un nouveau Roi.

Ces faits prouvent que, dans le Droit Public, il y a telles démarches d'un Souverain qui équivalent à une Abdication aux yeux de la Nation, quoiqu'on n'en puisse pas inférer une volonté déterminée de renoncer à la Couronne.

Les exemples d'Abdication formelle & solemnelle sont en plus grand nombre. David, dans sa vieillesse, céda sa couronne à son fils Salomon qu'il fit oindre solemnellement.

Ozias, ou Azarias, frappé de lepre, descendit du Trône pour y faire monter son fils Joatham.

Héraclite abdiqua la Principauté d'Ephese.

Artaxerxes Mnemon, Roi de Perse, prévoyant que ses enfans se disputeroient son Trône après sa mort, céda l'Empire à Darius, l'un d'eux, pour faire cesser les prétentions des autres : exemple qui sembloit contraire à la constitution d'une Monarchie dont les Rois demeuroient Rois toute leur vie par une coutume jusqu'alors inviolable.

Ptolomée Lagus, fondateur de la nouvelle Monarchie d'Egypte, renonça à ses Etats en faveur de Ptolomée Philadelphe, le plus jeune de ses fils.

Mon dessein n'est pas de rappeller ici les noms de tous les Rois ou Empereurs qui ont abdiqué, soit forcément comme Dioclétien, Alphonse VI, Roi de Portugal, Auguste II & Stanislas I, Rois de Pologne ; ou volontairement, comme Jean, Roi d'Armenie, l'Empereur Lothaire I, Jean Casimir, Roi de Pologne, Don Alphonse I & Don Alphonse IV, Rois de Léon ; Amurat II qui abdiqua deux fois l'Empire Ottoman, fut rappellé deux fois au gouvernement par les vœux du peuple, & mourut sur le Trône ; & plusieurs autres.

Mais les Abdications les plus éclatantes dont l'Histoire moderne fasse mention, sont celles de Charles-Quint, de Christine, Reine de Suede, de Philippe V, Roi d'Espagne, & de Victor-Amédée II Roi de Sardaigne.

Comme elles ont fait beaucoup de bruit en Europe dans le dernier siecle & dans celui-ci, il est à propos de peser au poids de la saine politique, des actions si imposantes. Cette discussion nous donnera occasion d'établir des principes, d'après lesquels il sera facile de décider dans quelles circonstances un Prince peut ou doit abdiquer.

II. *Abdication de l'Empereur Charles-Quint.*

Il semble que dès l'an 1542, Charles-Quint avoit formé le projet d'abdiquer; du moins, quelques historiens rapportent qu'en visitant le Monastere de St. Just en Espagne, il dit : „ Voilà un beau lieu pour la retraite „ d'un autre Dioclétien, " comme s'il eût dès-lors pensé à imiter cet Empereur Romain, qui après avoir gouverné l'Empire avec beaucoup de prudence & d'équité, pendant vingt ans, avec son collegue, Galerius Maximien, descendit du Trône, à la persuasion de celui-ci, & passa le reste de ses jours à Salone en Dalmatie, dans les douceurs de la vie champêtre. Quoi qu'il en soit, en 1555, Charles-Quint fit venir à Bruxelles, Philippe, son fils, il le créa en présence des Etats du Pays, Chef de l'Ordre de la Toison d'Or, le matin du 24 Novembre, & l'après-midi du même jour, il se démit en sa faveur de la Couronne d'Espagne, de ses Etats des Pays-Bas, & généralement de tous les Royaumes & Provinces dépendans de la même Couronne. „ Je fais, dit-il à Philippe, une chose dont l'antiquité „ fournit peu d'exemples, & qui n'aura pas beaucoup d'imitateurs dans la „ postérité.... Vous réussirez dans toutes vos entreprises, si vous avez tou- „ jours devant les yeux la crainte du Maître de l'Univers, si vous protégez „ avec zele l'Eglise Catholique, & si vous faites observer inviolablement „ la justice & les loix qui sont la base & le fondement des Royaumes & „ des Etats. Il ne me reste plus qu'à vous souhaiter des fils tels que vous „ puissiez leur céder volontairement & par leur mérite personnel l'admi- „ nistration de vos Provinces. Lorsque je considere un fils que j'aime ten- „ drement, ce n'est pas sans raison que je plains son sort. "

Charles, qui plaignoit le sort d'un fils à qui il remettoit le gouvernement pénible de tant d'Etats, tenta encore plusieurs fois d'engager Ferdinand Roi des Romains, son frere, à se démettre de cette dignité, pour en faire revêtir Philippe, à quoi ne pouvant réussir, il se détermina à céder la Couronne Impériale à Ferdinand, ce qu'il effectua en 1556. Après cette double Abdication, Charles se retira dans le Monastere de St. Just, de l'Ordre des Jéronimites, dans la Province d'Estramadure, où il mourut en 1558.

Les circonstances de cette action éclatante aux yeux du vulgaire, nous servent à l'apprécier. Le sage ne voit souvent qu'une foiblesse dans ce qui excite l'admiration du peuple. C'est que le peuple se laisse facilement éblouir par un faux éclat; au-lieu que l'homme raisonnable, juste estimateur de la valeur des actions, fait lever le masque de grandeur qui, dans les prétendus héros, couvre la fragilité humaine.

Charles-Quint vieilli par les maladies, aigri par les prospérités de ses ennemis, dégoûté par ses revers, s'ennuyoit d'une vie tumultueuse, qui ne lui procuroit pas autant de gloire & de bonheur qu'il en attendoit de sa politique, ou plutôt de son machiavélisme. La prise de Terouenne ne lui avoit point fait oublier le mauvais succès du siege de Metz. Toutes ces considérations, jointes à la vanité de faire une action d'éclat dont, comme il s'en vantoit, l'antiquité fournissoit peu d'exemples, & qui n'auroit pas beaucoup d'imitateurs dans la postérité, furent vraisemblablement les motifs de cette démarche. Les Panégyristes de ce Prince ne sauroient en disconvenir. Quelques Historiens même y ont ajouté un motif d'ambition, prétendant que Charles n'avoit quitté la Couronne Impériale, que dans l'espoir de porter la Tiare : conjecture qui, toute chimérique qu'elle est, fait voir la maniere peu avantageuse dont on jugeoit son Abdication. Il est sûr au moins qu'il regretta le Trône presqu'aussi-tôt qu'il l'eut quitté, & que les ames capables de faire une action héroïque par une véritable grandeur d'ame, ne sont pas sujettes à s'en repentir. Personne n'ignore que le Cardinal de Granvelle disant à Philippe II : *Il y a aujourd'hui un an que l'Empereur votre pere abdiqua*, ce Prince lui répondit, *il y a aujourd'hui un an qu'il s'en repent.* Une démarche si mal soutenue peut être légitimement soupçonnée de motifs peu magnanimes. On dira en faveur de Charles, qu'il laissa ses Couronnes sur des têtes capables de les porter; de sorte qu'il ne pécha pas contre l'Etat. On ajoutera qu'il put avoir été séduit par le mérite apparent de sacrifier une Couronne terrestre pour en acquérir une éternelle : car il vivoit dans un siecle où la vie monastique étoit en grande vénération, & on nous assure que dès qu'il fut entré dans le Cloître, il se livra aux exercices Claustraux, avec une ferveur portée à l'excès. Nous en avons une preuve singuliere dans la derniere action de sa vie. Ce Prince fit célébrer ses obseques de son vivant. Il se mit en posture de mort dans un cercueil, entendit faire pour lui les prieres & les cérémonies qu'on a coutume de faire pour les morts; & soit qu'il eut un pressentiment de sa fin, soit plutôt qu'il fût vivement frappé de cet appareil lugubre, il sortit de la biere avec une fievre qui le conduisit au tombeau. Mais cette comédie funebre, loin de relever l'éclat de l'Abdication de cet Empereur, nous fait conjecturer que le goût d'un repos indolent, & d'une dévotion outrée, lui avoit ôté celui du bien qu'il pouvoit faire sur le Trône : bien infiniment plus grand & plus méritoire, que toutes les prieres & les macérations d'un Moine, sous la haire & le cilice.

Si l'on considere philosophiquement le regne de Charles-Quint, son caractere, sa maniere de commander à ses Sujets & de traiter avec les Souverains ; si l'on réfléchit qu'une politique dissimulée présida à toutes ses démarches, qu'il ne connoissoit ni la modération dans ses desirs, ni la bonne foi dans les traités, ni la droiture, ni la franchise, ni la probité, ni la sincérité dans toutes les occasions où il croyoit pouvoir être fourbe avec avantage, qu'en jurant toujours, *foi d'homme d'honneur*, il faisoit toujours le contraire de ce qu'il juroit, qu'en un mot, il porta la dissimulation jusqu'à la bassesse; on jugera sans peine, que Charles, ne trouvant point dans le rang suprême cette douce paix, qui naît de la vertu, du témoignage d'une bonne conscience, de l'amour du vrai bien, qui allege le joug des affaires, qui soutient dans les revers, dut s'ennuyer, sinon de troubler le monde, du moins d'être lui-même la premiere victime des violentes secousses qu'il donnoit à l'Europe; que cet ennui devoit engendrer le dégoût des affaires, de la grandeur, de la société même, car jugeant des hommes par lui-même, il ne pouvoit ni les aimer ni les estimer; qu'enfin son naturel, ambitieux & dissimulé, devoit lui inspirer la pensée d'en imposer à la multitude par un héroïsme apparent; mais que cette fausse grandeur se démentiroit bientôt, & laisseroit voir toute la foiblesse de l'homme. Telle est la marche graduée des passions dans une ame qui n'a point assez de vertu pour soutenir dignement le poids de la royauté.

III. *Abdication de Christine, Reine de Suede.*

„ On est assez porté à louer les Souverains qui descendent du Trône; „ on a si peu d'idée des devoirs immenses d'un Prince, qu'on regarde son „ Abdication comme un sacrifice éclatant. Précipiteroit-on ainsi son jugement, si l'on vouloit approfondir ce que le nom de Monarque impose „ à celui qui le porte? Esclave de la justice & de la décence, obligé „ d'observer le premier les loix dont il est le dépositaire, il est comptable „ envers l'Etat de tout le mal qui se fait sous son nom, & de tout le „ bien qui ne se fait pas. Combien peu de Rois voudroient l'être à condition de l'être en effet? Si donc un Prince possede les talens nécessaires pour gouverner, c'est un crime de les rendre inutiles par une démission volontaire. Il n'auroit d'excuse qu'en se donnant un Successeur „ capable de le remplacer; mais outre qu'un tel Successeur est bien rare, „ c'est souvent un motif tout contraire, qui a déterminé quelques Princes, „ parce qu'ils n'aimoient que leur gloire, & nullement les hommes. A „ l'égard des Rois qui ne quittent le Trône que par défaut de capacité, „ ils ne font en cela que s'acquitter d'un devoir essentiel. Cependant il est „ certains devoirs qu'il faut tenir compte aux hommes de remplir, lorsqu'en les remplissant ils renoncent à de grands avantages. Le devoir „ dont nous parlons est de ce nombre, & les Princes qui ont quitté le „ Trône, mériteroient des éloges, si cette démarche avoit été le fruit de „ la justice qu'ils se rendoient, & du peu de talent qu'ils se sentoient pour „ régner. Mais la plupart n'ont pas même eu l'avantage de faire cette ac-

„ tion juste, par un motif louable. L'amour de l'oisiveté, le desir de satisfaire en paix à des goûts vils ou subalternes, sont presque toujours les principes de leur Abdication. Ils croient que rien ne leur manque pour régner, que la volonté ; aussi cette volonté renaît-elle souvent en eux après leur retraite, pour en être le tourment. (*)

A l'exemple de Charles-Quint on peut ajouter celui de Christine, Reine de Suede. Le projet d'abdiquer roula long-temps dans sa tête. En 1650, elle déclara pour son Successeur, le Prince Charles-Gustave, son cousin ; & dès l'année suivante, elle lui déclara qu'elle avoit dessein de remettre en ses mains les rênes du Gouvernement. Gustave s'efforça de l'en dissuader, & la conjura, avec les plus vives instances, de continuer à faire la gloire & le bonheur de la Suede. Christine insista, & proposa son Abdication dans l'assemblée des Etats. Cette proposition fut mal reçue. Tous les Ordres firent des remontrances si pressantes à la Reine, qu'elle crut devoir céder pour un temps à leurs sollicitations ; & garder une Couronne dont elle sentoit que les devoirs s'accordoient mal avec son goût pour l'étude ou plutôt pour l'indépendance : car des chaînes de toute espece accablent le Monarque sur le Trône : il ne fait jamais ce qu'il veut, à moins qu'il ne veuille ce qu'il doit.

Cependant, l'aversion mortelle de Christine pour les affaires, croissoit tous les jours, au point qu'elle éclatoit presque toutes les fois qu'il lui falloit travailler avec ses Ministres. Sa négligence occasionnoit déjà quelques désordres dans l'administration. Les finances s'épuisoient aussi par ses prodigalités excessives. Les honneurs lui devenoient à charge, parce qu'ils lui rappelloient ses obligations. Les Etats la pressoient vivement de se marier, & elle ne vouloit point se donner de maître. On desiroit qu'elle épousât Charles-Gustave, elle ne l'aimoit pas. Résolue de se délivrer de tout ce qui lui étoit à charge, elle négocioit avec les conditions de son Abdication, avec le Successeur qu'elle s'étoit désigné ; en même temps elle fit assembler les Sénateurs du Royaume à Upsal, le 11 de Février 1654, & leur déclara qu'elle n'avoit jamais quitté le dessein d'abdiquer la Couronne, depuis le jour qu'elle en avoit fait la proposition aux Etats, que la complaisance l'avoit fait céder pour lors à leurs instances, mais que désormais son parti étoit pris, & que rien ne pouvoit la faire changer d'avis. Les Sénateurs s'efforcerent envain de la dissuader de cette entreprise. Charles-Gustave parut aussi vouloir l'en détourner ; mais il ne se montra pas aussi désintéressé, lorsqu'il fut question de traiter avec Christine des conditions auxquelles la Reine lui offroit sa Couronne. On assure qu'elle vouloit se réserver une grande partie du Royaume, vivre indépendante, avoir la liberté de voyager ou de rester en tel endroit qu'elle jugeroit à

(*) *Mémoires & Réflexions sur Christine Reine de Suede, par M. d'Alembert.*

propos ;

propos; & qu'elle prétendoit de plus que son Successeur ne fît aucun changement aux charges & aux graces qu'elle accorderoit à ceux qu'elle affectionneroit. Charles rejetta ces conditions, disant qu'il ne vouloit point être un Roi titulaire. Christine sentit qu'elle devoit ménager un Prince capable de lui faire une telle réponse, dans une circonstance aussi délicate : elle dit qu'elle ne lui avoit fait ces propositions que pour éprouver son ame; qu'elle voyoit à présent combien il étoit digne de régner, puisqu'il connoissoit si bien les droits de la Royauté. Elle se borna à demander aux États qu'on lui laissât en toute Souveraineté, plusieurs Villes, Châteaux & terres, dont les revenus serviroient à son entretien. Les Etats lui accorderent les revenus de ces domaines, & lui en refuserent la Souveraineté.

Christine ne pouvant se dissimuler le véritable motif de son Abdication, qui n'avoit déja que trop éclaté, & que sa conduite future devoit mettre encore dans une plus grande évidence, cherchoit à le couvrir d'une belle apparence. Elle auroit voulu faire croire que le bien de ses Sujets, & la sûreté de l'Etat, étoient la principale raison de cette action, & qu'elle la jugeoit indispensable, pour prévenir les confusions & les partialités, difficiles à éviter après le décès des Princes Souverains regardés comme les derniers de la Maison Royale.

Tout étant disposé pour cette importante cérémonie, le 6 de Juin, la Reine entra de grand matin au Sénat, accompagnée du Prince Charles, & elle fit lire l'Acte de son Abdication; par lequel „ Christine renonçoit „ absolument, tant pour elle que pour sa postérité, à toutes les préten„ tions qu'elle pouvoit avoir sur la Couronne de Suede, qu'elle remettoit „ au Prince Charles-Gustave, son cousin. Elle se réservoit, sa vie durant, „ à titre d'apanage, la Ville & le Château de Norkoping les Isles d'Oëland, de Gotland, d'Oësel, Wollin, Usédom; la Ville & le Château „ de Wolgast; quelques Terres dans la Poméranie, avec Pœle & Neu„ closter dans le Mecklenbourg. Le revenu de toutes ces Terres pouvoit „ monter à deux cens quarante mille rixdales. Elle stipuloit, en outre, „ qu'elle seroit entiérement maîtresse de sa personne, sans être obligée „ de rendre compte de sa conduite à personne, promettant de ne jamais „ rien faire qui fût contraire au bien de l'Etat; enfin elle se réservoit „ pouvoir & jurisdiction sur tous les Officiers de sa maison. "

Ensuite la Reine entra dans la grande salle du Château où l'on avoit placé un siege d'argent massif sur une estrade élevée de trois dégrés, & un fauteuil à la droite du siege hors de l'estrade. Christine étoit revêtue de ses habits Royaux, elle avoit la Couronne sur la tête, le Sceptre dans la main droite, & le globe d'or dans la gauche. Deux Sénateurs portoient devant elle, l'un l'épée, & l'autre la clef d'or. Dans cet appareil, elle s'assit sur le trône d'argent, & le Prince héréditaire dans le fauteuil. Elle fit lire de nouveau l'acte de son Abdication; après cette lecture elle ôta elle-même la Couronne de dessus sa tête, se dépouilla des autres ornemens de la Royauté qu'elle remit entre les mains des grands Officiers de la Couronne; puis descendant du trône, elle prononça un discours étudié dans lequel elle fit l'apologie de son Gouvernement & de son Abdication, en disant qu'après avoir élevé la Suede au plus haut point de splendeur qu'elle pût parvenir, elle ne pouvoit rien faire qui fût plus avantageux à l'Etat, que de lui donner un Roi tel que Charles-Gustave dont elle fit le plus grand éloge.

Le nouveau Roi, pour lui témoigner sa reconnoissance, fit frapper une médaille, dont la légende étoit A DEO ET CHRISTINA, reconnoissant qu'il tenoit la Couronne de Dieu & de Christine.

Cette Princesse se hâta de quitter la Suede, & ne se crut vraiment libre, que lorsqu'elle fut hors de la frontiere. Elle n'avoit alors que vingt-sept ans. Elle fit plusieurs voyages en Allemagne, en France, en Italie; mais elle y parut plus singuliere que grande, plus savante que philosophe, affectant tout l'orgueil du trône qu'elle avoit quitté, & laissant voir, malgré son goût pour les Sciences & les beaux Arts, tous les caprices d'une femme vaine & légere. Jalouse d'influer sur le systême de l'Europe, elle voulut entrer dans les négociations qui se traitoient entre les Puissances; intrigante & impérieuse, elle essaya de troubler la paix de la Suede qu'elle n'avoit jamais aimée, & de quelques autres Royaumes qu'elle sembloit aimer. Elle changea de Religion aussi légérement qu'elle avoit abdiqué. Devenue catholique, elle se brouilla avec le Pape Alexandre VII; & l'on prétend que sur la fin de ses jours elle pensa à retourner au Luthéranisme. Le Chancelier Oxenstiern lui avoit prédit qu'elle se repentiroit d'avoir quitté le trône. En effet, peu de tems après son Abdication, elle parut avoir des regrets; & il est sûr qu'à la mort de Charles-Gustave en 1660, elle retourna en Suede pour voir si les esprits seroient disposés à la reprendre pour Reine. Christine, sans Couronne, n'y étoit plus, suivant l'expression de l'Historien Nani, qu'une Divinité sans temple & sans culte; desorte qu'après avoir erré, pour-ainsi-dire, de pays en pays, elle prit le parti de se fixer à Rome, où l'amitié généreuse du Cardinal Azzolini fit quelque tort à sa réputation.

Si l'on a droit de juger les Rois sur leurs actions, comme les autres mortels, les irrégularités de la conduite de Christine, sa vie errante, les inégalités de son humeur, l'inconstance de ses goûts, dont nous n'offrons ici que quelques traits pris parmi beaucoup d'autres peut-être plus frappans, nous disent assez que la vanité, l'inconstance, & le caprice formoient le caractere dominant de cette Princesse, & qu'elle quitta le trône par dégoût & par légéreté plutôt que par aucun autre motif plus louable. Elle n'aimoit point assez les hommes, elle n'estimoit point assez les Suédois, pour s'immoler à leur bonheur. C'est un crime contre l'humanité que de s'ôter les moyens de faire du bien aux hommes; c'est le plus grand, après celui de leur faire du mal. Avec une ame d'une trempe plus forte, elle auroit su allier le goût des affaires publiques à celui des beaux Arts ; au lieu d'aller chercher les Savans & les Artistes en France & en Italie, elle les eût appellés dans son pays : ils auroient poli sa nation, & illustré son regne. La savante Christine ignoroit la science la plus utile à l'homme, celle du cœur humain. En consultant mieux le sien, elle se seroit épargné une fausse démarche qui en occasionna beaucoup d'autres. Christine parut au-dessus de son sexe tant qu'elle fut sur le Trône. Lorsqu'elle en descendit, elle rentra dans la classe commune ; sa grandeur l'abandonna.

IV. *Abdication de Philippe V, Roi d'Espagne.*

Nous avons vu que Charles-Quint & Christine avoient eu le projet d'abdiquer plusieurs années avant que de l'exécuter, de sorte qu'il avoit mûri dans leur tête, & que cette démarche, toute indiscrete qu'elle étoit, ne pouvoit pas être regardée comme précipitée. Philippe V, Roi d'Espagne, ne se livra pas non plus à la premiere idée qu'il eut d'abdiquer. Il se prépara long-temps à cette Abdication : il vouloit remettre le Sceptre en des mains capables de le porter. Le Prince des Asturies étoit fort jeune. Pour le former aux affaires, il l'avoit admis dans les Conseils, & Don Louis y montroit d'heureuses dispositions pour le gouvernement. Il l'avoit marié à Louise-Marie-Elisabeth d'Orléans, fille du Régent. En 1724, lorsque Philippe crut ce Prince en état de gouverner par lui-même, il fit remettre au Conseil un écrit, dans lequel il lui exposoit le dessein où il étoit d'abdiquer, & les motifs de cette résolution. Voici cet écrit.

„ Ayant considéré depuis quatre ans, avec maturité & réflexion particu-„ liere, les miseres de cette vie, par les maladies, les guerres & les afflic-„ tions que Dieu m'a envoyées durant les vingt-trois années de mon re-„ gne, & considérant aussi que mon fils aîné, Dom Louis, reconnu Prince „ d'Espagne, se trouve dans l'âge suffisant, déja marié, & avec la capa-„ cité, le jugement & les talens nécessaires pour régir & gouverner cette „ Monarchie ; j'ai résolu d'en quitter absolument le gouvernement & la „ direction, renonçant, en faveur de mon susdit fils aîné Dom Louis, à „ tous mes Etats, Royaumes & Seigneuries, pour me retirer avec la Rei-„ ne, en qui j'ai trouvé une volonté prompte & parfaite de m'accompa-„ gner dans ce Palais de Saint-Ildefonse, pour y servir Dieu, &, débar-„ rassé d'autres soins, penser à la mort & à mon salut. Je le fais savoir „ au Conseil, afin qu'il en soit informé, & que cette résolution parvienne „ à la connoissance de tous. Au Palais de Saint-Ildefonse, le 15 de Janvier „ 1724. *Signé* MOI LE ROI. “

Le Roi avoit fait savoir ses intentions dès la veille, au Prince des Asturies, auquel on avoit remis une copie signée du décret qu'on vient de lire. Il fut aussi publié le 15 dans le Conseil & dans tous les Tribunaux. Mais les Etats-Généraux ne furent ni convoqués, ni assemblés, ni consultés, de sorte que n'ayant pas reçu formellement l'Abdication de Philippe, que leur consentement seul pouvoit légitimer, ils la regarderent comme nulle, quoiqu'ils ne le témoignassent pas par respect pour le Roi. Dom-Louis fut proclamé Roi dans le Conseil, lorsque Philippe l'eut déclaré tel; ce qu'il fit dès le lendemain 16 du même mois, en présence de plusieurs grands appellés à cette cérémonie; il accompagna son Abdication d'un vœu solemnel de ne jamais remonter sur le Trône. La lettre que Philippe écrivit le 14 à Dom Louis, mérite d'être rapportée : elle montre l'esprit religieux qui animoit ce Monarque.

„ Dieu, par son infinie miséricorde, ayant bien voulu, mon très-cher „ fils, me faire connoître depuis plusieurs années, le néant de ce monde, „ & la vanité de ses grandeurs, & me donner en même temps un desir ar- „ dent des biens éternels qui doivent, sans comparaison, être préférés à „ tous les biens de la terre, lesquels sa divine Majesté ne nous a donnés „ que comme des moyens pour parvenir à cette fin; j'ai cru ne pouvoir „ mieux répondre aux faveurs d'un si bon pere qui m'appelle à son ser- „ vice, & qui m'a donné, pendant toute ma vie, tant de marques d'une „ protection visible, soit en me délivrant des maladies dont il lui a plu „ de me visiter, soit en me protégeant dans des conjonctures épineuses & „ délicates de mon regne, & en me conservant la Couronne que tant de „ Puissances liguées ensemble vouloient me ravir; je n'ai pas cru, dis-je, „ pouvoir mieux répondre à ses faveurs, qu'en lui sacrifiant & mettant à „ ses pieds cette même Couronne pour ne plus penser qu'à le servir, à „ pleurer mes fautes passées, & à me rendre moins indigne de paroître en „ sa présence, lorsqu'il me citera à son jugement qui est beaucoup plus for- „ midable pour les Rois que pour les autres hommes.

„ J'ai pris cette résolution avec d'autant plus de courage & de joie, que „ j'ai eu le bonheur de trouver la Reine, mon épouse, dans les mêmes „ sentimens, & déterminée, comme moi, à fouler aux pieds le néant des „ grandeurs mondaines, & les biens périssables de cette vie.

„ Nous avons formé, de concert, ce dessein, depuis quelques années, „ & moyennant le secours de la Très-Sainte Vierge, je l'exécute mainte- „ nant avec d'autant plus de plaisir, que je laisse la Couronne à un fils qui „ m'est très-cher, qui mérite de la porter, & dont les qualités me font „ sûrement espérer qu'il remplira tous les devoirs de la dignité royale, „ beaucoup plus redoutables que je ne puis l'exprimer.

„ C'est pourquoi, mon très-cher fils, connoissez bien tout le poids de cette „ dignité, & au lieu de vous laisser éblouir par l'éclat flatteur qui vous en- „ vironne, ne pensez qu'à satisfaire à vos obligations; songez que vous „ ne devez être Roi que pour servir Dieu, & pour rendre vos sujets heu- „ reux; que vous avez un Maitre au-dessus de vous, qui est votre Créa- „ teur & votre Rédempteur, qui vous a comblé de biens, à qui vous de- „ vez tout ce que vous possédez, & tout ce que vous êtes. N'ayez donc

„ pour objet que l'avancement de sa gloire, & faites servir votre autori-
„ té à tout ce qui peut l'augmenter. Defendez & protégez de tout votre
„ pouvoir son Eglise & sa sainte Religion, au péril même, s'il le faut,
„ de votre Couronne & de votre vie; n'omettez rien de tout ce qui peut
„ contribuer à l'étendre dans les pays les plus reculés, vous estimant in-
„ finiment plus heureux de réduire ce pays sous votre domination pour y
„ faire connoître & servir Dieu, que pour donner plus d'étendue à vos
„ Etats; empêchez autant que vous pouvez, que Dieu soit offensé dans vos
„ Royaumes, & usez de toute votre puissance pour le faire servir, hono-
„ rer & respecter dans toute l'étendue de votre domination. Ayez une singu-
„ liere dévotion envers la Sainte Vierge, & mettez votre Personne & vos
„ Etats sous sa Protection, puisqu'il n'y a point de moyen plus puissant, ni
„ plus efficace pour obtenir ce qui sera le plus convenable pour eux &
„ pour vous.

„ Soyez toujours soumis, comme vous le devez, au Saint-Siege & au
„ Pape, comme Vicaire de Jesus-Christ; protégez & maintenez toujours
„ le Tribunal de l'Inquisition, qu'on peut appeller le boulevard de la Foi.
„ L'Espagne lui est redevable de l'avoir conservée dans toute sa pureté,
„ sans que les hérésies qui ont affligé les autres Etats de la Chrétienté, &
„ qui ont causé des troubles & des désordres si affreux & si déplorables,
„ ayent jamais pu trouver entrée dans ce Royaume.

„ Respectez toujours la Reine, & regardez-la comme votre mere, non-
„ seulement pendant ma vie, mais encore après ma mort, si c'est la vo-
„ lonté du Seigneur de me retirer le premier de ce monde; répondez, comme
„ vous le devez, à la tendre amitié qu'elle a toujours eue pour vous;
„ soyez attentif à ses besoins, & ayez soin que rien ne lui manque, &
„ qu'elle soit respectée, comme elle doit l'être, de tous vos Sujets.

„ Aimez vos freres & regardez-vous comme leur Pere, puisqu'en effet
„ je vous substitue en ma place; donnez-leur une éducation digne de Prin-
„ ces Chrétiens.

„ Rendez justice à tous vos Sujets, grands & petits, sans acception de per-
„ sonne; défendez les petits contre les extorsions & les violences qu'on
„ voudroit leur faire; empêchez que les Indiens ne souffrent de vexations;
„ soulagez vos Peuples, & suppléez en cela à ce que les embarras & les
„ conjonctures difficiles de mon Regne ne m'ont pas permis de faire, & que
„ je voudrois de tout mon cœur avoir fait, pour répondre au zele & à
„ l'affection dont mes Sujets m'ont toujours donné tant de marques : j'en
„ conserverai éternellement le souvenir dans mon cœur, & vous ne devez
„ jamais les oublier.

„ Enfin, ayez toujours devant les yeux deux Saints Rois qui sont la gloire
„ de l'Espagne & de la France, S. Ferdinand, & S. Louis. Je vous les donne
„ pour modeles. Leur exemple doit faire d'autant plus d'impression sur vous,
„ que non-seulement vous avez l'honneur d'être de leur sang, mais encore

„ qu'ils ont été l'un & l'autre de grands Rois, & en même temps de grands „ Saints; imitez-les dans ces deux glorieuses qualités, mais sur-tout dans la „ derniere qui est l'essentielle. Je prie Dieu, de tout mon cœur, mon très-„ cher fils, qu'il vous accorde cette grace, & qu'il vous comble de tous les „ dons qui vous sont nécessaires pour bien gouverner, afin que j'aie la conso-„ lation d'entendre dire dans ma retraite, que vous êtes un grand Roi & „ un grand Saint. Quelle joie sera-ce pour un Pere qui vous aime & vous „ aimera tendrement toute sa vie, & qui espere que vous conserverez tou-„ jours pour lui les sentimens qu'il a jusqu'ici reconnus en vous. A Saint „ Ildefonse, le 14 Janvier 1724. *Signé*. MOI LE ROI.

Ce fut donc par un excès de dévotion que Philippe V abdiqua. Une piété plus éclairée & mieux entendue lui eut persuadé de rester sur le Trône, où il pouvoit faire son salut comme dans la retraite, & de plus faire le salut & le bonheur de l'Etat, qu'il ne pouvoit pas procurer au fond de sa solitude. Quelle que fût la capacité de Dom Louis, avoit-il l'expérience du Roi son Pere? Son esprit & son cœur, foibles encore, pouvoient être susceptibles d'impressions fatales au bien de ses Sujets. Il y avoit au moins de l'imprudence à lui confier de si vastes Etats, dans un âge si tendre. Si Philippe redoutoit pour lui les écueils dont le Trône est environné, ne devoit-il pas les craindre encore davantage pour le jeune Prince qu'il mettoit à sa place? Enfin, nous ne saurions admirer une action que la Religion ne pourroit préconiser qu'aux dépens de la raison & de la saine Politique, & qui d'ailleurs ne fut pas revêtue des formalités requises pour la rendre légitime. Philippe n'osa pas sans-doute assembler les Cortès, ou Etats-Généraux dans la crainte qu'ils ne voulussent pas recevoir une abdication qui n'avoit pas pour motif le plus grand bien de la Nation.

Louis I. ne vécut que quelques mois. Les Conseils assemblés supplierent Philippe de reprendre la Couronne. Les vœux de la Nation le rappelloient. Le Nonce du Pape, & l'Ambassadeur de France lui firent les plus vives instances de la part de leurs Maîtres. La jeune Reine & les Ministres alléguoient les raisons d'Etat les plus décisives. Il fallut, pour achever de vaincre la résistance de Philippe, qu'une assemblée de Théologiens déclarât que son vœu étoit nul, qu'il y auroit de l'injustice à l'observer, & que le Roi étoit obligé de prévenir les maux que pouvoit causer la longue minorité de l'Infant Dom Ferdinand qui n'avoit pas encore onze ans. Cependant il se trouva d'autres Théologiens qui furent d'un avis contraire : ce qui jetta le Roi dans quelque perplexité. Enfin, le salut de l'Etat, qui est la loi suprême, l'emporta. Le 6 de Septembre, Philippe envoya le décret suivant au Conseil de Castille.

„ Ouï les représentations qui m'ont été faites par le Conseil dans la der-„ niere Consulte, & dans celle du 4 du présent mois de Septembre; quoi-„ que j'eusse fermement résolu de ne point quitter la retraite que j'avois „ choisie, quelque raison qui se présentât pour m'y engager, cependant „ me trouvant obligé de répondre aux fortes instances que m'a fait le Con-

„ seil dans les deux consultes susdites, à ce que je reprisse le gouverne-
„ ment de cette Monarchie, & que je m'en chargeasse de nouveau comme
„ Roi naturel & propriétaire ; me représentant que je suis très-sérieuse-
„ ment obligé en conscience & en toute justice de le faire, j'ai résolu, pour
„ témoigner publiquement le cas que je fais des décisions dudit Conseil,
„ du zele & de la constante affection des membres qui le composent,
„ de me sacrifier au bien général de cette Monarchie & de ses habitans ;
„ & pour satisfaire à l'obligation indispensable où je suis à cet égard, sui-
„ vant le jugement du Conseil, je reprends la Couronne comme Roi na-
„ turel & propriétaire ; me réservant néanmoins, au cas que Dieu me
„ conserve la vie, la liberté de remettre le gouvernement au Prince, mon
„ fils aîné, quand il sera en âge, & qu'il aura acquis les qualités & l'ex-
„ périence nécessaires, à moins qu'il ne se trouve quelque raison assez forte
„ pour m'en empêcher : je consens que les Cortès s'assemblent pour re-
„ connoître l'Infant Dom Ferdinand, en qualité de Prince des Asturies.
„ Donné à Madrid le 6 Sept. 1724. *Signé*, MOI LE ROI.

Philippe est bien plus grand aux yeux du sage, lorsqu'il remonte sur un Trône qu'il n'auroit jamais dû quitter, que lorsqu'il en descendit, quelque sublime que fût le motif de son Abdication.

V. *Abdication de Victor-Amedée II, Roi de Sardaigne.*

Les actions des Princes sont souvent enveloppées d'un voile mystérieux qui en impose au vulgaire, toujours porté à admirer ce qui est au-dessus de lui. Victor-Amedée II avoit regné glorieusement pendant un demi-siecle. Sa sagesse avoit éclaté dans les circonstances les plus difficiles où un Roi puisse se trouver. Deux fois ses Etats avoient été sur le point de subir le triste sort qu'ils éprouverent sous le Duc Charles III, & deux fois il avoit triomphé de la fortune prête à l'accabler. L'Europe avoit vu revivre en lui, tous les grands hommes de la Maison de Savoie ; son regne avoit retracé les grandes actions des Philippe I & II, des Aymon, des Philibert-Emmanuel, des Charles-Emmanuel. Devoit-on s'attendre qu'un Monarque, regardé d'ailleurs comme extrêmement ambitieux, prit la résolution de quitter volontairement un Trône sur lequel il jouoit un si grand rôle ? Ces circonstances sembloient donner à une telle démarche, quelque chose de plus grand & de plus digne d'éloge. Des actions qui s'élevent si fort au-dessus des passions humaines, doivent avoir des motifs aussi relevés qu'elles. Il ne faut pas moins que l'espérance d'une couronne éternelle pour porter un Prince à renoncer à tous les avantages d'une couronne terrestre. Ainsi juge le peuple qui ne suppose pas que ses Rois aient des foiblesses, parce qu'ils en devroient être exempts. Victor-Amedée remettoit le dépôt sacré de l'autorité Souveraine entre les mains d'un fils digne de lui succéder, & capable de le faire revivre aux yeux de ses sujets. Dans l'enthouſiaſme de l'admiration, on étoit bien éloigné de craindre pour lui les repentirs qui ſuivirent de près la même action dans Dioclétien, Chriſtine, Charles-Quint. Victor-Amedée déclara lui-même que le motif de ſon Abdication étoit de mettre quelque intervalle entre le Trône & le tombeau, que ſa ſanté extraordinairement affoiblie par l'âge & par les travaux pénibles d'un regne de cinquante années, l'avertiſſoit de travailler au grand ouvrage de ſon ſalut, loin des embarras du gouvernement & des affaires. On exalta ſa piété héroïque.

Cependant l'Auteur (*) des *Anecdotes de l'Abdication du Roi de Sardaigne*, nous apprend que cette retraite fut l'effet de l'embarras où ce Prince, guerrier & politique, ſe trouvoit pour avoir, preſque dans le même temps, pris des engagemens oppoſés avec l'Empereur d'Allemagne & avec le Roi d'Eſpagne qui ſe préparoient à faire la guerre en Italie, au ſujet de l'introduction de l'Infant d'Eſpagne en ce pays-là. Il vit avec effroi ces deux Monarques entrer dans les voies de conciliation, & l'Empereur en état de lui marquer ſon mécontentement; il n'imagina d'autre expédient, pour écarter l'orage prêt à fondre ſur ſa tête, que de deſcendre du Trône, perſuadé que ſon fils qu'il avoit formé à une habitude d'obéiſſance, l'y laiſſeroit remonter lorſque cette circonſtance orageuſe ſeroit paſſée. A ce motif peu honorable d'autres politiques en ont ajouté un autre tiré du mariage ſecret de Victor-Amedée avec la Comteſſe Douairiere de St. Sébaſtien, qu'il déclara lors de ſon Abdication. (†) Il étoit réſolu de paſſer le reſte de ſes jours avec elle, & il n'oſoit pas ſans-doute la faire aſſeoir ſur le Trône avec lui. Ce qu'il y a de ſûr, c'eſt que le Roi Victor ſoutint fort mal une action auſſi éclatante, & qu'il en perdit bientôt tout le mérite au jugement même de ſes admirateurs. Dès l'année ſuivante il fit de vains efforts pour remonter ſur le Trône. Il redemanda l'acte de ſon Abdication, ſe préſenta à la porte ſecrete de la Citadelle de Turin, pour y entrer & s'en rendre maître, & par ces démarches indiſcretes, propres à troubler l'Etat, il contraignit ſon fils à le tenir enfermé à Rivoli, Maiſon Royale, où il mourut treize mois après. On aſſure que la Comteſſe, ſon épouſe, femme ambitieuſe, avoit eu beaucoup de part à cette intrigue qui la priva elle-même de la liberté. Mais Victor-Amedée en a toute la honte aux yeux de la poſtérité, qui juge d'autant plus ſévérement les Rois qu'ils affectent de s'élever davantage au-deſſus des autres hommes. Elle ne voit dans lui qu'un parjure qui s'efforce d'anéantir une démiſſion ſolemnelle, qu'un ſujet, car ſon Abdication l'a rendu tel, qu'un ſujet révolté contre l'autorité ſouveraine, ou tout au plus un illuſtre coupable que l'ombre de la Majeſté garantit du ſupplice.

(*) Le Marquis de Fleury, Piémontois. *Voyez* la *Science du Gouvernement*, Tome IV.

(†) Il l'avoit épouſée le 12 du mois d'Août de l'année 1730, & il abdiqua le 2 de Septembre ſuivant.

VI. *Quand*

VI. *Quand l'Abdication volontaire est légitime.*

Il ne faut pas s'imaginer qu'aucuns liens n'attachent le Souverain à l'Etat, ou qu'il soit en droit de les briser au gré de son caprice. Le Souverain est à ses peuples, comme ils sont à lui. Que le pacte qui engage un certain peuple à une certaine famille, & réciproquement une certaine famille à un certain peuple, soit tacite, ou exprès, il est également réel & obligatoire dans l'un & l'autre cas, & pour les deux parties. La loi de Succession étant une fois établie & reconnue, *le mort saisit le vif*; celui-ci devient Souverain par une Loi Fondamentale de l'Etat, sans qu'il ait besoin de demander le consentement des Peuples qui lui est notifié d'avance par cette Loi. Cette même Loi le déclare aussi chargé des soins de la Royauté, sans que les Peuples aient besoin d'attendre son consentement pour le proclamer leur Souverain. L'obligation d'obéir d'une part est tellement liée à l'obligation de régner de l'autre part, que les Peuples ne seroient pas nés pour être ses Sujets, s'il n'étoit pas né pour être leur Roi.

L'élection légitime & acceptée n'est pas un lien moins fort. Un Prince qui consent de monter sur le Trône en vertu des suffrages de la Nation, qui l'y portent; s'impose un devoir, celui de gouverner, aussi strict que l'est le devoir d'obéir dans ceux qui le choisissent pour leur Souverain. Aussi n'est-il pas permis aux Rois de Pologne d'abdiquer, quoique quelques-uns l'aient fait. *Voyez* POLOGNE. Lorsque le Duc Jean Cornaro, Doge de Venise, voulut abdiquer „ la République lui en refusa la permission, „ & elle n'en a jamais accordé depuis en pareil cas. Les Vénitiens disent „ qu'un homme né dans une République où il a part aux affaires, ne doit „ jamais manquer à sa patrie, tant qu'il est en état de la servir; que ce „ n'est pas aux particuliers de quitter le public, mais au public de quitter „ le particulier, si ce particulier ne lui est pas utile : que c'est une pure „ poltronerie de se retirer du Gouvernement pour soulager sa vieillesse, „ quand on a l'esprit & la langue assez libres pour assister la patrie de ses „ conseils; que, s'il est honteux à un Capitaine de se délasser pendant que „ les soldats combattent, il ne l'est pas moins à un Chef de République „ de prendre ses aises, lorsque les autres parties ont du mal & de la peine; „ que si un Général d'armée, au dire de Vespasien, doit mourir debout, „ un Doge qui préside à plusieurs Conseils où il y a tant d'affaires importantes à expédier, n'a pas le temps de se reposer, & ne doit pas mourir en une autre posture qu'assis au Sénat; qu'enfin le corps de la République est comme une grande famille dont le Duc est le pere, à qui „ il ne seroit pas honnête de se séparer de ses enfans. „ (*)

(*) Histoire du Gouvernement de Vénise, par Amelot de la Houssaye. La Science du Gouvernement, par M. de Réal, Tome IV.

Un Souverain ne peut ni ne doit abdiquer la Souveraineté que pour une juste cause, & pour une cause connue & approuvée de la Nation. Il ne sauroit y en avoir d'autre que l'avantage du peuple même, & cet avantage ne peut se trouver que dans le cas où le Souverain cassé de vieillesse, infirme, peu propre au gouvernement, a un Successeur pourvu de toutes les qualités nécessaires pour régner. Qu'un Prince foible, qui manque d'intelligence, ou que ses vices rendent indigne du Trône, prenne la résolution de vivre en homme privé, la Nation applaudira à ce dessein. Mais c'est un crime à un Roi capable de régner, & régnant justement, de renoncer au gouvernement. Il est honteux d'abandonner une Couronne, par chagrin, par dépit ou par dégoût, par crainte du travail ou par légéreté d'esprit. C'est avoir bien peu de religion que de s'imaginer qu'elle ne puisse soutenir un Roi au milieu des périls du Trône, & qu'il faille renoncer au privilege inestimable d'influer sur le bonheur de tout un peuple, pour travailler efficacement à son propre salut. Mais c'est se jouer de Dieu & des hommes que de faire servir la Religion de voile à un motif peu honorable dans une action de cette importance, & de prétendre se faire ainsi un droit à l'admiration des hommes par une démarche qui, bien appréciée, ne mérite que leur mépris, sinon leur exécration. Voyez Charles-Quint tourmenté par les plus violens regrets au fond de sa solitude, Christine inquiete, errante, méprisée, Victor-Amédée s'oubliant jusqu'à forcer son fils de le tenir enfermé; tel fut le rôle déshonorant que jouerent ces Monarques après une Abdication volontaire. Leur avilissement vengea les peuples du crime qu'ils avoient commis contre eux, en refusant de les gouverner.

D'après les principes qu'on vient d'établir, il est aisé de décider si un Monarque peut abdiquer en faveur de qui bon lui semble, s'il peut abdiquer non-seulement pour lui, mais encore pour ses descendans. Dans les Monarchies électives, le Prince qui abdique, peut bien désigner ou plutôt proposer son Successeur à la Nation; mais c'est celle-ci qui l'agrée, qui le choisit, soit qu'elle accepte le Sujet qui lui est présenté, soit qu'elle le rejette pour en choisir un autre, suivant sa volonté souveraine en ce point. Le Sénat même de Suede fut choqué de la légende, *A Deo & Christinâ*, que Charles-Gustave fit mettre sur la Médaille qu'il fit frapper après son élévation au Trône. Les Etats prétendoient que c'étoit d'eux, & non de Christine qu'il tenoit la Couronne. Dans les Monarchies héréditaires, c'est-à-dire, dans celles dont la constitution fixe le droit de succession, le Souverain ne peut abdiquer qu'en faveur de son Successeur légitime; quoiqu'on lui permette d'abdiquer pour lui-même, son Abdication ne change en rien l'ordre de la Succession; il ne peut abdiquer pour ses enfans. Il faut donc bien distinguer les droits patrimoniaux des droits successifs. Le Droit de Souveraineté ne sauroit être regardé comme un bien patrimonial. C'est un bien national dont le Prince régnant est comme le dépositaire, l'administrateur, ou, pour parler plus juste, le propriétaire usufruitier. Sa postérité la plus reculée est appellée à lui succéder, par une loi de l'Etat qui est la volonté permanente de la Nation. Ce que la Loi donne, l'homme ne peut l'ôter. Le Souverain ne peut donc résigner sa Couronne à une personne qui n'est pas autorisée à la recevoir par la Loi ou la disposition de la Nation ; & il ne peut de même en dépouiller une personne que la Loi ou la Nation a jugé à propos de regarder comme son Roi présomptif.

Voyez DROIT DE SOUVERAINETÉ & RENONCIATION.

VII. *Abdication forcée. Abdication de Frédéric-Auguste II, & de Stanislas, Rois de Pologne.*

Une Abdication forcée est-elle obligatoire ? Pour résoudre cette question il suffit de considérer qu'une telle Abdication est de la nature de tous les traités, conventions ou stipulations quelconques qui se font après une guerre, une querelle, une contestation, par lesquels le plus foible cede toujours à contre-cœur ce qu'il ne peut pas retenir. Certainement ces traités ou stipulations, quoique dictés par la nécessité des circonstances, n'en imposent pas moins à ceux qui les font, l'obligation de les garder inviolablement. Vouloir revenir ensuite sur son serment, ou sa promesse solemnelle, c'est se parjurer. Tels sont les principes du Droit naturel & du Droit des gens. Nous ne croyons pas que personne puisse soutenir le contraire avec quelque ombre de raison, autrement on ne manqueroit jamais d'une raison plausible pour rompre les engagemens les plus sacrés, en disant qu'on y a été forcé par les conjonctures fâcheuses où l'on se trouvoit.

Ainsi, lorsque Frédéric-Auguste II, qui, par l'article III du Traité d'Alt-Ranstadt, en 1706, avoit abdiqué solemnellement la Couronne de Pologne, renoncé pour jamais à tous ses droits & prétentions sur ce Royaume, & reconnu Stanislas pour véritable & légitime Roi, rentra dans la Pologne, en 1709, les armes à la main, pour remonter sur le Trône, il ne pouvoit être regardé que comme un intrus qui prétendoit usurper une Couronne qui ne lui appartenoit pas, & ne lui avoit peut-être jamais appartenu légitimement. Il alléguoit envain une élection faite par un parti factieux, contre presque toutes les formalités requises, & notamment contre les décrets de la Diete de Convocation, élection annullée de plus, tant par une assemblée de la nation, qui l'avoit déclaré inhabile à porter la Couronne de Pologne, que par sa renonciation expresse ; il disoit envain que cette renonciation étoit nulle, étant contraire aux Loix de la République : on lui répondoit que son élection elle-même ne leur étoit pas plus conforme. Il alléguoit inutilement encore, la Bulle du Pape, qui le dispensoit de ses sermens, & lui permettoit de violer, en sûreté de conscience, la fidélité due au Traité d'Alt-Ranstadt. Tout cela pouvoit faire un prétexte, & non pas rétablir un droit qu'il avoit cédé de la maniere la plus formelle. Car non-seulement Auguste avoit, par le Traité déjà cité, reconnu Stanislas pour véritable & légitime Roi de Pologne, il lui avoit encore écrit pour le féliciter sur son avénement à la Couronne, avoit notifié cette Abdication aux Etats de la République, & fait publier le Traité dans ses Etats héréditaires de Saxe.

Cependant, à la faveur des conjonctures, Auguste remonta sur le Trône, qu'il garda jusqu'à sa mort, en 1733. Le succès prouve la force plutôt que le droit.

La réalité d'une stipulation dépend encore moins de la bonne ou mauvaise foi des parties contractantes. Auguste ne renonça à la Couronne de Pologne, que pour conserver ses propres Etats, qu'il risquoit de perdre en résistant plus long-temps à Charles XII, avec qui le Czar allié d'Auguste, cherchoit à faire son accommodement par la médiation du Roi de Prusse; il est même à présumer que, peu sincere dans son Abdication, il comptoit profiter de la premiere occasion favorable, pour reprendre par force ce qu'il cédoit à contre-cœur. Il pouvoit d'autant mieux concevoir cet espoir, qu'il s'assuroit que le Pape, fâché de voir sur le Trône de Pologne un Roi élu par la volonté d'un Prince Luthérien, ne feroit pas difficulté de déclarer nul le Traité d'Alt-Ranstadt, comme il le déclara réellement. Mais que peut tout cela contre la foi royale, publiquement donnée de la maniere la plus propre à en assurer l'exécution ? *Voyez* ALT-RANSTADT.

Une autre Abdication forcée, dont nous parlerons, est celle de Stanislas I. Ce Prince élu deux fois Roi de Pologne, la premiere fois à la faveur des armes victorieuses de Charles XII, la seconde fois par les vœux de la Nation, à la mort de Frédéric-Auguste II, n'en porta jamais que le titre; mais il l'honora par toutes les qualités d'un grand Roi. Quoiqu'il n'eut jamais possédé la Couronne, il l'abdiqua, en conséquence du Traité de Vienne, en 1738. Nous rapporterons l'Acte de cette Abdication, parce qu'étant l'exécution des arrangemens pris alors par les principales Puissances de l'Europe, il est devenu par-là une loi dans la société des Nations.

Acte d'Abdication du Roi de Pologne, Stanislas I. Signé à Konigsberg, le 27 Janvier 1736.

» Stanislas Premier, par la grace de Dieu, Roi de Pologne, Grand-Duc de Lithuanie, de Russie, de Prusse, de Masovie, de Samogitie, de Kiovie, de Volhinie, de Podolie, de Podlachie, de Livonie, de Smolensko, de Sévérie, de Czernicowie. »

» Les différentes destinées que nous avons éprouvées dans le cours de notre vie, nous ont assez appris à supporter avec force & égalité d'ame, les vicissitudes des choses humaines, & à adorer de même, en quelque situation que ce ſoit, les reſſorts ſecrets de la Providence divine. Perſuadé donc que la véritable ſplendeur du Trône Royal ne brille que par les vertus dignes d'un Prince Chrétien, & imbus de ſentimens qui nous faiſoient regarder comme la plus grande victoire, de n'être point ébranlés des coups de la fortune ennemie, nous avons conſervé, même dans les premiers ſuccès malheureux de la guerre, la même tranquillité d'eſprit avec laquelle nous avions vû auparavant les attraits & les careſſes de la fortune : la Bonté Divine a depuis couronné cette fermeté d'ame, par l'événement le plus glorieux, lorſque comblant nos vœux, elle nous a unis, par les liens les plus étroits, avec le Roi Très-Chrétien. Après cela nous ne penſions plus qu'à jouir paiſiblement de l'heureux repos qu'il nous avoit procuré ; mais étant appellé de nouveau, pour régner ſur une Nation libre, dans le ſein de laquelle nous étions nés, & avions été élevés, nous ne nous ſommes portés, par aucune autre raiſon, à condeſcendre aux vœux de nos Concitoyens, que pour ne point paroître nous refuſer à notre Patrie. Tout ce que nous avons ſupporté de travaux, & tout ce que nous avons eſſuyé de périls avec intrépidité, pour ſoutenir cette cauſe, demeurera ſans doute dans la mémoire des hommes, & dans les faſtes du monde. Cependant ces efforts & ces travaux n'ont pas ſuffi pour ſurmonter les obſtacles qui s'oppoſoient à la proſpérité de notre Royaume, & pour faire ceſſer les maux & les calamités, ſous le poids deſquels la Patrie gémiſſoit, ce qui nous touchoit & pénétroit encore plus vivement : c'eſt pourquoi, ne prenant pour conſeils que ces tendres mouvemens d'affection qui nous attachoient à l'illuſtre Nation Polonoiſe, & elle à nous, nous avons réſolu de préférer le repos de la Patrie, à tout l'éclat du Trône, car l'amour dont nous ſommes pénétrés pour elle, a été plus en nous, que tous autres ſentimens : & nous n'aurions jamais pris la réſolution de nous ſéparer de cette Nation, s'il n'avoit été en même-temps abondamment pourvû à la conſervation & au maintien des privileges, libertés & droits d'une Nation qui a ſi parfaitement mérité de nous, & principalement à la libre élection des Rois. Les périls que nous avons courus, tendoient uniquement à ce but, c'étoit auſſi l'objet de nos travaux & de nos ſoins, & l'événement a en effet répondu pleinement à nos très-juſtes deſirs, puiſque non-ſeulement, ſuivant les articles préliminaires de la Paix, convenus entre Sa Majeſté Impériale & Sa Majeſté Royale Très-Chrétienne, les libertés du Royaume de Pologne, & les droits, biens & honneurs des Concitoyens qui nous étoient attachés, ſont conſervés en leur entier à tous égards ; mais auſſi, conformément à ces mêmes Articles Préliminaires de la Paix : chacun de ces points ſont fortifiés des garanties des principaux Princes de l'Europe, & il a été pourvû à toutes choſes, de telle ſorte qu'on ne peut douter qu'elles n'aient été miſes entiérement en ſûreté. Comme donc il n'y a plus rien à deſirer pour la gloire du Roi Très-Chrétien, & pour les avantages du Royaume de Pologne, il nous a paru que s'il restoit encore quelque chose à faire, c'étoit que par un effet de notre tendre affection pour la Patrie, nous nous portions à faire à sa tranquillité, le sacrifice de ce qui nous concerne personnellement; & étant certainement persuadés que si les choses ne sont pas en situation que nous puissions vivre avec nos freres, la mémoire d'un aussi grand sacrifice ne s'effacera néanmoins jamais de leur esprit, & qu'elle aura & conservera la place qu'elle doit avoir dans les archives de la Nation : à ces causes & autres justes considérations, de notre volonté pleine & absolue; & avec une entiere liberté, nous avons résolu de céder & renoncer au Royaume de Pologne, au Grand-Duché de Lithuanie, & aux Provinces de leur dépendance; comme aussi à tous droits & prétentions qui, soit par le droit de notre élection, soit par tout autre titre quelconque nous appartiennent ou peuvent jamais appartenir sur ledit Royaume, le Grand-Duché de Lithuanie, & les Provinces de leur dépendance; & en conséquence, d'absoudre tous les Ordres de la République de Pologne, & tous & un chacun des habitans de Pologne & de Lithuanie, de l'obéissance & serment qu'ils nous avoient prêtés. Comme en vertu du présent Diplôme, nous cédons & renonçons en la forme la plus solemnelle, & la plus valide que faire se peut, de notre mouvement, de notre plein gré, & sans la moindre violence ni contrainte, au Gouvernement & à tous droits & prétentions qui appartiennent, ou qui peuvent jamais nous appartenir par quelque cause que ce soit, sur le Royaume de Pologne, le Grand-Duché de Lithuanie, & les Provinces de leur dépendance, absolvant tous les Ordres & Membres de la République, de l'obéissance & serment qu'ils nous avoient prêtés; & de même, conduits par l'amour de la Patrie, & mettant en arriere la considération de nos propres avantages, nous avons été principalement occupés du soin d'y ramener un repos stable : mais nous ne souhaitions aussi rien davantage, que de voir nos freres & Concitoyens, déposant toutes haines & jalousies que ce puisse être, s'empresser & employer tous leurs efforts, afin que toutes semences quelconques de dissentions étant ôtées, la paix & vraie union se rétablisse & se perpétue dans ce Royaume libre : C'est à quoi nous les exhortons le plus fortement qu'il nous est possible, tous en général & en particulier, ne voulant dans la suite laisser passer aucune occasion de leur prouver, par des effets multipliés & convaincans, notre bienveillance Royale. Donné à Konigsberg, en l'année mil sept cens trente six, le vingt-septieme Janvier, la troisieme année de notre Regne. »

» STANISLAS-ROI. » (L. S.)

VIII. *Abdication de Pierre III, Empereur de Russie.*

La révolution qui a fait passer la Couronne de Russie sur la tête de Catherine II, présente une grande leçon aux Princes qui se croient les plus absolus. L'Impératrice n'a point ambitionné le trône ; en y montant elle n'a fait que céder au vœu général de la Nation qui l'y appelloit, pour qu'elle sauvât la Russie des maux auxquels elle sembloit destinée. Il est donc des circonstances où une Nation gouvernée même despotiquement, rentre dans son droit primitif & inviolable de retirer la Puissance Souveraine des mains d'un maître qui en abuse pour en revêtir un sujet plus digne : *Detur digniori.* Pierre le Grand n'avoit-il pas écrit ces mots sur son Sceptre en caracteres assez lisibles, lorsqu'il établit que ses Successeurs pourroient disposer du trône par leur Testament ? Il n'en faut donc pas conclure que quel que soit le Souverain désigné & reconnu pour Successeur, le peuple soit tenu de lui obéir en silence, & de respecter ses volontés arbitraires, quelles qu'elles soient. Il existe un Droit naturel, obligatoire pour tous les hommes, & indépendant de tout établissement humain ; & ce Droit, s'il oblige le sujet à être fidele à son maître, n'oblige-t-il pas aussi le Souverain à protéger le sujet, à lui rendre justice ? Si le Souverain manque à ses obligations, le sujet ne devient-il pas, par cela même, libre des siennes ? C'est ce principe incontestable qui a produit & légitimé la derniere révolution de Russie. Une Nation généreuse qui sut si bien user de ses Droits, méritoit d'être gouvernée par une Princesse juste & bienfaisante, qui se montra digne du trône avant que d'y monter, & qui s'en montre encore plus digne depuis qu'elle l'occupe.

Le manifeste suivant rend un compte circonstancié de ce grand événement, & contient de plus l'acte d'Abdication par lequel Pierre III renonça pour toujours au trône de Russie.

MANIFESTE

De S. M. I. Catherine II, Impératrice de toutes les Russies, publié le $\frac{6}{17}$ Juillet 1762.

» Par la grace de Dieu, Nous Catherine II, Impératrice & Souveraine » de toutes les Russies. Savoir faisons par les Présentes à tous nos fideles » Sujets, Ecclésiastiques, Militaires & Civils. «

» Notre avénement au trône Impérial de toutes les Russies est une preuve évidente de cette vérité, que lorsque les cœurs sinceres agissent pour le bien, la main de Dieu les dirige. Jamais nous n'avons eu ni dessein, ni envie de parvenir à l'Empire, de la façon dont il a plû au Tout-Puissant, selon les vûes impénétrables de sa Providence, nous placer sur le trône de Russie, notre chere Patrie. »

Dès la mort de notre très-Aug[illegible] & très-chere Tante, l'Impératrice Elisabeth Petrowna de glorieuse [illegible], tous les vrais Patriotes, à présent nos fideles Sujets, gémissant de la perte d'une Mere si tendre, mettoient leur unique consolation à obéir à son Neveu, qu'elle avoit nommé pour Successeur, afin de prouver du moins par-là une partie de leur reconnoissance pour cette Souveraine. Et quoiqu'ils eussent bientôt pénétré la foiblesse de son génie, trop borné pour régir un Empire aussi vaste, ils espéroient pourtant, qu'il reconnoîtroit lui-même son insuffisance. En attendant ils rechercherent notre assistance maternelle pour les affaires du Gouvernement. »

» Mais lorsque le pouvoir absolu tombe en partage à un Monarque, qui n'a pas assez de vertus & d'humanité, pour y mettre de justes bornes, il dégénere en une source féconde de maux les plus funestes. C'est ce que notre Patrie éprouva dans peu. Elle s'épouvanta, en se voyant livrée à un Souverain qui, soumis aveuglément aux passions les plus à craindre, ne songeoit qu'à les satisfaire, sans s'occuper du bien de l'Empire qui lui étoit confié. »

» Dans le temps qu'il étoit grand Duc & héritier du trône de Russie, il causa souvent les plus amers chagrins à sa très-Auguste Tante & Souveraine (ainsi que toute notre Cour le sait) ; il ménageoit pourtant les dehors, retenu sous ses yeux par la crainte, mais n'envisageant l'affection qu'elle lui marquoit, vu la proximité du sang, que comme un joug insupportable. Il ne pouvoit cependant se déguiser si bien, qu'il ne montrât dès-lors aux yeux de tous nos fideles Sujets, la plus audacieuse ingratitude, qui se manifestoit tantôt par des mépris personnels, tantôt par une haine avérée pour la Nation. A la fin ne gardant plus de mesures, il aima mieux lâcher la bride à ses passions, que se conduire en héritier d'un si grand Empire. En un mot, on n'appercevoit plus en lui les moindres traces de point d'honneur. Qu'en arriva-t-il ? »

» A peine fut-il assuré que la fin de sa Tante & de sa Bienfaitrice approchoit, qu'il flétrit sa mémoire dans son cœur, avant même qu'elle eut rendu le dernier soupir, jusqu'à ne jeter qu'un œil de mépris sur le corps exposé dans le cercueil, & lorsque la cérémonie requise l'obligeoit d'en approcher, il le faisoit avec des yeux où la joie étoit peinte ; marquant son ingratitude, même par des paroles. On peut dire que les Obseques n'auroient été rien moins que dignes d'une aussi grande & magnanime Souveraine, si notre tendre respect pour elle, cimenté par les liens du sang, ainsi que l'affection extrême qu'elle nous avoit portée, ne nous en eut fait un devoir. »

» Il s'imaginoit que ce n'étoit pas à l'Etre Suprême, mais au seul hazard, qu'il étoit redevable du pouvoir absolu, & qu'il l'avoit en mains, non pour le bien de ses Sujets, mais pour sa propre satisfaction. Joignant donc la licence au pouvoir absolu, il fit dans l'Etat tous les changemens, que la foiblesse de son génie pouvoit lui suggérer, pour l'oppression du Peuple. »

» Ayant effacé de son cœur jusqu'aux moindres traces de la Religion Grecque orthodoxe (quoiqu'on lui en ait suffisamment enseigné les principes) il commença d'abord par vouloir déraciner la vraie Religion, établie si longtems

tems en Russie, s'abstenant de la Maison de Dieu & des Prieres; desorte que lorsque quelques-uns d'entre ses Sujets, excités par la conscience & la probité, voyant son irrévérence & son mépris pour les Rits de l'Eglise, ou plutôt les railleries qu'il en faisoit, scandalisés de cette conduite, osoient lui faire là-dessus de respectueuses remontrances, ils échappoient à peine au ressentiment qu'on devoit attendre d'un Souverain capricieux, dont le pouvoir n'étoit soumis à aucune loi humaine. Il songea même à détruire les Eglises & ordonna, en effet, d'en abattre quelques-unes. Il défendit d'avoir des Chapelles dans les maisons, à ceux que leur infirmité empêchoit de visiter la Maison de Dieu, pour s'acquitter des saints devoirs de la Religion. C'est ainsi qu'il vouloit dominer sur des Fideles, en s'efforçant d'étouffer la crainte de Dieu, que la Sainte Ecriture nous enseigne être le commencement de la sagesse. »

» De ce manque de zele envers Dieu, & du mépris de sa Loi résultoit le mépris des Loix naturelles & civiles, car n'ayant qu'un Fils unique que Dieu nous a donné, le grand Duc Paul Petrowitz, il ne voulut pas, en montant sur le trône de Russie, le déclarer Successeur, son caprice s'étant réservé un but, qui tendoit à notre perte & à celle de notre Fils, voulant ou renverser entiérement le droit que sa Tante lui avoit donné, ou faire passer la Patrie dans des mains étrangeres, contre cette maxime du Droit naturel, selon laquelle personne ne sauroit transmettre à un autre plus de droit qu'il n'a reçu lui-même. »

» Quoique nous nous fussions apperçus avec douleur de cette intention, nous ne crûmes pas que la persécution, qu'il nous faisoit essuyer & à notre très-cher Fils, iroit si loin. Mais tous les gens de probité reconnurent, que ses efforts tendans à notre perte & à exterminer notre Successeur, se manifestoient déja par des effets. Les cœurs nobles & pieux en furent alarmés. Animés du zele pour le bien commun de la Patrie, & voyant avec quelle patience nous supportions ces persécutions, ils nous avertissoient souvent sous main, que nos jours étoient en danger, pour nous engager par-là, à nous charger du poids du Gouvernement. »

» Tandis que tout l'Empire étoit déjà prêt à faire éclater son mécontentement, il ne cessoit d'irriter de plus en plus les esprits, en renversant tout ce que le plus grand des Monarques, le pere de sa Patrie, notre très-cher ayeul Pierre le Grand d'immortelle mémoire, avoit établi en Russie, & de quoi il n'étoit venu à bout, que par un soin infatigable, pendant trente ans de regne. Il méprisa les Loix de l'Empire, ainsi que les Tribunaux & les affaires, n'en voulant pas même entendre parler. Il commença à dissiper les revenus de la Couronne par des dépenses non-seulement inutiles, mais encore nuisibles à l'Etat; après une guerre sanglante, il en commença mal à-propos une autre nullement convenable aux intérêts de la Russie; il prit en aversion les Régimens des Gardes, qui avoient servi toujours fidélement ses illustres Prédécesseurs & fit des innovations, qui loin d'exciter à verser leur ſang pour la Foi & la Patrie, ne ſervoient qu'à les décourager. Il changea entiérement la face de l'Armée; il ſembloit même, qu'en la partageant en tant de parties, & en donnant aux troupes tant d'uniformes différents, la plûpart bizarres, il eut voulu les faire douter, ſi elles appartenoient effectivement à un ſeul maître, & porter par-là les ſoldats à s'entre-tuer dans la chaleur du combat, au lieu, qu'autrefois l'uniformité n'avoit pas peu contribué à l'unanimité. Occupé inconſidérément & ſans relâche à faire des arrangemens ſi pernicieux, il éloigna enfin tellement les cœurs de ſes ſujets de la fidélité & de la ſoumiſſion, qu'il n'y eut plus perſonne parmi la Nation qui ne le blamât hautement ſans aucune crainte, & qui ne fût prêt d'attenter même à ſa vie. Mais la Loi de Dieu, qui preſcrit de reſpecter le pouvoir ſouverain, gravée profondément dans le cœur de nos fideles Sujets, les retenoit, & ils attendoient toujours que la main de Dieu-même le frappât, & délivrât par ſa chûte le Peuple opprimé.

Dans les circonſtances, que nous venons d'expoſer aux yeux du Public impartial, il nous étoit difficile à la fin, de ne pas avoir l'ame troublée du péril imminent, qui menaçoit la Patrie, & de la perſécution, que nous ſouffrions avec notre très-cher Fils, l'héritier du trône de Ruſſie, étant preſque entiérement exclus de la Maiſon Impériale, de ſorte que tous ceux, qui avoient du zele pour nous, ou plutôt aſſez de courage pour le manifeſter; (car nous n'avons trouvé perſonne, qui ne nous voulût du bien, & qui ne nous fût devoué) couroient riſque de la vie ou du moins de la fortune, en nous rendant les reſpects, qui nous étoient dûs, comme à leur Impératrice. A la fin, les efforts, qu'il employoit pour nous perdre, augmenterent au point, qu'ils éclaterent dans le Public; & alors nous accuſant des murmures qu'ils excitoient généralement, & dont lui ſeul cependant étoit la cauſe, ſon deſſein de *Nous ôter la vie*, ſe développa entiérement. Mais en ayant été promptement avertis par quelques-uns des plus affidés de nos Sujets, & qui étoient réſolus ou à délivrer la Patrie, ou à ſe ſacrifier pour elle, nous nous expoſâmes, fortifiés par la confiance en Dieu, au danger avec toute la magnanimité que la Patrie avoit lieu d'attendre en récompenſe de ſon amour pour nous. Après avoir invoqué le Très-Haut, & mis notre eſpérance en ſa Juſtice divine, Nous nous réſolumes pareillement ou de ſervir de victime pour la Patrie, ou de la ſauver des troubles & du carnage. Armés du bras du Seigneur, à peine eûmes-nous déclaré notre conſentement à ceux, qui nous étoient envoyés de la part de la Nation, que tous les Ordres de l'Etat généralement s'empreſſerent à nous donner des preuves de leur fidélité & de leur ſoumiſſion, & nous prêterent le ſerment avec les démonſtrations de la plus vive joie. »

» Il nous reſtoit encore, en vertu de notre humanité & ſur-tout de notre affection pour nos fideles Sujets, d'obvier aux ſuites, qu'on avoit à appréhender, ſi le ci-devant Empereur, en mettant inconſidérément ſon eſpoir dans la force imaginaire de ſes Troupes de Holſtein, (pour l'amour desquelles il résidoit alors à Orangebaum, vivant dans une parfaite oisiveté, & abandonnant le Gouvernement & les affaires les plus pressantes) eût voulu occasionner un carnage, auquel nos Gardes & les autres Régimens étoient prêts à s'exposer, pour la Religion, la Patrie, Nous & notre Successeur. C'est pourquoi Nous avons regardé comme un devoir, que Dieu Nous imposoit envers nos Sujets, de prévenir un tel malheur, par les arrangemens les plus promts & les plus convenables. Nous mettant donc à la tête des Gardes, du Corps d'Artillerie, & des autres Troupes qui se trouvoient dans la Résidence, Nous allâmes déconcerter ses desseins, dont Nous étions déjà informés en partie. »

» Mais à peine étions-Nous sortis de la ville, qu'il Nous envoya deux Lettres l'une après l'autre, la premiere par notre Vice-Chancelier, le Prince Galitzin, où il prioit de le laisser retourner au pays de Holstein, sa patrie; & l'autre par le Major-Général Michel Ismailoff, par laquelle il déclaroit, de son propre mouvement, qu'il se désistoit de la Couronne, & ne souhaitoit plus de régner sur la Russie; il Nous y prioit encore, de le laisser partir pour le Holstein avec Elisabeth Worontzoff & Goudowitch. Ces deux Lettres, remplies de flatteries, Nous furent envoyées quelques heures après qu'il eut donné ordre de *Nous tuer*, comme cela Nous a été rapporté par ceux-même qu'il avoit chargés de cet attentat. »

» Cependant il lui restoit encore un moyen de s'armer contre Nous avec les Troupes de Holstein, & quelques autres petits détachemens, qui se trouvoient auprès de lui. Il auroit même pu Nous forcer à lui accorder plusieurs conditions préjudiciables à notre Patrie, ayant entre ses mains beaucoup de personnes de distinction de notre Cour, de l'un & de l'autre sexe; car dès qu'il eût appris les premiers mouvemens d'un Peuple justement irrité, il les garda comme ôtages au Palais d'Orangebaum. Notre humanité n'auroit jamais consenti à leur perte, & pour les sauver, Nous Nous aurions plutôt laissé fléchir à voir renaître une partie des maux passés, par un accommodement avec lui. C'est pourquoi toutes les personnes de distinction entre nos fideles Sujets, qui étoient alors auprès de Nous, Nous supplierent de lui envoyer un billet, pour lui proposer, que si son intention étoit réellement telle, qu'il l'avoit déclarée dans ses Lettres, il Nous donnât une renonciation volontaire & formelle au Trône de Russie, écrite de sa main, pour la tranquillité publique. Nous lui envoyâmes ce billet par le même Major-Général Ismailoff, & voici l'écrit, qu'il Nous fit remettre en conséquence : »

» *Durant le peu de temps de mon Regne absolu sur l'Empire de Russie, j'ai reconnu en effet, que mes forces ne suffisoient pas pour un tel fardeau, & qu'il étoit au-dessus de moi de gouverner cet Empire, non-seulement souverainement, mais de quelque façon que ce fût. Aussi en ai-je apperçu l'ébranlement, qui auroit été suivi de sa ruine totale, & m'auroit couvert d'une honte éternelle. Après avoir donc mûrement réfléchi là-dessus, je déclare sans aucune contrainte & solemnellement, à l'Empire de Russie, & à tout l'Univers, que je renonce pour toute ma vie au Gouvernement dudit Empire, ne souhaitant d'y régner, ni souverainement, ni sous aucune autre forme de Gouvernement, sans aspirer même d'y parvenir jamais par quelque secours que ce puisse être. En foi de quoi je fais un serment sincere devant Dieu & tout l'Univers, ayant écrit & signé cette renonciation de ma propre main, ce 29 Juin 1762.*

PIERRE.

» C'est ainsi, graces à Dieu, que nous sommes montés sur le trône de l'Empire de Russie, sans qu'il y ait eu une goutte de sang répandu, en quoi Dieu seul, & notre chere Patrie nous ont assisté par leurs élus. En adorant les Décrets de la Providence divine, Nous assurons très-gracieusement tous nos fideles Sujets, que Nous ne manquerons pas d'invoquer jour & nuit le Tout-Puissant, afin qu'il bénisse notre Sceptre, & Nous le fasse porter pour le maintien de notre Religion Orthodoxe, pour le soutien & la défense de notre chere Patrie, pour l'appui de la Justice, ainsi que pour faire cesser tous maux, iniquités & violences, en fortifiant notre cœur pour le bien. Et comme Nous souhaitons ardemment de prouver, par les effets, à quel point Nous voulons mériter l'amour de nos Peuples, pour le bien desquels Nous reconnoissons être élevés sur le Trône, Nous promettons solemnellement, sur notre parole Impériale, de faire de telles dispositions dans l'Empire, que le Gouvernement de l'Etat puisse rester toujours dans sa force, sans sortir des bornes prescrites, de sorte que chaque département soit pourvu de Loix & de Réglemens propres à maintenir le bon ordre en toutes choses & en tout temps. Nous espérons raffermir par là l'Empire & notre souveraine Puissance, altérés en quelque façon par les malheurs passés, ainsi que de relever les cœurs abattus des vrais Patriotes. Nous ne doutons pas non plus, que tous nos fideles Sujets, tant pour leur propre salut que pour le bien de la Religion, ne gardent inviolablement le serment qu'ils Nous ont prêté devant Dieu. Sur quoi Nous les assurons de notre bienveillance Impériale. Fait à Saint-Pétersbourg, le 6 Juillet (vieux style) 1762. »

L'Original est signé de la main de *Sa Majesté Impériale.*

(L. S.) CATHERINE.

L'Impératrice fit publier ce Manifeste à Saint-Pétersbourg, à Moscow, & dans les principales Villes de la Russie. Elle en fit passer en même temps, des copies aux Généraux des différens Corps de l'Armée, & à ses Ambassadeurs & Ministres dans les Cours de l'Europe. *Voyez* PIERRE III, *Empereur de Russie.*

IX. *Abdication du Droit de Bourgeoisie & de Cité, par M. J. J. Rousseau.*

La condamnation d'un ouvrage de M. Rousseau, intitulé *Emile* ou *de l'Education*, dont nous donnerons une Analyse raisonnée à l'article EDUCATION; la condamnation, dis-je, de ce Livre par le magnifique Conseil de la République de Geneve, sans que l'Auteur fût entendu ni cité pour être oui, & sans qu'aucun des Citoyens de cette République reclamât contre une violation si manifeste des Loix. M. Rousseau se regardant comme flétri publiquement dans sa Patrie, dont il ne croyoit pas avoir jamais mal mérité, se détermina à abdiquer son droit de Bourgeoisie & de Cité: il le fit par la Lettre suivante, qu'il écrivit au Syndic de la République.

LETTRE

De M. J. J. Rousseau à M. Favre, premier Syndic de la République de Geneve, par laquelle M. Rousseau abdique à perpétuité son droit de Bourgeoisie & de Cité dans la Ville & République de Geneve.

MONSIEUR,

„ Revenu du long étonnement où m'a jetté, de la part du magnifique „ Conseil, le procédé que j'en devois le moins attendre, je prends enfin le „ parti que l'honneur & la raison me prescrivent, quoiqu'il coûte cher à „ mon cœur.

„ Je vous déclare donc, Monsieur, & je vous prie de déclarer, de ma „ part, au magnifique Conseil, que j'abdique à perpétuité mon droit de „ Bourgeoisie & de Cité dans la Ville & République de Geneve. Ayant „ rempli, de mon mieux, les devoirs attachés à ce titre, sans jouir d'aucun „ de ses avantages, je ne crois point être en reste envers l'Etat en le quit„ tant. J'ai tâché d'honorer le nom Genevois: j'ai tendrement aimé mes „ Compatriotes; je n'ai rien oublié pour me faire aimer d'eux; on ne sçau„ roit plus mal réussir; je veux leur complaire jusques dans leur haine. „ Le dernier sacrifice qui me reste à leur faire, est celui d'un nom qui me „ fut si cher. Mais, Monsieur, ma Patrie, en me devenant étrangere, ne „ peut me devenir indifférente: Je lui reste toujours attaché par un ten„ dre souvenir, & je n'oublie d'elle que ses outrages. Puisse-t-elle prospérer „ toujours, & voir augmenter sa gloire! Puisse-t-elle abonder en Citoyens „ meilleurs & sur-tout plus heureux que moi!

„ Recevez, je vous prie, Monsieur, les assurances de mon profond „ respect.

„ *A Motiers-Travers, le 12 Mai 1763.* "

Il fut résolu qu'on accepteroit purement & simplement la renonciation de M. Rouſſeau, aux droits de Cité & de Bourgeoiſie, & que ſa Lettre ſeroit inſérée dans les Regiſtres.

Après l'acceptation pure & ſimple de l'Abdication de M. Rouſſeau, de la part du magnifique Conſeil, on ne devoit pas s'attendre à voir de ſimples Citoyens lui en faire un crime, puiſque ceux-là même qui étoient autoriſés à déſapprouver cette démarche, s'ils l'euſſent jugée digne de blâme, ſembloient, au contraire, l'autoriſer en l'acceptant ſans aucune qualification défavorable. Cependant l'ex-Citoyen de Geneve fut jugé plus ſévérement par quelques-uns de ſes anciens Concitoyens, entr'autres, par M. Chappuis, qui lui écrivit, à ce ſujet, une Lettre, à laquelle M. Rouſſeau fit une réponſe qui mérite d'être rapportée, parce qu'elle contient les motifs & la juſtification de ſon Abdication.

RÉPONSE

De M. Rouſſeau à une Lettre d'un de ſes Concitoyens, (*) *du 26 Mai 1763.*

„ Je vois, Monſieur, par la Lettre dont vous m'avez honoré le 18 de „ ce mois, que vous me jugez bien légérement dans mes diſgraces : il en „ coûte ſi peu d'accabler les malheureux, qu'on eſt preſque toujours diſ„ poſé à leur faire un crime de leurs malheurs.

„ Vous dites que vous ne comprenez rien à ma démarche : elle eſt „ pourtant auſſi claire que la triſte néceſſité qui m'y a réduit. Flétri pu„ bliquement dans ma Patrie, ſans que perſonne ait reclamé contre cette „ flétriſſure, après dix mois d'attente, j'ai dû prendre le ſeul parti propre „ à conſerver mon honneur ſi cruellement offenſé; c'eſt avec la plus vive „ douleur que je m'y ſuis déterminé, mais que pouvois-je faire? Demeurer „ volontairement membre de l'Etat après ce qui s'étoit paſſé, n'étoit-ce „ pas conſentir à mon déshonneur?

„ Je ne comprends pas comment vous m'oſez demander ce que m'a „ fait la Patrie. Un homme auſſi éclairé que vous ignore-t-il que toute „ démarche publique, faite par le Magiſtrat, eſt cenſée faite par tout l'Etat „ lorſqu'aucun de ceux qui ont droit de la déſavouer, ne la déſavoue? Je „ ne dois pas ſeulement compte de moi aux Genevois, je le dois à moi„ même, au Public, *dont j'ai le malheur d'être connu*, *à la poſtérité* „ *de qui je le ſerai peut-être.* Si j'étois aſſez ſot pour vouloir perſuader au „ reſte de l'Europe que les Genevois ont déſapprouvé la conduite de leurs „ Magiſtrats, ne s'y moqueroit-on pas de moi? Ne ſçavons-nous pas, me „ diroit-on, que la Bourgeoiſie a droit de faire des repréſentations dans „ toutes les occaſions où elle croit les loix léſées, & où elle improuve la

(*) M. Marc Chappuis.

„ conduite de ses Magistrats ? Qu'a-t-elle fait dans celle-ci, depuis près „ d'un an que vous avez attendu ? Si cinq ou six Bourgeois seulement „ eussent protesté, on pourroit vous croire sur le sentiment que vous leur „ prêtez, cette démarche étoit facile, légitime ; elle ne troubloit point l'or- „ dre public ; pourquoi donc ne l'a-t-on pas faite ? Le silence de tous ne „ dément-il pas vos assertions ? Montrez-nous le signe du désaveu que vous „ leur prêtez. Voilà, Monsieur, ce que l'on me diroit, & ce que l'on au- „ roit raison de me dire ; on ne juge pas des hommes sur leurs pensées ; „ mais sur leurs actions : il y avoit, peut-être, divers moyens de me „ venger de l'outrage ; mais il n'y en avoit qu'un de le repousser sans „ vengeance, c'est celui que j'ai pris ; ce moyen, qui ne fait du mal qu'à „ moi, doit-il m'attirer des reproches, au-lieu de consolations que je de- „ vois attendre ? Vous me dites que je n'avois point le droit de demander „ l'Abdication de ma Bourgeoisie ; mais le dire n'est pas le prouver : nous „ sommes bien loin de compte, car je n'ai point prétendu demander cette „ Abdication, mais la donner : j'ai assez étudié mes droits pour les con- „ noître, quoique je ne les aye exercés qu'une fois seulement pour abdi- „ quer : ayant pour moi l'usage de tous les peuples, l'autorité de la rai- „ son, du Droit naturel, de Grotius, de tous les Jurisconsultes, & même „ l'aveu du Conseil, je ne suis pas obligé de me régler sur votre erreur. „ Chacun sçait que tout pacte dont une des parties enfreint les condi- „ tions, devient nul pour l'autre : quand je devois tout à la patrie, ne me „ devoit-elle donc rien ? J'ai payé ma dette ; a-t-elle payé la sienne ? On „ n'a jamais droit de la déserter, je l'avoue, mais quand elle nous rejette „ on a toujours droit de la quitter ; on le peut dans les cas que j'ai spécifiés „ & même on le doit dans le mien. Le serment que j'ai fait envers elle, „ elle l'a fait envers moi. En violant ses engagemens, elle m'affranchit des „ miens ; & en me les rendant ignominieux, elle me fait un devoir d'y „ renoncer. Vous dites que, si des Citoyens se présentoient au Magnifique „ Conseil pour demander pareille chose, vous ne seriez pas surpris qu'on les „ incarcérât : ni moi non plus, je n'en serois pas surpris, parce que rien „ d'injuste ne doit surprendre de la part de ceux qui ont la force en main. „ Mais bien qu'une loi (qu'on n'observera jamais) défende au Citoyen qui „ veut demeurer tel, de sortir sans congé du territoire, comme on n'a „ pas droit de demander l'usage d'un droit qu'on a, quand un Genevois „ veut quitter sa patrie pour aller s'établir dans un pays étranger, per- „ sonne ne songe à lui en faire un crime, & on ne l'incarcere pas pour „ cela ; il est vrai qu'ordinairement cette renonciation n'est pas solemnelle ; „ mais c'est qu'ordinairement ceux qui la font, n'ayant pas reçu des af- „ fronts publics, n'ont pas besoin de renoncer publiquement à la société „ qui les leur a faits. J'ai attendu, j'ai médité, j'ai cherché long-tems s'il „ y avoit quelques moyens d'éviter une démarche qui m'a déchiré. Je „ vous avois confié mon honneur, ô Genevois ! & j'étois tranquille ; mais

„ vous avez si mal gardé ce dépôt, que vous m'avez forcé de vous l'ôter. „ Mes bons anciens compatriotes, que j'aimerai toujours malgré votre in„ gratitude, de grace, ne me forcez point par vos propos durs & mal-hon„ nêtes de faire publiquement mon apologie : épargnez-moi, dans ma mi„ sere, la douleur de me défendre à vos dépens.

„ Souvenez-vous, Monsieur, que c'est malgré moi, que je suis réduit „ à vous répondre sur ce ton ; la vérité dans cette occasion n'en a pas „ deux : si vous m'attaquiez moins rudement, je ne chercherois qu'à verser „ mes peines dans votre sein. Votre amitié me sera toujours chere ; je me „ ferai toujours un devoir de la cultiver ; mais je vous conjure, en m'é„ crivant, de ne me la pas rendre si cruelle, & de mieux consulter votre „ bon cœur ; je vous embrasse de tout le mien. „

Envain s'écrie-t-on : „ A quel titre un membre d'une République a-t-il „ osé entreprendre de dissoudre le contrat social qui l'enchaînoit aux loix de „ sa Patrie ? Quelle audace dans un particulier de traiter en Souverain avec „ son propre Souverain ! Il n'appartient qu'au Corps entier d'une société „ de répudier ceux de ses Membres qu'elle juge contagieux ; & ceux-ci, „ quoiqu'on en dise, ne sont jamais en droit d'exercer le même acte à son „ égard. Ce premier pouvoir tient à celui de punir qui émane lui-même de „ la Puissance coërcitive qui n'appartient, en aucun cas, à l'homme privé. „ D'ailleurs, des liens formés par le concours unanime de toutes les vo„ lontés particulieres, ne peuvent être rompus que par un consentement „ aussi général. De plus, il seroit absurde que l'action & la réaction de „ chaque partie sur le tout politique fussent égales à l'action & à la réac„ tion de ce tout sur chacune de ses parties. „

M. Rousseau répond que le contrat social est un pacte réciproque ; que le serment qu'il a fait envers sa patrie, elle l'a fait envers lui ; que la République de Geneve en violant les engagemens qui la lioient à lui, l'a affranchi de ceux qui le lioient à elle ; que le conseil en acceptant son Abdication, l'avoit jugée légitime par cette acceptation seule. L'E.

A B E X, *Côte d'Afrique le long de la mer Rouge.*

CETTE côte, située à l'occident de la Mer Rouge s'étend depuis le détroit de Babelmandel jusqu'en Egypte, & a été nommée par quelques Géographes & Voyageurs, la nouvelle Arabie. L'air y est mal-sain & les chaleurs fort grandes, le terrein sablonneux & à-peu-près sans culture. L'eau manque dans plusieurs endroits, ce qui les rend entiérement déserts. Les parties habitées le sont par les Turcs & les Arabes, & ceux-ci y trafiquent en aromates & en ébene. La partie Septentrionale appartient au Turc qui tient un Gouverneur ou Beglerbeg à Suaque ou Suaquem, Ville sur la Mer Rouge, & Capitale de la Contrée.

A B I G E A T.

ABIGEAT, f. m.

On entend par ce terme du Code criminel, le crime de ceux qui enlevent un troupeau de moutons, de cochons, de bœufs, de vaches ou de chevaux qu'ils trouvent dans les paccages, soit qu'ils les enlevent à force ouverte & publiquement, soit qu'ils les attirent par des appâts ou les fassent marcher devant eux dans le dessein de les écarter pour s'en emparer ensuite.

Ce vol, d'autant plus condamnable, qu'il nuit directement à l'agriculture, aux cultivateurs, aux laboureurs peres nourriciers de l'Etat, mérite une peine proportionnée à sa nature, aux circonstances du délit, à la quantité & à la qualité des bestiaux enlevés dans les paccages.

Les Loix Romaines décernoient des peines particulieres contre ce crime, comme on peut le voir dans le titre du Digeste *de Abigeis*; dans plusieurs Codes modernes, la peine en est arbitraire; de sorte que les coupables sont condamnés au fouet, & à une marque infamante, telle que la fleur-de-lys en France; ou aux galeres; ou au bannissement, soit perpétuel, soit à temps. Il est difficile que le Législateur puisse rien statuer de précis sur la peine d'un crime susceptible de tant d'especes; mais aussi il est de sa prudence de prévenir, autant qu'il se peut, les inconvéniens de l'arbitraire. La premiere chose à observer ici, comme dans tout ce qui blesse la propriété, c'est la restitution, la réparation du dommage, lorsque le coupable en a les moyens; & en cela il ne peut pas y avoir d'arbitraire. Cette restitution, cette réparation du dommage causé, accompagnée d'un appareil juridique & conséquemment humiliant, pourroit suffire dans certaines circonstances, & à l'égard de certaines personnes, chez un peuple où il y a des mœurs & de l'honneur. Mais la corruption des Nations modernes, à quoi la rigueur des Loix peut avoir contribué, est montée à un tel dégré qu'il faut quelque chose de plus pour réprimer la main téméraire du voleur, & inspirer une crainte salutaire du crime, à ceux qui seroient tentés d'imiter son audace sacrilege. Nous traiterons plus amplement cette matiere à l'article Vol.

Si les bestiaux & troupeaux ont été pris dans un parc ou dans une écurie, l'espece change; il y a, outre le larcin, la violation de l'asyle où ces animaux étoient gardés, & cette violation mérite un surcroît de châtiment. Toutes les possessions & propriétés sont sous la garde de la foi publique, mais il y en a qui sont encore sous une garde particuliere, comme tout ce qui est enfermé dans des enclos, dans les maisons, *&c.* Ces asyles ne doivent point être violés impunément, c'est pourquoi l'on punit plus rigoureusement les vols avec effraction, que ceux qui sont faits sans effraction.

Du reste les Magistrats sont responsables, jusques à un certain point, des vols & autres désordres qui se commettent dans le district de leur administration. Une bonne police prévient bien des crimes. Les vols sont rares par-tout où regne l'abondance, par-tout où personne ne souffre l'indigence, par-tout où le riche ne pese point sur le pauvre, par-tout enfin où tous les citoyens, occupés utilement, sentent combien il est plus gracieux de vivre honnêtement des fruits de son travail, que de s'exposer à l'opprobre, à l'exil, à la mort, en osant ravir aux autres ce qui leur appartient.

ABJURATION, s. f. ABJURER, v. a.

Du Serment d'Abjuration en Angleterre.

L'ABJURATION en général, est un acte par lequel on dénie ou l'on renonce une chose d'une maniere solemnelle, & avec serment.

Chez les Romains, le mot d'*Abjuration* signifioit dénégation avec faux serment d'une dette, d'un gage, d'un dépôt, ou autre chose semblable, auparavant confiée. En ce sens l'Abjuration est la même chose que le parjure; elle differe de l'éjuration qui suppose le serment juste.

Voyez PARJURE.

L'abjuration se prend plus particuliérement pour la solemnelle renonciation ou rétractation d'une doctrine ou d'une opinion regardée comme fausse & pernicieuse.

Dans les loix d'Angleterre, abjurer une personne, c'est renoncer à l'autorité ou au domaine d'une telle personne. Par le serment d'Abjuration, on s'oblige de ne reconnoître aucune autorité royale dans la personne appellée le Prétendant, & de ne lui rendre jamais l'obéissance que doit rendre un sujet à son Prince.

Le mot d'*Abjuration* est aussi usité dans les anciennes coutumes d'Angleterre pour le serment fait par une personne coupable de félonie, qui se retirant dans un lieu d'asyle, s'obligeoit par serment d'abandonner le Royaume pour toujours; ce qui la mettoit à l'abri de tout autre châtiment. Nous trouvons aussi des exemples d'Abjurations pour un tems; pour trois ans, pour un an & un jour, & semblables.

Les criminels étoient reçus à faire cette abjuration en certains cas, au-lieu d'être condamnés à mort. Depuis le tems d'Edouard le Confesseur, jusqu'à la réformation, les Anglois avoient tant de dévotion pour les Eglises, que si un homme coupable de félonie se réfugioit dans une Eglise ou dans un Cimetiere, c'étoit un asyle dont il ne pouvoit être tiré pour lui faire son procès; mais en confessant son crime à la Justice ou au Coroner, & en abjurant le Royaume, il étoit mis en liberté.

Après l'Abjuration, on lui donnoit une Croix qu'il devoit porter à la main le long des grands chemins, jusqu'à ce qu'il fût hors des Domaines du Roi: on l'appelloit la *banniere de Mere-Eglise.* Mais l'Abjuration déchut beaucoup dans la suite, & se réduisit à retenir pour toujours le prisonnier dans le Sanctuaire, où il lui étoit permis de finir le reste de ses jours, après avoir abjuré sa liberté & sa libre habitation. Par le *Statut 21 de Jacques I.*, tout usage d'asyle, & conséquemment d'Abjuration, fut aboli. *Encyclopédie.*

ABO, *Capitale de la Finlande.*

CETTE Ville est située à l'embouchure de la riviere Saviyoki ou Arajoki, dans le golfe de Finlande. Elle a un bon Port. Le Roi de Suede Gustave Adolphe avoit projetté d'y établir une Université. La Reine Christine sa fille, suivant les intentions de son pere, la fonda en 1641. Les établissemens les plus utiles dégénerent quelquefois. L'Université d'Abo commençoit à décheoir, lorsqu'elle fut renouvellée & mise sur un nouveau pied en 1723. Elle acquit dès-lors un lustre qu'elle a conservé. Quoiqu'Abo ait beaucoup souffert par les incendies, & le séjour des Russes qui l'ont prise deux fois dans ce siecle, elle ne laisse pas d'être une Ville assez considérable, grande, mais mal défendue, & même sans murailles. Elle a un Evêché Suffragant d'Upsal. En 1713 les Russes s'emparerent de cette Capitale de la Finlande, & en resterent maîtres jusqu'en 1720, qu'ils la rendirent aux Suédois. Ils la reprirent encore en 1742; mais elle fut rendue à la Suede par le Traité de paix qui s'y conclut l'année suivante entre ces deux Puissances, & dont nous allons rendre compte.

PAIX D'ABO,

Conclue en 1743, entre la Suede & la Russie.

DEPUIS la paix de Neustadt (*voyez* NEUSTADT.) la Suede travailloit en silence à se relever de l'épuisement que lui avoit causé l'héroïsme de Charles XII, tandis que la Russie, dont la Puissance alloit toujours en croissant, maintenoit avec hauteur la Supériorité que le Czar Pierre lui avoit donnée dans le Nord. Elle parloit déja aux Polonois d'un ton de maître. Elle traitoit avec le Dannemarc en le menaçant: elle se donnoit aux Suédois pour un arbitre qu'il leur étoit dangereux de récuser; & contre la stipulation expresse du Traité de Neustadt, elle prenoit part aux débats & aux résolutions des Etats, qu'elle prétendoit régler sur son intérêt particulier. Le Roi de Suede qu'aucune affection ne passionnoit pour le Successeur qu'on lui donneroit, auroit volontiers consenti d'en remettre le choix après sa mort. Mais la plûpart des Grands du Royaume, effrayés de l'exemple de la Pologne, qui avoit été forcée de recevoir le Roi qu'il avoit plû à la Russie de lui désigner, vouloient que l'Election du Prince Successeur se fit pendant que la Suede unie sous son Roi, étoit autant en état qu'elle y pouvoit être, de faire valoir son choix.

La Czarine Anne avoit, dans un âge peu avancé, les infirmités de la vieillesse : on prévoyoit la fin prochaine de son regne ; & déja il y avoit pour sa Succession des brigues & des factions formées, dont on pouvoit conjecturer une guerre civile dans ce vaste Empire. On assure que le Cardinal de Fleuri, qui ne pardonnoit point aux Russes le secours qu'ils avoient envoyé à l'Empereur en 1735, fit agir l'Ambassadeur & l'argent de France dans les Etats de Suede, pour animer la Nation à profiter des circonstances. Quoiqu'il en soit, la plus nombreuse partie de la Nation parut décidée pour la guerre contre la Russie ; & la Cour ordonna à son Ministre à la Porte, de négocier une alliance défensive entre les deux Empires. *Voyez ci-après* N°. I.

Le Traité n'en fut conclu & signé que le 22 de Décembre 1739, mais la Cour de Pétersbourg en eut avis dès le mois de Juin, & la conviction peu de jours après par les papiers qu'elle fit enlever au Major Saint-Clair, que les Ministres Suédois dépêchoient de Constantinople à Stockolm. Cet Officier, arrêté à Breslau par le Gouvernement Général Autrichien, puis relâché à la vue de ses passe-ports, fut poursuivi, atteint & égorgé, par quatre hommes vêtus en Dragons Moscovites, que le Ministere Russien désavoua pour ce que leur habit les disoit. Les Cours de Vienne & de Pétersbourg nierent très-fort d'avoir eu part à cet assassinat ; & elles n'en furent point crues. Pour diminuer l'impression des plaintes que Sa Majesté Suédoise faisoit du massacre de son Major ; & de l'enlevement de ses papiers, elles firent courir des copies d'un prétendu Traité de la Noblesse de Pologne mécontente avec le Grand-Seigneur. Les articles étoient donnés les plus capables d'indisposer contre les Négociateurs tous les Chrétiens, fideles à la vieille haine des Turcs ; & quoiqu'ils fussent controuvés, ils devoient faire un grand effet parmi le vulgaire crédule, parce que le Roi de Suede n'avoit garde d'entreprendre une réfutation qui l'auroit engagé dans des explications fort épineuses sur le contenu des Dépêches du Major. En effet Sa Majesté Suédoise se contenta des désaveux des deux Cours touchant l'assassinat ; & elle termina ses inutiles perquisitions sur les assassins, par des funérailles honorables pour l'Officier assassiné.

Le Traité d'Alliance défensive de la Suede avec le Turc, étoit en neuf Articles. L'affectation avec laquelle on insistoit dans chacun sur la paix des deux Empires avec la Russie, qu'on ne prétendoit point léser par cette Alliance, déceloit ce qu'on vouloit cacher, que c'étoit contre la Russie que les contractans avoient en vue de s'unir. La Cour de Pétersbourg n'en douta point, & elle opposa à l'Alliance de Constantinople, un nouveau Traité de défensive avec l'Angleterre. *Voyez ci-après* N°. II.

La mort de la Czarine Anne-Iwanowna, parut aux Etats de Suede, la circonstance la plus favorable pour se déclarer. Par les brigues & le crédit du Duc Biron de Courlande, & des Comtes de Munich & d'Osterman, la Princesse Elisabeth Petrowna, fille de Pierre I, appellée au Trône par le Testament de l'Impératrice Catherine, sa mere, en fut éloignée par celui de la Czarine Anne qui y plaçoit le jeune Prince de Brunswick, sous la Régence du Duc de Curlande.

Pierre le Grand en rendant sa Couronne Patrimoniale, c'est-à-dire, en donnant à ses Successeurs le droit d'en disposer à leur volonté, n'avoit pas prévu que les Moscovites ne s'accoutumeroient pas aisément à respecter les caprices de leurs Souverains; & qu'un Etat où la Succession ne seroit pas établie par des loix ou par un usage que le temps & l'habitude eussent consacrés, deviendroit sujet à d'étranges révolutions.

Le Testament de la Czarine Anne excita bien des murmures. C'étoit dans tout l'Empire une fermentation qui promettoit de grands avantages aux Suédois, si au-lieu de motiver leur déclaration de guerre de leurs griefs contre la Russie, ils avoient prétexté leur prise d'armes du desir de faire justice à la fille de Pierre le Grand. Mais les Russes voyant dans la guerre de Suede une querelle nationale, s'unirent pour la soutenir. Les Généraux & les armées, dont l'affection auroit été partagée dans une guerre qui auroit touché la personne du Souverain, se porterent avec zele dans celle qui regardoit l'Empire; & les Suédois éprouverent dès la premiere action, la Supériorité que le Czar Pierre avoit su donner à ses troupes.

Cependant le Duc de Curlande, que les Russes accusoient de s'être fait nommer lui-même dans le Testament de l'Impératrice Anne, Tuteur du Prince enfant & Régent de l'Empire, fut regardé comme un usurpateur du Trône, arrêté, dépouillé même de ses Etats & relegué avec toute sa famille dans les déserts de la Sibérie. La Régence passa entre les mains de la Duchesse de Brunswick-Deveren. Ce n'étoit-là que le commencement de la révolution qui se tramoit dans le secret. Lorsque les partisans de la fille de Pierre I, eurent conduit les choses au point de pouvoir éclater sans effusion de sang, sans même porter coup à la tranquillité publique, le jeune Empereur, la nouvelle Régente, son Mari & leurs Ministres furent arrêtés; & Elisabeth, proclamée par la garde, reçut les hommages & les sermens de fidélité de tous les Ordres de l'Etat. La Suede, qui se voyoit enlever la ressource des divisions intestines, sur laquelle elle avoit compté, tint le langage qu'elle auroit dû tenir lors de sa déclaration de guerre. La nouvelle Impératrice remercia les Suédois de l'intérêt qu'ils vouloient bien prendre à ce qui la regardoit. C'étoit l'unique réponse qu'ils en devoient attendre; & la prudence leur ordonnoit de saisir cet instant pour faire la paix, en demandant qu'en faveur du motif de leur prise d'armes, on remît les choses comme elles étoient auparavant, mais excités à la guerre par les dispositions pacifiques de la Czarine, ils demanderent d'être relevés des plus onéreuses cessions du Traité de Neustadt; & le sort des armes leur ayant fait perdre toute la Finlande, ils furent réduits après la seconde campagne, à demander la paix en supplians, ou à continuer la guerre par désespoir.

La Cour de Russie étoit si convaincue de sa supériorité, qu'elle ne craignit point d'offrir aux Finlandois, avant que de les attaquer, de les mettre en République indépendante, pour être désormais, sous la protection des Czars, une barriere entre les deux Etats. Cette offre si séduisante pour un peuple nombreux & fier, alarma le Ministere Suédois, & plus encore la Nation. La Finlande une fois détachée de la Suede, le Royaume eût été resserré pour toujours dans ses limites; & les Suédois sans espérance de jamais recouvrer leur ancienne puissance, n'en avoient plus que le souvenir. Cette perspective, que les plus éclairés firent envisager aux Etats, détermina l'assemblée à saisir la voie la plus prompte pour se réconcilier avec la Czarine. L'élection du Successeur fut remise sur le tapis & les suffrages se réunirent sur le Duc de Holstein Gottorp, neveu de Sa Majesté Czarienne par sa mere, & petit neveu de Charles XII par son aïeule. On espéroit, sans doute, que ce choix seroit récompensé de l'Impératrice par la restitution de la Finlande, & de la Carelie. Les Députés Suédois avoient à peine déclaré au jeune Prince son Election, qu'ils se virent plus éloignés que jamais de leurs espérances. L'Impératrice sa tante l'appella au Trône des Russes; & l'incompatibilité des deux Couronnes n'étant pas problématique, le jeune Duc donna la préférence à la plus brillante. Les Députés revinrent avec la recommandation de Sa Majesté Czarienne en faveur du Duc de Holstein Eutin, Evêque de Lubeck, dont elle promettoit en termes vagues de récompenser l'Election, en se rendant plus accessible aux propositions de paix.

Il fallut que la brigue du Dannemarc pour son Prince, & celle de la France pour le Duc de Deux-Ponts suivant quelques politiques, cédassent à celle que l'intérêt ou plutôt le malheur présent de la Nation prescrivoit. Il est vraisemblable que, si la Czarine ne se fût pas rendue maitresse de l'Election, les Suédois accablés par la Supériorité des Russes, eussent choisi pour Roi un Prince déja puissant par lui-même, qu'ils pussent leur opposer. La suite des événemens a suffisamment prouvé qu'il étoit de l'intérêt de toute l'Europe, & sur-tout des Puissances voisines de la Suede, d'arrêter la trop grande élévation de la Russie.

Mais la Cour de Pétersbourg, mettant pour premier article de ses préliminaires, l'Election de l'Evêque de Lubeck, lequel devoit naturellement être dévoué au chef de sa maison, à qui il devroit la Couronne, les Etats de Suede l'élurent ou plutôt l'accepterent, contre leurs intérêts, obligés d'acheter la paix à ce prix. Les préliminaires furent signés à Abo le 27 Juin 1743. & le 3 de Juillet le Prince Evêque ayant été élû, les Ministres travaillerent au Traité définitif qui fut signé le 17 d'Août. *Voyez ci-après*

N°. III. Il a vingt & un articles, qui se réduisent aux trois préliminaires dont ils donnerent une ample explication. On verra qu'il en coûta à la Suede le morceau de la Finlande, où sont les Forteresses de Wilmanstrand & de Frederiksham, avec la Ville de Nyslot, pour rentrer en possession des autres pays qui lui avoient été enlevés pendant les deux années de guerre. Ses alliances avec la France & le Grand Seigneur ne lui avoient valu que quelques subsides en argent; & une guerre qu'elle entreprit sans grand sujet, qu'elle soutint avec opiniâtreté, au lieu du recouvrement de ses anciennes provinces, qu'elle s'en promettoit, ne lui produisit que de nouvelles pertes. Elle y put reconnoître la profondeur des blessures, que le bruyant regne de Charles XII. lui avoit faites. D. B. M.

N°. I.

Traité d'amitié & d'alliance entre la Porte & le Royaume de Suede, conclu à Constantinople, le 22 Décembre 1739.

» L'amitié qui regne depuis fort longtemps entre les Etats de Suede & de la Porte Ottomane, ayant été inviolablement conservée jusqu'à ce jour par les deux parties, qui ont cultivé de part & d'autre, avec la même sincérité, la bonne union & correspondance; & l'expérience ayant fait voir évidemment, qu'il en résultoit de très-grands avantages, non-seulement il convient de ne rien négliger de ce qui peut dans la suite affermir cette amitié; mais il est même tout-à-fait nécessaire de chercher tous les moyens les plus propres à la rendre stable, & à l'étendre encore davantage. Pour cet effet, un Traité de Commerce & de Navigation, ayant été conclu entre les deux Etats au mois de Janvier 1737, on y a mis des Conditions qui ont naturellement conduit à la présente Négociation, en fournissant l'occasion d'augmenter & d'affermir l'amitié entre les deux parties; & c'est ce qui paroit entr'autres par la fin du XVIII. Article dudit Traité de Commerce. »

» A ces causes, pour perfectionner un si salutaire ouvrage, nous soussignés; Ministres extraordinaires & plénipotentiaires du Sérénissime Roi de Suede, après avoir conferé très-fréquemment, depuis le commencement de la Négociation du Traité de Commerce jusqu'à ce jour, avec les Ministres plénipotentiaires de la Porte Ottomane, nous avons enfin résolu de signer les Articles suivans d'une alliance défensive, dont nous sommes convenus pour l'utilité & la sûreté mutuelle des deux Etats. »

» I. Il y aura une continuation constante & perpétuelle de l'amitié, qui a régné jusqu'à ce jour entre le Sérénissime & très-Puissant Roi Frédéric & Couronne de Suede, & très-Puissant Sultan Mahmet Kan, Empereur des Turcs & Sublime Porte: en conséquence, les deux Sérénissimes Parties contractantes promettent & s'obligent de bonne foi, à s'appliquer toujours non-ſeulement à entretenir & reſſerrer les liens de l'amitié & de l'alliance préſentes, mais auſſi à avancer les intérêts, le repos & l'avantage des Sujets de l'une & de l'autre Puiſſance, s'empreſſant à éloigner tout ce qui pourroit leur être préjudiciable. »

» II. Quoiqu'il y ait une paix perpétuelle entre la Suede, & la Porte Ottomane & la Ruſſie; cependant ſi, par un événement inopiné, cette derniere venoit à faire quelqu'entrepriſe, au mépris des Traités, contre l'une ou l'autre deſdites Puiſſances contractantes, elles ne ſe borneront point à ſe ſouvenir réciproquement du préſent Traité, mais elles ſe communiqueront ſans délai & de bonne foi les moyens les plus propres pour repouſſer & faire ceſſer les inſultes. »

» III. Le préſent Traité purement défenſif n'ayant été conclu que pour la ſûreté & la tranquillité des deux Puiſſances & de leurs Sujets, il a été réſolu de ſe fournir réciproquement toutes les fois qu'il en ſera beſoin, les ſecours qui ſeront jugés convenables & néceſſaires, ſuivant les ſituations & la circonſtance des temps. »

» IV. Quoique les deux Puiſſances contractantes ſe ſoient engagées à obſerver le Traité de paix perpétuelle avec la Ruſſie, & à ne lui donner aucun ſujet d'inimitié, ce qu'on eſpere que cette derniere fera auſſi de ſa part; cependant, par une ſuite de la précaution dont on vient de parler dans l'Article précédent, & pour une plus grande ſûreté à l'avenir, il a paru néceſſaire d'ajouter au premier Traité (ſelon l'uſage & la coutume des autres Etats policés) la préſente alliance défenſive, pour être obſervée à perpétuité; n'ayant au reſte d'autre but que la ſûreté mutuelle. C'eſt pourquoi, ſi l'Empire de Ruſſie, ce qu'à Dieu ne plaiſe, prétendoit rompre avec les deux Puiſſances contractantes, & troubler leur tranquillité de quelque maniere que ce ſoit, & que la choſe fût certaine & évidente, leſdites deux Puiſſances contractantes feront d'abord tous leurs efforts pour prévenir la rupture; mais en cas qu'il ne fût pas poſſible d'y parvenir, alors, ſuivant les Loix de l'équité, elles attaqueront conjointement la Ruſſie, & feront tout leur poſſible pour ſe procurer une prompte ſatisfaction. »

» V. Si la Ruſſie attaquoit la Suede ou la Porte Ottomane, & que l'une ou l'autre des Puiſſances contractantes en fût avertie, cette attaque & ces hoſtilités ſeront réputées faites aux deux parties, & ſelon la teneur de l'Article IV. on attaquera ſérieuſement l'agreſſeur par mer & par terre, avec les forces qui ſeront jugées néceſſaires, ſuivant la ſituation & la circonſtance des temps, & aucune des deux parties ne mettra les armes bas qu'on n'ait obtenu une juſte ſatisfaction. »

» VI. En vertu du préſent Traité, auſſi-tôt qu'on ſaura que la Ruſſie aura attaqué l'Empire Ottoman, le Séréniſſime Roi & Couronne de Suede s'engagent à attaquer pareillement la Ruſſie, ſans aucun délai, de la manier & avec les forces que les circonſtances rendront néceſſaires, & à ne point diſcontinuer la diverſion juſqu'à ce qu'on ait obtenu une juſte ſatisfaction:

faction : si on apprend pareillement que la Russie ait attaqué la Suede, l'Empire Ottoman s'engage, ainsi qu'on en est convenu, à attaquer aussitôt la Russie de la maniere & avec les forces que les circonstances rendront nécessaires, & à ne point discontinuer cette diversion jusqu'à ce qu'on ait obtenu une juste satisfaction. En conformité, chacun des Sérénissimes Contractans s'oblige, sur sa parole Impériale & Royale, à n'écouter de la part de l'ennemi aucune proposition tendante à la Paix, sans en donner part à l'autre partie, & en attendre l'agrément, comme aussi à ne faire aucune paix séparée, & lorsque la paix aura été faite du consentement mutuel, ce présent Traité d'Alliance défensive continuera d'être observé dans tous ses points. »

„ VII. Comme ce Traité n'a d'autre but que la sûreté & la tranquillité communes, ainsi que pour éviter l'effusion du sang humain, il sera permis de proposer, d'un commun consentement, à d'autres Etats d'y accéder s'ils le veulent, & de les y admettre. „

„ VIII. D'autant que le Royaume de Suede a conclu un Traité avec les Régences d'Alger & de Tunis, & qu'il est sur le point d'en conclure aussi un avec celle de Tripoli, ces trois Régences étant de la Domination de l'Empire Ottoman, la Sublime Porte leur donnera part de la présente Alliance, & leur ordonnera de s'y conformer. „

„ IX. On confirme, par le présent Traité, l'observation & la conservation du Traité de Commerce, conclu ci-devant entre les deux Puissances, & les Sujets de la Suede auront, dans l'Empire Ottoman, la même protection & les mêmes immunités que les Sujets des autres Puissances, amies de la Porte. „

„ L'échange des ratifications du présent Traité d'Alliance, se fera à Constantinople, dans l'espace de quatre mois, ou plutôt si faire se peut, & la teneur en sera communiquée amiablement à la Russie. En foi de quoi nous soussignés Envoyés Extraordinaires & Plénipotentiaires du Sérénissime Roi de Suede auprès de la Sublime Porte, avons, en vertu de nos pleins pouvoirs, signé le présent Traité, y avons apposé notre Sceau, & l'avons remis aux Ministres de la Sublime Porte, échangé avec le Magnifique & Excellentissime Grand-Vizir de l'Empire Ottoman, contre un exemplaire en Langue Turque, signé aussi & scellé par lui en vertu du plein pouvoir attaché à sa Charge. „

„ A Constantinople, l'an de Notre Sauveur 1739, le 22 Décembre. „

CHARLES KOPKEN.

Z. CARLSON.

N°. II.

Traité d'Alliance entre l'Impératrice de Russie & le Roi de la Grande-Bretagne, conclu à Moscou le 11 Décembre 1742.

Au Nom de la Très-Sainte Trinité.

„ D'autant que la Très-Sérénissime, Très-Haute & Très-Puissante Princesse & Dame Elizabeth Premiere, Impératrice & Autocratrice de toutes les Russies, &c. le Très-Sérénissime, Très-Haut & Très-Puissant Prince & Seigneur George Second, Roi de la Grande-Bretagne, &c. ont considéré combien il pourroit être utile & salutaire à leurs Etats & Sujets respectifs, & combien aussi il pourroit contribuer au maintien de la tranquillité générale de l'Europe, & particuliérement à celle du Nord, non-seulement de cultiver par toutes sortes de bons offices, comme elles ont fait jusqu'ici, une union étroite entr'elles, mais aussi d'étendre les obligations de leur amitié, & de la rendre plus effective & plus applicable aux cas qui pourroient arriver, en pourvoyant à leur sûreté réciproque par un Traité d'Alliance défensive; pour cet effet leursdites Majestés ont trouvé à propos de nommer & d'autoriser des Ministres de part & d'autre; c'est-à-dire, Sa Majesté Impériale de toutes les Russies, a nommé comme Ministres Plénipotentiaires de sa part, son Vice-Chancelier de l'Empire, Conseiller-Privé actuel, Sénateur & Chevalier des Ordres de Saint-André, de l'Aigle blanc, & de Saint-Alexandre-Alexei, Comte de Bestuchew-Rumin, & son Conseiller-Privé & Chevalier de l'Ordre de Saint-Alexandre, Charles de Brevern; & Sa Majesté le Roi de la Grande-Bretagne a nommé comme Plénipotentiaire de sa part, le Chevalier Baronet Cynil-Wych, son Ministre Plénipotentiaire auprès de Sa Majesté Impériale de toutes les Russies, lesquels ayant conféré ensemble en vertu de leurs pleins pouvoirs respectifs, sont convenus des Articles suivans. „

Article Premier.

„ Il y aura pour toujours entre Sa Majesté Impériale de toutes les Russies & Sa Majesté le Roi de la Grande-Bretagne, leurs héritiers & Successeurs, comme aussi entre leurs Royaumes, Pays & Etats, Peuples & Sujets partout, tant par terre que par mer, une fidele, ferme & perpétuelle amitié, alliance, union; & on sera si éloigné de côté & d'autre, de se faire aucun tort ou dommage, qu'on s'évertuera à avancer les intérêts mutuels, & à maintenir l'une & l'autre réciproquement dans les Royaumes, Provinces, Etats, Droits, Commerce, Immunités & Prérogatives quelconques dont elles se trouvoient en possession avant l'année 1741, ou qu'elles pourroient acquérir par des Traités. „

„ II. Pour cet effet, il eſt convenu qu'en cas que dans le temps à venir leurſdites Majeſtés, ou aucune d'elles, fuſſent attaquées par mer, ou par terre, par qui que ce ſoit, elles ſe prêteront d'abord, après la requiſition faite, les ſecours néceſſaires, leſquels ſeront réglés tant par rapport à l'eſpece qu'à la quantité, par ce qui eſt ſtipulé ci-après dans les articles ſuivans de ce Traité. „

„ III. Sa Majeſté Impériale de toutes les Ruſſies & Sa Majeſté Britannique déclarent dès à préſent, qu'elles n'entendent, en contractant cette alliance, offenſer ou faire aucun tort à qui que ce ſoit; mais que c'eſt au contraire leur unique but & deſſein de pourvoir, par ces engagemens, à leur avantage & ſûreté réciproques, & de contribuer, autant qu'il pourra dépendre de leurs ſoins, à la conſervation de la paix générale de l'Europe, & ſur-tout de celle du Nord, pour leſquelles fins elles s'emploieront le plus efficacement qu'il leur ſera poſſible, & s'entre-communiqueront leurs idées & conſeils à cet effet. „

„ IV. Comme le principal deſſein & but de cette Alliance eſt de ſe garantir mutuellement de toute invaſion, tort & dommage, & comme chacune des hautes Parties contractantes ne ſouhaite rien plus ardemment que de pouvoir toujours remplir cet engagement réciproque, de la maniere qui ſera la plus avantageuſe à ſon Alliée, ſelon les moyens que Dieu leur a mis reſpectivement en mains : Et comme les forces naturelles de la Ruſſie conſiſtent en Troupes de terre, & celles de la Grande-Brétagne principalement en Vaiſſeaux de guerre, on eſt convenu que, ſi Sa Majeſté Impériale de toutes les Ruſſies étoit attaquée ou troublée dans ſes Royaumes, Provinces & Etats, ou poſſeſſions quelconques, de ſorte qu'elle trouvât néceſſaire de requérir l'aſſiſtance de ſon Alliée, Sa Majeſté Britannique lui envoyera d'abord une eſcadre de douze Vaiſſeaux de Guerre & de Ligne, portant 700 canons, ſelon la liſte ſuivante : Deux Vaiſſeaux de 70 Canons, faiſant enſemble 140 Canons, & 960 hommes d'équipage; ſix Vaiſſeaux de 60 Canons, faiſant 360 Canons, & deux mille quatre cent hommes d'équipage; quatre Vaiſſeaux de 50 Canons, faiſant 200 Canons & 1200 hommes d'équipage; le tout 12 Vaiſſeaux, ſept cens Canons, quatre mille cinq cens ſoixante hommes d'équipage. Cette eſcadre ſera duement équipée & armée en guerre, lequel ſecours lui ſera pareillement continué pendant tout le temps que ladite attaque ou trouble durera; & de l'autre côté, ſi Sa Majeſté Britannique étoit attaquée ou troublée dans ſes Royaumes, Provinces, Etats ou poſſeſſions quelconques, de ſorte qu'elle trouvât néceſſaire de requérir l'aſſiſtance de ſon Alliée, Sa Majeſté Impériale de toutes les Ruſſies lui envoyera d'abord dix mille hommes de pied & deux mille de Cavalerie, lequel ſecours lui ſera continué de la part de Sa Majeſté Impériale pendant tout le temps que ladite attaque ou trouble durera. „

„ V. Mais ſi la nature de l'attaque ou invaſion étoit telle, que la Partie attaquée ou envahie ne trouvât convenable de demander les secours spécifiques, stipulés dans l'Article précédent, comme n'étant pas propres pour sa défense, lesdites hautes Parties contractantes, pour se donner en tout des preuves de leurs intentions sinceres & amiables l'une envers l'autre, sont convenues par cet Article, que ledit cas existant, elles se secourront réciproquement après la requisition faite de la maniere suivante, c'est-à-dire : si c'étoit Sa Majesté Impériale de toutes les Russies, qui se trouvoit attaquée, Sa Majesté Britannique lui fera payer 500000 roubles, monnoie Russienne par an, pendant tout le tems que l'attaque ou trouble, qui aura causé ladite demande, de la part de Sa Majesté Impériale de toutes les Russies, durera, pour lui aider à soutenir les dépenses de la guerre ; & si c'étoit Sa Majesté Britannique qui fût attaquée, Sa Majesté Impériale de toutes les Russies fournira la même somme d'argent par an, pendant tout le tems que l'attaque ou trouble, qui aura causé cette demande, durera. »

» VI. En cas que la Partie requise, après avoir prêté l'assistance stipulée par le IV Article de ce Traité, viendroit à être attaquée elle-même, de sorte qu'il lui fût nécessaire de rappeller ses forces pour sa propre sûreté, il lui sera libre de le faire deux mois après qu'elle en aura duement averti la Partie requérante ; & il est aussi stipulé que, si la Partie requise se trouvoit, au tems de la requisition, impliquée elle-même dans une guerre, de sorte qu'il fût absolument nécessaire de retenir chez elle, pour sa propre sûreté & défense, les forces qu'elle devoit fournir à son Allié en vertu de ce Traité ; ce cas arrivant, ladite Partie requise sera dispensée, pour le tems que ladite nécessité durera, de fournir le secours susmentionné. »

» VII. Les Troupes Auxiliaires de la Russie seront pourvues d'une Artillerie de campagne, à deux pieces de trois livres par Bataillon, & de munitions de guerre, & seront aussi payées, remplacées & recrutées par Sa Majesté Impériale de toutes les Russies ; mais Sa Majesté Britannique leur fournira les portions (c'est-à-dire, une livre de viande par jour, du pain, ou à sa place 60 livres de farine de seigle par mois, le poids compté sur le pied de Hollande) & les rations en fourage, avoine, foin, &c. selon l'état Militaire Russien & en poids Hollandois, de même que les quartiers nécessaires, le tout sur le pied que ces troupes sont accoutumées d'être entretenues de Sa Majesté Impériale de toutes les Russies. »

» VIII. En cas que lesdites troupes Auxiliaires de la Russie, étant demandées par Sa Majesté Britannique, dûssent marcher par terre, comme il pourroit être indispensable que lesdites troupes passassent au travers des Etats de quelques autres Puissances, Sa Majesté Britannique aura soin de leur procurer un libre passage, leur fournissant le pain & le fourage de la même maniere qu'il est stipulé dans l'Article précédent de ce Traité ; & lorsqu'elles auront à passer la Mer, Sa Majesté Britannique prendra sur elle, ou de les transporter dans ses propres Vaisseaux, ou bien de fournir les fraix de ce transport ; ce qui se doit entendre aussi tant à l'égard des recrues que Sa Majesté Impériale sera obligée d'envoyer auxdites Troupes, selon l'article précédent, que du retour de ces Troupes Russiennes lorsqu'elles seront ou renvoyées par Sa Majesté Britannique, ou rappellées par Sa Majesté Impériale de toutes les Russies, pour sa propre défense, selon l'Article VI de ce Traité. Il est de plus stipulé que dans ce cas, ou de rappel ou de renvoi des susdites troupes, un convoi suffisant de vaisseaux de guerre les escortera pour la sûreté de ces troupes. »

» IX. Lorsque lesdits secours seront respectivement prêts de côté ou d'autre; (bien entendu que chaque Officier Commandant, soit dans les Troupes auxiliaires de Sa Majesté Impériale de toutes les Russies, soit dans l'escadre que Sa Majesté Britannique doit fournir à la Russie, garde le Commandement qui lui a été confié) le Commandement général appartiendra indisputablement à celui que la partie requérante nommera pour cela, à condition qu'on n'entreprendra rien d'important qui ne soit auparavant examiné & résolu dans le Conseil de guerre, & en présence du Général & des Officiers Commandans de la partie requise. »

» X. Et pour qu'il n'y ait point d'inconvénient ni d'erreur par rapport au rang & caractere, la Partie requérante fera connoître à temps quel Chef elle employera pour le Commandement général, soit de la flotte, soit des Troupes de terre, afin que la Partie requise puisse régler & proportionner le rang & caractere de celui qui doit commander les Troupes auxiliaires, ou les Vaisseaux. »

» XI. Les forces auxiliaires auront leurs propres Ministres, ou Prédicateurs, & le libre exercice de la Religion, & ne seront jugées, pour tout ce qui a rapport au Service militaire, que selon les Loix de la guerre, & selon les Ordonnances de leurs propres Pays; mais en cas qu'il y eût des disputes entre les Officiers ou les Communs des forces combinées, on les examinera & débattra par des Commissaires en nombre égal des deux parties, & les coupables seront punis selon les Articles de guerre de leur Maître; de même sera-t-il permis au Général, aussi-bien qu'au reste des forces auxiliaires, d'entretenir une correspondance libre en leur Patrie, soit par Lettres, soit par des Exprès. »

» XII. Les forces auxiliaires de côté & d'autre seront tenues ensemble, autant que cela se pourra faire, & pour que lesdites forces auxiliaires ne soient pas assujetties aux fatigues plus que les autres, & qu'il y ait dans toutes les expéditions & opérations une égalité entiere, le Général en Chef sera tenu d'observer dans tous les Commandemens une juste proportion selon la force de toute la Flotte, ou Armée. »

» XIII. L'escadre de Vaisseaux que Sa Majesté Britannique doit fournir en vertu de cette alliance, sera reçue dans tous les Ports de Sa Majesté Impériale de toutes les Russies, où elle sera traitée le plus amiablement, & pourvue de tout ce dont elle pourra avoir besoin, en payant le même prix que les Vaisseaux de guerre de Sa Majesté Impériale de toutes les Russies,

& il sera permis à ladite escadre de retourner, chaque année, de la guerre aux Ports de la Grande-Bretagne, dès le temps que la saison ne leur permettra plus de tenir la Mer; pourvû qu'il soit stipulé formellement, que toutes les fois que le cas de ce Traité existera, l'escadre à fournir par Sa Majesté Britannique arrivera chaque année dans la Mer Baltique vers le commencement du mois de Mai, & qu'elle ne quittera pas cette Mer, qu'au commencement du mois d'Octobre. »

» XIV. La partie requérante, en faisant la demande du secours stipulé par ce Traité, indiquera à la partie requise le lieu où elle voudra qu'il se rende d'abord, & il sera libre à ladite partie requérante de se servir du secours susdit pendant tout le temps qu'il lui sera continué, de la maniere & aux endroits qu'elle jugera les plus convenables pour son service contre l'Agresseur. »

» XV. Il est convenu que le cas de ce Traité d'alliance ne sera pas étendu aux guerres qui pourront survenir entre Sa Majesté Impériale & la Porte Ottomane, ou les Perses, ou Tartares, ou autres peuples Orientaux; Sa Majesté Britannique devant être dispensée, dans chacun de ces cas, de fournir les secours stipulés par ce Traité. Comme aussi de l'autre côté, Sa Majesté Impériale ne sera pas tenue de fournir les secours stipulés par ce Traité pour la défense des Possessions de Sa Majesté Britannique en Amérique, ou en tel endroit que ce soit hors de l'Europe. »

» XVI. On est aussi convenu, qu'eu égard à la grande distance des lieux, les Troupes que Sa Majesté Impériale aura à fournir en vertu de cette alliance pour la défense de Sa Majesté Britannique, ne seront pas envoyées en Espagne, ni en Portugal, ni en Italie. »

» XVII. Si les secours stipulés dans l'Article IV. de ce Traité ne suffisent pas, alors les parties contractantes conviendront, sans différer, des secours ultérieurs qu'elles devront se donner. »

» XVIII. S'il arrivoit qu'on fût obligé d'avoir recours à la voie des armes, il ne sera point fait de Paix, ni de Treve, sans y comprendre celle des Parties contractantes qui n'aura point été attaquée, ensorte qu'elle ne puisse souffrir aucun dommage en haine des secours qu'elle aura donnés à son Alliée. »

» XIX. La présente alliance défensive n'apportera aucun obstacle, & ne dérogera en aucune maniere aux autres Traités & alliances que les Parties contractantes pourroient avoir avec d'autres Rois, Princes, ou Etats, en tant que lesdits Traités ne seront contraires au présent Traité, ni à l'amitié & à la bonne intelligence, qui seront toujours observées exactement entre-elles. »

» XX. Leursdites Majestés sont convenues en outre, qu'elles se concerteront ensemble sur l'admission de telles autres Puissances qui pourroient être disposées à entrer dans cette alliance. »

» XXI. La paix, amitié & bonne intelligence dureront pour toujours entre les hautes Parties contractantes; mais comme il est de coutume de fixer un certain temps aux Traités d'alliance formelle, lesdites hautes Parties contractantes sont convenues que celui-ci durera l'espace de quinze années, à compter du jour de la signature du présent Traité. »

» XXII. Le présent Traité d'alliance défensive sera approuvé & ratifié par Sa Majesté Britannique, & les Lettres de ratification en dûe forme seront échangées à St. Petersbourg dans l'espace de deux mois, ou plutôt s'il se pourra. En foi de quoi les susdits Ministres plénipotentiaires des deux côtés ont signé le présent Traité d'alliance, & y ont apposé les Sceaux de leurs Armes. »

Fait à Moscou ce 11 Décembre 1742.

Étoit signé,

ALEXEI COMTE DE BESTUCHEW-RUMIN.
CARL. DE BREVERN.
CYN. WYCH.

ARTICLE SÉPARÉ.

„ Sa Majesté Impériale de toutes les Russies & Sa Majesté Britannique, ayant conclu cejourd'hui un Traité entre elles, dont l'unique but & intention est de pourvoir à leur défense mutuelle, & de maintenir, pour autant qu'il pourra dépendre de leurs soins, la tranquillité publique, & celle du Nord en particulier, & leurs Majestés ayant considéré l'étroite Amitié & Alliance, où chacune d'elles se trouve déjà avec Sa Majesté le Roi de Pologne, Electeur de Saxe, dont elles souhaitent de resserrer de plus en plus les nœuds, & leurs Majestés étant en même-temps assurées que sadite Majesté Polonoise se trouve dans les mêmes dispositions à leur égard, & qu'elle sera prête à concourir de sa part aux fins salutaires ci-dessus exprimées; elles sont convenues d'inviter Sadite Majesté d'abord d'entrer, comme Electeur de Saxe, dans ledit Traité, ou dans tels Articles d'icelui qu'elle leur déclarera lui être convenables par rapport à sa situation, & aux intérêts & forces de ses Pays héréditaires, & sur lesquels leurs Majestés se concerteront & conviendront avec Sadite Majesté le Roi de Pologne; & on est convenu en outre que Sadite Majesté Polonoise venant à accéder, comme il est dessus dit, en qualité d'Electeur, ou à ce Traité en entier, ou à tels de ces engagemens dont on aura convenu avec elle, sera reputée & censée une des Parties principales Contractantes dudit Traité. Cet Article séparé aura la même force & vigueur, comme s'il étoit inséré dans le Traité signé cejourd'hui, & sera approuvé & ratifié de même, & les Lettres de ratification en seront échangées en même-temps & en même lieu que celles du Traité. „

„ En foi de quoi, Nous soussignés Ministres Plénipotentiaires de nos respectifs Maîtres, avons signé le présent Article, & y apposé les Sceaux de nos Armes. „

Signé comme le Traité.

ARTICLE SÉPARÉ.

„ Comme dans le Traité d'aujourd'hui les hautes Parties Contractantes sont convenues de se concerter ensemble sur l'admission de telles autres Puissances qui pourroient être disposées à entrer dans cette Alliance, d'autant que Sa Majesté le Roi de Pologne, comme Electeur de Saxe, y a été comprise du commencement par un Article séparé, dressé de concert, & selon les souhaits de ce Prince, on est convenu en outre, que quoiqu'on se réserve l'admission des autres Puissances à ce Traité, en conformité de ce qui en est stipulé, l'intention réciproque est d'y comprendre principalement & dès à présent Sa Majesté le Roi de Prusse, & les Etats-Généraux des Provinces-Unies des Pays-Bas, & de les y inviter de la même maniere comme Sa Majesté le Roi de Pologne y a été comprise, dans l'entiere persuasion que cesdites Puissances se trouvent sincérement disposées à concourir au but de ce Traité, & au maintien de la tranquillité publique, & celle du Nord en particulier. Cet Article séparé aura la même force & vigueur, comme s'il étoit inséré dans le Traité signé cejourd'hui, & sera approuvé & ratifié de même, & les Lettres de ratification en seront échangées au même tems & au même lieu que celles du Traité. En foi de quoi, Nous soussignés Ministres Plénipotentiaires, &c. „

Signé comme le Traité.

N°. III.

Traité de Paix entre l'Empire de Russie & la Couronne de Suede, conclu à Abo le 17 Août 1743.

AU NOM DE LA TRÈS-SAINTE ET INDIVISIBLE TRINITÉ.

„ Par la présente soit notoire à un chacun que, comme Sa Majesté Impériale la Sérénissime & Très-Puissante Princesse & Dame Elizabeth Impératrice de toutes les Russies, &c. &c. &c. d'une part, & Sa Majesté le Sérénissime & Très-Puissant Prince Frédéric, Roi de Suede, des Vandales & des Goths, &c. &c. &c. d'autre part, ont cherché à faire une réconciliation qui pût être agréable au Ciel, après que la paix conclue à Neustadt, le 30 Août 1721, entre la Russie & la Suede, eût été rompue, & que par des mésintelligences qui rallumerent la guerre, afin que l'effusion de sang, & le malheur des Etats réciproques cessent le plutôt possible, par la direction & la bénédiction du Ciel, les choses ont été dirigées de maniere

maniere que, des deux côtés, les hauts Contractans ont envoyé des Ministres avec des pleins pouvoirs pour former un lien d'amitié, & conclure une Paix sincere & convenable aux deux Royaumes & Etats, à leurs Sujets & habitans; savoir, du côté de Sa Majesté Impériale, la Sérénissime & Très-Puissante Dame & Princesse l'Impératrice de Russie, Son Excellence Alexandre Romanzow, Général en Chef des Troupes de Sa Majesté Impériale, Lieutenant-Colonel des Gardes Protrasczenski, Chevalier des Ordres de S. André & de S. Alexandre, & Son Excellence Louis Pott, Baron de Lubras, Général en Chef des Troupes de Sa Majesté Impériale, Chevalier de l'Ordre de S. Alexandre; de la part de Sa Majesté & du Royaume de Suede, Son Excellence le Baron Herman de Cederncrutz, Conseiller de Sa Majesté & du Royaume de Suede, & Mr. Eric Mathias de Nolchen, Secrétaire d'Etat de Sa Majesté : lesquels susdits Ministres, munis de pleins pouvoirs égaux des deux côtés, se sont rendus à l'endroit qui étoit choisi pour les Conférences, savoir, à Abo dans la Finlande, où, avec l'assistance divine, & après avoir examiné les pleins pouvoirs réciproques, ils ont continué un Ouvrage si salutaire, & après les négociations nécessaires, ils ont conclu, au nom & de la part des hauts Contractans, une éternelle & inébranlable paix, aux conditions suivantes.„

ARTICLE PREMIER.

„ Il y aura dès à présent & jusques à perpétuité, une paix inviolable par mer & par terre, de même qu'une sincere union & une amitié indissoluble entre Sa Majesté Impériale, la Sérénissime & Très-Puissante Princesse & Dame Elizabeth, Impératrice de toutes les Russies, &c. &c. &c. ses Successeurs à la Couronne, & tous ses Pays, Villes, Vaisseaux, Sujets & habitans, d'une part; & Sa Majesté le Roi Frédéric I, Roi de Suede, des Goths & des Vandales, ses Successeurs à la Couronne & au Royaume de Suede, tant dans l'Empire Romain, que hors dudit Empire, & tous Pays, Villes Vaisseaux, Sujets & habitans de l'autre côté; de sorte qu'à l'avenir les deux hauts Contractans ne commettront ni ne permettront qu'il se commette aucune hostilité, secretement ou publiquement, directement ou indirectement, soit par les leurs ou par les autres; encore moins donneront-ils aucuns secours aux ennemis d'une des Parties pacifiantes, sous quelque nom ou prétexte que ce pourroit être, & ne feront avec eux aucune Alliance qui soit contraire à cette Paix; mais de plus, s'il pouvoit y avoir des engagemens avec d'autres Puissances, de les abandonner & quitter; entretenant toujours entr'elles une amitié sincere, en tâchant de maintenir l'honneur, l'avantage & la sûreté mutuelle, comme aussi de détourner, autant qu'il sera possible, tout ce qui pourroit nuire réciproquement, afin que la Paix rétablie puisse, fleurir, & l'amitié se cultiver entre les deux Royaumes, & les habitans d'iceux. Pour cette fin donc, les deux hautes Parties Contractantes voulant mettre à ce Traité de Paix un fondement solide, & lui donner la consistance, ont trouvé bon de conclure entre elles une Alliance des plus étroites. „

„ II. Il y aura de plus, de part & d'autre, une Amnistie générale des hostilités commises pendant la guerre, soit par les armes ou par d'autres voies; de sorte qu'on ne s'en ressouviendra ni ne s'en vengera jamais, particuliérement à l'égard des personnes d'Etat & des Sujets, de quelque Nation que ce soit, qui seroient entrés au Service d'une des Parties pendant la guerre, & qui par cette conduite se sont rendu ennemis de l'autre Partie (excepté les Cosaques Russiens, & leurs enfans qui ont porté les Armes pour la Suede) seront tous compris dans la susdite Amnistie, tellement que personne en son particulier ne sera jamais poursuivi, ni ne recevra aucun mauvais traitement, à cause des choses passées, mais chacun restera dans ses droits & possessions. »

» III. Par ce qu'on étoit convenu de la cessation de toutes sortes d'hostilités, tant dans le grand Duché de Finlande que pour les flottes qui des deux côtés sont en mer, même avant que ce Traité ait été conclu; ladite cessation d'hostilités se confirme encore par la présente conclusion, & elle sera dorénavant observée en tous endroits & occasions; toutes hostilités cessant dès maintenant & à perpétuité. Aussi aura-t-on soin de faire partout la publication de la conclusion de ce présent Traité de Paix & de sa ratification. Et en cas que, par malheur & faute de savoir la conclusion de cette Paix, en quelques endroits, soit par mer, soit par terre, il se soit commis quelques hostilités, telles & de quelle maniere elles puissent être nommées, elles ne seront point au préjudice de ce Traité; & tout ce qui aura été pris ou enlevé d'hommes ou de possessions, sera rendu sans le moindre délai. »

» IV. Sa Majesté Suédoise confirme par celle-ci de nouveau, tant pour elle-même que pour ses Successeurs au Trône & au Royaume de Suede, à Sa Majesté Impériale Elizabeth Impératrice de Russie & à ses Successeurs au Trône & à l'Empire Russien, la possession irrévocable qui a été faite à la Russie par la Suede en 1721, le 30 d'Août, dans l'Article IV du Traité de Neustadt; savoir : la Livonie, l'Estonie, l'Ingermanie, & une partie de la Carelie; de même que les Districts du Fief de Wybourg, qui sont spécifiés dans l'Article VIII dudit Traité de Neustadt, comme aussi les Villes & Forteresses de Riga, de Dunamunde, de Pernan, de Revel, de Dorpt, de Nerva, de Wybourg, de Kexholm, & toutes autres Provinces nommées avec leurs Villes, Forteresses, Ports, Districts, Rivages, & Côtes appartenant auxdites Provinces, comme aussi les Isles qui se trouvent depuis les Frontieres de Courlande, & le long des Provinces de l'Estonie, Livonie & Ingermanie, & du côté Oriental de Revel sur la mer, qui va à Wybourg vers le Midi & l'Orient, avec tous les habitans qui se trouvent dans ces Isles & dans les susdites Provinces, Villes & Places, & généralement toutes leurs appartenances, dépendances & prérogatives, droits & émolumens sans aucune exception, ainsi que la Couronne de Suede les a possédés. Sa Majesté, par le présent Traité, cede de *novo*, dans la meilleure forme que faire se peut, dès maintenant & à perpétuité, tant pour soi que pour tous ses Descendans & Successeurs à la Couronne & au Royaume de Suede, tous Droits & Prétentions de Sa Majesté Suédoise & du Royaume sur les susdites Provinces, Isles, Pays & Districts; ainsi que pour toujours Sa Majesté & le Royaume de Suede, sous quelque prétexte que ce pourroit être, ne se les attribueront point, ni ne seront en aucun droit ou pouvoir de les demander; mais ils seront à perpétuité unis à l'Empire de Russie; Sa Majesté s'obligeant, tant pour soi-même en personne que pour ses Successeurs à la Couronne du Royaume de Suede ,de laisser Sa Majesté Impériale & ses Successeurs au Trône Impérial de Russie, dans la possession tranquille de tous les susdits Domaines. »

» V. Sa Majesté Suédoise cede aussi par la présente, tant pour soi que pour ses Successeurs au Trône & au Royaume de Suede, à Sa Majesté Impériale & à ses Descendans, en possession éternelle la Province de Kymmenegord, qui a été conquise par les armes de Sa Majesté Impériale dans le Grand-Duché de Finlande, avec les Villes qui s'y trouvent & les Forteresses de Frederikskam & de Wilmanstrandt; comme aussi la Paroisse de Pyttis qui est au-delà de l'Orient de la branche de Kymmene ou du fleuve de Keltis, lequel bras est entre grand & petit Aborfors; & de la Province de Savolaxie, la Ville & Forteresse de Nyslot, ensemble un District comme il est décrit plus bas dans l'Article des Frontieres, & tout ce qui est encore nommé de la Province Kymmenegord, comme aussi le District de Nyslot, avec ladite Paroisse de Pyttis, comme aussi les Ports, Places, Districts, situés à l'embouchure, de même que toutes les Isles qui sont au Sud & à l'Ouest de cette riviere, comme aussi tous les habitans & habitations dans les Villes & Places susmentionnées avec toutes leurs appartenances, dépendances, grandeurs, privileges & revenus, sans en rien excepter, & tels qu'ils ont été possédés par la Couronne de Suede. Sa Majesté s'engage par les présentes & renonce de la maniere la plus solemnelle, & à jamais pour elle, & ses Successeurs à la Couronne & au Royaume de Suede, de ne jamais réclamer les susdites Provinces, Villes, Places & Isles, non plus que cette partie de la Paroisse de Pyttis, & la Ville & Forteresse de Nyslot & leurs Districts; relevant les habitans d'iceux des sermens qu'ils ont faits à Sa Majesté & au Royaume de Suede, dont ils sont entiérement relevés par la présente & incorporés à jamais à l'Empire de Russie suivant l'article précédent du Traité de Neustadt, par lequel sont cédées les Villes, Pays, Places, Rivages, Ports, Isles, avec les habitans qui s'y trouvent, devenant vassaux & habitans de l'Empire de Russie, y étant incorporés à jamais. Sa Majesté en outre s'engage & promet avec le Royaume de Suede, par les présentes, de ne jamais, sous quelque prétexte que ce pourroit être, les redemander, mais qu'ils resteront à jamais en paisible possession à Sa Majesté Impériale, & à ses Successeurs au Trône de Russie. On recherchera avec soin toutes les archives & titres relatifs à ces pays, qu'on remettra à ceux qui seront autorisés pour cela par Sa Majesté Impériale. »

» VI. Par contre, Sa Majesté Impériale de toutes les Russies promet que quatre semaines après la ratification du Traité de paix, & plutôt s'il se peut, elle remettra & restituera à Sa Majesté & au Royaume de Suede, le grand Duché de Finlande, la Province de Bothie Orientale, Biorneborg, Abo, les Isles d'Aland & les Provinces de Tavasthus & de Nyland, de même que la partie de la Paroisse de Pyttis en deçà & à l'Ouest du dernier bras du fleuve de Kymmene ou Keltis, dans sa situation telle qu'elle a été décrite à l'Article V, avec toutes ses appartenances; de même aussi que la partie de Carelie ou fief de Kexholm, appartenant à la Suede en vertu du Traité de Neustadt, & la Province de Savolaxie, excepté la Ville & forteresse de Nyslot & ses frontieres, qui seront réglées dans l'Article ci-dessous, traitant des Limites, de maniere & forme que Sa Majesté Impériale, & ses Successeurs au Trône de Russie, n'auront jamais ni droit ni reclame, sous quelque nom ou prétexte que ce puisse être, à cette Province restituée du Grand-Duché de Finlande; relevant entiérement par les présentes, les habitans d'icelles du serment de fidélité qu'ils ont prêté à Sa Majesté Impériale & ses Successeurs à l'Empire de Russie. »

» VII. Et comme c'est la vraie & pure intention des deux Parties de faire une paix sincere & durable, & que pour cet effet il est absolument nécessaire de régler les limites des deux Royaumes & pays, de maniere qu'une Partie ne fasse pas d'ombrage à l'autre, mais que plutôt ce qui restera à un chacun par cette paix, puisse être possédé dans une tranquillité & sûreté desirée, avec tous les avantages; ainsi il est convenu entre les deux Augustes Parties contractantes, que dès ce moment & à jamais, les limites entre la Russie & la Suede seront & resteront comme il suit; savoir: Elles commenceront au Cap du Nord du Golfe de Finlande à l'embouchure du dernier bras à l'Ouest du Kymmene ou fleuve de Keltis, lequel bras se jette dans la mer après avoir passé par la Seigneurie du grand Aborfors, & le Village petit Aborfors, remontant depuis son embouchure jusqu'à l'endroit où ce dernier bras se jette dans le fleuve Kymmene ou Keltis, de maniere que tous les bras & embouchures du Kymmene ou fleuve Keltis jusqu'à la mer seront renfermés dans les limites, & tout ce qui sera à l'Est ou au Sud du Kymmene ou fleuve Keltis du susdit bras, restera à l'Empire de Russie, & le côté d'Ouest & Nord au Royaume de Suede. Ces confins continueront le long du Kymmene ou fleuve Keltis jusqu'à l'endroit où ce fleuve touche les limites de Tavasthus, desquels il suit les limites ordinaires entre Tavasthus & les Provinces de Kymmenegord, jusqu'à ce qu'il rencontre les limites où se joignent ceux de Tavasthus, de Savolaxie & de Kymmenegord. Delà les limites se tournent vers l'Est le long des limites ordinaires qui séparent les fiefs de Kymmenegord de ceux de la Savolaxie, jusqu'à l'endroit où l'on tirera une nouvelle ligne de limite à l'Ouest de Nyslot, qui touchera les Confins ordinaires de Kymmenegord. Ensuite les limites continueront par une nouvelle ligne vers le Nord, de maniere que, si Nyslot en est située exactement à l'Est, elle en reste éloignée de deux milles de Suede, quelque chose de plus ou moins, telle qu'une situation naturelle facilitera de faire les bornes qui continueront ainsi vers le Nord de deux autres milles de Suéde, plus ou moins, comme la situation le permettra, en se tournant vers l'Est, continuant ainsi jusqu'à ce que le Château de Nyslot soit à la distance de deux milles au Sud de cette ligne. On établira ici le point fixe des limites, duquel on tournera vers le Sud-Est jusqu'au point où les confins de la Savolaxie & de la Carelie-Suédoise, suivant la paix de Neustadt, se rencontrent avec les limites de la Carelie-Russienne & Suédoise. Dans l'établissement des susdites limites, l'on est expressément convenu que tous les fleuves & ruisseaux qui sépareront les Royaumes, seront aussi partagés en eux-mêmes vers la Carelie, en partie Suédoise du fief de Kexholm, jusqu'à l'endroit où les susmentionnées nouvelles limites du District autour de Nyslot, jusqu'à ceux où touchent les bornes convenues par la paix de Neustadt. De même aussi dans la Lappemarque les limites resteront entre les deux Royaumes telles qu'on en est convenu par le Traité de Neustadt. Comme aussi Sa Majesté Impériale & ses Successeurs au Trône de Russie s'engagent solemnellement d'observer le Traité de paix de Neustadt, par lequel il est cédé à la Couronne de Suede la partie de la Carelie appellée partie du fief de Kexholm, qui ci-devant appartenoit à l'Empire de Russie, de maniere que cette partie de la Carelie ou fief de Kexholm ne pourra jamais, sous quelque prétexte que ce soit, être redemandée, mais elle sera à perpétuité incorporée comme ci-devant, & à l'avenir au Royaume de Suede. On est en outre convenu qu'aussi-tôt que le présent Traité sera ratifié, on nommera de part & d'autre des Commissaires pour tracer les limites, telles qu'elles sont énoncées ci-dessus réciproquement, auxquels il sera permis, s'il se trouvoit des fonds & terres appartenans à des sujets ou particuliers, & lesquels pourroient être coupés par les limites qu'on poseroit, de les compenser de l'autre côté d'une pareille piece de terre ou d'un équivalent, tel qu'on trouvera convenir aux Intéressés. »

» VIII. De même que par le Traité de Neustadt, aussi par le présent Traité de paix, il ne sera introduit dans les Pays cédés aucune gêne de conscience, mais plutôt l'on y conservera la Religion Evangélique, les églises & écoles, & tout ce qui en dépend, sur le même pied qu'il a été dans le dernier Gouvernement de Suede; cependant il sera aussi permis d'y introduire la Religion grecque, laquelle y pourra être exercée en toute liberté. »

» IX. Sa Majesté Impériale de toutes les Russies promet aussi que les habitans des Provinces incorporées à l'Empire de Russie par la paix de Neustadt, comme d'Estonie, de Livonie & Oesels, de même que la Province de Kymmenegord encore à acquérir, & aussi la Ville & Forteresse de Nyslot & son District, soit Nobles & Roturiers, de même que les Villes qui se trouvent dans ces Provinces, ayant Magistrat, Communauté & Tribuns, jouiront des mêmes privileges qu'ils ont eus pendant le Gouvernement de Suede, comme aussi des coutumes, Droits & Justice, dans lesquelles ils seront toujours soutenus & protégés. »

» X. Par le Traité de Neustadt, en vertu de l'Article II, les Commissions Royales de Suede ayant entièrement cessé, comme celles de réduction, liquidation, séquestre des terres dans les Duchés d'Estonie & de Livonie, & dans la Province d'Oesel, il en sera resté là, & l'on protégera, conformément à l'Article II, les possesseurs à qui on aura assigné & restitué ces terres & biens, aussi bien que les héritiers & successeurs d'iceux, & resteront en leur possession, revenus & disposition. A l'égard des héritages & autres prétentions que les Sujets des deux Couronnes contractantes pourront légitimement avoir dans les deux Royaumes, il en sera agi suivant le contenu de l'Article XII du Traité de Neustadt. Les habitans & sujets des pays & Villes, cédées à S. M. Impériale par le présent Traité, de quelque rang qu'ils soient, jouiront aussi, par rapport à leurs biens, privileges & autres circonstances, de tout ce que les habitans des Provinces cédées à la Russie par la paix de Neustadt jouissent, conformément à ce qui a été stipulé & convenu alors. Ainsi les Articles XI & XII de la paix de Neustadt sont confirmés par le présent, & doivent être regardés, par rapport aux pays, Villes, habitans & sujets, de la même maniere que s'ils étoient insérés ici mot pour mot. »

„ XI. Dans le Grand-Duché de Finlande, étant en vertu du précédent Article VI, restitué par Sa Majesté Impériale à Sa Majesté Suédoise & au Royaume de Suede, du moment que ce Traité de Paix aura été signé, toutes les contributions en argent cesseront entiérement; & quoique suivant les Loix de la Guerre le Pays auroit été obligé de fournir aux Armées de Sa Majesté Impériale les vivres nécessaires, Sadite Majesté pour soulager les habitans, leur remet dès à présent ce fournissement; mais le fourage sera fourni comme ci-devant aux Troupes sur le même pied & sans argent jusqu'à leur entiere sortie. Il sera défendu aux Troupes, sous des peines rigoureuses, d'emmener avec elles aucun Domestique de la Nation Finlandoise contre leur gré, & aucunement des Paysans de cette Nation, ni de leur faire tort ou les maltraiter. En outre toutes les Forteresses & Châteaux du Grand-Duché de Finlande, seront laissés dans le même état où ils se trouvent à présent; il sera cependant permis à S. M. Imp. de ramener, en évacuant les lieux & places, toute la grosse & petite Artillerie, ses dépendances, munitions, attirails de Magasin & de Guerre, enfin tout ce que Sa Majesté Impériale y a fait conduire. Tout ceci, de même que le bagage de l'Armée, sera transporté jusqu'aux Frontieres, & les habitans fourniront, sans aucun payement, les Chevaux &

relais nécessaires; & s'il n'étoit pas possible qu'au terme de l'évacuation le tout pût être transporté, & qu'il fallût qu'il en restât une partie, elle sera mise en bonne garde, pour en tout temps, quand il sera requis par Sa Majesté Impériale, être remis à ceux que Sadite Majesté chargera de les recevoir sans aucune difficulté; & s'il arrivoit que les Troupes de S. M. Impériale eussent trouvé quelques lettres ou titres concernant ce Grand-Duché de Finlande, Sa Majesté Impériale en fera faire toutes les recherches pour les restituer fidélement à Sa Majesté Suédoise, ou à ses Plénipotentiaires. „

„ XII. Les prisonniers de Guerre faits de part & d'autre, de quelque Nation, condition ou état qu'ils puissent être, seront remis en liberté incessamment après la signature du présent Traité de Paix, sans payer aucune rançon; à condition cependant que préalablement un chacun aura payé ou satisfait ses dettes contractées, ou donné caution suffisante. Ils ne seront nullement retenus ni de part ni d'autre; & à proportion du temps & de l'éloignement des lieux où ces prisonniers se trouvent présentement, ils seront conduits, & on leur fournira les voitures nécessaires, sans argent jusqu'à la Frontiere; mais ceux qui auront pris parti dans l'un ou l'autre service, ou qui auront envie de rester dans le Pays de l'une ou de l'autre Partie, ils pourront entiérement & sans aucune exception y rester. Ceci s'entend aussi de ceux qui pendant cette Guerre, ont été enrôlés dans le Grand-Duché, & qui pourroient avoir été transportés ailleurs, lesquels pourront pareillement rester suivant leur bon plaisir, ou bien retourner sans aucun empêchement dans leur Patrie, excepté ceux qui de leur propre mouvement, ont embrassé la Religion Grecque, qui resteront du côté de Sa Majesté Impériale. A ces fins, les augustes Parties Contractantes feront publier ceci par Edit dans leurs Royaumes. Sa Majesté Suédoise promet pour elle & pour le Royaume de Suede, que les précédens habitans & Sujets des Villes de Fredericksham, Wilmanstrand, Nyslot & son District, de même aussi toute la Province de Kimmenegord, qui, au commencement de la Guerre ont quitté leurs habitations pour se sauver en Suede, ou bien dans les Provinces du Grand-Duché de Finlande, présentement restitué, ont pleine liberté de retourner à leurs domiciles & Patrie. „

„ XIII. Sa Majesté Impériale de toutes les Russies a accordé qu'il sera libre à Sa Majesté Suédoise de faire acheter annuellement pour cinquante mille roubles de grains dans les ports du golfe de Finlande de la mer Baltique, moyennant que l'on prouve que c'est pour le compte de Sa Majesté Suédoise, ou bien pour des Sujets autorisés expressément à cet effet par Sadite Majesté, sans qu'on en paie aucun droit ni charge, & de les transporter librement en Suede. On ne doit cependant pas y comprendre les années stériles ou celles où, par des raisons plausibles, Sa Majesté Impériale défendroit la sortie des grains à toutes les Nations. „

„ XIV. Le Commerce sera libre & sans aucun empêchement entre l'Empire de Russie & le Royaume de Suede, de même que dans les pays de leurs dépendances, sujets & habitans, tant par terre que par mer, & l'on en dressera le plutôt qu'il se pourra, un Traité particulier en faveur des deux Etats. En attendant, les sujets Russiens & Suédois pourront, après la ratification du présent Traité de paix, commercer dans les deux Royaumes & pays, en payant les Droits établis, en telle sorte de marchandises qui leur conviendront, sans qu'il leur soit fait empêchement; les sujets Russiens dans les Royaumes & les Etats de Suede, & par contre les Suédois dans les pays de Sa Majesté Impériale, avec les mêmes Privilèges & avantages dont jouissent *amicissimæ Gentes* dans le Commerce. „

„ XV. Les comptoirs & Magasins que les Sujets de Sa Majesté Impériale ont eus ci-devant dans le Royaume & autres pays de la Suede, leur seront non-seulement restitués incontinent après la paix, mais aussi il leur sera permis d'en établir d'autres dans les Villes & Ports du Royaume de Suede, & où ils le jugeront à propos; par contre il sera aussi permis aux Sujets Suédois de rentrer en possession des maisons qu'ils ont établies dans certains pays de Sa Majesté Impériale, lesquelles maisons de commerce leur seront rendues aussi-tôt la paix signée, & permis d'en établir d'autres dans les Villes & Ports énoncés dans le Traité de paix de Neustadt & dans le présent. „

» XVI. Au cas que des Vaisseaux de guerre ou marchands Suédois viennent à périr, soit par tempête, mauvais temps, ou autres accidents, sur les côtes de l'Empire de Russie, ou des Pays de sa Dépendance, les Sujets de Sa Majesté Impériale donneront toute assistance aux malheureux, en les sauvant eux & les effets avec toute la cordialité possible, & les effets qui pourroient être jettés à terre par la Mer, seront rendus après la reclame des Propriétaires, dans l'an & le jour, avec toute la fidélité, moyennant une récompense raisonnable. Il en sera de même du côté des Suédois, par rapport aux Navires & effets échoués des Russiens, & les deux Augustes Parties contractantes tiendront les mains pour que, par une défense & sous des peines rigoureuses, toutes les indépendances, vols, pillages & pareils accidens soient empêchés & retenus. »

» XVII. Afin aussi que par Mer toutes les occasions soient levées de causer quelque dangereuse mésintelligence entre les Parties contractantes, il est stipulé & convenu que, quand des Vaisseaux de guerre Suédois, un ou plus, soit grand ou petit, passeront à l'avenir devant les Forts de Sa Majesté Impériale, ils seront obligés de faire le salut Suédois, & qu'on leur répondra incontinent par le salut Russien. Il en sera de même des Vaisseaux de guerre Russiens; soit que leur nombre surpasse l'unité ou non, ils feront la décharge Russienne, devant les Forts de Sa Majesté Suédoise, qui leur répondront par celle de Suede. En attendant, les Augustes Parties contractantes feront dresser une Convention particuliere, par laquelle il sera établi le plutôt possible la maniere dont les Vaisseaux Russiens & ceux de

Suede

Suede se gouverneront, soit en Mer, soit dans les Ports, ou par-tout ailleurs où ils se pourront rencontrer, & de quelle maniere ils se salueront; jusqu'à ce temps, pour éviter toute erreur dans le cas susmentionné, les Vaisseaux de guerre ne se salueront ni de part ni d'autre. »

» XVIII. Comme précédemment il avoit été établi de défrayer les Ambassadeurs des deux Cours, ce qui a été annullé par le Traité de Paix de Neustadt, ainsi l'Article XX. arrêté dans ledit Traité, reste dans toute sa force, comme s'il avoit été inséré ici mot pour mot. »

» XIX. Quoiqu'à l'avenir il arrivât quelques différends ou débats entre les Sujets des deux Etats, le présent Traité sera cependant tenu à perpétuité dans sa force & vigueur, & les différends survenus seront examinés par des Commissaires nommés de part & d'autre, & terminés suivant les regles de l'équité. »

» XX. Après la ratification de cette paix, tous ceux qui, étant coupables de trahison, vol, meurtre & autres scélératesses, ou même sans aucune de ces raisons, auroient quitté la Russie pour la Suede, & pareillement celle-ci pour la Russie, soit seuls ou avec femme & enfans, seront rendus à la premiere reclame à la Partie dont ils sont fugitifs, sans aucun refus ni égard à la Nation, & cela dans le même état dans lequel ils se sont réfugiés avec femme & enfans, & avec tous les effets qu'ils ont volés ou pillés. »

» XXI. Les ratifications du présent instrument de paix seront échangés ici, à Abo, trois semaines après la signature, & plutôt s'il se peut. En foi de quoi il a été fait deux exemplaires de même teneur de ce que dessus est dit, & signés réciproquement des deux Ministres plénipotentiaires, conformément à leurs pleins pouvoirs, & scellés de leur sceau, & ont été échangés l'un contre l'autre. Fait à Abo, le 7 Août l'an de Grace 1743. »

A. RUMAZOW. (L. S.)	H. F. CEDERNCREUTZ. (L. S.)
JOHAN LUDWICH POTT VON LUBERAS. (L. S.)	ERICH MATTHIAS VON NOLKEN. (L. S.)

ABOLIR, v. a. ABOLITION. s. f.

De l'Abolition des Loix & des Usages établis.

LA condition des Peuples seroit bien à plaindre, si, ayant fait au commencement, des Loix pour le bien commun de la Société, & s'appercevant dans la suite que, par le changement des circonstances, & d'autres causes soit physiques ou morales auxquelles les hommes sont obligés de céder, ces Loix sont devenues plus dommageables qu'avantageuses, il ne leur étoit pas permis de revenir sur leurs pas, soit en les réformant soit en les abolissant. La puissance législatrice n'est point infaillible. Elle ne peut ni tout prévoir, ni tout combiner. Il est des événemens dans l'avenir qui échappent à l'esprit le plus sage & le plus pénétrant. Quel esprit assez vaste pour embrasser tous les détails, tous les cas particuliers que concerne une Loi générale, & qui peuvent la rendre plus ou moins utile? L'immensité des objets que présente le Gouvernement, & la bizarrerie des révolutions qu'un certain laps de temps ne manque guere d'amener dans les Corps politiques, disculpent suffisamment les méprises du Législateur le plus éclairé. Des rapports quelquefois imperceptibles, des abus moralement inévitables dans l'exécution des meilleures Loix, produisent des effets qu'il étoit comme impossible de prévoir. Se piquera-t-on alors de laisser subsister le mal par l'idée d'une constance inébranlable? Substituera-t-on une grandeur imaginaire à la véritable majesté, l'orgueil à la dignité, l'opiniâtreté à la droiture?

N'en doutons pas : il peut y avoir des Loix & des Coutumes qui, utiles dans leur établissement, deviennent ensuite très-funestes à l'Etat. Mais souvent on n'ose les abolir par la crainte où l'on est de ne pouvoir le faire sans soulever les Peuples toujours accoutumés à prendre la pratique de certaines actions pour la vertu-même, pour le plus haut degré de la sagesse, sur-tout lorsqu'ils y sont accoutumés depuis long-temps, & que ces usages leur ont été transmis par leurs peres. Il importe alors au Législateur de prendre tous les moyens propres à affoiblir cette trop grande vénération des Peuples pour des Loix & des Usages anciens, mais abusives & dommageables.

Lorsque les intérêts d'un Etat sont changés, & que des loix, utiles lors de sa fondation, lui sont devenues nuisibles; ces mêmes loix, par le respect que l'on conserve toujours pour elles, doivent nécessairement entraîner l'Etat à sa ruine. Qui doute que la destruction de la République Romaine n'ait été l'effet d'une ridicule vénération pour d'anciennes loix, & que cet aveugle respect n'ait forgé les fers dont César chargea sa Patrie? Après la destruction de Carthage, lorsque Rome atteignoit au faîte de la grandeur, les Romains, par l'opposition qui se trouvoit alors entre leurs intérêts, leurs mœurs & leurs loix, devoient appercevoir la révolution dont l'Empire étoit menacé; & sentir que, pour sauver l'Etat, la République en corps devoit se presser de faire, dans les loix & le Gouvernement, la réforme qu'exigeoient les temps & les circonstances, & sur-tout se hâter de prévenir les changements qu'y vouloit apporter l'ambition personnelle, la plus dangereuse des législatrices. Aussi les Romains auroient-ils eu recours à ce remede, s'ils avoient eu des idées plus nettes sur la Morale. Instruits par l'histoire de tous les Peuples, ils auroient apperçu que les mêmes loix qui les avoient portés au dernier degré d'élévation, ne pouvoient les y soutenir; qu'un Empire est comparable au vaisseau que certains vents ont conduit à certaine hauteur, où, repris par d'autres vents, il est en danger de périr, si, pour se parer du naufrage, le Pilote habile & prudent ne change promptement de manœuvre : vérité politique qu'avoit connue Locke, qui, lors de l'établissement de sa législation à la Caroline, voulut que ses loix n'eussent de force que pendant un siecle, que, ce temps expiré, elles devinssent nulles, si elles n'étoient de nouveau examinées & confirmées par la Nation. Il sentoit qu'un Gouvernement guerrier ou commerçant supposoit des loix différentes; & qu'une législation propre à favoriser le commerce & l'industrie, pouvoit devenir un jour funeste à cette Colonie, si ses voisins venoient à s'aguerrir, & que les circonstances exigeassent que ce Peuple fût alors plus militaire que commerçant.

Abolir une loi que les circonstances rendent inutile ou désavantageuse, c'est protéger l'Etat, c'est faire le bien général, qui est toujours la loi suprême, & devant laquelle les autres doivent se taire.

La Puissance, qui a fait les loix, peut sans doute les abolir; mais elle n'usera que modérément de cette faculté : elle y apportera tous les égards, tous les ménagemens, toutes les précautions, toute la solemnité qu'exige la sainteté des loix. Elle n'annulera point d'anciennes loix, à moins qu'elles ne soient manifestement préjudiciables. L'abolition des loix & des coutumes consacrées par le temps, est un remede violent qui ne peut être autorisé que par l'excès du mal auquel on veut remédier. Ne vaut-il pas mieux laisser subsister une loi lorsqu'elle est ancienne & qu'elle a quelque bonté, que de l'abolir, pour lui en substituer une meilleure? Les loix antiques sont respectées par leur seule ancienneté. On leur obéit par l'habitude de leur obéir : tout marche de soi-même en vertu du mouvement imprimé & reçu. Il faut de nouveaux efforts pour mettre en train la machine politique, lorsqu'on en change l'allure. Hélas! combien de fois n'a-t-on pas éprouvé que le mieux étoit l'ennemi du bien!

Cependant il ne faut pas négliger ce mieux, & rester en deçà, lorsqu'on peut se flatter d'y parvenir sans beaucoup d'inconvénient. C'est à la sagesse du Législateur de comparer le degré de bonté de la loi qu'il veut introduire, avec les désavantages de celles qu'il veut abolir, les inconvéniens actuels de ce changement, avec le fruit qui doit en résulter pour la suite. Cette combinaison est délicate : elle exige des connoissances supérieures, une grande prudence, un tact bien sûr en fait de politique. Je ne vois rien de plus épineux dans l'administration des Etats, rien dont le succès soit plus incertain que l'abolition des loix & des usages qui ont prévalu pendant long-temps. S'il est si difficile d'extirper des abus à qui leur vétusté a presque donné la force des loix, quels obstacles ne doit-on pas rencontrer dans l'abolition de celles-ci? Le Législateur, qui se croira dans la nécessité indispensable de faire de tels changemens, imitera la nature, qui produit lentement ses ouvrages, & les laisse périr par degrés. Il préparera doucement les voies. Il pressentira la disposition des esprits : il préludera par tout ce qui peut décréditer insensiblement l'ancienne loi & faire desirer la nouvelle. Il réussira s'il a l'art d'amener imperceptiblement les choses au point où il faut qu'elles soient, pour que la loi qu'il abolit, semble tomber d'elle-même, comme par un effet du hazard, des circonstances, ou du vœu de la Nation, plutôt que par un coup prémédité, & par une volonté marquée du Législateur. Alors le désordre finissant sans violence, le bien s'opérera sans peine; & la nouvelle loi trouvant tous les esprits disposés à la recevoir, semblera presque affermie par l'habitude, même dans sa naissance.

Sans ces ménagemens nécessaires, l'abolition des loix sera toujours une opération dangereuse. Le Peuple, quoiqu'ami de la nouveauté, est néanmoins esclave de l'habitude. Il souffre impatiemment qu'on touche à ses usages, aux loix auxquelles il est accoutumé. Comme il ne sait pas remonter aux premieres raisons des choses, la routine lui tient lieu de principe & de raisonnement. Les changemens le troublent & l'indisposent, & ceux qui les font essuient toute sa mauvaise humeur. On se demande si le nouveau Législateur est plus sage, plus éclairé que ses Prédécesseurs; on l'accuse de manquer de respect pour les formes établies; on lui reproche un amour propre qui souffre difficilement le bien qu'il n'a pas fait; on examine sa conduite, on va jusqu'à lui supposer des vues peu conformes au bien public; on discute la nouvelle loi qu'il veut substituer à l'ancienne. & comme le Peuple est souvent un mauvais Juge, sur-tout lorsque la prevention l'aveugle, le changement rencontre dans des esprits revêches & mal préparés un obstacle presqu'invincible.

Il faut prendre garde aussi que la puissance législative ne s'en laisse imposer par l'apparence d'un bien qui peut ne pas avoir dans la pratique toute la réalité que la théorie lui suppose. Quels sont les hommes les plus portés à l'abolition de certaines loix, coutumes, ou formes politiques qui leur semblent préjudiciables à l'Etat, ou moins utiles que d'autres qu'ils veulent établir à leur place? Les génies médiocres ne s'écartent guere des routes battues. Les abus ne leur font point concevoir des idées de bouleversement & de renversement. Ils les voient, ils en cherchent la cause, & dès qu'ils l'ont trouvée, ils tâchent d'y appliquer le remede qu'ils jugent convenable, sans changer que le moins qu'il est possible, ce qu'ils ont trouvé établi. Si leurs opérations ne sont pas brillantes, elles n'en sont pas moins utiles : ils perfectionnent le systême actuel, ils cherchent à en tirer tout le parti possible, & cela vaut mieux ordinairement que de le changer même contre un meilleur. Ce sont donc les hommes d'un génie supérieur, qui voient tout dans le grand, qui ne se contentent pas volontiers des établissemens actuels, parce que les inconvéniens qui en résultent les frappent plus que le bien qu'ils produisent. Ces esprits transcendans tendent à la perfection; cet essor les entraîne & les porte à abolir pour innover.

Leurs yeux élevés vers cette perfection qui les appelle, ne voient pas les détails contre lesquels leur nouveau systême doit échouer dans la pratique: ils ne considerent pas que l'inconstance de la législation la décrédite : ils ne font pas attention qu'il y a, dans les corps politiques, comme dans le corps physique, des raisons compliquées & inconnues qui rendent souvent impossible l'introduction d'un meilleur régime. Il y a des constitutions qui subsistent malgré leurs vices, par des palliatifs appliqués à propos, & qui ne résisteroient pas à un remede plus violent. Une réforme, tentée sans succès, n'aboutit qu'à faire sentir la foiblesse des loix. Il est donc de la derniere conséquence de ne se pas laisser abuser par l'envie excessive d'opérer le plus grand bien. Il est beau sans doute de ne se tromper que par un excès d'amour pour le bien. Mais l'erreur n'en est pas moins dangereuse. C'est ici l'occasion de dire qu'il faut être sage jusqu'à la sobriété. Faute de suivre cette maxime, on perd souvent bien du temps à détruire, sans rien établir solidement.

Voyez l'article CHANGEMENT.

On demandoit à Pausanias, Roi de Lacédémone, pourquoi il n'étoit pas permis à Sparte de rien changer aux loix. „ C'est, répondit ce Prince, » qu'à Sparte les loix commandent aux hommes, & non pas les hommes » aux loix. " Cette réponse est belle; il faut pourtant observer que les loix ayant été faites pour l'Etat, & non pas l'Etat pour les loix, l'Etat ne doit pas servir aux loix. Il peut y avoir des cas où l'abolition d'une loi, d'un usage, soit indispensable, ou parce que la droite raison en est blessée, ou parce que le bien public en souffre un dommage qu'il n'est plus possible de tolérer. Dans ces cas-là même, plus le mal est grand, plus il faut de circonspection dans l'application du remede. Telle est la corruption des hommes, ou plutôt celle des nations, que les mauvaises loix leur sont souvent plus cheres que les bonnes, parce qu'elles flattent plus les passions & la méchanceté humaines. Dans l'excès de la dépravation, on perd jusqu'au goût du bien; il faut alors flatter le vice pour le corriger.

Une considération qui séduit quelquefois le Législateur, c'est le bien qui résulte de certaines loix chez d'autres nations. Pendant un temps, les François ont été possédés de l'Anglomanie : peut-être en reste-t-il encore un levain dans quelques esprits qui se piquent de s'élever au-dessus des préjugés nationaux. Je conviens qu'une nation peut & doit adopter ce qu'elle trouve de bon chez les autres, lorsqu'elle le croit compatible avec ses mœurs, son climat, sa constitution, & les autres circonstances auxquelles la législation doit avoir égard. Il faut aussi se méfier de ce penchant trop commun à désapprouver tout ce qui est chez soi, & à ne trouver bon que ce qui vient de l'étranger. C'est une jalousie bien dangereuse dans tous les membres de l'Etat, mais sur-tout dans ceux qui sont à la tête du Gouvernement. Tout est si dissemblable entre deux peuples, tels, par exemple, que les Anglois & les François, qu'il n'y a peut-être pas une seule loi des uns qui convienne également aux autres. Quand on trouveroit deux constitutions politiques à peu près de même nature, il y auroit encore des différences dans le génie, dans la religion, dans les productions du sol, dans l'espece du commerce, dans les intérêts politiques, dans la liaison des classes différentes des Citoyens, ou dans bien d'autres objets moins sensibles peut-être, & qui pourtant influent sur les loix. Ce qui fait fleurir un Etat, peut en faire périr vingt autres. Gardons-nous de nous passionner pour des loix étrangeres, quelque belles & judicieuses qu'elles soient. Elles font beaucoup de bien chez les peuples qu'elles gouvernent. Nous ne sommes pas sûrs qu'elles en feroient autant chez nous. Qui ne convient aujourd'hui que les loix Romaines, adoptées par tant de nations modernes, sont peu analogues à leurs tempéramens, à leurs constitutions, à leurs mœurs, d'où il arrive qu'elles n'y produisent pas les heureux effets qu'en attendoient les Législateurs qui les adopterent?

Dans la Démocratie, l'abolition des loix n'est presque sujette à aucun des inconvéniens qu'elle éprouve dans la Monarchie & l'Aristocratie, parce que c'est la nation en corps qui consulte & délibere, qui établit & abolit. L'abolition d'une loi y est un acte de la volonté générale : elle a été prévue, desirée, demandée : peut-elle manquer d'être agréée. Si, dans les autres Etats, elle est de même appellée, préparée par le vœu de la Nation, elle lui sera aussi agréable, & ne souffrira guere plus de difficultés. Il est conforme à l'humanité de délibérer des loix avec ceux qu'elles intéressent. Les Empereurs Romains disoient dans une loi adressée au Sénat, (*) » Nous » assemblerons les Grands de notre Cour & votre Compagnie pour traiter » de la loi. Si elle plait, elle sera dictée, & votre consentement unanime » sera confirmé par notre autorité. Sachez que nous ne publierons autre- » ment aucune autre Loi. Nous sentons que c'est l'intérêt de notre gloire. »

Charles V. surnommé le Sage, convoqua les Etats sur quelques plaintes que faisoit la Province de Guienne. » Je vous ai assemblé, leur dit-il, » pour avoir votre avis, & me réformer si j'ai fait quelque chose que je » n'aie pas dû faire. » Ces paroles sont belles & dignes d'un grand Roi.

Dans les Etats où la Nation n'a de la puissance législative, que le droit de la reprendre dans le cas d'un abus exorbitant & manifeste, le Prince qui en est dépositaire peut encore placer son trône au milieu de ses Sujets, délibérer avec eux, ou leurs représentans, des maux de l'Etat & de leurs remedes, des Loix qu'il est à-propos d'abolir, & de celles qu'il importe de leur subroger. Il apprendra de leur bouche ce qui convient le mieux à leurs besoins, à l'honneur, à la prospérité, au bien-être de tous. Les conseils pernicieux des courtisans intéressés ne corrompront point sa droiture naturelle. Il fera le bien, & obtiendra l'amour de ses Peuples.

Voyez l'Article ABROGATION *qui complete celui-ci.*

(*) 8. *Cod. de Leg. & Constit. Principum & Edict.*

ABOLITION DES CRIMES.

ON entend par cette Abolition, l'indulgence du Souverain, par laquelle il éteint entiérement un crime qui, selon les regles ordinaires de la justice, étoit irrémissible, & méritoit une peine capitale.

L'Abolition differe du pardon, ou de la rémission, en ce que le crime remis & pardonné, quoiqu'il ne puisse être excusé absolument par la Justice, ne mérite pourtant pas une peine capitale, telle que la mort naturelle ou civile, & devient graciable par ses circonstances. Cette distinction ne regarde donc que la nature du crime; la grace accordée pour un crime capital doit avoir quelque chose de plus solemnel non-seulement dans les formalités, mais aussi dans l'énoncé même, que celle qui s'accorde pour un moindre délit, tel qu'un meurtre involontaire, ou forcé par la nécessité de se défendre.

Le Droit de pardonner est un des plus beaux attributs du Souverain, quand il en use avec sagesse, c'est-à-dire, dans les seules occasions où le coupable mérite grace, soit par lui-même, soit par les circonstances qui semblent faire de cette grace une raison d'Etat. Mais en général il faut des raisons bien fortes pour arrêter d'autorité le cours ordinaire de la justice; & avant que de s'y déterminer il faut bien examiner si en faisant grace à un illustre coupable, on ne fait pas une injustice à ceux que son crime a lésés. Le Souverain & son Conseil doivent se rendre difficiles sur ce point, parce que l'espoir d'un pardon facile invite au crime, parce que l'exemple d'une Abolition accordée légérement est une tentation pour plusieurs, sur-tout parce que la Loi étant une & faite également pour tous les membres de l'Etat, elle doit toujours avoir son effet, ou si elle ne l'a pas, les raisons qui l'empêchent doivent être telles, que ce soit une exception qui entrant dans l'esprit de la Loi, la confirme au lieu de lui rien ôter de son intégrité.

Des services signalés rendus à la Patrie par le coupable, soit au-dedans de l'Etat, soit à la tête des Armées, ou dans des Ambassades, lui donnent des prétentions légitimes à la clémence du Prince; non que les services soient un droit de faire impunément le mal, mais parce que l'homme étant un malheureux composé de foiblesses & de bonnes qualités, la législation ne doit pas avoir les yeux ouverts uniquement sur les fautes & les tenir fermés sur les bonnes actions. Une faute, quelque grave qu'elle soit, aura-t-elle plus de force pour effacer le mérite d'une suite d'actions louables, que celles-ci n'en ont pour laver un crime? Ce seroit une étrange contradiction entre la Loi & la Nature! Mais ce sera marquer la grande estime que l'on fait de la vertu, & donner une haute idée de son excellence, que de lui accorder le privilege de sauver celui dans qui elle se trouve à un certain degré de perfection, du châtiment qu'il a mérité par un moment d'oubli, ou même par un forfait.

Si le coupable n'est pas digne de grace par lui-même, le mérite de ses parens, de ses alliés, de ses amis, peut encore le préserver de la mort, sinon de l'infamie, car la tache du crime est ineffaçable. Si, par exemple, il est à craindre que son supplice ne refroidisse leur zele, & leur patriotisme, & ne prive l'Etat des services qu'eux seuls peuvent lui rendre, le salut du peuple étant la Loi suprême, cette Loi pardonne; elle pardonne encore dans des temps de trouble, où la fermentation des esprits est telle que la mort d'un criminel illustre pourroit devenir le germe d'une sédition, ou le prétexte d'une guerre civile. Dans ces circonstances & autres semblables, la politique semble faire taire la justice; ou plutôt elle satisfait à la rigueur des Loix, non par la punition du coupable, mais par les formalités dont elle accompagne l'Abolition du crime, & par l'exposition des raisons qui le font pardonner. Car les lettres d'Abolition doivent toujours être motivées, & les motifs si plausibles, que ceux même qui pourroient avoir quelqu'intérêt particulier à ce que le criminel fût puni, en soient touchés & souscrivent à sa grace.

Des Lettres de Grace & d'Abolition en France.

On a eu raison de dire que les Lettres d'Abolition considérées en elles-mêmes & indépendamment des circonstances qui peuvent les légitimer, avoient quelque chose d'outrageant pour l'humanité, en ce qu'elles ne s'accordent qu'à de vrais criminels, & que c'est moins les circonstances du fait que la qualité du coupable qui en détermine la concession. Si elles sont accordées à l'homme puissant, à l'homme riche, pour le même crime qui conduit l'homme du peuple, le pauvre au gibet, c'est un abus criant. S'il faut mettre une différence entre deux criminels, il semble que ce doit être pour aggraver la peine de celui qui tient un rang plus considérable, parce que ses fautes sont d'un exemple plus dangereux. Tel fut l'usage constant des anciens peuples, tel est encore celui des Chinois. Le Souverain usera donc avec beaucoup de prudence & de réserve (& seulement dans les cas d'une grande nécessité, comme on l'a déja dit) du Droit qu'il a d'accorder des Lettres d'Abolition, s'il ne veut pas qu'elles s'éloignent du but de toute bonne législation qui veut que le crime soit puni sans faire acception du criminel.

En France les Lettres d'Abolition, suivant *l'Art. 5. du Titre 16.* de l'Ordonnance de 1670. ne peuvent être scellées qu'à la Grande Chancellerie à Paris, & celles qu'on appelle Lettres de rémission & de pardon, aux termes de *l'Art. 3.* de la même Ordonnance, peuvent être expédiées dans les Chancelleries, près les Cours de Parlement. C'est ce qu'on voit encore par la Déclaration du Roi, du 22 Novembre 1683.

Les

Les Lettres de grace ou d'Abolition, sont nécessaires dans le cas d'un meurtre ou homicide volontaire, fait sans dessein prémédité, à l'occasion d'une querelle, & dans la chaleur du combat, soit avec armes offensives, ou autrement; il faut dans ce cas que le meurtrier ait recours à la grace du Prince, pour l'Abolition de son crime, & que pour l'obtenir, il avoue qu'il en est coupable, & qu'il en demande grace, sans quoi ces Lettres ne lui seroient point accordées.

Les Lettres de rémission sont nécessaires pour les homicides involontaires seulement, ou qui ont été commis dans la nécessité d'une légitime défense de la vie; c'est-à-dire, en défendant sa vie, que le meurtrier auroit risqué de perdre, s'il n'avoit tué son aggresseur; comme par exemple, un homme est attaqué dans un chemin ou dans sa maison, par des voleurs, ou par un ennemi qui veut lui ravir la vie: si cet homme en se défendant, tue quelqu'un de ces voleurs ou cet ennemi, dans ce cas l'homicide étant nécessaire, il est excusable; mais il est obligé d'obtenir des Lettres de rémission de la petite Chancellerie, suivant *l'Art. 2. de l'Ordonnance citée*, sans quoi il pourroit être puni par les peines ordinaires que mérite l'homicide.

Enfin, les Lettres de pardon sont nécessaires pour les crimes auxquels il n'écheoit point peine de mort, & qui néanmoins ne peuvent être excusés; comme par exemple, lorsqu'on s'est trouvé sans dessein dans une occasion où il a été commis un meurtre, qu'on n'a pas empêché, le pouvant faire; celui qui s'est trouvé dans un pareil cas, étant regardé en quelque maniere comme complice de ce meurtre, doit obtenir des Lettres de pardon, aux termes *de l'Art. 3.* de l'Ordonnance citée, sans quoi il pourroit être poursuivi pour raison de ce crime.

Il en est de même du cas où dans la chaleur d'une querelle, on auroit excédé ou blessé quelqu'un, sans néanmoins aucun danger de mort: ce cas méritant une punition corporelle, il faut que celui qui a commis ces excès, obtienne nécessairement des Lettres de pardon, pour être à l'abri de toute recherche.

L'Ordonnance de 1670 au même Titre 16. Art. 4. fait le détail des crimes, qui à cause de leur énormité, ne méritent aucune grace, & pour lesquels il est défendu de donner aucunes Lettres d'abolition: tels sont, 1°. le duel, 2°. Les assassinats prémédités; soit que ces Lettres soient demandées par les principaux auteurs du crime, ou par ceux qui les ont assistés ou favorisés, pour quelque occasion ou prétexte que ce puisse être, soit pour venger leurs querelles ou autrement.

3°. Le Crime de ceux qui à prix d'argent ou autrement, se louent ou s'engagent pour tuer, outrager & excéder, ou pour arracher des mains de la Justice, les prisonniers pour crimes, & de ceux qui les ont loués ou induits pour ce faire, encore qu'il n'y ait eu que la seule machination ou attentat, & que l'effet n'en soit pas ensuivi.

4°. Le crime de rapt commis par violence, 5°. Le crime de ceux qui ont excédé ou outragé des Magiſtrats ou Officiers, & même des Huiſſiers & Sergens, exerçant, faiſant, ou exécutant quelque acte de Juſtice. Tous ces crimes ſont ſi graves, comme nous l'avons dit ſur chacun en particulier, dans le Titre de la punition des crimes, que le Roi les a exceptés des autres crimes qui peuvent mériter grace.

Cette Ordonnance ajoute, que ſi aucunes Lettres d'abolition ou de rémiſſion, étoient expédiées pour les cas ci-deſſus, les Cours Souveraines pourront en faire leurs remontrances au Roi, & les autres Juges, repréſenter à M. le Chancelier, ce qu'ils jugeront à propos. D'où il faut conclure, que ces Lettres ainſi obtenues pour les crimes dont nous venons de parler, ne ſeroient point nulles de plein droit, & qu'il ne dépendroit pas des Juges auxquels elles ſeroient adreſſées, de les annuller, l'Ordonnance ne prononçant pas, dans ce cas, la peine de nullité, mais permettant ſeulement aux Juges, après les avoir entérinées, de repréſenter au Roi ou à ſon Chancelier, que ces Lettres ſont obreptices ou ſubreptices, pour enſuite être ordonné ce qu'il appartiendra, ainſi qu'il eſt porté plus expreſſément par la Déclaration du 22 Novembre 1683, déja citée.

Comme, après que les Juges auroient entériné ces Lettres; c'eſt-à-dire, après qu'ils les auroient jugées, & élargi les impétrans, ils ne ſeroient plus à tems à faire leurs remontrances ou repréſentations, il a été rendu le 10 Août 1686, une Déclaration en interprétation de celle de 1683, ci-deſſus, pour parer à cet inconvénient. Selon cette Déclaration, dans le cas de Lettres de rémiſſion, ſcellées du grand ſçeau, ſi les circonſtances réſultantes des charges & informations ſe trouvent différentes de celles portées par l'expoſé des Lettres, en ſorte qu'elles changent la qualité de l'action, ou la nature du crime; en ce cas les Cours & Juges auxquels l'adreſſe en aura été faite, doivent en ſurſeoir le Jugement & entérinement, juſqu'à ce qu'ils aient reçu de nouveaux ordres, ſur les informations qui ſeront inceſſamment envoyées au Chancelier par les Procureurs Généraux ou leurs Subſtituts, avec les Lettres qui auroient été accordées. Pendant lequel tems, défenſes ſont faites aux Cours & Juges de faire aucune procédure ni élargir les impétrans.

Ainſi ce n'eſt que de l'enrégiſtrement des Lettres d'Abolition, & non de leur entérinement qu'il faut entendre les déclarations dont nous venons de parler, dans le cas que leur expoſé n'eſt point conforme aux charges, puiſque dans ce cas les Juges ne peuvent pas les entériner qu'après avoir reçu de nouveaux ordres, ſur les remontrances & repréſentations qu'il leur eſt permis de faire, & ſur les informations qui doivent être envoyées au Chancelier, par les Procureurs Généraux ou leurs Subſtituts.

Mais lorſque l'expoſé deſdites Lettres ſe trouve conforme aux charges & informations, les Juges ſont obligés de les entériner inceſſamment. Cependant dans ce cas même, ſi le crime pour raiſon duquel les Lettres d'Abolition ont été obtenues, eſt ſi atroce qu'il ſoit du nombre de ceux qui ne méritent point de grace, il leur est permis par l'Article 1 du Titre déja cité de l'Ordonnance de 1670, de faire des remontrances & représentations; de sorte que ce n'est que dans le cas que l'exposé desdites Lettres est conforme aux charges, & que le crime dont s'agit est rémissible, que les Juges ne peuvent pas en surseoir le Jugement & entérinement, mais hors de ces deux cas, ils ne peuvent les entériner qu'ils n'aient reçu, comme il a déja été dit, de nouveaux ordres sur leurs remontrances & représentations: c'est ainsi qu'il faut concilier l'Art. 1 de l'Ordonnance citée, avec les déclarations ci-dessus.

Il y a encore d'autres crimes, dont l'Ordonnance ne parle point, & que le Droit Romain a mis au nombre de ceux qui ne méritent point de grace; tels sont, le crime de Leze-Majesté, la fausse monnoie, le rapt, la sodomie, le parricide, le violement, le guet-à-pens, la concussion, le péculat, & les faussetés; comme on peut voir dans les Loix 1, 3, 4, & suivantes, *Cod. Théodos. de Indulgent. Crimin. & dans la Loi derniere du Code de Justinien, de Abolitionib.*

Il est certain néanmoins qu'il n'y a point de crime dont le Souverain ne puisse donner d'Abolition, sans en excepter même le crime de Leze-Majesté, par une faveur extraordinaire; ce qui doit arriver rarement, & seulement dans des circonstances particulieres où la punition du coupable seroit un très-grand mal dans l'Etat; mais que dans le cours ordinaire des graces, il n'en accorde point pour les crimes qui en sont exceptés. Aussi dans le pardon général que le Roi de France accorde en faveur de son Sacre, aux prévenus qui sont dans les prisons, le Roi excepte les duels, les vols de grand chemin, les crimes de Leze-Majesté Divine & Humaine, le poison, la fausse monnoie, le rapt & le viol, les incendies prémédités, les assassins de guet-à-pens, les faussauniers ou contrebandiers en attroupement, avec port d'armes, les déserteurs & autres semblables, qui par leur qualité ne méritent point de grace.

Il faut remarquer encore, que quoique toutes les Lettres dont nous venons de parler, puissent être expédiées à la grande Chancellerie; il y a néanmoins deux différences remarquables entre les Lettres d'Abolition & de grace, & les Lettres de rémission & de pardon. 1°. En ce que les Lettres de grace ou d'Abolition, ne peuvent être expédiées, comme nous l'avons déja dit, qu'à la grande Chancellerie, au-lieu que les Lettres de rémission & de pardon, peuvent être expédiées indistinctement à la grande Chancellerie, ou aux petites Chancelleries, près les Cours de Parlement.

2°. Les Lettres de grace ou d'Abolition sont seulement datées du mois & de l'année de l'impétration; elles portent qu'elles sont accordées de l'autorité & puissance Royales, & sont scellées en cire verte; mais les autres sont datées du jour, du mois & de l'année; elles portent qu'elles sont accordées de grace spéciale, soit qu'elles soient expédiées au grand ou au petit Sceau, & ne sont scellées qu'en cire jaune.

L'Ordonnance criminelle, déja citée, prescrit les regles qu'il faut suivre pour parvenir à l'entérinement de toutes ces Lettres. 1°. Elle enjoint à tous Juges auxquels l'adresse des Lettres d'Abolition sera faite, de les entériner incessamment, si elles sont conformes aux charges & informations, & permet néanmoins aux Juges de remontrer à Sa Majesté, ce qu'ils jugeront à propos sur l'autorité du crime, *Article 2 du Titre 16*, *déja cité*.

2°. Elle veut que les Lettres obtenues par les Gentilshommes, ne puissent être adressées qu'aux Cours de Parlement, chacune suivant sa jurisdiction, & la qualité de la matiere, lesquels pourront néanmoins, si la partie civile le requiert, & qu'elles le jugent à propos, renvoyer l'instruction sur les lieux, *Article 12*, *ibid*.

3°. Selon cette même Ordonnance, l'adresse des Lettres obtenues par des personnes de qualité roturiere, doit être faite aux Baillifs & Sénéchaux des lieux où il y a Siége Présidial, & dans les Provinces où il n'y a point de Siége Présidial, cette adresse se fait aux Juges ressortissans nuement aux Cours de Parlement, & non à autres, à peine de nullité des Jugemens, *Art. 13. ibid*.

Sur quoi il faut observer que la Déclaration du Roi, du 22 Mai 1723. enrégistrée au Parlement de Toulouse, le 14 Juillet de la même année, veut que les Lettres de grace, de rémission ou de pardon, obtenues par les roturiers, ne puissent être adressées qu'aux Sénéchaux, dans les ressorts desquels le crime aura été commis; sans que sous prétexte de défenses ou d'appel des décrets & autres procédures d'instruction, l'adresse puisse être faite aux Parlemens, si ce n'est seulement au cas où ils se trouveront saisis de l'appel des Jugemens définitifs des premiers Juges, & que les impétrans eussent été transférés dans leurs prisons, & les procès portés dans leurs Greffes.

4°. Les Lettres obtenues par les Gentilshommes, peuvent néanmoins être adressées aux Présidiaux, si leur compétence y a été jugée; c'est la disposition de *l'Article* 14. Mais par l'Edit du mois de Décembre 1680. l'adresse d'aucune rémission ne peut être faite aux Siéges Présidiaux où la compétence aura été jugée, que l'accusé n'ait été oui lors du Jugement de la compétence, & qu'il ne soit actuellement prisonnier, & à cet effet, le Jugement de compétence & l'écroue, doivent être attachés sous le contre-scel des Lettres.

En sorte que suivant la disposition de cet Edit, pour que les Lettres d'abolition obtenues par les Gentilshommes puissent être adressées aux Siéges Présidiaux, il faut non-seulement que le Présidial auquel les Lettres sont adressées, ait été Juge du crime dont il s'agit, mais encore que le Jugement de la compétence qu'il a rendu, ne soit point par contumace; que l'accusé ait été oui, lors de ce Jugement, & qu'il soit actuellement prisonnier; parce que dans ce cas, le Présidial étant Juge du crime en dernier ressort, il est juste qu'il le soit de l'entérinement des Lettres de grace.

Mais dans le cas contraire, c'est-à-dire, si le Présidial n'avoit pas jugé sa compétence, ou qu'en la jugeant, l'accusé n'eût pas été oui, ou qu'il ne fût pas actuellement prisonnier, il est certain que les Lettres d'Abolition ne pourroient être adressées qu'au Parlement, parce que le Présidial ne se trouveroit pas, dans ce cas, dans l'exception portée par cet Edit.

5°. L'Ordonnance citée porte à l'Article 15. que les Lettres d'Abolition, rémission & pardon, ne pourront être présentées par ceux qui les auront obtenues, s'ils ne sont effectivement prisonniers & écroués, & seront les écroues attachées aux Lettres, & eux contraints de demeurer en prison, pendant toute l'instruction, & jusques au Jugement définitif des Lettres, avec défenses aux Juges de les élargir, sans caution ou autrement, à peine de suspension de leurs Charges, & de payer les condamnations qui interviendront contre les accusés.

6°. Les Lettres seront présentées dans trois mois, du jour de l'obtention; passé lequel temps, il est défendu aux Juges d'y avoir égard, & les impétrans ne pourront en obtenir de nouvelles, ni être relevés du laps du temps, *Article 16. ibid.*

7°. L'obtention & la signification des Lettres, ne pourront empêcher l'exécution des décrets, ni l'instruction & jugement de la contumace, jusqu'à ce que l'accusé soit actuellement en état, dans les prisons du Juge auquel l'adresse en aura été faite. *Art. 17.*

8°. Les charges & informations, & toutes les autres pieces du procès, même les procédures faites depuis l'obtention des Lettres, seront incessamment portées aux Greffes des Juges ausquels l'adresse sera faite. *Art. 18. ibid.*

9°. Les Lettres seront signifiées à la Partie civile, & copie baillée avec assignation, en vertu de l'Ordonnance du Juge, pour fournir ses moyens d'oppositions, & procéder à l'entérinement, en observant les délais prescrits par l'Ordonnance de 1667. si ce n'est que la Partie civile consente de procéder avant l'échéance des délais, par acte signé & dûement signifié. *Art. 19. ibid.*

10°. Il ne pourra être procédé au Jugement des Lettres, qu'elles n'ayent été communiquées avec le procès aux Procureurs du Roi. *Art. 20. ibid.*

11°. Les demandeurs en Lettres d'Abolition, rémission & pardon, seront tenus de les présenter à l'Audience, tête nue & à genoux, & affirmeront, après qu'elles auront été lues en leur présence, qu'elles contiennent vérité, qu'ils ont donné charge de les obtenir, & qu'ils s'en veulent servir, après quoi ils seront renvoyés en prison. *Art. 21. ibid.*

12°. Les Procureurs du Roi & la Partie civile, s'il y en a, pourront, nonobstant la présentation des Lettres de rémission & de pardon, informer par addition, & faire récoler, & confronter les témoins. *Art. 22. ibid.*

13°. Les Lieutenans Criminels, & tous autres Juges, les Greffiers & Huissiers ne peuvent rien prendre ni recevoir, encore qu'il leur fût volontairement offert, pour l'attache, lecture, ou publication des Lettres, ou pour conduire & faire entrer l'impétrant à l'Audience, & sous quelqu'autre prétexte que ce soit, à peine de concussion & de restitution du quadruple. *Art. 23. ibid.*

Sur quoi il faut observer, que dans la plupart des Cours Souveraines, il y a des Secrétaires Evangélistes, qui sont chargés de faire la lecture à l'Audience, des Lettres de grace, d'Abolition & de pardon, & qui pour cette lecture, ont un droit qu'ils prennent sur l'impétrant.

14°. Le demandeur en Lettres sera interrogé dans la prison, par le Rapporteur du procès, sur les faits résultans des charges & informations. *Art. 24. ibid.*

15°. Il est défendu à tous Juges, même aux Cours, de procéder à l'entérinement des Lettres, que toutes les informations & charges, n'aient été apportées & communiquées aux Procureurs du Roi, vues & examinées par les Juges, nonobstant toutes sommations qui pourront avoir été faites aux Greffiers de les apporter, & les diligences que les demandeurs en Lettres, pourroient faire apparoir, sauf à faire décerner des exécutoires, & ordonner d'autres peines contre les Greffiers qui seront en demeure. *Article 25. ibid.*

16°. Les impétrans seront interrogés dans la Chambre, sur la sellette avant le jugement & l'interrogatoire, rédigé par écrit par le Greffier, & envoyé avec le procès aux Cours de Parlement, en cas d'appel, *Article 26. Ibid.*

17°. Si les Lettres de rémission & pardon sont obtenues pour des cas qui ne soient point rémissibles, ou si elles ne sont conformes aux Charges, les impétrans en seront déboutés, *Article 27. ibid.*

Sur quoi il faut observer, que sur le fondement de ce dernier Article, les Juges se croyoient en droit de débouter les impétrans de leurs Lettres, toutes les fois qu'elles n'étoient pas conformes aux Charges, mais que le Roi par sa Déclaration du mois d'Août 1701, dont nous avons déjà parlé, expliquant son intention à cet égard, permet & enjoint même aux Juges, auxquels sont adressées les Lettres de rémission scellées du grand Sceau, d'en suspendre le jugement, jusques à ce qu'il en ait été autrement ordonné, sur les remontrances envoyées par les Procureurs-Généraux ou leurs Substituts, dans les cas que les circonstances résultantes des Charges & informations seront tellement différentes de celles exposées dans les Lettres, qu'elles changent la qualité de l'action, ou la nature du crime.

Ainsi suivant cette Déclaration, les Juges ne doivent entériner les Lettres de rémission scellées du grand Sceau, que lorsqu'elles se trouvent conformes aux Charges & informations; & dans le cas contraire, ils doivent, avant de les entériner, faire leurs remontrances ou représentations sur l'infidélité de l'exposé desdites Lettres, pour savoir si le Roi veut que ces Lettres soient entérinées telles qu'elles ont été expédiées, ou non : de maniere que ce n'est qu'après que le Roi a confirmé ces Lettres, ou qu'il les a révoquées sur les remontrances qui lui ont été faites, que les Juges peuvent les entériner ou en débouter les impétrans, à l'exception des Lettres de rappel de ban ou des galeres, commutations de peine, &c. que les Juges sont tenus d'entériner, sans examiner si elles sont conformes aux charges ou non, comme nous le dirons bientôt.

Au surplus, l'usage du Parlement de Toulouse, pour l'entérinement des Lettres d'Abolition, de rémission & de pardon est tel, que l'impétrant se remet aux prisons de la Conciergerie, & après qu'on lui a mis les fers aux pieds, il se fait conduire à l'Audience de la Grand'Chambre, le plaids tenant, où étant, il se met à genoux dans le Parquet, tête nue, & cheveux étalés, à l'effet de présenter ses Lettres, & après que le Secrétaire Evangéliste, ou autre tenant sa place, en a fait lecture en sa présence, le Président qui tient l'Audience, l'interroge sur son nom, surnom, âge, qualité, & demeure, & lui demande si elles contiennent vérité, & s'il veut s'en servir, lequel répond relativement à l'interrogatoire, que ses Lettres contiennent vérité & qu'il veut s'en servir.

Après cela, s'il y a des opposans à l'entérinement de ces Lettres, on fait plaider leurs Avocats; après les plaidoiries entendues, l'impétrant est renvoyé aux prisons; & de suite, les opinions des Juges recueillies par le Président, on appointe dans ce cas les parties à bailler par écrit, sur ces Lettres, pour juger sur le Bureau l'entérinement : ensuite la distribution du procès étant faite, le rapporteur se transporte dans les prisons, & procede à l'interrogatoire de l'impétrant en la forme accoutumée, & après que le procès est instruit, il est jugé, & les Lettres sont entérinées, si elles sont trouvées conformes aux charges & informations; mais si elles n'y sont point conformes, le jugement en est suspendu, à l'effet, comme nous l'avons déja observé, de faire des remontrances au Roi.

Il faut cependant remarquer, qu'il arrive rarement qu'on refuse d'entériner les Lettres de grace, & d'Abolition des crimes, à moins que les circonstances exposées ou omises dans ces Lettres ne changent entiérement la qualité du crime : il est certain que dans ce cas les Juges prennent le parti de faire des remontrances à Sa Majesté sur l'atrocité du crime, comme il leur est permis par *l'Article 1, de l'Ordonnance de 1670. Tit. 16. & la Déclaration citées.*

Les Lettres ne sont point conformes aux charges, lorsqu'elles ne se rapportent pas entiérement aux dépositions des témoins ouis dans les informations faites pour raison du crime dont s'agit, & que l'impétrant pour les obtenir plus facilement, a déguisé les circonstances du fait : on appelle ces Lettres subreptices, lorsqu'elles ont été obtenues sur un fait faux & supposé; & on les appelle obreptices, lorsqu'on y a omis, ou dissimulé quelque circonstance qui change la nature du crime.

Du reste, il n'y a que la partie civile, qui puisse à raison de son intérêt, s'opposer à l'entérinement des Lettres de grace, de rémission, ou de pardon; le Procureur du Roi, ni celui du Seigneur, ni le Seigneur même, ne peuvent pas s'y opposer; car quoique le Seigneur soit intéressé à conferver les biens du coupable qui ont été confifqués en fa faveur, il ne peut pas néanmoins empêcher que le Roi n'accorde de graces & de rémiffions des crimes, attendu que le Roi, en fe dépouillant de la juftice en faveur des Seigneurs, s'eft réfervé le droit d'abolir les crimes dont les accufés font convaincus, toutes les fois que lui & fon Confeil le trouveront convenable, comme étant un droit attaché à la Couronne, & par conféquent de les remettre dans leurs biens.

Mais lorfque le procès criminel a été inftruit aux frais & dépens du Seigneur, l'accufé qui a obtenu des Lettres de grace, eft condamné à une amende, ou à une autre indemnité envers le Seigneur, pour le dédommager des frais de juftice.

A l'égard de la partie civile, le Roi n'accorde jamais des Lettres au préjudice du droit qui lui eft acquis à raifon du crime, pour fes dommages & intérêts; ainfi le Roi en faifant grace au coupable qui avoue fon crime, n'entend jamais l'accorder au préjudice du droit d'autrui : auffi ces Lettres portent expreffément que fatisfaction fera faite à la partie civile, fi fait n'a été. Claufe effentielle qui fatisfait à la fois au droit de la partie léfée, & aux circonftances qui rendent le coupable digne de grace.

Les Lettres de grace que le Roi accorde produifent cet effet, que celui qui les a obtenues, eft non-feulement à l'abri de la peine corporelle, mais encore qu'il rentre dans tous fes biens, quand même ils auroient été confifqués, foit au profit de Sa Majefté ou du Seigneur Jufticier, auquel effet tous poffeffeurs & détempteurs defdits biens font tenus de lui en laiffer la poffeffion libre, avec reftitution des fruits, fauf le droit d'autrui, pourvû toutefois que ces Lettres portent expreffément que le Roi, outre la peine, remet encore le condamné dans tous fes biens; car fans cette claufe, les biens demeureroient acquis au Roi ou au Seigneur, en faveur duquel la confifcation auroit été adjugée.

Au furplus il faut obferver, que lorfque ces Lettres font entérinées, les Juges peuvent infliger quelque peine légere aux accufés, comme par exemple le blâme, ou une abftention pendant un certain temps, du lieu ou du bailliage où les parties offenfées ont leurs domiciles, & même les condamner à une aumône appliquée au pain des prifonniers.

Les Lettres d'Abolition que le Roi accorde quelquefois à une Ville ou à une Communauté, pour des crimes commis contre les intérêts de Sa Majefté, ou contre ceux qui exécutent fes ordres, ne font point entérinées de la même maniere que celles qui font accordées à des particuliers; on ne fait que les enrégiftrer dans les Regiftres des Villes & Communautés qui les ont obtenues; & fans aucun examen, on exécute de point en point ce qui eft porté par ces Lettres ou Arrêt qui contient cette grace qu'on appelle *Amniftie*.

Enfin il faut obferver qu'il n'y a que le Roi feul en France, qui puiffe donner des Lettres de grace & d'Abolition & rémiffion des crimes commis par

par ses sujets, soit séculiers ou ecclésiastiques, comme étant un droit de sa Souveraineté; la Reine régente ni les Princes du sang n'ont pas ce droit, quand même ce seroit pour des crimes commis dans l'étendue de leurs Terres & Principautés.

Il y avoit autrefois de grands Seigneurs, comme les Gouverneurs de Province & certains Evêques & Légats en France, qui par un privilege particulier, & par une concession du Prince, avoient le pouvoir, à leur entrée dans leurs Gouvernemens ou dans leurs Villes, d'accorder des Lettres de grace ou de pardon aux criminels qui se trouvoient dans les prisons du lieu; mais le Roi ayant reconnu les abus qui se glissoient tous les jours dans ces sortes de concessions qui ne tendoient qu'à rendre impunis les crimes les plus graves, par la facilité qu'avoient les prévenus de s'aller remettre dans les prisons de ces Seigneurs, pour obtenir les Lettres de grace, a révoqué tous ces privileges, à l'exception de celui qui a toujours été accordé aux Evêques d'Orléans au jour de leur premiere entrée, & celui de la Fierté qu'a l'église de Notre-Dame de Rouen, pour délivrer tous les ans le jour de l'Ascension, à la Procession Solemnelle qui se fait dans cette Ville, un criminel, tel que le permet la déclaration du Roi Henri IV. de 1597. en lui faisant lever la châsse de S. Romain ancien Evêque de cette Ville. On peut voir là-dessus un Arrêt solemnel du 15 Septembre 1672. qu'on trouve rapporté dans le premier Tome du Journal du Palais page 315. qui confirme ce privilege de la Fierté.

Mais quant au privilege des Evêques d'Orléans, consistant au pouvoir qu'ils avoient à leur premiere entrée, & prise de Possession solemnelle du Siege Episcopal, de délivrer les prisonniers pour crime, qui se trouvoient ce jour-là dans les prisons de cette Ville, de quelque lieu qu'ils fussent, il a été restraint par un Edit du mois de Novembre de 1753. renouvellé au mois d'Avril 1758. au pouvoir que le Roi leur accorde, de délivrer les prisonniers qui se trouveront actuellement constitués, en quelque prison que ce soit de ladite Ville, & pour crimes commis seulement dans l'étendue & limites du Diocese d'Orléans, & non ailleurs.

Cet Edit porte encore, 1°. Que les Lettres d'intercession & déprécation, données par ces Evêques, seront adressées à Sa Majesté, pour, par elle, faire expédier sans aucuns frais, auxdits criminels, les Lettres de grace, rémission ou pardon, sur ce nécessaires, à la supplication desdits Evêques, dont les Lettres déprécatoires seront attachées sous le contre-scel, pour être lesdites Lettres, entérinées pareillement sans aucuns frais, par les Cours & Juges, en la maniere accoutumée, ainsi qu'il appartiendra, suivant les dispositions des Ordonnances.

2°. Sa Majesté veut à cet effet, qu'en notifiant de la part desdits criminels, les Lettres déprécatoires, par eux ainsi obtenues desdits Evêques d'Orléans, il soit surcis pendant le temps & espace de six mois, à compter du jour de leur date, à tout jugement de leur procès, pour raison desdits *crimes y mentionnés*, & à l'exécution des Jugemens qui pourroient être précédemment intervenus sur lesdits procès, même que ceux des impétrans desdites Lettres déprécatoires, lesquels se seroient remis volontairement dans les prisons de la Ville d'Orléans, à l'effet de les obtenir desdits Evêques, ayant assisté & participé à la solemnité de leur entrée, ainsi qu'il est accoutumé, soient & demeurent en liberté pendant le temps & espace de six mois, sans que pour raison desdits crimes mentionnés auxdites Lettres, il puisse être attenté à leurs personnes; le tout sans préjudice des instructions criminelles qui pourroient être faites & continuées pendant le cours dudit temps; passé lequel terme & délai de six mois, faute par tous impétrans des Lettres d'intercession & déprécation desdits Evêques d'Orléans, d'avoir obtenu & présenté lesdites Lettres de grace, rémission ou pardon sur icelles, ils demeureront déchus pleinement de ladite intercession & déprécation, par leur négligence, tout ainsi que si elle n'étoit jamais arrivée, & sera passé outre à toute poursuite & à tout Jugement contre eux, avec toute exécution qui pourroit s'ensuivre.

3°. Cet Edit excepte néanmoins de cette grace, plusieurs crimes dont il fait le détail; sçavoir, 1°. *Les crimes d'assassinat prémédité*, 2°. Ceux de meurtre, outrage & excès, ou recousse des prisonniers pour crime des mains de la Justice, commis ou machinés à prix d'argent, ou sous autre engagement, 3°. Ceux de rapt, commis par violence, 4°. Ceux d'excès ou outrages commis en la personne des Magistrats ou Officiers, Huissiers, Sergens, exerçant, faisant ou exécutant quelqu'acte de Justice, 5°. Enfin il excepte les circonstances & dépendances desdits crimes, telles qu'elles sont prévues & marquées par les Ordonnances, & tous autres forfaits & cas notoirement réputés non graciables dans le Royaume, &c. On trouve cet Edit dans le Recueil des Edits & Arrêts, imprimé à Toulouse, en 1756.

Du reste, toutes les Lettres d'Abolition & de rémission, sont de nul effet, si elles n'ont été entérinées du vivant du Roi qui les a accordées, parce que les graces étant personnelles, elles cessent par la mort du Prince qui les a accordées; en ce cas donc on les fait confirmer par le nouveau Roi, & alors elles ont leur effet.

Elles seroient pareillement nulles, si l'accusé d'un meurtre avoit commis un autre meurtre dont il eut déja obtenu des Lettres de grace, & que dans les secondes il ne fût pas fait mention des premieres; dans ce cas les secondes Lettres seroient réputées subreptices par le déguisement qu'elles contiendroient du premier crime. Voyez *la Loi 3 vers la fin, au Code de Episcopal. audient. & Charondas, sur le Code Henri, Liv. VII. titre 13.*

Prétention singuliere de la Cour de Rome.

Nous observerons en finissant cet article, que la Cour de Rome a la prétention singuliere de pouvoir donner des Lettres d'Abolition dans tout le monde Chrétien. C'est étendre bien loin le pouvoir des clefs. Heureusement il est balancé, dans la plûpart des Etats de l'Europe, par le pouvoir de la raison ; & particuliérement en France par les maximes & les libertés de l'Eglise Gallicane.

ABONDANCE, s. f.

Des moyens de procurer l'Abondance dans un Etat.

L'ABONDANCE des richesses & des commodités de la vie, est le partage d'un petit nombre de particuliers privilégiés, que l'on regarde avec envie, mais dont on cesseroit souvent d'ambitionner le sort, si l'on pouvoit savoir à quel prix ou par quels moyens ils ont acquis cette abondance qui fait l'objet de nos desirs, & par combien de peines, de soins, de sollicitudes & souvent de remords, ils sont parvenus à cet heureux état, dont ils ne peuvent sentir eux-mêmes les avantages, s'ils n'en profitent pas pour exercer la bienfaisance.

Mais l'Abondance des particuliers n'est point l'objet que nous avons à traiter. Il s'agit ici de celle qui fait la richesse des Etats & le bonheur universel des Citoyens.

Comme les premiers besoins de la vie sont la nourriture & le vêtement, c'est l'Abondance des choses nécessaires à la satisfaction de ces besoins que doivent procurer d'abord dans l'Etat ceux qui le gouvernent, pour s'occuper ensuite de l'Abondance des choses nécessaires à la satisfaction des autres besoins qui ne sont que secondaires. L'Abondance des denrées marche donc avant celle des autres marchandises ; l'Agriculture avant les autres Arts ; la libre circulation des denrées avant tout autre commerce.

Une paix durable dans un Etat policé, où la loi sacrée des propriétés est maintenue dans sa plus grande vigueur, pourroit être regardée comme la cause premiere de l'Abondance & de la félicité publique, puisqu'une guerre intestine de quelques années, suffit pour entraîner après elle les fléaux de la famine & de la peste, avec la désolation universelle, & la destruction entiere du corps politique. L'état actuel de la Pologne, l'un des Pays les plus abondans & les plus fertiles de l'Europe, suffit pour la confirmation de cette triste vérité. Mais si la paix procure l'Abondance, ce n'est qu'autant qu'elle met les hommes en état de s'occuper sans relâche des travaux de la terre, dont les fruits renaissans fournissent à leurs besoins journaliers comme à leurs commodités & même à leurs plaisirs, tandis que l'éducation des bestiaux, qui est une suite & une dépendance de cette occupation tranquille, procure au peuple Agricole des richesses d'un autre genre, que l'industrie fait mettre en valeur pour satisfaire la multiplicité de nos goûts.

M 2

Ainsi les deux sources uniques de l'Abondance générale roulent sur deux points fondamentaux que les hommes ne doivent jamais perdre de vue : l'agriculture & toutes ses branches d'une part, & de l'autre, la nourriture des bestiaux. Delà découlent les jouissances des Citoyens consommateurs, l'augmentation de la population, la gloire & la puissance de l'Etat, & même les progrès des Arts & des Sciences. En effet, l'esprit humain tranquille & rassuré sur les moyens de se procurer le nécessaire, comme le superflu (suivant les conditions où les hommes se trouvent) dans un Etat où la terre le produit, cherche à multiplier ses jouissances par l'invention des Arts, & à satisfaire, par l'étude & la culture des hautes sciences, la curiosité qui le dévore & le consume. La félicité publique s'augmente en raison des efforts que font tous les membres de la société pour concourir au même but, & participer à cette Abondance de l'Etat, qui est le fruit du travail. C'est alors que le luxe de consommation devient véritablement utile, & contribue à entretenir la joie & la santé parmi les hommes, à la différence de ce luxe destructeur qui ne consiste que dans une somptuosité d'apparence, dont le but est d'avilir l'agriculture en dévorant sa substance en pure perte.

Lisez l'admirable *Essai* de M. Melon, *sur le Commerce* : dans sa supposition de trois isles seules sur la terre, celle qui ne produiroit que des métaux & des richesses de convention, seroit bientôt abandonnée pour aller peupler l'isle du bled, où l'Abondance & le superflu deviennent la suite nécessaire des récoltes annuelles, sur-tout si l'on sait y mettre le superflu en réserve, comme à la Chine, pour prévenir les disettes.

Cette nécessité de la culture de la terre, & du soin des animaux, demande le discernement de la nature des fonds, pour en tirer les especes de fruits qu'ils peuvent produire; & entre ces fruits, la distinction de ceux dont il faut une plus grande quantité, & de ceux dont une moindre pourroit suffire, réservant par-tout de quoi fournir à la nourriture des animaux, & proportionnant la culture à tous ces différens besoins.

Si la qualité des fonds se trouve telle, qu'ils soient propres à produire des fruits ou autres choses plus précieuses que les plus nécessaires pour la nourriture & le vêtement, & qu'on puisse avoir celles-ci d'ailleurs; il est du bien de l'Etat, & de l'intérêt des particuliers, d'y cultiver ces sortes de choses, soit pour en faire commerce dans l'Etat même, ou avec les étrangers, si l'Abondance en est assez grande.

Tous ces besoins occupent la plus grande partie des hommes; & c'est aussi l'ordre naturel, que s'il n'y avoit pas d'autres travaux nécessaires dans leur société, ils seroient tous, par leur nature, destinés à ceux d'où ils tirent leur vie. Ainsi dans les premiers siecles, l'agriculture, & le soin des animaux, étoient des emplois communs aux plus riches. Mais parce qu'il y a plusieurs autres besoins que de ces deux sortes, & que l'ordre de la société demande qu'on pourvoie à tous, il a été de ce même ordre de distinguer les emplois des hommes ſelon les différentes fonctions que ces divers beſoins rendent néceſſaires. Et comme ceux de l'agriculture, & du ſoin des animaux demandent le travail de beaucoup plus de perſonnes, le plus grand nombre y eſt deſtiné.

On diſtingue dans le livre de *l'Eſprit des Loix*, les peuples chaſſeurs, comme les ſauvages de l'Amérique; les peuples paſteurs, comme les Tartares, les Arabes; & les peuples agricoles. Les premiers ne peuvent jamais être dans l'abondance, & la population y eſt néceſſairement reſtreinte au plus petit nombre poſſible, eu égard à la vaſte étendue de terrein qu'il faut parcourir pour ſe procurer la ſubſiſtance. En effet, les progreſſions de la population ſuivent néceſſairement les moyens de ſubſiſter; & les peuples qui ne ſont point agricoles, ne peuvent jamais former une grande Nation. S'ils ſont paſteurs, ils ont beſoin d'un grand pays, pour qu'ils puiſſent ſubſiſter en certain nombre : ils peuvent ſe réunir pour quelque tems, comme les Tartares de l'Aſie, parce que leurs troupeaux peuvent être raſſemblés quelque tems; mais toutes ces hordes étant réunies, il faut qu'elles ſe ſéparent bientôt, ou qu'elles aillent faire de grandes conquêtes dans quelque Empire du Midi. Si ce ſont au contraire des peuples chaſſeurs, comme les ſauvages de l'Amérique, ils ſont encore en plus petit nombre, & forment, pour vivre, une plus petite Nation. La chaſſe & la pêche ne peuvent ſuffire à tous leurs beſoins; ils ne peuvent acquérir l'objet de leur recherche qu'avec des peines & des ſoins immenſes, & qu'en parcourant de vaſtes ſolitudes pour les dépeupler des animaux dont ils ſe nourriſſent : auſſi les peuples chaſſeurs ſont néceſſairement ſauvages, nomades, errans, ignorans tous les Arts, & réduits à la plus petite population. Leur pays eſt ordinairement plein de forêts; & comme les hommes n'y ont point donné de cours aux eaux, il eſt rempli de marécages où chaque troupe ſe cantonne & forme de loin à loin une petite Nation ſauvage.

Quand les Nations ne cultivent pas les terres, lit-on dans le même Ouvrage de l'*Eſprit des Loix*, voici dans quelle proportion le nombre des hommes s'y trouve. Comme le produit d'un terrein inculte eſt au produit d'un terrein cultivé, de même le nombre des Sauvages dans un Pays eſt au nombre des Laboureurs dans un autre; & quand le peuple qui cultive les terres, cultive auſſi des Arts, le nombre des Sauvages eſt au nombre de ce Peuple, en raiſon composée du nombre des Sauvages à celui des Laboureurs, & du nombre des Laboureurs à celui des hommes qui cultivent les Arts.

La population, cette force des Empires, ſuit donc néceſſairement les moyens de ſubſiſter; plus ces moyens ſont faciles & sûrs, plus la population augmente : mais il n'appartient qu'aux Peuples agricoles d'être dans l'abondance de toutes choſes, ſur-tout ſi, à la culture de la terre, ils joignent le ſoin & la nourriture des beſtiaux, dont les profits continuels & journaliers s'accumulent avec le produit annuel des récoltes.

Par réciprocité, l'Abondance des moyens de subsister suit la mesure de la population. Un excellent moyen de faire abonder dans un Etat tout ce qu'on en peut tirer pour l'usage de la société, est de favoriser la population de cette classe de Citoyens adonnés par état à la culture des terres, & au soin des animaux ; il est donc du devoir de ceux qui gouvernent, de protéger ces personnes contre les oppressions & les violences où les expose leur condition, & qu'exercent sur eux, ou quelques Seigneurs, ou des personnes qui ayant en main quelques fonctions du ministere de la justice, Juges ou autres, loin de la leur rendre ou la leur faire rendre, les accablent de vexations, soit en les faisant surcharger de cotisations pour se décharger eux-mêmes des leurs, ou leur suscitant des procès, ou exigeant d'eux des services ou des corvées indues ; ce qui, d'une part, leur rend désagréable & dure leur condition, & les oblige souvent à engager leurs enfans à embrasser une autre profession, & d'ailleurs leur fait perdre le tems du travail, & leur ôte les moyens de fournir aux dépenses nécessaires pour l'agriculture, & de satisfaire à leurs autres charges.

C'est encore un des moyens de pourvoir à la multiplication des personnes nécessaires pour ces travaux, ou pour en empêcher la diminution, que de réprimer ceux qui par la naissance & leur état, étant destinés à cette profession, s'en éloignent par la fainéantise, qui les conduit ou à la mendicité ou à des crimes, & souvent même à l'un & à l'autre de ces désordres, qui remplissent l'Etat de vagabonds & de méchans pauvres. Et aussi les Loix ont pourvu à punir les vagabonds & mendians valides, & à les forcer à des travaux pour le bien public.

Ce ne seroit pas assez de faire abonder dans un Etat toutes les choses qu'on peut y avoir, si cette Abondance n'y étoit répandue pour l'usage de tous ceux qui peuvent en avoir besoin ; & elles seront au contraire à charge aux Provinces dont le superflu y demeureroit, les autres étant privées du secours qui devroit leur en revenir. Ainsi pour le bien commun de l'Etat, il y faut des voies qui fassent passer ce superflu d'un lieu à un autre, & d'une Province aux autres voisines, pour y faire abonder ce qui leur manque ; & c'est ce que fait l'usage des foires & celui des marchés.

La fertilité ayant des bornes, & les fruits de la terre étant périssables, l'Abondance des choses nécessaires à la vie est nécessairement restreinte & peu durable, si l'industrie humaine ne prévient ces inconvénients, & si la législation des Peuples agricoles n'est pas sans cesse occupée des moyens de perpétuer cette Abondance qui fait la félicité de tous, & de l'assurer sur une base solide & inébranlable. Les terreins incultes, les friches, les landes & les marais sont donc ordinairement des signes visibles de la négligence d'un gouvernement, n'y ayant aucun de ces terreins que l'art ne puisse féconder : l'agriculture livrée à la routine & à l'ignorance des gens qui l'exercent sans principes, la mauvaise distribution des soles dont on laisse ordinairement la moitié sans culture, sous prétexte de repos, le défaut des prairies artificielles, par lesquelles on pourroit suppléer si aisément aux prés naturels; la langueur du commerce, les loix fiscales qui l'enchaînent, les formes judiciaires qui rendent la justice si lente & si coûteuse, l'encouragement des arts futiles, la mendicité forcée par le défaut d'atteliers publics, où l'on occuperoit les mendians valides, les troupes trop nombreuses dont l'inaction en tems de paix pourroit être utilement employée aux travaux publics, &c. sont autant de reproches faits aux Gouvernemens, & de moyens pour éloigner & rétrécir cette Abondance qui rendroit les Etats florissans; mais ce n'est qu'en se précautionnant contre l'intempérie des saisons & l'incertitude des récoltes, par des approvisionnemens d'ordonnance, & par des greniers publics de conservation, où l'on met quelques années en réserve, que l'on peut rendre l'Abondance fixe & durable. Nous aurons occasion de traiter en particulier tous ces grands objets de l'économie politique qui influent directement sur la prospérité des Etats. Nous parlerons de la liberté convenable au commerce des denrées qui est encore un grand moyen d'Abondance, quand elle est justement tempérée.

On a beaucoup écrit depuis quelques années en faveur de la liberté du commerce des grains, & de l'exportation; on y a mis, ce me semble, une chaleur inconsidérée qui a obscurci le jugement des têtes les mieux organisées. A-t-on bien senti qu'en se privant volontairement du surperflu sur l'espérance d'une récolte incertaine, avant d'avoir mis en réserve une suffisante quantité de bled, on rendoit précaire la vie du peuple, & on l'échange contre l'or des commerçans & des monopoleurs qui hâtent le moment de la disette pour se faire rentrer leurs fonds avec usure? A-t-on senti que l'enchérissement d'une denrée dont dépend la vie de l'homme, entraînoit avec lui la chûte des manufactures & des arts, & l'émigration de ceux dont les biens, l'industrie ou le travail ne peuvent atteindre le prix des grains; que ce n'étoit qu'en faisant consommer à bas prix sur les lieux le superflu des récoltes, qu'on pouvoit faire fleurir les arts, augmenter les manufactures, & encourager la population par la certitude de l'Abondance; & qu'en tous cas, si l'exportation pouvoit avoir quelques avantages, ce ne seroit qu'en la restreignant au superflu : mais qu'il ne pouvoit y avoir de superflu que lorsque le nécessaire étoit assuré, & sous la main, pour ainsi dire, dans des greniers d'abondance, toujours prêts à être ouverts dans les disettes; car plus la population est considérable, plus les disettes sont à craindre. Mais ce n'est pas encore ici le lieu de traiter à fond ces matieres qui se présenteront dans leur ordre.

On a dit ingénieusement que le bled étoit un cinquieme élément, aussi nécessaire à l'homme que l'air & l'eau. Il seroit donc à souhaiter qu'il fût aussi abondant, & que l'homme trouvât aussi aisément à appaiser sa faim qu'à étancher sa soif; mais ce n'est qu'à la sueur de son front, ou par un travail opiniâtre, que l'homme se procure cette denrée de premiere néceſſité ; la providence l'y a condamné, pour l'obliger à un exercice utile, d'où dépendent ſa vie & ſa ſanté.

Mais ſi l'homme ne peut ſe procurer l'abondance de cette denrée qu'avec des peines & des ſoins infinis, il pourroit du moins, par ſon induſtrie, trouver des moyens ſûrs & peu diſpendieux, de conſerver ces mêmes denrées de premiere néceſſité, de les tenir en réſerve pour les tems malheureux qui ſurviennent inopinément, ou par l'intempérie des ſaiſons, ou par des cauſes que toute la ſcience humaine ne peut connoître, ni prévenir ; pour ces années de ſtérilité, où la terre ſemble ſe refuſer à la production des ſemences qui lui ſont confiées : mais parvenir à rendre ces précautions générales, par la voie de la perſuaſion, & par la conviction que chaque famille, chaque individu doit avoir de ſon plus grand intérêt, faire répandre ces connoiſſances de maniere qu'elles deviennent des notions communes, en démontrer les avantages dans des pratiques ſûres, & par des exemples mis ſous les yeux du peuple, c'eſt-là le point capital & le vœu d'une adminiſtration éclairée, qui ſait aller au-devant du beſoin, & qui veut fixer dans ſes Etats l'abondance & le bonheur.

ABONNEMENT, ſ. m.

CE terme de Juriſprudence féodale, ſignifie le contrat qui borne les charges auxquelles les vaſſaux ſont tenus envers leurs Seigneurs.

Lorſqu'on commença à affranchir en France les ſerfs ou eſclaves, on ne leur rendit pas toute la liberté. On y mit pour condition de payer, eux & leurs deſcendans, un cens ou une capitation annuelle, ou de faire certaines corvées. Cette eſpece d'affranchiſſement n'étoit donc qu'une demi-liberté, puiſqu'ils reſtoient ſoumis à pluſieurs charges que l'on avoit ſoin de ſpécifier, & auxquels ils étoient tenus par l'acte même de leur manumiſſion.

Dans la ſuite des tems, cette eſpece de ſervitude ne fut plus annexée qu'aux terres, & c'eſt par-là que les Seigneurs particuliers continuerent d'avoir des vaſſaux obligés à certaines corvées ou redevances annuelles.

Louis-le-Gros commença par affranchir les ſerfs de ſes domaines, pour en donner l'exemple aux Seigneurs de ſon Royaume. Sous le regne de S. Louis, la liberté devint plus complette par le moyen de l'Abonnement. Une famille, une paroiſſe entiere, tous les habitans d'un territoire traitoient avec leurs Seigneurs pour ſe racheter de toute charge, moyennant une rente annuelle, ou une certaine ſomme une fois donnée. C'eſt-là ce qu'on appella *Abonnement*, du vieux mot François *bonnes* qui ſignifie *bornes*, les charges ſe trouvant ainſi réduites ou bornées par un contrat. S. Louis & la Reine Blanche ſa mere s'appliquerent conſtamment à multiplier

tiplier les affranchiſſemens, perſuadés qu'une éducation convenable à des perſonnes libres, procureroit à l'Etat des ſujets propres à le rendre plus floriſſant. Le beſoin d'argent détermina Louis X à continuer une entrepriſe qui avoit été commencée par des motifs plus épurés; & prévoyant le cas où un eſclave ne voudroit pas être affranchi, parce que la ſervitude ne lui ſembleroit pas un état bien onéreux, il ordonna aux Commiſſaires nommés d'en tirer une ſomme en forme de ſubſide.

ABROGATION, ſ. f. ABROGER, v. a.

De l'Abrogation des Loix.

ABROGER ſans néceſſité des Loix que l'on trouve établies, c'eſt pour le moins, jetter les peuples dans la confuſion & les déſordres inſéparables des changemens.

Il eſt vrai, dit Monteſquieu, que, par une biſarrerie qui vient plutôt de la nature que de l'eſprit des hommes, il eſt quelquefois néceſſaire de changer certaines Loix. Mais le cas eſt rare; & lorſqu'il arrive, il n'y faut toucher que d'une main tremblante: on y doit obſerver tant de ſolemnités, & apporter tant de précautions, que le peuple en conclue naturellement que les Loix ſont bien ſaintes, puiſqu'il faut tant de formalités pour les abroger.

Le Cardinal de Richelieu penſoit, avec beaucoup d'autres Politiques, qu'il valoit ordinairement mieux fournir des expédiens pour réformer les abus des anciens uſages, & parer les inconvéniens des Loix établies, que d'abroger ces uſages & ces Loix.

A Athenes il n'étoit pas permis de propoſer au Peuple une Loi, ſans avoir conſulté l'Aréopage & obtenu ſon conſentement.

Les Locriens étoient bien plus ſéveres : quiconque vouloit leur propoſer quelque nouveau réglement, ne pouvoit le faire que la corde au cou, ſûr d'être étranglé, ſi la Loi propoſée n'étoit pas jugée aſſez utile pour être adoptée. L'Abrogation des Loix eſt une opération encore plus délicate que leur établiſſement, par la raiſon qu'il eſt plus difficile de ſe défaire d'une habitude, que de la prendre.

Je parle ſur-tout des Loix politiques, des Loix conſtitutives ou fondamentales : de celles qui forment le Droit public d'une nation, qui réglent la diſtribution des pouvoirs, les différens degrés d'autorité des Princes & des Magiſtrats, ainſi que les devoirs & les Droits du Peuple. Quoique ces Loix ſoient appellées conſtitutives ou fondamentales, il n'eſt pas néceſſaire qu'elles aient exiſté dans le principe, ou dès la premiere formation de l'Etat; il ſuffit qu'elles ſoient la baſe actuelle de la conſtitution, ou de l'une de ſes parties. Ces Loix peuvent encore n'être pas écrites. Des uſages invétérés, cimentés par une exécution conſtante, ſous la foi deſquels les ſujets ont long-tems obéi, acquierent la force de Loi, lorſque le conſentement général & l'opinion commune les ont fixés comme des points de regle & de certitude.

Le Royaume de France appartint à Philippe de Valois, en vertu d'une coutume à laquelle ſon ancienneté & le vœu général de la nation donnoient plus d'autorité que ſi elle eût été écrite parmi les Loix ſaliques; & c'eſt par elle que ce Royaume eſt parvenu juſqu'au Roi régnant.

Ces Loix ſont immuables par leur nature, c'eſt-à-dire qu'elles ſont au-deſſus de l'autorité des Princes & des Magiſtrats, puiſque c'eſt d'elles que les Princes & les Magiſtrats tiennent leur autorité. Le Monarque ne peut les abroger. Elles ſont annexées à ſa couronne, elles en forment les branches. Il doit la rendre telle qu'il l'a reçue. S'il ne peut ſouffrir la diminution de ſes droits ſans ſe dégrader, il ne peut les augmenter ſans faire tort à ſes Peuples. Comme les ſujets n'ont aucun droit de changer la conſtitution Monarchique en Républicaine, le Monarque ne ſauroit avoir celui de tranſformer une Monarchie légitime en un Etat deſpotique. Charles VI ne fut pas le maître de priver ſa poſtérité maſculine de ſa ſucceſſion. Lors même que les Rois jouiſſent de toute l'autorité de la nation, il eſt toujours vrai que jouir n'eſt pas poſſéder, c'eſt un uſufruit qui ne permet pas de dénaturer.

Ces principes ne ſont pas moins inconteſtables dans l'Ariſtocratie; toutes les fois que les Magiſtrats y ont voulu toucher à quelque Loi conſtitutive, l'alarme & le déſordre ont été dans l'Etat.

Les Etats ont pourtant leurs viciſſitudes. Il peut arriver, quoique rarement, que ces Loix deviennent nuiſibles. De nouvelles circonſtances, un grand changement dans les mœurs, des révolutions de fait ou de ſyſtême, des accidens dans le phyſique ou le moral, peuvent les rendre mauvaiſes. Alors, ſans doute, l'utilité publique exige qu'on les abroge. Si la conſtitution peche manifeſtement, il eſt juſte de la réformer en retranchant ou en ajoutant. Mais il eſt juſte auſſi d'appeller la Nation à ces changemens: ils ne ſeront légitimes que lorſqu'elle les aura adoptés librement. Un exemple fera ſentir la vérité de ces principes.

Lorſque Lycurgue forma la conſtitution de Lacédémone, il établit un Sénat indépendant, dont un des devoirs étoit de balancer le pouvoir des Rois & la liberté des Citoyens. On s'apperçut dans la ſuite que l'autorité de ce corps & celle des Rois étoient un double joug qui s'appeſantiſſoit ſur les peuples: on créa des Ephores. Cette inſtitution corrigeoit un vice de la fondation & entroit dans ſes vues. Cet arrangement dura cinq cens ans, au bout deſquels Cléomenes, ſous le prétexte d'une réforme générale, entreprit de ramener la République aux inſtitutions primitives de Lycurgue: il détruiſit les Ephores, abrogeant par-là une Loi devenue conſtitutive & ſacrée par le laps du tems. Son autorité seule fit ce changement ; il régna en despote, l'Etat fut renversé, & Cléomenes le dernier des Rois de Sparte.

Charles V ayant supprimé en France la plupart des Magistrats, leur avoit substitué des Commissaires. Le feu se répandit dans le Royaume. Ce Prince ne rougit point de revenir sur ses pas. Il déclara que cette suppression avoit été obtenue *par mauvaise impression & à son grand déplaisir*, & il l'annulla. Cet exemple s'est renouvellé de nos jours dans le même Royaume, par un jeune Monarque qui méritera, comme Charles V, le glorieux surnom de Sage. C'est ainsi que doit se conduire un Prince à l'égard de toute nouveauté dont le vice paroît dans l'exécution, plutôt que de prétendre que tout ce qui porte l'empreinte de l'autorité ne doit jamais être révoqué.

Ce n'est pas la République qui doit être accommodée aux Loix, ce sont les Loix qui doivent s'accommoder au besoin de la République. Le Législateur ayant eu en vue l'utilité perpétuelle de la République, a fait ses Loix pour durer toujours, parce qu'il a supposé qu'elles lui seroient toujours utiles. C'est ainsi qu'il faut interpréter les formules si connues des Edits : *par cet édit perpétuel & irrévocable ; à tous présens & à venir*, & autres semblables dont on usoit à Rome & ailleurs, & dont l'usage s'est conservé jusqu'à nous. Tel est le langage du Législateur qui pense faire le mieux, & qui se flatte que sa Loi toujours bonne durera toujours. Aussi il seroit absurde & inhumain d'abroger les Loix tant qu'elles sont utiles. Mais si des changemens survenus dans la situation de la République, dans ses rapports, ses intérêts, ses mœurs, & d'autres circonstances, ont rendu une Loi inutile ou dommageable, le Souverain doit commander, non plus selon cette Loi, mais à cette Loi même.

La premiere & la plus importante de toutes les Loix, c'est celle qui ordonne de préférer le salut du public à toute autre considération. C'est dans la vue de le procurer que les Loix ont été faites, c'est dans cette même vue qu'elles peuvent & doivent être abrogées. Théramenes, après la déroute des Athéniens, leur conseilla de déférer au commandement des Lacédémoniens victorieux qui vouloient qu'ils démolissent leurs murailles. Cléomenes s'y opposa, & dit qu'il seroit honteux d'abattre, par l'ordre des Lacédémoniens, des murailles que Thémistocles avoit élevées malgré eux. » Je ne propose » rien, répliqua Théramenes, de contraire à la pensée de ce grand homme ; » il a fait ces murailles pour l'utilité publique, & c'est pour cette même » utilité que je conseille de les abattre. « PLUTARQUE *Vie de* LYSANDRE. *Voyez ci-devant* ABOLIR, ABOLITION. *La Science du Gouvernement par* M. DE REAL, *Tome VI. Des Corps Politiques*, *Tom. I & III.*

ABRUTISSEMENT, s. m.

L'ABRUTISSEMENT est un état de l'ame entiérement livrée aux objets & aux impressions des sens, qui ne voit, ne connoit, ne sent, ne respire que ce qu'ils ont de plus matériel, de plus grossier, qui a oublié la dignité de son être & perdu le goût des choses intellectuelles. Cet état rapproche l'homme de la brute, comme le mot d'*Abrutissement* le désigne : c'est le plus affreux où une créature raisonnable puisse tomber. Elle y parvient insensiblement par l'habitude de la volupté, de l'intempérance, de la débauche ; & ce qu'il y a de plus fatal, c'est que la faculté de penser s'affoiblissant à mesure qu'on s'abandonne à la sensualité, & l'ivresse faisant perdre jusqu'à la raison, l'Abrutissement est accompagné d'un aveuglement fatal, d'une insensibilité stupide qui empêche l'homme de voir son avilissement. Et quand il le verroit, son ame a perdu son énergie, elle n'a plus la force de sortir du précipice ; il ne lui reste que la triste ressource de s'y plonger davantage pour achever de perdre jusqu'au sentiment de son malheur.

Qu'un homme vulgaire s'avilisse jusqu'à ce point, c'est un grand mal pour lui & pour les siens, pour sa femme & ses enfans, pour ses alliés & ses amis. L'Etat ne souffre que peu de son désordre, parce que l'influence du bien ou du mal que peut faire un simple particulier, ne s'étend pas bien loin. Mais qu'un Magistrat, un Ministre, un Roi, qui préside au sort d'une nation, méconnoissant les devoirs que lui imposent la nature, l'humanité, la loi, tombe par son inconduite & ses déréglemens dans le déplorable état dont nous parlons, quel exemple pour le Peuple, quel désordre dans l'Administration, quel malheur pour la Nation ! Qu'il doit être horrible le tableau de la Cour d'un Sardanapale ! Il n'estime du rang suprême, que la facilité de se livrer impunément à tous ses goûts, quelque dépravés qu'ils soient. Tout ce qui l'approche, n'est occupé qu'à inventer de nouveaux genres de plaisirs. La débauche succede à la volupté, l'intempérance, l'ivresse, la crapule, à la délicatesse des festins, parce qu'il n'y a plus que l'excès qui flatte des sens usés. Ses seuls favoris sont les ministres de ses plaisirs ; ses maîtresses même ne conservent ses bonnes graces qu'en lui prostituant, non plus leurs charmes dont il est rassasié, mais les graces & l'innocence de toutes celles qui peuvent faire impression sur lui. Les maîtresses sont ainsi remplacées par les courtisannes, parce que celles-ci savent raffiner la volupté, & qu'à un certain âge il faut des stimulans pour appeller la jouissance. Telles sont les ames basses à qui le Monarque semble avoir confié le sort de sa personne & de ses Etats. Ce sont elles qui donnent toutes les graces, qui nomment à tous les emplois, qui dirigent presque toutes les opérations du Gouvernement. Les Grands leur font la Cour ; & ceux qui refusent de fléchir le genou devant ces idoles de chair, encourent la disgrace du Souverain. Les dépenses ſont exceſſives; une prodigalité extravagante épuiſe les tréſors. Tout l'or du nouveau monde ne ſuffiroit pas à l'avidité des favoris & des courtiſannes. Il faut avoir recours aux impôts, vexer le peuple, vendre les charges, les emplois, les titres, & après avoir épuiſé toute eſpece de reſſources légitimes & illégales, finir par livrer la nation à la plus affreuſe miſere & au plus honteux aviliſſement. L'exemple eſt contagieux. La confuſion paſſe dans toutes les branches de l'Adminiſtration, dans toutes les claſſes & toutes les conditions. La baſſeſſe, la flatterie, la proſtitution & l'argent réglent tout, ou plutôt mettent le déſordre par-tout. Le Prince au fond de ſon Palais, au ſein du luxe, de la molleſſe, de l'ivreſſe, ne voit pas le mal, ou s'il le voit, il y eſt inſenſible. Qui ouvrira la bouche pour lui porter les plaintes du peuple? Les plaintes ſont des attentats, comme ſi le droit de la Royauté étoit de ſe perdre ſoi, ſa Cour & ſon Peuple. Si quelques ames généreuſes oſent élever la voix contre un déſordre preſqu'univerſel, l'exil & l'empriſonnement ſont la récompenſe de leur généroſité. Les eſpions & les délateurs ſont apoſtés par-tout pour vous accuſer. On ſe rencontre & l'on oſe à peine lever les yeux; il n'eſt pas même permis de s'affliger ſur le malheur commun. Cependant.... Puiſſe-je n'avoir fait qu'un tableau imaginaire! Puiſſe-t-il ne jamais être réaliſé!

ABSALON, *Miniſtre d'Etat ſous* VALDEMAR I *&* CANUT VI, *Rois de Danemarck, dans le XIIe. Siecle.*

ABSALON fut à la fois Evêque de Roſchild, Archevêque de Lunden, Miniſtre d'Etat & Général d'armée. Il ſe diſtingua dans l'Egliſe, dans le Miniſtere, & par ſes travaux militaires. Dans le ſiecle barbare où il vivoit, les Miniſtres d'un Dieu de paix marchoient à la tête des armées, échauffoient le carnage, & trempoient dans le ſang des hommes des mains qu'ils levoient enſuite vers le ciel pour lui rendre grace du ſuccès de leurs fureurs. Dans un ſiecle plus éclairé, & moins éloigné du nôtre, nous avons vu des Cardinaux paroître dans les ſieges & les combats.

Lorſque Valdemar diſputoit à Suenon III & à Canut V, l'héritage de ſes peres, Abſalon ſon ami l'aida de ſes conſeils, de ſes biens & de ſon ſang. Dès que ce Prince réunit, par la mort de ſes deux concurrens, la ſouveraineté de tout le Danemarck, Abſalon continua d'être ſon ami, & fut de plus ſon Miniſtre & ſon Général: il adminiſtra ſes finances, commanda ſes armées, & dirigea avec une habileté égale ſes démarches politiques, & ſes opérations guerrieres. Il remporta pluſieurs victoires ſur les Sclaves & les Wandales; mais il ne prit jamais les armes, ſans avoir tenté auparavant la voie des négociations. Les Pirates qui infeſtoient les mers, furent les ſeuls avec qui il n'uſa pas de cette modération; elle eût été dangereuſe.

Quelques Seigneurs conjurerent en 1178 contre Valdemar; ce Prince à qui le hasard découvrit cette conjuration, se contenta, par le conseil de son Ministre, de prendre les précautions nécessaires à sa sûreté, sans témoigner d'ailleurs une méfiance trop marquée, espérant que quelques-uns des conjurés se trahissant eux-mêmes il auroit une occasion de les convaincre de leur crime: ce qui arriva. Le Roi punit les plus coupables de l'exil & de la prison; les autres rentrerent en eux-mêmes, & ce trait de clémence gagna tous les cœurs.

Ce fut par de tels moyens aussi doux qu'infaillibles, qu'Absalon étouffa en Zelande une révolte prête à éclore. La même douceur lui réussit pareillement en Scanie où sa seule présence fit rentrer les plus mutins dans le devoir. On ne sauroit croire quel est l'ascendant d'un homme juste, integre, impartial, sur les esprits les moins dociles, lors sur-tout qu'à cette inviolable équité il joint la sagesse qui crée les moyens, l'activité qui sait les employer à propos, & ce désintéressement héroïque qui s'oublie soi-même pour ne songer qu'au bien du peuple.

Valdemar mourut en 1182. Ses sujets le pleurerent, & l'on sent combien son ami dut être sensible à cette perte. La douleur d'Absalon fut la douleur du Sage. Se regardant plutôt comme serviteur de l'Etat que comme Ministre du Roi, il conserva à Canut VI le zele généreux qu'il avoit fait éclater sous le regne précédent, & servit encore pendant vingt ans la nation. Il mourut en 1202.

La faveur constante, dont il jouit sous Valdemar & Canut, n'honore pas moins ces deux Princes qu'Absalon lui-même. Les Historiens Danois, esclaves des préjugés de leur siecle, exaltent beaucoup la magnificence avec laquelle il dota les Eglises & enrichit les Moines; mais ils nous ont transmis des faits qui fournissent à son éloge une matiere plus ample & plus belle. Nous le louerons d'avoir pris des moyens efficaces pour introduire dans les Monasteres le goût de l'étude, avec la décence & les mœurs convenables à l'état Religieux. Protecteur des lettres dans leur enfance, il les auroit tirées de leur berceau, si la barbarie de son siecle ne se fût opposée au soin qu'il prit d'éclairer les hommes. La politique, qui n'est pour tant d'Hommes-d'Etat, que l'art de mentir avec adresse, ne fut pour lui que l'art d'agir, de parler & de se taire à propos. Jaloux du bonheur de la nation, qui étoit à ses yeux le plus grand & le plus cher intérêt du Souverain, il fut souvent médiateur entre son peuple & lui. Lorsqu'il eut soumis les Scaniens révoltés, il se jetta aux genoux du Monarque pour obtenir leur grace. Enfin telles furent la modération & l'intégrité de son Ministere, qu'un Historien-Philosophe a dit de lui, que maître de tout faire, il ne fit rien que de juste. Heureux les Ministres dont la postérité pourra faire le même éloge!

ABSENCE, *f. f.* ABSENT, *adj.*

L'ABSENCE, ou l'éloignement du lieu de fon domicile, ne préjudicie point aux droits de l'abfent. C'eft fur ce principe qu'un homme qui revient en France, après quelqu'abfence que ce puiffe être, eft admis à demander reftitution de fes biens, & des fucceffions qui lui font échues, non-obftant le partage qui en auroit été fait. Une femme de même qui fur de faux bruits de la mort de fon mari, quelque bien certifiée qu'elle puiffe être, s'eft remariée, eft obligée de retourner avec fon premier mari en cas de retour, quoique la loi regarde les enfans du fecond lit comme légitimes. La loi encore répute l'enfant né pendant l'abfence du mari pour légitime, à moins que fa légitimité ne foit démontrée phyfiquement impoffible.

La même raifon qui fait que la prefcription ne court pas contre les mineurs, fait qu'elle ne court point auffi contre ceux qu'une longue abfence empêche d'agir : ce qui ne s'entend pas feulement d'une abfence pour des affaires publiques; (car c'eft un principe que ceux qui font abfens pour le bien de l'Etat, font réputés préfens toutes les fois qu'il s'agit de leurs intérêts) mais auffi d'autres abfences caufées par des cas fortuits, comme une captivité. Et fi l'abfence n'a pas duré pendant tout le tems de la prefcription, on en déduit le tems qu'elle a duré. Que fi le droit qu'on prétendroit faire perdre à l'abfent, par la prefcription, lui avoit été acquis pendant fon abfence & à fon infu, comme un legs, un héritage, ou fi l'abfence avoit duré pendant les dernieres années de la prefcription, il y auroit encore plus de raifons pour qu'il rentrât dans fes droits; car on ne pourroit lui imputer d'avoir laiffé écouler ce tems fans agir.

EXAMEN DE CETTE QUESTION:

Quand un Abfent peut-il être réputé mort?

LORSQU'IL s'agit de faire le partage d'une fucceffion où un abfent a intérêt, il faut diftinguer s'il y a une certitude probable qu'il foit vivant, ou fi la probabilité au contraire eft qu'il foit mort. Dans le premier cas il n'y a qu'à le faire affigner à fon dernier domicile, pour faire ordonner avec lui qu'il fera procédé au partage. Dans l'autre cas, fes cohéritiers partageront entr'eux la fucceffion, mais en donnant caution pour la part de l'abfent. Mais la mort ne fe préfume pas fans de fortes conjectures; & s'il refte quelque probabilité qu'il puiffe être vivant, on lui réferve fa part dans le partage, & on en laiffe l'adminiftration à fon héritier préfomptif, lequel auffi eft obligé de donner caution.

Lorsque M. Nicolas Bernoulli, neveu des célebres Jaques & Jean Bernoulli, soutint à Bâle en 1709 sa These de Docteur en droit; comme il étoit grand Géometre, aussi-bien que Jurisconsulte, il ne put s'empêcher de choisir une matiere qui admît de la Géométrie. Il prit donc pour sujet de sa These *de usu artis conjectandi in Jure*, c'est-à-dire, *de l'application du calcul des probabilités aux matieres de Jurisprudence*; & le troisieme Chapitre de cette These traite du tems où un absent doit être réputé mort. Selon lui, il doit être censé tel, lorsqu'il y a deux fois plus à parier qu'il est mort que vivant. Supposons donc un homme parti de son pays à l'âge de vingt ans, & voyons, suivant la Théorie de M. Bernoulli, en quel tems il peut être censé mort.

Suivant les tables données par M. Deparcieux de l'Académie Royale des Sciences, de 814 personnes vivantes à l'âge de 20 ans, il n'en reste à l'âge de 72 ans que 271, qui sont à peu près le tiers de 814 dont il est mort les deux tiers depuis 20 jusqu'à 72; c'est-à-dire, en 52 ans: donc au bout de 52 ans il y a deux fois plus à parier pour la mort que pour la vie d'un homme qui s'absente & qui disparoît à 20 ans: j'ai choisi ici la table de M. Deparcieux, & je l'ai préférée à celle dont M. Bernoulli paroît s'être servi, me contentant d'y appliquer son raisonnement, mais je crois notre calcul trop fort en cette occasion à un certain égard, & trop foible à un autre; car 1°. d'un côté la table de M. Deparcieux a été faite sur des rentiers de Tontines qui, comme il le remarque lui-même, vivent ordinairement plus que les autres, parce que l'on ne met pour l'ordinaire à la Tontine que quand on est assez bien constitué pour se flatter d'une longue vie. Au contraire, il y a à parier qu'un homme qui est absent, & qui depuis long-tems n'a pas donné de ses nouvelles à sa famille, est au moins dans le malheur ou dans l'indigence, qui joints à la fatigue des voyages ne peuvent guere manquer d'abréger les jours. 2°. D'un autre côté, je ne vois pas qu'il suffise, pour qu'un homme soit censé mort, qu'il y ait seulement deux contre un à parier qu'il l'est, sur-tout, dans le cas dont il s'agit. Car lorsqu'il est question de disposer des biens d'un homme, & de le dépouiller sans autre motif que sa longue absence, la loi doit toujours supposer sa mort certaine. Ce principe me paroît si évident & si juste, que si la table de M. Deparcieux n'étoit pas faite sur des gens qui vivent ordinairement plus long-tems que les autres, je croirois que l'absent ne doit être censé mort que dans le tems où il ne reste plus aucune des 814 personnes âgées de vingt ans, c'est-à-dire, à 93 ans. Mais comme la table de M. Deparcieux seroit dans ce cas trop favorable aux absens, on pourra, ce me semble, faire une compensation, en prenant l'année où il ne reste que le quart des 814 personnes, c'est-à-dire, environ 75 ans. Cette question seroit plus facile à décider si on avoit des tables de mortalité des voyageurs : mais ces tables nous manquent encore, parce qu'elles sont très-difficiles, & peut-être impossibles dans l'exécution.

M. de

M. de Buffon a donné à la fin du troisieme volume de son Histoire Naturelle, des tables de la durée de la vie, plus exactes & plus commodes que celles de M. Deparcieux, pour résoudre le problême dont il s'agit, parce qu'elles ont été faites pour tous les hommes sans distinction, & non pour les rentiers seulement. Cependant ces tables seroient peut-être encore un peu trop favorables aux voyageurs, qui doivent généralement vivre moins que les autres hommes : c'est pourquoi, au-lieu d'y prendre les $\frac{2}{3}$ comme nous avons fait dans les tables de M. Deparcieux, il seroit bon de ne prendre que les $\frac{5}{8}$, ou peut-être les $\frac{1}{2}$. Le calcul en est aisé à faire; il nous suffit d'avoir indiqué la méthode.

D'ailleurs la solution de ce problême suppose une autre théorie sur la probabilité morale des événemens, que celle qu'on a suivie jusqu'à présent. En attendant que nous exposions à l'article PROBABILITÉ cette Théorie nouvelle, nous allons mettre le Lecteur en état de se satisfaire lui-même sur la question présente, des absens réputés pour morts, en lui indiquant les principes qu'il pourroit suivre. Il est constant que quand il s'agit de décider, par une supposition, du bien-être d'un homme qui n'a contre lui que son absence, il faut avoir la plus grande certitude morale possible que la supposition est vraie. Mais comment avoir cette plus grande certitude morale possible? où prendre ce *maximum?* comment le déterminer? Voici comment M. de Buffon veut qu'on s'y prenne, & l'on ne peut douter que son idée ne soit très-ingénieuse, & ne donne la solution d'un grand nombre de questions embarrassantes, telles que celles du problême sur la somme que doit parier à croix ou pile un joueur A contre un joueur B qui lui donneroit un écu, si lui B amenoit pile du premier coup ; deux écus, si lui B amenoit encore pile au second coup; quatre écus, si lui B amenoit encore pile au troisieme, & ainsi de suite : car il est évident que la mise de A doit être déterminée sur la plus grande certitude morale possible que l'on puisse avoir, que B ne passera pas un certain nombre de coups; ce qui fait rentrer la question dans le fini, & lui donne des limites. Mais on aura, dans le cas de l'absent, la plus grande certitude morale possible de sa mort, ou d'un événement en général, par celui où un nombre d'hommes seroit assez grand pour qu'aucun ne craignît plus un grand malheur qui devroit cependant arriver infailliblement à un d'entr'eux. Exemple : prenons dix mille hommes de même âge, de même santé, &c. parmi lesquels il en doit certainement mourir un aujourd'hui : si ce nombre n'est pas encore assez grand pour délivrer entiérement de la crainte de la mort chacun d'eux, prenons-en vingt. Dans cette derniere supposition, le cas où l'on auroit la plus grande certitude morale possible qu'un homme seroit mort, ce seroit celui où de ces vivans, quand il s'est absenté, il n'en resteroit plus qu'un.

La Législation doit suivre ici & dans toutes autres conjonctures pareilles, la supposition la plus favorable à l'humanité. *Encyclopédie.*

ABSOLU, ABSOLUE, adj.

§. I.

Il doit y avoir un Pouvoir Absolu dans l'Etat. La Souveraineté est absolue par sa nature. Y a-t-il, dans le Droit, des Magistrats ou Monarques absolus?

DANS tout Gouvernement il faut une Autorité absolue; quelque part qu'elle réside, elle doit disposer à son gré de toutes les forces de la société; pour cet effet elle doit non-seulement faire des Loix, mais encore jouir d'un pouvoir assez étendu pour les faire exécuter, ou pour vaincre les obstacles que pourroient y apporter les passions des individus. Ces objets ne seroient point remplis, si l'autorité publique n'avoit pas une force suffisante pour obliger également tous les Membres de l'Etat, de concourir à son bonheur, à sa conservation, à sa sûreté. Elle doit encore décider des voies qui y sont les plus propres. En un mot, cette force centrale est faite pour déterminer toutes les tendances particulieres, & doit être assez puissante pour les forcer à se joindre à la tendance du tout. Si cette puissance avoit des bornes, il ne pourroit y avoir d'activité & de vigueur dans le Gouvernement; les vices des Membres rendroient sans cesse inutile ou dangereuse une association qui n'a pour objet que le bien-être général. Cette vérité a été sentie par les Sociétés les plus jalouses de leur liberté: au milieu des factions les plus cruelles, souvent elles se sont vu obligées de se soumettre, au moins pour un tems, à une autorité illimitée. Telle fut la *Dictature* à Rome.

Mais en quelles mains remettre un pouvoir si nécessaire? Comment empêcher qu'il ne dégénere à la fin en un abus insupportable. Le problême paroit difficile à résoudre. Si l'on confie l'autorité à un seul, il devient un centre unique qui attire tout à lui, & fait servir les forces de l'Etat à satisfaire ses propres passions. Le pouvoir absolu, confié sans réserve à un seul homme, ne peut donc être que l'effet de l'imprudence & du délire. Remettra-t-on la puissance suprême à un petit nombre de Citoyens choisis? Bientôt ils deviendront les Tyrans de la Société. La Nation elle-même conservera-t-elle la plénitude de son pouvoir? Elle ne sait en faire usage; ou si par hazard elle l'emploie, ce sera sans prudence, sans réflexion, sans raison, & souvent contre ses intérêts les plus chers. Dans ces embarras quel parti prendre? Il n'en est point de plus sûr que de partager entre les différens ordres de la société une puissance qui, placée dans les mains d'un seul homme ou d'un seul corps, les mettroit en état d'opprimer. A-t-on imaginé rien de plus ſage que de ſubordonner le pouvoir du Monarque à celui des Repréſentans du peuple, & ces Repréſentans à la volonté de leurs Conſtituans de qui ils tiennent tous leurs droits, dont ils ſont les interpretes, & non les maîtres.

Quelques Nations ont accordé la Puiſſance légiſlative dans toute ſon étendue à leurs Souverains; d'autres ont partagé ce pouvoir, ſe réſervant à elles-mêmes ou à leurs Repréſentans, la faculté de concourir à la Loi, de l'accepter ou de la rejetter, de la modifier ou de la changer, de l'examiner, en un mot, d'en peſer les avantages & les déſavantages. D'autres peuples ont réuni, dans les mains de leurs Chefs, le pouvoir légiſlatif avec celui de faire exécuter les Loix qu'ils auroient faites, ce qui conſtitue la plénitude de la Souveraineté, ou, ſi l'on veut, le Pouvoir abſolu. D'autres ont eu la précaution de ſéparer ces deux pouvoirs, de les remettre en des mains différentes qui puſſent ſe balancer mutuellement pour la ſûreté de la liberté Nationale.

Mais dans les contrées-mêmes, où les Souverains s'arrogent le pouvoir le plus indépendant, ils ne ſe diſpenſent jamais, en montant ſur le Trône, de s'aſſurer, par quelques formalités, de l'obéiſſance & du conſentement de leurs ſujets. Les Deſpotes les plus abſolus, dans leurs démélés avec leurs concurrens, en ont ſouvent appellé en dernier reſſort à la déciſion de ces mêmes peuples qu'ils ont ſouvent outragés, mais qu'ils reconnoiſſent alors pour les vrais juges de leurs droits.

De quelque maniere que le Pouvoir ſouverain ſoit diſtribué, la ſomme totale en eſt toujours abſolue & illimitée. S'il parle au nom de la Société dont le pouvoir ne connoît point de bornes, il doit avoir le droit d'employer toutes ſes forces pour faire exécuter ſes volontés par tous ſes Membres. Ainſi la plénitude de la Souveraineté confere le droit de forcer tous les Citoyens à ſe conformer aux Loix qu'elle a faites ou qu'elle approuve. Obliger les hommes d'obéir à la Loi, c'eſt les obliger d'obéir à la raiſon publique, qui ne peut vouloir que ce qui convient à la nature de la Société & aux circonſtances où elle ſe trouve. Lorſque le Souverain commande conformément à la Loi, ſes ordres doivent être abſolus; la Loi doit être deſpotique, mais le Souverain ne doit jamais être deſpote. La volonté d'une Société équitable n'eſt point faite pour trouver de réſiſtance dans aucun de ſes Membres.

Quelle qu'ait été l'autorité qu'une Société ait conſenti à mettre ſur ſa tête lorſque ſon choix fut libre, elle ne prétendit jamais ſe ſoumettre à une volonté injuſte, capricieuſe, déraiſonnable, elle voulut être heureuſe: ſi elle ſe priva de l'exercice de ſes droits, ce fut pour les remettre entre des mains qui puſſent l'en faire jouir plus ſûrement; ce fut pour ſimplifier une machine qui, devenue trop compliquée par les efforts oppoſés de chacune de ſes parties, couroit riſque de s'arrêter ou d'être à chaque inſtant dérangée dans ſes mouvemens. Le bonheur, la ſûreté, la conſervation furent toujours son but : en cherchant à mettre ses Membres à couvert de leurs passions réciproques, elle n'eut jamais le dessein de les livrer sans défense à un pouvoir terrible qui, dépositaire de toutes ses forces, devenoit très-dangereux. Elle s'engagea à obéir, mais ce fut pour son bien, ce fut à des volontés justes, ce fut à des Loix fondées sur sa Nature & conformes à son bien-être.

Telles sont les conditions invariables de ce pacte primitif que toutes les sociétés ont fait avec leurs chefs. Que la flatterie n'appelle point *tacite*, un pacte que la Nature proclame à haute voix ; que la tyrannie ne traite point de chimérique, ce titre primordial des Nations : il est gravé pour toujours dans les cœurs de tous les hommes ; la raison le fait lire à tous ceux qu'elle éclaire. Ces archives sacrées à couvert des injures des âges, de la violence & de l'imposture, se conserveront éternellement.

Si ce fut une famille qui fournit le modele du Gouvernement Royal, la société voulut être gouvernée comme une famille : un pere commanda donc à ses enfans, il s'engagea de les défendre ; son expérience, ses lumieres, sa raison plus exercée le mirent à portée de prévoir & de prévenir les périls qui les menaçoient, il dut leur ôter les moyens de se nuire ; il dut les exciter à la bienveillance, récompenser leurs vertus, & punir leurs excès. En un mot, la Nation, en se soumettant à un Roi, voulut être administrée sur le plan économique d'une famille heureuse, objet de la tendresse & des soins de son chef.

Si les Nations éprises des vertus, frappées des talens, reconnoissantes des bienfaits de quelques-uns de leurs Citoyens, leur ont volontairement déféré le Pouvoir souverain, cet acte ne prouve-t-il pas que ce fut à la vertu qu'elles rendirent hommage, que ce fut à la raison qu'elles voulurent se soumettre, que ce fut à la bienfaisance qu'elles désirerent de s'enchaîner ? Si dans la chaleur de l'enthousiasme, elles ne stipulerent point expressément des conditions avec leurs Maîtres, dira-t-on que les Successeurs de ceux qu'elles avoient choisis pour leurs vertus ou leurs lumieres, furent dispensés d'en montrer aucunes ? La bonté des premiers seroit-elle devenue aux autres un titre pour nuire ou pour être inutiles ?

Quand l'espoir d'être protégé rassembla des hommes timides sous les ordres d'un Chef vaillant, expérimenté, ces qualités lui donnerent-elles le droit d'opprimer ses semblables ? La société voulut-elle que ceux qu'elle choisissoit pour sa défense, devinssent ses oppresseurs, & lui fissent éprouver les maux dont elle vouloit se garantir ? Fallut-il qu'elle imposât la loi de la protéger, à des hommes que le motif de sa propre sûreté l'engageoit à prendre pour Chefs & que leurs talents lui rendoient nécessaires ?

Quand les peuples reçurent des loix de ces personnages fameux qui leur parlerent au nom de la Divinité, ils crurent, sans doute, que ces législateurs illuminés alloient les rendre plus heureux ; ils présumerent que des loix descendues du Ciel, seroient plus sages que celles des hommes & ne pouvoient manquer de les conduire à la félicité. On ne put pas, sans outrager la Divinité, dire à ces peuples qu'elle prétendoit que les Souverains eussent le droit de les rendre malheureux ou de les gouverner d'une façon injuste & tyrannique. Quelqu'origine que l'on donne à l'autorité souveraine, soit qu'on la suppose émanée du Ciel, soit qu'on la regarde comme fondée sur le consentement des hommes, elle dut avoir toujours l'équité pour base & le bien de la société pour objet. Si les Nations ne firent aucun Traité avec les maitres que la Providence étoit censée leur donner, c'est parce qu'elles présumerent qu'un Souverain du choix de Dieu même ne pouvoit les gouverner qu'avec justice & pour leur plus grand bien.

On nous dira peut-être que la plûpart des Gouvernemens se sont établis par la violence, par les armes, par la conquête; que les Nations subjuguées par des guerriers ou par des brigands heureux, ont été forcées de recevoir des loix telles qu'ils voulurent les imposer; que contens de sauver leurs vies & une partie de leurs biens, ces peuples renoncerent à leur liberté, à leur volonté, à leurs loix, & ne purent proposer des conditions à des vainqueurs farouches, peu disposés à y souscrire & assez puissans pour se faire obéir, quelle que fût leur volonté. L'on ne peut nier que la force, la guerre & le désordre n'aient établi quelques-uns des Empires que nous voyons sur la terre; mais ces excès purent-ils jamais donner des titres légitimes? Le droit de conquête sur lequel tant de Souverains fondent leur pouvoir absolu, est-il donc un droit mieux fondé, que celui des voleurs & des assassins? Si les loix de la Nature sont méconnues ou réduites au silence dans le tumulte de la conquête, elles ne sont pour cela ni suspendues ni abrogées. Le pouvoir n'est légitime, que par le consentement subséquent de la société subjuguée. Le conquérant, devenu le maître, commande-t-il toujours à des ennemis? Oui, dira-t-on peut-être; mais dans ce cas les peuples n'ont-ils point le droit de le traiter en ennemi, de se défendre contre lui, de le détruire lui-même? Commande-t-il à des Sujets? Il doit les rendre heureux. Si la conquête est un titre, la violence en est un, sans doute, & la force seule décidera du sort des Nations. Mais quel homme peut se flatter d'être toujours plus fort qu'une Nation entiere? Quel vainqueur résistera à l'adresse, à la ruse qui suppléent si souvent à la Puissance? Si la conquête, ainsi que l'usurpation, donnent des droits, ils demeurent incertains dans l'esprit même du conquérant; la fureur de la conquête une fois calmée, s'il consulte son propre intérêt, il sentira qu'il commande à une société toujours plus forte que lui, & qui ne peut renoncer à l'usage de son pouvoir & de ses droits naturels, qu'en faveur des avantages qu'elle attend de sa soumission. La force ne donne jamais des droits que la force ou la ruse ne puissent également détruire.

Ainsi de quelque source que l'on fasse dériver le pouvoir primitif des Souverains, il n'y eut que le consentement de la Société qui pût le rendre légitime; elle ne l'accorda jamais gratuitement, ce fut toujours pour son bien qu'elle renonça à son indépendance, à l'inimitié qu'elle dut avoir d'abord pour son agresseur. Le devoir & l'intérêt de ses Chefs fut de la rendre heureuse. Soit que les Nations aient fixé, par des loix connues, les bornes du pouvoir de leurs Chefs, soit que leur foiblesse les ait empêché de régler, par des actes authentiques, les droits qu'elles leur abandonnoient & ceux qu'elles réservoient pour elles-mêmes, jamais elles ne purent déroger aux loix de leur nature, jamais elles ne purent dispenser leurs Souverains des loix de l'équité; jamais elles ne purent renoncer au bonheur, penchant le plus nécessaire de tous les êtres intelligents. Que dis-je? Si quelquefois dans la chaleur des passions, des peuples avoient renoncé, par des actes solemnels, aux droits de leur nature; si par un excès d'amour ou de confiance, ils avoient conféré à leurs Monarques le pouvoir le plus illimité, ces démarches dictées par la ferveur de l'enthousiasme ne peuvent donner au Souverain le droit de les opprimer; jamais des êtres raisonnables, n'ont pu ni voulu accorder à leurs Chefs, la faculté de les rendre misérables. *Voyez ci-après le* §. II.

Qu'est-ce donc qu'un Monarque? C'est un homme à qui sa nation suppose les vertus, les talens, les qualités nécessaires pour lui procurer les avantages qu'elle est en droit d'exiger. Un Roi est un Citoyen choisi par ses Concitoyens pour parler & pour agir au nom de tous, pour être l'organe & l'exécuteur des volontés de tous, pour être le dépositaire du pouvoir de tous. Suivant les conditions expresses que les Nations leur ont imposées, les Rois les représentent en tout ou en partie. Lorsque leur pouvoir n'a point été limité, c'est-à-dire, quand la Nation ne s'est point expressément réservé quelque part dans la Législation, l'autorité que le Monarque exerce, peut être nommée absolue. Mais lorsque la Nation, par des conventions connues, a stipulé avec son Monarque, ou s'est réservé par des actes authentiques, l'exercice d'une portion du pouvoir, la Souveraineté se nomme Monarchie *Mixte*, *Limitée*, *Tempérée*. Dans l'un & l'autre de ces cas, le pouvoir du Monarque n'a pourtant dans la réalité que la même étendue. L'omission d'une formalité ne peut anéantir à jamais les droits de la société. Aux yeux de l'équité, les Monarques à qui les peuples n'ont imposé aucune condition, ne sont pas plus en droit de les opprimer ou de leur nuire, que ceux dont ils ont le plus soigneusement limité l'autorité.

Cependant un grand nombre d'Auteurs trompés par le son des mots, ou dans la vue de flatter, ont cru que le titre de *Monarque absolu*, donné improprement à quelques Souverains, annonçoit un pouvoir qui ne connoissoit d'autres bornes, que celles de sa propre volonté. Cette erreur propagée par l'intérêt des Courtisans, par l'ambition des Ministres, a fait de quelques Rois, des êtres divins, mystérieux, inconcevables, dont les Nations aveuglées ne se sont plus permis d'examiner les droits. Subjuguées par la force, par l'habitude & par l'opinion, elles se sont cru engagées à ſubir, ſans murmurer, le joug le plus accablant, le plus révoltant, le plus contraire à leur nature, le plus oppoſé au but de toute aſſociation.

Ces idées ont ouvert un champ ſans bornes aux paſſions des Rois qui, dans les âges barbares, par une pente naturelle à tous les hommes, s'occuperent uniquement du ſoin de ſe rendre puiſſans, & ſacrifierent à l'agrandiſſement de leur pouvoir, le bonheur des Nations confiées à leurs ſoins. Ainſi les ſociétés ne trouverent ſouvent que des ennemis, des oppreſſeurs dans ceux qu'elles avoient choiſis pour être leurs défenſeurs, leurs guides, & leurs peres; elles oublierent qu'elles ont une volonté; l'habitude de l'exprimer en étouffa le reſſort; & d'âges en âges une race de mortels malheureux tranſmit à ſa poſtérité, ſes infortunes & ſes préjugés.

Voyez ABUS DU POUVOIR.

Pour détruire des erreurs dont les ſuites ſont funeſtes aux Rois & aux peuples, il ſuffit de rapprocher, en peu de mots, les principes qui viennent d'être établis. Simplifions-les encore, & que le bon ſens réſolve les problêmes que nous propoſons.

1°. Un Roi ceſſe-t-il d'être un homme? Du moment qu'il eſt revêtu de la Puiſſance ſouveraine, paſſe-t-il à une eſpece nouvelle? Devient-il un être d'un ordre plus ſublime? Son rang le diſpenſe-t-il des devoirs de la nature Humaine?

2°. Y eut-il des ſociétés avant qu'il y eut des Monarques? Peut-il y avoir des Rois, ſans qu'il exiſte des Nations? Un Souverain n'eſt-il pas membre de la ſociété qu'il gouverne? Eſt-il ſeul deſtiné à recueillir les fruits de l'aſſociation générale?

3°. Le tout doit-il céder à ſa partie? La volonté d'un ſeul doit-elle l'emporter ſur les volontés de tous? Eſt-il dans chaque ſociété, un être privilégié qui ſoit diſpenſé d'être utile? Le Souverain eſt-il ſeul dégagé des liens qui uniſſent tous les autres? Un homme peut-il lier tous les autres, ſans leur tenir lui-même par aucun lien?

4°. En ſuppoſant l'Autorité ſouveraine émanée de la Divinité, peut-on croire qu'un Dieu juſte ait deſtiné des millions d'êtres de la même eſpece, à contribuer gratuitement au bonheur d'un ſeul d'entre eux? Le Ciel auroit-il condamné tous les peuples de la terre au travail, à l'indigence, aux larmes, pour repaître la vanité, les fantaiſies, l'ambition d'un petit nombre d'hommes ou de familles qui les gouvernent?

5°. De quelle nature peut être cette vertu divine communiquée aux Monarques, qui rend leur autorité irrévocable, même aux yeux de ceux qui l'ont conférée? Le droit *Divin* prive-t-il une Nation du droit naturel de ſe défendre, de ſe conſerver, de repouſſer tout ennemi qui l'attaque? Dieu donne-t-il au Souverain le droit excluſif de l'offenſer impunément? Ote-t-il aux Nations le droit de veiller à leur ſûreté & de ſe garantir de leur perte?

6°. La poſſeſſion d'un pouvoir injuſte dans ſon origine, maintenu par la force, supporté par la foiblesse, est-elle un titre que la justice, la raison & la force ne puissent jamais détruire?

7°. N'est-ce que pour commander, que les Monarques sont faits? N'est-ce qu'à obéir, que leurs Sujets sont destinés? N'est-ce en vue d'aucun profit, que les hommes ont renoncé à l'usage d'une partie de leur liberté, de leur propriété, de leurs forces? En se soumettant à l'un d'entre eux, ont-ils prétendu s'interdire à jamais tous les moyens légitimes de travailler à leur propre bonheur? Ont-ils voulu conférer à quelqu'un le droit de les rendre malheureux sans ressource?

8°. Enfin supposera-t-on qu'une Nation ait prétendu que son sort dépendît du caprice d'un seul homme qui, par ses passions, ses foiblesses, ou ses folies, pût à chaque instant la conduire à sa ruine, sans que jamais il lui fût permis de mettre obstacle à ses projets?

L'Empereur Marc-Aurele se sentit assez de force & de zele pour le bien public, pour oser dire au Préfet du Prétoire. » Je vous donne cette épée » pour me défendre tant que je serai le ministre & l'observateur des » Loix, mais je vous ordonne de la tourner contre moi, si j'oublie que » mon devoir est de faire naître la félicité publique. « Nous n'avons garde de prendre ces paroles à la lettre : elles nous font du moins concevoir l'idée que l'Empereur Marc-Aurele avoit du Pouvoir souverain, de son étendue, de sa nature, & de sa fin.

Félicitons-nous de vivre dans un siecle où, par les progrès de la raison & de la science du Gouvernement, les Rois peuvent entendre & goûter des vérités qui fondent leur autorité sur les loix, sur la justice & la bienfaisance, ainsi que sur l'amour & la félicité du genre-humain : base bien plus solide que ne peut être une indépendance chimérique, une puissance arbitraire & conséquemment précaire, une volonté sujette à l'erreur & au caprice.

§. II.

Le Pouvoir Absolu est dangereux : il importe de le limiter par les Loix.

Si l'on parcourt l'Histoire de tous les Etats depuis l'origine des Sociétés jusqu'à nos jours, on ne trouve qu'un seul exemple d'un peuple qui ait donné, de son propre mouvement & d'après une mûre délibération, une puissance absolue à son Souverain. Les premieres Monarchies de l'antiquité étoient très-modérées, & le peuple y exerçoit souvent la puissance législative. Tous les Royaumes modernes dont nous trouvons l'établissement dans l'Histoire, & particuliérement ceux que les Germains & les autres nations du Nord ont fondés en Angleterre, en France, en Italie, en Espagne & en Afrique, eurent d'abord des Monarques qui partagerent la puissance souveraine avec leurs Sujets, tant les Grands que le Peuple. Les Monarchies absolues eurent toujours leur source ou dans le droit de conquête, lorsque les

les Peuples victorieux furent assez peu prévoyans pour laisser croître jusques sur eux, avec le tems, l'esclavage où ils avoient contribué à réduire les nations vaincues; ou dans l'abus que les Souverains firent du pouvoir qui leur avoit été confié, & dont ils se servirent pour opprimer leurs Peuples & les dépouiller de leurs droits. Les Peuples eurent toujours des motifs assez puissans de ne pas se soumettre à un pouvoir absolu, pour qu'ils aient pu l'adopter librement. Un pareil joug ne tarde guere à devenir funeste. Il suffit que ce pouvoir passe des mains d'un homme juste dans celles d'un méchant homme. La Monarchie absolue fait dépendre la liberté & le bonheur des peuples de la volonté d'un seul homme. Il est mille événemens inopinés qui peuvent alors les plonger dans le dernier malheur. La seule incertitude des qualités & du caractere des successeurs du Monarque qu'ils auroient pu revêtir de ce pouvoir, auroit dû les empêcher de le confier à personne. La Monarchie illimitée jette les peuples dans une situation trop périlleuse.

Le Danemarck, comme nous venons de l'observer, nous offre le seul exemple qu'il y ait, qu'un peuple ait donné librement un pouvoir absolu à son Souverain. Il falloit que l'État fût dans une crise bien terrible; il falloit que l'empire de la Noblesse sur le peuple fût bien exorbitant, ou peut-être bien foible, pour que la Nation pût se porter à une démarche si désespérée. Cependant la grandeur de ce sacrifice, le plus grand sans doute qu'une nation puisse jamais faire, n'a point été jusqu'à présent préjudiciable aux Danois. La puissance la plus formellement absolue de l'Univers, je veux dire la seule de cette nature qui soit fondée sur un contrat social, ne paroît pas encore avoir produit un gouvernement plus violent ou moins doux que celui des Monarchies tempérées. Quel acte d'autorité absolue que celui de Frédéric III, lorsqu'en publiant les loix qu'il nomma *Loix Royales*, il défendit à ses successeurs d'y rien changer! Mais à considérer la suite de son opération, il semble avoir voulu faire entendre que les Rois de Dannemarck ne se mettront plus à la place de leurs peuples pour établir des loix fondamentales; puisque Frédéric III, en leur défendant de rien changer aux Loix Royales, les oblige de s'y soumettre.

Lorsque toutes les branches de la souveraine puissance sont réunies dans les mains d'un Monarque absolu, ce despote est trop redoutable. Combien le pouvoir d'un juge n'est-il pas terrible, lorsque rien ne peut l'arrêter, que la bonté de son propre cœur, & lorsqu'il peut faire sans cesse des loix nouvelles, & changer les loix fondamentales sous le moindre prétexte? Combien la puissance exécutrice n'est-elle pas à craindre, quand elle se trouve dans les mains d'un homme qui, avec le droit de législation, & l'administration de la justice, peut à tout moment rendre criminelles les actions les plus indifférentes? Quelle liberté restera-t-il alors aux citoyens? Il n'est ni sûr, ni prudent de réunir ces puissances dans les mêmes mains, soit d'un seul homme, soit d'un seul corps, à moins qu'elles ne soient exercées avec la plus profonde sageſſe. Un eſprit médiocre, joint à la plus belle ame, ne ſuffit pas pour en faire un bon uſage. Les plus zélés partiſans du pouvoir abſolu n'en diſconviennent pas. Le Cardinal de Richelieu, ce grand promoteur du pouvoir illimité, & l'on pourroit même dire du pouvoir deſpotique, préfere la puiſſance illimitée d'un ſeul à toutes les autres formes de Gouvernement, comme on peut s'en convaincre par la lecture du *Teſtament politique* qui lui eſt attribué; mais il exige tant de vertu, d'équité, de pénétration & de ſageſſe dans un Monarque abſolu & dans ſes *Miniſtres*, qu'un Ange pourroit à peine en avoir autant; & nous verrons, en traçant ſon caractere, & le tableau hiſtorique de ſon Miniſtere, que ſon exemple ne prouve pas qu'un Miniſtre ait toujours toutes les qualités d'eſprit & de cœur, propres à raſſurer les peuples contre les dangers de la puiſſance abſolue. *Voyez* RICHELIEU.

Quand ceux qui gouvernent avec un pouvoir illimité l'auroient acquis, s'il étoit poſſible, par les droits les plus légitimes; la nature des choſes, l'équité & la proſpérité de l'Etat, compagnes de la juſtice, veulent qu'ils n'en faſſent qu'un uſage modéré & qu'ils bornent d'eux-mêmes un pouvoir exorbitant. Suppoſons un peuple libre: perſonne n'a plus de droit au pouvoir abſolu, à la ſouveraineté abſolue, que ce peuple, puiſque tous les pouvoirs réſident en lui. Il pourroit donc ſe les réſerver tous. Mais pour mieux aſſurer ſon bonheur, il tempere ſa puiſſance, en ſe choiſiſſant des chefs & des juges. Il confie aux uns la puiſſance exécutrice qui dirige les forces & les affaires de l'Etat, aux autres celle qui concerne la police, à d'autres le pouvoir de juger. Il eſt rare, même dans les Démocraties les plus pures, qu'il ſe réſerve autre choſe que la puiſſance légiſlative; encore un peuple ſage qui veut pourvoir à ſa félicité, doit-il ſtatuer comme une loi fondamentale, que l'uſage qu'il fera de ſa puiſſance légiſlative ſera de nul effet, lorſqu'il aura ordonné quelque choſe d'injuſte ou de pernicieux, par eſprit de parti, par une ſévérité déraiſonnable, ou par quelques mouvemens de paſſion violente; enfin quand il aura fait uſage de cette même puiſſance contre ſes intérêts & ſes volontés permanentes. Tout Gouvernement doit ſe borner ainſi de lui-même, eût-il un droit inconteſtable au pouvoir abſolu, même par la conceſſion indiſcrete ou l'enthouſiaſme des peuples. Ceux qui gouvernent, doivent par la conſidération de leur propre bonheur qui eſt toujours intimement lié à la proſpérité de l'Etat & à la félicité des ſujets, modérer une puiſſance dont il eſt ſi facile d'abuſer, & dont l'abus auroit les ſuites les plus funeſtes.

Si ceux à qui le peuple laiſſe une autorité abſolue ne trouvent pas à propos d'établir des loix qui la bornent, parce qu'on en pourroit quelquefois abuſer, ils doivent au moins la limiter en ſe faiſant à eux-mêmes des regles invariables d'adminiſtration. Ces regles doivent être inviolables & ſacrées pour leurs Miniſtres, & leur ſervir de guides dans toutes leurs démarches. Par ces principes ils doivent ſe propoſer de ne jamais attenter ni à la liberté, ni au droit de propriété de leurs sujets; de ne jamais troubler le cours régulier de la justice; de ne point l'administrer par des décisions arbitraires; de ne point user avec excès du droit qu'ils peuvent avoir d'imposer des tributs; de ne point faire la guerre sans y être contraint par la plus indispensable nécessité. De semblables regles de gouvernement modéreront, de la maniere la plus noble & la plus glorieuse, une puissance excessive, & produiront efficacement le bonheur de l'Etat. Quand ces maximes seront une fois établies, & fidélement suivies, les Rois foibles & leurs Ministres intéressés éviteront le reproche qu'on leur fait quelquefois, que leurs petites vues ne s'accordent point avec l'esprit & l'objet des Gouvernemens, & que, suivant l'expression de Montesquieu, ils prennent les besoins de leurs petites ames pour les besoins de l'Etat. J'ai remarqué avec satisfaction que ces excellentes maximes sont en vigueur dans la plupart des Etats de l'Europe. J'ai vu, dans le Gouvernement d'Hanovre, une attention particuliere à ne blesser en rien la liberté & la propriété des sujets, & à ne jamais déranger le cours de la justice. Le dernier Roi de Prusse avoit l'admirable principe de ne jamais hausser les impôts. Le Prince, qui lui a succédé, l'a imité. Le nouveau Ministere de France, secondant les vues bienfaisantes d'un Monarque de vingt ans, cherche tous les moyens de soulager un peuple qui avoit beaucoup souffert sous une administration vicieuse. Les grands principes de propriété & de liberté y sont vivement sentis par le Gouvernement, & il s'attache avec le plus grand zele à réduire en pratique, pour le bien de la nation, la véritable science Economique; non celle des enthousiastes opiniâtres qui veulent tout plier à leurs systêmes.

Il est d'autant plus essentiel de tempérer une puissance absolue, par des regles inviolables, qu'il n'y a rien dans le monde qui s'étende plus naturellement que la puissance. Les hommes les plus sages & les plus vertueux sont portés à augmenter leur empire, & ils l'augmentent jusqu'à ce qu'ils trouvent des bornes qui les arrêtent. Ils le font ordinairement par de bonnes intentions. Ils s'imaginent de bonne foi, que plus ils auront d'autorité, plus ils feront de bien; & cela est vrai jusqu'à un certain point. Mais il arrive que les mieux intentionnés, éblouis par un objet d'utilité qu'ils ont devant les yeux & qu'ils poursuivent avec ardeur, abusent souvent de leur pouvoir, même en prétendant en faire un bon usage. Le Sage ne peut jamais être trop en garde contre cette foiblesse de l'humanité.

Quant aux suites funestes d'un pouvoir porté trop loin, quoique par de bonnes vues, elles naissent de ce que ceux qui succedent à une puissance illimitée, ont rarement, ou peuvent ne pas avoir la modération & la justice de celui qui la leur a transmise avec cette étendue qu'il lui avoit sans doute donnée lui-même: car cette augmentation de pouvoir dans les Princes vient plus souvent d'eux que de leurs sujets. Lorsque, dans la formation des premiers Etats, le peuple jouissoit de la puissance législative, il dut en abuser plus d'une fois, & mettre, par ces abus, des obstacles à son propre bonheur. Cela donna occaſion à ſes chefs d'affoiblir ſa puiſſance, & la leur s'accrut d'autant, & peut-être qu'inſtruits par l'exemple du peuple, ils n'en abuſerent pas eux-mêmes. Dans la ſuite de leurs ſucceſſeurs, il s'en trouva qui n'eurent ni la ſageſſe ni la capacité néceſſaires pour porter le poids énorme d'une puiſſance abſolue. Ils en uſerent mal. Les peuples ſe révolterent. Le trouble & la confuſion furent dans l'Etat, préſage certain de ſa ruine. Ou le peuple prévalut, & les tyrans furent chaſſés : ce qui occaſionna une nouvelle forme de gouvernement. Ou les chaînes de la nation ſe trouvant trop fortes pour qu'il lui fût poſſible de les rompre; alors elle languit dans l'eſclavage qui fut à la fois le tombeau de ſa liberté, de ſa vertu & de ſa force. L'Etat affoibli en proportion de l'aviliſſement du peuple devint aiſément la proie d'un ennemi étranger. C'eſt ainſi que les Monarchies illimitées ont été détruites & qu'elles le ſeront juſqu'à la fin des tems, parce que l'abus du pouvoir abſolu le mene infailliblement à ſa perte.

Puiſqu'il eſt reconnu que tous les hommes ſont enclins à étendre leur pouvoir autant qu'ils le peuvent; qu'il eſt ſi aiſé d'abuſer d'une puiſſance ſans bornes; qu'on en abuſe ſans s'en appercevoir, & que cet abus eſt également préjudiciable & à ceux qui en abuſent, & à ceux contre qui ils en abuſent, entraînant la ruine des uns & des autres; on doit convenir qu'il eſt toujours plus ſage & plus expédient au peuple & à ſes chefs, de ne confier à perſonne une puiſſance abſolue, que de l'abandonner ſans réſerve, ſoit à un ſeul, ſoit à pluſieurs. Mais les limites qu'on doit mettre au pouvoir du Magiſtrat ſuprême, doivent être poſées avec diſcrétion pour qu'elles ſoient ſalutaires au peuple.

1°. Il faut qu'elles ne gênent point ce Magiſtrat dans l'exercice de ſon autorité; c'eſt-à-dire, que malgré les bornes légitimes de ſon pouvoir, il ſoit libre & maître d'employer, avec toute la promptitude requiſe, tous les moyens de procurer la ſûreté & la proſpérité de l'Etat. Ceci mérite une grande conſidération, quand il s'agit d'établir les conſtitutions fondamentales des Etats. Certainement une loi qui empêcheroit une nation de rien exécuter qui lui fût ſalutaire, à moins qu'une armée paroiſſant ſur ſes frontieres ne forçât toutes les volontés à s'accorder pour prendre une réſolution, ne convient en aucune façon à quelque Etat que ce puiſſe être.

2°. Il faut que les limites miſes au pouvoir du Souverain, aſſurent la liberté de l'Etat & celle des citoyens, & qu'elles ne les livrent pas à une faction prédominante. C'étoit une grande faute contre ce principe, dans la conſtitution de la Suede telle qu'elle étoit avant la derniere révolution, que d'avoir décidé que toute faction qui parviendroit à s'aſſurer de la pluralité des voix dans la Diete de la Nation, exerceroit une puiſſance ſouveraine ſur les autres citoyens, pourroit délibérer & ſtatuer ſur les véritables intérêts de l'Etat, traiter avec les puiſſances étrangeres, faire la guerre & la paix, & diſpoſer entiérement des forces Militaires.

3°. Enfin il faut que ces bornes ſoient durables par leur nature, & aſſez fortes pour réprimer constamment le penchant que les hommes ont à étendre leur pouvoir. Il faut que chaque portion de la puissance soit tellement contenue dans la juste étendue qui lui est assignée par son espece, qu'il ne lui reste aucun prétexte pour entreprendre sur les droits des autres. Ces limites bien posées forment le juste équilibre qui doit être entre les deux principales branches de la Souveraineté des Gouvernemens modérés, qui sont la puissance législative, & la puissance exécutrice : équilibre qui doit être tel que l'une ait droit de s'opposer à l'autre, quand elle perd de vue la constitution de l'Etat & sa prospérité. Lorsque l'une ne pourra rien faire de considérable sans l'autre, les ressorts de l'Etat seront bien montés. Quand aucune des deux ne pourra entreprendre de s'agrandir, elles seront toutes deux nécessitées à ne s'occuper que du bien de l'Etat. Les Anglois prétendent que leur constitution a tous ces avantages, & qu'elle présente par conséquent le modele le plus parfait que les hommes aient jamais adopté d'une puissance souveraine tempérée avec sagesse. Si cette prétention n'est pas vaine, on n'a plus besoin de projets sur la maniere de diviser la puissance suprême, de façon que toutes ses parties se temperent mutuellement. Il suffit de renvoyer ceux qui cherchent ce bon systême de Gouvernement aux Constitutions de l'Angleterre, & l'on peut dire avec Montesquieu : » Pour découvrir la liberté politique dans une Constitution, » il ne faut pas tant de peine. Si on peut la voir où elle est, si on l'y a » trouvée, pourquoi la chercher ? « *Esprit des Loix*, *Liv. XI. Chap. V.* J. H. D. J.

§. III.

Distinction à faire entre le pouvoir absolu & le pouvoir arbitraire.

Le pouvoir absolu qui est dans l'Etat n'est point un pouvoir arbitraire. C'est l'ouvrage de la raison & de l'intelligence, & non un effet du caprice. Le Gouvernement a été établi dans le monde, ou par le droit de conquête, ou par la soumission volontaire des premiers hommes qui se donnerent des Rois. Le droit de conquête ne devient légitime que lorsqu'il est suivi de l'acquiescement volontaire des peuples ; & les hommes ne se sont rassemblés en corps, & n'ont réuni leurs forces, que pour leur sûreté commune. Ont-ils pu s'en donner, sans convenir expressément, ou sans supposer tacitement, que leurs maîtres les gouverneroient avec justice ? Le souverain le plus puissant n'a donc pas le droit d'user sans raison de son autorité. Dieu même ne l'a pas, ce droit malheureux ; l'Etre Suprême est essentiellement juste, & le pouvoir de faire du mal est une vraie impuissance. Mais il a fallu nécessairement que le pouvoir souverain fût absolu pour prescrire aux citoyens tout ce qui a rapport à l'intérêt commun, & pour contraindre à l'obéissance ceux qui s'y refuseroient. Dire que l'intérêt public doit être la mesure des loix du Monarque ; c'est poser un principe incontestable ; il fait les bons Rois. Croire que les Souverains n'ont d'autre regle que leur volonté, c'est une erreur grossiere ; elle fait les tyrans...

Ce que je dis du pouvoir absolu, relativement aux Monarques, il faut le dire de ce même pouvoir relativement aux Républiques. Ceux qui déclamant contre le Gouvernement Monarchique pour faire l'éloge des Républiques, confondent le pouvoir absolu avec le pouvoir arbitraire, ne font pas réflexion qu'il n'est point d'Etat, sans en excepter les Républiques, où, dans le sujet propre de la Souveraineté, l'on ne trouve un pouvoir absolu. Le Gouvernement de quelque République de l'Europe que ce soit, est aussi absolu que celui d'une Monarchie. Il y a cette différence seule que dans une Monarchie la puissance du Monarque est moins étendue que celle du corps de la Nation qui gouverne dans les Républiques démocratiques : car le pouvoir de la République ne sauroit être limité, au lieu que celui du chef d'une Monarchie peut l'être, & l'est toujours dans le droit.

Il faut donc bien distinguer le pouvoir absolu du pouvoir arbitraire. Le premier est réglé par la raison & par les loix fondamentales de l'Etat : il n'est appellé absolu que par rapport à la contrainte qu'il peut exercer envers tous les membres de l'Etat, quoiqu'il n'y ait point de réaction d'aucun des membres de l'Etat sur lui.

Les vices prennent souvent la teinture & la couleur des vertus : la profusion ressemble par quelques traits à la libéralité ; la témérité au courage ; la lenteur à la prudence. Il en est de même du pouvoir arbitraire par rapport au pouvoir absolu ; il en imite l'élévation, l'indépendance, la force ; & par réciprocité, le pouvoir absolu, s'il n'est pas en des mains sûres, dégénere en pouvoir arbitraire, & en a souvent tous les écarts & les emportemens. Cependant ils ont des caracteres distinctifs. 1°. C'est parce que le pouvoir souverain est absolu, que les hommes qui lui sont soumis jouissent de la liberté ; au lieu qu'ils la perdent, dès que ce pouvoir devient arbitraire. 2°. Sous le pouvoir souverain absolu, la propriété des biens est inviolable : les loix, à qui personne n'est supérieur, la rendent telle. On peut la faire valoir contre les Magistrats, contre le Roi même qui trouve bon qu'on l'assigne devant ses propres Officiers, & qui fait décider par son Conseil, suivant les lumieres & la conscience des Conseillers, les prétentions que ses Sujets ont contre lui. Mais sous le pouvoir arbitraire nulle propriété n'est à couvert de l'avidité du despote & de ses suppôts. 3°. Le pouvoir absolu de l'Etat ne peut disposer de la vie des Sujets que selon l'ordre de la Justice qui y est établi ; au lieu qu'un Monarque ou des Magistrats dont l'autorité est arbitraire, se jouent de la vie des hommes. 4°. Enfin, c'est l'indépendance de la Souveraineté absolue qui assure le pacte social, les loix fondamentales de l'Etat, les conventions entre le peuple & ses Magistrats ou son Roi. Tout ce qui se fait contre ce pacte, ces loix & ces conventions est nul de droit. On peut toujours revenir sur ce qui s'est fait à leur préjudice, parce que leur autorité est permanente, & leur action immortelle; au lieu que le pouvoir arbitraire tend à renverser tout cela.

Quelque part que se trouve la Puissance souveraine, elle est absolue, dans les Etats Monarchiques, comme dans les Etats Populaires. Il est vrai que dans les premiers, le pouvoir du Monarque est plus ou moins limité; la Nation y a mis des tempéramens tels qu'elle l'a jugé convenable, & chaque Nation doit être gouvernée selon ses loix fondamentales. Ainsi le Roi, qui reconnoît à certains égards un Supérieur, n'a de pouvoir que celui qui lui vient par le canal même par où la Royauté lui est parvenue. Il ne peut exercer que le droit qu'il a reçu, & la Justice exige encore qu'il respecte les privileges qu'une longue possession a consacrés, autant que les libertés primitives que les peuples se sont réservées. Mais ce qu'on appelle communément Souverain dans les Etats Monarchiques, n'est pas la Souveraineté; & le pouvoir plus ou moins grand du Monarque n'est pas la puissance souveraine. Il y a même des Monarchies où le Prince n'a pas la Puissance législative qui est le principal attribut de la Souveraineté. Il ne faut donc pas conclure de ce que le pouvoir de quelques Souverains est limité, que cette limitation affecte la Puissance Souveraine. Celle-ci est absolue par sa nature : elle ne peut pas se limiter elle-même, & aucun autre pouvoir ne peut la limiter, puisqu'elle ne reconnoît point de pouvoir supérieur à elle.

Mais les partisans les plus zélés du pouvoir des Rois, ne disconviennent pas qu'ils ne soient obligés d'observer les loix divines & les loix naturelles, les loix fondamentales de l'Etat, & même les loix civiles tant qu'elles subsistent.

Les loix divines, disent-ils, assujettissent également le Monarque sur le trône, & le berger dans sa cabane. Les loix naturelles sont l'ouvrage de la Providence divine, elles sont éternelles, immuables, imposées à tous les hommes sans exception, à toutes les Nations & à leurs Chefs; l'on est obligé de les observer en tout tems & en tout lieu. Le peuple n'a pas été fait pour le Gouvernement, c'est le Gouvernement qui a été fait pour le peuple. Si les hommes ordinaires doivent prendre la raison pour regle de leur conduite, les Rois y sont plus fortement obligés que personne à cause que leurs actions influent sur le sort des peuples. Plus le pouvoir d'un Monarque est grand, plus il doit mettre de circonspection, de prudence & de sagesse dans sa conduite. La confiance de la Nation en ses lumieres, en la droiture de son cœur, ne lui impose-t-elle pas une nouvelle obligation de la gouverner selon la Justice?

Quelqu'auguste que soit le pouvoir d'un Monarque, il n'est point au-dessus de la loi fondamentale de l'Etat. Leur élévation ne sauroit les affranchir de la loi primitive à laquelle ils sont redevables de leur Couronne. Cette loi qui les fait ce qu'ils sont, conserve toujours sur eux son autorité inviolable. Comme elle a précédé la grandeur du Prince, elle le maintient sur le trône

& doit lui survivre pour y maintenir ses Successeurs. Il y a des loix fondamentales dans tous les Etats : il n'en est aucun où le droit de régner ne suppose l'obligation de gouverner justement. Cette obligation est exprimée dans les sermens que les Rois, dits les plus absolus, font à leur Sacre, ou dans les cérémonies de leur Couronnement. *Voyez* COURONNEMENT, SACRE, SERMENT. J'engage ma foi à mon Souverain en vue de son équité, dans l'espérance qu'il me protégera, moi & tout ce qui m'appartient : c'est la condition expresse ou sous-entendue du serment de fidélité que je lui prête. *Voyez* SERMENT DE FIDÉLITÉ.

L'Histoire Sainte nous apprend que Dieu n'a pas dédaigné de former un engagement entre lui & son peuple. » Vous saurez donc, dit Moyse, que » le Seigneur votre Dieu est lui-même le Dieu fort & fidele qui garde son » alliance & sa miséricorde jusqu'à mille générations. » *Et scies quia Dominus Deus tuus ipse est Deus fortis & fidelis, custodiens pactum & misericordiam diligentibus se, & his qui custodiunt præcepta ejus in mille generationes.* (*)

Philippe II, Roi d'Espagne, l'un des Princes qui aient jamais régné le plus absolument, ayant entendu un Prédicateur dire qu'un Roi est le maître de la vie & des biens de ses Sujets, l'obligea de se rétracter. Le Souverain, dans les Monarchies comme dans les Républiques, a droit de punir, soit par des peines pécuniaires, ou des peines afflictives, même par la mort, ceux qui nuisent à la société; il a le droit d'employer la vie & les biens des membres de l'Etat à la défense de l'Etat. Mais ce droit réglé & dirigé par les loix, est bien éloigné d'un Empire arbitraire sur la vie & les biens des hommes. Toute la prérogative royale dans les objets de l'administration sur lesquels le Monarque est le plus absolu, consiste dans le droit de suivre, à l'égard de ces objets, sa prudence & ses lumieres pour regle, & de les régler selon ce qu'il juge le plus avantageux à ses peuples.

La raison veut encore que celui qui ordonne une chose l'exécute luimême, qu'il en donne l'exemple, qu'il n'impose pas aux autres un fardeau qu'il se dispense de porter. La conduite de tous les membres d'une société, sans en excepter le Chef, doit être conforme; il faut seulement excepter de cette observation les loix qui réglent les devoirs des Sujets comme tels, & celles qui répugnent à la Majesté du trône.

Le Prince qui fait ce qu'il défend, ou qui n'exécute pas ce qu'il ordonne, décrédite son Ordonnance par ses actions, ou ses actions par son Ordonnance. Il fait voir que la loi est injuste, ou que sa vie est déréglée. En violant ses propres Ordonnances il fraie à ses Sujets un chemin à la désobéissance.

Un Jurisconsulte François (†) expliquant le proverbe, *Qui veut le Roi*,

(*) Deut. Chap. VII. ℣. 9.
(†) Loysel.

si veut

si veut la Loi, dit qu'il signifie que le Roi ne veut rien que ce que veut la Loi. En effet, il n'y a rien de si digne de la Puissance suprême que de se conformer aux Loix. *Digna vox est Majestate regnantis Legibus alligatum se Principem profiteri.* Leg. 4. Cod. de Leg. & Constitut. *Nihil tam proprium Imperii est quàm Legibus vivere.* Leg. 3. Cod. de Testam.

Les Princes tiennent une conduite glorieuse pour eux & utile à leur Gouvernement, lorsqu'ils observent leurs propres Loix. L'équité naturelle, l'honnêteté publique, la nécessité de l'exemple l'exigent. *Voyez la Science du Gouvernement, par* M. DE RÉAL. *Tome IV.*

§. IV.

Etat malheureux & plein de dangers où les Princes sont réduits par un pouvoir excessif.

LES Empereurs Romains, qui avoient sacrifié leur Patrie à leur Autorité suprême, n'en furent ni mieux ni plus en sûreté pour s'être rendus Monarques absolus. A compter depuis JULES CESAR, qui avoit éteint la liberté publique & qui fut immolé aux Manes de cette liberté, jusqu'à Charlemagne, plus de trente de ces Empereurs périrent de mort violente, & quatre d'entre eux se donnerent eux-mêmes la mort : la Soldatesque disposoit d'eux à sa fantaisie & les faisoit mourir pour le moindre mécontentement. Si le Prince étoit choisi par le Sénat, l'armée qui s'attribuoit le droit de disposer de l'Empire, s'en défaisoit comme d'un intrus. Il n'étoit pas encore à l'abri de l'inconstance cruelle des cohortes Prétoriennes, lors même qu'elles l'avoient proclamé. Quelle fut la fin tragique de l'Empereur Pertinax qu'elles avoient forcé d'accepter l'Empire ? Ces orgueilleux Souverains, après avoir mis sous leurs pieds le Sénat, le Peuple & les Loix, qui sont les meilleures colonnes d'un pouvoir légitime, tenoient leur Sceptre & leur vie de la bonté des soldats qui s'étoient rendus leurs maîtres ; & celui qui gouvernoit l'Univers, devenoit ainsi l'esclave de ceux qui étoient à sa solde.

Quoiqu'Auguste eût régné assez long-tems pour énerver ou pour éteindre toutes les maximes de la Liberté, pour introduire & pour établir toutes celles de la Monarchie absolue ; Tibere, qui lui succéda immédiatement, se croyoit si peu en sûreté qu'il fut tout le reste de sa vie en proie à des frayeurs mortelles. En mettant tous les hommes dans ses fers, il n'avoit pu se rendre libre, & l'or de ses chaines faisoit la seule différence entre lui & les autres esclaves. Voilà ce que les Princes gagnent en se mettant au-dessus des Loix. Ceux qui ne se contentent pas de régner légitimement & qui veulent se faire craindre de tous les hommes, sont réduits à les craindre tous. Ce fut le sort de Tibere, les fréquentes victimes qu'il immoloit à ses frayeurs ne faisoient que les augmenter, ces sacrifices multipliant le nombre de ses ennemis, comme cela devoit nécessairement arriver.

Il redouta premiérement Agrippa Posthumus, & le fit tuer ; ce meurtre n'assura point son repos de ce côté-là, car un esclave de ce Prince prit le nom d'Agrippa, & causa plus d'alarmes à Tibere qu'Agrippa n'avoit fait lui-même. Tibere craignit encore Germanicus, & après la mort de cet illustre Personnage, qu'on soupçonna n'être pas naturelle, il craignit Agrippine sa veuve, & ses enfans en bas âge. Il les éloigna, & les opprima d'une maniere tout-à-fait perfide & dénaturée. Il fut après cela exposé à une nouvelle terreur de la part de Sejan, la plus grande & la plus juste de toutes : elle ne cessa point après l'exécution de Sejan ; de sorte qu'il fit périr par le fer toute la famille de ce redoutable Favori, tous ses amis & tous ses adhérents. Ses terreurs ne finirent point encore ; il fit mourir cruellement ses propres petits-fils, enfans de Germanicus ; les rigueurs de l'exil & de la prison qu'ils essuyoient ne suffisoient pas pour le rassurer ; & lorsque la famille de Germanicus fut éteinte, il eut encore à craindre les amis & les partisans de cette maison ; ils devinrent tout de suite les objets d'une vengeance qu'il déploya avec férocité. Il craignoit jusqu'à sa propre mere ; & quand elle ne fut plus, il déchaîna sa fureur contre les favoris & les créatures de cette Princesse.

Après toutes ces précautions, après tant de sang répandu, les soupçons de Tibere furent-ils calmés ? Non, ils n'en furent qu'irrités : *irritatus suppliciis*, dit Tacite. Il étoit dans des transes continuelles. Les Sénateurs lui faisoient ombrage. Il en sacrifioit journellement quelques-uns : leurs richesses, leur naissance, leur pauvreté même, leur nom & leurs talens, tout lui inspiroit de la terreur : il craignoit également ses amis & ses ennemis, ceux qu'il appelloit à son conseil, & ceux qu'il associoit à ses plaisirs : ses confidens & ses conseillers furent tous les victimes de sa jalousie & de sa rage. Il craignoit si fort les gens de mérite, avoit tant de répugnance à leur confier des emplois qui les rendissent considérables, que quelques-uns, à qui il avoit donné des Gouvernemens de Provinces, n'eurent jamais la permission d'y aller, & plusieurs grandes Provinces, furent plusieurs années sans Gouverneur. Quoiqu'il craignit, sur toutes choses, les émeutes & les révolutions, *Nihil æque Tiberium anxium habebat quàm ne composita turbarentur* ; il aima pourtant mieux souffrir la perte & le ravage des Provinces, & les invasions de l'ennemi, que de confier, à qui que ce fût, le pouvoir de venger les insultes faites à l'Etat, & de repousser l'ennemi. Il souffrit ainsi que les Parthes s'emparassent de l'Armenie, que les Daces & les autres Barbares, se rendissent les maîtres de la Mésie, & que les deux Gaules fussent ravagées par les Germains ; *Magno dedecore imperii nec minore discrimine*, dit Suetone.

Quel plaisir procuroit donc à Tibere son énorme Puissance, qui pût le dédommager de la perte de sa tranquillité ? Rien n'étoit capable de calmer son inquiétude. Il étoit la premiere & la plus malheureuse victime de la terreur qu'il inspiroit. Ses armées nombreuses ne le mettoient point à couvert de cet ennemi domestique. Ses gardes Prétoriennes ne le faisoient point dormir plus tranquillement; les rochers de Caprée qu'il étoit si difficile d'aborder, ne pouvoient le garantir des chagrins qui l'avoient obsédé à Rome & sur le continent de l'italie. Ainsi, malgré l'éclat de son pouvoir, sa politique exquise & tous ses Gardes, il étoit le plus misérable mortel qui vécût dans toute l'étendue de son Empire. Les simples particuliers ont certaines choses, & certaines personnes à craindre; Tibere craignoit toutes les choses & tous les hommes. Si sa puissance n'avoit point de bornes, sa misere en avoit encore moins : plus il faisoit souffrir les autres, plu il multiplioit ses propres souffrances. Il avouoit lui-même que toute la colere des Dieux ne pouvoit le condamner à de plus terribles tourmens, & qu'il ressentoit les horreurs de la mort à chaque instant de sa vie.

Figurons-nous ce Prince, ce Souverain de Rome, craignant d'heure en heure le fer des assassins; attendant avec inquiétude les nouvelles de la révolte des armées ; la création d'un nouvel Empereur, & sa propre déposition. Imaginons-nous le voir à la cime d'un roc en sentinelle, le cœur rongé par les mauvais présages, l'œil ouvert & attentif sur les signaux du Continent pour apprendre s'il devoit s'enfuir ou demeurer pour sauver sa vie; voyons-le à chaque moment prêt à s'abandonner à la fureur de la mer, pour aller chercher un asyle; voyons-le après une conspiration découverte & étouffée, se cacher neuf mois de suite dans une hutte, si dominé par la crainte, qu'il n'osoit aller prendre l'air dans son séjour chéri de Caprée, quelque fortifiée que fût cette Isle, par ses rochers, & quelque nombreuse que fût la garde dont elle étoit entourée : enfin Tibere craignoit tout excepté de faire le mal, seule cause de ses craintes.

Telle étoit sa situation & tel est le sort de toute puissance illégitime! » Ni tout le pouvoir de l'Empire, ni une solitude inaccessible ne pouvoient » donner du repos à Tibere, l'affranchir des tourmens secrets dont il étoit » réduit à confesser la violence; & le tirer de la persécution des furies » vengeresses dont il étoit poursuivi. « Sa mort fut violente & tragique, comme son regne l'avoit été.

§. V.

Impression dangereuse que fait le Pouvoir Absolu sur l'esprit des Princes. Combien il corrompt les ames les mieux nées.

TIBERE, il faut l'avouer, avoit reçu d'heureuses dispositions de la Nature : il avoit des talens, l'esprit des affaires, & une grande expérience dans l'art militaire. S'il fût né dans les beaux jours de la République, il eût rempli dignement les fonctions de Sénateur, & les premiers emplois de l'Etat : il auroit pu même avoir du zele pour la liberté publique. Sujet sous Auguste, il se fit un nom qu'il auroit conservé dans un rang inférieur : il se seroit vu heureux, estimé, peut-être admiré, & auroit laissé un souvenir glorieux après lui. Le malheur de sa patrie & le sien, voulurent qu'il parvînt à un pouvoir énorme qui changea son ame & fit un monstre d'un homme qui auroit été un membre utile dans un Etat libre. Il est donc vrai que si les méchans Princes affectent une Puissance illimitée, le pouvoir absolu fait aussi les Princes malfaisans. Il porte avec lui un poison qui corrompt les plus beaux caracteres. Tibere ne se laissoit point abuser par la flatterie; il étoit convaincu que quelque soumission qu'on montrât au dehors, quoiqu'on se prosternât à ses pieds, le joug de la Souveraineté étoit insupportable aux Romains. Il sentoit que le Sénat, la Noblesse & le Peuple le craignoient; & il les craignoit; & parce qu'il les craignoit, il les opprimoit. Craint & détesté, rempli lui-même d'une frayeur & d'une haine implacable, il devint si furieux que, renonçant à toute honte, & aux artifices de la dissimulation en quoi il excelloit, il agit en ennemi déclaré du Peuple, s'abandonna à toutes sortes de cruautés & d'abominations, à l'avarice même & à la rapine, à quoi pendant long-tems il ne paroissoit avoir aucun penchant.

Après cet exemple, que ne doit-on pas craindre du pouvoir absolu; à qui pourra-t-on le confier quand on voit que Tibere, doué de si grands talens & d'une expérience consommée, en fut si fort énivré & perverti ? La Souveraineté absolue est un poste trop éminent pour une créature humaine; elle ne convient qu'à Dieu qui est immuable, non sujet à l'orage des passions, exempt d'erreur & à qui tout est présent. Il y a peu d'exemples de Princes que l'autorité arbitraire n'ait pas corrompus & ensorcelés : plusieurs dont on concevoit de grandes espérances, se sont perdus par-là. Quand les hommes se sont mis au-dessus du châtiment, ils se mettent bientôt au-dessus de la honte. L'esprit & la vertu des hommes ont des bornes; leurs passions, leur vanité n'en ont point : ainsi peu d'entre eux peuvent être parfaitement bons, & plusieurs deviennent extrêmement mauvais. Ils prennent une grande fortune pour un grand mérite, & élevent l'idée qu'ils ont d'eux-mêmes aussi haut que la fortune les a élevés. Tout le monde croyoit Galba digne de l'Empire : cette opinion auroit duré si l'expérience ne l'avoit démentie. Avant Vespasien on n'avoit point eu d'exemple d'un Empereur que la souveraine Puissance eût changé en mieux. *Solusque omnium ante se Principum in melius mutatus est.*

§. VI.

Inquiétudes cruelles de Caligula, de Claude, de Néron, de Caracalla. Qui ne veut point faire le mal ne recherche point la puissance de le faire.

TIBERE ne fut pas le seul des Césars sujet aux craintes & aux accablemens d'esprit qui accompagnent l'Autorité souveraine. Ses Successeurs les ressentirent à leur tour autant que lui, de même que ceux qui suivirent ses maximes de Gouvernement.

Caligula étoit si tourmenté de ses remords, & son imagination étoit si frappée de crainte, qu'il en perdoit presque tout-à-fait le sommeil; il rodoit ordinairement pendant la nuit autour du Palais, effrayé par les ténebres, soupirant après le retour du Soleil. Sur l'alarme que lui causerent les nouvelles de Germanie, il se disposa à fuir de Rome, & gardoit précieusement des poisons subtils pour y avoir recours en cas de besoin.

Claude fut à peine un seul moment dans le cours de son regne, exempt de frayeurs & de soupçons; l'accident le plus commun, un homme, une femme, un esclave, un enfant, tout le jettoit dans l'épouvante, & lui faisoit prendre des précautions sanguinaires. Il lui est arrivé souvent de vouloir abandonner le Trône pour s'aller refugier dans quelque solitude. La vue d'un poignard l'obligea une fois de convoquer le Sénat avec beaucoup de diligence, & là cet infortuné Tyran versa un torrent de larmes & déplora sa misérable condition qui l'exposoit à des dangers continuels. Toute sa vie fut agitée par les frayeurs que lui causoient ses femmes & ses affranchis; ces frayeurs le portoient à commettre des cruautés énormes à proportion de sa timidité, de l'ambition, de l'humeur vindicative & de l'avidité des personnes qui l'obsédoient.

Les craintes & les remords de Néron le poursuivoient sans relâche, quelquefois avec tant de violence qu'il en trembloit de tout son corps. Il craignoit les manes de sa mere autant qu'il en avoit redouté l'esprit pendant sa vie. Il se plaignoit tristement que les furies le poursuivoient armées de fouets, de torches ardentes & de toute leur rage, & que les cris & les gémissemens qui sortoient du tombeau de sa mere troubloient son repos.

A quoi pouvoit s'attendre Héliogabale lorsqu'il étoit toujours muni d'un cordon de soye & d'un poignard d'or; expédiens qu'il avoit imaginés pour échapper à une mort donnée par une main ennemie?

C'étoit pour le même effet que Caracalla avoit toujours sur lui des poisons. Ce parricide barbare se plaignoit souvent que l'ame de son pere & celle de son frere qu'il avoit poignardés, le poursuivoient sans cesse l'épée à la main. Ainsi ces hommes trop puissans étoient tourmentés par l'horreur & les remords de leurs crimes. Leur pouvoir énorme, leurs nombreuses armées ne pouvoient rien contre leurs propres alarmes; tous leurs titres, toute leur autorité pouvoient-ils écarter leurs réflexions accablantes & les affranchir du trouble de leur conscience?

L'excès de la puissance est donc plus capable d'alarmer que de rassurer celui qui l'a usurpée. Sur quoi donc le Prince doit-il s'appuyer pour la sûreté de sa personne & le repos de son esprit? Marc-Antonin, ce grand & bon Prince, nous l'apprend dans le Discours admirable qu'il tint quelque tems avant sa mort, en présence de ses amis & de ceux de son Conseil. » Il est certain, dit-il, que ce ne sont ni les grands revenus, ni l'extrême » puissance, ni la multitude des Gardes, qui font la grandeur d'un Prince, » & lui assurent l'obéissance de ses Sujets, si le zele & l'affection des Peuples » ne concourent avec l'obéissance qu'ils lui doivent. Celui-là certainement » peut régner long-tems avec sûreté, qui excite dans les cœurs des impressions » d'amour & de bienveillance, & non des sentimens de crainte & d'indi» gnation. Un Prince, ajouta-t-il, n'a rien à craindre de ses Peuples tant » que leur obéissance vient de leur inclination, & non d'une contrainte » servile; ils obéiront gaiement, lorsqu'ils sentiront qu'en obéissant au Prince, » ils n'obéissent qu'à la justice, à la loi. (*)

Un Prince qui ne veut faire aucun mal ne recherche point la puissance d'en faire; celui qui la recherche sera toujours soupçonné de ne vouloir faire aucun bien. Le seul moyen d'éloigner ce soupçon est d'agir par les regles connues de la Loi. Celui qui gouverne par la Loi, gouverne avec le consentement des Peuples, & ainsi n'en sauroit être blâmé. *Discours Historiques & Politiques sur* TACITE, *par* TH. GORDON.

(*) Voyez Herodien, dans la Vie de Marc-Antonin.

ABSTINENCE, s. f.

L'ABSTINENCE est la privation des plaisirs naturels dont notre constitution nous met en état de jouir. Cette privation n'est point une vertu par elle-même, puisque les plaisirs naturels sont des plaisirs permis, & que la jouissance n'en sauroit être criminelle, dès qu'elle est conforme aux vues de la nature & aux loix de la raison. Mais les circonstances peuvent faire un devoir de l'Abstinence, & l'élever au rang des vertus morales. Le Christianisme même en a fait une vertu religieuse.

Bien des motifs doivent porter l'Homme-d'Etat à s'interdire l'usage de plusieurs choses permises & agréables dont il pourroit jouir sans inconvénient dans une autre condition. Des sens auxquels on ne refuse aucune satisfaction, quoique sans excès, prennent un tel ascendant sur l'esprit, qu'elles lui ôtent peu à peu, ou du moins affoiblissent considérablement le goût de la réflexion, & des occupations importantes. L'habitude du plaisir, même permis, est capable d'énerver l'ame, de lui faire porter impatiemment le joug d'un devoir pénible, de l'entraîner vers le vice, sur-tout dans ces circonstances délicates qui se présentent si souvent à la Cour, où l'on a besoin de toute sa raison pour ne pas succomber à la tentation. Mais le Sage, persuadé de la nécessité des privations, y accoutume ses sens, prévient les murmures du cœur & lui fait trouver du plaisir dans des fonctions dont l'homme sensuel ne ressent que la gêne. Son esprit, moins distrait & plus libre, est plus capable de méditer les grands objets d'Administration qui doivent l'occuper, de juger sainement des choses & des hommes; moins il est sensible aux attraits de la volupté, plus il l'est aux charmes de la vertu. L'Abstinence, en diminuant l'empire des sens, augmente celui de la raison, lui donne la force nécessaire pour combattre un penchant vicieux, & résister aux objets séduisans dont le pouvoir suprême est assailli de toutes parts.

La modération qui se permet l'usage & ne s'interdit que l'excès des plaisirs, est une loi prescrite à tous les hommes; l'Abstinence est de plus un devoir d'Etat pour un Ministre qui doit préférer à tous les autres plaisirs celui d'être utile, & n'avoir de passion que l'envie de faire le bonheur des hommes confiés à sa prudence, à sa justice, à sa bienfaisance.

Un Ministre, un Magistrat, qui n'a point de maitresses, qui ne donne dans aucune espece de luxe, dont la table est frugale jusques dans sa magnificence & sa délicatesse, qui enfin aime mieux faire germer l'opulence autour de lui que d'amasser des trésors, est un Ministre, un Magistrat incorruptible, parce que son ame ne donne point de prise à la séduction.

Si l'Abstinence est, par toutes ces considérations, une pratique avantageuse & même nécessaire à tout Homme-d'Etat, il faut se souvenir qu'elle peut devenir vicieuse, si la prudence n'en dirige pas l'usage. L'homme en place doit quelque chose à son rang; quoique la meilleure maniere de représenter & de soutenir sa dignité, soit d'être affable, accessible, bienfaisant envers tout le monde, attaché de pensée, d'esprit & d'affection aux affaires publiques, attentif à saisir les occasions de faire le bien, prompt à aller au devant des maux qu'on peut craindre, habile à exécuter les entreprises utiles; cependant il est des circonstances où il ne peut honnêtement se dispenser de prendre part aux fêtes publiques, aux divertissemens de la Nation; de donner lui-même des fêtes, d'y paroître avec un éclat décent, & d'y répandre la joie.

L'Abstinence modérée, dont nous faisons un devoir à l'Homme-d'Etat, ne lui interdit pas tous les plaisirs. Plus ses occupations sont pénibles, plus elles exigent d'application & de contention d'esprit, plus il a besoin de divertissemens raisonnables. Un travail continuel épuiseroit ses forces, & le rendroit bientôt incapable de remplir les fonctions de son Ministere. Nous avons vu un Ministre succomber sous le poids des affaires, faute d'avoir donné à son esprit un relâche nécessaire. Un zele indiscret le privoit de tout amusement, du sommeil même. Il n'y a point de tête qui puisse résister à un travail si opiniâtre, au lieu qu'une récréation honnête rend à toutes les facultés intellectuelles leur ressort & leur activité.

ABUS, s. m.

§. I.

Moyen général d'empêcher les Abus.

LE Monde est plein d'Abus, & l'homme est né avec la malheureuse faculté d'abuser de tout. L'Abus est aux deux extrêmités du bien : au-lieu de nous attacher constamment au bien, qui se trouve au milieu, nous sommes sans cesse balottés d'une extrêmité à l'autre. L'Abus que les hommes ont fait de leur liberté naturelle, a donné naissance à la société politique, où de l'assemblage des libertés naturelles de chaque individu, combinées les unes avec les autres, s'est formé la liberté civile. Les hommes réunis ont abusé & abusent tous les jours de l'état de société comme ils abusoient de l'état de nature. La société politique a pris différentes formes simples & mixtes; les hommes ont abusé des unes & des autres; & quelquefois ils en ont d'autant plus abusé qu'elles étoient plus excellentes. L'Abus des anciennes constitutions les a fait changer; on en a adopté de nouvelles que l'on jugeoit meilleures; l'Abus a suivi de près la réforme. Il n'est aucune forme de Gouvernement, aucune espece d'administration, aucune institution, aucune loi, aucun réglement, aucune coutume qui n'ait été sujette à des Abus plus ou moins funestes.

Ce seroit donc se tromper, que de chercher, ou de vouloir établir parmi les hommes une forme politique dont ils n'abusent pas. La plus parfaite est celle dont ils abuseront le moins, celle qui donnera le moins de prise à l'activité des passions humaines, ou celle qui trouvera en elle-même un remede sûr & prompt aux Abus qu'elle pourra occasionner. O instituteurs, ô réformateurs du genre-humain, n'espérez pas que votre sagesse garantira vos institutions de toute espece d'Abus! Votre prévoyance, votre expérience, votre raison ne mettront point vos foibles établissemens à l'abri des attaques de l'ambition, de la cupidité, de la discorde, du luxe, & de cette disposition sourde & inhérente à la nature humaine, qui tend à tout dépraver.

Mais, parce que les hommes abusent des bonnes loix & des plus sages réglemens, ne vous lassez pas de leur présenter de bonnes loix & de sages réglemens, ne vous lassez pas de travailler à la perfection de la législation. L'homme destiné à mourir, & exposé à mille accidens, ne laisse pas de travailler à rendre sa vie la plus heureuse ou la moins malheureuse qu'il est possible; quoiqu'on abuse de la santé, on ne l'en estime pas moins, on n'a pas moins envie de la recouvrer lorsqu'on l'a perdue, & de la conserver lorsqu'on l'a recouvrée. Voulez-vous sincérement diminuer les Abus politiques; que votre sage Administration dirige toutes les passions, tous les intérêts vers le bien public. Que toutes vos institutions tendent à procurer aux hommes la Justice, la sûreté, la liberté. Que nul intérêt particulier ne l'emporte sur l'intérêt de tous, ou plutôt que chacun trouve son intérêt dans celui de tous. Que la Loi seule commande, & que le plus grand bien de chaque Citoyen soit de lui obéir. Alors tous conspireront au bien général, parce que chacun sentira que le sien doit en résulter. Alors il y aura moins d'Abus, parce qu'il sera du plus grand intérêt de tous qu'il n'y en ait point; ceux que la fragilité humaine produira, seront peu contagieux & la réforme en sera plus aisée.

§. II.

Des Abus qui se glissent dans les principales branches de l'Administration.

NOTRE dessein n'est pas de traiter ici de tous les Abus politiques. Il faudroit pour cela parcourir toutes les formes de Gouvernement, toutes les branches de l'Administration, toutes les Institutions, toutes les Loix, toutes les coutumes, *&c.* Nous n'aurons que trop d'occasions dans la suite d'entrer sur cet objet dans des détails affligeans.

Qui croiroit qu'un Etat où l'on compte environ vingt millions d'habitans, & dont l'étendue des terres surpasse de beaucoup celle qu'il faudroit pour en nourrir quatre fois autant, si elles étoient mises en valeur, peut à peine, dans les années d'abondance, fournir à la consommation ordinaire; & se voit souvent dans la nécessité de tirer des bleds de Barbarie, de Sicile, d'Angleterre, de Pologne; ce qui fait sortir un argent immense de ce Royaume? C'est qu'une partie de ses terres est mal cultivée & que l'autre reste en friche: double mal dont l'un vient de ce que l'agriculture est abandonnée à des gens grossiers qui, faute d'intelligence, ne savent pas tirer assez bon parti de leurs terres, ou de l'avidité de certains cultivateurs qui remplacent les denrées de premiere nécessité par des productions du second ordre. Les terres incultes le sont souvent aussi faute de débouché pour la consommation des denrées. Une sage Administration ne doit point négliger la réforme de ces Abus: répandre des instructions utiles parmi les gens de la campagne, les porter à consacrer à chaque terrein l'espece de production qui lui convient le plus, empêcher que les grandes Villes n'enlevent pour les arts du luxe des bras destinés à l'agriculture, encourager les défrichemens, creuser des canaux d'arrosement & de communication, rendre navigables les petites rivieres qui peuvent le devenir, afin de faciliter le transport des denrées d'une Province à l'autre.

Je vois, de toutes parts, des entraves mises au commerce; des privileges de toute espece, & toujours le monopole à côté de ces privileges; des surcharges de toutes les formes étouffent l'industrie, gênent les talens, & entretiennent la misere où devroit régner l'abondance; les artisans eux-mêmes & les marchands cherchent à se troubler, à se nuire réciproquement dans les travaux de leur art, & le débit de leurs marchandises, parce que formés en corps particuliers, l'intérêt du corps l'emporte sur l'intérêt national, & quoique membres du même Etat, ils se regardent comme étrangers.

L'Administration des finances n'offre pas de moindres Abus. Quels fraix énormes dans le recouvrement des revenus de l'Etat! quelle dureté dans la perception! quelle armée de Citoyens employés à ce recouvrement, & qu'on pourroit occuper plus utilement ailleurs! Il arrive de-là que le Peuple supporte, dans la partie des Impôts, un surcroît de charge dont l'Etat ne profite point. Il arrive encore que le Peuple cherche tous les moyens imaginables de se soustraire à cette surcharge; & que plusieurs font un métier de tromper la vigilance des Officiers préposés à la perception des deniers Royaux. Les Impôts sont grands, & l'Etat n'a pas de quoi fournir à ses besoins. Le Domaine s'engage, & on devient tous les jours moins en état de le retirer. S'agit-il de faire des entreprises, on emprunte à gros intérêts, & tout le bénéfice est pour quelques particuliers.

On sent que tant de maux qui accablent la génération présente, étouffent en elle le germe de la génération future. La cherté des denrées, le poids des impositions, l'agriculture négligée, le commerce mal dirigé, le luxe & le faste portés à l'excès, ne sont guere propres à encourager la population. Les grandes villes, les communautés religieuses, l'état militaire, la marine, les maisons des grands Seigneurs, que de gouffres où va s'engloutir l'espece humaine! Pas un établissement, pas un systême, pas un moyen de favoriser les sociétés conjugales, & de prêter des secours aux familles surchargées d'enfans!

Voilà des Abus qui méritent l'attention du Gouvernement. Nous en parlons plus en détail sous chaque article particulier. Voyez ABONDANCE, AGRICULTURE, ARTS & MÉTIERS, CANAUX *d'arrosement*, CANAUX *navigables*, CHERTÉ, COMMERCE, COMMUNAUTÉS *d'Artisans & de Marchands*, COMPAGNIES DE COMMERCE, CONTREBANDE, COUVENS, DENRÉES, DISETTE, FERME, FINANCES, GRANDS-SEIGNEURS, LUXE, LIBERTÉ DE COMMERCE, MARINE, MILITAIRE, MONOPOLE, PRIVILEGE, POPULATION, RÉGIE, &c. &c.

Mais il est des Abus d'une autre espece, plus généraux, plus terribles, & qui influant d'une maniere encore plus frappante sur le sort des Nations, nous font un devoir d'en présenter le tableau effrayant aux hommes. Tels sont l'Abus du pouvoir, dont les Princes, leurs Ministres, & souvent les moindres Magistrats se rendent coupables; l'Abus de la confiance & de la faveur qu'on reproche aux Courtisans & aux Favoris des Rois; l'Abus de la Religion, lorsqu'on la fait servir à des vues criminelles; l'Abus de la liberté, si fréquent dans les Républiques mal constituées, & dont les mieux gouvernées ont encore bien de la peine à se garantir. Nous allons développer ces quatre especes d'Abus. Nous en indiquerons les causes, les effets & les remedes.

§. III.

ABUS DU POUVOIR:

Ses Causes, ses Effets, ses Remedes.

LES Princes sont de tous les hommes ceux que la vérité devroit le plus intéresser, & ceux qui sont le moins à portée de l'entendre. Tout conspire à leur donner des idées fausses d'eux-mêmes, de leurs droits, de leur autorité, de leur puissance, de leur grandeur & de leurs Sujets. Les Nations seroient aussi heureuses qu'elles pourroient le desirer, si, pour instruire leurs chefs, on prenoit la centieme partie des peines & des précautions que l'on prend pour les tromper & les corrompre.

L'art de régner, le plus important de tous les arts, est le seul qu'on ait droit d'exercer, sans l'avoir jamais appris. Pour gouverner les hommes & décider de leur sort, il suffit communément d'être né ou de descendre d'une race particuliere. Presqu'en tout pays les Peuples ont supposé que la naissance conféroit toutes les qualités du cœur & de l'esprit, nécessaires pour l'Administration des Empires. Devons-nous donc être surpris de trouver si peu de bons Princes sur la terre? L'Histoire nous montre bien peu de Souverains qui aient eu le mérite, les talens, les vertus d'un homme digne de commander aux autres, ou capable de faire leur bonheur. Aussi nous peint-elle plus souvent les Rois comme ils auroient dû être, que comme ils ont été; les hommes sont disposés à élever jusqu'aux nues les moindres vertus des Souverains; pour être un grand Prince, il suffit quelquefois d'avoir montré quelque bonne volonté, quand bien même on ne l'auroit jamais exécutée. Tout homme qui vit en Société, a des idées de justice, connoît ce qu'il doit aux autres, se sent intéressé à leur plaire, veut mériter leur affection & leur estime, est jaloux de sa réputation présente & de la mémoire qu'il peut laisser après lui; ces sentimens sont trop souvent inconnus de ceux que le sort destine à gouverner les Peuples.

Avec les peines que l'on se donne pour cacher aux Princes ce qu'ils doivent aux autres; avec l'ignorance où on les tient des rapports qui les lient avec leurs Sujets, si l'on doit être surpris de quelque chose, c'est de ne pas les voir cent fois pires qu'ils ne sont. Ceux qui sont chargés d'élever un jeune Prince, lui apprennent avec soin ce que ses Peuples lui doivent, rarement lui parlent-ils de ce qu'il doit à ses Peuples. Prosternés aux pieds de leur disciple, ces vils instituteurs ne l'habituent, ni à régler ses passions, ni à modérer ses desirs, ni à résister à aucunes de ses fantaisies. Qui est-ce qui auroit le courage de contredire un enfant dans lequel son Gouverneur voit déjà son Maître? Rien de plus important que de briser de bonne heure les volontés de l'homme, afin de l'accoutumer à faire céder ses caprices aux loix de la raison. Mais on craint d'affliger les Princes ; on écarte de leurs yeux tous les objets propres à les émouvoir ; on ne leur permet point de connoître les infortunes des hommes ; ils semblent faits pour ignorer qu'il existe des malheureux sur la terre ; leur cœur ne s'attendrit jamais sur les maux de leurs semblables. D'ailleurs les Souverains croient-ils avoir des semblables? Ne sont-ils pas des Dieux que leur rang sépare du reste des mortels ?

Que faire d'un enfant volontaire, inappliqué, continuellement dissipé, corrompu par la flatterie dès le moment qu'il est né, que tout le monde entretient de sa grandeur future, à qui ses Maîtres ne parlent qu'en tremblant, que son Gouverneur est forcé d'appeller MONSEIGNEUR? Comment trouver de la docilité dans un jeune homme impérieux, que, depuis son berceau, tout enivre sans cesse & d'orgueil & d'encens? Comment faire sentir les droits de l'équité, de l'humanité, de la décence à un être à qui tout le monde s'empresse de céder, à qui personne n'a le courage de résister ? Il est presqu'impossible qu'un Prince, sur-tout s'il est né sur le Trône, ait la plus légere idée de justice ou de vertu. Les meilleurs Rois ont été ceux qui, avant de régner, ont éprouvé les coups du sort, ou bien ont vécu dans une condition privée.

Les Nations les plus grossieres nous donnent quelquefois des exemples de sagesse qui devroient faire rougir celles qui se croient civilisées. Chez un Peuple Negre de l'Afrique, l'usage veut que l'héritier présomptif de la couronne soit, au moment de sa naissance, enlevé de la cour de son pere, & relégué dans un village, où jusqu'à la mort du Roi, il vit dans une ignorance complette du sort illustre qui l'attend. Dans les Nations gouvernées par des Monarques héréditaires, les loix devroient au moins pourvoir à l'éducation de ceux qui sont faits pour régner. Un Empereur de la Chine n'ayant trouvé dans son fils aucunes des qualités convenables à un grand Prince, désigna pour son successeur un Citoyen vertueux dont il avoit reconnu les talens. *J'aime mieux*, dit-il, *que mon fils soit mal & mon Peuple bien, que si mon fils seul étoit bien, & tout mon Peuple mal.*

Est-il une trahison plus criminelle & plus funeste à la Patrie, que celle de ces instituteurs qui pervertissent les Princes par leurs flatteries, ou qui négligent d'inspirer le goût de la vertu à des hommes, dont les volontés régleront un jour le sort des nations? Est-il un forfait comparable à celui de ces empoisonneurs, qui dès l'enfance, ne sement dans les cœurs de leurs éleves que de l'orgueil, de la dureté, du mépris pour les hommes ; dispositions cruelles dont les Peuples recueilleront pendant des siecles les fruits abominables? Quelle trahison plus infâme que de former à son Pays un chef capable de le détruire? N'est-ce pas empoisonner un Peuple entier, que de flatter un Prince qui deviendra l'arbitre de son sort?

La vraie Morale n'entre communément pour rien dans l'éducation des Princes : ce n'est pas dans les cours qu'on apprend la vertu : tout y respire la licence, la volupté, la débauche, la perfidie, le mensonge; tout conspire à détourner de la raison, de la réflexion, de la probité. L'école des courtisans n'est que l'école de la dissipation, de l'intrigue & du crime; un jeune Prince n'y prend que des leçons de vanité, de dissimulation, de tyrannie; il y apprend à regarder les hommes comme des êtres d'une espece différente de la sienne, comme les jouets de ses propres caprices, comme une race abjecte & peu digne de ses soins. Quelles idées peuvent se former dans la tête d'un mortel à qui tout persuade que Dieu, en le faisant naître, a voulu qu'il fût le maître absolu de la personne, des biens, de la vie de ses Sujets.

Sous un Gouvernement despotique, qui toujours est ombrageux, le Successeur au Trône ne peut communément acquérir ni connoissances ni talens. Ses lumieres & ses vertus causeroient des inquiétudes au Despote régnant, fait pour craindre les qualités dont il se sent lui-même dépourvu. La sûreté de l'Etat, ou plutôt la tranquillité du maître & de ses favoris, exige que son héritier soit retenu dans l'ignorance, engourdi dans la mollesse & même totalement abruti. Le tyran regarde son fils comme un ennemi : il aime bien mieux le voir stupide que dangereux. Le Prince qui doit régner un jour sur les Ottomans, privé de toute instruction, confiné dans un sérail, entouré de vils Eunuques, ne lit que l'*Alcoran*, & ne voit le *Divan* qu'après la mort du Sultan. Des breuvages, dont l'effet est de rendre hébété, rassurent un Mogol contre les craintes qu'il pourroit avoir de ses propres enfans. (*)

L'éducation que, même dans des contrées plus éclairées, l'on donne aux Princes, ne paroît avoir pour but que de leur endurcir le cœur & de leur rétrécir l'esprit; des hommes intéressés, factieux, ambitieux, ou esclaves des préjugés, ou sans une connoissance suffisante des principes de la Jurisprudence naturelle, sont chargés de former les arbitres de la terre. Ils ne leur donnent que des connoissances incertaines, des idées confuses, des principes qui ne sont pas à l'épreuve des plus légeres impressions d'un exemple vicieux, des notions bien plus propres à détruire la raison dans son germe, qu'à la développer. Ils insistent trop peu sur leurs devoirs essentiels, sur les vertus qui tendent directement au bien de la société. Au lieu de faire

(*) Scha-Abadin-Kan, Visir de l'Indostan, fit assassiner Alum-gir, son maître, afin de se maintenir dans sa place, & choisit le plus stupide des Princes du sang Royal pour le placer sur le trône. Le même Visir avoit déjà fait déposer & aveugler Scha-hamet, qui régnoit en 1754.

naitre en eux les sentimens de l'équité, de l'amour du bien public, de la grandeur d'ame, de la vraie gloire, qui pourroient leur mériter l'attachement & l'estime des gens de bien, on leur forme une conscience erronée qui les portera quelquefois à commettre sans remords les crimes les plus noirs. Si on leur parle de la crainte de Dieu, de ses jugemens redoutables, des terreurs d'une autre vie; ces idées effrayantes sont bientôt effacées par la facilité qu'on leur montre à expier les plus grands forfaits. D'ailleurs les Rois semblent traiter avec les Dieux de couronne à couronne; on diroit que les Dieux de la terre croient qu'ils trouveront de l'indulgence dans les Dieux du ciel, dont on leur dit qu'ils sont les lieutenans, les représentans, les images.

(*Voyez ci-après* ABUS DE LA RELIGION.) S. S.

Suite du même Sujet.

L'AUTORITÉ doit avoir pour objet principal le bien-être de ceux sur qui elle s'exerce. Cette maxime fondée sur la nature & la raison, n'est malheureusement que trop contredite par les idées chimériques que la bassesse & l'esclavage s'efforcent d'inspirer aux Despotes. L'esclave accoutumé dès l'enfance à regarder un Monarque comme un Dieu, ne peut concevoir que de foibles mortels puissent examiner ses droits, ou discuter ses ordres. Les Souverains que la flatterie empoisonne dès l'âge le plus tendre, se croient des êtres privilégiés, séparés, pour ainsi dire, de toute l'espece humaine, dont les volontés sont faites pour ne jamais trouver d'obstacles de la part des vils mortels. Des Ministres ambitieux & des Courtisans avides ne voient, qu'avec frayeur, les bornes que de justes loix mettroient à une puissance dont ils partagent les abus.

L'autorité suprême, continuée pendant une longue suite de siecles dans une même race, dut encore contribuer à fortifier la vénération des Peuples pour leurs Souverains. Comment ne point regarder comme d'un ordre supérieur, des êtres à qui la naissance seule donnoit le droit de commander au reste des hommes? Les Rois, à leur tour, ne dûrent-ils pas méconnoître les droits de ces Peuples qu'ils transmirent à leur postérité, comme un bien de famille, comme un immeuble, comme un vil troupeau?

Les Sociétés, en choisissant des Monarques, leur accorderent un pouvoir plus ou moins étendu; par-là les Souverains acquirent des droits & des prérogatives qu'ils voulurent faire regarder comme inaliénables, imprescriptibles, essentiels à la Souveraineté. En accordant ces droits, les Nations ne consulterent communément que leurs circonstances actuelles, & porterent rarement les yeux sur l'avenir. Mais les Rois se prévalurent souvent des concessions une fois faites, soit à eux-mêmes, soit à leurs prédécesseurs; des usages souvent insensés, des exemples antérieurs, des droits une fois exercés devinrent pour eux des titres incontestables; ils prétendirent avoir acquis des facultés qui ne pouvoient plus être révoquées par ceux-mêmes qui les avoient conférées. L'habitude, l'opinion, & sur-tout un respect aveugle pour l'antiquité, firent illusion aux Nations; elles crurent qu'il ne leur étoit plus permis de rectifier des Abus, parce qu'ils avoient très-longtems subsisté. Ainsi les Princes persuaderent que leurs droits ne dépendoient plus de ceux qui les avoient donnés, & que, sous aucun prétexte, on ne pouvoit les en priver, lors même que les circonstances en rendoient l'exercice pernicieux, ou l'abus insupportable. Si l'on consulte la raison, elle nous apprendra qu'il n'est point de droits qui doivent subsister contre l'utilité des Nations.

Rien n'ouvrit sur-tout un champ plus vaste aux prétentions des Rois, que le préjugé qui confondit sans cesse le *Souverain* avec la *Souveraineté*, le Roi avec la Nation. On sentit qu'un pouvoir absolu résidoit nécessairement dans toute Société; on en conclut que les Sociétés gouvernées avoient déposé sans réserve entre les mains de leurs chefs, tous les droits, tout le pouvoir qu'elles avoient, toute l'autorité dont elles jouissoient elles-mêmes. Ainsi le Roi & la Nation furent pris pour des synonimes; l'organe & la volonté furent indistinctement confondus; les actions, les démarches, les imprudences même du Souverain furent regardées comme celles de la Nation; les biens de l'une furent regardés comme appartenants à l'autre, & peu-à-peu les Peuples & leurs possessions devinrent le patrimoine de leurs Monarques; ils en disposerent à leur gré; ils se dispenserent de les consulter sur les choses qui étoient le plus en droit de les intéresser. L'attention la plus légere suffit pourtant pour détruire une erreur dont les conséquences furent de tout tems très-funestes aux Nations. C'est pour conserver sa personne & ses biens, que chaque Citoyen se met sous la sauve-garde de la Société; c'est pour assûrer son bonheur que la Nation se choisit des protecteurs; ceux-ci sont des gardiens & non des propriétaires des biens de la Nation; ils sont des interpretes infideles, & non des Législateurs, quand ils font des Loix injustes, contraires au vœu public, désavouées par les Peuples. Un Despote, un Tyran peut-il être l'interprete des volontés générales? Non, sans doute; il n'est que l'interprete de ses propres passions, de ses propres caprices; il n'est l'organe que de ses Ministres. Mais un Monarque sage peut s'identifier avec sa Nation; pour cela il n'a qu'à vouloir ce que veut la volonté générale & suprême, ce que les Loix ordonnent : c'est alors qu'il dira comme un Roi de la Chine: *La faim de mon Peuple est ma faim : le péché de mon Peuple est mon propre péché.*

Dans presque toutes les Sociétés, les Chefs furent les seuls distributeurs des récompenses, des graces, des titres, des honneurs, des richesses; en un mot, ils disposerent de toutes les choses qui sont l'objet des desirs de tous les hommes. Il n'est pas surprenant qu'avec des motifs aussi puissans, ils aient si facilement réussi à diviser & subjuguer leurs Sujets dont les yeux se tournerent uniquement vers des êtres qu'ils regarderent comme les vraies sources du bonheur. Il fut donc aisé aux Princes mal-intentionnés de faire entrer dans leurs complots, une foule d'hommes séduits, aveuglés par des intérêts personnels. Une Nation sans pouvoir n'aura jamais que peu d'amis, elle n'a rien à donner. C'est pourtant de la Nation que découlent le pouvoir & les richesses que le Souverain lui-même possede. C'est de la Nation que partent les bienfaits, les honneurs, les récompenses & les graces que, pour le bien de l'Etat, le Souverain doit répandre sur ceux qui le servent. Mais par un Abus visible, on confondit toujours le distributeur des graces avec la Nation qui en est la source véritable. Par là le Prince fut l'objet unique sur lequel tous les yeux se fixerent. Pour que la Nation conservât tous ses droits, & pour que ceux qui la servent reconnussent ses bienfaits, il seroit important qu'elle se réservât la faculté de récompenser ou de payer les services qu'on lui rend : elle retraceroit par-là, à tous les Citoyens, que ce n'est pas seulement le Prince, mais encore la Patrie qu'ils doivent servir.

Pour respecter l'autorité, les Peuples ont besoin qu'elle leur soit représentée d'une façon sensible. La pourpre, les cérémonies, les faisceaux dans les Républiques; une pompe plus grande encore dans la Monarchie, éblouirent les yeux & en imposerent au vulgaire. Afin de rendre leur pouvoir plus révéré, les despotes ne se montrerent communément à leurs sujets qu'environnés d'un éclat propre à les étonner. Ainsi qu'aux Dieux, on rendit des honneurs divins à leurs images sur la terre : ceux qui de loin en furent les spectateurs, se persuaderent aisément que ces êtres si resplendissans devoient être au-dessus de la condition humaine. Telle est l'origine du *Cérémonial*, de l'*Etiquette*, & de ces titres fastueux par lesquels les Monarques en imposerent aux Nations toujours éprises du merveilleux; ces choses devinrent souvent l'objet unique de l'attention des Cours. Moins les yeux sont familiarisés avec les objets, plus ces objets font travailler l'imagination. Nul Monarque n'est un Dieu pour celui qui le voit tous les jours. Ce qui est impénétrable & caché, est toujours respecté. Les Rois profiterent de ces dispositions pour se rendre plus redoutables; ils ne se montrerent que rarement; & semblables aux Dieux qu'on ne voit point, du fond d'un Palais impénétrable, ils dicterent leurs volontés à des Courtisans qui, devenus des especes de Prêtres, les firent passer au vulgaire. Les Princes les plus méchans, ou qui eurent le moins de grandeur véritable, furent communément les plus attachés à leur faste, à leurs titres, & à cette vanité puérile qui n'en impose qu'à des enfans. Dans la plupart des Monarchies, le vain faste des Cours, ou ce qu'on nomme la splendeur du trône, devient la ruine des Peuples. Régner, dans bien des Etats, c'est représenter dans un drame communément fort tragique pour la Nation.

Le cérémonial & l'étiquette sont des barrieres que la flatterie a placées autour des Rois, afin d'écarter les Peuples de leurs Chefs, & pour empêcher

pêcher qu'on ne voie qu'ils sont des hommes. La bassesse & le préjugé semblent s'être efforcés de tout tems d'élever les Monarques au-dessus de la condition humaine. Homere donne sans cesse aux Rois le titre de *Nés des Dieux ;* la Fable les supposa instruits par des Divinités. Quoi de plus propre à nourrir l'orgueil des Chefs des Nations, que ces rêveries astrologiques qui leur persuadoient que le Ciel étoit perpétuellement occupé de leur sort, que les Astres annonçoient leur naissance & leur fortune, que les Eclypses présageoient leurs succès ou leurs défaites, que les Cometes étoient les avant-coureurs de leur mort? La Nature entiere sembla toujours s'intéresser uniquement aux destinées de quelques mortels que le hazard avoit placés à la tête des Nations.

Telles sont les différentes sources des idées gigantesques, surnaturelles, divines, que les Peuples se formerent de la grandeur de leurs Souverains, & que ceux-ci se formerent eux-mêmes de leur Puissance : idées qui les porterent à en abuser sans remords. Cessons donc d'être surpris que l'Histoire nous montre presque par-tout & dans tous les âges, des Peuples soumis à des hommes qui se crurent dispensés de montrer des vertus. L'indolence, l'incapacité, l'ignorance, que dis-je ? la méchanceté, même la stupidité, la frénésie ne priverent point les Rois du droit de régler le sort des Nations : régner ne fut autre chose, que jouir dans l'inaction, la mollesse & les plaisirs, du travail d'une Société nombreuse : gouverner ne fut que l'emploi du pouvoir pour la forcer de plier sous ses caprices : la Politique ne fut plus que l'art de la diviser, de l'affoiblir, de la corrompre même pour la tyranniser. Les Souverains ne songerent nullement à s'instruire; le bonheur des Peuples fut abandonné au hazard; les Nations les plus mal gouvernées craignirent de se rendre coupables d'un sacrilege, en ôtant le Pouvoir suprême à des mains incapables de l'exercer, ou qui en faisoient contre elles l'abus le plus honteux.

Lorsque, exempts de préjugés, nous oserons contempler la nature de l'Autorité souveraine, nous verrons que les Rois sont les plus respectables des hommes, lorsqu'ils font le bonheur des Nations; mais dont l'éclat, la grandeur & les droits disparoissent, dès qu'ils violent ou négligent les devoirs que le rang leur impose.

D'un autre côté, la raison doit faire sentir aux Monarques que, pour être chéris & respectés de leurs Sujets, ils doivent leur montrer, par la supériorité de leurs talens, de leurs lumieres, de leurs vertus, qu'ils ont ce qu'il faut pour commander : cette raison les détrompera de ces idées fausses & barbares qui leur représentent les Peuples comme des amas d'insectes qu'il leur est permis d'écraser : elle les désabusera de ces prétentions arrogantes qui substituent leurs volontés capricieuses aux Loix : elle leur montrera que l'utilité est la mesure de l'attachement de leurs Sujets, & que la sagesse & l'équité peuvent seules les mettre en droit de prétendre à leur estime & à leur amour. Enfin cette raison leur apprendra qu'un Monarque inutile, malfaisant & tout-puissant, est dans le fait l'être le plus dangereux dans la Société.

L'homme le plus criminel seroit, sans doute, celui qui rendroit toute son espece malheureuse. Les crimes les plus détestables sont ceux dont résulte l'infortune d'un plus grand nombre d'individus. Que conclure de-là, sinon qu'un Roi qui abuse de sa puissance, est le plus terrible fléau de sa Nation? Admirateur aveugle de la grandeur! mesure d'après ces regles l'estime que tu dois souvent aux maitres de la terre. Examine en détail les miseres qu'ils font si fréquemment éprouver à des millions de victimes de leurs coupables folies; calcule le nombre des familles désolées dans lesquelles l'Abus qu'ils font de leur pouvoir porte sans cesse le deuil, l'indigence, le désespoir; admire-les ensuite si tu l'oses!

C'est sur le besoin que les hommes ont les uns des autres, que leurs devoirs sont fondés; l'heureuse dépendance où nous vivons de nos semblables, est la vraie base de toute morale. Tout homme qui s'imagine n'avoir besoin de personne, croira bientôt ne rien devoir à personne; celui qui, dépourvu de crainte lui-même, est en état de faire trembler les autres, s'embarrassera fort peu de mériter leur estime ou leur amour; il ne se donnera point de peine pour plaire à des êtres qu'il méprise & qu'il peut accabler. Tout pouvoir démesuré corrompt nécessairement & l'esprit & le cœur, il rend celui qui l'exerce orgueilleux, inhumain, insociable.

Si vous multipliez les forces d'un homme, au point qu'il n'ait plus rien à espérer ou à craindre en ce monde des êtres qui l'entourent, il se croira bientôt un être d'un ordre différent; il n'aura besoin de personne pour contenter ses desirs; il n'aura point d'intérêt à modérer ses passions; en un mot, il deviendra méchant, & il n'aura nuls motifs pour travailler au bonheur de ceux qui lui seront totalement indifférents. Par l'avilissement des Nations, & l'oubli des droits de la Société, les Souverains sont devenus des hommes gigantesques, dont les forces se sont tellement multipliées, que l'on a cessé de les regarder comme faisant partie de l'espece humaine; dès-lors ils se sont tout permis pour satisfaire leurs volontés: bien plus; on les a cru dispensés de tous devoirs, leurs caprices n'ont plus rencontré d'obstacles; c'est ainsi que les Princes furent si souvent dépourvus de moralité & de vertus.

Bien des Auteurs ont écrit sur les vertus qu'ils demandent aux Rois: séduits par un enthousiasme plus louable qu'éclairé, ils ont exigé d'eux des talens si sublimes, des qualités si rares, des connoissances si vastes, qu'il est presqu'impossible qu'un mortel les rassemble. Ils ont voulu que les Rois fussent des Dieux, exempts des foiblesses de notre nature, & ils furent des hommes souvent plus remplis de miseres, que tous les autres. Ne voyons que des hommes dans nos Princes, ne leur demandons que des vertus humaines. Il n'est point, je l'avoue, de proportion entre les vertus

& les vices de ceux qui gouvernent, & ceux des Citoyens qui sont gouvernés; les mauvaises dispositions des premiers font des millions d'infortunés, leurs vertus répandent au loin la félicité. Les vertus du Citoyen n'influent communément que sur la sphere bornée qui l'environne; les vertus du Souverain se multiplient, pour ainsi dire, en raison du nombre de ses Sujets. Mais quelles seront ces vertus? Si les Princes avoient de la droiture, de la fermeté &, sur-tout, de l'équité, ils auroient toutes les qualités que nous avons droit d'en attendre, toutes les qualités requises pour les empêcher d'abuser de leur puissance. La bonté seule, sans la justice, ne peut être dans un Souverain une qualité utile relativement à ses Sujets; très-souvent elle devient une cruauté pour eux. Un Prince à qui la bonté de son cœur ôte la force de résister à ceux qui l'entourent, peut être aussi dangereux qu'un Tyran.

Si nous examinons, sans préjugé, la plupart de ces Princes dont on nous vante les qualités, nous verrons qu'il en est fort peu dont la bonté ait été vraiment avantageuse à leurs Etats. Nous trouverons que de vils Courtisans ont souvent abusé de leur sensibilité, pour leur faire commettre les injustices les plus criantes; nous trouverons que l'importunité leur arrache des graces pour des Sujets indignes; nous trouverons que les Peuples sont sacrifiés à l'avarice de quelques Grands affamés. Appellerons-nous un bon Roi, celui qui ne sait rien refuser à des hommes qui le sollicitent pour obtenir des places dont ils sont incapables, des récompenses qu'ils n'ont jamais méritées, la grace pour d'indignes Citoyens qui ont outragé la Société? La clémence est-elle donc une vertu, lorsqu'elle suspend les effets de la justice pour ceux qui ont violé les Loix, dépouillé la Nation, trahi tous leurs devoirs? N'est-ce point un Souverain inique, que celui qui prive le mérite des récompenses qui lui sont dues, pour les accorder aux instances de quelques favoris qu'il craindra d'affliger? Les qualités les plus aimables dans la Société particuliere, deviennent souvent des vices dans celui qui gouverne des Peuples. Un Souverain fait pour tenir la balance entre tous ses Sujets, doit être en garde contre sa propre sensibilité, sa facilité, sa tendresse, son affection pour ses amis ou sa famille. Dès que l'équité se fait entendre, un Prince ne doit plus avoir ni parens, ni courtisans, ni favoris. Un bon Roi est celui dont tout son Peuple éprouve la bonté; celui qui n'est bon que pour ceux qui l'approchent, est communément très-méchant pour ceux qui sont loin de sa personne.

Justice & fermeté : Telle devroit être la devise des Rois; lorsque nous trouvons ces qualités, n'exigeons rien de plus. Ne prétendons point qu'ils soient exempts des passions & des foiblesses de leur nature; n'en attendons point des perfections chimériques interdites à notre espece. Ne soyons point surpris lorsqu'ils tomberont dans des fautes inévitables pour l'homme. Quand les Peuples auront le droit de porter la vérité au trône, de se plaindre de leurs maux, d'en indiquer les remedes, ils ne seront pas long-tems malheureux. Sous un Souverain équitable, la Société ne parle jamais en vain; juste envers tous ses Sujets, il fait cesser leurs plaintes. Dès qu'on les lui fait connoître, il se conforme à leurs demandes; leurs desirs ne pourront être injustes ou déraisonnables, dès qu'ils exprimeront le vœu de la Nature appuyé de la volonté générale. Un vrai Roi est un Pere qui ne ravit point à ses enfans les avantages dont la possession fait leur félicité; il les protege contre l'oppression; il laisse aux Loix toute leur vigueur, & jamais il ne les force de plier sous ses caprices: juste envers les autres Sociétés, il ne songe point à les troubler: content de maintenir ses Peuples dans une existence heureuse, il ne va point, par des conquêtes, étendre les bornes d'un Empire toujours assez florissant, heureux & respecté, quand il est sagement gouverné.

Cessons donc de donner le titre de Grand à ces Monarques incommodes & turbulens qui désolent la terre; n'admirons plus les exploits de ces conquérans qui, indignés des limites que la Nature ou les conventions des hommes ont mises à leurs Etats, vont, dans des guerres inutiles, prodiguer le sang de leurs Sujets. Ne donnons point le nom de gloire, au bruit que leurs actions inhumaines excitent parmi les Nations. Regardons comme de vrais monstres ces Héros odieux qui, incapables de s'occuper du soin pénible de rendre leurs Etats heureux, courent à la renommée par le malheur des Peuples, & triomphent insolemment aux yeux du genre humain qu'ils outragent. Préférons un Roi pacifique, à ces brigands farouches dont les actions si vantées couvrent le monde de deuil, de larmes & de misere. La Nature favorise les Peuples, dès qu'elle ne donne à leurs maîtres que des ames tranquilles. L'amour des conquêtes, cette vertu guerriere qui fait qu'un Prince ne se plaît que les armes à la main, est un Abus de la Souveraineté, souvent aussi fatal que la tyrannie.

Quand l'amour de la justice anime un Prince, il lui donne la force de résister aux pieges & aux importunités des Courtisans qui l'entourent; son exemple en impose à tous ceux qui sous lui concourent à l'Administration: les cabales & les intrigues disparoissent bientôt d'une Cour dont le Maître connoît les droits de l'équité; elles ne sont faites que pour les Cours de ces Princes incapables de régner, qui ne sont que les esclaves & les jouets de leurs Eunuques, de leurs Maîtresses, de leurs Favoris.

Exiger d'un Monarque d'être juste, c'est demander uniquement qu'il soit honnête homme. S'il se trouvoit un Prince à qui cette Loi parût trop dure, il seroit, selon les apparences, très-difficile de le rappeller à la raison. Mais, dira-t-on, le Souverain est entouré d'hommes intéressés à le tromper, & qui, malgré sa vigilance, feront le mal à son insu. Un Prince en qui ses Ministres connoissent de l'équité, de la fermeté, seroit difficile à tromper, au moins pendant long-tems. Si la disgrace du maître suivoit fidellement toute injustice connue, bientôt la corruption secrete seroit bannie de la Cour. Quand d'un ton bien décidé le Monarque a dit à haute voix:

Je veux que l'équité regne seule dans mes Etats, on verra bientôt disparoître, & la violence, & la fraude.

Si tout Citoyen vertueux est un objet respectable, combien doit-on chérir & respecter celui dont les vertus se font sentir à tout un Peuple? Les hommes ont un amour naturel pour leurs Souverains : leur attachement, il est vrai, n'est très-souvent fondé que sur une admiration peu raisonnée de la majesté, de la pompe, de la splendeur qui environnent le trône; il n'y a jamais que l'abus extrême du pouvoir qui détruise dans les Sujets, l'affection qu'ils ont pour leurs Maîtres; l'habitude, l'opinion, le respect attachent les Nations à ceux qui les gouvernent; l'extrême Abus du pouvoir peut seul les rendre odieux. Que les Princes rentrent donc en eux-mêmes, & ils verront que c'est toujours par leur faute qu'ils perdent les cœurs de leurs Sujets. (*Par un ancien Magistrat.*)

Comment on peut prévenir l'Abus du Pouvoir.

C'EST une expérience éternelle, dit l'Auteur de l'*Esprit des Loix*, *Liv. XI. Chap. IV*, que tout homme qui a du pouvoir est porté à en abuser; il va jusqu'à ce qu'il trouve des limites. Qui le diroit! la vertu même a besoin de limites.

Pour qu'on ne puisse abuser du pouvoir, continue Montesquieu, il faut que par la disposition des choses, le pouvoir arrête le pouvoir; c'est-à-dire, qu'il faut que par la Constitution, ou les Loix fondamentales de l'Etat, les pouvoirs remis, chacun en différentes mains, se temperent, se répriment, se balancent les uns les autres, & trouvent chacun dans les autres un frein capable d'arrêter ses entreprises, si elles s'éloignoient des objets auxquels chacun est destiné par sa nature, & pour quoi il a été confié à une personne ou à un corps particulier. Ils doivent se surveiller, & ne se réunir que pour concourir unanimement au bien de l'Etat. Mais si tous les pouvoirs sont dans une même main, si la même personne, ou le même corps de Magistrature a toute la Puissance souveraine, s'il réunit la Puissance législative & la Puissance exécutrice, qui l'empêchera d'abuser de ce pouvoir absolu? qui l'empêchera de faire des Loix tyranniques pour les exécuter tyranniquement? L'Abus est encore bien plus à craindre, lorsque la Puissance de juger n'est pas séparée de la Puissance législative & de l'exécutrice; le juge, alors législateur, peut devenir oppresseur, par le vice même de la constitution, qui n'a point établi de force réprimante capable d'arrêter ses desseins tyranniques. Si dans la plupart des Etats de l'Europe, le Gouvernement est modéré, c'est à la répartition convenable, à l'équilibre des pouvoirs qu'on en est redevable.

§. IV.

Abus de la confiance & de la faveur des Rois.

Si la bonne fortune de Galba lui eut donné de bons Ministres ; s'il n'eut admis à cet auguste emploi que des hommes dignes de porter avec lui le poids de l'Empire du monde, il eut été vraisemblablement un excellent Prince. Doué, comme il étoit, de plusieurs vertus de l'homme public & de l'homme particulier, tempérant, frugal, exempt d'ambition, ennemi de l'insolence de la Soldatesque, il étoit porté au bien de la République. Mais de quoi lui servoient ces qualités estimables s'il n'en faisoit aucun usage ? Il ne s'emparoit du bien de personne, il est vrai, mais ceux qui gouvernoient sous lui, abusoient de sa confiance pour dépouiller tous les Sujets. Galba qui auroit dû ne pas employer des personnes indignes, & qui du moins auroit dû les réprimer ou les punir, encourut autant de blâme que s'il avoit fait le mal lui-même, ou s'il l'avoit autorisé. Les Peuples s'attendent avec justice à la protection du Souverain qui doit agir avec eux en pere. S'ils ne l'ont point, ils croyent que le Prince en est responsable. Pourquoi, disent-ils, se charge-t-il de cet emploi ? Pourquoi est-il si fort élevé au-dessus des autres si ce n'est pour le bien de tous ? Pourquoi Neron avoit-il été déposé, si l'on ne remédioit à aucun désordre sous le regne de Galba ? Pourquoi choisit-on un nouveau Prince, si ce n'est pour soulager le public après un regne violent & tyrannique ? C'est en vain que l'on change de maître, si l'on ne change point de Gouvernement : *Eadem novæ aulæ mala, æquè gravia, non æquè excusata.*

Galba abandonna l'Administration des affaires, son sort & sa gloire à ses favoris, qui ne se servirent de sa foiblesse que pour le livrer au déshonneur, & à une mort violente. Ils firent de l'Etat un marché public & une boucherie, & tandis qu'ils étoient encore occupés à assouvir leur cruauté & leur avarice, ils furent atteints par une main vengeresse, quoiqu'on pût raisonnablement juger que quelques-uns d'entr'eux avoient déja tâché de s'assurer une retraite, & qu'ils avoient trahi Galba dans la vue d'acquérir les bonnes graces d'Othon. C'est le génie de ces sortes de gens ; lorsqu'ils ont ruiné follement ou par imprudence les affaires de leur maître, le dernier office qu'ils lui rendent, est de l'abandonner, & il se peut que c'est-là leur premier trait de sincérité à son égard. Soit qu'ils eussent prémédité leur trahison ou non, on les crut coupables de cette perfidie ; telle étoit l'idée qu'en avoit le Peuple. On jugera toujours de même de pareilles gens : on doit s'attendre à toute sorte de crimes de la part des scélérats avérés.

Il est bon d'observer combien ces gens-là étoient peu clairvoyans : combien leur ambition étoit mal entendue. Imprudens autant que scélérats, ils firent échouer ce qu'ils avoient le plus en vûe. S'agissoit-il de la gloire &

de l'autorité, en travaillant à établir celles de leur maître sur la base solide de l'équité, ils en auroient recueilli une portion très-considérable. Les gens de bien les auroient applaudis & même soutenus; ils auroient été craints des méchans. Ils auroient joui d'une paix intérieure; peut-être leurs bonnes actions leur auroient-elles tenu lieu de protection; ils auroient eu les respects du public, & les louanges de la postérité : ces moyens honnêtes auroient pu même leur faire acquérir des richesses. Ils auroient fait une grande fortune avec l'approbation des gens de bien, & ils auroient pu vraisemblablement en laisser la paisible jouissance à leurs descendans : ils avoient les occasions les plus favorables de se faire une réputation durable : ils étoient les premiers Ministres du grand & opulent Empire de Rome; revêtus des premieres Dignités, les premiers en faveur, & ils servoient un Prince indulgent à ses Officiers, trop indulgent même, n'ayant jamais paru disposé à les censurer ou à les congédier.

Galba étoit parvenu à l'Empire avec une prévention favorable du Peuple en sa faveur; si son Gouvernement avoit été ferme & conforme aux regles de la justice, il lui auroit été aisé de prévenir toutes les révoltes; il les auroit au moins dissipées par la supériorité de son crédit, & de ses forces; il seroit ainsi descendu au tombeau paisiblement & avec gloire. Ses deux rivaux étoient personnellement desagréables au Peuple, leurs défauts les faisoient abhorrer. Tous deux étoient d'une pauvreté extrême, aucun d'eux ne s'étoit acquis de la réputation à la Guerre, ni n'étoit cru propre à gouverner en tems de paix; l'un étoit grossiérement livré à son ventre, & l'autre un parfait débauché. Galba avoit commandé des Armées avec gloire, & gouverné des Provinces avec intégrité : sa naissance étoit illustre, sa vie innocente, il possédoit de grandes richesses, & tout le monde le croyoit digne du Trône. N'est-il pas apparent que son regne auroit duré paisiblement autant que sa vie, si sa confiance indiscrete en des hommes qui en abuserent de la maniere la plus indigne, ne lui eût fait perdre tous ces avantages? Cependant, quelles plus belles espérances pour des Ministres que celles que leur offroit son regne? En le trahissant ils se trahirent eux-mêmes; en le servant mal ils se ruinerent. A quoi pouvoient-ils s'attendre de la part d'Othon ou de Vitellius, si ce n'est d'en être regardés comme des traîtres, ou du moins comme de misérables Ministres corrompus. Le caractere de ceux qui sont corrompus est toujours détesté, & l'autre méprisé de ceux mêmes qui en profitent. Amurath, Empereur des Turcs, fit couper la tête au Gouverneur Persan qui lui avoit livré une ville; Myrmahmud traita sévérement ceux qui avoient eu avec lui des intelligences criminelles pour lui livrer Ispahan : il les fit déclarer infames, leurs biens furent confisqués; il les fit tous mettre à mort, & jetter leurs cadavres dans les rues. C'est ainsi que l'Empereur Maximin traita Macedo, qui avoit poussé à la révolte son ami intime Quartinus, & qui l'avoit ensuite tué pour s'en faire un mérite auprès de Maximin, qui, pour ce perfide bienfait, le fit mettre à mort.

Ce que je dis est conforme à la raison, & frappe d'abord les yeux; mais quand on est livré à des passions criminelles, on n'écoute point la raison. Les Ministres, dont nous venons de parler, ne se possédoient plus à cause du changement subit de leur état, & la tête leur tourna lorsqu'ils eurent la conduite de l'Autorité Impériale. La tentation présente, la cupidité qui les dominoit, étoient trop fortes pour y pouvoir résister, & sans égard aux conséquences, sans songer à l'honneur & à la sûreté de l'Empereur, au bien public, à l'infamie & au danger où ils s'exposoient, ils suivirent aveuglément les impressions de leurs desirs déréglés & de leur vengeance. Les hommes, emportés par le torrent d'une autorité sans bornes, songent rarement au tems où ils peuvent se trouver dans le malheur, & les Grands ne pensent pas que leur grandeur puisse jamais finir. Il semble que ce soit une espece de malédiction attachée au pouvoir suprême, que la vanité & l'entêtement; comme s'il étoit possible & même facile de fixer l'inconstance de la fortune, & de s'assurer du bonheur durant un certain nombre d'années. C'est sur cette confiance insensée qui se trouve même dans de fort habiles gens, que ceux qui sont en place agissent avec une hardiesse & une insolence aussi grandes que si leur autorité ne devoit jamais finir, & comme s'ils devoient être toujours à couvert de toute reddition de compte, de tout événement & de toute sorte de disgraces. D'où pourroit venir, sinon de cette sécurité aveugle, que les Ministres ont souvent concerté des projets d'une oppression & d'un pillage universels, des projets pour avilir ou pour éluder les Loix, pour limiter la Liberté, & des plans d'un Gouvernement arbitraire. Se seroient-ils avisés de concerter des mesures d'oppression, s'ils eussent pensé qu'ils pouvoient un jour souffrir de l'oppression commune? Auroient-ils donné leur suffrage pour affoiblir ou abroger les Loix, s'ils s'étoient avisés qu'ils pourroient avoir besoin de la protection des Loix? Auroient-ils visé à abolir la Liberté s'ils eussent craint de déchoir de leur autorité? N'ont-ils pas établi le Despotisme pour s'en servir contre les autres sans en sentir le poids & la terreur en leur particulier?

On accuse le Favori d'un Roi d'Angleterre d'avoir imaginé un plan de Gouvernement despotique à la Turque: modele de Gouvernement qu'il mit par écrit. Une étrange révolution dans ses idées avoit suivi le changement de sa fortune: animé auparavant d'un tout autre esprit, il avoit maintenu la Liberté avec un zele extraordinaire. C'est lorsqu'il fut parvenu au Gouvernement de l'Etat, qu'il changea de style; ce qu'il n'auroit point fait apparemment, s'il ne se fût imaginé que son autorité n'auroit point de fin: il vécut assez pour la voir finir. Ce même homme qui avoit méprisé les Loix, la Liberté & la vie des hommes, fut privé de la Liberté & de la vie contre les formes ordinaires des Loix; & après avoir tâché d'établir un pouvoir illégitime & hors des regles, il tomba sous l'effort d'un pouvoir nouveau & extraordinaire. Un Ministre sans probité, qui dit ouvertement durant le regne suivant, qu'il espéroit de voir les Déclarations du Roi, c'est-à-dire sa volonté absolue

absolue & sa fantaisie, avoir la force des Loix & être regardées comme Loix, tint ce discours au fort de sa faveur qu'il se flattoit ne pouvoir jamais perdre par aucune vertu dont il fut doué, ni d'ailleurs par sa faute : il tint, dis-je, ce discours dans un tems où l'on se seroit servi de son habileté pour fabriquer ces Déclarations. Lorsque dans la suite il fut abandonné à son malheur, je suis persuadé qu'il avoit des sentimens différens sur l'autorité Royale, & que peut-être il ne vit pas de bon œil sa vie & ses biens enlevés par une proclamation.

Il seroit aisé de penser à de pareils revers de fortune, qui peuvent arriver à tous les hommes, & sur-tout aux Grands qui dépendent du bon plaisir & du caprice d'un homme, si l'amour-propre ne leur mettoit un bandeau sur les yeux. Les grands hommes, les hommes les plus sages, lorsqu'ils sont aveuglés, le sont étrangement : combien peu d'entre eux se sont munis de quelque ressource contre l'orage qui pouvoit arriver? Combien peu l'ont cherchée dans l'amitié & dans l'affection du Public; contre les dédains, & les disgraces de la Cour! Je dirai plus; ce que quelques Grands ont fait pour servir la Cour contre le Peuple, a été souvent un motif de Politique, non pas toujours conforme à la justice, & encore moins à la générosité: ils vouloient sacrifier les Ministres à la haine & à la vengeance du Peuple. C'est ainsi que César Borgia traita Romiro d'Orco, Gouverneur de la Romagne: Borgia se servit de lui pour commettre des cruautés, & le fit ensuite exécuter à mort pour cela. C'est ainsi que l'Empereur des Turcs en use souvent avec ses Bachas.

Pour revenir à Galba, jamais Prince ne fut plus malheureux en Favoris, c'étoient de méchans hommes, des scélerats; & un Prince, qui a de telles gens à son service, ne peut être ni heureux ni tranquille. Selden parlant d'Edouard II, & de ses mignons dit „ C'est ainsi que les Favoris, au-lieu » d'être un ciment pour unir le Prince & le Peuple, devenant comme des » écueils où tout va se briser, ruinent quelquefois tous les hommes, mais » ils se ruinent toujours eux-mêmes". Ceux de Galba n'eurent que ce qu'ils méritoient; leur maître étoit digne d'un meilleur sort, & ce fut principalement le crime de ces scélérats qui fit répandre le sang de cet Empereur. Les malversations des Ministres exposent un Prince à de grands dangers. Lorsqu'ils ne peuvent plus maintenir leur Maître, ou que leur Maître ne peut plus les protéger, le parti qu'ils prennent vraisemblablement est de l'abandonner, ou de se révolter, contre lui. Ayant, par une administration criminelle, trahi son intérêt & sa gloire, lui ayant fait perdre sa réputation; après avoir irrité les esprits & aliéné l'affection des Peuples, le plus sûr appui sur lequel un Prince doive compter; il est fort naturel que ces Ministres achevent de perdre celui qu'ils ont trompé en abusant indignement de sa confiance.

Ne prenons pas nos exemples si loin de nous. Henri IV. recevoit volontiers les avis de ses Ministres, mais il prenoit garde aussi de n'en être point trompé. Lorsque Miron, Lieutenant de Police & Prévôt des Marchands, se fut chargé de la cause des habitans de Paris, dont la Cour alors se disposoit à saisir les rentes sur l'Hôtel de Ville : les Courtisans, abusant de la confiance du Roi, le sollicitoient de condamner Miron à quelque terrible châtiment comme un boute-feu, un blasphémateur même, qui dans ses remontrances avoit proféré quelques vérités désagréables, qui, ne regardant pas le Roi personnellement, tomboient rudement sur quelques membres de son Conseil, ce qu'ils appelloient faire de sanglans reproches au Roi : ils auroient ainsi voulu qu'il vengeât leur honneur & le sien, qu'il les vengeât même aux dépens de sa justice. Ce Prince fut trop juste & trop sage pour leur prêter l'oreille.

Un Prince prudent peut tirer autant d'utilité en veillant sur ceux qui le servent qu'en les consultant. Henri IV. découvrit, par ce moyen, dans combien de canaux ses Ministres faisoient couler la corruption; il ne put venir à bout, avec toute sa vigueur & son intelligence, de les boucher tous, ni même de nettoyer les Tribunaux de Justice. Anciennement l'ordre qu'on observoit en France pour remplir les Tribunaux, étoit fort bon. On faisoit tenir un registre de tous les habiles Avocats & Jurisconsultes, & on en présentoit trois au Roi qui en nommoit un pour remplir la place vacante. Les Courtisans conseillerent au Roi de mépriser ces sortes de présentations, entraves de la Royauté, & d'en nommer un de sa pure volonté, tel qu'il le trouveroit. C'est ainsi que les Courtisans acquirent le droit de recommandation, & ils ne manquoient pas de recommander celui qui leur donnoit le plus. Cela fit que des gens sans mérite remplirent les Cours de Judicature, l'ignorance s'en mit en possession & souilla les Sieges sacrés de la Justice. Ces infames trafiquans, qui avoient trouvé qu'on faisoit plus de cas de l'argent que de la vertu & de la capacité, firent voir aussi qu'ils estimoient moins les Loix & la probité que l'argent. Le Président de Thou se plaint justement de cette vénalité des Charges dans la dédicace de son excellente Histoire de ce Roi. Cependant, ce mal, cet établissement de corruption est si enraciné, que les Princes & les Ministres qui ont eu le plus à cœur d'y trouver un remede, n'en ont presque trouvé aucun.

Il est certain que les abus se glissent facilement & qu'on les écarte avec beaucoup de difficulté. Le temps même les autorise, & alors personne n'a honte d'être à la mode. La plus grande infamie du monde cesse d'être honteuse dès qu'elle est devenue commune, comme cela ne manque pas d'arriver à tout désordre que la Cour appuye. Lorsque l'on ne rougit plus d'être vicieux, le vice s'établit, & la vertu même est regardée comme une singularité & une humeur chagrine; on lui fait un accueil froid & méprisant. Ainsi il importe à un Etat, & à un Prince qui sait faire cas de l'honneur, de sa réputation, & du salut de ses Sujets, que tous ceux qui sont autour de sa personne aient les mains nettes. Ce n'est pas assez que ses Ministres & ses Grands Officiers soient sans reproche & au-dessus du sale trafic des places & des emplois, de la protection & de la faveur; il ne devroit être permis à nul homme qui approche la personne du Souverain, de se mêler de cet infame commerce. Le déshonneur & les dangers peuvent enfin aller jusqu'à lui, & lorsque les places sont occupées par des gens sans mérite, que les honneurs sont distribués à des personnes indignes, le Prince en porte au moins une partie du blâme. Il devroit considérer cette sorte de négocians comme des vautours qui font leur proye des parties nobles de la Souveraineté d'où dépend le crédit & l'honneur du Souverain; comme des animaux immondes, qui souillent sa Cour, font un tort injurieux aux Sujets qu'ils poussent à bout, aliénent leur affection pour le Prince, & déshonorent son regne. Lorsque cet abus de la confiance & de la faveur du Prince est poussé à un certain point, il ne manque pas d'être connu & de produire des murmures universels. Les uns se fâchent à cause qu'ils en reçoivent un tort immédiat, les autres en ont du ressentiment à cause que la chose est préjudiciable au public; & elle déplaît à tout le monde, parce qu'elle est infame. Il peut bien arriver que celui qui obtient des graces pour de l'argent, les mérite sans cela, & il lui est bien fâcheux de payer ce qu'il devroit avoir gratis: mais on peut dire en général, que ce sont les gens sans mérite qui sont élevés quand l'argent fournit les moyens de s'avancer. Quoiqu'il en soit, la chose est honteuse en elle-même & blesse le Public: qu'est-ce que le Prince doit craindre le plus que de déplaire à ses Sujets & de s'attirer de la honte?

Qu'un Prince, le plus habile qu'il soit possible, prenne tous les soins qu'il voudra, il sera toujours en danger d'être égaré, si ceux qui ont sa confiance ont intérêt d'en abuser. Vespasien, qui d'abord ne songeoit point à commettre des oppressions, fut porté, par de mauvais conseils, à en commettre beaucoup. La Reine Elisabeth avoua à son Parlement qu'elle avoit été surprise, qu'on avoit abusé de son autorité, & qu'on en étoit venu à des excès criminels sous son nom. Edouard III. souffrit que son regne, un des plus glorieux dont l'Histoire fasse mention, fût souillé par le ministere d'une Maîtresse, femme avide, qui avoit une autorité scandaleuse sur sa personne & sur ses affaires. Les prérogatives Royales qui entre les mains d'un bon Prince, sont un sceptre d'or, deviennent un sceptre de fer, lorsqu'elles sont exercées par de mauvais instrumens qui agissent sous le Prince. Henri-le-Grand eût pu, selon l'opinion générale, après la victoire d'Yvri, se rendre le Maître de Paris, s'il se fût d'abord avancé de ce côté-là. La faute qu'il fit alors fut attribuée à ses Ministres, qui se joignirent pour l'en détourner par différens motifs qui les regardoient personnellement. On crut que le Maréchal de Biron craignoit la paix, parce que par-là il auroit vû perdre ou diminuer son crédit. Monsieur d'O, Surintendant des Finances, visoit, à ce qu'on prétend, au pillage de cette Capitale pour remplir les coffres du Roi, & canceller ses dettes; d'autres s'imaginerent que les Ministres Huguenots lui firent perdre cette occasion par la peur qu'ils eurent qu'il ne s'accommodât avec les Catholiques de Paris au sujet de la Religion. Ces diverses conjectures étoient bien fondées, sur-tout celle qui regardoit le Maréchal de Biron, qui souhaitoit si fort de continuer la guerre, qu'il ne voulut pas permettre à son fils de prendre le Général de la Ligue lorsque son fils lui fit voir qu'il ne tenoit qu'à lui. „ Voudrois-tu, dit le Maréchal, nous faire envoyer planter » des choux à Biron"?

Le Marquis de Louvois, Ministre de Louis XIV, se conduisoit par le même principe, & jouissoit ainsi de l'ascendant qu'il avoit sur son Maître. Il ne songeoit qu'à engager le Roi & le Royaume dans des guerres continuelles, parce qu'il étoit Secrétaire de la guerre, & que c'étoit durant la guerre qu'il étoit le plus accrédité, & le plus considéré. On peut voir encore combien les intérêts particuliers l'emporterent sur le bien public dans la minorité du même Roi. La Duchesse de Longueville souffloit le feu de la guerre civile de tout son pouvoir, pour se dispenser de vivre avec le Duc son mari qu'elle avoit poussé à bout par sa conduite. Le Duc de Nemours fit tout ce qu'il put pour la fomenter, dans la vue d'éloigner le Prince de Condé de la Duchesse de Chatillon dont ces deux Princes étoient épris. La Reine Régente ne s'appliquoit pas beaucoup à prévenir une guerre civile qui pouvoit faire revenir son cher Cardinal fugitif. Catherine de Medicis excitoit continuellement des troubles, des conspirations, & même des guerres civiles contre son propre fils Henri III, dans le dessein de s'assurer l'autorité. Elle ne réussit que trop bien, elle épuisa ce beau Royaume, opprima les Sujets, détruisit la Liberté & les Loix, pour fomenter la désolation, la licence, & le glaive destructeur. Elle entretint le Royaume dans le malheur le plus général qui puisse arriver à une Nation, dans la division; toujours engagée dans la guerre & dans le sang. Lorsque le Peuple lassé & affoibli par ces querelles domestiques & par l'effusion de sang, se fut procuré un peu de relâche par la paix, elle ne cessa de machiner & de cabaler jusqu'à ce qu'elle l'eût fait rompre, & malgré les Traités & la misere publique, elle continua à faire ruisseler le sang de la Nation. De plus, pour bannir toute vertu du Royaume dont elle avoit chassé la tranquillité & la concorde, elle avoit soin d'encourager toute sorte de débauche; au milieu des dangers, & des malheurs de l'Etat, elle fomentoit les excès, & les voluptés les plus criminelles. Pour gagner & pour corrompre les Grands, par les attraits les plus enchanteurs, elle tenoit sa Cour bien fournie de belles Dames dressées à cajoler les mécontens & propres à amollir les Héros; ceux qui avoient résisté à d'autres tentations succomberent à celle-ci : quel nom pouvons-nous donner à la politique & au commerce de cette Princesse?

Richard II. Roi d'Angleterre, abandonna si fort le Gouvernement à ses Favoris, qu'on disoit d'eux „ qu'ils avoient pris le Royaume à ferme." Ils accordoient des Patentes, ils faisoient des proclamations, levoient de l'argent, dépouilloient les *Sujets*; le tout sans la connoissance du Prince, ou sans daigner demander une seule fois son consentement. Ils n'avoient d'autre raison, pour le mettre au-dessus des Loix, que celle de s'y mettre eux-mêmes. C'eſt pour cela qu'ils firent publier une Déclaration dans la Ville de Londres, portant „ que perſonne n'eût à proférer quoi que ce fût con-» tre eux, ſur peine de confiſcation de ſes biens. " Ils firent plus; ils obligerent ce Prince foible de leur promettre par ſerment, non-ſeulement » qu'il ſe gouverneroit uniquement par leurs conſeils, mais qu'il les ſou-» tiendroit, les défendroit, & qu'ils vivroient & mourroient avec lui. " Il ne faut pas s'étonner après cela, qu'ils ne puſſent ſouffrir qu'aucun Seigneur du Royaume, ou des meilleurs Sujets du Roi, s'avisât de lui donner des avis, ou l'inſtruiſit de quoi que ce fût; qu'il l'abordât même, ſi ce n'eſt en leur préſence. Brember, un des Favoris, fit pendre vingt-deux hommes en une ſeule nuit ſans forme ni figure de procès. Il avoit marqué les noms de ſix ou ſept mille Citoyens qui lui faiſoient ombrage & qu'il vouloit exterminer à une ſeule fois : il avoit deſtiné à cela un coutelas que la Providence fit ſervir à lui ſéparer la tête du corps *Diſcours Hiſtoriques, Critiques & Politiques de* TH. GORDON, *ſur* TACITE.

§. V.

ABUS DE LA RELIGION.

UN des plus grands Abus de la Religion, c'eſt de peindre l'Être ſuprême comme un Deſpote à qui tout eſt permis, & de perſuader aux Nations qu'elles doivent ſe ſoumettre, ſans murmurer, aux volontés arbitraires des Princes, chargés de repréſenter la Divinité. A force de répéter aux Rois qu'ils ſont, ſur la terre, les Images, les Lieutenans, les Repréſentans de la Divinité, on les accoutume à ſe regarder comme des Dieux, & à ſe ſervir, pour abuſer de leur autorité, du frein-même qu'on prétendoit lui oppoſer. Développons cette penſée.

La Nature, la Raiſon & la Religion bien entendue réclament contre l'Abus du Pouvoir : le bon ſens parle hautement en faveur des Nations. Quel orgueil donc aſſez inſenſé dans leurs Chefs, a pu leur perſuader que les Peuples une fois ſoumis avoient perdu le droit de jamais exprimer leurs volontés? Quelle préſomption a pu faire croire à un foible mortel qu'il avoit aſſez de vertus, de talens, de génie pour gouverner par ſa volonté abſolue des Peuples nombreux, pour veiller aux beſoins d'une Nation étendue, pour donner des Loix toujours utiles & infaillibles à ſes Sujets? Quelle yvreſſe a pu les empêcher d'entendre la voix de la Nature & de la raiſon qui leur annoncent que leurs engagements avec les Peuples ſont réciproques, & qu'en refuſant de les remplir, ils invitoient ces Peuples à y manquer à leur tour.

Cependant, des vérités ſi ſenſibles ont été ſouvent méconnues, & des Souverains, & des Peuples. Si les premiers ſe ſont crus en droit d'abuſer de leur pouvoir, leurs Sujets, par un étrange aveuglement, ſont parvenus à se persuader que tout étoit permis à leurs Chefs, & qu'en se soumettant à eux, il ne leur restoit pas même le droit de se plaindre de leurs injustices les plus criantes & de leur tyrannie la plus avérée. Par quels prestiges, des Nations entieres ont-elles pu s'avilir au point de croire qu'elles étoient faites pour être les jouets des passions de leurs Souverains? Comment ont-elles adopté des notions si contraires à leurs intérêts? Je ne vois point, dans le monde, de cause plus capable de produire des effets si bizarres, que l'Abus de la Religion. C'est lui qui forma les Dieux sur le modele des Monarques corrompus; il transforma ensuite ces Monarques en Dieux. Dans presque toutes les contrées du monde, le sacerdoce occupa le trône. Les Ministres de la Divinité partagerent avec elle, les hommages & les respects de la terre. Représentans visibles des êtres invisibles, de qui les mortels faisoient dépendre leurs destinées, il fut un temps où les Prêtres furent, dans tous les climats, les Souverains, les Législateurs & les Oracles des Nations. Ce Gouvernement sacerdotal fut nommé *Théocratie*. Les Dieux furent censés gouverner eux-mêmes, tant que leurs Ministres régnerent sur les hommes.

Par une suite nécessaire d'un pouvoir illimité, le sacerdoce en abusa. Endormi au sein de la mollesse, de la grandeur, de l'opulence, il fut obligé de souffrir que l'ambition des guerriers ou la volonté des Peuples arrachât de ses mains un pouvoir devenu trop indolent ou trop incommode. Des Nations belliqueuses ne purent long-temps s'accommoder de Souverains que leurs fonctions paisibles, leur inactivité, leur inexpérience éloignoient des combats; il leur fallut des Chefs plus agissants, elles choisirent donc de nouveaux Rois. Obligé de céder à la force & dépouillé de la puissance suprême, le Sacerdoce voulut au moins retenir une portion de l'autorité & de l'indépendance dont il avoit joui. Tantôt il intimida, tantôt il flatta les Souverains. Presque toujours il osa tout impunément. Cet ordre, respecté par les Peuples, en imposa à leurs Chefs. En un mot, soit par audace, soit par ruse, il prit de l'ascendant sur les Princes. Il excita leur orgueil, il alimenta leur ambition, il travailla sur-tout à rendre leur autorité sacrée, à condition néanmoins de la partager avec eux. Parvenu à ses fins, il persuada aux Peuples que le pouvoir que leurs Chefs tenoient, soit de la force, soit du consentement des hommes, étoit une émanation de la puissance suprême qui gouverne l'Univers. Ainsi les droits des Souverains se changerent en des *Droits divins*; leur autorité fut irrévocable, & leurs actions furent soustraites au tribunal des Nations: ces Nations aveuglées adopterent ces idées surnaturelles, & sur la foi de leurs guides religieux, eurent pour leurs Chefs une vénération aussi profonde, une soumission aussi peu raisonnée que pour les Dieux dont elles les crurent les images. Ainsi les Rois devinrent des Dieux, ils ne furent plus comptables de leurs actions à leurs Sujets: la Société dégradée, avilie, anéantie, perdit tous ses droits; elle fut éclipsée par la majesté du trône: soumise sans réferve aux volontés de fes Maîtres les plus déraifonnables, elle fe crut deftinée par le Ciel à ne travailler que pour eux : elle fe perfuada que l'oifiveté, le fafte, la licence, le droit d'opprimer & d'être injufte étoient leur partage ; & que le travail, l'abjection & l'efclavage étoient le fort réfervé pour elle-même ; elle vit le Très-Haut dans fes Tyrans les plus pervers ; elle n'ofa plus lever fur eux fes regards, & profternée dans la pouffiere, elle attendit leurs décrets en filence.

Telle fut la vraie fource de la corruption des Rois & de l'aviliffement des Peuples. Le Souverain fut tout, fa Nation ne fut plus rien ; la volonté publique difparut, celle d'un feul devint la Loi. Ainfi naquirent le Defpotifme, le Pouvoir arbitraire & la Tyrannie : en un mot, le Gouvernement dégénéra en un Abus honteux du Pouvoir, contre lequel les Nations fubjuguées n'eurent plus la liberté de réclamer. La Royauté devint un myftere. Un feul homme dans chaque Société fut l'objet des foins, des travaux, des regards de tous ; fes caprices furent appellés des Loix ; fa force lui tint lieu de droits ; la foibleffe & la lâcheté des Peuples pafferent pour des confentemens ; & fur les ruines de la félicité publique, on érigea un trône aux paffions, aux fantaifies, à l'orgueil du Monarque divinifé.

En admettant la vérité des principes fur lefquels fe fondent ces prétentions faftueufes : en regardant les Rois comme les images de la Divinité, que pourra-t-on en conclure ? Sera-ce des Dieux méchants, cruels, injuftes, malfaifants, en un mot, des Démons qu'ils devront repréfenter ? S'il eft un lien fecret qui uniffe les créatures au Créateur, c'eft, fans doute, l'efpérance des biens qu'elles en attendent. S'il exifte une Providence occupée des mortels ; fi elle leur a donné des Loix ; fi Dieu lui-même s'eft foumis à des devoirs, à des regles envers l'homme, Dieu eft lié par fes promeffes ; il doit des récompenfes pour les vertus qu'il ordonne ; il ne peut punir que ceux qui violent fes décrets. La bonté, la juftice divine font les feuls liens qui uniffent l'homme à fon Dieu. Mais fi tout eft permis aux Monarques, s'ils ne doivent rien à leurs Sujets, s'ils font difpenfés des Loix de l'équité, de la raifon, de la bienfaifance, ne fe mettent-ils pas au-deffus de la Divinité-même qu'ils difent repréfenter ?

Ainfi, même en accordant une origine célefte à l'Autorité fouveraine, dès que l'on fuppofe dans le Monarque de la Nature, bonté, juftice & raifon, l'on eft en droit d'exiger ces qualités de ceux qui fe vantent de tenir leur pouvoir de fes mains. Dira-t-on qu'un Dieu que l'on appelle bon, parce qu'on lui fuppofe de la tendreffe pour les hommes, veut être repréfenté fous les traits d'un Tyran ? Peut-il approuver qu'un homme, lorfque fes paffions le changent en une bête féroce, ait le droit exclufif de dévorer fes femblables ? Ce Dieu confent-il qu'un mortel, qui réellement ne differe en rien des autres, viole, fuivant fes caprices, les Loix qui maintiennent l'exiftence de fes créatures ? A-t-il réfolu dans fes décrets éternels qu'un feul membre de chaque Société profitât du travail de tous les autres, ne s'occupât que de son propre bonheur, & rendît à son gré le plus grand nombre malheureux? Les ministres de la Religion sont en contradiction avec leurs propres principes, lorsqu'ils s'efforcent de rendre sacrée, l'autorité des Tyrans, & de mettre leur personne sous la sauve-garde du Ciel.

Ceux qui fondent le pouvoir des Rois sur la volonté divine, ou qui affectent de paroître les plus persuadés des *Droits divins* de leurs Souverains, ne laissent pas de contredire, par leur conduite, ces spéculations merveilleuses. N'est-ce pas en effet un attentat sacrilege, une contradiction évidente, que de suspendre l'obéissance à des ordres émanés d'un maître établi par la Divinité-même? N'y a-t-il pas de la témérité à résister à un Monarque qui est l'image du Très-Haut? La soumission la plus abjecte & la moins raisonnée devroit être la suite nécessaire d'un principe si merveilleux; les vils esclaves de l'Asie qui, sans murmure, se soumettent aux fantaisies de leurs Sultans despotiques, & qui reçoivent avec joie la mort même de leurs mains, sont, sans doute, plus conséquents, que des Européens qui, convaincus du droit divin de leurs Monarques, ne laissent pas de résister à leurs ordres?

Le bon sens nous prouvera toujours que, de quelque maniere que le Gouvernement se soit établi, les Souverains demeurent soumis à des regles suffisamment indiquées par l'intérêt de la Société qui doit être pour eux la Loi suprême: il ne leur est point permis de substituer leurs volontés à cette Loi, ni leur intérêt personnel à l'intérêt général. Ainsi tout conspire à montrer que le pouvoir absolu est un délire. Tout Gouvernement suppose des rapports entre celui qui gouverne & ceux qui sont gouvernés; les devoirs des uns & des autres sont les résultats de ces rapports expliqués par les Loix, qui seules conferent des droits, parce qu'elles sont l'expression de la volonté de tous: or tous veulent l'ordre, parce que c'est de l'ordre que résulte le bonheur; un pouvoir sans bornes ne peut être qu'un désordre.

Vainement les fauteurs d'un pouvoir usurpé fondroient-ils leurs droits sur une possession antique & non interrompue, sur le silence des Peuples, sur un exercice non disputé pendant un grand nombre de siecles; sur des prérogatives accordées par le corps même de la Nation: la violence, l'oppression, la crainte, la crédulité, les préjugés, l'imprudence parviennent souvent à engourdir les Peuples, à fasciner leur entendement, à briser en eux le ressort de la Nature. L'ignorance rendra toujours les hommes lâches, esclaves & malheureux. Mais lorsque des circonstances favorables ouvrent les yeux des Peuples, lorsqu'ils entendent la voix de la raison: que dis-je? lorsque la nécessité les force de sortir de leur léthargie, ils rougissent de leurs foiblesses & de leur aveuglement. Ils voient alors que les droits prétendus de leurs Tyrans ne sont que des effets de l'injustice, de la force, de la séduction, qui jamais n'ont pu détruire les droits éternels de l'homme. C'est alors que les Nations rappellées à leur dignité, se souviennent

que

que ce sont elles-mêmes qui ont établi l'autorité : qu'elles ne se sont soumises que pour se rendre plus heureuses : que la Loi n'est faite que pour représenter leurs volontés, & que lorsque le pouvoir souverain s'écarte de leur plan, elles rentrent dans leur indépendance primitive & peuvent révoquer des pouvoirs dont on abuse indignement.

En un mot, si, comme on n'en peut douter, l'Autorité souveraine n'a réellement pour base que le consentement formel ou tacite des Peuples, les Peuples n'ont jamais pu consentir qu'un seul ou que plusieurs Citoyens eussent irrévocablement le droit de rendre tous les autres malheureux. Si l'Autorité souveraine se fonde sur la conquête, c'est-à-dire sur une force injuste, tout Citoyen audacieux pourroit légitimement s'en emparer, ou tout Citoyen courageux seroit en droit de la détruire dès qu'il en auroit le moyen. Si cette autorité est émanée d'un Dieu juste, & qui veut le bien-être des hommes, ce n'est qu'en exerçant la justice & en procurant des avantages à la Société, que les Souverains entreront dans ses vues; en la rendant malheureuse, ils établiroient leur pouvoir sur la volonté d'un être malfaisant, qui se plairoit à voir les humains dans l'infortune & à jouir de leurs douleurs, dispositions que, sans blasphême, on ne peut attribuer à la Divinité, dans laquelle on ne doit supposer ni malice ni cruauté. (*Par un ancien Magistrat.*)

Concluons que la Religion, ne favorise point l'Abus du pouvoir; qu'il faut au contraire altérer, confondre, corrompre tous les principes Religieux pour les faire venir à l'appui de la tyrannie qu'ils réprouvent.

Il est beaucoup d'autres Abus de la Religion dont les conducteurs des Nations peuvent se rendre coupables. Mais celui dont nous venons de traiter, est le principal & la source de tous les autres, que nous développerons dans la suite sous différens titres.

Voyez CORRUPTION DE LA RELIGION, RUSES POLITIQUES, SECTES RELIGIEUSES, SUPERSTITION, *&c. &c.*

§. VI.

ABUS DE LA LIBERTÉ:

Dans les Gouvernemens Démocratiques, & les Aristocratiques.

SI les Magistrats sont enclins à abuser du pouvoir qui leur est confié, les Peuples ne sont pas moins portés à abuser de leur liberté. S'il est difficile de montrer dans l'Histoire une seule Monarchie où le Prince & ses Ministres n'aient abusé de l'Autorité suprême, que l'on me montre une République où le Peuple n'ait pas abusé de sa liberté; une République où la multitude ignorante n'ait pas souvent pris des résolutions contraires à ses intérêts; décidé de la paix & de la guerre d'une maniere directement opposée à la saine politique, aux loix fondamentales de l'Etat; disposé des charges & des dignités au gré de ses caprices & de ses emportemens, plutôt que suivant les maximes de la prudence & de l'équité; porté des loix destructives de sa liberté même; payé d'ingratitude les services des Citoyens les plus courageux, les plus zélés, les plus désintéressés. Les loix de l'Ostracisme & du Péralisme ne furent-elles pas souvent des Abus criants de la liberté? *Voyez* OSTRACISME & PETALISME. Voyez dans l'Histoire de Genes & dans celle de Florence les jalousies, les haines continuelles du Peuple & de la Noblesse. Chez un Peuple libre la vertu & les talens ne sont pas moins suspects que les richesses & la considération. Personne n'y veut souffrir la mortification de voir quelqu'un meilleur ou plus estimé que lui. Alors on prend des précautions odieuses contre le mérite & ceux dans qui il éclate; contre la vertu & ceux qu'elle semble porter aux honneurs; contre les services & ceux qui les ont rendus. De-là les factions, les cabales, les brigues, les guerres civiles, où chacun avec le mot de liberté dans la bouche, ne cherche qu'à opprimer les autres, & qui ordinairement ne finissent que par la destruction de l'Etat.

L'Abus de la liberté est au comble, lorsque les Peuples font des loix & disposent de l'Administration, plutôt comme esclaves des différens partis, que comme des hommes véritablement libres. On ne sauroit s'imaginer les désordres étranges qu'enfante l'esprit de parti. Il n'y a plus ni amitié ni union entre les Citoyens: il n'y a que des associations passageres entre les complices de quelqu'attentat contre l'Etat ou contre les particuliers: je dis des associations passageres, car personne ne se pique de tenir ses sermens ou sa parole qu'autant qu'il y trouve son intérêt; & les plus méchans se servent de ces liens sacrés de la bonne foi, pour abuser plus sûrement de la simplicité des esprits crédules. On diroit que plus la fourberie a des succès faciles & assurés, plus elle donne de gloire à celui qui l'a mise en usage: tant les idées de droiture & de vertu sont perverties! Dans ces momens de licence universelle, on ne veut pas même dépendre des principes de l'honnêteté naturelle. Les scélérats sont estimés d'habiles gens, & les gens de bien sont traités comme des stupides. On fait une étude de tout ce qu'il y a de corrompu, & de tout ce qui peut corrompre les autres. L'Abus de la liberté rend les bonnes Loix inutiles; & les hommes sages, s'il y en a encore quelques-uns dans une corruption générale, les réclament envain contre des maux que l'excès rend incurables.

De-là une horrible avarice & un desir insatiable, non de la véritable gloire, mais d'une autorité honteuse, sous le spécieux prétexte du bien public. De-là ces haines, ces dissentions, ces querelles, ces emportemens, ces proscriptions, ces exils, ces exécutions, & tous les mauvais traitemens que l'on fait souffrir aux gens de bien, tandis que les scélérats prosperent: car dans toutes les révolutions occasionnées par l'Abus, soit du pouvoir, soit de la liberté, la vertu est toujours sacrifiée au crime: les honnêtes gens, se confiant dans leur probité, périssent sans protection, parce qu'ils n'ont garde de chercher un appui parmi les méchans.

Souvent encore la corruption s'insinue dans les ames nées pour suivre les sentiers de la vertu. Le malheur des temps & la nécessité les entraînent dans un parti, que les malhonnêtes gens embrassent par ambition & par avarice. Quelquefois ils sont trompés par des fourbes adroits à cacher, sous le beau nom de liberté, l'indigne Abus qu'ils en font, & le dessein qu'ils ont de l'opprimer sous prétexte de la conserver, ou par un Gouvernement populaire, s'ils vivent dans une Aristocratie, ou par celui des Grands, s'ils sont dans une Démocratie. La récompense qu'ils cherchent dans la défaite de ceux qu'ils appellent ennemis de l'Etat, ce n'est pas la gloire de délivrer cet Etat, c'est le plaisir de la vengeance, & l'ambition d'assujettir leur propre Patrie, dont ils n'ont pas plutôt usurpé l'Autorité, qu'ils s'abandonnent avec un débordement furieux à toute sorte d'injustices, de cruautés & de rapines.

Dans cette confusion, les Loix & les Réglemens que l'on fait n'ont point égard au bien public, mais seulement à celui des particuliers. Les traités, les guerres & les alliances se font, plutôt pour satisfaire quelques hommes entreprenans que pour l'intérêt réel de la République. Tandis que tout le monde réclame la liberté, personne ne voit ou ne veut voir ce qui convient à un Etat libre, & si on le voyoit, on lui préféreroit des vues intéressées. C'est ce qui fait toujours succéder une division à une autre, parce que, quand une République se laisse gouverner par le parti le plus puissant plutôt que par les Loix, si-tôt qu'une faction est devenue la maîtresse, il faut qu'elle vienne à se diviser elle-même, vu qu'elle ne peut pas se maintenir par les moyens particuliers qui lui ont servi à s'élever au-dessus des autres. C'est ce qu'on voit dans l'Histoire des factions qui agiterent autrefois la République de Florence. Chacun croyoit qu'après la destruction des Gibelins, les Guelfes devoient fleurir dans une longue tranquillité, comblés de biens & d'honneurs. Cependant, ils se diviserent bientôt en des factions connues sous les noms de *Blancs* & de *Noirs*. Les Blancs furent détruits, & la Ville n'en fut pas plus unie. Elle se divisa de nouveau, tantôt à cause du rappel des exilés & du rétablissement des réfugiés, tantôt par des animosités qui régnoient entre le Peuple & la Noblesse, ou même par la rivalité des différentes familles nobles ou populaires. L'amour excessif de la liberté mit encore les Florentins hors d'état d'en jouir; alors voulant donner à des étrangers un bien qu'ils ne pouvoient posséder eux-mêmes, ils soumirent leur liberté au Roi de Naples, à son frere, à son fils, au Duc d'Athenes. Ne pouvant enfin se fixer sous aucune espece de Gouvernement, parce qu'ils n'avoient jamais été bien unis pour la conservation de leur liberté, & que l'Abus de la liberté amene le plus vil esclavage, on les vit préférer à la Majesté d'un Roi qui les gouvernoit, la domination d'un misérable aventurier né dans le village d'Agobbio. Les Florentins rougirent de leur avilissement; mais ils n'en sortirent que pour être en proie à de nouvelles divisions. Le Peuple triompha de la Noblesse, & plusieurs crurent que Florence seroit tranquille, parce qu'elle avoit abattu ceux qui, par leur ambition & leur orgueil insupportables, paroissoient être la seule cause des désordres où elle avoit été plongée. Vain espoir! L'orgueil & l'ambition des Grands passerent chez la Bourgeoisie & la petite Noblesse; les désordres furent plus grands qu'auparavant, parce que les gens d'une basse naissance sont ordinairement plus violens, plus emportés, plus cruels, plus intraitables que les hommes nés dans un rang supérieur. La République fut plus cruellement déchirée que jamais, par les factions des Buondelmonti & des Uberti, des Donati & des Crequi, des Ricci & des Albizi, des Médicis & des Pazzi, jusqu'à son entiere destruction. Tant il est vrai qu'un Peuple supporte quelquefois aussi difficilement la liberté que l'esclavage!

L'Histoire des dissentions de Florence par Machiavel, nous montre donc à chaque époque un Peuple qui, ne sachant pas être libre, passe continuellement de l'excès de la licence à l'esclavage, & de l'esclavage à la licence la plus effrenée; desorte qu'il est difficile de décider dans quelle condition il fut plus malheureux, dans l'oppression ou dans l'indépendance. Mais ce qui frappe le plus, ce qui fait faire les plus tristes réflexions sur le sort de l'humanité, c'est de voir ce Peuple livré à une espece de frénésie & de rage contre lui-même, & n'ouvrir les yeux sur l'excès de ses maux que pour s'encourager à les aggraver. Tels se montrerent plus d'une fois les Florentins, sur-tout dans le temps des divisions entre le Peuple & la Noblesse. Dans un de ces momens de la plus grande fermentation des esprits, lorsque le Peuple en armes couroit çà & là dans la Ville, pillant & brûlant les maisons des Nobles, les cherchant eux-mêmes pour les massacrer, & portant le ravage jusques dans les Eglises, quoique les Chefs de la République lui eussent accordé tout ce qu'il avoit demandé pour l'abaissement des Grands; Louis Guichardin, alors Gonfalonier, & réputé généralement pour un homme paisible & affectionné au bien public, osa représenter à cette populace mutinée, l'énormité de ses excès, & les suites terribles qu'ils pouvoient avoir pour le salut de l'Etat, & l'exhorter à prendre des sentimens plus modérés.

» Si les Seigneurs & moi, dit-il, n'avions pas connu, il y a long-tems, » la triste destinée de cet Etat qui, par une étrange fatalité, passe des » guerres étrangeres aux guerres civiles, nous aurions été plus surpris que » nous ne l'avons été, des troubles dont nous sommes témoins. Mais parce » que les choses auxquelles nous sommes accoutumés ne nous touchent pas » si fort que les autres, nous avons supporté avec patience vos divisions » cruelles, dans l'espérance de les voir finir par les concessions que nous » vous avons faites au gré de vos desirs. En considérant aujourd'hui que » vous ne voulez pas vivre en paix, que vous exigez que l'on maltraite

» de nouveau vos compatriotes, comme si vous ne les aviez pas assez mal-
» traités vous-mêmes, notre douleur augmente avec votre fureur & votre
» infamie. Si nous avions osé prévoir que, pendant notre Magistrature, la
» République courût risque de périr par les efforts qu'elle feroit pour s'op-
» poser à vos violences, & par sa condescendance à vous satisfaire, nous
» aurions évité d'entrer en charge par un refus absolu, ou par un exil vo-
» lontaire. Nous espérions avoir affaire à des gens qui auroient quelques
» sentimens d'humanité, quelqu'amour pour la Patrie, quelque amitié pour
» leurs Concitoyens; nous avons accepté les emplois auxquels vous nous
» avez appellés, nous flattant de pouvoir surmonter votre impétuosité par
» notre douceur. Nous voyons bien à présent, que plus nous nous abaissons
» & plus nous entrons dans vos vues en vous accordant toutes vos deman-
» des, plus vous vous prévalez de notre facilité pour en faire de nouvelles
» avec un orgueil & une insolence indignes d'un peuple sage. «

» Pardonnez-nous ces termes : nous n'avons pas dessein de vous cho-
» quer, mais de vous remettre dans le bon chemin. Il faut vous montrer
» l'étendue de vos maux pour vous en faire desirer la guérison. Nous lais-
» sons aux autres le soin de vous dire des choses qui vous flattent. Nous
» ne devons vous dire que ce qui regarde votre bien & votre avantage.
» Dites-nous de bonne foi : que prétendez-vous de plus que ce que nous
» avons fait pour vous. Vous avez voulu ôter l'Autorité aux Capitaines des
» Quartiers; on l'a fait. Vous avez voulu qu'on fit de nouvelles réformes;
» nous y avons consenti. Vous avez voulu que les *Avertis* rentrassent dans
» les charges; ils y sont rentrés. Vous avez demandé une amnistie entiere
» pour ceux qui avoient brûlé les maisons & pillé les Eglises; on vous l'a
» accordée. Vous avez exigé que plusieurs illustres & puissans Citoyens
» fussent bannis; ils l'ont été. Enfin, vous avez voulu qu'on fit de nou-
» velles Loix pour tenir les Grands en bride; on en a fait, ou plutôt vous
» les avez faites vous-mêmes. Quand bornerez-vous vos demandes? ou
» combien voulez-vous encore abuser de votre liberté? Ne voyez-vous pas
» que nous supportons avec beaucoup plus de patience la honte de céder à
» des demandes indiscretes, que vous ne supportez l'avantage que notre
» condescendance vous donne sur nous? Ne voyez-vous pas que la licence
» est la ruine de la liberté? A quoi pensez-vous que vos tumultes conti-
» nuels doivent enfin réduire cette République? Ne vous souvient-il plus
» que l'Abus de la liberté vous a soumis à la domination d'un Castruccio
» né de la lie du Peuple de Lucques, puis à la tyrannie d'un Duc d'A-
» thenes? Avez-vous oublié que la concorde a été le soutien de votre Ré-
» publique contre un Archevêque Souverain de Milan, & contre un Pape
» même? Tant que vous êtes restés unis, vous avez triomphé de vos en-
» nemis. Voulez-vous donc qu'en pleine paix, vos discordes & vos brouil-
» leries vous rendent esclaves? Car, que pensez-vous gagner par vos di-
» visions, si ce n'est l'esclavage? Quel fruit pensez-vous tirer du pillage que

» vous faites des biens de vos Concitoyens, sinon la pauvreté ? Pourrez» vous garder des biens si mal acquis? Ou vous les dissiperez, ou la vio» lence vous enlevera ce dont vous vous êtes emparés par violence; & » lorsque chacun ne suivra que l'impulsion aveugle d'une sordide avarice, » qui songera à secourir l'Etat, qui le fera subsister, qui le défendra? La » Ville tombera dans la misere, dans la pauvreté, dans l'esclavage. Nous » vous commandons, les Seigneurs & moi, ou si un ordre vous choque, » nous vous prions de fixer une fois vos desirs, si ce que nous vous avons » accordé ne les contente pas. Si vous souhaitez davantage, demandez-le » honnêtement, & non pas en vous mutinant & en prenant les armes. » Quand vos demandes seront raisonnables, soyez sûrs qu'elles vous seront » accordées; mais ne donnez point occasion à des gens mal-intentionnés » de troubler le repos public aux dépens de votre gloire & de vos intérêts » les plus chers. «

Machiavel, qui nous a conservé ce discours, où l'on voit l'état déplorable dans lequel l'Abus de la liberté avoit plongé la Ville de Florence, nous apprend que les Florentins furent touchés, pour le moment, de ce discours parce qu'il n'étoit que trop véritable; qu'ils remercierent avec beaucoup de vivacité le Gonfalonier de les avoir traités comme un bon Seigneur, & un Citoyen sincérement porté pour le bien public; mais que ces beaux sentimens ne durerent pas. Les excès auxquels ils s'étoient portés, furent un motif d'en combler la mesure. La plus grande partie des vols, du pillage & des incendies avoient été commis par la populace. Les plus coupables, les plus entreprenans, qui étoient ce qu'il y avoit de plus vil parmi le Peuple, craignoient ou faisoient semblant de craindre les recherches de la Justice, quand l'ordre & la tranquillité seroient rétablis. Ils n'avoient point de confiance dans le pardon promis; parce que les hommes vindicatifs ne croient point à la clémence. Ils craignoient d'être abandonnés de ceux qui les avoient excités. Ils s'assemblerent plusieurs fois la nuit, se communiquerent leurs craintes, exagererent le péril auquels ils se croyoient exposés, & après s'être échauffés les uns les autres, ils se déterminerent à se rendre encore plus coupables pour l'être impunément : étrange situation d'un peuple forcené qui ne voit d'autre remede au crime que dans l'excès du crime!

„ S'il s'agissoit de prendre les armes, disoient-ils entre eux, pour voler „ & brûler les maisons des Citoyens & piller les Eglises, la chose mérite„ roit qu'on y pensât mûrement, & peut-être seroit-il prudent de préfé„ rer une pauvreté honnête & tranquille à un gain périlleux. Mais puisque „ nous avons les armes à la main, & qu'il y a déja bien de l'ouvrage fait, „ il semble qu'il faut aviser aux moyens de ne les pas quitter, & de nous „ mettre à couvert des recherches qu'on pourroit faire contre nous, pour „ tout ce qui s'est passé. Si quelqu'un de nous n'étoit pas de cet avis, la „ nécessité des circonstances suffiroit pour le lui faire goûter. La Ville est „ toute pleine d'animosité contre nous. Les Citoyens se réunissent, la Sei-

„ gneurie est toujours avec les Magistrats. Ne doutons pas, qu'on ne file „ notre corde, & qu'on ne fasse des préparatifs pour nous perdre. Nous „ avons donc deux choses à faire, deux fins dans nos délibérations. La pre- „ miere est de nous mettre à couvert des peines qu'on nous prépare ; l'au- „ tre, de nous procurer les moyens de vivre avec moins de dépendance & „ plus de commodité, que nous n'avons fait jusqu'ici. Pour obtenir l'A- „ bolition des maux déja faits, il faut en recommencer de nouveaux, re- „ doubler les vols, les incendies, les sacrileges, & faire en sorte de nous „ fortifier d'un grand nombre de camarades ; car on ne punit personne, „ quand le nombre des coupables est trop grand, & il n'y a que les moin- „ dres crimes que l'on châtie, les grands sont sûrs d'être récompensés. Lors „ encore que plusieurs souffrent, il y en a peu qui cherchent à se venger : „ on supporte avec plus de patience les pertes qui sont communes à tous, „ que celles qui tombent sur un petit nombre de particuliers. C'est donc „ une chose certaine que la quantité & l'énormité des crimes nous en „ faciliteront l'amnistie, & nous ouvriront le chemin à obtenir ce que „ nous demandons pour notre liberté. «

„ D'ailleurs, nous allons à une conquête assurée. Ceux qui pourroient s'y „ opposer, sont riches & divisés. Leur division nous donnera la victoire, „ & nous nous y maintiendrons par leurs richesses. Ne nous en laissons „ point imposer par l'antiquité du sang, & cette prétendue Noblesse d'ex- „ traction. Tous les hommes, ayant un même principe, sont d'une aussi „ ancienne origine les uns que les autres : la Nature les a tous faits égaux. „ Mettons-nous tous nuds les uns & les autres, & nous ne nous recon- „ noîtrons pas : revêtons-nous des habits de ces prétendus Nobles, & qu'ils „ s'habillent des nôtres, nous serons des gens de qualité, & eux de la „ canaille. Il n'y a que la pauvreté & la richesse qui mettent de la dif- „ férence entre les humains. "

„ Ce qui me chagrine, disoit encore un des plus hardis, c'est que je vois „ plusieurs d'entre nous qui sont fâchés de ce qui s'est passé, & qui n'ont „ pas la force de recommencer. Ces gens-là ne sont pas tels que je les au- „ rois crus. Ni les remords de la conscience, ni l'infamie, ni toute autre „ considération semblable, ne doivent point faire d'impression sur nous. „ De quelque maniere qu'on remporte une victoire, les vainqueurs sont „ toujours comblés d'honneur. La crainte éloignée des enfers doit-elle con- „ trebalancer la crainte prochaine des cachots & de la mort dont nous „ sommes menacés ? Ne voyons-nous pas que par-tout les richesses sont le „ fruit de la fraude & de la violence ? Il n'y a que ceux qui manquent „ d'adresse & de courage qui croupissent dans l'indigence & dans une lâ- „ che & honteuse soumission aux autres. Les serviteurs fideles ne sortent „ jamais de la servitude ; & les gens de bien demeurent toujours pauvres. „ Si nous pouvons sortir de la pauvreté & de l'état ignoble où nous som- „ mes, qu'importe que ce soit par la perfidie, ou par un travail légitime, „ par le vol ou la probité !

„ Servons-nous de la force que nous avons en main, ajoutoit un troi-
„ sieme; quelle plus belle occasion pourrons-nous attendre de la fortune ?
„ Les Citoyens sont encore divisés, les Magistrats sont étonnés de notre
„ emportement, & la Seigneurie est encore incertaine des mesures qu'elle
„ doit prendre. On nous craint; c'est le moment de les opprimer avant
„ qu'ils se réunissent. Ne leur laissons pas le tems de prendre des précau-
„ tions qui feroient échouer nos projets. Nous pouvons devenir maitres de
„ l'Etat. Du moins nous nous rendrons si puissans, que nous les oblige-
„ rons d'oublier le passé & de se mettre à la raison. Achevons ce que nous
„ avons si bien commencé. Cette résolution est hardie, elle est dange-
„ reuse; mais il est des cas où la nécessité tient lieu de prudence : dans
„ les grandes entreprises les gens de courage ont toujours compté les pé-
„ rils pour rien. Nous risquons bien davantage en attendant qu'on vienne
„ nous livrer aux tortures & nous traîner à la mort. Nous nous sommes
„ souvent plaints de l'avarice de nos Maîtres & de l'injustice de nos Ma-
„ gistrats. Nous allons nous délivrer d'eux. Ils vont être nos esclaves.
„ Qu'ils éprouvent à leur tour combien il est dur d'être soumis à ses sem-
„ blables. (*) "

Tel est le délire inique & sacrilege d'un peuple corrompu qui prend l'indépendance pour la liberté. Ces hommes forcenés effectuerent une partie de ce qu'ils projettoient. Ils mirent tout en combustion. La maison même de Louis Guichardin fut pillée & brûlée, quoiqu'ils ne pussent s'empêcher de louer sa modération, sa douceur, son désintéressement, son amour sincere pour le bien public, & qu'ils le fissent Chevalier le même jour, comme pour le dédommager du tort qu'ils lui avoient fait. Il faut lire dans l'Histoire la suite de cette conjuration du peuple contre l'Etat : car on ne peut lui donner d'autre nom. Quand même il auroit eu autant à se plaindre de la Noblesse, qu'il le prétendoit, les sentimens qui l'animoient étoient bien éloignés de l'amour de l'ordre & de la véritable liberté.

Dans les Monarchies modérées.

LES grands avantages que les Gouvernemens modérés tirent de la liberté, font souvent qu'ils en abusent. Parce que la modération a produit de grands effets, on quitte cette modération que l'on devroit conserver comme le trésor le plus précieux, & cultiver comme un fonds inépuisable. Parce qu'on en tire de grands tributs, on veut en tirer d'excessifs; & méconnoissant la main de la liberté qui donne gratuitement & abondamment, on s'adresse à la servitude qui refuse tout.

Ainsi l'Abus de la liberté, dans les Monarchies tempérées, produit l'excès

(*) Hist. de Florence, par Machiavel, Liv. III.

des

des tributs; mais l'effet de ces tributs excessifs est de produire à leur tour la servitude; & l'effet de la servitude de produire la diminution des tributs.

Les Monarques de l'Asie ne font guere d'édits que pour exempter chaque année de tributs, quelque province de leur Empire. C'est sur-tout l'usage des Empereurs de la Chine: les manifestations de leur volonté sont des bienfaits. Mais en Europe, les édits des Princes affligent même avant qu'on les ait vus, parce qu'ils y parlent toujours de leurs besoins & jamais des nôtres.

D'une impardonnable nonchalance que les Ministres de ces Pays-là tiennent du Gouvernement & souvent du climat, les peuples tirent cet avantage, qu'ils ne sont point sans cesse accablés par de nouvelles demandes. Les dépenses n'y augmentent point, parce qu'on n'y fait point de projets nouveaux: & si, par hasard, on y en fait, ce sont des projets dont on voit la fin, & non des projets commencés. Ceux qui gouvernent l'Etat, ne le tourmentent pas, parce qu'ils ne se tourmentent pas sans cesse eux-mêmes. Mais, pour nous, il est impossible que nous ayons jamais de regle dans nos finances, parce que nous savons toujours que nous ferons quelque chose, & jamais ce que nous ferons. (*)

Trop souvent on appelle parmi nous un grand Ministre, non celui qui est le sage dispensateur des revenus publics, mais celui qui est homme d'industrie, & qui trouve ce qu'on appelle des expédiens: expédiens qui sont toujours des Abus plus ou moins sensibles de la liberté, des concussions palliées, des attentats plus ou moins grands contre le droit de propriété.

(*) De l'Esprit des Loix, Liv. XIII. Chap. XV.

§. VII.

ABUS DE L'ESCLAVAGE.

I.

Il y a deux sortes de servitude, la réelle & la personnelle. La réelle est celle qui attache l'esclave au fonds de terre. C'est ainsi qu'étoient les esclaves chez les Germains, au rapport de Tacite. (1) Ils n'avoient point d'office dans la maison; ils rendoient à leur maître une certaine quantité de bled, de bétail ou d'étoffe: l'objet de leur esclavage n'alloit pas plus loin

(1) *De moribus German.*

Cette espece de servitude est encore établie en Hongrie, en Bohême, & dans plusieurs endroits de la basse-Allemagne.

La servitude personnelle regarde le ministere de la maison, & se rapporte plus à la personne du maître.

L'Abus extrême de l'esclavage est lorsqu'il est en même-tems personnel & réel. Telle étoit la servitude des Ilotes chez les Lacédémoniens; ils étoient soumis à tous les travaux hors de la maison, & à toutes sortes d'insultes dans la maison : cette *Ilotie* est contre la nature des choses. Les peuples simples n'ont qu'un esclavage réel, (1) parce que leurs femmes & leurs enfans font les travaux domestiques. Les peuples voluptueux ont un esclavage personnel, parce que le luxe demande le service des esclaves dans la maison. Or l'Ilotie joint, dans les mêmes personnes, l'esclavage établi chez les peuples voluptueux, & celui qui est établi chez les peuples simples.

I I.

DANS les Etats Mahométans, (2) on est non-seulement maître de la vie & des biens des femmes esclaves; mais encore de ce qu'on appelle leur vertu ou leur honneur. C'est un des malheurs de ces pays, que la plus grande partie de la Nation n'y soit faite que pour servir à la volupté de l'autre. Cette servitude est récompensée par la paresse dont on fait jouir de pareils esclaves; ce qui est encore pour l'Etat un nouveau malheur.

C'est cette paresse qui rend les serrails d'Orient (3) des lieux de délices, pour ceux mêmes contre qui ils sont faits. Des gens qui ne craignent que le travail, peuvent trouver leur bonheur dans ces lieux tranquilles. Mais on voit que par-là on choque même l'esprit de l'établissement de l'esclavage:

La raison veut que le pouvoir du maître ne s'étende point au-delà des choses qui sont de son service; il faut que l'esclavage soit pour l'utilité, & non pas pour la volupté. Les loix de la pudicité sont du Droit naturel, & doivent être senties par toutes les Nations du monde.

Que si la loi, qui conserve la pudicité des esclaves, est bonne dans les Etats où le pouvoir sans bornes se joue de tout, combien le sera-t-elle dans les Monarchies? combien le sera-t-elle dans les Etats Républicains?

Il y a une disposition de la loi (4) des Lombards, qui paroit bonne pour tous les Gouvernemens. » Si un maître débauche la femme de son esclave, » ceux-ci seront tous deux libres : « tempérament admirable pour prévenir & arrêter, sans trop de rigueur, l'incontinence des maîtres.

---

(1) Vous ne pourriez, dit Tacite sur les mœurs des Germains, distinguer le maître de l'esclave, par les délices de la vie.

(2) Voyez Chardin, Voyage de Perse.

(3) Voyez Chardin, Tom. II, dans sa Description du Marché d'Izagour.

(4) Liv. I, Tit. 32, §. 5.

Je ne vois pas que les Romains aient eu, à cet égard, une bonne police. Ils lâcherent la bride à l'incontinence des maîtres ; ils priverent même en quelque façon leurs esclaves du droit des mariages. C'étoit la partie de la Nation la plus vile : mais, quelque vile qu'elle fût, il étoit bon qu'elle eût des mœurs : & de plus, en lui ôtant les mariages, on corrompoit ceux des citoyens. *De l'Esprit des Loix*, par M. DE MONTESQUIEU, *Liv. XV. Chap. X. & XII.*

§. VIII.

DE L'ABUS DES SCIENCES.

Nos passions ont infecté de leur venin toutes les professions. L'amour de la gloire & la curiosité sont les motifs les moins vicieux qu'on soit forcé de pardonner aux Savans. Mais faut-il que l'ambition, la cupidité, l'esprit d'orgueil & de jalousie animent les talens? Cependant, les Sciences devroient être un magasin ouvert à tous les besoins de la Société : graces à la corruption ou à la foiblesse de l'humanité, la satyre a pu les peindre comme un asyle de l'indolence, & comme un vaste champ où l'imagination s'égare dans ses vagues élancemens ; tantôt comme un mont sourcilleux d'où la vanité philosophique considere les humains avec une pitié dédaigneuse, tantôt comme une espece de fort où l'esprit de chicane s'exerce à la dispute, ou enfin comme un marché public où les arts deviennent des denrées de commerce.

Pendant long-tems les Savans sembloient n'étudier que pour s'arroger l'orgueilleux mérite d'instruire. Les plus curieux sacrifioient leur fortune à la gloire d'une invention stérile ; d'autres ne cherchoient qu'à étendre & à grossir le volume des Sciences pour leur donner du prix par la difficulté de les posséder. Les spéculatifs vouloient charger leur mémoire de tous les systêmes, avant de chercher le véritable ; les mieux intentionnés se contenterent d'expliquer les phénomenes déja connus, sans penser qu'une découverte nouvelle agrandit plus l'empire de la Philosophie que le registre exact de ses anciennes conquêtes ; &, puisqu'on ne peut le désavouer, faute de terme, on ne faisoit que des écarts perpétuels.

Il y a du vuide dans les Sciences, comme dans toutes les choses humaines ; le frivole & le faux s'y glissent. Les matieres solides ont dégénéré quelquefois, & se sont perdues dans une foule de questions abstraites & puériles. On appelle cette précision d'idées, qui décompose tout, finesse de pénétration ; mais une Métaphysique qui énerve l'esprit, sous prétexte de l'aiguiser, une Logique qui répand des doutes sur l'évidence même, est-elle fort utile? Des hommes d'une profession oisive, qui portoient de leur cellule dans les écoles une humeur chagrine & querelleuse, très-peu versés dans la connoissance des tems, encore moins dans l'étude de la nature & des vrais principes de la morale, ont inventé ce langage épineux au moyen duquel on s'entend à-peu-près comme si l'on parloit toutes les langues ensemble. Delà ce mépris de la Doctrine qui retombe sur la Religion & sur ses Ministres. Que résultera-t-il des dissentions scholastiques & de la contradiction de tous les systêmes? ..... cette monstrueuse assertion : Que tout n'est qu'erreur.

C'est ce dégoût pour le style barbare des Théologiens qui a toujours favorisé les Novateurs. Aussi Luther, qui avoit besoin de séduire le peuple, eut recours à l'enchantement de l'éloquence; car l'homme a je ne sais quelle maladie de passion qui le fait céder aux charmes de la parole, & l'imposture en profite pour surprendre la crédulité : celle-ci, abusée, étend & perpétue son erreur. L'enthousiasme est une suite de l'égarement : y a-t-il rien qu'on veuille si fort persuader que ce que l'on a cru le plus à la hâte? C'est en ce sens que l'esprit le plus simple doit être le plus ferme Apôtre d'un nouveau dogme.

On reçoit les faits sans méfiance. Les Annales de l'Eglise fourmillent de traits apocryphes, qui ont fait au Christianisme une plaie dont il ne guérira jamais sans le plus grand de tous les prodiges, & si la main qui l'a fondé parmi les persécutions, ne le sauve des atteintes du faux zèle. Les Ecrivains de l'Histoire naturelle, qui n'avoient pas le même intérêt à s'abuser & à tromper, ont débité de bonne foi des faussetés grossieres : leur érudition en a imposé; & combien d'absurdités ont pris créance sur leur témoignage?

On embrasse des erreurs sans réflexion, & comme par instinct. Il y a des choses qui ont tant d'affinité avec notre imagination!

L'homme croit aisément ce qu'il craint, ou ce qu'il desire. Ainsi l'Astrologie qui donnoit au Ciel une espece d'influence bénigne sur la terre, a trouvé du crédit dans les esprits, & bientôt des fourbes ont pris occasion d'en faire un art lucratif. Une autre espece d'imposteurs a profité de la crainte des enfers pour imaginer un commerce des morts avec les vivans, & la magie est devenue une science. Voilà comme le mensonge a tout corrompu.

On suit des opinions au hasard par un respect aveugle pour les grands noms qui les ont avancées; cette timidité donne à certains Auteurs un empire despotique. Ce sont des Dictateurs que le peuple a créés pour ordonner souverainement, & qu'il n'a jamais la force de déposer. Secouez cette servile déférence, l'assujettissement aux idées d'autrui ne convient qu'à l'enfance qui est l'âge de l'ignorance & de la soumission; encore le disciple ne doit-il à son maître qu'une confiance passagere, jusqu'à ce qu'il soit à portée de rejetter ses sentimens ou de changer son adhésion en systême par un examen personnel. Respectons les Auteurs; mais attendons encore plus du temps, le plus sûr de tous les maîtres, parce qu'il tient la vérité dans son sein.

Alors tombera cette autre superstition qui nous tient prosternés aux pieds de l'antiquité : il faut y recourir sans doute, & après avoir découvert le bon chemin par son moyen, le suivre sans s'arrêter après un guide que les ans ont rendu chancelant. Mais rien ne perpétuera davantage la vénération pour les anciens que les sottises des modernes. Les charlatans de l'école qui devoient décréditer Aristote en l'interprétant si mal, le firent admirer dès qu'ils voulurent l'abandonner, ou le combattre.

L'amour de la nouveauté est un excès tout opposé, qui jette dans d'autres écarts. Aux siecles d'abondance & de génie succede le regne de l'esprit. Tout est brillant & symmétrisé ; les sentences remplacent le sentiment ; des tours, & point d'invention ; l'artifice donne un air ingénieux aux pensées qui le sont le moins. C'est la manie de la médiocrité de vouloir tout embellir ; au lieu de produire & d'enrichir, on s'épuise en ornemens. On détruit un systême qu'on pouvoit perfectionner : il faudroit abréger, éclaircir ; on commente, on surcharge : ce sont les revenus de la Littérature qui grossissent, mais à fonds perdus.

Chose singuliere ! Les Arts méchaniques, ébauchés par les inventeurs, ont reçu lentement & par degrés leurs accroissemens de perfection ; la plûpart des sciences au contraire, portées du premier essor à leur faîte, ont toujours dégéneré ; comme si elles étoient des plantes étrangeres à la nature, qui doivent sécher sur pied & disparoître dans le sein de l'oubli ; tandis que les arts enracinés, pour ainsi dire, dans les besoins de l'homme, ont un esprit de vie qui les soutient contre les ravages du temps, & qui les ressuscite après la révolution des incendies & des déluges. Mais il y a une raison plus sensible encore de ce contraste : c'est que, dans le premier cas, tous les esprits viennent au secours d'un seul pour achever son ouvrage, & que, dans l'autre cas, tous les esprits sont accablés par un seul qu'ils veulent éclipser ; effets bien différens de l'émulation & de la jalousie.

Les Savans à systême & la plûpart des Gens de Lettres font comme les Ottomans qui, pour régner en sûreté, commencent par égorger leurs freres.

Point de maladie si délicate que cet affollement de l'amour-propre, qui nous passionne pour nos idées ; on veut tirer de son fonds, on invoque sans cesse son génie, dont les oracles nous égarent d'autant plus dangereusement, qu'ils flattent notre vanité. Un Métaphysicien asservit l'expérience à sa Dialectique, un Chymiste ne connoît d'autre école de Physique que son laboratoire ; l'un a perdu des années à forger son systême, l'autre a fondu sa fortune dans son creuset : le moyen de leur ôter cette chimere qui leur a tant coûté !

Mais une prévention bien pernicieuse, c'est de s'imaginer que tout est trouvé, que nos peres n'ont rien laissé à faire à leurs neveux ; cependant la nature a repris une partie de ses secrets que le cours des révolutions emporte : le temps en produit chaque jour de nouveaux. Admirons la contradiction de l'homme : avant l'événement tout lui paroit impossible ; mais après coup rien n'étoit plus aisé. Une découverte inconnue pendant vingt siecles seroit-elle réservée à nos jours, disons-nous d'abord ? Comment pouvoit-on ignorer une chose aussi simple, ajoûtons-nous, dès l'instant du succès ?

Les Sciences sont impérieuses ; l'art de douter est le meilleur secret pour apprendre ; rien n'égare & ne retarde comme la présomption qui donne à tout un air de certitude. Assurer d'abord & puis douter, c'est renverser l'ordre, & finir par où l'on auroit dû commencer. Ce ton magistral qui régne dans l'école, veut établir la conviction avant l'examen, & réduire toutes les questions en principes ; c'est le moyen de tout perdre, & ce qu'on avoit acquis, & ce qu'on pouvoit acquérir.

Enfin l'adulation a tout à la fois dégradé les Sciences & déshonoré les Savans. Pourquoi cet usage des dédicaces ; comme si la vérité avoit besoin de recommandations étrangeres ? Du moins les Anciens ne choisissoient-ils que des amis pour protecteurs de leurs écrits ; c'étoit un présent & non pas un hommage qu'ils prétendoient faire ; ils ont quelquefois adressé des Ouvrages aux Rois ou aux Grands, pour les instruire, jamais pour les flatter.

Que dire de ces éloges où l'on érige une Faustine en Lucrece, une Hécube en Hélene ? Pitoyable langage de la servitude, qui mendie une faveur aussi vile que ses talens ! Mais si l'indigence traîne quelquefois un Auteur aux pieds de la fortune ou de la grandeur, que celle-ci rougisse d'avoir attendu des vœux qu'elle devoit prévenir.

Ces réflexions du Chancelier Bacon sur l'abus des Sciences, sont bien propres à diriger l'Homme-d'Etat dans la protection qu'il doit leur accorder : protection qu'il mesurera toujours au degré d'utilité de chaque Science, au degré de mérite de chaque Savant, à son zele, à la droiture de ses intentions. Les gens de Lettres, qui dirigent leurs travaux vers les grandes fins de la Société, méritent d'être encouragés d'une maniere particuliere, d'être considérés & avancés autant que leurs talens les rendent capables de remplir des emplois importans.

Il est une Nation qui semble faire plus de cas des arts de luxe que des arts utiles ; & je ne suis pas étonné d'y voir de petits vers, des madrigaux, des vaudevilles, des contes & d'autres niaiseries littéraires, plus accueillies qu'un traité de morale & de législation, une dissertation sur quelque point d'Administration, ou une découverte propre à perfectionner l'agriculture. Cependant si les Savans de cette Nation tournoient vers des objets plus solides & plus avantageux, la moitié de l'esprit qu'ils employent vainement à des bagatelles, elle seroit bientôt le peuple le plus sensé de l'Univers, & le plus éclairé sur ses véritables intérêts.

Le Gouvernement peut empêcher l'Abus de la science, détourner doucement les esprits des recherches oiseuses pour les porter vers le bon & l'utile. Les sciences peuvent être un grand moyen d'Administration, lorsqu'on sait s'en servir convenablement à cette fin. On peut même faire servir les Abus actuels à en prévenir d'autres & à remettre les choses dans l'ordre.

Que la flatterie d'une plume vénale n'obtienne que la honte de s'avilir inutilement ! Que les suppôts du Despotisme qui osent représenter l'homme comme un animal féroce sur qui l'on doit appesantir le joug des loix, & qu'il faut gouverner avec un sceptre de fer, soient les premiers à ressentir les tristes effets de leur système barbare! Que le mépris & l'oubli flétrissent à jamais les vaines disputes des écoles : qu'elles soient condamnées à périr dans le lieu obscur de leur naissance, sans que jamais on y attache le plus foible degré d'importance! Que le faiseur de vers brillantés, de bouquets doucereux, d'historiettes galantes, ou de chansons satyriques, contemple de loin avec envie le front auguste du génie, couronné de palmes immortelles pour avoir posé les principes immuables du Droit naturel, développé l'esprit des Loix, & conduit les hommes au bonheur par le chemin de la vertu! Que le talent futile de dire des riens avec esprit, ne soit point mis en parallele avec l'art précieux de mettre en évidence les affections sociales qui distinguent l'homme des autres êtres, & le parti que l'on peut tirer d'une ame sensible que l'on conduit par l'attrait inné du sentiment! Que les saillies d'une imagination libertine ne soient point élevées à l'égal d'un chef-d'œuvre de raisonnement! Que l'homme de Lettres, vraiment honnête, censeur des vices, interprete des malheureux, Orateur public des opprimés, soit distingué avec honneur de cette foule de Littérateurs frivoles ou mercénaires qui tâchent d'imprimer le caractere de leur frivolité aux objets les plus graves, & trop souvent sement le ridicule sur les choses les plus respectables! Ces remedes, analogues aux maux, opéreront doucement & sûrement. Les sciences rendues à leur vraie destination dont elles s'étoient écartées, autant par la négligence de l'Administration, que par la faute de ceux qui les cultivent, reprendront leurs droits & leur éclat.

Voyez les articles ACADEMIE, ARTS, ENCOURAGEMENT, GENS DE LETTRES, SCIENCES, *&c.*

ABUSER, v. a. & n.

ABUSER.... C'est en général faire plus qu'on ne doit ou qu'on ne peut. Tout homme qui abuse de son autorité, est un mauvais Politique qui ne sent pas qu'il affoiblit son pouvoir en voulant le porter au-delà de ses justes bornes.

Abuser de la confiance est une scélératesse, une perfidie. Tout homme qui se rend coupable d'un tel crime, doit être à jamais diffamé.

Celui qui abuse de sa santé & de ses forces, mérite de les perdre; & il se trompe s'il croit ne faire tort qu'à lui-même. Il fait tort à la Société, en se rendant incapable de remplir les devoirs qu'elle lui impose, & les fonctions dont elle le charge.

Il y a peu d'hommes qui n'aient à se reprocher d'avoir abusé de la complaisance des autres. Souvent on en abuse sans s'en appercevoir. Ce n'est pas une excuse, c'est une marque de peu de délicatesse dans la façon de penser.

ABYSSINIE, ABISSINIE ou ETHIOPIE, s. f. *Empire d'Afrique.*

L'ABYSSINIE, ou Ethiopie, est un Empire fort étendu, situé dans la partie Orientale de l'Afrique. Il étoit encore plus vaste autrefois qu'il ne l'est aujourd'hui ; depuis que les Turcs, les Arabes, & sur-tout la nation barbare des Galles en ont démembré un grand nombre de Provinces. On lui donnoit alors quatre cens lieues de long sur deux cens quatre-vingt de large, & il n'étoit borné à l'Est que par la mer Rouge. A présent l'Abyssinie a pour bornes à l'Est les côtes d'Abex & d'Ajan, au Nord la Nubie, à l'Ouest la Nigritie, & au Sud la Cafrerie. On y compte encore plus de vingt *Manghest* ou Royaumes, qui sont divisés chacun en plusieurs *Shumet* ou Préfectures ; les principaux de ces Royaumes sont Amahara ou Amhara, qui est le plus beau & comme le centre de l'Empire ; c'est-là que le Souverain tient sa Cour, dans un gros Village nommé Gondar, Goyame ou Goyan, célebre par les sources du Nil qu'y ont trouvé des Missionnaires Portugais, & dont ce fleuve fait une belle presqu'isle ; Dambea, Narea, Magesa, Ogara, Salao, Ozeca, Doba, Gan, *&c.* Depuis la destruction d'Axuma, il n'y a plus de Ville dans tout le Pays. Il n'y a que des Villages habités seulement pendant trois à quatre mois, lorsque les pluies périodiques, qui grossissent le Nil, forcent les Abyssins à quitter les montagnes où ils campent sous des tentes tout le reste de l'année, pour y être à couvert de l'extrême chaleur du climat, l'air y étant beaucoup plus tempéré que dans les lieux bas. Ces montagnes ne sont point des rochers stériles : il y a des terres labourables qui produisent du froment, de l'orge, du millet, du tef & des légumes ; il y a de belles prairies, & l'on y trouve des sources d'eau vive. On prétend qu'il y a des cantons où l'on fait jusqu'à trois moissons dans une année. L'Abyssinie produit plusieurs especes d'animaux inconnus en Europe. Les bœufs y sont d'une grandeur prodigieuse, & l'on y voit des brebis dont la queue pese jusqu'à quarante livres.

Ce sont les Portugais qui ont donné à cette Contrée le nom d'Abyssinie, & aux Peuples qui l'habitent celui d'Abyssins ; ceux-ci le regardent comme une injure, & ils se nomment entre eux *Agassiens*, c'est-à-dire *libres, indépendans*, quoiqu'en effet ils soient esclaves de l'Empereur qui les gouverne, si l'on en croit les relations des Voyageurs. Ils disent que son empire est absolument despotique, & qu'il dispose arbitrairement des biens de ses Sujets. Il est toujours entouré d'une garde nombreuse, soit qu'il réside à Gondar, soit qu'il campe sous la tente, comme ses Peuples. Ce Monarque, connu autrefois sous le nom de Prête-Jan ou Prêtre-Jean, se qualifie de *Prince des Israëlites*, comme s'il prétendoit descendre de Salomon ; & nous l'appellons le *Grand Nagus*. On n'en avoit entendu parler que confusément en Europe avant le regne de Jean II, Roi de Portugal, & l'on savoit si peu

peu où il régnoit, que ce Prince envoya en 1487, deux célebres Marins pour le découvrir dans l'Asie & dans les Indes, où il n'étoit pas; mais où l'on apprit qu'il étoit en Afrique, & que ses Etats s'étendoient du septieme au dix-septieme degré de latitude, sans qu'on en pût déterminer la longitude.

On assure que vers la fin du neuvieme siecle, une femme nommée *Essaz*, usurpa la Couronne, en faisant périr toute la Famille Royale, à la réserve d'un seul Prince qui lui échappa; que sa postérité gouverna l'Ethiopie pendant quatre siecles; qu'après ce temps, les descendans du Prince sauvé reprenant leurs droits, massacrerent à leur tour la postérité de l'usurpatrice, & se partagerent l'Etat qui fut ensuite réuni sur la tête d'un seul, souche de la famille actuellement régnante.

Les Abyssins sont grands & bien faits: ils ont le tein brun-olivâtre, le nez & les levres bien proportionnés. Ils sont d'un naturel doux, & d'un tempérament sobre: ils ne manquent ni d'adresse ni d'intelligence. Les femmes y sont si fortes qu'elles s'accouchent elles-mêmes, & ne connoissent point les incommodités de la grossesse. Ils parlent l'ancienne langue éthiopique. Leur sobriété & la coutume qu'ils ont de changer d'air, en transportant leurs tentes d'une montagne à l'autre, leur procurent une longue vie.

S. Frumentius du tems de S. Athanase, & depuis, des Missionnaires Portugais leur ont prêché la Foi Catholique; les Juifs qui se sont introduits chez eux, ont tâché aussi d'en faire des prosélytes; les Turcs de leur côté ont voulu leur faire adopter leurs dogmes religieux; mais les Abyssins n'ont point encore de Religion déterminée. Les Hollandois, les seuls Européens qui aient à-présent des établissemens dans ces Contrées, les laissent professer un mélange monstrueux de Judaïsme, de Christianisme & de Mahométisme. Sans leur parler de Religion, ils se contentent de partager avec les Juifs & les Arabes, les richesses du Pays, qui consistent en or, argent, épiceries, aromates, plantes médicinales & dents d'Eléphans.

Les Abyssins sont scrupuleux observateurs d'un carême austere qui dure cinquante jours, & les met presque hors d'état d'agir. Les Turcs ont souvent profité de ce tems de foiblesse pour les attaquer & leur enlever leurs plus belles Provinces. Cependant les pieux & stupides Abyssins n'en sont pas moins attachés à une pratique qui les met à la merci de leurs ennemis. Ainsi les Juifs se laissoient massacrer le jour du Sabat. Ainsi les Egyptiens assiégés par Cambise, dans Peluze, n'osoient tirer sur ses troupes, parce que le front de son armée étoit garni d'animaux sacrés en Egypte. Tel est l'empire de la superstition, même contre les droits les plus sacrés de la Nature.

Il n'y a ni Médecins ni Gens de Loix en Abyssinie. La sobriété y rend les premiers inutiles: & chaque particulier est son propre avocat. Les parties plaident elles-mêmes leurs causes devant les Gouverneurs du Pays, qui jugent également les affaires civiles & criminelles. Si l'on n'est pas content du jugement, on en appelle à l'Empereur.

Voilà à-peu-près tout ce qu'on ſait des Abyſſins, de leur hiſtoire & de leur forme de gouvernement. Nous y ajouterons encore les particularités ſuivantes.

Il y a un Patriarche d'Abyſſinie qui eſt le chef du Clergé de ce vaſte Empire. Il eſt dépendant du Patriarche d'Alexandrie, qui ſeul a droit de le nommer. On lui donne le nom d'*Abuna*, qui ſignifie *notre Pere*. C'eſt toujours un étranger, & l'on ne voit pas pourquoi les Abyſſins n'ont pas le droit d'avoir pour Patriarche un homme de leur Nation. Cet étranger, qui entend rarement la langue du Pays, eſt par-là incapable d'inſtruire lui-même les peuples, & d'exercer les autres fonctions de ſa dignité. Auſſi s'en acquitte-t-il avec une extrême négligence. On aſſure que ſouvent il admet aux ordres ſacrés des aveugles, des manchots, des paralytiques même, tandis qu'il en exclut ceux qui ont eu deux femmes. L'ordination des Prêtres ſe fait par la ſeule impoſition des mains & la prononciation de quelques paroles que ſouvent l'Abuna n'entend pas. Au reſte, le Patriarche d'Alexandrie paroît faire ſi peu de cas des Abyſſins & de leur Egliſe, que celui qu'il leur envoie pour la gouverner, loin d'avoir le caractere Epiſcopal, n'eſt pas même quelquefois prêtre. C'eſt ſouvent un ſimple-frere-lai, tiré de l'obſcurité d'un couvent, que l'on voit occuper le Trône patriarchal. Le Patriarche Alphonſe Mondet rapporte que, quand il vint occuper le Siege d'Alexandrie, un Moine de cette Ville avoit été envoyé par ſon prédéceſſeur en Abyſſinie, en qualité d'Abuna, & y avoit reçu tous les honneurs attachés à cette dignité. Mais il s'acquitta ſi mal des devoirs de Patriarche, que l'Empereur mécontent dépoſa ce Prélat, & en demanda un autre. Le Moine avoua, après ſa dépoſition, qu'il n'avoit point été ſacré Evêque; qu'il n'avoit jamais eu d'autre titre que celui de Moine-lai. Il prit depuis une femme & s'occupa à travailler à la conſtruction des moulins: emploi dont il s'acquitta beaucoup mieux que de celui d'Abuna.

On aſſure encore que dans l'Abyſſinie, le mariage eſt permis aux Eccléſiaſtiques, & que leurs bénéfices paſſent à leurs enfans comme un héritage; qu'ils ſont fort pauvres, parce que les femmes du Pays étant très-fécondes, ils ſe trouvent ordinairement chargés d'une famille nombreuſe que le ſeul produit de l'Autel ne peut pas nourrir. Ils ont recours au travail, & ce n'eſt pas un mal. Ils prennent des terres à bail; & leurs enfans gardent les troupeaux. Moitié Prêtres, moitié Payſans, on ne les diſtingue qu'à une petite croix qu'ils portent ſur eux, & avec laquelle ils donnent la bénédiction au Peuple. D'ailleurs ils ſont ſujets à la juriſdiction ſéculiere comme les Laïcs. On conçoit qu'un pareil Clergé a bien peu de puiſſance dans l'Empire.

Le dogme religieux le plus formel peut-être chez les Abyſſins, & un de ceux auxquels ils tiennent le plus, eſt celui des Eſprits dont ils admettent pluſieurs ordres différens, tant de bons que de mauvais, c'eſt-à-dire, d'Anges & de Démons. Ils invoquent les bons & craignent les génies malfaiſans.

AC

ACADÉMICIEN, f. m.

Un Académicien est un Membre d'une Société de gens qui cultivent les Lettres, les Sciences & les Arts en général, ou seulement quelque Science ou Art en particulier.

Le nom d'Académicien désignoit autrefois un Philosophe de la Secte de Socrate & de Platon. *Voyez ci-après* ACADÉMIE. Aujourd'hui chaque Association, qui a pour but la culture d'une Science ou d'un Art noble quelconque, se décore du titre d'Académie, & chaque Membre de ces Corps de Savans ou d'Artistes, prend le nom d'Académicien.

Il y a peu de Villes Capitales dans les différens Etats de l'Europe, surtout en Italie & en France, qui n'ait son Académie; quelques-uns en ont plusieurs. Depuis l'établissement de l'Académie Platonique à Florence, que l'on peut regarder comme la plus ancienne, puisque son institution remonte au commencement du quinzieme siecle ; depuis l'établissement de l'Académie Françoise à Paris, sous le ministere & par les soins du Cardinal de Richelieu, en 1635, elles se sont multipliées par toute l'Europe. Par-tout les Souverains les ont favorisées par des Lettres-Patentes, des Diplômes, des Privileges, des Donations, & d'autres bienfaits; rien ne leur paroissant plus propre à répandre le goût, & les connoissances utiles dans une Nation, & à en bannir la grossiere ignorance avec la foule de préjugés nuisibles qu'elle enfante.

Les fonctions d'un Académicien sont de consacrer ses études & ses travaux à la culture de la Science ou de l'Art qu'il a embrassé; de réunir ses lumieres & ses connoissances à celles de ses confreres, pour arriver au même but; d'assister aux assemblées de l'Académie; d'y faire la lecture de ses Mémoires, de ses Dissertations, de ses Observations, relativement à son objet ; de soutenir, en un mot, par ses savantes productions, le titre honorable dont il est revêtu.

La considération que donne le titre d'Académicien, lorsqu'il est soutenu par des connoissances réelles, & par les qualités du cœur, plus estimables encore que les talens de l'esprit, la gloire d'éclairer ses concitoyens, la gloire plus flatteuse de contribuer à leur bonheur en les éclairant, tiennent lieu de tout autre émolument dans ces sortes de Sociétés. Il y en a pourtant où les présences aux Assemblées sont payées par des jettons. Il y en a d'autres dont un certain nombre de Membres sont pensionnés.

Chaque Académie choisit elle-même ses Membres; au moins cela doit être. Son choix ne doit tomber que sur ceux dont le savoir, ou le mérite littéraire, lui est connu par des ouvrages d'éclat & de réputation. Cela ne suffit pas. Elle doit faire une attention particuliere aux mœurs, au caractere, à l'honneur. Ce choix se fait communément par la voie du scrutin. Le Récipiendaire doit avoir à-peu-près les deux tiers des suffrages. Mais il y a des Académies si délicates sur le point de l'honneur, que, si un Candidat réunissoit tous les suffrages du côté de l'esprit, & qu'il eût dans son scrutin un certain nombre de *boules noires* qui, dans l'Académie Françoise, désignent les vices du cœur, il ne seroit point reçu. En effet, cet article est si essentiel, qu'une Académie assez imprudente pour admettre dans son sein des esprits brouillons, intrigans, cabaleurs ou envieux, inquiets, orgueilleux, satyriques, insociables; car, malheureusement, il s'en trouve quelques-uns de cette espece, parmi les Littérateurs & les Artistes, elle ne tarde guere à porter la peine de sa négligence à cet égard. Bientôt la discorde se met parmi ses membres; ils se jalousent, se déprisent, se dénigrent les uns les autres, au grand scandale de la Nation & des étrangers, & au détriment des Sciences & des Arts, qui ne tirent pas, de leurs querelles indécentes, les avantages qui résulteroient de leurs travaux réunis. L'Académie devient une ou plusieurs cotteries, dont chacune aspire ordinairement au mérite exclusif.

Un Académicien, suivant l'idée que je m'en forme, est un Homme de Lettres, un Artiste du premier rang, au-dessus d'une basse rivalité & des petits moyens qu'emploie, pour se faire valoir, un amour-propre qui manque des avantages réels du génie : c'est un Citoyen qui, faisant profession d'être plus éclairé que les autres, leur donne l'exemple de toutes les vertus sociales : car, à quoi sert la Science, si elle ne nous rend pas meilleurs? C'est un homme qui porte dans la Société un esprit juste, une ame honnête, des mœurs douces; toujours prêt à applaudir au savoir d'autrui, parce qu'il sait l'apprécier; plein d'indulgence pour les défauts des autres, parce qu'il connoît la foiblesse humaine.

Lorsqu'une Académie est composée de l'élite des Gens des Lettres, comme elle devroit toujours l'être, c'est alors qu'on aspire à l'honneur d'y être admis, c'est alors qu'il est beau d'y être appellé par le vœu d'un public équitable. Mais, si un parti, une cotterie y domine & force les suffrages par son ascendant sur le corps entier; si le dévouement à ce parti est le seul, ou le plus sûr moyen de se faire ouvrir le sanctuaire des Muses; si le rang, la faveur, les intrigues des femmes, ou toute autre considération étrangere, y font donner la préférence à un petit talent, à une réputation équivoque, à des vers frivoles, à une simple traduction, à un ouvrage froid & lourd, sur un mérite plus réel, sur un génie qui s'est manifesté par des chef-d'œuvres; est-il étonnant que le public se prévienne contre une telle Académie, & que le peu de cas que l'on fait, avec raison, de quelques Membres, retombe sur la Société entiere? Sans-doute cette façon de juger n'est pas équitable; on devroit distinguer les Académiciens recommandables par les qualités de l'esprit & du cœur, de ceux dont le mérite littéraire est aussi mince que l'honnêteté, ou qui, ayant beaucoup d'esprit, l'emploient fort mal, parce qu'ils n'ont pas autant de jugement. Comme les gens les moins raisonnables sont toujours ceux qui font le plus de bruit, & que ce ne sont pas les bons qui corrigent les méchans, mais les méchans qui corrompent les bons, l'impression défavorable qu'ils font, est celle qui reste, celle qui caractérise le corps aux yeux de la multitude, dont l'œil n'est pas assez perçant pour découvrir le mérite caché sous la modestie.

A Paris, où les Académiciens ne peuvent être reçus qu'avec l'agrément du Roi, le Gouvernement a un excellent moyen d'empêcher qu'on y reçoive des sujets médiocres, ou qui ne seroient pas irréprochables à tous égards. Le Ministre chargé de l'inspection des Académies, peut, plus aisément que par-tout ailleurs, veiller à ce qu'il n'y ait ni intrigues avilissantes, ni discorde, ni commérage; en un mot, à ce qu'il ne s'y passe rien qui déroge à la dignité d'un Corps de Lettrés. Son influence, du reste, doit se borner à y maintenir le bon ordre, à faire observer leurs statuts, à les protéger comme une classe de Citoyens utiles, qui consacrent leur tems & leurs peines au progrès de la raison. Il doit les exciter à rapporter toutes leurs recherches au plus grand bien de la Société civile, distinguer ceux dont les travaux tendent, d'une maniere plus spéciale, à une fin si belle; mais, loin de prendre parti dans leurs contestations, loin de prétendre décider, par autorité, ce qu'on doit livrer à l'examen libre de la raison, il ne doit s'en mêler que lorsqu'il s'agit de réprimer des disputeurs qui osent s'écarter des bornes de la décence. Jusques-là le génie doit être abandonné à lui-même. Il est sa propre regle; lorsqu'il a épuisé ses forces à se débattre contre les entraves qu'on lui a mises, il en manque pour les découvertes utiles.

L'Académie Françoise, dont j'ai déja parlé, s'est fait une loi, dès le commencement de son établissement, de ne recevoir personne dans son Corps, quelque mérite qu'il ait d'ailleurs, qu'il ne le demande. Ceux qui prétendent à cet honneur, vont se faire inscrire auprès du Secrétaire Perpétuel, & rendre visite aux autres membres. N'est-ce point ouvrir la porte à la cabale, & la fermer au mérite trop modeste pour se produire lui-même? Quoi qu'il en soit, l'Académie se dispensa de cette regle en faveur de Pelisson, par une délibération qui lui assuroit la premiere place vacante, & lui accordoit, en attendant, le droit d'assister aux Assemblées & d'y opiner comme Académicien. Elle en usa de même envers Boileau. Du reste, en exigeant des aspirans qu'ils sollicitent par eux-mêmes, comme à un concours, elle leur défend de faire solliciter par d'autres, sur-tout par des personnes puissantes dont le crédit pourroit gêner la liberté de ses suffrages, selon l'expression d'Horace, *nam cùm rogat & prece cogit.*

Toutes les Académies distribuent un ou plusieurs prix chaque année. Ils sont donnés, dans des Assemblées publiques, aux ouvrages des concurrens, jugés les meilleurs, à la pluralité des suffrages. Les pieces sont adressées au

Secrétaire Perpétuel. Les Auteurs doivent ne se point faire connoître, pour laisser plus de liberté à l'examen & au jugement. Ces pieces, mises sous les yeux de l'Académie, sont lues avec toute l'attention dont elle est capable. Si elle juge mal, elle se déshonore; si elle juge avec partialité, elle s'avilit. Toute Académie, jalouse de son honneur, se fera une loi inviolable de l'impartialité la plus sévere. Si le prix s'obtient par protection, par cabale, ou par toute autre voie aussi basse, quel est le Savant qui voudra se compromettre à ce point? On s'est plaint quelquefois que les plus habiles dédaignoient de concourir aux prix académiques. Leur dédain n'étoit-il pas fondé, lorsqu'ils voyoient des ouvrages médiocres l'emporter sur d'autres qui leur étoient supérieurs, & les palmes littéraires se flétrir sur des fronts peu dignes de les porter? Cette injustice n'arrive pas souvent. Mais n'arrivât-elle qu'une fois, c'est assez pour décréditer les oracles d'une Académie.

On donne le nom d'*Académicien honoraire* à un Membre reçu par honneur, à cause de sa naissance, de son rang, abstraction faite de toute autre qualité. Par-tout, les personnes de la plus haute distinction se font un honneur d'être admises dans les Académies des Sciences & des Arts: c'est un hommage que la grandeur rend au savoir; &, presque par-tout, les Académies croient s'illustrer par l'association de tels Membres; c'est un tribut qu'elles paient à la vanité. Cependant, ces Membres honoraires sont peu utiles, puisqu'ils ne sont tenus à aucune des fonctions particulieres à l'Académicien en titre, pas même à faire un discours de réception, quoiqu'ils aient le droit d'assister aux Séances, & de porter leur jugement sur les pieces qui y sont lues.

L'Académie Françoise, que je propose volontiers pour exemple en plusieurs choses, n'a point d'Académiciens honoraires; peut-être les autres devroient n'en point avoir. N'est-ce pas dénaturer les choses, que d'accorder au rang, à la naissance, à la dignité, une place qui ne doit être occupée, & ne peut être remplie, que par le mérite littéraire? C'est un doute que je propose à la décision de l'Homme-d'Etat libre de préjugés, & affranchi de l'esclavage de la routine.

Dans les Assemblées académiques, le rang & la noblesse n'ont ni place ni distinction particuliere. Comme les Grands n'y sont admis qu'à titre d'Hommes de Lettres, l'esprit a le privilege de confondre les conditions.

ACADÉMIE, s. f. *Société ou Compagnie de gens de Lettres, établie pour la culture & l'avancement des Sciences & des Arts.*

ACADÉMIE DE POLITIQUE.

L'ACADÉMIE, chez les Athéniens, étoit une maison de plaisance située dans un fauxbourg d'Athenes, & bâtie par un Citoyen de considération, nommé *Academus*. Platon y enseigna la Philosophie. Les modernes, surtout les Auteurs Latins, ont donné le nom d'*Académie* aux Ecoles illustres, aux Universités. Mais ce mot en François désigne plus particuliérement une Société de Savans qui s'adonnent à la culture des Arts & des Sciences, & qui, par leurs recherches & leurs découvertes, en procurent l'avancement.

Si les Arts & les Sciences contribuent à la gloire & au bonheur des Etats, comme on n'en peut douter, de quelle utilité ne doivent pas être des Sociétés dont le but est d'étendre la sphere des connoissances humaines? Je n'insisterai pas ici sur les avantages des Académies : ils sont suffisamment reconnus. Mais je demanderai si ces Compagnies Littéraires sont aussi utiles qu'elles pourroient l'être, si l'Etat en retire tous les avantages qu'on a droit d'attendre de pareilles institutions. Je suis malheureusement bien éloigné de pouvoir répondre affirmativement. J'en apperçois deux raisons : l'une se tire de la constitution même de ces Sociétés; l'autre, de la maniere dont elles sont traitées par les différens Gouvernemens. Je vais entrer, sur ces deux points, dans quelques considérations qui me semblent propres à perfectionner les Académies, & à les faire influer, d'une maniere plus efficace, sur les mœurs & le bonheur des Sociétés Politiques.

A quoi sert le savoir, s'il ne nous rend ni meilleurs ni plus heureux? Quel est le but principal que doivent se proposer ces corps qui font une profession particuliere du savoir? C'est de cultiver les Sciences qui tendent directement à conduire les hommes à la vertu, au bonheur. Et quelles sont ces Sciences? La Morale & la Politique. Cependant, je vois par-tout des Académies pour toutes les autres branches du savoir; & je n'en vois nulle part pour les Sciences Morales & Politiques. D'où vient cette exclusion? Quelle qu'en puisse être la raison, je la regarde comme la cause du peu de progrès que ces Sciences ont fait dans la plupart des Etats de l'Europe, & de la disette qu'il y a d'hommes capables de remplir les divers emplois de l'Administration tant intérieure qu'extérieure. Nous ne doutons pas que l'établissement des diverses Académies qui se sont si multipliées en Italie, en France, en Allemagne, en Espagne, &c. n'ait contribué à former de profonds Géometres, de grands Physiciens, des Astronomes habiles : ouvrons les Mémoires de ces ſavantes Compagnies, nous y trouverons toutes les découvertes faites depuis deux cens ans dans les Sciences & les Arts. Pouvons-nous douter que s'il y avoit en proportion des Académies de Politique, des Sociétés qui fiſſent une profeſſion particuliere de cultiver la Science du Gouvernement & ſes différentes branches, la Direction du Commerce & des Manufactures, l'Adminiſtration des Finances, la Police des Villes, la Judicature, le Droit des gens, les intérêts des Princes, l'Art des Négociations, &c. Douterons-nous, dis-je, qu'on ne vît autant d'hommes éminens dans toutes ces parties, qu'il y en a dans la Phyſique, la Chymie, les Mathématiques & les autres Sciences auxquelles les Sociétés Littéraires s'adonnent avec tant de zele & d'aſſiduité ?

Rien n'eſt ſi digne d'occuper la raiſon que la Science du Gouvernement. Cette Science a pour objet le bonheur public ; & elle eſt la plus utile comme la plus noble des Sciences humaines. On n'y trouve aucun principe dont on n'apperçoive l'application, & la théorie s'y tourne toujours en pratique. Sans cette Science les ſujets ignorent des vérités & des principes qu'il leur importe de ſavoir ; les Souverains ne peuvent appuyer leur conduite, ni les Miniſtres leurs conſeils, ſur des fondemens ſolides ; & ces mots de vertu, de raiſon, d'équité, qu'ils prononcent ſi ſouvent, ſont des noms vuides de ſens dans leur bouche.

Nous y apprendrons une vérité eſſentielle que les bons Rois ne perdent jamais de vue. C'eſt que les Supériorités n'ont point leur fin en elles-mêmes ; que les Souverainetés n'ont été établies que pour l'avantage des ſujets ; & que la domination de la volonté d'un ſeul homme ſur celle des autres hommes, n'eſt juſte que parce qu'elle doit procurer leur bonheur. C'eſt des veilles du Souverain que doit naître le bonheur de pluſieurs millions d'hommes confiés à ſes ſoins ; l'Agriculture, le Commerce intérieur & extérieur, la manutention des Loix, qui ſont le fondement d'un Etat ; la diſcipline des armées où réſide toute ſa puiſſance, le Réglement des Finances qui le ſoutiennent, les Négociations étrangeres qui le fortifient, doivent partager tour à tour l'attention du Prince. Il ne peut ſe relâcher ſur aucun de ces ſoins, ſans ſe refuſer à la juſtice qu'il doit à ſes ſujets. Il eſt un double lien entre les Maîtres & les Citoyens des Etats ; l'un, de protection, unit le Prince à ſon ſujet ; l'autre, de dépendance, lie le ſujet à ſon Prince. Les Rois ſont la plus vive image de Dieu ſur la terre, ils y montrent ſa grandeur, ils y exercent ſon autorité, l'Ecriture-Sainte les appelle des Dieux ; mais ce nom n'eſt pas moins pour les Princes une leçon de juſtice, de vigilance, de bonté, que pour les peuples une leçon de reſpect, d'obéiſſance, d'amour ; & c'eſt principalement par la juſtice que les Souverains doivent reſſembler à Dieu. C'eſt être Dieu à l'homme, que de ſecourir l'homme ; faire régner la juſtice, c'eſt être la cauſe univerſelle du bien, & mériter en quelque ſorte, par reſſemblance, un nom qui appartient à Dieu par nature.

Quel

Quel eſt le moyen de remplir de ſi grands devoirs ? Les hommes ont dans l'ame les principes de toutes les vertus morales & politiques ; mais ces ſemences demeurent ſtériles, ſi elles ne ſont cultivées, & ce n'eſt que par l'étude & par l'expérience qu'un Prince peut ſe rendre capable de régner. On ſait quels peuvent être les fruits de l'une & de l'autre, & il s'en faut bien que l'expérience nous fourniſſe les mêmes reſſources que l'étude. L'intervalle, qui ſépare le commencement & la fin de la vie, eſt ſi court, qu'il ſemble que ces deux extrêmités ſe touchent ; une expérience de ſi peu de jours ne ſauroit fournir qu'une inſtruction médiocre. L'étude, par un chemin plus facile & plus abrégé, donne des connoiſſances plus étendues & plus parfaites ; on n'eſt jamais à portée de tout voir ; mais la lecture peut tout enſeigner. Quelque long que ſoit le regne d'un Souverain, il n'a preſque jamais à conduire deux grandes affaires qui ſe reſſemblent parfaitement. C'eſt par la connoiſſance des événemens qui ont précédé, qu'on doit ſe précautionner contre ceux qui peuvent ſuivre. Si l'on n'eſt d'avance inſtruit des principes, on fait de fauſſes démarches qu'on n'a pas toujours le tems de réparer. N'eſt-il pas plus ſage & plus utile de s'inſtruire par les fautes des autres, dans l'étude & la Science du Gouvernement, que par celles qu'on feroit ſoi-même dans la pratique, ſi cette étude n'avoit précédé ?

Les perſonnes qui ſervent les Princes dans leurs affaires, ne font tant de fautes, que parce qu'il n'y a ni regle poſitive, ni principes écrits qui ſerviroient ou à redreſſer leurs vues, ou à leur donner celles qu'ils doivent avoir. De là vient qu'on arrive ſi tard au but qu'on devroit ſe propoſer, & que très-ſouvent on le manque. Aucune Société ne ſauroit ſubſiſter long-tems, qu'avec le ſecours d'une regle d'inſtitut, toujours préſente à ceux qui la conduiſent. Comment l'Etat, qui renferme toutes les Communautés, auſſi bien que tous les particuliers, pourroit-il s'en paſſer ? Comment ceux, qui ſuccedent aux places & aux emplois, ſeront-ils au fait de ce que les conjonctures changent aux principes qu'ils voient qu'ont ſuivi leurs Prédéceſſeurs ? Faute de cette regle permanente, une bonne idée, qui n'a pu s'exécuter, périt avec l'inventeur ; & une infinité de mauvaiſes, adoptées par vivacité, par ignorance, ſe perpétuent.

Chaque emploi demande une étude particuliere ; tous les Arts s'apprennent, & les plus faciles, les moindres ont leurs principes, leur méthode, leur tems d'apprentiſſage. Celui de conduire le genre humain a de même ſes regles. On ne gouverne pas le monde à l'aventure. Il eſt moralement impoſſible que le Gouvernement exercé ſans théorie, ſoit long-tems heureux. La perfection d'un Art demeure toujours inconnue à ceux qui ne ſe conduiſent que par routine, & une longue expérience, qui n'eſt pas ſoutenue par un fond réel de connoiſſances, n'eſt ſouvent qu'une longue habitude d'erreur. Il faut joindre les exemples des ſiecles paſſés à l'expérience, la ſpéculation à la pratique, la raiſon à l'uſage.

Ce n'eſt qu'en exerçant ſans ceſſe ſon intelligence, qu'on lui donne de l'étendue. Ce qu'on apprend par l'étude ne suffit pas, il est vrai, pour former un grand Homme d'Etat; mais on y acquiert des connoissances absolument nécessaires, des principes fondamentaux, une théorie qui ouvre l'esprit, qui fournit des idées, & qui contribue, par des réflexions, à assurer & à étendre les vues de la pratique. Les connoissances spéculatives & celles de l'usage s'entr'aident; l'exercice perfectionne ce que la méditation a enseigné, & acheve l'Homme d'Etat que l'étude a commencé.

Si l'on a vu des hommes gouverner avec succès, sans le secours de l'étude, c'étoient des esprits supérieurs, & il n'est donné qu'à des génies du premier ordre de tirer tout de leur propre fonds. Peu de gens peuvent se flatter d'être nés avec cette pénétration & cette étendue d'esprit, qui suppléent à l'étude, & quelquefois même à l'expérience. D'ailleurs, ces hommes extraordinaires ont été bien rares, & seroient allés plus loin, si une bonne éducation eût augmenté les avantages qu'ils avoient reçus de la nature.

Eh! qu'on ne croie point que l'étude des diverses parties de la Science du Gouvernement soit inutile aux sujets. Qui pourroit penser que l'étude du Droit naturel, laquelle nous donne des principes qui s'étendent à tout, & qui sont de tous les tems & de tous les lieux, soit inutile à des hommes? Tous les particuliers sont obligés de bien vivre, & doivent, par conséquent, connoître le Droit naturel. Qui pourroit penser que la connoissance du Droit dans ses plus nobles portions soit inutile à des Citoyens? Nous avons à vivre avec nos Concitoyens, & à communiquer avec les étrangers; & il importe que nous n'ignorions pas les regles de ces diverses sociétés. Tout le monde n'est pas appellé à la conduite des Peuples; mais puisque les particuliers & les sociétés entieres vivent sous des regles, ils doivent s'en former des idées aussi nettes & aussi justes qu'il est possible. La Science d'obéir & de commander, prise dans toute son étendue, ne peut être indifférente à personne. Elle est, à divers égards, nécessaire à tout le monde; aux uns absolument, pour bien gouverner; aux autres, jusqu'à un certain point, pour se gouverner eux-mêmes, & pour obéir aux Loix sous lesquelles ils vivent.

Loin de nous ce rafinement de certains Politiques qui placent l'essentiel du Gouvernement dans un Mystere impénétrable au peuple. Il importe, sans doute, aux Princes de ne pas manifester les délibérations du cabinet, les entreprises qui pourroient échouer si elles étoient découvertes, les négociations sujettes à être traversées, les ressources qu'ils se sont ménagées pour certains événemens, l'état de leurs Finances; mais ils ne doivent pas vouloir cacher les principes généraux du Gouvernement; ils ne le veulent point, & ils le voudroient inutilement.

Ce ne sont point les lumieres des Sujets que le Prince doit craindre, c'est leur ignorance. Celle des Lettres est toujours suivie de celle des Loix, comme celle-ci l'est de celle des devoirs. Le savoir rend tranquille, fournit une douce occupation, & éclaire sur les suites de l'indocilité; mais les gens peu instruits, & les gens oisifs sont également dangereux dans un Etat. Le gouvernement n'a d'autre objet que de rendre les peuples heureux; & il est si utile aux hommes, que tous les avantages dont ils jouissent sur la terre, leur fortune, leur honneur, leur vie en dépendent.

Les Souverains mêmes doivent desirer que les regles du commandement & de l'obéissance soient connues; cette connoissance dispose à faire par amour ce que sans elle on ne feroit que par contrainte. L'un de ces moyens est plus sûr que l'autre, mais réunis, ils ne laissent rien à desirer. Une soumission éclairée n'en est que plus prompte & plus sincere. Quand la regle est bien connue, le Prince regne selon les Loix, le Magistrat fait un usage raisonnable de son pouvoir, le Sujet rend une obéissance dont il connoît & l'utilité & la nécessité; toutes les voies qui nous instruisent de notre devoir nous le font aimer; & nous ne saurions étudier les principes de Gouvernement, sans être convaincus que les Loix sont la source de la félicité publique, & que chaque Citoyen a intérêt d'obéir exactement au Souverain, soit que le pouvoir suprême réside dans un seul, soit qu'il réside dans plusieurs, ou dans tous.

L'étude de la science du Gouvernement, cette étude si nécessaire à la société, si importante, est néanmoins presqu'entiérement abandonnée en quelques lieux. Négligence déplorable! S'il n'est point d'art plus relevé que celui de gouverner, il n'en est point aussi où les erreurs soient d'une si dangereuse conséquence. Dans les autres arts, l'ignorance ne peut nuire qu'à peu de gens : ici, elle porte un préjudice capital à tous les Citoyens; & la misere publique marche à la suite des différentes especes de fautes des Princes & de leurs Ministres.

L'homme est naturellement porté à négliger la connoissance des choses qui l'environnent; ou il croit les savoir, ou il suppose qu'il sera toujours à temps de les apprendre. Il réserve son attention pour celles que la distance des temps & des lieux a mises hors de sa portée. Il néglige ce qui le regarde personnellement, & s'attache à des objets étrangers. Par cette bizarre disposition d'esprit, on ignore assez souvent les choses qu'on a intérêt de connoître, & l'on ne s'applique qu'à acquérir la connoissance de celles qu'on pourroit ignorer sans danger. De-là vient que peu de personnes connoissent les principes de Gouvernement, & les fondemens du repos public, qui font la sûreté des Princes & le bonheur des Sujets.

On découvre sans peine, pourquoi quelques pays sont féconds, & quelques autres stériles, en sujets propres à manier les affaires publiques. C'est suivant le goût de chaque Nation, la forme de chaque Etat, & à proportion de l'attention de chaque Souverain, que la science du Gouvernement est plus ou moins cultivée; selon que la discipline nationale est bonne ou mauvaise, les Nations sont bien ou mal élevées.

La négligence à étudier les principes du Gouvernement, se manifeste surtout dans les Monarchies qui n'admettent dans les mysteres d'Etat qu'un petit nombre de personnes. Les particuliers y négligent cette étude, dans la pensée qu'ils ne parviendront jamais aux grands emplois; & ceux-mêmes à qui une naissance illustre & une fortune considérable font concevoir des espérances plus relevées, ne sont pas exempts de cette négligence, parce qu'ils doutent si leur ambition sera jamais satisfaite. Les Ministres, que d'heureuses circonstances ont mis en place, sont plus occupés des usages reçus, qu'attentifs à connoitre la regle. S'ils sont dans l'urgente nécessité de réformer des abus, de faire de nouvelles loix, ils ne savent de quel point partir, faute d'avoir suffisamment approfondi les principes qui fondent le sage Gouvernement, & les conséquences qui en résultent. De-là les systêmes qui se succedent où les principes devroient être stables; de-là les changemens & les bouleversemens continuels, où il devroit y avoir une forme permanente. Mais comment employer à propos les moyens d'Administration lorsqu'on ne les connoît pas? comment tirer parti des ressources d'un Etat, lorsqu'on ne les a pas appréciées? comment régler le jeu des ressorts politiques, lorsqu'on n'a pas une juste idée de leur action?

De tous les Etats de l'Europe, la France est un de ceux où en général on est le moins instruit de la politique tant intérieure qu'extérieure, où par conséquent on fait le plus de fautes à ce double égard. C'est-là conséquemment qu'on a le plus de besoin d'une Académie telle que je la conçois, d'une Académie de gens également éclairés & bien intentionnés qui, se proposant pour fin le bien général de l'Etat, s'appliqueroient à perfectionner les différentes parties de l'Administration.

Il y a en Suede une Chancellerie, où de jeunes Gentilshommes sont reçus à la faveur de leurs dispositions naturelles, de leurs voyages, de leurs études. Dans cette Chancellerie, on leur communique les actes publics, & on les instruit des affaires de la Nation.

Le Roi de Danemarck ordonna, en *1769*, que des jeunes gens de distinction assistassent aux audiences du Tribunal Suprême, en qualité d'Assesseurs, afin qu'ils pussent se rendre dignes d'exercer les Magistratures dont par la suite ils pourroient être revêtus.

Les Nobles Polonois menent leurs enfans aux Dietines ou Dietes des Palatinats, & les Nonces, les leurs aux Dietes générales, pour les rendre capables de servir un jour la République.

A Venise, où la Politique est l'affaire capitale de tous les Citoyens, l'instruction des peres rend les enfans capables de gouverner. Les jeunes Nobles assistent aux consultations du College & aux Délibérations du Sénat, seulement pour écouter. On les instruit des affaires de l'Etat, & on leur fait sentir chaque jour, qu'ils sont nés pour y avoir part. La Chambre secrette, où sont conservées les dépêches des Ambassadeurs avec les registres de la République, leur est ouverte. Quelques jeunes Gentilshommes accompagnent les Ministres de la République dans les Cours étrangeres, pour y faire l'apprentissage des emplois auxquels ils aspirent. Enfin aucun

Noble ne parvient aux grandes Magiſtratures, qu'après s'être acquitté des moindres à la ſatisfaction de ſes Concitoyens.

En Allemagne, la Bulle d'or renferme des diſpoſitions ſur la maniere d'élever les héritiers des Electeurs; les Nobles s'appliquent à l'étude, même du droit privé; les Comtes & les Princes de l'Empire ne dédaignent pas de s'en inſtruire. Tous les Gentilshommes, qui ne ſe deſtinent pas uniquement aux Armes, ſouvent même ceux qui s'y deſtinent, paſſent pluſieurs années aux Univerſités, aux Académies pour y apprendre l'Hiſtoire & les Loix de leur Patrie. Il y a dans toutes les grandes Cours du Corps Germanique, une Chancellerie d'Etat, où les jeunes gens font une étude réglée des affaires publiques, ſous l'inſpection générale du Chancelier & ſous la direction particuliere des Référendaires. Les Allemands ne deviennent enfin Négociateurs ou Miniſtres d'Etat que par degrés, & qu'après s'être long-tems inſtruits de l'Hiſtoire, du Droit public, des intérêts des Princes, de la Politique.

Un Hollandois partage ſes ſoins entre les intérêts de ſon commerce & ceux de ſa République. Il étudie tout ce qui a rapport au Gouvernement, & comme il eſt ſouvent député à l'Aſſemblée des Etats Généraux, il eſt communément aſſez inſtruit.

La connoiſſance des principes du Gouvernement eſt, en Angleterre, un objet commun à preſque toutes les profeſſions. Les Députations au Parlement mettent les perſonnes de tous les ordres à portée de prendre part aux affaires publiques; & l'intérêt que les Anglois ont de poſſéder des connoiſſances dont ils peuvent faire un uſage avantageux à leur Patrie & à leur fortune particuliere, leur inſpire une grande application pour les acquérir. Ils veulent obtenir des graces & jouer un grand rôle dans le Parlement, en ſe rendant néceſſaires au parti de la Cour, ou en ſe diſtinguant dans celui qui lui eſt oppoſé. Il y a un ſi grand nombre de Pairs dans la Chambre haute; la Chambre baſſe eſt compoſée d'un ſi grand nombre de Députés; ces Repréſentans de la Nation changent ſi ſouvent, & le deſir de paroître avec éclat dans l'une ou dans l'autre Chambre, agit ſi puiſſamment ſur le cœur de chaque Membre du Parlement, qu'il eſt comme impoſſible que les Anglois n'aient, en général, une certaine connoiſſance des matieres de Politique & d'Adminiſtration.

Le Roi de Pruſſe a créé dix Conſeillers d'Ambaſſade, que ce Monarque entretient conſtamment au Département des affaires étrangeres; ce ſont des jeunes gens de qualité qui font paroître des diſpoſitions heureuſes pour les affaires publiques : ils ſont admis aux conférences ſur les affaires courantes; on leur communique quelques relations des Miniſtres étrangers; on les charge de dreſſer des dépêches, & de minuter des expéditions; en un mot ils font des études propres à les rendre capables un jour d'être employés dans les légations. Je parlerai plus amplement dans la ſuite de cet établiſſement, qui ſeroit d'une utilité plus générale s'il embraſſoit la Politique intérieure. *Voyez l'Article* AMBASSADE.

Mais en France, on manque absolument d'un moyen d'instruction par rapport au Gouvernement actif & passif; on n'y a aucun établissement propre à former de bons sujets dans les connoissances que demandent les emplois politiques.

On lit dans les Mémoires de Sully, le projet d'un cabinet d'Etat fait entre Henri IV & son Ministre. *Voyez notre Article* CABINET D'ETAT. On assure que Louis XIV avoit résolu d'établir une Académie de Politique dont M. le Marquis de Torci, Ministre & Secrétaire d'Etat, devoit être le Directeur (*). Ces projets n'ont pas eu d'exécution. Il suffit de les rappeller ici, pour faire comprendre que l'Académie que je propose, n'est pas une nouveauté indigne d'attention.

Nous ne sommes plus dans un siecle où ceux, qui régissent les Etats, doivent empêcher les bons esprits & les grands génies de se tourner du côté de la Politique, pour en faire un mystere réservé aux initiés. Il est de l'intérêt général de l'Europe que l'art de gouverner soit mis en évidence chez toutes les Nations.

Le Chancelier Bacon trace, dans sa *Nouvelle Atlantide*, le plan d'une Académie parfaite. Cet homme, Philosophe sublime, Jurisconsulte éclairé, Politique profond, n'a garde d'en exclure la science du Gouvernement; il y fait aussi entrer l'Histoire, la meilleure école de l'Homme d'Etat. *Voyez* ATLANTIDE.

» Depuis l'établissement de l'Académie *del Cimento*, jusqu'à nos jours, observoit le Comte Algaroti, il n'y a point de pays un peu civilisé où sous le titre d'Académie des Sciences, d'Institut, de Société Royale, ou autre semblable, les Princes n'aient formé des compagnies savantes, dont le principal objet est d'observer les diverses opérations de la Nature, de recueillir les Phénomenes dont la certitude est la mieux fondée, & de travailler à l'accroissement des sciences naturelles. Mais aucun pays, aucun Prince n'a encore pensé à fonder une Académie d'Histoire dont le but principal fût d'observer, avec soin, les différens Etats de la Nation, de transmettre à la postérité les événemens avec la vérité la plus sincere, & de perfectionner la science de la Morale, & de la Législation, dont l'unique base sont les faits historiques, comme les phénomenes naturels le sont de la physique. Mais la connoissance des premiers est d'autant plus utile, qu'il importe bien davantage à un Etat de savoir quelles sont les meilleures Loix, pour bannir la paresse, & pour inspirer aux Citoyens l'amour de la Patrie & de la vertu, que de savoir, quelles loix observent dans leurs mouvemens les quatre Satellites de Jupiter. Pourquoi donc abandonner indifféremment au premier venu le soin important d'écrire l'Histoire, que l'on a raison d'appeller l'œil de l'avenir, ainsi que du passé, & le flambeau de la vie?

(*) Voyez la *Gazette d'Amsterdam* du 12 Février 1712; le *Spectateur Anglois*; & la *Science du Gouvernement*, par M. de Réal.

Pourquoi ne pas suivre l'exemple des Chinois, qui ont si fort excellé dans la Morale & dans la Législation? Ils ont fondé un Tribunal d'Histoire où l'on tient registre de tout ce qui arrive sous le regne de chaque Empereur, avec la même exactitude qu'on marque dans nos Académies les appulsions de la lune aux étoiles, les éclipses & tout ce qui arrive dans le Ciel. Après la mort de l'Empereur, cela se divulgue pour servir d'instruction à ses Successeurs, & de regle à la félicité publique. Dans plusieurs Etats de l'Europe, il y a des places d'Historiographes & des chaires publiques d'Histoire. C'est un commencement de l'Académie d'Histoire qu'on propose; il seroit aisé d'étendre ces commencemens & d'en former un établissement fixe, dont on pourroit tirer de grands avantages pour la bonne Administration des Etats & le bonheur du Peuple qui doit toujours être la loi suprême. Nous observerons cependant, que la connoissance des causes morales, ne demandant pas tant de sagacité que la connoissance des causes naturelles, l'Europe n'a peut-être pas besoin, pour les premieres, d'une Académie de Savans, ou d'un Tribunal de Mandarins nécessaire à la Chine, où l'esprit humain paroît être moins actif. D'ailleurs, cette dose de liberté qui entre dans plusieurs Gouvernemens de l'Europe, porte naturellement tout homme à rechercher les vraies causes des faits historiques, & à les publier; ce qui se peut sans danger, en Angleterre sur-tout, où l'on jouit toujours de ces tems heureux que les Romains eurent sous Trajan.... Quel besoin n'avons-nous pas d'un pareil établissement dans plusieurs de nos Gouvernemens d'Europe, où la vérité n'est que trop souvent tenue captive, & où le Despotisme sourd & caché n'en est que plus arbitraire? »

Je ne fais que mettre sous les yeux de l'Homme d'Etat ce qui a été imaginé & dit, avant moi, sur l'objet que je traite. Il saura en profiter suivant les circonstances. Je vois en France une infinité d'Académies sous différentes dénominations; Académie des Sciences, des Belles-Lettres, des Arts, de Marine, d'Agriculture, & tout récemment une Société d'émulation qui, suivant le but de son institution, doit s'occuper spécialement des matieres d'économie politique. Ne seroit-il pas à propos de réunir toutes ces Académies & Sociétés en une seule qui se diviseroit en plusieurs branches? Il n'y auroit en France qu'une seule Académie, comme il n'y a à la Chine qu'une classe de Lettrés. Mais cette Académie, qui comprendroit toutes les Sciences & les beaux-Arts, auroit un certain nombre de divisions. La premiere classe ou division appartient de droit aux Sciences morales & politiques; la seconde seroit pour la Physique & tout ce qui y a un rapport immédiat; la troisieme pour l'Histoire & tous les genres de Littérature, *&c.* Quel avantage pour un Etat, d'avoir une classe entiere de Citoyens, classe nombreuse & sans contredit la plus distinguée de la Nation, uniquement occupée du soin de perfectionner les différentes branches de l'Administration tant intérieure qu'extérieure, finances, commerce, police, négociations, *&c.*! C'est de cette premiere classe qu'on tireroit généralement tous les Sujets employés dans les fonctions pénibles & variées du Gouvernement, depuis les Ministres d'Etat & les Gouverneurs de Province, jusqu'au dernier Magistrat; comme à la Chine les Lettrés seuls remplissent toutes les charges, depuis celle de premier Mandarin jusqu'au moindre office de Judicature & de Police. J'aime à rappeller ici l'exemple d'un Peuple dont l'excellence du Gouvernement est suffisamment prouvée par sa durée. La seconde & la troisieme division fourniroient des Professeurs aux Universités, aux Colleges, & dirigeroient au plus grand bien de la société, l'une les fruits de la terre, l'autre les productions du génie, *&c.* Je n'entre dans aucuns détails: ils sont aisés à saisir. Je conçois même qu'un tel établissement se formeroit comme de lui-même par-tout où le Gouvernement le favoriseroit, & produiroit la plus heureuse révolution.

ACADIE, OU NOUVELLE ECOSSE.

Description de cette grande Péninsule. Les François s'y établissent. Leurs guerres avec les Habitans de la Nouvelle-Angleterre. La France est obligée de céder l'Acadie avec ses dépendances à l'Angleterre. Etat actuel de cette Colonie.

L'ACADIE, ou NOUVELLE ECOSSE est une côte de trois cens lieues, comprise depuis les limites de la Nouvelle-Angleterre, jusqu'à la rive méridionale du fleuve Saint-Laurent, quoique le nom de *Nouvelle Ecosse* ne paroisse avoir exprimé, dans les premiers tems, qu'une grande péninsule de forme triangulaire, située vers le milieu de ce vaste espace. Cette péninsule, que les François appelloient Acadie, est très-propre, par sa position, à servir d'asyle aux bâtimens qui viennent des Antilles. Elle leur montre de loin un grand nombre de ports excellens, où l'on entre & d'où l'on sort par tous les vents. On voit beaucoup de morue sur ses rivages, & encore davantage sur de petits bancs qui n'en sont éloignés que de quelques lieues. Le continent voisin attire par l'appât de quelques pelleteries. L'aridité de ses côtes offre du gravier pour sécher le poisson; & la bonté des terres intérieures invite à toutes sortes de cultures. Ses bois sont propres à beaucoup d'usages. Quoique son climat soit dans la Zone Tempérée, on y éprouve des hivers longs & rigoureux, suivis tout-à-coup de chaleurs excessives, d'où se forment d'épais brouillards, qui, rarement ou du moins lentement dissipés, ne rendent pas ce séjour mal-sain, mais peu agréable.

Ce fut en 1604 que les François s'établirent en Acadie, quatre ans avant d'avoir élevé la plus petite cabane dans le Canada. Au-lieu de se fixer à l'Est l'Est de la péninsule, qui présentoit des mers vastes, une navigation facile, une grande abondance de morue, ils préférerent une baye étroite, qui n'avoit aucun de ces avantages. Elle fut appellée depuis, baye Françoise. On a prétendu qu'ils avoient été séduits par le Port-Royal, qui peut contenir mille vaisseaux à l'abri de tous les vents, dont le fond est partout excellent, & qui a toujours quatre ou cinq brasses d'eau, & dix-huit à son entrée. Il est plus naturel de penser que les fondateurs de la colonie choisirent cette position, parce qu'elle les approchoit des lieux où abondoient les pelleteries, dont la traite exclusive leur étoit accordée. Ce qui fortifie cette conjecture, c'est que les premiers monopoleurs, & ceux qui les remplacerent, prirent toujours à tâche d'éloigner de l'exploitation des forêts, de l'éducation des bestiaux, de la pêche, de la culture, tous ceux de leurs compatriotes que leur inquiétude ou des besoins avoient amenés dans cette contrée, aimant mieux tourner l'activité de ces aventuriers vers la chasse & vers la traite avec les Sauvages.

Un désordre né d'un faux système d'Administration, ouvrit enfin les yeux sur les funestes effets des privileges exclusifs. Ce seroit outrager la bonne foi & la vérité, qui doivent être l'ame d'un Historien, de dire que l'autorité commença à respecter, en France, les droits de la nation, dans un tems où ils étoient le plus ouvertement violés. Jamais on n'y a connu ce mot sacré, qui peut seul assurer le salut des peuples, & donner la sanction au pouvoir des Rois. Mais, dans les Gouvernemens les plus absolus, on fait quelquefois par esprit d'ambition, ce que les Gouvernemens justes & modérés font par principes de justice. Les Ministres de Louis XIV, qui vouloient faire jouer un grand rôle à leur maitre, pour représenter eux-mêmes avec quelque dignité, s'apperçurent qu'ils n'y réussiroient point sans l'appui des richesses; & qu'un peuple à qui la nature n'avoit pas accordé des mines, ne pouvoit avoir de l'argent que par l'agriculture & par le commerce. L'une & l'autre avoient été jusqu'alors étouffés dans les colonies, par les entraves qu'on met à tout, en voulant se mêler de tout. Elles furent heureusement rompues; mais l'Acadie ne put ou ne sut pas faire usage de cette liberté.

La colonie étoit encore au berceau, lorsqu'elle vit naître, à son voisinage, un établissement qui devint depuis si florissant, sous le nom de Nouvelle-Angleterre. Le progrès rapide des cultures de cette nouvelle colonie, attira foiblement l'attention des François. Ce genre de prospérité ne mit entre les deux nations aucune rivalité. Mais dès qu'ils purent soupçonner qu'ils auroient bientôt un concurrent dans le commerce du castor & des fourrures, ils chercherent le moyen d'en être seuls les maîtres; & ils furent assez malheureux pour le trouver.

Lorsqu'ils arriverent en Acadie, la péninsule & les forêts du continent voisin étoient remplies de petites nations sauvages. Ces peuples avoient le nom général d'Abenaquis. Quoiqu'aussi guerriers que les autres nations sauvages, ils étoient plus sociables. Les missionnaires s'étant insinués aisément auprès d'eux, vinrent à bout de les entêter de leurs dogmes, jusqu'à les rendre enthousiastes. Avec la religion qu'on leur prêchoit, ils prirent la haine du nom Anglois, si familiere à leurs Apôtres. Cet article fondamental de leur nouveau culte, étoit celui qui parloit le plus à leurs sens, le seul qui favorisât leur passion pour la guerre : ils l'adopterent avec la fureur qui leur étoit naturelle. Non contens de se refuser à tout commerce d'échange avec les Anglois, ils troubloient, ils ravageoient souvent les frontieres de cette nation. Les attaques devinrent plus continuelles, plus opiniâtres & plus régulieres, depuis qu'ils eurent choisi pour leur Chef Saint-Casteins, Capitaine du régiment de Carignan, qui s'étoit fixé parmi eux, qui avoit épousé une de leurs femmes, & qui se conformoit en tout à leurs usages.

Le Gouvernement de la Nouvelle-Angleterre n'ayant pu, ni ramener les Sauvages par des présens, ni les détruire dans leurs forêts où ils s'enfonçoient, d'où ils revenoient sans cesse, tourna toute son indignation contre l'Acadie, qu'il regardoit, avec raison, comme le mobile unique de tant de calamités. Dès que la moindre hostilité commençoit à diviser les deux métropoles, on attaquoit la péninsule. On la prenoit toujours ; parce que toute sa défense résidoit dans le Port-Royal, foiblement entouré de quelques palissades, & qu'elle se trouvoit trop éloignée du Canada, pour en être secourue. C'étoit, sans doute, quelque chose aux yeux des nouveaux Anglois, de ravager cette colonie, & de retarder ses progrès ; mais ce n'étoit pas assez pour dissiper les défiances qu'inspiroit une nation toujours plus redoutable par ce qu'elle peut, que par ce qu'elle fait. Obligés, à regret, de rendre leur conquête à chaque pacification, ils attendoient impatiemment que la supériorité de la Grande-Bretagne fût montée au point de les dispenser de cette restitution. Les événemens de la guerre, pour la succession d'Espagne, amenerent ce moment décisif ; & la Cour de Versailles se vit à jamais dépouillée d'une possession, dont elle n'avoit point soupçonné l'importance.

La chaleur que les Anglois avoient montrée à s'emparer de ce territoire, ne se soutint pas dans les soins qu'on prit de le garder ou de le faire valoir. Après avoir légérement fortifié Port-Royal, qui prit le nom d'Annapolis, en l'honneur de la Reine Anne, on se contenta d'y envoyer une garnison médiocre. L'indifférence du Gouvernement passa dans la Nation ; ce qui n'est pas ordinaire aux pays où regne la liberté. Il ne se transporta que cinq ou six familles Angloises dans l'Acadie. Elle resta toujours habitée par ses premiers colons. On ne réussit même à les y retenir, qu'en leur promettant de ne les jamais forcer à prendre les armes contre leur ancienne patrie. Tel étoit l'amour que l'honneur & la gloire de la France inspiroient alors à tous ses enfans. Chéris de leur Gouvernement, honorés des nations étrangeres, attachés à leur Roi par une suite de prospérités, qui les avoit illustrés & agrandis, ils avoient ce patriotisme qui naît des succès. Il étoit beau de porter le nom François; il eût été trop affligeant de le quitter. Aussi les Acadiens, qui avoient juré, en subissant un nouveau joug, de ne jamais combattre contre leurs premiers drapeaux, furent-ils appellés les François neutres.

Il y en avoit douze à treize cens fixés dans la capitale; les autres étoient répandus dans ses campagnes. On ne leur donna point de Magistrat pour les conduire. Ils ne connurent pas les Loix Angloises. Jamais il ne leur fut demandé ni cens, ni tribut, ni corvée. Leur nouveau Souverain paroissoit les avoir oubliés; & lui-même, il leur étoit tout-à-fait étranger.

La chasse & la pêche, qui avoient fait anciennement les délices de la colonie, & qui pouvoient encore la nourrir, ne touchoient plus un peuple simple & bon, qui n'aimoit point le sang. L'agriculture étoit son occupation. On l'avoit établie dans des terres basses, en repoussant, à force de digues, la mer & les rivieres, dont ces plaines étoient couvertes. On retira de ces marais cinquante pour un dans les premiers tems, & quinze ou vingt au moins dans la suite. Le froment & l'avoine étoient les grains qui y réussissoient le mieux; mais le seigle, l'orge & le maïs y croissoient aussi. On y voyoit encore une grande abondance de pommes de terre, dont l'usage étoit devenu commun.

D'immenses prairies étoient couvertes de troupeaux nombreux. On y compta jusqu'à soixante mille bêtes à corne. La plupart des familles avoient plusieurs chevaux, quoique le labourage se fît avec des bœufs.

Les habitations, presque toutes construites de bois, étoient fort commodes, & meublées avec la propreté qu'on trouve quelquefois chez nos laboureurs d'Europe les plus aisés. On y élevoit une grande quantité de volailles de toutes les especes. Elles servoient à varier la nourriture des colons, qui étoit généralement saine & abondante. Le cidre & la biere formoient leur boisson. Ils y ajoutoient quelquefois de l'eau-de-vie de sucre.

C'étoit leur lin, leur chanvre, la toison de leurs brebis, qui servoient à leur habillement ordinaire. Ils en fabriquoient des toiles communes, des draps grossiers. Si quelqu'un d'entr'eux avoit un peu de penchant pour le luxe, il le tiroit d'Annapolis ou de Louisbourg. Ces deux villes recevoient en retour, du bled, des bestiaux, des pelleteries.

Les François neutres n'avoient pas autre chose à donner à leurs voisins. Les échanges qu'ils faisoient entr'eux, étoient encore moins considérables; parce que chaque famille avoit l'habitude & la facilité de pourvoir seule à tous ses besoins. Aussi ne connoissoient-ils pas l'usage du papier-monnoie, si répandu dans l'Amérique septentrionale. Le peu d'argent qui s'étoit comme glissé dans cette colonie, n'y donnoit point l'activité qui en fait le véritable prix.

Leurs mœurs étoient extrêmement simples. Il n'y eut jamais de cause civile ou criminelle assez importante, pour être portée à la Cour de justice établie à Annapolis. Les petits différends qui pouvoient s'élever de loin en loin entre les colons, étoient toujours terminés à l'amiable par les anciens. C'étoient les Pasteurs religieux qui dressoient tous les actes, qui recevoient tous les testamens. Pour ces fonctions profanes, pour celles de l'Eglise, on leur donnoit volontairement la vingt-septieme partie des récoltes.

Elles étoient assez abondantes, pour laisser plus de facultés que d'exercice à la générosité. On ne connoissoit pas la misere, & la bienfaisance prévenoit la mendicité. Les malheurs étoient, pour ainsi dire, réparés avant d'être sentis. Le bien s'opéroit sans ostentation d'une part, sans humiliation de l'autre. C'étoit une société de freres; également prêts à donner ou à recevoir ce qu'ils croyoient commun à tous les hommes.

Cette précieuse harmonie écartoit jusqu'à ces liaisons de galanterie qui troublent si souvent la paix des familles. On ne vit jamais dans cette société, de commerce illicite entre les deux sexes. C'est que personne n'y languissoit dans le célibat. Dès qu'un jeune homme avoit atteint l'âge convenable au mariage, on lui bâtissoit une maison, on défrichoit, on ensemençoit des terres autour de sa demeure; on y mettoit les vivres dont il avoit besoin pour une année. Il y recevoit la compagne qu'il avoit choisie, & qui lui apportoit en dot des troupeaux. Cette nouvelle famille croissoit, prospéroit, à l'exemple des autres. Toutes ensemble composoient, en 1749, une population de dix-huit mille ames.

Les Anglois sentirent à cette époque, de quel profit pouvoit être à leur commerce la possession de l'Acadie. La paix, qui devoit laisser beaucoup de bras dans l'inaction, donnoit, par la réforme des troupes, un moyen de peupler & de cultiver un terrein vaste & fécond. Le ministere Britannique offrit à tout soldat, à tout matelot, à tout ouvrier qui voudroit aller s'établir en Acadie, cinquante acres de terre, & dix pour toute personne que chacun d'eux ameneroit de sa famille: quatre-vingts acres aux bas-officiers, & quinze pour leurs femmes & pour leurs enfants: deux cents aux enseignes, trois cents aux lieutenants, quatre cents aux capitaines, six cents aux officiers d'un grade supérieur, avec trente pour chacune des personnes qui dépendroient d'eux. Avant le terme de dix ans, le terrein défriché ne devoit être sujet à aucune redevance; & l'on ne pouvoit, à perpétuité, être taxé à plus d'une livre deux sols six deniers d'impôt, pour cinquante acres. Le trésor public s'engageoit, d'ailleurs, à avancer ou rembourser les frais du voyage; à élever des habitations; à fournir tous les outils nécessaires pour la culture ou pour la pêche; à donner la nourriture de la premiere année. Ces encouragements déterminerent, au mois de Mai 1749, trois mille sept cents cinquante personnes à quitter l'Europe, où elles risquoient de mourir de faim, pour aller vivre en Amérique.

La nouvelle peuplade étoit destinée à former un établissement au Sud-Est de la péninsule d'Acadie, dans un lieu que les sauvages appellerent autrefois Chibouctou, & les Anglois ensuite, Hallifax. C'étoit pour y fortifier le meilleur port de l'Amérique, pour établir au voisinage une excellente pêcherie de morue, qu'on avoit préféré cette position à toutes celles qui s'offroient dans un sol plus abondant. Mais comme c'étoit la partie du pays la plus favorable à la chasse, il fallut la disputer aux Mikmaks, qui la fréquentoient le plus. Ces sauvages défendirent avec opiniâtreté un territoire qu'ils tenoient de la nature; & ce ne fut pas sans avoir essuyé d'assez grandes pertes, que les Anglois vinrent à bout de chasser ces légitimes possesseurs.

Cette guerre n'étoit pas encore terminée, lorsqu'on apperçut de l'agitation parmi les François neutres. Ces hommes simples & libres avoient déja senti qu'on ne pouvoit s'occuper sérieusement des contrées qu'ils habitoient, sans qu'ils y perdissent de leur indépendance. A cette crainte, se joignit celle de voir leur Religion en péril. Des Pasteurs échauffés par leur propre enthousiasme, ou par les insinuations des Administrateurs du Canada, leur persuaderent tout ce qu'ils voulurent contre les Anglois, qu'ils appelloient hérétiques. Ce mot, qui fut toujours si puissant pour faire entrer la haine dans des ames séduites, détermina la plus heureuse peuplade de l'Amérique à quitter ses habitations, pour se transplanter dans la Nouvelle-France, où on lui offroit des terres. La plupart exécuterent cette résolution du moment, sans prendre aucune précaution pour l'avenir. Le reste se disposoit à les suivre, quand il auroit pris ses suretés. Le Gouvernement Anglois, soit humeur ou politique, voulut prévenir cette désertion, par une sorte de trahison, toujours lâche & cruelle dans ceux à qui l'autorité donne les moyens de la douceur & de la modération. Les François neutres, qui n'étoient pas encore partis, furent rassemblés, sous prétexte de renouveller le serment qu'ils avoient fait autrefois au nouveau maître de l'Acadie. Dès qu'on les eut réunis, on les embarqua sur des navires, qui les transporterent dans d'autres colonies Angloises, où le plus grand nombre périt de chagrin encore plus que de misere.

Tel est le fruit des jalousies nationales, de cette cupidité des Gouvernements qui dévore les terres & les hommes. On compte pour une perte tout ce que gagne un voisin, pour un gain tout ce qu'on lui fait perdre. Quand on ne peut prendre une place, on l'affame pour en faire mourir les habitants; si l'on ne peut la garder, on la met en cendres, on la rase. Plutôt que de se rendre, on fait sauter un vaisseau, une fortification, par le jeu des poudres & des mines. Le Gouvernement despotique met de grands déserts entre ses ennemis & ses esclaves, pour empêcher l'irruption des uns & l'émigration des autres. L'Espagne a mieux aimé se dépeupler elle-même, & faire de l'Amérique méridionale un cimitiere, que d'en partager les richesses avec les Européens. Les Hollandois ont commis tous les crimes secrets & publics, pour dérober aux autres Nations commerçantes la culture des épiceries: souvent ils en ont jetté des cargaisons entieres dans la mer, plutôt que de les vendre à bas prix. Les François ont livré la

Louisiane aux Espagnols, de peur qu'elle ne tombât aux mains des Anglois. L'Angleterre fit périr les François neutres de l'Acadie, pour qu'ils ne retournassent pas à la France. Et l'on dit ensuite que la police & la société sont faites pour le bonheur de l'homme ! Oui, de l'homme puissant ; oui, de l'homme méchant.

Depuis l'émigration d'un peuple qui devoit son bonheur & ses vertus à son obscurité, la Nouvelle-Ecosse ne compte que peu de colons. Il semble que l'envie qui dépeupla cette terre, l'ait flétrie. Du moins la peine de l'injustice y retombe-t-elle sur les auteurs de l'injustice. On n'y voit pas un seul habitant établi sur la longue côte qui s'étend depuis le fleuve Saint-Laurent jusqu'à la péninsule ; & les rochers, les sables, les marais qui la couvrent, ne permettent pas d'espérer qu'elle soit jamais bien peuplée. Tout au plus, la morue qui foisonne dans quelques-unes de ses anses, y attire, pendant la saison de la pêche, un petit nombre de navigateurs.

Le reste de la Province n'a que trois établissements. Annapolis, le plus ancien, attend à l'entrée d'une longue baye, des cultivateurs qui viennent remplacer les malheureux François, qu'une terre féconde & déserte y paroit regretter. Elle promet encore d'abondantes récoltes aux mains qui la consoleront de cette perte.

La nature a traité moins favorablement Lunebourg, qui fut, il y a peu d'années, fondé par huit cents Allemands sortis d'Hallifax. Cette peuplade fait cependant tous les jours de nouveaux progrès. Elle les doit à cette économie, à cet amour du travail, caracteres distinctifs d'une Nation sage & belliqueuse, qui, contente de défendre son pays, n'en sort guere que pour aller cultiver ceux qu'elle n'est point jalouse de conquérir. Elle a fertilisé toutes les contrées de la domination Angloise, où la fortune a conduit ses pas.

Hallifax est toujours le lieu de la colonie le plus important, grace aux encouragements que la Métropole n'a cessé de lui prodiguer. Ils montoient, depuis sa fondation jusqu'en 1769, à plus de 90,000 livres par an. On ne pouvoit pas accorder moins de faveur à une Ville qui, par sa situation, est l'entrepôt naturel des forces de terre & de mer, que la Grande-Bretagne croit devoir entretenir quelquefois en Amérique pour la défense de ses pêcheries, pour la protection de ses isles à sucre, pour l'entretien de ses liaisons avec ses colonies Septentrionales. Hallifax a tiré plus d'éclat & d'activité du mouvement que sa destination excite dans ses rades, qu'elle n'en pouvoit espérer de ses cultures, qui sont peu de chose ; & de ses pêches, qui n'ont pas reçu de grands accroissements, quoiqu'elles comprennent la morue, le maquereau, & le loup-marin. Elle n'est pas même ce qu'elle devroit être, comme place de guerre. Les malversations, qui ont réduit toutes les fortifications, ordonnées & payées par la Métropole, à quelques batteries sans fossés autour de la Ville, l'exposent à tomber sans défense, au pouvoir du premier qui l'attaquera. Les habitants du Comté d'Hallifax estimoient, en 1757, la valeur de leurs maisons, leurs bestiaux & leurs marchandises, environ 6,750,000 livres. Cette fortune, qui n'a guere augmenté que d'un quart, forme les deux tiers des richesses de toute la colonie.

Cet état de langueur durera-t-il long-tems? Ne seroit-ce pas pour y mettre fin, que le Gouvernement Britannique auroit érigé en 1763 à Halifax, une cour d'amirauté pour toute l'Amérique Angloise? Jusqu'à l'époque de cet établissement, c'étoient les juges de paix qui avoient décidé de tous les délits qui violoient l'acte de navigation. Mais la partialité de ces Magistrats pour la colonie où ils étoient nés, & qui les avoit choisis, rendoit leur ministere inutile ou préjudiciable à la Métropole. On espéra que des hommes éclairés & soutenus, qui seroient envoyés d'Europe, imprimeroient plus de respect ou plus de crainte. L'événement a justifié cette politique. Les loix du commerce ont été mieux observées depuis cet arrangement; mais il a résulté de grands inconvénients, de l'éloignement prodigieux où plusieurs Provinces se trouvoient du nouveau siege. La justice & la nécessité forceront à multiplier les Tribunaux de cette Administration, à les distribuer à des distances convenables pour les peuples qui doivent y avoir recours. Alors la Nouvelle-Ecosse perdra l'avantage précaire d'appeller à elle toutes les causes de l'amirauté; mais elle cherchera dans son propre fonds les sources de prospérité que la nature lui a données. Elle en a qui lui sont particulieres. Son aptitude à produire de très-beau lin, dont les trois Royaumes ont un si grand besoin, doit accélérer les progrès de son amélioration. *Histoire philosophique & politique des Établissemens & du Commerce des Européens dans les deux Indes.*

ACAPULCO, *Ville & Port de l'Amérique dans le Mexique, sur la mer du Sud.*

Commerce d'Acapulco aux Isles Philippines; moyens de l'étendre & de le rendre plus avantageux à l'Espagne.

LA navigation d'Acapulco aux Isles Philippines, dit un Auteur moderne très-versé dans le commerce & dans les intérêts mercantils des Nations de l'Europe, tient beaucoup des inconvéniens du commerce illicite. Il prouve cette assertion, & indique en même-tems des moyens sûrs, non-seulement de remédier à ces inconvéniens, mais encore d'étendre infiniment cette branche de commerce, & de la rendre l'une des plus riches & des plus avantageuses de tout le commerce d'Espagne. Suivons cet Ecrivain judicieux & éclairé dans le détail de cet objet important.

Lionel Waffer, voyageur Anglois, dont on loue l'exactitude, qui parcourut la Nouvelle-Espagne en 1678, vante également la beauté, la richesse de la ville de Mexico, le nombre de ses habitans, leur luxe & leur commerce. On y comptoit alors plus de quatre cens mille habitans sans y comprendre les enfans. Mexico étoit dans l'abondance de tout ce qui peut servir au luxe & aux besoins de la vie. Outre la prodigieuse fertilité du pays, il y arrivoit tous les ans par la Vera-Crux, la charge de deux galions d'Espagne, d'une frégate légere & de plus de quatre-vingt vaisseaux Marchands, assortie de tout ce qu'il y avoit de plus précieux en Europe. D'un autre côté, une flotte qui partoit réguliérement tous les ans des Philippines, lui apportoit les raretés de la Chine, du Japon, de l'Indostan & de la Perse, par le port d'Acapulco; en sorte que Mexico jouissoit continuellement de toutes les richesses de l'Europe & des deux Indes, par le port de la Vera-Crux sur la mer du Nord, & par celui d'Acapulco sur la mer du Sud.

Acapulco, dans la Province de Mexico, est à quatre-vingt lieues de Mexico, sur le bord de la mer du Sud, à-peu-près au même éloignement de Mexico, que le port de la Vera-Crux.

Cette place a l'avantage de servir d'entrée aux richesses des Indes-Orientales & des parties méridionales de l'Amérique, qui viennent tous les ans à Acapulco, par les vaisseaux des Philippines & du Pérou.

Acapulco est situé au pied de plusieurs montagnes fort hautes dans un terrein stérile & très-mal sain, & par cette raison n'est habité par les négocians Espagnols, que dans le tems que dure le commerce avec les vaisseaux des Philippines & ceux du Pérou. C'est ce commerce, & l'excellence du port, qui ont rendue célebre Acapulco, qui sans cela ne mériteroit pas le nom de ville, & qui lui ont fait donner le nom de premiere foire de la mer du Sud & d'échelle de la Chine. (*) Les vaisseaux du Pérou qui apportent des marchandises de contrebande, y vont mouiller, pour les vendre au port Marquis, qui est à une lieue d'Acapulco.

L'Espagne a voulu favoriser ses manufactures par une loi qui défend l'importation des étoffes de soie de la Chine & de l'Asie. Don Géronimo de Ustaris se plaint cependant de ce que malgré cette défense faite sous des peines très-rigoureuses, les François, les Anglois & les Hollandois les introduisent sous prétexte que ce sont des marchandises du Levant ou de leurs fabriques. Il voudroit qu'on renouvellât cette ordonnance, & qu'on l'étendit sur toutes ces especes de marchandises, dans quelque partie du

(*) Ce port est étendu, sûr & commode. On y arrive par deux embouchures dont une petite isle forme la séparation; on y entre de jour par un vent de mer, comme on en sort de nuit par un vent de terre. Un assez mauvais fort, quarante deux pieces de canon & une garnison peu considérable, le défendent. On part d'Acapulco avant ou vers le premier jour d'Avril, pour arriver aux Philippines au commencement de Juillet; & à la fin du même mois on part des Philippines pour arriver à Acapulco vers Noël. Les vents sont si réguliers que le retard n'est jamais de plus de huit jours.

monde

monde qu'elles soient faites ou imitées; mais les traités rendent ces défenses impraticables en Europe.

On reconnut en 1718, que le commerce d'Acapulco avec les Philippines, portoit un grand préjudice à celui d'Espagne par l'introduction des étoffes de soie de la Chine & des autres pays de l'Asie; & le Roi ordonna que le vaisseau qui alloit tous les ans d'Acapulco aux Philippines, ne rapporteroit pas d'autres marchandises que des toiles, des porcelaines, de la cire, du poivre, de la canelle & du girofle; toutes denrées que l'Espagne ne fournit pas à ses colonies; & les étoffes de soie de la Chine & de l'Asie furent prohibées.

Ce commerce fut de nouveau réglé en 1720. On permit de faire partir tous les ans d'Acapulco pour les Philippines, deux vaisseaux de cinq cens tonneaux chacun, au-lieu d'un seul. (*) On fixa la valeur des retours de chacun à trois cens mille piastres qui ne seroit employée qu'en or, en canelle, en morfil, cires, porcelaines, poivres, girofle, toiles unies & peintes, soies torses & écrues, cordage & autres marchandises qui ne seroient point fabriquées avec la soie. On défendit sous les plus grandes peines pour l'avenir, toute étoffe de soie de Chine, ou des Indes, pequins, gourgourans, satins, brocards d'or ou d'argent, broderies, bas, ceintures, enfin tout tissu quelconque fait avec de la soie.

Le tour du globe parut un prodige lorsque les Espagnols, sous la conduite de Magellan, & ensuite sous celle de Sébastien Cano, se rencontrerent avec les Portugais aux Philippines & aux Moluques. Magellan découvrit en 1519, pour l'Espagne, le détroit qui porte son nom, entra le premier dans la mer du Sud, découvrit les isles Mariannes & une des Philippines où il mourut; & ses compagnons, après sa mort, s'établirent à Tidor, la principale des isles Moluques où croissent les plus précieuses épiceries. Les Portugais ne s'attendoient pas que les Espagnols feroient par la mer du Sud une partie du tour du Globe, & arriveroient aux Indes-Orientales par la mer Orientale, pendant qu'ils faisoient le tour de l'autre partie par le Cap de Bonne-Espérance, & qu'ils ne pouvoient arriver aux Indes que par l'Occident.

Les Hollandois furent dans la suite s'emparer des Moluques, mais l'Espagne a conservé les Philippines. Ces isles sont à la tête de l'Asie & adjacentes à la Chine & au Japon. Le Roi d'Espagne y entretient des Officiers & des garnisons, & toutes les Nations des Indes y envoient des marchandises.

L'Espagne peut donc facilement partager, par les isles Philippines dont la propriété ne peut lui être contestée, les richesses du commerce des

(*) Ils sont appellés *hourques*, & sont du port de huit à neuf cens tonneaux, au-lieu de cinq cens comme ils devroient être aux termes du réglement.

Indes-Orientales, avec les Compagnies des Indes de Hollande, de France, d'Angleterre, de Suede & de Danemarck; & ce commerce que l'Espagne peut étendre à son gré, contribueroit infiniment à l'augmentation de sa puissance, si elle se livroit à ce commerce sur de bons principes; sa concurrence, nuisible aux Compagnies des Indes-Européennes, feroit un bien infini au commerce de l'Europe en général, en y faisant tomber à un plus bas prix toutes les marchandises des Indes, par une augmentation de concurrence dans ce commerce.

Il ne faut pas douter que les vaisseaux qui reviennent des Philippines à Acapulco, ne rapportent des étoffes de soie, malgré les prohibitions & tous les soins qu'on peut donner à ce commerce, attendu le prodigieux bénéfice que donne l'introduction de ces étoffes, qui excite ou fait naître une industrie supérieure à la sagesse & à la sévérité des Loix. Mais si les précautions qu'on a prises pour exclure cette branche du commerce des Philippines avec Acapulco, permettent de la regarder comme détruite, ou tellement affoiblie qu'elle mérite peu d'attention; le commerce licite qui subsiste, & qui, à l'exception des étoffes, introduit tous les ans dans les colonies Espagnoles pour des millions de toutes sortes de marchandises des Indes, porte encore un assez grand préjudice au commerce d'Espagne, pour exiger des réglemens bien différens de ceux qu'on a faits jusqu'à présent.

Il est certain que les Européens envoient par le Cap de Bonne-Espérance aux isles Philippines, des camelots, des draps, des serges, des chapeaux, des bas de laine, des cristaux, des dentelles de Flandre & des perpétuanes, que les Espagnols achetent & transportent dans la mer du Sud; ces articles ne sont point compris dans les prohibitions concernant le commerce d'Acapulco avec les Philippines. Cependant ils prennent la place d'une partie semblable des mêmes marchandises qui doivent être envoyées de Cadix à la mer du Sud, & le volume de ces marchandises envoyées ainsi aux Indes-Occidentales par le Cap de Bonne-Espérance, diminue le commerce & la navigation de Cadix.

Lorsqu'on a fait des réglemens sur le commerce d'Acapulco aux Philippines, on n'a envisagé que le seul intérêt des manufactures d'Espagne, c'est-à-dire, de manufactures qui n'existoient pas, ou qui n'avoient que de très-foibles commencemens, & qu'il est impossible de rendre florissantes en Espagne, comme on le démontrera dans la suite, à l'Article Espagne. C'est ainsi qu'on a souvent sacrifié des intérêts très-importans à des progrès d'industrie qu'on ne doit point attendre, à des manufactures qu'il est impossible d'élever ou de soutenir. La Science du commerce a des maximes générales qui conviennent à toutes les Nations, & d'autres qui, au-lieu d'être salutaires pour de certains pays, y seroient destructives. Les mêmes réglemens de commerce qui rendent le commerce florissant en Angleterre, ruineroient celui de la Hollande. Les mêmes réglemens qui conviennent aux François, aux Anglois & aux Hollandois, ne peuvent convenir aux Espagnols & aux Portugais. La situation de l'Espagne & du Portugal, la nature de leurs possessions, leurs établissemens divers, & la sorte de richesses que ces Couronnes ont à faire valoir, ne leur permettent pas de porter l'industrie de leurs sujets sur les mêmes objets : elles doivent l'animer & l'entretenir sur les mêmes principes, c'est-à-dire, par des encouragemens, mais elles doivent l'occuper différemment.

A l'égard du commerce des Indes-Orientales, on a donc défendu en Espagne une branche de ce commerce qui devoit être permise; on a permis & autorisé ce qui devoit être sévérement défendu; on n'a considéré que des branches de commerce particulieres, au-lieu d'envisager l'ensemble de toutes les branches, le commerce général de l'Etat; car c'est une maxime de l'Administration éclairée de tout Etat commerçant, qu'on ne doit jamais favoriser une branche de commerce aux dépens du bien général, ou ce qui est égal, aux dépens d'autres branches de commerce plus avantageuses à la Nation.

Il résulte des réglemens que l'Espagne a faits sur le commerce d'Acapulco aux isles Philippines : 1°. que l'Espagne s'est privée du bénéfice que lui donneroit le commerce des soieries des Indes-Orientales; car elle s'est interdit à elle-même les avantages de ce commerce : 2°. Qu'en permettant que les Philippines approvisionnent directement ses colonies de toutes les autres marchandises des Indes-Orientales, elle a, d'un côté, resserré elle-même dans des limites très-étroites un commerce fort riche, & de l'autre, elle en a abandonné la richesse à un petit nombre de ses colons au préjudice de la Métropole; en sorte que le bénéfice de ce commerce est nul pour l'Espagne, & ne produit d'autres effets à son égard, que de lui porter un peu plus ou un peu moins de préjudice, suivant que ses réglemens sont bien ou mal exécutés, & qu'on introduit plus ou moins d'étoffes de soie de la Chine & des autres parties de l'Asie. Ces étoffes & les toileries y prennent la place des étoffes & des toileries d'Europe qui s'expédient de Cadix; & produisent, dans les colonies Espagnoles, les mêmes effets ruineux & destructifs du commerce d'Espagne, que le commerce clandestin des Anglois & des Hollandois.

A l'égard des autres marchandises des Indes-Orientales, telles que les épiceries, l'or, le morfil, la porcelaine, &c. dont l'introduction aux colonies d'Espagne n'attaque pas le débouché des marchandises d'Europe, le commerce d'Espagne n'a aucune part au bénéfice considérable que donnent ces marchandises, qui pourroient & devroient être expédiées de Cadix; c'est là ce qu'exigeroit son intérêt, & cet intérêt est très-important : on va le rendre sensible.

L'Espagne devroit donc défendre l'introduction de toutes les marchandises des Indes-Orientales, généralement & sans exception, dans les Indes-Occidentales par Acapulco, c'est-à-dire, interdire absolument tout commerce direct entre les Philippines & Acapulco. On ne doit point voir d'obstacle à ce réglement dans l'intérêt des manufactures. Cette branche de l'industrie est condamnée à rester en Espagne dans des limites étroites, d'où l'intérêt général du commerce ne permet pas de la faire sortir. Ainsi Acapulco au-lieu d'être, comme il l'a été jusqu'à présent, l'entrepôt des marchandises des Indes-Orientales, pour approvisionner les Indes-Occidentales, ne devroit être qu'un lieu désert, un port interdit à toute navigation, puisque Acapulco par lui-même n'est qu'un pays mal-sain, inhabitable, sans culture & sans aucune sorte de productions.

L'établissement d'une navigation directe de l'Espagne aux isles Philippines, seroit sans contredit le moyen le plus sûr qui soit au pouvoir de l'Espagne pour augmenter son commerce & rendre sa marine florissante. On a cependant regardé en Espagne, cette navigation comme pernicieuse & sujette à des inconvéniens qu'on a crus sans remede. On ne conçoit pas sur quels principes cette navigation qui enrichit depuis si long-tems les nations qui s'y livrent, sur-tout la Hollande, l'Angleterre & la France, a pu paroître ruineuse pour l'Espagne.

On a prétendu que les Philippines étant le magasin général des étoffes de soie & de coton de toutes les Nations des Indes, & ces étoffes ayant une grande supériorité sur celles d'Europe par la beauté du travail & des couleurs, & sur-tout par leurs bas prix, l'Espagne en seroit bientôt inondée, & que ses manufactures qui n'en pourroient soutenir la comparaison, en seroient infailliblement ruinées.

Cette objection auroit, sans doute, quelque poids, si l'Espagne avoit à craindre la destruction de ses manufactures : le commerce des Indes-Orientales auroit alors pour l'Espagne, les mêmes inconvéniens dont on se plaint en France & en Angleterre. Les fabriques de l'Asie nuisent infiniment à celles de ces Nations. Quoique l'usage de certaines étoffes des Indes soit prohibé en France & en Angleterre, il n'en est pas moins certain que ces étoffes & ces toiles, prenant en Europe la place de celles de France & d'Angleterre, portent un grand préjudice à leurs manufactures, en resserrant leur consommation. Cependant, on ne peut point conseiller à ces deux Nations de renoncer à ce commerce; parce que, d'autres Nations le faisant, il est de l'intérêt des Anglois & des François d'y participer, pour ne point acheter de la seconde main ce qu'ils peuvent avoir de la premiere à meilleur marché. Si ce motif est suffisant pour rendre utile & même nécessaire à la F.ance & à l'Angleterre le commerce avec l'Asie, il faut convenir que ce commerce seroit encore plus utile & plus nécessaire à l'Espagne, qui fait une grande consommation de toutes les marchandises des Indes, & qui n'est point dans le cas d'en redouter la concurrence, ni au-dedans ni au-dehors.

L'Espagne s'habille presque uniquement d'étoffes étrangeres; mais quand même elle parviendroit à acquérir des manufactures de quelque considération, un commerce direct avec les Philippines seroit encore un commerce très-riche & très-utile. Avec un million de piastres, dit Don Bernardo de Ulloa, l'Espagne acheteroit aux Philippines ce qui lui en coûte quatre dans le Nord, dont les étoffes sont moins belles & plus cheres que celles de l'Orient : elle épargneroit donc trois millions de piastres, & même, attendu qu'à la Chine l'or ne vaut que neuf piastres l'once, l'Espagne en y envoyant quatre millions de ses piastres à changer contre l'or, feroit sur cette somme un profit de 240000 piastres, qui payeroit les marchandises dont elle auroit besoin. L'Espagne trouveroit encore dans ce commerce un autre avantage qui ne mérite pas moins d'attention : elle rapporteroit une grande quantité de denrées d'un commerce utile, avec un bénéfice assez considérable pour solder une grande partie de ses achats en Europe ; car rien ne l'empêcheroit de faire par la mer du Sud, aux Indes-Orientales, un commerce aussi étendu, que celui que les autres Nations d'Europe y font par le Cap de Bonne-Espérance.

L'Espagne n'a pas toujours eu les yeux fermés sur la richesse & l'utilité de ce commerce. Il se forma une Compagnie de Négocians de Cadix & d'autres Ports d'Espagne en 1731, pour le commerce des Philippines; cette Compagnie fut autorisée par une déclaration qui lui permit de charger des étoffes de la Chine pour 50 tonneaux par vaisseau, à condition qu'elles seroient vendues à l'étranger. La Ville de Séville fut substituée immédiatement à cette Compagnie, & la permission de charger des étoffes de la Chine fut suprimée par une déclaration de 1733, sur le prétexte que quand même la condition de les vendre à l'étranger seroit exactement observée, le bien public ne gagneroit rien à cette permission ; qu'au contraire l'Espagne, en vendant ces étoffes à l'étranger, perdroit le profit de sa main-d'œuvre sur une pareille quantité qu'elle auroit fabriquée, avec les soies & le coton des Indes, & qu'elle auroit vendue. On crut encore que cette permission pourroit causer un grand mal, en facilitant la contrebande des Nations qui ont permis à leurs Sujets le commerce de ces étoffes en même tems qu'elles leur en ont prohibé l'usage. Ces établissemens n'étant ainsi formés que sur de faux principes, la navigation aux Philippines est restée bornée au vaisseau d'Acapulco ; c'est-à-dire, dans les limites les plus étroites, & au-lieu de se procurer une branche très-riche, l'Espagne n'a conservé qu'un commerce aussi ruineux, que le commerce clandestin.

Le seul navire qui ait permission de passer des Philippines à Acapulco, n'apporte qu'une cargaison de trois cents mille piastres, dont partie consiste en soies, coton, poil de chameau, porcelaine, cire, poivre, canelle, girofle; ivoire, thé, caffé, gingembre & drogues servant à la médecine : le reste de la cargaison est en étoffes de la Chine, malgré les défenses. Cette partie d'étoffes est bien éloignée de suffire à la consommation immense qui s'en fait à la nouvelle Espagne. Ainsi d'une part, la prohibition des étoffes de la Chine est éludée, & de l'autre, le vaisseau des Philippines ne pouvant seul introduire qu'une petite partie d'étoffes de la Chine, laisse aux étrangers l'avantage de fournir à l'Espagne ces mêmes étoffes & des toiles de coton pour en approvisionner en entier la nouvelle Espagne, car à cet égard, les étrangers éludent les prohibitions sur des moyens auxquels l'Espagne ne peut rien opposer.

Les Traités ne permettent point à l'Espagne de refuser les toiles & les étoffes que les étrangers portent à Cadix provenant de leurs fabriques. Or l'étranger, pour éluder les prohibitions à l'égard des toiles des Indes, introduit les toiles des Indes sous le nom des toiles imprimées dans les manufactures d'Europe; & à l'égard des soieries, on introduit aisément celles de la Chine sous le nom des manufactures d'Europe, tant parce qu'on en imite quelques-unes en Europe, que parce que la Chine imite aussi des étoffes d'Europe : ensorte qu'il n'y a point de toile, ni d'étoffe des Indes qu'on ne puisse introduire en Espagne sous le nom de quelque manufacture Européenne.

Il résulte de-là, que les prohibitions ne sont que nuisibles à l'Espagne, puisque les étrangers en profitent pour introduire les mêmes marchandises. Par-là, les Espagnols livrent eux-mêmes une branche de leur commerce, très-riche & très-étendue, aux étrangers. Les prohibitions & le défaut d'une navigation directe d'Espagne aux Philippines, assurent aux étrangers seuls le bénéfice de ce commerce.

On a prétendu encore que la navigation directe de l'Espagne aux Philippines, ruineroit le commerce que ses Galions font au Pérou & à Lima par la voye de Carthagêne & Portobello, attendu la facilité que les vaisseaux Espagnols auroient d'y introduire les toiles & les étoffes des Indes par la mer du Sud. Mais on n'a pas fait attention que les côtes de la mer du Sud sont très-éloignées de la route que ces vaisseaux doivent naturellement tenir; que la route d'Espagne aux Philippines la plus sûre & où l'on rencontre le moins de vaisseaux étrangers, est par le Cap de Horn, ou par le détroit de Magellan, ou par l'un des trois passages de le Maire, Brovers ou de Laroche, qui sont entre le détroit de Magellan & le Cap de Horn, terre déserte appellée Terre-de-feu ou australe, où il y a de bons havres, du bois, du gibier & des poissons en abondance; que de-là on fait voile par la pleine mer, sans toucher terre jusqu'aux Philippines, sans passer à la vue des Moluques qu'on laisse à gauche, & même sans s'arrêter aux isles Mariannes qui sont voisines, & qui appartiennent aux Espagnols. Par cette route, la navigation Espagnole dans l'Asie commence par les Philippines d'Orient en Occident, au-lieu que les autres Nations qui prennent par le Cap de Bonne-Espérance, n'arrivent aux Philippines qu'après avoir traversé les mers d'Asie d'Occident en Orient.

Il seroit facile d'ailleurs à l'Espagne de prévenir tout commerce de contrebande à la côte de la mer du Sud, par les vaisseaux Espagnols qui reviendroient des Philippines, en remettant ce commerce entre les mains d'une Compagnie, & en formant l'établissement des Indes, telle que celle de France ou d'Angleterre, qui sûrement ne permettroit jamais à ses vaisseaux de toucher à aucune des côtes des Indes-Occidentales. Cet établissement seroit peut-être plus conforme aux véritables intérêts de l'Espagne, que la liberté accordée aux Négocians de tous ses Ports, proposée par Don Bernardo de Ulloa. Cette Compagnie pourroit être chargée de l'entretien des garnisons, des Officiers & des forts des Philippines, & de former quelques établissemens sur les côtes de Magellan ou terre-de-feu, où les vaisseaux pourroient se rafraîchir au milieu de leur route, & se radouber dans le besoin.

Don Bernardo de Ulloa prétend que toutes les marchandises des Indes se trouvent aux Philippines à aussi bon marché, que dans les lieux mêmes qui les produisent. Mais s'il y a quelque désavantage à en faire les achats aux Philippines, comme on peut le présumer à l'égard d'un grand nombre d'articles, il seroit facile à une Compagnie des Indes, établie en Espagne, de faire des Philippines, le commerce d'Inde en Inde, comme le font les Compagnies de Hollande, de France & d'Angleterre. L'Espagne ne doit pas craindre que les Hollandois voulussent entreprendre de la troubler dans ce commerce, sur le prétexte du Traité de Munster, dans lequel on ne doit trouver autre chose de la part de l'Espagne qu'une permission, accordée aux Hollandois de naviger à leurs possessions dans l'Inde. Il seroit difficile aux Hollandois de faire regarder cette permission, comme une renonciation de la part de l'Espagne à la navigation d'Inde en Inde. Mais si on craignoit enfin que cette navigation souffrît quelque difficulté, rien ne pourroit empêcher les Espagnols de faire le commerce d'Inde en Inde, comme les Anglois & les Hollandois font le commerce aux Philippines, qui leur est interdit : ils y viennent chercher les piastres d'Espagne sous le nom & sous le pavillon des Puissances Asiatiques, dont ils fréquentent les vaisseaux. Qui pourroit empêcher l'Espagne de se procurer de même toutes les marchandises de l'Inde ?

L'établissement d'une Compagnie des Indes donneroit à l'Espagne de très-grands avantages ; elle approvisionneroit seule par Cadix toutes ses colonies, de marchandises des Indes tirées de la premiere main ; elle y gagneroit le bénéfice qu'y font sur elle les François, & principalement les Anglois & les Hollandois ; ainsi que celui que font ces Nations, qui en introduisent en Espagne pour sa consommation intérieure, qui est très-considérable. Au lieu d'acheter pour des sommes immenses ces marchandises d'une seconde main, elle auroit un superflu très-lucratif à répandre dans les marchés d'Europe. La Marine d'Espagne recevroit par-là des accroissemens de considération, & ce commerce contribueroit infiniment à son rétablissement. Le Gouvernement pourroit exiger d'une Compagnie qui seroit bientôt riche, les dépenses nécessaires pour fortifier les Isles Philippines, tant contre les naturels du Pays que contre les entreprises des Nations Européennes. On verroit bientôt une partie du commerce des Indes changer encore une fois de route, & en suivre une tout opposée à celle que lui firent prendre les grandes découvertes des Portugais. L'Espagne pourroit se procurer encore, par le moyen de cette Compagnie, l'avantage d'avoir des Forts sur les côtes de Magellan pour la sûreté de ses Ports dans la mer du Sud, & d'empêcher qu'une autre Nation ne vint se fortifier dans ces terres, & ne se rendît, par ce moyen, maîtresse de la communication des deux mers.

En supprimant totalement la navigation d'Acapulco aux Philippines, & en remettant cette navigation entiere à une Compagnie établie à Séville ou à Cadix, l'Espagne substitueroit un commerce riche, à une branche de commerce qui ne sert qu'à enrichir quelques colons, & qui est prise en entier sur le commerce de Cadix; car si ce commerce est de six millions, c'est six millions de moins dans le commerce de Cadix. L'Espagne jouiroit du bénéfice de la navigation d'Acapulco aux Philippines, & les Négocians de Cadix auroient à expédier de plus, de Cadix à la Nouvelle Espagne, les chargemens des vaisseaux qui viennent de Philippines à Acapulco. Ainsi le commerce de Cadix & sa navigation recevroient une augmentation considérable, indépendamment des grands avantages pour l'Espagne, que présente l'établissement d'une Compagnie des Indes qui, pour s'enrichir & enrichir l'Etat, n'auroit presque d'autres dépenses à faire, que les frais qu'exigent une navigation ordinaire. On ne peut douter enfin, qu'une Compagnie des Indes, établie sur de bons principes, ne rendît bientôt l'Empire d'Espagne plus respectable dans les deux Indes & en Europe.

Voyez COMPAGNIE DE COMMERCE.

ACARIATRE, adj.

L'HUMEUR acariâtre de certaines femmes est une cause ordinaire des mauvais ménages, non-seulement parmi le peuple, mais aussi parmi les gens d'une condition plus relevée. Ce défaut vient presque toujours de la négligence des parens. Ils gâtent leurs enfans, se prêtent à toutes leurs fantaisies, ne les contredisent jamais, & ne souffrent pas même qu'on les contredise; ou, passant d'un excès à l'autre, ils les tourmentent mal-à-propos, leur parlent durement, les maltraitent, font succéder une dureté excessive à une complaisance aveugle, sans tenir jamais un milieu raisonnable. Ils nourrissent leur vanité par des louanges continuelles & ordinairement déplacées, ou bien ils les blâment avec aussi peu de raison. Ils les accoutument à se regarder comme de petites idoles qu'on ne doit approcher que l'encensoir à la main, & dont on doit respecter tous les caprices; ou, suivant les accès d'une d'une antipathie cruelle, ils les traitent en esclaves, ne leur pardonnent rien, les contraignent en tout & sur tout, ne leur permettent pas d'avoir la moindre volonté, le moindre goût, quelqu'innocent qu'il soit. Qu'on ne m'accuse point de charger le tableau. J'ai connu des meres, jalouses de leurs filles, qui ne pouvoient les souffrir. Plus affligées de la perte de leur beauté, que flattées de voir éclore les attraits naissans de ces vierges, elles cherchoient à s'en dédommager en les humiliant sans cesse, en les contredisant sur tout, sans leur laisser presque un moment de relâche. Avec une telle conduite, on gâte le meilleur caractere, on l'aigrit, on le rend sauvage, bourru, contrariant, acariâtre. L'excès de complaisance pour les enfans, les accoutume à une vie si douce, si agréable, que le moindre obstacle qui survient ensuite, les révolte, les aigrit. L'aigreur s'irrite & dégénere en dégoût, en dispute, en querelle. Une femme accoutumée dès l'enfance à voir tout plier sous sa volonté capricieuse, veut toujours avoir raison, & ne peut souffrir qu'on lui résiste. Le joug d'un mari est pour elle le plus insupportable de tous. Abusant impunément de la complaisance de tous ceux qui l'approchoient, a-t-elle pu apprendre à en avoir pour les autres? Un mari qui voit sa maison devenir un enfer, se trouve fort embarrassé. Quel parti prendre? Abandonner sa femme? C'est un parti violent, qui fait toujours tort à l'un & à l'autre, & que souvent on ne peut effectuer faute de fortune. Se rendre maître? Le peut-il? Qu'une femme acariâtre est difficile à maîtriser, sans en venir à des extrémités auxquels l'homme sage répugne! Le voilà condamné à vivre malheureux & à rendre sa femme malheureuse. Les enfans qui naissent d'une pareille union, seront-ils plus fortunés? Je n'oserois l'espérer.

Il faut donc accoutumer les enfans dès leur plus bas âge, à céder aux autres, à se faire un plaisir, un devoir de la complaisance, à ne point disputer opiniâtrément, à se plier facilement à l'humeur d'autrui, lorsque la raison le permet, plutôt que de prétendre soumettre tout le monde à ses caprices. Le cours de la vie est si plein de contrariétés de toute espece, que nous avons une obligation infinie à nos parens, à nos maîtres, s'ils nous ont appris à fléchir à propos sous l'empire des choses, & sous la main des personnes, avec qui nous avons des rapports habituels.

Quoique l'Administration entre rarement dans ces détails domestiques, elle peut néanmoins y influer d'une maniere très-efficace par l'instruction publique, qu'elle doit s'appliquer à perfectionner, en l'accommodant, autant qu'il est possible, à tout ce qui concerne la vie civile.

ACCAPAREMENT, f. m. ACCAPARER, v. a.

NOUS entendons ici par *Accaparement*, une efpece de monopole qui confifte à faire des levées de denrées & de marchandifes quelconques, comme bleds, laines, cires, fuifs, *&c.* pour s'en approprier la vente à foi feul, à l'effet de les vendre à fi haut prix que l'on voudra. La bonne police défend cette manœuvre fous peine de confifcation des marchandifes accaparées, d'amende pécuniaire, & même de punition corporelle en cas de récidive. Il eft du devoir des Magiftrats municipaux de veiller à ce que les chofes néceffaires aux différens befoins de la vie, fur-tout à la nourriture & au vêtement, puiffent être achetées commodément & à un prix raifonnable, par tous les Citoyens; & toute manœuvre qui tend à mettre le Peuple à la merci des gens avides d'un gain exorbitant, doit être rigoureufement profcrite. Le commerce, fur-tout celui des denrées de premiere néceffité, ne peut donc pas être livré à une liberté indéfinie. Sans quoi, l'on pourroit, à l'ombre de la Loi, affamer une Ville, une Province, pour mettre à contribution la faim des malheureux. Comme le vendeur n'eft jamais auffi preffé de vendre que l'acheteur d'acheter, parce qu'enfin il faut vivre, celui-ci feroit toujours à la difcrétion de l'autre, fi de bons réglemens ne rétabliffoient entre eux l'égalité d'intérêt.

Voyez les Articles CONCURRENCE, DENRÉES, GRAINS, LIBERTÉ DU COMMERCE, *où nous traiterons fort au long du Commerce & de la Police des Grains & autres Denrées de premiere néceffité.*

ACCEPTION, f. f.

ACCEPTION DES MOTS.

L'ACCEPTION d'un mot eft le fens qu'on lui donne & que doit y attacher celui qui l'entend prononcer ou qui le lit, s'il veut connoître la penfée de celui qui l'emploie. Les mots étant des fignes arbitraires des idées, il eft clair que c'eft à celui qui parle à fixer le fens des mots dont il fe fert, & que celui qui écoute ne leur en doit point donner d'autres. *Acceptio eft interpretatio vocis ex mente ejus qui excipit.* Cependant, comme il devroit y avoir autant de langues différentes qu'il y auroit de perfonnes qui parlent, fi chaque individu jouiffoit actuellement du droit de fixer l'Acception des mots qu'il emploie, & qu'au moyen de cette multiplicité de langues, les hommes ne s'entendroient point, faute de favoir toutes ces langues; il a fallu que ceux au moins qui habitent enfemble, qui vivent dans le même Pays, sous les mêmes Loix, s'accordassent à employer les mêmes mots, pour exprimer les mêmes choses, & à les prendre sous la même Acception. De-là est venue la langue commune à chaque Pays. C'est le choix & l'emploi semblable des mêmes mots, & l'Acception fixe de chacun d'eux, chez tous les particuliers, qui fixent l'identité de la langue; quiconque se sert d'autres mots, les emploie différemment, ou seulement leur donne une autre Acception, parle une langue différente. Une langue, pour être parfaite, devroit avoir autant de mots différens que celui qui la parle peut avoir d'idées différentes dans l'esprit, ensorte que le même mot n'eût jamais qu'une seule Acception, & que personne ne pût hésiter sur le sens qu'il doit y attacher. Cependant, c'est un défaut commun, & un défaut inévitable dans toutes les langues, que la multiplicité des Acceptions d'un même mot. Il eût été bien difficile, pour ne pas dire impossible, de faire entrer dans une langue autant de mots différens que l'esprit-humain peut avoir d'idées différentes; delà la nécessité de multiplier les Acceptions du même mot, & l'obligation, dans le cas où un mot peut avoir plusieurs sens, par rapport auxquels on pourroit se tromper, d'en fixer la signification par la définition qu'on nomme *nominale*, dont l'unique emploi est de fixer dans quel sens celui qui parle prend le mot dont il se sert; & ce sens, une fois fixé par la définition, celui qui continue à parler sur le même sujet, ne doit plus changer cette Acception, sans une nécessité indispensable, qui l'oblige aussi alors à indiquer cette nouvelle Acception par une nouvelle définition de nom.

Il est des cas, cependant, où l'on est dispensé de définir les mots qui ont plusieurs Acceptions, parce que diverses circonstances connues de ceux à qui l'on parle, fixent assez quelle est l'Acception sous laquelle doit se prendre, dans ce moment, le mot dont il s'agit. Ces circonstances sont: 1. l'étymologie du mot; 2. l'usage ordinaire de celui qui parle; 3. la suite de son discours; 4. la nature du sujet qu'il traite; 5. le style dans lequel on s'exprime, qui est ou simple ou figuré; 6. la nature de l'action qui accompagne le discours, qui peut être, ou de simple conversation, ou de discours solemnel & d'apparat, ou sérieux & grave, ou badin & ironique; 7. les préjugés, les erreurs & les passions de la personne qui parle. Toutes ces circonstances connues servent à fixer l'Acception des mots. Mais on comprend aussi que ces circonstances, pouvant n'être pas toujours connues de l'auditeur ou du lecteur, & celui qui parle pouvant aussi, par négligence, par ignorance, ou à dessein d'en imposer, employer les mots dans un autre sens que celui qui auroit été naturel, il ne peut que résulter de-là bien des obscurités, des sens faux, & des disputes où l'on ne s'entend point, quoique l'on croie s'entendre.

C'est sur-tout dans la rédaction des Loix & des Traités, dans les Edits, Déclarations, Ordonnances & Lettres-Patentes, dans les Rescrits, Capitulations, Conventions, &c. dans les Dépêches des Ambassadeurs, Lettres,

Mémoires, Négociations, Manifestes, en un mot, dans toutes sortes de Discours & d'Ecrits qui émanent du Gouvernement, ou qui portent l'empreinte du Ministere public, qu'il importe d'avoir égard à l'Acception propre & véritable des mots. Tout doit y être exact, précis, & de la plus grande clarté. La moindre équivoque, un sens mal déterminé, un mot vague, dans un traité, peuvent devenir une source de contestations & de guerres. Nous voyons que les meilleurs traités, des traités regardés comme des chefs-d'œuvre de prudence & de saine politique, laissent encore des points indécis, ou deviennent même des sujets de querelle; nous voyons que, quelque habile que soit un Négociateur, quelques précautions qu'il prenne pour mettre de la précision, de la validité dans un traité, la mauvaise foi y trouve toujours quelque endroit foible sur lequel elle tire en breche, & qu'appellant à son secours la force & la puissance, il n'y a point de traité si bien fait qu'elle n'ose attaquer, & dont elle ne fasse un sujet de dissention. Que sera-ce donc si, par mal-adresse ou par mauvaise intention, on y glisse des mots captieux, des sens louches, des conditions illusoires, *&c.* soit à dessein, ou faute de connoître suffisamment la valeur des termes. Au lieu qu'on est sûr de diminuer, sinon d'empêcher entiérement, les prétextes de rupture & de guerre, lorsque, dans la confection des traités, on pesera tous les mots, toutes les phrases, avec une attention & une prévoyance scrupuleuse, pour n'y rien laisser d'obscur ou d'ambigu, rien qui ne présente un sens clair & net.

La moindre ambiguité, dans l'énoncé d'une Loi, suffit à la malice pour s'en prévaloir, & peut être une occasion de faute pour un homme droit, mais peu éclairé; elle peut même embarrasser les Juges dans certaines circonstances délicates, & rendre leurs décisions fautives & injustes. Tous ces inconvéniens seront parés, si le Législateur, aussi versé dans la science de parler aux hommes que dans celle de les gouverner, sait aussi-bien rédiger les Loix que les concevoir; s'il sait énoncer, par des termes propres & d'une Acception précise, le sens qu'elles ont dans son esprit, & qu'elles doivent avoir dans celui des Peuples, pour qui elles sont faites.

S'il n'est point de bonne Loi, de bon Réglement, dont la malignité humaine ne sache abuser, quelque clarté, & quelque précision qu'on y ait mises; que sera-ce si un sens vague ou ambigu ouvre la porte à toutes sortes d'abus & de désordres? Je n'en citerai qu'un exemple : il suffit pour faire comprendre que l'étude de la langue & des mots est nécessaire à l'Homme-d'Etat, comme celle des hommes & des choses.

Les Loix de la Chine décident que quiconque *manque de respect* à l'Empereur doit être puni de mort. Mais cette expression *manquer de respect*, est vague & indéterminée; l'Acception n'en est pas précise, & l'interprétation arbitraire qu'on en fera, peut servir de prétexte pour ôter la vie à qui l'on voudra. Ainsi, deux personnes chargées de faire la Gazette de la Cour, ayant mis, dans quelque fait, des circonstances qui ne se trouverent pas vraies, (Eh! quel est le Gazettier assez véridique, ou assez bien informé, pour ne jamais mentir?) on dit que mentir dans une Gazette de la Cour, c'étoit *manquer de respect* à l'Empereur, & on les fit mourir. Un Prince du Sang ayant mis quelque note par mégarde sur un mémorial signé du pinceau rouge par l'Empereur, on décida qu'il avoit *manqué de respect* à l'Empereur : c'en fut assez pour exciter une terrible persécution contre cette famille.

Il n'est peut-être point de code qui ne fournisse des exemples de cette nature. La Loi d'un Empereur Grec punissoit de mort celui qui achetoit, comme serf, un affranchi, ou qui auroit voulu l'*inquiéter*. Le mot *inquiéter* présente-t-il un sens déterminé? Qui pourroit en marquer l'Acception propre & précise? L'inquiétude que l'on cause à un homme dépend entiérement du degré de sa sensibilité.

Nous parlerons plus amplement ailleurs du style des Loix & des défauts qu'on doit y éviter.

ACCEPTION DES PERSONNES.

TOUTE Acception des personnes est odieuse, soit dans la distribution des graces & des récompenses, soit dans la punition des crimes; dans la promotion aux charges, la nomination aux emplois, ou la répartition des impôts & charges publiques; dans la concession des privileges & exemptions, dans le jugement des procès & la reddition de la justice.

La Loi doit être égale pour tous les Citoyens. Les vertus, le mérite, les services rendus, doivent seuls régler les préférences. Les sollicitations, l'amitié, la parenté même, sont de vains titres, auprès d'un Ministre équitable, s'ils ne sont soutenus par des qualités essentielles, des services réels, des talens utiles. Il est sur-tout en garde contre l'intrigue, la cabale, les menées sourdes de l'ambition, l'appât de l'or & les amorces de la volupté. Il est aisé de se faire illusion. Souvent on se fait accroire à soi-même que l'on accorde au plus digne ce que l'on donne réellement au plus riche, au plus puissant, au plus considéré, au plus aimé, aux instances d'une femme chérie, à l'espoir d'un avantage quelconque, & à d'autres vues particulieres qui prêtent au sujet un mérite qu'on ne lui trouveroit pas sans ces circonstances. Les hommes désintéressés qui observent de près la conduite du Ministre, jugent plus sainement du véritable motif des préférences qu'ils lui voient accorder. Lui-même, s'il vouloit sonder son propre cœur, & être de bonne foi, sentiroit qu'il donne plus à la faveur qu'à la justice.

Plutarque reproche à Agésilas, Roi de Sparte, d'avoir souvent violé la justice en faveur de ses amis. Il se faisoit un point d'honneur de les secourir, de les défendre en tout & par-tout, & de se rendre, en quelque façon, leur complice; car, pour couvrir l'irrégularité de sa conduite à cet égard, il avoit coutume de dire que dans tous les services que l'on rendoit à ses amis, il ne pouvoit jamais y avoir rien de honteux, & qu'une exacte justice n'étoit souvent qu'un vain prétexte dont on couvroit le refus que l'on faisoit de les servir. Un certain Nicias étoit accusé d'un crime; Agésilas écrivit au Juge : „ Si Nicias n'a pas commis le crime dont il est accusé, » délivrez-le pour l'amour de la justice; s'il l'a commis, délivrez-le pour » l'amour de moi : en un mot délivrez-le." Prince lâche & foible, assez aveuglé par l'amitié pour ne pas voir qu'en servant Nicias aux dépens de l'équité, il desservoit tout le peuple; & qu'en voulant sauver un ami coupable, il se faisoit autant d'ennemis qu'il y avoit de gens vertueux témoins de son injustice.

Louis XV, Roi de France, donna un exemple bien différent aux Ministres distributeurs des graces, des dignités & des emplois, lorsque du camp de Fontenoi, il écrivit ce billet au Prélat chargé de la feuille des bénéfices. „ J'ai perdu un honnête homme & un brave Officier que j'estimois » & que j'aimois. Je sais qu'il a un frere dans l'Etat Ecclésiastique, donnez-lui le premier bénéfice, s'il en est digne, comme je le crois." Que les Rois n'oublient jamais ces paroles, *s'il en est digne.*

ACCESSIBLE, adj.

Le Prince doit être accessible à tout le monde avec bonté & dignité.

Il seroit inutile à un Prince d'avoir ces qualités aimables qui attirent & charment les regards du Public, s'il n'étoit d'un facile accès, & s'il ne prenoit plaisir à se communiquer. Je sais qu'il y a des Peuples dont les inclinations sont différentes; que les uns aiment dans le Prince la retenue & la réserve comme nécessaires à son autorité; & que les autres sont plus touchés de ces manieres ouvertes qui témoignent de la franchise & de la bonté, & qu'ils respectent la majesté du Prince à proportion qu'ils l'aiment, & l'aiment à proportion qu'elle est moins fiere. Il faut étudier ces différentes inclinations, & les usages qu'elles ont établis : car la premiere regle, en ces sortes de choses, est d'observer les bienséances, & de ne pas blesser le goût général d'une Nation, en le mesurant sur celui d'un autre. Il faut gouverner la Nation comme elle veut être gouvernée.

Mais indépendamment de ce que la coutume a pu établir pour rendre la personne du Prince plus auguste; il est certain qu'il y a des tems, & des lieux, où il est permis de s'adresser à lui, & qu'il doit être bien aise qu'on le fasse alors avec liberté.

Il importe même infiniment au Prince, de n'être pas dans l'erreur du Peuple, lors même qu'il en suit les préjugés, & de ne pas penser comme lui sur les moyens de conserver à la Souveraineté le respect qui lui est dû. Il y a des choses qui ne sont fondées que sur l'imagination & l'usage, & il y en a d'autres qui sont fondées sur la vérité & la nature. Les premieres ne durent qu'autant que les préjugés qui ont servi à les établir, & les secondes ont des racines perpétuelles dans l'esprit & le cœur des hommes.

Les précautions que prennent les Princes, pour se conserver de la dignité & de l'autorité, en se montrant rarement en public, & en ne se communiquant qu'à peu de personnes, sont des moyens étrangers à la grandeur, qui n'ont rien de naturel, ni de vrai, & qui ne subsistent que par un usage fondé sur l'erreur. Mais les perfections d'un Prince, né pour le bien public, digne d'être montré à tous ses Sujets, capable de leur inspirer également la vénération & l'amour, accessible, affable, humain, sont des perfections, qui, par le droit naturel, appartiennent à tous, & qu'on ne peut tenir enfermées dans le Palais, sans faire injure au Prince qui les a, & au Peuple qui en doit jouir.

Je consens donc que, dans les commencemens, on accorde quelque chose aux préjugés d'une Nation, plus touchée d'une gravité majestueuse, & d'une réserve étudiée, que d'une bonté qui aime à se produire. Mais je desire que le Prince se délivre insensiblement de cette gêne, & qu'il mette en liberté ses grandes qualités, qui sont comme retenues captives par une vaine ombre de majesté, contraire à la véritable, dont elle étouffe l'éclat.

Autrement il s'accoutumeroit à l'obscurité, & il perdroit dans une sombre retraite, non-seulement ses airs nobles & ses manieres si propres à le distinguer, mais aussi les perfections réelles de douceur & de bonté que l'usage entretient, & que la solitude détruit.

On devient sauvage & farouche, en évitant la lumiere; on cesse d'être humain, en cessant de voir les hommes; on ne connoît plus son peuple, quand on n'en est plus connu que par ses portraits. On fait dégénérer la majesté en fierté, en ne s'occupant que du soin de ne la pas avilir; & l'on omet presque toutes les fonctions de la Royauté, en se souvenant trop qu'on est Roi.

Il n'y a qu'à comparer un Prince aimable, accompli, qui se laisse aisément approcher, & qui enleve, par sa douceur & par ses autres qualités, tous ceux qui l'approchent; il n'y a, dis-je, qu'à le comparer avec un autre dont tous les pas sont comptés & mesurés, dont toutes les paroles sont de courtes sentences, dont le visage est toujours sévere, dont les sentimens sont toujours des énigmes, dont les apparitions sont rares, & plus propres à inspirer de la crainte que de l'amour. Une telle comparaison laisse-t-elle le moindre doute entre le mérite de ces deux Princes? Y a-t-il quelqu'un qui n'aimât mieux les qualités du premier que celles du second? Et ne sent-on pas que l'un, en oubliant en apparence sa grandeur, est infiniment plus grand que l'autre, qui ne pense qu'à la conserver.

Rien ne prouve tant la petitesse réelle d'un Prince que d'affecter toujours de paroître grand, & que de n'oser descendre quelquefois du trône où il est placé. Il est au-dessous de la grandeur, puisqu'il en est si occupé & si plein; s'il la méritoit, il y penseroit moins; & si elle étoit attachée à sa personne, il ne croiroit pas la perdre en se rendant accessible.

Un tel Prince ne connoît qu'une espece de grandeur, & il renonce à plusieurs autres très-réelles; parce que son esprit est borné à une seule. Il ne sait pas quelle dignité il y a dans des perfections qu'il juge contraires à la majesté, & combien il perd par le faste & la fierté. Il ne sait se montrer aux hommes que par un seul côté, & il laisse à son égard dans l'indifférence, tous ceux que ce seul côté ne touche pas. Il ne sait pas que les uns n'admirent que l'esprit, d'autres le courage, d'autres la douceur, d'autres la politesse, d'autres l'inclination à faire du bien; que le petit nombre est de ceux que la majesté seule éblouit; que tous desirent qu'elle soit un bien général; & qu'elle n'attire l'admiration de tous, que lorsqu'elle est accompagnée des qualités qui conviennent à tous.

Si Germanicus, dont la mémoire étoit si précieuse aux Romains, & dont l'Histoire nous a conservé une si noble idée, n'avoit eu qu'une sorte de grandeur en vue, il n'eût pas été si universellement regardé comme le plus grand homme de l'Empire. S'il n'eût eu que de la valeur, & de la bonne conduite à la guerre; s'il se fût trop souvenu de sa naissance & de son rang; s'il n'eût pensé qu'à se faire craindre des ennemis, & qu'à faire sentir son autorité aux Peuples alliés des Romains, il eût été petit en plusieurs manieres, & grand en une seule; & l'on auroit admiré quelques-unes de ses actions, sans le juger lui-même digne d'admiration: mais parce que, avec une haute naissance & une grande autorité, il avoit une civilité & une politesse qui gagnoient tout le monde; parce qu'il traitoit les alliés comme ses amis, & qu'il faisoit la guerre d'une maniere noble & généreuse, sans y mêler la cruauté ni la haine; parce que toutes ses paroles & toutes ses manieres respiroient également la grandeur & la bonté; toutes les Nations admirerent sa modération, sans porter envie à sa puissance; & toutes pleurerent sincérement sa mort, parce que toutes l'avoient éprouvé grand pour leur propre intérêt.

Il y a dans la souveraine puissance une secrette pente à l'orgueil. On l'en soupçonne, & avec raison, quand on la voit toujours attentive à ce qui la met au-dessus des autres hommes; & comme l'orgueil est une bassesse réelle, & une preuve d'un esprit vulgaire, tout ce qui rend vraisemblable le soupçon de l'orgueil, fait douter de la grandeur du Prince. Ainsi, tout ce qui prouve que le Prince est sans orgueil, prouve qu'il est véritablement grand; & il ne peut rien ajouter à son élévation, qu'en affectant d'en descendre, & de prouver par-là qu'il en est digne, puisqu'il n'y est pas attaché.

Quand un Prince descend ainsi vers le Peuple par bonté, le Peuple le replace aussi-tôt sur le trône par reconnoissance. Il lui paroît alors plus grand

grand & plus auguste ; & il lui rend dans le fond de son cœur, par des sentimens d'amour & de respect, beaucoup plus qu'il ne quitte pour s'abaisser jusqu'à lui.

Ainsi, au lieu de craindre que la majesté ne puisse s'allier avec un accès facile & des manieres pleines de bonté, ce n'est que par ces moyens que la majesté peut arriver à son comble, & il lui manquera toujours beaucoup, si elle est toujours timide & mesurée.

Un Prince qui sait bien ce qu'il conserve, en se dépouillant, pour quelques momens, de l'éclat extérieur qui l'environne, ne craint point de tomber dans le mépris. Il est bien sûr de sa grandeur, en travaillant par d'autres voies à l'augmenter; & il mêle tant de dignité & tant de noblesse dans les choses mêmes qui semblent cacher sa majesté, qu'elles ne servent qu'à la rendre aimable, sans la pouvoir couvrir.

C'est principalement cette dignité & cette noblesse, dont je viens de parler, qui font tout le prix des manieres du Prince & de ses qualités populaires. Tout consiste à connoître jusqu'où il faut descendre, & quand il faut se retenir; comment il faut mêler la bonté à la grandeur ; comment il faut mesurer ses paroles & ses actions sur les sentimens & les impressions qu'elles doivent produire, & comment on doit se faire aimer, en augmentant le respect.

C'est-là une des plus essentielles qualités d'un Prince, & des plus difficiles à acquerir, si l'on n'a un esprit fort juste, & un goût très-exact pour les manieres; mais quand on a un heureux naturel, une ame grande & élevée, une politesse cultivée par la réflexion, une connoissance du cœur de l'homme, pour savoir ce qui le touche & le remue, une sensibilité, qui, par sa propre expérience, est avertie de tout, & une attention à profiter de tout ce qu'on voit de noble & de grand dans les autres; quand on a tout cela, & qu'on veut bien y ajouter le conseil de quelques personnes habiles dans ces sortes de choses, on réussit parfaitement à trouver un sage milieu entre le desir de plaire, & la crainte d'aller trop loin.

Si le Prince n'avoit pour but en tout cela que de s'attacher les hommes, il ne recevroit pas une digne récompense de son travail, & tous ses soins se termineroient à un orgueil plus délicat, à la vérité, & mieux déguisé que celui de beaucoup de Princes, mais aussi injuste & dès-lors aussi honteux.

Il ne doit s'attacher les hommes, que pour les unir entr'eux par un intérêt commun; pour rendre les liens de la Société plus étroits; pour établir la paix de l'Etat sur des fondemens solides; pour empêcher que des hommes ambitieux & populaires n'emploient contre son service des qualités qu'il auroit lui-même négligées; & pour remplir l'un de ses principaux devoirs, qui consiste à se rendre aimable pour être utile, & à mériter la confiance du Peuple pour le servir. *Institution d'un Prince par M. l'Abbé* DUGUET.

ACCESSION, s. f.

L'ACCESSION, dans le Droit des gens, est un acte par lequel une Puissance entre dans des engagemens contractés par d'autres Puissances.

Après avoir conclu un Traité de Paix ou d'Alliance, on reconnoît quelquefois qu'il seroit avantageux pour les contractans d'y attirer encore telle ou telle Puissance, & que cette Puissance peut même avoir un intérêt personnel à s'y engager. En ce cas, on convient par un des articles du Traité même, qu'on invitera la Puissance, que les Contractans ont en vue & qu'ils nomment, d'accéder au présent Traité, & l'on fait les démarches nécessaires pour lui en faire agréer la proposition. Quelquefois une des Puissances contractantes s'engage formellement, par un article spécial, à faire accéder au Traité telle Puissance qu'elle nomme, & c'est à elle de prendre les mesures nécessaires pour remplir cet engagement. Souvent aussi on comprend purement & simplement, dans le Traité, un Prince ou une République dont la conservation nous intéresse, qui est foible, qui court risque d'être opprimé par une force majeure, & qui sollicite notre assistance. Aussi, lors des conférences pour une Paix générale, voit-on beaucoup de Princes & d'Etats agir auprès des principales Puissances, de celles sur-tout qu'ils croient leur être favorables, & présenter des mémoires aux Plénipotentiaires assemblés, pour y faire ménager leurs intérêts, & être compris dans le Traité.

Les Accessions aux Traités sont ordinairement en partie onéreuses & en partie avantageuses. Les Contractans ont soin de présenter le côté avantageux de l'Accession à celui qu'ils veulent porter à entrer dans leurs engagemens; & celui qu'on sollicite d'y accéder, balance les avantages & les désavantages, & souvent, pour accorder son Accession avec ses intérêts particuliers, il y joint des réserves, des protestations, des conditions, telles qu'il les juge convenables à ses vues. Le bien général de la paix & l'équilibre des forces exigent des sacrifices; le bien particulier veut des dédommagemens.

Trois Puissances seulement, la France, la Grande-Bretagne & les Etats-Généraux arrêterent & signerent les Préliminaires d'Aix-la-Chapelle. Elles réglerent les intérêts de toutes les autres Puissances qui, ayant pris part à la guerre qui avoit précédé, étoient intéressées au Traité qui devoit y mettre fin. Les Contractans disent dans le préambule de ces Préliminaires, qu'ils sont persuadés que les autres Puissances qui, jusqu'alors, ont été ennemies, concourront avec le même empressement à des démarches aussi salutaires que celles qui doivent mettre fin aux calamités publiques, & ne feront point difficulté d'accéder à des arrangemens dont le bonheur des peuples est l'objet ; par un article séparé, les mêmes Contractans promettent, en cas de refus ou de délai de la part de quelqu'une des Puissances intéressées aux articles préliminaires, de concourir à une signature & à l'exécution desdits articles ; de concerter ensemble sur les moyens les plus efficaces pour l'exécution de ce qu'ils ont arrêté ; & que si, contre toute attente, quelqu'une des Puissances persistoit à n'y pas consentir, elle ne jouira point des avantages qui lui sont procurés par les préliminaires. Ce fut certainement un grand acheminement à la Paix, que d'en agir ainsi. Par ce moyen, les Plénipotentiaires de France, d'Angleterre & des Etats-Généraux prévinrent bien des lenteurs, applanirent bien des difficultés ; & quoique quelques-unes des autres Puissances intéressées fussent surprises & peu flattées qu'on eût réglé ce qui les concernoit, à leur insu & sans leur participation, cependant l'Impératrice-Reine de Hongrie & de Bohême, le Roi d'Espagne, celui de Sardaigne, le Duc de Modene & la République de Genes accéderent assez promptement, soit purement & simplement, soit avec des réserves & protestations, aux préliminaires qui servirent de base au Traité définitif qui suivit, & dans lequel toutes ces Puissances entrerent comme parties Contractantes. On peut voir, sous le titre AIX-LA-CHAPELLE, le cérémonial pour la signature & l'échange de ces Accessions & Acceptations. On trouvera aussi à la suite des grands Traités que nous rapporterons, les Accessions de diverses Puissances, comme celle du Roi de Sicile à la quadruple Alliance, en 1718 ; celle du Roi d'Espagne au même Traité, l'Accession de l'Empereur au Traité de Stockholm en 1726 ; celle des Etats-Généraux au Traité d'Hanovre de la même année ; celle de la Suede au même Traité ; l'Accession du Grand-Duc de Toscane au Traité de Vienne en 1731, & beaucoup d'autres qu'il seroit superflu d'annoncer ici, & qui feront connoître la forme de ces Actes, soit purs & simples, soit conditionels.

Mais nous ne pouvons nous dispenser d'observer en finissant, que les Accessions aux Traités sont obligatoires en ce qu'elles stipulent, & sous les réserves qu'elles y mettent, comme les Traités mêmes dont elles sont des Acceptations.

ACCESSION, union ou adjonction d'une chose à une autre, au moyen de laquelle celle qui a été ajoutée commence dès-lors à appartenir au propriétaire de la premiere.

Voyez les Articles ACCESSOIRE, & ACCROISSEMENT.

ACCESSOIRE, adj. & s. m.

Il importe extrêmement, dans l'examen des choses soumises à notre jugement, de bien distinguer l'Accessoire du principal. Dans quelles erreurs funestes ne tombe-t-on pas tous les jours, parce que l'on confond ces deux choses? Combien de faux raisonnemens les hommes ne font-ils pas sur la morale, sur la nature de certaines actions, sur le caractere vertueux ou vicieux des personnes, sur les opérations du Gouvernement, parce que l'on s'attache à l'Accessoire sans considérer l'essentiel? Combien de fausses démarches ne font-ils pas dans le commerce ordinaire de la vie privée, & dans le maniement des affaires publiques, parce qu'ils s'arrêtent à la superficie des choses, au-lieu d'en pénétrer le fond?

En morale, l'Accessoire est d'une plus grande conséquence que dans toute autre matiere : les circonstances de tems, de lieu, de personnes, les vues, les motifs, le pour ou le contre, le degré de connoissance, les suites mêmes que l'on pouvoit prévoir, *&c.* doivent entrer pour beaucoup dans les jugemens que nous portons des actions humaines & de leur moralité.

Les ignorans, les esprits bornés, les hommes légers, superficiels, dissipés, sont sujets à prendre l'Accessoire pour le principal, sur-tout dans les objets trop relevés pour être facilement saisis. C'est pourquoi le peuple confond la pompe des cérémonies extérieures, les processions, l'habillement des Prêtres, les établissemens des Cloîtres, & des pratiques souvent superstitieuses, avec la Religion dont rien de tout cela ne peut constituer le fond.

Qu'il est dangereux de prendre pour la vertu même ce qui n'en est que l'ombre ou le fantôme! Tous les jours on se trouve la dupe de soi-même & des autres, faute de percer l'enveloppe vertueuse qui déguise des vices réels.

Comparez l'homme de génie avec le petit esprit, l'Homme d'Etat avec celui qui en usurpe le nom; le Ministre maître des affaires avec celui qui est le jouet des moindres accidens; le véritable Négociateur avec le Politique superficiel; vous verrez que le premier s'attache à l'essentiel en toutes choses, tandis que l'autre se borne aux Accessoires, ses vues n'allant pas plus loin. L'un a des principes & les suit. L'autre n'a que des systèmes & veut que tout se plie à ses idées. Toutes les opérations du premier sont combinées d'après les grandes fins du Gouvernement, sur les forces réelles de l'Etat & ses véritables intérêts, au-lieu que le dernier s'occupe, avec une espece d'opiniâtreté, de petits moyens, de projets illusoires, d'Alliances précaires, dont même il ne sait pas tirer tout le parti convenable au tems & aux circonstances.

De l'Accessoire, considéré dans le Droit naturel, comme une chose ajoutée ou survenue à une autre plus essentielle ou de plus grand prix.

La plupart des choses qui entrent en propriété ne demeurent pas toujours dans le même état. Il y en a dont la Nature se dilate intérieurement, & grossit par ce moyen leur substance, comme celle des mines, des carrieres, les arbres, &c. D'autres reçoivent des accroissemens extérieurs, comme il arrive dans les alluvions. D'autres produisent des fruits ou des revenus de différente nature. Plusieurs enfin acquierent, par un effet de l'industrie humaine, une nouvelle forme qui leur donne un plus grand prix. C'est ainsi qu'avec du grain on fait de la farine, & avec de la farine du pain. Un Peintre, avec ses couleurs & son pinceau, fait d'un morceau de toile fort commune un tableau rare & de grand prix.

Tout cela est compris sous le nom général d'Accessoires, qui se réduisent à deux sortes ; l'une de ceux qui proviennent uniquement de la nature même des choses, sans que les hommes aient aucune part à leur production : l'autre de ceux qui doivent leur origine ou en tout, ou en partie, au fait des hommes & à quelque travail, ou quelqu'industrie.

Pour décider aisément ces sortes de cas assez difficiles ; voici des principes fort simples.

1°. Il faut voir si c'est de bonne ou de mauvaise foi, que quelqu'un a mêlé son bien ou son travail avec le bien d'autrui ; car s'il y a de la mauvaise foi de sa part, il mérite de perdre sa peine ou son bien ; autrement, un propriétaire se verroit tous les jours exposé, par la malice d'autrui, à ne pouvoir disposer à sa fantaisie de ce qui lui appartient. Si donc quelqu'un a, par exemple, planté des arbres ou semé des grains dans un fonds qu'il savoit bien n'être pas à lui, le maître du fonds n'est point obligé de lui laisser reprendre les arbres, ni de partager les grains avec lui, & il est, au contraire, en droit de se faire dédommager du préjudice qui peut lui être revenu de ce que sa terre a été occupée & employée à d'autres usages qu'à ceux auxquels il l'avoit destinée. Il y a néanmoins ici une exception à faire ; c'est lorsque la chose appartenante à autrui est de très-petite valeur, & en elle-même, & en comparaison du prix de la forme qu'on lui a donnée. Supposé, par exemple, que quelqu'un ait pris une main de papier, ou une planche de bois commun, ou un morceau de toile, qu'il savoit être à autrui, & y ait écrit des choses de conséquence, ou fait quelque belle peinture : en ce cas là il ne peut guere y avoir de mauvaise foi considérable ; il y a lieu de présumer que celui qui a pris, de son chef, le papier, la planche ou la toile, a cru que le propriétaire y consentiroit aisément, sur-tout si on lui rendoit une quantité de même sorte, ou la valeur ; ainsi celui-ci ne peut pas s'approprier les écrits ou le tableau.

2°. Celui au bien duquel une chose d'autrui a été jointe & incorporée, soit par le fait innocent de celui-là même à qui elle appartenoit, ou sans que celui-ci y ait eu aucune part, doit, toutes choſes d'ailleurs égales, avoir l'ouvrage ou le compoſé qui en réſulte. Car, il y a pour l'ordinaire quelque imprudence dans celui qui s'eſt mépris; & quand même il n'auroit contribué en aucune maniere au mélange, s'il lui en revient du préjudice, ce n'eſt pas la faute de l'autre. Par exemple, ſi l'eau ayant emporté un morceau de terre, l'ajoute au champ voiſin, le maître de ce champ peut s'approprier ce morceau de terre, à moins que celui à qui il appartenoit, ne le retire inceſſamment delà. Et le premier n'eſt pas obligé de payer à l'autre la valeur du morceau de terre qui reſte dans ſon champ, parce qu'il ne lui en revient aucun profit : au contraire, il peut ſe faire qu'il en reçoive quelque préjudice dont l'ancien maître du morceau de terre ne doit pourtant pas le dédommager, parce qu'il n'en eſt pas la cauſe, comme nous le ſuppoſons. Mais lorſque quelqu'un a, par exemple, ſemé de bonne foi dans le champ d'autrui, le propriétaire du champ doit lui rembourſer la valeur de la ſemence & de la peine priſe pour ſemer, parce qu'il en profite; à moins qu'il n'eût réſolu de ſemer dans ſon champ quelque graine de plus grand prix, ou d'y mettre quelqu'autre choſe qui lui auroit été de plus grand revenu.

3°. Si la choſe ou la peine de l'un des deux eſt ſuſceptible de remplacement, & que celle de l'autre ne le ſoit pas, ſans qu'il y ait d'ailleurs aucune mauvaiſe foi de part & d'autre, celui à qui appartient cette choſe, ou cette peine, doit ſe contenter qu'on lui en rende une autre toute ſemblable de même eſpece, ou la valeur en argent. Car alors le dernier ne perd rien; au-lieu que l'autre pourroit quelquefois y perdre beaucoup, & il perdroit beaucoup, en ce qu'il ne recouvreroit rien qui pût tenir lieu de ſon bien ou de ſa peine. C'eſt en vertu de ce principe, que ce qui a été planté ou ſemé, demeure ordinairement au maître du fond; les actes ou les écrits à celui à qui étoit le papier; le tableau au Peintre, & non pas au maître de la toile ou de la planche; le cachet à celui qui l'a gravé, ou qui l'a fait graver, *&c.* Mais par la même raiſon, ſi quelqu'un avoit fait tracer quelque méchante peinture ſur une table ou une toile rare & de grand prix qui m'appartient, ou ſi l'on avoit gravé quelque choſe ſur une pierre précieuſe qui eſt à moi, je devrois recouvrer ma table, ma toile, ou ma pierre précieuſe.

Acceſſoire d'une choſe léguée.

On appelle Acceſſoire d'une choſe léguée ce qui, n'étant pas de la choſe même, y a quelque liaiſon qui fait qu'on ne doit pas l'en ſéparer, & qu'il doit la ſuivre. Ainſi les fers d'un cheval, & le cadre d'un tableau, en ſont des Acceſſoires.

On peut diſtinguer deux ſortes d'Acceſſoires des choſes léguées : ceux qui ſuivent naturellement la choſe, & qui, ſans qu'on les exprime, demeurent compris dans les legs : & ceux qui n'y sont ajoutés que par une disposition particuliere du Testateur. Ainsi le legs d'une montre en comprend la boëte, & le legs d'une maison en comprend les clefs. Au contraire, le legs d'une maison ne comprendra pas les meubles qui s'y trouveront, à moins que le Testateur ne l'ait exprimé.

Il y a des Accessoires de certaines choses qui n'en sont pas séparés, tels que sont les arbres plantés dans un fonds ; & ces sortes d'Accessoires suivent toujours la chose léguée, s'ils n'en sont exceptés ; & il y a des Accessoires qui, quoique séparés des choses, les suivent aussi, comme les harnois d'un attelage de chevaux de carrosse, & autres semblables. Il peut même y avoir un progrès d'Accessoires des Accessoires, comme des pierreries à la boëte d'une montre. Et il y a enfin de certaines choses dont on peut douter si elles sont Accessoires d'autres, ou ne le sont point. Ce qui peut dépendre de la disposition du Testateur, & de l'étendue ou des bornes qu'il donne à ses legs, comme bon lui semble. Ainsi il n'y a pas d'autre regle générale dans les doutes de ce qui doit suivre la chose léguée comme son Accessoire, que l'intention du Testateur, dont l'expression, jointe aux circonstances & aux usages des lieux, peut faire juger de ce qui doit être Accessoire ou non. Que si la disposition d'un Testateur laisse la chose en doute, on peut en chaque cas juger de ce qui doit être compris dans les legs comme Accessoire, ou ne l'être pas, par les regles particulieres sur les divers cas expliqués dans les articles suivans.

1. Si un Testateur légue une maison sans rien spécifier de ce qu'il entend comprendre dans ce legs, le légataire aura le fonds, le bâtiment & ses dépendances, comme une cour, un jardin & autres appartenances de cette maison, avec les peintures à fresque & autres ornemens ou commodités, qui tiennent à fer & à clou, ou sont scellés en plâtre pour perpétuelle demeure ; car ces sortes de choses ont la nature d'immeubles. Mais il n'y aura aucun meuble compris dans ce legs, à la réserve des clefs & autres choses, s'il y en avoit qu'un pareil usage rendit aussi nécessaires.

2. Si celui qui avoit légué un fonds par son Testament, y fait ensuite quelque augmentation, comme s'il ajoûte quelque chose à son étendue, ou s'il y fait quelque bâtiment, ces augmentations sont partie du fonds & sont au légataire, si ce n'est que le Testateur en eût disposé autremenr.

3. Il en seroit de même du legs d'une terre, si le Testateur l'ayant léguée y ajoûtoit de nouveaux bâtimens, & même de nouveaux droits, ou s'il achetoit des fonds pour augmenter l'étendue, ou d'un parc, ou de quelques héritages dépendans de la terre. Car toutes ces sortes d'augmentations seroient des Accessoires qui suivroient le legs, soit par leur nature d'Accessoire, ou parce qu'on ne pourroit présumer que le Testateur eût voulu séparer ces sortes de choses pour les laisser sans la terre à son héritier.

4. Si le legs étoit d'un seul héritage, & qu'après le Testament, le Testateur y eût ajoûté quelque fonds joignant, cette augmentation pourroit appartenir ou au légataire, ou à l'héritier, selon que cette nouvelle acquisition pourroit être considérée comme un Accessoire du legs, ou qu'elle seroit autre. Car si, par exemple, c'étoit une acquisition d'une parcelle de terre pour quarrer un champ, ou pour servir à une prise d'eau ou autre servitude, ou même pour augmenter seulement le fonds de quelque étendue; ces acquisitions seroient des Accessoires qui suivroient le legs, de même que ce qui s'y trouveroit naturellement ajouté par quelque changement que feroit le cours d'une riviere joignante. Mais si le fonds acquis, & joignant à l'héritage légué, étoit d'une autre nature, comme un pré joint à une vigne que le Testateur auroit léguée, ou que cet héritage acquis par le Testateur fût également joignant, & à celui qu'il auroit légué, & à un autre qu'il laisseroit à son héritier, ces sortes d'acquisitions ne seroient pas des Accessoires du legs, à moins qu'on ne dût en juger autrement par la disposition du Testateur, & les circonstances qui pourroient expliquer son intention.

5. Si un Testateur, qui auroit légué un fonds, y fait un bâtiment, cet Accessoire du fonds sera au Légataire, s'il ne paroît que le Testateur ait voulu révoquer le legs; & si, par exemple, un Testateur ayant légué une place à bâtir dans une Ville, y fait une maison, ou si ayant légué quelque jardin, verger ou autre lieu, il l'accommode d'un logement; ces bâtimens, dans ces circonstances, seront au légataire. Mais s'il avoit bâti dans un fonds légué, une maison ou d'autres commodités nécessaires pour une ferme à laquelle il joindroit ce fonds, donnant cette ferme à un autre légataire, ou la laissant à son héritier, on jugeroit par l'usage de ce bâtiment, qu'il auroit révoqué le legs.

6. Si pour l'usage d'un fonds, dont le Testateur auroit légué l'usufruit, la servitude d'un passage étoit nécessaire sur un autre fonds de l'hérédité, l'héritier ou autre légataire à qui appartiendroit l'héritage qui devroit être sujet à la servitude, la devroit souffrir. Car le légataire doit jouir de l'héritage sujet à l'usufruit, comme en jouissoit le Testateur qui prenoit son passage dans son propre fonds : & cet Accessoire est tel qu'il est de l'intention du Testateur qu'il suive le legs.

7. Si un Testateur qui avoit deux maisons joignantes, en legue une à un légataire, & l'autre à un autre, ou en legue l'une, & laisse l'autre à son héritier; le mur mitoyen de ces deux maisons, qui n'avoit pour seul maître que le Testateur, deviendra commun aux deux propriétaires de ces deux maisons : ainsi la servitude réciproque sur ce mur commun sera comme un Accessoire qui suivra le legs.

8. Si de deux maisons d'un Testateur, l'une laissée à l'hérédité, l'autre donnée à deux légataires, l'une ne pouvoit être haussée sans ôter le jour de l'autre, ou y nuire beaucoup, l'héritier ou le Légataire qui auroit la premiere,

premiere, ne pourroit la hausser que de telle sorte, qu'il restât pour l'autre ce qui seroit nécessaire de jour pour pouvoir en jouir. Car le Testateur n'auroit pas voulu que son héritier ni ce légataire pussent rendre inutile le legs de l'autre maison.

9. Le legs d'une maison dans la ville n'en comprend pas les meubles, s'ils n'y sont ajoutés par le Testateur. Et le legs d'une maison de campagne ne comprend pas non plus ce qu'il peut y avoir de meubles nécessaires pour la culture des héritages, & pour les récoltes. Mais ce legs comprend les choses qui tiennent au bâtiment, comme en certains lieux, les pressoirs & les cuves.

10. Le legs d'une maison de campagne avec ce qui s'y trouvera nécessaire pour l'usage de la culture des héritages, & pour les récoltes, comprend les meubles & ustenciles qui peuvent servir à ces usages. Et s'il y a quelque doute de l'étendue que doit avoir ce legs, il faut l'interpréter par les présomptions de l'intention du Testateur, qu'on pourra tirer des termes du Testament & des circonstances; & on peut aussi se servir des éclaircissemens que pourroit donner l'usage des lieux.

11. Si un Testateur avoit légué une maison & tout l'ameublement qui s'y trouveroit, ce legs comprendroit tout ce qu'il y auroit de meubles destinés pour l'ameublement de cette maison, comme les lits, les tapisseries, les tableaux, les tables, les fauteuils, & autres semblables; mais s'il s'y trouvoit des tapisseries ou autres meubles en réserve destinés, ou pour vendre, ou pour l'usage d'une autre maison, le légataire n'y auroit aucun droit. Et si au contraire quelques meubles de cette maison se trouvoient ailleurs au tems de la mort du Testateur, comme si des tapisseries avoient été prêtées ou données à raccommoder; ce qui seroit hors de la maison pour de telles causes, ne laisseroit pas d'être compris dans le legs.

12. Si dans le legs d'une maison, le Testateur avoit compris, en termes généraux & indéfinis, tout ce qui pourroit se trouver dans cette maison au tems de sa mort, sans en rien excepter; ce legs, qui contiendroit toutes les choses mobiliaires, & même l'argent, ne comprendroit pas les dettes actives, ni les autres droits de ce Testateur, dont les titres se trouveroient dans cette maison. Car les dettes & les droits ne consistent pas en papiers qui en contiennent les titres, & n'ont pas de situation en un certain lieu; mais leur nature consiste dans le pouvoir que la Loi donne à chacun de les exercer. Ainsi les titres ne sont que les preuves des droits, & non pas les droits mêmes.

Les Accessoires qui doivent suivre la chose léguée, ne sont jugés tels que par l'usage qu'on leur donne, & non par leur prix. De sorte que l'Accessoire est souvent d'une bien plus grande valeur que la chose même dont il est l'Accessoire; & il ne laisse pas d'être à celui à qui elle est léguée. Ainsi, des pierreries enchassées dans la boëte d'une montre n'en font qu'un ornement & un accessoire, mais elles suivront le legs de la montre.

ACCESSOIRE ou COMPLICE, s. m.

Des Accessoires au crime, suivant le Code criminel d'Angleterre.

On distingue, en matiere criminelle, les principaux Délinquants & les Accessoires. Celui qui ne concourt pas au crime, comme principal Agent, devient simplement Accessoire, devant ou après le crime, & son crime est inférieur à celui du principal; examinons donc 1°. Quels sont les délits qui admettent des Accessoires, ou qui n'en admettent point. 2°. Les Accessoires avant le délit. 3°. Les Accessoires après le délit. 4°. Quelles peines méritent les Accessoires.

1. Dans la haute trahison, il n'y a point d'Accessoire; tout est principal, à cause de l'énormité du crime. Ainsi celui qui conspire contre la vie ou la couronne du Roi, est aussi coupable que celui qui exécute; il n'en est pas de même dans les especes inférieures de haute trahison, qui n'intéressent ni la vie du Roi, ni sa couronne; alors la Loi distingue les Accessoires des Agens principaux : elle les distingue aussi dans la petite trahison contre les particuliers.

2. L'Accessoire avant le délit, est celui qui le procure, le conseille ou le commande; mais pour n'être qu'Accessoire, il ne doit pas être présent au délit : car, s'il y est présent, il est aussi coupable que celui qui exécute.

3. On est Accessoire après le délit, en donnant asyle & secours au coupable, connu comme tel, ou en procurant son évasion, de quelque façon que ce soit; on est encore Accessoire après le délit, en recélant ou en achetant des choses dérobées que l'on connoît pour telles : en France, on punit de mort les recéleurs comme les voleurs; en Angleterre, par les Statuts 5. de la Reine Anne, Chap. 31. & 4. de Georges I. Chap. 11. on les punit seulement par la transportation.

Au reste, pour être Accessoire au délit, en donnant assistance au Délinquant, il faut que le délit soit consommé au moment qu'on l'assiste; par conséquent, si quelqu'un blessoit un autre mortellement, celui qui prêteroit secours au criminel avant que la mort suivit, ne seroit pas Accessoire au crime, parce que la félonie n'est comptée qu'au moment de la mort; mais dans le cas de la félonie consommée, la Loi défend expressément, même aux plus proches parens, de prêter secours au délinquant; elle excepte seulement la femme à l'égard de son mari qu'elle peut cacher, sans être jamais obligée de le découvrir. Il semble qu'on en devroit aussi excepter les enfans à l'égard de leur pere coupable.

4. Le dernier point de cette recherche est de savoir comment on doit punir les Accessoires, en les distinguant des principaux Agens. La commune

Loi attache la même peine aux uns & aux autres; la mort, si le crime est capital; telle étoit la Loi d'Athenes. Pourquoi donc, dira quelqu'un, ces distinctions scrupuleuses entre les principaux Agens & les Accessoires, s'il n'y a point de distinction dans les peines? Pourquoi? pour les raisons suivantes. Premiérement, ces distinctions fournissent à l'accusé Accessoire des moyens de se défendre, l'accusation de vol, par exemple, étant bien différente de celle d'avoir donné asyle au voleur. Secondement, quoique l'ancienne commune Loi décerne la même peine contre les Accessoires & les principaux, néanmoins les Statuts relatifs au *Privilege Clérical*, (voyez ce Titre) établissent une distinction entr'eux; les Accessoires, après le délit, sont toujours reçus à profiter du privilege; mais non les Accessoires avant le délit, dans beaucoup de cas; par exemple, dans la petite trahison, dans le meurtre, dans le vol, dans l'incendie prémédité; & peut-être que, si les principaux Agens du crime, c'est-à-dire, ceux qui l'exécutent, étoient constamment punis avec plus de rigueur que les Accessoires, ce seroit un moyen de plus pour prévenir le crime, en augmentant la difficulté des trouver des Agens qui s'attendroient à être punis plus sévérement que leurs complices. Troisiémement, la distinction des principaux Délinquans & des Accessoires, est encore nécessaire pour les cas suivans : un homme, après avoir été accusé, comme Accessoire, & purgé de l'accusation, peut ensuite être poursuivi comme principal Agent. Il y a lieu de douter si celui qui s'est justifié d'avoir trempé dans un crime, comme Agent principal, peut être recherché commé Accessoire, avant l'exécution du crime; car ces deux façons de concourir au crime sont tellement mêlées, que la purgation de l'un paroît emporter la purgation de l'autre; mais d'un autre côté, il est clair que celui qui s'est purgé de l'accusation en chef, peut être néanmoins poursuivi comme Accessoire après le fait; car ce délit est toujours une espece différente du crime principal, qui tend à éluder la justice publique : telles sont les raisons qui fondent la distinction des principaux Délinquans & des Accessoires.

Mais toutes ces raisons prouvent que les Accessoires doivent être constamment punis avec moins de rigueur, que les principaux Délinquans ; parce qu'il est d'une législation bonne & équitable de graduer les peines sur les délits, & que devant avoir pour objet de prévenir le crime plutôt que de le punir, cette distinction entre le châtiment de l'Accessoire & celui du principal Agent, fera que les traîtres trouveront moins de malfaiteurs qui veuillent entrer dans leurs vûes criminelles & exécuter les forfaits qu'ils ont conçus.

Voyez COMPLICE.

ACCIDENT, ſ. m. *Evénement fâcheux.*

L'HOMME ſage ne peut pas toujours prévenir les Accidens; mais il n'en eſt gueres de ſi malheureux dont il ne puiſſe tirer quelque avantage. Il ſait mettre à contribution les événemens contraires & les faire ſervir à ſes vûes comme ceux qui leur ſont favorables.

Les Accidens qui ſont les ſuites de quelqu'imprudence, doivent nous éclairer, nous inſtruire, nous corriger. Le Philoſophe en rougit & ne s'en étonne point, il les ſoutient avec courage, ſûr de les prévenir par une conduite plus réfléchie à l'avenir. Le foible ſeul y ſuccombe & s'en afflige.

En conſidérant combien il peut arriver d'Accidens dans la vie, on doit regarder comme des jours heureux tous ceux où l'on n'en éprouve point. Que penſer de ceux qui s'étonnent du moindre événement qui les contrarie? Que penſer de ceux qui ne travaillent point à affermir leur ame contre les atteintes du ſort?

Plus on eſt élevé, plus on a de rapports avec les hommes & les choſes; plus on a de beſoins, de deſirs, de paſſions, plus on eſt ſujet à être contrarié par des événemens de toute eſpece. Lors donc qu'on aſpire aux grands emplois, on doit ſe réſoudre à éprouver tous les Accidens qui y ſont attachés, comme une ſuite néceſſaire de la multitude des relations, de la variété & de la difficulté des affaires, de la trempe plus ou moins dure des eſprits avec leſquels on a à traiter, de la quantité des événemens dont on devient reſponſable.

Il y a des Accidens inévitables; le Sage n'en eſt point humilié, ni détourné du bien qu'il pourſuit; il en triomphe courageuſement, & parvient à ſon but. Croire que l'on trouvera des moyens d'Adminiſtration libres de tout inconvénient, c'eſt la marque d'un eſprit ſans expérience; & c'eſt une foibleſſe que d'abandonner un projet bon en lui-même, parce que l'exécution peut ſouffrir quelques difficultés. Comme il y a des vérités démontrées, qui néanmoins ſont ſujettes à des difficultés inſolubles, & auxquelles on n'adhere pas moins fermement, il y a auſſi dans le Gouvernement des opérations ſagement combinées, démontrées utiles & même néceſſaires, quoiqu'elles entraînent des Accidens inévitables. L'Homme d'Etat n'en doit être ni humilié, ni découragé. Il les regardera comme un inconvénient néceſſaire dans une machine auſſi compliquée que l'eſt le corps Politique; il s'étudiera à en diminuer l'effet autant qu'il pourra, & n'en pourſuivra pas moins courageuſement ſon entrepriſe. Seulement la vûe de ces contrariétés, ſoit qu'elles viennent de la part des hommes ou des choſes, le portera à opérer doucement & avec la plus grande modération, à prendre tous les tempéramens requis pour applanir les obſtacles, & vaincre ſans violence les oppoſitions que forment ordinairement contre le bien général, les petits intérêts de quelques particuliers.

ACCISE, f. f.

L'ACCISE eft un impôt qui fe leve fur les vivres & les marchandifes qui fe confument, à proportion de leur valeur. L'Accife eft de tous les Pays, car par-tout les comeftibles ou denrées paient des droits, fous quelque dénomination que ce foit. Mais ce mot eft plus particuliérement en ufage en Allemagne, comme à Vienne, à Leipfick, &c. en Angleterre & en Hollande. Nous en parlerons amplement en traitant des Impofitions & Droits dans ces différens Pays. Nous nous bornerons ici à quelques obfervations générales.

DE L'ACCISE EN HOLLANDE.

ON perçoit dans toute la Hollande, fous le nom d'*Accifes*, des droits de confommation fur les vins & les liqueurs fortes, les vinaigres, la biere, les grains de toute efpece, les farines, les fruits, les pommes de terre, le beurre, le bois de charpente, de menuiferie & de chaufage, la tourbe, le charbon, le fel, le favon, le poiffon, le tabac, les pipes à fumer, le plomb, les tuiles, les briques, la pierre de toute efpece & le marbre.

Outre l'Accife générale de la Province, chaque Ville particuliere y ajoute une Accife municipale, qui confifte en de nouveaux droits plus ou moins forts, dont la fixation dépend abfolument des Régences qui les établiffent d'elles-mêmes, & fans avoir prefque jamais recours à aucune autorifation; ce qu'elles ne pouvoient pas faire, avant la révolution du Gouvernement, fans un octroi des Comtes repréfentés aujourd'hui par les Etats de la Province.

Cette faculté, ou, pour mieux dire, cet abus s'eft introduit jufque dans les campagnes, où ceux qui font à la tête de la Communauté établiffent des droits de ce genre, de maniere que dans tous les Bourgs & Villages, comme dans les Villes, on paie deux Accifes, l'Accife de la Province, & une Accife municipale. Il n'y a que les vins qui foient exempts de cette derniere. C'eft le feul article fur lequel les États aient gêné la liberté des Régences des Villes.

C'eft à ceux qui voient les chofes de près, comme je les ai vues, dans quelques Villes & à la Campagne, de juger combien cet abus a befoin d'une réforme. L'Impôt eft, de tous les objets de l'Adminiftration, un de ceux qu'on doit le moins livrer à l'arbitraire.

Voyez HOLLANDE.

DE L'ACCISE ANGLOISE.

L'ACCISE, cette branche confidérable du revenu de l'Angleterre, eft, ainfi que la Douane, fous la direction de quatorze Commiffaires, dont neuf pour l'Angleterre ont mille livres sterling d'appointemens, & cinq pour l'Ecosse ont cinq cens livres sterling par an.

Ils reçoivent le produit général des droits divers, imposés sous le nom d'Accises, par actes du Parlement, & ils comptent à l'Echiquier de leur recette. En entrant en place, ils s'engagent à ne recevoir aucun argent, à moins qu'il ne leur soit offert par la bonté du Roi. Ils prononcent sur toutes les affaires contentieuses de leur ressort; mais on peut toujours appeller de leurs jugemens à d'autres Magistrats, nommés pour cela Commissaires de l'appel, qui sont au nombre de cinq, & qui ont chacun deux cens livres sterling d'appointemens.

Les denrées sujettes à l'Accise proprement dite, sont la drêche, le houblon, l'aile, le cidre & le poiré; le verjus & le vinaigre, l'espece de biere appellée *mum*, une sorte d'hydromel nommé *metheglin* ou le *meud*, l'arrack ou eau-de-vie des Indes, tirée du coco ou du riz, l'eau-de-vie ou brandevin, le sherbet ou sorbet, & les autres liqueurs spiritueuses, importées du dehors; le caffé, le chocolat, les noix & la pâte du cacao, les cuirs & les peaux; le velin & le parchemin; les chandelles, le savon & l'amidon; le papier blanc ou teint, marbré, peint ou imprimé dans la Grande-Bretagne; les cartons qui y sont fabriqués; les cartes, les dés, *&c.* le fil d'or & d'argent, le verre, les soies, les toiles de fil ou de coton, les étoffes de soie ou de laine, le sel, les carrosses, *&c.*

Il y a actuellement en Angleterre 50 Collecteurs de l'Accise, qui ont *L.* 120 *St.* d'appointemens, outre les gratifications stipulées pour leurs frais de voyage; & 190 Surveillans ou Inspecteurs en chef, répandus dans les Provinces, ayant *L.* 90 par an, outre des dédommagemens proportionnés aux frais que peuvent occasionner les voyages qu'ils sont obligés de faire. Le nombre des autres Officiers inférieurs, que l'Accise emploie en Angleterre, monte à 4000, & la régie, pour ce Royaume, coute plus de *L.* 227,500. Les appointemens du seul Bureau de Londres montent à *L.* 24,000.

Lorsqu'un particulier obtient des Commissaires un emploi quelconque, il doit payer, une fois pour toutes, trois sous par livre des appointemens attachés à la place qu'il prend; ce qui produit chaque année une masse de 14 à 1500 livres sterling, que l'on répartit en pensions aux Officiers ou Commis, devenus infirmes, ou qui ont été estropiés après 7 ans de service.

La répartition s'en fait ainsi qu'il suit, de six mois en six mois sans retenue quelconque.

Commis général des comptes.	*L.* 50.	par an.
Collecteur.	25.	
Commis inspecteur ou surveillant.	20.	
Jaugeur.	20.	

En Ecosse il y a pour la régie des droits d'Accise, 15 Collecteurs, 2 Surveillans généraux, 16 Surveillans particuliers, & environ 200 Commis ou surnuméraires.

Notions générales sur les Droits d'Accise.

LE droit sur la biere, l'aile, les liqueurs spiritueuses ou autres que j'ai dit y être sujettes, est évalué, même en tems de guerre, à *L.* 1,100,000 en Angleterre, & se leve sur environ 300,000 personnes; mais, en Ecosse, selon les clauses du traité d'union, il n'est affermé qu'à *L.* 33,500, & l'on croit que s'il étoit levé comme en Angleterre, il produiroit plus de *L.* 50,000.

Celui sur la drêche, avec le droit additionnel sur le rum, le cidre & le poiré, monte annuellement à *L.* 750,000 qu'on suppose affecter un plus grand nombre de personnes que le premier.

En 1753, l'Accise sur le thé monta à *L.* 325,000, & l'on avoit importé, dans cette année, trois millions deux cens mille livres de thé, dont le produit avoit été à la douane de *L.* 58,000. Comme cette quantité ne répond nullement à la consommation annuelle de l'Angleterre, il est facile de juger par ce compte quelle doit être la contrebande qui se fait sur cet article.

Droit du Timbre.

LE Bureau des droits du Timbre est sous la direction de 5 Commissaires, qui ont chacun *L.* 500 par an, & qui font marquer les cartes, les dés, le papier, le vélin & le parchemin, qu'on appelle timbrés, les papiers publics, les gazettes, *&c.* Le bureau de Londres occupe 115 personnes.

Tout livre, qui a depuis deux jusqu'à six feuilles d'impression, est censé brochure, &, comme tel, paie 3 Shillings par feuille pour le droit d'impression & d'enrégistrement, quoiqu'on n'y appose point le Timbre, & qu'il suffise qu'un Inspecteur particulier en paraphe la premiere feuille.

Il y a quelques années que les droits sur les papiers, vélins & parchemins timbrés, étoient seuls évalués à *L.* 89,110 *St.*

Voyez TIMBRE.

Droits sur le Sel.

TROIS Commissaires, ayant chacun *L.* 300 par an, sont chargés du recouvrement des droits sur le sel. Leur Bureau général est à Londres, qui occupe 37 Officiers ou Commis, outre 350 autres qui sont employés dans les Provinces. Le produit de ces droits, année commune, monte au-delà de *L.* 18,000. *St.*

Droits sur les Voitures.

L'ACCISE sur les voitures que tiennent les particuliers, est de *L.* 4 pour celles qui ont quatre roues, & de 40 Shillings pour celles qui n'en ont que deux, & ces droits sont prélevés par le Bureau général.

Quant aux voitures & chaises à porteurs destinées à la commodité publique, il y a 14 Officiers prépofés à la perception des droits qu'elles doivent payer. Cinq d'entre eux font appellés Commiffaires & ont chacun *L.* 150 d'appointemens.

Ils ont l'infpection générale de la Police des fiacres & des chaifes à porteurs; ils accordent la permiffion à ceux qui veulent en louer, & condamnent à des amendes les cochers ou porteurs, qui ont manqué à leur devoir, ou qui ont exigé, pour les courfes qu'ils ont pu fournir, un falaire plus fort que celui qui eft fixé par les actes du Parlement.

On compte dans Londres & Weftminfter 1000 fiacres enrégiftrés, parmi lefquels il n'y en a que 200 qui aient la permiffion de fe mettre fur la place dans les jours de dimanche; il y a de plus 300 chaifes à porteurs.

Ces dernieres font taxées à dix Schillings par an, & les premiers à *L.* 13: il fuit donc que ceux-ci produifent annuellement *L.* 13,000, & ceux-là *L.* 150; mais il faut remarquer que les diligences, les coches & les carroffes de meffageries font exempts de ce droit, ainfi que les chaifes de pofte qui ne fervent que pour la facilité des voyageurs.

Les Anglois qui ont écrit fur ce fujet, prétendent qu'il eût été plus jufte & plus avantageux de ne taxer les fiacres, que fuivant l'Accife impofée fur les voitures bourgeoifes, c'eft-à-dire à *L.* 4 par an, & de faire payer aux dernieres la taxe annuelle de *L.* 13.

Droits fur les permiffions de vendre en détail de la Biere, du Vin, &c.

Cette branche de droits dépend plus immédiatement de l'Accife, que celles dont j'ai parlé ci-deffus; & cependant elle a fon Bureau particulier, compofé d'un Solliciteur qui a 60 *L.* par an, d'un Greffier & d'un Clerc qui ont chacun *L.* 100, & de quatre Infpecteurs à *L.* 50 d'appointemens.

L'acte qui établit ces droits, eft de l'année 1725, fous le nom de *Pot-Act* ou *Acte du Pot*, & foumet tout détailliste réfident dans les Villes de Londres, Weftminfter & Banlieue, à une taxe qui ne peut être moindre de 20 Shillings, ni plus forte que *L.* 6 *St.*

Droits fur les Porte-balles, Colporteurs, &c.

Le Bureau général, chargé de la perception de ces droits, eft à Londres, fous la direction de trois Commiffaires à *L.* 100 d'appointemens, qui ont fous eux fix Officiers fédentaires, & quinze Infpecteurs ambulans, dont onze à *L.* 100, & quatre à *L.* 50 par an, & la régie monte en total à 2300 *L. St.*

Chaque Colpolteur, Porte-balles, petit Mercier, *&c.* qui fait fon trafic à pied, eft taxé à *L.* 4 par an; mais s'il y emploie quelque bête de fomme, il paie *L.* 4 pour chacun des animaux dont il fait ufage.

ACCLA-

ACCLAMATION, f. f.

L'ACCLAMATION eſt une marque de joie ou d'applaudiſſement, par lequel le Public témoigne ſon eſtime ou ſon approbation. Un Public éclairé n'eſtime & n'applaudit que le mérite réel; & l'Acclamation ne devroit jamais être que l'expreſſion de ce ſentiment qui nous intéreſſe, malgré nous, à tout ce qui eſt réellement bon & beau.

Les Hébreux, les Grecs, & généralement tous les Peuples, ont eu des formules d'Acclamation, c'eſt-à-dire des manieres de témoigner publiquement leur eſtime & leur approbation à ceux qu'ils en croyoient dignes; mais, preſque par-tout, ces Acclamations dégénérerent en flatteries, & quelquefois en ſatyres, parce que les extrêmes ſe touchent de près.

Chez les Romains, il y avoit trois ſortes d'Acclamations, celles du Peuple, celles du Sénat, & celles des Gens de Lettres.

Les Acclamations du Peuple avoient lieu aux triomphes des vainqueurs, aux entrées des Généraux & des Empereurs, c'étoit l'héroïſme des uns & la grandeur des autres qu'on célébroit; & aux Spectacles donnés par les Princes & les Magiſtrats, ou l'on exaltoit leur magnificence & leur généroſité. Ces applaudiſſemens n'étoient d'abord que les cris confus d'une multitude tranſportée de joie, & l'expreſſion ſans fard de l'admiration publique. Sous les Empereurs, & même dès Auguſte, ce mouvement impétueux, auquel le Peuple s'abandonnoit auparavant, devint un art, un concert apprêté. Un Muſicien donnoit le ton, & le Peuple, faiſant deux chœurs, répétoit alternativement la formule d'Acclamation.

La fauſſe nouvelle de la convaleſcence de Germanicus s'étant répandue à Rome, le Peuple courut en foule au Capitole, avec des flambeaux & des victimes, en chantant *ſalva Roma*, *ſalva Patria*, *ſalvus eſt Germanicus.*

Lorſque Néron, oubliant ce qu'il devoit à la Majeſté Impériale, jouoit de la lyre ſur le théâtre, il avoit, pour premiers Acclamateurs, Séneque & Burrhus, puis cinq mille *Auguſtales* entonnoient ſes louanges, que le reſte des Spectateurs étoit obligé de répéter. Ces Acclamations en muſique durerent jusqu'à Théodoric. On aſſure que dans celles qui ſe faiſoient à la louange des Empereurs, & même des Triomphateurs, le Peuple & les Soldats méloient ſouvent des ſatyres piquantes aux flatteries des Poëtes.

Il eſt parlé, dans les Hiſtoriens, de quelques Magiſtrats d'Athenes qui étoient élus par Acclamation. Cette Acclamation ne ſe manifeſtoit point par des cris, mais en élevant les mains. On a vu à Rome des élections d'Empereurs ſe faire par Acclamation, ſans aucune délibération précédente: méthode dangereuſe, qui peut être, chez un Peuple ſage, l'expreſſion ſimple d'un ſentiment d'autant plus juſte, qu'il eſt plus univerſel & plus irréfléchi; mais qui devint, chez les Romains, un moyen dont des gens hardis &

intrigans se servirent adroitement pour satisfaire leur ambition. Il est bien plus aisé d'emporter de force, ou par cabale, le suffrage impétueux d'une populace & d'une soldatesque facile à séduire, que de mériter les vœux raisonnés de l'élite d'une Nation.

Les Acclamations du Sénat Romain avoient le même but, d'abord d'honorer le Prince, puis de le flatter. On sait que ce corps de vieillards, si respectable dans les beaux jours de la République, dégénéra au point de se faire l'esclave des tyrans. Les Sénateurs marquoient leur consentement aux propositions de l'Empereur par ces formules, *omnes*, *omnes*, *æquum est*, *justum est*, qui, trop souvent, consacrerent des actes de la tyrannie la plus criante.

Les Gens de Lettres récitoient ou déclamoient leurs pieces dans le Capitole, ou dans les Temples, & en présence d'une nombreuse assemblée. Les Acclamations s'y faisoient à peu près comme dans les Spectacles, tant pour la musique que pour les accompagnemens. Elles devoient convenir au sujet & aux personnes; il y en avoit de propres aux Philosophes, aux Orateurs, aux Poëtes. Elles étoient une récompense, un encouragement pour le génie, tant qu'elles ne furent pas prostituées. Mais les esprits les plus médiocres eurent des admirateurs gagés pour applaudir à leurs foibles productions; c'est Philostrate qui nous l'apprend. Par ce manege, trop bien imité chez les modernes, la cabale prodigua à la médiocrité des applaudissemens dûs au seul mérite.

Il y a tant de moyens d'en imposer à la multitude, & de surprendre les Acclamations du Peuple, qu'en général on doit en faire peu de cas, & même se méfier du mérite de ceux qu'il préconise, ou au moins ne se pas hâter de leur prodiguer son admiration. Suivez le vent de la faveur publique, vous verrez ces grands hommes, ces hommes excellens, qu'enivre l'encens d'un peuple imbécille, perdre bientôt leur grandeur, & leur prétendue vertu. On diroit que la vapeur de cet encens est pestilentielle, & qu'elle porte la contagion dans les têtes les plus saines.

ACCOLTI, (*François de*) *célebre Jurisconsulte.*

FRANÇOIS DE ACCOLTI florissoit vers le milieu du quinzieme siecle, & mérita le titre de *Prince des Jurisconsultes de son tems* par ses profondes connoissances dans la Science des Loix, la maniere distinguée avec laquelle il professa la Jurisprudence dans plusieurs Académies, son éloquence au barreau, & la bonté de ses conseils dans le cabinet. Sixte IV l'auroit revêtu de la pourpre, s'il n'avoit craint de nuire aux progrès de la Jurisprudence, en tirant ce savant homme d'une carriere où son mérite le mettoit fort au-dessus des premieres dignités de l'Eglise.

Il y eut, dans la suite, deux Cardinaux de ce nom & de la même famille : Pierre de Accolti, mort en 1532, qui a laissé quelques Traités historiques ; & Benoît de Accolti, surnommé *le Cicéron de son tems*, mort en 1549, Auteur d'un Traité des droits du Pape sur le Royaume de Naples. On a encore de lui des Poësies estimées, qui prouvent qu'il savoit allier le goût de la belle Littérature à des études plus sérieuses, sans faire tort à celles-ci. Il ne faut pas le confondre avec un autre Benoît de Accolti qui suit.

ACCOLTI. (*Benoît de*) *Sa conspiration contre le Pape Pie IV.*

BENOIT DE ACCOLTI forma le projet hardi de renverser Pie IV de la Chaire Pontificale, disant qu'il n'étoit pas véritablement Pape ; mais ce n'étoit-là que le prétexte de sa conspiration : le vrai motif étoit une ambition excessive qui le portoit à vouloir démembrer l'Etat Ecclésiastique, pour en partager quelques portions avec ses complices, savoir Pierre de Accolti, son Parent, le Comte Antoine de Canossa, le Chevalier Peliccione, Prosper d'Ettore, & Thaddée Manfredi, tous gens résolus, accablés de dettes, & qui n'ayant rien à perdre, pouvoient tout oser. Leur Chef promettoit de donner Pavie à Antoine de Canossa, Cremone à Thaddée Manfredi, Aquilée à Peliccione, & un revenu annuel de cinq mille écus à Prosper d'Ettore. Leur projet mal concerté transpira : Accolti se rendit lui-même importun & suspect en demandant trop souvent audience au Pape. Il avoit demeuré autrefois à Geneve, où l'on craignit qu'il n'eut puisé des sentimens peu favorables au Saint Pere. On éclaira sa conduite, & le complot fut dévoilé. On l'arrêta avec ses complices, & ils furent tous punis du dernier supplice en 1564.

ACCOUCHEUR, s. m. ACCOUCHEUSE, s. f.

L'ACCOUCHEUR est un Chirurgien dont le principal talent est d'accoucher les femmes.

L'Accoucheuse est une femme qui fait profession d'accoucher.

L'Accouchement est sans contredit le moment le plus précieux pour la Société, s'il est vrai que la population soit la richesse, l'ame de la société politique. Qu'elle est donc importante la fonction de ceux & de celles qui, dépositaires de la vie des enfans qu'ils reçoivent, arbitres du sort des meres qu'ils aident à les mettre au jour, conservent l'espece humaine par leur sagesse, ou la diminuent & l'affoiblissent par leur imprudence! qu'elle est donc coupable la négligence des Gouvernemens qui, souvent trop attentifs à se mêler de tant de choses inutiles ou indifférentes, laissent les gens de la campagne, classe la plus utile & la plus nombreuse, presque sans aucuns secours dans un instant également essentiel & périlleux, ou souffrent que des gens aussi *téméraires* qu'inhabiles y exercent l'art délicat des accouchemens!

Ce n'est pas sans raison que l'on a regardé l'insuffisance des Accoucheurs & des Accoucheuses, comme une des principales causes de la dépopulation, sur-tout dans les campagnes & dans les petites villes. Si la Capitale est à l'abri de tout reproche à cet égard, quelles sont les Provinces où l'on ne voie sans cesse de tristes victimes des mauvais Chirurgiens & des Sages-femmes ignorantes? Que de femmes estropiées à la premiere couche, & devenues par-là incapables d'un nouvel enfantement! Que d'enfans morts dans un accouchement contre nature, & auxquels le savoir & la dextérité d'un habile Chirurgien auroit sauvé la vie! Que d'enfans difformes, parce que leurs meres réduites à s'aider l'une l'autre, comme elles peuvent, ont manié trop rudement leurs petits corps mous & fragiles! Que de têtes défigurées! que de membres luxés! L'humanité gémit; l'on ne sauroit trop présenter le tableau de ces accidens, aux Magistrats chargés de cette partie de la Police.

Les Accoucheuses les moins instruites sont ordinairement les plus téméraires, & les plus faciles à se laisser séduire par des préjugés meurtriers. On en a vu employer toutes sortes de moyens internes & externes pour hâter le moment de la Nature: on les a vu forcer le travail; déchirer l'œuf & arracher l'enfant avant que la mere eût eu de vraies douleurs. On en a vu d'autres fatiguer les parties de la génération sous prétexte de les dilater, & de les rendre plus propres à favoriser la sortie de l'enfant. Elles ignoroient qu'en touchant violemment ces parties délicates, elles se gonflent, se tuméfient, s'enflamment, & opposent même à un accouchement naturel des obstacles invincibles. D'autres encore, par une confiance imbécille en de prétendus spécifiques, qu'elles supposent vainement propres à faciliter l'accouchement, mettent des femmes en danger de périr par des drogues incendiaires, capables de donner la fievre, de causer des inflammations, d'affoiblir les vraies douleurs, de déranger les suites des couches. Je ne finirois pas, si je voulois entrer dans le détail de toutes les fautes que le préjugé, l'ignorance, l'imprudence & la témérité des Accoucheuses mal instruites leur font commettre. Souvent elles rendent difficiles des accouchemens naturels; & presque impraticables, des accouchemens qui n'étoient que difficiles.

En vain une sage Législation favorise la population par des moyens physiques & moraux, si la mal-adresse des Accoucheuses les rend inutiles. En vain l'on encourage les mariages, si des Sages-femmes ignorantes les rendent inféconds. En vain vous proposez des récompenses & des distinctions aux peres de famille, si des mains homicides étouffent leur postérité.

Je n'examinerai pas s'il est à propos d'interdire l'art des accouchemens aux femmes, pour le faire exercer uniquement par des hommes. Je ne déciderai point qu'un Chirurgien instruit accouche mieux qu'une femme, quelque éclairée qu'elle soit. Je n'ai garde aussi de dire que ce n'est pas là la besogne d'un homme; que les femmes ont les mouvemens plus lians, plus de patience, plus de douceur; que s'étant trouvées dans le même cas, elles sont plus à portée de donner du soulagement à leurs semblables; que la décence parle en leur faveur. Ces allégations n'ont rien de décisif. L'essentiel, c'est qu'une profession si importante ne soit exercée que par des personnes suffisamment instruites, hommes ou femmes; & pour cela, il faut qu'elles aient fait des études analogues, qu'elles aient suivi des cours d'Anatomie, qu'elles aient été formées par d'habiles Accoucheurs, qu'elles aient subi des examens séveres, & opéré pendant plusieurs années sous les yeux de leurs maîtres. A ces titres, elles mériteront d'être honorées de la confiance du Gouvernement & du Public.

Vous les enverrez remplacer dans les villes & les campagnes, les ignorans qui les dépeuplent. Ayez soin encore que ces Accoucheurs & ces Accoucheuses soient décens, modestes, de bonnes mœurs, discrets, désintéressés, réguliers dans leur conduite & au-dessus de tout soupçon. Plus une profession est importante, plus l'honnêteté est nécessaire à ceux qui s'y adonnent. Je finirai cet article par citer un trait de méchanceté qui fait frémir toute ame sensible. Il est attesté par un Philosophe incapable d'en imposer.

» Je me crois obligé, par l'intérêt que tout honnête homme doit prendre » à la naissance des Citoyens, de déclarer que poussé par une curiosité qui » est naturelle à celui qui pense un peu, la curiosité de voir naître l'homme » après l'avoir vu mourir tant de fois, je me fis conduire chez une de ces » Sages-femmes qui font des éleves, & qui reçoivent des jeunes gens qui » cherchent à s'instruire de la matiere des accouchemens, & que je vis-là » des exemples d'inhumanité qui seroient presque incroyables chez des barba- » res. Ces Sages-femmes, dans l'espérance d'attirer chez elles un plus grand » nombre de spectateurs, & par conséquent de payans, faisoient annoncer » par leurs émissaires, qu'elles avoient une femme en travail, dont l'enfant » viendroit certainement contre nature. On accouroit; & pour ne pas trom- » per l'attente, elles retournoient l'enfant dans la matrice, & le faisoient » venir par les pieds. Je n'oserois pas avancer ce fait, si je n'en avois pas été » témoin plusieurs fois, & si la Sage-femme elle-même n'avoit eu l'impru- » dence d'en convenir devant moi, lorsque tous les assistans s'étoient retirés. » J'invite donc ceux qui sont chargés de veiller aux désordres qui se passent » dans la Société, d'avoir les yeux sur celui-là".

ACCROISSEMENT, f. m.

Du Droit d'Accroiſſement.

L'ACCROISSEMENT, dans le Droit Civil, eſt l'adjection & la réunion d'une portion d'un bien devenue vacante, à l'autre portion du même bien déjà poſſédée par quelqu'un.

On appelle *Droit d'Accroiſſement* le droit qu'a chacun de deux héritiers d'une même ſucceſſion, ou de deux légataires d'une même choſe, d'avoir la portion de l'antre qui ne peut ou ne la veut prendre.

Pour bien entendre quel eſt ce droit, il faut le conſidérer dans un cas où l'on découvre facilement quelle eſt ſa nature & ſon origine. Si on ſuppoſe qu'un pere laiſſant deux enfans, il y en ait un qui renonce à la ſucceſſion, ou qui s'en rende indigne, ou en ſoit incapable par quelque condamnation ou autrement, ou qui ſoit juſtement déshérité, ſa portion qu'il ne voudra, ou ne pourra prendre, demeurant dans la maſſe de l'hérédité, elle ſera acquiſe entiere à ſon frere qui ſe trouvera ſeul à ſuccéder. Et il en ſeroit de même dans des ſucceſſions collatérales de freres ou autres plus éloignés, ſi, de deux ou pluſieurs cohéritiers, appellés enſemble à une ſucceſſion, l'un d'eux ne vouloit, ou ne pouvoit y prendre ſa part.

Ce droit de l'héritier qui acquiert les portions des autres, s'appelle *Accroiſſement,* parce que la portion de celui qui ne ſuccede point, accroît à celui qui ſuccede ſeul; ainſi il a le tout.

On voit dans ces cas des ſucceſſions légitimes, que le droit d'Accroiſſement y eſt tout naturel, étant fondé ſur ce que la Loi appelle les héritiers du ſang aux ſucceſſions, & les y appelle ſelon leur nombre; de ſorte que s'ils ſont deux ou pluſieurs, ils partagent en portions égales, & que s'il n'y en a qu'un, il ait ſeul le tout. Car il s'enſuit de cette regle, que ce n'eſt que le concours de pluſieurs cohéritiers qui diviſent entr'eux la ſucceſſion, & qu'ainſi, à meſure que quelqu'un d'eux ceſſe de prendre ſa portion, elle demeure dans l'hérédité, & eſt acquiſe aux autres par le droit au tout, qui demeurera entier à un ſeul, s'il n'en reſte qu'un.

Pour les ſucceſſions teſtamentaires, on peut dire que le Droit d'Accroiſſement n'y eſt pas ſi évidemment juſte & naturel que dans les ſucceſſions légitimes. Car ſi dans le cas de deux héritiers teſtamentaires qui ne ſeroient pas héritiers du ſang, l'un ne voulant ou ne pouvant pas ſuccéder, il faut décider à qui ſa portion devroit être acquiſe, ou au cohéritier teſtamentaire, ou à l'héritier légitime; le droit de cet héritier teſtamentaire ne ſerait pas ſi parfaitement évident contre l'héritier légitime, que l'eſt dans le cas d'une ſucceſſion *ab inteſtat*, le droit de l'héritier légitime qui ſe trouve ſeul au défaut du cohéritier, qui ne peut ou ne veut prendre part à l'hérédité. Car dans ce ſecond cas, le droit de cet héritier légitime ne peut être conteſté par qui que ce ſoit; & dans le premier cas des cohéritiers teſtamentaires, l'héritier légitime auroit ſes raiſons contre l'héritier teſtamentaire, qui prétendoit la portion de l'autre, comme il ſera remarqué dans la ſuite.

Cette queſtion eſt décidée par le Droit Romain en faveur des héritiers teſtamentaires. Et comme le Droit d'Accroiſſement eſt naturel aux héritiers légitimes, & que la qualité d'héritier qui eſt commune à l'héritier teſtamentaire & au légitime, rend l'héritier le ſucceſſeur univerſel de tous les biens, on y a réglé que le Teſtateur ayant voulu exclure de ſa ſucceſſion ſes héritiers légitimes, & en diſpoſer par ſon teſtament, les héritiers teſtamentaires étoient ſeuls appellés à l'hérédité entiere, & qu'ainſi celui qui n'étoit inſtitué héritier que pour une partie, devenoit héritier univerſel, ſi l'héritier de l'autre partie ne vouloit la prendre, ou ne le pouvoit. C'étoit vraiſemblablement ſur ce principe, qui veut que la qualité d'héritier donne un droit univerſel, qui acquiert l'hérédité entiere à celui des héritiers qui ſe trouve ſeul, qu'étoit fondée cette autre regle du Droit Romain, qu'une hérédité ne peut être réglée en partie comme teſtamentaire, & en partie comme *ab inteſtat;* de ſorte qu'un Teſtateur puiſſe ne diſpoſer par un teſtament que d'une partie de ſon hérédité, inſtituant, par exemple, un héritier pour une moitié, ſans diſpoſer de l'autre. Car en ce cas l'héritier inſtitué pour une moitié étoit héritier univerſel, & excluoit de l'autre moitié l'héritier *ab inteſtat*, qui n'étoit pas appellé par le teſtament. Et quand même l'héritier nommé par le teſtament n'auroit été inſtitué héritier que d'un certain fonds, ce qui n'eſt proprement qu'un legs, la qualité d'héritier lui étant donnée, il étoit héritier univerſel de tous les biens.

Il réſulte de cette premiere remarque ſur le Droit d'Accroiſſement entre héritiers légitimes, & ſur le Droit d'Accroiſſement entre héritiers teſtamentaires, qu'il y a cette différence entre ces deux ſortes d'Accroiſſemens, qu'on peut dire celui des héritiers légitimes, qu'il eſt du même droit naturel, que la Loi qui leur donne la ſucceſſion. Car comme il eſt de la juſtice & de l'équité naturelle que, ſi deux héritiers du ſang ſont également appellés par la proximité, ils doivent partager la ſucceſſion; il eſt de la même équité qu'elle demeure entiere à celui qui ſe trouve ſeul par l'excluſion de l'autre. Mais on peut dire de l'Accroiſſement dans les ſucceſſions teſtamentaires, qu'il eſt plus du droit poſitif que du droit naturel. Car ſi dans le cas d'un teſtament qui appelle à l'hérédité d'autres héritiers que ceux du ſang, la Loi avoit réglé qu'il n'y auroit point de Droit d'Accroiſſement entr'eux, à moins que le Teſtateur ne l'eût expreſſément ordonné; mais que la portion de celui qui ne voudroit ou ne pourroit être héritier, paſſeroit à l'héritier légitime avec les charges du teſtament, & qu'ainſi il y eût deux héritiers, l'un teſtamentaire, l'autre légitime; on ne pourroit pas dire d'une telle Loi qu'elle bleſſeroit le droit naturel; on pourroit plutôt dire en faveur de l'héritier légitime, qu'il ſeroit aſſez naturel que le Teſtateur n'ayant voulu donner à chacun des héritiers nommés par son testament qu'une portion de l'hérédité, chacun dût être réduit à la sienne, & que celle de l'héritier testamentaire, qui ne pourroit ou ne voudroit succéder, fût laissée à l'héritier légitime; de même qu'il auroit le tout, si aucun des héritiers testamentaires ne succédoit, & le droit de l'héritier légitime à la portion vacante, seroit à plus forte raison juste & naturel, si le Testateur n'avoit institué qu'un seul héritier pour une moitié ou autre portion, ou même par un seul fonds; puisque dans ces cas proposés dans le Droit Romain, ainsi qu'il a été déjà remarqué, la présomption seroit assez naturelle, que ce Testateur auroit voulu que le reste des biens demeurât à son héritier légitime. Et quoiqu'il arrivât par la Loi, qui dans ces cas appelleroit l'héritier légitime avec l'héritier testamentaire, que celui à qui le Testateur avoit donné le titre d'héritier, ne seroit pas héritier universel, & que la succession seroit réglée en partie comme testamentaire, & en partie comme légitime, il n'y auroit dans ces deux événemens rien de contraire au droit naturel, & qu'une Loi arbitraire ne pût ordonner. Car pour le premier, encore que l'héritier testamentaire qui resteroit seul de deux que le Testateur auroit institués, ne fût pas héritier universel, & que l'héritier légitime partageât avec lui la succession, il seroit toujours vrai que le titre d'héritier, seroit universel, mais divisé à deux héritiers, comme il arrive toutes les fois qu'il y a plusieurs héritiers, soit testamentaires ou *ab inteſtat;* & pour le second, encore qu'une partie de la succession fût à l'héritier testamentaire, & l'autre à l'héritier légitime, le testament n'ayant son effet que pour l'un des héritiers que le Testateur y avoit nommés, cet événement ne feroit autre chose que donner à deux différentes Loix, l'effet naturel de l'une & de l'autre. Car il donneroit à la Loi naturelle l'effet de faire succéder l'héritier du sang, & à la Loi qui permet de faire un héritier par un testament, l'effet de donner à l'héritier testamentaire qui se trouveroit capable de succéder, la portion de l'hérédité que le Testateur vouloit lui donner. Ainsi, l'intention du Testateur étant accomplie, la Loi qui permet les testamens, le seroit aussi. Et on voit même dans le Droit Romain, que non-seulement diverses sortes de biens passent à diverses sortes d'héritiers; mais que celui qui avoit droit de faire un testament militaire, pouvoit laisser sa succession réglée en partie par son testament, & en partie *ab inteſtat;* & on sait que plusieurs Interpretes ont cru qu'en divers cas tout Testateur, quoiqu'il n'eût pas le privilege de faire un testament militaire, laissoit sa succession en partie comme légitime, & en partie comme testamentaire. Et dans le cas même où le droit d'Accroissement devoit avoir lieu dans le Droit Romain, il pouvoit arriver que la succession fût divisée, & passât en partie à un des héritiers testamentaires, & en partie au Fisc, lorsque par les Loix Fiscales, il prenoit la portion de l'héritier qui ne pouvoit succéder, & il en excluoit le cohéritier, qui sans ces Loix auroit eu le Droit d'Accroissement. De sorte qu'il semble qu'on puisse conclure, comme assez prouvé, ce qu'on a déjà dit; qu'au lieu que le Droit d'Accroissement

ment dans les successions légitimes est du Droit naturel, dans les successions testamentaires, il est seulement du Droit positif.

Le Droit d'Accroissement dont on a parlé jusqu'ici, regarde seulement les cohéritiers; mais on l'étendit aux légataires à qui une même chose est léguée en termes qui doivent avoir cet effet. Car ce Droit n'a pas toujours lieu entre légataires d'une même chose, comme entre cohéritiers d'une même succession. Mais selon les différentes expressions des Testateurs, il peut y avoir ou n'y avoir pas de Droit d'Accroissement entre légataires; ce qui dépend des regles qui seront expliquées dans la suite.

On peut regarder comme une suite des réflexions qu'on vient de faire sur le Droit d'Accroissement, tant entre cohéritiers testamentaires, qu'entre légataires; que comme cet Accroissement est seulement du Droit positif, au lieu que dans les successions légitimes, on peut dire qu'il est du Droit naturel, c'est un effet de cette différence entre ces deux sortes d'Accroissement, que pour celui qui est naturellement acquis aux héritiers légitimes, on ne voit pas qu'il en naisse de difficultés, au lieu qu'il en nait plusieurs de l'Accroissement dans les dispositions testamentaires, comme on voit, par expérience, dans le Droit Romain. Car encore qu'il y soit parlé du Droit d'Accroissement dans les successions testamentaires; ce qui vient de ce que le Droit d'Accroissement dans les successions légitimes, étant une suite nécessaire d'un principe simple & naturel, qui est le Droit que donne la Loi à l'héritier légitime, d'avoir la succession entiere, quand il se trouve seul, rien n'est plus facile que de connoître si ce Droit a lieu. Mais au contraire le Droit d'Accroissement dans les dispositions des Testateurs dépend de deux principes arbitraires, & sujets à différentes interprétations. L'un est la volonté des Testateurs, dont les dispositions peuvent, ou donner lieu au Droit d'Accroissement, ou faire qu'il n'y en ait point. Et l'autre est la Jurisprudence des diverses regles que le Droit Romain a établies sur cette matiere. De sorte que, comme on peut dire que ces regles n'y sont pas expliquées avec l'ordre & la netteté nécessaires pour le bien entendre, ainsi qu'on pourra en juger par la suite; & que les dispositions des Testateurs qui se trouvent mal expliquées, & les différentes combinaisons des circonstances que font naitre les événemens, rendent souvent incertaine la connoissance de leur volonté, & l'application des regles qui peuvent y convenir; cette matiere du Droit d'Accroissement a été rendue si difficile, que quelques Interpretes ont dit qu'il n'y en a aucune autre dans tout le Droit qui le soit autant, quoiqu'il soit vrai qu'il n'y en ait point dont l'usage soit moins nécessaire; puisqu'il auroit été facile de se passer des regles du Droit d'Accroissement, si on l'avoit borné aux successions légitimes, & aux cas où le Testateur l'auroit ordonné. Cette Jurisprudence simple & facile auroit épargné bien des regles & bien des procès, & sans aucun inconvénient. Car quel seroit l'inconvénient, si la part qu'un des héritiers testamentaires ne pourroit ou ne voudroit prendre, demeuroit à l'héritier légitime, l'autre héritier testamentaire ayant ce que le Testateur lui avoit donné; ou si ce qu'un des légataires laisseroit ou ne pourroit prendre, demeuroit à l'héritier, l'autre légataire se contentant de ce qui lui revient par le testament : ou enfin si un héritier testamentaire, qui seroit stipulé seul, & seulement pour une portion ou pour un seul fonds, selon les exemples qu'on voit de pareilles dispositions dans le Droit Romain, étoit réduit à ce que le Testateur lui avoit laissé ?

Il semble que si quelque Loi avoit réglé les choses de cette maniere; ou l'on ne diroit pas que ces événemens fussent des inconvéniens ; ou si c'en étoient, ils paroitroient moindres que celui des difficultés qu'a fait naître la Jurisprudence du Droit d'Accroissement de la maniere que nous l'avons dans le Droit Romain. C'est ce que nous laissons à décider à la sagesse des Législateurs.

On a fait ici toutes ces remarques sur le Droit d'Accroissement, pour donner l'idée de son origine, de sa nature, & des principes généraux de cette matiere. On a cru devoir, par occasion, y ajoûter les réflexions qu'on a faites pour distinguer ce qu'il y a, dans l'Accroissement, du droit naturel, & ce qui n'est que du droit positif établi par de simples loix arbitraires, & qu'on auroit pu régler autrement.

On n'a eu en vue, que de développer les difficultés de cette matiere que les interpretes reconnoissent être si grandes dans le Droit Romain. Car pour bien entendre quelque matiere que ce soit, & les difficultés qui peuvent y naitre, il est nécessaire, ou au moins utile, de bien distinguer dans les idées communes qu'on nous en donne, ce qu'il peut y avoir d'essentiel à leur nature, & ce qui ne seroit pas de ce caractere. Quoique dans la considération des principes du Droit Romain, qui ont été les fondemens du Droit d'Accroissement dans les successions testamentaires, on ait été obligé de faire observer qu'on auroit pu se passer de l'Accroissement hors les successions légitimes, & les cas où les Testateurs l'auroient ordonné; on n'a pas prétendu pour cela supprimer les regles du Droit Romain sur cette matiere; on les suppose au contraire, comme fondement des remarques qui restent à faire. Mais on a cru qu'il étoit permis d'user d'une critique judicieuse sur cet objet comme sur tous les autres, laissant au lecteur la liberté d'apprécier ces observations, que nous allons continuer dans le même esprit, & avec la même franchise.

Comme le Droit d'Accroissement a son fondement dans les successions légitimes, sur ce que les cohéritiers sont joints par la liaison que fait entr'eux la succession qui leur est commune; le droit de l'héritier qui se trouve appellé à recueillir les portions qui vaquent, est en effet un droit simple & naturel de prendre le tout, parce qu'aucun des autres héritiers ne lui en fait de retranchement. Ainsi on peut aussi bien dire, & avec autant ou plus de raison, qu'il a le tout, parce que son droit au tout ne souffre aucune diminution par le concours d'autres héritiers, qu'on pourroit dire, qu'il a le tout par l'Accroissement des portions des autres. C'est à l'imitation de ce Droit des héritiers légitimes, que le Droit Romain a donné aux héritiers testamentaires le Droit d'Accroissement, ainsi qu'on l'a déja expliqué; desorte que le fondement de leur Droit d'Accroissement est leur liaison, par la qualité de cohéritiers d'une succession qui leur est commune; ce qui fait qu'on dit, qu'ils sont conjoints, c'est-à-dire, conjointement appellés à l'hérédité, comme on dit aussi que deux ou plusieurs légataires d'une même chose sont appellés conjointement au legs qui leur est commun. Et comme les Testateurs qui instituent plusieurs héritiers, ou qui donnent à plusieurs légataires une même chose, peuvent s'exprimer en différentes manieres, & les joindre ensemble par diverses expressions, dont les effets soient différens, on a distingué, dans le Droit Romain, trois manieres dont les héritiers & les légataires d'une même chose peuvent être liés ou conjoints dans un Testament.

La premiere est celle qui les conjoint par la chose même qui leur est laissée, quoiqu'ils ne soient pas conjoints par une seule expression commune; comme si un Testateur institue premiérement un héritier; & puis en institue un second par une autre clause, sans distinguer leurs portions: ou s'il donne une maison à un Légataire, & qu'il donne ensuite & séparément cette même maison à un autre Légataire par une autre clause. On donne cet exemple; car encore que cette maniere de léguer paroisse bisarre dans notre usage, & convenir peu à un Testateur, qui ait quelque exactitude & un peu de sens, les exemples en sont fréquens dans le Droit Romain.

La seconde maniere est celle qui conjoint les héritiers ou les légataires, & par la chose, & par l'expression du Testateur; comme s'il institue un tel & un tel pour ses héritiers, ou s'il donne à un tel & à un tel une maison ou quelque héritage.

La troisieme est celle qui ne conjoint les personnes que par les paroles & non par la chose; comme si un Testateur legue un fonds à un tel & à un tel par portions égales.

On exprime ici ces trois manieres, selon qu'elles sont expliquées dans les Loix où il en est fait mention; mais il ne faut pas prendre cette distinction des manieres dont un Testateur peut conjoindre des héritiers ou des légataires d'une même chose, comme une division d'une exactitude géométrique ou méthaphysique, desorte qu'elle convienne également aux héritiers & aux légataires, & que chacune de ces manieres ait toujours le même effet indistinctement pour les légataires comme pour les héritiers, en ce qui regarde le Droit d'Accroissement. On seroit souvent trompé, l'entendant ainsi; & on trouveroit même qu'une expression, qui, dans quelques Loix, est donnée pour exemple d'une de ces manieres, est donnée ailleurs pour exemple d'une autre. Ainsi il est dit dans une Loi, que cette expression, *j'institue un tel & un tel mes héritiers, chacun pour une moitié*, fait une conjonction par la chose & par les paroles. Et dans une autre Loi, cette expression, *je donne & legue à un tel & à un tel un tel fonds par portions égales*, ne fait qu'une conjonction par les paroles & non par la chose.

On voit que ces deux expressions sont toutes semblables, car instituer & léguer par moitié ou par portions égales, c'est la même chose. Cependant elles sont données pour exemple de deux sortes de conjonctions toutes différentes, & si différentes, que dans l'une, il y a Droit d'Accroissement, & non pas dans l'autre; mais sans que les Loix où elles se trouvent, marquent comment il faut concilier cette contrariété au moins apparente, & qui vient de la différence entre les legs & l'hérédité. Cette différence consiste en ce qui a déja été remarqué, que pour ce qui regarde l'hérédité, de quelque maniere qu'on institue deux héritiers, soit par une seule clause ou séparément, soit qu'on exprime leurs portions, ou qu'il n'en soit fait aucune mention, ils ne laissent pas d'être conjoints, par la chose qui est l'hérédité, qu'on considere comme indivisible; & il y a toujours entr'eux Droit d'Accroissement, par les raisons qui ont été expliquées : & c'est par ces raisons, qu'à l'égard de l'hérédité, cette expression, *j'institue un tel & un tel mes héritiers chacun pour une moitié*, fait une conjonction ou liaison par la chose. Mais pour les legs, si une chose est léguée à deux personnes par portions égales ou inégales, comme la chose léguée peut se diviser, ou par ses parties, si elle est divisible, ou par son estimation, si elle est indivisible, cette expression, *je donne & legue à un tel & à un tel un tel fonds par portions égales*, ne fait pas de conjonction par la chose. Ainsi chaque Légataire a son droit borné à sa portion : & si un des Légataires ne peut ou ne veut prendre la sienne, elle ne sera pas pour cela vacante & sans maître, mais l'héritier en profitera, & l'autre légataire aura tout ce que le Testateur vouloit lui donner, c'est-à-dire, la portion qu'il lui avoit léguée.

C'est selon cette distinction qu'il faut entendre les divers effets de ces expressions toutes semblables, & qui embarrassent, si on ne les prend différemment chacune en son sens. Mais cette difficulté n'est pas la seule qu'on trouve à résoudre sur cette matiere, car on en voit d'autres en d'autres Loix. Ainsi, par exemple, il est dit en quelques-unes, que lorsque deux légataires sont conjoints, la chose est donnée entiere à chacun, & qu'elle ne se divise que quand ils concourent, & qu'ainsi il y a entr'eux Droit d'Accroissement. *Conjunctim hæredes institui aut conjunctim legari, hoc est, totam hæreditatem & tota Legata singulis data esse, partes autem concursu fieri. L. 80. ff. de Legat. 3.* Et on voit en d'autres Loix, que si les légataires d'une même chose sont disjoints, ils ont chacun le tout, de sorte que s'ils concourent, ils partagent le legs; & si l'un des deux ne prend point sa part, elle accroit à l'autre. *Si disjunctorum aliqui deficiant, cæteri totum habebunt. L. 1. §. 11. C. Decad. Toll. L. 33. ff. de Leg. 1.*

Il semble suivre de ces textes, que la conjonction & la disjonction ayant également l'effet de donner le Droit d'Accroissement aux légataires, ils l'auront toujours, de quelque maniere qu'ils soient légataires d'une même chose ; ce qui n'est pas vrai de ceux à qui le legs divise la chose; car entre ceux-ci, il n'y a point d'Accroissement. Ainsi pour concilier ces diverses regles, il faut entendre dans le premier de ces deux textes, le mot de conjoints, des légataires qui sont conjoints par la chose; comme si un Testateur legue une même chose à deux personnes sans distinction de portions : & dans le second, il faut entendre le mot de disjoints, de ceux qui ne sont disjoints que par les paroles, & qui sont conjoints par la chose; comme si un Testateur ayant légué une chose à un légataire, legue la même chose à un autre par une autre clause, comme il a été déja remarqué.

On ne s'arrêtera pas au détail des autres difficultés des Loix sur cette matiere, car ce détail ne feroit qu'embarrasser inutilement; comme, par exemple, les différences qu'on faisoit dans l'ancien Droit Romain pour le Droit d'Accroissement, entre un legs qu'on appelloit *per damnationem*, par lequel l'héritier étoit chargé de donner une chose à un légataire, & le legs qu'on appelloit *per vindicationem*, par lequel la chose étoit donnée au légataire à prendre dans l'hérédité ; comme si le Testateur avoit dit, *je veux qu'un tel prenne une telle chose.* Selon ces diverses manieres de léguer une même chose à deux légataires, le Droit d'Accroissement pouvoit avoir lieu, ou ne l'avoir point, & il suffit de remarquer en général sur toutes les difficultés de cette matiere, qu'elles restent telles dans le Droit Romain ancien & nouveau, que les Loix mêmes, qui en expliquent les principes & les regles générales, contiennent des expressions que les Interpretes expliquent par des sens tout opposés, & qui, en effet, y donnent sujet, comme il paroît en quelques-uns des textes qu'on rapporte à ce sujet & en d'autres, où l'on a laissé subsister l'ancienne différence de ces deux sortes de legs dont on vient de parler, quoiqu'elle eût été abolie par Justinien ; ce qui fait une des causes des difficultés de cette matiere, & a donné sujet au plus habile des Interpretes, d'accuser de stupidité ou de négligence ceux qui furent chargés de tirer des livres des anciens Jurisconsultes les extraits qui composent le Digeste, pour n'avoir pas su retrancher de ces extraits ce qui étoit aboli dans l'ancien Droit, & pour avoir par-là laissé en divers endroits des textes contraires à d'autres qu'ils ont recueillis.

On peut juger, par toutes ces réflexions, que les difficultés qui naissent ici du Droit d'Accroissement, sont à-peu-près de même nature que celles des clauses codicillaires. Il y a pourtant cette différence entre ces deux matieres, que pour les clauses codicillaires, il n'y a point de regles assez précises dans le Droit Romain, dont on ait pu tirer une Jurisprudence fixe & certaine ; mais pour le Droit d'Accroissement, comme les dispositions des Testateurs peuvent souvent y donner lieu, & qu'on en a plusieurs regles dans le Droit Romain, qu'on peut rendre claires & précises, on en a composé cet article, & on a tâché de leur donner le jour & l'ordre nécessaires pour les rendre faciles autant qu'on l'a pu à travers les difficultés qu'on vient d'expliquer. Car encore que Justinien ait fait une Loi, dont une partie regarde cette matiere, & qu'il y ait dit qu'il avoit jugé nécessaire de la traiter entiere, amplement & exactement, pour la rendre claire à tout le monde, ce projet paroit peu exécuté.

Lorsqu'il y a deux ou plusieurs héritiers d'une même succession, ou deux ou plusieurs légataires d'une même chose, & que quelqu'un des héritiers ou des légataires ne prend point de part à l'hérédité ou au legs, soit qu'il y renonce, ou qu'il s'en trouve incapable, ou qu'il en soit indigne, ou qu'il vienne à décéder avant le Testateur, la portion qu'il devoit avoir passe aux autres héritiers ou aux autres légataires, selon que la disposition du Testateur doit avoir cet effet; ce qui dépend des regles qui suivent. Et il en est de même entre plusieurs substitués ou fidéicommissaires pour une hérédité, ou pour quelque legs.

Le droit qu'ont les héritiers, les légataires & les substitués ou fidéicommissaires, de profiter des portions les uns des autres, quand il y en a qui ne veulent ou ne peuvent recueillir les leurs, s'appelle Droit d'Accroissement, parce que la portion vacante accroit à celles des autres.

Entre cohéritiers légitimes il y a toujours Droit d'Accroissement : car l'hérédité est acquise au plus proche capable de succéder; ainsi il doit l'avoir entiere, s'il n'y a pas de cohéritiers, ou si ceux qui seroient appellés avec lui à l'hérédité ne vouloient ou ne pouvoient y prendre de part. Mais si un des cohéritiers mouroit après l'ouverture de la succession sans l'avoir connue, ou avant que de l'accepter, il transmettroit son droit à ses héritiers, & son cohéritier n'y auroit point de part par l'accroissement.

Le Droit d'Accroissement, dans les dispositions testamentaires, dépend de la maniere dont le Testateur a expliqué son intention entre plusieurs héritiers, plusieurs légataires ou plusieurs substitués, & de la liaison que fait entr'eux son expression : car, c'est selon qu'ils se trouvent joints à un même droit, ou que leurs portions sont distinctes, qu'ils ont le droit d'Accroissement, ou qu'ils ne l'ont point; ce qui dépend des regles suivantes.

Deux ou plusieurs héritiers ou légataires peuvent être joints ou appellés conjointement en trois manieres à une même hérédité, ou à un même legs. La premiere, de sorte qu'ils soient conjoints seulement par l'hérédité ou la chose qui leur est laissée, & appellés par des expressions distinctes & séparées; comme si un Testateur institue un héritier par une premiere clause, & par une seconde, un autre héritier; ou s'il legue une chose à un légataire, & appelle ensuite un autre légataire à la même chose. La seconde, de sorte que le Testateur joigne les personnes & par la chose & par l'expression; comme si par une seule clause il institue deux héritiers, ou fait deux légataires d'une même chose. La troisieme, est celle où le Testateur ne joint les personnes que par les termes, & distingue leurs portions; comme s'il instituoit deux héritiers, ou léguoit une même chose à deux personnes par portions égales.

Quand il s'agit de l'hérédité, de quelque maniere que les héritiers y soient appellés, soit conjointement ou séparément, & que leurs portions soient marquées ou non, il y a toujours entr'eux Droit d'Accroissement: car comme le Droit à l'hérédité est un Droit universel qui comprend tous les biens & toutes les charges, & que ce Droit est indivisible, c'est-à-dire, qu'on ne peut être héritier seulement pour une partie, de sorte que l'autre demeure vacante & sans héritiers, les portions de ceux qui ne veulent pas succéder, ou qui ne le peuvent, sont acquises aux autres. Ainsi l'héritier, qui aura une fois accepté sa portion, succédera pour celle qui sera vacante, sans qu'il ait la liberté d'y renoncer, & il sera tenu d'en porter les charges; ce qu'il faut entendre non-seulement des héritiers institués, mais aussi des substitués; soit que plusieurs héritiers soient substitués réciproquement les uns aux autres, ou que d'autres soient substitués aux héritiers, car, dans tous ces cas, celui qui a acquis une portion de l'hérédité, soit comme institué ou comme substitué, ne peut renoncer aux autres portions que l'effet de l'institution ou de la substitution peut lui faire accroître.

Ce que nous venons de dire ci-dessus, qu'une portion de l'hérédité ne peut demeurer vacante, & que celui à qui elle doit accroitre, ne peut la refuser, n'est pas contraire à ce qui a été dit plus haut, qu'il n'auroit pas été contre le Droit naturel, que la portion vacante fût laissée à l'héritier légitime, quoiqu'en ce cas il fût vrai que cet héritier légitime, à qui cette portion vacante devroit être acquise, pût la refuser; car la regle qui veut que la portion vacante ne puisse être refusée par celui à qui elle doit accroitre, suppose qu'il ait accepté sa portion soit purement & simplement, ou par bénéfice d'inventaire; & ce n'est qu'en ce cas, qu'il ne peut refuser les autres portions à la même condition sous laquelle il a accepté la sienne: & comme, s'il n'avoit pas accepté sa portion, il pourroit refuser les autres, il seroit de la même justice que cet héritier légitime, qui ne seroit encore entré dans aucun engagement à l'hérédité, pût, ou accepter la portion vacante, ou la refuser. il n'y auroit en tout cela rien de contraire à la justice ni à l'équité; & ces mêmes choses peuvent se voir dans la pratique, puisqu'il est certain que s'il arrivoit qu'un héritier légitime ayant accepté la succession, le légataire universel renonçât au legs, cet héritier qui n'auroit pas pu avoir part aux biens compris dans ce legs, si ce légataire l'avoit accepté, ne pourroit à son refus renoncer à ces biens, pour s'exempter des charges; mais il seroit tenu envers les créanciers de toutes les dettes de l'hérédité & des legs particuliers jusqu'à la concurrence de ce que le testateur avoit pu léguer.

Lorsqu'il y a Droit d'Accroissement entre plusieurs héritiers ou substitués, ceux à qui reviennent les portions vacantes, y ont leur part à proportion de celles qu'ils ont dans l'hérédité.

Le Droit d'Accroissement entre héritiers n'est pas toujours tel qu'ils aient tous ce droit entr'eux réciproquement : car si un Testateur divise sa succession en portions, & donne, par exemple, une moitié à deux ou plusieurs héritiers, & l'autre à quelques autres, l'un de ces héritiers ne succédant point, sa portion demeurera dans la masse de la moitié dont elle faisoit partie, & accroîtra aux cohéritiers de cette moitié, & non à ceux de l'autre ; mais s'il y avoit quelqu'un des héritiers qui fût institué seul pour une moitié ou autre portion, & qu'il ne pût ou ne voulût la prendre, elle accroitroit entiere à tous les autres héritiers indistinctement selon leurs portions dans l'hérédité.

Si tous ceux qui étoient appellés à une portion distincte des autres, ne pouvoient succéder ou y renonçoient, le Droit d'Accroissement qui n'*étoit* qu'entr'eux pour leurs parts, tandis que l'un d'eux pourroit succéder, passeroit aux autres héritiers des autres portions, & celle qui vaqueroit, leur seroit acquise : car alors cette portion ne pouvant demeurer vacante quand il y auroit un héritier de l'autre, il auroit le tout, & il ne pourroit s'en tenir à sa portion & renoncer à celle qui auroit vaqué, quoiqu'elle se trouvât onéreuse par les charges qui pourroient y être imposées, parce que l'hérédité est indivisible, & l'héritier qui se trouve rester seul, quoiqu'il ne le fût que pour une portion, doit accepter le tout.

Il n'en est pas de même entre légataires qu'entre cohéritiers pour le Droit d'Accroissement; car au lieu que le droit à l'hérédité étant un droit universel & indivisible, il y a toujours entre cohéritiers, Droit d'Accroissement; les legs étant restreints aux choses léguées qui peuvent se partager au moins par des estimations, quand elles seroient indivisibles, il n'est pas nécessaire qu'il y ait toujours Droit d'Accroissement entre légataires; mais ils ont entr'eux ou n'ont pas ce droit, selon que l'expression du Testateur peut le donner, ou les en exclure, comme il sera expliqué par les regles qui suivent.

Si un Testateur legue une même chose à deux ou plusieurs légataires sans aucune mention de portions, comme s'il donne & legue une maison à un tel & à un tel, ces légataires se trouvant conjoints par la chose léguée, il y aura entr'eux Droit d'Accroissement, de même que si le Testateur avoit ajouté que la chose fût entiere à celui de ces légataires qui se trouveroit seul à profiter du legs; ainsi il n'y a que leur concurrence qui divise le legs entr'eux, & en donne à chacun sa part; & si l'un d'eux ne peut ou ne veut recevoir la sienne, elle demeure à ceux qui ont pris ou prendront les leurs.

Si un Testateur avoit légué une même chose à deux légataires par deux expressions différentes & séparément, comme si ayant légué une maison par une premiere clause à un premier légataire, il la léguoit encore ensuite à un autre par une autre clause, un tel legs pourroit être conçu en trois manieres

manieres qui auroient trois différens effets. La premiere, de sorte que dans le second legs l'intention du Testateur parût qu'il vouloit révoquer le premier, & en ce cas le premier legs demeureroit nul. La seconde, de sorte qu'il voulût que chacun des légataires eût le legs entier, la maison demeurant à l'un, & l'héritier étant chargé d'en donner la valeur à l'autre, ce qui seroit exécuté, pourvû que cette intention fût expresse & bien expliquée. La troisieme, de sorte que par ces deux clauses la maison fût léguée entiere à chacun des deux légataires ; & en ce cas, les deux acceptant legs, leur concours le diviseroit, & chacun auroit la moitié de la chose léguée de cette maniere ; mais si, dans ce dernier cas, il y avoit un des deux légataires qui ne pût ou ne voulût avoir part au legs, tout seroit à l'autre, non tant par Droit d'Accroissement, qu'à cause que le tout lui étoit donné, & que son Droit n'étant pas diminué par le concours de l'autre, lui resteroit entier, mais avec les charges qui devoient passer à ce légataire, selon que la disposition du Testateur le demanderoit : car il pourroit y en avoir qui seroient bornées à la personne de l'autre légataire qui ne prendroit rien.

Si une même chose est léguée à deux ou plusieurs légataires, mais de sorte que le Testateur la divise entr'eux, comme s'il la leur légue par portions égales, ou assigne à chacun la sienne, il n'y aura point entr'eux de Droit d'Accroissement ; car leur titre les divise & donne à chacun son droit à son legs, séparé de celui des autres, & restreint à sa portion. De sorte que, si quelqu'une des portions de ces légataires venoit à vaquer, les autres n'y auroient aucun droit ; mais elle demeureroit acquise ou à l'héritier, si c'étoit lui qui fût chargé de ce legs, ou à un légataire, si le Testateur avoit fait un legs chargé de cet autre, comme s'il avoit légué une terre ou une maison à un légataire, & l'avoit chargé de donner à d'autres, ou une portion de la terre ou l'usufruit du tout, ou d'une partie, ou une somme d'argent à partager entr'eux.

S'il arrivoit qu'une même chose étant léguée conjointement & sans distinction de portions à plusieurs personnes, un des légataires, qui seroit un posthume, ne vint pas au monde, ou qu'un autre légataire se trouvât mort avant le testament, ce que le Testateur auroit ignoré, les portions qui par ces événemens viendroient à vaquer, accroîtroient aux autres. Et il en seroit de même, si un de ces légataires qui vivoit au tems du testament, venoit à mourir avant le Testateur.

Il résulte de toutes les regles qu'on vient d'expliquer, que le Droit d'Accroissement entre héritiers étant un effet de la regle qui veut que l'hérédité ne puisse être divisée, partie à un héritier testamentaire, & partie à un héritier légitime ; ce droit s'acquiert par la chose même, c'est-à-dire, par l'hérédité. D'où il s'ensuit qu'elle doit passer entiere à celui qui se trouve seul à succéder, soit qu'il fût lié aux autres par l'expression, ou qu'il fût appellé séparément, ou que même il fût restreint à une portion distincte ; car cette portion ne pouvant lui demeurer seule, lui attire celle des autres, lorsqu'elles viennent à vaquer; ainsi c'est toujours par la chose que les héritiers sont conjoints entr'eux. Et entre légataires, le Droit d'Accroissement est aussi un effet de ce qu'ils sont conjoints par la chose.

ACCROISSEMENT DES ETATS.

Des divers moyens par lesquels les Etats s'accroissent. Mariages, Elections, Donations, Acquisitions, Engagemens, Conquêtes.

Ce n'est pas assez de conserver un Etat dans sa splendeur, en le gouvernant sagement au-dedans, il est des occasions légitimes de l'accroître au-dehors, dont un Prince sage doit profiter. En voici les moyens.

Le premier, le plus naturel & le plus juste, est la voie des mariages. Il est permis aux particuliers de se marier à leur gré; l'intérêt seul de l'Etat doit régler les alliances de la maison régnante.

La Maison d'Autriche acquit une partie de l'Europe par cette voie pacifique. Six mariages étendirent sa grandeur.

I. L'alliance de l'Empereur Albert, fils de Rodolphe I, avec Elizabeth, héritiere du Tirol & de la Carinthie, mit ces deux Etats dans sa maison.

II. Jeanne, héritiere d'Ulric, Comte de Ferrete, en épousant Albert, dit le Sage, y joignit ce Comté.

III. Les Royaumes d'Hongrie & de Bohême furent apportés, pour la premiere fois, dans la Maison d'Autriche, par le mariage que fit l'Empereur Albert II avec Elisabeth, fille de l'Empereur Sigismond, possesseur de ces deux Royaumes.

IV. Le Comté de Bourgogne & les Pays-Bas étoient entrés dans la Maison d'Autriche par le mariage de Maximilien I avec Marie, fille & unique héritiere de Charles le Hardi. Peu de jours avant la bataille de Morat, où ce Prince périt, Louis XI, Roi de France, songeoit à réunir à sa couronne la riche succession de ce dernier Duc de Bourgogne, par le mariage de son héritiere avec le Dauphin; ou si la grande disproportion de leur âge, (car Marie avoit près de vingt ans, à la mort de son pere, & le Dauphin n'en avoit que sept) y mettoit un obstacle, à donner à cette Princesse pour époux, quelque jeune Seigneur de son Royaume, *pour tenir elle & ses sujets en amitié* (dit Comines en son vieux langage (*a*)) *& recouvrer sans débat ce qu'il prétendoit être sien.* Ce projet étoit conçu avec sagesse & pouvoit aisément s'exécuter; mais Louis XI, guidé par la haine qu'il eut toujours pour le Duc Charles de Bourgogne, entraîné par son avidité, ou aveuglé par sa joie, oublia le mariage du Dauphin, ou fit des fautes qui le mirent hors d'état de le conclure. Il ne crut pas non

(*a*) Mémoires de Comines, Liv. III, Chap. XXII & suivans.

plus devoir marier cette héritiere de Bourgogne à un autre Prince de sa Maison, soit qu'il ne voulût pas donner trop de puissance à un de ses sujets, soit par quelqu'autre motif dont il est d'autant plus difficile de rendre raison, que ce Prince tenoit souvent une conduite fort extraordinaire. Il ne songea qu'à conquérir par les armes les Etats de la Maison de Bourgogne, & les laissa passer à la Maison d'Autriche. Un Prince, moins rusé que Louis XI, auroit marié la Princesse de Bourgogne au Dauphin ou à Charles, Comte d'Angouleme, dont le fils régna, dans la suite, sous le nom de François I. Il ne faut pas faire un grand effort pour comprendre que dans tous les cas, il convenoit mieux au Roi de France, que ces grands fiefs de la Couronne fussent possédés par un Prince de sa Maison, comme ils l'avoient toujours été, que par un Prince étranger. Le nouvel Historien de Louis XI, (M. Duclos) prétend qu'après la mort du Duc de Bourgogne, la premiere pensée du Roi de France fut de conclure le mariage de Marie avec le Dauphin ; qu'il employa les offres & les menaces pour le finir, mais qu'il ne prit pas de justes mesures pour y parvenir ; qu'il ne sut pas profiter de ses avantages pour y déterminer Marie, qui y étoit très-disposée ; qu'il fit une faute irréparable, en sacrifiant aux Députés de Gand, les lettres de Marie ; & qu'après avoir perdu la confiance de cette Princesse, il ne put jamais la regagner. Qu'on adopte l'hypothese de l'ancien, ou celle du nouvel Historien de Louis XI, ce Prince fit une faute irréparable, qui mit la Maison d'Autriche en état de devenir la rivale de celle de France, & d'inonder de sang l'Europe, qui s'est partagée, pendant deux ou trois siecles, entre ces deux grandes Maisons.

V. Le mariage de Jeanne, fille & héritiere de Ferdinand d'Arragon & d'Isabelle de Castille, avec Philippe, Archiduc d'Autriche, fils de Maximilien I, fit entrer l'Espagne, & tous les Etats qui en dépendoient, dans la Maison d'Autriche.

VI. Enfin la Hongrie & la Bohême rentrerent de nouveau dans la Maison d'Autriche, par le mariage de l'Empereur Ferdinand I, frere de Charles-Quint, avec la Princesse Anne, fille de Ladislas, qui réunissoit deux couronnes sur sa tête.

Toutes les alliances de la Maison d'Autriche lui furent infiniment utiles, pendant que la France, simplement belliqueuse, ne fit que se conserver par la voie des armes. Le Poëte eut raison de dire, dans ce tems-là, que la Maison d'Autriche devoit laisser celle de France faire la guerre, tandis qu'elle continueroit à augmenter sa puissance par des mariages (*a*).

Ce n'est que depuis environ un siecle que la Maison de France a commencé tout de bon à employer la tête aussi-bien que les bras, & fait des conquêtes par les mariages aussi-bien qu'à coups d'épée. Si elle avoit conclu

---

(*a*) *Arma gerant Galli : tu, felix Austria, nube.*

anciennement quelques mariages qui devoient lui être utiles, tous n'avoient pas produit leur effet ; mais ceux qu'elle a faits depuis cent ans, avoient donné à la Maison de France sur celle d'Autriche, une grande supériorité qu'elle a conservée tant que celle-ci a existé.

Louis VII, dit le Jeune, avoit épousé Eleonore, qui lui avoit apporté en dot la Guyenne & le Poitou. L'esprit foible de ce Prince se prêtoit à toutes sortes de superstitions, & obligea Eleonore de dire à l'Assemblée de Beaugency, qu'elle avoit compté épouser un Roi & non un Moine. Il fut assez simple pour faire casser, par cette Assemblée, son mariage qui n'avoit pas été heureux, & pour restituer ces deux belles Provinces, suivant la maxime de Marc-Aurele-Antonin : si nous renvoyons la femme, il faut rendre la dot. La Princesse, pour se venger d'un si sensible affront, (car de quoi n'est point capable une femme offensée) épousa Henri, Duc de Normandie & Comte d'Anjou, qui fut depuis Henri II Roi d'Angleterre, & couronné à Paris Roi de France. Ce fut ce second mariage qui ouvrit aux Anglois une entrée libre en France, & qui fut l'origine de la guerre la plus sanglante que les François & les Anglois aient jamais eue; guerre qu'un Historien (Froissart) compare, pour sa longueur & son opiniâtreté, à celle que se firent autrefois les Romains & les Carthaginois, & qui aboutit enfin à chasser les Anglois au-delà de la mer, comme l'ancienne guerre avoit abouti à ruiner Carthage.

La Maison de France fit depuis trois mariages utiles.

I. Elle réunit à sa Couronne la Bretagne par le mariage de Louis XII avec Anne de Bretagne, héritiere de ce Duché, & veuve de Charles VIII.

II. Le mariage de Louis XIV avec l'Infante Marie-Thérese d'Autriche, vers le milieu du dernier siecle, a valu les Espagnes & les Indes à sa Maison, dans le commencement de celui-ci.

III. Le mariage que Philippe V, élevé sur le trône d'Espagne, comme petit-fils de Louis XIV & de Marie-Thérese d'Autriche, contracta avec Elizabeth Farnese, a fait l'établissement de l'Infant Don Carlos leur fils. Ce Prince fut Duc de Parme & de Plaisance, & héritier présomptif du grand Duché de Toscane; & ces deux Etats, le patrimoine de la famille de sa mere, il les donna, par le Traité de Vienne de 1738, en échange des Royaumes de Naples & de Sicile. On a fait ensuite la guerre en Italie au sujet des prétentions que la Cour de Madrid avoit sur la succession de l'Empereur Charles VI ; & les Duchés de Parme, de Plaisance & Guastalla, sont devenus, par le Traité d'Aix-la-Chapelle en 1748, le partage de l'Infant Don Philippe, autre fils de Philippe V & de la Reine sa veuve.

La voie de l'élection est souvent une occasion d'unir ou les Etats électifs aux héréditaires, ou les héréditaires aux électifs. Les Polonois ont réuni le grand Duché de Lithuanie à leur Couronne, en élisant pour Rois les Jagellons, qui possédoient ce grand Duché.

Les donations que des Peuples font quelquefois de leur Etat à un Prince qui est en situation de les protéger, sont une autre voie légitime d'Accroissement.

Attalus, Roi d'Asie, donna son Royaume par testament aux Romains.

Humbert, dernier Dauphin de Viennois, ayant perdu le seul fils qu'il eut, se fit Religieux de l'Ordre de saint Dominique, après avoir donné ses Etats à un fils de France, sous le regne de Philippe de Valois (*a*).

Charles d'Anjou, dernier Comte de Provence, se voyant sans enfans, donna cette Province à la France.

Les Rois de France eux-mêmes ont enrichi l'Eglise Romaine par la voie des donations.

Une autre voie d'accroître un Etat, c'est celle de l'acquisition. On ne sauroit acheter une Souveraineté trop cher, ni donner un prix trop considérable d'une chose qui n'en a point.

Jeanne, premiere Reine de Naples & Comtesse de Provence, vendit Avignon & le Comtat Venaissin à Clément VI, Pape. Le Comtat Venaissin, qui avoit pour maître le Comte de Toulouse, passa aux Comtes de Provence, en la personne de Jeanne, qui étoit fille de Raimond. Jeanne vendit le Comtat & la Ville d'Avignon à Clément VI, pour la somme de quatre-vingt mille livres, argent comptant, outre quelques arrérages de redevances pour Naples. Ce sont des faits que je tire d'un Auteur qui a fait une recherche particuliere des droits du Roi Très-Chrétien, (Cassan). Mezerai entre dans d'autres détails. Il dit que Jeanne, premiere Reine de Naples, Comtesse de Provence, issue de Charles d'Anjou, frere de Saint Louis, fit étrangler son mari André, fils de Charles, Roi d'Hongrie, & épousa Louis, son cousin germain, fils de Philippe, Prince de Tarente; que Louis le Grand, Roi d'Hongrie, alla à Naples pour venger la mort de son frere André; qu'il s'empara du Royaume & en chassa Jeanne & son second mari, lesquels se sauverent en Provence; que Clé-

(*a*) Le dernier acte de transport du Dauphiné fut fait par Humbert, en faveur de Charles, fils de Jean, Duc de Normandie, & petit-fils de Philippe VI, dit de Valois, le 16 de Juin 1349. Voyez la donation, pag. 210 de la seconde partie du premier volume du Corps Diplomat. Voyez aussi les preuves de l'Histoire du Dauphiné, par Valbonnay, Paris, Debats 1711. On s'est persuadé que la donation étoit en faveur du premier-né des Rois de France: mais cette condition n'est pas littéralement exprimée dans la donation. Consultez l'Histoire du Dauphiné, par le même Valbonnay, pag. 603 de l'édition de 1732. Dans le tems de cette donation faite à Charles, Jean, pere de Charles, étoit le fils aîné du Roi Philippe de Valois, & fut son successeur sous le nom de Jean II. Après la mort du Roi Jean II, Charles son fils, qui étoit déja Dauphin, lui succéda au Royaume sous le nom de Charles V, dit le Sage; ainsi ce ne fut pas le fils aîné du Roi qui fut le premier Dauphin, ce fut Charles, fils de l'aîné. Dans la suite, nos Rois ont toujours fait appeller Dauphin leur fils aîné, héritier présomptif de la Couronne. Voyez une longue note sur le Dauphiné, dans l'Histoire de Louis XI, par Duclos, Liv. I, sous l'an 1446.

ment VI rendit de grands honneurs à Jeanne; que profitant de l'extrême nécessité où elle étoit réduite, il tira d'elle la Ville & le Comté d'Avignon, qu'il n'acheta que quatre-vingt mille florins d'or de Florence, que quelques-uns disent qu'il ne paya point; & que par dessus le marché, il approuva le mariage avec le Prince Louis, qui, en récompense, ratifia cette vente.

Louis XIII acquit la Souveraineté de Sedan des Seigneurs de Bouillon, à qui il donna en échange des terres en France.

Louis XIV acheta, en 1662, de Charles II, Roi d'Angleterre, moyennant cinq millions de livres payées comptant, Dunkerque, Mardik & le Fort de Bergues, que les conjonctures avoient autrefois obligé de laisser tomber entre les mains des Anglois.

Les engagemens sont encore une voie d'agrandir un Pays, parce qu'il arrive souvent que l'Etat engagé y demeure réuni à perpétuité, faute de paiement de la somme pour laquelle l'engagement a été fait.

Louis XI fut aussi sage de recevoir, par engagement, le Comté de Roussillon, de Jeanne d'Arragon, à qui il prêta quatre cens mille écus, que son fils Charles VIII fut imprudent de le rendre, sans remboursement, pour n'être pas traversé par les Espagnols dans son expédition d'Italie. Charles VIII se dépouilla de cette Province, & son expédition ne fut pas moins traversée. Tout le monde sait qu'il perdit l'Italie en aussi peu de tems qu'il l'avoit conquise.

C'est par la voie de l'engagement que le Marquisat de Lusace étoit entré dans la Maison de Saxe, qui le possede aujourd'hui.

Le Pape s'est approprié le Duché de Castro & le Comté de Ronciglione, pour une somme prêtée par la Cour de Rome à un ancien Duc de Parme.

Il est un dernier moyen d'acquisition, celui des conquêtes; mais il n'est pas toujours légitime.

Voyez CONQUÊTE. T. D. L. P. P. M. D. R.

ACCUSATEUR, f. m.

Des personnes qui peuvent valablement accuser, & de celles qui ne peuvent pas accuser, suivant la Jurisprudence de France.

PAR les Loix Romaines il étoit permis à toute sorte de personnes d'accuser des crimes, de quelque espece qu'ils fussent, comme on peut voir dans *la Loi 8. ff. de Accusat.* Il en est autrement en France, où l'on ne connoît que deux sortes d'Accusateurs; sçavoir, ceux qui ont un intérêt particulier à la vengeance du crime, que nous appellons Parties civiles, & ceux qui ont un intérêt public, que nous appellons les Procureurs du Roi dans les Justices Royales, le Procureur Fiscal dans les Justices des Seigneurs, le Procureur Général dans les Cours supérieures, & le Promoteur dans les Officialités : lesquels peuvent se rendre Accusateurs, à l'exclusion de toutes autres personnes; avec cette différence, néanmoins, que ces Officiers Publics peuvent se rendre seuls Accusateurs, *ratione Officii*, dans les cas où il n'y a point de Partie civile, & que le crime dont s'agit, intéresse le Public; au lieu que les Parties civiles ne peuvent dans aucun cas, même dans les crimes les plus légers, accuser les coupables que conjointement avec un de ces Officiers Publics.

Cette différence est prise de ce qu'il n'y a que la Partie publique qui puisse poursuivre la punition du crime, & que la Partie civile ne peut jamais conclure qu'aux dommages & intérêts, pour raison du crime commis en sa personne, ou en celle de ses proches, ou en ses biens; de sorte que, quand même il s'agiroit d'un meurtre, d'un assassinat ou d'un vol, la Partie civile ne concluroit qu'aux intérêts civils, & jamais à la punition du crime; sauf au Procureur du Roi ou Fiscal, à prendre telles conclusions qu'il aviseroit; parce qu'il n'y a que ces derniers, en qui réside l'intérêt public, qui puissent conclure à la peine corporelle de l'Accusé.

Ainsi, lorsqu'après le crime commis il ne se présente point de Partie civile, & que le crime est du nombre de ceux qui intéressent le Public, le Procureur du Roi ou le Procureur Fiscal du lieu où il a été commis, est obligé d'en faire la poursuite en sadite qualité, & aux dépens du Roi, ou du Seigneur Haut-Justicier, auquel la confiscation appartient : sur quoi il faut remarquer, que si le Seigneur Justicier refusoit ou négligeoit de faire les poursuites nécessaires, au nom de son Procureur Fiscal, pour la punition des crimes commis dans ses terres, il seroit privé de la Justice qui seroit par-là réunie au Domaine du Roi.

Au surplus, comme la confiscation des biens du condamné, & les amendes adjugées appartiennent au Roi, ou aux Seigneurs Justiciers, dans la Justice desquels les biens sont situés, ils sont tenus de supporter les frais & dépens des Procès criminels, suivant la maxime : *Ubi est emolumentum, ibi onus esse debet*; ce qui a lieu dans le cas même auquel le condamné ne laisseroit aucuns biens; & cela afin que les crimes ne demeurent pas impunis par la foiblesse ou par la pauvreté des Parties intéressées, lesquelles ne pouvant pas faire les frais d'une procédure criminelle, qui est ordinairement très-dispendieuse, n'oseroient l'entreprendre, ou l'abandonneroient après l'avoir commencée.

Nous avons dit qu'il n'y a que les Parties intéressées à la réparation du crime, qui puissent accuser, & se rendre Parties civiles; mais cela doit être entendu, non-seulement des personnes sur lesquelles le crime a été commis, mais encore de celles qui sont indirectement intéressées à en poursuivre la vengeance, quoiqu'elles n'y aient aucun intérêt personnel; comme sont la veuve, les enfans, les freres & sœurs, & autres successeurs légitimes de celui qui a été tué, qui par leur qualité sont tenus de se rendre Accusateurs contre les meurtriers du défunt, conjointement avec la Partie publique, & de poursuivre la punition du crime, à peine d'être privés & déchus de sa succession.

Lorsqu'il y a plusieurs parens du défunt, qui veulent poursuivre le meurtre, s'ils sont de différens degrés, les plus proches sont préférés aux plus éloignés; ainsi la veuve & les enfans du défunt sont préférés à tous les autres parens, dans le cas même auquel les enfans ne sont point héritiers de leur pere, ni la veuve héritiere de son mari; parce que l'union étroite qui se trouve entre le pere & les enfans, le mari & la femme, leur donne ce droit indépendamment de la qualité d'héritier.

Mais si le défunt n'avoit laissé ni veuve ni enfans, son pere & sa mere seroient préférés aux parens collatéraux, c'est-à-dire, à ses freres & sœurs, à ses oncles & à ses tantes, parce que les ascendans sont préférés aux collatéraux, comme plus proches; mais si les ascendans négligeoient de se rendre Accusateurs, & de poursuivre le crime, dans ce cas les collatéraux y seroient admis; & à leur défaut, les autres parens les plus proches, lesquels par conséquent, succéderoient aux biens du défunt à l'exclusion de tous les autres parens.

Les plus proches parens, disons-nous, sont préférés pour la poursuite du meurtre du défunt, aux parens les plus éloignés; sur quoi il faut observer que s'ils sont plusieurs parens au même degré, ils peuvent tous, en quelque nombre qu'ils soient, former leur accusation, pourvû que ce soit par un même libelle, & que tous ensemble ne fassent qu'une accusation & un seul Accusateur, pour ne pas multiplier les procédures & les frais.

Il y a néanmoins des cas où les héritiers & successeurs légitimes ne sont pas tenus de poursuivre le meurtre de leur parent; comme, par exemple, si une mere eût tué son propre fils, ou qu'une sœur eût négligé de poursuivre sa sœur meurtriere de sa tante : dans le premier cas, les Arrêts ont jugé que l'ayeule n'étoit pas excluse de la succession de son petit-fils, pour n'avoir pas poursuivi la mort de sa fille, meurtriere; & dans le second, que la sœur n'étoit pas excluse de la succession de sa tante, pour n'avoir pas poursuivi la mort de sa sœur; par la raison que ce seroit acheter trop chérement une hérédité, que de l'acheter avec son propre sang, vû que le supplice seroit honteux à toute la famille; de sorte que suivant ces principes, il a été jugé que les enfans qui ne vengent point la mort de celui auquel ils succedent, & qui a été tué par leur pere, sont excusables de n'avoir point poursuivi le meurtre, & ne sont point privés de la succession.

Quoique les parens soient, comme nous l'avons dit, seules personnes légitimes pour se rendre Accusateurs, & poursuivre le meurtre de leur parent, il y a cependant un cas excepté de la regle : savoir, lorsqu'un Religieux a été tué, le Monastere peut seul être admis à l'accusation, au défaut des parens du défunt, ou conjointement avec eux, s'il y en a, & avoir

avoir part à la réparation qui seroit adjugée ; mais si c'étoit le frere du défunt qui eut poursuivi seul la vengeance du meurtre, il ne pourroit pas répéter contre le Monastere, les fraix qu'il auroit faits à cette poursuite, & qu'il ne pourroit pas reprendre contre le condamné, pour n'avoir laissé aucuns biens ; le Monastere ne pourroit pas être garant de ses fraix, le frere du défunt devant s'imputer de les avoir faits seul, ils seroient dans ce cas à pure perte pour lui ; comme il a été jugé par *les Arrêts rapportés dans Papon, Liv. 24. tit. 2. aux additions, Arr. 5.*

Outre les personnes dont nous venons de parler, il y en a d'autres qui peuvent accuser & se rendre parties civiles ; telles sont 1°. le Seigneur du lieu qui peut se rendre Accusateur, & poursuivre la vengeance du meurtre commis sur son Emphitéote, lorsque ses parens ne font aucune démarche pour cela.

2°. Le pere peut porter plainte en son nom, des excès commis sur ses enfans, quoique les enfans étant sous sa puissance, puissent aussi porter leur plainte en leur nom, de ces excès, sans le consentement de leur pere. Ce pere peut se plaindre des injures faites à son fils, qui est en sa puissance ; mais ce fils ne peut se plaindre malgré son pere ; parce qu'en effet, le fils qui est sous la puissance paternelle, n'ayant point d'action sans l'autorité de son pere, il est naturel qu'il ne puisse porter plainte en Justice, que du consentement de son pere ; d'où il faut aussi conclure, que le fils ou la fille, étant sous la puissance de son pere, après avoir porté plainte en leur nom, ne peuvent pas s'en désister sans le consentement de leur pere ; de sorte que malgré le désistement qu'ils pourroient faire, le pere seroit en droit de porter plainte en son nom des injures ou excès commis sur la personne de son fils ou de sa fille.

3°. Le mari peut aussi porter plainte des excès commis sur sa femme, & la femme, quoiqu'en puissance de mari, peut aussi porter plainte en son nom des excès commis sur elle, sans qu'il soit besoin qu'elle soit autorisée de son mari, par la raison que la femme peut agir elle-même pour la défense de son honneur, sans l'autorité de son mari.

4°. Le maître peut se rendre Accusateur des excès commis sur ses domestiques, de même qu'un Abbé, pour les excès commis sur un Religieux de son Ordre.

Mais à l'égard des domestiques, selon plusieurs Auteurs, cela doit être entendu du cas où les domestiques auroient été excédés dans une fonction où le maître les auroit préposés, parce qu'alors l'injure rejaillit sur le maître, qui peut, par conséquent, en poursuivre la réparation. En effet, hors du cas dont nous venons de parler, le maître ne peut pas former une accusation d'homicide de son serviteur ; par la raison qu'en France, les serviteurs ou domestiques étant des personnes libres, les maîtres n'ont aucune puissance sur eux, ni par conséquent, aucun intérêt aux injures & excès qui leur sont faits.

5°. Les Pupilles ne sont pas reçus à porter plainte eux-mêmes des excès commis contre eux, & moins encore à se rendre Accusateurs ou parties civiles, pour venger la mort de leur pere ou de leur mere, sans le ministere de leurs tuteurs, lesquels, en cette qualité, doivent porter plainte en leurs noms, & faire toutes les poursuites convenables pour les Pupilles, suivant *la disposition de la Loi 8. ff. de accusat. & de la Loi 2. au Code, eodem titulo.*

Il n'en est pas de même des mineurs de vingt-cinq ans; ceux-ci pouvant régir leurs biens, & n'étant point sous la puissance de leurs tuteurs ni curateurs, sur-tout en pays du Droit écrit, peuvent se rendre Accusateurs de toutes sortes de crimes qui les intéressent, sans même l'assistance de leurs curateurs, si ce n'est que la procédure criminelle vienne à être civilisée, parce qu'alors, pour la validité des poursuites, ils doivent être assistés d'un curateur qui est ordinairement le Procureur qui occupe pour eux dans le procès, sans quoi la Sentence ou Jugement qui seroit rendu contre eux, pourroit être attaqué de nullité par appel, & l'arrêt même, qui seroit rendu sans cette formalité, pourroit être attaqué par Requête civile.

6°. Le pere ne peut point porter plainte contre ses enfans, ni les enfans contre leur pere, pour fait de vol & de larcin; parce que le pere & les enfans ne sont qu'une même personne, *pater & filius una & eadem persona esse intelligant; dit Justinien, dans la Loi derniere au Code, de impub. & aliis substit.;* & que ce seroit agir contre eux-mêmes, s'ils pouvoient procéder criminellement les uns contre les autres; mais ils peuvent agir contre ceux qui ont favorisé le vol, soit en donnant conseil, aidant ou recevant les choses volées.

7°. Le mari ne peut pas agir criminellement contre sa femme, pour fait de vol & de larcin, mais il peut agir par voie civile, pour en établir la preuve, & lui faire imputer ce qu'elle lui a volé sur sa dot & ses conventions matrimoniales. Il en faut dire de même de la femme qui ne peut pas poursuivre le mari criminellement, pour fait de vol & de larcin.

8°. Le mari peut seul accuser sa femme d'adultere, tout autre que lui n'est pas reçu à s'en plaindre, non pas même le Procureur du Roi, ni le Procureur Fiscal, à moins qu'il n'y eût scandale public, & des violentes présomptions que le mari est complice avec sa femme, & autorise sa débauche; la personne publique seroit, dans ce cas, en droit d'accuser la femme d'adultere & le mari de maquerellage.

Mais le mari ne peut pas accuser sa femme d'adultere lorsqu'il est lui-même coupable de ce crime, parce que devant donner à sa femme l'exemple de la chasteté conjugale, il n'est pas juste qu'il soit reçu à venger la fidélité du mariage qu'il a lui-même violée; *cùm paria delicta mutuâ compensatione tolluntur, Cap. penultim. extrà, de Adulteris, & Leg. 13. §. 5. ff. eod. titul.*

Quoique le mari soit en droit d'accuser sa femme d'adultere; néanmoins il n'est pas permis à la femme d'accuser son mari de ce crime, suivant la *Loi 1, au Code, ad Legem Juliam de Adulteris*; par la raison que l'adultere du mari ne donne jamais des successeurs étrangers à sa femme, comme fait bien souvent celui de la femme à son mari; mais si le mari accuse sa femme d'adultere, elle peut, en se défendant, lui opposer le même crime.

Il faut remarquer que le droit acquis au mari d'accuser sa femme d'adultere, ne passe point à ses héritiers, si le mari n'a formé sa plainte avant sa mort; mais s'il l'a formée, ses héritiers peuvent continuer la procédure en leur nom, & la faire décheoir de ses conventions matrimoniales, ce qu'ils ne peuvent pas faire, si le mari n'a formé lui-même sa plainte de son vivant; à moins que ce ne fût pour raison de malversation par elle commise pendant l'année du deuil de son mari, parce qu'alors la Loi qui punit les femmes qui convolent à des secondes noces, ou qui malversent dans l'an du deuil, par la privation de leur augment & des autres conventions matrimoniales, permet aux héritiers du mari d'opposer, par exception, à la femme le crime d'adultere, pour la faire décheoir de ses conventions.

Sur quoi il faut remarquer, qu'il n'y a que les héritiers du mari, soit testamentaires ou *ab intestat*, qui puissent accuser la femme d'adultere; ce droit ne passe point à ses autres parens. Ainsi, ni le frere, ni la sœur du mari, ni les autres parens qui ne sont point héritiers du mari, ne sont point reçus à former cette accusation contre la veuve, ni à reprendre & continuer contre elle les poursuites de ce crime que son mari avoit commencées.

9°. Ceux qui sont condamnés pour crime à une peine qui emporte mort civile, ne sont pas reçus à accuser un autre, parce que, par la mort civile, le condamné étant, comme l'on dit, *in reatu*, &, par conséquent, incapable des effets civils, ne peut pas avant de se purger de sa condamnation, accuser un autre de crime; mais si avant cette condamnation il avoit commencé de former son accusation, il pourroit la continuer, nonobstant cette condamnation survenue du depuis, suivant la disposition des *Loix 5. ff. de publicis judiciis, & 18. §. 2, 3. & 4. ff. de jur. Fisci.*

10°. L'Accusé d'un crime ne peut pas récriminaliser son Accusateur d'un crime plus léger ou égal; mais il peut l'accuser d'un crime plus atroce, *Leg. 1. Cod. de his qui accusare non possunt*, & pour que cette accusation soit reçue, il faut qu'il ne soit point contumax dans l'accusation formée contre lui; car s'il étoit contumax, il ne seroit point reçu à accuser son Accusateur, par la raison que celui qui ne veut pas obéir à la Justice, ne doit pas être reçu à poursuivre un autre, qu'il n'ait le premier satisfait.

Ainsi lorsque celui qui a accusé un autre d'injures ou d'autre crime léger, est accusé par celui qu'il accuse, d'un crime capital; l'accusation du crime capital, eſt, dans ce cas, reçue comme plus grave & plus intéreſſante pour le public, que l'autre, quoique formée la premiere.

Suivant ce que nous venons de dire, la récrimination eſt donc l'accuſation que forme un Accuſé, en ſe rendant Accuſateur d'un autre crime plus grave que le ſien contre celui qui l'accuſe. On appelle encore récrimination, toute accuſation poſtérieure que fait un Accuſé, contre ſon Accuſateur, ſur le même fait; ſoit pour ſe juſtifier, ſoit pour diminuer la gravité du crime dont il eſt accuſé, comme, par exemple, un homme ayant été battu & excédé, celui qui a commis les excès, voulant prévenir l'accuſation & diminuer la gravité de ſon entrepriſe, dans le tems que le bleſſé eſt tout occupé à faire panſer ſes plaies & à ſe procurer ſa guériſon, le premier forme ſa plainte devant le Juge, pour fait d'injures, & prétend que l'excédé a été l'aggreſſeur; ou bien lorſqu'en matiere de ſimples injures réciproques, l'aggreſſeur eſt le premier qui forme ſa plainte, & que l'autre ne la forme que poſtérieurement; dans tous ces cas, c'eſt au Juge devant lequel les deux plaintes ſont formées, à déterminer lequel des deux plaignans doit reſter l'Accuſateur ou l'Accuſé.

11°. Le Roi ayant ſeul droit de faire forger & battre de la monnoie, ſoit d'or ou d'argent, ou d'autre matiere dans tout le Royaume, il eſt ſeul Perſonne légitime pour former ſon accuſation de fauſſe monnoie, au nom de ſon Procureur-Général, dans le reſſort duquel la fauſſe monnoie a été fabriquée, & d'en faire les pourſuites contre les délinquans, comme coupables de crime de Leze-Majeſté, ſuivant le *Titre du Code*, *de falſa Moneta.*

12°. L'accuſation du crime de ſuppoſition de part, ne peut pas être intentée que par les parens de celui qui a ſuppoſé le part, ou par ceux qui ont un intérêt particulier à la punition de ce crime; comme, par exemple, les héritiers légitimes, les ſubſtitués, & autres qui ont intérêt de conſerver leur droit ſucceſſif, & à faire déclarer bâtard l'enfant ſuppoſé; mais nul autre qui n'a aucun intérêt à ce crime, n'eſt reçu à former cette accuſation, pour éviter qu'on ne trouble le repos des familles, en conteſtant l'état des enfans que les parens n'auroient point conteſté, ce qui arriveroit ſi on permettoit à toute ſorte de perſonnes de former une pareille accuſation.

Delà vient que le fils même, quoique intéreſſé, ne peut pas accuſer criminellement ſa mere de part ſuppoſé, non plus que de tout autre crime; il peut ſeulement propoſer ce crime par exception, lorſque ſa mere, par cette ſuppoſition de part, veut lui donner un cohéritier aux biens de ſon pere, & faire déclarer bâtard l'enfant ſuppoſé.

Enfin nul ne peut en France ſe rendre Accuſateur des crimes, quand les parens ni les parties intéreſſées, ni le Procureur du Roi, ou celui du Seigneur ne ſe plaignent pas, & ne font aucune diligence pour la punition des crimes.

ACCUSATION, ſ. f.

L'ACCUSATION eſt l'action d'un homme qui en cite un autre en Juſtice. Celui-ci s'appelle l'Accuſé, & l'autre eſt l'Accuſateur.

Les Accuſations dans les divers Gouvernemens.

A Rome il étoit permis à un Citoyen d'en accuſer un autre : cela étoit établi ſelon l'eſprit de la République, où chaque Citoyen doit avoir pour le bien public un zele ſans bornes, où chaque Citoyen eſt cenſé tenir tous les droits de la Patrie dans ſes mains. On ſuivit ſous les Empereurs les maximes de la République ; & d'abord on vit paroître un genre d'hommes funeſtes, une troupe de délateurs. Quiconque avoit bien des vices & bien des talens, une ame bien baſſe & un eſprit ambitieux, cherchoit un criminel dont la condamnation pût plaire au Prince ; c'étoit la voie pour aller aux honneurs & à la fortune, choſe que nous ne voyons pas parmi nous.

Nous avons aujourd'hui une Loi admirable ; c'eſt celle qui veut que le Prince établi pour faire exécuter les Loix, prépoſe un Officier dans chaque Tribunal, pour pourſuivre en ſon nom tous les crimes : deſorte que la fonction des délateurs eſt inconnue parmi nous ; & ſi ce vengeur public étoit ſoupçonné d'abuſer de ſon miniſtere, on l'obligeroit de nommer ſon dénonciateur.

Dans les Loix de Platon (*Liv. IX.*) ceux qui négligent d'avertir les Magiſtrats, ou de leur donner du ſecours, doivent être punis. Cela ne conviendroit point aujourd'hui. La partie publique veille pour les Citoyens ; elle agit, & ils ſont tranquilles. *De l'Eſprit des Loix, liv. VI. Chap. VIII.*

Combien la liberté de former des Accuſations eſt néceſſaire dans une République, pour y maintenir la liberté.

L'on ne peut pas accorder une autorité plus néceſſaire & plus avantageuſe au bien public, que de donner à ceux qui ſont les gardiens de la liberté, le pouvoir d'accuſer envers le Peuple, ou envers le Magiſtrat établi pour cela, tous ceux qui pourroient avoir fait quelques démarches contre les intérêts de l'Etat. Cet ordre produit deux effets très-utiles à une République. Le premier, c'eſt que les Citoyens, appréhendant d'être accuſés, n'entreprendront pas aiſément contre le repos public ; & s'ils oſent former quelque trame, leurs projets ſont bientôt découverts & réprimés. L'autre avantage qui en revient, c'eſt que vous donnez par là une iſſue & un nouveau moyen de s'exhaler à ces humeurs, qui s'augmentent dans une ville, de quelque maniere que ce puiſſe être, & contre quelque Citoyen que ce ſoit ; & lorſque ces humeurs, ou ces chagrins, n'ont pas le moyen de s'exhaler, ils font d'ordinaire recourir les Peuples à des voies extraordinaires & tumultuaires, qui perdent souvent les Etats : de sorte qu'il n'y a rien qui contribue davantage à l'affermissement & à la durée d'une République, que d'y établir, par les Loix, un moyen de faire évanouir & dissiper les humeurs qui l'agitent. L'on pourroit en donner plusieurs exemples, &, sur-tout, celui que Tite-Live rapporte de Coriolan, quand il dit, que la Noblesse Romaine étoit piquée contre le Peuple, parce qu'elle trouvoit que la création des Tribuns lui donnoit trop d'autorité, & trop de moyens de se défendre. Or, Rome étant dans une grande disette de grains, & le Sénat ayant envoyé en Sicile pour en tirer, Coriolan, qui étoit ennemi du Peuple, dit que la saison de le châtier étoit venue, & qu'il falloit le dépouiller de son autorité, puisqu'il la tenoit au préjudice de la Noblesse; qu'ainsi il étoit d'avis qu'on le fit languir dans la famine, & qu'on ne lui distribuât point les grains. Cet avis étant venu aux oreilles du Peuple, il s'emporta à une telle passion contre Coriolan, qu'il l'auroit tumultuairement assommé au sortir du Sénat, si les Tribuns ne l'avoient pas cité à comparoître pour défendre sa cause.

Sur cet accident, il faut observer ce que j'ai dit ci-dessus, qu'il est d'une grande utilité, & même d'une nécessité absolue, que dans une République il y ait des Loix qui fassent dissiper le ressentiment que tout un Peuple peut avoir contre un particulier; puisque s'il n'y a point de ces moyens autorisés par les Loix, ce même Peuple, voulant décharger sa colere, a recours à des moyens extraordinaires, qui sont de bien plus dangereuse conséquence que ceux-là. Car, si, par ces moyens, que la Loi autorise, un Citoyen vient à être opprimé, quoique ce fût sans aucune justice, il en arrive fort peu de mal à l'Etat, parce que cela se fait sans le secours des armes des particuliers, aussi-bien que sans celui des armes étrangeres, qui sont d'ordinaire celles qui détruisent la liberté publique. Mais ceci se faisant par les forces & par les ordres publics, dans les formes ordinaires, il n'en arrive rien de préjudiciable à l'Etat. S'il faut appuyer ce raisonnement par des exemples, il me suffira de faire quelques observations sur celui de Coriolan, que je viens de citer. L'on doit considérer combien de maux il en seroit résulté à la République, si cet homme eût été tué tumultuairement par le Peuple, parce que ç'eût été une insulte de Particuliers à Particuliers; & ces sortes d'insultes donnant lieu à chacune des Parties d'avoir peur de l'autre, cette crainte leur fait rechercher les moyens de se défendre. Pour se bien défendre, il faut avoir des Partisans : les Partisans forment les factions, & les factions ruinent les Etats. Mais l'affaire ayant été entreprise & réglée par l'autorité publique, l'on prévint tous les désordres qu'elle auroit pû produire, si on l'eût abandonnée à la discrétion des Particuliers.

Dans nos tems nous avons vû tous les maux qui sont survenus dans la République de Florence, pour n'avoir point eu de Loi, qui donnât lieu au

Peuple de satisfaire son ressentiment & ses soupçons contre les Particuliers par les voies de la justice. L'on en vit l'inconvénient du tems de François Valori, qui étoit comme le Prince de la Ville, & qui, étoit soupçonné d'ambition par bien des gens, qui le croyoient assez hardi & assez courageux, pour vouloir s'élever au-dessus de la condition où doit être un Républicain; d'ailleurs n'y ayant point d'autres moyens de s'opposer à lui, que par une faction contraire à la sienne, il arriva que Valori, voyant qu'il n'avoit rien à craindre que les voies extraordinaires & les émotions populaires, il commença à se faire des Partisans pour se maintenir : &, d'autre côté, ceux qui lui étoient opposés, n'ayant point de moyens ordinaires & établis par les Loix pour le ranger à la raison, ils eurent recours à ces moyens extraordinaires; ensorte qu'on en vint aux armes; & au lieu, que par un réglement établi, pour ces sortes d'affaires, son pouvoir usurpé auroit pû être détruit au désavantage de lui seul; lorsqu'il falut en effet se défaire de lui, cela ne pût arriver qu'à sa ruine, & à celle de plusieurs bons Citoyens des plus qualifiés. L'on pourroit alléguer, pour un exemple semblable, l'accident arrivé aussi à Florence, au sujet de Pierre Soderini, qui ne fût jamais arrivé, s'il y eût eu des moyens établis pour former des Accusations contre les Citoyens les plus puissans, qui seroient soupçonnés d'ambition : car, de former des Accusations contre un homme puissant, & d'en demander raison à huit Juges établis pour cela dans une République, ce n'est pas assez; il faut que les Juges soient en grand nombre, parce que le petit nombre agit toujours comme font les petites compagnies. Enfin, si les moyens dont nous parlons, eussent eu lieu dans l'Etat: ou les Citoyens auroient accusé cet hommes, s'il se fût mal comporté, &, par un tel moyen, la multitude auroit perdu ses soupçons & son ressentiment, sans faire venir l'armée Espagnole: ou, si cet homme se fût bien comporté, ces gens-là n'auroient pas eu la hardiesse de rien entreprendre contre lui, de peur d'être accusés à leur tour: de sorte que, de toutes parts, la passion n'ayant point eu de lieu, les désordres & les tumultes, qui s'en ensuivirent, ne seroient point non plus survenus.

Il faut donc conclure, que toutes les fois que des forces étrangeres sont appellées dans une République par un parti qui s'y trouve, cela ne peut venir que des mauvais ordres qui y regnent, & parce qu'il n'y a point de réglemens qui donnent lieu aux mauvaises humeurs, & aux mécontentemens du Peuple, de s'exhaler & de se satisfaire, & l'on remédie à cet inconvénient, en établissant plusieurs Juges, pour recevoir les Accusations qui seront appuyées & autorisées. Cela fut si bien réglé à Rome, que dans toutes les dissentions, qui survinrent entre le Peuple & le Sénat, jamais l'on ne vit que, ni le menu Peuple, ni le Sénat, ni aucun Particulier, formât le dessein de se prévaloir d'un secours étranger, parce qu'ayant le remede chez eux, ils n'avoient point besoin d'aller le chercher chez les autres. Mais, quoique les exemples précédens suffisent pour prouver ce que je viens de dire, je veux pourtant en alléguer encore un autre, rapporté par Tite-Live, dans son Histoire, où il dit, que dans Clusium, ville de Toscane, fort célebre alors, un nommé Lucumon, ayant violé la sœur d'Aronte, & celui-ci n'ayant pu en tirer raison, à cause du pouvoir qu'avoit celui qui avoit commis le crime, il eut recours aux Gaulois, qui régnoient alors dans la partie d'Italie, qu'on nomme aujourd'hui *Lombardie*, & il leur conseilla de venir à main armée à Clusium, en leur faisant voir qu'ils pouvoient en tirer un grand avantage, en le vengeant de l'affront qu'il avoit reçu. Or, si Aronte eut vû qu'il eût eu les moyens de se venger par les Réglemens établis dans la ville, il n'auroit pas eu recours à des forces étrangeres. Mais si ces Accusations sont utiles dans une République, les calomnies y sont autant dangereuses & préjudiciables, comme nous allons le montrer.

Autant que les Accusations sont utiles dans une République, autant les calomnies y sont pernicieuses.

QUOIQUE la fureur de Furicus Camillus, qui délivra Rome de l'oppression des Gaulois, lui eût produit cet avantage, que tous les Citoyens Romains lui cédoient, sans croire faire tort, ni à leur crédit, ni à leur rang, néanmoins Manlius Capitolinus ne pouvoit pas souffrir de le voir comblé de tant d'honneur & de tant de gloire, parce qu'il s'imaginoit qu'à l'égard de la délivrance de Rome, il en avoit autant mérité que Camille; &, pour ce qui regardoit les autres exploits de guerre, il ne lui étoit en rien inférieur. Manlius donc, rempli d'envie contre Camille, dont il ne pouvoit souffrir la gloire & l'éclat, & ne pouvant pas mettre de la dissention dans le Sénat à cet égard, se tourna du côté de la Populace, semant au milieu d'elle des bruits désavantageux contre Camille. Il faisoit courir particuliérement cette calomnie, que le trésor, qu'on avoit amassé pour payer la rançon aux Gaulois, avoit été pris par quelques particuliers, que si on le retiroit d'entre leurs mains, on pouvoit l'employer à l'avantage du Public, en déchargeant le menu Peuple des impôts qu'il payoit, ou des dettes qu'il pouvoit avoir contractées.

Ce discours fit beaucoup d'impression sur l'esprit du Peuple, desorte qu'il commença à faire des Assemblées, qui causerent du désordre, & du trouble dans la Ville; ce qui déplaisant au Sénat, qui trouvoit que la chose étoit de conséquence & dangereuse, il créa un *Dictateur* pour en connoître, & pour refréner l'impétuosité de Manlius. Ce nouveau Magistrat le fit citer d'abord, & tous deux furent conduits en public, l'un contre l'autre; le Dictateur au milieu de la Noblesse, & Manlius au milieu du Peuple. L'on somma Manlius de dire, entre les mains de qui étoit le trésor dont il avoit parlé, parce que le Sénat étoit aussi aise d'en être informé que le Peuple. Manlius ne répondit point directement à cette demande; mais, en tergiversant, il disoit qu'il n'étoit pas besoin de leur apprendre ce qu'ils savoient déja. Sur cela le *Dictateur* le fit mettre en prison.

L'on

L'on peut voir par ce morceau de l'Hiſtoire, combien les calomnies ſont déteſtables dans les Républiques, & dans toutes ſortes d'Etats; & combien il eſt néceſſaire de prendre tous les moyens poſſibles pour les étouffer & pour les prévenir. Il n'y en a point de meilleurs pour cela, que de donner lieu aux accuſations, parce qu'autant que les calomnies ſont pernicieuſes dans les Etats, autant les accuſations, autoriſées & conduites par les Loix, y ſont néceſſaires. Il y a encore cette différence entre les unes & les autres, que les calomnies n'ont point beſoin de témoins, ni d'aucuns autres faits pour les prouver; ainſi, il n'y a perſonne qui ne puiſſe calomnier qui il lui plaira. Mais, pour l'Accuſation, il n'en eſt pas de même, parce qu'elle a beſoin de preuves & de rapports véritables qui la juſtifient. L'on accuſe des gens devant un Magiſtrat, devant un Peuple, devant un Conſeil; mais on les calomnie dans les rues & dans les maiſons. Et c'eſt dans les endroits où l'on pratique moins les accuſations, que les calomnies ſont le plus miſes en uſage.

Il faut donc que le Fondateur d'une République y faſſe des réglemens, par leſquels on puiſſe former des Accuſations contre toutes les perſonnes qu'on voudra, ſans aucune appréhenſion, ni ſuite fâcheuſe: &, après avoir fait un tel réglement, & donné ordre qu'il ſoit exactement obſervé, il faut punir rigoureuſement les calomniateurs, qui n'auront jamais lieu de s'en plaindre, puiſqu'ils auront des Magiſtrats toujours prêts à recevoir des plaintes légitimes, contre ceux qu'ils auront calomniés dans les maiſons. Et par-tout, où il n'y a pas de bons réglemens ſur cela, il y arrive toujours de grands déſordres, parce que les calomnies irritent les gens, & ne les corrigent pas; & quand ils ſont une fois en colere, ils tâchent de ſe fortifier, ayant moins d'appréhenſion, que d'averſion, pour ceux qui parlent contr'eux. Cet Article étoit bien réglé à Rome, comme nous l'avons remarqué; mais, il ne l'a jamais été dans la République de Florence. Et comme ce bon ordre fit beaucoup de bien à Rome, le déſordre oppoſé fit beaucoup de mal à Florence. Toutes les fois qu'on en lira l'Hiſtoire, l'on verra combien de calomnies l'on a répandues, en tout tems, ſur ceux d'entre les Citoyens qui ſe ſont employés aux affaires les plus importantes de la République. De l'un on diſoit, *il a volé l'argent du Public*, de l'autre, *il n'a pas remporté une telle victoire, parce qu'il a été corrompu par les ennemis*, &, enfin, d'un autre l'on diſoit, *un tel ou un tel a fait une telle ou une telle faute par un motif d'ambition*. Tout cela produiſoit des haines, qui faiſoient naître des diviſions, puis des factions, qui produiſoient enfin la ruine de l'Etat.

Mais s'il y eût eu dans Florence des moyens d'accuſer des Citoyens, & de punir les calomniateurs, il ne ſeroit point ſurvenu mille inconvéniens qu'on y a vus, parce que les accuſés étant châtiés ou abſous, ils n'auroient pû nuire à l'Etat, & il y auroit eû bien moins de gens expoſés à l'Accuſation, qu'il n'y en avoit d'expoſés à la calomnie, parce qu'il n'eſt pas si aisé d'accuser quelqu'un, que de le calomnier, comme nous l'avons déja remarqué. Entre les choses donc, qui ont le plus contribué à élever un Citoyen à la grandeur qu'il ambitionnoit, l'on peut dire que les calomnies y ont eu beaucoup de part : parce que, comme elles attaquoient directement les plus puissans de l'Etat, qui s'opposoient à ses desseins, ce Citoyen ambitieux, prenant le parti du Peuple, le mettoit entiérement dans ses intérêts, & le confirmoit dans les soupçons qu'il avoit conçus contre les hommes seuls capables de réprimer leur audace. C'est une chose dont on pourroit apporter bien des exemples, mais un seul suffira.

Lorsque l'armée Florentine assiégeoit Luques, sous la conduite de Jean Guichardin, qui en étoit *Commissaire*, (*) l'on voulut croire que sa mauvaise conduite, ou son malheur, furent cause qu'on ne prit pas la Ville. Quoiqu'il en soit, Guichardin fut chargé du mauvais succès, & accusé de s'être laissé gagner par les Luquois. Cette calomnie étant appuyée par ses ennemis, elle le réduisit presque au désespoir : &, quoique, pour s'en justifier, il voulût se mettre entre les mains du Général, il ne put pourtant jamais se laver entiérement de cette calomnie, parce qu'il n'y avoit point dans la République d'ordre établi pour pouvoir le faire. Cela fit naître beaucoup de ressentiment dans l'esprit des amis de Guichardin, qui étoient la plûpart des plus Grands de l'Etat, & qui souhaitoient qu'il y arrivât du changement. Cette mésintelligence augmenta tellement par-là, & par d'autres semblables occasions, qu'enfin, il s'en ensuivit la ruine entiere de la République.

Manlius Capitolinus étant donc calomniateur, & non accusateur, les Romains firent voir avec beaucoup de justice, comment il faut châtier de telles gens : parce qu'il faut leur faire prendre le personnage d'accusateur ; & lorsque l'Accusation est bien prouvée, ils doivent être recompensés : mais lorsqu'elle est faussement faite, il faut les punir, comme l'on punit Manlius. (†) MACHIAVEL, *Discours Politiques sur* TITE-LIVE.

De certaines Accusations qui ont particuliérement besoin de modération & de prudence.

MAXIME importante : il faut être très-circonspect dans la poursuite de la magie & de l'hérésie. L'Accusation de ces deux crimes peut extrêmement choquer la liberté, & être la source d'une infinité de tyrannies, si le Lé-

(*) Les Commissaires le plus souvent n'étoient que comme des Intendans de l'armée, & comme les porteurs des ordres de l'Etat ; mais, le Général donnoit tous les ordres militaires.

(†) Il fut condamné à être précipité du Capitole, qu'il avoit si bien défendu contre les Gaulois ; ce qui lui en avoit donné le surnom. Ainsi, le lieu de sa gloire fut celui de son supplice.

giflateur ne fait la borner. Car, comme elle ne porte pas directement fur les actions d'un Citoyen, mais plutôt fur l'idée que l'on s'eft faite de fon caractere, elle devient dangereufe à proportion de l'ignorance du Peuple; & pour lors un Citoyen eft toujours en danger, parce que la meilleure conduite du monde, la morale la plus pure, la pratique de tous les devoirs, ne font pas des garants contre les foupçons de ces crimes.

Sous Manuel Comnene, le *Proteftator* fut accufé d'avoir confpiré contre l'Empereur, & de s'être fervi pour cela de certains fecrets qui rendent les hommes invifibles. Il eft dit dans la vie de cet Empereur que l'on furprit Aaron lifant un livre de Salomon, dont la lecture faifoit paroître des légions de démons. Or, en fuppofant dans la magie une puiffance qui arme l'enfer, & en partant de-là, on regarde celui que l'on appelle un magicien, comme l'homme du monde le plus propre à troubler & à renverfer la fociété, & l'on eft porté à le punir fans mefure.

L'indignation croît, lorfque l'on met dans la magie le pouvoir de détruire la Religion. L'Hiftoire de Conftantinople nous apprend que, fur une révélation qu'avoit eue un Evêque, qu'un miracle avoit ceffé à caufe de la magie d'un particulier, lui & fon fils furent condamnés à mort. De combien de chofes prodigieufes ce crime ne dépendoit-il pas? Qu'il ne foit pas rare qu'il y ait des révélations; que l'Evêque en ait eu une; qu'elle fût véritable; qu'il y eût eu un miracle; que ce miracle eût ceffé; qu'il y eût de la magie; que la magie pût renverfer la Religion; que ce particulier fût magicien; qu'il eût fait enfin cet acte de magie.

L'Empereur Théodore Lafcaris attribuoit fa maladie à la magie. Ceux qui en étoient accufés, n'avoient d'autre reffource, que de manier un fer chaud fans fe brûler. Il auroit été bon, chez les Grecs, d'être magicien, pour fe juftifier de la magie. Tel étoit l'excès de leur idiotifme, qu'au crime du monde le plus incertain, ils joignoient les preuves les plus incertaines.

Sous le regne de Philippe-le-Long, les Juifs furent chaffés de France, accufés d'avoir empoifonné les fontaines par le moyen des lépreux. Cette abfurde accufation doit bien faire douter de toutes celles qui font fondées fur la haine publique.

Un troifieme crime dans la pourfuite duquel il importe encore d'être très-circonfpect, c'eft le crime contre nature.

A Dieu ne plaife que je veuille diminuer l'horreur que l'on a pour un crime que la Religion, la Morale & la Politique condamnent tour-à-tour! Il faudroit le profcrire, quand il ne feroit que donner à un fexe les foibleffes de l'autre; & préparer à une vieilleffe infâme, par une jeuneffe honteufe. Ce que j'en dirai, lui laiffera toutes fes flétriffures, & ne portera que contre la tyrannie qui peut abufer de l'horreur même que l'on en doit avoir.

Comme la nature de ce crime eft d'être caché, il eft fouvent arrivé que des Législateurs l'ont puni sur la déposition d'un enfant. C'étoit ouvrir une porte bien large à la calomnie. » Justinien, dit Procope, publia une Loi, » contre ce crime; il fit rechercher ceux qui en étoient coupables, non-» seulement depuis la Loi, mais avant. La déposition d'un témoin, quel-» quefois d'un enfant, quelquefois d'un esclave, suffisoit; sur-tout contre » les riches, & contre ceux qui étoient de la faction des *verds* ».

Il est singulier que, parmi nous, trois crimes, la magie, l'hérésie, & le crime contre nature; dont on pourroit prouver du premier, qu'il n'existe pas; du second, qu'il est susceptible d'une infinité de distinctions, interprétations, limitations; du troisieme, qu'il est très-souvent obscur; aient été tous trois punis de la peine du feu.

Je dirai bien que le crime contre nature ne fera jamais dans une société de grands progrès, si le Peuple ne s'y trouve porté d'ailleurs par quelque coutume, comme chez les Grecs, où les jeunes gens faisoient tous leurs exercices nuds; comme chez nous, où l'éducation domestique est hors d'usage; comme chez les Asiatiques, où des particuliers ont un grand nombre de femmes qu'ils méprisent, tandis que les autres n'en peuvent avoir. Que l'on ne prépare point ce crime; qu'on le proscrive par une police exacte, comme toutes les violations des mœurs; & l'on verra soudain la nature, ou défendre ses droits, ou les reprendre. Douce, aimable, charmante, elle a répandu les plaisirs d'une main libérale; & en nous comblant de délices, elle nous prépare, par des enfans qui nous font, pour ainsi dire renaître, à des satisfactions plus grandes que ces délices mêmes. *De l'Esprit des Loix*, *Liv. XII. Chap. V. & VI.*

De l'Accusation strictement réguliere, dans la Procédure criminelle en Angleterre.

Si un criminel a fui avant que les grands Jurés aient fondé l'Accusation, s'il se cache, ou il est recherché pour un crime capital ou non. Si son crime ne mérite pas une peine capitale, la Cour envoie au Schériff un ordre de *venire facias*, faites-le venir; si par la réponse au *venire*, il paroit que le délinquant a des terres dans le Comté, où il pourroit être réfugié, alors on fait des proclamations réitérées jusqu'à ce qu'il comparoisse. Mais, si le Schériff répond qu'il n'est pas dans son ressort, la Cour, sur le défaut de comparoître, donne un ordre de *capias*, qui enjoint au Schériff quelconque de le saisir au corps par-tout où il pourra se trouver, & de le produire aux prochaines assises; & si on ne réussit pas à le prendre au premier ordre, la Cour en expédie un second, un troisieme, s'il le faut. Mais, dans l'Accusation de trahison, de félonie, le premier pas de la procédure est l'ordre de prise de corps; & même dans le cas d'inconduite notable, la pratique actuelle de la Cour du Banc du Roi, est d'ordonner la prise de corps sans délai sur le vu de l'Accusation strictement réguliere. Enfin, s'il continue à se cacher, & qu'il faille en venir à le mettre hors de la protection des Loix, cela demande les formalités les plus rigoureuses; on lui ordonne par cinq proclamations, dans cinq Comtés différens, de comparoître; & s'il ne se rend pas à la cinquieme, on le déclare *ex-loi*. Il ne peut plus jouir des biens que les Loix assurent à chaque individu, plus d'action pour lui en Justice, pour conserver ses droits, ou autrement.

Outre cela, la punition d'un ex-loi, s'il n'a été cité que pour inconduite notable, c'est la confiscation de ses biens, meubles & immeubles. Mais dans le cas de trahison ou de félonie, il est regardé comme atteint & convaincu, ni plus ni moins que s'il avoit été jugé par les Jurés, ses Pairs. Néanmoins, il reste encore une chose de lui sous la protection des Loix, c'est sa vie, comme nous l'avons déja observé. Un ex-loi étoit anciennement réputé avoir *caput lupinum*, une tête de loup à la merci du premier qui voudroit la couper; parce qu'ayant renoncé à la Loi, il tomboit dans l'état de nature, où chacun auroit droit de tuer un malfaiteur. Mais, aujourd'hui, pour éviter cette rigueur, qui approche de l'inhumanité, nul homme n'est autorisé à le tuer; à moins qu'étant chargé de l'arrêter, il ne le tue dans la résistance; car, s'il le tue de son propre mouvement, il est coupable de meurtre. De plus, la procédure qui met hors de la protection des Loix, doit être si scrupuleusement exacte, qu'un seul point omis ou mal conduit, l'annulle; &, dans ce cas, l'ex-loi est admis à se défendre de l'Accusation.

Le Banc du Roi, étant la Cour suprême & ordinaire de Justice, en matiere criminelle, elle a soin de demander aux Tribunaux inférieurs, l'Accusation & la procédure, en quelqu'état qu'elles soient, avant le jugement, & cela pour quatre raisons: 1°. pour examiner & déterminer la validité des *Appels*, des *Accusations*, des *Procédures*, afin de les confirmer ou de les casser, selon l'exigence du cas; 2°. lorsqu'elle soupçonne de la partialité, pour ou contre l'accusé dans un Tribunal inférieur, elle demande l'Accusation rédigée par les grands Jurés, pour faire juger l'accusé à la Barre de la Cour; 3°. afin de faire plaider devant elle le pardon que le Roi peut accorder; 4°. pour rejetter de la protection des Loix, un criminel qui se réfugie dans quelque Comté où sont les Juges. L'ordre, une fois parvenu aux Cours subalternes, d'envoyer l'Accusation & la procédure, en l'état où elles se trouvent, fait taire leur Jurisdiction, & annulle toute procédure ultérieure qu'elles pourroient faire, à moins que le Banc du Roi ne leur renvoie le procès pour être jugé.

Lorsqu'il y a une Accusation strictement réguliere par les grands Jurés, contre un *Pair*, elle doit être portée au Parlement, ou à la Cour du Grand-Maître de la Grande-Bretagne.

Des Accusations secrettes.

L'Accusation secrette est la délation d'un crime ou délit, vrai ou faux, faite à un Ministre de la Justice, par une partie privée, qui n'a point d'intérêt particulier à la poursuite du crime, & dont on reçoit la délation sans preuves. L'on sent assez, par cette définition, que les Accusations secrettes sont un abus manifeste, quoique consacré chez plusieurs nations. Elles n'y sont nécessaires qu'en conséquence de la foiblesse du Gouvernement. Elles rendent les hommes faux & perfides. Celui qui peut soupçonner un délateur dans son concitoyen, y voit bientôt un ennemi : on s'accoutume à masquer ses sentimens, & l'habitude que l'on contracte de les cacher aux autres, fait bientôt qu'on se les cache à soi-même. Malheureux les hommes dans cette triste situation ! ils errent sur une vaste mer, occupés uniquement à se sauver des délateurs, comme d'autant de monstres qui les menacent ; l'incertitude de l'avenir couvre pour eux d'amertume le moment présent. Privés des plaisirs si doux de la tranquillité & de la sécurité, à peine quelques instans de bonheur répandus çà & là sur leur malheureuse vie, & dont ils jouissent à la hâte & dans le trouble, les consolent-ils d'avoir vécu. Est-ce parmi de pareils hommes que nous trouverons d'intrépides soldats, défenseurs du trône de la patrie ? Y trouverons-nous des Magistrats incorruptibles, qui sachent soutenir & développer les véritables intérêts du Souverain avec une éloquence libre & patriotique, qui portent au trône, avec les tributs, l'amour & les bénédictions de tous les ordres des Citoyens, pour en rapporter au Palais des Grands, & à l'humble toit du pauvre, la sécurité, la paix, l'espérance industrieuse d'améliorer son sort, levain utile de la fermentation, & principe de la vie des Etats ?

Qui peut se défendre de la calomnie, quand elle est armée du bouclier impénétrable de la tyrannie, le secret ? Quel misérable Gouvernement que celui, où le Souverain soupçonne un ennemi dans chacun de ses sujets, & se croit forcé pour le repos public de troubler celui de chaque Citoyen ?

Quels sont donc les motifs par lesquels on prétend justifier les Accusations & les peines secrettes ? la tranquillité publique, le maintien de la forme du Gouvernement ? Il faut avouer que c'est une étrange constitution, que celle où le Gouvernement, qui a déja pour lui la force & l'opinion, craint encore chaque particulier. La sûreté de l'accusateur ? les Loix ne le défendent donc pas suffisamment : il y a donc des sujets plus puissans que le Souverain & les Loix. La nécessité de sauver le délateur de l'infamie ? c'est-à-dire, que, dans le même Etat, la calomnie publique sera punie, & la calomnie secrette autorisée. La nature du délit ? si les actions indifférentes, ou même utiles au bien public, sont déférées & punies comme criminelles, on a raison : l'Accusation & le jugement ne peuvent jamais être assez secrets. Mais peut-il y avoir un crime, c'est-à-dire, une violation des droits de la société, qu'il ne soit pas de l'intérêt de tous de punir publiquement ?

Je respecte tous les Gouvernemens, & je ne parle d'aucun en particulier. Telle est quelquefois la nature des circonstances, que les abus sont inhérens à la constitution d'un Etat, & qu'on peut croire qu'il n'est pas possible de les extirper sans détruire le Corps politique.

M. de Montesquieu a déja dit, & nous l'avons répété, (*voyez ci-dessus.*) que les *Accusations* publiques sont conformes à la nature du Gouvernement républicain, où le zele du bien public doit être la premiere passion des Citoyens: & que dans les Monarchies, où ce sentiment est plus foible par la nature du Gouvernement, c'est un établissement sage que celui des Magistrats qui, faisant les fonctions de partie publique, mettent en cause les infracteurs des Loix. Mais tout Gouvernement, soit républicain, soit monarchique, doit infliger au calomniateur la peine décernée contre le crime dont il se porte accusateur. (*D. F.*)

ACCUSÉ s. m.

Des Personnes qui ne peuvent pas être valablement accusées, & de celles qui peuvent l'être, suivant la Jurisprudence de France.

PAR le Droit Romain, il étoit permis à une seule personne d'en accuser plusieurs; mais il n'étoit pas permis à plusieurs d'accuser une seule personne, à cause de la peine du talion, à laquelle l'Accusateur qui succomboit étoit sujet, parce qu'on ne pouvoit pas faire supporter à plusieurs personnes, la peine due à une seule.

Mais depuis que cette peine a été abolie en France, il est permis à plusieurs personnes d'accuser une seule, comme il est permis à une seule personne d'en accuser plusieurs; & non-seulement d'accuser ceux qui ont commis le crime, mais encore leurs complices & même ceux qui l'ont favorisé en prêtant du secours, soit en fournissant les armes ou d'autres moyens, soit en payant, louant ou conseillant pour le faire commettre, ainsi qu'il *est décidé dans la Loi 1. §. 3. ff. de Servo corrupto; & par l'Art. 195. de l'Ordonnance de Blois.*

Du reste, les personnes qui ne peuvent pas être valablement accusées, sont 1°. Ceux qui ont été une fois absous d'un crime, qui ne peuvent pas être accusés une seconde fois du même crime, suivant la maxime reçue en cette matiere, *non bis in idem;* à moins que celui qui forme la nouvelle accusation, n'ait un intérêt particulier à poursuivre ce crime, & qu'il n'ait pas été Partie lors de la premiere. Dans ce cas la maxime cesse; ainsi par l'Arrêt qu'on trouve rapporté dans *Charondas, en ses Pandectes, liv. 4. partie 2. chap. 5.* les enfans du premier lit, furent reçus à poursuivre leur intérêt, à raison de l'homicide commis en la personne de leur pere, quoique l'Accusé eut obtenu des Lettres de grace, & qu'elles eussent été entérinées avec leur marâtre, seconde femme de leur pere.

2°. Ceux qui ont une fois subi la peine due à leur crime : car puisque celui qui a été renvoyé absous de la premiere accusation, ne peut pas être accusé une seconde fois du même crime, il faut décider, à plus forte raison, que celui qui a été puni une fois de son crime, ne peut pas être accusé de nouveau, & puni à raison du même crime, quoique la peine soit moindre que celle que le crime méritoit, & cela par une suite de la même maxime, *non nobis in idem :* mais il pourroit être accusé, comme il a été déjà dit, par un nouvel accusateur, qui n'auroit pas été Partie lors de la premiere accusation, pour ses intérêts civils.

Quoique la maxime, *non bis in idem*, soit réguliérement observée, parmi nous, elle souffre encore deux exceptions ; savoir, la premiere, lorsque celui qui après avoir été prévenu d'un crime, en a été absous par collusion de la part des Parties, en s'accordant ou transigeant sur un crime qui intéresse le Public, ou par prévarication de la part du Juge, qui se seroit prêté pour procurer l'absolution à l'Accusé. Dans ces cas, si la collusion ou la prévarication étoit prouvée, il n'est pas douteux que, nonobstant cette absolution, le Procureur du Roi ou Fiscal, pourroit l'accuser de nouveau, & poursuivre en son nom la punition du crime suivant la *disposition du Droit, en la Loi 3. §. 2. ff. de prævaricatione, & de la Loi 11. au Code de Accusat.*

La seconde, si le Juge a été corrompu par argent par l'Accusé, ou par autre personne, pour procurer l'absolution de l'Accusé ; dans ce cas, la Partie intéressée pour ses intérêts civils, ou la Partie publique, si le crime intéresse le Public, peut, nonobstant cette absolution injuste, poursuivre de nouveau la réparation & punition du crime.

Il a été même jugé que la Requête Civile étoit reçue contre un Arrêt d'absolution, en matiere criminelle, comme en matiere civile, quand l'Accusé a falsifié ou supprimé les charges, corrompu les témoins, ou usé d'autres artifices semblables, pour se procurer son relaxe : mais cette voie n'est pas reçue pour raison de simples défauts qui sont dans la procédure.

3°. Le pere & la mere ne peuvent pas être accusés par leurs enfans, non plus que les enfans par leur pere & par leur mere, parce qu'ils ne font tous qu'une seule & même personne ; ce qui doit être entendu des crimes que les uns & les autres ont commis envers des étrangers, ou pour fait de vol ou de larcin, fait sur leurs biens, à raison desquels ils ne peuvent pas former leur accusation au criminel, mais seulement aux fins civiles, pour répéter ce qu'ils auroient volé les uns aux autres.

Et à l'égard des crimes d'excès, qu'ils auroient commis les uns contre les autres, il est certain que leur plainte doit être reçue ; comme dans les cas ausquels ils auroient attenté à la vie les uns des autres, ou qu'ils se seroient excédés griévement ; & sur-tout les peres & meres, pour avoir été battus ou ou outragés en quelque maniere que ce soit par leurs enfans, peuvent porter leur plainte en Justice, & les faire punir par des peines très-séveres, suivant les circonstances des outrages, & des excès commis sur leurs personnes.

4°. Les fous, les insensés & les pupilles, ne peuvent pas être accusés criminellement, parce que n'ayant pas de bons sens ni de raison, ils sont incapables de dol : on excepte pourtant, à l'égard des pupilles, ceux qui sont proche de la puberté, parce qu'alors on les considere comme capables de dol & de malice. Ainsi par un Arrêt du Parlement de Dijon, il a été jugé qu'on pouvoit procéder par information contre un enfant âgé de douze ou treize ans, qui avoit rompu un bras à un autre d'un coup de pierre. Le motif de cet Arrêt fondé sur ce que cet enfant étoit proche de la puberté, & qu'à cet âge on peut avoir la malice & la force de commettre le mal.

A l'égard des fous & insensés, ils ne peuvent pas être punis, même à raison des grands crimes; comme, par exemple, du parricide, du meurtre, de la profanation des choses saintes, &c. parce que, ainsi que nous l'avons dit plus haut, ils sont incapables de dol; il n'y a d'exception que pour l'attentat par eux commis sur la personne des Souverains, lequel n'est pas excusé, à cause de leur excellence & de l'intérêt public & de l'Etat.

Mais si ces fous ou insensés ont des intervalles dans leur folie, pendant lesquels ils ont commis le crime, ils peuvent en être punis; parce que dans ces intervalles ils sont capables de connoître ce qu'ils font : c'est à quoi les Juges doivent avoir attention par les circonstances du fait.

5°. Enfin, ceux qui ont prescrit leur crime par l'espace de vingt années, qui est le terme fixé pour cette prescription, ne peuvent pas être accusés après ce tems du même crime, quand même il s'agiroit d'un vol considérable, d'une fausseté & de tout autre crime capital, ce qui doit être entendu des crimes dont il n'y a pas eu de plainte, ou qui après une plainte & une information, & après même un décret de prise de corps, ont resté impoursuivis pendant vingt années, par la négligence de la Partie civile, ou du Vengeur public; ceux qui en seroient coupables après cet intervalle de tems, ne pourroient plus être recherchés. Il n'y a d'exception que pour le crime de Léze-Majesté, *au premier Chef*, qui ne prescrit point suivant la Loi *Quærela*, *au Code ad Legem Corneliam de Falsis.*

Mais lorsqu'il y a une Sentence portant condamnation, qui a été exécutée figurativement contre les condamnés, la prescription de vingt ans n'a point lieu pour les crimes, parce que cette exécution figurative proroge l'action pour trente années.

Il faut néanmoins excepter de cette regle, le crime de duel, qui ne prescrit point après une exécution figurative de la condamnation; suivant la disposition de l'Article 35. de l'Edit de 1679, qui porte que le crime de duel ne pourra être éteint, ni par la mort, ni par la prescription de vingt ni de trente ans, ni aucune autre; à moins qu'il n'y ait eu ni exécution, ni condamnation, ni plainte contre la personne ou contre sa mémoire; d'où il faut conclure que pour ce crime, non-seulement la condamnation exécutée figurativement, mais encore la seule plainte portée contre la personne, ou la mémoire du coupable, le rend imprescriptible.

Selon la Loi Memmia, il n'étoit pas permis d'accuser ceux qui étoient absens pour le service de la République. Tout Gouvernement sage empêchera que des Citoyens employés dans l'étranger pour le service de l'Etat, ne puissent être opprimés par leurs ennemis.

Des égards dûs aux Accusés avant qu'ils soient convaincus.

On nomme *Accusé*, quiconque est déféré aux vengeurs des Loix d'un Etat, comme ayant enfreint ces mêmes Loix. Ainsi l'on peut être criminel sans être accusé; & l'on peut être accusé sans être criminel. C'est sur cette considération que sont fondés les égards que la Loi de l'humanité réclame en faveur de l'Accusé, jusqu'à ce qu'il soit convaincu, de peur que l'on ne fasse supporter à l'innocent des peines qui ne sont dues qu'au coupable.

Cependant la Législation de presque toutes les Nations modernes est si peu raisonnable, qu'un Accusé ou Prévenu est arrêté, jetté dans une prison, chargé de fers, privé de toute communication avec des conseils, sans connoître ni ses Accusateurs ni les Témoins qui déposent contre lui, ni leurs dépositions, de sorte qu'on traite, à son insçu, de sa fortune, de son honneur, de sa vie, & même de l'honneur de sa famille.

Lorsque le Juge a de la sorte accumulé les dépositions & les preuves, il examine ce qui en résulte. S'il n'y voit rien qui charge l'Accusé, il le renvoie quitte & absous; souvent même il lui réserve ses dommages & intérêts contre l'Accusateur. S'il y a des indices assez forts pour présumer légalement que l'Accusé est coupable, alors le Juge ordonne que les témoins seront ouis de nouveau sur les faits qu'ils ont déposés, & qu'ils seront présentés au Prévenu : ce qu'on appelle en France *régler la procédure à l'extraordinaire.* Alors seulement il y a présomption légale que l'Accusé est criminel.

Mais si avant ce moment la Loi ne l'a pas présumé coupable, pourquoi a-t-elle donc commencé à le punir comme tel? Pourquoi l'a-t-elle arraché à ses biens, à ses affaires, à son domicile, à ses amis, à une épouse chérie, à des enfans qui ont besoin de son secours? Pourquoi l'a-t-elle jetté en prison, peut-être dans un cachot? Et si les Juges se trouvent dans le cas de l'absoudre, ce qui est souvent arrivé, comment le dédommager des maux qu'une rigueur précipitée lui a fait souffrir?

A Athenes, les plus grands criminels jouissoient d'une liberté pleine & entiere pendant tout le tems que duroit l'instruction de leur procès.

A Rome, nul Accusé ne cessoit d'être libre, que lorsqu'il étoit convaincu & condamné.

En Angleterre, la Loi défend tout-à-la-fois de tenir un Citoyen en prison au-delà de vingt-quatre heures sans l'interroger, & veut qu'après cet intervalle on le relâche sous caution, jusqu'à ce que son procès lui soit fait.

L'Impératrice de Russie, actuellement régnante, dans cette belle Instruction que la raison semble avoir dictée pour le bonheur de l'humanité, & qui devroit être le Manuel des Législateurs & des Juges, a si bien dit ; „ C'est » une différence d'arrêter quelqu'un ou de l'emprisonner.-- Il ne faut pas que » le même lieu serve à mettre en sûreté la personne d'un homme simple- » ment accusé ou prévenu d'un crime, & un homme qui en est convaincu. Mais qu'avons-nous besoin d'exemples, lorsque la raison se fait entendre ? S'il faut un lieu de sûreté pour les Accusés, il faut qu'ils y trouvent les mêmes égards & les mêmes commodités à-peu-près dont ils jouissent dans leurs domiciles. *Voyez* DÉTENTION. Ils n'y seront ni privés de la lumiere, ni chargés de fers, ni forcés de respirer un air infect, ni exposés à perdre l'estime publique.

Ne vaudroit-il pas mieux encore qu'il leur fût permis de vaquer à leurs affaires, pourvû qu'ils donnassent caution de se représenter lorsque la Justice les réclameroit ?

On doit procurer aux Accusés tous les moyens de prouver leur innocence.

A Rome, on donnoit à l'Accusé jusqu'à quatre défenseurs ; les dépositions se lisoient tout haut ; on laissoit au Prévenu le tems d'y répondre, & de se concerter avec les hommes généreux qui s'étoient chargés du soin de le justifier. *Histoire de la Jurisprudence Romaine*, par Terrasson.

Quel contraste entre cette procédure noble, franche & magnanime, & celle qui refuse toute espece de Conseils à l'Accusé, qui lui cache le nom & les dépositions des témoins rassemblés contre lui, & ne les lui fait connoître qu'au moment où ils lui sont confrontés, moment trop court où l'Accusé ne sauroit jouir de sa présence d'esprit, parce que cette formalité lui annonce que son procès est réglé à l'extraordinaire! Quel inconvénient y auroit-il donc à lui faire connoître les témoins qui déposent contre lui, à lui donner copie de leurs dépositions, à lui permettre d'en conférer avec un Conseil ? La Loi a-t-elle plus d'intérêt à le trouver coupable qu'innocent? A-t-elle plus d'envie de le punir que de l'absoudre ?

Il y a une contradiction remarquable à cet égard dans la Jurisprudence criminelle de France. L'article 8. du Titre 14. de l'Ordonnance de 1670 refuse à tout Accusé le ministere d'un Avocat ou Conseil, si ce n'est dans le cas de péculat, de concussion, de banqueroute frauduleuse, *&c.* „ Quoi, » s'écrie là-dessus l'illustre Auteur du *Commentaire sur le Traité des Délits » & des Peines*, votre Loi permet qu'un concussionnaire, un banqueroutier » frauduleux ait recours au ministere d'un Avocat, & très-souvent un homme » d'honneur est privé de ce secours! S'il peut se trouver une seule occasion

» où un innocent seroit justifié par le ministere d'un Avocat, n'est-il pas clair » que la Loi qui l'en prive est injuste?"

Il faut dire, à la décharge des rédacteurs de l'Ordonnance, que cet article 8. ne passa point d'une voix unanime. Le premier Président de Lamoignon le combattit avec une force qui auroit bien dû persuader ses collegues. Les générations les plus reculées liront avec attendrissement les sages réflexions qu'il fit sur cet article. „ Il est vrai, disoit-il, que quelques criminels se sont échappés des mains de leurs Juges & exemptés des peines, » par le moyen de leur Conseil. Mais si le Conseil a sauvé quelques coupables, ne peut-il pas arriver aussi que des innocens périssent, faute de » Conseil?... Or, il est certain qu'entre tous les maux qui peuvent arriver » dans la distribution de la Justice, aucun n'est comparable à celui de faire » mourir un innocent; il vaudroit mieux absoudre mille coupables.

Voyez le *Procès-verbal de l'Ordonnance.*

Nous augurons de la douceur, de la sensibilité, de l'humanité si naturelles aux François que, si l'on réformoit aujourd'hui cette Ordonnance criminelle de 1670, qui a si grand besoin de réforme, le Législateur plus éclairé qu'on ne l'étoit il y a cent ans, n'hésiteroit pas à donner un Conseil aux Accusés.

L'Impératrice de Russie, dans l'Instruction citée plus haut, fait une observation digne tout-à-la-fois de Socrate & de Titus: „ Sous un Gouvernement modéré, dit cette auguste Princesse, on n'ôte la vie à personne, à „ moins que la Patrie ne s'éleve contre lui; & la Patrie ne demandera jamais la vie de personne, sans lui avoir donné auparavant tous les moyens „ de se défendre."

Le feu Roi de Sardaigne, dans le Code publié en 1770, a suivi les mêmes principes : il donne aux Accusés des défenseurs plus propres à éclairer le Juge & à tranquilliser sa conscience, qu'à favoriser les coupables. Il laisse à ceux-ci la liberté de choisir leurs Avocats & leurs Procureurs : il prend même des moyens pour leur en assurer le ministere. Les dispositions de ce Code sur cet objet méritent d'être rapportées en entier.

DES DÉFENSES DES ACCUSÉS:

Suivant le Titre XII. du Code des Loix & Constitutions du Roi de Sardaigne, publié en 1770.

ARTICLE PREMIER.

DANS les procès criminels pendans pardevant le Sénat, nous voulons, afin que l'expédition en soit plus prompte, & la défense des Accusés plus aisée & plus exacte, que l'Avocat & le Procureur des pauvres soient censés destinés pour l'entreprendre, à moins qu'il ne s'agit de plusieurs Accusés dont la défenſe ſeroit incompatible, ou qu'ils n'euſſent de juſtes motifs pour ne pas s'en ſervir, qu'ils devront repréſenter au premier Préſident; ils auront cependant toujours la liberté de choiſir d'autres Avocats pour condéfenſeurs.

II.

Dans les procès criminels pendans pardevant les Tribunaux ſubalternes, l'Avocat & le Procureur des pauvres, s'il y en a, ſeront auſſi cenſés députés de la même maniere que deſſus, pour la défenſe des Accuſés; & s'il n'y en a point, l'Accuſé pourra ſe choiſir l'Avocat & le Procureur que bon lui ſemblera, leſquels ne pourront ſans une cauſe légitime, lui refuſer leur miniſtere, à peine d'être interdits de l'exercice de leur profeſſion; & dans le cas que l'Accuſé ne s'en nomme aucun, le Juge lui députera un Avocat & un Procureur pour le défendre, & les uns & les autres devront être ſatisfaits de leur travail, ſi l'Accuſé n'eſt pas véritablement pauvre.

III.

Lorſqu'on déclarera le procès ouvert & publié, on ordonnera au choix de l'Accuſé, de lui expédier une copie, ou de le communiquer à ſon Avocat ou à ſon Procureur.

IV.

On ne différera pas de donner la communication ou copie du procès, quoiqu'il y ait des complices abſens ou en contumace, moyennant le ſerment que l'on fera prêter en ce cas de ne pas révéler ſon contenu, à moins qu'il ne s'agiſſe de l'Avocat, ou Procureur des pauvres, ou qu'il n'y ait des circonſtances qui engagent le Rapporteur, Juge-Maje ou Juge de la cauſe, à devoir procéder autrement.

V.

On fera l'expédition de la copie ou la communication du procès, dans le terme que l'on jugera à propos de fixer, eu égard à la groſſeur du volume des pieces produites & des informations.

VI.

L'Accuſé ayant eu copie ou communication du procès criminel par l'organe de ſon Avocat ou de ſon Procureur, aura un délai de huit jours, pour fournir des reproches contre les témoins du fiſc, & pour déduire tout ce qu'il jugera à propos pour ſa défenſe; après quoi il aura encore quinze autres jours pour rapporter la preuve tant des ſuſdits reproches, que de ce qui aura été par lui déduit, & paſſé ce terme, ſon enquête, s'il y a fait procéder, ſera cenſée publiée, & s'il n'en a point fait, il ne ſera plus admis à pouvoir la faire.

VII.

On n'admettra d'autres articles pour la défense des Accusés, que ceux par lesquels ils voudront prouver les reproches fournis contre les témoins, & ceux qui viendront en conséquence de leurs réponses, ou qui n'y seront pas contraires.

VIII.

Les faits soutenus par l'Accusé ne seront admis qu'après avoir été visés par les Avocats Fiscaux Généraux & Provinciaux respectivement.

IX.

L'on observera aussi pour les enquêtes ce qui est prescrit par le Livre 3. Tit. 18. de nos Constitutions; mais outre le nombre des témoins qui y est fixé, les Magistrats suprêmes pourront encore en admettre au delà, si les circonstances des cas le leur font paroître nécessaire pour achever les défenses des Accusés.

X.

L'Accusé ne sera plus admis après la publication de son enquête, à déduire de nouveaux faits, à moins que le Fisc n'ait fait quelques autres procédures qui y donnent lieu; il en sera de même lorsque l'enquête de l'Accusé sera déja commencée.

XI.

Dès que l'enquête susdite sera publiée, le Fisc en ayant eu copie, aura cinq jours pour fournir ses oppositions, & l'Accusé un autre délai de cinq jours pour repliquer, & si le Fisc n'a rien à opposer, la cause sera sans autre retard appointée à recevoir jugement.

XII.

Mais si le Fisc fournit ses oppositions, & que le terme donné à l'accusé pour répliquer soit écoulé, on l'assignera de même à ouir la prononciation du jugement sur les conclusions précédentes du Fisc, desquelles on donnera copie à l'Avocat de l'Accusé, afin que de son côté il donne aussi les siennes défensives.

XIII.

Le Fisc, nonobstant le laps des délais assignés & la publication des actes, pourra rapporter toutes les nouvelles preuves qui lui surviendront, lesquelles seront admises en tout tems, pourvu que la sentence ne soit pas rendue; mais ce privilege du Fisc ne s'étendra pas à ceux qui auront donné le plaintif.

XIV.

Lorsque l'on fera le rapport en contumace des procès criminels, tant pour la définitive que pour des incidens, il ne sera permis qu'aux seuls Officiers du Fisc d'y assister.

XV.

L'Avocat des pauvres pourra encore y intervenir, attendu le serment solemnel qui l'oblige au secret; mais il ne pourra rien dire ni suggérer en faveur du contumax, à moins qu'il n'indiquât quelque nullité dans le procès ou dans les informations.

XVI.

Dans les autres causes, non-seulement l'Avocat & le Procureur des pauvres pourront assister au rapport, mais encore les autres défenseurs.

XVII.

Quand il s'agira de délits qui méritent peine de mort ou de galeres à perpétuité, l'Accusé pourra être retenu dans le cachot, jusqu'à ce qu'il ait fini ses défenses, pourvu qu'il puisse avoir commodément des conférences avec son Avocat & son Procureur, en prenant, à cet effet, les précautions convenables.

Du jugement de l'Accusé par ses Pairs.

DANS la recherche des preuves d'un crime, il faut de l'adresse & de l'habileté; il faut de la précision & de la clarté pour exprimer le résultat de cette recherche; mais pour juger d'après ce résultat, il ne faut que le simple bon sens qui guide plus sûrement que tout le savoir d'un Juge accoutumé à vouloir trouver par-tout des coupables.

C'est donc une loi très-utile, là où elle est établie, que celle qui prescrit que tout homme soit jugé par ses Pairs, parce que lorsqu'il s'agit du sort d'un Citoyen, on doit imposer silence à tous les sentimens qu'inspire la différence des rangs & des fortunes; ils ne doivent point avoir lieu entre les Juges & l'Accusé.

Mais quand le délit est l'offense d'un tiers, alors la moitié des Juges doit être prise parmi les Pairs de l'Accusé, & la moitié parmi ceux de l'offensé.

Il est encore très-juste qu'un Accusé puisse récuser un certain nombre de ses Juges qui lui sont suspects. Dans une Nation où l'Accusé jouit constamment de ce droit, le coupable paroîtra se condamner lui-même. *Instruction de Catherine II, Impératrice de Russie, pour la commission chargée de dresser le projet d'un nouveau Code de Loix.*

De la liberté que les Accusés doivent avoir dans le choix de leurs Juges.

C'EST une Loi sage & humaine que celle qui permet aux Accusés, surtout dans les grandes accusations, de se choisir leurs Juges, ou du moins d'en récuser un si grand nombre que ceux qui restent, soient censés être de leur choix.

Les Anglois donnent au reste de l'Europe, sur ce point comme sur bien d'autres, un exemple digne d'être suivi. Mais par-tout il est permis à un Accusé de récuser un Juge, lorsqu'il a de justes raisons pour en agir ainsi. Les Juges même peuvent aussi se récuser pour des causes raisonnables.

Comparaison de la Loi qui, en Angleterre & ailleurs, permet à l'Accusé de produire ses témoins, avec la Loi qui, en France & dans d'autres pays, n'admet point cette production de témoins de la part de l'Accusé.

EN Angleterre on admet les témoins tant de la part de l'Accusateur que de celle de l'Accusé. L'affaire est, pour ainsi dire, discutée entre eux. Celui-ci a droit d'opposer témoignage à témoignage. La raison de cette Loi est fondée non-seulement sur le principe établi ci-dessus, qu'il est juste de donner à l'Accusé tous les moyens de se justifier, mais encore sur ce que les faux témoins n'étant pas punis de mort en Angleterre, l'Accusé doit avoir contre eux une ressource qui l'empêche d'être leur victime.

En France où le faux témoignage est puni de mort, la Loi ne le présumant pas, n'a pas cru qu'il fût nécessaire de ménager cette ressource à l'Accusé; elle n'écoute que les témoins produits par la partie publique. Il faut pourtant remarquer que la jurisprudence Françoise a varié à cet égard. Autrefois les témoins étoient produits & ouis des deux parts; alors aussi la peine contre les faux témoins en justice étoit pécuniaire, comme on le voit dans les *Etablissemens de Saint-Louis Liv. I. Chap. VII.*

Laquelle des deux Loix est la plus conforme à la raison? Toutes les circonstances bien pesées, il paroît que la plus raisonnable est celle qui appelle de tous côtés les témoignages propres à éclaircir un fait, & qui a l'attention de ne pas leur ôter le courage, la liberté & la franchise nécessaires dans une telle occasion, par la crainte d'une peine capitale. Elle a encore un grand avantage sur l'autre, c'est que pouvant se promettre de parvenir à une pleine connoissance du chef d'accusation, par la discussion des témoignages allegués de part & d'autre, elle n'a pas besoin d'employer la question contre le criminel. Aussi ce moyen si dur & si incertain, jugé nécessaire en France, malgré les cris de l'humanité, & les vives réclamations de la Philosophie, n'est point pratiqué chez les Anglois.

ACHAIE,

ACHAÏE, f. f. *Province du Péloponese.*

ACHÉENS, f. m. pl. *Habitans de l'Achaïe.*

L'ACHAÏE, Province du Péloponese, s'étendoit depuis le Golfe de Corinthe ou de Lépante, le long de la mer Ionienne jusqu'à la Province de Belvedere, & fait aujourd'hui partie du Duché de Clarence. Pétrasso y est située. Les Ducs de Savoie portent le titre de *Prince d'Achaïe*, depuis le commencement du quatorzieme siecle, que Philippe, Comte de Savoie, épousa la fille unique & héritiere de Guillaume, Prince d'Achaïe & de Morée.

De la République des Achéens. Sa grandeur, ses révolutions & sa décadence.

L'ACHAÏE ne tint aucun rang dans la Grece tant qu'elle fut asservie à des Rois. Accoutumée aux fers de l'esclavage, elle voyoit sans envie ses voisins jouir de leur indépendance, tandis qu'elle marchoit courbée sous le joug Monarchique. L'habitude rend tout supportable, & si ses Rois n'eussent abusé de leur pouvoir, les Achéens assoupis auroient toujours été esclaves obéissans. Leur liberté fut l'ouvrage de l'oppression. Ils sentirent la honte de n'avoir pour Loix que la volonté d'un Maître, & mieux instruits sur les droits de l'humanité avilie par le pouvoir arbitraire, ils oserent être libres comme le reste de la Grece, & les Tyrans furent détruits. On ignore combien l'Achaïe eut de Rois depuis Acheus, qui donna son nom à cette Contrée, jusqu'aux fils d'Ogigés, qui furent précipités du trône que leurs ancêtres avoient occupé depuis Oreste.

Après l'expulsion des Tyrans, l'Achaïe forma une République composée de douze Villes, dont chacune fut une République indépendante, qui eut son Territoire, sa Police & ses Magistrats : mais elles eurent toutes le même poids, la même mesure & les mêmes Loix ; & comme elles avoient les mêmes intérêts à ménager, & les mêmes dangers à craindre, elles adopterent le même esprit & les mêmes maximes : les distinctions, sources de désordres & d'émotions populaires, furent supprimées ; le Citoyen le plus vertueux & le plus utile, fut le plus noble & le plus respecté ; toute la puissance résida dans le peuple assemblé. Les Magistrats, à qui l'on confia le dépôt de la Loi, furent assez puissans pour en faire respecter la sainteté, & leur autorité fut assez limitée pour ne pouvoir l'enfreindre. Ainsi on ne vit naître aucuns de ces orages qui se forment souvent dans la Démocratie. L'union de ces villes confédérées fut moins l'ouvrage de la Politique que de la nécessité. Les Achéens avoient pour voisins les Etoliens, qui, moins hommes qu'animaux farouches, cherchoient sans cesse une proie à dévorer. Sans respect pour les traités & les fermens, ils fouloient aux pieds les Droits de l'humanité, & ne ménageoient les Grecs que quand les Barbares n'offroient aucun aliment à leur cupidité. Tant qu'Athenes & Sparte furent redoutables, ils n'exercerent leurs brigandages & leurs pirateries que sur la Macédoine, l'Illyrie & les Isles; mais dès que ces deux Villes affoiblies par leur rivalité, ne servirent plus de rempart à la Grece, ils porterent la désolation dans le Péloponese, & ce fut la crainte d'être leurs victimes qui cimenta l'union entre les villes de l'Achaïe, qui avoient besoin de toutes leurs forces pour les opposer aux incursions d'un Peuple de brigands.

Chaque République renonça au privilege de contracter des alliances particulieres avec l'étranger. L'antiquité, la richesse & la population d'une Ville ne lui donna aucune prééminence sur les autres moins favorisées de la fortune. Une parfaite égalité prévint les haines & les dissentions qui naissent de la rivalité. On établit un Sénat national, où chaque République députoit un nombre égal de Magistrats. C'étoit dans cette assemblée qu'on délibéroit de la paix ou de la guerre, & qu'on réformoit les abus. Ce Sénat ne s'assembloit qu'au commencement du printems & de l'automne; & s'il survenoit, en son absence, quelques affaires imprévues, les deux Préteurs, dont l'autorité étoit annuelle, étoient chargés de le convoquer extraordinairement. Ces deux Magistrats, quand le Sénat n'étoit plus assemblé, tenoient entre leurs mains les destinées publiques; mais, comme ils ne pouvoient rien exécuter que du consentement de dix Inspecteurs qui veilloient sur eux, ils n'avoient qu'une autorité dont il étoit difficile d'abuser, parce qu'ils auroient eu trop de Citoyens à corrompre. C'étoit à la tête des armées qu'ils jouissoient du pouvoir le plus absolu, mais leur commandement n'étoit pas assez durable pour exciter les vœux de l'ambition.

Les Achéens, ingénieux dans la recherche du bonheur, le trouverent dans leur modération. Ils résisterent avec constance à l'attrait des richesses & aux promesses de l'ambition. Satisfaits d'être libres, ils se firent un devoir de respecter la liberté de leurs voisins, & sans être aussi riches & aussi puissans, ils furent tranquilles & plus fortunés; il leur parut plus beau d'être choisis pour les arbitres des querelles, que d'en être les partisans ou les complices. Le Péloponese & les autres Provinces de la Grece, persuadés de leur intégrité & de leur modération, se soumirent avec confiance à leurs décisions. Philippe & Alexandre les laisserent jouir de leur liberté & de leurs privileges, dont ils ne savoient point abuser; mais, sous leurs Successeurs, cette République de Sages fut enveloppée dans la ruine de la Grece. Obligée de prendre part aux dissentions qui déchiroient la Macédoine, elle reçut dans son sein des tyrans parés du nom de protecteurs. Le lien qui unissoit les Villes fut rompu, & des intérêts divisés préparerent une commune oppression. Le sentiment de leur dégradation réveilla l'amour de la liberté : quatre Villes donnerent aux autres un exemple qui fut suivi par les Egéens, qui firent, avec Dyme, Patras, Phare & Tritée, une République où l'on vit renaître les mœurs, la police & l'union qui avoient fait respecter la premiere. Plusieurs autres Villes massacrerent leurs tyrans, & briguerent la faveur d'être admises dans cette association, dont le but étoit de maintenir sa liberté sans attenter à celle des autres.

La Macédoine, seule intéressée à arrêter les progrès de cette République fédérative, étoit agitée de troubles domestiques. Elle étoit trop affoiblie pour supporter le poids des guerres étrangeres. Ainsi, les Achéens auroient rendu à la Grece son ancienne splendeur, s'ils avoient eu des Préteurs d'un courage assez élevé pour rappeller aux Grecs le souvenir de leur gloire & la honte de leur dégradation actuelle; mais, au-lieu de former des Généraux, & de cultiver les vertus militaires, ils n'exercerent que des vertus pacifiques, & firent consister leur gloire à n'être que Citoyens. La défiance qu'ils avoient d'eux-mêmes étoit plus propre à inspirer le dédain que l'admiration des Grecs, plus faciles à éblouir par des exploits militaires que par de paisibles vertus. Ils avoient besoin d'un Chef qui élevât leur courage, ils le trouverent dans Aratus, qui, après avoir affranchi Sycione, sa patrie, du joug des tyrans, la fit entrer dans la confédération. Pour prix de ses services, il n'exigea aucune distinction, ne se réservant que le privilege de donner l'exemple de l'obéissance aux Loix. Les Achéens charmés de sa modération, l'éleverent à la Préture, qu'il exerça sans collegue, & qui fut pour lui une Magistrature perpétuelle.

C'étoit un Spectacle bien respectable qu'un Chef sans ambition, qui ne prenoit les armes que pour affranchir les Villes du Peloponese, de la domination des tyrans; &, pour mieux assurer leur indépendance, ils les associoit aux privileges de la confédération. Toute la Grece, saisie de l'enthousiasme de la liberté, n'alloit plus former qu'une seule République, lorsqu'Athenes & Sparte, qui conservoient leur ancienne fierté, sans avoir aucune de leurs anciennes vertus, murmurerent hautement de voir l'Achaïe occuper la premiere place qu'ils croyoient usurpée sur eux. Aratus avoit besoin de toutes les ressources de son génie pour conjurer l'orage. Ce grand homme, si propre à gouverner une République, à manier les passions de la multitude, si sage dans ses projets, si actif dans l'exécution, étoit sans talens pour la guerre; & quoique la Grece fût couverte de ses trophées, on doit moins attribuer ses victoires à ses connoissances dans l'art militaire, qu'à l'incapacité des Généraux qu'il eut à combattre. Convaincu lui-même de la mesure de ses talens, il n'en fit usage que pour négocier. Les Achéens avoient un ennemi redoutable dans le Roi de Macédoine. Aratus, pour se faire un rempart contre son ambition, rechercha l'alliance des Rois d'Egypte & de Syrie, qui se regardoient comme les Successeurs d'Alexandre, quoique les Rois de Macédoine prétendissent avoir seuls des droits à ce riche héritage. Il profita de cette rivalité pour obtenir la protection des Rois d'Egypte & de Syrie: l'Achaïe, avec un tel appui, fut respectée par Antigone & Démétrius, son fils; mais, lorsqu'ils furent attaqués par Cléomene, Roi de Sparte, ils éprouverent la différence des deux Rois leurs alliés, qui n'avoient intérêt de les défendre que contre les Macédoniens, dont ils redoutoient l'agrandissement, & non contre les Spartiates, plus belliqueux & plus propres à défendre la liberté de la Grece, que la ligue des Achéens, qui n'avoient que des inclinations pacifiques. Aratus, convaincu de l'inutilité de leur alliance, fut forcé, par les événemens, à recourir aux Macédoniens. Cléomene étoit sur les terres des Achéens, & plusieurs Villes étoient déja soumises à sa domination. Antigone, charmé de l'occasion de s'immiscer dans les affaires de la Grece, parut à la tête de vingt mille hommes de pied & de quatorze cens chevaux. Les deux armées en vinrent aux mains près de Sélacie, avec un courage opiniâtre. La phalange Macédonienne s'avançant, piques baissées, sur les Spartiates, les mit en désordre, & de six mille Lacédémoniens, il n'y en eut que deux cens qui se déroberent au carnage. Sparte ouvrit les portes aux vainqueurs, qui abolirent les Loix établies par Lycurgue. C'étoit trop la punir, puisqu'on étouffoit le germe de ses vertus.

Les Achéens triomphans n'eurent point à se féliciter de leur victoire : en se procurant un allié si puissant, ils se donnerent un maître. Il mit des garnisons dans Corinthe & dans Orchomene, qu'ils furent obligés de soudoyer. Les Statues des tyrans renversées par Aratus, furent rétablies par Antigone; la crainte qu'il inspira les fit descendre dans la plus basse adulation, & dans le tems qu'ils commençoient à le détester, ils se dégraderent jusqu'à lui offrir des sacrifices. Ce fut par cet avilissement qu'ils conserverent leur Gouvernement, leurs Loix & leurs Magistrats. S'ils s'étoient montrés plus magnanimes, on auroit moins respecté leurs privileges. Les Achéens, épuisés par la guerre, ne songerent qu'à réparer leurs pertes. Les Etoliens, instruits de leur foiblesse, firent des incursions sur leurs terres. Ce Peuple féroce, après avoir porté la désolation dans tout le Péloponese, taille en pieces les Achéens commandés par Aratus. Philippe, jeune Roi de Macédoine, est appellé au secours de la Grece : il entre dans l'Etolie, où il s'empare de plusieurs places importantes, & il eût poussé plus loin ses conquêtes, si les Etoliens humiliés n'eussent demandé la paix aux Achéens. Philippe, que tout système pacifique rendoit moins puissant, auroit bien desiré continuer la guerre; mais ses alliés s'étoient épuisés pour en soutenir le poids. Chio, Rhodes & Bysance, se joignirent aux Achéens pour le faire consentir à mettre bas les armes. La paix fut conclue, & chaque parti garda les places dont il étoit en possession.

Philippe, né avec toutes les qualités qui forment les grands Rois, étoit capable de relever de dessous ses débris l'Empire conquis par Alexandre. Son esprit naturel étoit orné des plus belles connoissances. Ennemi de l'injustice, ambitieux de la gloire, il tempéroit, par ses manieres affables & populaires, l'envie que fait naître la supériorité des talens. Ses alliés n'eurent point d'inquiétudes de la rapidité de ses succès, parce qu'il ne sembla vaincre que pour eux. L'aurore de sa vie fut pure & brillante, mais cet éclat disparut dans son midi. Entouré de lâches corrupteurs, il se laissa persuader que celui qui peut tout, a droit de tout enfreindre. L'ivresse de la fortune égara sa raison, il s'érigea en tyran de ses alliés. Aratus eut l'intrépidité de lui remontrer que, si la Grece avoit besoin de lui contre les étrangers, il avoit également besoin d'elle pour assurer sa grandeur, & que s'il persévéroit à la regarder comme sa conquête, il la forceroit d'appeller les barbares pour se venger de son oppression. Les tyrans ne sont jamais plus furieux que quand on leur démontre qu'ils ont tort. Philippe ne vit plus dans Aratus qu'un censeur importun, &, pour s'en débarrasser, il le fit empoisonner. Les Achéens & les Sycioniens se disputerent la gloire de lui ériger un tombeau, & d'être les dépositaires de ses cendres. On lui fit des funérailles dignes du libérateur de la Patrie; & pour mieux honorer sa mémoire, on lui fit des Sacrifices. L'édifice que ce grand homme avoit élevé, fut soutenu par Philopœmen, le dernier que produisit la Grece qui fût digne d'elle. Formé à l'école d'Arcésilas, il avoit appris que la véritable gloire consistoit à servir son Pays. Ses premiers penchans se déclarerent pour la guerre. Les exercices militaires furent les jeux de son enfance, & les momens qu'il leur déroboit, étoient consacrés à la chasse & à l'agriculture. Son application à la Philosophie n'avoit point pour but de satisfaire une curiosité stérile; il étudioit les moyens de gouverner une République, en lui donnant des mœurs, & le goût des talens utiles. Il fit de grands progrès dans la Tactique; & quand dans la suite on l'éleva au commandement, il introduisit un nouvel ordre de bataille & une discipline militaire plus exacte. Le luxe des Villes fut réprimé, mais il introduisit dans le camp une certaine magnificence qui sembloit nécessaire dans ces tems orageux, où tout Citoyen étoit soldat: &, persuadé qu'un militaire étoit sans courage, sous les livrées de l'indigence, il tourna les penchans vers la pompe de l'équipage de guerre. On vit naître l'émulation d'avoir les plus beaux chevaux & les plus belles armes. Les cottes furent brodées, & les panaches des casques furent teints de différentes couleurs. Philopœmen qui avoit pris Epaminondas pour son modele, fut le seul qui conserva la simplicité des mœurs antiques, & c'étoit par ce dédain du luxe qu'on le distinguoit de l'Officier subalterne & du soldat. Dès qu'il fut nommé Général, il visita les Villes, leva des troupes, marcha contre les Spartiates, qu'il vainquit à Mantinée. Cette victoire, qui coûta quatre mille hommes aux vaincus, ne fut point meurtriere pour les Achéens, qui érigerent une Statue de bronze à leur Général.

Il étoit déshonorant pour les Achéens d'être les artisans de la grandeur de Philippe; être ses alliés, c'étoit se rendre les complices de ses fureurs. Ce Prince aigri par ses revers, devint le tyran le plus abhorré & le plus digne de l'être; cruel dans la victoire, il réduisoit les Villes en cendres avec leurs habitans. Les Temples étoient profanés & détruits; les Statues des Dieux & des bienfaiteurs de la Patrie étoient renversées. Les Villes qui lui ouvroient leurs portes n'étoient pas plus épargnées que celles qu'il prenoit d'assaut.

Il parut indifférent de l'avoir pour ennemi ou pour allié. Abydos, Ville située sur l'Hélespont, aujourd'hui les Dardanelles, fut assiégée par terre & par mer. La résistance fut opiniâtre. Les habitans voyant leurs murailles sapées, demandent à capituler. L'inexorable Philippe ne veut les recevoir qu'à discrétion. Les Abydoniens refusent de souscrire à l'arrêt de leur mort, en se soumettant à un vainqueur qui ne savoit pas pardonner. Il leur semble plus doux de mourir les armes à la main. Ils conviennent ensemble qu'aussitôt que Philippe seroit maître de l'intérieur de la muraille, cinquante des plus anciens Citoyens égorgeroient leurs femmes & leurs enfans dans le Temple de Diane, qu'on consumeroit par les flammes les effets publics, & qu'on jetteroit dans la mer tout l'or & l'argent. Après s'être engagés par serment à ce barbare sacrifice, ils s'arment & montent sur la breche, résolus de s'ensevelir sous ses ruines; & tandis qu'ils combattent avec cette intrépidité qu'inspire le désespoir, deux Citoyens parjures livrent la Ville aux assiégeans. Les habitans s'abandonnant à la férocité, égorgent leurs femmes & leurs enfans. Philippe veut envain arrêter ce carnage. Tous se tuent aux yeux du vainqueur.

Le désastre de cette Ville souleva toute la Grece. Les Achéens, honteux d'avoir Philippe pour allié, se détacherent de ses intérêts. Ils s'unirent aux Etoliens & aux Athéniens pour délivrer leur commune Patrie de ce fléau de l'humanité. Mais trop foibles pour se soustraire à ses fureurs, ils implorerent l'assistance des Romains, qui saisirent cette occasion d'être les arbitres de la Grece. Philippe, sans amis & sans alliés, succomba sous les coups de tant d'ennemis, & vaincu dans la Thessalie, il fut obligé de souscrire aux conditions que le vainqueur daigna lui imposer. Le Général Romain se rendit aux Jeux Isthmiques pour en faire publier les articles, dont le plus intéressant déclaroit libres toutes les Villes de la Grece, & les autorisoit à se gouverner par leurs Loix & leurs usages.

Quand le Hérault fit sa proclamation, tous les Grecs, saisis de joie, ne savoient si c'étoit un songe ou une réalité. Ils prierent le Hérault de répéter l'article qui faisoit d'un Peuple asservi un Peuple libre. Tout retentit alors d'applaudissemens. Les Grecs, toujours extrêmes, font éclater des transports de joie, qu'on eut plutôt pris pour les vapeurs de l'ivresse, que pour des témoignages de reconnoissance envers le Général Romain: chacun s'empressoit de lui baiser la main, & de le couronner de fleurs. On ne pouvoit concevoir qu'il y eût un Peuple assez généreux pour traverser les mers, pour immoler son repos, & sacrifier ses richesses, sans autre motif que de rendre à l'humanité son indépendance & ses prérogatives naturelles. La même proclamation fut faite aux Jeux Néméens. La Justice fut réformée dans toutes les Villes, les bannis furent rappellés. Cette politique bienfaisante étendoit la gloire des Romains, & préparoit leur puissance. Leur modération s'étendit jusques sur Nabis, tyran de Lacédémone, & sur les Etoliens, également détestés dans la Grece. Mais le système de la République Romaine, étoit de laisser leurs vices aux Peuples qu'elle vouloit asservir; & dans le tems qu'elle donnoit à chaque Ville sa liberté, elle leur défendoit de former des alliances ensemble, afin qu'étant divisées par l'intérêt, elle pût se servir des unes pour faire la Loi aux autres. Rome, enrichie des dépouilles de Carthage, s'en servit pour acheter des traîtres qui devinrent les artisans des fers de leur Patrie. Tous les différens furent soumis à la décision de ces fiers tyrans, qui, sous le titre de protecteurs des Grecs, les accoutumoient à les reconnoître pour arbitres. Les Achéens conserverent encore quelque tems une ombre de liberté; mais on craignit qu'en les laissant plus long-tems jouir de leurs prospérités, ils ne fissent souvenir la Grece de son ancienne indépendance, & leur exemple contagieux alarma les Romains, accoutumés à traiter leurs alliés en sujets; comme c'étoit le seul Peuple à qui il restât des vertus, il parut suspect. Les Achéens s'apperçurent trop tard que, pour se venger d'un ennemi dont ils pouvoient balancer la puissance, ils s'étoient donné un maître à qui il falloit obéir. Persée, monté sur le trône de Macédoine, laissa concevoir à la Grece l'espérance de se relever de sa chûte. Mais ce Prince, assez ambitieux pour former de grands projets, & trop foible pour les exécuter, servit d'ornement au triomphe de Paul-Emile. La Macédoine, dominatrice autrefois de l'Asie, fut réduite en Province Romaine. Ses habitans dispersés firent craindre aux Grecs une pareille destinée, s'ils osoient réclamer leurs droits. Les Achéens, seuls libres & vertueux, en voulurent user pour réprimer les Spartiates, oppresseurs de leurs alliés. Rome leur ordonna de mettre bas les armes, & de ne plus troubler la tranquillité de la Grece. Cet ordre étoit un attentat contre un Peuple libre. Les Achéens aigris par les clameurs séditieuses de Diéus & de Critolaüs, se dissimulerent leur foiblesse, pour n'être sensibles qu'aux atteintes données à leurs privileges. Rome, ayant besoin de toutes ses forces contre Carthage, leur parut peu redoutable. Métellus usa de la plus grande modération pour leur inspirer des sentimens pacifiques. Ils crurent qu'ils étoient craints, parce qu'ils se virent recherchés. Métellus, réduit à la nécessité de combattre, les joint dans la Locride, & leur fait essuyer une honteuse défaite. Critolaüs perdit la vie. Diéus, son collegue, rassemble les débris de son armée, & fait prendre les armes aux esclaves. Mummius, nouveau Consul, marcha contre lui. Les Achéens furent taillés en pieces. Diéus, désespéré de sa défaite, s'enfuit avec précipitation, à Mégalopolis, sa patrie, & sa femme met le feu à sa maison, & s'empoisonne elle-même. Les Achéens, sans chef, se dispersent & cherchent un asyle; les habitans de Corinthe profitent de l'obscurité de la nuit pour sortir de leur Ville, qui est livrée au pillage. Le farouche Mummius fait passer au fil de l'épée tout ce qui y reste. Ce Général, qui avoit l'austérité des premiers Romains, étoit sans goût pour les Arts, & tous les monumens qui embellissoient cette Ville superbe, furent ensevelis sous ses débris avec la liberté de la Grece. Toutes les Villes, qui s'étoient liguées avec elle, furent démantelées. Le Gouvernement populaire fut aboli; chaque Peuple conserva ses Loix & son Gouvernement. Mais ce fut Rome qui se réserva le droit de nommer les Magistrats. Toute la Grece, devenue Province Romaine, fut gouvernée par un Préteur annuel. Elle porta le nom de Province d'Achaïe, parce que les Achéens furent les derniers défenseurs de sa liberté mourante.

ACHAT, s. m.

Achat & Vente.

On appelle *Achat & Vente* un contract onéreux, par lequel l'un s'astreint à donner une chose, & l'autre à donner pour cette chose un prix éminent, c'est-à-dire, une somme d'argent, par laquelle le prix de la chose est déterminé. Celui qui donne la chose s'appelle le *Vendeur*, celui qui donne le prix s'appelle l'*Acheteur.*

Les Latins se servent d'un seul mot *Emptio-Venditio*, qui contient les deux mots, & signifie *Achat & Vente*, dont on peut employer l'un ou l'autre indifféremment, puisque par-tout où il y a un Achat, il y a une Vente.

Le contract d'Achat & de Vente est de tous les contracts celui qui a le plus d'influence sur les besoins de la vie : c'est au moyen de l'Achat & de la Vente, que les hommes subviennent mutuellement à leurs nécessités; qu'ils entretiennent leurs liaisons, & que le Commerce de la vie subsiste. Rien par conséquent de plus important, que de former une notion juste d'un acte, qui se renouvelle à chaque instant, que nous avons continuellement sous les yeux & sans lequel il est presqu'impossible de faire un pas dans la société civile. C'est au reste le concours des volontés, qui fait l'ame des contracts ; ce n'est donc pas dans l'action de donner réciproquement, que consiste le contrat de permutation, ni celui d'Achat & de Vente : l'acte de donner en fait l'accomplissement : le consentement des deux parties à se donner réciproquement, en fait les fonds & la base.

C'est cet acte moral réciproque, qui produit le droit d'exiger & l'obligation de faire. On appelle acte d'échange, celui où les deux parties sont astreintes à donner ou à faire quelque chose. Ainsi puisque les actes, qui produisent une obligation parfaite, sont appellés contracts, il s'ensuit, que les contracts sont dans des actes, par lesquels on s'oblige à donner ou à faire quelque chose; & conséquemment, que le contrat d'Achat & de Vente est un acte, par lequel on ne donne pas, mais par lequel on s'oblige à donner d'un côté de la marchandise, de l'autre une somme qui en détermine le prix. Le contract d'Achat & de Vente est donc, à mon avis, mieux caractérisé par la définition des Jurisconsultes, qui le nomment un contract onéreux,

onéreux, par lequel on s'engage à donner une certaine marchandise pour un certain prix : *Contractus onerosus quo agitur ut merx cum pretio permutetur.* Observons encore, que toute l'essence de l'Achat & de la Vente, consiste dans un engagement à donner une certaine marchandise pour un certain prix ; & que tout ce qui d'ailleurs accede à cet acte, doit être considéré comme des modifications, qui le font varier à certains égards, sans lui ôter son caractere essentiel. Or il est de la nature de tout engagement, que les parties le remplissent tout de suite, s'il est de nature à pouvoir être rempli d'abord, & si l'on n'a point fait de stipulation qui y déroge : de-là il s'ensuit que dès que l'Achat & la Vente sont faits, l'une des parties est obligée à donner la marchandise, l'autre à donner le prix, & que ces deux obligations sont tellement relatives, qu'elles doivent être exécutées en même tems, & que l'une des parties ne peut exiger que l'autre y satisfasse, sans être prête d'y satisfaire de son côté. C'est sur cette idée de permutation ou d'échange que sont fondées une infinité de décisions, que nous trouvons dans le Droit Romain.

Puis donc que l'Achat & la Vente consistent à échanger une certaine marchandise contre un prix déterminé, l'on voit qu'on peut stipuler, que la marchandise sera fournie tout de suite, & que le paiement se fera dans un certain terme ; que la marchandise sera fournie dans un certain tems, & que le paiement s'en fera d'abord ; que la livraison se fera dans un tel tems & le paiement dans un autre tems : stipulations qui pourront varier & auxquelles on en pourra ajouter d'autres, sans nuire à l'essence du contrat, qui sera toujours la même.

ACHETER v. a.

ACHETER, c'est acquérir une chose quelconque, meuble ou immeuble, pour un prix dont on convient, au moyen duquel on devient propriétaire de la chose achetée.

Personne n'est obligé d'acheter les marchandises d'autrui. Car naturellement chacun est libre d'acheter ou de ne pas acheter ce que bon lui semble ; & une personne ne sauroit raisonnablement se plaindre de ce que les autres se passent des choses dont elle négocie. Aussi voyons-nous qu'en plusieurs lieux il y a eu autrefois, & il y a encore aujourd'hui, des défenses rigoureuses de laisser entrer certaines sortes de marchandises, & cela ou pour éviter le dommage que l'Etat en pourroit recevoir, ou pour exciter l'industrie des habitans, & pour empêcher que les étrangers n'attirent chez eux l'argent & les richesses du pays. Que si dans quelque pays on oblige, par exemple, chaque chef de famille à acheter tous les ans une certaine quantité de sel, c'est une espece de tribut que le Souverain impose à ses sujets, avec autant de droit que quand il astreint ceux qui achetent volontairement une sorte de marchandise, à ne la prendre que dans un certain magasin. Car, lorsque l'intérêt de l'Etat le demande, on peut sans injustice faire de tels réglemens; comme au contraire, pour prévenir une grande disette dont on est menacé, ou pour diminuer la cherté des vivres, on ordonne aux Citoyens de se pourvoir en son tems de bled & des autres choses nécessaires à la vie, dussent-ils les aller acheter dans des lieux éloignés. Mais que l'on force quelqu'un, sur qui l'on n'a aucune autorité, à acheter des marchandises dont il ne se soucie point, c'est ce que la raison ne sauroit approuver en aucune maniere.

Il y a différentes manieres d'acheter.

Acheter en gros, c'est acheter une grande quantité de la même marchandise ou denrée, & quelquefois tout ce qu'il y en a à vendre. Par opposition, acheter en détail, c'est acheter une portion modique de marchandise.

Acheter comptant, c'est payer sur le champ, en monnoie réelle, les marchandises qu'on vient d'acheter.

Acheter au comptant ou pour comptant, c'est une maniere de parler des Négocians, qui semble signifier qu'on devroit payer comptant; cependant elle peut avoir une autre signification, d'autant que quand on achete de cette façon, on a quelquefois jusqu'à trois mois de terme pour payer.

Acheter à crédit ou à terme, c'est acheter à condition de payer dans un certain tems dont on convient.

Acheter partie comptant, & partie à tems ou à crédit, c'est payer une partie sur le champ, & prendre du tems pour payer l'autre.

Acheter à crédit pour un tems, à charge d'escompte ou de discompte, ou à tant pour cent par mois pour le prompt payement, c'est une convention par laquelle le vendeur s'oblige de faire une diminution au rabais sur le payement des marchandises qu'il a vendues, supposé que l'acheteur veuille les lui payer avant le tems, & cela à proportion de ce qu'il en restera à expirer, à compter du jour du payement.

Acheter à profit, c'est acheter suivant le livre journal d'achat du vendeur, à tant pour cent de bénéfice.

Acheter pour payer d'une foire à l'autre, ou pour payer de foire en foire, c'est proprement acheter à credit pour un tems.

Acheter pour son compte, c'est acheter pour soi-même; & par opposition, acheter par commission, c'est acheter pour le compte d'autrui, moyennant un droit que l'on appelle de commission.

Acheter partie comptant, partie en Lettres de change & partie à terme ou à crédit, c'est payer en argent comptant une partie, une autre en Lettres de change, & s'obliger de payer l'autre dans un certain tems dont on convient.

Acheter partie comptant, partie en promesses, & partie en troc, c'est payer une partie en monnoie réelle & sur le champ, une autre en promesses ou billets payables à certains termes, & donner pour l'autre des marchandises dont on convient de prix; ce qui s'appelle marchandise de troc.

La maniere la plus avantageuse d'acheter est celle qui se fait à crédit pour un tems, à charge d'escompte ou de discompte. Nous en parlons plus amplement sous les Titres ESCOMPTE & DISCOMPTE.

Réglement de Police.

LA bonne Police défend d'acheter des effets dont la vente est proposée par des inconnus, à moins qu'ils ne donnent des répondans non suspects, sous peine contre les contrevenans de répondre des choses volées, & d'être poursuivis comme recéleurs. Cette défense a particuliérement en vue les matieres d'or & d'argent; & il y a d'excellens Réglemens sur cet objet tant en France qu'ailleurs, mais on ne tient pas assez la main à leur exécution : la facilité des Orfevres & des Bijoutiers à acheter à bas prix des effets précieux, encourage les vols & les filouteries.

ACHETEUR, s. m.

L'ACHETEUR est celui qui a fait l'achat, soit d'un immeuble ou d'un effet mobilier, en quoi ce terme differe de celui d'acquéreur, qui ne se dit proprement que de l'Acheteur d'un immeuble.

L'Acheteur doit payer le prix dont il est demeuré d'accord au tems marqué, & en sorte, qu'il donne de son argent & non pas de l'argent d'autrui. Que s'il a payé de l'argent d'autrui, & que celui à qui il appartient, vienne à le revendiquer, il faut qu'il en donne d'autre, & qu'il dédommage le vendeur de la perte que cela lui a causé. Le vendeur de son côté doit délivrer au tems marqué la chose achetée, avec toutes les qualités requises ou par la nature même du contrat, ou en vertu d'une convention particuliere des contractans. De sorte que si, après la vente accomplie, il vient à se repentir de son marché, quand même il offriroit de rendre l'argent, avec les dommages & intérêts, l'Acheteur n'est point tenu d'accepter, malgré lui, cette proposition; mais il peut toujours contraindre le vendeur à lui délivrer la marchandise, à moins qu'il n'y ait quelque raison d'humanité qui l'engage à se relâcher de son droit.

Que si une même chose a été vendue à deux personnes, le premier avec qui le marché a été conclu, doit sans contredit être préféré, lorsque la chose n'a encore été délivrée ni à l'un ni à l'autre; & à plus forte raison, lorsqu'il a été déja mis en possession, sauf au dernier Acheteur d'exiger du vendeur un dédommagement de ce qu'il perd pour avoir compté sur un contrat illusoire. Mais si la chose a été délivrée au dernier Acheteur, selon le Droit Romain, il doit être préféré au premier en date, parce qu'il a reçu la chose du Maître, & cela à juste titre ; de sorte que le premier Acheteur n'a contre l'autre, ni action réelle puisqu'il n'étoit point encore Maître de la chose, ni action personnelle, puisqu'ils n'ont point traité ensemble sur cette affaire. Le vendeur ne peut pas non plus, sous aucun prétexte, se faire rendre ce dont il s'est dessaisi en vertu du second contrat.

Enfin, celui qui a acheté une chose qui se trouve appartenir à autrui, ne peut point la faire reprendre au vendeur, pour recouvrer son argent ; car, du moment qu'il a eu entre les mains le bien d'autrui, l'obligation de le rendre à son véritable Maître, a commencé d'avoir force.

ACILIA.

De la Loi ACILIA.

ON donna le nom d'*Acilia* à une Loi Romaine portée sous le Consulat d'Acilius Glabrio & de Pison. Son objet étoit d'arrêter les brigues. Par cette Loi quiconque étoit convaincu d'avoir brigué une Magistrature quelconque, étoit condamné à une amende, & ne pouvoit plus être admis dans l'Ordre des Sénateurs, ni nommé à aucune Magistrature. Il paroît qu'alors l'esprit de brigue & de cabale étoit porté si loin à Rome, que le Peuple en murmuroit & desiroit que l'on réprimât cet abus par les peines les plus rigoureuses. Le Tribun C. Cornelius, déterminé autant par la justice que par l'importunité des cris populaires, avoit résolu de faire établir des peines terribles contre ce crime, & le peuple toujours excessif dans ses vues les plus sages, s'en applaudissoit d'avance. Le Sénat prévint le Tribun, & fit proposer par les Consuls la Loi *Acilia* avec la peine d'amende contre les coupables, ainsi que nous venons de le dire. Le Sénat montra en cela beaucoup plus de sagesse que le Peuple, & qu'il savoit mieux quelle devoit être la disposition des Loix pour qu'elles parvinssent à leur fin. En effet des peines immodérées auroient jetté de la terreur dans les esprits, mais elles auroient eu cet effet, qu'on n'auroit trouvé personne pour accuser ni pour condamner ; au-lieu qu'en proposant des peines modérées, on pouvoit espérer d'avoir des accusateurs & des Juges. Telle est la nature des Loix pénales ; leur force est toujours en raison de la proportion de la peine au délit. Les peines excessives les rendent impuissantes. *Dion, Liv.* 36.

AÇORES, *Isles dans la mer du Nord, que quelques Géographes mettent au nombre des Isles d'Afrique, mais plus communément parmi celles de l'Amérique.*

LES Açores sont au nombre de neuf, savoir : Tercere, Ste. Marie, St. Michel, St. George, Graciosa, Fayal, Pico, Flores & Corvo. On les nomme quelquefois les *Isles Terceres*, du nom de la principale. Elles furent découvertes en 1449, par Gonsalve Velez qui en prit possession au nom de la Couronne de Portugal, à qui elles appartiennent. Ce Navigateur leur donna le nom d'*Açores*, qui signifie *Epervier* ou *Faucon*, à cause de la grande quantité de ces oiseaux qu'il y trouva. Delà vient qu'on les appelle aussi les *Isles des Faucons*.

Elles sont très-favorables aux Négocians qui veulent s'y établir, parce qu'elles se trouvent commodément situées pour la navigation des Indes Orientales & du Brésil. Quoique pleines de rochers, elles sont fertiles. On en tire des bleds, des vins, des bestiaux, & sur-tout du pastel. Les Hollandois en tirent aussi des barattes, espece particuliere de pomme de terre. Elles donnent encore des citrons, des limons, & des confitures dont l'espece nommée le Fayal, sans doute parce qu'elle se fait dans l'Isle de ce nom, est la plus estimée. On y porte des toiles, de l'huile, du sel, des vins de Canarie & de Madere; des tafetas, des rubans, des droguets de soie, des draps, des futaines, des bas de soie, du riz, du papier, des chapeaux. Les Anglois qui, par leur activité industrieuse, ont fait passer entre leurs mains une grande partie du Commerce des Portugais, y portent des étoffes, des laines, du fer, des harengs, des sardines, du beurre, du fromage, des viandes salées, & en ont en retour de la monnoie du Bresil, des sucres blancs, des moscoüades, du bois de Jacaranda, du cacao, du girofle, des oranges.

Nous avons dit que Tercere étoit la principale des Açores. On lui donne vingt-cinq à vingt-six lieues de circonférence. Elle est presque par-tout hérissée de rochers escarpés, & de forts qui la rendent inaccessible. Le seul endroit où les vaisseaux peuvent trouver un abri, est précisément vis-à-vis de la Ville capitale, appellée *Angria*, où il y a un port nommé la *démi-lune d'Angria*, à cause de sa figure. Les deux pointes de cette demi-lune sont formées par deux montagnes qui avancent dans la mer, & que l'on prendroit de loin pour deux petites isles. Le terrein de Tercere est assez agréable & fertile : il fournit de bons paturages & les bœufs y sont excellens. On y trouve aussi beaucoup de bois de charpente, & c'est en quoi consiste le plus grand négoce de l'Isle, qui du reste est fort avantageuse au Commerce, parce qu'elle sert de lieu de relâche aux vaisseaux, à qui elle leur fournit tous les rafraîchissemens qu'ils peuvent desirer.

ACQUÉREUR, f. m. *Celui qui fait une Acquifition, c'eft-à-dire, celui à qui un autre tranfporte la propriété d'une chofe, par vente, ceffion, ou autrement.*

ACQUÉRIR, v. a. *Se procurer la propriété d'une chofe, foit par Achat, ou autrement.*

ACQUÊT, f. m. *Bien immeuble que l'on acquiert par achat, donation, legs, ou toute autre maniere.*

ACQUISITION, f. f. *L'action de fe procurer la propriété d'une chofe; ou la chofe même acquife.*

De différentes efpeces d'Acquifition.

ON divife les Acquifitions en primitives & dérivées.

Les Acquifitions primitives font celles par lefquelles une chofe qui n'appartenoit à perfonne, commence à appartenir en propre à quelqu'un.

Les Acquifitions dérivées font celles qui font paffer d'une perfonne à l'autre la propriété déja établie.

Il y a deux fortes d'Acquifitions primitives : l'une fimple & abfolue qui confifte à acquérir la propriété du fond & de la fubftance même des chofes; l'autre, primitive à quelque égard feulement, lorfqu'on acquiert un fimple accroiffement à une chofe que l'on poffédoit déja en propre.

Les Acquifitions fe font à terme ou à perpétuité, à titre gratuit, ou à prix d'argent.

Le louage, les baux à ferme, le commodat, le prêt d'argent qui porte intérêt, le prêt de toutes les chofes qui procurent des fruits quelconques, peuvent être regardés comme des Acquifitions à terme.

Les Acquifitions & généralement tous les Contrats que l'on peut affimiler à des achats, les fucceffions, les legs & donations qu'on accepte, font des Acquifitions à perpétuité.

Ce qu'on acquiert par fucceffion, legs, donation, emprunt, *&c.* eft une Acquifition à titre gratuit.

Les Acquifitions à prix d'argent font toutes celles qui fe font par loyer, rente conftituée, contrat de vente & tout autre femblable.

Dans prefque tous les pays la plupart des contrats d'Acquifition ont été affujettis à des formalités qui, au premier abord, femblent gênantes, mais qui affurent l'Acquifition par l'authenticité qu'elles lui donnent. Nous en parlerons en traitant des contrats mêmes.

Des Acquisitions des gens d'Eglise.

QUELQUES Politiques modernes ont proposé d'employer au bien général de l'Etat, une partie des biens immenses que possedent les Ecclésiastiques, & sur-tout les Moines, en France, en Espagne, en Portugal, en Allemagne, *&c.* On a crié à l'innovation, & l'on voit pourtant que dès le seizieme siecle, les vues & les vœux des Politiques étoient conformes aux vues & aux vœux des nôtres. Nous en avons une preuve incontestable dans le cent-neuvieme projet d'Arrêt de Raoul Spifame, sur les Acquisitions des Ecclésiastiques. Ce Législateur, qui n'emploie pas ordinairement des moyens équivoques pour parvenir à ses fins, présente ici des vues dont un Administrateur d'un génie pénétrant peut retirer la plus grande utilité. Il donne le demi-mot suffisant à l'homme supérieur placé au timon des affaires. Nous aurons d'autres occasions de revenir sur cette importante matiere.

Voyez CLERGÉ, BIENS ECCLÉSIASTIQUES, BÉNÉFICES.

„ *Acquisitions des Ecclésiastiques adjugées au Roi, au lieu des Pauvres, qui* „ *en recevront l'équivalent en rentes sur les Hôtels-de-Ville, au denier 12.*

„ COMME anciennement ait esté disputé & enquis, & par grandes & longues altercations, si les acquisitions faictes par gens d'Eglise estoient à réputer acquises à leurs Eglises, ou aux pauvres du lieu, desquels l'on soustraict, tant d'aulmosnes que monte le pris desdictes acquisitions, le Roy voyant que les Eglises de son administration, & superintendance Gallicane sont assez riches, & qu'il n'est plus besoing de les augmenter en richesses, a déclairé & déclaire toutes les acquisitions de gens d'Eglise, de quelque qualité ou condition qu'ils soient, estre le vrai patrimoine des pauvres, & ordonne que ses Procureurs Généraulx en toutes ses Courts de Parlement, & leurs Substituts prendront le faict desdicts pauvres en main, feront saisir toutes lesdictes acquisitions, & jour sur icelles saisies, assigne ès Chambres Syndicales de chascun Parlement, selon l'estendue du ressort d'icelluy, sera advisé & déterminé, si elles seront appliquées à la table ou bouette des pauvres sains ou malades, sauf audict Seigneur à en disposer ceux qui seront à disposer, eu esgard à tout ce qui sera à considérer, & en récompensant lesdicts pauvres d'aultre revenu assis sur le Domaine dudict Sieur, ou sur les rentes des Hostels-de-Ville, seront lesdictes acquisitions, baillées & appliquées par ledict Seigneur, à la récompense des bons & notables Chevaliers & Capitaines qui lui auront faict service digne de telle récompense, ou desquels l'on espérera semblable service au premier besoing & nécessité de la Républicque, pour attirer les nobles cueurs & gens de bon vouloir & de grandes vertus à surpourter le fais de la conduite & régime de la Couronne de France, ayant infinis, grands & urgens affaires, d'heure à autre, sans toutefois en ce comprendre les gros bastimens faicts par lesdicts gens d'Eglise, sur leurs propres héritaiges & patrimoniaux qui ne vallent en revenu ce qui auroit esté despendu à faire lesdicts bastimens; car ledict Seigneur a déclairé la valeur desdicts bastimens, prisée & estimée, selon la dépense qui en aura esté faicte, & non selon ce que les héritaiges bastis vallent, d'autant que l'on doibt avoir esgard à ce qui y a esté desboursé, sera pour moictié payé par les héritiers à l'Eglise de laquelle ledict Clerc Prebstre estoit bénéficier ou Prélat, attendu que l'on estime mariage spirituel entre le Bénéficier & son Eglise, & ainsi en seroit faict le partaige avec le survivent des deux conjoincts par mariage charnel & sacramentaire, en cas semblable, quand l'un & l'autre a faict bastimens excessifs sur le propre héritaige de l'un ou de l'autre moictié demourant aux héritiers du deffunct Bénéficier ou Prélat, & ordonne ledict Seigneur, que tous bastimens qui seront tels, seront vendus au plus offrant & dernier enchérisseur, pour des deniers qui istront de ladicte vente, faire le partaige dessusdict, & de la part desdicts deniers revenant ausdictes Eglises, leur en sera faicte & baillée rente constituée au denier douze, sans préjudice du surplus qui escherra à baille auxdictes Eglises par lesdicts héritiers, pour le parfaict payement de sa moictié entiere, à la raison dessusdicte des fraiz & déboursemens faicts auxdicts bastimens. "

ACTE, s. m.

Des Actes considérés par rapport au Droit Naturel & à la Morale.

LES Actes simples sont ou gratuits ou utiles de part & d'autre. Les gratuits sont ou purement & simplement tels, ou accompagnés de quelque obligation réciproque. Ceux qui sont purement gratuits, ou s'exercent sur le champ, ensorte qu'ils ont leur effet au moment qu'on s'y détermine, ou bien ils portent sur l'avenir. Il faut mettre au premier rang les Actes par lesquels on rend actuellement service à autrui, & dont il n'est pas besoin de parler, puisque quelque utilité qu'ils procurent, ils n'ont aucun effet de droit. Celui à qui l'on a ainsi rendu un service purement gratuit, n'est obligé à autre chose qu'à la reconnoissance; d'où il ne résulte pas, suivant la Jurisprudence civile, un droit parfait & rigoureux.

Les Actes gratuits qui portent sur l'avenir, sont les simples promesses par lesquelles on s'engage gratuitement à donner ou à faire certaines choses.

Les Actes gratuits accompagnés d'une obligation réciproque, sont ceux par lesquels on dispose en faveur d'autrui, ou d'une chose qui nous appartient, mais ensorte qu'on ne l'aliene point, ou d'une action propre dont il reste quelque effet. Telle est, à l'égard des choses, la permission qu'on accorde

accorde à quelqu'un de se servir de notre bien; ce qui s'appelle prêt à usage; & à l'égard des actions, la bonne volonté de rendre à quelqu'un un service qui demande de la défense, ou par rapport auquel on s'engage de part & d'autre à quelque chose.

Les Actes utiles de part & d'autre, ou laissent les intérêts des parties séparés, ou les réunissent. Les premiers, que l'on peut appeller Actes d'intérêts à part, sont de trois sortes, que les Jurisconsultes distinguent avec raison: donner afin que l'on nous donne; faire afin que l'on fasse pour nous; faire afin que l'on nous donne.

Les Actes qui réunissent les intérêts des contractans, mettent en commun, pour leur avantage mutuel, ou leurs actions ou leurs biens, ou les actions d'un côté & les biens de l'autre. Tout cela s'appelle ingénument *Contrat de Société*, dont nous parlerons sous ce titre.

Voilà pour les Actes simples. Les Actes composés, ou renferment un mélange dans ce qu'il y a de principal, ou deviennent mixtes à cause d'un accessoire. (*Grotius*, *Liv. II. Chap. XII. §. V. Puffendorf*, *Liv. V. Chap. II. §. 10.*)

Les Actes purement internes, quand même ils viendroient ensuite à être connus par quelque accident, comme par l'aveu qu'on en feroit soi-même, ne peuvent point être punis par les hommes, parce qu'il n'est pas convenable à la nature humaine, que les Actes purement internes produisent quelque droit ou quelque obligation, d'homme à homme: & c'est en ce sens qu'il faut entendre la maxime du Droit Romain, *que personne ne mérite d'être puni pour de simples pensées. Dig. Libr. XVIII. Tit. XIX. de Pœnis. Leg. XVIII.*

De tous les signes extérieurs par lesquels on découvre les Actes internes, il n'y en a aucun qui soit accompagné d'une certitude mathématique: la persuasion qu'ils produisent ne va jamais au-delà de la probabilité. On peut dire autre chose qu'on ne veut & qu'on ne pense: on peut aussi composer ces actions d'une maniere à faire entendre par-là autre chose que ce qu'on a dans l'esprit. Cependant, comme la constitution de la société humaine ne permet pas que les Actes de l'ame, suffisamment manifestés, demeurent sans effet, tout ce qu'on a donné à connoître par des signes suffisans, passe pour la véritable pensée & la vraie intention de celui qui a employé ces signes. Tant pis pour lui s'il donne le change, quand même il ne le feroit pas à dessein de tromper: car chacun doit penser à ce qu'il dit.

Les Jurisconsultes distinguent l'Acte, en Acte de bonne-foi, c'est-à-dire, auquel on peut donner une interprétation favorable, selon les regles de l'équité, & dans lequel on ne s'attache pas exactement à la rigueur des termes; & en Acte de droit rigoureux, où il faut précisément se régler sur ce qui a été écrit: cependant cette distinction n'est pas conforme au Droit naturel, par les principes duquel l'interprétation, selon l'équité, doit avoir lieu en toutes sortes d'Actes.

Actes judiciaires, Actes privés, &c.

ON appelle *Acte* en Jurisprudence toute Déclaration, Convention ou Stipulation faites ou entre des parties, en présence & par le ministere d'Officiers publics, ou sans leur ministere, & hors de leur présence.

En Angleterre l'expédition des Actes se fait de deux manieres différentes: ou l'expédition est dentelée, ou elle ne l'est pas.

L'expédition dentelée, est celle dont le bord d'enhaut ou du côté, est découpé par crans, & qui est scellée du cachet de chacune des parties contractantes; au moyen de quoi, en la rapprochant de la portion de papier ou de parchemin dont elle a été séparée, il est aisé de voir si c'est elle-même qui a été délivrée, ou si elle n'a point été contrefaite.

L'expédition non dentelée, est celle qui est unique, comme dans les cas où il n'est pas besoin que les deux parties aient chacune une expédition.

Les Actes sont ou publics ou particuliers; & les Actes publics sont ou de jurisdiction volontaire, ou de jurisdiction contentieuse.

Les Actes publics de jurisdiction volontaire, qu'on appelle aussi Actes authentiques, sont tous les contracts, obligations, transactions, décharges & autres passés pardevant Notaires ou autres personnes publiques, comme les Secrétaires d'Etat, les Secrétaires du Roi, les Secrétaires des Cours de Parlement, les Greffiers, les Banquiers expéditionnaires en Cour de Rome, les Dépositaires des registres publics, & autres qui portent différentes dénominations suivant les différens Pays.

Les Actes publics de jurisdiction contentieuse, sont tous ceux qui se font en justice, pour intenter une action, & la poursuivre jusqu'au jugement définitif. On nomme aussi ces Actes judiciaires, parce qu'il est nécessaire qu'un ou plusieurs Officiers de Justice y interviennent. Ces Actes judiciaires sont strictement asservis aux formalités prescrites par les Ordonnances & les Coutumes; formalités pour la plupart si essentielles, que les Loix prononcent la nullité des Actes où elles sont omises, & menacent même de peine pécuniaire, d'interdiction, & même de plus grandes peines ceux qui y contreviennent. La raison est de prévenir la fraude. On distingue les Actes qui se passent en jugement des Actes judiciaires : ceux-là sont ceux qui se font par les parties en personnes devant le Juge, & par lesquels les parties contractent publiquement, & forment des especes de titres authentiques, tels sont les affirmations, les témoignages, *&c.*

Les Actes particuliers ou privés, sont ceux qui se passent de particulier à particulier, sans le ministere d'aucun Officier public, tels que les billets, quittances, baux, ou tous autres faits sous simple signature privée. Quant à l'obligation des contractans, il n'y a point de différence entre l'Acte sous signature privée & l'Acte passé pardevant Notaires: l'un n'engage pas moins que l'autre. Il y a des Pays néanmoins où certains Actes ne produisent aucun effet, à moins qu'ils ne soient passés pardevant Notaires : tels sont en France les contrats de mariages, les donations, les Actes de foi & hommage, les aveux & dénombremens en fait de fiefs, & les déclarations en censives. Il faut observer encore que les Actes privés ne font point foi en Justice, qu'ils ne soient reconnus, pardevant Notaires ou en Justice, par ceux qui les ont passés, ou qu'à leur refus ils ne soient vérifiés; qu'ils n'ont de date à l'égard d'un tiers que du jour qu'ils ont été juridiquement reconnus, par la raison que la date apposée à ces sortes d'écrits est toujours suspecte, puisqu'il dépend des parties de la mettre à volonté; qu'ils ne sont point exécutoires d'eux-mêmes, mais qu'il faut obtenir sentence ou arrêt pour les mettre à exécution; enfin qu'ils ne portent point d'hypotheque.

Acte d'appel, est celui par lequel une partie qui se plaint d'un jugement, déclare qu'elle s'en porte appellante.

Acte d'héritier, est toute démarche ou action, par laquelle il paroît que quelqu'un est dans la disposition de se porter héritier d'un défunt.

Acte signifie encore l'attestation donnée par les Juges pour constater quelque circonstance de fait ou de procédure. Ainsi l'une des parties, par exemple, qui a mis son inventaire de production au Greffe, en demande Acte. Un Avocat dans ses écritures, ou dans son plaidoyer, demande Acte de quelque aveu fait en Justice par sa partie adverse, & favorable à la sienne; mais il faut observer que ce terme n'est d'usage qu'au Parlement: dans les Justices inférieures on ne dit pas *demander Acte*, mais *demander Lettres*.

Des gens chargés de dresser les Actes.

Si les Actes qu'on fait payer fort cher étoient bons & bien faits, on pourroit dire à ceux qui, après avoir marchandé, se plaignent qu'ils ne valent rien, *on vous en donne pour votre argent;* mais un Acte qui coûte mille écus ne vaut souvent pas mieux qu'un de neuf livres. C'est qu'on en veut trop faire, & qu'on n'y met pas le tems & la réflexion nécessaires; c'est que ceux qui les font manquent de savoir, & quelquefois de probité.

Les Actes sont certainement des objets de la plus grande importance dans la société. La certitude de la propriété, la jouissance paisible, le bonheur & la vie des propriétaires dépendent d'un mot mal placé, ou mal-à-propos introduit dans un Acte.

D'après l'importance de l'objet, il me paroît naturel de conclure que cet état exige le noviciat le plus long, le plus laborieux, le plus exactement guidé par des anciens habiles; l'étude la plus étendue, la plus réfléchie, la plus suivie, & le choix le plus scrupuleux dans les sujets qu'on y destine. Un Gouvernement sage n'y admettra jamais que des gens d'une probité reconnue, de bonnes mœurs, d'un sens calme, peu ou point susceptibles de dissipations, ayant le coup-d'œil sûr, le jugement solide, beaucoup de pureté & de netteté dans l'expression, de la clarté & de l'ordre dans les idées, en un mot, beaucoup de qualités de cœur & d'esprit, qui se trouvent rarement réunies. Cependant on ne pense presqu'à rien de tout cela. L'Administration, j'en appelle au public, n'est point assez difficile sur l'admission des sujets. Comme la profession de Notaire est fort lucrative, sur-tout dans les grandes Villes, on s'y jette avec empressement, non pour servir le Public, mais pour gagner de l'argent. Avec une pareille disposition, si l'on n'est pas de la plus grande délicatesse sur les moyens, on se prête à des pratiques qu'on appelle des bagatelles, & qui sont de vraies friponneries; si l'on n'a pas une connoissance parfaite des Loix & des Coutumes, on fait des bévues qui coûtent bien cher aux particuliers dont on trompe la confiance; si l'on n'a pas des principes vigoureux de probité, on fait une étude de toutes les subtilités de la chicane pour en abuser, on apprend à connoître les détours les plus ténébreux de la forme pour y égarer jusqu'à ses amis.

On se plaint avec raison de l'impéritie des Notaires de Campagne; ils ont l'art d'embrouiller les Actes les plus simples; c'est le seul point dans lequel ils excellent. Ceux des Villes sont-ils même à l'abri de ce reproche? Que de contracts de mariage, que de donations, que de ventes, que de testamens ont été la source de procès éternels, par la faute de ceux qui ont dressé ces Actes; par le galimatias, les amphibologies, les expressions vagues & équivoques qu'ils y ont insérées, soit par ruse, ou par ignorance!

Un Notaire ne doit point être un homme d'argent, un marchand d'argent, un courtier, un usurier; s'il s'occupe à faire ce qu'on nomme communément *des affaires*, à prêter avec un gros profit pour soi, de l'argent qu'il n'a qu'en dépôt, & qui coûte fort cher à celui qui l'emprunte; s'il cherche à s'intéresser dans toutes sortes d'entreprises; s'il se mêle d'agiotage, je le juge incapable de faire un Acte difficile & réfléchi. Tout occupé de ses intérêts, & des objets que poursuit sa cupidité, il n'a ni le tems, ni la tête assez nette, assez calme pour bien combiner les intérêts des autres; il n'a ni des principes assez sûrs, ni des sentimens assez nobles pour mériter que d'autres lui confient leur honneur, leur tranquillité, leur fortune.

Voyez NOTAIRE.

Actes publics.

ON nomme *Actes publics*, tous les écrits qui concernent l'Etat, & que l'on garde dans les archives. Tels sont les Capitulations, les Traités, les Décrets, Recès, Diplomes, Chartres, *&c.* Rien n'est plus important que la conservation de ces Actes.

Quoique le mot *Acte*, dans le sens Diplomatique, soit un terme générique que l'on confond assez souvent avec ceux de chartres ou chartes & de diplomes; ceux-ci semblent néanmoins désigner spécialement les anciens titres;

& celui d'*Actes* les nouveaux : comme le mot *Instrumens* convient aux uns & aux autres.

Tant que dura l'Empire Romain, & même long-tems après sa décadence on n'entendit par *Actes* que les *Registres publics*, ou les Journaux des Empereurs, *&c.* mais non pas une piece particuliere ; aussi ce mot ne s'employa-t-il jamais qu'au pluriel. On ne s'en servit pas dans le bas & le moyen âge. C'est ce qui nous fait dire que plus les titres sont récens, plus la dénomination d'*Actes* leur convient.

Actes de Parlement.

En Angleterre, on appelle *Acte de Parlement* (*Act of Parliament*) tout Décret, toute Ordonnance du Parlement : ce sont les bils auxquels les Chambres & le Roi ont donné leur consentement.

Voyez BIL.

ACTEUR, s. m. ACTRICE, s. f.

Rien n'est plus inconséquent que l'empressement avec lequel on court aux Spectacles, & le mépris dont on veut couvrir les gens à talens qui se consacrent, pour le plaisir du Public, à cet état pénible, fatigant, ennuyeux, & qui cause souvent tant de désagrément, même aux meilleurs Acteurs par l'inconstance & le caprice des Spectateurs. Il me semble qu'au contraire, si l'on veut avoir des Spectacles, & ils sont regardés comme nécessaires dans les grandes villes, cet état demande une considération proportionnée aux talens, aux efforts qu'un Acteur fait pour se perfectionner, au plaisir qu'il procure par la noblesse, le naturel, la franchise, en un mot par la bonté de son jeu dans le genre qu'il a embrassé.

Le mépris qu'on attache à cette profession ne semble-t-il pas nécessiter le désordre de la conduite de ceux & de celles qui l'exercent ? Une femme rejettée, je ne dis pas seulement du sein de l'Eglise, mais encore du sein de la Société (car les femmes comme il faut ne voudroient pas fréquenter des Actrices) n'ayant rien à espérer dans cette vie ni dans l'autre, ne risque rien & n'a rien à ménager. Il paroît donc naturel qu'elle cherche au moins à se procurer une vie agréable : elle s'amuse à séduire les hommes, elle y parvient ; de-là cette corruption des mœurs qui, gagnant de proche en proche, devient presque générale.

Si l'état de Comédien & de Comédienne est infame par lui-même, pourquoi le souffrir ? Si on le souffre, pourquoi le regarder comme infame ? C'est un préjugé barbare que le Gouvernement devroit s'attacher à extirper par-tout où il subsiste. Il importe d'abolir des distinctions odieuses & ridicules. Alors on aura droit d'exiger de la décence, de l'honnêteté, des mœurs, de ces mêmes personnes qui croient, peut-être, se venger d'un opprobre injuste, en le faisant réjaillir sur la Société par la corruption qu'ils y portent. Nous avons vu des Acteurs & des Actrices forcer le Public à les estimer autant ou plus pour leurs qualités du côté du cœur, & leur conduite irréprochable dans la Société, que pour leur talent sur le Théâtre. Une Administration, jalouse d'épurer les mœurs publiques, aurait présenté ces exemples rares à l'imitation de tous les autres, s'en servant habilement pour faire revenir les esprits d'une prévention qu'entretient malheureusement la conduite scandaleuse de la plupart des Actrices.

Nous ne faisons qu'annoncer ici un objet important dans la Police des grandes villes, que nous traiterons, avec toute l'étendue qu'il mérite, au mot COMÉDIEN.

ACTIF, IVE, adj. ACTIVITÉ, s. f.

JULES-CÉSAR disoit ordinairement que dans les entreprises hardies & périlleuses, il falloit agir & non délibérer, parce que la promptitude contribue plus que tout le reste à les faire réussir, & parce que la réflexion refroidit le courage & rend l'homme timide. Cet illustre Romain, le plus grand homme de son siecle, s'il eût été meilleur Citoyen, prouva bien durant les guerres civiles allumées par son ambition, qu'il se conduisoit suivant ses principes. Après avoir vaincu l'armée républicaine, il parcourt une étendue immense de pays; de l'Italie vole dans le Pont, en Asie; attaque Pharnace, fils de Mithridate, le défait dès le premier choc, & fait rentrer les rebelles dans les fers de la République. C'est pour exprimer cette étonnante célérité, qu'il écrivit à ses amis ces mots devenus si fameux: „ Je suis venu, j'ai vu, j'ai vaincu. "

Jamais peut-être, aucun Prince ne fut plus actif que Charles XII, Roi de Suede. Voilà un étrange Roi, disoit Mullern, dont il faut que le Chancelier soit toujours botté.

L'Activité n'est pas moins nécessaire à un Négociateur, à un Ministre d'Etat, à un Magistrat, qu'à un Général d'armée; & c'est une vertu d'autant plus essentielle en eux, que les fonctions pacifiques du Ministere & de la Magistrature sont fort au-dessus des Opérations militaires, quelque brillantes qu'on les suppose.

Combien de négociations ont échoué faute de célérité dans ceux qui en étoient chargés! Tantôt c'est une alliance qu'il faut presser, ou une ligue qu'il faut empêcher; tantôt c'est un accommodement qu'il est à propos de ménager, des intrigues qu'il faut dénouer, des démarches dont il faut prévenir l'effet, des accidens dont il faut se rendre maître, ou l'on court risque d'en être la victime. Il est bien honteux d'échouer uniquement pour s'être laissé gagner de vitesse!

Un Ministre actif ne laisse point languir les affaires de son Département. Elles sont expédiées à mesure qu'elles se présentent, & jamais il n'en est surchargé. Son Activité se communique à ceux qui travaillent sous ses ordres, comme dans un Ouvrage de méchanique le mouvement de la principale roue fait marcher toutes les autres. S'il s'agit de faire une opération de Finance, il saisit habilement le moment de l'à-propos. Si c'est une Loi qu'il est expédient de porter, elle est proposée, reçue, publiée dès l'instant qu'elle devient nécessaire. S'il y a un abus à réformer, on ne lui laisse pas le tems de s'enraciner, de sorte qu'en réprimant le mal dans sa naissance, on ne rencontre presque ni obstacles à vaincre, ni inconvéniens à parer.

Un Magistrat actif à la tête d'une ville, y tient toujours en jeu les ressorts de l'autorité municipale; mais c'est un jeu uniforme & modéré qui ne les fatigue pas, qui, loin de les user, empêche que la rouille ne les ronge, comme il arriveroit, s'ils restoient dans l'inaction. On peut dire qu'il harcele sans relâche tous les vices, & anime sans cesse toutes les vertus. Par ses soins vigilans les propriétés sont assurées, le bon ordre établi, la propreté maintenue, l'abondance & le bon marché des denrées soutenus autant que les tems le permettent. Tous les bras sont occupés, & l'indigence est bannie. Chacun est content, chacun bénit la main qui lui procure ces biens, & peut à toute heure du jour & de la nuit vaquer sans crainte à ses affaires. Si quelques désordres physiques ou moraux viennent troubler la tranquillité publique, ce qui est presque inévitable dans une grande ville, ce Magistrat y apporte un remede prompt & efficace, de sorte que ce dérangement passager ne se fait sentir que le moins qu'il est possible. Car c'est, sur-tout, dans les tems de disette ou d'épidemie, dans la rigueur d'un hiver excessif, dans une sécheresse opiniâtre; c'est dans les troubles & les émeutes, que son zele éclate par la célérité des moyens qu'il emploie pour soulager un peuple souffrant, ou adoucir des esprits que la misere aigrit.

ACTION, s. f.

De la moralité des Actions humaines.

On peut considérer la moralité des Actions humaines sous deux points de vue différens; 1°. par rapport à la maniere dont la Loi en dispose; 2°. par rapport à la conformité ou l'opposition de ces mêmes Actions avec la Loi. Au premier égard, les Actions sont ou commandées ou défendues. Et comme l'on est indispensablement obligé de faire ce qui est ordonné, & de s'abstenir de ce qui est défendu par un Supérieur légitime, les Jurisconsultes considerent les Actions commandées comme des Actions néceſſaires, & les Actions défendues comme impoſſibles; ce qu'il faut entendre d'une néceſſité & d'une impoſſibilité morales.

Quant à la conformité ou à l'oppoſition des Actions humaines avec la Loi, on les diſtingue en Actions bonnes ou juſtes, mauvaiſes ou injuſtes. Une Action moralement bonne ou juſte, eſt celle qui eſt en elle-même exactement conforme à la diſpoſition de la Loi, & qui d'ailleurs eſt faite dans les diſpoſitions, & accompagnée des circonſtances conformes à l'intention du Légiſlateur. Je dis qu'une Action bonne ou juſte, ce qui revient au même dans la morale, doit être non-ſeulement conforme à la Loi, mais encore accompagnée des diſpoſitions que le Légiſlateur demande.

Cette condition ſe rapporte uniquement aux Loix divines, ſoit naturelles, ſoit révélées. Car l'intention, qui devant Dieu eſt la circonſtance la plus eſſentielle, eſt au contraire celle à laquelle on fait le moins d'attention dans la Légiſlation humaine; par la raiſon que les hommes ne connoiſſant pas les cœurs, n'en peuvent juger que par des indices fort équivoques. D'ailleurs le but des Loix humaines conſidérées comme telles, ſe borne à régler l'extérieur; c'eſt tout ce qu'elles peuvent faire; & cela ſuffit pour la tranquillité publique.

J'ai ajouté qu'une Action bonne ou juſte, étoit la même choſe dans la morale. Car la morale ayant pour auteur un Être infiniment parfait, elle demande dans l'Agent une droiture parfaite du cœur, pour que ſes Actions qu'elle déclare juſtes, ſoient en même tems bonnes; & celles qu'elle reconnoît pour bonnes, ſoient toujours juſtes. En effet, la bonté morale conſiſte en deux points : le premier, à ne pas faire du mal à nos ſemblables; le ſecond, à leur faire du bien; & la juſtice morale n'eſt que cette vertu qui nous fait rendre à Dieu, à nous-mêmes & aux autres hommes ce qui leur eſt dû à chacun : ces deux vertus ſe réduiſent à un ſentiment d'équité naturelle.

Mais il faut bien prendre garde, de ne pas confondre la juſtice naturelle avec la juſtice des Loix civiles. La Loi, dit Ciceron, n'eſt qu'une ombre de la juſtice parfaite. Les Loix les plus parfaites laiſſent toujours beaucoup de Statuts ou de Déciſions à deſirer. Les Légiſlateurs manquent quelquefois d'exactitude. Ils ſont ſouvent dominés par des préjugés de coutume, par des intérêts de Nation. C'eſt de-là que l'on dit que ce qui eſt juſte dans un lieu, eſt injuſte dans un autre; que la juſtice eſt variable, qu'elle n'a point de regle déterminée. Mais on prend pour la juſtice l'image que quelques Légiſlateurs en ont tracée avec des couleurs noires. Cette juſtice n'a que l'écorce de celle que la raiſon enſeigne. Il s'en faut bien qu'une Action bonne de ſa nature, ſoit toujours décidée juſte dans le Droit civil, & que tout ce que les Loix civiles ordonnent ſoit juſte. Quelques parfaites qu'on ſuppoſe les différentes Loix d'un Etat, elles ne conduiſent point à la juſtice parfaite. On eſt peu vertueux, dit Séneque, quand on ne ſe propoſe d'être bon que ſelon la mesure de la Loi. La regle des devoirs de l'homme s'étend beaucoup au-delà du Droit civil.

Ce que nous venons de dire de la nature des bonnes Actions, nous fait connoître quelle est la nature des Actions mauvaises ou injustes. En général une Action mauvaise ou injuste, est celle qui est contraire à la disposition de la Loi, ou à l'intention du Législateur. J'ajoûte à la définition, qu'une Action est mauvaise ou injuste, si elle est contraire à l'intention du Législateur; car une Action bonne peut devenir mauvaise en elle-même, si elle est faite dans des dispositions, ou accompagnée de circonstances directement contraires à l'intention du Législateur : comme si elle est faite dans un mauvais but ou par quelque motif vicieux.

A proprement parler, toutes les Actions justes le sont également, puisqu'elles ont toutes une exacte conformité avec la Loi. Il n'en est pas de même des Actions injustes ou mauvaises, qui suivant qu'elles se trouvent plus ou moins opposées à la Loi, sont aussi plus ou moins vicieuses. On peut donc manquer à ses devoirs en plusieurs manieres. Quelquefois on viole la Loi de propos délibéré & par malice; ce qui est sans contredit le plus haut degré de méchanceté, puisqu'une telle conduite indique manifestement un mépris formel & réfléchi du Législateur & de ses ordres : mais quelquefois on ne peche que par inattention & par négligence, ce qui est plutôt une faute qu'un crime. Cette même négligence a ses degrés, & elle peut être plus ou moins grande, plus où moins blâmable.

Pour estimer la qualité des Actions bonnes ou mauvaises, on peut suivre les Principes suivans.

1°. On peut considérer les Actions par rapport à leur objet. Plus l'objet est noble, plus une bonne Action faite envers cet objet est censée excellente; comme une mauvaise action en est plus criminelle.

2°. Par rapport à la nature même des Actions, selon qu'il y a plus ou moins de peine à les faire. Plus une bonne Action est difficile, toutes choses d'ailleurs égales, plus elle est belle & louable. Mais plus il étoit facile de s'abstenir d'une mauvaise action, plus elle est énorme & condamnable, en comparaison d'une autre de même espece.

3°. Par rapport à la qualité & à l'état de l'agent. Ainsi un bienfait reçu d'un ennemi, surpasse celui qu'on reçoit d'un ami; comme une offense de la part d'un ami, est plus sensible & plus atroce, que celle qui vient d'un ennemi.

4°. Par rapport à la qualité & à l'état de la personne qu'on offense par une mauvaise Action. Une désobéissance à la Loi divine est un mal infini; une injure faite à un Souverain, est bien plus atroce que si on l'avoit faite à un Ministre; & celle-ci plus criminelle que la même faite à une personne du Peuple.

5°. Par rapport aux effets & aux suites de l'Action. Une Action est d'autant meilleure ou pire, qu'on a pu prévoir que les suites en devoient être plus ou moins avantageuses ou nuisibles.

6°. Par rapport aux circonstances du tems, du lieu, &c. qui peuvent encore rendre les bonnes & les mauvaises Actions plus excellentes ou plus mauvaises les unes que les autres.

7°. Enfin, les Actions peuvent être plus ou moins bonnes ou mauvaises, sur-tout dans la Société civile, à mesure qu'elles sont avantageuses ou nuisibles à la sûreté, au repos, au bien public du Corps politique, qui doit être la Loi suprême de toute Société civile. Il faut donc que le Législateur ait égard à ces différences, afin que le Juge puisse se régler dans l'estimation qu'il doit faire des Actions des hommes. C'est à quoi Dracon ne fit pas attention, lorsqu'il établit la peine de mort pour tous les crimes, même les plus légers; & quel est le code moderne qui ne mérite pas des reproches au même égard?

On attribue la moralité aux personnes aussi-bien qu'aux Actions; & comme les Actions sont bonnes ou mauvaises, justes ou injustes, on dit aussi des hommes qu'ils sont vertueux ou vicieux, bons ou méchans. Un homme vertueux est celui qui a l'habitude d'agir conformément aux Loix & à son devoir : un homme vicieux est celui qui a l'habitude opposée. La vertu consiste donc dans l'habitude d'agir conformément aux Loix; & le vice dans l'habitude contraire.

De ce que le vice & la vertu sont des habitudes, pour bien juger des hommes, on ne doit pas s'arrêter à quelques Actions particulieres & passageres; il faut considérer toute la suite de la vie & de la conduite ordinaire d'un homme. On ne mettra donc pas au rang des hommes vicieux, ceux qui par foiblesse ou autrement, se sont quelquefois laissés aller à commettre quelques mauvaises Actions : comme ceux qui, dans certains cas particuliers, ont fait quelque acte de vertu, ne méritent pas pour cela le titre de gens de bien. Une vertu à tous égards parfaite ne se trouve point parmi les hommes, & la foiblesse inséparable de l'humanité, exige qu'on ne les juge pas à toute rigueur.

Comme l'on avoue qu'un homme vertueux peut commettre par foiblesse plusieurs Actions injustes, l'équité veut aussi que l'on reconnoisse qu'un homme qui aura contracté l'habitude de plusieurs vices, peut cependant en certains cas faire quelques bonnes actions, reconnues pour réelles & faites comme telles.

Ne supposons pas les hommes plus méchans qu'ils ne sont, & distinguons avec autant de soin les degrés de méchanceté & de vice, que ceux de probité & de vertu.

Les Disciples de Zoroastre, ont expliqué exactement, & peut-être sans le savoir, ce que la Loi naturelle exige d'un homme pour qu'il soit juste. Il faut bannir tout crime, disent-ils, de notre main, de notre langue, de notre pensée.

Voyez la Collection de S. HYDE, *in Sadder, Porta LXXI.*

C'est d'un tel homme qu'un ancien Poëte Grec nous a laissé le tableau suivant.

Un homme juste, dit-il, n'est pas celui qui ne commet jamais une injustice, mais celui qui pouvant en commettre, ne le veut pas. Ce n'est pas celui qui s'abstient des choses de peu de conséquence, mais celui qui avec une grande fermeté d'ame, ne se laisse point tenter à la vue de quelque chose de considérable dont il pourroit s'emparer impunément. Ce n'est pas non plus celui qui pratique seulement toutes ces choses de quelque maniere que ce soit; mais celui qui, avec une sincérité sans mélange de fraude & d'hypocrisie, s'étudie plutôt à être juste qu'à le paroître.

Le mérite de nos Actions vient du motif qui les produit, & de leur conformité à la Loi; mais leur gloire est due aux circonstances avantageuses qui les accompagnent, & à la faveur qu'elles trouvent dans les préventions humaines.

Les actions tirent encore leur prix de la modestie & du désintéressement de celui qui les fait, ainsi que des avantages qu'en retire la Société. Se glorifier d'une bonne action, c'est en perdre presque tout le mérite. Une Action qui n'est utile à personne, ne peut guere être ni bonne ni belle.

Quand notre conscience justifie nos Actions, tous les autres suffrages nous sont inutiles. Mais nous aurions souvent honte de celles qu'on admire le plus, si le monde voyoit les motifs qui les produisent.

Si les hommes entendoient bien leurs intérêts, ils ne commettroient point de mauvaises Actions, parce que la peine ou le remords les suit toujours de près.

Gardons-nous de prêter de mauvais motifs aux Actions louables, & tenons-en toujours compte à ceux qui les font.

ACTION, *dans le Droit Civil.*

On appelle *Action* dans le Droit civil une demande judiciaire fondée sur un titre ou sur la Loi, par laquelle le demandeur somme celui qu'il appelle en justice, de satisfaire à ce à quoi il est obligé en vertu de l'un ou de l'autre, à faute de quoi il requiert qu'il y soit condamné par le Juge.

Les Actions sont divisées par Justinien en deux especes générales; en réelles, c'est-à-dire, dirigées contre la chose; & en personnelles, c'est-à-dire, dirigées contre la personne : car lorsque quelqu'un exerce une Action, ou il la dirige contre un homme qui lui fait tort, soit parce qu'il lui a fait quelqu'offense, auquel cas il y a Action contre la personne; ou il l'exerce contre un homme qui ne lui fait pas de tort, mais cependant avec qui il a quelque démêlé sur quelque matiere; comme si Caïus tient un champ, que Julius réclame comme lui appartenant, & qu'il intente son Action, afin qu'on le lui restitue; auquel cas l'Action a pour objet la chose même. *Voyez les Instit. Liv. IV. tit. IV.* où l'on expose sommairement les principales Actions introduites par la Loi Romaine.

Il y a une troisieme Action, que l'on appelle Action mixte, & qui tient des deux classes d'Actions réelles & personnelles.

L'Action réelle est celle par laquelle le demandeur réclame le droit qu'il a sur des terres ou héritages, des rentes ou autres redevances.

Une Action n'est purement réelle que quand elle s'attaque uniquement à la chose, & que le détenteur est quitte en l'abandonnant. Mais s'il est personnellement obligé à la restitution des fruits ou des intérêts, dès-lors elle est mixte.

L'Action personnelle est celle que l'on a contre un autre, en conséquence d'un contrat ou quasi-contrat, par lequel il s'est obligé de payer ou faire quelque chose, ou pour raison d'une offense qu'il a faite, ou par lui-même, ou par quelqu'autre personne dont il est responsable.

Dans le premier cas l'Action est civile; dans l'autre elle est, ou peut être criminelle.

On assigne communément trois sortes d'Actions mixtes; l'Action de partage entre co-héritiers, de division entre des associés, & de bornage entre des voisins.

Les Actions se divisent aussi en civiles & en pénales ou criminelles. L'Action civile est celle qui ne tend qu'à recouvrer ce qui appartient à un homme, en vertu d'un contrat ou d'une autre cause semblable; comme si quelqu'un cherche à recouvrer par voie d'Action une somme d'argent qu'il a prêtée, *&c.*

L'Action pénale ou criminelle tend à faire punir la personne accusée ou poursuivie, soit corporellement, soit pécuniairement.

En France il n'y a pas proprement d'Actions pénales, ou du moins elles ne sont point déférées aux particuliers, lesquels dans les Procès criminels ne peuvent poursuivre que leur intérêt civil. Ce sont les gens du Roi qui poursuivent la vindicte publique.

L'Action se divise encore en Action préjudiciaire ou incidente, que l'on appelle aussi préparatoire; & en Action principale.

L'Action préjudiciaire est celle qui vient de quelque point ou question douteuse, qui n'est qu'accessoire au principal; comme si un homme poursuivoit son jeune frere pour des terres qui lui sont venues de son pere, & que l'on opposât qu'il est bâtard: il faut que l'on décide cette derniere question avant que de procéder au fonds de la cause; c'est pourquoi cette Action est qualifiée de *præjudicialis quia priùs judicanda est.*

L'Action se divise aussi en perpétuelle & en temporelle.

L'Action perpétuelle est celle dont la force n'est déterminée par aucun période ou par aucun terme de tems.

De cette espece étoient toutes les Actions civiles chez les anciens Romains, savoir, celles qui venoient des Loix, des Décrets du Sénat & des Constitutions des Empereurs; au lieu que les Actions accordées par le Préteur ne passoient pas l'année.

On a aussi en Angleterre des Actions perpétuelles & des Actions temporelles; toutes les Actions qui ne sont pas expressément limitées étant perpétuelles.

Il y a plusieurs statuts qui donnent des Actions, à condition qu'on les poursuive dans le tems prescrit.

Mais comme, par le Droit Civil, il n'y avoit pas d'Actions si perpétuelles que le tems ne rendit sujettes à prescription; ainsi, dans le Droit d'Angleterre, quoique quelques Actions soient appellées perpétuelles, en comparaison de celles qui sont expressément limitées par des statuts, il y a néanmoins un moyen qui les éteint, savoir, la prescription.

Voyez PRESCRIPTION.

ACTION DE COMPAGNIE.

UNE Action chez une Compagnie marchande en France, en Angleterre, ou en Hollande, est une obligation écrite qu'elle donne à celui qui lui avance un capital, laquelle obligation peut être vendue par ce créancier, à gain ou à perte, à qui bon lui semble. De telles obligations, transmises à un second créancier, ne s'appellent plus obligations, mais Actions, parce qu'on les négocie par une espece de Commerce qu'on nomme *Jeu d'Actions*. Comme même les Compagnies marchandes, en les donnant en échange des capitaux qu'on leur prête, les dressent dans l'intention qu'elles passent dans le Commerce pour argent comptant, & qu'on en trafique à volonté, ces obligations portent dès leur origine le nom d'*Actions*. Mais il ne faut pas croire que chacun de ceux qui ont ainsi fourni des capitaux & acquis des Actions, participent pleinement au profit que fait la Compagnie en son Commerce; c'est-à-dire, selon le prorata & à proportion de ce qu'il a avancé. Ce qu'il en retire, dépend de l'arrangement & des articles fondamentaux de la Compagnie. On distingue donc les Actions simples qui participent à tous les profits & pertes de la Compagnie; les Actions rentieres qui n'ont qu'un intérêt annuel & réglé à tant pour cent; les Actions intéressées ou mixtes, qui ont un intérêt fixe comme les rentieres, & droit de participer au dividende comme les Actions simples.

Lors de la Compagnie du Mississipi, en France personne n'en pouvoit être membre & participer à pur & à plein au profit, qu'il n'eût au moins cinquante Actions, chacune de mille livres; ceux qui en avoient moins, devoient se contenter du 3, du 4, ou au plus du 5 pour cent. Or comme chacun vouloit avoir part aux privileges en apparence si magnifiques de cette Compagnie, & que pour cela il falloit completter le nombre requis d'Actions, il est aisé de comprendre pourquoi ces obligations ou Actions montoient & étoient achetées à un prix si exorbitant; chaque acheteur étoit rempli de l'espérance d'être remboursé avec un ample profit. Ce trafic des Actions du Mississipi fut porté à son comble, sous Mr. Law en 1718 &

1719. Il absorba des sommes immenses, & comme l'événement l'a fait voir, il n'aboutit qu'à ruiner le Commerce, qu'à perdre le crédit, qu'à faire sortir l'argent du pays, qu'à réduire nombre de familles à la mendicité, & qu'à plonger le Royaume dans la plus grande misere.

Peu de tems après l'on vit la même forme d'Actions chez la Compagnie du Sud en Angleterre; elle eut le même mauvais succès; & il en a coûté bien des peines & des moyens pour remettre le commerce & les finances de cette Compagnie en leur premier crédit. Ces désastres ont engagé des Souverains à interdire ces Compagnies à Actions.

Du Commerce ou Jeu d'Actions.

Le Commerce ou Jeu d'Actions est un des plus importans qui se fasse à la Bourse d'Amsterdam, & dans les autres Villes des Provinces unies, où il y a des chambres de la Compagnie des Indes Orientales. Ce qui rend ce Commerce souvent très-lucratif, c'est qu'il se fait sans un grand fond d'argent comptant, & que pour ainsi dire, il ne consiste que dans une vicissitude continuelle d'achats & de reventes d'Actions qu'on acquiert quand elles baissent, pour les revendre à profit quand elles haussent.

C'est comme une espece de gageure qui se fait de trois en trois mois, sans débourser l'argent que lors du rescontre, c'est-à-dire, du terme pour lequel on a acheté ou vendu les Actions ou fonds d'Angleterre.

On appelle donc *Rescontre* l'époque ou le terme pour lequel on achete ou vend les fonds, & pour lequel on donne des primes à délivrer ou à recevoir dans lesdits fonds ou Actions.

Il y a quatre termes ou époques dans l'année où l'on fait ce qu'on appelle rescontre; ce qui est comme un revirement de parties pour régler, liquider & payer réciproquement les variations, ou le surplus du prix auquel on a vendu ou acheté.

Ordinairement on regle les variantes sans s'embarrasser du montant de la valeur du fonds, à moins qu'on ne veuille placer son argent réellement dans ces fonds, ou vendre définitivement un fonds qu'on possede. Celui qui a acheté, paie donc au vendeur autant de pour % que le fonds a baissé dans cet intervalle, ou bien il reçoit du vendeur autant de pour % que le fonds a haussé dans cet intervalle. Et pour lors on a recours à de nouveaux procédés pour éteindre, ou pour continuer l'opération jusqu'au rescontre suivant.

Les quatre rescontres dont nous venons de parler, sont celui de Février, celui de Mai, celui d'Août, & celui de Novembre. La variante du prix étant réglée, on paie & liquide au rescontre, ou l'on procede à prolonger & continuer l'achat, ou la vente, pour le rescontre prochain. Cette opération s'appelle prolongation ou continuation.

Celui qui a acheté, accorde d'ordinaire au vendeur un pour % ou davantage dans les annuités de 4, pour prolonger son achat au prochain rescontre, au moyen de quoi il a la chance de l'augmentation ou hausse qui peut arriver dans cet intervalle dans ce fonds, sans y placer effectivement son argent; il n'est sujet qu'à payer au rescontre la variante de ce que le fonds pourroit baisser en attendant.

Cette opération, qu'on appelle *prolongation*, ou *continuation*, n'est pas en pure perte : car elle est fondée sur l'intérêt ou le dividende du fonds, qui est toujours au profit de l'acheteur. Mais quand il y a beaucoup de spéculateurs pour la hausse, la prolongation enchérit au-delà de la proportion; ce qui est un grand avantage pour le vendeur; & *vice versâ*. La prolongation est quelquefois au-dessous du pair quand il y a eu trop de vendeurs; & c'est pour lors un grand avantage pour l'acheteur.

Ces achats & ventes à terme, que l'on continue si l'on veut par des prolongations, s'appellent *marchés fermes*, pour les distinguer du Commerce des primes dont nous parlerons plus bas. Il résulte de tout ceci, qu'une personne, qui au mois d'Août achete mille livres sterling dans les annuités pour le mois de Novembre, a trois mois par devers soi pour revendre les mille livres avec avantage, ou perte, n'importe. La partie se trouve alors rescontrée, soit pour les recevoir effectivement sur son compte & nom, en y plaçant son argent, soit en cherchant des arrangemens pour engager ces mille livres vers le tems du rescontre, ou enfin, ce qui est plus commun & plus ordinaire, en les prolongeant ou continuant pour le rescontre suivant, comme on a vu ci-dessus.

On ne doit point oublier, qu'au moyen de la prolongation on n'a qu'à régler simplement à chaque rescontre les variantes, c'est-à-dire, qu'on reçoit le surplus, ou l'excédent de ce que le fonds a monté, haussé ou gagné sur le prix de l'achat dans cet intervalle, ou bien on paie ce qu'il a baissé, diminué, ou perdu depuis l'époque de l'achat jusqu'au rescontre.

Venons à présent aux primes à délivrer & à recevoir. On appelle prime à délivrer, une prime que Paul donne à Pierre pour qu'il s'oblige de lui délivrer pour le prochain rescontre mille livres sterling dans un fonds d'Angleterre à un prix donné. Si la spéculation du donneur de prime ne réussit pas, il perd sa prime, & tout est dit; & s'il arrive dans cet intervalle, une grande hausse au-delà du prix convenu, il jouit, au moyen de sa prime, de tout ce bénéfice, sans avoir risqué que sa prime.

On appelle prime à recevoir, quand Paul donne à Pierre une prime pour que Pierre s'oblige de lui délivrer au rescontre mille livres d'annuités ou d'autres fonds à un prix donné : au moyen de quoi Pierre devient comme l'assureur de Paul, & s'oblige à lui bonifier tout ce que ce fonds pourra diminuer, baisser, ou perdre dans cet intervalle au-delà du prix convenu.

Quand le rescontre approche, on prolonge aussi les primes pour limiter sa perte. Cette prolongation ou continuation coûte toujours davantage que celle du marché ferme ; parce qu'en jouissant de la chance sur laquelle on spécule, on a l'agrément de limiter sa perte au moyen de la prime.

Voilà toutes les opérations simples du Jeu d'Actions, dont les diverses combinaisons produisent des calculs curieux & intéressans pour les agioteurs & pour les rentiers. J'exposerai un détail des opérations dont je viens de parler, pour l'usage de ceux qui sont curieux de s'instruire dans cette partie. Proposons un exemple.

Supposons que Pierre a combiné en Juin 1762, que la paix se feroit avant l'hiver. Il savoit que cela feroit hausser beaucoup les fonds en Angleterre ; mais il n'avoit pas assez d'argent comptant pour placer dans ces fonds. Il donne ordre à son correspondant d'acheter à terme 1000 livres d'annuités de 4 pour % pour le rescontre d'Août ; ce qu'il a exécuté, supposons à 82. Au rescontre d'Août l'annuité étoit effectivement montée à 88 sur des bruits de paix. Pierre persistant toujours dans ses idées quant à la paix, s'arrange avec celui qui a vendu ou bien avec un autre vendeur, (car cela est égal) & donne une prolongation, c'est-à-dire, 1, 2, ou 3 pour % pour n'être obligé de recevoir ces 1000 liv. qu'au mois de Novembre. Cette prolongation est plus ou moins forte, selon que l'opinion ou le nombre des spéculateurs pour la hausse est plus ou moins grand, & que l'argent est plus ou moins rare. En des tems calmes, la prolongation a une valeur intrinseque fondée sur l'intérêt que rapporte le fonds. Par exemple, la prolongation des annuités de 4 pour % doit valoir 1 pour % chaque rescontre ; ce qui fait les 4 dans l'année : les Indes, qui donnent 6 pour % (*) doivent valoir 1 ½ chaque rescontre ; ce qui fait 6 dans l'année, parce que le vendeur bonifie le dividende à l'acheteur ; mais lorsque l'opinion est grande, comme en 1770, on paie le tems, & l'espérance ; & c'est pour cela qu'on a donné alors des prolongations exorbitantes, de 2 & 3 pour % de ce qui intrinséquement n'en valoit qu'un.

Il est bon d'observer que ceux, qui, dans les dernieres années de la guerre derniere, ont placé leur argent dans les fonds, sans en courir le risque autrement qu'en les vendant, ce qu'on appelle en prolongations de rescontre aux spéculans, ont fait de 10 & 12 pour % de leur argent sans être nullement taxés d'usures, ni encourir la moindre censure. Les gens les plus austeres & les plus rigides ont fait & peuvent faire ce commerce. Ceux qui ont reçu les fonds par voie d'engagement, & qui ne payoient que 4 pour % de l'argent qu'ils avoient pris sur ledit fonds, profitoient sur le surplus 10 & 12 pour % & au-delà. Il y a eu nombre de personnes qui, dans ce tems-là, & dans la guerre de 1744, ont gagné de grosses sommes uniquement en prenant des prolongations.

Pour revenir aux joueurs, on voit qu'un homme qui a seulement des

(*) En 1770 les Indes donnoient 12 pour cent.

ressources pour faire face aux variations qui peuvent survenir dans le prix des fonds de trois en trois mois, peut acheter ou vendre pour des milliers sans avoir dans la circulation que 10 ou 15 pour $\frac{0}{0}$, qui est la variation la plus forte qu'il y ait ordinairement dans un rescontre ; à moins qu'il ne survienne quelque grand événement, comme paix ou guerre, changement de dividende, ou autre révolution décidée, qui occasionne souvent des cascades de 30 pour $\frac{0}{0}$, & au-delà.

Récapitulons maintenant encore une fois tous les partis qu'il y a à prendre pour celui qui a acheté les 1000 liv. en question des annuités à 82, & que nous supposons montées à 88. 1°. Il peut les payer en les recevant, sur son nom & sur son compte, s'il a en deniers comptant 844 liv. sterlings. 2°. Il peut les engager à Amsterdam ou à Londres ; il suffit qu'il ait seulement 200 liv. sterlings pour le surplus : car on ne donne jamais toute la valeur du fonds qu'on nantit ou qu'on hypotheque, lorsqu'on l'engage. On tire pour lors un gros intérêt du surplus ; cette opération est très-facile en des tems calmes, mais plus difficile lorsque l'argent est devenu rare par les forts engagemens qu'on a faits ; car alors tout le monde préfere d'acheter pour son propre compte, plutôt que de donner sur le fonds à gage. Cette opération d'engager des fonds est très-dangereuse, quand on ne la fait pas avec prudence, & qu'on s'engage au-delà de ses facultés, sur-tout, en des tems critiques, ou lors d'un événement imprévu ; mais elle est toujours sûre & lucrative, quand on la fait pour tirer des prolongations sans courir le hazard du prix des fonds, pourvu qu'on ait affaire à des gens solides. La 3me. opération qu'il y a à faire, c'est de vendre les 1000 liv. qu'on a achetées, & liquider son rescontre soit avec gain, soit avec perte, payant ou recevant les variations ; & tout est dit. Enfin la 4me. & derniere opération, qui est la plus commune, c'est, comme on a vu, de prolonger ses 1000 liv. pour le rescontre ou terme suivant, en réglant la variante, & en tâchant d'obtenir cette prolongation au prix le plus gracieux. Cet objet est d'autant plus important, qu'il se répete quatre fois l'année, si la spéculation est de longue haleine.

Il faut encore observer que le prix de la prolongation est arbitraire, & sujet à bien des variations ; c'est ici le champ de l'agiotage. Nous ferons ci-après une analyse historique & plus ample de la nature de la prolongation, (qu'on ne sauroit trop expliquer) & de ce qui s'est passé en 1748, 55 & 62.

J'ai dit qu'on appelloit les achats & les ventes à terme des marchés fermes, pour les distinguer des primes. Mais avant de quitter le détail de cette opération appellée par les Actionistes *Marché-ferme*, il est bon d'observer, que tout comme on peut acheter à terme pour la valeur des fonds qui excedent de beaucoup nos facultés actuelles & potentielles, par la ressource des prolongations, n'ayant au rescontre à payer que les variations ; de même celui qui vend ce qu'il n'a pas, ou pour plus qu'il ne possede, a de son côté la même ressource ; & si la combinaison pour la baisse manque, & qu'il veuille pousser sa (42) contre-mine en avant, il prend la prolongation de rescontre en rescontre; ce qu'il fait avec avantage si la prolongation est chere, & avec désavantage si elle est mince. Il peut aussi, en rachetant sa partie, liquider son affaire; & ce sont les deux seuls partis qu'il puisse prendre; au-lieu que l'amateur ou acheteur en a quatre comme on a fait voir : savoir; de le revendre, de le recevoir, de l'engager & de le prolonger.

Nous avons dit qu'il y a des primes à recevoir & des primes à délivrer, qu'on donne de rescontre en rescontre; c'est-à-dire, pour les termes respectifs du 1 Février, du 1 Mai, du 1 Août, & du 1 Novembre.

On a vu ce que c'est qu'une prime pour la hausse, qui s'appelle à délivrer : Paul croit en 1762 que les Actions des Indes d'Angleterre qui valent 147 pour le rescontre de Novembre, augmenteront beaucoup par la paix qu'il croit prochaine, ou par quelque autre événement prêt à éclore; il n'ose cependant acheter, parce qu'il n'est pas sûr de son fait, ou bien parce qu'il n'a pas assez de crédit pour acheter à marché-ferme. Il risque donc une prime de deux ou de 2 ½ pour $\frac{0}{0}$, qu'il donne à Pierre, qui, au moyen de cette prime, s'oblige de lui délivrer 1000 liv. des Indes d'Angleterre au 1 Novembre à 150, s'il l'exige; de sorte qu'il n'y a que celui qui tire la prime qui s'engage. Celui qui la donne, a l'option, le jour du 1 Novembre, de sommer ou de ne pas sommer celui qui a pris sa prime, de lui délivrer les 1000 liv. au rescontre, & celui qui reçoit la prime fait un contrat, par lequel il s'oblige de délivrer 1000 liv. dans les Indes au donneur de ladite prime dans le terme convenu.

Analysons présentement le sort de cette prime dans tous les cas possibles. Il faut d'abord observer, que si le tems avance au terme du rescontre, & que l'Action ne monte pas, la valeur de la prime tombe, & au-lieu de 2 ½ pour $\frac{0}{0}$ qu'elle a couté, elle n'en vaudra plus qu'un, & quelquefois moins; pour lors la spéculation du donneur cesse, il peut encore retirer sa prime avec perte. Il y a encore une autre opération qui est la plus curieuse; c'est de convertir cette prime à délivrer, qui étoit pour la hausse, en une prime à recevoir pour la baisse, & voici comment on a d'abord cru que l'Action monteroit beaucoup; on a donné 2 ½ à délivrer à 150 : l'Action a effectivement pris faveur; mais on a des avis que les causes qui devoient produire la hausse, n'auroient pas lieu, ou que quelque événement secret feroit paroli à la bonne nouvelle : on n'a qu'à vendre en marché-ferme à la faveur de cette prime pour le même rescontre 1000 liv. à 150 pour $\frac{0}{0}$, & l'on convertit par ce procédé la prime, qui étoit à délivrer, en prime à recevoir; attendu que, malgré la vente effective, on ne sauroit jamais perdre que la prime, & on a cependant la chance de gagner 10, 20, & 30, si l'Action venoit à faire une pareille chûte dans l'intervalle du rescontre. Il y a plus : dans un tems de fermentation on peut opérer l'alternative de ce procédé 3 ou 4 fois dans l'intervalle d'un rescontre ſur la même prime, tantôt en vendant, tantôt en achetant; ne riſquant jamais que la primitive prime; profitant toujours par des opérations toujours gagnantes. Les agioteurs experts, qui, à la fin de chaque reſcontre, donnent de petites primes à délivrer ou à recevoir pour les reſcontres ſuivans, glanent toujours, & font ſouvent d'abondantes moiſſons à la faveur de ces petites primes, avec un avantage plus ou moins grand, ſelon les variations & les événemens qui arrivent dans cet intervalle. Ceux qui ſont à l'affût des joueurs, peuvent toujours pelotter en attendant partie. Il y a encore d'autres arbitrages, & d'autres combinaiſons lucratives, indépendantes du jeu & des événemens : ſavoir; en faiſant deux ou trois opérations ſimultanées, en prenant ou en donnant des primes, & en achetant ou en vendant ſur ces primes. Ceux qui connoiſſent ces calculs, y trouvent ſouvent un avantage de ¼, de ½ & de 1 pour %, & ſouvent une chance à recevoir, ou à délivrer pour rien. La multiplicité de ces opérations, ſouvent répétées, va plus loin qu'on ne penſe. C'eſt là le plus grand art de l'expert agioteur, ou plutôt Actioniſte : car on auroit tort de prendre ce mot tout-à-fait dans l'acception ordinaire & odieuſe.

Revenons à notre donneur de primes par ſpéculation, & non pas en agioteur. Si avant le 1 Novembre l'Action a monté au-delà de 150, par exemple, à 155, il peut fondre ou retirer ſa prime de deux façons différentes. Cela mérite encore beaucoup d'attention. La premiere eſt la plus ſimple façon, c'eſt de vendre purement & ſimplement ſon contrat pour de l'argent comptant à raiſon de 5 ½ & peut-être de 6 pour %. Si l'on demande pourquoi cet excédent de 5 à 6 pour %, je réponds que c'eſt parce que la prime pour la baiſſe à recevoir à 150 vaut quelque choſe, nommément ſi le reſcontre eſt encore éloigné, & que les événemens ſoient incertains : ce qui fait que la prime, à la faveur de laquelle on fait toutes ces opérations, gagne au-delà de la valeur de l'Action en réaliſant ſa valeur de 5 pour %, & en ſus la prime à recevoir. Ce ſimple énoncé nous indique la ſeconde façon de réaliſer la prime en queſtion, en faiſant ce que l'acheteur du contrat pourroit faire; c'eſt-à-dire, en vendant 1000 liv. ſur ſa prime à 155. Qu'arrivera-t-il? L'Action retombe-t-elle à 150? il a toujours gagné les 5 pour %; monte-t-elle conſidérablement? Cela ne le regarde pas; car il ſomme celui qui a pris la prime de lui délivrer, ſelon ſon contrat, 1000 liv. à 150, & il les délivre à celui à qui il a lui-même vendu à 150 : mais ſi l'Action venoit à baiſſer à 140; pour lors il n'eſt plus queſtion de ſa prime, qui étoit comme une ancre pour le mettre à l'abri de l'orage; il ſe trouve donc qu'il gagne 13 pour % ſur ſa prime primitive, au-lieu de 5 ou 6 qu'il pouvoit d'abord avoir gagné lors de la premiere opération. Telle eſt la marche de la converſion des primes. On a vu très-ſouvent avec une prime d'un ou deux pour %, gagner 20 ou 30 dans un reſcontre, & cela ſans aucun riſque, à la faveur de la même prime que l'on convertit tantôt pour la hauſſe, & tantôt pour la baiſſe.

La même marche de gradation se trouve *vice versâ* dans les primes à recevoir; car si l'on a donné d'abord une prime à recevoir à 145, & que les actions viennent tout-à-coup à tomber à 140, par une terreur panique, ce qui est très-commun dans le pays des Actions, & qu'à la faveur de cette prime on vienne à acheter pour la réalisation, & qu'ensuite, comme il arrive encore souvent, les Actions viennent à monter à 160, on gagne 20 pour % & les 5 de la prime, sans avoir rien à risquer que la prime qu'on a convertie de la façon qu'on vient d'expliquer. La prime à recevoir est encore une prime d'assurance pour ceux qui ont des fonds réels, & qui craignent quelqu'événement, & qui ne voulant pas se défaire de leurs fonds, se mettent à l'abri de l'orage dans le tems de la crise qu'ils appréhendent. Dans des tems calmes, ceux qui donnent des primes, soit à recevoir, soit à délivrer, par spéculation, les perdent ordinairement. Ceux qui ont des fonds réels, prennent quelquefois des primes à délivrer à un prix beaucoup plus haut que la valeur actuelle de leurs fonds, & profitent, par ce procédé, tous les rescontres, d'un intérêt double; & si le fonds monte, ils se trouvent l'avoir vendu à un prix avantageux. Pour lors, s'ils ne veulent pas s'en défaire en le transportant, ils changent de batterie; ils tirent des prolongations, & en attendant le moment d'une baisse, ils prennent des primes à recevoir sur leur partie; ce qui joint à la prolongation, fait un bon intérêt. Toutes ces ressources sont très-avantageuses, & invitent tout le monde à s'intéresser dans ces fonds, comme l'expérience le démontre. Les avantages & les ressources que les particuliers y trouvent, tant pour placer solidement leur argent à un bon intérêt, que pour satisfaire la passion du jeu, favorisent beaucoup l'Etat & le Gouvernement, qui trouve ses fonds lorsqu'il en a besoin.

Il y a des incidens & des causes qui peuvent faire hausser ou baisser les Actions dans la crise du rescontre, indépendamment de tout événement réel & politique. Ces variations, quoique momentanées, sont quelquefois assez considérables, & dignes d'attention. Pour avoir une idée claire du rescontre, il faut analyser d'abord la nature diverse des procédés qu'on y regle, en se rappellant tout ce qu'on a dit ci-dessus. Nous avons observé qu'il y a des gens qui vendent réellement leur fonds, & le transportent dans le terme prescrit au rescontre; tout de même qu'il y a des gens qui achetent, pour placer réellement leur argent, soit en gardant les fonds effectivement, soit en les revendant en prolongation, comme un moyen de faire valoir leur argent. Il y en a même un grand nombre qui ne placent leur argent dans les fonds que pour jouir des prolongations avantageuses, en se soumettant tous les rescontres, vis-à-vis des agioteurs, à liquider les variations, soit en déboursant ce que le fonds a bonifié, soit en recevant ce qu'il a perdu, quoique cela ne les regarde nullement, puisqu'ils ne perdent ni ne gagnent dans les variantes : cela n'influe que sur l'intérêt plus ou moins grand de leurs déboursés. Excepté donc ceux qui reçoivent & qui transfportent réellement les fonds, le reste, qui compose la foule des Actionistes & joueurs, n'achete & ne vend que ce qu'on appelle en termes d'art, *du vent;* & ces opérations se réduisent à des especes de gageures, dont on se tire de la façon qu'on a vu ci-dessus. Or qu'arrive-t-il au rescontre? Le 15 du mois de chaque rescontre, tous les rescontrans s'assemblent dans une salle autour d'une grande table : il y a tel rescontrant qui fait le rescontre de 10 ou 12 personnes, & tout cela est réglé comme papier de musique.

Voici le procédé. Le rescontrant dit : Un tel a vendu 1000 liv. à un tel qui répond pour lui. Celui qui est chargé du rescontre de l'acheteur, en rend compte : s'il le reçoit lui-même, tout est dit, ou s'il a pris la prolongation; car la prolongation suppose un achat & une vente simultanés. Celui qui tire la prolongation, est censé avoir racheté sa partie au comptant & vendu à terme; le vendeur *vice versâ*; ainsi cette partie est éteinte: mais comme le premier acheteur peut avoir revendu cette partie à un autre, & cet autre à un autre, & ainsi par cascade jusqu'à ce que le vendeur ou l'acheteur trouve une opération finale, c'est-à-dire, une réception ou transport réel, ou factice; c'est ce revirement de partie qu'on appelle en rescontre marier le vendeur en dernier ressort à l'acheteur, c'est une navette, ou un vrai cercle.

Or voici où git le mystere du jeu des Actionistes. S'il arrive dans un rescontre que, parmi des vendeurs, il s'en trouve un grand nombre qui aient vendu réellement leur fonds, qui le transportent, qui ne veulent pas tirer de prolongations, on dit alors en termes d'art, *qu'il y a des restes*, & cela cause une baisse. Quand c'est le contraire, & qu'il y en a plus qui reçoivent qu'il n'y en a qui transportent, on dit *qu'il y a faute*, *disette* ou *manque d'Actions*, & elles augmentent; ceux qui ont vendu sont obligés d'acheter à tout prix. Mais quand il n'y a point de receveurs à proportion, manque d'argent, pour lors la prolongation augmente beaucoup, & les Actions baissent, sans autre motif que le grand nombre des transports, & l'impuissance où sont les acheteurs d'en recevoir à proportion : ce qui les oblige de vendre à tout prix pour liquider leur rescontre; (*) pour lors des receveurs, ou de nouveaux acheteurs paroissent, alléchés par le prix bas du fonds, ou par celui de l'exorbitante prolongation. Si, au contraire, il y a beaucoup de receveurs réels, avec de l'argent, & peu de transporteurs effectifs, la prolongation baisse, & les vendeurs ne trouvant personne qui leur donne des prolongations, sont obligés d'en acheter à tout prix; & comme cette crise est souvent prévue par les Actionistes, ils font ce qu'on appelle *un Jeu* aux acheteurs ou aux vendeurs, pour faire, dans la

(*) Un pareil accident fut une des principales causes de la grande baisse dans les Actions des Indes d'Angleterre en 1769.

liquidation du refcontre, augmenter ou diminuer le fonds, fans autre caufe que la pofition du refcontre, & les facultés des vendeurs vis-à-vis des acheteurs. Les experts jugent l'afpect du refcontre, à l'air du bureau, & aux obfervations fur les opérations faites, qui, ordinairement, font affez connues; on fe trompe cependant très-fouvent fur les apparences les mieux combinées. Un refcontre ou deux avant la paix de 1748, tout le monde étoit acheteur, & par conféquent donneur de prolongations; auffi a-t-on payé des prolongations exorbitantes qui ont cependant été très-compenfées, par la hauffe que la fignature des préliminaires a caufée, pour ceux qui fe font contentés de jouir des prolongations en vendant leur fonds réel; mais les vendeurs en l'air, ou *de vent*, qu'on appelle auffi *contre-mineurs*, ont perdu gros, malgré l'avantage immenfe de la forte & ufuriere prolongation.

Au commencement de la guerre de 1755, il eft arrivé une efpece de phénomene dans le jeu des Actions; & l'on a inventé en Angleterre un nouveau terme pour l'exprimer. Nous ferons auffi obligés d'en former un. Voici le fait. La contre-mine étoit fi grande, c'eft-à-dire le nombre des vendeurs, principalement dans les Actions des Indes, qu'on avoit peut-être vendu plus d'Actions qu'il n'y a, ou au moins qu'il ne s'en eft trouvé dans la circulation du jeu; ce qui a fait qu'au-lieu que l'acheteur donnoit des prolongations, qu'on appelle à Londres *continuation*, il en recevoit une du vendeur pour reculer fon achat au refcontre prochain; ce qu'on appelle en Anglois *Backwardation*, comme qui diroit *rétrogradation*; fi bien que l'acheteur a eu un avantage dans les Indes de 7 à 8 pour % & au-delà, toute chofe égale, pendant deux ans, & au grand préjudice des contre-mineurs, ou vendeurs, qui ont toujours un défavantage vis-à-vis de l'amateur. Celui-ci, avec de l'argent ou du crédit, peut foutenir la gageure, garder fon fonds, en tirer un intérêt, & attendre un moment favorable; au-lieu que celui qui a vendu un fonds qu'il n'a pas, fi le fuccès ne répond pas d'abord, fe mine lui-même, & avec tout l'argent du monde, ne fauroit délivrer ce qu'il n'a pas fans l'acheter. Les contre-mineurs dans les Indes en 1755, 1756 & 1757, ont été obligés d'emprunter des Actions de ceux qui en avoient, en payant de gros intérêts, pour foutenir & pouffer leur contre-mine en avant; le tout par la crainte de l'expédition de M. de Lally; & ceux qui ont profité de la baiffe, lors de la prife du Fort St. David, n'ont encore rien gagné, ayant été abîmés par les rétrogradations; je veux parler des anciennes opérations, car les plus proches du refcontre ont rendu beaucoup, attendu que des primes à recevoir, qui n'avoient coûté qu'un & demi pour % ont valu 10, 12 & 15 pour %. Il eft, au contraire, arrivé dans la fuite, que l'argent devenu plus rare faifoit augmenter les prolongations, qui augmentoient encore par l'efpérance de la paix; car cette efpérance fait qu'il y a plus d'amateurs, c'eft-à-dire de donneurs de prolongations que de contre-mineurs.

Il faut encore ajouter que le prix de courtage de chaque mille livres d'un fonds d'Angletérre quelconque, soit dans les annuités des différens emprunts de 3, 3 ½ & 4 pour $\frac{0}{0}$, dans les Indes, dans la Banque, dans le Sud, est toujours 15 florins, tant pour l'achat que pour la vente, ainsi que pour les prolongations & pour les primes qui passent 2 pour $\frac{0}{0}$. Quand la prime qu'on donne & qu'on reçoit est au-dessous de 2 pour $\frac{0}{0}$, on ne paie que 3 florins 10 sols. Les Courtiers ne font guere avec d'autres Courtiers : ils cherchent toujours les Actionistes, qui sont des ponts de communication, & les entrepôts de toutes les transactions ; c'est qu'ils ont pour lors le courtage de deux côtés ; au-lieu qu'en faisant avec le Courtier, ils n'ont que le simple courtage ; & c'est un grand désavantage pour la foule des Joueurs, qui enrichissent les Actionistes encore plus que les Courtiers.

Il est bon d'observer qu'autrefois presque toutes les opérations ou transactions dans le fonds d'Angleterre, que nous appellons *Jeu d'Actions*, se faisoient dans les Actions de la Banque du Sud, & sur-tout dans les Indes. Il est vrai que pour lors le jeu dans les Actions de la Compagnie des Indes Orientales & Occidentales d'Hollande étoit plus vif; à peine étoit-il question d'annuités. Mais depuis la derniere guerre, l'esprit du jeu s'étant plus étendu, l'argent étant encore devenu plus abondant, on a trouvé ce cercle trop étroit, & l'on s'est jetté dans le vaste océan des annuités, où les Joueurs sont moins gênés dans les rescontres. Le jeu dans les annuités est devenu essentiel & nécessaire, dès que le Gouvernement, au-lieu de faire des emprunts de trois millions sterlings, en a fait d'abord de six, puis de huit, & enfin de douze : l'effet est devenu la cause ; le jeu est venu au secours de la masse qui l'a fait naître ; comme je l'ai développé ci-dessus. C'est pourquoi je crois, que si la paix continue quelques années, l'abondance d'argent & l'esprit du jeu pousseront les Actions des Indes à un prix exorbitant. Car les annuités étant une fois à leur taux, après qu'il ne sera plus question de nouveaux emprunts, elles ne seront guere un objet journalier de jeu ; tous les Joueurs tomberont forcément sur les Indes, par l'espérance de l'augmentation du dividende, & des accidens variés qu'on peut attendre d'une Compagnie commerçante, comme en 1766, que les Actions des Indes sont montées à 280. Le volume du fonds se trouvera trop mince pour le nombre des Joueurs ; car il y a beaucoup d'Actions en main forte & en main morte, qui ne circulent pas sur la place ; ce qui donne beau jeu à ceux qui feront pour la hausse, d'autant plus que les progrès que cette Compagnie est à même de faire, sont immenses. Voilà les principaux élémens d'un jeu, qui me paroît influer sur le systême politique de l'Europe. *Traité de la Circulation & du Crédit.*

ACTIONNAIRE, f. m. *Le propriétaire d'une action, celui qui possede une action ou une part dans les fonds publics, ou dans le capital d'une compagnie particuliere.*

ACTIONISTE, f. m. *Espece d'agioteur qui commerce en actions par des achats & des ventes à terme, & par des primes.*

QUELQUES Auteurs politiques ont regardé les Actionnaires & les Actionistes comme de mauvais Citoyens, vivant dans l'oisiveté aux dépens des gens laborieux. Un Anglois appelle les possesseurs des fonds publics, des gens à porte-feuille, des frêlons qui dévorent le miel des abeilles, une race ennemie de la charrue & des propriétaires en fonds de terre; race qui, dans un Etat, est toujours une peste publique, qui ne cherche nuit & jour qu'à accumuler son or pour en grossir son porte-feuille & augmenter le fardeau de l'Etat. Ceux qui sont dans ces principes, prétendent que le jeu d'actions ou agiotage fomente l'esprit de paresse, & nuit à toute autre espece de commerce. D'autres écrivains politiques sont bien éloignés d'admettre ces plaintes comme légitimes: ils soutiennent, au contraire, qu'un intérêt dans les fonds publics est plus capable d'attacher les cœurs à la Patrie que de les en éloigner, plus capable d'entretenir le patriotisme que de l'éteindre, en unissant intimement l'intérêt particulier à la cause publique, & en obligeant les possesseurs d'actions à soutenir & favoriser le crédit national, dont leur fortune dépend. Pour ce qui est des Actionistes, il est aisé de faire voir qu'ils produisent plus de bien que de mal. Ce sont les léviers qui font mouvoir la machine. Sans eux il n'y auroit point de circulation. C'est leur jeu d'actions qui a mis l'Angleterre en état de faire des emprunts énormes sans s'écraser. Les Actionistes seuls ont l'art de faire sortir tout l'argent des coffres, & de le mettre en circulation pour le service du Gouvernement. La facilité de vendre son fonds à terme, & de donner & prendre des primes sur ce même fonds, engage beaucoup de gens à placer ainsi leur argent, ce qu'ils ne feroient pas sans ces avantages. Il y a un grand nombre de gens pécunieux, tant en Angleterre qu'en Hollande, qui ne veulent pas placer définitivement leur argent dans les nouveaux fonds, pour ne point en courir les risques pendant la guerre. Que font-ils? ils placent pour dix, quinze, ou vingt mille livres sterlings en annuités, qu'ils vendent à terme aux agioteurs, au moyen de quoi ils tirent un gros intérêt de leur argent, sans être sujets aux variantes qui sont pour le compte de l'agioteur. Ce manege se continue pendant plusieurs années, & pour plusieurs millions : c'est, je le répete, ce qui a mis le Gouvernement d'Angleterre en état de faire des emprunts qui, sans le jeu d'actions, & les moyens

moyens ingénieux que les agioteurs ont mis en usage, auroient été absolument impossibles. De sorte que le Gouvernement d'Angleterre a, par ce jeu-là, balayé non-seulement l'argent de ceux qui vouloient de ces fonds, mais encore tout l'argent de ceux qui n'en vouloient pas. L'avantage qu'il a tiré des Actionistes peut donc être regardé comme une ressource dans le besoin. *Traité de la Circulation & du Crédit.*

ACTUAIRE, s. m.

ACTUAIRE signifie la même chose que Scribe ou Tachigraphe dans les monumens anciens. C'étoit chez les Romains, celui qui étoit chargé de dresser, en présence du Magistrat, les contrats & autres actes d'où il empruntoit le nom d'*actuarius*. C'est aujourd'hui un Greffier ou Officier de Justice assermenté pour enregistrer fidélement ce que les parties avancent de bouche ou par écrit, comme aussi pour garder les actes & les mettre en ordre dans son Greffe.

Voyez GREFFE, GREFFIER.

AD

ADALBERT, *Archevêque de Brême. Abus qu'il fit de son ascendant sur l'esprit de Suénon, Roi de Danemarck.*

SUÉNON II, Roi de Danemarck, Prince illustre par son courage & par ses vertus, mais qui fut homme sur le trône, & eut quelques foiblesses, avoit épousé Gutha sa parente, en 1053. Adorés l'un de l'autre, & tous deux chéris de la Nation, les momens qu'ils pouvoient dérober aux soins du Gouvernement étoient consacrés à l'amour. Mais ils n'avoient point demandé à l'Eglise les Dispenses nécessaires pour légitimer leur union suivant les principes de la Religion. Adalbert, Archevêque de Brême, Prélat ambitieux, qui prétendoit jouer en petit en Allemagne le rôle que le Pape jouoit en grand à Rome, & être à la fois le censeur, l'arbitre & l'effroi des têtes couronnées, menaça Suénon de l'excommunier, s'il ne renvoyoit Gutha. Un Prélat plus humain, au lieu de troubler le bonheur de ces illustres époux, auroit suppléé à la formalité qu'ils avoient négligée en leur accordant de lui-même les Dispenses qu'ils n'avoient pas demandées. Suénon tint ferme à la premiere sommation; mais lorsqu'il fut excommunié, la crainte l'emporta sur l'amour dans son cœur; il se brouilla avec son épouse pour se réconcilier avec l'Eglise, renvoya Gutha en Suede, demanda pardon à l'Archevêque & l'obtint. Ce bon Roi étoit si touché de la clémence du Prélat, qu'en 1070, il fut sur le point d'entreprendre une guerre contre les Saxons pour venger l'Archevêque offensé par ces Peuples : mais tous les Ordres de l'Etat s'y opposerent. En 1072 il lui permit de tenir dans ses Etats un Concile où ce Prélat donna des Loix au Danemarck, réforma quelques abus dans l'Eglise auxquels un Roi n'eût osé toucher, & leur en substitua de plus grands que les Successeurs de Suénon respecterent pendant plusieurs siecles. Tel étoit alors l'empire du Clergé; il avoit des Paysans pour vassaux, & des Rois pour esclaves. D. S.

ADDISON, (Joseph) *Secrétaire d'Etat en Angleterre.*

ADDISON, fils de Lancelot Addison, Doyen de Lichfield, naquit à Wilston en Wiltshire, le premier de Mai 1672. Il s'appliqua de bonne heure aux Belles-Lettres, & puisa dans les Auteurs de l'antiquité, ce goût exquis qu'on n'apperçoit gueres dans les Littérateurs Anglois qui l'ont précédé. Il étoit encore fort jeune, lorsqu'il publia ses *Musæ Anglicanæ* qui commencerent sa réputation. Son beau Poëme à la louange de Guillaume III, en 1695, fut généreusement récompensé par ce Prince. Celui qu'il composa neuf ans après en 1704, pour célébrer les victoires de Malborough, & qu'il intitula *la Campagne*, lui mérita un emploi considérable qui le conduisit par degrés jusqu'à celui de Secrétaire d'Etat. Un Poëte devenu Secrétaire d'Etat! Le Lord Halifax, Protecteur éclairé des Gens de Lettres dont il savoit d'autant mieux apprécier le mérite qu'il en avoit beaucoup lui-même, crut qu'un Littérateur, sur-tout un Littérateur Philosophe, pouvoit occuper dignement les premiers postes de l'Etat, que la faveur prodigue trop souvent à l'ignorance, à la cabale, à l'impudence, tandis que les vrais talens languissent dans l'obscurité. Le Ministere cherchoit un homme de Lettres, capable d'immortaliser par ses chants la Journée de Blenheim. Le Lord Halifax saisit cette occasion de représenter au Comte Godolphin, Grand Trésorier, combien il étoit honteux que le Génie fût réduit à célébrer les exploits des grands hommes, lorsqu'il pouvoit être employé plus utilement au service de la Patrie dans les différens postes de l'Administration. Le Grand Trésorier convint de la justesse de ces reproches, & promit au Lord qu'il récompenseroit dignement celui qui célébreroit la glorieuse journée de Blenheim. Le Lord Halifax nomma Addison, & Addison entra aussi-tôt dans le Ministere, où il justifia le jugement de son Protecteur, en montrant que l'homme de Lettres est capable de quelque chose de plus que de remplir un fauteuil à l'Académie, ou d'exciter les applaudissements de la Nation au Théâtre. Les occupations politiques d'Addison ne lui firent point abandonner les Muses. Sa Tragédie de *Caton* passera à la postérité la plus reculée. Quoiqu'elle ne soit pas sans défauts, & que la marche en soit quelquefois irréguliere, ses irrégularités sont rachetées par des morceaux sublimes; Caton est peut-être le plus beau personnage qui ait jamais été mis au théâtre, & il vaut lui seul une bonne piece. On sait que Pope, qu'Addison n'aimoit pas, mais qu'il ménageoit, a fait un excellent prologue pour cette Tragédie. Addison avoit dessein de donner une autre Tragédie sur la mort de Socrate. Le *Spectateur*, le *Curateur*, le *Babillard* sont remplis de morceaux exquis de littérature, de morale, de philosophie & de la plus fine critique, dont notre Poëte Philosophe prenoit plaisir à enrichir ces Recueils pour la perfection de la raison & des mœurs. Ses compatriotes l'appellerent le sage Addison, parce qu'il s'étudia dans ses écrits à plier le Génie Anglois à l'ordre, aux regles, aux convenances, que ses Prédécesseurs avoient trop négligés avant lui. Il le méritoit encore par son caractere & sa circonspection dans le commerce de la vie. Il épousa en 1716 la Comtesse de Warwick & de Hollande : ses emplois, son mérite & sa réputation le rendoient digne de cette alliance. Un an après il se démit de sa place de Secrétaire d'Etat, à cause de ses infirmités, & pour donner aux Belles-Lettres les momens où elles ne le faisoient pas souffrir. Ce repos ne fut pas de longue durée : il mourut d'asthme & d'hydropisie à Holland-house, près de Kinsington, le 17 Juin 1719, âgé de quarante-neuf ans & un mois.

ADELCHISE, *Femme de* SICARD, *Prince de Bénévent. Révolution qu'elle causa dans cette Principauté.*

CETTE Princesse fut bien plus sensible que la femme de Candaule, à l'affront d'avoir été apperçue sous sa tente dans un état qui offense la pudeur. Un particulier qui ne la cherchoit pas, la vit toute nue. Elle ne s'en crut pas moins offensée, & s'imagina qu'un affront qui deviendroit commun à toutes les femmes, cesseroit d'en être un pour elle. Pour les associer à son injure, elle les fit assembler dans son Palais, sous prétexte d'une fête. Aussi-tôt qu'elle les eut en son pouvoir, elle fit couper leurs vêtemens jusqu'à la ceinture, & dans cette nudité elle les exposa aux yeux du Peuple assemblé dans la place publique. Cet outrage fait à tous les Citoyens, excita une sédition qui changea la forme du Gouvernement. La plupart des révolutions sont arrivées par de semblables forfaits. Les Princes sont-ils donc au-dessus des autres hommes pour se jouer de leur honneur & de leur vie?

ADJOINT, adj. pris substantivement.

UN Adjoint est un associé, un collegue, un coadjuteur que l'on donne à quelqu'un qui est en place, ou pour le soulager dans ses fonctions, ou pour rendre compte de sa vigilance & de sa fidélité. C'est quelquefois un aide, quelquefois un surveillant, & souvent l'un & l'autre.

Chez les anciens Romains, les Militaires, les Magistrats, les Receveurs ou Trésoriers, avoient des Adjoints, ou *Adjuteurs*, qui partageoient avec eux les fonctions de leur Administration. On lit dans le corps du Droit Romain plusieurs Loix au sujet des Adjuteurs.

Dans les Gouvernemens modernes, lorsque les différens départemens sont confiés non à un Collegue ou Conseil, mais à un seul Chef, sous le nom de Ministre ou autre, il est si commode & si agréable pour celui-ci d'avoir quelqu'un avec qui il partage les peines du ministere, & le plaisir flatteur de faire le bien, que plusieurs ont demandé comme une grace d'avoir un Adjoint qui fût leur Conseil, leur ami, leur collegue.

Si l'on donne à un homme en place un Adjoint qu'il ne demande pas, il faut avoir égard aux humeurs : car pour peu qu'elles ne sympathisent pas, la discorde & la jalousie se mettront aisément entre eux; au lieu de s'aider mutuellement, ils se contrarieront sans cesse. Rivaux plutôt que collegues ils chercheront à se nuire & à se traverser, & sûrement le service en souffrira. On se souviendra long-tems des démêlés qui éclaterent si indécemment entre le Comte d'Avaux & Servien, tous deux Plénipotentiaires de France au Congrès de Munster. Ces deux hommes, qui avoient l'un & l'autre des talens pour la négociation, n'étoient pas faits pour agir de concert dans une affaire aussi importante que le traité qu'ils étoient chargés de négocier. Aussi ces deux Ministres de la paix se firent incessamment la guerre : guerre que la Cour de France ne put terminer que par le rappel du Comte d'Avaux. Il paroit que le ministere François connoissoit mal ces deux hommes incompatibles, lorsqu'il les avoit conjointement chargés de cette négociation. Au milieu de leurs différends, le Duc de Longueville, premier Plénipotentiaire de France, arriva à Munster, & les deux autres ne furent plus dès lors que comme ses Adjoints, quoiqu'ils eussent le même caractere, mais en second. Le Duc ne fut pas plus inaccessible à la jalousie que le Comte d'Avaux; & lorsqu'il vit que Servien avoit seul le secret, il ne voulut pas demeurer plus long-tems inutile dans ce fameux Congrès, & revint en France. Tant il est vrai qu'il est dangereux, lorsqu'on donne un collegue à un Ministre, de mortifier & d'indisposer l'un, par une préférence & une estime trop marquée pour les talens de l'autre. Cependant comme le savoir ne se trouve pas toujours allié au rang & à la naissance dans la même personne, on est quelquefois forcé, par des considérations particulieres, de charger deux personnes d'une même commission, soit Magistrature ou Ambassade, pour réunir toutes les qualités qu'elle exige.

ADMINISTRATEUR, f. m.

UN Administrateur est celui qui régit un bien, comme un tuteur, un curateur, *&c.*; ou celui que l'on prépose au gouvernement d'une maison, comme l'Administrateur d'un hôpital.

On nomme encore *Administrateur*, celui qui fait les fonctions d'un emploi, même les fonctions de la Souveraineté au nom & à la place de celui qui en porte le titre. Par exemple, l'Evêque de Lubec, Adolphe Frederic de Holſtein (depuis Roi de Suede), exerçant la tutelle du jeune Duc de Holſtein-Gottorp, Charles-Pierre-Ulric, après la mort du pere, Charles-Fréderic, portoit le nom d'*Adminiſtrateur de Schleſwig-Holſtein.*

On le donne, chez les catholiques, à celui qui fait les fonctions de l'Evêque pendant la vacance du Siege Epiſcopal.

Le Métropolitain de Moſcou s'appelle *Adminiſtrateur du Siege Patriarchal*; il en fait les fonctions, mais il n'a pas le nom de Patriarche ni celui de Vice-Patriarche, ce titre ayant été ſupprimé par le Czar.

Adminiſtrateur poſtulé eſt, chez les proteſtans d'Allemagne, le Chef d'un Chapitre, élu par les Chanoines ſelon les Statuts, & confirmé par la Régence. Ces Adminiſtrateurs ſont traités de *Révérendiſſimes*; ils n'ont pourtant pas le titre d'Evêques, parce que les proteſtans, ne reconnoiſſant pas le Pape pour leur Chef, n'ont pu obtenir dans la paix d'Oſnabrug, la faculté de ſe nommer des Evêques.

ADMINISTRATEURS DE CHARITÉ,

OU

ADMINISTRATEURS DES HÔPITAUX.

CE ſont en général des perſonnes chargées de l'adminiſtration du temporel d'un Hôpital ou autre Maiſon de Charité.

L'établiſſement des Hôpitaux & des Maiſons de Pitié, de Charité & autres ſemblables, remonte à la naiſſance même de l'Egliſe & du Chriſtianiſme. L'eſprit de charité qui animoit les premiers fideles, leur faiſoit conſacrer la plus grande partie de leurs biens, & ſouvent même leurs propres perſonnes au ſervice & au ſoulagement des pauvres & des malades. Les Evêques, & les Eccléſiaſtiques étoient chargés d'aller porter & répandre ces ſecours d'aumônes dans les maiſons qui en avoient beſoin. Bientôt il s'établit des Retraites publiques de Charité, où tous les indigens étoient aſſurés de trouver un aſyle. Ces Maiſons furent long-temps deſſervies par des Religieux établis à cette fin, ſous le titre de Religieux *Hoſpitaliers.* La plûpart même des Religieux ſe glorifioient de ce titre, & tous les Monaſteres n'étoient guere dans les commencemens que des Maiſons d'Hoſpice, pour les pauvres & les pélerins. La Religion & l'humanité de concert, ont multiplié les Hôpitaux chez tous les peuples policés. Un Edit de Louis XIV. du mois de Juin 1662, ordonne qu'il ſoit établi un Hôpital dans toutes les villes & bourgs de ſon Royaume où il n'y en a pas encore.

Les Hôpitaux ont été très-long-tems entre les mains des Religieux qui en avoient ſeuls l'adminiſtration pour le ſpirituel, & le temporel. L'abus qu'ils ne tarderent pas à faire des deniers qu'ils avoient en maniement, obligea dans la ſuite les Conciles à les leur ôter, pour les confier à des Adminiſtrateurs Laïcs sous l'inspection des Evêques dans les Dioceses desquels ces Hôpitaux se trouvent situés. Ce qui n'empêche pas qu'il n'y ait encore dans la plûpart de ces Maisons des especes de Religieux & Religieuses, qui y sont employés pour le service des malades, tels sont les Freres de la Charité, les Sœurs Grises, & d'autres.

Le titre seul d'Administrateur désigne assez quelles sont leurs fonctions. C'est de veiller avec soin à tout ce qui regarde le bien & l'avantage de la Maison, qui leur est confiée; à ce que ses biens soient bien gérés, les revenus employés fidélement au bien-être des pauvres; à ce que le bon ordre regne dans la Maison; que les deniers & aumônes, qui lui sont affectés, ne soient point dissipés en dépenses inutiles, ou autrement. Pour cet effet, ils tiennent de fréquentes assemblées, dans lesquelles l'Evêque, ou Curé du lieu a toujours la présidence. Après lui les Chefs de Justice, comme les Présidens de Parlement, les Lieutenans-Généraux de Bailliages, les Procureurs du Roi, *&c.* C'est dans ces assemblées que se font les baux, les adjudications, les arrêtés de comptes, les marchés, les entreprises de bâtimens, d'ouvrages, ou de procès, *&c.* On peut voir pour ce qui concerne l'Administration des Hôpitaux, la Déclaration de Louis XIV. du 12 de Décembre 1698.

Les Administrateurs d'un Hôpital répondent du mauvais emploi qui se fait des deniers de la Maison. Ils répondent de même des dépens auxquels elle seroit condamnée dans un procès qu'ils auroient entrepris inconsidérément.

Ils doivent se mettre au fait de toutes les Ordonnances de nos Rois, qui accordent quelque don aux Hôpitaux, afin de les faire valoir : telle est par exemple, la Déclaration du 28 d'Octobre 1711, qui déclare les biens des duellistes confisqués au profit des Hôpitaux, & tant d'autres par lesquelles certaines aumônes, ou legs sont appliqués aux mêmes Hôpitaux.

Ils doivent connoître également les Droits & Privileges dont jouit leur Maison, par rapport aux procédures, aux exemptions, & autres.

Ce sont eux qui nomment tous les Officiers gagistes qui servent l'Hôpital, comme l'Aumônier, les Médecins, les Chirurgiens, Apothicaires, les Gens de Loix, le Trésorier ou Receveur, & autres.

C'est par honneur & par charité que la plupart des Administrateurs se chargent d'un pareil détail. Il y en a qui le font par leur rang, & leur place, comme les Archevêques & Evêques, les Présidens des Cours souveraines, les Lieutenans-Généraux de Bailliages, les Maires de ville, les Procureurs du Roi, les Curés, *&c.* les autres y sont invités, comme à une œuvre de charité & d'humanité. Ceux-ci prêtent serment à l'Evêque, ou à celui qui a la présidence du Bureau d'Administration (M. R.)

Tous ces Administrateurs, quels qu'ils soient, doivent se considérer comme les peres ou les tuteurs des pauvres, & avoir autant d'ardeur pour recueillir le bien qui leur est destiné, & le leur distribuer, que si c'étoit le bien de leurs propres enfans, usant en tout d'épargne & d'économie.

Qu'ils comprennent que comme il ne s'agit que d'une bonne œuvre, ils ne doivent s'assembler & agir que pour travailler à soulager les pauvres.

Nul d'entr'eux ne peut rien seul; & tout se doit faire à la pluralité des voix.

Qu'ils se fassent un devoir & un plaisir à s'acquitter de l'Administration le mieux qu'ils le pourront; qu'ils le fassent par humanité, en vue de Dieu. Plus ils sont distingués par leur rang, leur naissance ou leurs richesses, plus ils doivent avoir d'empressement pour ce charitable exercice, & engager insensiblement les personnes riches à entrer dans les vues du Gouvernement, en faisant de leur gré une aumône raisonnable par mois ou par an.

Qu'ils aient toujours en vue les fins que le Bureau se propose. Et comme la premiere est de bannir la mendicité avec tous les vices qui l'accompagnent, qu'ils soient attentifs à l'empêcher en toute maniere, & à exécuter les Loix.

Que pour y réussir parfaitement, leur zele se serve de toute leur industrie, afin de procurer aux pauvres le nécessaire dans leurs maisons, & les y faire travailler autant qu'ils le peuvent.

Qu'ils prennent garde, que les aumônes ne soient pas une occasion de fainéantise.

Qu'ils ne distribuent les aumônes, que suivant le besoin & les réglemens : autrement, ils seroient obligés à restitution. Ce que l'on donne sans nécessité à l'un est un vol fait à celui qui souffre d'une indigence réelle.

Le choix des Administrateurs des Hôpitaux est un point de police très-important. Il faut pour cette charge des hommes prudens, sensibles, humains, capables des moindres détails, & même des attentions les plus minutieuses; d'un caractere ferme pour maintenir en vigueur la discipline convenable à ces sortes de maisons; d'un zele qui ne se rebute point des embarras, des peines, des contradictions qu'ils peuvent éprouver dans leurs fonctions; vigilans sur les pauvres & sur ceux qui sont attachés au service de l'Hôpital. On a vu des Administrateurs qui n'avoient recherché cette qualité que par honneur, sans se soucier d'en remplir les devoirs; on en a vu d'autres absolument incapables des soins qu'exige une telle Administration. Les premiers ne vouloient pas, & les seconds ne pouvoient pas entretenir l'ordre & la discipline. Ces prétendus Peres des pauvres disoient qu'ils n'étoient pas des geoliers, & souvent ils ouvroient les portes à des mendians condamnés à être enfermés pour la vie; ils ne savoient ni suivre ni diriger les travaux ordonnés au profit de l'Hôpital; & une Maison de correction devenoit une retraite pour la fainéantise. Ils ne savoient ni infliger à propos des peines méritées, ni distribuer de ces petites récompenses qui corrigent ordinairement plus qu'une rigueur outrée. La gestion des biens n'étoit pas mieux ordonnée, ni les comptes fidélement rendus. Le Gouvernement ne doit pas s'en reposer entiérement sur la bonté des réglemens

réglemens. De quoi servent les meilleurs réglemens, lorsque ceux que l'on charge de les faire observer, n'y tiennent pas la main, & les violent eux-mêmes pour ce qui les concerne en particulier? Il aura donc soin de ne confier l'Administration des Maisons de Charité qu'à des Magistrats dont les lumieres & la probité soient reconnues, dont le zele égale la prudence & la fermeté.

ADMINISTRATION, s. f.

De l'Administration des Affaires publiques.

ON entend en général par *Administration*, toute gestion de biens ou d'affaires, comme Tutelle, Curatelle, &c. Ce mot se dit aussi des fonctions des Juges & de celles des Ecclésiastiques: *Ex.* Administration de la Justice, Administration des Sacremens. Mais il s'applique d'une maniere spéciale au Gouvernement intérieur des Etats; & lorsqu'on parle de l'Administration, en terme absolu, on désigne l'Administration de la chose publique, qui est réellement l'Administration par excellence. C'est dans ce sens que nous allons en parler, non pour traiter en particulier des différentes branches du Gouvernement, qui trouveront leur place dans la suite de cet ouvrage, chacune sous son titre particulier, mais pour rappeller quelques principes généraux, applicables à tous les régimes, & propres à les perfectionner.

Le but de toute Administration est de procurer le bien-être des peuples, de les faire jouir des droits qui leur appartiennent, & de les garantir de toute oppression. Mais ce seroit se tromper que de prétendre trouver quelque part ce but entiérement rempli : ce seroit se faire illusion à soi-même que de chercher la perfection dans aucune forme d'Administration. La plus proche de cette perfection est celle qui assure le bonheur du plus grand nombre, & le met à l'abri des passions du petit nombre. La plus sage est celle qui veille incessamment sur soi-même; celle dont la vigilance entretient & répare sans cesse une machine que le mouvement use, affoiblit, dégrade à chaque instant. Un Gouvernement équitable fait ensorte que chaque individu jouisse, avec le plus d'égalité qu'il est possible, des avantages de l'association; plus le bonheur est réparti, plus il est assuré. Le dernier des Citoyens a le même droit à une félicité proportionnelle à son état, à son mérite, à ses talens, que le Citoyen le plus distingué, que le Monarque lui-même.

Une même forme d'Administration ne convient pas à tous les Peuples. Distingués par des climats, par des mœurs, par des opinions, des préjugés, des besoins divers; il est impossible qu'une même façon de gouverner puisse convenir à tous. L'étendue plus ou moins vaste d'un Etat, sa position, ses productions, doivent encore mettre des différences entre les formes qu'il faut donner à l'Administration. Mais toute Administration doit avoir des principes fixes, des principes analogues à la constitution politique, au caractere national, aux mœurs & aux usages reçus, à la religion dominante, aux qualités du climat, aux productions du sol, aux ressources de l'industrie, à la distinction des différens ordres de Citoyens & à l'esprit qui les anime, & qu'il est dangereux de contrarier; en un mot, à toutes les circonstances qui modifient l'existence d'une Nation, & que le Gouvernement ne peut violenter, sans y causer quelque désordre. Une Administration arbitraire, incertaine, n'a ni force ni sûreté, & ne produit ni repos ni bonheur. On la voit changer au gré des idées, des systêmes ou même du caprice des Administrateurs. Ses variations continuelles font qu'on ne sait jamais à quoi s'en tenir. Personne n'est tranquille sur son sort. On craint sans cesse des révolutions qui détruisent sans édifier, qui déplacent sans établir, qui changent sans améliorer. Ces bouleversemens mettent le désordre dans les fortunes, l'inquiétude dans les esprits, & souvent le murmure sur la langue des Citoyens les plus modérés. Je n'ai pas besoin d'insister sur ce qu'on voit aujourd'hui démontré en Europe, par l'exemple d'une grande Nation que son Administration versatile perdra infailliblement, si elle ne prend pas plus de consistance qu'elle n'en a eu depuis quelques années. Heureux l'Etat dont le régime est assez sagement établi, pour que les Ministres se succedent sans que l'Administration change!

Toutes les formes d'Administration ont leurs avantages & leurs désavantages réels. Toutes, sans exception, ont des inconvéniens. Dans la perception des deniers publics, la Ferme & la Régie ont leur bon & leur mauvais côté. Dans le Commerce, la liberté indéfinie n'a peut-être pas moins d'inconvéniens que la gêne des privileges & des jurandes. Dans l'Administration de la Justice, la vénalité des charges entraîne-t-elle plus ou moins d'abus que la gratuité? Si les regles sont méprisées, tout tombe dans le désordre. A-t-on pour elles un attachement servile? dans bien des circonstances, elles deviendront funestes. La meilleure Administration sera celle qui aura le plus d'avantages & le moins d'inconvéniens: & celle-la sûrement aura le plus d'avantages & le moins d'inconvéniens, qui sera le mieux calculée sur la constitution & les Loix fondamentales de l'Etat, sur le génie de la Nation, sur les dogmes de sa Religion, la forme de son culte, & les autres points dont je viens de parler: elle rendra heureux le plus grand nombre de ceux qui lui seront soumis, en procurant à chacun la facilité de travailler à son bonheur, sans nuire à celui de ses concitoyens.

Si tous les hommes étoient vertueux, s'ils suivoient tous les lumieres de la raison, ils seroient faciles à gouverner. Les hommes qui obéissent & les hommes qui commandent sont bien éloignés de cette perfection: ils ont tous des passions qu'il s'agit de diriger vers le bien public; car on s'efforferoit en vain de les anéantir; ou même si l'on y parvenoit, l'homme ne feroit plus capable de Gouvernement.

Rien n'est plus rare qu'une Administration sage qui rende les Peuples heureux. Mais est-il plus commun de trouver des familles bien gouvernées? Il ne faut donc pas s'attendre que les chefs qui commandent aux grandes familles dans lesquelles le genre humain est partagé, auront toujours la dose de vertus, de talens, & de génie nécessaires pour faire agir avec précision de vastes corps dont les ressorts sont infiniment compliqués. Les Princes sont des hommes, leurs Ministres sont des hommes; l'erreur est leur apanage. Ils font le mal souvent à leur insçu, parce qu'ils sont trompés par l'apparence du bien.

Les Nations, comme les individus, sont sujettes à des maladies: les crises souvent très-vives, rendent pour un tems la santé au corps politique. Cette santé dure jusqu'à ce qu'ayant amassé de nouvelles humeurs, la Nature, par des crises nouvelles, le force à s'en débarrasser. Un sage Médecin laisse agir la nature, ou la seconde quelquefois lorsqu'il peut le faire avec sûreté; jamais il ne la brusque, jamais il ne la traverse. C'est la conduite que doit tenir l'Administration. Lorsqu'une fois elle est établie sur des principes sagement combinés, les accidens qui surviennent, ne doivent pas l'en faire départir. Ces principes bien médités, bien approfondis, fournissent eux-mêmes les remedes les plus appropriés aux maux qui affligent le corps politique; il suffit de les laisser agir, ou seulement de seconder doucement leur action, d'écarter tout ce qui peut la troubler ou la traverser. Si les inconvéniens & les abus étoient une raison suffisante de changer de principes, & de moyens d'Administration, il en faudroit changer sans cesse. Si une faute suffisoit pour rendre un Ministre indigne de sa place, où trouver des hommes infaillibles? Rentrons dans le fond de nous-mêmes; considérons nos propres foiblesses. Ayons pour les Administrateurs de la chose publique cette indulgence que nous devons à des êtres sujets aux infirmités de notre nature. Songeons qu'avec de la capacité & de la bonne volonté, on peut encore faire des fautes dans une gestion aussi compliquée, aussi délicate, aussi étendue, aussi difficile que l'est celle des affaires d'un grand Etat.

Souvenons-nous encore qu'il n'appartient qu'à la société de marquer ses mécontentemens. Le Citoyen raisonnable doit se soumettre avec patience aux inconvéniens nécessaires de l'Administration sous laquelle la naissance l'a placé. Obligé de servir la société dont il est membre, il le fera par ses forces, par ses conseils, par ses talens; mais il n'oubliera jamais qu'il lui est défendu de troubler l'ordre d'un tout, dont il n'est qu'une foible partie.

Ce n'est point à l'ambition, à la vengeance, à la passion qu'il appartient de réformer l'Administration; c'est à la raison calme, à l'expérience, à la sagesse libre de préjugés. L'intérêt personnel, presque toujours injuste, n'est pas fait pour décider de l'intérêt général. Ceux qui gouvernent mal, n'ont tort que parce qu'ils sacrifient le bien public à leurs propres passions ; celui qui met le trouble dans sa Patrie, n'est pas moins criminel que celui qui l'opprime. La société doit tolérer les accidens auxquels elle ne connoît pas de remedes. Une Nation toujours agitée, toujours aux prises avec ses chefs, ressemble à ces malades dont l'esprit inquiet redouble continuellement les maux.

Les écrits sur l'Administration sont un excellent moyen de l'éclairer & de la perfectionner. Elle ne sauroit trop inviter les Citoyens, dont les lumieres égalent les bonnes intentions, à l'aider de ses conseils. Je me défie d'une Administration qui craint l'examen. J'ai la plus haute opinion de celle qui accueille & encourage les discussions. Si elle n'est pas toujours à l'abri de la censure, la droiture de ses intentions la met au dessus du reproche. L'utilité des écrits politiques est prouvée par le fait. Dans tous les États où l'on jouit d'une honnête liberté à cet égard, l'Administration est généralement plus instruite & mieux réglée que par-tout ailleurs. On y voit des réglemens utiles, de bonnes loix, de sages délibérations, des établissemens vraiment patriotiques. A qui doit-on la plupart de ces bonnes institutions ? Qui les a inspirées ? Qui en a fait voir l'importance & la nécessité ? Qui en a imaginé les moyens d'exécution ? Où en a-t-on trouvé le germe, & souvent le développement ? Dans les écrits sur les matieres & les opérations du Gouvernement, dans ces ouvrages où l'on discute avec zele & impartialité ce qu'il y a de plus expédient à faire pour augmenter l'agriculture, encourager l'industrie, faire fleurir le commerce, mettre le meilleur ordre dans les finances, établir une exacte police dans les Villes & dans la Campagne, répandre par-tout l'abondance & la félicité.

Ces écrits produisent toutes sortes de bons effets, sur-tout dans les Etats où l'on manque de moyens de s'instruire des objets de l'économie politique, & de se former au maniement des affaires. C'est comme une école publique où se forment des sujets capables de remplir les différens emplois du Gouvernement : ils y puisent & la connoissance & le goût des affaires, & l'amour du travail, & le zele sans lequel les plus grands talens deviennent inutiles.

Ces mêmes ouvrages nous apprennent encore à juger sainement de ce que le Ministere fait pour nous, à ne nous pas laisser surprendre par notre sentiment particulier, ni par celui de ces hommes chagrins qui ne trouvent jamais rien de bien ; à ne point blâmer indiscrétement des opérations dont on ne voit qu'une face, laquelle encore on voit souvent fort mal ; à ne pas s'entêter ridiculement pour de nouvelles théories qui présentent la plus belle perspective au premier coup-d'œil, car c'est souvent un enchantement qui s'évanouit à un examen plus réfléchi ; à ne pas s'écrier avec une confiance puérile, *Si j'étois Roi*, *si j'étois Ministre*... Il y a tout à parier, pourroit-on répondre aux politiques inquiets ou violens qui invectivent sans cesse le Ministere, que vous seriez un aussi mauvais Roi, un aussi mauvais Ministre, que vous êtes un méchant Citoyen. Les critiques judicieux & censés blâment rarement sans indiquer le remede au mal qu'ils condamnent. Montrer le bien à un Gouvernement sage, c'est s'assurer qu'il le fera.

Enfin les discussions sur les matieres politiques ont le double avantage d'exciter la vigilance de l'Administration pour l'empêcher de tolérer des abus qu'il importe de réformer, & de réveiller l'attention du Peuple pour l'empêcher de s'accoutumer à une Administration vicieuse, ce qui seroit le plus grand malheur qui pût arriver aux particuliers & à l'Etat.

Les Princes ineptes ou indolens confient l'Administration des affaires publiques à leurs Ministres, comme si le Gouvernement n'étoit pas un devoir personnel. Sans-doute le chef d'une grande Monarchie ne peut ni tout voir, ni tout faire par lui-même. Mais il peut & doit être à la tête de tous ses Conseils, & de-là diriger toute l'Administration, sur-tout ne jamais permettre que rien d'important se fasse sans lui être communiqué.

Nous apprenons par l'histoire, que les guerres civiles ont ordinairement pour prétexte la mauvaise Administration, les abus commis dans l'exercice de la justice, le désordre des finances & l'excès des impôts, les vexations, les monopoles exercés par ceux mêmes qui sont préposés pour les réprimer. Elle nous apprend aussi que les fruits d'une Administration juste & bienfaisante qui fait régner les Loix, qui établit l'empire des mœurs, qui bannit le vice & punit le crime, qui récompense le mérite & emploie les talens, qui écoute de justes plaintes, & fait jouir chacun de ses droits sans acception de personne, qui se montre sensible à tous les besoins du Peuple, & s'occupe des moyens d'y pourvoir; que les fruits, dis-je, d'une telle Administration sont la paix au dedans & au dehors, la prospérité, l'affection d'un Peuple satisfait, le respect des Nations voisines, en un mot, le bonheur du Souverain & de ses Sujets, porté au plus haut degré qu'il puisse atteindre suivant l'imperfection des institutions humaines.

ADMISSION, s. f.

De l'Admission du Ministre public. Deux sortes d'Admissions.

QU'UN Ambassadeur soit envoyé vers un Prince, qu'il soit muni d'une lettre de créance & d'amples pouvoirs, qu'il soit même annoncé au Prince vers lequel il est envoyé, ou à ses Ministres, cela ne suffit pas pour entrer en négociation, & se mettre en devoir de remplir l'objet de sa mission. Il faut de plus qu'il soit accrédité & reconnu en qualité de Ministre public du Prince qui l'envoie.

Il y a deux sortes d'Admissions : l'une publique, solemnelle, accompagnée de cérémonies plus ou moins éclatantes, selon l'usage des Cours ;

l'autre simple, privée & particuliere, sans aucune sorte de formalité. La présentation solemnelle de la lettre de créance, des audiences publiques, une entrée accompagnée de tout l'éclat de l'Ambassade, forment une Admission publique, telle que personne ne peut l'ignorer. La communication réelle de l'Envoyé ou Ambassadeur avec le Souverain ou ses Ministres, des conférences sur l'objet de sa mission, des mémoires reçus, des réponses rendues, constituent la seconde espece d'Admission qui, pour être dépouillée de tout l'appareil éclatant de l'Ambassade, n'en est pas moins réelle, & suffit pour établir le caractere de Ministre public & tout ce qui y est attaché. Il est aussi bien autorisé, aussi formellement & peut-être plus essentiellement reconnu par la seconde que par la premiere : car on doit regarder comme l'essentiel de l'Ambassade, non la pompe extérieure qui la décore, mais la négociation qui en est l'objet.

Un Souverain peut-il refuser d'admettre un Ministre Public qui lui est envoyé?

Le Ministre public reçoit son caractere du Souverain qui l'envoie, par sa mission, ou la lettre de créance dont il est porteur; mais il n'en peut faire usage que par l'Admission du Souverain auquel il est envoyé. Cette Admission est libre : l'envoi d'un Ambassadeur n'impose point un devoir rigoureux de l'admettre. Prétendre qu'on doive recevoir un Ambassadeur, quel qu'il soit, & de quelque part qu'il vienne, ce seroit soumettre la volonté d'un Souverain à celle d'un autre, & par-là donner atteinte à leur indépendance, à leur égalité. On n'agit donc point contre le droit des Gens en refusant d'admettre un Ambassadeur, quand même il seroit envoyé par une Puissance alliée. Ce refus peut être un manque de considération, une marque de mépris, un outrage même, s'il n'est pas appuyé de bonnes raisons, mais ce n'est pas une infraction du droit des Gens.

Il ne faut pas se rendre ridiculement difficile sur l'Admission des Ministres publics. On peut aussi avoir des raisons suffisantes de refuser une Ambassade soit ordinaire soit extraordinaire. Si, par exemple, on a quelque sujet de plainte d'un Souverain, on peut refuser de reconnoître en qualité de Ministre public, quiconque sera envoyé de sa part, jusqu'à ce qu'on en ait obtenu une juste satisfaction. Une Ambassade ordinaire supposant une amitié réciproque, un rapport d'intérêts, une correspondance particuliere, une liaison, une alliance, on peut la refuser comme inutile lorsqu'il n'y a rien de tout cela. On refuse encore de reconnoître l'Ambassadeur d'un Prince dont la Souveraineté est douteuse, d'un Usurpateur, *&c.* La personne qui est envoyée peut être odieuse pour des raisons particulieres, soit qu'on la soupçonne capable de tramer quelque complot, soit qu'elle ait donné quelque juste sujet de mécontentement au Souverain à qui elle est députée. Un Prince peut encore avoir de la répugnance à admettre son sujet comme

Ministre public d'une Puissance étrangere. Enfin il y a bien des raisons qui peuvent rendre l'Ambassadeur non-admissible. En toute rigueur un Etat n'entretient de communication avec les autres qu'autant qu'il le juge à propos. Chacun est libre à cet égard, & suit en cela la regle de son intérêt.

Les causes qui peuvent donner droit de récuser un Ambassadeur ou autre Envoyé, se rapportent à trois Chefs : 1. à celui qui envoie ; 2. à la personne de l'Envoyé ; 3. à l'objet de sa mission. Qui doute qu'on ne puisse refuser d'admettre un Ministre qui vient de la part d'un ennemi armé, ou d'un Prince dont on a sujet de craindre le ressentiment ou quelque surprise ? Le Sénat Romain renvoya les Ambassadeurs de Tarquin, Roi d'Etrurie, après que ce Prince eut été chassé de Rome. Les Hollandois ne voulurent recevoir aucun Ministre du Roi d'Espagne, avant qu'il eût reconnu leur Etat pour une République libre & indépendante. Un homme noté publiquement d'infamie, un aventurier, un homme d'une trop basse extraction, un fourbe célebre par des impostures publiques, ne sont pas des sujets recevables. Un Ministre qui vient protester contre les droits & les entreprises du Souverain vers qui il est envoyé, ou qui est chargé de lui faire quelque proposition odieuse tendant à le brouiller avec ses alliés, ou de fomenter quelque sédition dans l'Etat, comme le Marquis de Bedmar Ambassadeur d'Espagne à Venise, en un mot de lui faire quelque mal, mérite de n'être pas admis, ou même d'être renvoyé dès son arrivée sur les frontieres.

Du reste, comme le refus d'admettre un Ministre est choquant pour le Prince qui l'envoie, il faut toujours qu'il ait une cause grave & légitime, afin de n'être pas accusé de violer, sinon le droit des Gens, au moins les bienséances & les égards que les Souverains & les Nations se doivent les uns aux autres.

Si un Souverain peut refuser de reconnoître le caractere d'un Ministre Public après l'avoir admis pour tel ?

LES contradictions ne sont pas plus rares entre les Souverains dans les affaires politiques, qu'entre particuliers dans les affaires ordinaires de la vie. Vers la fin du dernier siecle, Don Bernardo de Quiros fut envoyé par la Cour de Madrid vers les Etats Généraux, en qualité d'Ambassadeur ordinaire. Il fut admis comme tel, d'une Admission privée & particuliere, parce que le Pensionnaire à qui il montra ses lettres de créance, lui dit honnêtement que son caractere étoit assez connu des Etats-Généraux par les lettres qu'ils avoient reçues des Ministres d'Espagne sans qu'il fût nécessaire qu'ils vissent pour lors sa lettre de créance. Don Bernardo de Quiros la garda donc sans la présenter. Du reste, il communiqua en sa qualité d'Ambassadeur avec les Ministres des Etats-Généraux. Quelques mois après, les procédés de la Cour de Madrid contre le Sr. Schonenberg, Envoyé des Etats-Généraux, porterent ceux-ci à prononcer une interdiction contre Don

Bernardo de Quiros, c'est-à-dire, à lui déclarer qu'on ne recevroit aucun mémoire de lui, qu'ils n'eussent eu satisfaction de sa Cour. Cependant, nonobstant cette déclaration, il continua à négocier sur toutes les affaires qui se présenterent; il fournit des mémoires non-soussignés, il est vrai, qui furent pourtant répondus; il conféra souvent avec le Pensionnaire, & le Président, &c. Mais en 1699, lorsque le premier traité de partage de la succession d'Espagne commençoit à faire du bruit, Don Bernardo de Quiros reçut ordre de présenter à ce sujet un mémoire aux Etats-Généraux. Il alla trouver le Président de semaine qui avoit déja ordre des Etats-Généraux de refuser le mémoire, sous prétexte des procédés violens de la Cour de Madrid contre le Sr. Schonenberg, pour quoi ils n'avoient point encore eu satisfaction. Sur ce refus, l'Ambassadeur pria le Président de vouloir bien prendre & porter à l'assemblée une lettre du Roi Catholique son maître, qu'il accepta. Le lundi 12 Octobre, les Etats-Généraux ayant lu la lettre, prirent la résolution suivante que nous rapporterons en entier, ainsi que le mémoire qu'elle occasionna de la part de l'Ambassadeur, parce que ces deux pieces, la derniere sur-tout, sont propres à éclaircir la matiere que nous discutons.

Extrait des Résolutions des Hauts & Puissans Seigneurs les Etats-Généraux des Provinces-Unies des Pays-Bas; du Lundi 12 Octobre 1699.

» Le Sr. Verbolt, Président de l'Assemblée, a représenté & fait connoître » à LL. HH. PP. que ce matin le Sr. de Quiros étoit allé chez lui, & » avoit présenté un mémoire pour être par lui remis entre les mains de » leursdites HH. PP. & que ledit Sr. Verbolt, à cause du différend qu'il » y a entre S. M. C. & LL. HH. PP. au sujet des procédures tenuës ci-de- » vant à Madrid contre le Sr. Schonenberg, & des résolutions prises à cet » égard par LL. HH. PP. avoit fait difficulté de recevoir ledit mémoire; » que là-dessus ledit Sr. de Quiros l'avoit prié de vouloir bien prendre & » porter dans l'assemblée une lettre de S. M. C. qu'en même tems il lui » avoit présentée, & qu'il avoit reçue, laquelle lettre il a livrée à l'assem- » blée, laquelle y ayant été lue, il s'est trouvé qu'elle étoit écrite & da- » tée de Madrid le 21 Juillet 1695. & qu'elle contenoit créance sur le Sr. » François Bernardo de Quiros comme Ambassadeur de Sa Majesté.

„ Sur quoi Délibération ayant été faite, LL. HH. PP. ont témoigné leur » approbation à toute la conduite qui a été tenuë en cette rencontre par le- » dit Sieur Verbolt Président; & il a été de plus trouvé bon & arrêté que » comme il paroît par la date de la susdite Lettre, qu'elle a été écrite » avant que fût commencé le démêlé qui se trouve présentement entre » S. M. C. & LL. HH. PP. au sujet des procédures tenuës à Madrid » contre le Sieur Schonenberg, muni de Lettres de créance de LL. HH. PP. » & admis en vertu d'icelles comme Ministre de LL. HH. PP. à la Cour de » S. M. C. Que sur les justes plaintes de Leursdites Hautes Puissances sur

» lesdites

» lesdites procédures, par lesquelles Elles ont elles-mêmes été fortement » lézées en la personne de leur Ministre, il ne leur a encore été fait ni donné » aucune suffisante satisfaction, & que nonobstant tous les bons offices de » Sa Majesté Impériale & de sa médiation très-agréable à LL. HH. PP. le » différend susmentionné n'est point encore assoupi, faute de ladite satisfac- » tion, ce qui aussi est apparemment la raison pourquoi la susdite Lettre, » quoique déja vieille de plus de quatre ans, n'avoit point encore été déli- » vrée jusques ici. Que par conséquent l'affaire se trouvant encore dans le » même état qu'elle étoit lorsque le 2. Décembre 1695. LL. HH. PP. fu- » rent nécessitées de résoudre que par provision on ne recevroit point de » Mémoires d'aucuns Ministres de S. M. C., qu'on ne prendroit point de » résolutions là-dessus, & qu'on n'entreroit point en conférence avec eux, » laquelle résolution fut dès-lors signifiée & notifiée audit Sieur de Quiros; » il sera déclaré comme LL. HH. PP. déclarent par la présente résolution, » que tant que l'offense faite à Leurs Hautes Puissances en la personne du » Sieur Schonenberg leur Ministre, ne sera point réparée comme elle ne » l'est point encore jusqu'ici, ni le démêlé survenu là-dessus applani, ledit » Sieur de Quiros ne peut pas être admis en qualité d'Ambassadeur de » S. M. C. ni aucuns de ses Mémoires acceptés ni résolus là-dessus, ni » qu'on ne pourra entrer en conférence avec lui; mais que sitôt que le tort » fait à Leurs Hautes Puissances aura été réparé, que le démêlé survenu en » cette occasion aura été applani, LL. HH. PP. de leur côté montreront la » considération qu'Elles ont pour les Ministres de sadite Majesté, puisqu'Elles » verront toujours fort volontiers le rétablissement de la bonne correspon- » dance réciproque & de la communication par les Ministres de part & » d'autre, laquelle n'a été interrompue qu'à l'occasion des susdites procédures » commises contre le Sieur Schonenberg. Et sera l'Extrait de cette résolu- » tion de Leurs Hautes Puissances remis par l'Agent Rosenboom entre les » mains dudit Sieur de Quiros pour lui servir d'avis.

Il y a pourtant à remarquer que les Etats-Généraux ayant été avertis du dessein de Don Bernardo de Quiros de présenter son Mémoire, avoient instruit le Président de semaine de le refuser sur le prétexte inséré dans la Résolution.

Dès que Don Bernardo de Quiros eut reçu, par les mains de l'Agent de l'Etat, ladite Résolution, il travailla à y faire la réponse qui suit.

Réponse de l'Ambassadeur d'Espagne, Résident en Hollande, sur la Résolution de Messieurs les Etats qui lui fut délivrée le 15. Octobre 1699.

„ L'Ambassadeur d'Espagne, Résident en Hollande, ayant vu par la Résolution de Messieurs les Etats, du Lundi douzieme Octobre présent mois, que Leurs Seigneuries ont approuvé le refus que le Sieur Verbolt, Président de semaine, avoit fait d'accepter le Mémoire qu'il avoit souhaité de lui remettre entre les mains, au nom du Roi ſon Maître, pour être lu dans l'Aſſemblée, & que même Elles avoient pris la réſolution de ne plus recevoir à l'avenir ſes Mémoires, & de ne lui accorder aucune conférence, ne peut ſe diſpenſer de marquer l'étonnement & le déplaiſir qu'il a reçu en apprenant une nouvelle ſi ſurprenante en effet & de ſi dangereuſe conſéquence."

„Et comme il ſemble par l'Enoncé de la Réſolution qui lui a été délivrée, que Leurs Seigneuries conſiderent ledit Ambaſſadeur, comme n'ayant point encore été admis ni reconnu en qualité de Miniſtre du Roi, & que ce ſoit ſur ce fondement qu'elles croient ne devoir pas recevoir ſes Mémoires ni communiquer avec lui, il a jugé à propos de faire les repréſentations ſuivantes."

„Il dit donc, que ſans avoir recours à la Notoriété publique ni aux témoignages de tous les Rois & Princes de l'Europe qui l'ont unanimement reconnu pour Ambaſſadeur d'Eſpagne,' ſans même en excepter le Roi de la G. B. il lui ſuffit de rappeller ce qui ſe paſſa à ſon égard lors de ſon arrivée en ce Pays, il y a environ ſept ans. Ledit Ambaſſadeur vit alors le Sieur Penſionnaire, lui déclara ſa Commiſſion, & lui communiqua ſes Lettres de Créance, avec intention de les lui laiſſer comme au Miniſtre ordinaire de Leurs Seigneuries, afin de les leur faire voir, s'il le jugeoit à propos; mais il en fut empêché par ledit Sieur Penſionnaire, qui lui dit avec honnêteté que ſon Caractere étoit aſſez connu aux Etats par les Lettres qu'ils avoient reçues des Miniſtres d'Eſpagne, & qu'ainſi il n'étoit pas néceſſaire qu'ils viſſent pour lors ſa Lettre de Créance."

„Ledit Ambaſſadeur ſe réſerva donc à la préſenter, ſelon la coutume, le jour qu'il prendroit ſon Audience publique, & il n'auroit pas auſſi manqué de le faire, ſi l'intérêt commun des Alliés, qui l'obligea à partir pour le Brabant, afin d'y travailler avec la concurrence des Etats à une prohibition générale du commerce avec la France, ne l'eût auſſi contraint à différer ladite Audience pendant un tems fort long, & ſi l'Interdiction qui ſurvint enſuite ne l'en avoit privé depuis tout-à-fait."

„Telles & non autres furent les véritables raiſons qui empêcherent l'Ambaſſadeur de prendre ſon Audience de LL. SS. & de leur remettre en mains propres les Lettres de Créance qu'il avoit reçues du Roi ſon Maître; ſur quoi il ſe trouve engagé par ce qui vient de ſe paſſer, à remarquer ici deux choſes. L'une, que s'il a fait préſenter en dernier lieu ſadite Créance à Leurs Seigneuries, ce n'a point été dans la vue de ſe faire légitimer Miniſtre du Roi, puiſqu'il ſe tenoit déjà légitimé pour tout; mais ſeulement pour que ſadite légitimation parût par écrit, laquelle il ſembloit que le Sieur Penſionnaire vouloit lui diſputer. L'autre, que nul obſtacle provenu de ſa part ne l'a jamais empêché de prendre ſon Audience: ledit Ambaſſadeur s'étant tenu en tout tems en état de recevoir cet honneur, & ayant toujours entretenu les Equipages néceſſaires à cet effet. Enſorte que les ſeuls voyages ci-deſſus mentionnés, & l'Interdiction dont ils ont été suivis, sont les seules & uniques causes de cette omission. "

„ S'il y a eu de la faute en cela, elle ne doit donc pas être imputée au ci-dessus mentionné Ambassadeur, puisqu'il n'a jamais tenu à lui qu'il ne se soit acquitté publiquement des devoirs accoutumés. Mais comme après tout, ces devoirs ne sont que superficiels & nullement nécessaires en eux-mêmes, l'Ambassadeur ne sauroit comprendre aussi que l'on puisse se servir valablement de leur omission pour ignorer aujourd'hui son Ministere, & son Admission passée."

„ Tous les Politiques conviennent que les Lettres de Créance servent moins à autoriser le Ministre dans ses Négociations, qu'à déclarer son Caractere. Ils conviennent de plus que ni l'Entrée, ni l'Audience publique, ni les autres formalités de cette nature ne sont point absolument nécessaires pour sa légitimation; & ils demeurent d'accord enfin que ladite légitimation est censée suffisamment faite, dès que le Souverain auquel le Ministre est envoyé, a bien voulu entrer avec lui en négociation."

„ S'il étoit besoin d'exemples là-dessus, on en pourroit rapporter une infinité, mais la chose est si claire qu'ils seroient entiérement superflus. Il n'y a que l'Ambassadeur de Sa Majesté Catholique à qui l'on fasse ces sortes de difficultés, & il y a lieu de les trouver d'autant plus étranges & inopinées, que Messieurs les Etats-Généraux les avoient eux-mêmes levées dès le commencement, en communiquant avec lui par le moyen de leurs Ministres, recevant ses Mémoires & y répondant."

„ Ledit Ambassadeur ne croit pas que l'on puisse lui objecter là-dessus que LL. SS. n'en avoient usé ainsi en son endroit qu'en qualité de Plénipotentiaire au Congrès des Alliés qui se tenoit à La Haye, & non en qualité de Ministre résidant auprès d'Elles. Mais comme il est bien aisé de prévenir absolument en cet écrit toutes les objections qu'on lui pourroit faire, même les moins apparentes, il ne laissera pas de résoudre celle-ci, & pour cet effet il dit, "

„ Que sans parler des différentes Lettres écrites par le Roi à Messieurs les Etats, dans lesquelles S. M. le nommoit & le déclaroit toujours son Ambassadeur vers Leurs Seigneuries, ce lui est assez d'alléguer deux choses. La premiere est l'intimation qui lui fut faite au mois de Décembre 1695. de l'Interdiction portée contre lui comme Ministre d'Espagne à l'Etat. Et la seconde, que quoique LL. SS. continuassent depuis à recevoir les Mémoires des Ministres ordinaires du Congrès, Elles cesserent de recevoir les siens, sçavoir ceux qui étoient soussignés & formels. Preuve certaine, comme on voit, de la recognition de son Ministre vers LL. SS.; & procédure qui seule auroit suffi de Droit pour la légitimation, quand même il n'en auroit pas consté d'ailleurs, comme il faisoit par la précédente communication & formelle recognition, dont l'Ambassadeur a les preuves en main."

„ Cette vérité est sensible d'elle-même, mais pour la rendre encore plus palpable, l'Ambassadeur pose & avance pour définition incontestable de l'Admission d'un Ministre : "

„ I. Que tout homme autorisé pour cet effet par un Souverain, est Ministre vers ceux & à l'égard de ceux avec lesquels il est autorisé de traiter, & avec lesquels il traite effectivement. De sorte que s'il est autorisé pour traiter avec plusieurs Puissances, & qu'il traite effectivement avec Elles, il est Ministre vers toutes lesdites Puissances de la part du Souverain qui l'employe, de la même maniere & en la même façon qu'un homme qui est autorisé de plusieurs Puissances pour traiter avec une seule, & qui en effet traite avec elle, est Ministre de toutes & chacune desdites Puissances vers celle-là, soit qu'il fasse sa Résidence ordinaire auprès d'Elles, ou non."

„ II. Que ce n'est ni la Lettre de Créance, ni l'Entrée, ni l'Audience publique qui constituent la légitimation du Ministre, mais bien son admission aux Négociations effectives & la communication réelle qu'on lui accorde."

„ Or est-il que l'Ambassadeur susmentionné a été autorisé par le Roi son Maître dès le tems de son arrivée en ce Pays-ci, pour négocier & traiter avec LL. SS. & qu'il a effectivement négocié & traité avec Elles en diverses manieres."

„ Donc il est Ministre vers Elles. Donc il a été reconnu pour tel."

„ A tout ce que dessus on peut joindre les Passeports souvent accordés par LL. SS. pour le passage des meubles & autres effets dudit Ambassadeur, comme appartenans au Ministre du Roi résidant en Hollande. Les autres Franchises toujours concédées : une Résidence actuelle à La Haye & rendue fixe, nonobstant les fréquentes allées & venues de l'Ambassadeur ; celle d'une partie de ses Gentilshommes & Domestiques, & particuliérement d'un Secrétaire ; des Conférences très-fréquentes avec le Pensionnaire & avec les autres Ministres de LL. SS. sur toutes les affaires qui se sont offertes, & enfin des Mémoires fournis & répondus sur diverses matieres, quoique non soussignés ; lesquelles choses concourent toutes & font voir clair comme le jour, qu'il ne doit plus être question ici d'admettre l'Ambassadeur & de le reconnoitre, puisque dès long-tems il est tout admis & reconnu ; mais seulement de sçavoir si LL. SS. ont pour agréable de continuer à communiquer avec lui comme Elles ont fait auparavant, ou si Elles ne trouvent plus à propos de le faire."

„ L'Ambassadeur sait trop quel est son devoir pour prétendre s'opposer en rien là-dessus aux résolutions de LL. SS. ; mais comme il paroît par celle dont l'Acte lui fut délivré en dernier lieu, qu'Elles ne sont pas bien informées de ce qui a été pratiqué à son égard par le passé, il a cru être obligé à en donner, comme il fait en cet écrit, une courte exposition."

„ Il ajoute, par forme de résomption & pour un plus parfait éclaircissement de la chose, que le Ministre des Ambassades admet deux voyes de communication ; l'une publique & qui entraîne avec elle les cérémonies &

les formalités, l'autre privée & particuliere, & dès lors sans conséquence & sans embarras."

„La premiere voye de Communication exige les Entrées, les Audiences publiques, les Conférences de bouche avec le Souverain, en un mot, l'apparat & les formalités qui sont inséparables du caractere, quand il est exposé en public. Mais l'autre se trouvant dépouillée de tout cet embarras, consiste uniquement dans l'essentiel de la négociation, admettant pour cet effet, non-seulement les Conférences particulieres, mais aussi les propositions & les réponses jusques aux Traités inclusivement."

„L'Ambassadeur demeure d'accord que depuis l'Interdiction qui lui fut signifiée le 2 Décembre 1695. il n'a point mis en usage la premiere voye de communication auprès de LL. SS. mais pour ce qui est de l'autre, il est clair par tout ce qu'on vient de dire, qu'elle lui avoit été entiérement ouverte ci-devant."

„Les formalités retranchées, Leurs Seigneuries avoient bien voulu recevoir ses Mémoires, y répondre, & ordonner à leurs Ministres de conférer avec lui. L'Ambassadeur de son côté s'étoit contenté de cette maniere de communication. Le Roi son Maître, dont les intentions ont toujours tendu à entretenir la paix & l'amitié avec ces Provinces, aux termes du Traité de quarante-huit & des autres dont il a été suivi, avoit approuvé sa conduite, & avoit bien voulu accorder une pareille communication à Monsieur Citters Ambassadeur de LL. SS. auprès de Sa Majesté. Il avoit reçu ses Mémoires, il y avoit répondu, & il avoit même nommé un Commissaire, qui fut le Marquis de Los Balbasés pour traiter avec lui."

„Un tempérament si louable & si nécessaire au bien général de l'Europe & à l'intérêt particulier des deux Nations, ayant eu lieu de part & d'autre depuis l'interdiction, on avoit réparé, du moins à quelques égards, les inconvéniens, & on avoit donné moyen aux deux Puissances de prendre ensemble les mesures qui leur étoient réciproquement convenables, sans que les différends survenus au sujet du Sr. Schonenberg y apportât aucun empêchement. Il y avoit même lieu d'espérer, les choses étant en cette disposition, que moyennant la très-sage & très-prudente Médiation de Sa M. I. & conformément au sincere désir du Roi, on auroit pu en peu de tems parvenir à un entier accommodement. L'Ambassadeur en particulier s'en étoit toujours flatté, & comme il n'a jamais épargné ses soins ni ses peines quand il a fallu procurer le bien public, & que d'ailleurs il a toujours été mu d'une véritable inclination pour le bien de ces Provinces, il se proposoit avec plaisir de se servir de ladite Communication particuliere pour contribuer de sa part, autant que faire se pourroit, au rétablissement de cette même union & bonne intelligence qui avoit régné depuis tant d'années entre Sa Majesté & Leurs Seigneuries."

„Ce n'a donc pu être sans un regret très-sensible que l'Ambassadeur susmentionné s'est vu privé par la notification qui fut faite le 15 Octobre présent mois, des moyens de pouvoir travailler à l'avancement d'une œuvre si désirable, & si nécessaire au repos général de l'Europe. Et son déplaisir a été d'autant plus grand, qu'il craint que lorsque Sa Majesté aura été informée du refus que LL. SS. ont fait de vouloir entendre les justes plaintes contenues au Mémoire qui a été inutilement présenté & lu par son Ambassadeur au Pensionnaire & au Président de semaine, Elle n'en conçoive un mécontentement plus grand qu'il n'est à souhaiter, & que rappellant son Ambassadeur, Elle ne prenne au reste des mesures moins conformes à l'Intérêt de LL. SS. qu'Elle n'a fait par le passé. "

„ Le susmentionné Ambassadeur du Roi souhaite de tout son cœur que Messieurs les Etats fassent une sérieuse attention sur ces choses, pendant qu'il en est encore tems, c'est-à-dire, avant que S. M. ait pris des résolutions finales sur une affaire de cette importance. "

„ Et comme il est persuadé que tout ce qui a été fait à cet égard, n'est arrivé que parce que LL. SS. n'ont pas été pleinement informées des circonstances des choses, ou qu'Elles n'en ont pas eu une parfaite souvenance, il espere encore qu'Elles se les feront représenter d'une maniere plus précise, & qu'après avoir considéré mûrement combien le rétablissement de l'ancienne correspondance est réciproquement nécessaire aujourd'hui, Elles ne feront plus difficulté de donner à Sa Majesté les satisfactions qu'Elle désire, & qu'Elle est en droit d'attendre de leur profonde sagesse & de leur équité. „

On ne sauroit s'empêcher de convenir que les Etats-Généraux se servirent d'un mauvais prétexte, en disant qu'ils ne pouvoient pas admettre le Sr. de Quiros en qualité d'Ambassadeur de S. M. C. puisqu'ils l'avoient déja admis & reconnu pour tel, sinon d'une maniere publique & solemnelle, au moins d'une Admission privée. Mais ils purent croire aussi que l'Ambassadeur en leur faisant remettre sa lettre de créance, demandoit une Admission publique qu'ils devoient lui refuser dans la circonstance présente, sur quoi ils auroient dû s'expliquer plus clairement. Cependant un refus simple de recevoir le Mémoire du Sr. de Quiros à cause du différend qui subsistoit toujours au sujet du Sr. Schonenberg, suffisoit sans parler d'Admission de Ministre ; & dans le fond, les Etats-Généraux n'avoient garde d'entrer en négociation avec cet Ambassadeur, étant déterminés à pousser la résolution qu'ils étoient disposés à prendre pour la conclusion du second Traité de partage. C'est pourquoi ils ne jugerent pas à propos de répliquer au Mémoire qu'on vient de lire. Le différend entre les deux Puissances fut terminé peu de tems après, & elles convinrent d'une réciproque réadmission de Ministres.

Pour ce qui regarde le cérémonial de l'Admission publique & solemnelle, *Voyez* AUDIENCE, ENTRÉE, LETTRE DE CRÉANCE.

ADMONITION, *s. f.*

L'ADMONITION est une remontrance que fait le Juge, en vertu de la sentence ou jugement qui l'ordonne ainsi, à celui qui est convaincu de quelque excès contre le bon ordre, ou de quelque voie de fait, par laquelle il l'avertit de ne pas récidiver. Cette peine n'est point infamante ; elle est toujours faite à huis clos, soit dans la Chambre du Conseil, ou autre lieu où se rend la justice, ou au greffe.

ADOLESCENCE, *s. f.*

L'ADOLESCENCE est le second des âges de l'homme, & celui qui décide de ce qu'il sera, tant pour l'intérieur que pour l'extérieur. Il n'y a point d'instant déterminé pour le commencement de cet âge ; cela dépend absolument de la maniere dont l'enfance a été conduite : généralement parlant, c'est depuis neuf ans jusqu'à dix-huit.

En supposant qu'un enfant a été conduit, comme on le verra au mot ENFANCE, on commence à juger par les actions du plus ou moins de racines qu'ont jetté en lui les principes dont on l'a, pour ainsi dire, nourri. On doit alors lui inspirer le respect qu'il se doit à lui-même, en lui prouvant la noblesse de son être, par l'excellence de ses facultés, la grandeur de sa destination, *&c.* Il faut lui développer peu-à-peu toutes les beautés de l'œuvre de la création qu'il a sans cesse sous les yeux.

Ne lui montrer jamais l'homme que du beau côté ; ne lui présenter à cet âge que ses vertus, lui cacher avec soin les vices, dont il ne doit pas même avoir d'idées.

Lui prouver par des comparaisons & des exemples à sa portée, l'influence nécessaire du physique sur les opérations de son ame; par conséquent la nécessité de la tempérance & de la frugalité; l'y accoutumer de bonne heure; & sur-tout les observer soi-même; car l'exemple est la meilleure & la plus sûre de toutes les leçons.

Dès qu'il s'écarte de ces principes, il faut l'arrêter; lui démontrer comment & en quoi il y a manqué; lui détailler les inconvéniens qui peuvent en résulter ; lui prouver le mépris dont il se couvre lui-même; armer contre lui sa vanité.

Si le pere a des occupations qui l'empêchent de veiller sans cesse lui-même sur son fils; il doit s'être assuré d'un ami digne de lui, qui veuille bien le remplacer par le seul intérêt de l'amitié; qui connoisse les devoirs de pere, & soit capable de les remplir. Jamais de mercénaires. Former un homme, est un honneur dont on doit être jaloux.

La Géographie, l'Histoire, sur-tout celle de son pays, la Morale, la Physique, l'Anatomie, sont les occupations de cet âge. La Musique, la Danse, & les Langues en sont les amusemens.

Les promenades de cet âge doivent être chez les artistes, chez les marchands, chez les ouvriers de toute espece, sur-tout chez les laboureurs, & dans les chaumieres. Il faut aider l'adolescent dans les commencemens à trouver les rapports nécessaires qui lient tous les arts; l'utilité de chaque genre, eu égard aux besoins réels; ridiculiser les choses inutiles & de luxe; lui faire remarquer les différentes manieres de procéder, en un mot, tout ce qui a rapport aux arts & métiers. Mais c'est dans les chaumieres où on peut mieux l'instruire; lui développer les liens qui unissent toutes les classes par les besoins; lui faire sentir la préférence que méritent les choses utiles; fixer très-légérement son attention sur la pauvreté, pour sonder son cœur; lui donner à propos des exemples de générosité : mais point de réflexions; c'est à lui à les faire.

C'est de ce moment qu'il faut lui faire contracter l'habitude d'écrire tous les soirs ce qu'il a vu, entendu & observé pendant la journée; ne pas souffrir qu'il y manque jamais, sous quelque prétexte que ce puisse être; l'aider d'abord à mettre de l'ordre dans ses idées; lui laisser faire ensuite de petites fautes; les lui faire effacer, & lui faire, en badinant, honte de ces ratures.

Voici l'instant de guetter l'ame, pour découvrir avec certitude le genre d'occupation qui lui convient : il faut y veiller sans cesse, & ne jamais perdre de vue cet objet essentiel. Nous naissons tous avec un penchant naturel vers l'objet pour lequel nous avons le plus d'aptitude; on a beau nous en distraire, nous y revenons toujours avec préférence; c'est là le secret qu'il faut pénétrer, pour déterminer l'éleve absolument de ce côté... on doit tout y rapporter, le reste n'est plus qu'accessoire.

On ne doit jamais se départir des principes fondamentaux qu'on a dû inspirer à l'enfance; il faut les entretenir avec soin; ils sont applicables à tout; opposer aux passions le respect pour soi-même; développer peu-à-peu la sensibilité du cœur, par des applications qui guident à la vraie générosité. Le respect pour les anciens est une digue aussi essentielle qu'il faut toujours maintenir, *&c.*

Un adolescent à ce point, est en état de soutenir les épreuves de la jeunesse.

Voyez JEUNESSE. *Voyez aussi* EDUCATION.

ADOPTER

ADOPTER, v. a.

ADOPTER un enfant, c'eſt le prendre pour ſon fils, quoiqu'on ne lui ait pas donné le jour. Ainſi l'adopté, n'étant pas fils de ſon pere adoptif, par la Nature, le devient par la Loi.

Voyez ci-après ADOPTION.

ADOPTIF, IVE, adj.

ADOPTIF, ſe dit également & de celui qui adopte & de celui qui eſt adopté. Un pere adoptif eſt celui qui adopte un étranger pour ſon fils; un fils adoptif eſt l'enfant adopté par un pere étranger.

Voyez ADOPTION *qui ſuit.*

ADOPTION, ſ. f.

L'ADOPTION eſt un acte par lequel ceux qui ne ſont pas nos enfans par la Nature, le deviennent par la Loi. Elle fut autoriſée autrefois par les Loix, pour ſuppléer à la ſtérilité des mariages, & pour la conſolation de ceux qui ſouhaitoient de ſe perpétuer en quelque ſorte par la voie de la ſucceſſion dans des héritiers de leur choix. Elle imitoit, autant qu'il étoit poſſible, la filiation naturelle, donnant tous les droits de la naiſſance légitime, & établiſſant civilement la puiſſance paternelle, établie naturellement par le mariage. Elle avoit même cet avantage ſur la nature, qu'un pere naturel eſt obligé de ſe contenter de ſes enfans, tels qu'ils ſont, tels qu'il les a faits, avec leurs bonnes ou mauvaiſes qualités, avec leurs défauts de corps, d'eſprit, ou de cœur, au lieu que le pere adoptif, maître de ſon choix, peut ſe déterminer avec connoiſſance de cauſe, & ne choiſir que des enfans dignes de lui.

De l'Adoption dans l'ancienne Loi.

Il paroît que l'Adoption étoit en uſage dans l'ancienne Loi : nous en trouvons des traces dans la Geneſe & le Deuteronome. Sara déſolée de n'avoir point d'enfans, engagea Abraham ſon mari à prendre Agar ſa ſervante, pour concubine ou femme du ſecond ordre, afin qu'il en eût des enfans

& qu'elle pût les adopter, ou les reconnoître comme si elle les eut mis au monde.

Ephraïm & Manassé furent mis au nombre des enfans de Jacob.

Par une Loi expresse, un frere étoit obligé d'épouser la veuve de son frere mort sans enfans, pour lui donner lignée; l'enfant qui en venoit étoit réputé fils du défunt, & à ce titre il héritoit de ses biens.

De l'Adoption chez les Grecs, suivant la Législation de Solon.

SOLON établit l'Adoption chez les Grecs. La Loi qu'il fit à ce sujet porte ce qui suit.

1. Si quelqu'un, sans enfans & maître de ses biens, adopte un fils, que cette Adoption ait tout son effet.

2. Que celui qui fait une Adoption, soit vivant.

3. Qu'il ne soit permis à celui qui a été adopté, de rentrer dans la famille d'où il est sorti, qu'après avoir laissé un fils légitime à la famille dans laquelle il est entré par l'Adoption (*)

De l'Adoption chez les Romains.

IL y avoit deux sortes d'Adoptions chez les Romains : l'une simple & l'autre nommée *Adrogation.*

L'Adoption étoit simple, lorsque le pere adoptif, ayant obtenu le consentement du pere naturel, se pourvoyoit seulement au Tribunal du Préteur pour faire ratifier l'acte d'Adoption. Mais si le pere adoptif s'adressoit au Peuple assemblé par Curies pour obtenir un Décret confirmatif sur la réquisition des Tribuns, alors l'Adoption se nommoit *Adrogation*, nom qu'elle prenoit du dernier mot de la formule du réquisitoire présenté à l'assemblée du Peuple au nom du Suppliant.

Voyez ADROGATION.

1. Lorsque le pere naturel vivoit, son fils ne pouvoit être adopté que lorsqu'il avoit été émancipé par un acte volontaire, selon les formalités requises. 2. Il falloit de plus que le pere adoptif n'eût point d'enfans & fût même sans espérance d'en avoir. Il n'auroit pas été juste que l'Adoption se fût faite au préjudice des enfans propres que les droits de la nature appelloient à la succession. Les Empereurs passerent dans la suite sur cette délicatesse; & on auroit tort de leur en faire un crime, s'ils l'avoient toujours fait pour élever le plus digne à l'Empire. 3. Une troisieme condition étoit que le pere adoptif eut au moins dix-huit ans de plus que l'enfant qu'il adoptoit; mais la Loi ne statuoit rien sur l'âge de celui-ci.

---

(1) SAMUEL PETIT, *Commentaire des Loix Attiques.*

Dès que l'Adoption avoit été confirmée soit par un Acte de Concession délivré par le Préteur, soit par un Décret des Curies assemblées, le College des Pontifes y mettoit le sceau en quelque sorte par un nouveau Décret confirmatif, & alors l'enfant légitimement adopté passoit sous la domination du pere adoptif, & acquéroit tous les droits que les Loix donnoient aux véritables enfans ; & de même le pere adoptif avoit sur l'adopté toute la puissance que la Nature auroit pu lui donner suivant le Droit Romain.

De l'Adoption sous les Empereurs.

SOUS les Empereurs, l'Adoption se faisoit de leur autorité souveraine. Ils adopterent des enfans que leurs femmes avoient eu d'autres maris, quoiqu'eux-mêmes ils en eussent des enfans : & en cela ils donnoient plus de force à la Loi de l'Adoption qu'à celle de la Nature.

Les Empereurs permirent encore l'Adoption aux femmes même qui n'avoient plus d'enfans. Voici les termes des Lettres de concession qu'ils délivroient à ce sujet : » Puisque vous desirez, pour vous consoler de la perte » de vos enfans, adopter votre beau-fils, nous vous accordons votre de- » mande, & nous vous permettons de le tenir pour votre fils naturel & » légitime.«

Ils établirent encore l'Adoption par testament.

Plusieurs Empereurs ont monté sur le Trône par l'Adoption. Ce fut par cette voie que Tibere succéda à Auguste ; Néron à Claude ; Trajan à Nerva ; Marc-Aurele à Antonin. Tacite nous apprend qu'Auguste adopta Tibere, non par affection, mais parce que connoissant ses mauvaises qualités, il espéroit que la comparaison des deux regnes feroit regretter le sien. C'étoit abuser cruellement d'un moyen dont un Prince bien intentionné eut tiré les plus grands avantages pour le bonheur des Romains.

Justinien trouvant que l'Adoption entrainoit beaucoup d'abus, voulut les corriger ; mais selon sa coutume, il alla plus loin qu'il n'avoit dessein : il la rendit inutile.

De l'Adoption chez les Modernes.

L'ADOPTION parmi les Particuliers ne paroît pas être dans les mœurs modernes. Cependant nous lisons dans les *Lettres de Mylady Montaguë*, qu'elle est fort commune parmi les Turcs, & encore plus parmi les Grecs & les Arméniens. Il ne leur est pas permis de léguer leurs biens à un ami, ou à un parent éloigné ; mais pour éviter qu'ils n'aillent grossir le trésor du Grand Seigneur, quand ils se voient sans espoir de lignée, ils choisissent dans une famille du commun, quelque bel enfant de l'un ou de l'autre sexe, le menent au Cadi, & là, en présence & du consentement de ses parens, ils déclarent qu'ils l'adoptent pour leur enfant. En même tems ses pere & mere renoncent à tous leurs droits sur lui, & les remettent à celui qui l'adopte : on passe un contrat en bonne forme. L'enfant ainsi adopté ne peut être déshérité. La Dame Angloise qui rapporte cette forme d'Adoption dans l'Ouvrage cité, dit avoir vu plus d'un mendiant refuser de livrer ainsi leurs enfans à de riches Grecs, tant la Nature a de pouvoir sur le cœur d'un pere & d'une mere, quoique les peres adoptifs aient en général beaucoup de tendresse pour ces enfans adoptés qu'ils appellent *enfans de leurs ames.*

Nulle part ailleurs (sinon à la Chine) on ne retrouve l'Adoption établie. Si l'on en voit quelque part, comme en France, des images imparfaites, des imitations, ces especes d'Adoptions, quoiqu'on leur donne ce nom, sont bien éloignées d'avoir les mêmes effets que chez les Romains. Elles ne donnent point la puissance paternelle dans les lieux même où cette Puissance a le plus d'étendue. Elles n'ont point la vertu de faire de l'adopté un héritier légitime, mais seulement un successeur à titre de donation ou de legs universel.

Telle est l'institution qui se fait d'une personne à la charge de porter le nom & les armes du Donateur ou du Testateur. Telle est l'Affiliation en usage dans certaines Provinces de France, la Saintonge, le Berry, le Bourbonnois, le Nivernois, par laquelle un étranger est uni au nombre des enfans de celui qui l'affilie pour avoir part dans sa succession.

Voyez AFFILIATION.

Telle est encore l'espece d'Adoption pratiquée à Lyon pour les enfans orphelins, dans les deux Hôpitaux, l'Hôtel-Dieu & la Charité. Les Recteurs de l'Hôtel-Dieu adoptent les orphelins qui leur sont présentés jusqu'à l'âge de sept ans, & ceux de la Charité les adoptent depuis sept jusqu'à quatorze ans. Ils ont été confirmés dans ce droit par différentes Lettres Patentes, entr'autres par celles du mois de Septembre 1729, homologuées par arrêt du 7 Septembre 1731. Tous les orphelins de ces Hôpitaux ne sont pas réputés adoptifs, il n'y a que ceux qui ont été formellement adoptés du consentement de leurs parens les plus habiles à leur succéder.

L'effet de cette espece d'Adoption, est que les Recteurs de ces Hôpitaux, en qualité de peres adoptifs, prennent soin des biens & de l'éducation des orphelins adoptés, & acquierent sur eux une puissance paternelle, qui fait que les adoptés ne peuvent, tant qu'ils sont mineurs, ni prendre parti en Religion, ni se marier sans le consentement des Recteurs. L'Hôpital gagne les fruits des biens pendant l'Adoption, & si les orphelins décedent pendant ce tems, l'Hôpital leur succede en concurrence avec leurs freres & sœurs pour une portion, & à leur défaut pour le tout à l'exclusion des collatéraux, & même des freres & sœurs qui ont consenti à l'Adoption en âge de majorité.

Ce n'est pas ici le lieu de discuter les avantages & les inconvéniens d'une pareille institution. *Voyez les Articles* HÔPITAL, MAISON DE CHA-

RITÉ. Il suffit de remarquer qu'elle favorise les Hôpitaux aux dépens des Particuliers.

Mais conviendroit-il de faire revivre la Loi de l'Adoption, telle qu'elle étoit chez les Romains, ou avec les modifications qu'indiqueroient nos mœurs modernes? Si l'on craignoit que la faculté d'adopter des enfans naturels ne diminuât le nombre des enfans légitimes, ne pourroit-on pas trouver moyen de parer cet inconvénient par des restrictions à la Loi? Si l'Adoption semble pernicieuse dans l'Aristocratie & dans la Démocratie, où l'on ne doit point multiplier les moyens de perpétuer la grandeur des familles, n'auroit-elle pas des avantages dans les Etats Monarchiques où la disproportion des fortunes n'est pas un mal? Enfin en donnant la permission d'adopter à ceux qui auroient perdu leurs enfans, seroit-il à propos de la borner dans le cercle de leurs proches, ou de l'étendre indifféremment aux étrangers?

Projet d'une Loi d'Adoption.

On a proposé en France cette Loi d'Adoption:

Tout homme qui n'aura point d'enfans, pourra adopter un garçon d'une autre famille, mais toujours dans sa classe ou condition, avec le consentement du pere, ou de l'enfant, s'il est majeur; ou de ses six plus proches parens, s'il est mineur & sans pere.

Dès que cet enfant sera adopté par un acte passé chez le Lieutenant-Général de Police, ou un Commissaire seulement, il jouira de tous les droits de fils de son pere adoptif, mais il n'aura plus rien à prétendre de la famille qu'il aura abandonnée.

Une veuve qui n'aura point d'enfans, pourra aussi adopter une fille, quand elle aura de quoi lui assurer une subsistance suffisante en bien-fonds.

Avantages de l'Adoption.

L'Adoption procure une infinité d'avantages à un Etat. Des peres & meres chargés d'un grand nombre d'enfans, ne peuvent pas veiller sur tous; l'éducation est nécessairement négligée: *or l'éducation est le germe de tout.* Combien de grands sujets, qui auroient été très-utiles, s'ils avoient été bien conduits, deviennent des scélérats faute de soins. *Une ame nerveuse a nécessairement de grands vices, ou de grandes vertus.* Combien de jeunes gens qui ne pouvoient pas se marier, n'ayant rien, deviennent, par une Adoption, à portée de choisir, & commencent des races précieuses! Combien d'honnêtes familles unies par ces bienfaits! car celui qui oblige s'attache au moins autant que celui qui reçoit. Je ne finirois pas, si je voulois détailler tous les avantages qui résultent de l'Adoption: les ames sensibles n'ont pas besoin de moi; je ne persuaderois pas les autres. Je ne conçois pas pourquoi on n'encourage pas chez les Nations modernes cette source de population, qui leur seroit si utile.

Loix de l'Adoption chez les Chinois.

COMME, à la Chine, les filles n'ont d'autre part à l'héritage de leur maison que les avantages particuliers que leurs peres & meres leur font de la main à la main de leur vivant, & que les biens passent toujours aux garçons de la ligne collatérale, quand ceux de la ligne directe viennent à manquer, le desir que les Chinois ont de voir perpétuer leur nom dans les mâles qu'ils laissent après eux, est tel qu'à leur défaut ils ne manquent guere d'en adopter quelqu'un.

Les gens riches le prennent d'ordinaire dans leur famille. Quoique les aînés aient pour cela un droit incontestable sur les enfans de leurs cadets dont ils sont toujours les supérieurs, ainsi que les oncles sur ceux de leurs neveux & nieces, il est pourtant rare qu'ils agissent en cela d'autorité. On s'assemble de part & d'autre, & l'on passe un contrat sous seing privé, par lequel le pere d'un tel enfant déclare qu'il transporte les droits qu'il avoit sur lui à un tel que l'enfant regardera désormais comme son pere & qu'on lui fait saluer en cette qualité. Il est rare qu'on cede ainsi des enfans qui aient plus de huit ou dix ans; peut-être ne croit-on pas que dans un âge plus avancé ils fussent assez susceptibles d'une tendresse ainsi commandée. La révérence que le fils adoptif fait à son nouveau pere, est le sceau d'un tel contrat, dont la force est telle que, quelque sujet de plainte qu'on ait après cela de l'enfant, il ne peut être renvoyé. Si celui qui l'a ainsi adopté vient à avoir des garçons dans la suite, l'enfant adopté partagera le bien avec eux.

Cette Adoption, dont le nom particulier signifie qu'un enfant passe pour succéder, est entiérement différente d'une autre Adoption plus en usage parmi le Peuple, & qu'on nomme *Pao-Yang*, nom qui veut dire prendre pour entretenir. Elle consiste à acheter le fils de quelque pauvre que la misere, & le nombre de ceux qu'il a déja, oblige de vendre ainsi ses enfans. On voit des peres qui les cedent *gratis*, afin de leur procurer par cette générosité plus d'agrément dans la famille qui les adopte. D'autres, à Pékin, pour avoir plus de liberté de choisir à leur gré un enfant qui puisse avoir leur tendresse, vont dans l'endroit où l'on transporte ceux qui ont été exposés la nuit sur les rues & que l'Empereur fait recueillir tous les jours. Là, remarquant celui dont la physionomie leur plaît davantage, ils donnent quelque chose à celui qui est chargé de ces enfans, & ont ainsi la permission de l'emporter.

Ils lui donnent leur nom & le font élever comme leur propre enfant. Il est cependant rare qu'après leur mort, il obtienne leur héritage en entier, car les plus proches parens, qui sont les héritiers naturels, ne lui en laissent d'ordinaire qu'une partie. Il est encore moins bien traité, si celui qui l'a adopté a dans la suite des garçons: ceux-ci ne lui font guere qu'un léger avantage; encore même faut-il qu'il se comporte avec beaucoup de sagesse, car si l'on étoit mécontent de lui, il seroit chassé de la famille qui l'a élevé, & renvoyé à ses parens, s'ils étoient connus.

Telles sont les Loix des différentes especes d'Adoption usitées à la Chine pour perpétuer le nom des familles.

De l'Adoption qui se pratique dans les familles Souveraines.

Les Souverains ont donné, dans les derniers siecles, des exemples d'une Adoption plus ou moins ressemblante à l'ancienne.

Jeanne I, Reine de Sicile & de Naples, Comtesse de Provence, adopta, en 1382, Louis de France, Duc d'Anjou, fils du Roi Jean I, & frere de Charles V, au détriment de son neveu Alphonse Roi d'Arragon qu'elle avoit auparavant adopté, & qu'elle rejetta alors pour cause d'ingratitude. (*)

Louis d'Anjou, petit-fils de celui dont nous venons de parler, fut adopté, en 1425, par Jeanne II, Reine de Sicile; & ce Prince étant mort avant elle, cette Reine fit dix ans après un autre Testament en faveur de René, Duc d'Anjou, pour lors prisonnier de Philippe Duc de Bourgogne. Le même René d'Anjou, devenu Comte de Guise, eut le Duché de Bar & le Marquisat de Pont-à-Mousson, par la voie de l'Adoption, de Louis Cardinal & Duc de Bar qui l'institua son héritier à charge de porter son nom & ses armes.

Henri ou Eric, Duc de Poméranie, fut adopté par Marguerite Reine de Danemarck, de Suede & de Norwege. Cette Adoption est célebre dans le Nord.

Voyez Union de Calmar.

Nous lisons dans Guichardin (†) que François-Marie de là Rovere, Duc d'Urbin, fils de Jean, frere du Pape Jules III, ne succéda à ce Duché, en 1508, que parce qu'il fut adopté par Gui-Balde son oncle maternel, Adoption que le Pape confirma dans le Consistoire.

L'Histoire de Venise fournit des exemples d'une Adoption singuliere. Cette République adopta Jacques Roi de Chipre, fils d'un autre Jacques aussi Roi de Chipre, & de Catherine Cornaro, en le faisant Noble Vénitien, comme elle avoit adopté Catherine Cornaro en la mariant. Ce Jacques II étant mort peu de tems après, la République de Venise se fit adopter elle-même par la Reine Christine, pour devenir par-là héritiere de l'un & de l'autre : de l'un comme du fils de St. Marc ; & de l'autre comme de la fille & de la République, fille par la naissance, & mere par l'Adoption. Voilà une parenté singuliere. C'est pourtant par cette voie, assurément peu légitime, que la Seigneurie de Venise avoit acquis le Royaume de Chipre qui lui a été

(*) Giannone, *Hist. de Naples*, *Liv. XXIII. Chap. V.*
(†) *Hist. des Guerres d'Italie*, *Liv. VIII.*

enlevé depuis par le Grand-Seigneur. Lorsque François, Grand-Duc de Toscane, se détermina à épouser Blanche Capello, fille d'un marchand de Venise, qui avoit été long-tems sa maîtresse, la République de Venise, pour illustrer cette belle Vénitienne & la rendre digne du Grand-Duc, l'adopta pour sa fille, & lui donna le titre de Reine de Chipre.

Louise-Marie de Gonzague de Cleves, mariée, en 1645, à Uladislas Roi de Pologne, fut adoptée, par honneur, par Louis XIV, Roi de France: le Contrat portoit: Sa Majesté donnant en mariage au Roi de Pologne, la susdite Dame Princesse, comme si elle étoit sa fille.

Un exemple encore plus récent d'une pareille Adoption est celui de Louise-Elizabeth d'Orléans, fille de Philippe Duc d'Orléans, Régent de France, qui fut mariée, en 1722, comme fille de Louis XV, à Louis I, alors Prince des Asturies, & depuis Roi d'Espagne.

Mais toutes ces Adoptions ne sont que des cérémonies, des titres d'honneur, qui ne donnent aucun droit à la succession, non plus que celle d'Alexis-Lange-Comnene, Empereur de Constantinople, qui, après avoir fait recevoir le Baptême à Jahatine, fille du Sultan Iconium, l'adopta de cette Adoption dont les Grecs faisoient usage à l'égard des Princes étrangers pour les honorer.

Adoption par les Armes.

L'Adoption par les armes a pris naissance chez quelques Peuples du Nord, ou chez les Germains: ce qui est à-peu-près la même chose, les uns & les autres ayant une même origine. Ces Peuples rapportoient tout à la guerre. C'étoit dans une assemblée publique que l'un des Chefs de la Nation, le pere, ou quelque parent armoit pour la premiere fois l'enfant parvenu à l'âge de puberté. Cette cérémonie, dit Tacite, en faisoit un Citoyen, & elle tenoit lieu de l'acte par lequel les Romains prenoient au même âge la robe virile.

Comme chez les Germains on devenoit majeur en recevant les armes, on étoit adopté par le même signe. Gontran voulant déclarer majeur, son neveu Childebert, & de plus l'adopter, il lui dit: „ J'ai mis ce javelot dans „ tes mains, comme un signe que je t'ai donné mon Royaume. " Et se tournant vers l'Assemblée: „ Vous voyez que mon fils Childebert est de- „ venu un homme; obéissez-lui...

C'est dans l'Histoire des Goths & des Lombards qui s'établirent successivement en Italie, qu'il est plus souvent fait mention de l'Adoption par les armes, dont l'usage a pu passer par eux à la Cour des Empereurs d'Orient.

Cébades, Roi de Perse, voulant placer sur le Trône Cosroès, le plus jeune de ses trois fils, songea à lui procurer l'appui de Justin, Empereur d'Orient. Il proposa à ce Prince, contre lequel il étoit en guerre, d'adopter Cosroès. Justin auroit saisi avec joie cette occasion de terminer une guerre fâcheuse, si on ne lui eût fait observer que l'Adoption juridique des Romains

mains donneroit à Cosroès des droits sur l'Empire. On proposa au Persan de l'adopter par les armes à la maniere des Barbares : ce que Cosroès refusa avec mépris, & la guerre continua.

Les Adoptions dont nous parlons, se faisoient par la tradition des armes, en donnant ou renvoyant à celui qu'on adoptoit, différentes sortes d'armes ou d'instrumens de guerre, & quelquefois en le revêtant ou le faisant revêtir par des Ambassadeurs, d'une armure complette ; car ces Adoptions n'étoient en usage que chez les Souverains. Elles étoient ordinairement accompagnées de présens plus ou moins considérables, suivant la circonstance ou les personnes.

Théodoric, Roi des Ostrogoths, voulant adopter le Roi des Herules, lui écrivit : „ C'est une belle chose parmi nous de pouvoir être adopté par les „ armes : car les hommes courageux sont les seuls qui méritent de deve-„ nir nos enfans. Il y a une telle force dans cet acte, que celui qui en est „ l'objet, aimera toujours mieux mourir, que de souffrir quelque chose de „ honteux. Ainsi, par la coutume des Nations, & parce que vous êtes un „ homme, nous vous adoptons par ces boucliers, ces épées, ces chevaux „ que nous vous envoyons. ”

L'Adoption par les armes donnoit, comme on voit par les paroles de Gontran rapportées ci-dessus, les noms de pere & de fils comme l'Adoption Romaine, & l'on se faisoit un honneur de prendre ces noms dans les actes publics, & les souscriptions des lettres.

Telle étoit l'idée qu'on avoit chez les Goths & chez les Lombards de cette Adoption, qu'on la regardoit comme le premier degré d'honneur de la milice. Souvent les fils des Rois alloient chercher cet honneur jusques chez les Princes ennemis. Ainsi Alboin, fils d'Audoin, Roi des Lombards, alla se faire adopter par le Roi des Gépides, & devint son fils par la tradition des armes.

L'usage de cette Adoption chez les Goths & les Lombards cessa à la destruction de leur Monarchie en Italie ; mais depuis ce tems on en trouve encore des traces chez les Empereurs d'Orient, où il ne cessa qu'au tems où commencerent les Ordres de Chevalerie.

Godefroy, conduisant en 1096 à la Terre-Sainte une armée de Croisés, se rendit au Palais de Blaquernes, près Constantinople, où l'Empereur Alexis, pour l'attacher à ses intérêts, l'adopta pour son fils, en le faisant revêtir des habits Impériaux avec toute la solemnité & la coutume du pays. La valeur de Godefroy, l'usage des Empereurs d'Orient d'adopter ainsi des Princes étrangers, les circonstances de l'entreprise de la Croisade, tout annonce que ce fut là une Adoption par les armes ; mais ni cette Adoption, ni celle de Baudoin, frere du même Godefroy, par le Prince d'Edesse, ni les autres qu'on pourroit y ajouter, n'avoient point le même effet que chez les Goths & les Lombards. Elles ne donnoient ni le nom de fils, ni aucun droit à la succession du Prince qui adoptoit.

Adoption par la barbe & par les cheveux.

LES Hiſtoriens parlent de deux ſortes d'Adoptions dont quelques Rois de France des premieres races firent uſage : l'une par la barbe, l'autre par les cheveux. L'Adoption par la barbe ſe faiſoit en touchant la barbe de celui qu'on adoptoit, ou en en coupant l'extrêmité.

Par un Traité de paix entre Clovis & Alaric, il fut conclu qu'Alaric toucheroit la barbe de Clovis, & deviendroit par-là ſon parrain ou ſon pere adoptif. Cet accommodement n'eut pas lieu, parce que les Goths vinrent armés à la conférence; Clovis continua la guerre. Ceci ſe paſſa à la bataille de Vouillé.

Voyez la Science du Gouvernement par M. DE RÉAL; *l'Eſprit des Loix par* MONTESQUIEU; GRÉGOIRE DE TOURS; CASSIODORE; PROCOPE; ATHÉNÉE. *Les Mémoires de l'Académie des Inſcriptions & Belles-Lettres de Paris; &c.*

De l'Adoption faite par les Villes.

QUELQUES Villes ont uſé d'une ſorte d'Adoption en donnant le nom de *Fils de la Ville* à de jeunes Citoyens d'un mérite diſtingué. C'eſt ce que dit expreſſément Athénée d'un jeune-homme que ſes qualités perſonnelles faiſoient aimer & eſtimer de toute la Ville où il étoit né, & auquel elle accorda publiquement le nom de ſon fils. Cette ſorte d'Adoption étoit ſi honorable, que ceux qui l'avoient méritée, s'en glorifioient toute leur vie, & regardoient comme leur plus beau titre celui de *Fils de la Ville*, lors même qu'ils étoient parvenus aux premieres Magiſtratures. M. l'Abbé Fourmont a copié dans la Laconie une inſcription d'un des principaux Magiſtrats de Sparte, nommé Caïus Pomponius Alcaſtus qui joint aux titres de Grand-Pontife, d'ami de Céſar & de la Patrie, celui de *Fils de la Ville*, & qui avoit reçu, ajoute l'inſcription, tous les honneurs que la Loi accordoit au Citoyen qui avoit bien mérité de la Patrie.

Cette ſorte d'Adoption n'avoit pas lieu ſeulement pour les hommes. Les femmes célebres y étoient auſſi admiſes. La vertu n'a point de ſexe ; & le mérite dans une femme n'en eſt ſouvent que plus héroïque.

En 1579, François de Médicis, troiſieme Duc de Florence, étant déterminé à épouſer Blanche Capello, d'une maiſon Sénatoriale de Veniſe, dont il étoit éperduement amoureux, quoiqu'il eût vécu avec elle pluſieurs années du vivant de la Grande-Ducheſſe, la République de Veniſe pour honorer cette alliance, & rendre la belle Vénitienne digne d'un ſi grand Prince, l'adopta pour ſa fille par un Diplôme ſolemnel donné par le Doge & le Sénat, & la déclara Reine de Chipre. On pourroit trouver encore d'autres Adoptions de cette eſpece.

ADORATION, ſ. f.

Adoration du Pape.

L'ADORATION du Pape eſt une cérémonie qui ſe fait après l'élection d'un nouveau Pontife. „ Dès que le Pape eſt élu, dit l'Auteur du » *Tableau de la Cour de Rome*, les Cardinaux, Chefs-d'Ordre, lui demandent ſon conſentement & le nom qu'il a réſolu de prendre dans ce changement d'état.

„ Les Maîtres des cérémonies font un procès-verbal de ce qu'il déclare, » & en donnent acte au College. Les deux premiers Cardinaux Diacres » prennent le nouveau Pape, & le menent derriere l'Autel, où, avec l'aide » des Maîtres des Cérémonies, & du Sacriſtain qui eſt toujours de l'Ordre » des Auguſtins, on le dépouille de ſes habits de Cardinal, pour le revêtir » de ceux de Pape, qui ſont la ſoutane de taffetas blanc, le rochet de fin » lin, le camail de ſatin rouge, & le bonnet de même en broderie d'or, » & une croix d'or ſur l'empeigne. Le Pape, paré de la ſorte, eſt porté » dans ſa Chaire devant l'Autel de la Chapelle où s'eſt fait l'élection; & » c'eſt-là que le Cardinal-Doyen, & enſuite les autres Cardinaux adorent à » genoux Sa Sainteté; lui baiſent le pied, puis la main droite. Le Saint Pere » les releve; leur donne le baiſer de paix à la joue droite. Après cela, » le premier Cardinal-Diacre, précédé du premier Maître des Cérémonies » qui porte la Croix, & d'un Chœur de Muſiciens qui chantent l'Antienne » *Ecce Sacerdos Magnus*, *&c*; voici le Grand-Prêtre, *&c*: s'en va à la » grande loge de S. Pierre où le Maître Maçon fait ouvrir la porte, afin » que le Cardinal puiſſe paſſer dans la baluſtrade pour avertir le Peuple de » l'élection du Pape, en criant de toute ſa force: *Annuntio vobis gaudium* » *magnum; habemus Papam*. Nous vous annonçons une grande joie; nous » avons un Pape. Alors une grande coulevrine de S. Pierre tire un coup » ſans boulet, pour avertir le Gouverneur du Château Saint-Ange, de faire » la décharge de toute ſon artillerie. Toutes les cloches de la ville ſe font » entendre en même tems; & l'air retentit du bruit des tambours, des » trompettes & des tymbales. Le même jour, deux heures avant la nuit, » le Pape revêtu de la chape, & couvert de ſa mitre, eſt porté ſur l'Autel » de la Chapelle de Sixte, où les Cardinaux, avec leurs chapes violettes, » viennent adorer une ſeconde fois le nouveau Pontife qui eſt aſſis ſur les » reliques de la pierre ſacrée. On rompt cependant la clôture du Conclave, » & les Cardinaux, précédés de la muſique, deſcendent au milieu de l'Egliſe » de S. Pierre. Le Pape vient enſuite, porté dans ſon Siege pontifical,

» sous un grand dais rouge, embelli de franges d'or. Ses Estaffiers le met- » tent sur le grand Autel de S. Pierre, où les Cardinaux l'adorent pour la » troisieme fois, &, après eux, les Ambassadeurs des Princes, en présence » d'une infinité de Peuple, dont cette vaste Eglise est remplie jusqu'au » bout de son portique. On chante le *Te Deum;* puis, le Cardinal-Doyen » étant du côté de l'Epitre, dit les Versets & Oraisons marqués dans le » Cérémonial Romain. Ensuite on descend le Pape sur le marche-pied de » l'Autel : un Cardinal-Diacre lui ôte la mitre, & il bénit solemnellement » le Peuple; après quoi, on lui change ses ornemens pontificaux; & douze » porteurs, vêtus de manteaux d'écarlate, qui vont jusqu'à terre, le met- » tent dans sa chaire, & le portent élevé sur leurs épaules jusques dans son » appartement."

L'usage de baiser les pieds au Pape est fort ancien dans l'Eglise; &, suivant Baronius, on trouve, dès l'an 204, des exemples d'un pareil hommage rendu au Vicaire de J. C. Nous voyons dans l'Histoire les plus puissans Monarques déposer leur gloire aux pieds du Successeur des Apôtres; & si l'on en croit le Pape Grégoire XIII, cet hommage étoit de leur part un devoir. L'Eglise, dit ce fier Pontife, dans la fausse idée qu'il avoit conçue des prérogatives de son Siege. „ L'Eglise, en épousant le Vicaire de Jesus-Christ, » lui a apporté la plus riche & la plus précieuse dot, qui est la plénitude du » pouvoir spirituel & temporel : elle lui a donné la mitre, comme un gage » de son autorité spirituelle; & la couronne comme une marque de sa puis- » sance temporelle. La mitre est le symbole du Sacerdoce, & la couronne » celui de la royauté. En le revêtant de ces ornemens, elle l'a constitué le » Vicaire de celui qui porte écrit sur ses vêtemens & sur sa cuisse : LE ROI » DES ROIS, ET LE SEIGNEUR DES SEIGNEURS."

De peur que les honneurs, que l'on rend au Chef de l'Eglise, ne vinssent à dégénérer en superstition, les Papes ont fait mettre une croix sur l'empeigne de leurs souliers. Ainsi ce n'est pas, à proprement parler, le pied du Pape que l'on baise; c'est la Croix de Jesus-Christ.

Pour ce qui regarde la coutume de porter le Pape sur les épaules, on pourroit peut-être la regarder comme un reste du faste des Grands de l'ancienne Rome, qui se faisoient porter par des esclaves, dans une espece de litiere. Etienne II est le premier que l'on ait porté ainsi. Platina, Historien des Papes, insinue que cet honneur fut rendu à Etienne, en considération de son grand mérite. *Diction. des Cultes Religieux.*

Si les Ministres des Princes Protestans doivent baiser les pieds du Pape.

LES Particuliers admis à l'Audience du Pape lui baisent les pieds. Les Ambassadeurs des Princes Catholiques lui donnent aussi cette marque de respect. On peut douter si les Ministres des Puissances Protestantes lui doivent faire le même honneur. Des Ambassadeurs de Russie & de Perse l'ont fait, après avoir témoigné quelque répugnance : (*) mais c'étoit dans des conjonctures où leurs Maîtres avoient des ménagemens à garder avec la Cour de Rome. Les exemples singuliers ne prouvent rien : le Russe & le Perse purent regarder l'action de baiser les pieds du Pape, comme semblable, à-peu-près, à celle des prosternemens dont l'usage est établi dans les Cours de l'Orient ; & d'ailleurs ces deux exemples sont contredits par d'autres. Jamais le Prince Zizin, fils de Mahomet II, Empereur des Turcs, ne put se résoudre à se prosterner devant le Pape Innocent VIII qui lui donnoit audience ; & le Comte de Voronzow, Vice-Chancelier de Russie, qui eut audience du Pape en 1746, fut dispensé de tout cérémonial.

La raison décide pour la négative, la question que j'examine. On baise les pieds au Pape, comme Chef de la Religion Catholique. Ainsi les Protestans ne lui doivent pas déférer un honneur attaché à une qualité qu'ils ne reconnoissent point. On ne soutiendra pas que l'on baise les pieds au Pape, comme Prince séculier ; car, outre que la croix brodée sur l'empeigne de ses souliers prouve le contraire, il est sûr que les honneurs dûs aux Princes séculiers comme tels, se réglent sur leur grandeur & leur puissance ; or sous ce point de vue, le Pape le céderoit aux Rois de France, d'Espagne, & à beaucoup d'autres Princes Catholiques, & loin d'être en droit d'exiger d'eux un honneur qu'il ne leur fait pas, il seroit dans le cas de leur rendre de plus grands honneurs qu'il ne pourroit en prétendre.

Les Protestans ne doivent donc point baiser les pieds du Pape. Ainsi Don Garcias de Silva Figueroa, Ambassadeur d'Espagne en Perse, au commencement du dix-septieme siecle, eut raison de refuser de se soumettre aux prosternemens en usage devant le seuil de la porte du Palais des Sophis, quelques instances qu'on lui fit pour l'engager de subir le joug de l'usage des Persans. *Cérémonial Diplomatique des Princes de l'Europe. Science du Gouvernement. Droit des Gens par* M. DE RÉAL.

(*) L'Historien De Thou, *Liv. LXXIII. sous l'an 1581*, rapporte que les Ambassadeurs de Jean Basilowitz, Grand Duc de Moscovie, Schismatiques Grecs, eurent bien de la peine à se déterminer à baiser les pieds du Pape.

ADORNO, ou ADORNE, *Famille illustre de Gênes.*

CETTE Famille aussi célebre qu'illustre en Italie, du parti des Gibelins, a donné quantité de Doges & d'Hommes illustres à Gênes, où elle joua le plus grand rôle pendant les guerres civiles & les dissentions des Nobles & du Peuple, à la faveur desquelles elle se mit & se maintint long-tems en possession du Gouvernement. Elle devint par son opulence, son crédit & ses alliances, une des plus puissantes Maisons de la Ligurie, où elle se fit une Faction considérable; son pouvoir, son ambition jalouse, ses orgueilleuses prétentions, ses intrigues, & ses continuelles divisions avec les autres chefs de Factions populaires, & sur-tout les Frégoses, ses plus dangereux rivaux, la rendirent redoutable à sa Patrie, qu'elle soumit successivement à la domination de la France & des Ducs de Milan. Dans ces tems de troubles & d'orages domestiques, les Adornes furent alternativement unis ou divisés, ligués ou en guerre, avec les Frégoses, les Montaltes & les Guarco, trois autres puissantes Maisons & Factions populaires comme la leur, suivant que les circonstances & le bien de leurs intérêts l'exigeoient; ce qui fut la source des malheurs de cette République pendant l'espace de près de cent-cinquante ans, que le Dogat fut l'éternel objet de l'ambition & des querelles des Adornes, & des trois autres Maisons factieuses.

L'ambitieuse Famille, dont il est ici question, qui étoit du corps des Notaires ou Jurisconsultes (*), & ne fut agrégée à la Noblesse qu'en 1528, ne commença à sortir de l'obscurité que vers le milieu du XIVe. siecle, lorsque les Populaires, las d'obéir aux Nobles, secouerent leur joug, les exclurent totalement des charges, s'emparerent de toute l'autorité, & s'élurent un Magistrat de leur Faction, auquel ils donnerent le nom de Doge, à l'exemple de celui de Venise. L'illustration des Adorno commença dans la personne de Gabriël Adorno, qui succéda en 1366 à Simon Boccanegra, & fut le cinquieme Doge de Gênes. Quoique son Gouvernement fût doux & modéré, & qu'il se fît chérir & considérer de ses concitoyens pour ses vertus & ses qualités civiles, il fut supplanté, en 1370, par Dominique Frégose, l'un de ses Lieutenans ou Vicaires, & obligé de prendre la fuite. En 1378, Antoine Adorno, l'un des plus fameux Personnages que cette Famille & que Gênes ait produits, & celui sur l'histoire duquel on s'étendra davantage, fut élu pour succéder à Dominique Frégose, qui avoit été renversé de sa place par le même flot qui l'y avoit porté; c'est-à-dire, par les intrigues de ses rivaux factieux & remuants, & par l'inconstance de ses concitoyens, à laquelle celle d'aucun Peuple ne fut peut-être jamais comparable. Antoine Adorno, homme rusé & dissimulé, voyant que son élection ne leur étoit point agréable, y renonça, plutôt par politique que par modération, & dans le dessein de s'emparer de nouveau du Dogat, quand il en retrouveroit l'occasion favorable. Il réussit encore en effet à se faire élire, en 1383, par un parti nombreux, & fut encore obligé de renoncer politiquement à son élection, qui étoit illégitime, & de céder la place à Léonard Montalto. Ses desirs furent enfin comblés l'année d'après; & la mort de son rival le rendit possesseur de cette dignité suprême, à laquelle

(*) Le Peuple étoit divisé à Gênes en trois principaux Corps: les Notaires & Jurisconsultes, les Marchands, & les Artisans.

il aspiroit depuis si long-tems. Il fut élu Doge pour la troisieme fois en 1384; & n'ayant plus alors de concurrens qui osassent lui disputer cette place, il s'en mit en possession, & en jouit paisiblement pendant quelques années. Il profita de cette tranquillité intérieure momentanée, pour se signaler au dehors par quantité d'expéditions plus glorieuses qu'utiles pour Gênes & pour lui, dans la vue d'immortaliser son nom & son Dogat. Il aimoit les grandes entreprises, il avoit un esprit vaste & capable de tout embrasser, & il étoit extrêmement jaloux d'acquérir de la gloire. Entr'autres exploits que les Génois firent à son instigation, ils dégagerent le Pape Urbain VI, assiégé dans Nocera par Charles III, de Duras, Roi de Naples, & le conduisirent triomphant à Gênes. L'ambition d'Antoine étoit aussi vaste que son génie ; le refus que le Pape fit de le nommer un des Commissaires chargés de terminer l'affaire du Schisme, qui régnoit alors dans l'Eglise, le brouilla avec le Pontife Romain, qui fut obligé de chercher un azile ailleurs. Environ dans le même tems, Antoine Adorno engagea la France, par ses pressantes sollicitations, à entrer dans une ligue avec sa Patrie, contre les Maures de Tunis, qui infestoient la Méditerranée par leurs brigandages; expédition qui fut sans grands succès pour les Confédérés, & sans beaucoup d'avantages pour Gênes; le Doge n'en eut pas moins la gloire, toujours indépendante du succès, d'avoir été le principal moteur d'une entreprise, dont on faisoit beaucoup de cas dans un siecle si voisin de ceux des Croisades. Durant cet intervalle, le gouvernement dur & despotique d'Antoine, son caractere hautain, impérieux, ses cruautés politiques, l'ayant rendu l'objet de la haine de ses concitoyens, & des complots des mécontens, il se trama contre lui plusieurs conspirations, qu'il eut le bonheur de prévenir par sa vigilance, & la cruelle satisfaction de punir par le supplice de leurs auteurs. Ayant découvert, en 1390, un nouveau complot, plus dangereux que les autres, & tramé contre lui par Pierre Frégose, homme factieux & redoutable par sa valeur & son crédit, le même qui avoit soumis l'Isle de Chipre en 1372, Antoine Adorno, homme inconséquent, & plus hardi pour entreprendre, pour servir son ambition, que pour se maintenir dans son poste & tenir tête à ses ennemis, fut effrayé de leur nombre, de leur audace, & prit le singulier parti de se retirer secrettement de Gênes, quoique sa bonne fortune eût remis son ennemi en son pouvoir. Il eut la générosité ou la politique de ne point vouloir attenter aux jours de Frégose, ainsi qu'il l'eût peut-être pu faire impunément. Le genre humain est trop heureux, quand les ambitieux ne commettent pas de crimes inutiles. Antoine aima mieux céder pour quelque tems à l'orage, & renoncer pour le moment au Dogat, se flattant que son absence adouciroit la haine de ses concitoyens, & réveilleroit même peut-être leur ancien amour pour lui; mais ce qui sert parfaitement à faire connoître le fond de son caractere; ce qui fait voir que son ambition étoit effrayée, mais non lassée ou assouvie, & que son intention étoit de remonter dans sa place, d'abord qu'il en trouveroit l'occasion & les moyens, c'est que, voulant se les ménager, ainsi que la facilité de pouvoir en faire descendre son successeur, à son retour, il eut la singuliere précaution de faire embarquer de force avec lui Antoine Justiniani, surnommé *Lungho*, homme riche, puissant, & estimé du Peuple, parce qu'il craignoit qu'on ne le choisit pour lui succéder, & qu'il n'eût ensuite trop de peine à le déposséder. Ayant appris qu'on en avoit élu un autre, Antoine Adorno le renvoya peu de tems après. L'année suivante (1391) il s'approcha de Gênes avec quelques troupes, que le Duc de Milan, (Jean-Galéas Visconti) son ami particulier, lui avoit données, dans le dessein d'y rentrer par la force, sans que son successeur, Jacques Frégose, homme peu ambitieux, & d'un naturel paisible & pusillanime, fit aucun mouvement pour l'en empêcher. Il y rentra donc, sans aucun obstacle, à la tête de ses partisans, marcha droit au Palais, s'en empara, & en chassa son successeur, sans la moindre effusion de sang. Il se remit d'abord en possession du Dogat, prétendant qu'il ne l'avoit point abdiqué. Ce procédé illégitime, que quelques-uns de ses concitoyens traiterent d'usurpation manifeste, nuisit beaucoup au Doge Antoine dans leur esprit. Il s'apperçut qu'ils n'étoient pas contens de lui obéir, & qu'il étoit devenu l'objet de leur aversion. Ses disgraces précédentes l'avoient aigri. Il étoit devenu défiant, soupçonneux, même avec ses partisans & ses meilleurs amis. Il n'est point de moyens violens qu'il ne mit en usage pour se maintenir dans sa place : souvent il versoit le sang des Citoyens, ou il attentoit à leur liberté sur le moindre soupçon. Cette conduite cruelle & tyrannique acheva d'aliéner les esprits; elle révolte souvent des sujets, à plus forte raison des égaux. Le mécontentement devint général. Antoine Montalto, soutenu par un puissant parti, & sur-tout par les Fiesques, & autres Nobles exilés, qui espéroient de rentrer dans Gênes, & d'y redevenir les maîtres, en armant les chefs des Factions populaires les uns contre les autres, vint à bout de forcer Adorno de sortir encore une fois de la Ville en 1392. Il y revint en 1394, dans l'espérance de profiter des troubles domestiques qui y régnoient alors, pour se rétablir dans sa place. Tout étoit en combustion dans Gênes; la présence imprévue de ce Citoyen remuant augmenta encore le désordre & la consternation. Il n'y revint cependant que comme conduit par son mauvais sort, pour tomber entre les mains de ses ennemis; il s'éleva une tempête au moment de son entrée dans le port, de sorte que sa barque fut plutôt jettée, qu'apportée par les flots sur le rivage. Montalto, le plus dangereux de ses rivaux, profita du désordre où il étoit, pour l'empêcher de débarquer, & l'obligea de se rendre son prisonnier. Moins brave, mais plus rusé que son adversaire, Adorno répara bientôt les outrages de la fortune, & en fit même la matiere de son triomphe. Il eut l'art d'abuser son crédule vainqueur par de belles paroles, & en affectant le zele le plus pur & le plus désintéressé pour le bien public; en un mot, de l'engager à se liguer secrettement avec lui, sous prétexte de rendre la paix à Gênes, &

à

à lui rendre sa liberté. Il n'en profita que pour intriguer de nouveau. Dans le tems qu'il feignoit de se réconcilier sincèrement avec Montalto, & qu'il étoit convenu avec lui qu'ils renonceroient tous les deux au Dogat, objet de leurs querelles, Adorno eut l'adresse de se faire élire de nouveau par ses partisans. Montalto, se voyant joué, se retira furieux à Gavi, jurant de se venger de cette perfidie. Antoine Adorno, Doge pour la quatrieme fois, triomphant du succès de sa ruse, voulut jouer son rôle de dissimulation jusqu'au bout, & se fit, en quelque façon, violenter par ses concitoyens, pour accepter une place qu'il convoitoit intérieurement avec tant d'ardeur. Ils ne furent pas la dupe de ses artifices; mais ils laisserent, par politique, le gouvernement entre les mains d'un homme, qu'ils estimoient plus qu'ils ne l'aimoient. Il n'en fut pas de même de Montalto & de Guarco, ses ennemis personnels : ils ne cesserent de le tourmenter, & de lui faire la guerre, avec l'aide du Duc de Milan, qui ayant été pareillement joué par Adorno, étoit aussi devenu son plus implacable ennemi, & fournissoit continuellement de l'argent & des troupes aux mécontens. Le Doge, se voyant réduit aux dernieres extrémités, & hors d'état de résister plus longtems à tant d'ennemis acharnés contre lui, prit, dans cette circonstance, le parti que pouvoit prendre un homme aussi mauvais Citoyen qu'un ambitieux peut l'être. De dépit de ne pouvoir dominer tranquillement dans Gênes, il forma le funeste projet de soumettre cette République à la France, aimant mieux donner des fers à sa Patrie, & la voir esclave d'une autre Puissance, que gouvernée par ses rivaux, ou par le Duc de Milan.

Ce fut-là en partie la source des maux dont Gênes fut accablée pendant plus de 130 ans. Ce fut la vengeance, l'ambition d'Adorno réduite au désespoir, qui y introduisirent les François, qui n'avoient point pensé jusqu'alors à soumettre cette Ville à leur domination; proie à laquelle ils demeurerent constamment attachés, quand ils en eurent senti une fois tout le prix. Adorno étoit naturellement éloquent & persuasif. Il eut l'adresse d'aveugler ses concitoyens, au point de les engager à se porter à la démarche qu'il desiroit d'eux; c'est-à-dire, à offrir volontairement la souveraineté de leur Ville au Roi de France, Charles VI; leur faisant entendre que c'étoit le seul moyen de mettre fin à leurs dissentions domestiques, & de procurer le repos à leur Patrie; qu'ils ne pouvoient vivre heureux & tranquilles qu'en se mettant sous la protection d'une Puissance aussi capable de les défendre contre tous leurs ennemis. Ils le crurent & se soumirent à elle en 1396. Adorno fut fait Gouverneur de Gênes au nom du Roi *ad interim*. A l'arrivée du Gouverneur François, envoyé par ce Prince, il se retira dans sa maison, où il vécut depuis en simple particulier jusqu'à sa mort, qui arriva deux ans après. En 1398 il fut emporté par la peste, qui faisoit alors de grands ravages dans l'Etat de Gênes. Il eut été heureux pour sa Patrie, que cette mort fût arrivée quelques années plutôt : elle n'auroit pas perdu sa liberté. A quantité de vices essentiels, Antoine Adorno joignit les plus grandes qualités, & beaucoup de talens, dont malheureusement il ne se servit presque toujours que pour troubler le repos de sa Patrie, & pour contribuer à ses malheurs. S'il fut, d'un côté, fourbe, intrigant, inconséquent, léger, vindicatif, brouillon, factieux, cruel, dissimulé, tyran, d'un orgueil & d'une ambition effrénés, & sur-tout très-mauvais Citoyen; de l'autre, éloquent, libéral, aimant la gloire, capable de concevoir, d'entreprendre & d'exécuter les projets les plus vastes; sobre, vigilant, infatigable au travail, il se distingua encore par son amour pour les Lettres, qui faisoient ses délices, & qui remplissoient les momens de son loisir. Il s'acquit la plus grande réputation, & fut un des plus fameux hommes de son tems en Italie. Il fut estimé & considéré de la plupart des Princes voisins : il se concilia la bienveillance & l'amitié de plusieurs d'entre eux, & fut souvent choisi pour les concilier, pour être l'arbitre de leurs différends. Enfin il porta sa famille au plus haut dégré de gloire, d'opulence, de puissance & de splendeur.

Le Peuple de Gênes s'étant soulevé en 1401 contre le Gouvernement François, & s'étant donné des Magistrats, sous le nom de Prieurs, chargés de rétablir l'ordre & la tranquillité dans la Ville, George Adorno fut du nombre de ces Prieurs. Le même fut élu Doge en 1413, avec le consentement unanime de ses concitoyens, lorsqu'ils secouerent le joug du Marquis de Monferrat. Son premier soin fut de pousser la guerre avec vigueur contre ce Seigneur, & de recouvrer les places dont il étoit encore en possession. Il l'amena à faire un accommodement avec la République, & à renoncer, moyennant une certaine somme, à toutes ses prétentions à la Souveraineté de Gênes. Les vertus du Doge, son gouvernement doux & modéré, n'empêcherent pas que ses ennemis, ou plutôt ceux de tout Doge régnant, les envieux de sa place, ne prissent les armes en 1414 pour l'en déposséder. Il voulut sacrifier sa dignité à la tranquillité de sa Patrie; mais ses fils, jeunes gens hautains & ambitieux, firent rompre la négociation entamée à cet effet, & forcerent ce pere trop foible à se replonger, malgré lui, avec Gênes, dans les flots orageux de la guerre civile, à être la cause ou le prétexte de toutes les horreurs auxquelles sa Patrie se vit alors en proie. L'inimitié & la jalousie des deux Factions dominantes, Frégose & Adorne, en furent le véritable motif. Après bien du sang répandu inutilement de part & d'autre, quand cette espece de rage mutuelle fut plutôt lassée qu'assouvie, George Adorno abdiqua suivant son premier desir, & fut récompensé de ce sacrifice tardif par une pension & plusieurs privileges honorables. Il se laissa pourtant séduire par les ennemis de Barnabé Guano, son successeur, qui l'engagerent à se liguer avec eux contre lui. George étoit un homme peu ambitieux, généreux, incapable de dissimulation & de fourberie, & d'un esprit simple & facile, dont ses rivaux même abusoient pour le faire servir d'instrument à leurs desseins.

Thomas Frégose étant devenu Doge, les Adorni s'exilerent aussi-tôt de

Gênes pour se réunir contre lui avec les Montaltes, & lui susciter des ennemis & de l'occupation au dehors. Ils n'eurent pas de peine à faire entrer dans leurs projets le Duc de Milan (Philippe-Marie Visconti) qui, désirant depuis long-tems soumettre Gênes à sa domination, ainsi qu'il y parvint en effet en 1421, reçut les mécontens à bras ouverts, leur fournit des troupes, & leur promit de les appuyer de toutes ses forces. En 1419, Raphaël Adorno, chef de cette Famille par la mort de George, fut élu Doge par les mécontens de sa Faction & autres; mais cette élection illégitime, qui se fit dehors la Ville, ne fut point reconnue, & ne fut d'aucune utilité à leur parti, non plus que toutes les tentatives qu'ils firent sur Gênes, & les différentes irruptions qu'ils firent sur son territoire pendant le cours de plusieurs années.

Il n'est point parlé de ces Citoyens remuans, dans l'histoire de cette République, pendant une partie du tems qu'elle fut soumise au Duc de Milan. La domination étrangere mettoit ordinairement fin aux dissensions domestiques, & aux querelles des Chefs de faction, qui étoient la plûpart du tems exilés, ou s'exiloient eux-mêmes volontairement; c'étoit le seul bien qu'elle faisoit à Gênes. N'ayant plus rien à faire les uns contre les autres, il ne leur restoit plus d'autre ressource pour ne pas demeurer oisifs, que de se liguer ensemble pour exciter des troubles, & s'efforcer de faire soulever leurs Concitoyens contre le Gouvernement régnant. C'est le parti que prit Barnabé Adorno, alors exilé, qui, excité par les ennemis du Duc, fit en 1426 & 1429 de nouveaux mouvemens pour s'approcher de Gênes & s'en rendre maître. Secondé par les Fiesques & les Marquis Malaspina, il donna beaucoup d'occupations au fameux Général Piccinini, que le Duc envoya contre lui. Cependant il fut obligé de céder à la force & de se retirer. Il revint encore à la charge en 1431; mais cette nouvelle tentative fut plus malheureuse que les précédentes; car il fut défait & pris par Piccinini.

Lorsque Gênes eût recouvré sa liberté, les Adorni recommencerent leurs cabales & leurs intrigues contre les Frégoses, qui s'étoient d'abord emparés du Gouvernement. Le Doge Thomas Frégose ayant été dépossédé en 1442, Raphaël Adorno fut élû pour le remplacer dans cette dignité, & en jouit assez paisiblement jusqu'en 1447, où les intrigues de ses proches le contraignirent, en quelque façon, d'y renoncer. Sa vertu & sa modération n'étoient pas du goût de ses ambitieux parens, qui voulant avoir un autre Doge plus à leur guise, plus dévoué aux intérêts de leur famille, eurent l'adresse de lui persuader d'abdiquer, sous le spécieux prétexte que le bien de Gênes & le repos de ses concitoyens demandoient de lui ce sacrifice. Le crédule Raphaël se hâta de le faire, & fut bien surpris de voir, qu'aussi-tôt après son abdication, ses parens firent élire à sa place Barnabé Adorno, jeune homme moins capable qu'ambitieux. Elû Doge en 1447, Barnabé ne jouit pas long-tems du fruit de sa supercherie; il fut dépossédé par les Frégoses trente jours après. C'est ainsi que ces deux puissantes maisons s'arrachoient alternativement le Dogat. Les secours que Barnabé reçut d'Alphonse, Roi de Naples & d'Arragon, qui s'attachoit sans cesse à troubler le repos de Gênes, & à y fomenter des dissentions domestiques, pour plusieurs raisons d'intérêt & de politique, n'empêcherent pas qu'il ne fût renversé de sa place, & obligé de la céder de nouveau aux Frégoses. Ces deux factions rivales s'appuyoient chacune des secours d'une Puissance étrangere, pour nuire à leur patrie, en chasser leurs adversaires, & s'emparer du Gouvernement sous les auspices de cette Puissance alliée, qu'elles leurroient & mettoient dans leurs intérêts par l'espoir de devenir maîtresse de Gênes par leur moyen : espoir qu'elles ne remplissoient qu'à la derniere extrêmité, & que quand elles n'avoient plus celui de le devenir elles-mêmes. Les Frégoses s'étant procuré l'appui de la France & de la maison d'Anjou, les Adornes abandonnerent le parti de cette Couronne, pour passer dans celui des Rois de Naples de la maison d'Arragon, rivale & ennemie jurée de la précédente, auquel ils demeurerent constamment attachés depuis qu'ils l'eurent embrassé : ils furent aussi réciproquement soutenus par ces Princes en toutes occasions. Raphaël & Barnabé Adorne étoient dans l'armée d'Alphonse en 1455 & 1458, lorsque ce Prince fit bloquer Gênes par terre & par mer, à deux différentes reprises, dans le dessein de s'en emparer, & d'en chasser les Frégoses, ses ennemis personnels. Mais le parti désespéré que Pierre Frégose, alors Doge, prit de soumettre sa patrie à la Domination du Roi de France, Charles VII, déconcerta les desseins des Adornes, qui, privés peu de tems après de leur appui par la mort d'Alphonse, furent obligés de demeurer en exil, où ils moururent peu de tems après, en partie du chagrin qu'ils ressentirent de leurs disgraces.

Ceux de cette famille ne manquoient pas de successeurs, qui héritoient de leur ambition & de leurs projets, & renaissoient, pour ainsi dire, de leurs cendres. La maison des Adornes fut bientôt relevée, & dans le cas d'oublier ses pertes & ses revers. Ayant profité du soulevement de leurs concitoyens contre le Gouvernement François, pour rentrer dans leur patrie en 1460, ils y reprirent bientôt le dessus par leurs intrigues, & l'ascendant de leur faction sur l'esprit du Peuple, & firent élire Doge Prosper Adorno. Ce Prosper est encore un de ceux de cette famille, qui jouerent le plus grand rôle dans leur patrie, & sur lequel on s'étendra le plus. Il contribua beaucoup avec Paul Frégose, Archevêque de Gênes, à la défaite & à l'expulsion des François de son Etat. Ses divisions avec ce Prélat brouillon & factieux l'obligerent la même année de s'enfuir de Gênes, & d'abandonner la place aux Frégoses. Il se réconcilia peu de tems après avec son ennemi, & revint dans sa patrie, où il devint le confident, le support du Doge-Archevêque, & le digne Ministre de ce cruel tyran. Le Duc de Milan, François Sforce, vint à bout de le détacher de ses intérêts en 1463, & de le mettre dans les siens, en lui donnant la Ville d'Orada & l'attirant à sa Cour. Il y fut mis en prison sous différens prétextes par le Duc Jean-Galéas, fils & successeur du Duc François, qui craignant son ambition, son génie remuant & son crédit, le fit enfermer dans le Château de Crémone. Il en fut tiré quelque tems après la mort de Galéas, assassiné en 1476, par la Duchesse-Douairiere sa veuve, qui croyoit avoir besoin de lui. Les Génois ne vouloient plus reconnoitre la Domination des Sforces, & avoient chassé les Troupes Milanoises de leur Ville. La Duchesse, non-contente d'envoyer une armée contre eux, crut, par le conseil de ses favoris, que le meilleur moyen pour les réduire, étoit de les diviser entre eux, d'opposer faction à faction, & de gagner le Chef de celle des Adorni. En conséquence, sçachant le pouvoir que Prosper avoit dans Gênes, elle lui rendit la liberté, & lui promit le Gouvernement de cette Ville, si par son moyen elle pouvoit rentrer sous l'obéissance du jeune Duc, son fils. Quoique les parens de Prosper fussent aussi à la tête des mécontens, celui-ci, qui n'avoit de parens ni d'amis que son ambition & ses intérêts, oublia d'abord son ressentiment contre la Cour de Milan, & se laissa gagner par des offres aussi flatteuses. Il se hâta de les accepter, & de prendre parti dans l'armée Milanoise; & dans le transport qui l'animoit, il prit les devants, s'approcha de Gênes, & trouva le moyen de s'y introduire sans combat, avec l'aide de Charles Adorne, son frere, qui s'étoit emparé du Château par surprise. Prosper remit sa patrie sous le joug Milanois, & fut déclaré & reconnu solemnellement Gouverneur de Gênes au nom du Duc. Quelque tems après, ses intelligences & liaisons secrettes avec les Fiesques, ennemis déclarés de cette Cour, & avec Ferdinand, Roi de Naples, donnerent quelques soupçons & sujets de mécontentement à la Duchesse, qui résolut de lui ôter le Gouvernement de Gênes. L'entreprise étoit d'autant plus difficile, qu'il y commandoit plutôt en son nom qu'en celui du Duc. La Cour de Milan ne croyant pas sûr d'employer la force ouverte contre un sujet si puissant & si dangereux, eut recours à la ruse pour le déposséder. Elle fit de vaines tentatives à ce sujet en 1478. Prosper prévint ses mauvais desseins, fit soulever ses concitoyens contre le Duc, & renonça au titre de Gouverneur en son nom, pour prendre celui de Capitaine, ou défenseur de la liberté Génoise. Secondé par le Roi de Naples, qui lui envoya des secours d'hommes & d'argent, Prosper vint à bout de chasser les Milanois de presque tous les forts qu'ils occupoient dans Gênes, & remporta sur leur armée une victoire des plus complettes; elle y fut presque entiérement détruite, ou faite prisonniere. Les nouvelles dissentions de Prosper avec les Frégoses l'empêcherent de retirer aucun fruit de cette importante victoire, & de poursuivre ses avantages contre les Milanois. D'ailleurs son Gouvernement despotique & ses cruautés le rendirent aussi odieux au Peuple, qu'il en étoit aimé auparavant. Il se vit bientôt abandonné, trahi par ses partisans, & entr'autres, par Obietto de

Fiesque, son principal défenseur; forcé par ses ennemis jusques dans son palais, obligé de l'abandonner, de prendre précipitamment la fuite, & enfin de se jetter tout habillé dans la mer, pour se soustraire à la fureur du Peuple, & à la rage de ses ennemis. Il gagna à la nage les galeres de Naples, où il trouva un azile. Sa retraite laissa le Dogat & le Gouvernement entre les mains des Frégoses. Il mourut à la Cour du Roi de Naples, son protecteur.

Augustin & Jean Adorne, Chefs de cette famille par la mort de Prosper, se liguerent en 1487 avec les autres mécontens contre le Cardinal-Archevêque Doge, Paul Frégose, l'objet de la haine commune, & le tyran des Génois, qu'ils contraignirent de se réfugier dans le Château où ils l'assiégerent. Ludovic Sforce étant venu à bout dans cet intervalle, de s'emparer de la Souveraineté de Gênes, sous le nom du jeune Duc Galéas, son neveu, il fut fait un arrangement, moyennant lequel Augustin Adorno fut fait Gouverneur de Gênes pour dix ans, au nom du Duc. Les Adorni ayant repris alors totalement le dessus par l'expulsion des Frégoses, monterent à un tel degré de puissance & d'opulence, & en même tems d'insolence & d'orgueil, que leur Gouvernement devint tout aussi insupportable à leurs concitoyens, & tout aussi tyrannique que celui de leurs adversaires. Ils pousserent les choses à un tel excès, que les Génois se seroient soulevés plusieurs fois contre eux, si la prudence & la vigilance de Conradolo Stanga, résident de Ludovic à Gênes, n'eussent prévenu ou appaisé ces soulevemens dès leur naissance. Les Adorni continuerent encore quelque tems à abuser de leur pouvoir, & rendirent vaines & inutiles en 1497 toutes les tentatives que le Roi de France Charles VIII, fit à son retour de son expédition de Naples, de concert avec les mécontens & exilés de Gênes, pour s'emparer de cette Ville, par ressentiment contre Ludovic. Mais Louis XII, s'étant rendu maître du Milanès en 1499, & étant entré sur le territoire de Gênes avec son armée victorieuse, les Adorni furent bientôt obligés de céder à ce torrent. Voyant que leurs concitoyens brûloient d'envie d'ouvrir leurs portes au vainqueur de Ludovic, & de lui déférer la Souveraineté de leur Ville; & que d'ailleurs ils n'avoient aucun moyen de tenir tête aux François, aucun espoir de secours de la part de Ludovic, qui s'étoit enfui en Allemagne, ils prirent le parti de se retirer les uns sur leurs terres, & les autres à la Cour du Roi de Naples, où les exulants de cette maison trouvoient depuis long-tems un sûr azile. Ils voulurent faire en 1509 une tentative pour rentrer dans leur patrie & pour en chasser les François. Ils s'embarquerent dans ce dessein, avec les Frégoses & autres Citoyens factieux, qui étoient toujours du nombre des mécontens, quand ils n'étoient pas les maîtres, sur la flotte que le Pape Jules II, principal moteur de cette expédition, fit équiper pour cet effet, de concert avec les Vénitiens; mais cette entreprise n'eut aucun succès, ainsi que les suivantes.

Les Adorni changeoient continuellement de parti, avec les circonſtances & ſuivant leurs intérêts; ils ſe liguerent en 1513 avec les Fieſques, contre les Frégoſes, en faveur des François, qui avoient perdu Gênes dans cet intervalle. Ceux-ci y étant rentrés, les Frégoſes en furent expulſés à leur tour, & Antoine Adorno en fut fait Gouverneur pour le Roi. Il ne fut pas long-tems en poſſeſſion de cette place. Les revers des armes Françoiſes en Italie, & la perte de la bataille de Novare, livrerent de nouveau Gênes à la merci des Frégoſes, & contraignirent encore une fois les Adorni de leur céder la place. Ils firent l'année d'après, de concert avec les Fieſques & les ennemis de la République, différens efforts pour y rentrer, qui furent tous infructueux; leurs troupes furent même miſes en déroute dans l'une de ces entrepriſes, où ils avoient trouvé le moyen de s'introduire dans la Ville & de s'avancer juſqu'au palais du Doge, dans le deſſein de s'en emparer. Jérôme Adorno, l'un des Chefs de cette expédition, tomba avec pluſieurs d'entre eux entre les mains du Doge Octavien Frégoſe, & fut enfermé dans le Château, où il demeura priſonnier pendant quelques mois. Ceux de ſa famille, voyant que les affaires de la France alloient de jour en jour en décadence, & que les Frégoſes avoient embraſſé ſon parti, l'abandonnerent pour ſe tourner du côté des heureux, pour entrer dans celui de l'Empereur. De concert avec ce Prince, & ſecondé par Antoine ſon frere, Jérôme Adorno fit en 1521 une nouvelle entrepriſe ſur Gênes, que la vigilance & les ſages précautions d'Octavien Frégoſe, alors Gouverneur de cette Ville pour François I, rendirent auſſi inutile que toutes les précédentes. Les affaires changerent bien de face l'année d'après. La priſe de cette Ville (en 1522) par les Impériaux, qui l'abandonnerent après l'avoir ſaccagée, la remit, pour la derniere fois, au pouvoir des Adorni, qui s'emparerent du Gouvernement & le rétablirent ſur l'ancien pied. Trois jours après la priſe de Gênes, Antoine Adorno, l'aîné des deux freres, fût élû Doge, ſans qu'on obſervât preſque aucune des formalités ordinaires & preſcrites par les Loix. Néanmoins Jérôme, ſon frere cadet, qui avoit des talens bien ſupérieurs aux ſiens, gouverna toujours ſous ſon nom, juſqu'à ſa mort qui arriva l'année d'après. Quelque tems auparavant il avoit été envoyé en qualité de Miniſtre plénipotentiaire à Veniſe par l'Empereur (Charles-Quint,) qui en faiſoit beaucoup de cas, pour y négocier un traité d'alliance offenſive & défenſive entre ce Prince, les Vénitiens, & pluſieurs autres Etats d'Italie, contre quiconque entreprendroit de troubler le repos de l'Italie. Jérôme Adorno fut un des plus fameux perſonnages que ſa famille ait produits; grand politique, habile négociateur, il gouverna ſagement ſa patrie dans des tems difficiles, & s'acquit l'eſtime de pluſieurs Princes de ſon tems.

Cependant les Adornes étoient venus à bout de chaſſer les François du Château de Gênes, ainſi que de tout ſon Etat. Ils n'en furent pourtant pas paiſiblement maîtres. Le retour & les ſuccès de leurs ennemis en Italie, leurs irruptions & hostilités sur le territoire de Gênes, leur donnerent bientôt de nouvelles alarmes, qui obligerent le Doge Antoine de conclure une treve avec eux en 1524. Ses inquiétudes furent dissipées par leur fameuse défaite auprès de Pavie; mais elles recommencerent en 1526 à la vûe d'une flotte Françoise, qui vint bloquer Gênes par mer, tandis que le Maréchal de Lautrec en forma le siege par terre. Cette Ville ayant été obligée de capituler en 1527, le Doge Adorno se retira dans le Château, le rendit quelque tems après, & se démit de sa Dignité. Il fut le dernier de sa famille, qui fut en possession de donner des Loix à sa patrie; & le dernier Doge de Gênes, avant la réforme de la constitution de cette République, & l'établissement des Doges biennaux. En lui finit le pouvoir, la domination, & le nom des Adornes si long-tems funestes pour Gênes.

Lors de cette célebre réforme, qui fut le premier fruit de sa délivrance par André Doria, & lors de l'agrégation de toutes les familles tant Nobles que Populaires, sans distinction, aux principales familles Nobles qui possédoient six maisons dans la ville (arrangement où l'on eut spécialement pour but d'éteindre tous les noms de faction quelconques, & principalement ceux d'Adorno & de Frégose) la Maison des Adorni perdit aussi son nom, pour prendre celui de la famille Noble à qui elle fut agrégée. Ce remede salutaire fit son effet. Depuis cette époque il ne fut plus question de la faction, du pouvoir, des orgueilleuses prétentions de cette ambitieuse famille, ni de ses différends avec les Frégoses. Elle n'excita plus de troubles, elle fut comme ensevelie dans un profond oubli; & il n'est plus fait aucune mention d'elle, ni de sa rivale, dans l'Histoire de Gênes, de ce tems-là.

Elle reparoît avantageusement sur la scene dans celle de ces tems modernes; elle se distingua pendant la guerre de 1745, non plus, comme autrefois, par son ambition, par son empressement à soumettre sa patrie à sa domination, mais par son zele pour sa défense, par le courage héroïque avec lequel elle combattit pour sa querelle. On voit dans l'Histoire de cette guerre, que le Marquis Augustin Adorno, Commandant de la Citadelle de Savone, fit la plus vigoureuse résistance contre les Piémontois qui l'assiégeoient, & qui étoient secondés par une flotte Angloise; qu'il refusa même de rendre cette forteresse, quoiqu'il en eût reçu l'ordre par écrit du Sénat, alléguant, „ qu'il n'étoit point obligé de remplir des ordres „ dictés par les ennemis de Gênes (ils en étoient alors en possession) & „ par le malheur des tems; que dans toute autre circonstance il se feroit „ un devoir indispensable d'obéir; mais que, dans la conjoncture, il croyoit „ ne pouvoir mieux prouver son zele & son amour pour sa patrie, qu'en „ désobéissant, pour son salut & pour son honneur, aux ordres de ses Supérieurs. " Après cette généreuse réponse, ce brave Patriote exhorta sa garnison à combattre avec lui jusqu'au dernier soupir pour la défense de la place qui leur avoit été confiée, & à s'ensevelir sous ses murailles plutôt que

que de se rendre. Il lui fit ensuite distribuer tout ce qu'il avoit d'argent, de vaisselle, & d'effets quelconques, & lui fit faire la lecture de son testament par lequel il les instituoit tous, Officiers & Soldats, légataires de ses biens qui étoient considérables; ou plutôt, il les léguoit, à leur défaut, à leurs femmes & à leurs enfans. Ce brave homme, n'étant point secouru, fut pourtant obligé de capituler, après avoir essuyé plus de trente mille coups de canon, & de treize mille bombes.

Ces derniers traits couronnent dignement l'Histoire de cette fameuse Maison, qui en offre malheureusement peu de semblables, pendant près de deux siecles qu'elle a joué le plus grand rôle dans sa Patrie. La liste des Hommes illustres qu'elle a produits, présente quantité de braves Guerriers, de vaillans Capitaines, d'habiles Politiques, remarquables par leur ambition ou par leur génie, de Doges puissans & considérés, mais très-peu de bons Citoyens, de la trempe de celui dont on vient de parler. Peu de ces hommes factieux & remuans eurent la consolation de finir paisiblement leurs jours dans le sein de leur patrie; la plûpart, après avoir mené une vie très-agitée, & continuellement troublée par leurs revers ou leurs entreprises, la terminerent tristement en exil, ou à la Cour des Princes qui leur donnoient un azile; mais enfin, toujours dans une terre étrangere.

On observera qu'il est assez singulier que, tandis que les Spinola, les Fiesques, les Frégoses, & autres familles qui ne furent jamais plus puissantes que celle des Adorni, ont donné tant de Cardinaux, de Prélats à l'Eglise, d'Archevêques à Gênes & à l'Italie, on ne trouve point qu'aucun Adorno soit parvenu aux grandes dignités Ecclésiastiques. Les auroient-ils dédaignées, ou leur ambition, moins avide que celle de leurs rivaux, se seroit-elle bornée à la possession de l'autorité temporelle, comme la plus solide? D'un autre côté rien ne manque à leur illustration. Dans le tems de leur regne, ils contracterent des alliances avec la plupart des Seigneurs voisins de Gênes; les Marquis de Caretto & de Final, les Comtes de Tende, la Maison de San-Severino, & autres des plus illustres d'Italie. Aujourd'hui leurs descendans ont plutôt accrû l'ancien lustre de leur Maison, qu'ils n'en sont déchus; ils sont encore employés avec honneur & distinction, dans les Ambassades, les Gouvernemens, & toutes les principales charges & dignités de l'Etat, sur lequel leurs ancêtres ont si souvent dominé autrefois.

ADRESSE, f. m.

L'ADRESSE eſt l'art de conduire ſes entrepriſes d'une maniere propre à y réuſſir, de tirer tout le parti poſſible des conjectures & des événemens, quels qu'ils ſoient, comme ſi on les avoit fait naître pour en profiter. Elle demande beaucoup d'intelligence dans l'emploi des moyens, & c'eſt dans les affaires les plus difficiles qu'elle ſe montre avec plus d'avantage.

L'Adreſſe eſt infiniment au-deſſus de la ſoupleſſe, de la fineſſe, de la ruſe & de l'artifice, parce qu'elle eſt plus délicate, plus honnête, plus réſervée, plus franche : c'eſt la ſupériorité d'un caractere vraiment vertueux ſur tous ceux qui n'ont que l'apparence de l'honnêteté.

La ſoupleſſe ſe plie facilement aux circonſtances, évite les obſtacles, & ſe montre quelquefois trop docile aux paſſions de ceux dont elle recherche la faveur ou les ſuffrages. L'Adreſſe n'eſt jamais ſervile, elle n'a pas beſoin de l'être. Habile à ſaiſir l'occaſion, elle échoue rarement. Ce n'eſt point en abuſant de la foibleſſe des hommes, qu'elle les fait ſervir à ſes vues, c'eſt par ce qu'il y a de plus excellent en eux qu'elle les y amene. La ſoupleſſe les attaque par leur foible, & ne réuſſit pas toujours. L'Adreſſe les attaque par leur fort, & ne manque guere d'en triompher.

La fineſſe, ſecrete dans ſes deſſeins, cachée dans ſes démarches, fait tous ſes efforts pour n'être pas pénétrée, & ſouvent elle ſe trahit à la Cour comme à la Ville, par l'art & le myſtere qu'elle met dans tout ce qu'elle fait. L'Adreſſe n'affecte ni de ſe montrer ni de ſe cacher. Aſſez pénétrante, aſſez féconde en reſſources pour ne ſe manquer jamais, quel intérêt a-t-elle de paroître ce qu'elle n'eſt pas, & de faire prendre le change aux autres? Toute ſa force eſt dans ſa franchiſe & ſon intelligence.

La ruſe, voie déguiſée d'aller à ſes fins, eſt indigne d'un galant homme; ſi à la Cour on lui donne le nom d'Adreſſe, c'eſt qu'à la Cour on eſt intéreſſé à donner au vice le vernis de la vertu. L'Adreſſe n'eſt point ingénieuſement trompeuſe : elle ſe tromperoit elle-même ſi elle ruſoit. Elle n'a que des vues, elle n'emploie que des moyens qu'elle puiſſe avouer. Elle opere ſûrement, parce qu'elle opere honnêtement. Quel avantage que celui d'un Négociateur qui n'agit que par des voies honnêtes & qui y met le zele, l'activité, la prudence, la droiture, l'habileté dont la réunion forme l'eſſence de ce que j'appelle Adreſſe.

L'artifice eſt un moyen recherché & peu naturel pour l'exécution de ſes deſſeins : c'eſt une diſſimulation préparée qui ſurprend; & malheureuſement l'expérience que l'on fait habituellement de la méchanceté des hommes, rend certains eſprits ſi méfians qu'il faut quelquefois uſer d'artifice pour en obtenir même les choſes les plus raiſonnables. Il n'y a qu'une Adreſſe extrême qui puiſſe triompher de leur méfiance, ſans avoir recours à la diſsimulation. L'Adresse n'est point intrigante : sa maniere d'agir est libre & naturelle, noble & généreuse : elle est fondée sur la connoissance des caracteres, des pensées qui les affectent, des mobiles qui les remuent, de la nature des passions, de l'influence des circonstances sur les esprits. C'est de cette connoissance qu'elle tire ses ressources & son pouvoir. Il n'est pas étonnant qu'on la voie réussir où échouent tous les maneges de la souplesse, de la finesse, de la ruse & de l'artifice.

Un esprit adroit a un ascendant singulier sur les hommes & les événemens : j'en citerai quelques exemples propres à faire voir que l'Adresse d'esprit consiste tantôt dans une suite de démarches profondément réfléchies, & quelquefois aussi dans l'habileté à profiter d'une occasion heureuse qui se présente sur le champ, sans être prévue, ou même dans la maniere de saisir une vérité & de la rendre sensible aux autres.

Aristide, ayant été élu Trésorier-général de la République d'Athénes, fit voir que ceux qui l'avoient précédé dans cette charge avoient diverti de grosses sommes à leur profit particulier, & sur-tout Thémistocle; car celui-ci avec tout son mérite, n'étoit pas sans reproche de ce côté-là. Aussi lorsqu'Aristide voulut rendre ses comptes, Thémistocle fit une forte brigue contre lui; le chargea publiquement du crime de péculat, & vint à bout de le faire condamner. Mais les principaux de la Ville, & les plus gens de bien, s'étant élevés contre un jugement si inique, non-seulement l'amende lui fut remise; mais on le nomma encore Trésorier pour l'année suivante.

Alors Aristide se montra moins sévere envers ceux qui manioient les deniers de la République. Il ne les reprenoit point; il n'examinoit point scrupuleusement leurs comptes; ensorte que son administration commode n'excitoit que des louanges. Tous les comptables firent des brigues auprès du Peuple, pour le faire continuer une troisieme année, dans la même charge. Le jour de l'élection étant venu, comme tous les suffrages se réunissoient pour le nommer, Aristide prit la parole, & s'adressant aux Athéniens : » Quoi! leur dit-il, quand j'ai administré vos finances avec la fidélité, la » vigilance d'un homme de bien, j'ai essuyé de votre part les traitemens » les plus durs & les plus humilians; & aujourd'hui que je les ai presque » abandonnés à la voracité de ces sang-suës publiques, je suis un homme » admirable, & le meilleur des Citoyens? Je vous déclare donc que j'ai » plus de honte de l'honneur que vous me faites en ce jour, que je n'en eus » l'an passé, de la condamnation que vous prononçâtes contre moi; & je » vois, avec douleur, qu'il est plus glorieux ici d'user de complaisance » avec les méchans, que de ménager & de conserver les biens de la République.« Par ce discours digne de lui, ce grand homme ferma la bouche aux brigands de l'Etat, & mit le comble à l'estime que tous les gens de bien avoient déja pour sa haute vertu. Dans combien de Gouvernemens

Ariſtide eut pu tenir le même langage avec autant de raiſon qu'à Athenes!

On vante beaucoup l'adreſſe avec laquelle Socrate décrédita dans l'eſprit de la jeuneſſe Athénienne, la fauſſe éloquence & la dialectique trompeuſe des Sophiſtes de ſon tems. Ces gens faiſoient beaucoup de tort au vrai ſavoir. A les entendre ils poſſédoient toutes les Sciences humaines, Théologie, Phyſique, Arithmétique, Aſtronomie, Grammaire, Poéſie, Muſique, Rhétorique, Hiſtoire. Enflés de leur prétendu ſavoir, dont ils trafiquoient au gré de leur avarice & de leur ambition, ils prétendoient qu'on les écoutât comme des oracles. Cependant les jeunes-gens n'emportoient d'autre fruit de leurs inſtructions, que des connoiſſances ſuperficielles, une ſotte eſtime d'eux-mêmes, & un mépris impertinent pour les autres.

Socrate, qui n'étoit encore que peu connu, & dans qui la modeſtie étoit égale à la force de l'eſprit, ou plutôt à la beauté du génie, ne voulut point attaquer bruſquement ces maîtres orgueilleux. Quand il ſe rencontroit avec quelqu'un de ces ſages, il lui propoſoit ſes doutes d'une maniere honnête & modeſte, également éloignée de la timidité d'un écolier & de l'arrogance d'un docteur, employant les termes & les comparaiſons les plus ſimples. Le Sophiſte l'écoutoit avec une attention dédaigneuſe, & au lieu de lui donner une réponſe préciſe, il ne manquoit pas de ſe jetter dans des lieux communs, diſcourant beaucoup ſans rien dire de ſatisfaiſant. Socrate, profitant avec diſcrétion de ſon avantage, n'effarouchoit point ſon homme, lui faiſoit ſentir qu'il n'étoit point ſatisfait de ſes réponſes trop ſcientifiques qu'il ne comprenoit pas bien, le prioit de vouloir bien ſe proportionner à ſa foibleſſe, de répondre plus préciſément à ſes demandes, parce que toute ſa ſcience ſe réduiſoit à interroger ou à répondre. Le Docteur ne pouvoit ſe refuſer à des inſtances ſi raiſonnables. Mais lorſque Socrate l'avoit tiré de ſon fort en l'obligeant de lui donner des réponſes courtes & pertinentes, il preſſoit ſes queſtions avec une adreſſe merveilleuſe, & le Sophiſte mené de conſéquence en conſéquence, ſans ſe défier du point extrême où il parviendroit, étoit conduit à admettre forcément les propoſitions les plus abſurdes, ou à ſe contredire lui-même, ou à ſe taire. Ce dernier parti n'eſt pas celui que prend communément un Dialecticien, dont la Logique eſt en défaut. Quelquefois Socrate revenant ſur ſes pas, ſuppoſoit pour un moment qu'il avoit mal ſaiſi le ſens des réponſes du Sophiſte, & par la juſteſſe de ſon eſprit, mettoit une ſeconde fois en évidence l'ignorance du Sophiſte. Quelquefois il ne le pouſſoit pas juſques dans les derniers retranchemens, laiſſant à quelqu'un de la compagnie le plaiſir de pourſuivre une victoire dont il avoit fait tous les fraix. Quelquefois encore il ſe plaignoit que ces hommes ſi ſavans ne daignoient pas l'inſtruire, puiſqu'ils ne lui donnoient jamais de réponſes ſatisfaiſantes. Tantôt converſant familiérement avec les jeunes gens les plus aſſidus à écouter ces Docteurs, il leur faiſoit ſentir que tout ce qu'ils enſeignoient n'étoit d'aucune utilité ni dans le commerce ordinaire de la vie, ni pour le maniement des affaires publiques, qu'ils n'apprenoient ni à bien vivre, ni à vivre heureux, qui est pourtant la vraie destination de l'homme sur la terre. La jeunesse Athénienne appercevoit facilement de quel côté étoit la raison & le vrai savoir. En peu de tems les Sophistes devinrent aussi odieux, aussi ridicules qu'ils avoient été admirés.

CAMBYSE ayant pris la ville capitale de Psamménite, Roi d'Egypte, l'abandonna au pillage. Le Monarque vaincu, voyant les soldats courir çà & là, demanda au Roi de Perse ce qu'ils faisoient? Ils pillent votre ville & vos biens, répondit le Vainqueur.— Vous vous trompez, Prince, reprit Psamménite; il n'y a plus rien ici à moi : tout est à vous par le droit de la guerre, & c'est votre bien qu'ils pillent. Cette adroite réflexion frappa Cambyse, qui fit aussi-tôt cesser le pillage.

L'EMPEREUR Henri II, étant en voyage, s'arrêta à Verdun & alla rendre visite à Richard, Abbé de S. Vannes. En entrant dans le Cloître, il prononce ces paroles du Pseaume 131 : *C'est ici mon repos pour toujours, c'est l'habitation que j'ai choisie.* L'Evêque Heimon, qui l'accompagnoit, va rapporter ces mots à l'Abbé. Prenez garde, lui dit-il, à ce que vous ferez. Si vous recevez l'Empereur pour Religieux, comme il le demandera, vous perdez l'Empire. L'Abbé reçoit l'Empereur & le conduit avec respect au Chapitre. Là, devant tous les Religieux, il ose l'interroger sur le dessein qui l'amene dans cette solitude. Henri lui répond, le visage baigné de larmes, qu'il veut faire pénitence parmi eux, quitter le monde & l'Empire, & prendre l'habit de Religieux. Voulez-vous, dit l'Abbé, selon la regle, & l'imitation de Jesus-Christ, être obéissant jusqu'à la mort? L'Empereur répond, avec humilité, qu'il n'a pas d'autre dessein. Eh bien! reprend l'Abbé, je vous reçois pour Moine. Je me charge du soin de votre ame; mais je veux que vous fassiez tout ce que je vous ordonnerai. Henri promet tout; & Richard replique aussi-tôt : Je vous ordonne de continuer à gouverner l'Empire; d'être ferme en rendant la justice; & d'user de toute votre autorité pour procurer aux Peuples la paix & la tranquillité. Cette réponse adroite fit sentir à Henri toute l'importance des devoirs d'un Empereur, il comprit qu'il ne lui étoit pas libre d'abandonner un Peuple qu'il devoit rendre heureux; sans plus insister, il se retira, remercia l'Abbé de la leçon qu'il venoit de lui donner, en paroissant condescendre à un accès indiscret de dévotion, & il alla reprendre les soins pénibles du Gouvernement.

ADRESSE *des Chartes & Diplômes.*

LES Bulles des Papes eurent quelquefois des Adresses, à en juger par certaines Bulles de Grégoire VII.

Les Chartes prirent assez souvent dans les premiers siecles la forme des Lettres & porterent en conséquence des Adresses en regle. Au VIIIe. siecle les Chartes par lesquelles on donnoit des biens aux Eglises, leur étoient ordinairement adressées. Le plus souvent cependant le Donateur adressoit sa Charte à l'Abbé & à la Communauté, ou à l'Evêque & au Clergé.

Lorsque les Rois de France dans les XIVe. & XVe. siecles donnoient des Diplômes un peu solemnels, c'étoit toujours quelqu'un du Conseil qui en étoit le Promoteur ; mais rarement le Chancelier s'y trouvoit pour les sceller, à moins que ce ne fussent des actes très-solemnels ; encore, quoiqu'il y assistât, il étoit passé en usage au commencement du XIVe. siecle de lui adresser expressément le Diplôme pour le signer & le sceller. La formule de cette Adresse est singuliere : elle est placée à la fin du Diplôme après les dates, & conçue en ces termes : *Per Regem ; ad relationem Concilii in quo eratis vos*, & le nom du Sécretaire ; ou *Per Concilium in quo eratis vos*. Plusieurs preuves démontrent que ce *vos* étoit adressé au Chancelier.

Il est probable que ce fut cette Adresse qui donna lieu à l'Ordonnance de Charles VI, encore Régent, par laquelle il veut que toutes Lettres-Patentes soient scellées du grand sceau, & qu'elles ne soient scellées qu'après avoir été examinées à la Chancellerie.

ADRESSE *des Lettres Royaux ou de Chancellerie en France.*

C'EST ainsi que l'on nomme en France la Clause qui concerne l'exécution des Lettres Royaux & qui commence par ces mots *Si Mandons, &c.*

L'Adresse de ces Lettres ne se fait qu'aux Juges Royaux. S'il s'agit d'affaires pendantes pardevant des Juges, des Seigneurs, les Lettres sont adressées aux Huissiers Royaux à ce qu'ils aient à faire injonction, de par le Roi, auxdits Juges de les entériner.

ADRESSE *au Roi, en Angleterre.*

LES Anglois donnent le nom d'*Adresse* aux Requêtes du Parlement au Roi, aussi-bien qu'aux Placets & autres Ecrits que les Corps, Villes ou Provinces présentent à ce Prince dans les occasions extraordinaires & solemnelles, & même aux simples complimens de félicitation. On assure que l'usage de ces Adresses au Roi de la part des Communautés, Villes & Provinces d'Angleterre, s'introduisit lorsque Louis XIV déclara qu'il reconnoissoit le fils du Roi Jacques pour Prince de Galles ; & que Howard fut l'auteur de cette invention en 1689.

ADRIEN, (Ælius) *Empereur Romain, Cousin, fils Adoptif & Successeur de* TRAJAN, *né à Rome l'an 76 de l'Ére Chrétienne, & mort l'an 138.*

ADRIEN eut quelques vertus d'un Souverain & les vices d'un Particulier. Il contribua au bonheur de ses Peuples; & fut le fléau de tous ceux qui lui tenoient de près. Il comprit de bonne-heure, que le plus grand intérêt d'un Prince est de veiller sur les dépositaires de son autorité; & que quand une Province se révolte, c'est toujours la faute de celui qui la gouverne; il éclairoit de près les Gouverneurs des Provinces, s'instruisoit de leur conduite, & savoit démêler le vrai à travers les voiles de la dissimulation. Adrien ne s'est pas moins rendu recommandable par son exactitude à faire observer la discipline militaire, par les réformes qu'il introduisit dans les Tribunaux, par ses soins à adoucir la condition des esclaves & à leur procurer cette protection que l'humanité prescrit. Il étoit grand, bien fait, robuste & infatigable dans le travail. Personne, peut-être de son téms, ne pouvoit se vanter d'avoir une mémoire plus sûre, plus fidele, plus étendue. Rien, dit-on, de ce qu'il avoit vû ou lû, ne lui échappoit. On assure même qu'il lui suffisoit d'entendre un discours une seule fois, pour le répéter sur le champ. Son esprit étoit orné de diverses connoissances. La Poésie & la Peinture furent au nombre de ses amusemens; mais il eut la jalousie des mauvais Auteurs, & se montra quelquefois cruel, parce qu'il avoit le pouvoir en main. Dans ses débauches effrénées, il ne respecta pas même l'honneur de ses amis, & les médailles qu'il fit frapper en faveur du trop célebre Antinoüs, ont éternisé sa honte. C'est ce même objet de ses infâmes amours qu'il pleura comme un. femme, après l'avoir immolé en tyran foible & superstitieux.

Adrien s'étoit fait suivre dans ses voyages par ce jeune prostitué. Ce Prince dévoué à toute espece de divination, & même à la magie, se persuada, étant malade, qu'il étoit nécessaire qu'une victime s'offrît librement pour prolonger les jours de l'Empereur. Antinoüs fut cette victime, & Adrien, par reconnoissance, plaça son mignon parmi les Dieux. Cette nouvelle Divinité eut des Temples, des Autels & tout l'attirail des grandes Divinités, des Prêtres & des Prophetes. Les Villes de l'Empire furent peuplées de ses Statues, & les Astronomes ayant dans ce même tems apperçu au Ciel un nouvel astre, Adrien feignit de croire que c'étoit l'ame d'Antinoüs reçue dans le séjour céleste, & l'astre en prit le nom. Sous les Successeurs d'Adrien, les Romains continuerent de rendre leurs hommages à ce nouveau Ganimede, & l'on en seroit peut-être surpris, si l'on ne connoissoit le sot attachement du Peuple pour tout ce qu'il trouve établi.

Adrien recherchoit les Savans & les Artistes; mais tous ceux qui excelloient dans leur Art, trouvoient bientôt dans l'Empereur un rival qui leur faisoit l'honneur de les haïr. Lorsque Trajan, auquel Adrien succéda, étoit encore sur le trône, l'Architecte Apollodore fut consulté à l'occasion d'un édifice public. Adrien qui étoit présent, voulut décider dans une matiere qu'il n'entendoit pas. Apollodore chagrin de cette décision, & n'ignorant pas qu'Adrien venoit de faire un mauvais tableau de paysage dont il tiroit vanité, lui dit assez durement : *Allez peindre vos citrouilles*. Mais lorsque ce barbouilleur eut la souveraine puissance en main, il se ressouvint du mot de l'Architecte, & trouva bientôt un prétexte pour l'exiler. Pendant son exil, l'Empereur fit bâtir à Rome un Temple en l'honneur de Vénus & de la Ville de Rome, & voulant en quelque sorte faire avouer à Apollodore lui-même que l'on pouvoit faire quelque chose de beau sans ses conseils, il lui envoya le plan de l'édifice. L'Architecte écrivit à l'Empereur, qui ne demandoit que des louanges, que son édifice n'étoit pas assez grand ni assez étendu, & que les Statues des Déesses, qu'il y avoit placé assises, n'avoient point cette proportion desirée par les gens de l'Art. Si elles vouloient se lever, ajoutoit-il pour faire sentir la justesse de sa critique, elles se casseroient la tête contre la voûte. Cette observation piqua d'autant plus Adrien, qu'elle étoit vraie, & qu'il n'étoit pas possible d'y remédier; & par une lâche & indigne vengeance, il fit assassiner le trop sincere Architecte.

Dans une dispute grammaticale que cet Empereur eut avec l'Orateur Favorin; celui-ci, qui se rappelloit sans doute le sort d'Apollodore, applaudit en tout aux décisions souvent mal fondées d'Adrien. Comme les amis de Favorin lui faisoient des reproches de sa complaisance: Y pensez-vous? leur dit-il, vous voulez qu'un homme qui a trente Légions à son service, n'ait pas raison? C'est ce même Favorin qui s'étonnoit de trois choses, de ce qu'étant Gaulois, il parloit si bien Grec; de ce qu'étant eunuque, on l'avoit accusé d'adultere, & de ce qu'il vivoit encore, étant meilleur Orateur qu'Adrien.

Ces anecdotes peuvent servir à justifier le surnom de tyran que quelques Historiens ont donné à Adrien; mais si l'on considere ce même homme sur le trône, on le trouvera également digne des louanges que d'autres Ecrivains lui ont prodiguées. Je me propose, disoit-il souvent au Sénat, de gouverner la République de maniere que je paroisse me souvenir qu'elle ne m'appartient point en propre, & que je n'en suis que l'Administrateur au nom de la Nation.

Quelques jours après qu'il fut monté sur le trône, il rencontra un Officier qui avoit cherché à lui nuire : *Te voilà sauvé*, lui dit-il en l'accueillant, *je suis Empereur*. Ce mot contraste singuliérement avec la conduite d'Adrien envers l'Architecte Apollodore. C'est que l'Empereur étoit jaloux du talent de celui-ci, & qu'il n'avoit rien à envier dans l'autre.

Il vivoit assez familiérement avec son Peuple, & ne faisoit pas difficulté d'aller aux bains publics, lors même que la multitude y étoit. Ayant un jour

jour remarqué dans le bain qu'un ſoldat vétéran qu'il avoit connu à la guerre, ſe frottoit le dos contre le marbre dont la muraille étoit revêtue, il lui demanda pourquoi il ne ſe faiſoit pas ſervir. C'eſt que je n'ai point de ſerviteur, répondit le Soldat. Adrien lui donna des eſclaves avec une gratification en argent. Quelques jours après, des vieillards faiſant en ſa préſence le même exercice qui avoit ſi bien réuſſi au ſoldat, il leur dit en ſouriant : Vous êtes pluſieurs, rendez-vous ſervice les uns aux autres.

Adrien fut toujours attentif à tenir chacun dans le rang qui lui étoit propre. Ayant un jour apperçu un de ſes eſclaves qui ſe promenoit entre deux Sénateurs, il chargea quelqu'un d'aller lui donner un ſoufflet & de lui dire : Apprends à ne pas t'attribuer la place d'honneur, lorſque tu es avec ceux dont tu peux encore devenir l'eſclave. *Hiſtoire des Empereurs.*

Cet Empereur fut grand Réformateur, & régla l'Empire avec autant de ſoin que ſa propre maiſon. Les changemens qu'il introduiſit, ſoit dans la Police générale, ſoit dans la Diſcipline militaire, furent autoriſés par l'uſage, & ſubſiſterent au-delà du regne de Conſtantin. Mais le trait ſuivant n'eſt pas à ſon honneur.

La femme qui préſentoit un Placet à Adrien qui, occupé d'autre choſe, lui dit qu'il n'avoit pas le tems de l'écouter, & qui eut le courage de lui repartir : *Ne ſoyez donc pas Empereur*, dit un mot fait pour frapper l'oreille de tous les Rois & leur faire ſentir leurs devoirs.

Il prit les armes pour ſoumettre les Parthes & châtier les Juifs qui s'étoient révoltés ; mais, quoique brave guerrier, il avoit pour maxime qu'il valoit mieux combattre avec l'or qu'avec le fer. Il arrêta ſouvent la fougue des barbares voiſins de l'Empire par des préſens & par des penſions. Il s'applaudiſſoit beaucoup de cette ſage conduite, & ne prévit pas que cette prétendue ſageſſe, imitée par ſes Succeſſeurs, ſeroit une des principales cauſes de la décadence de l'Empire.

Adrien mourut d'une maladie de langueur que la fatigue de ſes voyages, qu'il faiſoit ſouvent à pied, lui occaſionna. Les douleurs qu'il ſouffroit, ne l'empêchoient pas de donner ſon application aux ſoins du Gouvernement. *Un Prince*, diſoit-il, *doit mourir ſans maladie.* Il fallut cependant ſuccomber.

Les traits que nous venons de recueillir, nous offrent un aſſemblage de vertus & de vices. Heureux le Monarque qui ſaura éviter ceux-ci & imiter ceux-là !

ADROGATION, ſ. f.

L'ADROGATION, chez les Romains, étoit une eſpece d'adoption, qui ne différoit de l'adoption ſimple qu'en ce que celle-ci étoit confirmée par un acte délivré par le Préteur, au lieu que l'autre l'étoit par un décret accordé par les Curies assemblées, sur le réquisitoire des Tribus. Aulu-Gelle nous a conservé la formule de ce réquisitoire : la voici : » Qu'il » vous plaise, Romains, d'ordonner que conformément aux Loix, Valerius » soit reconnu pour fils de Titius ; qu'il jouisse des prérogatives attachées » aux enfans nés d'un légitime mariage ; que Titius ait sur Valerius le » même droit de vie & de mort qu'il auroit eu sur son propre fils. » *Velitis, jubeatis ut L. Valerius L. Titio, tam lege jureque filius sibi siet, quam si ex eo patre matreque familias ejus natus esset : utique ei vitæ necisque potestas siet ut patriendo filio est. Hoc ità ut dixi, ità vos Quirites, rogo.* On voit que le nom d'Adrogation vient du dernier mot de cette formule. Du reste les conditions & l'effet de l'Adrogation étoient les mêmes que les conditions & l'effet de l'adoption simple.

Voyez ADOPTION.

ADVERSITÉ, s. f.

LES Adversités sont des accidens malheureux : l'Adversité est l'effet de tous ces accidens. Les accidens sont passagers ; l'Adversité est un état constant de malheurs.

Les Adversités sont si fort inséparables de notre condition, qu'en quelque état que nous soyons, nous devons toujours nous y attendre ; c'est le moyen de les rendre moins sensibles.

L'Adversité n'est pas toujours un mal réel ; ce n'est souvent que la privation de quelques biens : elle est souvent devenue la source de nos vertus, & conséquemment de notre bonheur.

Toute félicité est comparative ; & ceux qui se sont toujours bien portés ne connoissent point les charmes de la santé. Ce sont d'horribles tourmens, que ceux qu'éprouve ce goutteux, dont on ne sauroit approcher qu'il ne jette un cri de frayeur ; mais à peine ses douleurs, quoique fortes encore, sont-elles à moitié soulagées, qu'il s'imagine être dans le ciel.

Le moissonneur, qui, le front couvert de sueur, aiguise sa faulx, souffre moins que l'esclave de la paresse, occupé à jouir de tout sans rien faire, & que sa laborieuse oisiveté rend à charge à lui-même.

Le travail, l'ignorance, les maladies & le besoin, sont des ingrédiens de félicité, aussi nécessaires que la faim l'est pour faire manger avec appétit. Celui qui n'auroit aucune idée des ténebres de la nuit, n'entendroit rien aux éloges qu'on pourroit faire de la clarté du Soleil ; & si jamais aucun rayon de lumiere n'avoit éclairé ses yeux, il ne sauroit ce que veut dire l'épithete de noir appliquée à l'obscurité.

Préparez-vous, disoit une mere à son fils, à essuyer les revers de la fortune, & à souffrir divers accidens fâcheux, malgré toute la probité qui pourra se trouver en vous. Ce désordre apparent fait partie de l'ordre exact par lequel ce monde est gouverné : comment seroit-il sans cela le sage prélude d'un séjour à venir, & le noviciat d'une vie infiniment meilleure que celle-ci? Dans toutes vos Adversités armez-vous de la réflexion & de la patience. Ne vous plaignez jamais avec bassesse; mais regardez toujours la Providence, & que votre soumission, votre résignation vous mettent au-dessus de votre infortune.

La raison veut qu'on supporte patiemment l'Adversité, qu'on n'en aggrave pas le poids par des plaintes inutiles; qu'on n'estime pas les choses humaines au de-là de leur prix; qu'on n'épuise pas, à pleurer ses maux, les forces qu'on a pour les adoucir; & qu'enfin l'on songe quelquefois qu'il est possible à l'homme de prévoir l'avenir, & de se connoître assez lui-même pour savoir si ce qui lui arrive est un bien ou un mal pour lui. C'est ainsi que se comportera l'homme judicieux & tempérant, en proie à la mauvaise fortune. Il tâchera de mettre à profit ses revers même; comme un joueur prudent cherche à tirer parti d'un mauvais point que le hazard lui amene; & sans se lamenter comme un enfant qui tombe & pleure auprès de la pierre qui l'a frappé, il saura porter, s'il le faut, un fer salutaire à sa blessure, & la faire saigner pour la guérir.

La prospérité ressemble à l'indulgence d'une tendre mere qui est le plus souvent la ruine de ses chers fils; au lieu que l'Adversité ressemble à l'amour d'un sage pere qui les exerce par le travail, la fatigue & les châtimens, afin qu'ils acquierent de nouvelles forces, & une valeur à toute épreuve.

Rien de plus admirable & de plus héroïque, que de puiser son courage dans le sein même des disgraces, & de revivre à chaque coup qui devroit donner la mort. Mais il n'appartient qu'au vrai sage de nous offrir un pareil spectacle, lui dont la vertu réelle dissipe tous les phantômes d'héroïsme. Combien de sortes d'Adversités dans l'univers! & quel petit nombre de Philosophes qui sachent les supporter! Accoutumés à n'estimer que ce qui éblouit, nous n'appercevons que de la misere & de la honte au milieu des événemens les plus propres à épurer l'ame & à l'exalter. En vain la Religion nous représente le vrai bonheur dans ceux qui pleurent & qui sont calomniés; nous rejettons cette image comme trop hideuse, & nous fixons les Cours où tout paroît captiver les yeux.

Cependant si nous n'avons jamais éprouvé des revers, notre mérite, de l'aveu même de ceux qui chérissent davantage les honneurs, n'a pas toute la solidité. Il faut la pierre de touche pour discerner l'or, le creuset pour le purifier, le marteau pour le travailler.

On se complait en soi-même, lorsqu'on vit au milieu des plaisirs; mais on se connoît, quand on passe au milieu des tribulations. Les biens nous attachent, les honneurs nous transportent, les amis nous intéressent, mais si ces biens viennent à se rompre, l'homme n'a plus que lui dont il puisse s'occuper. Il ſe retrouve après avoir tout perdu, & en ſe retrouvant, il ſonde ſon cœur, il s'entretient avec ſon ame, & s'éleve juſqu'au vrai bien. Ses ſens ne ſont plus des miniſtres infideles qui favoriſent ſes paſſions; ſon imagination n'eſt plus une ſource d'illuſions qui le ſéduiſent; ſon corps ne lui donne plus de réponſes de volupté; tout ce qui l'environne le perſuade du néant des biens de ce monde. C'eſt par cette raiſon que l'Adverſité fut toujours l'école de la ſageſſe. Les larmes qu'on verſe ſur ces calamités, deviennent un miroir où l'ame lit ſes devoirs.

Je ne nierai pas que les maux ne ſoient des maux. Si cependant un mal quelconque a des ſuites, ou produit des effets capables de dédommager avec avantage de ce qu'il a fait ſouffrir, on ne niera pas qu'il ne puiſſe & ne doive être enviſagé comme un bien réel, & que tout homme raiſonnable n'aimât mieux l'avoir que de ne l'avoir pas.

Mais les afflictions peuvent avoir des ſuites de cette nature, parce qu'une proſpérité conſtante endort les hommes; une chaîne de plaiſirs qui ſe ſuivent ſans interruption, rend l'ame inacceſſible à toute penſée ſérieuſe; un état oppoſé les fait rentrer en eux-mêmes, les diſpoſe à penſer, & leur dicte même en quelque ſorte les ſujets ſur leſquels ils doivent arrêter leurs réflexions.

Un homme qui ſouffre & qui ſent ſes maux, doit tout naturellement penſer aux moyens de s'en délivrer, parce qu'il s'aime lui-même. Ce deſir l'obligera de méditer ſur la ſource & les cauſes de ſes diſgraces. Si ſes maux ſont du genre de ceux qui ſont une ſuite naturelle, une production néceſſaire des fautes qu'on a commiſes, il ſe dira : c'eſt par une ſage diſpoſition des choſes que les fautes portent avec elles leur peine. Ces maux, effets naturels & néceſſaires de la conduite que j'ai tenue, m'apprennent à être plus circonſpect, plus modéré, plus honnête à l'avenir.

Quoiqu'en général tous les revers diſpoſent à réfléchir, ils ne donnent pas tous préciſément les mêmes leçons. La perte de nos biens doit nous dire que ces avantages ſi recherchés ſont de nature à ne pouvoir s'y fier : & comme les penſées naiſſent les unes des autres, cette premiere réflexion devroit donner lieu à cette autre. N'eſt-il donc aucun bien ſolide & qui mérite qu'on s'y attache. L'homme veut être heureux, ce deſir ne le quitte jamais : s'il ne trouve pas ce bonheur ſi décidé dans de certains objets, il s'attache à d'autres; & n'eſt-il pas naturel qu'en faiſant les réflexions qu'on vient de propoſer, on ſe diſe tout de ſuite, il faut donc chercher dans des objets plus ſolides, un bonheur que des biens caducs ne procurent pas.

Les maladies, comme toute autre affliction, ont de quoi humilier. Mais elles ont ceci de propre, qu'elles rappellent une idée qu'on cherche à éloigner; celle de notre foibleſſe, bien propre à nous rendre doux, humains, bienfaiſans, ſenſibles aux maux d'autrui.

Les afflictions en général rendent l'homme compatiſſant. Celui qui n'a jamais connu de disgraces, est peu touché de celles d'autrui : l'homme qui en a éprouvé, se rappelle, à la vûe des malheureux, ce qu'il a souffert lui-même, il souffre à cet aspect; c'est une espece de soulagement pour lui que d'adoucir leur misere. Rien de mieux pensé que cette réflexion tant de fois citée, que Virgile met dans la bouche de Didon :

Non ignara mali miseris succurrere disco.

Aussi remarque-t-on communément que les meilleurs Princes sont ceux qui ont été élevés & instruits dans l'école de l'Adversité.

Il semble encore qu'un homme guéri de quelque vice par l'Adversité, doit l'être plus radicalement & plus à l'abri des rechûtes que s'il l'eût été de quelqu'autre maniere. Son état lui donne, & même d'une maniere si intelligible cette leçon, qu'il semble impossible qu'elle ne produise quelqu'effet. Ce qu'il a souffert doit le rendre circonspect, précautionné.

Elle donne lieu encore de pratiquer plusieurs vertus, dont l'exercice ne sauroit avoir lieu dans la prospérité. Ici l'on pourra me dire, je l'avoue, que comme on n'est pas coupable en ne faisant pas ce qu'on n'a pas occasion de faire, il seroit plus heureux de n'avoir pas à courir le danger de ces épreuves; mais on ne pense pas qu'un homme de bien, pour mériter ce titre, doit être en état de remplir la généralité de ses devoirs & disposé à faire, s'il le falloit, les choses les plus difficiles. L'homme peut-il se connoître avant que d'avoir été éprouvé? Après tout, si l'on s'en tire honorablement, la satisfaction que fait goûter une semblable victoire, est un riche dédommagement.

Je sais que l'Adversité ne produit pas toujours ces bons effets. Quelquefois elle hébete & empêche ceux qu'elle attaque, de s'occuper de quoi que ce soit que du sentiment de leurs maux. D'autres fois elle sollicite l'homme au murmure; elle aigrit le caractere, & met du noir dans l'imagination. C'est ainsi qu'elle agit sur les ames foibles, comme elle porte les méchans à employer des moyens illégitimes pour rendre leur condition meilleure. En pareil cas, elle est encore plus nuisible qu'elle ne le paroit; mais c'est la corruption du cœur qui la rend telle, parce que les méchans tournent tout en mal. Ils ne peuvent donc s'en prendre qu'à leur perversité, suivant la pensée d'un Ancien qui fait dire à Jupiter: » Les hommes sont bien injustes à notre égard, ils nous imputent tous » les maux qui leur arrivent, lors même qu'ils ne souffrent que par leur » folie. «

Il seroit bon d'écouter ceux qui ont passé par cet état & qui ont su le mettre à profit.

L'Adversité, pour un Ministre d'Etat, n'est souvent qu'une heureuse retraite après les fatigues, les embarras, les tourmens de toute espece d'un

Miniſtere pénible & orageux ; elle eſt auſſi quelquefois la ſuite naturelle de ſes fautes, ou même la juſte punition d'une adminiſtration vicieuſe.

Voyez DISGRACE.

ADULATEUR, ſ. m.

L'ADULATEUR eſt quelque choſe encore de plus bas, de plus vil, que le flatteur. N'ayant ni plan, ni objet dans ſon Adulation, il n'a beſoin, ni d'eſprit, ni de fineſſe, ni de génie. Peu ſuſceptible de ſenſations ou de penſées délicates, il n'en coûte pas à ſon amour-propre pour approuver telle opinion, telle action, telle qualité ; ni même pour changer de ſentiment, quand il y trouvera quelqu'avantage perſonnel.

Combien il y a de baſſeſſe & de méchanceté dans le caractere de l'Adulateur.

L'ADULATION eſt une plante venimeuſe qui croît en abondance partout, mais principalement dans les endroits où elle fait le plus de mal ; je veux dire dans les Cours. Si peu de gens oſent dire la vérité à leurs ſupérieurs, comment celui qui ne voit perſonne au-deſſus de lui, parviendra-t-il à la connoître ? Il n'y a peut-être pas d'exemple dans l'univers, qu'un Prince ait appris la vérité de la bouche d'un de ſes Courtiſans, ſur tous les objets dont il lui importoit d'être inſtruit. La vérité eſt d'une nature ſimple, inaltérable ; on ne ſçauroit la mouler à ſa fantaiſie ; elle eſt donc peu propre à jouer le rôle de Courtiſan. Mais le menſonge, enfant de l'imagination, & capable de ſubir toute ſorte de formes agréables, peut devenir un hôte amuſant dans les Palais des Grands. Des exemples ſans nombre pourroient fournir des preuves à cette aſſertion : je me contenterai de citer ceux des Princes malheureux ; ce ſont les exemples qui abondent & qui frappent le plus.

Galba avoit tout perdu : il ne lui reſtoit que la vie ; encor étoit-il ſur le point de la perdre ; & cependant aucun de ceux qui l'environnoient ne fut aſſez courageux pour lui découvrir ſa ſituation & le danger qui le menaçoit. Tant étoit cruelle la malhonnêteté de ces Adulateurs vils & dénaturés ! Leurs flatteries empêcherent ce Prince de pourvoir à ſa ſûreté ; ils furent donc ſes premiers aſſaſſins.

On eſt ſûr d'être courtiſé lorſqu'on tient un rang dans l'Etat ; on eſt ſûr d'être adoré lorſqu'on eſt au faîte de la grandeur. Galba étoit déteſté pour ſon avarice, & mépriſé à cauſe de ſon grand âge & de ſa ſévérité ; mais il étoit craint, il étoit flatté comme Empereur. Tout s'abaiſſoit devant lui, parce qu'il pouvoit tout. Le Peuple, le Sénat, ce qu'il y avoit de plus grand dans Rome, s'empreſſerent de lui demander la mort d'Othon & le banniſſement de ſes complices. Le bruit s'étant répandu qu'Othon avait été aſſaſſiné, la multitude des flatteurs ſe répandit avec éclat dans le Palais. Là chacun affectoit de ſe féliciter mutuellement, & tous ſe plaignoient que le deſtin eut enlevé l'uſurpateur à leur vengeance.

Y eut-il jamais de preuve plus apparente de l'attachement des Courtiſans à la perſonne de Galba; de leur zele & de leur fermeté pour ſes intérêts? Cependant la puiſſance d'Othon ayant prévalu dans Rome, en moins de deux heures, Othon eut à ſon tour leurs cœurs & leurs acclamations; & ces mêmes hommes lui demanderent la mort de Galba avec toute l'importunité qu'ils avoient miſe, en demandant à Galba la mort d'Othon.

Exemple bien triſte & bien déplorable de la fourberie des Adulateurs, & de l'aveuglement des Princes qui s'y confient! Que n'ont-ils pas à en redouter, puiſque l'Empereur Galba, qui paſſoit pour un modele de méfiance contre ces peſtes des Cours (*) tomba victime de leurs artifices.

Amelot de la Houſſaye, de qui nous avons tiré la plus grande partie de ces obſervations, remarque avec beaucoup de vérité, que la plûpart des Princes ſont plus en garde contre la crainte que contre l'adulation; la terreur les anime & réveille leur courage; mais la flatterie amollit leurs ames & corrompt leurs mœurs; elle les rend négligens, pareſſeux, & leur fait oublier leurs devoirs. (†) D'ailleurs, comme il leur arrive ſouvent de prendre l'adulation pour une ſorte de politeſſe affectueuſe (qui eſt une marque d'attachement) ils s'imaginent que ceux qui les flattent, les aiment; & ſéduits par ces dehors trompeurs, ils donnent leur confiance & les premiers emplois à leurs plus dangereux ennemis.

Philippe II, Roi d'Eſpagne, avoit pour habitude d'interrompre ceux qui cherchoient à le flatter, en leur diſant ſéchement; *finiſſez ces diſcours frivoles & parlez-moi de ce qu'il m'importe de ſavoir.* Paroles admirables dans la bouche d'un Prince! Tel devroit être le langage de tous ceux qui ne ſe laiſſent entretenir par leurs Courtiſans, que de choſes inutiles ou pernicieuſes. Si les Princes n'écoutoient que ce qui leur eſt eſſentiel de ſavoir, ils ne prêteroient jamais l'oreille à l'adulation.

L'adulation, compagne inſéparable du menſonge & de l'intérêt, a pour mere la crainte ou l'ambition. Uniquement occupée d'elle-même, elle ne conſidere ni la juſtice ni le mérite; elle éleve ou rabaiſſe, elle exalte ou déprime ſelon que les perſonnes ſont dans un état de grandeur ou d'abaiſſement. Auſſi long-tems que Henri III, Roi de France, dit Mezeray, bâtit de magnifiques Monaſteres, qu'il donna dans toutes les dévotions Monacales, peu conformes à ſa dignité, les Moines le reſpecte-

(*) *Adverſus blandientes incorruptus*, dit Tacite.

(†) *Corrupta mens aſſiduis Adulationibus*, dit encore Tacite, en parlant de Domitien.

rent comme un Saint, & lui donnerent même ce nom. Mais on eut à peine formé la Ligue contre ce Prince, que ces ingrats l'accablerent de toute sorte de reproches & de noms odieux. Ils l'appellerent tyran, hypocrite, meurtrier abominable ; enfin ils l'assassinerent comme un hérétique. Tant il est facile à l'adulation de faire d'une même personne un Dieu ou un Diable ! Tant il est vrai que les Adulateurs n'aiment personne, uniquement attachés à la fortune de ceux qu'ils caressent !

L'adulation est une marchandise sans prix, qui se donne toujours au plus offrant ; elle est servile, & s'empresse de faire la volonté des autres, à proportion qu'ils sont élevés en dignité. (*) La plûpart des maux que les Princes commettent, sont les fruits des leçons & de la condescendance servile de leurs Courtisans. Peu de Princes eussent agi comme ils l'ont fait, si leurs faux amis ne les eussent pas assuré qu'ils pouvoient faire ce que bon leur sembloit. Nous en avons plusieurs exemples dans notre Patrie, & l'on pourroit en citer une aussi grande quantité dans les Royaumes étrangers. Ce seroit un grand avantage pour les Princes, s'ils pouvoient se souvenir qu'il n'exista jamais de Prince qui n'eût des Adulateurs ; que ces Adulateurs ont toujours fait le supplice des uns, la perte des autres, le malheur de tous. L'adulation a fait des bons Princes, des Princes méchans ; & les méchans elle les a rendu pires. En prêtant l'oreille à ces Syrenes dangereuses, ils se sont crus plus que des hommes, & ont agi pis que des bêtes ; enfin ils ont vécu & sont morts, comme les bêtes de proye vivent & meurent, dans le sang. Après que l'adulation les eut ravalé au-dessous de l'humanité, elle leur prodigua les honneurs divins ; mais, comme dit très-bien Pline, » la fin des Princes fait voir que les Dieux n'aiment point ceux qui se font détester des hommes. » (†)

Quand les Adulateurs ont dépouillé un Prince de ses amis, de ses vertus, de ses biens, de sa tranquillité, de son bonheur, ils finissent par l'abandonner, & quelquefois par lui arracher la vie ; c'est-là souvent le dernier & le plus beau trait de leur courtoisie ; car l'adulation dégénere toujours en ingratitude, souvent en trahison ; ce n'est pas une nouveauté qu'un Prince soit le plus maltraité par ceux auxquels il a fait le plus de bien.

L'adulation est toujours plus grande à proportion que ceux à qui on l'adresse sont plus méchans. C'est pour cela, dit Pline, que les Empereurs les plus détestés étoient ceux auxquels l'Adulation prodiguoit le plus de louanges ; car, ajoute-t-il, la dissimulation est plus adroite & plus ingénieuse que la sincérité, la servitude que la liberté, la crainte que l'amour. L'adulation, par conséquent, est un signe d'esclavage ; elle ne peut subsister avec l'égalité, ni avec la liberté, qui est la source de l'égalité. Elle

(*) *Adulationi fœdum crimen servitutis inest.*

(†) *Principum exitus docuit ne à Diis quidem amari nisi quos homines ament.*

est

eſt ſur-tout une ennemie irréconciliable de la vérité; & les Adulateurs ſont comme les menteurs de profeſſion, que l'on ne croit pas, lors même qu'ils diſent la vérité. Il m'eſt arrivé quelquefois de les entendre comparer à des voleurs de nuit qui forcent une maiſon; leur premier ſoin eſt d'éteindre les lumieres. De même les Adulateurs, quand ils aſſiegent un Prince, ne manquent jamais d'écarter de lui toute lumiere, toute information. C'eſt ce qui a fait dire que les Princes les plus livrés à l'adulation, ignoroient qu'ils le fuſſent, & que l'adulation étoit un mal qui avoit toujours ſon effet ſans avertir, parce qu'il commençoit par aveugler. Cet aveuglement vient de deux cauſes : d'abord de l'inclination ſecrete qu'ont tous les hommes, & ſur-tout les Grands, à recevoir la louange ſans précaution; enſuite de la reſſemblance de l'adulation avec une affection ſincere & un reſpect légitime.

L'adulation eſt cruelle; elle donne des conſeils ſanguinaires, & les Adulateurs ſont des calomniateurs perpétuels & impitoyables : chaque livre qui les choque eſt un libelle; chaque action qui leur déplait eſt trahiſon ou ſédition. Ils inventent des crimes où il n'y en a pas. Ceux qu'on reprochoit à l'honnête & brave Thraſea Petus, étoient, „ qu'il n'avoit jamais „ donné des applaudiſſemens à Néron, ni excité les autres à le faire; que „ dans le tems où le Sénat prodiguoit follement à ce Prince les honneurs „ de la divinité, il n'avoit jamais voulu s'y trouver, étant demeuré abſent „ du Sénat l'eſpace de trois ans; qu'il n'avoit jamais offert de ſacrifice à „ la charmante voix de Néron; qu'il n'avoit jamais voulu reconnoître „ Poppæa pour une Déeſſe, elle qui avoit été la concubine de Néron, & „ qui étoit pour lors ſa femme; qu'il n'avoit pas voulu voter pour qu'un „ homme qui avoit écrit des vers ſatyriques contre Néron, fût mis à mort, „ quoiqu'il blâmât l'homme & ſon libelle; prétendant, au contraire, qu'il „ n'y avoit pas de Loi qui rendît ce crime capital; & qu'on ne pouvoit „ ſans ſcandale & ſans cruauté punir de la mort une offenſe pour laquelle „ les Loix infligeoient un châtiment plus doux. " Tels étoient les crimes qu'on reprochoit à ce grand homme; crimes qui ne pouvoient que faire un honneur infini à ſa vertu; mais on les traita de crimes de leze-Majeſté, & ils lui coûterent la vie. Rien de plus frappant que le portrait que Philippe de Comines nous a laiſſé des Courtiſans : Si le Gouvernement juge à propos d'impoſer une taxe de ſix ſols, auſſi-tôt on les entend ſe récrier qu'il faut néceſſairement en impoſer une de douze. Si le Prince a reçu quelque mécontentement d'un homme, ils ſont d'abord pour le faire pendre. Dans d'autres occaſions, ils conſervent le même caractere; ils ont bien ſoin ſur-tout de conſeiller à leur maître de ſe faire craindre, & cela parce qu'étant eux-mêmes fiers, orgueilleux & hautains, ils eſperent qu'ils ſeront également redoutés, comme s'ils tenoient la place du Souverain, ou qu'ils euſſent en main ſon autorité.

Comme toute vérité honnête affecte ces ſortes de gens, ce qu'on dit contre les méchans, ils le prennent dit pour eux; & même lorsqu'on les loue, ils crient qu'on les abuse & que ces éloges ne sont que des ironies ameres. Cette conduite est une fort mauvaise politique de leur part; car les honnêtes gens ne craignent pas les libelles, & ne regardent pas les applaudissemens comme des ironies. Pline avoit donc bien raison de dire à Trajan: „ Quand je parle de votre humanité, de votre libéralité, de votre clé- „ mence, de votre frugalité, de votre vigilance, &c. je ne crains pas que „ votre Majesté pense que je veuille lui reprocher les vices contraires. „ Mais il n'en étoit pas de même sous quelques-uns des regnes précédens, quand la vertu paroissoit dangereuse, la vérité un crime capital, & que tout livre qui renfermoit l'un ou l'autre étoit condamné au feu, & son Auteur mis à mort. Sans doute, les Souverains espéroient par ces injustes & ces violens procédés, fermer pour toujours la bouche du Peuple, abolir l'autorité du Sénat, & anéantir à jamais la mémoire des grands hommes. Non content d'avoir mis l'Auteur à mort, ils assouvissoient leur fureur sur son ouvrage, & nommoient une sorte de Commission, pour détruire par le feu les productions des plus grands génies.

Je ne crois pas avoir jamais entendu parler d'une réplique en fait d'adulation, plus gauche ou plus ingénieuse que celle de Vitellius à Caligula. Ce méchant Empereur s'étant mis dans la tête qu'il étoit un Dieu, crut qu'il lui seroit aussi facile de séduire une Déesse, qu'il lui avoit été aisé de débaucher sa sœur. En conséquence il fit cette question à Vitellius: *Dis-moi*, Vitellius, *ne m'as-tu jamais vu embrasser la Lune? O Empereur!* répondit le Courtisan, *c'est un mystere sur lequel un foible mortel comme moi doit garder le silence: il n'appartient qu'à un Dieu, comme votre Majesté, de le révéler.* Vitellius étoit un de ces hommes qui louent tout ce que leurs maîtres font, soit bon ou mauvais.

L'adulation, sur-tout lorsqu'elle est poussée à un certain point, annonce une ame avilie qui a perdu tout sentiment de vertu & d'amour de la liberté; & la perte de la liberté entraine avec elle celle de la honte & de l'honneur. Tacite qui ne raconte jamais les malheurs de son Pays, sans paroitre les ressentir vivement, fait dire avec indignation à M. Terentius, en parlant de Séjan, qui, après avoir attiré toute l'administration entre ses mains, étoit devenu l'idole de Rome: » Nous adorons ses affranchis, (de » Tibere) nous prostituons nos hommages à des laquais parvenus, & nous » nous faisons un honneur d'être en relation avec son portier. «

Comme ce sont les Adulateurs qui font les tyrans, ce sont aussi les tyrans qui font les Adulateurs. Un Prince ne sauroit être tyran, sans avoir des hommes assez vils pour caresser la tyrannie. Il lui faut des mains serviles pour exécuter ses volontés, & des bouches serviles pour les approuver. Ce ne fut qu'en frémissant de crainte que Néron ordonna le meurtre de sa mere, quoiqu'il y eut assez d'infames autour de lui pour le lui conseiller & applaudir à cette barbarie. Dès que l'ordre fut exécuté, Néron parut terrassé comme d'un coup de foudre, commençant à redouter les suites funestes de son affreux parricide. Mais les Courtisans qui l'environnoient, eurent bientôt dissipé ces frayeurs. On eut dit que ce Prince n'avoit ressenti la noirceur de son crime que pour l'effacer à force de nouveaux forfaits; il s'abandonna bientôt à toutes sortes de désordres, & s'abima dans la débauche & l'infamie. Sans les Adulateurs, le milieu & la fin de son regne eussent été dignes du commencement, qui fut, sans contredit, le plus beau & le meilleur de tous ceux dont l'Histoire Romaine nous a transmis la mémoire.

J'en ai dit assez pour dévoiler la bassesse, la méchanceté de l'Adulateur, & les malheurs qu'il occasionne. L'adulation a causé la ruine d'une infinité de Princes & de Nations. Félicitons-nous de n'avoir rien à craindre de ses terribles effets, ni pour nous, ni pour le Prince qui regne sur nous. Jusqu'ici son trône a été inaccessible aux Adulateurs: nous avons tout lieu d'espérer qu'il ne se laissera jamais séduire par leurs artifices. Tout le monde connoît l'honnêteté de son ame, la pureté de ses intentions, sa grande modération. Mais les conseils des méchans peuvent tout corrompre. Il ne permettra pas qu'on lui en donne. Ou s'il arrivoit par malheur qu'on lui en donnât, il aura la force de les rejetter. Puisse la postérité impartiale dans ses jugemens, ennemie de toute adulation, dire en bénissant sa mémoire: Sous son regne, on n'a rien entrepris contre la vie ni les biens d'aucun de ses sujets. Il a maintenu les Loix dans toute leur étendue & toute leur force. Il a régné avec justice & bonté. Il sera loué dans tous les âges, parce qu'il n'a point été flatté pendant sa vie! (C. L.)

ADULATION, s. f.

Combien l'Adulation est basse dans ses motifs, infame dans ses vues, & terrible dans ses effets. Elle ne manque guere de perdre à la fois, & le Prince qui en est l'objet, & le Courtisan qui en est l'auteur.

L'ADULATION croît à proportion de la puissance qu'on craint. Lorsque les Loix & la liberté sont en vigueur, que les hommes ne tiennent point leurs biens & leur vie du bon plaisir d'une ou de peu de personnes. ils conservent un caractere fier & revêche, qui ne s'accorde pas avec la bassesse d'esprit & l'Adulation. Les hommes ne flattent point ceux qu'ils osent croire ne valoir pas mieux qu'eux-mêmes, ou qui n'ont aucun pouvoir de leur faire du mal; ils ne rendent pas de grands respects à des titres pour peu qu'ils ne soient pas accompagnés d'une grande autorité, ni même à une autorité qui n'est pas soutenue par un grand mérite. Mais lorsque les hommes tiennent leurs biens & leur vie de la pure bonté d'un autre, ils le craignent autant qu'ils s'aiment eux-mêmes, & le flattent à proportion de leurs craintes. Si l'autorité du Prince est limitée, l'Adulation le sera aussi; elle est sans bornes, lorsque l'autorité l'est elle-même. L'esprit de Cour, & l'Adulation l'emportent moins dans une Monarchie mixte, que sous un Gouvernement arbitraire; dans un Gouvernement Aristocratique, que dans une Monarchie illimitée, & moins à proportion dans un Gouvernement populaire. La parfaite égalité fait évanouir toute Adulation, & une Souveraineté absolue la fait monter au plus haut degré.

Plus un Prince est mal-avisé & méchant, plus on lui donne d'encens. C'est le plus sûr moyen de s'insinuer dans les bonnes graces d'un Tyran, que de consacrer toutes ses injustices & de le représenter à lui-même comme digne de son élévation & capable de remplir lui seul les postes les plus éminens de l'Empire. Tibere, qui avoit beaucoup de discernement, haïssoit l'Adulation, parce que sa pénétration la lui faisoit connoître; il voyoit bien que ceux qui lui prodiguoient des louanges excessives, tels que les Grands & le Sénat, redoutoient & par conséquent haïssoient son pouvoir, tout autant que lui qui connoissoit parfaitement la nature & le bonheur de la liberté, auroit craint & haï un homme qu'il auroit vu à sa place, s'il eût été à la leur. Il savoit que l'Adulation & la haine vont souvent de compagnie : de sorte que ceux qui ressentent le plus de haine sont ceux qui montrent au dehors le plus d'affection : il y va de leur vie de laisser échapper quelque signe de haine; & plus elle est forte, plus on a besoin d'art & de circonspection pour la cacher. Jules-César se vit chargé d'honneurs de toutes les sortes & avec excès; quelques-uns de ces honneurs qu'on ne rendoit qu'aux Dieux, servoient à le faire abhorrer, tandis que ceux qui les lui conféroient, le détestoient, & ourdissoient des trames pour le perdre. On pratiqua les mêmes artifices dans les mêmes vûes, pour son Successeur Octave, qu'on nomma ensuite *Auguste*, au sujet duquel le discours équivoque de Cicéron n'échappa jamais à la mémoire de Tibere » qu'il » falloit louer ce jeune homme & l'enlever " ... (1) C'est pourquoi Tibere, quoiqu'il ne put supporter la liberté publique, avoit en horreur l'Adulation. (2) Il voyoit qu'elle étoit le pur effet de l'esclavage, convenable seulement à des esclaves, & quoiqu'il chérît trop la puissance arbitraire, pour laisser aux Romains quelque sorte de liberté, il rougissoit pour eux de la bassesse avec laquelle ils rampoient devant lui (3).

Cependant on ne pouvoit sans danger s'abstenir de flatter, sous ce Prince, très-jaloux de son autorité : il ne pouvoit souffrir la moindre contrariété, la moindre résistance. Il étoit donc nécessaire & dangereux de le flatter; mais, à mon avis, moins dangereux que nécessaire : je parle de

(1) *Ni juvenem laudarent & tollerent.*

(2) *Libertatem metuebat., adulationem oderat.* TACIT.

(3) *Etiam illum qui libertatem publicam nollet, tàm projectæ servientium patientiæ tædebat.* Id.

ceux qui ne songeoient qu'à leur propre sûreté & à se dérober à la fureur du Tyran. Il est vrai qu'il méprisoit les adulateurs, mais il leur faisoit rarement du mal; & son caractere soupçonneux l'obligeoit naturellement à penser que ceux qui ne le flattoient point, le méprisoient. Il est certain qu'il ne pardonna jamais la liberté des discours : Il ne pouvoit souffrir les personnes dont le cœur étoit haut; tôt ou tard il en méditoit la perte. Il étoit, dit Tacite, dangereux de ne point se servir de l'Adulation & dangereux de trop flatter. (1) L. Pison avoit déclamé contre les désordres de l'Etat, & en particulier contre les poursuites pernicieuses des Accusateurs qui journellement faisoient des affaires à tous les honnêtes gens, leur tendoient des pieges & les intimidoient par leurs menaces; ajoutant que pour lui il se disposoit à abandonner Rome. Tibere écouta ce discours de sang froid, il alla même jusqu'à adoucir Pison par de belles paroles; mais un cœur aussi vindicatif que le sien avoit beau s'empêcher d'éclater, sa colere n'en étoit que plus profonde & plus à craindre. Pison fut assez long-tems après accusé de crime de leze-Majesté, & auroit été condamné au dernier supplice, s'il ne fût mort naturellement pendant le cours de la procédure. Asinius Gallus excita la fureur de ce Prince par une proposition qu'il fit au Sénat, qui dans le fond étoit une chose obligeante pour lui. Tibere s'étoit plaint dans une Lettre écrite aux Sénateurs qu'à cause des complots & des pieges de ses ennemis, il menoit une vie pleine d'inquiétudes, & de craintes, Gallus proposa qu'on le priât par une requête, qu'il voulût bien dire au Sénat les sujets de ses appréhensions, & lui permettre d'y remédier. Cela excita le courroux de Tibere; Gallus lui avoit dejà déplu auparavant; il fut soupconné de quelque projet trop ambitieux, & quoique dans l'occasion que je viens de rapporter il l'eût flatté, il ne put échapper au courroux du Tyran.

Comme la corruption dans un Etat, commence d'ordinaire par les Grands, ou pour mieux dire, comme ce sont eux qui sont les premiers auteurs de la corruption, ils sont aussi les adulateurs les plus insignes; étant plus exposés aux regards du Prince, plus capables de lui donner de la jalousie, ils sont par conséquent plus portés à le flatter : Un Prince qui gouverne ou qui veut gouverner arbitrairement, éleve aux emplois ceux qui ne lui demandent aucune raison de sa conduite, qui louent tout ce qu'il fait; & plus ils ont à gagner ou à perdre, plus ils font de bassesses & plus ils flattent servilement. Ils se dédommagent de leur servitude sur le Peuple, & sont aussi terribles à ceux qui leur sont soumis, que flatteurs pour ceux qui sont au-dessus d'eux : ce sont les esclaves les plus rampants, qui deviennent les Tyrans les plus insupportables. La même bassesse d'esprit les porte également à l'Adulation & à l'oppression. On disoit fort justement de

(1) *Adulatione, quæ moribus corruptis, perindè anceps si nulla & ubi nimia est.*

Caligula qu'il n'y eut jamais un esclave plus complaisant, ni un maitre plus cruel & plus détestable. C'est ainsi que l'Adulation se répand & corrompt les hommes de toutes les conditions : le Prince tient les Grands en respect, & les Grands le flattent ; les Grands oppriment le Peuple, s'en font craindre, & le Peuple craint & adore les Grands. Les Bachas sont les esclaves du Grand-Seigneur, & les Peuples sont les esclaves des Bachas.

Tacite entre autres exemples de l'insolence attachée à l'esprit de servitude, donne celui de Vitellius ; cet homme étoit toujours le plus empressé à flatter le Souverain, & à insulter tout honnête Citoyen attaché aux intérêts de sa Patrie, mais il étoit réduit d'abord au silence dès qu'il sentoit qu'on le repoussoit avec quelque vigueur. C'est le caractere des flagorneurs d'être tout ensemble portés à l'insulte & à la lâcheté. Vitellius avança pourtant ses affaires par ses louanges prostituées : il eut de grands emplois sous Tibere, il fut favori des deux Empereurs suivans ; il eut trois fois le Consulat & fut une fois Censeur. Il ne manquoit pas, dit Tacite, de bonnes qualités & d'habileté ; il se comporta dans le Gouvernement des Provinces avec toute l'intégrité d'un ancien Romain : mais la crainte qu'il conçut de Caligula, & son excessive complaisance pour Claude, le rendirent un esclave infame, & on le propose à la postérité comme un modele de la plus vile Adulation. On oublia ses premieres actions dignes de louange, & l'on ne se souvint que des dernieres qui couvrent sa mémoire d'ignominie. Outre qu'il adoroit Claude comme un Dieu, il portoit dans son sein un soulier de Messaline qu'il baisoit continuellement ; il plaça au milieu de ses Dieux domestiques les Statues d'or de Pallas & de Narcisse affranchis de l'Empereur. (1) Ce sont-là malheureusement les hommes que les Princes aiment, dit Salluste (2).

Auguste & Tibere étoient trop éclairés pour croire que les Sénateurs de distinction & les principaux de Rome, qui avoient méprisé l'alliance & le parentage des Rois, les regardant comme leurs créatures & leurs inférieurs, pussent avoir une obéissance aveugle pour un de leurs Concitoyens, dont l'usurpation & la violence l'avoient rendu ennemi de tous les Romains. Il y en eut sous le régne même de Tibere, qui se crurent autant que lui : Cneius Pison, par exemple, avoit peine à lui céder la place, & méprisoit les enfans de l'Empereur comme des gens fort au-dessous de lui. Cette hauteur lui coûta la vie ; car quoique Tibere l'employât à traverser & à perdre Germanicus, il se servit des propres services de Pison pour le faire périr.

Une sincere affection ne sauroit s'allier avec une soumission forcée. Les gens de cœur ne se soumettent pas volontiers à une autorité qu'ils croient

(1) Ce Vitelius étoit, je crois, pere de celui qui fut dans la suite Empereur.
(2) *Regibus boni quàm mali suspectiores sunt, semperque his aliena virtus formidolosa est.*

être en droit d'exercer eux-mêmes. Les louanges que les Principaux de Rome donnoient aux Empereurs, n'étoient qu'une basse Adulation, selon Tacite; elles étoient quelquefois nécessaires; elles partoient assez souvent d'une bonne intention. Elles étoient nécessaires pour la conservation propre de celui qui s'en servoit, elles étoient bien intentionnées lorsqu'on les employoit à donner au Prince des leçons de Gouvernement conformes à la sagesse & à la vertu. On peut excuser Marcus Terentius, qui pour défendre sa vie en danger, fit à Tibere un compliment tout-à-fait flateur. Les Dieux vous ont donné la direction suprême de toutes choses, & nous ont laissé la gloire de l'obéissance (1). Les Sénateurs aussi eurent raison de louer quelques actions de Néron, qui sembloient marquer son amour pour le Peuple, afin que cet esprit encore tout jeune, prenant du goût pour la gloire qu'il récueilloit de ces choses peu considérables, la recherchât ensuite dans les plus importantes. Thrasea Petus fit fort bien dans son Discours en faveur d'Antistius le Préteur, accusé de crime de leze-Majesté, pour avoir fait une Satyre contre l'Empereur, de donner de grandes louanges à sa clémence, afin d'en obtenir le pardon pour l'accusé.

Mais ce qui est bon & raisonnable lorsqu'il va jusqu'à un certain point, s'y arrête rarement. Cette même Adulation, qu'on ne pouvoit point blâmer dans certaines circonstances, devint scandaleuse & excessive; elle alla de pair avec la fureur & les cruautés des Tyrans, qu'elle encourageoit encore. Plus ces monstres étoient méprisables & pernicieux, plus ils recevoient d'adorations : la frayeur que l'on avoit de leur pouvoir, avoit saisi tous les hommes, & ils n'avoient d'autre ressource contre la rage du Tyran que l'Adulation. (2) Les gens portés naturellement à la servitude furent les premiers à frayer le chemin : leur exemple en attira d'autres, & ceux qui se distinguoient par l'amour de la liberté, se laisserent emporter au torrent, ou craignirent de faire paroître la moindre résistance. L'intérêt gouvernoit quelques-uns de ces vils adulateurs, l'exemple en entraînoit quelques autres, & la crainte s'étoit emparée de tous. On courut à l'envi à la servitude; l'on oublia entiérement l'amour du bien public, ce qu'on devoit à la gloire & à l'avantage de Rome, ce qui faisoit le caractere de ses anciens Citoyens; on vit succéder à l'esprit de liberté, la crainte & l'inquiétude où chacun étoit pour lui-même. C'est ce qui arrivera toujours lorsqu'un Prince ayant la force en main, séparera ses intérêts propres de ceux de l'Etat : les Particuliers n'ayant plus aucun crédit dans les affaires publiques, ne songent qu'à leur intérêt personnel & à leur sûreté.

Il y a cependant des traits qui font honneur aux Sénateurs Romains, dans les tems même dont nous parlons : ce qui prouve, à l'avantage de

---

(1) *Tibi summum rerum judicium Dii dedere, nobis obsequii gloria relicta est.*
(2) *Pavor internus occupaverat animos, cui remedium adulatione quærebatur.*

l'humanité, que dans la plus grande corruption il reste encore un levain de vertu. Ils oserent prendre des délibérations contre l'esprit de la Cour, & les efforts des favoris. Malgré tout le pouvoir & les cabales d'Agrippine, ils chasserent du Sénat Tarquitius Priscus, une de ses créatures. Il avoit attenté lâchement à la vie de Statilius Taurus, par l'instigation de l'Impératrice qui souhaitoit passionnément de s'emparer des richesses & des beaux jardins de cet illustre Sénateur. Ils donnerent un autre exemple de fermeté dans l'affaire d'Antistius, le Préteur, qui avoit composé des vers pleins de fiel contre Néron & les avoit lus dans un grand repas. Quoique l'accusé fût chargé du crime de leze-Majesté, poursuivi par Cossutianus Capito, gendre de Tigellin, ce favori tout-puissant, & que Junius Marullus, nommé au Consulat, eût donné sa voix à la mort selon la rigueur des Loix anciennes; le Sénat suivit l'avis modéré de Thrasea Petus, qui fut de condamner l'accusé à la confiscation & à l'exil; ils ne se départirent pas même de cette sentence après avoir reçu sur cela une Lettre de l'Empereur pleine d'indignation.

Mais ils se démentirent dans bien d'autres occasions où ils abandonnerent leur liberté & leurs suffrages plus vîte qu'on ne les leur auroit enlevés. La louable intrépidité de Thrasea fit revenir une fois ces Sénateurs de l'esprit d'esclavage qui s'étoit emparé d'eux; tant l'exemple d'un homme de bien & de courage a de force & d'influence, même dans une assemblée dévouée à la corruption & à la servitude. Il est vrai que Thrasea paya bien cher sa hardiesse, & ce fut la crainte d'un pareil traitement qui ferma la bouche aux autres, ou qui ne l'ouvrit que pour la flatterie; mais qui ne voudroit avoir la réputation de probité d'un aussi excellent Citoyen que Thrasea, même au prix de sa propre vie, plutôt que la fortune & le crédit de l'adulateur Vitellius, avec la bassesse de sa vie & l'ignominie attachée à sa mémoire?

Le cœur de tous les hommes est agité par l'orgueil, & ce sentiment donne de l'amour pour la réputation. Si l'on veut donc s'en faire une bonne, il faut régler ses actions de sorte qu'on ait toujours le jugement de la Postérité en vue; on ne l'abusera point par des prétextes & de fausses couleurs; de vaines excuses ne passeront point auprès d'elle pour des raisons, quoiqu'elles ayent trompé nos contemporains souvent séduits par l'amitié, par l'esprit de parti, ou par la prévention. Le tems & la mort détruisent toute sorte d'artifices, dissipent les nuages, & révelent bien des mysteres : alors les intentions des hommes, leurs motifs & leurs vues sont découverts & examinés à la rigueur. L'essor d'une imagination portée à l'Adulation, n'est plus regardé comme l'effet de l'affection pour le Prince, ni les efforts de l'ambition comme l'effet du zele pour le bien public. Claude & Pallas, Tibere & Sejan, Néron & Tigellin, étoient caressés, applaudis & adorés pendant leur vie, dans le tems de leur puissance & de leur faveur. La crainte de leur autorité arrachoit alors des louanges de de tous les hommes ; maintenant leur nom n'inſpire que l'horreur & le mépris. A quoi leur ont ſervi leurs ruſes, leurs ſubornations, leur puiſſance, & l'élévation de leur poſte ? le reſpect pour leur pourpre, la force de leurs armes, leurs Gardes Prétoriennes, & leurs Loix perverties ontelles pu mettre leur mémoire en ſûreté ? Un Ecrivain moderne, comme moi par exemple, a-t-il à craindre leurs accuſations de crime de leze-Majeſté, ou le ſouffle pernicieux de leurs Délateurs, lorſqu'il les traite de monſtres ſouillés de ſang, de tyrans, de peſtes publiques, & d'oppreſſeurs de la Terre ?

Ces Tyrans de Rome, & leurs adulateurs ont beau avoir pouſſé la tyrannie & l'Adulation à ſon comble, ils n'ont pas été capables avec tous leurs artifices, & la terreur qu'ils répandoient, d'éteindre la mémoire de leurs actions, ni d'empêcher qu'on n'en parlât. On a tranſmis à la poſtérité leur nom avec les épithetes qui leur conviennent. Le nom de Néron eſt moins ſuivi de l'idée d'Empereur que de celle de Tyran, dans l'eſprit de tous les hommes ; on n'entend point nommer Vitellius ſans avoir l'idée d'un vil adulateur ; ſon crédit & ſes grands emplois ſont oubliés ; l'on ne ſe ſouvient plus que de ſes actions infames. Quel frein cela ne devroit-il pas mettre aux paſſions d'un Prince capable de quelque réflexion ! Si Tibere, Claude, Caligula, & les autres monſtres qui ont été ſur le trône, avoient conſidéré la lumiere redoutable qui découvriroit à la poſtérité leurs horreurs, cela leur auroit ôté le plaiſir qu'ils prenoient à exercer la tyrannie ; cela leur auroit fait concevoir de l'averſion contre les adulateurs, qui leur mettoient dans la tête que tous les hommes parloient de l'Empereur comme ces peſtes de Cour en parloient eux-mêmes. Il auroit été mieux pour ces malheureux tyrans de n'être jamais venus au monde, par rapport au nom qu'ils ont laiſſé, autant que pour le bonheur du genre-humain.

A peine Tibere eut-il expiré, que le Peuple éclata en démonſtrations de joie & en exécrations ; les uns crioient qu'on le traînât dans le Tibre, les autres demandoient à la terre notre mere commune & aux Dieux infernaux, de ne lui donner de demeure que parmi les damnés & les maudits ; d'autres ne parloient de rien moins que de traîner ſon cadavre à la voirie ; & lorſqu'on alloit porter ſon corps de Miſene à Rome, chacun crioit qu'il valoit bien mieux le porter dans l'Amphithéatre d'Atella pour l'y brûler. C'étoient-là les marques de la bonne odeur dans laquelle ce tyran avoit laiſſé ſa mémoire.

C'eſt ainſi que les tyrans doivent s'attendre que la poſtérité ſe vengera ſur leur nom : c'eſt à quoi doivent réfléchir ſérieuſement ceux qui aiment leur gloire, & qui recherchent l'immortalité comme ſont la plûpart des Princes. Ils y ſont d'autant plus obligés, qu'ils ſont dans un poſte trop éminent & font trop de choſes pour que leur nom tombe dans l'oubli. Ils devroient plus craindre la cenſure de la poſtérité, ordinairement bien fondée & durable, qu'ils ne devroient être touchés des louanges de leur siecle, souvent fausses & passageres, & dont pour le moins on peut soupçonner la sincérité.

Si les tyrans méritent d'être détestés, que sera-ce de ces lâches adulateurs qui corrompent les meilleurs Princes & rendent les tyrans pires qu'ils ne seroient d'eux-mêmes? Tibere accepta la Souveraineté avec quelque défiance, & sa circonspection naturelle l'auroit rendu plus humain, si les Romains avoient couru avec moins d'empressement à la servitude. Mais voyant qu'ils vouloient être esclaves, il les traita en esclaves.

Domitien eut de la joie de voir qu'Agricola l'avoit nommé son cohéritier avec sa femme & sa fille; il eut la vanité de penser que c'étoit par choix, & eu égard à son mérite : tant il étoit aveuglé par l'Adulation. Il ignoroit qu'il n'y a qu'un mauvais Prince qui soit nommé cohéritier des enfans aimés tendrement par leur pere.

Néron essuyoit de terribles combats après qu'il eut fait mourir sa mere; il craignoit les Soldats, le Sénat, le Peuple; mais lorsqu'au lieu du ressentiment qu'il craignoit, il vit des discours flatteurs de la part des Officiers, des Décrets pleins de louanges de la part du Sénat, des processions générales, des applaudissemens, des offrandes faites publiquement aux Dieux, & un acquiescement universel; alors son insolence naturelle s'enfla davantage, cette servitude générale lui inspira l'orgueil d'un conquérant, il monta au Capitole, offrit des sacrifices & dès-lors il lâcha la bride à toutes ses brutales fantaisies. Lorsqu'il fit assassiner deux Romains d'une illustre naissance, Plautus & Sylla, il écrivit au Sénat sans lui rien marquer de cette exécution, se contentant de dire que c'étoient des esprits turbulens, & qu'il falloit qu'il prît de grands soins pour la conservation de l'Etat. Sur cela les complaisans Sénateurs ne perdirent point de tems à dégrader leurs deux confreres défunts, & à ordonner des prieres & des sacrifices publics. Néron à la vue de ce Décret, voyant que toutes ses injustices & ses actions sanguinaires étoient regardées comme des exploits héroïques, s'enhardit à faire une chose qu'il n'auroit osé exécuter sans cela, tout Néron qu'il étoit : il répudia la vertueuse Octavie qui lui avoit apporté l'Empire pour dot. (1) Pour comble d'infamie, immédiatement après que ce barbare Empereur eût versé le sang de cette sage Princesse, le Sénat ordonna qu'on rendît graces aux Dieux de nouveau, & qu'on portât des offrandes sur leurs Autels. Je rapporte cette particularité, dit Tacite, afin qu'on remarque en lisant les événemens de ce tems-là, dans cette Histoire ou dans quelqu'autre, que lorsque les Empereurs faisoient commettre quelques traits de cruautés, ordonnoient des bannissemens ou

---

(1) *Igitur accepto Patrum consulto, postquam cuncta scelerum suorum pro egregiis accipi videt, exturbat Octaviam.*

des assassinats, on ne manquoit point de faire des Décrets pour rendre graces aux Dieux, & leur offrir des sacrifices : ces solemnités, qui étoient anciennement les marques & les suites des victoires de l'Etat, & de la félicité publique, étoient devenues alors les tristes marques & les suites du massacre & de la désolation.

On put faire la même remarque dans la suite : lorsque Néron, après la découverte de la conjuration de Pison, eut versé des torrens de sang, plus la ville étoit remplie de corps morts, plus les temples étoient remplis de la fumée des Sacrifices. L'un avoit perdu son fils, l'autre son frere, l'autre son parent ou son ami, dans ce massacre général, & plus leur perte étoit douloureuse, plus ils montroient de joie au dehors, ornoient leurs maisons de laurier, alloient aux Temples rendre des actions de graces, embrassoient les genoux du Tyran & lui baisoient la main avec transport. Néron prenoit tout cela pour autant de marques de leur affection & de leur joie, lorsque dans la vérité, toutes ces félicitations & ces basses Adulations étoient d'autant plus grandes que leur crainte étoit plus grande & leur chagrin plus cruel.

Quel poison que l'Adulation! Elle égare les Princes au point de leur faire accroire que toutes les mesures qu'ils prennent pour appuyer leur oppression, que les traits de leur rage frénétique sont le résultat d'un Gouvernement juste, que la louange extorquée part d'une sincere affection, & qu'eux-mêmes sont l'amour du Peuple dans le tems qu'ils en sont l'horreur. Cette fausse idée les empêche de se repentir ou de se corriger. S'endormant sur les discours de leurs flatteurs, ils ne sauroient découvrir en quoi ils ont mal fait, & ne voient point de quoi ils devroient se corriger. Les flatteurs de Néron tournoient Séneque en ridicule, & faisoient entendre au Prince qu'il n'avoit pas besoin de Tuteurs. Les flatteurs de Commode firent la même chose à l'égard de ses vieux conseillers qui l'avoient été de son Pere. Néron & Commode suivirent l'avis de leurs adulateurs, ils régnerent méchamment, firent une fin tragique, & leur mémoire est en exécration. Ces pestes de Cour endorment les méchans Princes dans la sécurité & leur tiennent le bandeau sur les yeux, jusqu'à ce que le hasard les leur faisant ouvrir, la premiere chose qu'ils voient, c'est leur Trône chancellant, ou renversé, & quelquefois le glaive du bourreau à leur gorge. Lors même que les choses en sont venues là, il ne manque pas de gens qui leur donnent de fausses couleurs, & qui continuent leurs Adulations comme ils firent à Galba, peu d'instans avant qu'il fût égorgé; on l'amusoit par de fausses assurances qu'il étoit en sureté.

Combien ces mensonges ne sont-ils pas même préjudiciables à leurs auteurs? Ils les disent par amour-propre & pour leur conservation, cependant à force de consacrer par leurs flatteries, l'oppression, & la ruine des autres hommes, ils se creusent un précipice à eux-mêmes. S'ils exposoient les affaires aux Princes d'une maniere sincere, s'ils prenoient la liberté de leur faire connoître les abus & les oppressions, de leur faire considérer que ce qui est fait injustement contre les Peuples est dangereux pour le Souverain ; les Princes préféreroient des conseils sûrs & honnêtes à de criminelles fantaisies. Ils se feroient une habitude de douter, de délibérer, de s'informer, & de soumettre leur jugement à celui d'autrui : ils se souviendroient qu'ils sont ce qu'ils sont pour le bien & l'avantage de leur Etat, & qu'ils ne doivent avoir d'autre volonté & d'autre intérêt, que la volonté & l'intérêt des Peuples.

Si Néron avoit suivi les excellentes regles de Gouvernement qui lui avoient été dictées par Séneque & par Burrhus, qu'il s'étoit prescrites lui-même dans le premier Discours qu'il fit au Sénat ; s'il avoit fermé l'oreille aux conseils de Tigellin & de plusieurs autres flagorneurs de son espece ; la fin de son regne auroit été accompagnée des mêmes bénédictions que le commencement, & Néron auroit laissé un nom aussi respecté qu'il le rendit abominable. Si les confidens des Princes au-lieu de se ravaler jusqu'à devenir de vils Parasites, au-lieu de trahir la vérité, de couvrir le Souverain & eux-mêmes d'ignominie, vouloient donner des conseils salutaires à l'Etat, outre la louange qu'ils mériteroient d'une conduite si noble, ce seroit la méthode la plus infaillible de fonder leur propre fortune & celle de leur famille sur la sûreté publique. Si quelque malheur les faisoit tomber dans la disgrace, s'il leur en coûtoit la vie pour avoir fait leur devoir, ils auroient au moins le témoignage de leur conscience, les applaudissemens des vivans, & les louanges de la Postérité. Au-lieu que, fomentant les jalousies & la violence du Prince par leurs flatteries, ils lui enseignent à tourner sa fureur contre eux-mêmes ; ce qui est souvent arrivé & ce qu'ils doivent craindre. Les courtisans & les flatteurs de l'Empereur Caracalla pour lui complaire, applaudirent au meurtre de son frere Géta, & après que l'Empereur l'eut commis de sa propre main, ils furent tués eux-mêmes pour prix de leur maudite complaisance, & parmi eux, Letus son favori & son confident. Ces sanglantes exécutions partoient si peu du repentir de l'Empereur pour la mort de son frere, qu'il en fit massacrer tous les amis & les partisans au nombre de vingt mille en fort peu de tems. Peu d'amis, de confidens & de conseillers de Tibere purent se garantir d'une fin tragique, à moins qu'ils ne se dérobassent à sa cruauté par une mort naturelle. Ces instrumens de la tyrannie en furent les victimes. Le tyran les mettoit bien à couvert du ressentiment de ses Sujets, mais ce n'étoit que pour les punir lui-même. Vescularius Atticus, & Julius Marinus furent tous deux dans sa confidence la plus intime, ils l'avoient accompagné dans sa retraite à Rhodes & ne l'avoient jamais quitté pendant son séjour dans l'isle de Caprée : ils avoient favorisé la tyrannie & l'avoient servi dans ses projets sanguinaires : il ne paroit pas qu'ils lui eussent jamais déplu par aucun bon conseil. Vescularius étoit son agent secret dans la perfide trame destinée à perdre Libon Drusus, cet illustre Romain; & Séjan étoit venu à bout de perdre Curtius Atticus aidé de Marinus. N'en étoit-ce pas assez pour mettre leur vie à couvert? Tous leurs services n'empêcherent point qu'ils ne fussent les victimes d'une cruauté qu'ils avoient tâché d'assouvir par la perte de tant d'autres personnes. Leur fin tragique donna d'autant plus de joie qu'on voyoit retomber sur leurs têtes les cruels artifices dont ils étoient les auteurs. Il est certain que les Princes ont en horreur ceux dont ils se servent pour exercer leurs cruautés. Anicetus, Général des Galeres de Néron, avoit conduit & exécuté le projet de la mort d'Agrippine; il jouit un tems assez court d'un peu de faveur auprès du Prince, qui dans la suite conçut une étrange aversion contre lui. Car, comme Tacite le remarque, les Princes regardent les Ministres, & les exécuteurs des conseils pernicieux comme des gens dont les regards leur reprochent continuellement leurs crimes. Ce fut le sort encore de Cléandre sous le regne de Commode qui l'aimoit, se conduisoit par ses avis & lui coupa la tête. Quelle différence dans la relation de la mort de Burrhus qu'on soupçonna que Néron avoit fait empoisonner! La tristesse que sa mort répandit dans toute la ville, étoit grande & durable, parce que les Romains se souvenoient de ses vertus. L'Historien avoit dit un peu auparavant : Tandis que les malheurs publics devenoient plus grands & plus pesans de jour en jour, les ressources du public diminuoient, & Burrhus mourut. Avec quelle noblesse l'Historien raconte l'Histoire tragique de Seneque, elle est trop longue pour trouver ici sa place.

Je finirai cet article par cette réflexion, que comme l'Adulation est un effet de la crainte & de l'imposture, & que les Princes les plus tyrans sont les plus flattés; que les hommes dont le cœur est le plus faux sont les plus portés à l'Adulation; cette considération devroit être une leçon aux Princes & aux Grands de mettre dans la balance d'un côté leurs actions, & de l'autre les louanges qu'ils en reçoivent : s'ils trouvent qu'elles sont justes & équitables, qu'ils en concluent que les éloges qu'on en fait, sont sinceres; qu'ils réfléchissent sur leurs actes de bonté ou d'oppression, & qu'ils regardent comment ils en ont usé avec leurs Sujets. Ils feroient fort bien encore d'examiner le caractere de ceux qui les louent; si ce sont des gens d'honneur & de vertu, amateurs de la vérité, de leur Patrie & du Genre humain, ou s'ils ne sont pas du nombre de ces vils adulateurs qui louent, sans discernement & sans mesure, tout ce que le Prince fait & tout ce qu'il dit, de quelque nature qu'il soit. *Discours Historiques, Critiques & Politiques sur* TACITE, *par* TH. GORDON.

Voyez FLATTER, FLATTERIE, FLATTEUR.

ADULTÉRATION, s. f. ADULTÉRER, v. a.

CE terme de Droit, qui répond au mot *altération* plus usité dans le langage ordinaire, exprime l'action de dépraver & gâter quelque chose de pur, en y mêlant d'autres choses qui par leur alliage en alterent la pureté.

Les Loix défendent l'Adultération du caffé, du thé, du tabac, du vin, & de plusieurs autres choses semblables, soit comestibles, remedes, ou autres; & dans tous les Gouvernemens bien policés on tient la main à l'observation de ces Loix, à cause du dommage que la santé des Citoyens peut en recevoir.

C'est un crime capital dans tous les pays d'adultérer la monnoie courante. Les Anciens le punissoient avec une grande sévérité: les Egyptiens faisoient couper les deux mains aux coupables; le Droit civil les condamnoit à être exposés aux bêtes; l'Empereur Tacite ordonna qu'ils seroient punis de mort, & Constantin qu'ils seroient réputés criminels de leze-Majesté. En France & chez plusieurs autres nations l'Adultération des monnoies est un cas digne de la corde. Nous en parlerons à l'article *Faux-monnoyeur.*

L'Adultération ou falsification des médicamens, qui se fait en y ajoutant des ingrédiens qui en diminuent la vertu, ou en les mêlant avec d'autres drogues qui, les mêmes en apparence, n'ont ni les mêmes qualités, ni le même prix, est d'une conséquence infinie pour les malades. La police doit surveiller avec le plus grand soin les apothicaires, droguistes, & autres qui font profession soit de vendre, soit de préparer ces médicamens. C'est l'objet des réglemens qui concernent ces professions. Elle doit sur-tout empêcher que les charlatans & autres coureurs ne trompent le public par des onguens, opiates, & autres remedes qu'ils vendent presque toujours adultérés, surtout les poudres dont la falsification est plus difficile à reconnoitre. On a vu des villages entiers, & quelquefois des villes, empoisonnés par ces misérables qui vendent la mort au Peuple en lui promettant la santé.

ADULTERE, s. m.

Loix & peines contre l'Adultere.

L'ADULTERE est le crime qui se commet par le commerce d'une femme mariée avec un autre homme que son mari, ou d'un homme marié avec une autre femme que la sienne. Pour connoître la nature de ce crime, il faut remonter à l'origine de la société. Les hommes réunis en société se sont partagés des cantons qu'ils ont ensuite subdivisés en possessions particulieres à chaque famille; il a fallu de toute nécessité séparer ces familles pour éviter la confusion. Ce sont les femmes qui forment les familles; il a donc fallu partager les femmes.

Ce partage une fois fait, & la propriété de chaque femme acquise à chaque homme par la loi du mariage, la possession de sa femme est devenue aussi sacrée que celle du fonds; & même encore plus, tant parce que c'est elle qui fait souche, que par l'intervention de la Religion dans la cérémonie du mariage.

Dès ce moment l'Adultere est devenu un crime doublement punissable: 1°. comme crime d'Etat, troublant & dérangeant l'ordre établi par les loix nécessaires au maintien de la société; 2°. comme contraire à cette loi naturelle qui nous défend de faire aux autres ce que nous ne voudrions pas qu'on nous fît.

L'Adultere est double ou simple : on appelle Adultere double, celui qui se commet par une personne mariée avec une autre qui est aussi mariée, & l'Adultere simple, celui qui est commis par une personne mariée avec une autre qui ne l'est pas.

Par l'ancienne Loi, ceux qui étoient surpris en Adultere, étoient condamnés à être lapidés, comme on peut voir dans l'ancien Testament, *Exode, Chap. 22. dans le Deutéronome, Chap. 22. le Lévitique, Chap. 20. & dans le nouveau Testament en S. Jean, Chap. 8. ✝. 11.* car quoique Jesus-Christ, suivant l'Evangile, ne condamnât point la femme Adultere qui fut amenée devant lui, ce n'est pas qu'il voulût réprouver ni détruire cette Loi, mais seulement faire voir qu'il n'étoit pas venu dans ce monde pour y faire la fonction de Juge temporel, mais bien pour appeller les pécheurs à la Pénitence; aussi après avoir convaincu les accusateurs de cette femme, que personne n'étoit exempt de péché, il se contenta de dire à cette femme, lorsque ses accusateurs se furent retirés : *Femme, personne ne vous a condamnée, je ne vous condamne pas non plus, allez & ne péchez plus à l'avenir*, pour faire entendre qu'il lui remettoit son crime, quant à la conscience & au Jugement de Dieu, & non quant au Jugement des hommes.

Lycurgue punissoit un homme convaincu d'Adultere comme un parricide; sans doute parce qu'il regardoit l'Adultere comme le plus cruel de tous les vols, comme un outrage capable d'occasionner les meurtres & les excès les plus déplorables.

Une Loi de Solon permettoit de tuer un Adultere pris en flagrant délit. A Athenes cependant, les Adulteres riches pouvoient se racheter de la peine qu'ils méritoient, moyennant une somme d'argent; les pauvres subissoient une peine infamante. Celui qui gardoit sa femme surprise en Adultere, se déshonoroit. Les femmes Adulteres, qui entroient dans les temples publics, ce qui leur étoit défendu, pouvoient y être insultées & maltraitées impunément de paroles, & même d'actions, pourvu qu'on ne les blessât pas.

Les Locriens crévoient les yeux de l'homme ou de la femme Adultere.

Les anciens Saxons brûloient la femme Adultere; & sur ses cendres ils élevoient un gibet où ils étrangloient le complice. En Angleterre le Roi Edmond punissoit l'Adultere comme le meurtre; mais Canut ordonna que la punition de l'homme seroit d'être banni, & celle de la femme d'avoir les oreilles & le nez coupés.

Par les Loix Romaines, le crime d'Adultere étoit puni de mort en la personne de l'homme & de la femme surpris en Adultere; *mais Justinien par sa Novelle 134. d'où a été prise l'autentique Sed hodiè, Cod. ad Legem Juliam, de Adulteriis*, a adouci cette peine à l'égard des femmes; il ordonne que la femme Adultere, après avoir été fustigée, soit enfermée dans un Monastere d'où le mari puisse la retirer pendant l'espace de deux ans, & que le délai de deux ans expiré, sans que son mari l'ait retirée, elle soit contrainte d'y passer le reste de ses jours, sous un habit régulier, les deux tiers de ses biens acquis aux enfans, & le tiers au Monastere, & au défaut d'enfans, les deux tiers au Monastere, & le tiers restant aux plus proches parens, sauf néanmoins l'exécution des conventions portées par le contrat de Mariage, du mari & de la femme, qui restent dans leur entier en faveur du mari.

On suit en France les dispositions de cette Novelle, sauf que la femme n'est pas fustigée, & que sa dot à défaut d'enfans, est acquise au mari, à l'exclusion des autres parens & du Monastere.

La Loi ne veut pas que l'on fouette la femme Adultere, de peur que si le mari se trouvoit disposé à la reprendre, cet affront public ne l'en détournât.

Les héritiers encore ne seroient pas reçus à intenter contre la veuve l'action d'Adultere, à effet de la priver de ses conventions matrimoniales. Ils pourroient seulement demander qu'elle en fût déchue, si l'action avoit été intentée par le mari; mais il leur est permis de faire preuve de son impudicité pendant l'an du deuil à l'effet de la priver de son douaire.

A l'égard des hommes, la peine est arbitraire, plus ou moins grande, suivant les circonstances du crime & la qualité des personnes. En effet, on trouve dans *Papon, en ses Arrêts, Liv. 22. tit 9. arr. 4. & dans Larroche, Liv. 1. tit. 7. sur le mot Adultere*, des arrêts qui ont condamné des Adulteres à être pendus : c'étoit à la vérité dans des circonstances très-graves; savoir, d'un valet de cabaret qui avoit commis l'Adultere avec sa Maîtresse, qui s'étoit enyvrée, & qu'il avoit trouvée endormie sur le lit de son mari; d'une femme mariée qui avoit commis l'Adultere avec un métayer de son mari, & d'une femme d'un Conseiller avec le Clerc de son mari; toutes ces circonstances dans lesquelles ces arrêts ont été rendus, sont tirées, comme ces auteurs le font entendre, de la qualité de serviteurs ou domestiques, qui avoient commis l'Adultere avec la femme de leur maître, cette qualité en fait de vol & d'Adultere, rendant toujours le crime plus grave & plus punissable que dans tout autre cas.

Hors

Hors de ces circonſtances le crime d'Adultere ſimple n'eſt puni en France que par des aumônes & des dommages & intérêts envers la fille ſéduite, & en outre à la nourriture de l'enfant né de ce commerce; mais l'Adultere double eſt puni dans les hommes par des condamnations au banniſſement avec amendes, au fouet ou aux galeres perpétuelles ou à tems, ſuivant la qualité des perſonnes, & les circonſtances du fait, comme l'atteſtent *Larroche*, *Liv.* 1. *art.* 1. *du Titre cité*, & *Papon*, *à l'endroit auſſi cité*, *Art.* 19.

A l'égard de l'Adultere commis par les Prêtres, Moines & autres Clercs & perſonnes Eccléſiaſtiques, il eſt puni par des cenſures Eccléſiaſtiques, comme des aumônes, & de certaines pénitences auſquelles ſont condamnés les coupables, à moins qu'il ne s'agiſſe d'un Adultere commis par un Curé avec ſa Paroiſſienne, parce qu'alors ſa qualité de Paſteur rendant le crime plus grave, il ſeroit, comme nous l'avons déjà dit, puni de la peine du feu, ſuivant *Larroche* & *Graverol*, *à l'endroit cité*, *Art.* 2.

Nous avons dit que l'adultere commis par une femme n'eſt pas puni de mort; mais ſi la femme adultere avoit comploté de tuer le mari, ſoit par poiſon ou autrement, & que le fait fût prouvé, elle & ſes complices ſeroient condamnés à être pendus, quand même leur deſſein n'auroit pas été exécuté, s'ils avoient fait quelque démarche pour cela.

De l'Accuſation publique d'Adultere chez les Romains. Loix à ce ſujet.

LA Loi Romaine qui vouloit que l'accuſation de l'Adultere fût publique, étoit admirable pour maintenir la pureté des mœurs : elle intimidoit les femmes, elle intimidoit auſſi ceux qui devoient veiller ſur elles. La raiſon de la publicité d'une telle accuſation ſe tire de l'intérêt qu'une République, plus que toute autre eſpece de Gouvernement, doit prendre à la conſervation des mœurs, de l'alarme que doit lui cauſer l'excès de leur violation, du ſoupçon que le déréglement de la femme jette ſur la conduite du mari, de la crainte que les honnêtes gens mêmes n'aiment mieux cacher ce crime que le punir, l'ignorer que le venger.

Mais l'établiſſement de la Monarchie, & la corruption des mœurs firent ceſſer l'accuſation publique. On pouvoit craindre qu'un mal-honnête homme, piqué des mépris d'une femme, indigné de ſes refus, outré de ſa vertu même, ne formât le deſſein de la perdre. La Loi *Julia* ordonna qu'on ne pourroit accuſer une femme d'adultere, qu'après avoir accuſé ſon mari de favoriſer ſes déréglemens. Le but de cette Loi étoit d'anéantir l'accuſation publique en paroiſſant ne vouloir que la reſtreindre. C'eſt une choſe délicate que d'abolir des Loix que l'on a regardées pendant long-tems comme conſervatrices de la pureté des mœurs. L'Empereur Conſtantin ſupprima entiérement l'accuſation publique d'Adultere, en diſant que c'étoit une choſe indigne que des mariages tranquilles fuſſent troublés par l'audace ou la malignité des étrangers.

Le Pape Sixte-Quint sembla vouloir la renouveller : il ordonna qu'un mari qui n'iroit point se plaindre à lui des débauches de sa femme, seroit puni de mort. Mais, dit l'Auteur de l'*Esprit des Loix*, il ne faut qu'un peu de réflexion pour voir que cette Loi, dans une Monarchie telle que celle de Sixte-Quint, étoit encore plus déplacée que dans toute autre.

A présent dans la plupart des Contrées de l'Europe, l'Adultere n'est point réputé crime public; il n'y a que le mari seul qui puisse accuser sa femme: même le Ministere public ne le peut pas, à moins qu'il n'y ait un grand scandale.

De plus, quoique le mari qui viole la foi conjugale, soit coupable aussi-bien que la femme, il n'est pourtant pas permis à celle-ci de l'en accuser, ni de le poursuivre pour raison de ce crime. Cette différence est fondée sur plusieurs raisons. D'abord la mauvaise conduite du mari n'est point infamante pour la femme, comme le crime de celle-ci l'est pour son mari. Ensuite l'Adultere du mari ne donne point à sa femme des enfans étrangers, comme l'Adultere de la femme peut donner au mari des enfans qui ne sont pas de lui.

Moyens de prévenir l'Adultere.

C'EST une regle tirée de la nature des choses, que plus on diminue le nombre des mariages qui pourroient se faire, plus on corrompt ceux qui sont faits : moins il y a de gens mariés, moins il y a de fidélité dans les mariages; de sorte qu'un bon moyen de prévenir l'Adultere, est de favoriser les mariages.

Un second moyen, aussi efficace que le premier, est d'épurer les mœurs publiques. Les mœurs particulieres suivront l'impulsion donnée. Toute société dont les mœurs seront épurées, connoitra à peine le nom d'Adultere. Chacun y jouira tranquillement de son bien, sans envier celui des autres.

ADVOUÉ, s. m.

ADVOUÉ DE L'EGLISE.

C'EST un Titre des Empereurs d'Occident, que Charlemagne a porté le premier, le Pape le lui ayant conféré pour avoir protégé l'Italie & l'Eglise contre les Lombards. Dès-lors tous les Empereurs en ont été décorés, & dans les Capitulations de l'Empire ils promettent expressément qu'en qualités d'*Advoués* ou *Avocats* de l'Eglise (car ces deux mots signifient ici la même chose) ils protégeront l'Eglise & le Clergé. On sait combien les circonstances modifient ces sortes de promesses générales.

ADVOUÉ IMPÉRIAL.

On nommoit ainsi un Magistrat établi autrefois par les Empereurs, pour administrer en leur nom la basse & haute Justice dans les Villes de l'Empire.

Les Monasteres, Eglises & Evêchés avoient aussi leurs Advoués ou Avocats pour soutenir leurs Droits & rendre la Justice à leurs Vassaux.

Les Advoués Impériaux répondent assez à ce qu'on appelle *Vidames* en France.

ADVOUERIE, s. f. *qualité d'Advoué.*

L'ADVOUERIE est un Patronage de certains Princes & Seigneurs séculiers sur des Monasteres & des Eglises, en vertu duquel ils rendoient la justice au nom de ces Monasteres & Eglises, comparoissoient en leur place devant les Tribunaux, faisoient leurs affaires temporelles, les protégeoient, & en tiroient pour cela des revenus. Ces Protecteurs étoient nommés ou par les Fondateurs même des Couvens, ou par les Empereurs & les Rois. Aujourd'hui la plupart des Monasteres se sont affranchis des Advoueries qu'ils regardoient comme un joug onéreux.

ADVOYER, s. m.

L'ADVOYER est originairement la même chose que l'Advoué : un Magistrat ou Officier qui administre la justice dans certaines Villes Impériales.

Il y a aussi des Advoyers dans plusieurs Villes de Suisse ; & l'on donne spécialement ce titre aux premieres Personnes ou Chefs des Cantons de Berne, de Lucerne, de Fribourg & de Soleure.

AE

AERSENS, (François) *Seigneur de Somelsdyck, de Spyck, &c. habile Négociateur Hollandois.*

AERSENS est réputé un des plus habiles Ministres que les Provinces-Unies aient eus pour la négociation. Son pere, Corneille Aersens, Brabançon d'origine, & Greffier des Etats-Généraux, ayant connu du Plessis Mornay auprès du Prince Guillaume d'Orange, le pria de prendre son fils à sa suite, où il fut quelques années; ce grand homme, qui joignoit à une ame droite & sincere une grande sagacité & le discernement des esprits, jugea bientôt que le jeune Aersens seroit un jour un politique fin & subtil. Jean d'Olden-Barneveld avoit alors la principale direction des affaires en Hollande: sollicité par le Greffier, il fit donner à son fils, en 1598, la qualité de Résident des Etats en France, à la place de Levin Calüard qui venoit de mourir. Ce fut dans cet emploi qu'Aersens apprit à négocier avec ces grands maitres, Henri IV, Villeroi, Rosni, Silleri, Jeannin. Il n'eut que le titre de Résident jusqu'en 1609, que la treve de douze ans étant conclue, & que le Roi d'Espagne ayant déja traité avec les Hollandois comme avec un Peuple libre, il fut le premier qui eut le caractere d'Ambassadeur des Provinces-Unies en cette Cour. Ce fut encore de son tems que le Roi Henri IV décida que l'Ambassadeur de Hollande prendroit rang immédiatement après celui de Venise. Pendant son séjour en France, il reçut de grands bienfaits du Roi, & même des honneurs; car il fut annobli & fait Chevalier & Baron, de sorte qu'à son retour en Hollande il fut reçu entre les Nobles de sa Province.

En 1613, dans le même tems que M. de Refuge revint à Paris de son Ambassade de Hollande, Aersens parut desirer de revoir sa Patrie, & prétextant sa santé & ses affaires particulieres, il en demanda la permission aux Etats qui la lui accorderent. Quelques Historiens assurent (& la suite le fit voir) que ce desir apparent n'étoit qu'une feinte pour obtenir un présent de la Cour, & qu'il comptoit, après un séjour de quelques mois en Hollande, retourner à Paris avec le même caractere. Mais il n'étoit plus aussi agréable au jeune Monarque, ou plutôt à la Reine-Mere, qui gouvernoit alors. Il avoit des liaisons avec les Grands de France, dont la conduite étoit suspecte. Des liaisons de cette espece dans un Ministre étranger, aussi fin politique que l'étoit Aersens, ne pouvoient manquer de passer pour des intrigues capables de donner de l'ombrage & du mécontentement à Leurs Majestés & aux Ministres. Quand elles eussent été innocentes, les circonstances les eussent rendues odieuses. Lorsqu'il prit congé de Leurs Majestés, elles lui firent présent d'une vaisselle de vermeil, & demanderent en même-tems aux Etats qu'ils lui nommassent un successeur. Aersens prétendit n'avoir pris congé que comme pour une simple absence. La Cour de France insista, & il fut remplacé par M. de Languerac, de la Maison des Barons d'Aspre, esprit fort doux & fort simple qui, n'ayant qu'une probité toute nue, sans capacité, n'étoit guere propre à remplir dignement un emploi pour lequel la vertu seule d'un particulier ne suffit pas.

Les Etats, pour adoucir l'espece de mortification qu'Aersens venoit de recevoir, l'employerent auprès de la République de Venise, puis auprès de plusieurs Princes d'Allemagne & d'Italie, à l'occasion des mouvemens de Bohême. Il donna par-tout des preuves d'une profonde habileté. Il fit, outre cela, des Ambassades extraordinaires en France & en Angleterre, dont il a laissé des Mémoires aussi exacts que judicieux. Il dressa lui-même toutes les instructions qui lui furent données, & toutes les lettres de créance qu'il emporta dans ses dernieres Ambassades, tellement qu'il faut croire, dit Wicquefort, qu'il étoit l'homme de tout le Pays qui savoit le mieux non-seulement négocier, mais aussi instruire l'Ambassadeur de ce qu'il devoit négocier. Lorsqu'il fut envoyé extraordinairement en France en 1624, le Cardinal de Richelieu qui gouvernoit nouvellement le Royaume, en fit beaucoup de cas; & l'on assure que, comme il le connut aussi intéressé qu'éclairé, il sut le prendre adroitement par ce foible, pour le faire servir à ses vues: ce qui fait voir que, s'il est important de connoître les qualités personnelles d'un Négociateur, il l'est encore davantage que le Négociateur n'en ait aucune qui puisse donner prise sur lui.

On ne sauroit s'empêcher de reprocher à notre Politique Hollandois un esprit d'intérêt qui lui fit faire des fautes, & qui sera à jamais une tache à sa mémoire. Je ne répéterai point que l'appât d'un présent lui fit terminer plutôt qu'il n'auroit voulu, sa premiere Ambassade de France. Ce qui est beaucoup plus grave, il vendit sa plume au Prince Maurice d'Orange, pour rendre odieux ceux qu'il vouloit perdre, & dans d'autres occasions semblables, il fit croire que tous les moyens d'acquérir des richesses lui sembloient honnêtes. Aussi, laissa-t-il de si grands biens, que son fils passa pour le plus riche particulier qu'il y eût de son tems en Hollande. Aersens justifia cette maxime des Républiques bien réglées, qu'une fortune rapide dans un homme public est un grand crime, parce qu'on tient qu'il ne lui est pas possible de devenir puissamment riche en un instant, & d'être homme de bien. Si d'un côté sa profonde connoissance des affaires, sa grande intelligence, son éloquence douce & persuasive, un certain air de simplicité Hollandoise qui cachoit toute la finesse, difons mieux, toute la fourbe de la Politique Italienne, (*) rendirent des fervices effentiels à fon Pays, lorfqu'il fut employé au dehors; de l'autre, fon efprit hardi, inquiet, intrigant au dedans, & fur-tout fon envie démefurée de s'agrandir & d'amaffer du bien par quelque voie que ce fût, le porterent à donner des confeils violens à l'ambitieux Maurice, & à fe faire le principal exécuteur des deffeins de ce Prince, qui fembloit afpirer à la Souveraineté. Ainfi, un des plus habiles Négociateurs dans les Cours étrangeres, fut un Citoyen dangereux au fein de fa Patrie.

(*) C'eft ainfi que s'exprime Du Maurier, en parlant d'Aerfens, dont il rapporte le trait fuivant : » Le reproche que lui fit publiquement mon pere d'avoir violé le droit » des gens à fon égard, étant Ambaffadeur du premier Roi de la Chrétienté, principale » colonne de leur État, étoit fondé fur ce que M. Aerfens avoit corrompu un fien Secré- » taire nommé Du Cerceau, d'une fort honnête famille de Paris, qui alloit toutes les nuits » dans le cabinet de mon pere, affez éloigné de fon appartement, & dont en fortant il » ne faifoit que tirer la porte, au-lieu de la refermer à clef qu'il redonnoit à mon pere. » Là, il copioit les dépêches de la Cour pour les communiquer à M. Aerfens, qui favoit » ainfi les plus particuliers fentimens & intentions de Mrs. les Miniftres. Auffi, il fe van- » toit continuellement de favoir tout par fes amis de France, & d'en être auffi-bien averti » que le Miniftre du Roi; de quoi mon pere étant dans une peine extrême, & foupçonnant » ce Du Cerceau qu'il connoiffoit être fort âpre à l'argent, & qui fe tenoit plus lefte que » fes gages ne le portoient, il pria fes plus intimes amis auxquels il confia ce fecret, de » le fuivre quand ils le rencontreroient par la Ville, pour favoir où il fréquentoit. Peu » de jours après, M. Du Colombier, Gentilhomme de Bourgogne, lors Capitaine en Hol- » lande..., ayant un jour apperçu par la Ville, & fuivi de loin ce Du Cerceau, rapporta » à mon pere qu'il l'avoit vu entrer chez M. Aerfens. Ceci, & le préfent qu'il voulut ex- » torquer de la Cour, prouvent clairement que M. Aerfens fe fervoit de tous moyens » illégitimes & déshonnêtes pour s'enrichir & pour parvenir à fes fins. Après ce rapport, » fait par M. Du Colombier, homme d'une intégrité reconnue, & celui d'un domeftique, » qui avertit mon pere qu'il avoit vu la nuit Du Cerceau, avec une bougie, entrer dans » fon cabinet, on ne douta plus de fa corruption; &, tout-auffi-tôt, mon pere feignant » lui être furvenu une affaire importante, fit partir Du Cerceau en diligence, chargé d'un » gros paquet à fon correfpondant à Paris, où étant arrivé, cet ami lui ayant reproché » fon action, & remontré de mieux faire à l'avenir, lui dit qu'il eût à fe retirer douce- » ment, & qu'il n'en feroit jamais parlé en confidération de tant d'honnêtes gens à qui il » appartenoit. « *Mémoires pour fervir à l'Hiftoire de Hollande.*

ÆLIA SENTIA.

De la Loi Ælia Sentia.

CETTE Loi fut établie du tems d'Augufte, fous le Confulat de Sextus Ælius & de C. Sentius, l'an de Rome 755. Elle interdifoit le commerce, le mariage, le droit de tefter & tous les autres privileges des Citoyens, aux affranchis, qui, durant leur efclavage, avoient été marqués au front pour avoir fui, ou qui avoient été mis à la torture, jettés dans les fers, exposés aux bêtes, pour avoir été surpris dans quelque délit. Elle les réduisoit à la même condition, que ceux d'entre les ennemis de la République, qui, mettant les armes bas, se livroient, avec tout ce qu'ils possédoient, au pouvoir du Peuple Romain. Elle vouloit qu'ils en portassent le nom, & qu'ils fussent privés à jamais de l'espérance d'obtenir le droit de bourgeoisie. Mais l'éclat de la République venant peu-à-peu à s'obscurcir, la Loi dont nous parlons, cessa d'être en vigueur comme auparavant; & Justinien l'abrogea enfin tout-à-fait.

Par cette même Loi, un esclave ne pouvoit être mis en liberté avant l'âge de trente ans, & un maître ne pouvoit la lui donner, avant qu'il en eût lui-même vingt; à moins qu'il n'y eut une raison, dont la validité fût prouvée. A Rome, la preuve devoit se faire devant un Conseil, composé de cinq Sénateurs & de cinq Chevaliers Romains. Dans la Province, elle se faisoit devant vingt Juges, du nombre de ceux qui rendoient la Justice, & qui étoient Citoyens Romains.

Cet établissement devenoit très-sage. L'homme, en effet, qui en affranchit un autre, donne un Citoyen à la République (ce qui est le plus grand droit qu'ait un homme libre) (1); mais il risque de lui en donner un très-indigne d'elle. C'est à quoi elle est principalement exposée de la part des jeunes gens, d'ordinaire imprudens & faciles. Il n'y a rien de si commun encore de nos jours, que de voir les jeunes gens de la premiere condition, séduits par les plus méchans des domestiques; aux surprises desquels leur âge est le plus exposé (2), & en faveur de qui ils se laissent aller à des générosités outrées; parce qu'ils n'ont pas éprouvé la difficulté d'acquérir.

Les Romains voulurent que la liberté fût la récompense des vertus. Pour donc écarter toute fraude, ils déclarerent nuls les affranchissemens que faisoit un jeune homme âgé de moins de vingt ans, par l'interposition d'un tiers plus âgé que lui.

Cela fut réglé ainsi par un Sénatus-Consulte dressé selon le sens de la Loi : comme il paroît par un rescrit d'Alexandre. Cette Loi étoit en effet accompagnée de plusieurs Sénatus-Consultes, du nombre desquels se trouvoit celui qui disoit : *Si quelqu'un déclare devant un Consul, par leurs noms, les esclaves qu'il veut mettre en liberté, qu'il les affranchisse devant*

---

(1) Delà ce que dit dans Plaute un marchand d'esclaves :

> *Sum ne ego probus, sum lepidus civis,*
> *Qui atticam hodie civitatem*
> *Maxumam, majorem feci, atque auxi civi fœmina ?*

Ce marchand avoit mis une femme en liberté.

(2) A cause que ces domestiques ont soin d'amorcer leurs passions.

ce Consul, & qu'il le fasse avec les solemnités prescrites; à moins que de justes raisons n'empêchent ce même Consul d'en être témoin. Dans ce cas, on pourra aller vers l'autre.

Un second Sénatus-Consulte empêchoit les esclaves mis en liberté, d'en jouir, au détriment des Villes. Un troisieme ôtoit aux coupables de crimes capitaux, le pouvoir de l'accorder. Un quatrieme comptoit parmi les raisons légitimes pour en user, le cas où un jeune homme âgé de moins de vingt ans, étoit bien-aise d'épouser sa servante, & juroit qu'il s'uniroit à elle avant six mois révolus.

Voici l'énumération que fait Justinien, des raisons légitimes d'affranchissement. » C'est, dit-il, quand on met en liberté un pere, une mere, un » fils, une fille, des sœurs, des freres, soit naturels soit de lait, un péda- » gogue, une nourrice, une servante qu'on est bien-aise d'épouser (1), » enfin un serviteur, âgé de dix-sept ans au moins, & qu'on charge de » ses affaires. « Justinien exige une de ces raisons, de celui qui a moins de vingt ans, dans le cas où il affranchit avec les cérémonies ordinaires (2). Quant au pouvoir d'affranchir par testament, il l'accorde au jeune homme, âgé de dix-huit ans de même qu'à celui qui n'en a que quatorze.

Un autre article de la Loi Ælia Sentia défendoit les affranchissemens, qui arrachoient des mains des créanciers, ceux que leurs dettes en avoient rendus esclaves; qui retranchoient une partie de leurs gages, ou diminuoient la portion due à leurs Patrons. Elle annulloit de droit les affranchissemens faits dans cette vue artificieuse, quand même ils l'étoient par un testament militaire. C'est ainsi que la Loi Pauliana annulloit les aliénations faites pour frauder les créanciers; la Loi Fabiana, celles qui se faisoient au détriment des Patrons, par un affranchi qui testoit; la Loi Calvisiana, celles d'un affranchi qui mouroit sans tester.

Toutes ces aliénations étoient cependant d'abord valables; au-lieu que les affranchissemens illégitimes étoient nuls de leur nature, par la force de la Loi Ælia Sentia. La raison en est que le Préteur qui condamnoit les aliénations injustes, n'avoit pas le même pouvoir que la Loi qui rejettoit les affranchissemens faits contre les regles. Cette même Loi pourvoyoit aussi au droit des créanciers, auxquels il étoit dû sous condition; parce qu'ils avoient action, comme les autres, sur l'héritier, & qu'ils pouvoient être mis en possession des biens qu'un débiteur laissoit.

Mais afin qu'un homme qui n'étoit pas solvable, ne fût pas diffamé après sa mort par le partage forcé de ses biens, la Loi dont il est question, lui permettroit de laisser, par testament, la liberté & son héritage à un de ses

(1) Pourvu, comme il a été dit, qu'on soit dans la disposition de l'épouser dans l'intervale de six mois.

(2) *Vindictâ.*

esclaves,

esclaves, qui se chargeoit de son infamie, & au nom duquel les biens étoient partagés. C'étoit ainsi que, pour empêcher que le nom de Sénateur ne fût souillé, un Sénatus-Consulte établissoit un Agent pour faire le partage des biens d'un Citoyen de cet Ordre, qui mouroit insolvable. Quant à l'esclave qui se chargeoit de l'ignominie de son maître, Justinien voulut qu'il devînt libre, quand même il auroit été simplement nommé héritier par le testament; parce que ce nom ne pouvoit tomber que sur un homme qui avoit la liberté ou qui l'acquéroit.

Il parut encore du tems d'Adrien, un Sénatus-Consulte concernant la Loi Ælia Sentia, qui portoit, que, quand un homme insolvable auroit laissé par testament la liberté à plusieurs de ses esclaves, & les auroit institués ses héritiers par fidéicommis, l'esclave qui seroit nommé le premier, auroit la liberté & l'héritage. Mais s'il étoit d'un prix au dessus de ce qu'il falloit pour satisfaire les créanciers, & que le second fût d'un prix au dessous, alors l'héritage & la liberté passeroient au troisieme.

Si cependant l'héritage laissé à un esclave, étoit substitué à un homme libre, l'esclave étoit rejetté, & l'homme libre mis à sa place; parce qu'un testament fait en faveur d'un esclave, n'est valable, que quand il n'y a pas d'homme libre pour soutenir le nom d'héritier.

Il faut observer encore que la Loi Ælia Sentia ne met de bornes qu'aux affranchissemens directs. Le Droit reçu avant cette Loi, en met à ceux qui sont accordés par fidéicommis. Il défend d'exécuter ce que le fidéicommis porte, avant la déduction des dettes.

La Loi Ælia Sentia veut qu'un Patron qui néglige de nourrir son affranchi pauvre, soit déchu avec ses enfans, des droits qu'il s'étoit réservés sur sa personne, en lui donnant la liberté, ainsi que de ceux qu'il a sur son héritage; à moins qu'il ne soit lui-même l'héritier ou qu'il ne demande les biens, conformément au Droit des XII Tables.

D'un autre côté, la Loi dont il s'agit, donne toujours action aux maîtres contre les affranchis ingrats. Le but de cet article très-sage est d'empêcher le préjudice qu'un homme, qui mépriseroit l'auteur de sa liberté, pourroit porter à la République, par des vices dont son ingratitude seroit un indice. Chez les Athéniens, un affranchi ingrat étoit de nouveau réduit à l'esclavage; & voici la formule dont usoit le maître pour l'y faire rentrer. *Je cesse de t'avoir pour Citoyen, puisque tu es un impie estimateur d'un si grand bienfait. Je ne saurois croire utile à la République, celui que je vois criminel chez moi : vas donc, & sois esclave, puisque tu n'as pas su être libre.* Chez les Romains, un tel homme étoit condamné aux carrieres.

Mais la Loi traitoit d'une maniere très-favorable les affranchis qui se comportoient bien. Elle avoit pourvu à ce qu'il ne restât dans eux aucune marque de servitude. Tellement que, si un maître venoit à stipuler avec son affranchi, pour le prix des services qu'il en tiroit lorsqu'il étoit son esclave, elle le dépouilloit de tous les droits qui lui restoient sur sa perſonne. Il pouvoit ſeulement en accepter le prix des ſervices, offert volontairement ; parce qu'alors il paroiſſoit plutôt le recevoir de celui qui mettoit en œuvre l'affranchi, que de l'affranchi même. Mais ſi le maitre étoit dans un état à n'avoir pas beſoin d'argent, & qu'il fût ſuffiſamment aidé par les ſervices de l'affranchi, il devoit s'en contenter. Tout cela avoit été établi, de peur que ce que les Loix obligeoient un homme de faire pour reconnoître le bienfait de la liberté, ne ſervit aux maitres à ſatisfaire leur avarice.

Rien n'étant ſi utile à un Etat, que la population, la Loi ôtoit le droit de patronage au Citoyen, qui, par ſtipulation ou par ſerment, avoit obligé un affranchi ou une affranchie à ne pas ſe marier ; à moins qu'il n'eût paru vouloir leur enjoindre moins un veuvage éternel, que le ſoin des enfans qu'ils avoient déja. Mais un Patron n'étoit plus dans le cas de la Loi, s'il engageoit à renoncer au mariage, un affranchi ſans eſpérance d'avoir des enfans, tel qu'un eunuque ; non plus que s'il engageoit ſon affranchie à l'épouſer, pourvu qu'elle le fit volontiers. *L'Eſprit des Loix Romaines, par* GRAVINA.

AF

AFFABLE, adj. AFFABILITÉ, s. f.

L'AFFABILITÉ est une qualité qui fait qu'un homme reçoit & écoute, d'une maniere gracieuse, ceux qui ont affaire à lui.

L'Affabilité naît de l'amour de l'humanité, du desir de plaire & de s'attirer l'estime publique. De ces deux motifs l'un est noble & généreux, & l'autre un raffinement d'amour-propre.

Un homme affable prévient par son accueil; son attention le porte à soulager l'embarras ou la timidité de ceux qui l'abordent. Il écoute avec patience, & il répond avec bonté aux personnes qui lui parlent. S'il contredit leurs raisons, c'est avec douceur & avec ménagement; s'il n'accorde point ce qu'on lui demande, on voit qu'il lui en coûte; & il diminue la honte du refus par le déplaisir qu'il paroît avoir en refusant.

L'Affabilité est une des vertus les plus nécessaires dans un homme en place; elle lui ouvre le chemin à la vérité, par l'assurance qu'elle donne à ceux qui l'approchent. Elle adoucit le joug de la dépendance, & sert de consolation aux malheureux. Elle n'est pas moins essentielle dans un homme du monde, s'il veut plaire; car il faut pour cela gagner le cœur; & c'est ce que sont bien éloignés de faire les airs de grandeur & de supériorité. La pompe que les grands étalent, offense le sensible amour-propre; mais si les charmes de l'Affabilité en temperent l'éclat, les cœurs alors s'ouvrent à leurs traits, comme une fleur aux rayons du Soleil, lorsque le calme régnant dans les cieux, cet astre se leve dans les beaux jours d'été, à la suite d'une douce rosée.

La crainte de se compromettre n'est pas une excuse recevable. Cette crainte n'est rien autre chose que de l'orgueil, car, si cet air fier & si rebutant, qu'on voit dans la plûpart des grands, ne vient que de ce qu'ils ne savent pas jusqu'où la dignité de leur rang leur permet d'étendre leurs politesses, ne peuvent-ils pas s'en instruire? D'ailleurs ne voient-ils pas tous les jours combien il est beau, & combien il y a à gagner d'être affable, par le plaisir & l'impression que leur fait l'Affabilité des personnes au-dessus d'eux?

Il ne faut pas confondre l'Affabilité avec un certain patelinage dont se masque l'orgueil des petits esprits, pour se faire des partisans. Ces gens-là reçoivent tout le monde indistinctement avec une apparence de cordialité; ils paroissent prévenus en faveur de tous ceux qui leur parlent, ils ne désapprouvent rien de ce qu'on leur propose; vous diriez qu'ils vont tout entreprendre pour vous obliger. Ils entrent dans vos vues, vos raisons, vos intérêts; mais ils tiennent à tous le même langage; & le contraire de ce qu'ils ont agréé, reçoit, le moment d'après, le privilege de leur approbation. Ils visent à l'estime publique, mais ils s'attirent un mépris universel.

AFFAIRE, s. f.

AFFAIRES POLITIQUES.

LES Affaires Politiques sont toutes celles qui concernent le Gouvernement des Etats soit au-dedans ou au-dehors, comme l'Administration de la Justice, la Police, les Finances, les Négociations, &c. Quoique la maniere de traiter les Affaires varie suivant leur nature & les circonstances qui la modifient, cependant il est possible de donner des regles générales applicables à toutes les especes & dans toutes les circonstances.

Nous commencerons par observer que vouloir tracer des méthodes à une Administration qui n'a point de systême suivi, c'est enseigner le cours des astres à un aveugle; qu'il y auroit également & de l'impolitesse & de la témérité à prétendre asservir aux regles d'une raison tranquille & réfléchie, un Gouvernement qui se pique de ne suivre que ce qu'il appelle les *Principes militaires*; que prêcher les Loix & la justice à une Cour corrompue, dont les Ministres cherchent leur intérêt particulier aux dépens de l'intérêt public, c'est enfouir des pierres précieuses dans le sable; qu'enfin il y a des parties de l'Administration où il n'est guere possible de rien changer aux idées & aux méthodes reçues, quelles que soient les lumieres & les bonnes intentions de celui qui en a la direction, parce que l'ignorance, le préjugé & des vues intéressées concourent à tenir tous les esprits courbés sous le joug de la routine. C'est alors qu'il est vrai de dire que les Affaires donnent moins de peine, que les gens avec lesquels on est obligé de les traiter.

Nous parlons à des Gouvernemens sages, réglés & bien intentionnés.

De l'ordre dans les choses, de la sagesse dans la direction, de la promptitude dans l'expédition, telle est en trois mots toute la science du maniement des Affaires. Mais ces trois mots ont besoin d'être développés.

De l'Ordre dans les Affaires.

RIEN ne contribue plus efficacement à mettre de l'ordre dans les Affaires que leur distribution en différens départemens ou Colleges supérieurs, & la subdivision de ces départemens ou Colleges en différens bureaux ou secrétaireries. Chaque branche, chaque régie doit avoir ses limites marquées, de maniere que tous les départemens soient dans une harmonie perpétuelle, sans qu'aucun d'eux puisse empiéter sur les droits & les privileges des autres, ou s'ingérer dans leurs fonctions. L'attention constante à entretenir cette harmonie, & à ne pas permettre que ces bornes se confondent, caractérise véritablement l'Homme d'Etat qui sait établir le Gouvernement sur la base inébranlable de l'Ordre.

Toutes les Affaires, même dans les Gouvernemens les plus vastes & les plus compliqués, peuvent se réduire à huit Chefs qui sont I. l'Administration de la Justice; II. les Affaires Ecclésiastiques; III. les Affaires Etrangeres; IV. la Guerre; V. les Finances; VI. le Commerce; VII. la Marine; VIII. la Police. Delà huit grands départemens sous la direction d'autant de Ministres, Secrétaires d'Etat, Présidens ou Directeurs de College : car le nom est indifférent.

Un Politique Italien, Donato, qui a composé dans sa langue un Traité de l'*Homme-d'Etat*, divise les matieres de Gouvernement en cinq branches seulement, qui sont la Justice criminelle, la Justice civile, l'Economique, le Militaire & la Politique. Cette partition peut être admise pourvu qu'on y joigne un sixieme département pour ce qui concerne la Religion & les Affaires Ecclésiastiques : objet très-essentiel, sur-tout dans les Etats Catholiques. Peut-être aussi conviendroit-il de réunir la Justice criminelle & la Justice civile. Du reste, c'est le nombre des Affaires qui doit régler celui des départemens.

Dans les petites Souverainetés d'Allemagne & d'Italie, où les Affaires ne sont pas si multipliées, il n'y a pas tant de Colleges supérieurs ou départemens. Trois ou quatre suffisent; un plus grand nombre, loin d'accélérer l'expédition, ne feroit que la retarder. Un College supérieur pour l'Administration de la Justice, un College de Régence pour les Affaires générales de l'Etat, un Tribunal Ecclésiastique, & une Chambre des Finances sont tout autant qu'il en faut à la plupart de ces Etats. Il y en a même où l'Administration n'en exige pas tant. Mais les petits ont toujours la noble émulation d'imiter les grands, comme on voit en miniature dans plusieurs Cours d'Allemagne tous les différens corps de l'armée du Roi de Prusse. Cette petite vanité s'étend jusqu'à l'Etat civil, & c'est une singerie assez amusante de trouver dans les almanacs d'adresses, la liste des différens Conseils d'un Souverain à qui il suffiroit d'avoir un Conseiller, un Bailli, & un Maitre ou Receveur des rentes, ce qui composoit jadis toute la Chancellerie de ses Prédécesseurs. Un petit Etat qui n'est composé que d'une villette & de quatre ou cinq villages, a sa Chancellerie de Régence, son Consistoire, sa Chambre des Finances, son Maréchal de la Cour, son grand Forêtier, son Sur-Intendant des Bâtimens, sa Députation pour le département de la Police, *&c.* Je puis assurer, dit M. de Moser dans un Ouvrage que j'ai sous les yeux, (*) je puis attester que l'on a expédié une fois cinq décrets de la Chambre des Finances pour faire raccommoder quelques tuiles au toit du Château Ducal : réparation qui se feroit faite avec autant de sûreté sur un simple ordre donné de bouche au Concierge.

Ce n'est pas ici le lieu de faire la critique des différentes méthodes adoptées soit dans les grandes Monarchies, soit dans les Républiques, ou dans les moindres Principautés pour l'Administration des Affaires politiques; nous en parlerons plus amplement & plus pertinemment en traitant du Gouvernement de chaque Etat. Il suffit, pour le but que nous nous proposons dans cet article, de faire sentir combien il est essentiel que la somme totale des Affaires soit distribuée en autant de Conseils ou Départemens qu'il est nécessaire pour qu'aucun ne soit surchargé, que chacun sache précisément ce qu'il a à faire, & s'y emploie de tout son pouvoir. Cette distribution générale des Affaires en Conseils, Colleges ou Départemens ne suffit pas. Ces différens Colleges, Conseils ou Départemens doivent être subdivisés en plusieurs Intendances, Secrétaireries, Chambres ou Bureaux, suivant l'espece & la multiplicité des Affaires. Chaque Intendant, Secrétaire, Président de Chambre, ou Chef de Bureau aura son District certain & fixe; il distribuera la besogne à ses subalternes ou commis avec une telle précision, que depuis les principales branches de l'Administration, jusqu'à leurs moindres subdivisions, chaque Affaire ait son homme propre, & chaque homme ait ses Affaires propres. Sans cela, il n'est pas possible de faire de bonne besogne : les Affaires tomberont inévitablement dans une grande confusion d'où résultera un très-grand dommage pour l'Etat. On ne peut pas exiger raisonnablement de personne, qu'il ait des connoissances également étendues, & une expérience également consommée dans toutes les parties d'un Département; si quelqu'un se donne pour universel, & prétende, à ce titre, être employé à tout, il est à présumer que c'est un homme très-superficiel, peut-être un fourbe, un ambitieux, qui cherche à se rendre maître de plusieurs parties pour les administrer à sa guise, sans avoir de surveillant; un homme enfin sur lequel il ne faut faire aucun fonds, dont on n'a rien de bon à espérer, ou même qu'il faut craindre.

Quand les limites de chaque Département & de ses divisions, sont bien déterminées, les Affaires vont pour ainsi dire, se ranger d'elles-mêmes sous la main de celui qui en est chargé d'office; les particuliers qu'elles concernent, savent invariablement à qui ils doivent s'adresser; le Souverain sait lui-même à qui s'en prendre, s'il y a de la malversation. Ainsi l'ordre devient l'ame des Affaires, & le grand ressort qui fait marcher d'un mouvement doux & uniforme, la machine très-compliquée du Gouvernement.

(*) *Der Heer und der Diener*, c'est-à-dire, *le Maître & le Serviteur* au Traité *des Affaires*.

Le défaut de méthode embrouille l'Administration la plus simple. » Je » connois, dit l'Auteur que je viens de citer, une Chambre des Finances » déréglée par systême, où toutes les Affaires sont dans le plus grand désor- » dre. Des huit ou dix Membres dont elle est composée, il n'y en a pas » un qui ait son département certain & fixe. Ils s'entre-distribuent les Actes » entre eux, au hazard, comme ils le jugent à-propos. Tel a fait aujour- » d'hui son rapport dans les Affaires forêtieres, qui se charge demain de » ce qui concerne les bâtimens, & celui qui ne devroit s'occuper que de » l'économie rurale, s'attribue la révision des Comptes. L'un ne fait pas plus » que l'autre ce qui intéresse véritablement le pays ; tous ensemble sont » très-ignorans dans la science financiere, & il n'y en a pas un seul qui » soit fonciérement instruit d'une seule branche des Finances. La routine » est leur seule regle. C'est en suivant cette routine, qu'ils donnent leur » voix, qu'ils chiffrent, qu'ils empruntent toujours, ne paient jamais & » plongent le Prince & l'Etat dans la misere (*). « C'est que personne n'ayant son département à part, personne ne sait ce qu'il doit faire, ce qu'il doit apprendre pour remplir convenablement son emploi. Le mieux intentionné n'ose s'attacher à une partie, parce qu'un autre pourroit se l'attribuer. S'il y a une Affaire pénible, embrouillée, délicate, chacun s'excuse, on en parle dix fois, & personne ne veut s'en charger.

J'ai quelquefois entendu blâmer la grande multiplicité de Départemens qu'il y a en Prusse. Elle est excessive, dit-on ; elle entraîne une augmentation superflue d'Affaires, d'Actes, & de personnes employées dans l'Administration. Ceux qui parlent ainsi, ne font pas attention que de tous les Gouvernemens, le systême Prussien est à cet égard celui où il y a le plus d'ordre, le plus de ponctualité, le plus de célérité dans l'expédition. Doit-on faire attention à de petits inconvéniens compensés par de si grands avantages ?

L'Homme d'Etat sensible à la foiblesse humaine, considérant combien les habiles gens sont rares, combien les passions, les goûts, les intérêts d'une famille, le soin de sa propre santé, & la variété des rapports que les hommes ont dans la société, leur causent de distractions, combien ils sont peu portés à s'affectionner vivement aux Affaires d'autrui, craindra toujours de les surcharger ; il croira rendre un service essentiel au public en divisant & subdivisant les départemens. Il sait qu'en réduisant l'Administration à ses moindres termes, il la rendra plus aisée, plus expéditive & plus sûre. Il doit considérer qu'il est beaucoup plus aisé de trouver des sujets propres à régir une branche particuliere, que des gens capables d'en embrasser plusieurs ; & qu'un homme au-dessus de sa besogne travaille avec plus de zele, d'ardeur, de satisfaction, & conséquemment avec plus de gloire pour

(*) Là-même.

lui, & d'avantage pour le public, que celui qui se trouve toujours en deçà de la tâche qu'on lui a imposée, quelques efforts qu'il fasse pour s'en acquitter avec honneur,

L'Administration des Affaires est ordinairement mieux ordonnée dans les grands Etats que dans les petites Souverainetés. Cela vient sans doute de ce que l'immensité des Affaires fait mieux sentir le besoin de simplifier l'Administration en la divisant & subdivisant, ou de ce que les grandes Affaires formant les grands hommes, ceux-ci savent mettre dans la régie l'esprit d'ordre & d'arrangement qui est dans leurs vues & leurs pensées. C'est un vice presqu'universel des petites & des moyennes Cours d'Allemagne, dit M. de Moser, de n'avoir point de systême ni dans leur façon de penser, ni dans leur maniere d'agir; il y en a où l'on n'apperçoit pas même la trace de quelqu'ordre. Remontez à cinquante ou soixante ans, ou jusques à un siecle si vous voulez, vous trouverez une suite de maîtres & de serviteurs nés & élevés ensemble de génération en génération, destinés, à ce qu'il semble, par une sorte d'harmonie préétablie entre eux, à perpétuer d'âge en âge l'ancien désordre (*). M. de Moser, qui a étudié & senti plus vivement que personne, ce mal si dommageable aux Souverains & à leurs Peuples, a proposé une méthode qui pourroit avec le tems rétablir l'ordre dans toutes les branches de l'Administration. Il forme quatre Colleges, un Conseil Privé ou de Régence, un Consistoire, une Chambre des Rentes ou de Finances, & un Conseil de guerre, divisés chacun en plusieurs districts particuliers confiés à autant de sujets habiles & fideles.

1. Il faut dans le Conseil Privé ou de Régence un Chancelier chargé des Affaires intérieures du pays, de ce qui concerne l'Administration de la Justice, l'observation des Loix & des Ordonnances, les charges, commissions & emplois civils, municipaux ou de judicature, les Affaires des Baillis & des Communes, les différens de Jurisdiction, &c. Un Ministre des Affaires étrangeres & publiques, profondément instruit de la constitution politique de l'Etat, veillera à la défense des droits & des intérêts du Prince; il sera chargé de tous les différens, & des conférences avec les Princes voisins, avec les Etats du pays, avec les Nobles soit immédiats ou médiats qui y possedent des terres, &c; de tout ce qui va aux Tribunaux de l'Empire, aux Comices & aux Dietes du Cercle; en un mot de tout ce qui peut être compris sous la rubrique d'Affaires étrangeres & publiques. Les Affaires féodales seront commises à un troisieme. Un Fiscal général, quelque nom qu'il porte, soit d'Avocat du Prince, de Procureur de la Chambre, ou autre, régira les droits particuliers réservés au Souverain. Un cinquieme s'occupera de tout ce qui concerne la Police, les postes, la monnoie, les chemins, la chasse, les forêts, les eaux, les péages, &c. Bien

(*) Là-même.

entendu

entendu que tous ces Chefs de départemens, Conseillers ou Directeurs auront autant d'Assesseurs, Secrétaires, ou Commis qu'il sera convenable pour l'expédition des Affaires; & que dans ce College, ainsi que dans les autres, aucun Chef ou Directeur ne décidera ni décrétera seul dans aucune Affaire, mais seulement dans le Conseil avec ses collegues.

2. Au Consistoire il faudroit qu'un membre fût chargé des édifices sacrés & de leur entretien, des revenus & biens affectés aux Eglises & aux écoles publiques, & de tout ce qui regarde leur Administration économique. On remettroit à un second le Gouvernement domestique des maisons des pauvres, des orphelins, des hôpitaux, des maisons de correction, des fondations pieuses, & tout ce qui intéresse les causes pies. Un autre seroit chargé de la défense des droits de ces mêmes maisons contre toutes les attaques du dehors. On distribueroit à deux autres les procès pendans au Consistoire, & les intérêts des particuliers qui y ont à faire.

3. Le membre le plus nécessaire dans la Chambre des Rentes ou des Finances, est un Directeur ou Surintendant qui connoisse parfaitement les productions & les propriétés du pays, le génie, les facultés & l'industrie des habitans, les meilleurs moyens d'améliorer leur sort & leur fortune, car la richesse du Peuple est la base la plus solide de celle du Souverain; un Chef qui éclaire les démarches de ceux qui travaillent sous lui & avec lui, qui dirige leurs opérations, encourage leur fidélité, anime leur activité, maintienne l'ordre dans son College, soit aimé de ses collegues, soutenu par son maître, craint des faiseurs de projets & des fourbes, honoré dans l'Etat, & recompensé par la considération que mérite un bon financier, c'est-à-dire, celui qui, en augmentant les revenus du Souverain, améliore le sort des sujets. Après un Chef sage & expérimenté, l'homme le plus nécessaire est celui que l'on charge particuliérement de tout ce qui concerne la recette; non pour avoir la caisse & manier lui-même les deniers, ce qui est l'office des subalternes, mais pour avoir constamment l'œil en général à toutes les rubriques relatives à la recette, & à chacune en particulier. Il doit prendre garde à leur diminution & à leur accroissement, en examiner les causes, & proposer au College tout ce qui, à cet égard, mérite une délibération particuliere. Un autre Conseiller des Finances sera uniquement chargé de la dépense en gros & des comptes qui y sont relatifs. Un autre doit entendre à fonds, autant qu'il est possible, tout ce qui concerne l'économie rurale, & les branches nombreuses & utiles qui entrent dans cette rubrique : c'est la premiere & principale source des revenus du Prince & de ses Sujets. Un cinquieme aura l'inspection des mines, salines, forges, *&c.* Un sixieme aura le département des arts & métiers, des manufactures & fabriques. Il ne sera pas superflu d'avoir un homme chargé spécialement de ce qui concerne la dépense particuliere de la Cour, pour y joindre une juste économie à la dignité convenable. Dans les Cours fort chargées de dettes, il seroit de l'équité de constituer un Con-

ſeiller exprès, chargé de trouver des tempéramens honnêtes entre le Prince & ſes créanciers dont il ſeroit le tuteur. Enfin, deux autres Conſeillers s'emploîroient au rapport & à l'expédition de toutes les Affaires courantes de ce département.

4. M. de Moſer ne propoſe rien pour le département de la guerre parce qu'il convient n'être pas aſſez verſé dans cette partie, pour donner ſes idées ſur l'arrangement de ce Conſeil. Nous remarquerons de plus que le modele général, qu'il offre pour les trois autres Colleges, a beſoin d'être remanié par un Homme d'Etat, pour produire l'effet qu'il en attend. Ce n'eſt qu'un apperçu qui ne contient pas toutes les branches, mais qui ſuffit ici pour mettre ſur la voie un petit Souverain qui a envie de débrouiller le cahos des Affaires publiques de ſon Etat, & de mettre quelqu'ordre où il n'y a que de la confuſion. C'eſt tout ce que M. de Moſer a en vue.

Les huit départemens que nous avons énoncés plus haut, ſeront tout autrement développés dans cet Ouvrage : on en peut juger par l'idée que nous donnons de celui des Affaires étrangeres, à la ſuite de cet article-ci.

De la ſageſſe dans la Direction des Affaires.

La ſageſſe doit préſider à tous les Conſeils, régler toutes les déciſions, ſe faire toujours entendre par l'organe des Miniſtres & de leurs ſubordonnés. C'eſt ſur-tout dans les Chefs qu'elle doit éclater. Comme ce ſont eux qui dirigent l'Adminiſtration, leur probité, leur prudence, leurs lumieres influeront juſques ſur ſes moindres parties, & forceront tous les agens ſubalternes à ſuivre l'impreſſion de leur vertu. Si au contraire le vice eſt dans les Chefs, il ſe communiquera par degrés juſqu'aux moindres Commis, & toute la maſſe des Affaires en ſera infectée. Quel Etat n'a pas éprouvé cette vérité ?

Les Rois, qui ſont des Gentilshommes, des Intendans, des Gouverneurs, des Miniſtres, ne ſauroient faire d'habiles gens ni des gens vertueux. Ils donnent des titres, des honneurs, des richeſſes, & ne peuvent donner ni les talens ni la vertu. Heureux celui qui ſait diſtinguer le mérite dans la foule des courtiſans qui l'offuſquent, l'appercevoir dans l'obſcurité qui le cache, le chercher dans le fond d'une province où il languit !

Il faut abſolument que celui qui eſt à la tête d'un Département, Miniſtre, Préſident, Directeur, ou Sénateur, entende ſi bien les matieres de ſon Adminiſtration, qu'il ſurpaſſe en lumieres tous ceux qui ſont employés ſous ſa direction au même département ; ſans quoi, ils manqueront de confiance en lui, contrôleront ſes déciſions, ne ſeront pas portés à y ſouſcrire, inſpireront leurs méfiances au Peuple. De-là les mécontentemens, les plaintes, les murmures contre une Adminiſtration qui n'aura pas la réputation d'être ſuffiſamment éclairée. Mais on ſe ſoumet volontiers au Gouvernement d'un homme dont la ſageſſe eſt connue.

Comment, par exemple, diriger les opérations des Finances, ſi l'on n'est pas au fait de tout ce qui concerne cette partie aussi délicate qu'elle est vaste? Comment atteindre au *maximum* de la richesse de l'Etat; comment faire fleurir l'abondance dans toutes les Provinces, si l'on n'a pas une idée précise des revenus publics, des sources qui les produisent, de la meilleure maniere d'en faire la perception? Comment parer les inconvéniens, réformer les abus, empêcher le monopole & les concussions, si l'on ne possede pas la science économique dans toute son étendue? Car l'ignorance d'une seule branche nuit toujours plus ou moins aux avantages que l'on tire de la connoissance des autres; telle est leur liaison, qu'on n'en peut connoître une à fonds si on ne les connoît toutes. Comment procurer au Peuple toutes les ressources nécessaires pour contribuer amplement & commodément aux besoins de l'Etat? comment améliorer à la fois les revenus du Souverain & ceux des Sujets, si l'on ne comprend pas toute la signification, toute l'énergie de ces mots, propriété personnelle & fonciere, produit net, jouissance réelle, agriculture, production & reproduction, commerce, industrie, liberté de commerce, encouragement de l'industrie, crédit, circulation, subsides, impôts, ferme, régie, *&c. &c.*?

Je rougirois de parler ici des connoissances nécessaires aux personnes que l'on charge des premiers emplois de l'Administration, si l'on ne voyoit pas tous les jours tant de gens présomptueux, & fort au-dessous de leur place. C'est sur-tout dans les petites Souverainetés que l'on voit souvent des gens sans capacité, sans talens, à la tête des Affaires; source de désordres qui se perpétue quelquefois pendant plusieurs générations, parce qu'un Ministre inhabile ne recommande guere pour les emplois que des gens de son espece: il environne le Prince de sots, d'hommes sans lumieres, sans prudence; ceux-ci parvenus suivent la même méthode, & le mal croît à chaque mutation. Un pays ainsi gouverné offre un spectacle déplorable. Toutes les Affaires y sont traitées gauchement, tumultuairement, sans principes, sans systême, au hazard; ou même elles ne sont pas traitées. L'intérêt, la brigue ou le caprice forment les résolutions qui devroient être l'ouvrage de la raison, de l'équité, du bien de l'Etat.

Le choix du Monarque le mieux intentionné tombe-t-il toujours sur le plus digne? Un homme a rempli éminemment une place subalterne: est-ce assez pour être capable des premiers emplois? Il a bien gouverné une Province; gouvernera-t-il aussi bien un vaste Royaume? Il a une ame droite, du génie, de grandes vues, des connoissances étendues. Mais tout cela n'est qu'une partie de la sagesse nécessaire pour la direction des Affaires. A-t-il autant de prudence que de génie, autant de jugement, de pénétration que d'esprit systématique, autant de solidité que d'étendue dans ses principes? Sa droiture n'est-elle point accompagnée d'une roideur capable de nuire au bien qu'il veut faire? Ne veut-il que le bienfaisable? Hélas! quelquefois à force de tendre au mieux, on fait le pire. Il ne faut outrer ni la raison, ni la liberté, ni la vertu. L'exécution sera toujours l'écueil

Fff 2

des plus belles théories, lorsqu'on n'aura projetté qu'en grand, ce qu'il falloit envisager dans les moindres détails de la pratique. Cependant lorsqu'on s'est avancé jusqu'à un certain point, quel est l'homme assez sage, assez juste, assez grand, pour consentir à avoir tort? On a honte de reculer. L'amour-propre aveugle, les avis sont dédaignés, les plaintes révoltent; on soutient une fausse démarche par une inconséquence, une inconséquence par une faute; & de faute en faute on vient jusqu'à se permettre des actes d'autorité, en s'affichant pour l'apôtre le plus zélé de la liberté publique. Voilà ce que j'appelle manquer de sagesse dans la direction des Affaires politiques.

La confiance est un grand ressort de l'Administration. Et qu'est-ce qui la fait naître, cette confiance? C'est la probité jointe à la science; c'est le désintéressement des Administrateurs; leurs vues patriotiques, leur zele pour le bien, leur impartialité, leur droiture, le choix qu'ils savent faire des sujets les plus dignes pour partager avec eux les soins pénibles & glorieux du Gouvernement, l'inflexibilité généreuse qu'ils opposent à propos aux sollicitations indiscretes, aux demandes déraisonnables, aux projets intéressés, en un mot à tout ce qui n'a pas le bien de l'Etat pour objet unique. C'est leur intégrité soutenue dans toutes les occasions, & contre tous les assauts que lui livrent sans cesse les personnes les plus séduisantes, les tentations les plus délicates, la facilité de prévariquer impunément, l'autorité des exemples, *&c.* Combien d'hommes, élevés au ministere, ont perdu, peu après leur élévation, les principes d'honnêteté dont ils ne s'étoient pas écartés jusques-là? C'est qu'il n'y a qu'une vertu de la trempe la plus forte, qui soit à l'épreuve de tous les objets de séduction dont elle se trouve environnée dans les premiers emplois. Malheureusement les vues de l'intérêt personnel croissent avec l'autorité, les honneurs & la fortune. On rapporte tout à soi; on sacrifie tout à ses passions, lorsqu'on ne devroit avoir d'autre passion, que l'amour du bien public. Les hommes en place doivent être persuadés, comme d'une vérité constante, qu'ils ne feront jamais mieux leurs Affaires qu'en faisant bien celles de l'Etat, & qu'au contraire ils feront toujours mal les Affaires de l'Etat, quand ils ne songeront qu'à faire les leurs. Quel plus grand intérêt, quelle plus noble récompense un Ministre peut-il désirer, que la gloire de bien régir son Département, de contribuer autant qu'il dépend de lui, à la somme du bonheur public? Voyez l'ascendant de Sully dans l'Etat & sur l'esprit de son Roi. Son ame généreuse emploie toutes ses facultés, toute son existence à faire le bien. Il est dominé par l'amour de la patrie. Il joint au mérite & au caractere d'un véritable ami des hommes, l'esprit des Affaires & les grandes connoissances qu'elles exigent. De-là vient la haute idée que l'on a de la sagesse de son Administration.

Un Chef de Département n'est pas seulement responsable du mal qu'il fait; mais encore de celui qu'il laisse faire du bien qu'il ne fait pas &

qu'on attend de lui & de ses sous-ordres. L'excuse d'ignorance seroit mal reçue, car il ne doit rien ignorer de ce qui se fait sous sa direction. Comme c'est lui qui, sous le bon plaisir du Souverain, nomme à tous les emplois de cette branche des Affaires publiques qu'il dirige, sa prudence doit éclater dans le choix des sujets qu'il charge d'en remplir les fonctions. Il doit les connoître assez pour les employer suivant leurs qualités, leurs talens, leur inclination : ce dernier article est aussi essentiel que les autres, car comme on fait ordinairement bien ce qu'on fait avec goût, lorsque d'ailleurs on a l'acquis nécessaire pour y réussir, il est rare qu'on réussisse aussi bien dans un emploi pour lequel on a de la répugnance, quoiqu'on possede d'ailleurs tout ce qu'il faut pour le remplir convenablement. C'est donc un trait de sagesse d'employer les hommes à des occupations auxquelles ils soient portés de cœur & d'esprit. Autrement leur travail forcé n'aura guere qu'un demi-succès; le dégoût amenera la négligence, la paresse & toutes sortes d'abus.

Mais un Ministre n'est pas toujours dans le cas de pouvoir choisir à son gré les coopérateurs du bien public. Quelquefois le Souverain lui force la main par des considérations raisonnables ou peu réfléchies, ce que je n'examine pas ici : il s'agit du fait. Ou bien, à son entrée dans le Ministere, il trouve toutes les places remplies de sujets, sans avoir de raisons suffisantes pour les remercier; en effet, il faut des griefs bien forts pour ôter l'état à un homme employé dans l'Administration. Enfin, dans un siecle de corruption, lorsqu'une Administration vicieuse, continuée pendant une assez longue suite d'années, semble avoir flétri toutes les ames, & étouffé le germe des talens & des vertus, il y a disette de bons sujets, & l'on est obligé de se servir des hommes tels qu'on les trouve. C'est dans ces circonstances critiques qu'éclate la sagesse du Chef. Son génie doit suppléer à tout ce qui manque à ceux qui agissent sous sa direction. Il ne tardera pas à connoître les différens esprits dont il doit régler & gouverner les opérations; sans affecter une application pénible & contentieuse à les étudier, sans paroître même les observer, il aura des indices certains de leurs qualités bonnes ou mauvaises; quelques conversations libres & aisées, leur maniere de travailler, leur façon d'envisager certaines Affaires délicates, de petites épreuves telles qu'il s'en rencontre à chaque pas dans la carriere politique, serviront à lui dévoiler le vrai caractere des plus dissimulés. Avec les talens nécessaires pour se faire aimer & respecter de tous, il saura tirer un parti avantageux de chaque caractere, sans en excepter le plus stérile. Il saura leur inspirer son zele, son courage, son activité, sa volonté droite & incorruptible. Il animera leurs travaux en les faisant valoir; il accroîtra leurs talens en leur fournissant l'occasion de les développer; il ménagera sagement leurs foiblesses pour les corriger. Par ces sages tempéramens, les abus se redresseront comme d'eux-mêmes, tous les subalternes prenant l'esprit du chef, le bon ordre, l'intelligence, l'harmonie, l'intégrité régneront dans toutes les branches de son département. On n'y verra plus de ces petites jalousies si contraires aux biens des Affaires,

& pourtant trop ordinaires entre collegues, qui font que l'un ne veut pas préparer les voies, de peur qu'un autre ait la gloire du succès; plus de ces concussions sourdes, déguisées sous le beau nom d'équité, comme si l'excès de la justice n'étoit pas une souveraine injustice; plus de ces intrigues scandaleuses où la perte de l'innocent est le prix des faveurs d'une vile courtisane; plus de ces gens qui affectent d'être surchargés de travail, & qui en faisant péniblement des riens, voudroient persuader à tout le monde que la moitié du fardeau de l'Administration repose sur eux; plus de ces hommes dissipés toujours prêts à sacrifier leurs devoirs à leurs plaisirs, qui consument un tems précieux en visites, en promenades, en fêtes & autres amusemens frivoles; plus de ces commis occupés à parer & meubler leur maison avec un luxe recherché, tandis que les rats ou la poussiere rongent les actes qui concernent le Souverain, les pauvres, ou des particuliers qui soupirent dans l'attente de la justice; plus de ces hommes avides de qui il faut acheter les moindres graces, & qui souvent même font payer celles qu'ils sont dans l'impuissance d'accorder ou de faire obtenir. C'est de la sagesse du Chef, c'est de sa prudence éclairée, de sa raison douce & persuasive, de sa droiture inflexible, qu'on doit attendre la réforme de tous les désordres qui arrachent si souvent de justes plaintes au peuple opprimé par ceux qui devroient faire son bonheur. Le Ministre est toujours censé intéressé aux abus qu'il souffre dans son Département, & autoriser le mal qu'il n'empêche pas.

De la promptitude dans l'expédition des Affaires.

Il est des Départemens, des Colleges, des Bureaux dont on exalte l'exactitude & la célérité dans l'expédition des Affaires. On n'y est jamais rebuté; on y trouve toujours des Chefs en état de parler à chacun de l'Affaire qui le concerne, comme si c'étoit la seule qu'ils eussent à traiter. On y reçoit toujours des réponses satisfaisantes, lors même qu'elles sont défavorables. N'en est-il pas aussi quelques autres où toutes les Affaires languissent, où les moindres commis sont inabordables, où l'on éprouve des délais sans fin, des difficultés sans nombre, des raisons pitoyables, & après cela des décisions gauches, & contraires aux principes d'une bonne Administration? On s'est fait dans ces derniers Bureaux des maximes qui favorisent la négligence, l'injustice même, & dont on s'écarte rarement. D'abord on ne fait presque pas d'attention aux Affaires dont les parties intéressées ne sollicitent pas l'expédition : malheur donc à quiconque ayant de la confiance dans le Gouvernement, compte trop sur le zele qu'il lui suppose pour le bien des Peuples! Ses intérêts sont négligés, oubliés, s'il est assez simple pour s'imaginer que l'Administration s'en souviendra lorsqu'il n'a pas soin d'en rappeller lui-même le souvenir à ceux auxquels ils sont confiés. On dit froidement, & on le pense : S'il importoit à cet homme de voir la fin de son Affaire, il la solliciteroit.... Mais s'il la sollicitoit, seroit-il sûr de l'obtenir? Point du tout; car une autre maxime que l'on ſuit auſſi exactement, c'eſt qu'il faut employer tour à tour la douceur & la rudeſſe, les promeſſes ſéduiſantes & les propos repouſſans pour ſe délivrer des ſolliciteurs importuns. La meilleure maniere de s'en délivrer efficacement, ſeroit de les expédier promptement. Ces lenteurs inſupportables pour les particuliers, ne manquent guere de cauſer de juſtes plaintes. On leur oppoſe un front qui ne ſait point rougir. Il faut s'aguerrir, dit-on, & ſavoir écouter des reproches, des injures, quelque méritées qu'elles ſoient, ſans aller plus vîte. C'eſt bien la peine de ſe gêner pour les Affaires d'autrui. Les gens ne ſont-ils pas trop heureux qu'on penſe à eux dans un tems ou dans l'autre?.... S'il eſt queſtion d'une Affaire de nouvelle date, on ne manque pas de dire, vous aurez votre tour, les premiers vont devant, bien d'autres ſont venus avant vous & attendent encore..... S'il s'agit d'une Affaire qui a vieilli dans les Bureaux, on ſe prévaut de ſon ancienneté pour dire, elle a déjà duré tant d'années, peu importe qu'elle ſoit terminée un an plutôt ou plus tard..... Voilà comme la négligence, la lâcheté, le peu de zele pour le Public, ont toujours des prétextes pour autoriſer leur lenteur.

D'autres Affaires ne s'expédient point par des raiſons d'intérêt, celles dont il ne revient rien au Prince, celles qui ſont tout-à-fait contre lui, ou bien dans leſquelles ſon droit n'eſt pas trop ſûr, & que par conſéquent il faudroit décider à ſon déſavantage; on les tire en longueur, on cherche des ſubterfuges, & l'on ne manque jamais de raiſons pour en éluder, au moins pour en éloigner la fin. Comme il n'y a pas moyen de forcer la choſe, ſans une injuſtice trop manifeſte, on ſe dit: Nous n'avons pas du droit de reſte dans cette Affaire, il ne faut pas trop ſe preſſer, tenons bon tant que nous pourrons, il y aura toujours aſſez de tems pour la finir..... D'autres fois on raiſonne ainſi: Il y a des principes applicables à cette Affaire, auxquels il ne nous convient pas de toucher, parce que dans d'autres occaſions nous avons ſoutenu nous-mêmes des principes contraires, ou que nous pourrions être intéreſſés à les ſoutenir dans la ſuite; ainſi nous laiſſerons la choſe-là.... Ce parti une fois pris, il n'y a plus rien à faire pour le particulier: d'abord on l'amuſe par des propos ambigus, par des irréſolutions, des allégations; on en vient enfin à lui dire qu'il doit abandonner la pourſuite de ſon droit; que l'Adminiſtration a des raiſons particulieres qui l'empêchent de diſcuter une queſtion ſujette à bien des difficultés; que du reſte s'il ſe croit léſé, on fera en ſorte de le dédommager par ailleurs; qu'il peut compter ſur la bonne volonté du Miniſtere: Défaite mal-adroite qui ne ſert qu'à faire mieux ſentir l'injuſtice.

Quant aux Affaires majeures, qui exigent d'autant plus de travail qu'elles ſont plus importantes, & d'une influence plus marquée ſur toute une Province, quelquefois ſur la Nation entiere, on convient qu'il eſt expédient qu'elles ſoient miſes ſur le tapis & terminées; mais qui eſt-ce qui s'en chargera. C'eſt un travail épouvantable. Si une Affaire de cette nature tient à plusieurs Départemens, chacun s'excuse, on en parle dix fois, & elle reste toujours pendue au croc. Si elle ne regarde qu'un seul Département, on differe sans cesse sous prétexte qu'elle exige beaucoup de tems, & que l'on ne peut pas, pour un seul objet, faire languir les Affaires courantes. Mais si l'on avoit réellement de la bonne volonté, on trouveroit le tems de tout faire, les grandes choses comme les petites; on auroit un nombre de travailleurs suffisant pour tout finir, au lieu de décréditer le Gouvernement par des négligences impardonnables.

L'Homme d'Etat n'est plus à lui. Il est l'homme du Peuple, l'homme de l'Etat, l'homme de chaque Membre de l'Etat, l'homme de chaque particulier. L'Affaire du moindre Citoyen le regarde, comme si c'étoit la sienne propre, puisqu'il s'en est chargé en entrant dans le Ministere; & si par sa faute, elle traîne en longueur, il manque au particulier, à l'Etat, à soi-même. S'il est digne de sa place, il se fera un devoir, un honneur de la remplir dans toute son étendue; de partager ses soins entre toutes ces fonctions, sans en dédaigner aucune. Il animera, par la rapidité de son travail, celui de ses subordonnés. Il sera toujours au courant; aucune requête, aucune plainte, aucun mémoire ne restera dans les Bureaux ou entre ses mains, que le tems précis nécessaire pour être lu, examiné, répondu, expédié avec la promptitude qu'on doit attendre d'une Administration attentive, diligente, active. L'ordre dans les Affaires en accélere beaucoup l'expédition; ce qui la hâte encore plus, c'est un esprit éclairé, expérimenté, qui voit d'un coup d'œil toutes les faces d'un objet, saisit le vrai point d'une question, quelque embrouillée qu'elle soit, & décide sur des principes d'autant plus invariables, qu'ils sont justes & favorables au bien public. Un homme au fait de sa besogne, un Chef de Bureau qui connoît à fonds son département, qui n'ignore aucune des especes d'Affaires qui peuvent se présenter, en expédie plus en un jour que n'en pourroit finir en un mois un commis qui, manquant de connoissances suffisantes, se trouveroit en défaut à chaque cas nouveau, ne se décideroit qu'à tâtons, & se verroit souvent obligé de revenir sur ses pas. Il est donc de la plus grande importance que les différens postes, tant les supérieurs que ceux qui leur sont subordonnés, soient remplis par des hommes instruits, laborieux, actifs & integres. Sans cela on ne peut pas espérer qu'il y ait jamais de l'ordre dans les Affaires, de la sagesse dans la direction, de la célérité dans l'expédition.

AFFAIRES ÉTRANGERES.

Les Affaires Etrangeres sont tous les intérêts possibles qu'un Souverain, une République, ou autre Corps politique quelconque, peut avoir à traiter ou à discuter avec les autres Puissances de l'Univers.

Il s'en faut de beaucoup que la Politique extérieure des Etats ait été autrefois aussi compliquée qu'elle l'est aujourd'hui. Les grands intérêts des Nations

Nations se décidoient presque toujours par la force des armes, & rarement par la voie de la négociation. Chaque peuple n'avoit presque affaire qu'à ses voisins ; les connoissances Géographiques étoient si imparfaites, qu'on ignoroit souvent jusqu'au nom des peuples éloignés. Toutes les Histoires anciennes sont semées de ces traits d'ignorance. Tacite, le meilleur Politique de son tems, Tacite, qui avoit voyagé presque par toute l'Allemagne, s'imagine que la mer Baltique borne le monde vers le Septentrion ; (*) le Danemarck, la Suede, la Norwege, la Laponie, la Livonie, la Finlande, &c. lui étoient inconnus. Une Nation acquéroit des forces intrinseques par une population féconde ; le hasard lui donnoit un Roi ou un autre Chef conquérant ; aussi-tôt qu'elle sentoit ses forces, & que son territoire lui devenoit trop resserré, elle gravitoit, pour ainsi dire, sur ses voisins. Les plus foibles subissoient la loi des plus forts, & les conquêtes continuoient de proche en proche. Un Peuple, à force d'en subjuguer d'autres, parvenoit enfin à une Monarchie presque universelle. Cette Monarchie duroit quelque tems, s'étendoit au loin, étoit formidable à toute la terre connue, jusqu'à ce qu'une autre grande Nation, & un autre Conquérant, paroissant sur la scene, s'élevoit contre la premiere, lui disputoit l'Empire du monde, renversoit sa domination, ou se brisoit contre sa puissance. Tels ont été l'origine, l'accroissement & la chûte de toutes les Monarchies anciennes ; & tant de révolutions diverses étoient opérées plutôt par des actes de force & de vigueur, par l'allure naturelle des choses mondaines, que par les effets d'un systême raisonné & par une conduite fondée sur la saine Politique.

Enfin les Romains parurent & envahirent tout ; mais leur Monarchie se forma, comme toutes les précédentes, plutôt par les travaux militaires, par le courage & la constance, que par une conduite douce, ingénieuse & sage, fruit des réflexions du cabinet. Tout leur systême politique se réduisoit à attaquer un peuple après l'autre, à accroître leur puissance de celle des vaincus, & à se roidir contre les revers de la fortune. Avouons de bonne foi, que leurs succès étoient dûs plutôt à la foiblesse, aux vices du Gouvernement des autres Nations, au hasard, à un bonheur extraordinaire, & à quelques vertus militaires, qu'au grand art d'une Politique bien réfléchie. Nos meilleurs Auteurs modernes jugeant des motifs par les effets, prêtent aujourd'hui à ces Romains des vues profondes, des combinaisons ingénieuses, des principes invariables & vraiment politiques, que ceux-ci n'ont probablement jamais connus. Mille événements, que le hasard, ou l'enchaînement secret des choses humaines, a produits, sont attribués à la prévoyance, à l'habileté des Chefs de la République, & à l'excellence de leurs maximes d'Etat. Je trouve toutes ces belles choses dans les réflexions des Historiens

(*) Voyez son Livre de *Moribus Germanorum.*

modernes; mais, lorſque j'ouvre les Annales Romaines mêmes, je ne découvre rien de tout cela, & je ne vois que des raviſſeurs intrépides & heureux. Mais, quoi qu'il en puiſſe être, on conviendra que ces fameux Romains n'étoient pas aſſez politiques pour prévoir que leur puiſſance trop coloſſale, trop étendue, devenoit la cauſe naturelle, directe, immanquable de ſa propre deſtruction, comme en effet l'expérience fit bientôt connoître que cette Monarchie ſuccomboit ſous le faix de ſa grandeur. L'Empire Romain ſembloit être trop vaſte pour un ſeul Gouvernement. Conſtantin, en tranſportant le ſiege à Byzance, doubla la Capitale, & en fit un aigle à deux têtes, un monſtre, qui ne pouvoit exiſter long-tems. Arcadius & Honorius partagerent l'Empire. Chaque moitié auroit encore formé une Monarchie très-puiſſante, très-redoutable, ſi l'une & l'autre ne fuſſent tombées dans les mains d'une ſuite de Princes très-ineptes à gouverner de grands Etats.

Pendant la décadence & après la deſtruction de l'Empire Romain, on vit ſortir de ſes débris pluſieurs Etats de moyenne grandeur. Il ſembloit que les Peuples Européens, délivrés du joug de la Monarchie Romaine, rentroient dans leurs droits naturels, & ſe formoient en divers corps de nations. Delà l'origine des Empires modernes. Charlemagne raſſembla quelques parties éparſes de ce vaſte Corps, & en compoſa une eſpece de Monarchie nouvelle; mais, après l'extinction des Carlovingiens, elle fut derechef démembrée; & depuis cette époque l'Europe ſe trouve partagée en différents Royaumes, Républiques, Principautés, & autres Etats indépendants, qui ſe ſoutiennent contre les uſurpations internes, & contre les attentats de tous les Conquérans étrangers, par la force de leurs armes, & par leur Politique adroite. On conçoit aiſément qu'il faut plus de connoiſſances, plus d'art & plus de prudence, pour ménager les intérêts mutuels de tant de Puiſſances à-peu-près de force égale, que pour faire valoir ceux d'une Monarchie unique, dont les Citoyens ſont ſans ceſſe armés pour faire plier tout au gré de leur volonté. Entretenir dans un mouvement toujours égal une piece de méchanique compoſée de reſſorts délicats & cachés, exige plus d'habileté, que de faire agir une machine immenſe qui ſe meut, & qui entraîne tout par ſa propre force. L'inégalité de puiſſance, qui ſubſiſte aujourd'hui entre les divers Etats de l'Europe, les mariages qui allient les grandes maiſons les unes avec les autres, & leurs autres liens de parentage, rendent cette partie de la Politique encore beaucoup plus compoſée, & par conſéquent plus difficile.

A meſure que l'Empire Romain périclitoit, les arts & les ſciences diſparoiſſoient du monde, & faiſoient place à la barbarie. Cette barbarie générale, jointe à la grande migration des peuples, & à l'entrée des Gots & des Vandales dans l'Europe, en bannit pour quelque temps l'art du Cabinet. Il y a peu à *politiquer* quand tout eſt ſauvage. Mais, lorſque, dans le XVe. & XVIe. ſiecles, l'eſprit humain reprit ſes droits, les arts & les sciences furent rappellés de leur exil; mille inventions utiles parurent, la boussole fut trouvée, la navigation perfectionnée, les postes établies, l'imprimerie inventée, les gazettes & autres papiers publics furent mis en vogue, le commerce s'accrut, & les nations Européennes formerent entr'elles des liaisons fort étroites. Cependant les négociations perpétuelles n'étoient pas encore fort en usage. Les Puissances s'envoyoient des Ambassadeurs toutes les fois qu'elles avoient quelque intérêt à discuter ensemble. Ces Ambassadeurs faisoient quelque compliment guindé, prononçoient une froide harangue sur les affaires, examinoient, tant bien que mal, la situation de la Cour vers laquelle ils étoient envoyés, & s'en retournoient chez leur Maître, pour lui rapporter la paix ou la guerre. Il n'y avoit pas grand art à tout cela. Le Cardinal de Richelieu fut le premier qui reconnut bien la nécessité d'une négociation permanente avec les principales Puissances de l'Europe, & même des autres parties du monde. Il en introduisit l'usage, & depuis ce tems, on voit dans les cabinets des Souverains, à chaque jour de poste, par les relations des Ministres, le tableau de l'état actuel de l'Europe & de tout ce qui s'y passe.

I. *Objets du Département des Affaires Etrangeres.*

Pour peu qu'on veuille examiner la petite esquisse historique que je viens de crayonner de la science des Cabinets, & pour peu qu'on réfléchisse sur la nature même de la chose, on trouvera qu'aujourd'hui l'art du ministere des Affaires Etrangeres, & de tous ceux qui sont employés dans ce Département, consiste principalement dans les points suivans : 1°. *Connoître exactement & parfaitement le pays que l'on sert, sa situation locale, son fort & son foible, ses ressources, ses droits, ses prétentions, ses intérêts naturels, accidentels & passagers, ses alliances & autres engagemens*, &c. 2°. *savoir quelles sont les vues du Souverain, ses intentions, le but général auquel il vise, ses maximes politiques, ses dispositions à l'égard des autres Puissances, & ainsi du reste ;* 3°. *posséder une connoissance parfaite de tous les autres Etats de l'Europe, de leur puissance ou de leur foiblesse, de leurs desseins naturels ou apparents*, &c. 4°. *faire une combinaison si ingénieuse de tous ces différens objets, qu'il en puisse résulter le systême le plus avantageux à l'Etat dont on conduit les intérêts ;* 5°. *savoir diriger toutes les démarches qu'on fait vis-à-vis des autres Puissances, toutes les négociations qu'on entame avec elles, vers le but principal de ce systême :* 6°. *être instruit de bonne heure de toutes les démarches, menées, desseins & arrangemens politiques des autres Puissances, pour régler sa conduite sur la leur, seconder leurs efforts, s'ils nous sont favorables, & les prévenir, lorsqu'ils peuvent nous nuire.*

1°. Puisque le Ministre des Affaires Etrangeres ne doit rien ignorer de ce qui concerne les intérêts que l'Etat, ou le Souverain qu'il sert, peut avoir à traiter ou à discuter avec les autres Puissances, il doit savoir à fonds l'Histoire politique de son Pays, & être également versé dans la connoissance des Auteurs qui ont traité de ses forces, de ses intérêts, de ses droits, de ses prétentions, *&c.* Sans cette connoissance, il ne peut espérer de faire de solides déductions, des mémoires, des réponses, des manifestes, & autres pieces publiques. Ce Ministre doit aussi fouiller souvent dans les Archives. Quelque volumineux que soient les Auteurs qui ont compilé les recueils d'actes, mémoires, & autres pieces instructives sur les prétentions des Souverains, il s'en faut de beaucoup qu'on y trouve tout; & un document conservé dans les Archives, donne souvent plus de lumieres, ou constate mieux un droit, que tous les livres du monde. Il est essentiel encore que ce même Ministre entretienne des liaisons d'amitié avec tous les Chefs des autres Départemens, pour s'informer d'eux, dans de simples conversations, de l'état des Affaires, dans chaque branche du Gouvernement, du but où l'on vise, & des progrès qu'on y fait, sur-tout lorsque le Prince n'est pas dans l'habitude de tenir Conseil pour le Gouvernement intérieur de l'Etat, ou que le Ministre des Affaires Etrangeres n'y a pas d'entrée. Enfin, il ne doit négliger aucun des moyens qui peuvent étendre la sphere de ses connoissances sur la vraie situation & les intérêts de sa patrie. Un Ministre du Cabinet ou des Affaires Etrangeres (car ces mots sont synonymes ici) jaloux de remplir avec honneur une si belle charge, voudra composer lui-même les déductions, les mémoires & autres pieces semblables, qui ont une si grande influence dans les Affaires, qui contribuent tant aux succès des entreprises qu'on fait, qui volent d'un bout de l'Europe à l'autre, & qui constatent les droits de son Maître, même aux yeux de la postérité, & la font juger de sa justice ou de son iniquité. Quelqu'habiles que soient ses Conseillers, ses Secrétaires & ses Commis, il doit l'être davantage; & il feroit fort au-dessous de sa place, s'il ne savoit pas rédiger des pieces dont il doit répondre.

2°. Il est très-essentiel que le Ministre des Affaires Etrangeres ait un accès libre & facile auprès de son Souverain. Celui-ci doit donner une juste confiance à son Ministre, & ne point avoir pour lui une réserve, toujours nuisible à ses propres intérêts, sur les vraies intentions qu'il a, & sur le but auquel il vise. Dès qu'un Prince pousse la méfiance jusqu'à ce point, dès qu'il laisse dans l'ignorance, ou qu'il trompe celui qui doit diriger les Affaires Etrangeres, toutes les opérations du Département portent à faux, se croisent, & ne sauroient aller au fait. C'est un malade qui veut être guéri, & qui cache à son Médecin les vrais symptomes de sa maladie. Le Ministre doit même être informé des intentions de son Maître sur tous les objets de détail que l'enchaînement des négociations met journellement sur le tapis. Pour cet effet, le Souverain doit fixer des heures pour le travail avec le Ministre des Affaires Etrangeres. Il fera bien de choisir des jours qui suivent l'arrivée des Postes, ou Couriers ordinaires, & d'y laisser assez d'intervalle pour que les dépêches des Envoyés dans les Cours étrangeres puissent être déchiffrées. Dans ce travail, les dépêches sont lues, examinées, débattues & décrétées, pour que le Département puisse faire les expéditions en conséquence de la résolution que le Prince a prise après un mûr examen sur chaque matiere. Comme les Affaires Etrangeres sont de telle nature qu'elles exigent un grand secret, le Ministre ne les confie qu'à un Conseiller ou premier Commis, homme de la plus grande confiance, qui tient le protocole. Il survient quelquefois des Affaires si importantes, que le Ministre est obligé de se charger lui-même de l'expédition.

3°. Pour avoir une connoissance parfaite des autres Etats de l'Europe, il ne suffit pas seulement de se mettre bien au fait, par le secours de bons livres, de la situation de tous les pays qui partagent le monde connu, ni de former une collection complette des meilleurs Ouvrages géographiques & topographiques, des plus excellentes cartes, des plans & desseins les plus fideles des principales forteresses de l'Europe, *&c.* Il faut encore joindre à cette étude les lumieres que peuvent nous procurer les Envoyés que le Souverain entretient chez les autres nations, & dans les Cours étrangeres. Je suppose, ainsi que j'en ferai voir la nécessité plus bas, qu'on ne donne cet emploi qu'à des personnes habiles, bons observateurs, & d'un discernement juste. Le Ministre des Affaires Etrangeres peut accoutumer ces Envoyés à lui faire de temps à autre, pour le moins une fois par an, une *relation générale*, par laquelle il rend un compte exact & détaillé de la Cour & du pays où il est, des personnes qui en composent le Gouvernement, des progrès que ce pays fait en tout genre, ou de la décadence dans laquelle il tombe pour tel objet. Plus on emploie d'habiles gens dans les légations étrangeres, plus on peut espérer d'être bien informé. Une pareille relation générale, lorsqu'elle est bien faite, est le chef-d'œuvre d'un Envoyé, & la preuve la plus certaine de sa sagacité. Nous ferons voir, en parlant des fonctions de l'Ambassadeur, sur quel plan ces sortes de relations doivent être travaillées. Au reste, le Droit public de chaque Etat en particulier, les Loix fondamentales des diverses nations, leurs prérogatives & prétentions réciproques, tout cela forme une science indispensable à tous ceux qui sont employés dans les Affaires Etrangeres, & ils trouveront dans le cours de cet Ouvrage, tout ce que l'on peut désirer sur cette importante Partie de la Politique. Nous y avons rassemblé tout ce que les Auteurs ont écrit de plus juste sur ces matieres.

4°. De la connoissance parfaite de notre propre pays & des intentions du Maître, de la situation des autres Etats, résulte la combinaison des mesures les plus avantageuses à l'Etat qu'on sert, & dont on ménage les intérêts; ou, pour exprimer la chose en d'autres mots, le systême politique qu'on a formé, & qu'on suit, est fondé sur la disposition où se trouvent ces trois points. Nous donnerons au mot SYSTÊME, l'explication des systêmes les plus généraux & les plus connus, & pour ce qui est de la sagacité à choisir entre tous ces différents systêmes le meilleur, à connoître les véritables intérêts de la patrie, à prendre en chaque rencontre le parti le plus avantageux, à savoir profiter de chaque situation, c'est là un talent pour lequel on ne sauroit donner de regles : c'est un don que le ciel ne départ pas à tous les Ministres, & dans lequel les plus habiles ne sont pas toujours infaillibles. Il s'ensuit cependant delà, qu'un Ministre choisi par le Souverain à cause de sa capacité, est son Conseiller naturel pour toutes les Affaires Etrangeres; que le Prince doit l'écouter comme un homme qui est uniquement occupé de cet objet, & qui dirigeant tous ses travaux à ce seul point, est censé propre à ouvrir des avis salutaires. Ainsi, donner des conseils sur des objets qui sont du ressort du Cabinet, est une partie essentielle des fonctions d'un Ministre des Affaires Etrangeres.

50. Ce Ministre est chargé du soin de conférer avec les Envoyés des Puissances étrangeres, d'écouter leurs propositions, d'y répondre au nom du Souverain, de discuter les intérêts réciproques, d'entamer avec eux & de conduire à bout toutes sortes de négociations : c'est ici qu'il doit se montrer aussi instruit des intérêts des autres Puissances, de leurs forces, de leurs ressources, de leurs démarches, de leurs intentions même, que de ce qui concerne l'Etat dont il dirige les Affaires; toujours prêt à répondre pertinemment à ce qu'on lui propose, soit qu'on lui parle sincérement, ou qu'on cherche à lui donner le change. Quelle pénétration, quelle dextérité il faut avoir; de quel art, de quels charmes secrets il faut user pour manier à son gré tant d'esprits, pour accorder tant de volontés différentes ! Son génie doit se plier à toutes les formes, employer à propos la fermeté pour en imposer, la douceur pour attirer, les promesses pour obtenir, les menaces pour intimider, les caresses & les ouvertures de cœur, ou bien une prudente réserve. S'il est sage de ne pas toujours laisser pressentir ses desseins, quelquefois aussi il est utile de les faire éclater. Une franchise noble & libre donne une confiance dont on peut tirer un bon parti, sans en abuser; au lieu que la dissimulation inspire une méfiance qui rend les esprits intraitables. Quelle science que celle de maîtriser les volontés sans qu'elles s'en apperçoivent, d'incliner doucement leurs mouvemens vers le but que l'on se propose, sans qu'ils en semblent moins libres, de les amener à ses fins en paroissant suivre leurs impressions !

C'est encore au Département des Affaires Etrangeres à dresser les instructions & les lettres de créance pour les Ministres que le Souverain envoie dans les autres Cours, de recevoir leurs relations & autres dépêches, d'y répondre, & de les guider dans toutes leurs négociations; d'inventer & de dresser les chiffres; de faire instruire les Ministres, que l'on entretient dans d'autres Cours, des nouvelles générales & politiques de toute l'Europe, pour les mettre au fait de tout ce qui se passe ailleurs; de projetter & rédiger en due forme les préliminaires & les traités de paix, les treves, les traités d'alliances, soit offensives, soit défensives, les traités de subsides, de ligues ou d'aſſociations, les conventions pour les frontieres & limites, les pactes de famille, les pactes de confraternité, *&c.*; de dreſſer & faire publier les déclarations de guerre & de toutes les entrepriſes à main armée, les pieces juſtificatives, les répliques & autres imprimés qu'on préſente au public; d'entamer & de conduire les négociations pour les mariages des Princes & Princeſſes de la maiſon, de dreſſer les contrats de ces mariages, & les faire ſigner; de notifier aux Cours étrangeres la naiſſance, les mariages & la mort des Princes, & tous événemens intéreſſans qui arrivent dans la famille du Souverain; de régler tout ce qui peut être compris ſous le nom de cérémonial; à quoi il faut ajouter, en Allemagne, la direction des Affaires infiniment compliquées qu'on a à traiter à la Diete de l'Empire. Tous ces objets ſeront particuliérement développés à leurs articles.

6°. Enfin, le Miniſtre des Affaires Etrangeres doit être inſtruit de bonne heure, & avec le plus de certitude qu'il eſt poſſible, de tous les deſſeins & de toutes les menées des autres Cours. Pour cet effet, il ne ſuffit pas qu'il liſe avec attention les dépêches ordinaires qu'il reçoit deux fois par ſemaine des Envoyés au-dehors, mais il doit auſſi entretenir avec eux des *Correſpondances particulieres.* Il y a mille choſes qu'un Envoyé prudent & habile ne veut pas communiquer au Souverain, pour ne pas aigrir ſon eſprit, ni au Département entier, pour ne pas mettre le ſecret en trop de mains, mais dont il fait ouverture au Miniſtre. Outre cela, on trouve, dans toutes les Cours & grandes Villes, *des eſpeces de Nouvelliſtes*, *qui vendent leur correſpondance*, *écrivent des gazettes à la main*, & donnent des nouvelles ſouvent très-intéreſſantes. Ces gens font, à la vérité, un métier dangereux, mais ils ſont quelquefois mieux informés qu'on ne penſe; & leur correſpondance peut devenir très-utile, pourvu qu'on y donne le degré de croyance qu'elle mérite. Sans diſcernement, nul homme ne peut profiter des leçons de la Politique. Quelquefois auſſi des Hommes d'Etat fort habiles, ont eu pour maxime d'entretenir dans les principales Cours, outre les Envoyés accrédités, encore des Emiſſaires ou des Eſpions ſecrets, ſouvent à l'inſu de l'Envoyé même, ſoit pour éclairer ſa conduite, ſoit pour voir ſi les relations qu'on reçoit ſur des objets importans, s'accordent. Il y a beaucoup de pour & de contre dans cette façon d'agir; elle peut être très-utile, lorſqu'on a ſujet de ſoupçonner ou la fidélité ou les talens de l'Envoyé; & alors il vaudroit mieux le rappeller; mais d'un côté elle peut mettre le plus habile Négociateur au déſeſpoir, ſi cet Emiſſaire caché, dont il ignore l'exiſtence, écrit, ou par ignorance ou par méchanceté, à la Cour des nouvelles qui ne s'accordent pas avec les ſiennes, qui lui attirent d'injuſtes réprimandes, & qui peuvent donner lieu à de fauſſes réſolutions. Il y a encore un moyen, mais trop peu délicat, de découvrir les vues & les deſſeins des autres Puiſſances, qui eſt de faire ouvrir, lire & refermer adroitement les lettres & dépêches qu'elles adreſſent à leurs Miniſtres dans notre Cour. Cette *déloyauté*, que l'uſage commun ſemble avoir autoriſée, eſt ſi connue, si *triviale*, qu'on a trouvé presque par-tout le moyen d'en éluder les effets, soit en imaginant des façons de cacheter les lettres, de sorte qu'elles ne puissent être ouvertes imperceptiblement, soit en se servant d'un chiffre indéchiffrable, soit en envoyant les dépêches importantes par des Couriers, ce qui est le plus sûr. Quoi qu'il en puisse être, il est des occasions, où le Département des Affaires Etrangeres se croit ou se suppose dans la nécessité d'user de ce stratagême; & c'est pour cette raison que tous les Maîtres de poste, sur-tout celui de la Capitale, doivent dépendre à certains égards des Ministres du Cabinet, auxquels ils sont tenus de rendre compte de toutes les découvertes qu'ils font d'une correspondance suspecte, comme de leur délivrer à chaque réquisition les dépêches adressées aux Ministres étrangers, & même les lettres aux autres particuliers. Le département les fait déchiffrer, si l'on en peut venir à bout.

Dans les Affaires Etrangeres, le grand art consiste *à découvrir le secret des autres, & à ne point laisser surprendre le sien.* Pour cet effet, le Ministre du Cabinet doit être d'une vigilance extrême, pour empêcher qu'il n'y ait des traîtres dans le département, ni des espions dans l'État ou à la Cour. Avec les secours d'un Lieutenant-Général de police habile, & d'un Maître des postes actif, on découvre bien des menées. Dès qu'une personne paroît suspecte, il faut avoir des *Mouches* toutes prêtes qui la suivent, qui éclairent toutes ses actions, ses allées & venues, en un mot tout ce qu'elle fait. Un cocher, un fiacre, un porte-faix, un colporteur, un savoyard, un polisson, un enfant peut servir de *Mouche*, pourvu que ce soit un sujet, dont le *Mouché* ne se doute ni se défie. On fait aussi quelquefois *moucher* les Ministres étrangers, leurs Secrétaires & autres domestiques, pour connoître leurs allures.

Il faut prendre garde pourtant de payer fort cher une multitude innombrable d'ames viles & basses, qui, sous le nom d'espions, nous trompent comme ils trompent tous ceux qui ont la sottise de les employer. Incroyable aveuglement!.... Quoi, des hommes qui se chargent de conduire les autres ne sentent pas qu'un homme qui se vend ne peut être qu'une ame vile & basse, sans sentiment, sans honneur, par conséquent, sans frein & capable de tout? Qu'il se vendra au plus offrant, & trompera tout le monde indifféremment? C'est son métier..... Comment croient-ils pouvoir compter sur les avis qui émanent de sources aussi impures?

Il est telle Puissance à qui cette seule partie coûte des sommes immenses tous les ans. C'est de l'argent d'autant plus mal employé, qu'il est inconcevable combien il y a d'abus & de fripponneries dans cette partie.

Il ne faut pas permettre que les Envoyés des Puissances étrangeres puissent obtenir des chevaux de poste pour l'envoi de leurs Couriers, sans en avoir demandé préalablement la permission & le passeport du Ministre du Cabinet, qui peuvent conjecturer par-là, qu'il y a quelque affaire de conséquence sur le tapis. Cette précaution, gênante pour l'Envoyé, n'est nullement

lement contraire au Droit des gens. Si elle n'eſt pas uſitée, il faut l'établir. Les Miniſtres étrangers s'en formaliſent d'abord, mais ils s'y accoutument bientôt ; & l'habitude fait qu'il n'eſt plus queſtion de plaintes au bout de quelque tems.

Le Département des Affaires Etrangeres eſt auſſi autoriſé à adreſſer des ordres ſur tous les objets qui ſont de ſon reſſort, aux Gouverneurs & Régences des Provinces voiſines ou éloignées, & des Colonies dans les autres parties du monde ; & ces ordres doivent être reſpectés préférablement à ceux de tous les autres Départemens, ſi par haſard ils ſe trouvent en contradiction, vu qu'il eſt mille & mille occaſions où le Cabinet eſt obligé de prendre des meſures, & de faire obſerver dans les Provinces telle ou telle conduite particuliere, dont les autres Miniſtres ignorent les motifs. Quelquefois auſſi il y a, dans les Colonies, ou des coups de main à faire, ou des inconvéniens à parer, ou des partis ſoudains à prendre, dont le Département des Affaires Etrangeres eſt informé, & qu'il n'a pas le tems de communiquer aux autres.

Il eſt d'uſage, dans pluſieurs Etats de l'Europe, d'expédier à la Chancellerie du Département des Affaires Etrangeres, les Patentes & autres Chartes pour les graces que les Princes accordent ſoit à leurs Sujets, ſoit à des Etrangers, comme Lettres de Nobleſſe, Patentes ou Brevets de titres, de rangs & de dignités, *&c.*

II. *Fonction de chacun des Membres qui compoſent le Département des Affaires Etrangeres.*

Après avoir vu quels ſont les objets que le Département des Affaires Etrangeres embraſſe, il ſera plus aiſé de nous former une idée de la maniere dont il doit être compoſé, & des fonctions de chacun de ſes Membres. Les Chefs, comme on vient de le voir, ſont appellés *Miniſtres des Affaires Etrangeres*, *Miniſtres du Cabinet.* Ils ont un grand rang dans l'Etat, pour ne pas dire le premier. Cette diſtinction eſt fondée ſur pluſieurs raiſons. Le Cabinet fait, pour ainſi dire, la tête de l'Etat, où ſe conçoivent tous les deſſeins, tandis que les autres charges civiles & militaires n'en forment que les bras pour les exécuter. Un tel Miniſtre, du fond de ſa retraite, remue ſouvent des armées formidables, & des flottes invincibles. Tout agit en conformité de ſes vues & de ſes arrangemens. On a vu quelquefois des hommes d'un génie ſupérieur réunir les fonctions de Miniſtre & de Maréchal d'armée ; mais cela n'empêche point que ces perſonnages rares ne doivent être conſidérés comme Miniſtres lorſqu'ils prennent des réſolutions, & comme Généraux quand ils les exécutent. Les intérêts du dehors ſont d'ailleurs plus délicats à ménager, que les internes. On peut réparer les fautes commiſes dans l'Adminiſtration intérieure du Gouvernement ; mais celles que l'on a faites dans les Affaires Etrangeres ne ſe réparent presque jamais, parce que les autres Puissances en profitent sur le champ. Il y a des Cours en Europe, où un premier Ministre seul dirige tout ce Département; d'autres, où plusieurs Ministres y concourent avec une autorité égale. Quelque arrangement que l'on adopte, il est toujours essentiel que ces Ministres possedent, par excellence, les qualités & les talens des bons Politiques, tels que nous les développons dans plusieurs articles de cet Ouvrage, (AMBASSADEUR, HOMME D'ETAT, MINISTRE D'ETAT, NÉGOCIATEUR, *&c.*) & qu'à une solide théorie ils joignent une grande expérience des affaires.

Il ne suffit pas d'être un habile Négociateur, & d'avoir rempli avec honneur des Ambassades difficiles, pour être en état de régir le Département des Affaires Etrangeres. Combien il faut plus de génie, d'expérience, de connoissance des hommes & des événemens, de prudence, de prévoyance, d'activité, en un mot, de sagesse politique, pour diriger tous les Négociateurs de l'Etat que pour conduire une Négociation particuliere!

Les fonctions des Ministres du Cabinet, tant dans leur Département même que dans le Conseil, découlent de tout ce qui vient d'être observé ci-dessus, & de ce que nous y ajouterons à l'article CONSEIL D'ETAT. Il seroit superflu d'en faire ici la répétition; mais il est nécessaire de remarquer encore 1°. qu'*ils décretent* en vertu de l'autorité de leur charge, & sous le bon plaisir ou tacite ou exprès du Souverain, dans toutes les Affaires qui sont de leur ressort. Un pareil décret n'est autre chose qu'*un ordre conçu en peu de mots énergiques, & servant de guide aux subalternes du Département, pour expédier chaque Affaire particuliere qui se présente, en conformité de la résolution que le Prince lui-même, ou ses Ministres, ont jugé à propos de prendre sur l'objet en question.* Ce décret s'attache sur le mémoire, ou sur la dépêche même pour laquelle il vient d'être donné, & sert à justifier les Commis & autres Employés sur l'exactitude avec laquelle ils ont dressé les réponses & les expéditions. 2°. Les Ministres du Cabinet ouvrent toutes les dépêches qui sont adressées à leur Département, les lisent, & les marquent de la date du jour où elles leur sont parvenues; ce qu'on appelle dans quelques pays & en style d'Affaires, le *Præsentatum.* Cette précaution est souvent de la plus grande utilité; & l'on fait très-bien d'accoutumer tous les Employés à marquer de même sur les dépêches, le jour auquel ils les ont reçues & expédiées; ce qui constate l'activité & la diligence de chacun, & prévient tous les effets de la négligence, ou de la paresse des subalternes. 3°. Après que les Ministres ont fait circuler les dépêches entr'eux, & qu'ils ont pesé mûrement leur contenu, ils doivent, pour faire tout au mieux, s'assembler à certains jours réglés, afin de délibérer sur les objets qui surviennent, les défricher, pour ainsi dire, consulter les *Ante-Acta*, & préparer tout ce qui est nécessaire pour les présenter au Souverain. A ces conférences préparatoires doivent être appellés les Conseillers, ou premiers Commis du Cabinet, les Secrétaires privés, &

toutes les personnes du Département dont la présence peut y être nécessaire. 4°. Ils contresignent toutes les expéditions qui émanent du Souverain pour les Affaires Etrangeres, comme les lettres adressées aux autres Puissances, les lettres de créance, les dépêches envoyées aux Ministres qui résident dans les autres Cours, les récréditifs, les patentes, brévets, lettres de grace, diplômes, les traités, en un mot toutes les pieces publiques, & ils en signent de leurs noms seuls plusieurs autres qui sont de moindre conséquence. 5°. Ils réglent tous les différends qui peuvent naître avec les voisins au sujet des limites; & députent, s'il en est besoin, quelques Membres de leur Département pour se transporter sur les lieux, examiner tout, entrer en conférence avec les Commissaires de la partie adverse, & dresser l'accord sous la ratification du Souverain. Comme le réglement des limites exige une grande connoissance de la situation locale du pays, des droits du Souverain, des traités antérieurs, en un mot, de tout le passé, il est essentiel de charger un ou deux Conseillers de ce Département du soin des Affaires des frontieres, afin qu'ils puissent tourner leur étude & leur application particuliérement sur cet objet. (*) 6°. Les Ministres du Cabinet ont la direction de la Chancellerie privée dont nous allons expliquer bientôt les fonctions. 7°. Ils ont, de même, sous leur inspection, les Archives secretes, où se gardent tous les papiers qui ont du rapport aux Affaires Etrangeres, aux droits, prétentions, titres & documents du Souverain & de la Nation. 8°. Les Caissiers, qui tiennent la caisse des légations, sont soumis à leurs ordres, & ne doivent point faire de paiemens sans leur participation.

Les premiers Commis du Département des Affaires Etrangeres, qu'on nomme aussi Secrétaires d'Etat, Conseillers-Privés, Conseillers du Cabinet, ou que l'on décore d'autres titres selon l'usage de chaque pays, n'ont, à la vérité, ni voix décisive, ni délibérative aux conférences; mais comme ce sont, pour l'ordinaire, des hommes habiles, rompus aux Affaires, les Ministres font très-sagement de demander leur conseil, & d'écouter leurs avis pour les objets importans. Ce sont eux qui, sur les décrets du Souverain ou des Ministres, minutent toutes les dépêches & autres écrits, qui émanent de ce Département. Ces minutes doivent être écrites sur une feuille entiere de papier d'un format donné, & toujours égal, pour pouvoir être placées ensuite, avec ordre & symmétrie, dans les étageres des Archives. Les chiffons se perdent trop facilement, & le papier trop grand, n'entrant point dans les rayons, cause de l'embarras & de la confusion. Cette

(*) On ne croiroit pas que le réglement des limites fût d'une si grande conséquence, ni qu'il pût exiger tant d'attention & de connoissances, si on ne l'avoit vu de ses yeux. Le réglement trop équivoque des limites de l'Acadie, en Amérique, a été le motif ou le prétexte d'une funeste guerre entre la France & l'Angleterre, qui a mis les deux tiers de l'Europe en feu.

petite précaution ne laisse pas d'avoir son utilité. Ces feuilles de papier doivent être brisées ou pliées en long par le milieu, & l'on écrit sur le côté droit depuis le milieu jusqu'au bord de la feuille, soit pour placer au côté demeuré en blanc les corrections & changemens, soit afin que les Copistes & autres Employés de la Chancellerie puissent y marquer les dates du reçu & de l'expédition. Les premiers Commis étant aussi fort souvent chargés de faire des déductions & autres pieces juridiques sur les intérêts du Souverain, il s'ensuit qu'ils doivent être fort versés dans le Droit Public & sur-tout dans le Droit des Gens. Il est nécessaire qu'ils aient la diction belle & pure, pour faire toujours parler le Souverain avec dignité. Leur style doit être sur-tout clair & sans équivoques. *Voyez* STYLE.

Il faut distinguer du style d'Affaires, le *style de Chancellerie*, qui est un tissu d'expressions & de phrases bizarres & surannées. Presque toutes les Chancelleries modernes de l'Europe ont conservé une partie du vieux langage de leur Nation, pour s'en servir dans les diplômes, patentes, lettres de Noblesse, lettres de grace, brévets, chartres, & autres pieces publiques, par lesquelles le Souverain accorde quelque grace ou prérogative, soit à ses Sujets, soit à d'autres, ou conclut quelque accord avec d'autres Souverains. Bien des gens trouvent dans ce style je ne sais quoi d'expressif & de nerveux que je ne saurois y découvrir ; & ces élocutions, souvent obscures, équivoques & toujours ampoulées, ne me paroissent guere propres aux Affaires, ni à en imposer à personne. Comme la noblesse & la clarté de l'expression devroient faire le caractere & l'ornement de ces sortes de pieces, il semble que le style le plus naturel, le langage le plus usité, y conviendroient le mieux, parce que c'est celui qu'on entend toujours le plus facilement. Un chapeau à bords rabattus, une vaste perruque, un rhin-grave & des canons ne rendroient pas aujourd'hui un homme, qui s'en revêtiroit, plus respectable, & ne feroient pas croire qu'il fût du siecle de Henri VI. & il semble tout aussi comique de voir de nos jours une Affaire sérieuse écrite en Gaulois, & en style que le tems a rendu burlesque. Il n'y a que le naturel & le vrai qui ayent droit de mériter une constante estime. On doit conclure delà qu'il vaudroit mieux, sans doute, que le style de Chancellerie fût par-tout aboli ; mais tant que l'usage en subsiste, les Commis & Secrétaires doivent étudier celui qui est usité dans leur bureau, & s'en servir dans les occasions où il est applicable.

Un objet moins frivole est la connoissance & l'observation exacte des *Titres & Courtoisies* que les Souverains se donnent respectivement, & qui sont presque toujours fondés sur des traités & des conventions. Chaque Cour, chaque Puissance, a une étiquette qu'elle suit à cet égard, & dont les Commis ou Secrétaires du Département des Affaires Étrangeres ne doivent jamais se départir en faisant des dépêches. Il faut déposer aux Archives de ce Département un recueil de formulaires pour tous les titres que le Souverain donne à chaque autre, &, s'il est possible, y ajouter les paroles même du traité ou de la convention, en vertu desquels chaque titre est donné, ou chaque courtoisie observée. On en donne copie à tous les Membres du Département qui ont des expéditions à faire. C'est un guide qui leur épargne beaucoup de tems & de recherches, qui les garantit de bien de faux pas, qui prévient la mortification de voir renvoyer des pieces qui ne sont pas dans les regles, & qui empêche souvent que les Affaires ne soient arrêtées pour une cause semblable. Il est aussi des Cours qui n'acceptent des lettres, mémoires, créditifs, &c. que lorsqu'ils sont écrits en certaines Langues. Tout cela ne doit être ni ignoré ni négligé par ceux qui travaillent aux Affaires; & nous traiterons de tous ces points du Cérémonial, sous les titres qui leur sont propres.

Outre les premiers Commis, que l'on peut envisager à certains égards comme des Ministres, il y a encore, au Département des Affaires Etrangeres, des *Secrétaires ordinaires* qui expédient les Affaires de moindre conséquence, des *Clercs de Chancellerie* & des *Copistes*, *&c.* pour mettre au net toutes les expéditions, les faire signer, cacheter, les munir d'adresse, & les faire parvenir à leur destination. Ces emplois ne doivent être donnés qu'à des personnes fidelles à toute épreuve, laborieuses, & dont l'écriture est belle. Un barbouillage à peine lisible est indigne de la Cour dont il sort, dégoûtant pour celle qui le reçoit, & peut donner lieu à des équivoques bien fâcheuses. En copiant, ces personnes prennent connoissance des Affaires, même les plus secretes; & lorsqu'elles parviennent à un certain degré d'habileté, qu'on est assuré de leur zele, de leur application & de leurs talens, il est également juste & avantageux de les faire avancer dans la carriere importante des Affaires.

Le Département entretient de plus deux sortes de *Déchiffreurs*; les uns qui sont chargés de mettre en chiffres les dépêches que la Cour envoie à ses Ministres résidants dans les Cours étrangeres, & de déchiffrer les relations qu'elle en reçoit. C'est un ouvrage pénible & de grande confiance, qui mérite d'être récompensé par un bon salaire. Nous traiterons ailleurs des différens chiffres & de leurs emplois, & nous nous contentons ici d'indiquer simplement cet office. Les autres forment des personnages qui se sont appliqués à déchiffrer sans clef les dépêches chiffrées que les Cours étrangeres adressent à leurs Ministres faisant résidence chez nous, ou que ceux-ci envoient à leurs Maîtres. Cet art n'est pas aussi infaillible que bien des gens le prétendent, & nous ferons voir en son lieu, qu'une lettre bien cachetée, bien chiffrée sur un chiffre solidement fait, est absolument indéchiffrable. Cependant, comme toutes les Cours n'ont pas des chiffres si difficiles à deviner, que toutes les Chancelleries ne sont pas si exactes à bien chiffrer, ni à fermer leurs lettres avec assez de précautions, le Département se prévaut quelquefois de leur négligence, &, en employant le savoir-faire de ces sortes de déchiffreurs, parvient à découvrir des projets fort dangereux, ou des affaires de la plus grande importance.

Enfin, il y a des *Bedeaux & des Porteurs de lettres & paquets*, gagés, qui ont charge, non seulement de délivrer toutes les lettres & dépêches à la poste, & d'en prendre un reçu du Bureau, qui est remis à la Chancellerie, & attaché à la minute de dépêche, afin qu'on puisse savoir avec certitude à quel jour elle est partie; mais aussi de porter aux Ministres du Cabinet, aux Commis, Secrétaires & Copistes tous les actes, expéditions, & autres papiers qui circulent dans le Département. Ils avertissent les Membres du Conseil des assemblées extraordinaires, préparent les appartemens, & font en même-tems l'office de portiers. On a coutume, dans quelques Cours, pour encourager leur activité & leur vigilance, de leur accorder la livraison du papier & des autres matériaux pour l'écriture, dont le Cabinet & sa Chancellerie ont besoin. C'est un revenant-bon d'autant plus important pour eux, qu'il se fait une grande consommation de ces matériaux dans ce Département, & que le Souverain est obligé naturellement d'en fournir à ses frais tous les Employés qui travaillent à l'expédition des Affaires Etrangeres.

Les grandes Cours entretiennent aussi, au Département des Affaires Etrangeres, *des Couriers*, pour porter les dépêches qui sont de si grande conséquence, qu'on n'oseroit les confier à la poste ordinaire, ou qu'on veut faire parvenir avec une promptitude extrême. En Angleterre, les deux Secrétaires d'Etat ont chacun cinq ou six de ces Couriers à leurs dispositions, & qui les suivent par-tout, lors même que la Chancellerie passe la mer pour accompagner le Roi à Hannovre. La Cour de France fait pareillement beaucoup d'usage de Couriers; elle en envoie d'un bout de l'Europe à l'autre, & le Ministere en fait partir, tous les huit jours pour le Nord, un qui passe jusqu'à Berlin ou à Hambourg, & un autre vers le midi, qui va jusqu'en Espagne. On les appelle *Couriers de semaine*, & ils délivrent les dépêches à tous les Ministres de France, qui résident dans les villes à portée de leur route. Cette maniere de correspondre est très-dispendieuse, à la verité, mais elle est sûre, & les affaires se traitent avec une diligence qui en accélere le succès. Il ne faut choisir pour ce rude métier que des hommes robustes & d'une fidélité reconnue. On s'accorde, pour l'ordinaire, avec eux par course, pour les engager à une plus grande diligence.

Le bon & solide arrangement des Archives du Département des Affaires Etrangeres étant un objet qui mérite beaucoup d'attention, on a coutume d'établir deux sortes d'Archivistes; les uns qui reçoivent, arrangent & gardent les minutes des ordres adressés aux Ministres dans les Cours étrangeres, leurs réponses & autres dépêches, en un mot, tout ce qui a du rapport à la suite des négociations ordinaires. Il faut choisir, pour la garde de ces papiers & documens, un appartement spacieux, clair, &, s'il est possible, voûté, afin qu'en cas d'incendie, ils courent moins de risque d'être consumés par les flammes. On l'entoure d'étageres partagées en rayons, & marquées d'étiquettes qui indiquent les négociations qu'on a eues avec chaque Cour, année par année. L'ordre est l'ame des Archives; & l'arrangement doit être entretenu constamment, de maniere qu'on puisse trouver, pour ainsi dire, sous sa main chaque piece qu'on cherche. Les Ministres, les Secrétaires d'Etat, les Envoyés qui partent pour les Cours étrangeres, ont besoin, à tout moment, d'*Ante-Acta*, soit pour dresser des dépêches, soit pour se mettre au fait de la connexion des Affaires, & les Archivistes sont obligés de les leur délivrer à la premiere requisition qu'ils en font. Les autres Archivistes ont sous leur garde les *Archives secretes*, où sont déposés les titres, documens, actes, traités, & autres chartres de la plus grande importance. En un mot, c'est le dépôt des secrets de l'Etat. Aussi ces derniers n'osent-ils communiquer à qui que ce soit la moindre piece, sans un ordre écrit de la main des Ministres du Cabinet ou du Souverain même, qui puisse leur servir de justification en cas qu'on leur en demande compte. Il ne sera pas besoin de remarquer que l'on doit faire choix de personnes d'une fidélité à l'épreuve de toute corruption, pour un emploi d'aussi grande confiance, qu'elles doivent être d'une activité extraordinaire, & qu'un Archiviste qui joint à ces qualités une mémoire heureuse, est un trésor pour le Département.

Pour mettre plus d'ordre dans les Affaires, aussi-bien que dans les Finances, le Souverain fera bien de former une *Caisse de légation* à laquelle il fait assigner réguliérement ce qu'il destine tous les ans pour l'entretien du Département des Affaires Etrangeres, de la Chancellerie, & des Ministres qu'il envoie vers les autres Puissances. Elle doit être soumise à la direction du chef de ce Département, afin que celui-ci puisse prendre les arrangemens nécessaires pour faire payer promptement les Envoyés au-dehors, qui étant obligés à une dépense considérable & journaliere, se trouvent dans le plus grand embarras, lorsque leurs appointemens ne sont pas acquittés ponctuellement. Cet inconvénient les engage souvent dans des démarches peu honorables & peu avantageuses pour leur Maître. Il convient aussi que les Ministres du Cabinet s'arrangent avec les principaux Banquiers, pour que les remises aux Envoyés se fassent avec beaucoup de régularité, & au cours du change le plus avantageux. Au reste, on peut confier la caisse de légation & sa régie à un Conseiller ou autre Employé du Département même, en faisant choix pour cet office d'une personne de probité.

Tous les Ambassadeurs, Ministres & Résidens, que le Souverain envoie vers les autres Puissances, sont subordonnés au Département des Affaires Etrangeres, à moins que le Prince, pour des raisons particulieres, ne les en dispense & ne traite directement avec eux. Mais dans la regle ordinaire, ils doivent non-seulement rendre compte au Département de leur négociation, mais aussi respecter les ordres que celui-ci leur envoie & les exécuter fidélement. Cette harmonie & cette correspondance, toujours soutenues, sont de la plus grande utilité pour le bien des Affaires. Les Secrétaires de légation, les Cavaliers d'Ambassade & les autres personnes distinguées qui accompagnent les Ministres envoyés au dehors, dépendent également du Département des Affaires Etrangeres, & doivent obéir aux ordres qu'ils en reçoivent.

C'est le Ministre des Affaires Etrangeres qui nomme les Ministres Publics, Ambassadeurs, Envoyés, Résidens, Agens, Consuls, Secrétaires d'Ambassade, Chefs de Bureau, en un mot, toutes les personnes employées à ce Département, soit au dedans ou au dehors de l'Etat; ou si ce n'est pas lui qui les nomme, c'est sur le rapport qu'il en fait au Souverain, que celui-ci les choisit; de sorte que, répondant réellement de ce choix, il doit connoître la capacité, le zele, la prudence & la discrétion des Sujets qu'il emploie, ou qu'il propose pour les placer convenablement, chacun suivant son génie, ses connoissances & son mérite. Ce n'est pas ici une des moindres parties de l'Homme-d'Etat, chargé de ce Département. Le juste emploi des hommes, par rapport aux négociations, demande, outre l'équité, qui doit présider à cette opération, une grande connoissance des Cours Etrangeres, des Souverains & de leurs Ministres, de la nature des Affaires qu'il y faut négocier, des qualités & des talens des Sujets que l'on peut y employer.

Un Ambassadeur représente aux yeux des étrangers, le Souverain, la Nation qui l'envoie. Mais de jeunes Seigneurs, des Courtisans à talons rouges, qui, dans la fougue de l'âge & dans le fort des passions, font des extravagances de toutes les especes, sont bien peu propres à représenter la majesté d'un Souverain, & la gravité d'une Nation jalouse de sa réputation. L'homme le plus mûr, le plus instruit, le plus pénétrant, le plus sage, n'a rien de trop pour faire un Ambassadeur.

Ici, autant & plus qu'en toute autre circonstance, le Népotisme Ministérial, ou l'envie d'avancer sa famille, doit être subordonné au bien de l'Etat. On a vu des Ministres des Affaires Etrangeres faire sortir, pour ainsi dire, de dessous terre, des parens, cousins & autres, dont on n'avoit jamais entendu parler, & leur confier des Commissions & des Ambassades importantes, sans qu'ils eussent ni les qualités, ni les connoissances requises pour s'en acquitter dignement; ils ne savoient pas même ce que c'est que négociation & intérêts des Princes. Il est vrai qu'on leur donnoit quelquefois un Mentor sous le nom de Secrétaire d'Ambassade, ou autre titre quelconque. Un Ministre équitable & vraiment zélé pour le service de son Souverain & le bien de l'Etat, auroit confié l'Ambassade à ce Mentor, & lui auroit donné pour Secrétaire son parent, afin qu'il se formât aux Affaires sous un si bon maître, & se rendît capable d'être employé en chef après avoir travaillé en sous-ordre. Par cette conduite, il auroit accordé ce qu'un Ministre doit à l'Etat & ce qu'il doit à sa famille.

Plus il y a d'emplois qui concourent à former le Département des Affaires Etrangeres, plus le Souverain doit être circonspect à ne pas trop multiplier le nombre des Employés. Le secret est de si grande conséquence dans ces Affaires, qu'il faut bien se garder de le mettre en trop de mains. Les hommes qui se vouent à ces sortes d'emplois, doivent bien se mettre devant les yeux qu'ils sont obligés de faire un sacrifice de la plus grande partie de de leur liberté & de leur repos, qu'il leur convient de se sévrer de toute société suspecte ou dangereuse, qu'ils ne peuvent fréquenter désormais que peu de monde, qu'ils doivent éviter sur-tout le commerce des Ministres étrangers & de tous ceux qui leur appartiennent, & enfin qu'un travail assidu est leur partage. Mais, en revanche, il est très-juste qu'un sacrifice si grand, que des travaux si considérables soient récompensés, de la part d'un Maître équitable, par des marques de considération & par un salaire proportionné aux services qu'il exige. Lésiner avec des gens qui sont dépositaires des secrets de l'Etat; croire qu'on trouvera des hommes désintéressés qui, pour de petits appointemens, rendront de grands services, & se priveront des plaisirs de la vie pour s'ensevelir dans un cabinet; se persuader enfin qu'un vraiment habile homme ne sente pas le prix qu'il vaut, & serve pour une bagatelle, c'est, en vérité, un bien étrange aveuglement.

Tel est le plan sur lequel nous pensons que peut être composé en général le Département des Affaires Etrangeres, sur-tout dans les Etats Monarchiques. La constitution variée des Républiques ne permet pas toujours le même arrangement. Les Membres du Sénat y font ordinairement les fonctions de Ministres, & quelques-uns d'entr'eux sont chargés de la direction des Affaires Etrangeres. En Hollande, par exemple, on peut envisager le grand Pensionnaire & le Greffier comme les deux Ministres du cabinet de la République; cependant, comme les Etats-Généraux ne peuvent faire ni paix, ni guerre, ni nouvelle alliance, sans le consentement exprès de toutes les Provinces, que les Etats de chaque Province ne peuvent résoudre aucun de ces points sans le consentement de toutes les Villes de la même Province, & que le Prince Stadhouder concourt encore à toutes ces délibérations, on voit bien que les Affaires Etrangeres y sont traitées sur un tout autre systême que dans un Gouvernement Monarchique, & que le secret, aussi-bien que le succès d'un projet, y est en beaucoup trop de mains. Les arrangemens que la République de Venise a faits à cet égard, sont encore différens.

Dans cette grande diversité d'usages & de pratiques, nous n'avons pu faire autrement que de proposer un modele général pour l'arrangement du Département des Affaires Etrangeres, que nous croyons fondé sur les principes & sur l'expérience du vrai & de l'utile, sans prétendre y asservir absolument les Cours de l'Europe. Nous croyons, au contraire, que ce systême tracé dans les *Institutions Politiques* du feu Baron de Bielfeldt, est, comme il le dit, susceptible de plusieurs changemens & modifications, qu'un sage Législateur pourra ajuster aisément à la constitution de chaque Etat, & à la nature de son Gouvernement; & pour ne rien laisser à désirer sur cette matiere, nous indiquerons dans la suite de quelle maniere ce Département est arrangé dans les principaux Etats de l'Europe, à mesure que nous développerons le systême du Gouvernement de chaque Nation.

AFFECTATION, ſ. f.

IL n'y a rien de plus oppoſé à la grandeur, que l'Affectation d'être grand, parce qu'il n'y a rien de plus oppoſé à la vérité que l'art qui veut l'imiter, & qui dès-lors ne l'eſt pas.

Mais, d'un autre côté, rien n'eſt plus difficile que d'être grand ſans Affectation, parce qu'il n'y a rien de plus difficile que de l'être en effet.

Il faudroit, pour cela, l'être en toutes choſes, & ne point ſonger à le paroître. Il faudroit conſerver, dans le ſecret, la même vertu qu'on montre en public. Il faudroit donner une attention conſtante & uniforme à tous ſes devoirs. Il faudroit, en un mot, être toujours le même, & ſe ſoutenir, dans tous les tems, par les mêmes principes, & les mêmes vues.

L'eſprit humain n'eſt pas capable d'une telle égalité, s'il n'a une force extraordinaire. Il peut faire de grandes choſes, & s'élever bien haut; mais il ſe laſſe & retombe. Il s'anime quand il ſe donne en ſpectacle, & ſe néglige quand il n'a plus de témoins. Il a des vertus par ſaillies, & s'en dégoûte par foibleſſe. Le même homme, en des tems différens, eſt un héros & un enfant. Tout eſt digne du Prince en certains jours, & rien n'en ſoutient la majeſté dans d'autres.

On obſerve alors dans ſa conduite de grands traits dont on eſt frappé, parce que la baſſeſſe du reſte de ſes actions ſert à les faire remarquer : mais ſi tout étoit grand, on ne pourroit preſque pas démêler ce qui le ſeroit, parce que toutes les grandeurs ſeroient au niveau & preſque égales; & bien des gens alors y pourroient être trompés; ils admireroient moins le tout, parce que toutes les parties mériteroient de l'admiration.

C'eſt cette égalité de grandeur & de mérite, qui fait l'auguſte ſimplicité qui convient aux Monarques, & à tout Homme-d'État. Rien ne s'y dément; mais rien auſſi ne ſert à relever une vertu par l'abſence d'une autre. Tout ſe ſoutient & tout ſe cache mutuellement. La vérité rend tout régulier & tout parfait, comme dans un beau viſage, aucun trait ne domine, & ne ſe fait remarquer au préjudice des autres.

Pour connoître le prix de cette ſimplicité, ſi grande dans le fond, & ſi modeſte dans l'apparence, il faut tâcher d'y atteindre; & l'on découvre bientôt que ce qui ſembloit ſi facile & ſi naturel, eſt le fruit d'une grande vertu que l'art & l'étude ne peuvent remplacer.

Il échappe toujours quelque choſe à l'imitation, qui la trahit, & qui la démaſque. La peur même d'être découverte & de tomber en défaut ſert à la découvrir, & plus elle eſt inquiete pour réuſſir, plus elle avertit que tout eſt affecté. L'amour ſincere du bien s'agite moins & fait mieux. Il eſt moins empreſſé, mais effectif & réel. Il ne ſe met pas hors d'haleine; mais il va toujours. Il ne s'élance pas; mais il ne tombe point. Il ne cherche pas le merveilleux; & il le trouve.

Qu'on examine de près la conduite d'un Roi qui est plein de cet amour; tout y est vrai & sincere. Tout y part d'une même source. Tout y tend au même but. Les actions secretes & les actions publiques ont les mêmes motifs. Les devoirs que le monde considere peu, & ceux qu'il admire, sont remplis avec la même exactitude. Il n'y a rien dans une telle vie qui ne soit digne d'être montré.

On n'est obligé de rien dissimuler, ni de rien excuser. Tout l'intérieur du Palais du Prince est ouvert. Les yeux les plus défians peuvent le suivre par-tout. La malignité & l'envie sont contraintes d'admirer une innocence qui ne veut point de témoins, & qui ne doit jamais les craindre; & l'orgueil est forcé à reconnoître qu'une telle simplicité est infiniment au dessus de tous les efforts qu'il fait pour paroître grand. Voilà le fruit de l'amour de la vérité : tout lui applaudit enfin, & tout le révere, quoiqu'il n'ait désiré ni applaudissement, ni respect; au-lieu que l'Affectation ne peut longtems conserver l'estime, quoiqu'elle ne travaille que pour elle. *Institution d'un Prince*, *par* M. DUGUET.

AFFILIATION, s. f.

L'AFFILIATION est une espece d'adoption en usage dans quelques Provinces de France, savoir en Saintonge, dans le Berry, le Bourbonnois & le Nivernois. C'est une convention par laquelle un étranger est uni au nombre des enfans de la personne qui l'affilie, pour prendre part dans sa succession. L'Affiliation se fait par contrat de mariage, & par tous actes devant Notaires & témoins. Elle est de deux sortes, pure & simple, ou par subrogation de personnes.

L'Affiliation pure & simple, est ou gratuite, ou à titre onéreux. Par l'Affiliation gratuite, l'affilié ne confere aucune chose dans la maison de l'affiliant. Mais, suivant l'Affiliation à titre onéreux, l'affilié porte ses biens & son travail à son affiliant.

Les Affiliations par subrogation de personnes, ou par échange, se font quand on marie ses enfans dans la famille l'un de l'autre, & qu'il est dit qu'ils prendront la place l'un de l'autre. Les enfans ainsi affiliés & mariés par échange, succedent, non-seulement dans les meubles & acquêts de celui dans la maison duquel ils sont affiliés, mais encore dans les propres & héritages, pour la même & pareille portion que l'enfant, en la place duquel ils sont subrogés, auroit pris en la succession.

Affiliation aux Ordres Religieux.

Le terme d'*Affiliation* a été transporté de la Jurisprudence à l'usage monastique, où il produit des abus qui méritent l'attention d'un Gouvernement sage. Dans le sens le plus général, il signifie l'aggrégation d'un Séculier à un Ordre Religieux quelconque, par un acte d'engagement extraordinaire envers cet Ordre, & dans la vue de participer à ses prieres & aux avantages spirituels qu'on peut en retirer. Dans ce sens, tous les Ordres Monastiques ont leurs affiliés, c'est-à-dire, des gens qui leur sont attachés en quelque sorte, comme des enfans à leurs peres, & qui s'abandonnent entiérement à leurs directions spirituelles pour les conduire au Ciel. Les quatre principaux Ordres qu'on appelle *Mendians*, distribuent des emblêmes significatifs de cette Affiliation, qui ont quelque rapport, soit à leur institut, soit à leur habit. Les Augustins font porter à leurs affiliés une ceinture de cuir; les Carmes, un scapulaire; les Dominicains, le rosaire; les Franciscains, le cordon; & c'est à ces mêmes emblêmes qu'on reconnoît dans le Purgatoire, les ames de ceux qui les ont portés pendant leur vie, pour les amener au Ciel en récompense de leur Affiliation. On conçoit bien que ces Affiliations ne sont pas gratuites, mais plutôt à titre onéreux; & que par un pieux échange des biens spirituels avec les temporels, les affiliés doivent des aumônes, des donations, à l'Ordre affiliant.

L'Affiliation n'a cependant fait quelque bruit que depuis que les Jésuites l'ont su si bien mettre à profit pour satisfaire leur ambition, & venir à bout de leurs desseins. Il est surprenant que ce mystere d'iniquité n'ait été bien connu que depuis un petit nombre d'années; Grotius l'avoit, il est vrai, déja entrevu, comme on peut l'inférer de ce qu'il dit, (*Histor. Lib. III.*) que la profession des Jésuites n'excluoit point le mariage, & que la Société admettoit dans son sein des gens mariés. Bayle soupçonne que Grotius se fondoit uniquement sur le témoignage de Pasquier, (*Recherches de la France*, *Liv. III.*) qui, plaidant contre les Jésuites, l'an 1564, posa en fait que » toutes sortes de personnes indifféremment pouvoient être de cette » religion, (ce sont ces termes) suivant la petite Ordonnance où l'on ne » fait vœu ni de virginité, ni de pauvreté, à laquelle sont admis également » Prêtres & Laïques, mariés, ou non mariés, & sans être tenus de résider » avec les grands Observantins. « Pasquier reçut un démenti sur tout cela de la part du Jésuite Richeome, déguisé sous le nom de René de la Fond, dans sa réponse pour les Religieux de la Compagnie de Jesus, & Bayle lui-même ne trouve pas que Grotius, ni Pasquier aient eu des fondemens bien légitimes pour soutenir ce qu'ils ont avancé. *Diction. Art.* Loyola.

Ce n'est en effet que depuis les rigoureuses recherches que l'on a faites sur la Compagnie des Jésuites, & sur les ressorts dangereux qui la faisoient mouvoir, que l'on a mis dans un plein jour ce manege ténébreux de l'Affiliation, qu'elle a employé constamment pour tenir dans sa dépendance les différens Ordres de la Société. Abusant de la confiance qu'ils s'étoient généralement acquise par rapport à l'éducation des jeunes gens, un de leurs premiers soins étoit d'étudier le caractere de ceux qui leur étoient confiés, de bien observer leur genre de talens & le parti qu'ils en pourroient tirer, pour avancer les intérêts de leur Société. Après s'être bien assurés de l'affection de ces éleves, ils leur expédioient un acte qui ne respiroit absolument que l'union sainte & pieuse avec la Société, dans un but véritablement chrétien. Mais à cela ils joignoient un serment solemnel intimé dans le particulier, par lequel les affiliés contractoient les obligations suivantes; 1°. de ne jamais habiter & rester inconnus dans un lieu où se trouveroient des Jésuites; mais de se faire connoître comme affiliés, au Chef du district; de ne point quitter un domicile sans l'indiquer à ce Chef, spécialement chargé d'en prévenir le Chef de l'autre domicile, où ces affiliés vouloient se rendre. Ils s'obligeoient, 2°. par le même serment, à ne rien entreprendre d'essentiel dans leur vie, ni pour eux, ni pour leur famille, sans le communiquer à leur Chef; de quelque nature que l'entreprise pût être. Ils s'engageoient, 3°. à favoriser l'ordre des Jésuites, par leurs discours, leurs talens, leur crédit, leurs conseils; & la Société, à son tour, leur promettoit les mêmes secours. Ils promettoient de révéler sincérement tous les discours, projets, confidences, qui pourroient intéresser la gloire ou l'autorité de l'Ordre; & on les assuroit en même-tems du secret le plus inviolable. Enfin ils s'obligeoient dans quelque place, rang, ou charge qu'ils occuperoient, de ne jamais renoncer à leur engagement d'Affiliation qui devoit être sacré, perpétuel, inviolable.

Quoique l'assistance temporelle ne fût point exprimée dans cet acte d'Affiliation, c'étoit un article secret qui n'en avoit pas moins son effet de la part de l'affilié envers les peres affilians.

La formule du serment qui l'accompagnoit, étoit conçue dans les termes les plus forts, & l'acte général étoit assaisonné selon le besoin, d'expressions dévotes, remplies d'onction, & d'ailleurs susceptibles d'une interprétation très-favorable.

Tel est ce lien qui a attaché tant de personnes de tout Ordre au parti des Jésuites. Les Princes eux-mêmes n'ont point dédaigné une Affiliation qui pouvoit être si favorable à leurs vues d'ambition ou de politique. C'est ainsi que Jacques II, Roi d'Angleterre, passe pour avoir été affilié. Nous ne sommes cependant pas garants du fait. On peut trouver des éclaircissemens sur tout ceci dans les comptes rendus sur la Société des Jésuites, par Messieurs de la Chalotais & Monclar, Procureurs-Généraux.

Dans un sens plus particulier, le terme d'*Affiliation* signifie le lien qu'un Religieux contracte dans certains Ordres avec la Maison ou l'Abbaye dans laquelle il fait profession. Quoiqu'il soit attaché à cette Maison, cependant il peut cesser d'y faire sa demeure habituelle, & après l'avoir quittée pour quelque tems, il est toujours libre d'y retourner quand il veut.

Si la politique a produit l'Affiliation telle que nous venons de la dépeindre, la superstition en a produit une autre d'une espece bien plus bisarre, & qui peut exciter tout-à-la-fois & le rire & la pitié. C'est celle qui consiste dans le respect que certaines personnes ont témoigné pour un Ordre Religieux quelconque, au point de se faire une affaire capitale d'en porter les marques cachées sous leur habit pendant leur vie, de se faire vêtir des habits de l'Ordre dans les cas de maladie mortelle, & ordonner qu'on les ensevelit dans cet accoutrement. Un Général d'armée ou un Prince, ainsi affublé, offriroit un spectacle assez curieux. Cela s'est vu cependant plus d'une fois. Je ne puis m'empêcher de finir cet article, par ce bon mot d'Erasme dans le Colloque intitulé, *Les Franciscains*. „ Il y a des gens „ qui ne croient pas pouvoir guérir d'une maladie, s'ils ne s'affublent de „ l'habit d'un Dominicain. D'autres se font ensevelir dans la robe des Fran„ ciscains pour obtenir la rémission de leurs péchés. Ceux qui persuadent „ aux gens simples de faire de telles momeries, sont des fourbes ou des „ superstitieux. Dieu n'aura pas plus de peine à reconnoître un méchant „ homme sous l'habit d'un Franciscain, que sous celui d'un soldat.

Ces sortes d'Affiliations ne sont propres qu'à infecter les séculiers du fanatisme, du zele enthousiaste, de la petitesse superstitieuse, de l'esprit de corps, de secte, de faction & de domination, qui, par un étrange abus, se cachent trop souvent sous l'habit grossier, & l'humilité apparente des Moines. Si le Gouvernement tolere la vie monastique comme un mal invétéré qu'il seroit peut-être dangereux d'extirper dans l'état actuel des choses, du moins il doit veiller à ce que l'esprit monastique reste concentré dans l'enceinte des Monasteres, & ne corrompe point les membres sains de l'Etat.

AFFINITÉ, s. f.

L'AFFINITÉ est l'union qu'un des conjoints contracte par son mariage avec les parens de l'autre. Mais les parens de l'un ne contractent aucune Affinité avec les parens de l'autre. Ainsi deux freres peuvent épouser deux sœurs; & le pere & le fils peuvent épouser la mere & la fille; de même encore quand un homme qui a un fils d'un premier mariage, épouse une femme qui a aussi une fille d'un premier lit, ces deux enfans peuvent se marier.

L'Affinité suit les degrés de la parenté, & elle est en Europe, comme la consanguinité, un empêchement pour le mariage; empêchement absolu en ligne directe, mais dont le Pape peut accorder des dispenses en ligne collatérale, par-tout où la puissance ecclésiastique du Souverain Pontife est reconnue.

Observons cependant que, suivant les Loix de la nature, l'Affinité n'est point un obstacle au mariage; ce sont les Loix civiles qui ont jugé à propos de le rendre tel : si l'on en demandoit la raison positive, les Jurisconsultes seroient peut-être embarrassés d'en assigner une bien solide. Quel inconvénient semble-t-il résulter, par exemple, de la liberté accordée à un homme d'épouser les deux sœurs, les trois sœurs même, l'une après l'autre. Est-ce la pudeur qui le défend? Est-ce l'intérêt civil qui l'exige pour éviter le scandale? Que voit-on qui blesse la pudeur, ou qui puisse causer du scandale, dans une union qui ne choque ni les personnes ni les mœurs?

Ceux qui croient que tous les degrés d'*Affinité* qui se trouvent marqués dans le *Lévitique*, sont défendus par le droit naturel, se fondent sur ces paroles : *Les Nations qui avant vous ont habité ce pays, ont commis toutes ces choses abominables, & la terre en a été souillée, Lev.* XVIII. *v.* 24. Or, dit-on, toute transgression supposant une Loi, il faut que ces Peuples, en contractant de tels mariages, aient violé ou une Loi divine positive, qui oblige généralement tous les hommes, mais dont il seroit bien difficile de démontrer la publication, ou une Loi naturelle. Mais il faut remarquer que le mot de *toutes* ne doit s'entendre que des choses qui étoient des péchés pour ces Peuples-là. En effet, il est défendu, par exemple, d'épouser deux sœurs, *v.* 18. Cependant avant la Loi, le Patriarche Jacob avoit eu pour femmes, Rachel & Lia, toutes deux filles de Laban. Haram, pere de Moïse, avoit épousé Jocabed sa tante paternelle : degré néanmoins formellement défendu dans le Lévitique.

Selon l'ancien Droit Romain, ces sortes d'alliance étoient permises. Ce fut l'Empereur Constantin qui changea cette coutume par la Loi II. du *Code Théodosien. tit. de incestis nuptiis.*

Quelques Auteurs cependant, conviennent que la liaison d'Affinité cesse du moment que la personne sur qui elle étoit fondée & ceux qui étoient nés d'elle, viennent à mourir. Les Tartares étendent plus loin que nous l'Affinité; les peres marient leurs fils décédés avec les filles décédées de quelque autre; s'imaginant que par ce contrat posthume & fictif, les parens du garçon & de la fille contractent une véritable Affinité. Mais qu'en arrive-t-il? Ce contrat feint ne sert qu'à unir davantage les familles; & loin d'empêcher les alliances en *Affinité*, il en fournit plusieurs occasions permises par leurs usages & très-utiles à leur société.

Nous venons de le dire : l'Affinité fondée sur un mariage, produit un empêchement; mais ce n'est qu'un empêchement de droit positif, dont l'autorité Ecclésiastique peut dispenser. C'est un point qui est à présent incontestable, mais qui fut agité autrefois comme un problême dans une occasion célebre. Henri VIII, Roi d'Angleterre, prévenu d'une passion violente pour Anne de Boulen, portoit impatiemment le joug qui l'unissoit à Catherine d'Arragon, sa femme, auparavant veuve d'Artus son frere ainé.

Ce Prince prétendit que le Pape n'avoit pû lui accorder la dispense d'épouser sa belle-sœur. Cranmer, Archevêque de Cantorberi, prononça la sentence de divorce que le Pape avoit long-tems différée par divers motifs; & Anne de Boulen monta sur le trône, dont on força Catherine d'Arragon de descendre après vingt-deux ans de regne. Ce divorce, dont les suites ont fait perdre l'Angleterre à la Religion Catholique, donna lieu aux plus fameuses Universités de l'Europe & à tous les savans du seizieme siecle, de discuter la question de l'Affinité dans les mariages. Les Souverains ne trouvent que trop souvent des adulateurs disposés à favoriser leurs passions. On ne manqua pas de faire paroître un grand nombre de suffrages pour autoriser le divorce de Henri VIII. Tous les partisans du Prince soutinrent que la prohibition du mariage dans le premier degré d'Affinité de la ligne collatérale, étoit de droit naturel & divin. Mais le plus grand nombre des Canonistes & des Théologiens, soit catholiques, soit protestans, démontra par des textes précis du vieux Testament, par l'autorité des Conciles, par le sentiment des Docteurs des deux Eglises, & par des exemples tirés de l'Histoire, que dans ce cas il n'y avoit qu'un empêchement de droit positif; & c'est une maxime regardée aujourd'hui comme incontestable, tant dans l'Eglise catholique que parmi les protestans.

Les Papes ont accordé dans tous les tems des dispenses pour épouser la sœur de sa femme ou la veuve de son frere. Emmanuel, Roi de Portugal, en vertu d'une dispense du Pape Alexandre VI, épousa successivement les deux sœurs. Henri VIII, Roi d'Angleterre, dont je viens de parler, avec une dispense de Jules II, confirmée par Clément VII, avoit épousé la veuve de son frere. En vertu de semblables dispenses, Sigismond-Auguste, & Jean-Casimir, tous deux Rois de Pologne, épouserent, l'un la sœur de sa femme, & l'autre la femme de son frere. La Maison de Farnese a donné, sur l'article que nous examinons, un exemple digne d'une attention particuliere. Dorothée-Sophie de Baviere, Palatine de Neubourg, épousa Edouard-Farnese II du nom, Prince héréditaire de Parme & de Plaisance. Edouard-Farnese mourut avant son pere. Il avoit eu de Dorothée-Sophie de Baviere deux enfans, Alexandre-Ignace qui étoit mort & Elizabeth Farnese qui étoit vivante & fut ensuite Reine d'Espagne. Dorothée-Sophie de Baviere, sa veuve, épousa François, Duc de Parme, frere de son mari, avec une dispense du Pape Innocent XII.

On peut même remarquer que ces dispenses ne sont réservées ni aux seules Têtes couronnées, ni aux seuls Princes des Familles Souveraines, & que les Papes les accordent non-seulement à des personnes illustres, mais même à de simples particuliers. Il y en a cent exemples en Espagne. La Pologne en a fourni plusieurs, & le Comte de Flemming, grand Trésorier de Lithuanie, épousa, avec dispense du S. Siége, la seconde fille du Prince Czartorinsky dont il avoit épousé l'aînée en premieres noces. Pour me borner ici à quelques exemples de France, je remarquerai simplement que le le Maréchal de Crequi obtint des dispenses pour épouser les deux sœurs; qu'un Capitaine de Cavalerie nommé Recourt, avec une dispense d'Innocent X, épousa aussi successivement deux sœurs; qu'un simple gentilhomme du feu Comte d'Armagnac, grand Ecuyer de France, nommé La Chenaye, eut la permission d'épouser les deux filles d'une femme appellée Beaufort; que Paris de Montmartel, avoit épousé en premieres noces sa propre niece; & qu'enfin le feu Duc de Bouillon avoit épousé la veuve de son frere aîné, petite fille du fameux Jean Sobiesky Roi de Pologne.

Tous ces exemples prouvent la vérité incontestable de la maxime énoncée ci-dessus, que l'Affinité cesse par la mort de celui ou de celle d'où elle provenoit.

AFFIRMATION, s. f.

De l'Affirmation en Justice.

L'AFFIRMATION en Justice est la déclaration avec serment de la vérité d'un fait : déclaration qui se fait en présence d'un juge qui fait lever la main & promettre à Dieu de dire vérité : cependant en France, les Ecclésiastiques dans les Ordres sacrés, ne levent point la main, ils la mettent sur la poitrine, *ad pectus*.

L'Affirmation est de deux sortes : celle qui se fait en matiere civile, & celle qui se fait en matiere criminelle. C'est une maxime presque générale que l'Affirmation ne sauroit être divisée; c'est-à-dire, qu'il faut faire droit sur toutes les parties de la déclaration, & non pas avoir égard à une partie & rejetter l'autre. Si, par exemple, une partie à qui on défere le serment en justice, sur la question de savoir si elle a reçu un dépôt qu'on lui redemande, répond qu'elle l'a reçu, mais qu'elle l'a restitué depuis; on ne pourra pas en conséquence de l'aveu qu'elle fait de l'avoir reçu, la condamner à restituer; il faudra, au contraire, la décharger de la demande à fin de restitution, en conséquence de ce qu'elle affirme avoir restitué; mais cette maxime ne s'observe qu'en matiere civile : en matiere criminelle, comme l'Affirmation ne suffit pas pour purger l'accusé, on se sert contre lui de ses aveux pour opérer sa conviction, sans avoir toujours égard à ce qu'il dit à sa décharge. Si, par exemple, un homme, accusé de meurtre, avoue avoir menacé la personne qui depuis se trouve tuée, quoiqu'il affirme que ce n'est pas lui qui l'a tuée, la présomption qui résulte de sa menace, ne laissera pas d'être regardée comme un adminicule ou commencement de preuve nonobstant ce qu'il ajoute à sa décharge.

Et même en matiere civile, lorsque l'Affirmation n'est pas litis-décisoire, comme sont les déclarations que fait une partie dans ses défenses sans prestation de ferment, ou même celles précédées de preſtation de ferment dans un interrogatoire ſur faits & articles; le Juge y aura ſeulement tel égard que de raiſon.

De l'Affirmation des Quacres en Angleterre.

En Angleterre on ſe contente d'une ſimple Affirmation ſans ſerment de la part des Quacres, qui ſoutiennent que le ſerment eſt abſolument contraire à la Loi de Dieu.

Cette ſecte y cauſa beaucoup de trouble par ſon oppoſition déclarée à toutes ſortes de ſermens, & ſpécialement par le refus qu'ils firent de prêter le ſerment de fidélité exigé par Charles II, juſqu'à ce qu'en 1689, le Parlement fit un acte qui portoit que leur déclaration ſolemnelle d'obéiſſance & de fidélité vaudroit le ſerment ordinaire.

En 1695, ils obtinrent pour un tems limité, un autre acte, portant que leur Affirmation ſolemnelle vaudroit ſerment dans tous les cas où le ſerment eſt ſolemnellement preſcrit par la loi; excepté dans les matieres criminelles, pour poſſéder des charges de judicature, des poſtes de confiance & des emplois lucratifs : laquelle Affirmation devoit être conçue en cette forme : „ *Je N.* en préſence de Dieu tout-puiſſant, témoin de la vérité „ de ce que j'atteſte; déclare que, *&c.*

Dans la ſuite cet acte fut renouvellé & confirmé pour toujours. Mais la formule de cette Affirmation n'étant pas encore à leur gré, comme contenant en ſubſtance tout ce qui fait l'eſſence du ſerment, ils ſolliciterent le Parlement d'y faire quelques changemens, à quoi ils parvinrent en 1721, qu'on la rectifia de la maniere qui ſuit, à la ſatisfaction univerſelle de tous les Quacres : „ *Je N.* déclare & affirme ſincérement, ſolemnellement & „ avec vérité. " A préſent on ſe contente à leur égard de cette formule, de la maniere pourtant, & en exceptant les cas qu'on vient de dire en parlant de la formule de 1695. Et celui, qui après une pareille Affirmation, dépoſeroit faux, ſeroit réputé coupable de parjure, & puniſſable comme tel.

N'a-t-on pas droit en effet, de demander à quoi ſert le degré de ſolemnité que l'on prétend ajouter à la ſimple Affirmation, en la faiſant faire avec ſerment? Un fourbe ne trouve pas plus difficile de ſe parjurer que de mentir; & l'homme véridique, après les plus terribles ſermens, ne peut pas dire plus vrai qu'il n'auroit fait en affirmant ſimplement comme les Quacres. N'eſt-ce pas outrager gratuitement les hommes, que d'exiger d'eux des ſermens? N'eſt-ce pas les ſuppoſer tout-à-la-fois & capables de mentir, & aſſez ſuperſtitieux pour mettre de la différence entre le menſonge & le parjure? Les Loix, en ordonnant trop ſouvent le ſerment, n'en ont-elles pas profané la ſainteté, & manqué par-là l'effet qu'elles ſe propoſoient en l'ordonnant? Nous diſcuterons ces queſtions importantes au mot SERMENT.

AFFOIBLISSEMENT, ſ. m. AFFOIBLIR, v. a.

De l'Affoibliſſement de la Monnoie.

AFFOIBLIR la monnoie, c'eſt la rendre de moindre valeur. Il y a pluſieurs moyens d'affoiblir la monnoie. 1°. En diminuant le poids ou la bonté de la matiere. 2°. En augmentant le prix de l'eſpece. 3°. En changeant la proportion des métaux. 4°. En chargeant les eſpeces d'une forte traite, laquelle ne devroit être que ſuffiſante pour payer les fraix de fabrication. 5°. En augmentant les remedes de poids & de loi. 6°. En faiſant fabriquer une ſi grande quantité de bas billon & de cuivre, hors de la proportion obſervée entre l'or & l'argent, que ces eſpeces, qui ne ſont faites que pour payer les menues denrées, entrent dans le grand commerce, & ſoient reçues en nombre au-lieu des bonnes eſpeces d'or & d'argent.

Les grands inconvéniens qui naiſſent & qui ſont inſéparables de l'Affoibliſſement des monnoies, ſont que les Souverains perdent plus que les Peuples, qu'ils occaſionnent les guerres en appauvriſſant leurs Etats, donnent lieu à la fonte des bonnes eſpeces, & à l'enchériſſement des marchandiſes : les étrangers ne commercent plus & n'apportent plus leur argent ; c'eſt une taille que le Prince leve ſur ſes ſujets.

Par les Affoibliſſemens des monnoies, qui ſe font par un excès de traite, le Prince invite l'étranger & le faux monnoyeur à contrefaire les eſpeces.

Quant aux Affoibliſſemens qui ſe font par la différence de proportion, le naturel, le billonneur & l'étranger tranſportent impunément celles des eſpeces d'or & d'argent qui ſont le moins priſées dans leur Etat.

Quant à ceux qui ſe font par la diminution du poids, ou de la bonté intrinſeque, & par le ſurhauſſement du prix des eſpeces, le Prince en donne le profit à ceux de ſes ſujets qui ont le plus de ces eſpeces, lors de cette manœuvre.

Le Prince mal conſeillé, qui affoiblit ſes monnoies pendant la guerre, les troubles, ou mouvemens civils qui ſe font dans ſon Etat, croit recueillir ſeul le profit de cet Affoibliſſement, tandis qu'il le partage avec tous ceux qui pendant ce tems de troubles, oſent fabriquer de ſemblables eſpeces.

Ce ſont-là des maximes qu'un Homme d'Etat ne doit jamais perdre de vue, lorſqu'on lui propoſe, comme des reſſources urgentes & néceſſaires, des opérations qui tendent directement à appauvrir l'Etat, à augmenter le déſordre des Finances, à ruiner le commerce, à décréditer le Gouvernement auprès des ſujets & chez l'étranger.

Voyez L'ARTICLE MONNOIE.

AFFRANCHI, f. m. *Esclave mis en liberté.*

L'AFFRANCHI est un nouveau Citoyen parvenu à la qualité d'homme libre par l'affranchissement ou manumission. Le Droit Romain regardoit la condition des Affranchis comme mitoyenne entre celle des Citoyens par droit de naissance & celle des esclaves, plus libre que celle-ci, moins indépendante que celle-là. C'est là l'esprit des Loix Romaines qui les concernent. Quoique sortis de l'esclavage par la manumission, ils n'étoient pas exempts de tous devoirs envers leur ancien maitre, devenu leur patron. En général, ils étoient obligés à la reconnoissance, non-seulement par la loi naturelle qui l'exige sans distinction pour toute sorte de bienfait, mais aussi par la loi civile qui leur en faisoit un devoir indispensable. Si, par exemple, le patron d'un Affranchi, ou le pere ou la mere de son patron tomboient dans l'indigence, il étoit obligé de fournir à leur subsistance, selon ses facultés, sous peine de rentrer dans les fers. Il encouroit la même peine, s'il maltraitoit son patron, ou qu'il subornât des témoins contre lui en Justice. Il ne pouvoit épouser, ni la mere, ni la veuve, ni la fille de son patron, à cause de l'honneur qu'il lui devoit.

Un des privileges des Affranchis étoit de ne pouvoir plus être appliqués à la question dans une affaire où leur maître se trouvoit impliqué. Milon, accusé du meurtre de Clodius, se servit de cette précaution pour détourner des dépositions qui ne lui auroient pas été favorables. Il aima mieux donner la liberté à des esclaves témoins du fait, que de s'exposer à être chargé par des gens d'autant moins capables de résister à la torture, qu'ils étoient presque tous délateurs nés de leurs maîtres.

Le fils d'un Affranchi n'étoit pas réputé affranchi; il étoit pleinement libre à tous égards.

Pouvoir excessif des Affranchis des Empereurs. Combien il étoit avilissant pour les Romains.

RIEN ne dégrade plus le pouvoir suprême, que de le confier à des ames basses, incapables d'en faire un usage utile. Rien n'avilit plus l'homme que d'être dans la nécessité d'obéir aux infames suppots du pouvoir arbitraire.

L'Empire Romain, qui contenoit une partie considérable du monde habité, & qui inspiroit la terreur à presque tout le reste, fut souvent gouverné, vendu, opprimé, épuisé par des Esclaves tirés de la chaîne ou de la rame; ou des Affranchis qui ne valoient guere mieux. Claude ne se contenta pas de déclarer que les adjudications faites par ses Receveurs auroient la même force que s'il les avoit faites lui-même; il fit encore établir ce réglement par un Décret solennel du Sénat. Ces Receveurs de l'Empereur étoient ses propres Affranchis, qui, sous ce titre, gouvernoient souvent les Provinces ; il éleva la Puissance de ces misérables au niveau de celle des Souverains & des Loix. Félix, Gouverneur de la Judée, étoit Affranchi, mari de trois Reines, & frere de Pallas, autre Affranchi qui gouvernoit l'Empereur, couchoit avec l'Impératrice, & maîtrisoit tout l'Empire : de sorte que Néron dit fort à propos lorsqu'il l'eut congédié, » que » Pallas s'étoit démis de la Souveraineté. «

Admirons l'avilissement du Sénat, de ce Corps si vénérable ! Ce n'est pas assez pour ces Romains, de flatter l'Empereur, d'accumuler sur sa personne de si grands honneurs & de tant de sortes qu'ils ne s'en reservent aucun pour eux-mêmes, ni presque rien qu'ils puissent faire de plus pour lui. Non contens de cela, ils s'abaissent jusqu'à rendre les mêmes adorations, jusqu'à enrichir & élever aux plus grands honneurs, des fugitifs, l'excrément de la terre, destinés par leur caractere aux emplois les plus vils. Les Romains, maîtres du monde, étoient réduits à plier sous les derniers des hommes. Pallas avoit formé un projet de Loi pour condamner à quelques peines les Dames Romaines qui épousoient des Esclaves ; & pour si peu de chose, Bareas Soranus, nommé au Consulat, la premiere charge de l'Empire, proposa au Sénat de revêtir Pallas des ornemens de la Préture, seconde charge de l'Etat, & de lui faire un présent de plus de quatre cent mille écus. Il fut ajouté à cette proposition, par Cornélius Scipion, que Pallas seroit remercié publiquement, de ce qu'étant descendu des anciens Rois d'Arcadie, il préféroit le service du public à son auguste naissance, & ne dédaignoit pas de se voir au rang des Ministres de l'Empereur. Claude assura le Sénat, que Pallas se contenteroit des honneurs de la Préture, qu'il refuseroit le présent, & qu'il demeureroit volontiers dans sa pauvreté ordinaire. Le Décret en ayant été passé, fut gravé sur le bronze & exposé aux yeux du Public : Décret pompeux, dans lequel on voyoit un homme de néant, un fils de la boue qui alloit auparavant nuds pieds, riche alors de plus de cinquante millions d'écus, comblé de louanges de ce qu'il observoit le désintéressement & la frugalité des premiers tems de la République. Remarquons l'étrange renversement de l'ordre & du sens commun; les Dignités avilies, & l'infamie élevée. Combien la respectable autorité du Sénat ne s'étoit-elle pas abaissée ? Combien la fonction de Consul ne s'étoit-elle pas prostituée ? Et de quelle ignominie le grand nom de Scipion, ne s'étoit-il pas couvert? Dans quelle infamie les ornemens de la Magistrature n'étoient-ils pas tombés? On voyoit un réglement de l'Etat qui ne respiroit que la servitude & le mensonge. Quelle étoit la stupidité de l'Empereur, quelle insolence dans l'Esclave, & quelle déplorable disette de vertu, de vérité, de liberté parmi les hommes de toutes les conditions ! C'étoit véritablement un hommage fait à un Esclave par des Esclaves, comme Pline le remarque fort bien. Nous pouvons juger de la bassesse & des méchantes actions de cet homme par les honneurs exorbitans qui lui furent conférés ; on ne s'avisa jamais de faire de pareils honneurs à Seneque ; & Tigellin avoit plus de crédit & d'autorité que Burrhus !

Le vrai mérite produit dans l'ame de tous les gens de bien de l'estime, & de l'affection ; & la vraie affection ne se répand pas tant en démonstration extérieure que la fausse. Lorsque notre amitié & notre estime sont véritables, nous ne craignons pas d'exciter des soupçons dans la personne qui en est l'objet, & nous ne nous donnons pas de grands mouvemens pour la convaincre de notre sincérité. Mais lorsque nous sentons au fond du cœur la fausseté de nos sentimens, nous nous répandons davantage en démonstrations magnifiques & pleines de complimens. Il étoit absolument impossible, que les gens parvenus, dont je parle, eussent aucune amitié pour le Sénat, pour les personnes distinguées par leur naissance, leurs biens ou leur mérite personnel ; il étoit aussi peu apparent que le Sénat ou les Grands de Rome aimassent ces avanturiers, & nous voyons les déguisemens que produisent la crainte & l'imposture ; la postérité, Juge integre qui ne craint ni le Sénat, ni Pallas, ne voit dans les honneurs qui lui furent conférés, que l'opprobre du Sénat & de l'Affranchi. Claude n'étoit pas le seul Empereur qui se laissa conduire par ses Affranchis, d'autres que lui étoient dans l'esclavage de ces malheureux Conseillers. (*) Le monde n'étoit-il pas bien gouverné, & le bonheur du genre-humain n'étoit-il pas en de bonnes mains, quand on voyoit le Maître du monde, gouverné par la convoitise & les suggestions de ces misérables qu'on venoit de racheter de l'infamie, des fouets & des chaînes ? Le grand César, à qui les Romains avoient l'obligation de la misere & de l'esclavage, où ils tomberent après son usurpation, fut le premier qui éleva ces enfans de la poussiere, & qui pour faire rougir la vertu, déclara que, si, dans le dessein de soutenir sa grandeur, il lui eut fallu employer des voleurs de grands chemins, & des assassins, il leur eût donné les mêmes récompenses. Je crois son aveu sincere, mais il ne me paroît pas prudent : nous savons que ses dignes Successeurs pratiquerent la même chose, à l'égard de ceux qu'on appelloit *Instrumenta regni*, les instrumens sanglans, & les ressorts mystérieux du Gouvernement absolu. Policlette, Affranchi de Néron, étant envoyé par son maître pour avoir l'œil sur la grande Bretagne, voyagea avec un train si prodigieux, qu'il étoit à charge à de grandes Nations, comme celles d'Italie & des Gaules. (*Voyez* FAVORI.) TH. GORDON. *Discours Hist. & Polit. sur* TACITE.

(*) *Plerique Principes libertorum erant servi, horum consiliis, horum nutu regebantur.* PLIN.

AFFRANCHIR, v. a. AFFRANCHISSEMENT, f. m.

LORSQUE dans le Gouvernement Républicain, dit le profond Auteur de *l'Esprit des Loix*, on a beaucoup d'esclaves, il faut en affranchir beaucoup. Le mal est que, si l'on a trop d'esclaves, ils ne peuvent être contenus ; si l'on a trop d'affranchis, ils ne peuvent pas vivre, & ils deviennent à charge à la République : outre que celle-ci peut être également en danger de la part d'un trop grand nombre d'affranchis & de la part d'un trop grand nombre d'esclaves. Il faut donc que les Loix ayent l'œil sur ces deux inconvéniens.

Les diverses Loix & les Sénatus-Consultes qu'on fit à Rome pour & contre les esclaves, tantôt pour gêner, tantôt pour faciliter les Affranchissemens, font voir l'embarras où l'on se trouvoit à cet égard. Il y eut même des tems où l'on n'osa pas faire des Loix. Lorsque, sous Néron, on demanda au Sénat qu'il fût permis aux patrons de remettre en servitude les affranchis ingrats, l'Empereur écrivit qu'il falloit juger les affaires particulieres, & ne rien statuer de général.

Je ne saurois guere dire quels sont les réglemens qu'une bonne République doit faire là-dessus ; cela dépend trop des circonstances. Voici quelques réflexions.

Il ne faut pas faire tout-à-coup & par une Loi générale, un nombre considérable d'Affranchissemens. On sçait que, chez les Volsiniens, les affranchis devenus maîtres des suffrages, firent une abominable Loi qui leur donnoit le droit de coucher les premiers avec les filles qui se marioient à des ingénus.

Il y a diverses manieres d'introduire insensiblement de nouveaux Citoyens dans la République. Les Loix peuvent favoriser le pécule, & mettre les esclaves en état d'acheter leur liberté ; elles peuvent donner un terme à la servitude, comme celles de Moïse, qui avoient borné à six ans celle des esclaves Hébreux. Il est aisé d'affranchir toutes les années un nombre d'esclaves, parmi ceux qui, par leur âge, leur santé, leur industrie, auront le moyen de vivre. On peut même guérir le mal dans sa racine : comme le grand nombre d'esclaves est lié aux divers emplois qu'on leur donne ; transporter aux ingénus une partie de ces emplois, par exemple, le Commerce ou la Navigation, c'est diminuer le nombre des esclaves.

Lorsqu'il y a beaucoup d'affranchis, il faut que les Loix civiles fixent ce qu'ils doivent à leur patron, ou que le contrat d'Affranchissement fixe ces devoirs pour elles.

On sent que leur condition doit être plus favorisée dans l'Etat civil que dans l'Etat politique ; parce que, dans le Gouvernement même populaire, la puissance ne doit point tomber entre les mains du bas Peuple.

A Rome, où il y avoit tant d'affranchis, les Loix politiques furent admirables à leur égard. On leur donna peu, & on ne les exclut presque de rien; ils eurent bien quelque part à la Législation, mais ils n'influoient presque point dans les résolutions qu'on pouvoit prendre. Ils pouvoient avoir part aux charges & au sacerdoce même; mais ce privilege étoit en quelque façon rendu vain par les désavantages qu'ils avoient dans les élections. Ils avoient droit d'entrer dans la milice; mais, pour être soldat, il falloit un certain cens. Rien n'empêchoit les affranchis de s'unir par mariage avec les familles ingénues, mais il ne leur étoit pas permis de s'allier avec celles des Sénateurs. Enfin, leurs enfans étoient ingénus, quoiqu'ils ne le fussent pas eux-mêmes.

Ainsi, dans le Gouvernement de plusieurs, il est souvent utile que la condition des affranchis soit peu au-dessous de celle des ingénus, & que les Loix travaillent à leur ôter le dégoût de leur condition; mais dans le Gouvernement d'un seul, lorsque le luxe & le pouvoir arbitraire regnent, on n'a rien à faire à cet égard. Les affranchis se trouvent presque toujours au-dessus des hommes libres; ils dominent à la Cour du Prince & dans les Palais des Grands : & comme ils ont étudié les foiblesses de leur maître & non pas ses vertus, ils le font régner, non pas par ses vertus, mais par ses foiblesses. Tels étoient à Rome les affranchis du tems des Empereurs.

Lorsque les principaux esclaves sont eunuques, quelque privilege qu'on leur accorde, on ne peut guere les regarder comme des affranchis : car comme ils ne peuvent avoir de famille, ils sont par leur nature attachés à une famille; & ce n'est que par une espece de fiction qu'on peut les considérer comme Citoyens.

Cependant, il y a des pays où on leur donne toutes les Magistratures : » Au Tonquin, *dit Dampierre*, tous les Mandarins civils & militaires sont » eunuques. " Ils n'ont point de famille; &, quoiqu'ils soient naturellement avares, le maître ou le Prince profitent à la fin de leur avarice même.

Le même *Dampierre* nous dit que, dans ce pays, les Eunuques ne peuvent se passer de femmes, & qu'ils se marient. La Loi qui leur permet le mariage, ne peut être fondée, d'un côté, que sur la considération que l'on y a pour de pareilles gens; & de l'autre, sur le mépris qu'on y a pour les femmes.

Ainsi l'on confie à ces gens-là les Magistratures, parce qu'ils n'ont point de famille : & d'un autre côté, on leur permet de se marier, parce qu'ils ont les Magistratures. *De l'Esprit des Loix, Liv. XV. Chap. XVIII. & XIX.*

Des

Des Affranchissemens en France.

IL y a des Etats où l'on ne connoît point d'esclaves, & qui même rendent libres tous les esclaves étrangers qui y arrivent. Tel est le royaume de France, dont le nom formé du mot *franc*, semble signifier *franchise*.

Les esclaves que les Romains laisserent dans les Gaules, s'y étoient multipliés, & il y en a eu jusques sous la troisieme race des Rois François. Dans le Concile de Mâcon, célébré en 581, il fut ordonné qu'aucun Chrétien ne seroit employé au service des Juifs. Les Capitulaires de Charlemagne nous apprennent que lorsqu'un débiteur condamné, qui n'avoit pas de quoi payer, s'acquittoit de l'argent d'un particulier, il se vouoit à son service. Enfin le soulevement arrivé sous le regne de Louis le Gros en 1108, est la preuve que l'esclavage étoit encore en usage en France dans le douzieme siecle.

L'esprit du Christianisme introduisit en France trois sortes d'Affranchissemens. Le premier se faisoit en présentant au Roi un denier, & par-là l'esclave affranchi étoit sous la protection du Roi; le second, en présentant aussi un denier à l'Eglise, ce qui mettoit l'affranchi sous la protection de l'Eglise; le troisieme enfin, sur la foi d'une lettre missive, laquelle donnoit à l'affranchi la liberté de se mettre sous la protection du Roi, ou sous celle de l'Eglise.

Mais la plupart des maîtres ne rendirent la liberté à leurs esclaves, qu'en se réservant sur eux de certains droits inconnus chez les Romains, tels que le droit de corvée & le droit de main-morte. Celui-ci ressembloit à cet esclavage dont le Christianisme venoit de soulager les François; les main-mortables étoient exposés à des contradictions opposées à la loi naturelle, ce qui donna lieu à une Chartre par laquelle Suger, Régent du Royaume, affranchit, en 1141, tous les gens de main-morte. A son exemple, Humbert, Dauphin, & Thibault, Comte de Blois, rendirent la liberté à tous leurs esclaves.

Saint Louis & la Reine Blanche se montrerent fort zélés à procurer à leurs Peuples un attribut si essentiel. Ils s'appliquerent à multiplier les Affranchissemens & les Abonnemens.

Voyez ci-dessus, ABONNEMENT. (*)

(*) On sait que c'est à ces Affranchissemens multipliés que l'on doit l'établissement du Fauxbourg Saint Germain à Paris, qui se composa peu-à-peu de familles affranchies. Thomas de Maulion, Abbé de Saint Germain-des-Prés, fut un des premiers à entrer dans les vues de la Reine Blanche. Il traita avec les habitans d'Antoni, en 1248 pour la somme de cent livres parisis, payable chaque année. Villeneuve-Saint-George, Valenton & Cosne, en 1249, acheterent leur liberté quatorze cens livres une fois payées. Enfin les habitans voisins de l'Abbaye, stipulerent l'année suivante pour deux cens livres.

Tous ces vassaux de l'Abbaye de Saint-Germain, changeant ainsi d'état, s'établirent dans ce quartier, un des plus beaux de la Capitale, & que l'on peut comparer, pour la grandeur, aux plus grandes Villes du Royaume.

Louis X, dit le Hutin, donna, en 1315, un édit qui confirma l'Affranchissement des gens de main-morte. Henri II en fit publier un, en 1553, qui contenoit les mêmes dispositions ; & s'il s'est conservé des gens de main-morte dans quelques provinces de ce Royaume, ce n'est point par un esprit de cet ancien esclavage. Tous les hommes y sont libres, de cette liberté opposée à la servitude corporelle, sous laquelle ils gémissoient dans les premiers siecles.

C'est dans le treizieme siecle que les François, rendus à leur premier état, jouirent de la liberté dans toute sa plénitude. Depuis ce tems-là, c'est une maxime du Droit François, qu'un esclave qui entre dans les terres du Roi Très-Chrétien, cesse d'être esclave & devient libre en respirant l'air de France. La Terre Françoise ne souffre point d'esclave, & la liberté est l'apanage universel de tous ceux qui l'habitent, comme des étrangers que leur bonne fortune y conduit. Cette maxime n'a été établie par aucune Ordonnance; mais elle s'est formée d'un long usage qui a force de loi, & tous les Historiens de France l'attestent. Elle a même été supposée, & par conséquent autorisée, par Louis XIV, dans les Edits de 1685 & de 1716 qui dérogent à la maxime du Droit François à l'égard des Negres vendus par leurs propres Rois, & achetés pour le service des Colonies Françoises. Ces Negres restent esclaves dans les Colonies ; ils le sont même en France, s'ils n'y sont amenés par leurs maîtres que pour un tems limité, & pour être ensuite renvoyés dans les Colonies; car, s'ils doivent rester en France, ou si le maître qui les y amene, n'a pas eu soin de faire la déclaration de ses intentions à cet égard, au greffe de l'Amirauté du port où ils arrivent, ces Negres sont libres en mettant le pied en France.

AFFRANCHISSEMENT, *Immunité*, *Exemption*.

NOUS entendons ici par *Affranchissement* la concession d'immunités & d'exemptions d'impôts & de charges publiques, que le Gouvernement accorde à une ville, à une communauté ou à des particuliers, soit en forme d'indemnité, ou de récompense. L'on nomme en Angleterre *Affranchissement*, l'aggrégation d'un particulier à une société, ou à un corps, au moyen de laquelle il acquiert des privileges & des prérogatives dont jouissent les membres de cette communauté. On dit dans le même pays qu'un étranger est affranchi, lorsqu'il a obtenu des lettres de naturalisation qui le mettent au nombre des regnicoles, & des patentes qui le déclarant Bourgeois de Londres ou d'une autre ville, le font jouir des droits attachés à cette qualité.

Voyez FRANCHISE & NATURALISATION.

AFRIQUE, *une des quatre grandes Parties de la Terre.*

L'AFRIQUE est une grande péninsule, en forme de pyramide, dont la base fait face à l'Europe, & dont le sommet avance dans l'Océan Méridional. Plus petite que l'Amérique, & l'Asie, elle est plus grande que l'Europe. Elle est bornée par la mer de tous côtés, si l'on excepte l'isthme de Suez, par lequel elle tient à l'Asie. Au nord elle a pour bornes la mer Méditerranée, à l'Occident la mer Atlantique, au Midi la mer des Indes, à l'Orient la mer Rouge ou le Golphe arabique. Son étendue n'est pas par-tout égale; elle a depuis Tanger jusqu'à Suez environ 800 lieues; depuis le Cap-verd jusqu'au cap de Guarda-fui sur la côte d'Ajan 1420; & du cap de Bonne-Espérance jusqu'à Bone 1450 *Long. 1-72 lat. mérid. 1-35. & lat. sept. 1-37. 30.*

Elle est en grande partie dans la Zone torride, mais elle la déborde un peu tant au Nord qu'au Sud. En général, le climat d'*Afrique* est fort chaud par-tout.

Comme elle est si étendue, le terroir n'en est pas également bon : il y a de vastes déserts; mais on y trouve aussi des quartiers extrêmement fertiles en bleds & en fruits excellens, de plusieurs sortes. Pline assure en plus d'un endroit que dans la province de *Bysacium*, qui dépendoit de Carthage, un boisseau de froment pouvoit en produire 150.

Chacun sait que la Compagnie des Indes Orientales Hollandoises a au cap de Bonne-Espérance un immense jardin, dans lequel on trouve tout ce que chaque climat peut produire de plus exquis.

L'Afrique nourrit les mêmes animaux que l'Europe, & quantité d'autres que l'on ne voit pas dans cette derniere. Dans quelques pays, comme en Barbarie, on trouve d'excellens chevaux : les Ecrivains Romains ont reconnu le mérite & la supériorité de la Cavalerie Numide. On y voit aussi des éléphans, des chameaux, des giraffes ou camelopardalis, des zebres, des rhinocéros, des gazelles de différentes especes, des singes, des lions, des tigres, des léopards, des onces, des pantheres, des autruches, quantité de serpens, & quelques-uns d'une grandeur énorme. Plus d'un Ecrivain font mention de celui qui attaqua Attilius Regulus, Général de l'armée Romaine, qui campoit auprès du fleuve Bagradas.

On ne peut nier qu'il n'y ait en différens pays de l'Afrique des mines d'or, d'argent, & d'autres métaux. Les pays de Monomotapa & Monoemugi abondent en or, si l'on doit s'en rapporter aux relations des Voyageurs, qui n'en parlent cependant pas tous d'une maniere également avantageuse. J'ai du penchant à croire que les plus véridiques sont ceux qui grossissent le moins les objets. Personne n'ignore que sur les côtes de la

Guinée & des pays voisins, il se fait un grand commerce de poudre d'or. Le pays d'Ophir, où Salomon envoyoit des flottes qui enrichirent prodigieusement son Royaume, est au jugement du savant M. Huet, la côte de Sofala, à l'Orient de l'Afrique, vis-à-vis l'isle de Madagascar.

Il se fait un autre Commerce en Afrique, dont on ne trouve pas d'exemple ailleurs. Les Européens y achetent un nombre infini d'esclaves qu'ils transportent dans leurs colonies d'Amérique, où ils les occupent aux plus rudes travaux. Ce n'est pas ici le lieu de rechercher quel jugement on doit faire de cette espece de trafic ; il paroît difficile de le concilier, nous ne dirons pas avec les loix de l'Evangile, mais avec celle de la simple humanité.

Voyez ESCLAVE, ESCLAVAGE, NEGRE.

On tire du bled, des dattes, & autres fruits de la Barbarie ; du vin, du sucre, de Madere, des Canaries, & des isles du Cap-verd ; la gomme & le miel, du Sénégal ; la poudre d'or, l'ivoire & les épiceries, de la Guinée, du Congo, de Melinde & de l'Abyssinie. *Voyez tous ces mots.*

Entre les montagnes de l'Afrique, les plus célebres sont le mont Atlas & les montagnes de la Lune ; le premier s'étend d'Occident en Orient, depuis la mer occidentale jusqu'à l'Egypte, bordant toute la Barbarie à 60, 70 & 80 lieues de la mer. Sa cime est toujours couverte de neige. Les montagnes de la Lune qui environnent presque le Monomotapa, & s'étendent extrêmement au Midi ; elles sont aussi couvertes de neige, quoique dans la Zone torride.

Ce ne sont pas les seules. Dans la Guinée on voit celles de Sierra-Leona. La pointe méridionale de l'Afrique est aussi toute couverte de montagnes, dont les plus remarquables sont celles qui forment le cap de Bonne-Espérance, nommées la montagne de la Table, la montagne du Diable, la montagne du Lion. Il s'y forme d'affreux orages & même fréquemment.

Il y a trop de fleuves en Afrique pour en faire ici l'énumération. Nous n'en indiquerons ici que les deux plus considérables, qui sont le *Nil* & le *Niger. Voyez* NIL & NIGER.

Le Gouvernement & la Religion ne sont pas les mêmes par-tout : il y a des Chrétiens en Egypte & dans l'Abyssinie. Si le Christianisme est éteint dans la Nubie, ce n'est pas depuis fort long-tems. Le Mahométisme regne en plusieurs endroits ; le reste est encore plongé dans l'idolâtrie : on veut même qu'il y ait en Afrique des Peuples qui n'ont ni idée ni sentiment de religion, comme dans la Cafrerie.

Le Gouvernement y est presque par-tout bizarre, despotique, entiérement dépendant des passions & des caprices du Souverain. Ce n'est guere que sur les côtes orientales de l'Afrique que l'on trouve des formes politiques un peu moins irrégulieres. *Voyez* ALGER, MAROC, TRIPOLI, TUNIS, *&c.* En général les Africains n'ont que des idées d'un jour ; leur morale & leur législation sont informes, incohérentes. Leur foiblesse & leur cupidité est le seul moyen sur lequel on puisse fonder avec eux quelque commerce social.

Pour ce qui est des mœurs, quoiqu'elles dussent varier dans de si vastes régions, elles se ressemblent malheureusement toutes par un endroit. L'ignorance y domine par-tout, & elle n'est point favorable aux bonnes mœurs: les génies n'y sont point cultivés, ou ils le sont mal. On accuse les Africains de férocité, de cruauté, de perfidie, de lâcheté, de paresse. Si l'accusation n'est pas fausse ou exagérée, il semble qu'on doit moins l'imputer au climat qu'à la cause qu'on vient d'indiquer. Si la nature met de la différence entre les génies & les caracteres, je crois que l'éducation y en met encore davantage.

Les Anciens ont connu en partie ce pays : les Romains y ont fait la guerre, & en ont conquis une partie. Après eux les Vandales s'en emparerent : ils furent chassés par les Romains, sous le regne de Justinien & sous la conduite de Bélisaire. Les Arabes & les Sarrazins s'en rendirent ensuite maîtres, & possedent encore la partie qui avoit été soumise aux Romains. Pline dit au livre cinquieme de son *Histoire naturelle*, que Scipion Emilien faisant la guerre en Afrique, confia à l'Historien Polybe qui étoit à sa suite, une flotte pour côtoyer l'Afrique du côté d'Occident. Il parle aussi d'un Hannon, Carthaginois, qui fut chargé de faire le tour de l'Afrique, & donna des Mémoires qui furent copiés par les Grecs & par quelques Romains. Le jugement qu'il en porte, est qu'ils sont pleins de choses fabuleuses, & qu'ils parlent de villes & d'autres choses dont on ne trouvoit plus aucune trace. Peut-être ce tour ou ce periple de l'Afrique ne fut jamais fait avant Vasco de Gama, Portugais, qui en 1497 doubla le cap de Bonne-Espérance, ouvrit ainsi une nouvelle route pour le Commerce des Indes, & fit tomber celui qui se faisoit par Alexandrie. Il est cependant vrai que cette grande région n'est encore guere connue, si l'on en excepte les côtes: par cette raison il n'est pas facile de déterminer quelles sont les parties de l'Afrique moderne, qui répondent aux anciennes divisions & dénominations qui étoient en usage du tems des Romains.

Pour en dire cependant quelque chose, on commencera par l'Egypte, sur laquelle il n'y a pas d'équivoque, & on suivra par l'Occident. Je remarquerai pourtant que certains Géographes la mettent hors de l'Afrique, à laquelle ils donnent pour bornes ce qu'on nommoit *Catabathenus*, c'est-à-dire, la descente qui conduisoit depuis la Lybie en Egypte.

D'autres terminoient l'Afrique au Nil : à ce compte l'Egypte auroit été partie en Asie, partie en Afrique. Il paroît plus raisonnable & plus naturel d'établir pour limites de cette derniere, le golfe d'Arabie ou mer rouge, & l'isthme de Suez.

Le pays contigu à l'Egypte du côté d'Occident, se nommoit Marmorique; suivoit la Cyrénaïque ou la Pentapole, ainsi nommée à cause de cinq villes qu'on y voyoit, Bérénice, Arsinoë, Ptolémaïs, Apollonie & Cyrène.

Ce pays étoit terminé par l'Afrique propre, ou la petite Afrique, commençant vis-à-vis de la grande Syrte, bornée au Midi par des montagnes qui la féparoient des Gétules, au Nord par la mer. Elle contenoit divers Peuples, les Nafamones, les Pfylles, & entr'autres la fameufe ville de Carthage. Au Midi de la petite Afrique étoient les déferts de la Libye, au-delà les Troglodytes & les Garamantes.

En tirant toujours du côté d'Occident, on trouvoit la Numidie, puis la Mauritanie, bornée au Nord par la méditerranée & le détroit de Gibraltar; au Midi par le petit Atlas, qui la féparoit des Gétules, ou la divifoit en deux parties, la Mauritanie Céfarienne & la Mauritanie Tingitane. Au Midi des pays dont on vient de parler, étoient les Gétules, qui s'étendoient jufqu'au mont Atlas. Au-delà étoit la Libye intérieure, qui s'étendoit jufqu'au fleuve Niger. Tout ce qui étoit au-delà portoit le nom d'Ethiopie. Ce que les Anciens en ont dit, n'eft rien moins qu'exact.

Venons à la divifion des modernes : ils divifent l'Afrique en deux parties générales, qui font le pays des Blancs & le pays des Noirs.

Le pays des Blancs comprend l'Egypte, la Barbarie, divifée en fix parties, qui font la province de Barca, les Royaumes de Tunis où Tripoli eft compris, de Tremefen où eft Alger, celui de Fez, de Maroc & de Dara. On met encore dans le pays des Blancs le Biledulgerid, le Saara ou le défert.

Les provinces du pays des Noirs, fituées au bord de la mer, font les fuivantes; la Nigritie, la Guinée, le Congo, la Cafrerie, la côte de Sofala, celle d'Abex, d'Ajan, de Zanguebar. Les pays au dedans des terres font la Nubie, l'Ethiopie ou Abyffinie, le Monoémugi, le Monomotapa. Nous donnerons une defcription politique de tous ces pays fous leur nom particulier.

Voyez ci-devant ABEX, ABYSSINIE.

Entre les ifles de l'Afrique, il y a dans la méditerranée, Pantalarée, Lampadofa, Linofa & Zerbe.

Dans la mer Atlantique il y a les Açores ou Terceres que quelques Géographes comptent parmi les ifles d'Amérique, les Canaries, les ifles du Cap-verd, les ifles de la Guinée, qui font l'ifle de Ferdinand Pô, l'ifle du Prince, l'ifle de S. Thomas, l'ifle de l'Afcenfion, & l'ifle de Sainte Helene. Vis-à-vis de la côte orientale d'Afrique on trouve l'ifle de Madagafcar, l'ifle de Bourbon ou Mafcaregne, l'ifle Maurice, Zocotera.

Voyez AÇORES, *&c.*

On ne commerce guere que fur les côtes de l'Afrique : le dedans de cette partie du monde n'eft pas encore affez connu; & les Européens n'ont guere commencé ce Commerce que vers le milieu du XIVe fiecle. Il y en a peu depuis les Royaumes de Maroc & de Fez jufqu'aux environs du Cap-verd. Les établiffemens font vers ce cap & entre la riviere de Sénégal & de Serrelionne. La côte de Serrelionne eft abordée par les quatre Nations; mais il n'y a que les Anglois & les Portugais qui y foient établis.

Les Anglois seuls résident près du cap de Misérado. Les François font quelque commerce sur les côtes de Malaguette ou de Greve; ils en font davantage au petit Dieppe & au grand Sestre. La côte d'Yvoire ou des Dents est fréquentée par tous les Européens; ils ont presque tous aussi des habitations & des Forts à la côte d'Or. Le cap de Corse est le principal établissement des Anglois : on trafique peu à Astres. On tire de Benin & d'Angole beaucoup de Negres. On ne fait rien dans la Cafrerie. Les Portugais sont établis à Sofala, à Mozambique, à Madagascar. Ils font aussi tout le commerce de Melinde. Nous suivrons les branches de ces commerces sous les différens articles CAP-VERD, SÉNÉGAL, *&c.*

CONSIDÉRATIONS POLITIQUES SUR LE COMMERCE D'AFRIQUE.

L'AFRIQUE, coupée par l'Equateur en deux parties inégales, forme un triangle irrégulier, dont un des côtés regarde l'Orient, l'autre le Nord, & le troisieme l'Occident.

Le côté oriental, qui s'étend depuis Suez jusqu'auprès du cap de Bonne-Espérance, est baigné par la mer Rouge & par l'Océan. L'intérieur du pays est peu connu; & ce qu'on en sait, ne peut intéresser ni l'avidité du négociant, ni la curiosité du voyageur, ni l'humanité du philosophe. Les missionnaires même qui avoient fait quelques progrès dans ces contrées, surtout dans l'Abyssinie, rebutés par les traitemens qu'ils éprouvoient, ont abandonné ces peuples à leur légéreté & à leur perfidie. Les côtes ne sont le plus souvent que des rochers affreux, un amas de sable brûlant & aride. Celles qui sont susceptibles de quelque culture, sont partagées entre les naturels du pays, les Arabes, les Portugais & les Hollandois. Leur commerce, qui ne consiste qu'en un peu d'ivoire ou d'or, & en quelques esclaves, est lié avec celui des Indes orientales.

Le côté septentrional, qui va depuis l'isthme de Suez jusqu'au détroit de Gibraltar, est borné par la méditerranée. Il a neuf cents lieues de côtes, occupées par l'Egypte, & par le pays connu depuis plusieurs siecles sous le nom de Barbarie.

L'Egypte qui fut le berceau des arts, des sciences, du commerce, du gouvernement, n'a rien conservé qui rappelle à l'esprit des savants le souvenir de sa grandeur passée. Courbée sous le joug du despotisme, que l'ignorance & la superstition des Turcs lui ont imposé, elle ne paroît avoir quelque communication avec les Nations étrangeres par les Ports de Damiete & d'Alexandrie, que pour les rendre témoins de sa décadence entiere.

La destinée de l'ancienne Lybie, habitée aujourd'hui par les Barbaresques, n'est pas moins étrange. Rien n'est plus ténébreux que les premiers âges de cette immense contrée. Le cahos commence à se débrouiller à l'arrivée des Carthaginois. Ces négocians d'origine Phénicienne bâtissent, cent trente-sept ans avant la fondation de Rome, une ville, dont le territoire d'abord très-borné, s'étend avec le tems à tout le pays connu de nos jours sous le nom de Royaume de Tunis, & plus loin ensuite. L'Espagne, la plupart des isles de la méditerranée tombent sous sa domination. Beaucoup d'autres Etats paroissoient d voir encore grossir la masse de cette Puissance énorme, lorsque son ambition se heurta contre celle des Romains. A l'époque de ce terrible choc, il s'établit entre les deux Nations une guerre si acharnée & si furieuse, qu'il fut aisé de voir qu'elle ne finiroit que par la destruction de l'une ou de l'autre. Celle qui étoit dans la force de ses mœurs républicaines & patriotiques, prit, après les combats les plus savans & les plus opiniâtres, une supériorité décidée sur celle qui étoit corrompue par ses richesses. Le Peuple commerçant devint l'esclave du Peuple guerrier.

Le vainqueur resta en possession de sa conquête, jusques vers le milieu du cinquieme siecle. Les Vandales, poussés par leur premiere impétuosité au-delà de l'Espagne dont ils s'étoient emparés, passerent les colonnes d'Hercule, & se répandirent dans la Lybie comme un torrent. Sans doute, ces barbares y auroient maintenu les avantages de leur irruption, s'ils eussent conservé l'esprit militaire que leur Roi Genseric leur avoit donné. Mais cet esprit s'anéantit avec ce barbare, qui avoit du génie; la discipline se relâcha, & alors s'écroula le Gouvernement qui ne portoit que sur cette base. Belizaire surprit ces Peuples dans cette confusion, les extermina, & rétablit l'Empire dans ses anciens droits; mais ce ne fut que pour un moment. Les grands hommes qui peuvent former & mûrir une Nation naissante, ne sauroient rajeunir une Nation vieillie & tombée.

Dans le septieme siecle, les Sarrasins, redoutables par leurs institutions & par leurs succès, armés du glaive & de l'alcoran, obligerent les Romains, affoiblis par leurs divisions, à repasser les mers, & grossirent de l'Afrique septentrionale, la vaste domination que Mahomet venoit de fonder avec tant de gloire. Les Lieutenans du Calife arracherent dans la suite ces riches dépouilles à leur maître : ils érigerent en Etats indépendants les Provinces commises à leur vigilance.

Cet ordre de choses subsistoit au commencement du seizieme siecle, lorsque les Mahométans d'Alger, qui craignoient de tomber sous le joug de l'Espagne, appellerent les Turcs à leur secours. La Porte leur envoya Barberousse, qui, après avoir commencé par les défendre, finit par les asservir. Les Bachas qui lui succéderent, ceux qui gouvernoient Tunis & Tripoli, villes également subjuguées & opprimées, exercerent une tyrannie, heureusement assez cruelle pour devoir expirer dans ses excès. On s'en délivra par la violence qui la soutenoit; & ce qui mérite peut-être d'être remarqué, le même Gouvernement fut adopté par les trois Etats : c'est une

une espece d'aristocratie. Le chef, qui, sous le nom de Dey, conduit la République, est choisi par la milice, qui est toujours Turque, & qui compose seule la noblesse du pays. Il est rare que ces élections se fassent entre des soldats, sans effusion de sang, & il est ordinaire qu'un homme élu dans le carnage, soit massacré dans la suite par des gens inquiets qui veulent s'emparer de sa place, ou la vendre pour s'avancer. L'Empire de Maroc, qui a englouti successivement les Royaumes de Fez, de Tafilet & de Sus, parce qu'il est héréditaire dans une famille nationale, est cependant sujet aux mêmes révolutions. L'esprit atroce des Souverains & des Peuples est la source de cette instabilité.

L'intérieur de la Barbarie est rempli d'Arabes, qui sont ce que doivent être les hommes des premiers âges, pasteurs errants & sans domicile. Des usages choquans pour notre délicatesse efféminée, n'ont pour eux rien que de noble ou de simple, comme la nature qui les leur dicte. Lorsque les plus considérables de ces Arabes veulent recevoir un étranger avec distinction, ils vont chercher eux-mêmes le meilleur agneau de leur bergerie, l'égorgent de leurs propres mains; & comme les Patriarches de Moïse ou les Héros d'Homere, ils le coupent par morceaux, tandis que leurs femmes s'occupent des autres préparatifs du festin. Les enfans des personnes les plus qualifiées, ceux même des Scheiks & des Emirs, gardent les troupeaux de leur famille : les garçons & les filles n'ont pas d'autre occupation dans leur jeunesse.

Ces heureuses mœurs ne sont pas celles des Peuples qui habitent les côtes & les villes. Une égale aversion pour les travaux champêtres & pour les arts sédentaires, en a fait des pirates. D'abord ils se contentoient de ravager les plaines vastes & fécondes de l'Espagne. Ils surprenoient dans leur lit les habitans paresseux des riches campagnes de Valence, de Grenade, d'Andalousie, & les emmenoient esclaves. Dédaignant dans la suite le butin qu'ils faisoient sur des terres qu'ils avoient autrefois cultivées, ils construisirent de gros vaisseaux, & insulterent le pavillon de toutes les Nations. Cette marine, qui s'est élevée successivement jusqu'à former de petites escadres, s'accroît tous les ans par l'avidité d'un grand nombre de Chrétiens, qui fournissent aux Barbaresques les matériaux de leurs armemens, qui s'intéressent dans leurs courses, qui osent même quelquefois diriger leurs opérations. Ces pirates ont réduit les plus grandes Puissances de l'Europe à la honte de leur faire des présens annuels, qui, sous quelque nom qu'on les déguise, sont un vrai tribut. On les a quelquefois punis & humiliés, mais on n'a pas arrêté leurs brigandages.

Charles-Quint, qui, toujours occupé à troubler le siecle où il vécut, savoit cependant quelquefois, par cette prévoyance qui rachete les défauts d'un esprit inquiet, pénétrer dans l'avenir, entrevit ce que les Barbaresques pourroient un jour devenir. Dédaignant d'entrer dans aucune espece de négociation avec eux, il forma le généreux projet de les détruire. La rivalité de François I le fit échouer; & l'histoire ne peut louer aucun Prince d'avoir repris depuis l'idée d'une entreprise si glorieuse. L'exécution en feroit pourtant facile.

Les Peuples qui habitent la Barbarie, gémissent sous un joug qu'ils sont impatiens de rompre. Le Tyran de Maroc se joue insolemment de la liberté, de la vie de ses sujets. Ce despote, bourreau dans toute la rigueur du terme, expose tous les jours aux murs de son palais ou de sa capitale, les têtes innocentes ou criminelles abattues de sa propre main. Alger, Tunis, Tripoli, quoiqu'à l'abri d'une semblable férocité, ne laissent pas de traîner des chaînes très-pesantes. Esclaves de quinze ou vingt mille Turcs ramassés dans les boues de l'Empire Ottoman, ils sont de cent manieres différentes les victimes de cette audacieuse soldatesque. Une autorité qui porte sur une base aussi mouvante, ne peut avoir jetté des racines bien profondes, & rien ne seroit plus aisé que de la renverser.

Nul secours étranger ne retarderoit d'un instant sa chûte. La seule Puissance qu'on pourroit soupçonner d'en désirer la conservation, l'Empire Ottoman, n'est pas assez content du vain titre de protecteur qu'on lui accorde, pour y prendre un vif intérêt. Il lui seroit inutilement inspiré, par les déférences que les circonstances arracheroient vraisemblablement à ces brigands. Ce désir ne donneroit point des forces. Depuis deux siecles, la Porte n'a point de marine, & sa milice se précipite vers le même anéantissement.

Mais à quel Peuple est-il réservé de briser les fers que l'Afrique nous forge lentement, & d'arracher ces épouvantails qui glacent d'effroi nos navigateurs? Aucune nation ne peut le tenter seule; & si elle l'osoit, peut-être la jalousie de toutes les autres y mettroit-elle des obstacles secrets. Ce doit donc être l'ouvrage d'une ligue universelle. Il faut que toutes les Puissances maritimes concourent à l'exécution d'un dessein qui les intéresse toutes également. Ces Etats, que tout invite à s'allier, à s'aimer, à se défendre, doivent être fatigués des malheurs qu'ils se causent réciproquement. Qu'après s'être si souvent unis pour leur destruction mutuelle, ils prennent les armes pour leur conservation. La guerre aura été, du moins une fois, utile & juste.

On ose présumer qu'elle ne seroit pas longue, si elle étoit conduite avec l'intelligence & l'harmonie convenables. Chaque membre de la confédération, attaquant dans le même tems l'ennemi qu'il auroit à réduire, n'éprouveroit qu'une foible résistance. Qui sait même s'il en trouveroit aucune. Les Barbaresques, mis tout-à-coup hors d'état de défense, abandonneroient sans doute à leur fatale destinée, des Maîtres & des Gouvernemens dont ils n'ont encore senti que l'oppression. Peut-être la plus noble, la plus grande des entreprises, coûteroit-elle moins de sang & de trésors à l'Europe, que la moindre des querelles dont elle est continuellement déchirée.

On ne fera pas aux Politiques qui formeroient ce plan, l'injure de soupçonner qu'ils borneroient leur ambition à combler des rades, à démolir des forts, à ravager des côtes. Des idées si étroites seroient trop au-dessous des progrès de la raison humaine. Les pays subjugués resteroient aux conquérans, & chacun des alliés auroit des possessions proportionnées aux moyens qu'il auroit fournis à la cause commune. Ces conquêtes deviendroient d'autant plus sûres, que le bonheur des vaincus en devroit être la suite. Ce Peuple de Pirates, ces monstres de la mer, seroient changés en hommes, par de bonnes loix & des exemples d'humanité. Elevés insensiblement jusqu'à nous par la communication de nos lumieres, ils abjureroient avec le tems un fanatisme que l'ignorance & la misere ont nourri dans leurs ames; ils se souviendroient toujours avec attendrissement de l'époque mémorable qui nous auroit amenés sur leurs rivages.

On ne les verroit plus laisser en friche une terre autrefois si fertile. Des grains & des fruits variés couvriroient cette plage immense. Ces productions seroient échangées contre les ouvrages de notre industrie & de nos manufactures. Les Négocians d'Europe, établis en Afrique, deviendroient les agents de ce Commerce, réciproquement utile aux deux Contrées. Une communication si naturelle entre des côtes qui se regardent, entre des peuples qui se rencontrent nécessairement, reculeroit, pour ainsi dire, les barrieres du monde. Ce nouveau genre de conquête qui s'offre à nos premiers regards, deviendroit un dédommagement précieux de celles qui, depuis tant de siecles, font le malheur de l'humanité.

Le plus grand obstacle à une révolution si intéressante, a toujours été la jalousie des grandes Puissances maritimes, qui se sont opiniâtrement refusées aux moyens de rétablir sur nos mers la tranquillité. L'espérance d'arrêter l'industrie de toute Nation qui n'a pas de forces, leur a fait habituellement désirer, favoriser même les entreprises des Barbaresques. C'est une atrocité dont elles se seroient épargné l'ignominie, si leurs lumieres avoient égalé leur avidité. Sans doute que toutes les Nations profiteroient de cet heureux changement; mais ses fruits les plus abondants seroient infailliblement pour les Etats maritimes, dans les proportions de leur pouvoir. Leur situation, la sûreté de leur navigation, l'abondance de leurs capitaux, cent autres moyens leur assureroient cette supériorité. Ils se plaignent tous les jours des entraves que l'envie nationale, la manie des interdictions & des prohibitions, les petites spéculations de négoce exclusif, ne cessent de mettre à leur activité. Les peuples deviennent par degrés aussi étrangers les uns aux autres, qu'ils l'étoient dans des temps barbares. Le vuide que forme nécessairement ce défaut de communication, seroit rempli, si l'on réduisoit l'Afrique à avoir des besoins & des ressources pour les satisfaire. Le Commerce verroit alors une nouvelle carriere ouverte à son ambition.

Cependant si la réduction & le désarmement des Barbaresques ne doivent pas être une source de bonheur pour eux comme pour nous; si nous ne

Mmm 2

voulons pas les traiter en freres; si nous n'aspirons pas à les rendre nos amis; si nous devons entretenir & perpétuer chez eux l'esclavage & la pauvreté; si le fanatisme peut encore renouveller ces odieuses Croisades, que la Philosophie a vouées trop tard à l'indignation de tous les siecles; si l'Afrique enfin alloit devenir le théâtre de notre barbarie, comme l'Asie & l'Amérique l'ont été, le sont encore : tombe dans un éternel oubli le projet que l'humanité vient de nous dicter ici, pour le bien de nos semblables! Restons dans nos ports. Il est indifférent que ce soient les Chrétiens ou les Musulmans qui souffrent. Il n'y a que l'homme qui soit digne d'intéresser l'homme.

Espere-t-on accoutumer les Africains au Commerce, par les voies lentes & douces des Traités qu'il faut renouveller souvent, quand on est obligé de les acheter chaque fois? Pour être assuré du contraire, il suffit de jetter un coup d'œil sur la situation actuelle des Européens avec ces Peuples.

Les François n'ont jamais négocié avec Maroc, avec lequel ils ont toujours été dans un état de guerre; & les Anglois, les Hollandois, les Suédois, rebutés par des avanies multipliées, ne s'y montrent que par intervalle. Presque toutes les affaires sont entre les mains du Danemarck, qui les a remises à une compagnie formée par cinq cens actions de cinq cens écus chacune. Sa création est de 1755, & sa durée doit être de quarante ans. Elle porte des draps d'Angleterre, des étoffes d'argent & de soie, quelques toiles, des planches, du fer, du gaudron, du soufre; & elle tire du cuivre, des gommes, des laines, de la cire, & des cuirs. C'est à Salé, à Tetuan, à Mogador, à Safy, à Sainte-Croix que se font ces échanges. On jugera de l'étendue de ce Commerce par le produit des Douanes qui est affermé 255, 000 livres.

Celui d'Alger est moins considérable. Les Anglois, les François, & les Juifs de Livourne, le font en concurrence. Les deux premieres nations envoyent, par leurs vaisseaux, & la derniere sous pavillon neutre, des draps, des épiceries, du papier, des clincailleries, du café, du sucre, des toiles, de l'alun, de l'indigo, de la cochenille; & reçoivent en payement, des laines, de la cire, des plumes, des cuirs, des huiles, plusieurs marchandises provenant des prises. Les retours, quoique d'un quart plus forts que les expéditions, ne passent pas annuellement un million de livres. La moitié est pour la France; & ses rivaux se partagent à-peu-près le reste.

Indépendamment de ce Commerce qui appartient tout entier à la Capitale, il se fait quelques affaires à la Calle, à Bonne & à Collou, trois autres ports de la République. On auroit vu ce Commerce s'étendre & s'améliorer, s'il n'avoit pas été soumis au monopole, & à un monopole étranger. D'anciennes stipulations qui ont été assez communément observées, ont livré cette vaste côte à une Compagnie exclusive établie à Marseille. Ses fonds sont de douze cens mille francs; & son commerce annuel, qui peut monter à huit ou neuf cens mille, occupe trente ou quarante bâtimens. Elle fait ses achats de grain, de laine, de corail & de cuir, avec de l'argent.

Tunis peut recevoir pour deux millions de marchandises étrangeres, & vendre des siennes pour deux millions cinq cens mille livres. Les François entrent pour les deux tiers dans ces opérations, & les Toscans pour le reste. La base, en est à-peu-près la même que celle de toutes les combinaisons qui se font dans les autres Etats Barbaresques.

Les affaires qui se traitent à Tripoli sont les plus bornées. Le pays est si misérable, qu'on n'y peut porter que quelques clincailleries de peu de valeur. Ce qu'on en tire de laine, de sené, de cendres, de cire & de légumes, est peu considérable.

Mais si cette côte n'est guere profitable au Commerce par le peu qu'elle fournit, & si elle lui est nuisible par les pirateries dont elle l'infeste, la côte occidentale de l'Afrique dédommage de ces pertes, par l'utilité dont elle est aux colonies d'Amérique.

Voyez GUINÉE. *Histoire Philosophique & Politique des Etablissemens & du Commerce des Européens dans les deux Indes.*

A G

AGATOCLÉE, *Courtisane célebre, Maîtresse de Ptolomée, Roi d'Egypte.*

AGATOCLÉE, célebre Courtisane, inspira une passion si forte & si aveugle à Ptolomée, Roi d'Egypte, qu'il lui abandonna les rênes du Gouvernement. Cette femme instruite par une mere artificieuse & galante, en apprit le secret de tenir son amant dans la plus vile dépendance; mais plus passionnée qu'ambitieuse, elle ne parut sensible à la grandeur que pour la partager avec sa mere & son frere Agatocle. Ce triumvirat formé par le crime, remplit l'Egypte de scandales sous un Roi trop abruti par la débauche pour rougir de sa dégradation, & qui vivoit moins en Prince qu'en Prêtre de Cybele. Le pouvoir qu'Agatoclée avoit usurpé sur son amant, lui servit à faire nommer son frere tuteur de Ptolomée Epiphane qui, à la mort de son pere, n'étoit âgé que de cinq ans. Agatocle, véritablement Roi sans en avoir le titre, épuisa le trésor public pour acheter des complices, & il exerça les plus cruelles vengeances sur les ames fieres & généreuses qui refuserent d'adorer sa fortune. Les premieres dignités devinrent la recompense de l'adulation; des Courtisanes flétries par leurs débauches, solliciterent & obtinrent toutes les graces pour les complices de leur incontinence : tant d'excès souleverent les Peuples; & le tuteur, au-lieu de calmer les esprits, les aigrit encore par ses vengeances : le fer & le poison furent employés à dépeupler l'Egypte. Les Peuples ne consultant que leur désespoir prennent les armes. Le jeune Roi se montre pour appaiser le tumulte. Un cri s'éleve pour le prier d'abandonner à la haine publique Agatoclée & son frere qui avoient abusé d'une autorité usurpée. Le Prince tremblant pour sa vie, signa l'arrêt de leur mort : aussi-tôt leur maison est investie, on les saisit pour les traîner dans la place publique après les avoir dépouillés de tous leurs vêtemens. Leur mere s'étoit réfugiée dans le temple de Proserpine; on l'en arrache & on la conduit toute nue au lieu destiné pour leur supplice; dès que cette famille impure & criminelle fut réunie, la populace furieuse s'élance sur sa proie, & ceux qui n'avoient point d'armes pour la frapper, se servirent de leurs dents pour la dévorer. T.

AGE, f. m.

La vie de l'homme se partage ordinairement en quatre Ages, l'enfance, l'adolescence, la virilité & la vieillesse; on y en ajoute quelquefois un cinquieme, la jeunesse, entre l'adolescence & la virilité; mais les Loix n'admettent que trois sortes d'Ages, l'enfance, la puberté, & la majorité.

La preuve de l'âge se fait par les registres publics des naissances.

L'enfant qui vient de naître, commence ce qu'on peut appeller la vie sociale; il vit sous la direction de ses parens, & sous la protection des Loix qui le défendent des insultes ou des surprises auxquelles sa foiblesse & son peu de connoissance ne l'exposent que trop. Elles ont prévu que, par défaut d'expérience, il pourroit faire des démarches dont il auroit à se repentir dans un Age plus mûr : dans cette vue, elles annullent tout Contrat ou transaction passée avant l'Age nécessaire; & cet Age est supposé celui qui suffit à développer dans chaque individu la raison, ou la science de se bien conduire.

Les différens devoirs à remplir dans la société, exigeoient encore différens degrés de perfection, ou dans le physique, ou dans le moral de chaque particulier : la gradation de la connoissance & de l'accroissement du corps étant à-peu-près la même dans tous les individus, on a distingué la vie en différens périodes, que les Loix ont déterminés comme une preuve de l'aptitude du sujet à exercer ou à remplir telle ou telle fonction.

Ces termes néanmoins ne peuvent pas être fixés uniformément pour tous les habitans du globe terrestre, sans qu'il en résulte des inconvéniens. Chaque climat produit sur les sujets qui l'habitent, des variétés qui lui sont propres; on sait, par exemple, la disproportion qu'il y a entre les habitans des pays méridionaux, & ceux qui vivent sous la Zone glaciale pour l'Age de puberté. L'éducation, le genre de vie, le tempérament font encore varier au même égard ceux qui éprouvent ensemble l'influence des mêmes causes physiques; mais il seroit trop dangereux de laisser ces termes arbitraires; & c'est une loi très-sage que celle qui les fixe au moins dans chaque pays.

La perfection du corps s'annonce à l'extérieur par des signes sensibles qui ne peuvent tromper; celle de l'esprit, moins faite pour tomber sous les sens, est ordinairement relative à celle du corps. Les exemples contraires sont assez rares pour ne pas infirmer ce principe, & l'on ne peut assigner de regle plus exacte pour juger de la perfection de l'entendement & de ses facultés, que la perfection même physique. Tel est le fondement de la distinction que les Loix ont faite de trois Ages, d'après laquelle elles ont statué sur le moral de l'homme. Elles ne le soumettent aux devoirs réfléchis que lorsqu'il est réputé en état de faire usage de sa raison, & de se rendre compte de sa conduite; elles attendent toujours le tems prescrit, pour lui permettre des démarches qui pourroient lui devenir préjudiciables, si elles n'étoient libres & raisonnées; elles annullent toutes celles que la bouillante jeunesse fait faire avec précipitation, lorsqu'elles exigent une raison au-dessus de cet Age. Ces Loix, fondées sur l'expérience de tous les siecles, sont une barriere qui s'oppose à sa fougue & à l'imprudence des passions; elles guident l'ignorance aveugle; & par-là conservent à l'homme la propriété de ce qu'il a droit de posséder, contre la violence, ou des suggestions insidieuses.

Un crime commis par une personne qui n'a que quatorze ans, n'est pas si grave, toutes choses d'ailleurs égales, que celui auquel elle s'abandonne à quarante ans. L'Age tendre peut même faire disparoître entiérement la méchanceté morale d'une action qui seroit criminelle dans un Age plus avancé.

C'est au principe établi ci-dessus que l'on doit rapporter toutes les Loix qui réglent l'Age requis pour disposer de sa liberté, soit par le mariage, soit par les vœux monastiques; pour régir ses biens, & en disposer, pour tester, pour remplir diverses charges, pour faire la foi & hommage, pour avoir séance & voix délibérative dans les Etats, Parlemens, & autres assemblées de ce genre.

De l'Age le plus propre au Gouvernement.

Le Roi Roboam, fils de Salomon, reçut, dès les premiers jours de son avénement au Trône, une humble requête des douze Tribus de son Peuple, tendant à l'allégement des charges dont le Regne précédent l'avoit accablé. Sur quoi Roboam, ayant consulté les anciens Ministres de son Pere, ils répondirent qu'il étoit expédient de favoriser le Peuple en lui accordant sa demande. Mais le Roi peu satisfait d'un avis si sage, s'adressa à ses jeunes amis qui lui conseillerent tout le contraire. Ils lui firent envisager les justes plaintes du peuple comme des cris séditieux auxquels il seroit honteux de céder, & qu'il falloit punir avec rigueur. Cet avis prévalut; on ajouta l'outrage à la dureté, en annonçant aux Peuples que, pour châtier leur insolence, on alloit augmenter les Impôts, au-lieu de les diminuer: d'où il arriva que dix Tribus entieres se révolterent, & se donnerent Jéroboam pour Roi. Voilà un bel exemple du succès que l'on doit attendre des conseils des jeunes gens.

Je ne prétends pas inférer delà que la jeunesse d'un sujet soit toujours une raison de l'exclure du Ministere. Mais on doit tenir comme une premiere regle sûre à cet égard, la nécessité de ne composer que de gens consommés, le Ministere Politique d'une Monarchie dont le Roi est encore jeune; & de ne donner place à quelque jeunesse, que là où le Monarque est

est lui-même dans un Age avancé. Dans un Gouvernement Républicain, c'est autre chose : le Souverain y est toujours mûr, toujours sage ; & un jeune-homme y peut entrer, sans préjudice pour l'Etat. Toutefois, avant que d'entamer trop la matiere, voyons de quelle jeunesse il s'agit ici ; ensuite nous montrerons combien il en faut peu dans le Gouvernement Politique.

Il y a deux especes de jeunesse : l'une consiste dans l'Age, & l'autre dans le caractere. On peut établir que l'Age de la jeunesse, par rapport au Gouvernement, dure jusqu'à trente ans ; mais le caractere est jeune tant qu'il s'annonce par des actions emportées & téméraires ; par une conduite indiscrete, & sans réflexion sur les mauvaises suites qu'elle peut avoir. Or, comme il arrive communément que ce caractere d'imprudence accompagne le jeune Age, delà vient que ces deux sortes de jeunesse se confondent l'une dans l'autre ; & qu'étant regardées comme inséparables, on a mauvaise opinion des mœurs d'un homme, parce qu'il est encore jeune ; au contraire, on ne doutera pas de la sagesse de quelqu'un, sur le seul témoignage de ses cheveux blancs.

Cette prévention est souvent fort éloignée du vrai ; un homme, quelque vieux qu'il soit par le nombre de ses années, s'il n'a pas acquis la prudence, s'il ne pratique pas les leçons de sagesse qu'il a eu tant de tems d'apprendre, il n'en est pas moins jeune par le caractere, & ne mérite pas d'être plus considéré & respecté, qu'un étourdi qui n'auroit pas vingt ans.

Puis donc que la jeunesse de l'Age, & celle du caractere sont si intimément unies, que l'on ne croit pas faire injure à une personne de la croire incapable de bien conduire des affaires tant soit peu sérieuses, si elle n'est pas née depuis long-tems : ce qui, dans le fond, n'est pas toujours une injustice ; il faut, de nécessité, examiner avec la plus scrupuleuse attention, si le caractere, l'esprit & la conduite d'un jeune candidat qui aspire à quelque Ministere Politique, n'auroient pas, par hasard, comme il arrive quelquefois, la maturité des vieillards, avant que de se décider pour son exclusion ; parce que, comme ce sont les mœurs, & non pas les années qui indiquent la capacité, on doit faire autant de cas de celui que son grand mérite éleve au-dessus d'un Age trop peu avancé, que mépriser celui qu'une longue vie n'a pas rendu sage. Le titre de vieillard que l'on ne donne plus qu'aux personnes accablées sous le poids des ans, & qui emporte tant de vénération, ne devroit être accordé qu'au vrai mérite de quelque Age qu'il fût.

Il faut pourtant convenir que quand il s'agit de quelqu'un qui n'a pas encore atteint l'Age viril, l'examen de ses qualités est beaucoup plus indispensable, & doit être plus scrupuleux dans quelque Gouvernement que ce soit, que lorsqu'il s'agit d'un homme avancé en Age ; parce que l'incapacité est bien plus ordinaire dans les jeunes-gens, que dans les vieillards.

Le choix d'un jeune-homme ne doit pas avoir lieu, si le Ministere n'est composé que de peu de personnes, ou s'il consiste dans une seule tête ; mais feulement quand il roule fur plufieurs : parce, qu'un homme jeune encore, & par-là, d'autant plus fujet aux méprifes, a befoin d'être fouvent redreffé.

Mais je croirois volontiers que dans un nombre de vieux Miniftres pleins d'expérience, non-feulement le jeune-homme en queftion peut être admis fans crainte, mais encore au grand avantage de l'État.

Dans la fuppofition qu'un jeune-homme eft d'un caractere excellent, d'une conduite fage & réfléchie, d'un fens mûr & raffis, fa vigueur corporelle excitant naturellement les opérations de fon efprit, elles feront & plus vives & plus promptes que celles de gens plus âgés, qui, à mefure que la chaleur naturelle commence à manquer, font d'une telle lenteur à exécuter leurs fages réfolutions, qu'elle fait fouvent tort à l'entreprife : ainfi cette pefante maturité de la vieilleffe, fi néceffaire pour modérer les fougues du jeune-homme, fe trouvera elle-même excitée par l'activité de celui-ci.

Mais effayons de découvrir quel doit être ce jeune-homme extraordinaire, que la vigueur de fon Age rend néceffaire au fucces des réfolutions des anciens, dans le Gouvernement de l'Etat : l'examen des motifs qui font refpecter la vieilleffe, nous guidera dans notre recherche.

Je trouve, en premier lieu, dans les vieillards, un commerce affidu avec des perfonnes, dont l'état & le caractere offrent mille occafions d'apprendre, foit par les événemens auxquels elles ont eu part, foit par ceux dont elles ont été témoins. J'obferve auffi leur affiduité à la lecture des faits hiftoriques, qui, du fond du cabinet les rendant fpectateurs du monde entier, leur apprend fes révolutions fucceffives, heureufes, ou fatales. Mais j'admire, fur-tout, le foin qu'ils ont de joindre à la lecture, une pratique raifonnée des enfeignemens qu'ils y trouvent : car un effet qui s'opere fous nos yeux, auquel nous participons, ou que nous produifons nous-mêmes, porte dans nos efprits bien plus de lumieres, que ne peuvent faire des traits d'hiftoire, qui n'auront nul rapport au préfent, & dont la vérité peut être conteftée.

En fecond lieu, c'eft aux fages vieillards qu'il appartient, comme en propre, de tirer parti de tout, en forte que rien ne fe paffe fous leurs yeux inutilement & fans avantage; à quoi une mémoire heureufe leur fert beaucoup. En effet, que produiroit dans eux la réflexion la mieux appliquée, fi elle s'écouloit comme l'eau, ou fe diffipoit comme la fumée? Elle auroit ufé l'efprit par la contention qu'elle exige, & le fouvenir des arrangemens pris par fon moyen, étant évanoui, ceux-ci feroient, par là même, rentrés dans leur premier néant. Ce n'eft pas que l'omiffion de quelque événement, ou fon oubli, doive être dans ces perfonnages vénérables, un fujet de blâme : trop d'application eft toujours nuifible à l'efprit & au corps, & il n'eft pas dit qu'ils doivent porter dans leur tête, le catalogue de toutes les connoiffances qu'ils ont acquifes, ou des obfervations qu'ils ont faites ; ils auront merité nos éloges, s'ils ont pu exercer leur esprit & leur mémoire sur la plupart des faits, de maniere à en remporter le fruit des maximes exquises, & des solides décisions, dont si souvent nous les trouvons riches, pour peu que nous fassions attention à cette aisance avec laquelle ils savent appliquer aux cas qui se présentent dans une affaire actuelle, ceux qui sont arrivés autrefois : ce qui est le véritable usage des deux facultés dont nous parlons, qui sont le jugement & la mémoire. Pour peu que nous sachions apprécier cet accord qu'ils trouvent si bien entre l'exemple passé & le fait présent qu'ils lui comparent : pour peu que nous démêlions la science qu'ils tirent du passé pour régler le présent, & prévoir l'avenir, nous ne pourrons nous empêcher de les admirer.

Voilà ce qui s'appelle une véritable expérience, qui ne peut s'acquérir autrement que par la méthode que nous avons indiquée : expérience aussi dont les seuls vieillards sont capables, & qui les rend seuls dignes de notre déférence à leurs décisions.

Les actes multipliés de ces mêmes décisions en rendent la pratique plus aisée encore : car il en est des opérations de l'esprit, comme de celles du corps. L'artisan qui commence un ouvrage, éprouve d'abord des difficultés; mais elles diminuent insensiblement, à mesure que l'ouvrage avance; parce que l'usage assidu des organes de l'artiste, les rendant toujours plus habiles à un même travail, ils s'y portent toujours avec moins de gêne: ainsi l'habitude réitérée des efforts de l'entendement, les dépouille peu-à-peu de ce qu'ils ont de pénible, jusqu'au point de ne plus coûter qu'une application légere ; & la réussite des décisions tire sa perfection de cette aisance plus ou moins grande. Personne ne révoquera en doute cette vérité ; & chacun sait que l'habitude & la répétition des mêmes actes, dans quelqu'ouvrage que ce soit, sont les vrais moyens de rendre facile son exécution. Or, cette habitude sera naturellement plus grande dans les personnes avancées en Age, que dans les jeunes gens, puisque ceux-ci ne sauroient avoir eu d'aussi fréquentes occasions de la former. C'est donc à l'expérience, que les vieillards doivent la solidité de leur jugement, & la sagesse de leurs décisions; & il est indubitable que sans son secours, on ne peut rien produire que d'imparfait.

Mais parce que cet avantage ne se trouve pas facilement dans la jeunesse, est-ce à dire qu'il faille absolument l'exclure du Ministere? Non, ce n'est pas toujours le grand âge qui fait mériter cet Emploi : & puisque la réflexion & la mémoire donnent l'expérience, il semble que le tems ne lui est nécessaire, qu'autant qu'il offre quantité d'événemens propres à exercer l'une & l'autre faculté. Or, s'il arrive qu'un court intervalle amene tout à la fois un grand nombre d'occasions de cette nature; cette affluence d'événemens qui se touchent pour ainsi dire l'un l'autre, équivaut, sans doute, à la longueur du tems, communément nécessaire pour former l'expérience. Et d'ailleurs, si un jeune-homme d'un esprit solide, apporte une attention bien réfléchie aux différens événemens qui se présentent, & en fait nourrir sa mémoire, de sorte qu'ils y demeurent profondément gravés; ces deux qualités l'égaleront presque en mérite aux plus anciens, ou l'en approcheront, à raison de sa façon de réfléchir plus soutenue, de sa mémoire plus tenace, de son travail assidu, qui auront mûri son esprit, & lui auront fait acquérir en dix ans l'expérience de trente.

Malgré tout ce que je viens de dire en faveur d'un génie précoce, rompu de bonne heure au maniement des affaires, plus instruit par la réflexion que par le tems, ou même rompu de bonne heure au maniement des affaires dans des emplois subalternes, je ne pense pas qu'il soit convenable de lui confier un Département un peu important avant l'âge de trente ans ou environ. Solon fit une Loi pour empêcher, non-seulement qu'aucun jeune homme n'entrât dans la Magistrature, mais même qu'aucun ne fût reçu dans le Conseil le moins important. Cette Loi est sage : si l'on permet aux jeunes-gens de siéger dans les Cours de Judicature, d'assister aux Conseils d'Etat, d'accompagner un Ambassadeur, *&c.* ce doit être uniquement dans la vue de les instruire & de les former; mais un Gouvernement sage ne leur confiera jamais ni une charge de Judicature, ni le Gouvernement d'une Province, ni une Négociation avant l'Age de trente ans, quoi qu'on puisse alléguer en faveur de la solidité de leur esprit & de la maturité de leurs sentimens. Il peut y avoir absolument une vieillesse de bon sens qui s'allie avec la jeunesse de l'Age; mais cela est si rare, qu'on ne doit jamais le présumer, & que même on doit à peine le croire lorsqu'on le voit. Du reste un sujet mûr avant trente ans, n'en sera que plus propre, à cet Age, à remplir les emplois que l'Etat lui confiera.

Du reste les jeunes-gens de trente ans doivent être en petit nombre dans les Colleges ou les Conseils; & toujours adaptés au tempérament des Anciens qui souvent ont le double de cet Age & plus. Ceux-ci marchent-ils d'un pas trop lent dans les affaires, ou bien manquent-ils de résolution? de jeunes Ministres leur seront associés, afin que leurs opérations en reçoivent cette juste vivacité si nécessaire dans l'exécution, l'ardeur de la jeunesse ranimant la tiédeur ordinaire aux vieillards. Les jeunes-gens devront être moins nombreux dans les Conseils où il y aura une vieillesse ferme & déterminée. Car si dans le nombre des Ministres d'Etat, les jeunes abondoient toujours, les avis seroient précipités; une trop ardente exécution empêcheroit qu'ils prissent jamais la consistance nécessaire pour former des maximes sages, ou pour conduire à leur terme les affaires du Gouvernement. D'autre part, sans le secours d'une jeunesse proportionnée à l'état du Ministere, les affaires languiroient, tout s'y poursuivroit, & s'y termineroit trop pesamment. Pour me servir d'une comparaison vulgaire, les jeunes Ministres doivent être à l'Etat comme le levain au pain, ni en trop grande ni en trop petite quantité.

Quant à l'Age trop avancé, il n'est pas propre pour le Ministere, parce que son exercice requiert bien des fatigues corporelles, que ne sauroit soutenir un tempérament affoibli par la décrépitude; sans parler des affections particulieres qui dominent souvent l'homme sur la fin de sa vie, il se passionne pour les anciens usages, & ne vante que les mœurs & les événemens du temps passé. La même foiblesse lui fait désapprouver, dédaigner les usages présens, & rejetter bien loin les meilleurs avis qu'on lui propose, parce qu'il ne veut en croire qu'à lui-même, & ne suivre que les vieilles routines. L'Ecriture sainte nous marque peut-être la fâcheuse condition d'un Ministre décrépit, par ces paroles : *Si autem in potentatibus octoginta anni, & ampliùs, eorum labor & dolor. Ps. lxxxix.* ℣. 10.

Concluons que l'Age le plus propre au maniement des affaires publiques, est tout l'intervalle qu'il y a depuis la fin de la jeunesse, jusqu'au commencement de la décrépitude. Tel est l'Age seul convenable au Ministere Politique, soit au dedans ou au dehors de l'Etat. Qu'on dise tant qu'on voudra, que la jeunesse ne doit point être un obstacle au choix d'un Ambassadeur, lorsque d'ailleurs le sujet est capable de soutenir avec dignité le poids de l'ambassade; qu'on ajoute que c'est une prérogative de la sagesse, de dispenser des loix de l'Age ceux en qui elle se rencontre avec la jeunesse : ces discours ne m'en imposent point. Les fruits sont rares dans la saison des fleurs. Le sang coule trop impétueusement dans les veines d'un jeune homme. L'Age où l'on est livré à toutes les irruptions du tempérament, n'est pas propre aux affaires. Les gens d'un Age trop avancé ont aussi leurs défauts; outre ceux dont je viens de parler, un vieillard est peu propre à s'insinuer dans les bonnes graces du Prince & de ses Ministres; & l'Age des infirmités n'est pas plus propre aux affaires que celui des plaisirs. Les jeunes-gens sont trop hardis, les vieillards trop timides. Les uns ont trop de confiance, les autres n'en ont pas assez. Il résulte que l'Age le plus propre aux Ambassades est depuis trente jusqu'à soixante ans, parce qu'il est également éloigné des emportemens de la jeunesse & des foiblesses de la caducité, & qu'on y trouve avec l'expérience, la discrétion & la modération qui manquent aux jeunes-gens, la vigueur, l'activité & l'agrément qui ont abandonné les vieillards.

Examen de cette Question :

Les qualités nécessaires à un Ministre d'Etat se trouvent-elles plus difficilement réunies dans un homme de trente ans ou environ, que dans un vieillard?

Une raison milite en faveur de la jeunesse pour l'introduire dans le Ministere, c'est l'inconvénient du changement fréquent de Ministre. *Voyez l'art.* CHANGEMENT. Ne choisir que des vieillards, que la nature, au bout de quelques années, range dans la classe des invalides, ou au nombre des morts, c'est s'exposer visiblement à des mutations qu'on ne sauroit rendre trop rares, parce qu'elles influent toujours plus ou moins dans l'Administration dont elles font varier les principes, ce qui la rend incertaine, vague & fragile; au lieu qu'un jeune Ministre dure plus long-tems.

Il faut convenir que lorsqu'il s'agit d'élever au Ministere un jeune homme qui n'a pas encore trente ans accomplis, l'examen de ses qualités est beaucoup plus indispensable, & doit être plus scrupuleux, que lorsqu'il est question d'un sujet plus mûr, parce que, comme nous l'avons observé ci-dessus, l'incapacité est bien plus ordinaire dans les jeunes gens que dans les personnes plus âgées, outre que du côté du cœur la jeunesse est encore plus sujette aux foiblesses de l'humanité, que l'Age où le sang commence à se rasseoir. Mais aussi lorsqu'un homme d'environ trente ans a de la probité, de la capacité, de l'application, de la prudence & de la discrétion, qui sont comme les cinq vertus cardinales du Ministre, j'ose dire que, tout le reste égal, il mérite, à raison même de sa jeunesse, la préférence sur un plus âgé, parce que l'Etat doit en attendre de plus longs services. Le point est d'examiner si ces cinq vertus se trouvent plus difficilement réunies dans un sujet à l'Age de trente ans ou environ qu'à cinquante ou soixante.

La probité du Ministre consiste à être fidele à son Maître, à l'Etat, à chaque Citoyen. Cette probité est fondée sur la droiture du cœur; la droiture du cœur, exaltée par l'activité organique plus ordinaire dans le printems de l'Age que dans son automne, produit une sorte d'enthousiasme bien pardonnable, bien louable lorsqu'il s'agit de vertu, & d'une vertu publique qui influe sur le bonheur de tout un Peuple. Un Ministre fidele à son Maître, doit l'aimer & le respecter, avoir un attachement sincere pour ses intérêts. Le sentiment de la reconnoissance doit se joindre ici à l'inclination naturelle, & faire naître, par leur réunion, ce zele, ce désir, cette ardeur à remplir tous ses devoirs & à mériter, par des services réels, la continuation de ses bonnes graces & de sa confiance, dont le prix est inestimable pour une belle ame. Cet attachement sincere l'empêchera de prendre du mécontentement pour des causes légeres, & le mettra au-dessus de certains petits intérêts minutieux qui souvent nuisent aux plus grandes choses. Une partie de cette fidélité est de parler librement & sincérement à son Souverain, sans lui déguiser la vérité par une condescendance ou une affection mal-entendue. Je ne sais si je me trompe, mais il me semble que c'est sur-tout dans la fleur de l'Age qu'un cœur bien né est capable de cet attachement héroïque, vif, ardent, sans fausse délicatesse, sans ménagemens coupables : il est alors plus désintéressé, il craint moins les disgraces, il court plus hardiment les risques d'un emploi si difficile, environné d'écueils capables d'abattre le courage le plus ferme, si une heureuse distraction n'en déroboit pas la vue. La jeunesse s'affecte aisément & met un intérêt très-vif à tout ce qu'elle fait. L'esprit quoique moins opiniâtre alors, se plie néanmoins plus difficilement à l'injustice & à l'infamie, parce que l'amour de la gloire le domine davantage. Ainsi lorsqu'il sera bien persuadé que le salut du Peuple fait la gloire du Souverain & celle du Ministre, son amour pour son Maître ne le séduira point jusqu'à trahir les intérêts de l'Etat; & peut-être moins sensible à la faveur qu'un vieux Courtisan, il sera moins tenté d'être infidele à la Patrie en se montrant trop complaisant pour le Prince; il aura moins de ces craintes & de ces foiblesses qui empêchent qu'on ne prenne des résolutions utiles, & qu'on n'exécute celles qu'on a prises. Fidele au Souverain, fidele à la Patrie, pourquoi ne le seroit-il pas envers chaque Citoyen, en ne faisant d'injustice à personne, en faisant monter autant qu'il le peut, le bonheur de chaque particulier au plus haut degré qu'il puisse parvenir. Plus une ame est jeune & tendre, plus elle est ouverte à l'humanité. La rigueur & la dureté ne sont pas ordinairement les défauts de la jeunesse. Il est vrai qu'un Ministre doit aussi prendre garde de donner dans cette foiblesse qu'on honore du nom de bonté, & qui empêche de refuser ceux qui font des demandes injustes : car si l'on doit accorder sans hésiter ce qui est raisonnable, on doit refuser avec fermeté ce qui ne l'est pas; & donner aux importunités d'un solliciteur ce qu'il ne mérite pas, c'est faire une injustice à tous ceux qui ont des prétentions mieux fondées.

La capacité, seconde qualité d'un Ministre, peut être envisagée sous deux faces différentes, par rapport à la solidité de l'esprit & l'étendue des connoissances théorétiques, & par rapport à l'expérience. Il paroît d'abord que l'Age mûr doit avoir l'avantage sur la jeunesse à l'égard de ces deux points, & je conviens sans peine que cela arrive ordinairement, quoique non exclusivement. Non seulement il y a des esprits précoces qui préviennent leur Age, mais il y a quantité de connoissances que l'on acquiert mieux entre vingt & trente ans qu'à quarante. Un Ministre jeune ou vieux n'entre point tout formé dans le Ministere, & si l'on suppose une bonne éducation, celui qui n'a que trente ans fera de bien plus grands progrès dans la Politique, que celui qui en auroit cinquante. Ajoutez encore que la pénétration & la solidité d'esprit sont plutôt des dons de la nature, qu'un fruit de l'étude.

A l'égard de l'application, la jeunesse dont nous parlons, est sur-tout le tems où le travail coûte le moins, je veux dire, où l'on peut travailler plus assidument sans risque pour sa santé. Le feu de l'Age dévore les indiscrétions en ce genre auxquelles un Ministre est quelquefois forcé par la multitude des affaires, ou par une besogne pressante. Il est vrai aussi que moins on a d'Age, plus on est porté à la dissipation. Cependant cela dépend encore plus du tempérament, de la trempe d'esprit, de l'éducation, que du nombre des années. L'on a vu des vieillards à soixante & dix ans plus légers, plus dissipés, tranchons le mot, plus étourdis qu'un jeune homme de vingt-cinq. Mais il est sûr que celui qui se fait de bonne heure une habitude du travail, la conservera dans un Age plus avancé. Du reste quand on parle d'application constante, il ne faut pas s'imaginer qu'un Ministre doive être continuellement enchaîné à son bureau, qu'il renonce à la société, qu'il fasse de son cabinet une cellule d'hermite. L'esprit veut du relâche. Plus les occupations sont sérieuses & importantes, plus l'esprit contentieusement appliqué, a besoin de récréation. Il ne faut pas aussi que sous ce prétexte on imite la négligence d'un Ministre mort il y a quelques années. Quand on fit l'inventaire de ses papiers, on trouva une quantité surprenante de requêtes, mémoires, lettres, *&c.* qui lui avoient été adressés dans le cours de son Ministere, & qui concernoient en partie des affaires de conséquence, la fortune, & même la vie de plusieurs Citoyens. Il les avoit jettés de côté sans les ouvrir. On les décacheta après sa mort, & l'on fut étrangement surpris d'une négligence aussi coupable. S'il est des fautes que l'on doive se reprocher, ce sont sur-tout celles que l'on fait par défaut d'application.

La prudence qui fait que l'on n'embrasse un parti qu'après un examen réfléchi, & la discrétion qui rend un homme impénétrable sur tous les secrets d'Etat qui méritent véritablement ce nom, ne sont point non plus des qualités au dessus de l'Age de trente ans. Pour la prudence, elle dégénere aisément en timidité, en pusillanimité dans les vieillards; & l'on a remarqué que la pusillanimité a causé pour le moins autant de préjudice aux Etats, que le trop de hardiesse. Ainsi la prudence doit être accompagnée de fermeté & de résolution dans un Homme-d'Etat. Quant à la discrétion, c'est sur-tout dans le Ministere qu'il faut, comme il est écrit, mettre un frein à sa langue, & un cadenat à sa bouche; qu'une légéreté naturelle, ni une humeur babillarde, ni la vanité déplacée de paroître initié aux mysteres de l'Etat, ni l'envie de faire éclater sa prévoyance pour les événemens futurs, ni le manque d'attention aux pieges tendus par des gens adroits, ni l'amitié, ni l'amour, ne doivent jamais arracher un secret à un Ministre. Il ne doit pas aussi faire mal-à-propos le mystérieux pour des bagatelles. Il y a des objets que la Politique doit dédaigner de tenir secrets. La prévention, fondée sur l'expérience, regarde la prudence & la discrétion comme l'apanage de l'Age mûr. Mais on voit des hommes pour qui l'Age mûr vient avant trente ans. Ce n'est pas dans la foule des Courtisans, j'en conviens; ce n'est pas non plus la Cour qui est la meilleure pépiniere des Hommes-d'Etat.

Je terminerai cet article par un passage des Discours Politiques de Machiavel sur Tite-Live, où il fait voir qu'à Rome le Consulat & toutes les autres charges se donnoient sans regarder à l'Age : il faut avouer que toute raison de convenance, soit de naissance, soit d'Age, doit céder au bien de l'Etat.

» L'on voit, par la suite de l'Histoire, que depuis que le Peuple entra
» dans le Consulat, la République y admit tous ses Citoyens, sans distinc-
» tion d'Age ni de naissance; car, pour l'Age, on n'y eut jamais d'égard
» à

» à Rome, mais on alla toujours chercher le mérite, en quelque part qu'il » se trouvât, sans différence de vieillards ou de jeunes gens, comme il » s'en voit un exemple dans la personne de Valerius Corvinus qui fut créé » Consul à l'Age de vingt-trois ans; & lui-même parlant à ses soldats, il » leur dit que la dignité Consulaire étoit le partage de la vertu, & non » pas celui de la naissance : *erat præmium virtutis non sanguinis.*

» Il y a du pour & du contre dans cette résolution, de ne regarder, ni » à l'Age, ni à la naissance. Pour cette derniere qualité, il fallut se relâ- » cher à Rome, & il faudroit en faire de-même dans toute autre Répu- » blique qu'on voudroit rendre puissante; car il ne faut pas prétendre que » les hommes se soumettent à la peine sans récompense, & il y a toujours » du danger à vouloir ôter l'espérance qu'on en peut avoir. Dans la suite » même, la seule espérance ne contenta pas le Peuple, il fallut en venir » à l'effet.

» Pour les Républiques qui ne donnent point d'occupations glorieuses à » leur petit Peuple, elles peuvent le traiter comme elles voudront (*pourvu* » *que la Justice ne soit point violée;*) mais celles qui entreprendront de » faire ce que Rome a fait, ne doivent apporter aucune distinction entre » leurs Sujets.

» Ce point étant dont décidé, la question de l'Age doit l'être aussi, & » même il est nécessaire de n'y avoir point d'égard : car, quand il s'agira » d'élever un jeune homme à un grade qui demande la prudence d'un » homme âgé, soyez assuré que, si le Peuple en fait lui-même le choix, » il ne l'élevera jamais à de telles dignités que pour quelque action extraor- » dinaire qui marque son extrême mérite, & sa grande capacité. Et lors- » qu'un jeune homme est rempli d'un tel mérite, qu'il se fait distinguer » dans quelque chose de considérable, ce seroit très-grand dommage que » l'Etat ne pût pas s'en prévaloir dès l'heure même, & qu'il dût attendre » que l'Age eût amorti en lui cette vigueur de courage, & cette activité » dont il peut tirer de très-grands services pendant qu'un tel sujet est jeune; » comme on voit que Rome tira de très-grands avantages du mérite de » Valerius Corvinus, de celui de Scipion, de celui de Pompée, & de tant » d'autres qui ont eu les honneurs du triomphe dans la fleur de leur jeunesse. « *L'Homme-d'Etat, par* NICOLO DONATO. *Institutions politiques, par le Baron* DE BIELFELDT. *La Science du Gouvernement par M.* DE REAL. *De l'Esprit des Loix, par M.* DE MONTESQUIEU. *Discours politiques de* MACHIAVEL *sur* TITE-LIVE.

AGEN, *ancienne Ville de France, Capitale de l'Agénois.*

AGÉNOIS, *Contrée de France, dans la Guienne.*

L'AGÉNOIS est de toutes les parties de la Guienne la plus belle & la plus fertile. Elle est arrosée par la Garonne, la Dordogne, le Lot & le Lez; elle contient treize Villes ou Bourgades. Ses anciens habitans étoient les Nitiobriges.

Agen, Capitale de l'Agénois, auquel elle donne son nom, est une belle Ville, grande & bien peuplée, quoique peut-être pas aussi riche que semblent l'annoncer les avantages de sa situation & la fertilité de son territoire. Elle a un Evêque qui s'en dit Comte, sans en être Seigneur. Son Diocese comprend 373 Paroisses.

Réunion de l'Agénois & du Querci à la Couronne de France.

VERS la fin du regne de Charles le Simple, Sanche, Duc de Gascogne, se rendit maître de l'Agénois, qui resta dans sa Maison environ cent ans.

Il y a lieu de croire que le Querci, sous la seconde Race, avoit appartenu aux Comtes de Toulouse; mais il vint ensuite, de même que l'Agénois, sous la puissance des Ducs de Guienne; puisqu'en l'année 1196, Richard, Roi d'Angleterre & Duc de Guienne, en mariant sa sœur à Raimond VI, Comte de Toulouse, lui donna ces deux Provinces.

Elles revinrent à la France par le traité de mariage de Jeanne de Toulouse avec Alphonse de France, frere de S. Louis; & après la mort de Jeanne & d'Alphonse, S. Louis, par le traité de 1255, les rendit aux Anglois.

Elles furent confisquées & unies à la Couronne en 1293.

Par le traité d'Amiens de 1329, & par celui de Bretigny, l'Agénois & le Querci passerent aux Anglois. Charles V les reconquit en 1369. Et enfin la conquête absolue de la Guienne sur les Anglois en 1450, attacha entiérement ces deux Provinces à la France.

Sous Louis XIII, le Domaine utile de l'Agénois fut engagé au Cardinal de Richelieu & à ses héritiers qui en jouissent encore.

AGENT, s. m.

On donne le nom d'*Agent* à celui qui fait les affaires d'une Compagnie, d'un Souverain, en un mot de celui qui le commet à cet effet.

On ne connoissoit, il y a deux cens ans, d'autre Ministre public après l'Ambassadeur, que l'*Agent*. Ce furent les Italiens qui inventerent ce titre, comme Henri Etienne nous l'apprend. Les grands Potentats donnerent cette qualité aux Ministres qu'ils députoient vers des Princes à qui ils ne croyoient devoir envoyer des Ambassadeurs. Cette qualité d'Agent ne laissa pas d'être d'abord considérable; mais elle dégénéra à mesure que celle de Résident & celle d'Envoyé s'établirent.

Les Puissances qui tiennent quelque rang dans l'Europe, n'ont à-présent des Agens nulle part, à moins que ce ne soit dans quelques Villes de Commerce & pour des affaires particulieres.

Les Electeurs & les Princes de l'Empire ont des Agens à la Cour de l'Empereur, pour veiller aux procès qu'ils ont au Conseil Aulique; & ces Agens, ils les prennent ordinairement parmi les Procureurs de ce Tribunal.

Si d'autres Princes ont des Agens pour faire leurs commissions particulieres, comme je viens de le dire, ce ne sont que des Facteurs.

Un Agent n'est donc pas aujourd'hui un Ministre public; ce n'est plus qu'une espece de Procureur privé, qu'un faiseur d'affaires particulieres, comme dit Wicquefort, employé de la part des Princes dont les Ministres ne sont pas reconnus, ou de la part des Ministres publics eux-mêmes.

Piquet, Conseiller en la Cour des Aides de Paris, étant Agent en Suede, après que Chanut en fut parti, pria la Reine de lui permettre de faire venir un Prêtre, afin de pouvoir faire dire la Messe dans sa maison; parce que, depuis qu'il n'y avoit point d'Ambassadeur de France, ni de Portugal à Stockholm, ni ses domestiques, ni les François & les Italiens qui étoient au service de la Reine, n'avoient pu remplir à cet égard ce que leur Religion leur prescrit. La Reine dit que Piquet n'avoit pas de qualité qui lui donnât cette autorité; mais que si le Roi son Maître vouloit lui en écrire un mot, elle l'assuroit dès-à-présent qu'elle y consentiroit. Le Baron de Rorté & Chanut n'étant que Résidens en Suede, y avoient fait dire la Messe, même sans la permission de la Reine, & si hautement que, lorsqu'elle leur en fit parler, ils ne craignirent pas de lui répondre que leur maison étant la maison du Roi, ils y pouvoient faire exercer leur Religion. Piquet n'avoit point la qualité d'Agent en vertu d'une lettre de créance, mais seulement par Chanut qui, en prenant son audience de congé, dit à Christine, qu'il y laissoit Piquet qui y feroit les affaires en attendant que le Roi y envoyât un Ministre. Quelque tems après, Piquet ayant présenté des lettres par lesquelles le Roi lui donnoit la qualité de Résident, la Reine lui dit qu'elle étoit bien aise de voir que le Roi vouloit bien entretenir un Ministre auprès d'elle, parce que c'étoit une marque de son affection & de son inclination à entretenir la bonne correspondance entre les deux Couronnes.

L'Agent n'est donc pas sous la protection du droit des gens, à moins qu'il n'ait des lettres de créance aussi étendues que celles des Ministres du second ou du troisieme ordre, auquel cas il doit jouir des mêmes privileges.

C'est dans ce sens seulement qu'il faut entendre la déclaration des Etats de Hollande, qui met les Agens au nombre de ceux qui doivent jouir de la protection du droit des gens.

Cela n'empêche pas que les Princes, auprès desquels les Agens sont employés, ne doivent avoir de la considération pour eux; mais il faut aussi que ceux qui les emploient ne se servent pas de gens qui, par leur maniere de vivre, basse & abjecte, fassent honte à leurs Maîtres. Je fais cette observation, parce que le même Wicquefort que je viens de citer, dit avoir vu à Paris & à La Haye des Agens qui tenoient auberge, & louoient des chambres garnies. Les Princes qui le souffrent, peuvent-ils se plaindre que l'on ne distingue pas leurs Agens des autres gens de la même profession? *Traité du Droit des Gens*, *par* M. DE REAL. *L'Ambassadeur & ses fonctions*, *par* WICQUEFORT.

AGENS GÉNÉRAUX DU CLERGÉ.

On donne ce nom, en France, à des Ecclésiastiques tirés du second ordre pour être chargés des affaires du Clergé.

Les assemblées du Clergé ayant été réglées en 1564 sous le regne de Charles IX, il fut d'usage, après qu'elles étoient finies, de choisir des Ecclésiastiques, qu'on laissoit à la Cour pour y défendre les intérêts du Clergé, & y veiller avec soin au maintien de ses droits, & de ses privileges. On les nomma d'adord *Syndics*. Ils ne subsisterent que jusqu'en 1579, qu'ils furent supprimés dans l'assemblée de Melun; on leur substitua deux *Agens-généraux* avec un pouvoir beaucoup plus étendu. Avant d'entrer dans le détail de leurs fonctions, & de leurs prérogatives, il est à propos de donner ici une idée des assemblées du Clergé. Il y en a de grandes, de petites, & d'extraordinaires.

Les premieres se tiennent tous les dix ans. Chaque Province ecclésiastique y envoye deux Députés du premier ordre & deux du second. On y renouvelle le contrat par lequel le Clergé s'est engagé à payer des décimes au Roi, pour acquitter les rentes de l'Hôtel-de-Ville de Paris. C'est une sorte d'impôt auquel le Clergé, non moins jaloux que les autres Ordres, de contribuer à l'entretien de l'Etat, semble s'être assujetti volontairement,

& qui est passé en droit. Indépendamment de ce subside annuel, il fournit dans plusieurs occasions d'autres secours extraordinaires, connus sous le nom de *dons gratuits*. C'est dans ces assemblées qu'on regle la somme que le Clergé s'engage à lever sur tous les biens ecclésiastiques pour en faire don à S. M. C'est-là aussi qu'on forme les réglemens jugés nécessaires pour l'honneur de la Religion, & pour l'avantage des Fideles.

Les petites assemblées du Clergé n'ont pour objet, que d'entendre les comptes du Receveur Général. Les Provinces ecclésiastiques n'y envoyent chacune, qu'un Député du premier ordre, & un du second. Elles se tiennent tous les cinq ans. On les appelle aussi assemblées des comptes.

Il n'y a point de tems prescrit pour la convocation des assemblées extraordinaires; elles n'ont lieu que dans les cas, où il s'agit de la foi, des mœurs, ou de la discipline, ou lorsque les besoins de l'Etat exigeroient un secours prompt, & extraordinaire.

Toutes ces sortes d'assemblées sont toujours présidées par un Ecclésiastique du premier ordre, soit Archevêque ou Evêque. Les grandes, qu'on nomme aussi assemblées du contrat, ne durent pas plus de six mois. Les petites ne doivent point être prolongées au-delà de trois mois. La durée des autres n'est pas limitée; elles doivent être convoquées de l'agrément du Roi, pour être licites. Il est de Loi indispensable que ses Commissaires y assistent. On s'assemble deux fois par jour, on y délibere de vive voix, & les suffrages se recueillent par Province. L'assemblée est admise deux fois à rendre ses respects au Roi. Les Députés du premier ordre assistent aux conférences en rochet, & en camaille; ceux du second en habit long, & en bonnet quarré.

Les fonctions des Agens-Généraux sont de veiller à l'exécution de tout ce qui a été statué dans les assemblées du Clergé, soit pour le temporel, soit pour le spirituel; d'avoir l'œil sur la Recette des deniers ecclésiastiques; d'examiner l'état que leur en envoient les Receveurs Provinciaux; de vérifier les Comptes du Receveur-Général, & d'avoir soin que les sommes levées sur le Clergé soient employées à leur destination. Ils doivent empêcher qu'on ne donne atteinte en aucune maniere aux privileges du Clergé, de même qu'aux contrats passés avec le Roi pour les subventions ordinaires & extraordinaires; ils ont droit de faire à S. M. & à son Conseil toutes les remontrances, qu'ils jugent nécessaires pour l'intérêt de la Religion, pour la dignité & l'honneur des personnes des Ecclésiastiques. Le Roi, par son Edit de 1695, les autorise même à intervenir dans son Conseil, & dans ses Cours de Parlement, pour les objets qui intéressent le Clergé. Ils ont aussi la garde des archives du Clergé. Ce sont eux qui vont recevoir à la descente de leur carrosse les Commissaires nommés par le Roi pour assister aux assemblées. Rien de si honorable pour des Ecclésiastiques du second ordre, que d'être chargés des intérêts de toute l'Eglise Gallicane. Commission qui les met non-seulement dans une sorte de relation avec les principaux Prélats du Royaume, auxquels ils doivent donner avis de tout ce qui concerne l'Eglise de France en général, & leurs Eglises particulieres, mais qui les approche même de la personne du Roi, avec lequel ils ont souvent directement à traiter.

Les Agens-Généraux jouissent du privilege d'être réputés présens à leurs bénéfices, s'ils en ont qui exigent résidence, tant pour les gros fruits, que pour les distributions manuelles dedans & dehors du chœur. Ils ont droit de *committimus* au grand sceau. Tout le tems que dure leur Agence, qui est de cinq ans, on leur assigne à chacun une pension de cinq mille cinq cens livres par an, & quinze cens livres pour les frais de leur bureau.

Ils sont nommés par les assemblées provinciales, lesquelles ont chacune leur tour pour cette nomination. Ils y prêtent serment, & l'assemblée générale doit leur confirmer la commission dont ils sont pourvus; elle est même en droit de leur faire renouveller leur serment. Il faut que ceux qui sont choisis, assistent à une assemblée générale, avant d'entrer en exercice, pour s'instruire de l'état des affaires avec les Agens, auxquels ils succedent. Ils ne peuvent être continués plus de cinq ans, après lesquels ils rendent compte de leur Agence à l'assemblée.

Il est nécessaire, pour être honoré de cet emploi, de posséder un bénéfice payant décimes, autre que chapelle, & d'être prêtre. (M. R.)

AGHUANS, s. m. pl.

LES Aghuans sont un peuple du Candahar, pays montueux, situé au Nord de l'Inde. On les a vus tantôt soumis aux Mogols, tantôt aux Persans, & le plus souvent indépendans. Ceux qui n'habitent pas la Capitale, vivent sous des tentes, à la maniere des Tartares. Ils sont petits & malfaits; mais nerveux, robustes, adroits à tirer de l'arc, à manier un cheval, endurcis aux fatigues. Leur maniere de combattre est remarquable. Des soldats d'élite, partagés en deux troupes, fondent sur l'ennemi, n'observant aucun ordre, & ne cherchant qu'à faire jour à l'armée qui les suit. Dès que le combat est engagé, ils se retirent sur les flancs & à l'arriere-garde, où leur fonction est d'empêcher que personne ne recule. Si quelqu'un veut fuir, ils tombent sur lui le sabre à la main, & le forcent de reprendre son rang.

Vers le commencement de ce siecle, on vit ces hommes féroces sortir de leurs montagnes, se jetter sur la Perse, y porter par-tout la désolation, & finir par lui donner des fers, après vingt ans de carnage. Le fanatisme perpétue les horreurs dont ils se sont souillés dans le cours de leur conquête. Un zele dévorant pour les superstitions des Turcs, une aversion insurmontable pour la secte d'Ali, leur font massacrer, de sang froid, des milliers de Perſans. Dans le même tems, les Provinces où ils n'avoient pas pénétré, ſont ravagées par les Ruſſes, les Turcs & les Tartares. Thamas Koulikan réuſſit à chaſſer de ſa Patrie tous ces brigands, mais en ſe montrant auſſi barbare qu'eux. Sa mort violente devient une nouvelle ſource de calamités. L'anarchie ajoute aux cruautés de la tyrannie. Un des plus beaux Empires du monde n'eſt bientôt plus qu'un vaſte cimetiere, monument à jamais honteux de l'inſtinct deſtructeur des hommes ſans police; mais ſuite inévitable des vices du Gouvernement deſpotique.

AGIO, ſ. m. AGIOTAGE, ſ. m. AGIOTER, v. n. AGIOTEUR, ſ. m.

AGIO eſt un mot Italien qui ſignifie *aide*, ou ſuivant d'autres, *aiſe*, *commodité*; & déſigne la différence qu'il y a entre l'argent courant ou de caiſſe, & l'argent de banque ou le billet. Lors, par exemple, que la différence de l'argent courant d'Amſterdam à celui de banque, eſt de quatre & demi pour cent, c'eſt-à-dire que, pour avoir cent florins argent de banque, il faut donner cent-quatre florins & demi courant, on dit que l'Agio eſt à quatre & demi pour cent.

L'Agio exprime encore le profit que l'on fait ſur une eſpece dont le cours eſt fixé, ou ſur les matieres d'or & d'argent dont la valeur eſt déterminée. Un commerçant, qui doit faire un paiement à Geneve en Louis d'or mirlitons, dont le cours eſt dans cette ville à 11 livres 5 ſous, eſt obligé, pour ſe les procurer, d'en donner 11 livres 5 ſous, 6 deniers; ces 6 deniers de ſurplus s'appellent Agio. Il en eſt de même des eſpeces d'or & d'argent; qu'un particulier paie à Amſterdam 372 florins 15 ſous pour le marc d'or du titre de 24 karats, au lieu de 355 florins argent courant, prix auquel il eſt fixé, on dira que l'Agio ſur l'or eſt à cinq pour cent.

L'Agio de banque eſt variable dans preſque toutes les places: il ſuit les haſards des autres commerces. L'abondance avilit, & la demande enchérit ou l'argent, ou le billet.

Agio eſt auſſi quelquefois ſynonyme à eſcompte, & ſignifie le bénéfice d'une avance faite à quelqu'un. *Voyez* ESCOMPTE.

L'Agiotage eſt, à proprement parler, le commerce d'Agio; mais ce terme ſe prend ordinairement en mauvaiſe part, pour exprimer le trafic illicite & uſuraire de ceux qui, dans un tems de criſe ou de troubles, prennent du Public des effets de commerce à un très-bas prix, pour les faire rentrer enſuite dans ce même Public ſur un pied très-haut.

L'Agiotage de 1720, en France, commença au premier diſcrédit de la caiſſe des emprunts, ſe multiplia à meſure de l'augmentation des billets, & monta au comble par les opérations de la banque. De-là eſt venue la prévention des François contre le commerce des papiers publics, & ceux qui le font.

Agioter, c'est faire le commerce d'Agio, ou des papiers publics; & l'on donne le nom d'Agioteur à ceux qui font ce trafic, regardé en France comme odieux & usuraire. Il l'est réellement dans bien des circonstances, mais il peut aussi être très-innocent, & devenir utile dans un Etat.

M. Melon, qui avoit vu tous les désordres occasionnés par le fameux systême de Law, & toutes les manœuvres des Agioteurs, parle fort sensément de l'Agiotage dans son Essai politique sur le Commerce, persuadé qu'on peut tirer des avantages de cette espece de trafic, & en réprimer les abus sans le proscrire.

„ Le propriétaire de l'argent, dit-il, ne peut, sans imprudence, le changer » pour un papier stérile dont il n'a aucun avantage à espérer, & dont il » peut craindre le non-paiement. Que le papier soit donc présenté au Négo- » ciant de la plus grande intégrité, il le refusera au pair, & cela n'est » point contre la justice. S'il lui est présenté avec quelque profit un peu » supérieur aux risques, que doit-il faire?

„ Il doit le refuser, puisque sans imprudence il ne peut le prendre au » pair; & puisqu'il ne peut le prendre avec profit, sans s'attirer le vil nom » d'Agioteur, souvent persécuté. Ainsi le porteur de ces papiers, dont nous » supposons le paiement différé & incertain, mourra de faim auprès, sans » qu'il puisse raisonnablement exiger d'autre secours que celui de la charité. » Voilà un des premiers inconvéniens du préjugé contre l'Agiotage.

„ Plus ce commerce est bas & dangereux, plus il devient clandestin, par » conséquent plus ceux qui l'exercent demandent à gagner, & plus le dis- » crédit du papier augmente....

„ Souvent pour ôter la quantité de ces billets, & plus encore pour avoir » de l'argent, il a été créé des charges, des rentes sur la Ville; il a été » ordonné des refontes de monnoie; il a été fait des emprunts, & dans » toutes ces opérations on recevoit une partie en ces billets décrédités qui » en acquéroient une légere faveur momentanée. Alors le propriétaire de » l'argent, qui trouvoit à l'employer utilement pour l'Etat & pour lui, » achetoit nécessairement la portion de billets demandée; & pareillement » celui qui n'avoit que des billets, devoit en vendre pour la somme exigée » en argent. Sous quelque face qu'on regarde ce commerce mutuel, il est » aussi innocent que celui des autres denrées.

Au reste M. Melon ne prétend pas faire l'apologie des manœuvres criminelles des Agioteurs. Mais de ce qu'un Commerce a donné lieu à des monopoles, est-ce une raison suffisante pour le proscrire? Quel est le Commerce qui ne donne lieu à des abus? Il suffit qu'il soit corrigé, & alors l'Agioteur sera mis dans la classe des autres Négocians, ou du moins dans celle des Marchands Fripiers.

L'Agiotage, du tems du *systême*, eut des causes & des effets si extraordinaires,

dinaires, qu'on ne doit rien craindre de pareil ; quoique l'Agiotage de l'Angleterre dans le même tems ne fût ni plus sage, ni plus innocent, cette Nation a su depuis tirer de grands secours de ses Agioteurs pour la circulation de ses fonds, & la facilité des emprunts. La Hollande les regarde aussi comme des Citoyens utiles, tant qu'ils se contiennent dans les bornes d'un trafic honnête, & qu'ils ne se livrent pas à des pratiques sourdes & illicites, à des friponneries malheureusement communes à tous les genres de commerce, mais qui viennent moins de la profession, que de la cupidité de ceux qui l'exercent.

Le Commerce des effets publics, comme les contrats sur la ville, sur les fermes, les actions & les billets de place, sont de la nature des autres commerces ; les Notaires négocient les contrats, les Agens de change les actions & les billets. Voilà une espece d'Agio autorisé, toujours utile par l'échange facile du papier & de l'argent.

C'est aux lumieres & à la sagesse du Ministere, de prévenir le discrédit public, & conséquemment l'Agiotage pernicieux. Il doit prendre des précautions sûres pour empêcher que la hausse ou la baisse des papiers publics, ne dépendent de cinq à six Agioteurs intéressés à l'un ou à l'autre, & toujours avides de mettre à contribution le besoin que les particuliers peuvent avoir d'argent ou de billets.

Un Agiotage aussi répréhensible qu'il est à charge au Public, est celui qui se pratique habituellement en Hollande au sujet de la Lotterie Nationale, & que le Gouvernement ne réprime pas, sans doute pour des raisons d'Etat qu'il ne nous est pas permis de pénétrer. Le prix du billet de cette Lotterie, la seule soufferte dans les sept Provinces-Unies, est de 75 florins. Mais il n'en est pas délivré la vingtieme partie à ce prix. Dès que la Lotterie est ouverte, les Agioteurs, Agens de change & Buralistes s'en saisissent, soit pour leur compte, soit, ce qu'on n'ose croire, pour le compte de ceux-là même qui devroient empêcher un tel abus, & les font monter d'abord à douze & quinze pour cent ; de sorte que dès le lendemain de l'ouverture de la Lotterie, on n'en peut plus avoir qu'au prix de 85 à 88 florins, ou même plus cher. Le Public, toujours bon & facile, est fait à cette hausse rapide, & n'en murmure pas. Si cette augmentation se faisoit au profit de l'Etat, ne seroit-il pas plus simple, plus honnête, d'augmenter le taux primitif du billet ? Mais si ce bénéfice est tout entier pour les Agioteurs, n'est-il pas exorbitant ? Quel droit ont-ils de lever un pareil impôt sur leurs Concitoyens ? Si c'est le prix de l'avance qu'ils font à l'Etat en se chargeant de ses billets, qu'ils se contentent de l'intérêt ordinaire, reçu dans le commerce. Ils courent des risques : les billets peuvent rester à leur charge. Mais les force-t-on à les prendre ? N'est-ce pas la cupidité qui les y engage ? L'Etat ne trouveroit pas à placer sur le champ ses billets, s'il ne toléroit ce Monopole. On ne manque jamais de mauvaises raisons : vous convenez donc que c'est un Monopole ; oui, c'en est un aussi réel que l'Accaparement des denrées ; & une Administration judicieuse ne doit point souffrir sciemment de pareilles pratiques. D'ailleurs cette raison de convertir rapidement les billets en argent, n'est pas admissible. Si la distribution s'en faisoit au pair pendant un certain nombre de jours consécutifs, la Lotterie seroit bientôt remplie ; & d'ailleurs à qui fera-t-on accroire que le besoin devienne assez urgent pour autoriser un Agiotage si excessif ?

La contagion gagne. N'avons-nous pas vu quelque chose de semblable en France, à l'occasion du dernier emprunt en forme de Lotterie, à douze cens frans le billet ? Ces billets sont montés avec une rapidité & à un prix que les gens crédules ont regardé comme la marque d'un grand crédit, & que d'autres ont jugé être une manœuvre de quelques Agioteurs. Si ce soupçon étoit fondé, sans doute le Ministere ignoroit ce qui se passoit ; car il ne manquoit pas de moyens pour l'empêcher.

Les Monts de piété & les Lombards sagement établis dans plusieurs Etats, y remédient efficacement aux exactions des usuriers & des prêteurs sur gage. Ne pourroit-on pas trouver un moyen analogue pour empêcher l'Agiotage illicite ? Au moins le Gouvernement ne sauroit être trop attentif à ce qu'il ne se glisse pas dans les opérations de Finances, qu'il gâteroit infailliblement.

AGNATS, s. m.

LES *Agnats* sont les descendans par les mâles d'un même pere. Dans le Droit Féodal on nomme *Agnats* non-seulement ceux qui descendent du premier Possesseur d'un fief, mais aussi ceux qui y ont été coïnféodés.

AGNATION, s. f.

L'AGNATION signifie le lien de parenté ou de consanguinité entre les descendans par mâles d'un même pere.

L'Agnation differe de la Cognation, en ce que celle-ci étoit le nom universel sous lequel toute la famille & même les agnats étoient renfermés ; au lieu que l'Agnation n'étoit qu'une sorte particuliere de cognation, qui ne comprenoit que les descendans par mâles. Une autre différence est que l'Agnation tire ses droits & sa distinction du Droit civil, & que la cognation au contraire tire les siens de la Loi naturelle & du sang.

Voyez COGNATION.

Par la Loi des douze Tables, les femmes étoient appellées à la succession avec les mâles, suivant leur degré de proximité, & sans distinction de sexe. Mais la Jurisprudence changea dans la suite; & par la Loi *Voconiæ* les femmes furent exclues du privilege de l'Agnation, excepté celles qui étoient dans le degré même de consanguinité, c'est-à-dire, les sœurs de celui qui étoit mort *ab intestat* : & voilà d'où vint la différence entre les agnats & les cognats.

Mais cette distinction fut dans la suite abolie par Justinien, *Institut. III.* 10. & les femmes furent rétablies dans les droits de l'Agnation; en sorte que tous les descendans paternels, soit mâles ou femelles, furent admis indistinctement à lui succéder suivant le degré de proximité.

Par-là le mot de cognation rentra dans sa signification naturelle, & signifia tous les parens, tant du côté du pere que du côté de la mere; & Agnation signifia seulement les parens du côté paternel.

Les enfans adoptifs jouissoient aussi des privileges de l'Agnation, que l'on appelloit à leur égard *civile*, par opposition à l'autre qui étoit naturelle.

AGNATIQUE, adj.

Succession Agnatique ou *Françoise.*

LA *Succession Agnatique* est celle où les mâles seuls succedent. On l'appelle aussi *Succession Françoise*, parce qu'elle est en usage par rapport à la Couronne de France. Par la Loi de cette sorte de succession, les femmes & tous ceux qui sortent d'elles, sont exclus à perpétuité de la Couronne. Le double objet de cette Loi, ou ordre de Succession, a été d'éviter d'une part, que la Couronne ne tombât entre les mains de ceux qui seroient entrés par mariage dans la Famille Royale, au préjudice des descendans de cette Famille; & d'empêcher, de l'autre, qu'à la faveur des mariages, la nation ne vint à être gouvernée par des étrangers. Pour juger en quoi la *Succession Agnatique* differe de la *Succession Cognatique*, *voyez l'article* COGNATIQUE.

AGNEAU, s. m.

L'AGNEAU est le jeune animal engendré de la brebis & du bélier. Par-tout où l'on connoît les intérêts du Commerce & des Manufactures, on a restreint à un certain tems de l'année & à de certains lieux, la permission de tuer les Agneaux dont la dépouille est si utile aux fabriques.

Il y a, en France, des Ordonnances qui défendent de tuer & vendre des Agneaux dans toute l'étendue du Royaume, si ce n'est dans l'étendue de dix lieues à la ronde de Paris, où il est permis d'en tuer depuis Noël jusqu'à la Pentecôte seulement. Mais je ne sais si ces Ordonnances sont bien exactement observées.

Les peaux d'Agneaux s'emploient en laine pour les fourrures, & en blanc pour la ganterie; leur laine sert aussi pour la chapelerie, & pour quelques étoffes. On nomme *Agnelins* les toisons qui entrent dans la fabrique des chapeaux.

Les Anglois, les François & d'autres peuples ont fait de vaines tentatives pour se procurer d'aussi belles toisons que celles des Agneaux de Lombardie, de Perse & de Tartarie.

Les Agneaux de Tartarie, sur-tout des bords du Volga, fournissent des fourrures noires très-précieuses, & plus estimées en Moscovie que les martes zibelines même : la frisure en est courte, douce & d'un noir lustré. Elles le cédent pourtant aux fourrures de Perses, qui sont encore d'un poil plus fin & d'une frisure plus petite. Les Agneaux de Lombardie ne donnent pas des fourrures d'un aussi grand prix. Elles méritent cependant d'être recherchées pour leur beau noir luisant, très-propre à relever agréablement le blanc des fourrures d'hermines.

AGRAIRE, adj.

Des Loix Agraires chez les Romains.

LES Loix Agraires régloient chez les Romains le partage des terres des vaincus; une moitié devoit être vendue au profit de la République, & le produit étoit versé dans le trésor public. L'autre moitié devoit être distribuée aux Citoyens indigens. Ce partage toujours fait avec infidélité, fut la source renaissante des dissentions civiles. Les Patriciens, armés du pouvoir, s'approprierent toutes les dépouilles des Nations. En vain le Peuple demandoit l'exécution des Loix Agraires, comme une récompense méritée au prix de son sang. Spurius Cassius fut le premier des Patriciens qui opina de faire revivre l'ancien partage des terres prescrit par Romulus; il exigea même d'en abandonner les deux tiers aux Herniques & aux Latins, qui avoient aidé à les conquérir. Cette derniere proposition déplut aux Plébéiens, & le Sénat profita de son imprudence, pour faire croire qu'il aspiroit à la tyrannie. Spurius calomnié dans ses motifs, eut pour juge ce même peuple dont il avoit défendu les privileges; il fut puni de son zele par cette portion ingrate de Citoyens qui éleve & détruit son idole en un jour. L'assemblée du Peuple le condamna à être précipité du haut de la roche Tarpéienne. Le Peuple revenu de son ivresse, reconnut qu'il avoit coupé le bras qui pouvoit le défendre, & qu'il avoit découragé tous ceux qui pouvoient se déclarer ses protecteurs : il ne cessa de murmurer & de se plaindre ; le germe de la révolte étoit dans tous les cœurs. Le Sénat & les Plébéiens se regardoient comme autant d'ennemis qui s'inspiroient une défiance mutuelle : ce feu caché éclata souvent au dehors, le mal fut pallié sans être guéri, & les discordes ne furent étouffées que dans le sang des Gracques, des Saturninus & de Glaucias, qui furent tous punis d'avoir été trop vertueux Citoyens. T.

CHAMBRES AGRAIRES.

RAOUL SPIFAME, Auteur politique du seizieme siecle, dont nous avons un excellent recueil d'arrêts, ou plutôt de projets d'arrêts, que nous aurons plus d'une occasion de citer en traitant plusieurs points importans de Législation, propose l'établissement de Chambres Agraires, Rurales ou Arpentaires. C'est l'objet du cent-quatre-vingt-cinquieme Arrêt que nous allons rapporter en entier d'après la nouvelle édition, donnée par M. Auffray en 1775. Quelque diffus que soit cet Arrêt, il n'est pas difficile de démêler les différens objets qu'il embrasse, les vues justes & profondes qu'il contient, & de sentir le prix de leur exécution. On verra que nos Economistes modernes n'ont pas le mérite de la premiere invention sur bien des objets Agraires qu'ils nous présentent ; que les Chambres Agraires, proposées par Spifame, seroient d'une plus grande utilité que nos Sociétés d'Agriculture, bien propres pourtant à remplir les mêmes vues, si on leur donnoit un pouvoir plus étendu. Nous croyons enfin que cet Arrêt ne sauroit être trop lû & trop médité par les Ministres chargés du Département de l'économie rurale dans les différens Etats de l'Europe, parce qu'il contient beaucoup d'idées dont ils peuvent profiter pour le bien-être du Peuple.

Etablissement de Chambres Agraires, Rurales ou Arpentaires, pour gouverner & régenter la culture & fécondité des terres négligées.

LA grandeur très-excellente du Sieur Monarque, qui en a le vray fons en comble, supereffluent & tiltre réel, moindre que l'amplitude de sa domination ou convertible, & consonant à icelle, doibt tenir de l'infinité indéfinie, quant à ses inférieurs, tant par intension que par extension à la semblance de la magnitude du *Créateur*, duquel il est la premiere ymaige assise en unité & majesté en plusieurs personnes, construisant & édifiant une souveraine Monarchie, dont tous membres & constitutions d'aultres personnes publicques procédent, & pour ce ceste infinité doibt estre aucunement finie, quant à lui par sa cognoissance, pleine & parfaicte intelligence de ce qui est de son faict, & de tout son Gouvernement ou de ses instruments & causes mediantes, mais de la part de ceux qu'elle régit, il doibt demeurer en son infinité, tant active que passive, corporelle que spirituelle, civille que naturelle, qui est cause que en ceste grande adminiſtration, le Prince ayant pluſieurs moyens d'employer tous bons eſprits & gens de toutes ſortes, en ſon ſervice, ſans que jamais employ ne beſoigne lui défaille ſoulte ez payemens, ne recompenſes, inventions, diſpoſitions de tous eſtats d'ouvrages, la fin de l'un faiſant le commencement des aultres, & d'une teſte de l'hydre en repullulant ſept aultres, que ledict Seigneur veille & puiſſe entendre par le menu, en quoy lui eſt néceſſaire que toutes perſonnes de ſon employ ſoyent ſes Officiers, & de ſa retenue & domeſticité, ainſi que dict l'ancian Poëte, *Principis eſt virtus maxima noſſe ſuos*; ceſte grandeur très-magnificque s'exprime & s'explicque par grande multitude d'Officiers, dont la maſſe & augmentation ne ſe puiſſe eſpuyſer, qui ſeoyent néceſſaires & utiles à la Républicque, qui eſt, quand ils ſont eſtabliz, pour ſecourir le Peuple & les Particuliers ſuppoſts d'icelluy en leurs adverſitez & néceſſitez préſentes, tant privées que publicques, & eſtre touſiours à celle-là trouvez preſts, oiſifs & appareillés, & pour ce quaſi touſiours en contenance de gens du tout oiſifs, & n'ayant que faire pour incontinent, entendre & vacquer au beſoing du premier requérant, ayant toutesfois par leur bon eſprit & prudente diſpoſition, toujours à employer le tems, ſans eſtre à charge à leur Prince, ce qui advient plus ſeurement & plus commodément, quand telz Officiers ſont employez & commis à la conſervation ou augmentation des biens & des richeſſes deſdicts Particuliers, de la richeſſe deſquelz leur Républicque prend ce nom de riche, ce que le Roy a trouvé fort à propos en l'adminiſtration rurale des riches Propriétaires, qui ſe font ſervir par Serviteurs, Fermiers, Vignerons, Jardiniers & aultre, telle maniere de gens qui ne demandent que la dépoulle, ſac & ruyne deſdicts héritaiges, & pour ce ſont ſujets à viſitation, correction, oueil de Juſtice, pour les faire charrier droict, & les garder de négliger ou tromper ſignamment, quand ce ſont lieux où leſdicts Propriétaires ne ſe tiennent ou n'y viennent tenir la main à leur proffict faire, ains y viennent ſeulement pour plaiſir peu de fois, & n'y croupiſſent longuement, car de ceſte nonchalence vient l'infécondité des terres ou l'infructuoſité des plantes, arbres, herbes, grains & ſemences au grand intéreſt publicque double, à non uſer ou abbuser de ſa choſe, car d'autant ſont les aultres biens d'aultres endroicts de la terre, plus chargez des mengeurs, en croiſt la cherté des vivres à la foulle du pauvre Peuple, entre les mains duquel, ſi tel meſnaige eſtoit mis, il proffiteroit au centuple, juſqu'à l'extrémité du pouvoir de la terre, car le pauvre veille pour ſon petit revenu) au moyen de quoy ledict Seigneur a ordonné & ordonne, que par toutes les Eſlections de ſes Royaulmes, Terres & Pays de ſon obéyſſance, & par chaſcun ſecours d'icelles, qu'il faudra dreſſer pour l'emplitude de l'Eſlection, ſeront eſtablies Chambres Ruralles, Agraires ou Arpentaires de premiere inſtance, pour gouverner & régenter la culture & fécondité deſdictes terres, au ſupplément de la négligence des Propriétaires, & poſſeſſeurs négligens leur bien, prodigues ou pareſſeux, le tout aux deſpens de la choſe, par eſpérance que de l'excès du plus grand revenu, en ſeront faictes toutes les impenſes & encores tous fraiz faicts, le Propriétaire en aura double ou triple revenu, peult eſtre aultrement en dangier de tout perdre, par ſa négligence ou mauvaix meſnaige, à quoi faire il eſt très-manifeſte & mieulx encores, l'on le verra par l'uſaige & expérience, que tant en Officiers que en aultres perſonnes employez pour mectre les terres délaiſſées à proffit, & y tenir la main diligemment, ſans aultre choſe faire, il y fauldra nombre infiny de gens, voire plus grand que le plus peuplé pays de ce Royaulme non ſçauroit fornir, & ledict ouvraige ſoubzhaictant, & ayant à employer plus grand nombre de gens qu'il n'y en a ſur terre, ſera cauſe de la multiplication des hommes qui eſt la très-grande richeſſe de tous Pays, pour ſatisfaire à ce deſir raiſonnable, que nature & l'aucteur d'icelle ne inſpirant en vin, veullent accomplir ceſte invocation précédente, comme il a eſté trouvé, que par le ſoubzhaict de retour de l'ame raiſonnable à ſon corps délaiſſé par mort, la réſurrection générale a eſté prouvée & vériffiée, & avant la foy des Chreſtians, a eſté touché par les Philoſophes, & depuis reçeue en chreſtianté, fondée ſur ceſte raiſon de ſoubzhaict forte & péremptoire, comme doncques icelluy Seigneur ayant touſiours eſtimé ſon grand advantaige & félicité que ſes ſubjectz & regnicoles ſoient maintenus en grandes commoditez & richeſſes, pour avoir abondances de tous vivres & veſtuaires, en vilité & facilité de recouvrement d'iceulx, à quoi on veoit à l'oueil que nature & l'aucteur d'icelle ont préférée l'oroſcope, & conſtellation regardens les terres & régions, tant fertiles & commodes de ce Royaulme, Terres & Pays de ſon obéiſſance, à toutes aultres régions & Provinces de tout le monde, avec une correſpondance de la mer Méditerrannée à l'Océane, tant à propos pour les traictez de tous biens, par le moyen de rivieres navigables qui s'approchent & abordent en divers lieux, & ſauvent les fraiz des cheriages, & l'uberté & fertillité des terres y eſt à plus grand thréſor que ne ſont les mynes d'or & d'argent, ou les rivieres aurifluez des aultres Pays, ou les arbres de pommes d'or à la garde des Dragons des Yſles fortunées, qui eſt cauſe de la libéralité & mutuelle liberté, dont ſes ſubjectz uſent les uns envers les aultres, & leur viendroit à grand deſplaiſir, que par faulte de bon meſnaige ou indigence que leur peult faire & apporter la ſtérilité de leurs terres, procédant de la négligence des mauvais meſnagiers & mal proffitans, ils vinſſent à changer de mœurs, & ſe convertir de ladicte douceur & benignité en cruaulté & férocité beſtialle, pour ſe deſtruire & ruiner l'un & l'aultre, comme l'on veoit que l'on ſe court ſus en tems d'extreſme famine, au moyen de quoy ayant ledict Seigneur grand interreſt à tenir la main au bon meſnaige de tous Propriétaires & Adminiſtrateurs, & donner ordre que leſdictes terres ſoient cultivées & labourées, en ſorte qu'il n'en demeure un ſeul endroict oiſif, & ſoit portée & reſpandue eſdictes terres abondance de fient qui ne peult estre sans grande abondance de bestial de toutes sortes, accommodée & disperſée, ſelon les endroicts où il peult mieulx proffiter, en puniſſant très-griefvement les larrons, empoiſonneurs & enſorcelleurs de beſtial, & faiſant adviſer par gens ad ce cognoiſſants la nature & inclination de chaſcune contrée de terres pour les appliquer à leur ſouhait naturel, & non au vouloir ignorant & appétit ſingulier du Propriétaire ou Adminiſtrateur, lequel ſe doibt en cela ſaigement comporter, & par le conſeil de ceux qui mieux l'entendent, diſpoſant des terrouers, ſelon l'univerſalité d'iceulx à l'exigence de nature, ſans s'arreſter aux particulieres fantaiſies des meſnagemens contraincts & mal entendus, ou faicts pour ſervir au plaiſir & affections mal informez; ordonne ledict Seigneur que l'on fera arracher vignes plantées en lieu mal choiſi, entre les royons & labourage de terres à froment, orge, ſeigle ou aultre grain, & ſeront plantées de toutes parts pour nourriture dudict beſtial, meſmement de haraz & chevaux de bonne race, hayes vives, portans revenu tous les ans de fagotaige & menu boys, au lieu de meurs qui ne conviennent qu'à la clauſture de demeurance & habitation des hommes, & pour loger grain & beſtial de nuict, & ſeront viſitées de ſaiſon en ſaiſon, les vignes & terres labourées pour pugnir les trompeurs & malverſans, ès culture & façons d'icelles, & ſeront en tous chemins & ſentiers plantez arbres fruictiers, hayes, vignes pourtées par iceulx arbres, au lieu de fouſſés qui conſumment grande partie deſdictes terres, & mectent le charroy en péril, ſeront auſſi entretenus tous chemins, pons & paſſages, en bon & ſouffiſant eſtat, aux deſpens des Propriétaires ou haults-Juſticiers, ou des Manans & Habitans des Villes ou Villages voiſins, & aultres choſes néceſſaires à conſerver leſdicts traictez en leurs aiſances & commoditez; & doreſnavant en toutes les Eſlections de ce Royaulme, Terres & Pays de l'obéiſſance d'icelluy Seigneur, y aura trois Chambres érigées & eſtablies, leſquelles par ces préſentes, ledict Seigneur crée & eſtablit pour par chaſcune d'icelles, ſeoir & rendre juſtice ſur les choſes deſſuſdictes, leurs circonſtances & dépendances, & les Officiers d'icelles, faire demeurance en l'un des trois principaux Villages de ladicte Eſlection, leſquelles Chambres partageront & diſtribueront entre elles, toutes les terres, prez, vignes & boys, qui ſeront en ladicte Eſlection par eſgalle portion, en trois tiers, l'un pour l'une, & l'autre pour l'autre, de la déclaration duquel, par le menu & nouveaux tenants & aboutiſſans, commencera leur regiſtre de l'année, lequel contiendra outre tous les baux à ferme qui en ſeront faicts, & la réception des cautions des Fermiers ou locatifs, auſſi les rapports de toutes les viſitations qui en ſeront faictes, & de l'eſtimation de chaſcune deſdictes choſes, ſera chaſcune deſdictes Chambres compoſée de deux Préſidens, & vingt Conſeillers, ſervants par ſémeſtralité, dont les deux tiers ſeront d'ancians Marchands ou riches Laboureurs, bien expérimentez en ce faict & négociation; & l'aultre tiers ſera de gens lettrez, ayans

ayans praticque en Court Souveraine, les dix, esquels vingt Conseillers seront tousiours en visitation & actuelle insistence sur lesdictz cultures desdictes terres, dont ils feront rapport en la fin de chascun moys, puis seront & jugeront ensemble au moys en suyvant, avec lesdicts deux Présidens, qui tousiours demeureront en résidence, & durant ledict moys, les autres dix Conseillers qui auroient faict résidence & judicature au moys précédent, iront en visitation & actuelle assistance à veoir, faire ou commender lesdicts cultures à ressormer ad ce qu'ilz préviennent les faultes plustost que d'en faire la pugnition, parce que telle prévoyance obvie à ladicte stérilité, & est cause d'abondance de biens, & non pas la pugnition des faultes commises que l'on pugnit après la saison desdictes cultures passée, lesquels partant auront pouvoir de incontinent, & sans délay y commectre autres que les Propriétaires ou autres Administrateurs, aux despens de la chose, & tout ce qui sera par lesdicts Conseillers, vacquans sur les lieux à ce négoce séparément, & faisanz lesdicts visitations, ordonne & détermine, sera exécuté réaument & de faict, nonobstant oppositions ou appellations quelconques, sans préjudice d'icelles, mesmement sur le faict de nourriture & entretenement dudict bestial, dont ilz feront remplir les maisons, granches & bergeries, estables, bouges, toicts & toutes autres hebergez, que pourront porter & entretenir les héritaiges, selon leur revenu, commodité, aysance & capacité d'iceulx, & à faulte d'argent, sera mise ceste provision au rabaiz, & adjugée à celluy à qui elle adviendra à la chandelle esteincte, pour y prendre tel proffict que y eust prins le Propriétaire, s'il eust faict ladicte avance, les appellations duquel Conseiller ressortiront en ladicte Chambre rurallé & arpentaire, en laquelle pourront présider avecque lesdictz deux Présidens, au-dessoubz d'eux, toutesfois tous Conseillers des Cours Souveraines dudict Seigneur, estans en leur sémestre de repos & vacations, sans y prendre aucun proffict, ne faire rapport de procez incidentz, ne Requestes, ayant toutefois voix délibérative, & jugera ladicte Chambre en dernier ressort, ès cas, & tout ainsi que les Juges Présidiaux, & le surplus des appellations ressortira en la Chambre Souveraine de Pollice rurale, qui sera établie en l'Hostel de la Ville, que tiendra une Chambre de la Court de Parlement, du ressort de laquelle sera le lieu, Ville ou Village de l'assiete & résidence de ladicte Chambre ruralle ordinaire & de premiere instance, laquelle sera appellée Arpentaire, parce qu'elle sera establie par distribution de quantité de terres mesurées à l'arpent, & seront les Officiers d'icelle responsables de chascun arpent de terre, & selon lesdicts arpentages, sera prins & levé tous les ans un soulz parisiz sur chascun arpent, pour le payement de leurs gaiges, sallaires & vacations de leurs visitations, & exécutions de leurs sentences & mandemens, & aultres fraiz de leur Justice, sauf que s'il trouve aucunes terres du tout infertille & stérille, sera la cotte d'icelles portée par les autres terres circonvoisines de ladicte Chambre, ainsi que toutes tailles ce sont & doibvent faire le fort portant le foible, & seront lesdicts deniers & émolumens partiz par moictié, l'une pour l'une desdictes sémestralités, & l'aultre moictié pour l'autre sémestralité, selon la taxe qui, par ledict Seigneur, sera faicte à chacun desdictz Officiers, Présidens & Conseillers, vingt-deux en nombre par chascun desdictes sémestralités, qui en feront quarante-quatre en totallité par chascune Esllection & secours d'icelle, avec lesquelz a icelluy Seigneur créé & estably, crée & establit par chascune desdictes Chambres un Greffier, un Procureur-Général, ayant plusieurs Substituts, & deux Advocats d'icelluy Seigneur, avec dix Commissaires & Examinateurs, qui serviront d'Adjoints auxdicts Conseillers esdictes visitations, & douze Huissiers Sergens pour le service d'iceulx, & un Recepveur des Amendes & Exploits, un Concierge & Portier du lieu de leur dicte Justice & Chambre, & un Geollier pour la conduicte, service & clausture de leurs prisons; & enjoinct ledict Seigneur à toutes personnes, qui n'ont à quoy s'employer de quelque science, quallité ou suffisance qu'ils soient, qu'ils ayent à se présenter auxdictes Chambres Arpentaires pour estre employez, & enjoinct audict Greffier de les enregistrer & immatriculer, pour les premiers venus estre les premiers employez, & enjoinct auxdicts Juges de s'enquérir de toutes gens oisifs, pour les appeller & employer selon leur capacité, force, sens & entendement, & où ils auront une fois esté employez, & seront par après trouvés oisifs, ou non poursuivans nouvel employ, ordonne ledict Seigneur auxdicts Juges Arpentaires, les faire constituer prisonniers, & condamner en amendes pécuniaires, s'ils ont de quoy, ou sinon leur faire donner le fouet, & pour la deuxiesme fois, les faire pugnir publiquement, & pour la troisiesme, les bannir & mettre hors de leur Esllection & Jurisdiction, & suivant ce enjoinct ledict Seigneur à tous gens de guerre, se retirans de la guerre, de se présenter auxdicts Juges, & se faire enregistrer, chascun selon son pays & lieux de sa parenté, affinité, ou cognoissance pour estre incontinent dispercez, & pourvuz & mis par les maisons ruralles des Propriétaires demeurans en Villes, en attendant meilleure provision, & seront lesdicts Conseillers appellez Décascileurque, parce qu'à chascun d'iceulx sera distribuée la quantité de dix mille arpens, pour y avoir l'œil & superintendance, & rendre compte de la fertillité ou empeschement d'iceulx.

AGRANDISSEMENT, f. m.

Agrandissement des Etats.

Il y a des génies étendus & pénétrans, qui voient au-delà des bornes d'un Empire, & qui auroient la force de les reculer, mais qui n'ont pas l'adresse de faire jouer heureusement les ressorts d'un Etat passablement bien monté. Il y a des esprits souples, faits pour le détail du Gouvernement, mais peu capables de ces grandes entreprises qui changent la face d'un Etat. Ils ont le talent d'amuser le Prince & le Peuple, par des modes nouvelles, ou des spectacles, & à l'abri de cette diversion ils se sauvent derriere le rideau, se maintiennent & s'avancent en trompant tous les yeux. D'autres soutiendront le poids des affaires avec une vigilance infatigable, ils dirigeront assez habilement la marche d'un Empire, sans lui donner jamais cet essor qui étend au loin ses ailes.

La grandeur d'un Etat se mesure par l'étendue de son territoire, par le calcul de ses revenus, par le dénombrement de ses habitans, par la quantité de ses villes & la force de ses places. Il y a des Empires si grands, qu'ils ne peuvent que perdre & se démembrer; d'autres si heureusement bornés, qu'ils doivent se maintenir dans leur constitution naturelle.

De bonnes citadelles, des arsenaux bien munis, de nombreux haras, une brillante artillerie ne font pas la force d'un Etat, s'il n'y a des bras pour les mettre en œuvre, & sur-tout, du courage dans le cœur de la Nation; on a beau dire que l'argent est le nerf de la guerre, si le soldat n'est pas vigoureux. Les troupes étrangeres, soudoyées aux fraix d'une Nation, la défendront; mais ne l'agrandiront pas.

La pesanteur des impôts arrête les progrès des conquêtes, en épuisant les veines du Peuple; les subsides volontaires ne lui font jamais de tort, il lui reste du courage, au défaut de forces; mais une Nation surchargée de taxes, est trop foible pour subjuguer les Nations voisines.

Un Etat qui veut s'agrandir, doit prendre garde au corps de sa Noblesse, car si elle vient à opprimer le Peuple, il arrivera ce qu'on voit dans les forêts, où les arbres de haute futaie étouffent les rejettons : l'Etat a beau peupler alors, il n'en sera pas plus fort. L'Angleterre ne se soutient que par la force du bas Peuple, à qui sa liberté releve le courage. Elle a par cet endroit un avantage visible sur les pays voisins, où un maigre paysan ne peut faire un robuste soldat.

Un grand arbre doit avoir assez de suc dans le tronc, pour nourrir ses branches; c'est-à-dire, que si l'Etat conquérant n'est pas aussi peuplé que le pays conquis, les vaincus dévoreront les vainqueurs, comme il arriva à Sparte qui se perdit dans ses conquêtes; les Romains firent mieux, en répandant le droit de Bourgeoisie dans les villes conquises : on diroit que ce ne fut pas Rome qui s'empara de l'Univers, mais plutôt que l'Univers se fit Romain.

L'Espagne avec ses Colonies s'est épuisée d'habitans ; elle a beaucoup d'or, & peu de soldats. Est-ce le moyen de s'agrandir, que d'envoyer la lie & l'écume du peuple dans le pays de conquête ? Ces misérables qu'on transplante, porteroient la peste & la corruption dans ces climats éloignés, si elle n'y étoit pas. Comment veut-on que des brigands & des fainéans, qui désoloient ou surchargeoient leur patrie, aillent s'accoutumer au travail & à la discipline, sous un ciel étranger, dans un séjour de licence & d'impunité? Recevra-t-on après cela de bonnes nouvelles, qui encouragent les honnêtes-gens à s'expatrier ? De plus, & ce qui gâte les Colonies, c'est l'envie démesurée d'en sentir d'abord le profit ; il en est comme de la plantation des arbres, dont on ne peut juger qu'après vingt ans. C'est donc un mauvais moyen de s'agrandir que de porter ses conquêtes au loin.

Cependant les conquêtes ne doivent pas toujours se fixer sur les pays voisins. Car il ne faut pas raisonner d'un Etat comme d'un fonds de terre. Un particulier songe à s'arrondir dans son Domaine, mais un Prince doit faire attention à la solidité plutôt qu'à la proximité de ses conquêtes. On a cet avantage en portant la guerre au loin, qu'on va combattre des ennemis à demi-vaincus par l'étonnement d'une haute entreprise, & par le peu de connoissance qu'ils ont de vos forces ; au lieu qu'on est tous les jours à s'essayer avec ses voisins, & qu'après avoir beaucoup pris, il faut tout rendre. Dans ces guerres éloignées, l'appareil extraordinaire des armées, la difficulté de l'expédition, la honte d'échouer, & le désespoir de la retraite mettent le Général & le Soldat dans la nécessité de vaincre. L'occasion de faire la guerre à ses voisins renait souvent, mais rarement est-elle assez avantageuse ; au-lieu qu'un Conquérant peut saisir des conjonctures favorables, pour attaquer des Nations étrangeres, comme des tems de relâchement & de décadence, le moment d'une conjuration, les suites d'une guerre longue & ruineuse.

Les Arts Mécaniques qui s'exercent à l'ombre, & les Manufactures qui ne demandent que le travail des doigts, sont très-propres à efféminer le courage. Les peuples belliqueux aiment le grand air, détestent l'assujettissement d'un métier sédentaire, & craignent moins les dangers que les travaux assidus & journaliers. Aussi les Romains & la plûpart des anciennes Républiques employoient leurs esclaves, ou des étrangers, aux Arts Mécaniques. Ce qu'on appelle peuple dans une Nation, est réduit à trois classes, celle des laboureurs, celle des ouvriers ou artisans, & la plus vile de toutes est celle des valets.

Un Etat conquérant doit être belliqueux par principe ; l'esprit de cet état, c'est la guerre ; la profession de tout un peuple, ce sont les armes, & sa gloire n'est que dans ses trophées. C'est un oracle vérifié par le tems & l'expérience, qu'une Nation dévouée à la guerre par la nature de son génie & de ses Loix, empiétera sur les Nations voisines, & les subjuguera tôt ou tard; il faut qu'un pareil Etat ait dans sa constitution des raisons toujours prêtes de faire la guerre; car il reste encore assez d'équité dans le cœur des hommes, pour qu'on n'ose rien entreprendre ouvertement, sans quelque prétexte spécieux de justice. Les Mahométans ont toujours le zele de l'Alcoran à la main, pour prendre les armes, quand leur intérêt parle. Mais on a contr'eux l'injustice du despotisme & de la tyrannie, qui souleve l'humanité en faveur de la liberté des peuples. Enfin la Politique ne manque jamais de motifs, quand elle a des moyens, ne fût-ce que pour entretenir la vigueur des soldats, ou pour étendre le commerce.

Une guerre civile est une ardeur de fievre qui consume les forces; une guerre étrangere est une chaleur bénigne & nécessaire pour entretenir la prospérité; une longue paix énerve le peuple & corrompt ses mœurs.

L'Empire de la mer est une espece de Monarchie universelle, que la Nature semble avoir donné en dot à la Grande-Bretagne. Un Peuple qui a la Domination des mers, est toujours libre de faire la guerre ou de se replier; ses armes soutiennent son commerce, & son commerce nourrit ses forces; ils aura tôt ou tard tous les trésors de l'Inde à sa disposition.

Il faut chez un Peuple conquérant des honneurs & des récompenses militaires. Que reste-t-il dans la plupart des Etats, de ces anciennes distinctions qui ont perpétué les monumens de la valeur Romaine? Quelques ordres militaires, & quelque refuge d'invalides. Mais les trophées, les pyramides, les couronnes civiques, les chars de triomphe, les largesses publiques, le partage des dépouilles, tout cet appareil de gloire & de pompe guerriere qui allumoit l'ardeur des combats & la soif de la victoire au fond des cœurs les plus glacés, tout cela n'est plus que dans l'histoire. C'est que les honneurs du triomphe ne conviennent qu'aux Républiques qui vivent de la guerre. Cette ostentation seroit dangereuse dans une Monarchie, où les rayons de la couronne royale doivent absorber tous les regards.

L'homme, il est vrai, ne peut ajouter une coudée à sa stature; mais il dépend toujours des Souverains d'agrandir le corps d'un Empire: les loix, les mœurs, les entreprises sont autant de semences de grandeur; c'est au génie à les développer; mais comme les grands projets sont des peines brillantes, il en coûte moins de livrer un Empire au cours de sa fortune. *Extrait des Ouvrages du Chancelier* BACON.

AGRÉABLE, adj.

AGRÉMENT, s. m.

On entend dire de toutes parts que l'Agréable est le but des ouvrages des Beaux-Arts. Cela est aussi vrai que si l'on disoit que le but de la Poésie est d'être sonore, & celui de la musique d'être harmonieuse. Chaque production de ces arts doit être agréable, parce que sans cela on n'y feroit point d'attention ; mais cette qualité ne fait pas son essence ; elle n'est que ce que sont dans un édifice l'élégance & la propreté ou le beau coup-d'œil, en quoi ne consiste nullement son essence.

C'est par de semblables notions inexactes de l'essence des beaux-Arts, que les Artistes se sont détournés de la bonne voie, mais c'est à la Nature, ce grand docteur de tous les Artistes, qu'il appartient de leur donner de solides instructions sur l'usage de l'Agréable. La Nature a toujours en vue la perfection ; mais elle lui donne pour compagne constante & fidelle la grace ou l'Agrément. Chaque ouvrage de la Nature a sa perfection, par laquelle il est ce qu'il devoit être, & son Agrément par où il affecte les sens : il en doit être de même de chaque ouvrage de l'art, dont le fond consiste nécessairement dans un heureux accord de l'utilité & de l'Agréable. Dans tout ouvrage de l'art, il doit rester quelque chose d'important, lors même qu'on l'a dépouillé de l'Agréable dont l'art l'avoit revêtu. Un Poëme dont il ne demeure rien quand on en a ôté l'harmonie des vers, la beauté de l'expression, la parure des images, ne mérite point de louanges.

Tel est donc le vrai point de vue sous lequel tout Artiste, & principalement tout Ministre qui a le Département des Sciences & des Arts, doivent considérer l'Agrément qui les pare. Quand l'Artiste a solidement posé l'essentiel en homme sage & intelligent, il peut s'occuper de la recherche de l'Agréable, qu'il répand sur l'utilité, à-peu-près comme une belle tapisserie couvre un bon mur. S'il a fait choix d'un objet assez important pour exciter l'attention des personnes qui savent réfléchir, qu'il l'accompagne & l'assaisonne de tous les Agrémens qu'il puise dans son imagination, & dont le sujet est véritablement susceptible. C'est ainsi que nous pouvons concevoir les procédés de la Nature : elle a fait toutes les parties du corps humain d'une maniere si exactement à l'usage auquel elles sont destinées, que de leur totalité résulte cette machine admirable qui rend à l'ame tous les services dont elle a besoin : après quoi elle donne à toutes ces parties une forme si agréable, elle les a recouvertes d'une peau si douce & si bien colorée, que le coup-d'œil de la figure humaine est le plus gracieux dont on puisse se former l'idée.

Ainsi la recherche & la connoissance exacte des sources de l'Agrément, est, à la vérité, une partie essentielle de l'art; mais ce n'est pas la seule. Il faut d'abord que l'Artiste ait du jugement, de la sagesse & de bonnes intentions: ensuite, il n'est pas moins nécessaire qu'il soit un homme de goût. Un tel Artiste a deux voies pour arriver à la connoissance de l'Agréable; & il ne sauroit se passer ni de l'une, ni de l'autre. Ce que les plus habiles critiques, depuis Aristote jusqu'à présent, ont dit de ce qui constitue l'Agréable ou le désagréable, doit lui être connu, & il lui convient d'y joindre sa propre expérience : après quoi il peut travailler à se faire une théorie de l'Agréable, qui vienne à son secours dans les cas où les observations sont douteuses, ou présentent une apparence de contradiction. A l'aide de cette théorie il se décidera.

Le fondement de cette théorie consiste en ce qu'un objet devient agréable, lorsqu'il excite l'activité de l'ame; ce qui peut arriver de deux manieres différentes; ou par voie de représentation, ou par voie de désir. En approvisionnant ces deux sources d'activité, il parviendra à découvrir les especes de propriétés des choses qui les rendent agréables. Ainsi, il trouvera que l'attrayant, en fait de représentation, consiste dans la perfection, dans l'ordre, dans la distinction, dans la vérité, dans la beauté, dans la nouveauté, & dans diverses autres propriétés esthétiques : tandis que l'attrayant, en fait de désir, naît du passionné, du tendre, du touchant, du grand & du pompeux, du merveilleux & du sublime. Toutes ces choses prises ensemble, forment une théorie de l'Agréable, qu'on ne sauroit cependant regarder encore comme complette, mais qui peut suffire, quand on ne se pique pas d'un raffinement outré.

Le vrai connoisseur, seul digne de protéger les Arts, a un tact qui perce l'enveloppe agréable qui couvre l'utile; il mesure la faveur qu'il leur accorde au degré d'Agrément & d'utilité qu'ils portent dans la société. Loin de regarder la Musique, la Poésie, la Danse & les Arts de cette espece, comme un frivole amusement, il sait que la société peut en tirer des avantages excellens, s'ils sont dirigés vers un but honnête; & une Administration sage ne manque pas ce but, parce qu'elle emploie, pour y parvenir, des moyens doux & sûrs. Les Arts, dits de pur Agrément, corrompent souvent les mœurs, parce qu'on s'attache uniquement à l'Agréable, sans songer à l'utile; au-lieu que, mieux dirigés, ils serviroient à épurer les mœurs, à renforcer les vertus sociales, à nourrir l'amour de la patrie, à exciter l'enthousiasme du bien public.

Voyez ARTS, DANSE, MUSIQUE, POÉSIE, THÉATRE, &c.

AGRESSER, v. a. AGRESSEUR, ſ. m. AGRESSION, ſ. f.

AGRESSER, attaquer quelqu'un, ſoit par des menaces, des injures, des geſtes tels que celui de lever la canne, de tirer l'épée, *&c.* ou par des coups. L'Agreſſeur eſt celui qui en attaque un autre; l'Agreſſion, le crime de celui, de pluſieurs contendans ou accuſés, qui a commencé la diſpute ou la querelle.

Certainement l'Agreſſeur a toujours tort. Tout homme qui en attaque un autre par des injures ou par des coups, n'a pas de bonnes raiſons à donner; car cette voie ſeroit plus ſimple, & plus dans la nature. Auſſi la Loi, qui le regarde comme le plus coupable, commence par informer qui des deux a été l'Agreſſeur.

Lorſque de deux hommes qui ſe ſont querellés ou bleſſés, on ignore lequel a été l'Agreſſeur, & que chacun des deux ſoutient n'avoir agi qu'à ſon corps défendant, on doit interroger les circonſtances pour en tirer la vérité. L'examen des bleſſures, la confrontation des armes avec les bleſſures, le genre de réputation dont jouiſſent les adverſaires, ce qui a précédé la querelle, la maniere dont chacun raconte le fait, les dépoſitions des témoins, s'il y en a, la nature des plaintes de l'accuſateur, & de la défenſe de l'accuſé, ce qu'ils nient, ce qu'ils avouent, leur contenance, *&c.* peuvent fournir des indices & des preuves. Mais il faut être en garde contre les interprétations arbitraires. C'eſt en matiere criminelle ſur-tout qu'il ne faut pas avoir plus d'eſprit que la Loi. Jamais la ſubtilité ne doit remplacer l'évidence.

La néceſſité d'une juſte défenſe eſt une excuſe admiſſible dès qu'elle eſt prouvée. L'Agreſſeur doit être puni, ſuivant la griéveté du délit qui admet du plus & du moins. L'un peut avoir agreſſé l'autre par des injures, des menaces, des geſtes, & celui-ci avoir donné le premier coup. L'Agreſſé peut encore avoir outrepaſſé les bornes d'une défenſe légitime. Toutes ces conſidérations doivent modifier le jugement & la peine prononcée.

Si l'on ne peut parvenir à reconnoître l'Agreſſeur, le doute ne peut pas être favorable à l'un, & préjudiciable à l'autre. Ce ſeroit une injuſtice. Il eſt donc à propos de ne punir ni l'un ni l'autre comme Agreſſeur; ce ſeroit auſſi manquer à la ſûreté publique, que de les abſoudre comme dans le cas d'une défenſe légitime, puiſque le fait n'eſt pas clair. Ce qui eſt ſûr, c'eſt qu'ils ſe ſont battus, & que l'un ou l'autre a été bleſſé, ou qu'ils l'ont été tous deux : voilà leur crime : voilà ce qui réſulte des préſomptions égales de part & d'autre, ou ſi l'on veut, de l'incertitude de l'Agreſſion. Il faut confronter ce crime à la Loi, & juger en conſéquence.

Si aucun des deux combattans n'a été bleſſé, ou que l'étant tous deux, leurs

leurs blessures soient de peu de conséquence, une punition légere suffit. Si l'un est sain & vivant, & l'autre tué, ou blessé à mort; cette circonstance ne changeant rien à l'incertitude de l'Agression, elle ne préjudiciera pas au vivant, & il ne sera pas puni comme homicide. La Loi ne doit punir que le crime avéré, & ne point servir la vengeance des parens du mort. Sa peine sera celle que méritent des querelleurs qui se battent l'un l'autre, & en se battant à outrance se mettent dans le cas de se blesser ou même de se tuer.

Un Réglement des Maréchaux de France du 22 Août 1653, décide que de deux gentilshommes qui auront eu un démélé ensemble, & dont l'un aura promis de ne se point battre, & l'autre n'aura pas fait la même promesse, celui-ci sera toujours réputé l'Agresseur, à moins qu'il n'y ait des preuves positives du contraire. Il est vrai que la parole d'un gentilhomme, pourquoi pas d'un homme? l'honneur & la fidélité à sa promesse ne sont point attachés exclusivement à la noblesse; il est vrai, dis-je, que la parole d'un homme doit être inviolable; mais l'est-elle toujours? ne se fait-on pas illusion sur de telles promesses? n'ose-t-on pas les regarder quelquefois comme l'effet de la lâcheté? Le faux point d'honneur ne va-t-il pas jusqu'à en rougir, jusqu'à se croire obligé de les violer pour en laver l'opprobre prétendu? Ces sortes de promesses sont donc une bien foible présomption en faveur de celui qui les a faites, puisqu'il a pu s'en repentir, & les enfreindre comme non-obligatoires.

En France encore, l'Ordonnance de 1677 (5 Janvier,) veut que si, de deux officiers qui se sont battus; l'Agresseur ne peut être connu, ils soient tous deux cassés, & de plus poursuivis criminellement comme infracteurs des Loix contre le duel. N'est-ce pas un excès de rigueur? Il est possible que l'un des deux ne se soit battu qu'à son corps défendant. Dans ce cas, la Loi décerne la même peine contre l'innocent & le coupable. Aussi cette Ordonnance n'est guere suivie dans le fait. Pourquoi porter des Loix trop rigoureuses pour être observées?

Voyez DUEL, HOMICIDE, MEURTRIER.

AGRICOLA, (Cneus Julius)

CE grand Capitaine, ce vertueux Citoyen naquit à Frejus, Colonie Romaine qui étoit alors très-florissante. Son pere qui en avoit régi la police & les finances, fut massacré par l'ordre de Caligula, pour avoir refusé de se rendre le délateur de Silanus. Le fils, privé de ses exemples domestiques, fut élevé par les soins d'une mere vertueuse qui mit sa complaisance à cultiver le fruit de son amour. Marseille, qui avoit l'urbanité de Rome, sans en avoir adopté le luxe & la dissolution, fut le lieu que cette mere vigilante choisit pour le soustraire à la contagion qui infectoit les sources publiques. Son penchant l'entraînoit vers la Philosophie, l'amour de l'étude devint une passion qui asservit toutes les autres. Sa mere crut devoir corriger cette intempérance de savoir qui le détournoit des connoissances nécessaires à l'homme public.

Ce fut sous les ordres de Suetone qu'il fit son apprentissage de guerre. Ce Capitaine, sage & expérimenté, déméloit en lui la semence des talens qui s'empressoient d'éclore, & ce fut pour les mieux cultiver qu'il le reçut dans sa maison. La gloire des grands maitres est d'avoir des éleves qui leur ressemblent : supérieurs à l'envie, ils se voient sans chagrin surpassés par eux.

L'Angleterre où se faisoit cette guerre, étoit agitée par des tempêtes : les vétérans massacrés, les colonies dévorées par les flammes, les armées défaites annonçoient la ruine prochaine de la domination des Romains dans cette isle. Ce fut au milieu de ces orages qu'Agricola fut mis à la tête d'une Cohorte. Il vit dans ce Commandement moins un titre de décoration qu'un fardeau dont il falloit apprendre à soutenir le poids. Il s'instruisit de ses devoirs, il parcourut toute l'Angleterre, & se trouva dans toutes les actions les plus meurtrieres. Courageux sans faste & sans ostentation, il ne refusa aucuns postes périlleux, & n'eut jamais la vanité de les briguer. Les exemples de Suetone jetterent dans son cœur un germe fécond d'émulation ; & lorsque son devoir ne le retint plus dans la province, il se rendit à Rome où il épousa Domitie dont la naissance illustre lui fraya un chemin à toutes les dignités. Epoux tendre & fidele, il lui déféra le sceptre domestique dont elle étoit digne par la pudicité de ses mœurs.

Pendant sa Questure d'Asie, il fit admirer son esprit d'ordre & de détail. Les exactions furent punies. Son désintéressement opposa un frein à la cupidité du Proconsul qui cessa d'être coupable, dès qu'il n'eut plus de complices. Il en revint pauvre & chargé de gloire. Sa modération fut récompensée par le tribunal ; mais il ne fit rien de mémorable dans l'exercice de cette charge, ni dans celui de sa Préture, parce que Neron punissoit l'éclat des talens, & qu'il y avoit plus de sûreté à ne rien faire, qu'à exécuter des choses utiles qui auroient été la censure de l'administration du Tyran. Ses emplois lui imposerent l'obligation de donner des jeux & des spectacles ; il s'en acquitta avec modération, & magnifique avec décence, il prévint le reproche d'avarice & de profusion. Sa maxime étoit de s'assujettir aux usages, & d'en éviter les abus. Son intégrité le fit choisir par Galba pour s'opposer à l'avidité sacrilege de ceux qui enlevoient les offrandes des Temples. Il apporta dans cette recherche une exactitude religieuse. Tandis qu'il pouvoit jouir à Rome de toute sa gloire, sa piété filiale l'en arracha, pour aller rendre les devoirs funebres à sa mere qui avoit été massacrée par les soldats d'Othon. L'héritage des nations étoit successivement disputé par des ambitieux qui ne sembloient monter sur le

Trône, que pour être précipités dans l'abîme. Il étoit alors impossible à l'homme de bien, d'agir par principes, & de marcher d'un pas ferme sur ce théatre mobile. Agricola, jaloux de son obscurité, en fut arraché par Nutien qui gouvernoit l'Empire, tandis que Domitien, jeune encore, s'abandonnoit aux plus sales débauches. Chargé de nouvelles levées, il les fit avec tant de succès, qu'il en fut récompensé par le commandement de la dixieme Légion qui avoit été la derniere à reconnoître Vespasien.

L'Angleterre où il avoit commencé à développer ses talens, en fut encore le théatre. Il y servit sous les ordres de Petitius Cerealis qui voulut l'associer à sa gloire, en lui confiant les expéditions importantes. Des succès sans aucun mélange de revers, ne lui causerent point cette ivresse qui égare les favoris de la fortune. Toujours simple & modeste, il fit honneur à son chef de ses victoires, & comme il étoit sans ostentation, il n'excita point l'envie. Vespasien, après l'avoir élevé au rang de Patricien, lui confia le Gouvernement d'Aquitaine qui étoit un degré au Consulat. Sa franchise militaire sembloit incompatible avec la dextérité qu'exige le secret des affaires. Quiconque est plus accoutumé à se servir de son bras que de son esprit, manque souvent de cette souplesse artificieuse qui assure le succès de la politique. Agricola né pour tous les emplois, n'eut point cet orgueil insultant que le guerrier exhale sur le Citoyen pacifique, ni cette austérité rebutante qu'on contracte dans l'embarras des affaires. Le travail lui devint facile, parce qu'il sut se régler. La variété de ses occupations fut son délassement. Grave sans être austere, il inspiroit sur son Tribunal le respect & la confiance; & dès qu'il en étoit descendu, il avoit cette simplicité décente qui est le plus noble attribut de l'homme public. Jaloux des prérogatives de sa place, il n'avoit pas la vaine ambition d'en passer les limites, & il n'usoit de son pouvoir que pour conserver à chacun ses privileges. Au bout de trois ans, il fut appellé à Rome où la voix publique le nommoit au Consulat. C'étoit attester qu'il en étoit digne. Cette dignité à laquelle il fut élevé, ne fut pas la seule récompense dont on honora son mérite. Il fut nommé Pontife & Gouverneur d'Angleterre.

Dès qu'il eut débarqué dans cette Isle, il dédaigna les réceptions pompeuses qu'on avoit faites à ses prédécesseurs; & quand on le croyoit occupé à recevoir des hommages, & à donner des fêtes, il signaloit les premiers jours de son Commandement par une victoire. Il releva l'éclat de ce succès par la précaution qu'il prit de le cacher. Il ne mit point, selon la coutume, de feuilles de laurier sur ses faisceaux, ni dans la lettre qu'il écrivit à l'Empereur. La plupart des grands Généraux semblent tous jettés dans le même moule. Les peindre, c'est multiplier les copies. Il n'y a que les génies supérieurs qui offrent des traits particuliers dignes de passer à la postérité. Agricola, pour faire rétablir la discipline militaire tombée dans le relâchement, crut devoir commencer par une réforme dans sa maison, entreprise souvent aussi difficile que de régir un Empire. Ses domestiques traités avec douceur, n'eurent aucune influence dans la distribution des grades & des récompenses; il n'y eut plus d'autre recommandation que les services. Les plus courageux & les plus fideles furent les mieux récompensés. Doux & clément, il excusoit les fautes légeres, & punissoit avec éclat & sévérité les crimes. Le poids des impôts fut diminué par l'égalité de la répartition. La police qu'il introduisit dans les affaires, le fit regarder moins comme un Général que comme le Législateur de la Nation.

Il mit cet esprit d'ordre dans son armée à l'ouverture de la campagne. Le soldat convaincu de pillage, fut sévérement puni. Cette discipline le rendit cher aux Barbares, & plusieurs peuples qui combattoient pour conserver leur liberté, mirent bas les armes, & se crurent libres avec son alliance. Ce fut ainsi qu'également craint & respecté, il rassembla des Peuples sauvages dont il adoucit les mœurs farouches, en leur faisant goûter les délices de la paix. Il subjugua plus de pays par sa douceur, que par ses armes. Les Anglois sans besoins languissoient sans industrie; il leur fit concevoir qu'ils n'étoient que des barbares, & rougissant de l'être, ils sortirent de leur engourdissement, & sentirent partir l'émulation créatrice des grandes choses. Leurs enfans reçurent l'éducation des Romains dont ils prirent les habits & les usages; & ce fut par le vernis des mœurs polies qu'on leur déguisa les fers de la servitude.

La troisieme année fut une continuité de prospérités; desorte que la quatrieme ne fut employée qu'à mieux assurer ses conquêtes. Ces Insulaires étoient trop sauvages pour se familiariser avec le joug; souvent vaincus & toujours rebelles, il n'avoit pas plutôt remporté une victoire, qu'il faloit tenter la fortune d'un nouveau combat. Il marcha contre les Ecossois, plus faciles à vaincre qu'à être subjugués. Il fut attaqué dans sa marche par ces Barbares; la mêlée fut meurtriere, la neuvieme Légion fut taillée en pieces. Agricola rétablit l'ordre parmi les troupes épouvantées, & les Barbares pliant à leur tour, se précipiterent dans les bois & les marais, qui favoriserent leur retraite. Ce revers n'abattit point leur courage, & la derniere campagne fut la plus meurtriere, & la plus glorieuse pour Agricola, puisqu'elle termina une guerre dont l'issue assura la domination de cette isle fameuse aux Romains. La relation qu'il en écrivit à Domitien, fut reçue avec l'extérieur d'une joie reconnoissante. Ce monstre couronné, jaloux de la gloire d'autrui, ne vit dans le courage actif de son Général que la censure de sa paresse & de ses débauches. Dévoré du poison de l'envie, il se rendit inaccessible. Jamais il ne se livroit à la réflexion du Cabinet, que pour méditer quelque attentat contre la vertu qui offensoit ses yeux. La crainte de soulever le soldat lui fit dissimuler sa haine. Il lui fit décerner les ornemens du triomphe avec une Statue couronnée de lauriers. Mais Agricola, au lieu d'entrer dans Rome en triomphateur, eut ordre de se rendre de nuit chez le Prince qui le reçut avec froideur, en le laissant confondu dans la foule. Il connoissoit trop le cœur du Tyran, pour ne pas prévoir ce qu'il devoit en attendre. Il crut devoir se soustraire à ses fureurs, en se condamnant à l'obscurité. Il ne se montra qu'avec un extérieur simple & modeste, qui faisoit méconnoitre le grand homme dans une Cour où l'étalage du luxe usurpoit la considération due à la supériorité du génie. Des délateurs calomnierent ouvertement son innocence sans pouvoir en obscurcir l'éclat. Les Courtisans plus adroits préparoient sa perte en exaltant son mérite en présence de l'Empereur bassement jaloux. Les fléaux dont l'Empire fut frappé sur le Danube & sur le Rhin, rappellerent le souvenir de la valeur du vainqueur d'Albion; alors il s'éleva un cri pour le mettre à la tête des armées. C'étoit déclarer que lui seul en étoit digne; mais en même-tems c'étoit aigrir contre lui un monstre farouche qui frémissoit au bruit des acclamations dont la multitude honoroit la supériorité des talens, & qui ne laissoit jamais la vertu impunie. Ce fut dans ces circonstances qu'il fut attaqué de la maladie qui le ravit à la terre. La douleur publique fut le plus bel éloge des actions de sa vie, & en même-tems un témoignage que Rome corrompue conservoit, par un reste de pudeur, quelque attachement pour les gens de bien. La sensibilité étoit d'autant plus vive qu'on le croyoit empoisonné. L'Empereur, pour dissiper des soupçons que lui-même avoit fait naitre, l'envoyoit chaque jour visiter par ses médecins & ses affranchis. Mais il étoit trop abhorré pour séduire la crédulité. Il étoit peut-être innocent, & l'on s'obstinoit à le croire coupable. Il ne trouva pas même son apologie dans le testament d'Agricola qui l'instituoit son héritier, conjointement avec sa femme & sa fille. C'étoit alors une maxime avouée, qu'il *n'y* avoit que les méchans Princes qui fussent les héritiers d'un bon pere. Agricola mourut âgé de cinquante six ans; & l'histoire n'a pas dédaigné de nous transmettre tous ses traits. Sa taille, sans être extraordinaire, étoit réguliere & bien proportionnée; sa physionomie douce & affable tempéroit l'éclat de ses talens, & il ne manqua à son bonheur & à sa gloire que d'avoir vécu sous un Trajan. La mort lui enleva plusieurs enfans : il eut de grands motifs de consolation dans une fille qui lui survécut, & qui fut l'épouse de Tacite, qui transmit à la Postérité les choses louables qu'il avoit sû exécuter. T.

AGRICOLE, adj.

Maximes générales du Gouvernement Economique d'un Royaume Agricole.

LE mot *Agricole*, ſignifie qui cultive la terre. Un Peuple Agricole eſt donc un Peuple cultivateur, & un Royaume Agricole, celui dont le Peuple eſt & doit être cultivateur. Les maximes que nous mettons ici ſous les yeux de l'Homme d'Etat, & les notes qui y ſont jointes, furent imprimées pour la premiere fois en 1758 au Château de Verſailles en France. Elles ſont du célébre QUESNAI.

MAXIME PREMIERE.

QUE l'autorité ſouveraine ſoit unique, & ſupérieure à tous les individus de la ſociété & à toutes les entrepriſes injuſtes des intérêts particuliers; car l'objet de la domination & de l'obéiſſance eſt la ſûreté de tous, & l'intérêt licite de tous. Le ſyſtême des contreforces dans un Gouvernement eſt une opinion funeſte, qui ne laiſſe appercevoir que la diſcorde entre les Grands & l'accablement des Petits. La diviſion des ſociétés en différens ordres de Citoyens dont les uns exercent l'autorité ſouveraine ſur les autres, détruit l'intérêt général de la Nation, & introduit la diſſenſion des intérêts particuliers entre les différentes claſſes de Citoyens : cette diviſion intervertiroit l'ordre du Gouvernement d'un Royaume Agricole qui doit réunir tous les intérêts à un objet capital, à la proſpérité de l'agriculture, qui eſt la ſource de toutes les richeſſes de l'Etat & de celles de tous les Citoyens.

II.

QUE la Nation ſoit inſtruite des Loix générales de l'ordre naturel qui conſtituent le Gouvernement évidemment le plus parfait. L'étude de la Juriſprudence humaine ne ſuffit pas pour former les hommes d'Etat; il eſt néceſſaire que ceux qui ſe deſtinent aux emplois de l'Adminiſtration, ſoient aſſujettis à l'étude de l'ordre naturel le plus avantageux aux hommes réunis en ſociété. Il eſt encore néceſſaire que les connoiſſances pratiques & lumineuſes que la Nation acquiert par l'expérience & la réflexion, ſe réuniſſent à la ſcience générale du Gouvernement; afin que l'autorité ſouveraine, toujours éclairée par l'évidence, inſtitue les meilleures Loix & les faſſe obſerver exactement pour la ſûreté de tous, & pour parvenir à la plus grande proſpérité poſſible de la ſociété.

III.

Que le Souverain & la Nation ne perdent jamais de vue, que la terre est l'unique source des richesses, & que c'est l'agriculture qui les multiplie (1). Car l'augmentation des richesses assure celle de la population; les hommes & les richesses font prospérer l'agriculture, étendent le commerce, animent l'industrie, accroissent & perpétuent les richesses. De cette source abondante dépend le succès de toutes les parties de l'administration du Royaume.

IV.

Que la propriété des biens fonds & des richesses mobiliaires soit assurée à ceux qui en sont les possesseurs légitimes; car *LA SURETÉ DE LA PROPRIÉTÉ EST LE FONDEMENT ESSENTIEL DE L'ORDRE ÉCONOMIQUE DE LA SOCIÉTÉ.* Sans la certitude de la propriété, le territoire resteroit inculte. Il n'y auroit ni propriétaires ni fermiers pour y faire les dépenses nécessaires pour le mettre en valeur & pour le cultiver, si la conservation du fonds & des produits n'étoit pas assurée à ceux qui font les avances de ces dépenses. C'est la sûreté de la possession permanente qui provoque le travail & l'emploi des richesses à l'amélioration & à la culture des terres, & aux entreprises du commerce & de l'industrie. Il n'y a que la Puissance Souveraine qui assure la propriété des Sujets, qui ait un droit primitif au partage des fruits de la terre, source unique des richesses.

V.

Que l'impôt ne soit pas destructif, ou disproportionné à la masse du revenu de la Nation; que son augmentation suive l'augmentation du revenu; qu'il soit établi immédiatement sur le produit net des biens fonds, & non sur le salaire des hommes, ni sur les denrées, où il multiplieroit les frais de perception, préjudicieroit au commerce, & détruiroit annuellement une partie des richesses de la Nation. Qu'il ne se prenne pas non plus sur les richesses des fermiers des biens fonds; car LES AVANCES DE L'AGRICULTURE D'UN ROYAUME DOIVENT ÊTRE ENVISAGÉES COMME UN IMMEUBLE, QU'IL FAUT CONSERVER PRÉCIEUSEMENT POUR LA PRODUCTION DE L'IMPÔT, DU REVENU, ET DE LA SUBSISTANCE DE TOUTES LES CLASSES DE CITOYENS : autrement l'impôt dégénere en spoliation, & cause un dépérissement qui ruine promptement un Etat (2).

VI.

Que les avances des cultivateurs soient suffisantes pour faire renaître annuellement, par les dépenses de la culture des terres, le plus grand produit possible; car si les avances ne sont pas suffisantes, les dépenses de la culture sont plus grandes à proportion, & donnent moins de produit net (3).

VII.

Que la totalité des sommes du revenu rentre dans la circulation annuelle & la parcourre dans toute son étendue; qu'il ne se forme point de fortunes pécuniaires, ou du moins, qu'il y ait compensation entre celles qui se forment & celles qui reviennent dans la circulation (4); car autrement ces fortunes pécuniaires arrêteroient la distribution d'une partie du revenu annuel de la Nation, & retiendroient le pécule du Royaume au préjudice de la rentrée des avances de la culture, de la rétribution du salaire des artisans, & de la consommation que doivent faire les différentes classes d'hommes qui exercent des professions lucratives : cette interception du pécule diminueroit la réproduction des revenus & de l'impôt.

VIII.

Que le Gouvernement économique ne s'occupe qu'à favoriser les dépenses productives & le commerce des denrées du crû, & qu'il laisse aller d'elles-mêmes les dépenses stériles (5).

IX.

Qu'une Nation qui a un grand territoire à cultiver & la facilité d'exercer un grand commerce des denrées du crû, n'étende pas trop l'emploi de l'argent & des hommes aux manufactures & au commerce de luxe, au préjudice des travaux & des dépenses de l'agriculture (6) : car, préférablement à tout, *LE ROYAUME DOIT ÊTRE BIEN PEUPLÉ DE RICHES CULTIVATEURS* (7).

X.

Qu'une partie de la somme des revenus ne passe pas chez l'Etranger sans retour, en argent ou en marchandises.

XI.

Qu'on évite la désertion des habitans qui emporteroient leurs richesses hors du Royaume.

XII.

Que les enfans des riches fermiers s'établissent dans les campagnes pour y perpétuer les laboureurs; car si quelques vexations leur font abandonner les campagnes, & les déterminent à se retirer dans les Villes, ils y portent les richesses de leurs peres, qui étoient employées à la culture. CE SONT MOINS LES HOMMES QUE LES RICHESSES QU'ON DOIT ATTIRER

RER DANS LES CAMPAGNES ; car plus on emploie de richesses à la culture, moins elle occupe d'hommes ; plus elle prospere, & plus elle donne de revenu. Telle est, par exemple, pour les grains, la grande culture des riches fermiers, en comparaison de la petite culture des pauvres métayers, qui labourent avec des bœufs ou avec des vaches (8).

XIII.

Que chacun soit libre de cultiver dans son champ telles productions que son intérêt, ses facultés, la nature du terrein lui suggerent pour en tirer le plus grand produit possible. On ne doit point favoriser le monopole dans la culture des biens-fonds ; car il est préjudiciable au revenu général de la Nation (9). Le préjugé qui porte à favoriser l'abondance des denrées de premier besoin, préférablement aux autres productions, au préjudice de la valeur vénale des unes ou des autres, est inspiré par des vues courtes qui ne s'étendent pas jusqu'aux effets du commerce extérieur réciproque, qui pourvoit à tout, & qui décide du prix des denrées que chaque Nation peut cultiver avec le plus de profit. APRÈS LES RICHESSES D'EXPLOITATION DE LA CULTURE, CE SONT LES REVENUS ET L'IMPÔT QUI SONT LES RICHESSES DE PREMIER BESOIN dans un Etat, pour défendre les Sujets contre la disette & contre l'ennemi, & pour soutenir la gloire & la puissance du Monarque, & la prospérité de la Nation (10).

XIV.

Qu'on favorise la multiplication des bestiaux (11) ; car ce sont eux qui fournissent aux terres les engrais qui procurent les riches moissons.

XV.

Que les terres employées à la culture des grains soient réunies, autant qu'il est possible, en grandes fermes exploitées par de riches laboureurs ; car il y a moins de dépense pour l'entretien & la réparation des bâtimens, & à proportion beaucoup moins de frais, & beaucoup plus de produit net dans les grandes entreprises d'agriculture, que dans les petites. La multiplicité de petits fermiers est préjudiciable à la population. La population la plus assurée, la plus disponible pour les différentes occupations & pour les différens travaux qui partagent les hommes en différentes classes, est celle qui est entretenue par le produit net. Toute épargne faite à profit dans les travaux qui peuvent s'exécuter par le moyen des animaux, des machines, des rivieres, &c. revient à l'avantage de la population & de l'Etat, parce que plus de produit net procure plus de gain aux hommes pour d'autres services ou d'autres travaux.

XVI.

Que l'on n'empêche point le commerce extérieur des denrées du crû; car *TEL EST LE DÉBIT, TELLE EST LA RÉPRODUCTION* (12).

XVII.

Que l'on facilite les débouchés & les transports des productions & des marchandises de main d'œuvre, par la réparation des chemins, & par la navigation des canaux, des rivieres & de la mer; car plus on épargne sur les frais du commerce, plus on accroît le revenu du territoire.

XVIII.

Qu'on ne fasse point baisser le prix des denrées & des marchandises dans le Royaume; car le commerce réciproque avec l'Etranger deviendroit désavantageux à la Nation (13). *TELLE EST LA VALEUR VÉNALE, TEL EST LE REVENU : abondance & non-valeur n'est pas richesse. Disette & cherté est misere. Abondance & cherté est opulence* (14).

XIX.

Qu'on ne croie pas que le bon marché des denrées est profitable au menu peuple (15); car le bas prix des denrées fait baisser le salaire des gens du Peuple, diminue leur aisance, leur procure moins de travail & d'occupations lucratives, & anéantit le revenu de la Nation.

XX.

Qu'on ne diminue pas l'aisance des dernieres classes de Citoyens; car elles ne pourroient pas assez contribuer à la consommation des denrées qui ne peuvent être consommées que dans le pays, ce qui feroit diminuer la réproduction & le revenu de la Nation (16).

XXI.

Que les propriétaires, & ceux qui exercent des professions lucratives, ne se livrent pas à des épargnes stériles, qui retrancheroient de la circulation & de la distribution une portion de leurs revenus ou de leurs grains.

XXII.

Qu'on ne provoque point le luxe de décoration au préjudice des dépenses d'exploitation & d'amélioration d'agriculture, & des dépenses en consommation de subsistance, qui entretiennent le bon prix & le débit des denrées du crû, & la réproduction des revenus de la Nation (17).

XXIII.

Que la Nation ne souffre pas de perte dans son commerce réciproque avec l'Etranger; quand même ce commerce seroit profitable aux Commerçans qui gagneroient sur leurs Concitoyens dans la vente des marchandises qu'il rapporteroit. Car alors l'accroissement de fortune de ces Commerçans seroit dans la circulation des revenus un retranchement préjudiciable à la distribution & à la réproduction.

XXIV.

Qu'on ne soit pas trompé par un avantage apparent du commerce réciproque avec l'Etranger, en jugeant simplement par la balance des sommes en argent, sans examiner le plus ou le moins de profit qui résulte des marchandises mêmes que l'on a vendues, & de celles que l'on a achetées. Car souvent la perte est pour la Nation qui reçoit un surplus en argent; & cette perte se trouve au préjudice de la distribution & de la réproduction des revenus.

XXV.

Qu'on maintienne l'entiere liberté du commerce; car LA POLICE DU COMMERCE INTÉRIEUR ET EXTÉRIEUR LA PLUS SURE, LA PLUS EXACTE, LA PLUS PROFITABLE A LA NATION ET A L'ETAT, CONSISTE DANS LA PLEINE LIBERTÉ DE LA CONCURRENCE.

XXVI.

Qu'on soit moins attentif à l'augmentation de la population qu'à l'accroissement des revenus; car plus d'aisance que procurent de grands revenus, est préférable à plus de besoins pressans de subsistance qu'exige une population qui excede les revenus; & il y a plus de ressources pour les besoins de l'État quand le Peuple est dans l'aisance, & aussi plus de moyens pour faire prospérer l'agriculture (18).

XXVII.

Que le Gouvernement soit moins occupé du soin d'épargner, que des opérations nécessaires pour la prospérité du Royaume; car de très-grandes dépenses peuvent cesser d'être excessives par l'augmentation des richesses. Mais il ne faut pas confondre les abus avec les simples dépenses; car les abus pourroient engloutir toutes les richesses de la Nation & du Souverain.

XXVIII.

Que l'Administration des Finances, soit dans la perception des impôts, soit dans les dépenses du Gouvernement, n'occasionne pas de fortunes pécuniaires qui dérobent une partie des revenus à la circulation, à la distribution & à la réproduction.

XXIX.

Qu'on n'espere de ressources pour les besoins extraordinaires d'un Etat, que de la prospérité de la Nation, & non du crédit des Financiers; car *LES FORTUNES PÉCUNIAIRES SONT DES RICHESSES CLANDESTINES QUI NE CONNOISSENT NI ROI NI PATRIE.*

XXX.

Que l'Etat évite des emprunts qui forment des rentes financieres, qui le chargent de dettes dévorantes, & qui occasionnent un commerce ou trafic de Finances, par l'entremise des papiers commerçables, où l'escompte augmente de plus en plus les fortunes pécuniaires stériles. Ces fortunes séparent la Finance de l'Agriculture, & privent les campagnes des richesses nécessaires pour l'amélioration des biens-fonds & pour l'exploitation de la culture des terres.

NOTES

Sur les Maximes précédentes.

QUOIQUE nous nous proposions de traiter dans des articles particuliers les différentes questions d'économie & de politique qui sont l'objet des Notes suivantes, nous avons cru qu'il étoit à propos de ne les point séparer des maximes auxquelles elles servent de commentaire, parce qu'elles forment un Corps de Science dont on sera bien-aise de voir & de saisir l'ensemble.

NOTE SUR LA MAXIME III.

(*La terre est l'unique source des richesses, & c'est l'agriculture qui les multiplie.*)

LE Commerce réciproque avec l'Etranger rapporte des marchandises qui sont payées par les revenus de la Nation en argent ou en échange; ainsi, dans le détail des revenus d'un Royaume, il n'en faut pas faire un objet à part qui formeroit un double emploi. Il faut penser de même des loyers de maisons & des rentes d'intérêts d'argent; car ce sont, pour ceux qui les paient, des dépenses qui se tirent d'une autre source, excepté les rentes placées sur les terres, qui sont assignées sur un fond productif; mais ces rentes sont comprises dans le produit du revenu des terres. Ainsi, ce sont les terres & les avances des Entrepreneurs de la culture, qui sont la source unique des revenus des Nations agricoles.

NOTE SUR LA MAXIME V.

(*Que l'impôt ne soit pas destructif, &c.*)

L'IMPÔT bien ordonné, c'est-à-dire, l'impôt qui ne dégénere pas en spoliation par une mauvaise forme d'imposition, doit être regardé comme une partie du revenu détachée du produit net des biens-fonds d'une Nation agricole; car autrement il n'auroit aucune regle de proportion avec les richesses de la Nation, ni avec le revenu, ni avec l'état des Sujets contribuables; il pourroit insensiblement tout ruiner avant que le Ministere s'en apperçût.

Le produit net des biens-fonds se distribue à trois Propriétaires, à l'Etat, aux Possesseurs des terres & aux Décimateurs. Il n'y a que la portion du Possesseur du bien qui soit aliénable, & elle ne se vend qu'à raison du revenu qu'elle produit. La propriété du Possesseur ne s'étend donc pas au-delà. Ce n'est donc pas lui qui paie les autres Propriétaires qui ont part au bien, puisque leurs parts ne lui appartiennent pas, qu'il ne les a pas acquises, & qu'elles ne sont pas aliénables. Le Possesseur du bien ne doit donc pas regarder l'impôt ordinaire comme une charge établie sur sa portion; car ce n'est pas lui qui paie ce revenu, c'est la partie du bien qu'il n'a pas acquise, & qui ne lui appartient pas, qui le paie à qui il est dû. Et ce n'est que dans les cas de nécessité, dans les cas où la sûreté de la propriété seroit exposée, que tous les Propriétaires doivent, pour leur propre intérêt, contribuer sur leurs portions à la subvention passagere que les besoins pressans de l'Etat peuvent exiger.

Mais il ne faut pas oublier que, dans tous les cas, l'imposition du tribut ne doit porter que sur le revenu, c'est-à-dire, sur le produit net annuel des biens-fonds; & non sur les avances des Laboureurs, ni sur les hommes de travail, ni sur la vente des marchandises : car autrement il seroit destructif. Sur les avances des Laboureurs ce ne seroit pas un impôt, mais une spoliation qui éteindroit la réproduction, détérioreroit les terres, ruineroit les Fermiers, les Propriétaires & l'Etat. Sur le salaire des hommes de travail & sur la vente des marchandises, il seroit arbitraire; les frais de perception surpasseroient l'impôt, & retomberoient sans regle sur les revenus de la Nation & sur ceux du Souverain. Il faut distinguer ici l'imposition d'avec l'impôt; l'imposition seroit le triple de l'impôt, & s'étendroit sur l'impôt même; car dans toutes les dépenses de l'Etat, les taxes imposées sur les marchandises, seroient payées par l'impôt. Ainsi cet impôt seroit trompeur & ruineux.

L'imposition sur les hommes de travail qui vivent de leur salaire, n'est, rigoureusement parlant, qu'une imposition sur le travail, qui est payée par ceux qui employent les ouvriers : de même qu'une imposition sur les chevaux qui labourent la terre, ne seroit réellement qu'une imposition sur les dépenses mêmes de la culture. Ainsi l'imposition sur les hommes, & non sur le revenu, porteroit sur les frais mêmes de l'industrie & de l'agriculture, retomberoit doublement en perte sur le revenu des biens-fonds, & conduiroit rapidement à la destruction de l'impôt. On doit penser de même des taxes qu'on imposeroit sur les marchandises ; car elles tomberoient aussi en pure perte sur le revenu, sur l'impôt & sur les dépenses de la culture, & exigeroient des frais immenses qu'il seroit impossible d'éviter dans un grand Etat.

Cependant ce genre d'imposition est forcément la ressource des petits Etats Maritimes, qui subsistent par un commerce de trafic, nécessairement assujetti à l'impôt dans ces Etats qui n'ont point de territoire. Et il est encore presque toujours regardé comme une ressource momentanée dans les grands Etats, lorsque l'agriculture y est tombée dans un tel dépérissement, que le revenu du territoire ne pourroit plus subvenir au paiement de l'impôt. Mais alors cette ressource insidieuse est une surcharge qui réduit le Peuple à une épargne forcée sur la consommation, qui arrête le travail, qui éteint la reproduction, & qui acheve de ruiner les Sujets & le Souverain.

On a souvent parlé de l'établissement de l'impôt payé en nature par la récolte en forme de dixme : ce genre d'imposition seroit, à la vérité, proportionnel au produit total de la récolte, les frais compris ; mais il n'auroit aucun rapport avec le produit net : plus la terre seroit médiocre, & plus la récolte seroit foible, plus il seroit onéreux, injuste & désastreux.

L'impôt doit donc être pris immédiatement sur le produit net des biens-fonds : car de quelque maniere qu'il soit imposé dans un Royaume qui tire ses richesses de son territoire, il est toujours payé par les biens-fonds. Ainsi la forme d'imposition la plus simple, la plus réglée, la plus profitable à l'Etat, & la moins onéreuse aux Contribuables, est celle qui est établie proportionnellement au produit net & immédiatement à la source des richesses continuellement renaissantes.

L'établissement simple de l'imposition à la source des revenus, c'est-à-dire, sur le produit net des terres qui forme le revenu de la Nation, devient fort difficile dans un Royaume où, faute d'avances, l'agriculture est tombée en ruine ; ou du moins dans une telle dégradation, qu'elle ne peut se prêter à aucun Cadastre fixe & proportionné aux qualités des terres qui sont mal cultivées, & dont le produit, devenu très-foible, n'est qu'en raison de l'état misérable de la culture ; car l'amélioration de la culture, qui pourroit résulter d'une meilleure Administration, rendroit aussi-tôt le Cadastre très-irrégulier.

Une imposition établie également sur les terres, sur leurs produits, sur les hommes, sur leur travail, sur les marchandises & sur les animaux de service, présenteroit une gradation de six impositions égales, posées les unes sur les autres, portant toutes sur une même base, & néanmoins payées chacune à part, mais qui toutes ensemble fourniroient beaucoup moins de revenu au Souverain qu'un simple impôt réel, établi uniquement & sans frais sur le produit net, & égal dans sa proportion à celle des six impositions qu'on pourroit regarder comme réelle. Cet impôt indiqué par l'ordre naturel, & qui augmenteroit beaucoup le revenu du Souverain, coûteroit cependant cinq fois moins à la Nation & à l'Etat que les six impositions ainsi répétées, lesquelles anéantiroient tous les produits du territoire & sembleroient exclure tout moyen de rentrer dans l'ordre. Car les impositions illusoires pour le Souverain, & ruineuses pour la Nation, paroissent aux esprits vulgaires, de plus en plus inévitables à mesure que le dépérissement de l'agriculture augmente.

Cependant il faut au moins commencer par supprimer au plutôt les impositions arbitraires établies sur les Fermiers des terres; sans quoi ce genre d'imposition ruineuse acheveroit d'anéantir entiérement les revenus du Royaume. L'imposition sur les biens-fonds la plus difficile à régler, est celle qui s'établit sur la petite culture, où il n'y a pas de fermage qui puisse servir de mesure, où c'est le Propriétaire même qui fournit les avances, & où le produit net est très-foible & fort incertain. Cette culture qui s'exécute par des Métayers dans les Pays où l'impôt a détruit les Fermiers, & qui est la derniere ressource de l'agriculture ruinée, exige beaucoup de ménagement; car un impôt un peu onéreux enleve ses avances & l'anéantit entiérement. Il faut donc bien distinguer les terres réduites à cette petite culture, & qui, à proportion du produit, sont labourées à grands frais & souvent sans aucun profit, d'avec celles où la grande culture s'exécute par de riches Fermiers, lesquels assurent aux Propriétaires un revenu déterminé qui peut servir de regle exacte pour une imposition proportionnelle. Imposition qui doit être payée par le Propriétaire, & non par le Fermier, si ce n'est en déduction du fermage, comme cela arrive naturellement lorsque le Fermier est instruit, avant de passer son bail, de la quotité de l'impôt. Si les besoins de l'Etat y nécessitent des augmentations, elles doivent être uniquement à la charge des Propriétaires; car le Gouvernement seroit en contradiction avec lui-même s'il exigeoit que les Fermiers remplissent les engagemens de leurs baux, tandis que par l'impôt imprévu dont il les chargeroit, il les mettroit dans l'impossibilité de satisfaire à ces engagemens. Dans tous les cas, le paiement de l'impôt doit être garanti par la valeur même des biens-fonds, & non par celle des richesses d'exploitation de la culture, qui ne peuvent sans déprédation être assujetties à aucun service public, autre que celui de faire renaitre les richesses de la Nation & du Souverain, & qui ne doivent jamais être détournées de cet emploi naturel & nécessaire. Les Propriétaires, fixés à cette regle par le Gouvernement, feroient attentifs, pour la sûreté de leur revenu & de l'impôt, à n'affermer leurs terres qu'à de riches Fermiers; cette précaution assureroit le succès de l'agriculture. Les Fermiers n'ayant plus d'inquiétude sur l'imposition, pendant le cours de leurs baux, se multiplieroient; la petite culture disparoîtroit successivement; les revenus des Propriétaires & l'impôt s'accroîtroient à proportion par l'augmentation des produits des biens-fonds cultivés par de riches Laboureurs.

Il y a eu une Nation qui a su affermir sa puissance & assurer sa prospérité en exemptant la charue de toute imposition. Les Propriétaires, chargés eux-mêmes de l'impôt, souffrent, dans les tems de guerre, des subventions passageres; mais les travaux de la culture des terres n'en sont point ralentis, & le débit & la valeur vénale des biens fonds sont toujours assurés par la liberté du commerce des denrées du crû. Aussi chez cette Nation l'agriculture & la multiplication des bestiaux ne souffrent aucune dégradation pendant les guerres les plus longues & les plus dispendieuses : les Propriétaires retrouvent à la paix leurs terres bien cultivées & bien entretenues, & leurs grands revenus bien maintenus & bien assurés. Il est aisé par-là d'appercevoir la différence qu'il y a entre un impôt exorbitant & un impôt spoliatif; car par la forme de l'imposition, un impôt peut être spoliatif sans être exorbitant, ou peut être exorbitant sans être spoliatif.

NOTE SUR LA MAXIME VI.

(*Que les avances de la culture soient suffisantes.*)

Il faut remarquer que les terres les plus fertiles seroient nulles sans les richesses nécessaires pour subvenir aux dépenses de la culture, & que la dégradation de l'agriculture dans un Royaume ne doit pas être imputée à la paresse des hommes, mais à leur indigence. Si les avances de la culture ne donnoient que peu de produit net, par erreur de Gouvernement, il y auroit de grands frais, peu de revenu, & une population qui ne seroit presque qu'en menu Peuple, occupé dans les campagnes, sans profit pour l'Etat, à une mauvaise culture qui le feroit subsister misérablement.

Autrefois dans *tel* Royaume les avances annuelles ne faisoient renaître de produit net, du fort au foible, l'impôt sur le Laboureur compris, qu'environ *vingt-cinq* pour *cent*, qui se distribuoient à la dixme, à l'impôt, & au Propriétaire : distraction faite des reprises annuelles du Laboureur. Si les avances primitives avoient été suffisantes, la culture auroit pu y rendre aisément *cent* de produit net & même davantage pour *cent* d'avances annuelles. Ainsi la Nation souffroit un *deficit* des quatre cinquiemes au moins sur le produit net de ses avances annuelles, sans compter la perte sur l'emploi & le revenu des terres qui suppléoient elles-mêmes aux frais d'une pauvre culture, & qu'on laissoit en friche alternativement pendant plusieurs années

années pour les réparer, & les remettre en état de produire un peu de récolte. Alors la plus grande partie des habitans étoit dans la misere, & sans profit pour l'Etat. Car *tel est le produit net des avances au-delà des dépenses ; tel est aussi le produit net du travail des hommes qui le font naître : & tel est le produit net des biens fonds ; tel est le produit net pour le revenu, pour l'impôt & pour la subsistance des différentes classes d'hommes d'une Nation.* Ainsi plus les avances sont insuffisantes, moins les hommes & les terres sont profitables à l'Etat. Les Colons qui subsistent misérablement d'une culture ingrate, ne servent qu'à entretenir infructueusement la population d'une pauvre Nation.

L'impôt dans ce Royaume étoit presque tout établi arbitrairement sur les Fermiers, sur les Ouvriers & sur les marchandises. Ainsi il portoit directement & indirectement sur les avances des dépenses de la culture, ce qui chargeoit les biens fonds d'environ trois cents millions pour l'impôt ordinaire, & autant pour la régie, les frais de perception, *&c.* Et les produits du sol ne rendoient plus à la Nation, dans les derniers tems, à en juger par le dépouillement de la taxe d'un dixieme sur les fonds productifs, & par l'examen du produit des terres, qu'environ quatre cents millions de revenu net, y compris la dixme & les autres revenus ecclésiastiques : triste produit d'un grand & excellent territoire, & d'une grande & laborieuse population ! L'exportation des grains étoit défendue ; la production étoit bornée à la consommation de la Nation ; la moitié des terres restoient en friches, on défendoit d'y planter des vignes ; le commerce intérieur des grains étoit livré à une police arbitraire, le débit étoit continuellement interrompu entre les Provinces, & la valeur vénale des denrées toujours incertaine.

Les avances des dépenses productives étoient enlevées successivement par l'impôt arbitraire & par les charges indirectes, à l'anéantissement de la reproduction & de l'impôt même ; les enfans des Laboureurs abandonnoient les campagnes ; le sur-faix de l'impôt sur les denrées en haussoit le prix naturel, & ajoutoit un surcroit de prix onéreux aux marchandises & aux frais de salaire dans les dépenses de la Nation ; ce qui retomboit encore en déchet sur les reprises des Fermiers, sur le produit net des biens fonds, & sur l'impôt sur la culture, *&c.* La spoliation, causée par la partie de l'impôt arbitraire établie sur les Fermiers, causoit d'ailleurs un dépérissement progressif, qui, joint au défaut de liberté de commerce, faisoit tomber les terres en petite culture & en friche. C'étoit à ce degré de décadence où les dépenses de la culture ne produisoient plus, l'impôt territorial compris, que 25 pour cent ; ce qui n'étoit même dû qu'au bénéfice de la grande culture qui existoit encore pour un quart dans le Royaume (*). On ne sui-

(*) Voyez dans l'*Encyclopédie*, article GRAINS, l'exemple d'une Nation qui perd annuellement les quatre cinquiemes du produit de sa culture.

vra pas ici la marche rapide des progrès de cette décadence, il suffit de calculer les effets de tant de causes destructives, procédant les unes des autres, pour en prévoir les conséquences funestes.

Tous ces désordres & tous ces abus ont été reconnus; & la gloire de les réparer étoit réservée à un Ministere plus éclairé. Mais les besoins de l'Etat & les circonstances ne se prêtent pas toujours aux vûes que l'on se propose pour les réformes que peut exiger une bonne administration dans l'économie politique, quoique ces réformes soient très-essentielles & très-pressantes pour l'avantage commun du Souverain & de la Nation.

NOTE SUR LA MAXIME VII.

(*Les fortunes qui rentrent dans la circulation.*)

On ne doit pas entendre simplement par les fortunes qui rentrent dans la circulation, les fortunes qui se détruisent; mais aussi les fortunes stériles ou oisives, qui deviennent actives, & qui sont employées, par exemple, à former les avances des grandes entreprises d'agriculture, de commerce & de manufactures profitables, ou à améliorer des biens fonds dont les revenus rentrent annuellement dans la circulation. C'est même par ces fortunes actives bien établies, qu'un Etat a de la consistance, qu'il a de grandes richesses assurées pour faire renaître annuellement de grandes richesses, pour entretenir une population dans l'aisance, & pour assurer la prospérité de l'Etat & la puissance du Souverain. Mais on ne doit pas penser de même des fortunes pécuniaires qui se tirent des intérêts de l'argent, & qui ne sont pas établies sur des fonds productifs, ni de celles qui sont employées à des acquisitions de charges inutiles, de privileges, *&c.*; leur circulation stérile ne les empêche point d'être des fortunes rongeantes & onéreuses à la Nation.

NOTE SUR LA MAXIME VIII.

(*Laisser aller d'elles-mêmes les dépenses stériles.*)

Les travaux des marchandises de main-d'œuvre & d'industrie pour l'usage de la Nation ne sont qu'un objet dispendieux & non une source de revenu. Ils ne peuvent procurer de profit dans la vente à l'Etranger, qu'aux seuls pays où la main-d'œuvre est à bon marché par le bas prix des denrées qui servent à la subsistance des Ouvriers; condition fort désavantageuse au produit des biens fonds : aussi ne doit-elle pas exister dans les Etats qui ont la liberté & la facilité d'un commerce extérieur qui soutient le débit & le prix des denrées du crû, & qui heureusement détruit le petit profit qu'on pourroit retirer d'un commerce extérieur de marchandises de main-d'œuvre, dont le gain seroit établi sur la perte qui résulteroit du bas prix des productions des biens-fonds. On ne confond pas ici le produit net ou le revenu pour la Nation, avec le gain des Commerçans & Entrepreneurs de Manufactures ; ce gain doit être mis au rang des frais par rapport à la Nation : il ne suffiroit pas, par exemple, d'avoir de riches Laboureurs, si le territoire qu'ils cultiveroient, ne produisoit que pour eux.

Il y a des Royaumes pauvres où la plûpart des Manufactures de luxe trop multipliées sont soutenues par des privileges exclusifs, & mettent la Nation à contribution par des prohibitions qui lui interdisent l'usage d'autres marchandises de main-d'œuvre. Ces prohibitions toujours préjudiciables à la Nation, sont encore plus funestes quand l'esprit de monopole & d'erreur qui les a fait naître, les étend jusques sur la culture & le commerce des productions des biens-fonds, où la concurrence la plus active est indispensablement nécessaire pour multiplier les richesses des Nations.

Nous ne parlerons pas ici du commerce de trafic qui est le lot des petits Etats maritimes. Un grand Etat ne doit pas quitter la charrue pour devenir voiturier. On n'oubliera jamais qu'un Ministre du dernier siecle, ébloui du commerce des Hollandois & de l'éclat des Manufactures de luxe, a jetté sa patrie dans un tel délire, que l'on ne parloit plus que commerce & argent, sans penser au véritable emploi de l'argent ni au véritable commerce du pays.

Ce Ministre si estimable par ses bonnes intentions, mais trop attaché à ses idées, voulut faire naître les richesses du travail des doigts, au préjudice de la source même des richesses, & dérangea toute la constitution économique d'une Nation Agricole. Le commerce extérieur des grains fut arrêté pour faire vivre le Fabricant à bas prix ; le débit du blé dans l'intérieur du Royaume fut livré à une police arbitraire qui interrompoit le commerce entre les provinces. Les protecteurs de l'industrie, les Magistrats des Villes, pour se procurer des blés à bas prix, ruinoient, par un mauvais calcul, leurs Villes & leurs Provinces, en dégradant insensiblement la culture de leurs terres : tout tendoit à la destruction des revenus des biens fonds, des Manufactures, du commerce & de l'industrie, qui, dans une Nation Agricole, ne peuvent se soutenir que par les produits du sol ; car ce sont ces produits qui fournissent au commerce l'exportation du superflu, & qui payent les revenus aux propriétaires, & le salaire des hommes employés aux travaux lucratifs. Diverses causes d'émigrations des hommes & des richesses hâterent les progrès de cette destruction.

Les hommes & l'argent furent détournés de l'agriculture, & employés aux Manufactures de soie, de coton, de laines étrangeres, au préjudice des Manufactures de laines du pays & de la multiplication des troupeaux. On provoqua le luxe de décoration qui fit des progrès très-rapides. L'administration des Provinces, pressée par les besoins de l'Etat, ne laissoit plus de sûreté dans les campagnes pour l'emploi visible des richesses nécessaires à la réproduction annuelle des richesses; ce qui fit tomber une grande partie des terres en petite culture, en friches & en non-valeur. Les revenus des propriétaires des biens-fonds furent sacrifiés en pure perte à un commerce mercantile qui ne pouvoit contribuer à l'impôt. L'agriculture dégradée & accablée touchoit à l'impossibilité d'y subvenir; on l'étendit de plus en plus sur les hommes, sur les alimens, sur le commerce des denrées du crû: il se multiplia en dépenses dans la perception & en déprédations destructives de la réproduction; & il devint l'objet d'un systéme de Finance, qui enrichit la Capitale des dépouilles des Provinces. Le trafic de l'argent à intérêt forma un genre principal de revenus fondés en argent & tirés de l'argent; ce qui n'étoit, par rapport à la Nation, qu'un produit imaginaire, qui échappoit à l'impôt & minoit l'Etat. Ces revenus établis sur l'argent, & l'aspect de l'opulence, soutenus par la magnificence d'un luxe ruineux, en imposoient au vulgaire, & diminuoient de plus en plus la réproduction des richesses réelles, & le pécule de la Nation. Eh! malheureusement les causes de ce désordre général ont été trop long-tems ignorées: *indè mali labes.* Mais aujourd'hui le Gouvernement est attaché à des principes plus lumineux; il connoît les ressources du Royaume, & les moyens d'y ramener l'abondance.

NOTE SUR LA MAXIME IX.

(Ne pas étendre l'emploi de l'argent & des hommes aux Manufactures & au commerce de luxe, au préjudice des travaux & des dépenses de l'agriculture.)

On ne doit s'attacher qu'aux Manufactures de marchandises de main-d'œuvre dont on a les matieres premieres, & qu'on peut fabriquer avec moins de dépense que dans les autres pays; & il faut acheter de l'Etranger les marchandises de main-d'œuvre qu'il peut vendre à meilleur marché qu'elles ne couteroient à la Nation, si elle les faisoit fabriquer chez elle. Par ces achats on provoque le commerce *réciproque*: car si on vouloit ne rien acheter, & vendre de tout, on éteindroit le commerce extérieur & les avantages de l'exportation des denrées du crû, qui est infiniment plus profitable que celle des marchandises de main-d'œuvre. Une Nation Agricole doit favoriser le commerce extérieur actif des denrées du crû, par le commerce extérieur passif des marchandises de main-d'œuvre qu'elle peut acheter à profit de l'Etranger. Voilà tout le mystere du commerce: à ce prix ne craignons pas d'être *tributaires des autres Nations.*

NOTE SUR LA MÊME MAXIME.

(*Préalablement à tout, le Royaume doit être bien peuplé de riches Cultivateurs.*)

LE Bourg de *Goodmans-chester* en Angleterre, est célebre dans l'histoire pour avoir accompagné son Roi avec le cortege le plus honorable, ayant conduit cent quatre-vingts charrues à son passage. Ce faste doit paroitre bien ridicule à nos Citadins accoutumés aux décorations frivoles. On voit encore des hommes, stupidement vains, ignorer que ce sont les riches Laboureurs & les riches Commerçans, attachés au commerce rural, qui animent l'agriculture, qui font exécuter, qui commandent, qui gouvernent, qui sont indépendans, qui assurent les revenus de la Nation, qui, après les Propriétaires distingués par la naissance, par les dignités, par les sciences, forment l'ordre de Citoyens le plus honnête, le plus louable & le plus important dans l'Etat. Ce sont pourtant ces habitans honorables de la campagne, ces Maitres, ces Patriarches, ces riches Entrepreneurs d'agriculture, que le bourgeois ne connoit que sous le nom dédaigneux de *paysans*, & auxquels il veut même retrancher les Maitres d'école qui leur apprennent à lire, à écrire, à mettre de la sûreté & de l'ordre dans leurs affaires, à étendre leurs connoissances sur les différentes parties de leur état.

Ces instructions, dit-on, leur inspirent de la vanité & les rendent processifs : la défense juridique doit-elle être permise à ces hommes terrestres, qui osent opposer de la résistance & de la hauteur à ceux qui, par la dignité de leur séjour dans la Cité, doivent jouir d'une distinction particuliere & d'une supériorité qui doit en imposer aux villageois. Tels sont les titres ridicules de la vanité du Citadin, qui n'est qu'un mercénaire payé par les richesses de la campagne. *Omnium autem rerum ex quibus aliquid acquiritur, nihil est* AGRICULTURA *melius, nihil uberius, nihil dulcius, nihil homini libero dignius.* Cicero de Officiis....... *Meâ quidem sententiâ, haud scio an nulla beatior esse possit, neque solùm officio, quod hominum generi universo cultura agrorum est salutaris ; sed & delectatione, & saturitate, copiâque omnium rerum quæ ad victum hominum, ad cultum etiam Deorum pertinent.* Idem, de Senectute.

DE TOUS LES MOYENS DE GAGNER DU BIEN, IL N'Y EN A POINT DE MEILLEUR, DE PLUS ABONDANT, DE PLUS AGRÉABLE, DE PLUS CONVENABLE A L'HOMME, DE PLUS DIGNE DE L'HOMME LIBRE, QUE L'AGRICULTURE...... POUR MOI, JE NE SAIS S'IL Y A AUCUNE SORTE DE VIE PLUS HEUREUSE QUE CELLE-LA, NON-SEULEMENT PAR L'UTILITÉ DE CET EMPLOI, QUI FAIT SUBSISTER TOUT LE GENRE HUMAIN, MAIS ENCORE PAR LE PLAISIR ET PAR L'ABONDANCE QU'IL PROCURE ; CAR LA CULTURE DE LA TERRE PRODUIT DE TOUT CE

QU'ON PEUT DESIRER POUR LA VIE DES HOMMES ET POUR LE CULTE DES DIEUX.

NOTE SUR LA MAXIME XII.

(Attirer les richesses dans les campagnes pour étendre la grande & éviter la petite culture.)

DANS la grande culture, un homme seul conduit une charrue tirée par des chevaux, qui fait autant de travail que trois charrues tirées par des bœufs, & conduites par six hommes. Dans ce dernier cas, faute d'avances primitives pour l'établissement d'une grande culture, la dépense annuelle est excessive par proportion au produit net, qui est presque nul, & on y emploie infructueusement dix ou douze fois plus de terre. Les propriétaires manquans de Fermiers en état de subvenir à la dépense d'une bonne culture, les avances se font aux dépens de la terre, presque entiérement en pure perte; le produit des prés est consommé, pendant l'hiver, par les bœufs de labour, & on leur laisse une partie de la terre, pour leur pâturage pendant l'été; le produit net de la récolte approche si fort de la non-valeur, que la moindre imposition fait renoncer à ces restes de culture, ce qui arrive même en bien des endroits tout simplement par la pauvreté des habitans. On dit qu'il y a une Nation pauvre qui est réduite à cette petite culture dans les trois quarts de son territoire, & qu'il y a d'ailleurs chez cette Nation plus d'un tiers des terres cultivables qui sont en non-valeur. Mais le Gouvernement est occupé à arrêter les progrès de cette dégradation, & à pourvoir aux moyens de la réparer.

NOTE SUR LA MAXIME XIII.

(Ne point favoriser le monopole dans la culture, & laisser à chacun la liberté de donner à son champ celle qui lui convient.)

Des vûes particulieres avoient fait croire pendant un tems qu'il falloit restreindre en France la culture des vignes pour augmenter la culture du blé, dans le tems même où le Commerce extérieur du blé étoit prohibé, où la communication même du Commerce des grains entre les Provinces du Royaume étoit empêchée, où la plus grande partie des terres étoit en friche, parce que la culture du blé y étoit limitée à la consommation de l'intérieur de chaque Province du Royaume; & où la destruction des vignes augmentoit de plus en plus les friches. Des Provinces éloignées de la Capitale étoient d'ailleurs obligées de faire des représentations pour s'opposer à l'accroissement de la culture des grains, qui faute de débit tomboient dans leur pays en non-valeur; ce qui causoit la ruine des Propriétaires & des Fermiers, & anéantissoit l'impôt dont les terres étoient chargées. Tout conspiroit donc à la dégradation des deux principales cultures du Royaume, & à détruire de plus en plus la valeur des biens fonds; une partie des Propriétaires des terres, au préjudice des autres, tendoit au privilege exclusif de la culture : funestes effets des prohibitions & des empêchemens du Commerce des productions des biens fonds, dans un Royaume où les Provinces se communiquent par les rivieres & les mers, où la Capitale & toutes les autres Villes peuvent être facilement approvisionnées des productions de toutes les parties du territoire, & où la facilité de l'exportation assure le débouché de l'excédent.

La culture des vignes est la plus riche culture du Royaume de France, car le produit net d'un arpent de vignes, évalué du fort au foible, est environ le triple de celui du meilleur arpent de terre cultivé en grains. Encore doit-on remarquer que les frais compris dans le produit total de l'une & de l'autre culture, sont plus avantageux dans la culture des vignes que dans la culture des grains; parce que dans la culture des vignes, les frais fournissent, avec profit, beaucoup plus de salaires pour les hommes, & parce que la dépense pour les échalas & les tonneaux est à l'avantage du débit des bois, & que les hommes occupés à la culture des vignes, n'y sont pas employés dans le tems de la moisson, où ils sont alors d'une grande ressource aux Laboureurs pour la récolte des grains. D'ailleurs cette classe d'hommes payés de leurs travaux par la terre, en devenant fort nombreuse, augmente le débit des blés & des vins, & en soutient la valeur vénale à mesure que la culture s'étend & que l'accroissement de la culture augmente les richesses : car l'augmentation des richesses augmente la population dans toutes les classes d'hommes d'une Nation, & cette augmentation de population soutient de toutes parts la valeur vénale des produits de la culture.

On doit faire attention que la facilité du Commerce extérieur des denrées du crû délivrées d'impositions onéreuses, est un grand avantage pour une Nation qui a un grand territoire, où elle peut varier la culture pour en obtenir différentes productions de bonne valeur; sur-tout celles qui ne peuvent pas naître chez les Nations voisines. La vente du vin & des eaux-de-vie à l'étranger étant pour nous un commerce privilégié, que nous devons à notre territoire & à notre climat, il doit spécialement être protégé par le Gouvernement; ainsi il ne doit pas être assujetti à des impositions multipliées en pure perte pour l'impôt, & trop préjudiciables au débit des productions qui sont l'objet d'un grand Commerce extérieur, capable de soutenir l'opulence du Royaume : l'impôt doit être pur & simple, assigné sur le sol qui produit ces richesses; & dans la compensation de l'imposition générale, on doit avoir égard à celles dont il faut assurer, par un prix favorable, le débit chez l'Etranger; car alors l'Etat est bien dédommagé de la modération de l'impôt sur ces parties, par l'influence avantageuse de ce Commerce sur toutes les autres sources de richesses du Royaume.

SUR LA MÊME MAXIME.

(*Après les avances de la culture, ce sont les revenus & l'impôt qui sont les richesses de premier besoin, & qui assurent la prospérité de la Nation.*)

EN quoi consiste la prospérité d'une Nation agricole? EN DE GRANDES AVANCES POUR PERPÉTUER ET ACCROÎTRE LES REVENUS ET L'IMPÔT; EN UN COMMERCE INTÉRIEUR ET EXTÉRIEUR LIBRE ET FACILE; EN JOUISSANCE DES RICHESSES ANNUELLES DES BIENS FONDS; EN PAYEMENS PÉCUNIAIRES ET OPULENS DU REVENU ET DE L'IMPÔT. L'abondance des productions s'obtient par les grandes avances; la consommation & le commerce soutiennent le débit & la valeur vénale des productions; la valeur vénale est la mesure des richesses de la Nation; les richesses réglent le tribut qui peut être imposé, & fournissent la Finance qui le paye, & qui doit circuler dans le Commerce; mais qui ne doit point s'accumuler dans un pays au préjudice de l'usage & de la consommation des productions annuelles qui doivent y perpétuer, par la réproduction & le commerce réciproque, les véritables richesses.

L'argent monnoyé est une richesse qui est payée par d'autres richesses, *qui est pour les Nations un gage intermédiaire entre les ventes & les achats*, qui ne contribue plus à perpétuer les richesses d'un Etat lorsqu'il est retenu hors de la circulation & qu'il ne rend plus richesse pour richesse: alors plus il s'accumuleroit, plus il couteroit de richesses qui ne se renouvelleroient pas, & plus il appauvriroit la Nation. L'argent n'est donc une richesse active & réellement profitable dans un Etat, qu'autant qu'il rend continuellement richesse pour richesse; parce que la monnoie n'est par elle-même qu'une richesse stérile, qui n'a d'autre utilité dans une Nation que son emploi pour les ventes & les achats, & pour les payemens des revenus & de l'impôt, qui le remettent dans la circulation; ensorte que le même argent satisfait tour à tour & continuellement à ces payemens & à son emploi dans le Commerce.

Aussi la masse du pécule d'une Nation Agricole ne se trouve-t-elle qu'à-peu-près égale au produit net ou revenu annuel des biens fonds; car dans cette proportion il est plus que suffisant pour l'usage de la Nation; une plus grande quantité de monnoie ne seroit point une richesse utile pour l'Etat. Quoique l'impôt soit payé en argent, ce n'est pas l'argent qui le fournit, ce sont les richesses du sol qui renaissent annuellement: c'est dans ces richesses renaissantes, & non, comme le pense le vulgaire, dans le pécule de la Nation que consiste la prospérité & la force d'un Etat. On ne supplée point au renouvellement successif de ses richesses par le pécule; mais le pécule est facilement suppléé dans le commerce par des engagemens par écrit, assurés par les richesses que l'on possede dans le pays, & qui se transportent chez l'Etranger. L'avidité de l'argent est une passion vive dans les

les particuliers, parce qu'ils sont avides de la richesse qui représente les autres richesses; mais cette sorte d'avidité, qui le soustrait de son emploi, ne doit pas être la passion de l'Etat : la grande quantité d'argent n'est à désirer dans un Etat qu'autant qu'elle est proportionnée au revenu, & qu'elle marque par là une opulence perpétuellement renaissante, dont la jouissance est effective & bien assurée. Telle étoit sous CHARLES V, dit *le Sage*, l'abondance de l'argent qui suivoit l'abondance des autres richesses du Royaume. On peut en juger par celles qui sont détaillées dans l'inventaire immense de ce Prince, indépendamment d'une réserve de 27 millions, (près de 300 millions, valeur actuelle de notre monnoie) qui se trouva dans ses coffres; ces grandes richesses sont d'autant plus remarquables, que les Etats des Rois de France ne comprenoient pas alors un tiers du Royaume.

L'argent n'est donc pas la véritable richesse d'une Nation, la richesse qui se consomme & qui renaît continuellement; car l'argent n'engendre pas de l'argent. Un écu bien employé peut à la vérité faire naitre une richesse de deux écus, mais c'est la production & non pas l'argent qui s'est multipliée, ainsi l'argent ne doit pas séjourner dans des mains stériles. Il n'est donc pas aussi indifférent qu'on le croit pour l'Etat, que l'argent passe dans la poche de Pierre ou de Paul, car il est essentiel qu'il ne soit pas enlevé à celui qui l'emploie au profit de l'Etat. A parler rigoureusement, l'argent qui a cet emploi dans la Nation, n'a point de Propriétaire; il appartient aux besoins de l'Etat, lesquels le font circuler pour la réproduction des richesses qui font subsister la Nation & qui fournissent le tribut au Souverain.

Il ne faut pas confondre cet argent avec la Finance dévorante qui se trafique en prêt à intérêt & qui élude la contribution que tout revenu annuel doit à l'Etat. L'argent de besoin a, dis-je, chez tous les particuliers une destination à laquelle il appartient décisivement : celui qui est destiné au payement actuel de l'impôt appartient à l'impôt; celui qui est destiné au besoin de quelque achat appartient à ce besoin; celui qui vivifie l'agriculture, le commerce & l'industrie appartient à cet emploi; celui qui est destiné à payer une dette échue ou prête à échoir, appartient à cette dette, &c. & non à celui qui le possede : c'est l'argent de la Nation, personne ne doit le retenir, parce qu'il n'appartient à personne; cependant c'est cet argent dispersé qui forme la principale masse du pécule d'un Royaume vraiment opulent, où il est toujours employé à profit pour l'Etat. On n'hésite pas même à le vendre au même prix qu'il a coûté, c'est-à-dire, à le laisser passer chez l'Etranger pour des achats de marchandises dont on a besoin, & l'Etranger n'ignore pas non plus les avantages de ce Commerce où le besoin des échanges décide de l'emploi de l'argent en marchandises & des marchandises en argent: car l'argent & les marchandises ne sont richesses qu'à raison de leur valeur vénale.

L'argent détourné & retenu hors de la circulation, est un petit objet qui est bientôt épuisé par les emprunts un peu multipliés; cependant c'est cet argent oisif qui fait illusion au bas peuple; c'est lui que le vulgaire regarde comme les richesses de la Nation & comme une grande ressource dans les besoins d'un Etat; même d'un grand Etat, qui réellement ne peut être opulent que par le produit net des richesses qui naissent annuellement de son territoire, & qui, pour ainsi dire, fait renaître l'argent en le renouvellant & en accélérant continuellement sa circulation.

D'ailleurs quand un Royaume est riche & florissant par le Commerce de ses productions, il a, par ses correspondances, des richesses dans les autres pays, & le papier lui tient lieu par-tout d'argent. L'abondance & le débit de ses productions lui assurent donc par-tout l'usage du pécule des autres Nations, & jamais l'argent ne manque non plus dans un Royaume bien cultivé, pour payer au Souverain & aux Propriétaires les revenus fournis par le produit net des denrées commerçables, qui renaissent annuellement de la terre : mais quoique l'argent ne manque point pour payer ces revenus, il ne faut pas prendre le change & croire que l'impôt puisse être établi sur la circulation de l'argent (*).

L'argent est une richesse qui se dérobe à la vûe. Le tribut ne peut être imposé qu'à la source des richesses disponibles, toujours renaissantes, ostensibles & commerçables. C'est là que naissent les revenus du Souverain; & qu'il peut trouver de plus des ressources assurées dans des besoins pressans de l'Etat. Les vûes du Gouvernement ne doivent donc pas s'arrêter à l'argent, elles doivent s'étendre plus loin & se fixer à l'abondance & à la valeur vénale des productions de la terre, pour accroître les revenus. C'est dans cette partie de richesses visibles & annuelles, que consiste la puissance de l'Etat & la prospérité de la Nation : c'est elle qui fixe & qui attache les Sujets au sol. L'argent, l'industrie, le commerce mercantile, & de trafic, ne forment qu'un domaine postiche & indépendant, qui, sans les productions du sol, ne constitueroit qu'un Etat républicain : Constantinople même, qui n'en a pas le Gouvernement, mais qui est réduit aux richesses mobiliaires du Commerce de trafic, en a, au milieu du despotisme, le génie & l'indépendance dans les correspondances & dans l'état libre de ses richesses de commerce.

NOTE SUR LA MAXIME XIV.

(*Favoriser la multiplication des bestiaux.*

CET avantage s'obtient par le débit, par l'emploi & l'usage des laines dans le Royaume, par la grande consommation de la viande, du laitage,

(*) Voyez ce que nous avons dit plus haut sur l'impôt.

du beurre, du fromage, &c. sur-tout par celle que doit faire le menu peuple qui est le plus nombreux : car ce n'est qu'à raison de cette consommation, que les bestiaux ont du débit, & qu'on les multiplie, & c'est l'engrais que les bestiaux fournissent à la terre qui procure d'abondantes récoltes par la multiplication même des bestiaux. Cette abondance de récolte & de bestiaux éloigne toute inquiétude de famine dans un Royaume si fécond en subsistance. La nourriture que les bestiaux y fournissent aux hommes, y diminue la consommation du blé, & la Nation peut en vendre une plus grande quantité à l'Etranger, & accroître continuellement ses richesses par le Commerce d'une production si précieuse. L'aisance du menu peuple contribue donc par là essentiellement à la prospérité de l'Etat.

Le profit sur les bestiaux se confond avec le profit sur la culture à l'égard du revenu du Propriétaire, parce que le prix du loyer d'une ferme s'établit à raison du produit qu'elle peut donner par la culture & par la nourriture des bestiaux, dans les pays où les avances des Fermiers ne sont pas exposées à être enlevées par un impôt arbitraire. Mais lorsque l'impôt est établi sur le Fermier, le revenu de la terre tombe dans le dépérissement, parce que les Fermiers n'osent faire les avances des achats de bestiaux, dans la crainte que ces bestiaux, qui sont des objets visibles, ne leur attirent une imposition ruineuse. Alors faute d'une quantité suffisante de bestiaux pour fournir les engrais à la terre, la culture dépérit, les frais des travaux en terres maigres absorbent le produit net & détruisent le revenu.

Le profit des bestiaux contribue tellement au produit des biens fonds, que l'un s'obtient par l'autre, & que ces deux parties ne doivent pas être séparées dans l'évaluation des produits de la culture calculée d'après le revenu des Propriétaires ; car c'est plus par le moyen des bestiaux qu'on obtient le produit net qui fournit le revenu & l'impôt, que par le travail des hommes qui seul rendroit à peine les frais de leur subsistance. Mais il faut de grandes avances pour les achats des bestiaux, c'est pourquoi le Gouvernement doit plus attirer les richesses à la campagne que les hommes : on n'y manquera pas d'hommes s'il y a des richesses; mais sans richesses tout y dépérit, les terres tombent en non-valeur, & le Royaume est sans ressource & sans forces.

Il faut donc qu'il y ait une entiere sûreté pour l'emploi visible des richesses à la culture de la terre, & une pleine liberté de commerce des productions. Ce ne sont pas les richesses qui font naître les richesses qui doivent être chargées de l'impôt. D'ailleurs les Fermiers & leurs familles doivent être exempts de toutes charges personnelles auxquelles des habitans riches & nécessaires dans leur emploi ne doivent pas être assujettis, de crainte qu'ils n'emportent dans les Villes les richesses qu'ils emploient à l'agriculture, pour y jouir des prérogatives qu'un Gouvernement peu éclairé y accorderoit par prédilection au mercenaire Citadin. Les Bourgeois aisés, sur-tout les Marchands détailleurs qui ne gagnent que sur le Public, & dont le trop grand nombre dans les Villes est onéreux à la Nation, ces Bourgeois, dis-je, trouveroient pour leurs enfans dans l'agriculture protégée & honorée, des établissemens plus solides & moins serviles que dans les Villes ; leurs richesses ramenées à la campagne fertiliseroient les terres, multiplieroient les richesses & assureroient la prospérité & la puissance de l'Etat.

Il y a une remarque à faire sur les Nobles qui cultivent leurs biens à la campagne ; il y en a beaucoup qui n'ont pas en propriété un terrein suffisant pour l'emploi de leurs charrues ou de leurs facultés, & alors il y a de la perte sur leurs dépenses & sur leurs emplois. Seroit-ce déparer la Noblesse que de leur permettre d'affermer des terres pour étendre leur culture & leurs occupations au profit de l'Etat, sur-tout dans un pays où la charge de l'impôt (devenue déshonnête) ne seroit plus établie ni sur les personnes, ni sur les Cultivateurs? Est-il indécent à un Duc & Pair de louer un Hôtel dans une Ville ? Le payement d'un fermage n'assujettit à aucune dépendance envers qui que ce soit, pas plus que le payement d'un habit, d'une rente, d'un loyer, *&c.* ; mais de plus on doit remarquer dans l'agriculture, que le Possesseur de la terre & le Possesseur des avances de la culture sont tous deux également Propriétaires, & qu'à cet égard la dignité est égale de part & d'autre. Les Nobles en étendant leurs entreprises de culture, contribueroient par cet emploi à la prospérité de l'Etat, & ils y trouveroient des ressources pour soutenir leurs dépenses & celle de leurs enfans dans l'état militaire. De tout tems la Noblesse & l'agriculture ont été réunies. Chez les Nations libres, le fermage des terres, délivré des impositions arbitraires & personnelles, est fort indifférent en lui-même : les redevances attachées aux biens & auxquelles les Nobles mêmes sont assujettis, ont-elles jamais dégradé la Noblesse ni l'agriculture ?

NOTE SUR LA MAXIME XVI.

(*Tel est le débit, telle est la réproduction.*)

Si on arrête le commerce extérieur des grains & des autres productions du crû, on borne l'agriculture à l'état de la population, au lieu d'étendre la population par l'agriculture. La vente des productions du crû à l'Etranger augmente le revenu des biens fonds ; cette augmentation du revenu augmente la dépense des Propriétaires ; cette augmentation de dépenses attire les hommes dans le Royaume ; cette augmentation de population augmente la consommation des productions du crû ; cette augmentation de consommation & la vente à l'Etranger accélerent de part & d'autre les progrès de l'agriculture, de la population & des revenus.

Par la liberté & la facilité du commerce extérieur d'exportation & d'importation, les grains ont constamment un prix plus égal, car le prix le plus égal est celui qui a cours entre les Nations commerçantes. Ce commerce applanit en tout tems l'inégalité annuelle des récoltes des Nations, en apportant tour à tour chez celles qui sont dans la pénurie le superflu de celles qui sont dans l'abondance, ce qui remet par-tout & toujours les productions & les prix à-peu-près au même niveau. C'est pourquoi les Nations commerçantes qui n'ont pas de terres à ensemencer, ont leur pain aussi assuré que celles qui cultivent de grands territoires. Le moindre avantage sur le prix dans un pays, y attire la marchandise, & l'égalité se rétablit continuellement.

Or il est démontré qu'indépendamment du débit à l'Etranger, & d'un plus haut prix, la seule égalité constante du prix augmente de plus d'un dixieme le revenu des terres; qu'elle accroît & assure les avances de la culture; qu'elle évite les chertés excessives qui diminuent la population; & qu'elle empêche les non-valeurs qui font languir l'agriculture. Au lieu que l'interdiction du commerce extérieur est cause que l'on manque souvent du nécessaire; que la culture qui est trop mesurée aux besoins de la Nation, fait varier les prix autant que les bonnes & mauvaises années font varier les récoltes; que cette culture limitée laisse une grande partie des terres en non-valeur & sans revenu; que l'incertitude du débit inquiete les Fermiers, arrête les dépenses de la culture, fait baisser le prix du fermage; que ce dépérissement s'accroît de plus en plus, à mesure que la Nation souffre d'une précaution insidieuse, qui enfin la ruine entiérement.

Si pour ne pas manquer de grains, on s'imaginoit d'en défendre la vente à l'Etranger, & d'empêcher aussi les Commerçans d'en remplir leurs greniers dans les années abondantes qui doivent suppléer aux mauvaises années, d'empêcher, dis-je, de multiplier ces magasins libres, où la concurrence des Commerçans préserve du monopole, procure aux Laboureurs du débit dans l'abondance, & soutient l'abondance dans la stérilité; il faudroit conclure, des principes d'une administration si craintive & si étrangere à une Nation Agricole, qui ne peut s'enrichir que par le débit de ses productions, qu'on devroit aussi restreindre autant qu'on le pourroit la consommation du blé dans le pays, en y réduisant la nourriture du menu peuple, aux pommes de terre & au bled noir, aux glands, *&c.* & qu'il faudroit, par une prévoyance si déplacée & si ruineuse, empêcher le transport des blés des Provinces où ils abondent, dans celles qui sont dans la disette, & dans celles qui sont dégarnies. Quels abus! quels monopoles cette police arbitraire & destructive n'occasionneroit-elle pas! Que deviendroit la culture des terres, les revenus, l'impôt, le salaire des hommes, & les forces de la Nation!

NOTE SUR LA MAXIME XVIII.

(Le bas prix des denrées du crû rendroit le Commerce désavantageux à la Nation.)

SI, par exemple, on achete de l'Etranger telle quantité de marchandises pour la valeur d'un septier de blé du prix de 20 liv., il en faudroit deux septiers pour payer la même quantité de cette marchandise si le Gouvernement faisoit baisser le prix du blé à 10 livres.

NOTE SUR LA MÊME MAXIME.

(Telle est la valeur vénale, tel est le revenu.)

ON doit distinguer dans un Etat les biens qui ont une valeur usuelle, & qui n'ont pas de valeur vénale, d'avec les richesses qui ont une valeur usuelle & une valeur vénale; par exemple, les Sauvages de la Louisianne jouissoient de beaucoup de biens, tels sont l'eau, le bois, le gibier, les fruits de la terre, *&c.* qui n'étoient pas des richesses, parce qu'ils n'avoient pas de valeur vénale. Mais depuis que quelques branches de commerce se sont établies entr'eux & les François, les Anglois, les Espagnols, *&c.* une partie de ces biens a acquis une valeur vénale & est devenue richesse. Ainsi l'administration d'un Royaume doit tendre à procurer tout ensemble à la Nation, la plus grande abondance possible de productions, & la plus grande valeur vénale possible, parce qu'avec de grandes richesses elle se procure par le commerce toutes les autres choses dont elle peut avoir besoin dans la proportion convenable à l'état de ses richesses.

NOTE SUR LA MAXIME XIX.

(Le trop bon marché des denrées n'est pas avantageux au petit Peuple.)

LA cherté du blé, par exemple, pourvu qu'elle soit constante dans un Royaume Agricole, est plus avantageuse au menu peuple, que le bas prix. Le salaire de la journée du Manouvrier s'établit assez naturellement sur le prix du blé, & est ordinairement le vingtieme du prix d'un septier. Sur ce pied si le prix du blé étoit constamment à vingt livres, le Manouvrier gagneroit dans le cours de l'année environ 260 liv., il en dépenseroit en blé pour lui & sa famille 200 liv., & il lui resteroit 60 liv. pour les autres besoins : si au contraire le septier de blé ne valoit que 10 liv. il ne gagneroit que 130 liv., il en dépenseroit 100 liv. en bled, & il ne lui resteroit pour les autres besoins que 30 liv. Aussi voit-on que les Provinces où le blé est cher, sont beaucoup plus peuplées que celles où il est à bas prix.

Le même avantage se trouve pour toutes les autres classes d'hommes, pour le gain des Cultivateurs, pour le revenu des Propriétaires, pour l'impôt, pour la prospérité de l'Etat ; car alors le produit des terres dédommage largement du surcroît des frais de salaire & de nourriture. Il est aisé de s'en convaincre par le calcul des dépenses & des accroissemens des produits.

C'est le renchérissement des denrées qui est désavantageux au petit Peuple, sur-tout lorsqu'il est subit ; parce que les salaires ne montent pas en proportion.

Voyez les articles CHERTÉ, SALAIRE.

NOTE SUR LA MAXIME XX.

(*Qu'on ne diminue pas l'aisance du menu Peuple.*)

POUR autoriser les vexations sur les habitans de la campagne, les Exacteurs ont avancé pour maxime, qu'il faut que les *Paysans soient pauvres, pour les empêcher d'être paresseux.* Les Bourgeois dédaigneux ont adopté volontiers cette maxime barbare, parce qu'ils sont moins attentifs à d'autres maximes plus décisives, qui sont que l'homme *qui ne peut rien conserver ne travaille précisément que pour gagner de quoi se nourrir ; & qu'en général tout homme qui peut conserver est laborieux, parce que tout homme est avide de richesses.* La véritable cause de la paresse du Paysan opprimé est le trop bas prix du salaire & le peu d'emploi dans les pays où la gêne du commerce des productions fait tomber les denrées en non-valeur, & où d'autres causes ont ruiné l'agriculture. Les vexations, le bas prix des denrées, & un gain insuffisant pour les exciter au travail, les rendent paresseux, braconniers, vagabonds & pillards. La pauvreté forcée n'est donc pas le moyen de rendre les Paysans laborieux : il n'y a que la propriété & la jouissance assurées de leur gain, qui puissent leur donner du courage & de l'activité.

Les Ministres, dirigés par des sentimens d'humanité, par une éducation supérieure, & par des vues plus étendues, rejettent avec indignation les maximes odieuses & destructives qui ne tendent qu'à la dévastation des campagnes ; car ils n'ignorent pas que ce sont les richesses des habitans de la campagne qui font naître les richesses de la Nation : PAUVRES PAYSANS, PAUVRE ROYAUME.

NOTE SUR LA MAXIME XXII.

(*Les grandes dépenses en consommation de subsistance entretiennent le bon prix des denrées & la reproduction des revenus.*)

Ce que l'on remarque ici, à l'égard des grandes dépenses de consommation des denrées du crû, se rapporte aux Nations Agricoles. Mais on doit penser autrement des petites Nations commerçantes qui n'ont pas de territoire ; car leur intérêt les oblige d'épargner en tout genre de dépenses pour conserver & accroître le fond des richesses nécessaires à leur commerce, & pour commercer à moins de frais que les autres Nations, afin de pouvoir s'assurer les avantages de la concurrence dans les achats & dans les ventes chez l'Etranger. Ces petites Nations commerçantes doivent être regardées comme les Agens du commerce des grands Etats, parce qu'il est plus avantageux à ceux-ci de commercer par leur entremise que de se charger eux-mêmes de différentes parties de Commerce qu'ils exerceroient avec plus de dépenses, & dont ils retireroient moins de profit, qu'en se procurant chez eux une grande concurrence de Commerçans étrangers ; car ce n'est que par la plus grande concurrence possible, permise à tous les Négocians de l'univers, qu'une Nation peut s'assurer le meilleur prix & le débit le plus avantageux possible des productions de son territoire, & se préserver du monopole des Commerçans du pays.

NOTE SUR LA MAXIME XXVI.

(*Etre moins attentif à l'accroissement de la population, qu'à celui des revenus.*)

Le désir qu'ont toutes les Nations d'être puissantes à la guerre, & l'ignorance des moyens de faire la guerre, parmi lesquels le vulgaire n'envisage que les hommes, ont fait penser que la force des Etats consiste dans une grande population. On n'a point assez vu que pour soutenir la guerre il ne falloit pas à beaucoup près une si grande quantité d'hommes qu'on le croit au premier coup-d'œil ; que les armées très-nombreuses doivent être & sont ordinairement bien plus funestes à la Nation, qui s'épuise pour les employer, qu'à l'ennemi qu'elles combattent ; & que la partie militaire d'une Nation ne peut ni subsister, ni agir que par la partie contribuable.

Quelques esprits superficiels supposent que les grandes richesses d'un Etat s'obtiennent par l'abondance des hommes : mais leur opinion vient de ce qu'ils oublient que les hommes ne peuvent obtenir & perpétuer les richesses que par les richesses, & qu'autant qu'il y a une proportion convenable entre les hommes & les richesses.

Une Nation croit toujours qu'elle n'a pas assez d'hommes ; & on ne ne s'apperçoit pas qu'il n'y a pas assez de salaire pour soutenir une plus grande population, & que les hommes sans fortune ne sont profitables dans un pays qu'autant qu'ils y trouvent des gains assurés pour y subsister par leur travail. Au défaut de gains ou de salaire, une partie du Peuple des campagnes peut à la vérité faire naître, pour se nourrir, quelques productions de vil prix qui n'exigent pas de grandes dépenses ni de longs travaux, & dont la récolte ne se fait pas attendre long-tems : mais ces hommes, ces productions & la terre où elles naissent, sont nuls pour l'Etat. Il faut, pour tirer de la terre un revenu, que les travaux de la campagne rendent un produit net au-delà des salaires payés aux ouvriers, car c'est ce produit net qui fait subsister les autres classes d'hommes nécessaires dans un Etat. C'est ce qu'on ne doit pas attendre des hommes pauvres qui labourent la terre avec leurs bras ou avec d'autres moyens insuffisans ; car ils ne peuvent que se procurer à eux seuls leur subsistance en renonçant à la culture du blé qui exige trop de tems, trop de travaux, trop de dépenses pour être exécutée par des hommes dénués de facultés & réduits à tirer leur nourriture de la terre par le seul travail de leurs bras.

Ce n'est donc pas à de pauvres Paysans, que vous devez confier la culture de vos terres. Ce sont les animaux qui doivent labourer & fertiliser vos champs : c'est la consommation, le débit, la facilité & la liberté du Commerce intérieur & extérieur, qui assurent la valeur vénale qui forme vos revenus. Ce sont donc des hommes riches que vous devez charger des entreprises de la culture des terres & du Commerce rural, pour vous enrichir, pour enrichir l'Etat, pour faire renaître des richesses intarrissables, par lesquelles vous puissiez jouir largement des produits de la terre & des Arts, entretenir une riche défense contre vos ennemis, & subvenir avec opulence aux dépenses des travaux publics pour les commodités de la Nation, pour la facilité du Commerce de vos denrées, pour les fortifications de vos frontieres, pour l'entretien d'une Marine redoutable, pour la décoration du Royaume, & pour procurer aux hommes de travail des salaires & des gains qui les attirent & qui les retiennent dans le Royaume. Ainsi le Gouvernement Politique de l'agriculture & du commerce de ses productions est la base du Ministere des Finances, & de toutes les autres parties de l'Administration d'une Nation Agricole.

Les grandes armées ne suffisent pas pour former une riche défense ; il faut que le soldat soit bien payé pour qu'il puisse être bien discipliné, bien exercé, vigoureux, content & courageux. La guerre sur terre & sur mer emploie d'autres moyens que la force des hommes, & exige d'autres dépenses bien plus considérables que celles de la subsistance des soldats. Aussi ce sont bien moins les hommes que les richesses qui soutiennent la guerre : car tant qu'on a des richesses pour bien payer les hommes, on n'en manque pas pour réparer les armées. Plus une Nation a de richesses pour faire renaître annuellement les richesses, moins cette reproduction annuelle occupe d'hommes; plus elle rend de produit net, plus le Gouvernement a d'hommes à sa disposition pour le service & les travaux publics; & plus il y a de salaire pour les faire subsister, plus ces hommes sont utiles à l'Etat par leurs emplois & par leurs dépenses qui font rentrer leur paye dans la circulation.

Les batailles gagnées où l'on ne tue que des hommes, sans causer d'autres dommages, affoiblissent peu l'ennemi si le salaire des hommes qu'il a perdu lui reste, & s'il est suffisant pour attirer d'autres hommes. Une armée de cent mille hommes bien payés est une armée d'un million d'hommes; car toute armée où la solde attire des hommes, ne peut être détruite: c'est alors aux soldats à se défendre courageusement; ce sont eux qui ont le plus à perdre, car ils ne manqueront pas de successeurs bien déterminés à affronter les dangers de la guerre. C'est donc la richesse qui soutient l'honneur des armes. Le Héros qui gagne des batailles, qui prend des villes, qui acquiert de la gloire, & qui est le plutôt épuisé, n'est pas le Conquérant. L'Historien qui se borne au merveilleux dans le récit des exploits militaires, instruit peu la postérité sur les succès des événemens décisifs des guerres, s'il lui laisse ignorer l'état des forces fondamentales & de la politique des Nations dont il écrit l'histoire; car c'est dans l'aisance permanente de la partie contribuable des Nations, & dans les vertus patriotiques, que consiste la puissance permanente des Etats.

Il faut penser de même à l'égard des travaux publics qui facilitent l'accroissement des richesses, tels sont la construction des canaux, la réparation des chemins, des rivieres, *&c.* qui ne peuvent s'exécuter que par l'aisance des contribuables en état de subvenir à ces dépenses sans préjudicier à la réproduction annuelle des richesses de la Nation: autrement de tels travaux si étendus, quoique fort désirables, seroient par les impositions déréglées, ou par les corvées continuelles, des entreprises ruineuses dont les suites ne seroient pas réparées par l'utilité de ces travaux forcés & accablans; car le dépérissement d'un Etat se répare difficilement. Les causes destructives qui augmentent de plus en plus, rendent inutiles toute la vigilance & tous les efforts du Ministere, lorsqu'on ne s'attache qu'à réprimer les effets & qu'on ne remonte pas jusqu'au principe: ce qui est bien prouvé, pour le tems, par l'Auteur du Livre intitulé: *Le détail de la France sous Louis XIV*, imprimé en 1699. Cet Auteur rapporte les commencemens de la décadence du Royaume à l'année 1660, & il en examine les progrès jusqu'au tems où il a publié son Livre: il expose que les revenus des biens fonds qui étoient de 700 millions (1400 millions de notre monnoie d'aujourd'hui), avoient diminué de moitié depuis 1660 jusqu'en 1699: il observe que ce n'est pas à la quantité d'impôts, mais à la mauvaise forme d'imposition & à ses désordres, qu'il faut imputer cette énorme dégradation. On doit juger de-là des progrès de cette diminution, par la continuation du même genre d'Administration. L'imposition devint si désordonnée, qu'elle monta sous Louis XIV à plus de 750 millions qui ne rendoient au Trésor Royal que 250 millions (*), ce qui enlevoit annuellement aux contribuables la jouissance de 500 millions, sans compter la dégradation annuelle que causoit la taille arbitraire établie sur les Fermiers. Les impositions multipliées & ruineuses sur toute espece de dépenses s'étendoient par repompement sur la dépense de l'impôt même, au détriment du Souverain pour lequel une grande partie de ses revenus devenoit illusoire. Aussi remarque-t-on que par une meilleure Administration on auroit pû en très-peu de tems augmenter beaucoup l'impôt, & enrichir les Sujets en abolissant ces impositions si destructives, & en ranimant le Commerce extérieur des grains, des vins, des laines, des toiles, &c. Mais qui auroit osé entreprendre une telle réforme dans des tems où l'on n'avoit nulle idée du Gouvernement économique d'une Nation Agricole? On auroit cru alors renverser les colonnes de l'édifice.

(*) Voyez les *Mémoires pour servir à l'Histoire générale des Finances*, par M. D. de B.

AGRICULTEUR, s. m.

L'AGRICULTURE est la vraie destination de l'Homme.

En recherchant l'origine de tous les Peuples du Monde, on voit, que dans le principe, chaque individu cultivoit une portion de terre; que les Peuples ont été puissans, sains, riches, sages & heureux, tant qu'ils ont conservé cette noble simplicité de mœurs: cette vie toujours occupée les garantissoit de tous les vices & de tous les maux. La République Romaine n'a jamais été plus heureuse & plus respectée que du tems de Cincinnatus; il en a été de même de tous les Peuples. On voit enfin que l'époque de la décadence de tous les Etats, a toujours été l'instant où la mollesse, bâtissant des Villes, y a entassé une foule de fainéans, frélons consommateurs, qui ne sachant que faire, se sont successivement livrés à tous les vices. Le luxe, ce serpent dangereux, a bientôt corrompu des ames affoiblies par les jouissances continuelles, & blasées par les excès. Plus de patrie, plus d'union. Le sang, ce baume précieux, devient poison dans leurs veines: leurs liqueurs exaltées & aigries, agaçant & picotant sans cesse leurs nerfs, irritent leurs desirs, & les multiplient: ils dégénerent nécessairement, & bientôt la métamorphose s'acheve.

Ces chrysalides devenues papillons, fieres de leur bigarrure, bouffies d'orgueil & de vanité, méprisent les hommes des champs, leurs anciens camarades, & les avilissent.

L'homme né libre, & fier de la perfection de son être, abhorre l'avilissement : chacun veut devenir papillon : on déserte des campagnes : les terres restent en friche : le vrai commerce languit.

On a recours aux arts : foible ressource, puisqu'elle dépend absolument du caprice. Comment des êtres, faits pour raisonner, peuvent-ils mettre un aussi foible & aussi ridicule moyen en comparaison avec l'Agriculture !

N'est-ce pas pour elle seule que les saisons se renouvellent, que le froid succede au chaud, pour laisser reposer la terre, & y concentrer les sels nourriciers? Les pluies, les vents, les rosées, en un mot, cet ordre admirable & immuable que l'Etre-Suprême a prescrit à toute la nature, n'a d'autre objet que le renouvellement successif des productions nécessaires à notre existence.

Hommes orgueilleux ! reptiles insolens ! prosternez-vous devant l'Etre-Suprême : espérez tout de sa bonté, mais ne lassez pas sa patience.

Fuyez ces séjours d'horreurs & d'iniquités ... courez à la charrue, & tâchez de mériter, par une vie laborieuse & pure, que ce bon Pere vous rende cette délicieuse sensibilité pour les plaisirs vrais & naturels, qui seuls peuvent vous rendre heureux.

L'Agriculteur devroit donc être regardé comme le premier Citoyen préférable à tous les autres. Pourquoi mépriser, pourquoi avilir des êtres raisonnables qui se font une agréable occupation de jouir des avantages que nous présente la nature ?

D'imbéciles fainéants & fainéantes, qui végetent dans les Villes, & qui, comme les perroquets, ne savent que proférer des mots vuides de sens & d'idées, se croient beaucoup d'esprit quand ils tournent en ridicule d'honnêtes & de sages Agriculteurs, qui, ne comprenant rien à leur jargon baroque, & s'amusant, pour l'instant, de leur folle étourderie, les méprisent en les plaignant.

Si la Législation donnoit à cet art, si utile & si respectable, toute la considération & la distinction qu'il mérite ; si le Gouvernement s'occupoit sans cesse à l'encourager, ne lui préférant pas des professions qui ne s'occupent que des choses de luxe, en couvrant d'opprobres, & chargeant de taxes très-fortes tous les inutiles fainéants, en veillant avec rigidité sur les mœurs, en un mot, en honorant l'Agriculture, & en concentrant par une police insensible chaque famille particuliere dans son petit tourbillon, on s'instruiroit, on verroit, on admireroit avec étonnement cette multitude de merveilles inconcevables qui sont sans cesse sous nos yeux, dont on n'a pas même d'idée dans les Villes, & dont le développement est bien plus que suffisant pour employer tous les momens de l'homme le plus laborieux : dès-lors, plus d'oisiveté, par conséquent plus de vices.

Alors tous les Citoyens formeroient une seule & même famille. Chacun, en travaillant pour soi, concourroit au bien général ; chacun auroit même objet, même but, mêmes moyens ; chacun, en s'instruisant, instruiroit les autres; chacun, en s'enrichissant, enrichiroit la Patrie. Quelle union!... quelle harmonie!... quelle force!

On fait malheureusement tout le contraire. On avilit l'Agriculture: l'homme, ennemi de l'avilissement, abandonne cet art si nécessaire: on voit de tous côtés des diamans, des bijoux, des galons, des meubles superbes, des palais somptueux, des chevaux, des voitures, une foule de valets insolens, *&c.* on ne sait souvent où trouver du pain.

Chacun vole tant qu'il peut, pour fournir à son luxe: on ne s'occupe qu'à chercher des sources de richesses qui puissent se renouveller sans cesse. On invente, on imagine, on donne des projets, on s'intrigue pour vendre ou pour acheter des graces, on fait argent de tout, *&c.* & la Patrie, déchirée par ses propres enfans, est toujours également la victime de tous ces différens intérêts qui la détruisent elle-même, en se heurtant l'un l'autre.

AGRICULTURE, s. f.

Excellence de l'Agriculture. Attention & encouragemens qu'elle mérite de la part du Gouvernement.

L'AGRICULTURE, ou l'art de cultiver la terre, est sans contredit le premier, le plus utile, le plus étendu & le plus essentiel des Arts.

Tout dépend & résulte de la culture des terres. Elle fait la force intérieure des Etats; elle y attire les richesses du dehors. Toute Puissance qui vient d'ailleurs que de la terre, est artificielle & précaire, soit dans le physique, soit dans le moral. L'industrie & le commerce qui ne s'exercent pas en premier lieu sur l'Agriculture d'un Pays, sont au pouvoir des Nations étrangeres, qui peuvent, ou les disputer par émulation, ou les ôter par envie; soit en établissant la même industrie chez elles; soit en supprimant l'exportation de leurs matieres en nature, ou l'importation de ces matieres en œuvre. Mais un Etat bien défriché, bien cultivé, produit les hommes par les fruits de la terre, & les richesses par les hommes. Ce ne sont pas les dents du dragon qu'il seme pour enfanter les soldats qui se détruisent, c'est le lait de Junon qui peuple le ciel d'une multitude innombrable d'étoiles.

Le Gouvernement doit donc sa protection aux Campagnes plutôt qu'aux Villes. Les unes sont des meres & des nourrices toujours fécondes; les autres ne sont que des filles souvent ingrates & stériles. Les Villes ne peuvent guere subsister que du superflu de la population & de la reproduction des Campagnes. Les Places même & les Ports de Commerce, qui par leurs Vaisseaux semblent tenir au monde entier, qui répandent plus de richesses qu'elles n'en possedent, n'attirent cependant tous les trésors qu'elles versent, qu'avec les productions des Campagnes qui les environnent. C'est donc à la racine qu'il faut arroser l'arbre. Les Villes ne seront florissantes que par la fécondité des champs.

Mais cette fertilité dépend moins encore du sol, que de ses habitans. L'Espagne & l'Italie même, quoique situées sous le climat le plus favorable à l'Agriculture, produisent moins que la France & l'Angleterre, parce que le Gouvernement y étouffe la nature de mille manieres. Par-tout où la Nation est attachée à sa Patrie par la propriété, par la sûreté de ses fonds & de ses revenus, les terres fleurissent & prosperent. Par-tout où les privileges ne seront pas pour les Villes, & les corvées pour les Campagnes, on verra chaque propriétaire, amoureux de l'héritage de ses peres, l'accroître & l'embellir par une culture assidue, y multiplier ses enfans à proportion de ses biens, & ses biens à proportion de ses enfans.

L'intérêt du Gouvernement est donc de favoriser ses cultivateurs, avant toutes les classes oiseuses de la société. La Noblesse n'est qu'une distinction odieuse, quand elle n'est pas fondée sur des services réels & vraiment utiles à l'Etat, comme celui de défendre la Nation contre les invasions de la conquête, & contre les entreprises du despotisme. Elle n'est que d'un secours précaire & souvent ruineux, quand, après avoir mené une vie molle & licencieuse dans les Villes, elle va prêter une foible défense à la Patrie sur les flottes & dans les armées, & revient à la Cour mendier des places & des honneurs souvent outrageans & onéreux pour les Peuples. Le Clergé est une profession stérile pour la terre, souvent même à charge à l'Etat, si l'on en excepte cette classe de Pasteurs, la plus saine & la plus respectable, mais en même tems la plus avilie & la plus surchargée, qui, placée parmi les Peuples des campagnes, travaille, édifie, conseille, console & soulage une multitude de malheureux.

Les cultivateurs méritent la préférence du Gouvernement, même sur les manufactures & les arts, soit mécaniques, soit libéraux. Honorer & protéger les arts de luxe, sans songer aux Campagnes, source de l'industrie qui les a créés & les soutient, c'est oublier l'ordre des rapports de la nature & de la société. Favoriser les arts & négliger l'Agriculture, c'est ôter les pierres des fondemens d'une pyramide, pour en élever le sommet. Les arts mécaniques attirent assez de bras par les richesses qu'ils procurent aux Entrepreneurs, par les commodités qu'ils donnent aux ouvriers, par l'aisance, les plaisirs & les commodités qui naissent dans les cités où sont les rendez-vous de l'industrie. C'est le séjour des Campagnes qui a besoin d'encouragement pour les travaux les plus pénibles, de dédommagement pour les ennuis & les privations. Le cultivateur est éloigné de tout ce qui peut flatter l'ambition, ou charmer la curiosité. Il vit séparé des honneurs & des agrémens de la société. Il ne peut, ni donner à ses enfans une éducation civile sans les perdre de vue, ni les mettre dans une route de fortune qui les distingue & les avance. Il ne jouit point des sacrifices qu'il fait pour eux, lorsqu'ils sont élevés loin de ses yeux. En un mot, il a toutes les peines de la nature; mais en a-t-il les plaisirs, s'il n'est soutenu par les soins paternels du Gouvernement? Tout est onéreux & humiliant pour lui, jusqu'aux impôts, dont le nom seul rend quelquefois sa condition méprisable à toutes les autres.

Les arts libéraux attachent par le talent même, qui en fait une sorte de passion; par la considération qu'ils réfléchissent sur ceux qui s'y distinguent. On ne peut admirer les ouvrages qui demandent du génie, sans estimer & rechercher les hommes doués de ce don précieux de la nature. Mais l'homme champêtre, s'il ne jouit en paix de ce qu'il possede & qu'il recueille; s'il ne peut cultiver les vertus de son état, parce qu'on lui en ôte les douceurs; si les milices, les corvées & les impôts viennent lui arracher son fils, ses bœufs & ses grains, que lui restera-t-il, qu'à maudire le ciel & la terre qui l'affligent? Il abandonnera son champ & sa Patrie.

Un Gouvernement sage ne sauroit donc, sans se couper les veines, refuser ses premieres attentions à l'Agriculture. Le moyen le plus prompt & le plus actif de la seconder, est de favoriser la multiplication de toutes les especes de productions, par une circulation libre, facile & commode. *Histoire philosophique & politique des établissemens & du commerce des Européens dans les deux Indes.*

De l'estime que les Anciens faisoient de l'Agriculture. Loix & Réglemens favorables à cet Art.

En parcourant les différens Etats du monde, dont nous tracerons un tableau historique & politique, nous aurons occasion de parler en détail de l'Agriculture des Nations anciennes & modernes; nous nous bornerons donc ici à quelques vues générales.

Les Egyptiens faisoient honneur de l'invention de l'Agriculture à Osiris; les Grecs à Cérès & à Triptoleme son fils; les habitans du Latium à Saturne ou à Janus leur Roi, qu'ils placerent au rang des Dieux en reconnoissance de ce bienfait. L'Agriculture fut presque l'unique emploi des Patriarches, les plus respectables de tous les hommes par la simplicité de leurs mœurs, la bonté de leur ame, & l'élévation de leurs sentimens. Elle a fait les délices des plus grands hommes chez les autres peuples anciens. Cyrus le jeune, avoit planté lui-même la plupart des arbres de ses jardins, & daignoit les cultiver, & Lisandre de Lacédémone, & l'un des Chefs de la République, s'écrioit, à la vue des jardins de Cyrus : *O Prince, que tous les hommes vous doivent estimer heureux, d'avoir su joindre ainsi la vertu à tant de grandeur & de dignité!* Lisandre dit *la vertu*, comme si l'on eût pensé dans ces tems qu'un Monarque agriculteur ne pouvoit manquer d'être un homme vertueux; & il est constant du moins qu'il doit avoir le goût des choses utiles & des occupations innocentes. Hiéron de Syracuse, Attalus, Philopator de Pergame, Archelaüs de Macédoine, & une infinité d'autres, sont loués par Pline & par Xénophon, qui ne louoient pas sans connoissance, & qui n'étoient pas leurs sujets, de l'amour qu'ils ont eu pour les champs & pour les travaux de la campagne. La culture des champs fut le premier objet du Législateur des Romains; & pour en donner à ses sujets la haute idée qu'il en avoit lui-même, la fonction des premiers Prêtres qu'il institua, fut d'offrir aux Dieux les prémices de la terre, & de leur demander des récoltes abondantes. Ces Prêtres étoient au nombre de douze; ils étoient appellés *Arvales*, de *Arva*, champs, terres labourables. Un d'entr'eux étant mort, Romulus lui-même prit sa place; & dans la suite, on n'accorda cette dignité qu'à ceux qui pouvoient prouver une naissance illustre. Dans ces premiers tems, chacun faisoit valoir son héritage, & en tiroit sa subsistance. Les Consuls trouverent les choses dans cet état, & n'y firent aucun changement. Toute la campagne de Rome fut cultivée par les vainqueurs des Nations. On vit pendant plusieurs siecles, les plus célébres d'entre les Romains, passer de la campagne aux premiers emplois de la République, &, ce qui est infiniment plus digne d'être observé, revenir des premiers emplois de la République aux occupations de la campagne. Ce n'étoit point dégoût des grandeurs, ou éloignement des affaires publiques : on retrouvoit dans les besoins de l'Etat nos illustres Agriculteurs, toujours prêts à devenir les défenseurs de la Patrie : Serranus semoit son champ, quand on l'appella à la tête de l'armée Romaine : Quintius Cincinnatus labouroit une piece de terre qu'il possédoit au-delà du Tibre, quand il reçut les provisions de Dictateur; Quintius Cincinnatus quitta ce tranquille exercice, prit le commandement des armées, vainquit les ennemis, fit passer les captifs sous le joug, reçut les honneurs du triomphe, & fut à son champ au bout de seize jours. Tout dans les premiers tems de la République & les plus beaux jours de Rome, marqua la haute estime qu'on y faisoit de l'*Agriculture*; les gens riches *Locupletes*, n'étoient autre chose que ce que nous appellerions aujourd'hui de *gros Laboureurs* & de *riches Fermiers*. La premiere monnoie, *Pecunia à Pecu*, porta l'empreinte d'un mouton ou d'un bœuf, comme symboles principaux de l'opulence; les registres des Questeurs & des Censeurs s'appelloient *Pascua*. Dans la distinction des Citoyens Romains, les premiers & les plus considérables furent ceux qui formoient les tribus rustiques, *Rusticæ tribus* : c'étoit

toit une grande ignominie, d'être réduit, par le défaut d'une bonne & sage économie de ses champs, au nombre des habitans de la ville & de leurs tribus, *in tribu urbana.* On prit d'assaut la ville de Carthage : tous les livres qui remplissoient ses Bibliotheques, furent donnés en présent à des Princes amis de Rome : elle ne se réserva pour elle que les vingt-huit livres d'*Agriculture* du Capitaine Magon. Decius Syllanus fut chargé de les traduire, & l'on conserva l'original & la traduction avec un très-grand soin. Le vieux Caton étudia la culture des champs, & en écrivit : Cicéron la recommanda à son fils, & en fait un très-bel éloge : *Omnium rerum*, lui dit-il, *ex quibus aliquid exquiritur, nihil est agriculturâ melius, nihil uberius, nihil dulcius, nihil homine libero dignius.* De tout ce qui peut être entrepris ou recherché, rien au monde n'est meilleur, plus utile, plus doux, enfin plus digne d'un homme libre, que l'*Agriculture.* Mais cet éloge n'est pas encore de la force de celui de Xénophon. L'Agriculture nâquit avec les Loix & la Société ; elle est contemporaine de la division des terres. Les fruits de la terre furent la premiere richesse : les hommes n'en connurent point d'autres, tant qu'ils furent plus jaloux d'augmenter leur félicité dans le coin de terre qu'ils occupoient, que de se transplanter en différens endroits pour s'instruire du bonheur ou du malheur des autres : mais aussitôt que l'esprit de conquête eut agrandi les sociétés & enfanté le luxe, le commerce, & toutes les autres marques éclatantes de la grandeur & de la méchanceté des peuples ; les métaux devinrent la représentation de la richesse, l'Agriculture perdit de ses premiers honneurs ; & les travaux de la campagne abandonnés à des hommes subalternes, ne conserverent leur ancienne dignité que dans les chants des Poëtes. Les beaux esprits des siecles de corruption, ne trouvant rien dans les villes qui prêtât aux images & à la peinture, se répandirent encore en imagination dans les campagnes, & se plurent à retracer les mœurs anciennes, cruelle satyre de celles de leur tems : mais la terre sembla se venger elle-même du mépris qu'on faisoit de sa culture. Elle nous donnoit autrefois, dit Pline, les fruits avec abondance ; elle prenoit, pour ainsi dire, plaisir d'être cultivée par des charrues couronnées par des mains triomphantes ; & pour correspondre à cet honneur, elle multiplioit de tout son pouvoir ses productions. Il n'en est plus de même aujourd'hui, nous l'avons abandonnée à des Fermiers mercenaires, nous la faisons cultiver par des esclaves ou par des forçats ; & l'on seroit tenté de croire qu'elle a ressenti cet affront. Nous verrons dans la suite quel est l'état de l'Agriculture à la Chine ; nous nous contenterons d'observer ici que l'Empereur, pour en inspirer le goût à ses sujets, met la main à la charrue tous les ans une fois ; qu'il trace quelques sillons ; & que les plus distingués de sa Cour lui succedent tour-à-tour au même travail & à la même charrue.

Ceux qui s'occupent de la culture des terres sont compris sous les noms de *Laboureurs*, de *Laboureurs Fermiers*, *sequestres*, *économes*, & chacune de ces dénominations convient à tout Seigneur qui fait valoir ses terres par ses mains, & qui cultive son champ. Les prérogatives qui ont été accordées de tout tems à ceux qui se sont livrés à la culture des terres, leur sont communes à tous. Ils sont soumis aux mêmes Loix, & ces Loix leur ont été favorables de tout tems ; elles se sont même quelquefois étendues jusqu'aux animaux qui partageoient avec les hommes les travaux de la campagne. Il étoit défendu par une Loi des Athéniens, de tuer le bœuf qui sert à la charrue ; il n'étoit pas même permis de l'immoler en sacrifice. „ Celui „ qui commettra cette faute, ou qui volera quelques outils d'*Agriculture*, sera „ puni de mort. „ Un jeune Romain, accusé & convaincu d'avoir tué un bœuf, pour satisfaire à la bisarrerie d'un ami, fut condamné au bannissement, comme s'il eût tué son propre métayer, ajoute Pline.

Mais ce n'étoit pas assez que de protéger par des Loix les choses nécessaires au labourage, il falloit encore veiller à la tranquillité & à la sûreté du Laboureur & de tout ce qui lui appartient. Ce fut par cette raison que Constantin-le-Grand défendit à tout créancier de saisir pour dettes civiles les esclaves, les bœufs, & tous les instrumens du labour. „ S'il arrive aux „ créanciers, aux cautions, aux juges mêmes, d'enfeindre cette Loi, ils su„ biront une peine arbitraire à laquelle ils seront condamnés par un Juge „ supérieur. „ Le même Prince étendit cette défense par une autre Loi, & enjoignit aux receveurs de ses deniers, sous peine de mort, de laisser en paix le Laboureur indigent. Il concevoit que les obstacles qu'on apporteroit à l'*Agriculture*, diminueroient l'abondance des vivres & du commerce, & par contre-coup l'étendue de ses droits. Il y eut un tems où l'habitant des Provinces étoit tenu de fournir les chevaux de poste aux couriers, & des bœufs aux voituriers publics ; Constantin eut l'attention d'excepter de ces corvées, le cheval & le bœuf servant au labour. Vous punirez sévérement, dit ce Prince, à ceux à qui il en avoit confié l'autorité, quiconque contreviendra à ma Loi. Si c'est un homme d'un rang qui ne permette pas de sévir contre lui, dénoncez-le moi, & j'y pourvoirai ; s'il n'y a point de chevaux ou de bœufs que ceux qui travaillent aux terres, que les voitures & les couriers attendent. Les campagnes de l'Illyrie étoient désolées par de petits Seigneurs de villages qui mettoient le Laboureur à contribution, & le contraignoient à des corvées nuisibles à la culture des terres : les Empereurs Valens & Valentinien, instruits de ces désordres, les arrêterent par une Loi qui porte exil perpétuel & confiscation de tous biens contre ceux qui oseront à l'avenir exercer cette tyrannie.

Mais les Loix qui protegent la terre, le laboureur & le bœuf, ont veillé à ce que le laboureur remplit son devoir. L'Empereur Pertinax voulut que le champ laissé en friche appartint à celui qui le cultiveroit ; que celui qui le défricheroit fût exempt d'imposition pendant dix ans ; & s'il étoit esclave, qu'il devint libre. Aurélien ordonna aux Magistrats Municipaux des Villes d'appeller d'autres Citoyens à la culture des terres abandonnées de leur domaine, & il accorda trois ans d'immunité à ceux qui s'en chargeroient. Une Loi de Valentinien, de Théodose & d'Arcade, met le premier occupant en possession des terres abandonnées, & les lui accorde sans retour, si dans l'espace de deux ans personne ne les réclame : mais les ordonnances des Rois de France ne sont pas moins favorables à l'Agriculture que les Loix Romaines.

Henri III, Charles IX, Henri IV, se sont plû à favoriser par des réglemens les habitans de la campagne. Ils ont tous fait défenses de saisir les meubles, les harnois, les instrumens & les bestiaux du laboureur. Louis XIII & Louis XIV les ont confirmés. Cet article n'auroit point de fin, si nous nous proposions de rapporter toutes les ordonnances relatives à la conservation des grains depuis la semaille jusqu'à la récolte. Mais ne sont-elles pas toutes bien justes ? Est-il quelqu'un qui voulût se donner les fatigues & faire toutes les dépenses nécessaires à l'*Agriculture*, & disperser sur la terre le grain qui charge son grenier, s'il n'attendoit la récompense d'une heureuse moisson ?

La Loi de Dieu donna l'exemple. Elle dit : Si l'homme fait du dégat dans un champ ou dans une vigne en y laissant aller sa bête, il réparera ce dommage aux dépens de son bien le meilleur. Si le feu prend à des épines & gagne un amas de gerbes, celui qui aura allumé ce feu supportera la perte. La Loi des hommes ajoûta : Si quelque voleur de nuit dépouille un champ qui n'est pas à lui : il sera pendu, s'il a plus de quatorze ans ; il sera battu de verges, s'il est plus jeune, & livré au propriétaire du champ, pour être son esclave, jusqu'à ce qu'il ait réparé le dommage, suivant la taxe du Prêteur. Celui qui mettra le feu à un tas de blé, sera fouetté & brûlé vif. Si le feu y prend par sa négligence, il payera le dommage, ou sera battu de verges, à la discrétion du Prêteur.

Les Rois de France n'ont pas été plus indulgens sur le dégât des champs. Ils ont prétendu qu'il fût seulement réparé, quand il étoit accidentel ; & réparé & puni, quand il étoit médité. Si les bestiaux se répandent dans les blés, ils seront saisis, & le berger sera châtié. Il est défendu, même aux gentilshommes, de chasser dans les vignes, dans les blés, dans les terres ensemencées. Voyez l'édit d'Henri IV. à Follembray, 12 Janvier 1599. Voyez ceux de Louis XIV. Août 1689. & 20 Mai 1704. Ils ont encore favorisé la récolte en permettant d'y travailler même les jours de fetes. Mais n'anticipons point ici des détails que nous avons promis de réserver pour les articles particuliers qui concernent chaque Nation de l'Europe.

Vues Economiques & Politiques sur l'Agriculture :

Par M. le Baron DE HALLER.

TOUT est mode chez nous. On l'a dit, & malheureusement rien n'est plus vrai. Cet esprit de légéreté & d'inconstance, qui produit des changemens continuels dans nos mœurs & dans nos manieres, n'est plus confiné dans les bornes de la France, sa terre natale. Il s'est répandu par toute l'Europe : il a infecté presque toutes les Nations.

La mode, quand elle se contente de régler l'extérieur & le frivole, est quelque chose de très-indifférent en fait de moral. Mais elle ne se renferme plus dans sa sphere : elle étend son empire sur les arts & sur les sciences. Quelques génies acquiérent-ils un nom & de la gloire par un genre de connoissances ; tout le monde se jette dans ce genre, sans examiner s'il mérite les soins qu'on lui donne. Nous avons vû passer successivement les regnes de l'érudition, du bel-esprit, & de la géométrie. Celui de la philosophie, & sur-tout de la philosophie naturelle s'empare de notre siecle. Après ces regnes passagers, on est souvent étonné du haut prix mis à des connoissances qui n'en méritent qu'un médiocre.

Rien ne prouve mieux la déraison de ces vicissitudes, que ce qui est arrivé à l'art le plus nécessaire & le plus utile, à l'Agriculture. Parmi les restes gothiques d'un Gouvernement militaire, nous ne faisions cas que des talens propres à la guerre : la culture des terres étoit abandonnée à une espece d'esclaves avilis, & dont l'avilissement retomboit sur les occupations qu'ils exerçoient. Du tems d'une Cour polie, le goût faussement délicat d'un Courtisan plongé dans la mollesse, méprisoit tout ce qui n'avoit point l'empreinte de ce luxe fin, qui faisoit le caractere du siecle. Rien n'étoit plus ridicule qu'un campagnard. Rien n'effrayoit plus la Noblesse, que la triste nécessité de se retirer à la campagne, pour y planter ses choux. Un homme qui se sent des talens, & qui trouve les occasions de servir utilement sa patrie, pécheroit sans-doute contre ses devoirs, en s'enterrant dans une retraite champêtre.

Depuis quelques années, le public paroît revenir de ces préventions injustes. Des Philosophes s'occupent de l'Agriculture, & les Grands favorisent leurs recherches. Mais, comme les hommes aiment les extrêmes, on fait peut-être trop de cas de cet art ; & on espere trop de ses progrès. Nous avons des Auteurs qui ne prêchent que l'Agriculture ; qui déclament contre la Philosophie, les Lettres, les beaux Arts, les Manufactures, le Commerce ; qui réduisent presque toutes les classes du Peuple à celle des Cultivateurs ; qui proposent des Académies, des Ministres uniquement occupés de la culture des terres. Cet esprit exclusif n'est-il pas dangereux ?

En suivant ce que ces sentimens ont d'outré, nous verrons bientôt revivre les siecles de barbarie. Avec un goût uniquement tourné vers l'Agriculture, & avec ce systême tout guerrier qui s'introduit en Europe, nous serons bientôt une troupe de Goths & de Vandales.

Il est toujours utile d'examiner le vrai degré de la considération due à l'Agriculture, les espérances fondées que nous pourrons avoir de ses progrès, & les meilleurs moyens pour la porter à une plus grande perfection. Le bonheur d'un Peuple ne demande point que toutes les classes s'adonnent à la culture : on n'a qu'à éclairer, & à protéger celle qui y est destinée.

L'Agriculture étoit fort estimée des anciens : on l'a vu ci-dessus. Sans répéter ce que nous avons dit, sans parler des premiers tems, où une simplicité grossiere rendoit les Peuples insensibles aux charmes des arts agréables, & ne leur permit d'exercer que les nécessaires : nous trouvons, dans les siecles les plus éclairés, des ouvrages sur la culture des terres, composés par les plus grands hommes, dont l'élévation prouve le cas qu'on faisoit de l'art qu'ils enseignoient. Xénophon, aussi grand Philosophe que grand Capitaine, donna au milieu d'Athenes des leçons d'économie. Hiéron, Roi de Syracuse, ne dédaigna point d'instruire ses sujets par écrit d'un art aussi utile. Les chefs des deux premieres Républiques de la terre, Caton, Consul à Rome, & Magon, Suffete de Carthage, sont, au jugement des anciens, les Auteurs économiques les plus fameux. Parmi le luxe Asiatique & celui de l'Empire Romain, nous voyons éclore des Traités d'Agriculture estimés, composés par Attale, Roi de Pergame, par Archelaüs, Roi de Capadoce, par Valérius Asiaticus, jugé digne de l'Empire après la mort de Caligula, par l'Empereur Albinus, *&c.*

Les anciens n'appelloient point grossier ce qui n'étoit qu'utile, & la frivolité n'avoit pas encore usurpé les droits de la politesse. Il étoit donc naturel d'estimer un art, dont on avoit reconnu la nécessité absolue. Les Romains étoient encore plus intéressés au progrès de la culture, qu'aucune autre Nation du monde. L'Italie, couverte des superbes & vastes campagnes des Grands de Rome, peuplée d'un nombre d'habitans immense, ne jouissoit que d'une subsistance précaire. Elle se vit forcée de tirer des Provinces voisines les denrées de premiere nécessité; ses champs ne suffisoient plus à nourrir ses habitans.

Plusieurs événemens apprirent aux Romains les avantages d'un pays qui tire sa nourriture de son propre terroir. Le jeune Pompée, en s'emparant de la Sicile, mit Auguste à deux doigts de sa perte : & cet Empereur, reconnoissant l'importance des greniers de l'Italie, fit une Loi, pour défendre aux Sénateurs l'entrée de l'Egypte. Un vent contraire, une tempête, qui empêchoit l'arrivée des vaisseaux chargés de blé, faisoit trembler pour leur vie les maitres du monde. La moindre révolte les auroient affamés. Cette subsistance précaire de quelques Provinces, est peut-être une des causes de l'étonnante foiblesse de l'Empire Romain, qui le rendit la proye des essaims de Barbares sortis du Nord.

La dépopulation des Provinces Romaines, causée par ces invasions destructives, fut aussi fatale à l'Agriculture qu'au reste des Arts & des Sciences. Ces Conquérans barbares étoient pasteurs ou chasseurs; comme le sont aujourd'hui les Tartares & les Sauvages de l'Amérique. Ils se contentoient de jouir, sans peine & sans travail, des vastes déserts de leurs conquêtes. Ils cultivoient superficiellement une partie du terrein à portée de leurs habitations.

Les Arts rénaissans, le Commerce plus étendu augmenterent peu-à-peu le nombre des habitans de l'Europe. Il se forma de grandes villes. Les pâturages, le bétail, la chasse, ne suffisant plus pour nourrir les Peuples nombreux, on se vit forcé à revenir à la culture des terres, à éclaircir les forêts, à défricher les landes.

Mais cette culture se ressentoit de l'ignorance des siecles grossiers. Elle n'étoit fondée que sur des connoissances bornées de la nature, sur une routine aveugle & incertaine. La physique & l'histoire naturelle, devenues plus communes, firent appercevoir l'insuffisance de quelques méthodes : on tâcha de remédier à ces défauts : mais les efforts étoient médiocres, & trop peu secondés par le Gouvernement.

C'est aux Anglois que nous devons les premiers progrès de la bonne Agriculture. Les disettes, autrefois si fréquentes en Angleterre, montrerent à ce Peuple marchand & guerrier, que pour exécuter ses grands desseins de Commerce, il falloit se procurer une subsistance indépendante de ses voisins. Après la longue guerre civile entre l'infortuné Charles I, & son Parlement, l'Angleterre se trouvant épuisée, on travailla avec ardeur à réparer ces pertes par un Commerce étendu; & pour parvenir à ce Commerce, on le fonda sur une bonne culture des terres. Les savans détruisirent des préjugés en introduisant de meilleures méthodes. Le Gouvernement établit une Police favorable au Cultivateur. C'est depuis cette époque, qu'on peut dater la grandeur, la richesse & la puissance de l'Angleterre.

On sait qu'une récolte médiocre de ce pays fournit pour trois ans, & une bonne pour cinq ans, la nourriture suffisante à ses habitans nombreux. L'Angleterre peut employer ainsi une infinité de bras dans les arts, dans les manufactures, dans ses armées, dans sa marine, sans crainte de manquer du nécessaire. Cette crainte, à ce que prétend un Ecrivain moderne, arrête depuis un siecle la France au milieu de ses conquêtes : une disette actuelle ou prochaine la force à faire la paix. On sait la quantité immense de blé, que les Anglois fournissent, depuis tant d'années, à quelques Provinces de la France. La paix uniquement garantit cette ressource. Les disettes affoiblissent & dépeuplent l'Espagne : & ces disettes sont produites par le découragement du Cultivateur, & par le triste état de l'Agriculture négligée.

Il est un pays, qui, par le nombre & la bravoure du Peuple, devroit figurer parmi les Puissances de l'Europe : mais qui porte en lui-même un principe de foibleſſe, dont, en tems de guerre, ſes ennemis ſeroient étonnés. Son terroir peu fertile demande beaucoup de bras pour être cultivé; & malgré cette quantité de bras, il produit à peine la ſubſiſtance. Les calculateurs Politiques ſoutiennent, qu'on ne peut armer qu'un homme ſur cent habitans, ſi l'on ne veut ruiner la Culture, les Arts & le Commerce. Ce pays, qui ſeroit obligé de prendre un ſoldat ſur cinq habitans, ne ſauroit faire la guerre ſans s'affamer. Deux campagnes le réduiroient aux plus triſtes extrémités.

Les Anglois creuſoient dans cette riche mine, & en tiroient des tréſors pendant le cours de preſque un ſiecle, ſans que les autres Nations penſaſſent à les imiter. La derniere guerre pour la ſucceſſion de la maiſon d'Autriche paroît avoir éveillé l'attention de l'Europe. Dans le cours de cette guerre on s'apperçut clairement, que la force & la puiſſance d'un Etat ne dépendent point de cette vaine Politique, qui, de ſon cabinet, par des négociations frivoles, forme des alliances inutiles, peu ſûres, ſouvent rompues auſſi-tôt que formées. On s'apperçut que, pour ſe faire reſpecter de ſes voiſins, il falloit de l'argent & une bonne armée : par conſéquent un Peuple riche, nombreux & bien entretenu.

Les guerres, au lieu de porter ſur le fondement fragile de la balance imaginaire de l'Europe, ſe combinent par les intérêts du Commerce. On vit trop bien les efforts des grandes Puiſſances, pour s'emparer du Commerce univerſel, & la réſiſtance de leurs voiſins, pour s'en conſerver au moins quelque branche, pour ne point reconnoître l'inſuffiſance de cette reſſource. On ſentit l'incertitude des Arts, des Manufactures, du Commerce, pour le ſoutien d'un Peuple. Les Etats voiſins n'ont qu'à défendre l'importation des produits de l'induſtrie d'un autre Etat, pour le réduire à rien, ſi la force de ce dernier n'eſt fondée que ſur l'induſtrie, & ſur le Commerce d'économie.

Un eſprit de ſéparation gagne tous les Peuples. Chacun tâche de ſubſiſter indépendamment des autres. Il ne s'agit pas d'examiner ſi cet état iſolé des Nations, eſt avantageux au genre-humain. Il peut nous ramener à la barbarie. Mais, auſſi-tôt que le reſſort du Gouvernement de quelques grands Etats eſt monté à produire une ſéparation intéreſſée, la ſécurité des petits Etats exige qu'ils imitent les grands.

La paix d'Aix-la-Chapelle fut à peine concluе, qu'on vit en Europe une fermentation générale. Quantité de bons eſprits tournerent leurs vues du côté de l'hiſtoire naturelle, pour perfectionner les Arts & l'Agriculture. Le Gouvernement les favoriſe. Les Suédois, habitant un pays ſtérile & ingrat, borné & gêné dans ſon Commerce, font des efforts heureux pour corriger les défauts du climat du Nord. Les mémoires de Stokholm ſeront un monument éternel de l'eſprit patriotique de tout ce qu'il y a de grand & d'illuſtre parmi cette Nation magnanime. Le Danemarc imite la Suede. L'Allemagne retentit de projets économiques. Pluſieurs de ſes Souverains établissent une Police favorable à l'augmentation de la richesse de leurs Etats.

En France, des Philosophes font des expériences sur la culture, auxquelles les Souverains, à l'exemple de l'Empereur de la Chine, daignent assister. Les plus grands du Royaume s'y intéressent. Que ne doit-on pas attendre d'une Nation qui n'a qu'à vouloir pour réussir ? L'Espagne, malgré les préjugés de la religion, appelle un Savant, pour le mettre à la tête d'une nouvelle Académie, destinée à cultiver l'histoire naturelle. Le Roi de Sardaigne envoie une colonie de jeune Noblesse pour s'instruire au fond de l'Allemagne. Le Roi de Naples commet à un Allemand le soin d'examiner les ressources naturelles de ses Etats. A Florence, on établit une Académie d'Agriculture, dont le chef est le premier Ecclésiastique, & les Membres, les premiers de la Noblesse de la Toscane, qui ne croient point démentir l'urbanité naturelle de leur patrie, en s'appliquant à l'art le plus utile.

En France, les Académies proposent des prix pour des matieres d'une utilité plus reconnue. Elles couronnent des pieces qui nous instruisent sur la culture des vignes, sur la nature de la laine, de la tourbe, sur les maladies du blé. De-là naissent une foule de Sociétés d'Agriculture en France & ailleurs.

En Allemagne, en Suede, on enseigne l'économie dans les Universités ; & la jeunesse y jouit de l'avantage de rapporter, à côté du fatras de l'érudition Scolastique, au moins quelques connoissances utiles à la vie. Des Officiers du Roi de Suede ne croient point s'abaisser en remplissant ces chaires, pendant que la Noblesse Allemande trouve plus beau de languir dans l'oisiveté d'une antichambre, que de travailler au bonheur de sa patrie. Il n'y a que le Roi de Prusse, toujours grand dans ses vues, qui trouve moyen de l'obliger à se préparer à son service par l'étude de l'économie.

Ces efforts redoublés de presque toutes les Nations seront-ils couronnés par les succès qu'on en espere ? Swift fait exposer par Gulliver, à un des Rois de ses pays imaginaires, toutes les finesses de la Politique du systême de l'Europe. Le Roi lui répond froidement : si j'avois un homme, qui sçût faire venir deux épis, où jusqu'ici il n'en vient qu'un seul, je ferois plus de cas de cet homme que de tous vos grands Politiques. Cette connoissance seroit admirable en effet : mais est-elle possible ? Ne surpasse-t-elle point nos forces ? Il y a des incrédules qui doutent de l'accomplissement de nos espérances, & qui les croient outrées.

Il est triste, disent-ils, de voir les deux arts le plus nécessaires à l'homme, la Médecine & l'Agriculture, si incertains dans leurs principes, & si remplis de conjectures dans leurs exercices. Mais qu'on fasse attention, que c'est le sort de toutes les connoissances humaines. Nous ne saurons entrevoir la nature, que peu-à-peu & par parties. La Médecine sans doute n'a point fait les progrès qu'on pourroit attendre du cours & des lumiéres lumieres accumulées de tant de siecles. Cet art trop compliqué, dangereux dans ces expériences, ne permet qu'une marche lente & mesurée pour les nouvelles découvertes. L'Agriculture plus simple, dont on ose varier & multiplier les essais sans conséquence, peut marcher d'un pas plus assuré vers sa perfection. On l'a retardée jusqu'ici par un attachement superstitieux à la routine aveugle de nos ancêtres.

Il ne sera pas inutile d'examiner la cause de la fertilité de la terre, pour juger, si l'on a épuisé tous les moyens pour la lui donner, ou s'il existe encore de nouveaux moyens propres à l'augmenter. Deux considérations se présentent en faisant cet examen : une cause matérielle qui fait la fertilité, & la destruction des obstacles qui empêchent l'activité de cette cause.

La décomposition des végétaux nous les montre composés d'une petite portion de terre fixe, d'une plus grande de terre inflammable, & d'une plus grande encore d'eau simple. La nourriture des plantes doit contenir par conséquent les mêmes matieres : ces matieres seront la cause de la fertilité de la terre, qui n'est qu'une nourriture plus abondante, & suffisante pour produire un plus grand nombre de végétaux.

Quoiqu'il soit prouvé, que des matieres répandues dans notre atmosphere contribuent au progrès de la végétation : les plantes cependant tirent leur principale nourriture de la terre ; soit que cette nourriture vienne de la terre même, ou de la corruption des autres corps, ou de ce qui est fourni à la terre par l'air & les pluies.

La terre fixe, qu'on trouve dans les plantes, fait penser à quelques Auteurs, que la terre elle-même en substance s'introduit dans la végétation, & qu'une terre très-fine est une des causes de la fertilité. Ils appuient leur sentiment par l'utilité des labours multipliés. Nous verrons dans la suite une raison plus probable de l'avantage des labours.

En faisant attention à la marche de la nature, on ne saura s'imaginer, que la terre simple s'introduise dans la composition des corps organiques. Nous ne connoissons aucun exemple d'une mixtion semblable. Les sels sont l'agent universel, dont se sert la nature pour former les corps solides. L'eau, ce dissolvant unique, est le véhicule qui apporte dans la plante les sels & la terre inflammable. On sait que la partie aqueuse des sels aime à se joindre à la terre inflammable, & laisse tomber sa propre terre, destinée à donner de la solidité aux corps. Cette nouvelle mixtion se fait par la circulation des sucs.

De quelle nature sont ces sels ? Les Auteurs, qui ont reconnu la nécessité des sels, sont tombés successivement sur le nitreux ou sur l'alcalin : l'acide pur est ouvertement destructif. Mais, si nous avons un sel qui joint dans sa composition l'eau & la terre inflammable, nous avons ensemble tout ce qui forme les végétaux : tel est le sel volatil-urineux. L'expérience est d'accord avec ces conjectures. Par la décomposition des terres fertiles, on n'y trouve que ce sel. Nous savons encore que notre atmosphere en est remplie.

Toutes les matieres, qui contiennent une portion de ce sel, contribuent à la fertilité. C'est une des causes de l'engrais par les marnes & par toutes les terres calcaires en général. Il se trouve dans beaucoup de végétaux : mais sa plus grande abondance est dans le regne animal. Il faut avouer pourtant, que la nature emploie la putréfaction, pour donner à ce sel sa vraie consistance. Voilà la raison de la fertilité de tous les engrais, composés de matieres végétales & animales putréfiées, de coquillages ou de végétaux corrompus, comme la terre noire des prés & des bois.

Employons-nous toutes ces matieres remplies actuellement de ce sel, ou qui pourroient le fournir par une préparation légere? Les Jardiniers connoissent une composition, qui montre la grande fertilité du nitre naissant. Un Gentilhomme Allemand fit creuser une cave, & en tira une terre, qui réveilla son attention par une ressemblance avec la pyrite. Pour faire un essai, il fit mettre cette terre dans ses vignes, qui lui donnerent longtems une quantité surprenante de vin, & d'une qualité inconnue jusqu'alors dans sa Province. Combien de matieres semblables sont peut-être sous nos pieds, & que nous méconnoissons? Des gens intelligens déplorent le malheur de la Suede, qui est obligée de brûler sa tourbe, au-lieu de la mettre sur ses terres labourables.

Les plantes succulentes tirent peu de nourriture de la terre, & beaucoup de l'air. Elles abondent de ce sel volatil, qui se développe par la pourriture. On a par-tout des terreins éloignés, moitié stériles, dont le produit ne rembourse point la dépense du transport de l'engrais. Ne pourroit-on point y semer de ces plantes succulentes, qui trouveroient une nourriture suffisante dans les influences de l'air? On pourroit labourer les champs semés de ces plantes. Leur putréfaction donneroit à la terre les sucs nécessaires pour la production des végétaux d'une autre espece.

La seconde considération à faire, dans l'examen des causes de la fertilité de la terre, c'est celle des obstacles qui empêchent l'entrée de ces sels & leur activité. Une terre forte, dure, compacte, ne peut être pénétrée ni par l'eau, ni par les influences de l'air. Les racines des plantes ne sauront s'y répandre assez pour chercher leur nourriture. Une terre trop meuble ne retient ni l'eau ni les sels nécessaires : trop humide, elle noye les végétaux; trop aigre, elle les détruit par l'abondance de l'acide.

Pour ôter les obstacles de la fertilité d'une terre forte, il faut la rendre plus meuble. On a pour cet effet un moyen mécanique. La fréquence des labours, qui en diminue la cohésion, & la dispose à recevoir les sels requis. C'est le principe de la méthode de Tull, renouvellée par M. Duhamel; il l'est encore de celle d'un Anglois, qui donna depuis peu un recueil d'expériences sur la culture. La méthode est bonne : mais on manque souvent des bras & du bétail nécessaires pour cette augmentation du travail champêtre.

Il eſt des moyens phyſiques pour rendre la terre plus meuble. Tel eſt celui de l'engrais qui ne donne pas ſeulement à la terre de nouveaux ſels, mais qui, par la fermentation qu'il y cauſe, diviſe ſes parties trop cohérentes, & la diſpoſe à la végétation. Tel eſt l'emploi de la marne, de la craye, de toutes les terres calcaires, de la chaux artificielle; matieres qui ſéparent les terres fortes, & qui ſont toutes prêtes à recevoir le ſel répandu dans l'atmoſphere. Les Anglois, comme on ſait, ſe ſervent de cette méthode avec avantage. En parcourant les Ouvrages économiques qui nous reſtent des Anciens, on la trouve déjà très-bien expoſée : & on eſt étonné de voir, que les Modernes ont tardé ſi long-tems à la reprendre.

Le fer eſt le métal le plus répandu ſur la ſurface de notre globe. Il y a peu de corps qui n'en contiennent, & les terres fortes en ſont remplies. On ſait, qu'une ſolution de fer, faite avec de l'eau ſimple & mêlée avec du ſable, forme à la fin un corps très-dur, une eſpece de pétrification. Voilà la raiſon principale de la quantité de pierres, & de la croûte impénétrable, qui rendent preſque ſtériles les champs des Pays montagneux, où les terres fortes ſont communes. Pour les fertiliſer, il faut détruire ce fer, ou en diminuer au moins la quantité. La chaux vive, en s'emparant des parties de ce métal, le détruit, ou l'empêche de paroître. Une connoiſſance plus profonde des foſſiles pourra nous enſeigner encore plus de matieres propres à produire cet effet.

J'ai rencontré ſouvent dans des lieux humides une terre, qui par ſa légéreté, & par ſa couleur, reſſembloit à la meilleure terre des jardins. Le Cultivateur, trompé par cette reſſemblance, en concevoit les plus belles eſpérances, & paroiſſoit étonné de la ſtérilité abſolue de cette terre. Les eſſais me la prouverent ferrugineuſe, mêlée de bitume, & approchante de la terre appellée mulm par les Suédois.

Le défaut oppoſé à celui des terres fortes eſt la plus grande mobilité de la terre. On en trouve de bonnes, mais ſi légeres, qu'on les prendroit pour de la cendre. Le ſable n'eſt qu'un amas de petites pierres. Ces terres n'ont jamais la conſiſtance néceſſaire à la production des végétaux. Les Anglois remédient à ce défaut par le mélange d'une terre glaiſe bleuâtre, qui, incorporée au ſable, forme un terroir excellent. Il y a des fermes, qui rapportent dix fois plus, depuis cette amélioration. Par-tout où il y a des ſources, on trouve une terre glaiſe bleuâtre : mais le Cultivateur ignore ſa nature & ſon uſage.

L'Hiſtoire fabuleuſe des Sévérambes parle d'un moyen pour fertiliſer le ſable, en y introduiſant l'eau d'une riviere. L'idée eſt bonne, quoique priſe d'un Roman : c'étoit la méthode des Perſes. Les eaux d'une riviere, d'un ruiſſeau, chargées de limon, le dépoſent à la ſuite du tems dans le ſable, & lient ſes parties épaiſſes. Une prairie arroſée forme à la longue un terroir tout différent de celui des champs voiſins.

Dans pluſieurs Pays on s'eſt donné des peines infinies pour cultiver les landes. La rareté de l'eau dans ces cantons arides rend inutiles les efforts des habitans. On a tenté cette amélioration par des plantes, dont la corruption faisoit espérer un engrais naturel. Le peu de succès de ces essais a fait perdre trop tôt courage. On eut réussi peut-être avec des plantes plus succulentes. On pourroit se servir d'une méthode, qui s'introduit en Champagne, où par des prairies artificielles, qu'on fait rouler successivement dans une ferme entiere, on parvient à vaincre la stérilité du terroir le plus ingrat. J'ai vu des bruyeres du Holstein fertilisées par une culture répétée du blé Sarrazin; & les sables des environs de Hambourg affermis par la même plante, avec laquelle les Suédois arrêtent le sable mouvant.

L'eau trop abondante d'un terrein peut être détournée par des canaux. On a desséché des bras de mer, des lacs, des marais, & on les a convertis en terres labourables. Si l'humidité n'est pas assez grande pour demander des écoulemens, le mélange des terres calcaires suffit pour la détruire. Les mêmes terres adoucissent l'aigreur du sol, qui ne tire son origine que du fer, & du séjour prolongé de l'eau sur le terrein. Dans plusieurs pays on employe avec utilité pour cet effet la chaux vive.

La fertilité de la terre exige qu'on accommode à sa nature les productions qu'on lui demande. Il est trop connu, que les plantes ne viennent pas également bien dans tous les terroirs. On n'a pas assez varié les essais sur les blés qui croissent dans les pays étrangers. Le blé de Syrie réussit très-bien en Allemagne. En Suede, on cultive avec avantage plusieurs especes de blé Sarrazin apportées de la Sibérie. Sans une espece de grand millet, découverte par hazard, les plaines sablonneuses de la Mésopotamie ne pourroient nourrir leurs habitans.

Les pays, où le climat permet la culture du riz, jouissent d'un grand avantage. Un seul arpent de terre, planté de riz, nourrit jusqu'à huit paysans Chinois. En Angleterre, on compte six à huit arpens de terre pour l'entretien d'un seul paysan. Le maïs donne une nourriture encore plus saine & plus abondante : un Sauvage, allant à la guerre, porte aisément sur lui sa provision pour deux mois. En Piémont, cette espece de blé fait la nourriture principale du Peuple. Aux environs du Rhin, où le blé ne venoit plus que difficilement, de vastes champs sont couverts de maïs, & cette culture occasionne un riche commerce avec le bétail engraissé par le maïs, contre le blé dont les Cantons voisins regorgent.

Nous avons des végétaux qui remplacent le blé, ou qui adoucissent sa disette. Une plante, venue de l'Amérique, nourrit le Peuple jusques dans le Nord, où elle devroit être étrangere. Il est à présumer, que les climats éloignés ont des productions naturelles, qu'on pourroit familiariser avec le nôtre.

Il est incontestable, que la culture de la denrée la plus nécessaire mérite le premier soin. Mais dans les endroits, qui ne sont point favorables à celle du blé, ou qui en abondent, ne pourroit-on pas cultiver les plantes indiſpenſables à notre commerce, à nos manufactures ? Le lin, le chanvre, nous ſont devenus preſque auſſi néceſſaires que le pain. Des endroits humides produiſent peu de blé, & la garance les aime. Quelques Provinces de la France & quelques Cantons de l'Allemagne ont gagné des richeſſes par le paſtel, par la gaude, par la ſarrette.

On remarque que les iſles de l'Amérique deviennent ſtériles. Elles ne ſauront fournir à l'avenir la quantité d'indigo requiſe pour nos manufactures : le prix de cette drogue ſera au moins trop haut. Beaucoup de plantes d'un verd foncé contiennent le bleu auſſi bien que l'anil, ſi l'on pouvoit détruire, par une fermentation convenable, le jaune qui maſque le bleu. La ſophora de l'Amérique ſeptentrionale, production d'un climat reſſemblant à celui de l'Europe, pourroit avec le tems former une nouvelle branche de notre culture.

Nos jardins n'ont pas encore adopté les légumes des Pays étrangers, qui viennent aiſément, & qui donnent une nourriture également ſaine & agréable. Les Voyageurs du XVI. ſiecle nous enſeignent déjà des légumes en uſage dans l'Orient, que nous n'avons point tranſplantés en Europe. Il nous en eſt venu, mais d'une eſpece à favoriſer plutôt le luxe des Grands, qu'à ſatisfaire les beſoins du Peuple. A Conſtantinople, on éleve actuellement quantité de légumes qu'on ne connoît point chez nous, dont la culture eſt facile, & le goût plus revenant que celui de tant d'autres, dont la graine eſt l'héritage de nos peres. Les Suédois tâchent de profiter de cette découverte.

Tous nos arbres fruitiers ſont étrangers. Nos triſtes climats ne produiſent naturellement que des fruits ſauvages. Nous ne ſommes riches que par les dépouilles de l'Aſie. Les vaſtes régions de l'Amérique nous étalent une grande variété d'excellens fruits, que nous pourrions accoutumer à notre ſoleil. Juſqu'ici nous n'avons fait qu'épuiſer ſes mines : acceptons auſſi ce qu'elle nous offre de plus utile & de moins dangereux.

La vigne fait un objet important dans l'Agriculture générale. Malgré ſon importance, elle eſt bien éloignée de la perfection. On néglige également le choix des plantes, & le mélange du raiſin. La grande variété des vignes, naturelle aux Pays méridionaux, fait l'ornement des jardins de nos curieux, ſans qu'on en tire uſage pour améliorer le vin. Notre goût pour les plaiſirs, joint au goût dominant pour l'économie, devroit nous engager à forcer notre terroir de nous fournir une liqueur, dont la perfection nous épargneroit tant de dépenſes. Peu de Cantons imitent l'exemple de la Champagne, qui par des eſſais continuels, par le ſoin de choiſir & de méler le raiſin, eſt parvenue à rendre ſes vins ſi ſupérieurs à ceux des ſiecles paſſés.

J'ai appris dans mes voyages pluſieurs ſecrets, dont les Marchands ſe ſervent pour perfectionner leurs vins. On eſt prévenu contre ces méthodes : on les taxe de braſſerie ; mais à proprement parler, quel eſt le vin qui ne ſoit braſſé ? C'eſt une liqueur artificielle, dont la bonté dépend en partie de la bonté du raisin, en partie d'une fermentation heureuse, & souvent de l'intelligence à ajouter des moyens pour aider à cette fermentation. Si les moyens n'ont rien de contraire ni au goût, ni à la santé, je ne vois aucune raison pour les réprouver. Nous n'avons pas encore approfondi, il est vrai, la nature de la fermentation : il nous reste à découvrir la maniere de la diriger, & de concourir à la vraie mixtion du vin; une fermentation trop forte & trop longue l'affoiblit : si elle est arrêtée trop tôt, le vin est dangereux à la santé.

Le bétail est également nécessaire, pour soulager le travail rude du Cultivateur & pour sa nourriture. Nous tirons des animaux domestiques une infinité de matieres indispensables pour nos manufactures. L'augmentation du bétail & sa perfection intéressent l'économie champêtre. Nous nous contentons cependant des races de ces animaux utiles, que nous trouvons dans nos climats depuis un tems immémorial. Ces races sont étrangeres. Il est probable que le cheval & le bœuf sont originaires des pays de l'Orient. Il est certain au moins que l'âne nous vient des déserts de l'Arabie.

Après quelques générations, les animaux des pays chauds s'accoutument au nôtre. Il y en a encore, qui, transplantés, pourroient nous être d'une grande utilité. Le dindon, le faisan, la pintade, en sont des preuves. Le chameau s'est familiarisé avec le climat de la Saxe. On a dans quelques Provinces une race de vaches des Indes, qui donnent plus de lait que les nôtres, & qui se contentent d'une plus mauvaise nourriture. Mr. Alstrœm essaye d'introduire en Suede la belle race des chevres d'Angoura. Les cochons de la Chine, préférables aux nôtres, réussissent parfaitement bien dans les Pays septentrionaux : on a peuplé des étangs en Suede de poissons étrangers.

On néglige assez la perfection des races des animaux domestiques. Le cheval seul a mérité jusqu'ici notre attention : cet animal guerrier a la faveur de l'esprit militaire du siecle, & parce qu'il sert aux amusemens des Grands, a reveillé les soins du Gouvernement. L'espece des chiens même a été plus cultivée que celle des animaux plus utiles : tant nous sommes portés à préférer nos plaisirs à des avantages réels. La Suede seule imite l'Angleterre, qui, avec des soins continuels, est parvenue à se donner une race de brebis supérieure à celle du reste de l'Europe, & qui donne la laine la plus fine. On n'a pas étendu les essais, pour faire passer aux troupeaux l'hiver en plein air. Les brebis cependant s'accoutument au froid, & supportent celui du climat rigoureux du Nord de l'Ecosse. Les essais faits en France prouvent, que cette exposition au froid donne à la laine plus de longueur, & plus de finesse.

Les prairies fournissent généralement à l'entretien de ce bétail. Il est des Cantons heureux, où l'abondance des eaux & l'industrie des habitans a formé des prairies flottantes, qui ne laissent rien à désirer. Mais ces eaux fertiles ne se trouvent point par-tout, & l'on voit souvent des terrains arides en prés, couverts de troupeaux languissans. Il est prouvé, qu'un arpent de foins semés donne autant de fourage que plusieurs arpens de prairie ordinaire : la culture des foins semés est cependant négligée. L'Amérique septentrionale produit quantité de foins, que nous ne connoissons pas assez, & qui promettroient une nourriture plus facile & plus abondante à notre bétail. On n'a point cultivé les turnips, qui engraissent ce nombre prodigieux de moutons en Angleterre. On a méprisé le projet sensé d'un Allemand, pour tirer plus de profit d'un troupeau, en le nourrissant dans l'étable. Un essai mal combiné d'un particulier, qui échoue faute d'intelligence, dégoûte trop tôt une Province entiere.

On se plaint de la rareté du bois, denrée d'une nécessité absolue. Il est pourtant des pays, dont les plaines fertiles sont couvertes de forêts; plaines, qui employées au labourage, porteroient plus de profit, & augmenteroient le nombre du Peuple, en lui donnant plus de moyens pour subsister. Que cette rareté soit réelle ou imaginaire, on ne prend que peu de soin à la prévenir. On ne plante gueres de forêts. La nature pourtant veut être secondée par l'art. En semant, en plantant des bois, on pourroit ménager mieux le terrein, choisir des arbres qui viennent plus vite, qui sont plus convenables à la nature du terroir, & qui fournissent plus de bois. On fait en Allemagne des essais avec la méleze. L'Angleterre a des plantations de chênes, qui surpassent ceux qu'on abandonne à la nature.

Il y a dans les Pays étrangers & souvent dans les méridionaux, des arbres utiles qui pourroient se familiariser avec notre climat, & enrichir nos forêts. Le maronier originaire de la grande Tartarie, le tulipier du Canada ornent nos allées : le cedre & plusieurs arbres de Sibérie réussissent en Allemagne. On sait quelle riche moisson Mr. Kalm rapporta de l'Amérique septentrionale. Plus de cinquante nouvelles especes d'arbres supportent le froid de la Suede, & y viennent très-bien. Ce n'est pas parce que nous manquons d'arbres sauvages, qu'il faudroit en adopter d'étrangers : ceux-ci, ou promettent un accroissement plus prompt, ou du fruit utile, ou avec leur bois, encore des avantages pour les Arts & pour les Manufactures. L'arbre de la cire, planté en Europe, pourroit former une branche de commerce : il réussit en Allemagne. Une quantité étonnante d'arbres, natifs des autres climats, vient en plein champ en France & en Angleterre. Un Philosophe nous a donné un Traité excellent de leur culture.

Pour constater l'utilité des méthodes déjà connues, pour en inventer de nouvelles, il faut des hommes, avec des connoissances & des vues au-dessus de celles du Cultivateur. Le Peuple, borné dans son éducation, absorbé dans les soins de gagner sa vie, n'est point fait pour perfectionner l'Agriculture. C'est le rôle du Philosophe, qui approfondit les principes, les combine avec les faits, & en déduit des conséquences à l'usage du genre-humain. Le faux préjugé, qui attacha peu de considération aux connoissances économiques, empêcha les bons esprits de s'y adonner. L'ambition des Savans trouva plus à se satisfaire par cette érudition fastueuse & souvent inutile, si long-tems en honneur parmi nous. Ce préjugé s'affoiblit ; le Souverain peut le détruire. Le regne des mots passe ; celui des choses commence.

On commence à former des Académies, comme nous avons vu, pour le progrès de l'Histoire naturelle & de l'Agriculture. Mais jusqu'ici ce ne sont que des *Sociétés* libres, dont les Membres, par leur état & à cause de leurs autres occupations, ne sauront donner assez de tems & assez d'application à ces connoissances. Une Science aussi étendue & aussi compliquée que l'économie, qui embrasse tous les êtres, & qui impose un tribut sur toute la nature, demande les soins d'un homme sans partage. On sera obligé d'établir des Académies, ou au moins des classes des anciennes Académies, composées de Membres pensionnés, uniquement occupés de l'étude de cette Science.

On sera obligé à plus encore. Les expériences d'Agriculture sont lentes & coûteuses. Un essai emporte quelquefois le revenu d'une terre pour plusieurs années. Tous ceux qui ont le désir, & qui seroient en état de faire de bonnes expériences, ne possédent pas toujours des terres. Il faudroit destiner un fonds suffisant pour la dépense, & un terrein assez vaste, assez varié, pour le succès des essais de l'Académie. Les prix produisent rarement l'effet qu'on en espere : L'incertitude de les obtenir, & leur modicité, ne permettent d'y concourir, qu'à ceux qui travaillent pour la gloire : & les plus habiles se trouvent souvent dans des circonstances à ne pouvoir point travailler uniquement pour la gloire.

Une Académie semblable nous promet encore des découvertes isolées, qui, quoique n'allant pas directement aux méthodes de la culture, ne laissent pas d'y porter des influences avantageuses. On connoît celles de Linnœus sur la saison des plantes, & sur de certaines maladies du bétail ; celles de Mr. du Tillet sur les maladies du bled. Un fléau dangereux afflige la Toscane : une espece de liseron détruit les légumes, & menace déjà les champs. C'est à un Botaniste à enseigner les moyens pour délivrer ce beau pays d'une peste si singuliere.

Ceux qui aspirent aux places de ces Académies, ne sauroient avoir trop de connoissances. Les Sciences utiles se tiennent par la main, & se prêtent un secours mutuel. La Physique générale, l'Histoire naturelle, la Botanique, la Minéralogie, la Chimie, la Mécanique, la Pratique commune de l'Agriculture, tout sera également nécessaire aux Membres de l'Académie. La nature n'est jamais ingrate : elle récompense largement l'ardeur de ceux qui tâchent de la connoître.

Les découvertes des Savans seroient un trésor oisif, si elles ne parvenoient au Possesseur des terres, & ne perçoient jusqu'au laboureur. Le Possesseur des terres, qui, pour l'ordinaire, a quelqu'éducation, & lit souvent tant bien que mal, pourra s'instruire dans les Mémoires qu'une Académie aura publiés. Pour éclairer le laboureur, on pourroit distribuer un bon Abrégé,

Abrégé, clair & ſimple, des premiers principes de l'Agriculture, & des méthodes les plus convenables à ſa Province : Abrégé, qu'il faudroit introduire dans les écoles, où la Jeuneſſe du Peuple reçoit ſon éducation. On a ſouvent propoſé ce moyen, & on ne ſauroit aſſez le propoſer à l'attention du Souverain.

Qu'on ne croie point ce projet chimérique ou impoſſible. Il eſt prouvé par l'expérience, qu'on fait plus du peuple, qu'on n'en eſpére. Un Prince d'Allemagne changea tout-à-fait la face de ſes Etats, il y a à-peu-près un ſiecle. Ce Souverain, vraiment grand homme par ſes vertus civiles, fit inſtruire ſon peuple, par un Abrégé des connoiſſances utiles, qu'il preſcrivit aux écoles de village : il fit apprendre à ſes Payſans juſqu'au deſſein & la muſique. Quoique ces inſtitutions ne ſubſiſtent plus dans leur premiere vigueur, on eſt ſurpris de la différence des lumieres des habitans de ce Pays & de leurs voiſins. Tous les villages ont une bonne muſique dans leurs Egliſes : il y en a peu, où l'on ne trouve aſſez de Payſans bons muſiciens, pour exécuter un concert de la muſique la plus ſavante de l'Italie.

Tous les moyens pour perfectionner l'Agriculture générale reſtent ſans effet, ſi le Légiſlateur ne les ſeconde. Sans le ſecours des bonnes Loix, toutes les inſtructions ſeront imparfaites. L'eſprit du Gouvernement, l'arrangement des Finances, les anciennes Coutumes dégénérées en Loix, ſont quelquefois ſi défavorables à la culture des terres, qu'on ne peut rien eſpérer pour cette derniere, ſans avoir réformé les obſtacles. Mais on évite les changemens, on craint leurs inconvéniens, qui étant moindres que le bien qui en réſulte, devroient cependant diſparoître devant l'utilité publique. On n'a ſouvent qu'à vouloir : mais les hommes ne veulent-pas aſſez bien.

L'obſtacle principal de l'amélioration des terres vient ſans doute de l'impuiſſance abſolue du laboureur. Pauvre, ou accablé d'impôts, il n'a ni le pouvoir, ni la volonté de faire des dépenſes pour cette terre qui les lui rendroit avec uſure. Son ame énervée par la miſere, ne ſort point de la ſphere de ſes beſoins journaliers : il marche, comme une bête ſurchargée, peſamment, les oreilles baiſſées, dans le chemin tracé par ſes ancêtres. Il eſt même des pays, où, ſuppoſé que ſes facultés & un inſtinct heureux portaſſent le peuple à augmenter ſon induſtrie, ce nouvel effort ne ſeroit récompenſé que par de nouveaux impôts, dont on l'accableroit l'année ſuivante.

Tout ſyſtême de Finances qui fait tomber par préférence, ou même arbitrairement, ſur le laboureur le poids des impôts, eſt vicieux, puiſqu'il bouche la ſource la plus abondante & la plus ſûre des richeſſes de l'Etat. Il n'eſt pas étonnant que des ſyſtêmes pareils prévalent dans nos Gouvernemens. Taxer des terres ne demande aucun effort de génie : cet arrangement ſaute aux yeux. Taxer l'induſtrie générale dans une juſte proportion, ſans choquer l'eſprit d'aucune de ces branches, eſt le chef-d'œuvre de la Légiſlation, & nous n'y parviendrons jamais. En attendant, il reſte certain qu'il faut ménager le Cultivateur : & les systèmes de Finances, qui s'approchent le plus de ce principe, ou qui s'en éloignent le moins, seront toujours les meilleurs.

Les maximes d'une saine politique pour tout, ne permettent peut-être point qu'on décharge entiérement le laboureur. Ce seroit détruire son industrie. Il est des pays, où la modicité des impôts ne tire point la culture de son état de langueur. Le même esprit du Gouvernement qui cause cette modicité, détruit les Arts & le Commerce. Souvent les hommes ont besoin d'un aiguillon qui les empêche de s'abandonner à la paresse.

Nous connoissons un Etat en Europe, où le peuple, sans être accablé par des taxes, se trouve presque dans une impuissance semblable à celle du laboureur des pays dont le systême des Finances est vicieux. Dans ce pays le Peuple gémit sous un poids aussi pesant que la quantité des impôts; sous celui des rentes constituées. On a permis trop légérement à des rentiers oisifs, de taxer sans mesure l'industrie des habitans de la campagne. Un laboureur, mauvais économe, contracte des dettes considérables : ses descendans, trouvant la même & malheureuse facilité, suivent ce mauvais exemple : leur postérité est chargée au-dessus de ses forces : elle reste dans la pauvreté, & ne peut plus en sortir. On auroit pu prévenir cet inconvénient; on pourroit l'adoucir encore, en établissant des registres publics des fonds de terre, & des dettes de chaque laboureur. Il ne lui faudroit permettre alors de contracter des dettes, que dans une juste proportion avec la valeur des fonds de terre. Toute dette passant une somme fixe & modique, nécessaire pour le commerce journalier, seroit déclarée invalide, si elle étoit faite sans la permission du Magistrat du lieu : & pour engager ce Magistrat à ne point accorder trop facilement cette permission, on pourroit le rendre responsable, à certains égards, des dettes autorisées, qui surpassent la proportion prescrite avec les facultés du débiteur.

Les hommes ne s'attachent qu'à ce qu'ils regardent comme leur propriété. Il est impossible que la culture fleurisse dans un pays, où le Peuple n'est que serf ou fermier. On a reconnu si bien les désavantages de l'esclavage, qu'il y a peu d'Etats qui n'aient aboli une coûtume aussi barbare. Mais il ne paroit point qu'on sente avec la même évidence, les inconvéniens des grands possesseurs de terre, qui réduisent à l'état de simple Fermier la plus grande partie du Peuple. Cet abus est si bien entrelacé avec quelques constitutions, qu'il sera très-difficile, ou tout-à-fait impossible de l'en arracher : tout ce qu'on peut opérer, c'est d'en arrêter les progrès. Il seroit peu faisable de déterminer une certaine quantité de terrein pour les possessions de chaque classe des Citoyens, comme il se pratiquoit dans les Républiques anciennes. Si le Commerce devient plus solide, & plus honorable, la propriété des terres rentrera en partie dans les mains du Peuple, comme il est arrivé en Angleterre.

On pourroit croire que le Terrier puissant peut améliorer ses fonds comme le Payſan, & que le Poſſeſſeur eſt indifférent. S'il étoit poſſible, ou s'il étoit dans nos mœurs, que le Propriétaire habitât toutes ſes terres, le mal ne ſeroit pas ſi grand. Mais combien n'avons-nous point de Propriétaires, qui ne connoiſſent leurs terres que par quelque voyage précipité, qu'ils y auront fait pour les piller, & pour en emporter les dépouilles dans la Capitale ? Auſſi long-tems que les Grands mettront leur grandeur dans cette foule oiſive qui les entoure : auſſi long-tems que nos Souverains ne ſeront point du ſentiment de Henri IV, qui n'aimoit pas à voir ſur le dos de ſes Courtiſans leurs moulins, & leurs fermes ; auſſi long-tems les terres appartenantes aux grands Propriétaires, ſeront les plus négligées. J'ai vû des gens détruire, pour un jour de Gala ; leurs bois les plus néceſſaires, & les faire broder ſur leurs habits.

Dans le cas où l'éloignement & les occupations du Propriétaire l'empêchent de veiller à la culture de ſa terre ; il eſt des Pays qui obſervent pour les tems des baux une coutume très-déſavantageuſe. On ne les fait que pour ſix ou pour neuf ans. Le Fermier, incertain de ſon ſort, ne penſe à aucune amélioration, & ne cherche qu'à tirer de la terre tout le poſſible, pendant la courte durée de ſon bail. En Angleterre, au contraire, où les terres ſe louent pour 21 ans, le Fermier fait les dépenſes néceſſaires, dont lui-même retire une partie du fruit. Il s'enrichit, & rend la terre en valeur à ſon maître. Il eſt rare qu'une ferme ne baiſſe de prix après un bail de ſix ans, & ne hauſſe après un bail de 21 ans. Pour favoriſer la culture, il faudroit défendre la durée trop courte des baux.

On pourroit croire que pour prévenir cet inconvénient, on n'auroit qu'à introduire des baux à moitié, au lieu des baux à reſte. Mais les baux de la premiere eſpece paroiſſent ſujets à tant de difficultés, que ceux de la ſeconde méritent toujours la préférence. Parmi ceux qui calculent en politiques le produit des terres, pluſieurs ont cru remarquer, que ſans ſuppoſer une fertilité extraordinaire du terroir, un fermier ne pouvoit ſubſiſter qu'en tirant les deux tiers du produit de la ferme. En voulant augmenter la culture & en voulant mettre le Cultivateur en état de l'entreprendre, on ne ſaura gueres autoriſer les baux à moitié.

Il eſt prouvé par un Auteur moderne, que les Droits Seigneuriaux & celui du retrait, bornent les progrès de la culture. Le Poſſeſſeur d'une terre ſujette au droit de directe, ne fera point de dépenſe dont le profit en grande partie tomberoit ſur un étranger. Où le retrait eſt établi, la propriété des terres reſte incertaine pendant un tems quelquefois aſſez conſidérable. Ces Droits ſont ſouvent abuſifs, & toujours un reſte barbare du Gouvernement gothique. Nous n'avons plus ce Gouvernement : il faudroit donc abandonner auſſi les coutumes qui en ſont la ſuite ridicule. Le bien public, l'avantage du Cultivateur, la commodité même du Seigneur, demandent qu'on échange ces Droits Seigneuriaux contre une rente modique annuelle, & qu'on aboliſſe le retrait.

Le laboureur ne jouit pas non plus en entier de la propriété de ses fonds, s'il n'ose les mettre en œuvre suivant son intelligence & ses lumieres. L'arrangement ordinaire des soles, & les vastes champs sans séparation, le privent de cette liberté. Un homme industrieux pourroit trouver plus de profit à dessoler sa terre, & à se passer de la jachere : la méthode de Mr. Tull l'exige. Cet homme pourroit reconnoître à la nature de son terroir, que des especes de blé, ou des plantes qui viennent tard, seroient d'un plus grand rapport : il pourroit préférer le foin seul aux prairies. Toutes ces entreprises sont gênées par ses voisins : il faut se régler sur les saisons accoutumées, & sur celle du pâturage.

On a remédié en Angleterre à cet inconvénient par les enclos, qui sont la premiere cause de l'état florissant de la culture dans ce Royaume. Le Parlement accorde la permission de séparer les fonds par des hayes à toutes les Communes qui la demandent. Mais il ne faudroit pas se contenter de permettre ces enclos ; il faudroit les ordonner, puisque leurs avantages sont sans nombre. Les hayes vives, dont on les entoure, donnent du bois dans les cantons où il est rare, de l'abri aux moissons qui y croissent, & au bétail qu'on y tient enfermé. On y seme des foins, des turnips, toutes les especes des plantes les plus utiles, & qui subsistent long-tems : on donne les labours tant qu'on veut, & dans le tems le plus convenable. Chacun enfin cultive ses fonds sans dépendre, ni de l'ignorance, ni du caprice de ses voisins.

Les droits de pâturage paroissent défendre cet établissement. Mais une coutume d'un mince produit, fondée uniquement sur d'anciens préjugés, doit céder à l'utilité publique. Si ce droit appartient à la Commune, chaque habitant du village sera richement dédommagé, par son profit particulier, de la petite perte qu'il fait sur la totalité des pâturages. Si ce droit appartient à un Seigneur, le bien général veut qu'on fasse une juste appréciation du produit, & qu'on le convertisse en redevance annuelle payable par la Commune.

Ce préjugé sur la nécessité des pâturages, donne encore une non-valeur à beaucoup de terres. Presque tous les villages possedent des terreins très-étendus, destinés au pâturage en Commune. Ces terreins, abandonnés à la nature, gâtés sans cesse par le bétail, ne rapportent que peu de profit. Le bétail fatigué n'y trouve qu'une nourriture si modique & si mauvaise, qu'elle sert à peine à lui faire trainer la vie.

Si les enclos étoient établis, on pourroit se passer de pâturages en commun : le bétail, mieux entretenu par le produit des enclos, profiteroit mieux, & seroit d'un plus grand rapport au Propriétaire. Il faudroit alors obliger les Communes de vendre ces terreins communs à des Particuliers, ou de les leur céder au moins pour un cens annuel. La culture générale & la population y gagneroient. Ces terreins améliorés fourniroient des denrees, qui ne pourront exister que par cet arrangement. Le cens annuel seroit employé pour l'entretien des Pauvres de la Commune, pour lequel on est obligé de faire, sans cet expédient, des cotisations si difficiles & si désagréables.

Le local des habitations du laboureur peut favoriser ces établissemens. Il est prouvé par l'expérience, que les Paysans, dont les habitations sont dispersées de l'enceinte de leurs fonds, sont plus à leur aise, que ceux qui sont enfermés dans un même village. Rien n'est plus naturel : les premiers ne perdent point un tems précieux pour se transporter sur des champs éloignés : ils peuvent employer tous les momens : les améliorations sont à leur portée : la terre est continuellement sous leur inspection. On est difficile, pour accorder la permission de bâtir des maisons isolées, par la crainte de l'impossibilité de soumettre ces habitans dispersés à la police. Si la police générale est bonne, il n'y aura point de difficulté de l'appliquer aux habitans de la campagne, quelques lieux qu'ils occupent. Peut-être même cette séparation préviendra leur corruption & leurs débauches.

Il est nécessaire que le Législateur dirige le laboureur dans l'emploi de sa terre. Souvent, malgré la nature & le terroir, on veut tirer de son propre fonds tous ses besoins : on ne veut rien acheter. Le Paysan Suédois connoit si peu ses intérêts, qu'il tâche de se passer du charron, du cordonnier, du tisserand. Cette mauvaise coutume fait languir la culture & les villes.

En Angleterre, où le laboureur connoit mieux ses intérêts, il ne s'applique qu'à la production la plus convenable à la nature de son terroir. Une Province n'entretient que du bétail, & achete son blé d'une Province voisine, qui a de riches moissons. Celle-ci tire de la premiere son bétail, son beurre. Dans quelques plaines fertiles de l'Allemagne, propres à la culture du blé, les habitans n'ont guere de prairies. Ils tirent leur fourrage des montagnes, & vendent aux montagnards le blé de la plaine. On a si bien reconnu l'avantage de ne s'adonner qu'à une seule branche de la culture, que les Jardiniers des environs de Londres ne plantent point indifféremment tous les légumes. Chacun a ses especes favorites, suivant le terroir de son jardin. Il y en a même, qui ne cultivent que des graines.

Dans les cantons qui sont favorables à l'entretien du bétail, on ne permettra point que la terre soit forcée pour produire de mauvais blés en petite quantité. Où le blé vient en abondance, les habitans ne doivent point former des prairies ingrates. Disons pourtant, que les Loix expresses sur l'emploi des terres, paroissent trop gêner la liberté des sujets : les conseils & les instructions émanées du Législateur, feront le même effet, & seront moins odieuses que les Ordonnances.

Si une branche de la Culture demande des Loix plus décisives, c'est celle des vignes. La trop grande quantité de vin est peu avantageuse à un Peuple, puisqu'elle occasionne & fortifie son penchant à la crapule. Le mauvais vin est aussi dangereux à la santé qu'aux mœurs & aux talens d'une

Nation. On ne permettra jamais, que les habitans augmentent la quantité d'une liqueur si détestable. Mais il n'y a aucune raison, à ne point favoriser cette culture dans les endroits où elle réussit. Il est prouvé au moins qu'un terrein planté en vignes, nourrit le double de peuple, que la même étendue plantée en blé. Le terroir propre au meilleur vin est d'ailleurs rarement fait pour d'autres productions. Si en France on se crut obligé de borner cette culture, la quantité disproportionnée des vignes inspiroit une juste crainte de voir négliger la culture du blé.

Le blé, la denrée la plus nécessaire, mérite toujours la plus grande attention. Mais les terres d'un Etat pourront fournir les moissons les plus abondantes dans des années heureuses : cet Etat risque, cependant, de manquer de cette nourriture indispensable dans des années mauvaises. On a imaginé plusieurs expédiens pour prévenir ces disettes assez fréquentes : on a défendu l'exportation du blé : on a proposé des magasins. Nous examinerons ce que valent ces moyens.

Si le laboureur sait où se défaire du produit de ses champs, il cultivera tous les ans une plus grande quantité de blé. Ce n'est que quand les denrées sont à trop bas prix, qu'il se dégoûte de son travail : son découragement est encore plus dangereux que la stérilité. La défense de vendre ses blés hors de sa Province, défense qui avilit la denrée, produit ce découragement. Pour empêcher les disettes, il n'y a point de moyen plus sûr & plus naturel, que la liberté entiere du commerce de blé. Une Police momentanée ne suffit point, le Magistrat est abusé trop souvent par des avis intéressés : ce flux & reflux continuel d'Ordonnances opposées, rend d'ailleurs le laboureur incertain, & ses revenus trop précaires. Mais cette liberté doit-elle être illimitée ? C'est ce que nous verrons en son lieu.

L'Angleterre ne s'est pas contentée de permettre la sortie illimitée de ses blés : Elle accorde encore, pour encourager le laboureur, une gratification à ceux qui exportent le blé, quand il est au-dessous d'un certain prix. On sait les débats, que la question sur l'utilité de la gratification occasionna dans le Parlement : des gens intéressés la crurent à charge à la Nation & contraire au progrès des manufactures : c'est à l'expérience à en décider. Depuis ce bénéfice, l'Angleterre n'a plus essuyé de disette. Le prix moyen du blé est plus bas qu'auparavant, & l'Agriculture plus florissante. Il seroit sans doute très-difficile d'établir une gratification semblable dans tous les pays : là une honnête liberté du Commerce peut y suppléer ; mais il faut bien prendre garde de vouloir régler toutes les Nations sur l'Angleterre.

Pour achever de porter la Culture à sa perfection ; il sera bon d'ajouter des récompenses aux Loix qui la dirigent. Il ne s'agit pas toujours de récompenses pécuniaires. Le Souverain possède un riche fonds dans les honneurs qu'il peut distribuer ; & la plûpart des possesseurs des terres seront plus sensibles aux distinctions qu'à l'argent. On peut varier, on peut déterminer des distinctions honorables pour les différentes classes qui ont eu le plus de soin à mettre leurs fonds en valeur. A la Chine, le laboureur d'une Province, qui a cultivé le mieux sa terre, est déclaré Mandarin de la huitieme classe. Qu'on ne croie point que chez nous ces ames grossieres soient inaccessibles au désir de la gloire. La nature n'est pas si avare de ses dons, qu'elle n'accorde souvent une grande ame à l'habitant d'une cabane.

Les objets qui exigent le concours de la Législation pour la perfection de l'économie, sont en grand nombre & fort compliqués. Ils demandent une attention non interrompue de la part du Magistrat qui doit les diriger. Il est impossible, que dans un Etat d'une certaine étendue, ceux qui sont chargés du détail du Gouvernement suivant l'arrangement ordinaire des emplois, & qui sont déja accablés d'affaires, dont le poids & le nombre augmentent même tous les jours, puissent suffire encore à un détail aussi composé que celui de la direction de l'Agriculture. Il est difficile que l'Homme d'Etat entasse les connoissances nécessaires pour toutes les branches du Gouvernement.

Un Auteur moderne conseille de faire un Département séparé de l'Agriculture, & de le soumettre à l'inspection d'un Ministre particulier. Quoique l'importance de la matiere paroisse demander l'application d'un homme entier, on sera peu porté à multiplier les Ministres. On ne pourra se passer au moins d'inspecteurs d'économie dans les Provinces, soumis à un Directeur Général, ou à un Tribunal composé de personnes intelligentes; qui embrasse d'un coup d'œil toutes les branches de la Culture, & répande ses lumieres dans toutes les Provinces. Henri VIII, Roi d'Angleterre, reconnoissoit déja l'utilité d'un tel Tribunal : il en établit un, destiné uniquement à veiller sur la perfection de l'économie générale de son Royaume.

Il paroîtra, à ceux qui n'envisagent ces affaires que superficiellement, qu'on pourroit confier la direction de l'Agriculture au Ministre ou au conseil de Finances, dont les fonctions y ont beaucoup de rapport. Mais en examinant de près l'esprit de Finance, on ne sauroit approuver cet arrangement. La Finance ne pense qu'à moissonner, jamais à semer : elle est trop attachée à l'exactitude de la recette, à l'ancienne routine, & aux formalités. Elle ne saura embrasser, avec toute l'ardeur requise, des établissemens qui ne portent qu'avec le tems, qui mettent du vuide dans la recette, ou qui demandent des avances. Cependant il est clair, qu'en prenant tous les moyens propres à perfectionner la Culture, il arrivera des pertes, & des non-valeurs. On sera obligé de menager les forces du laboureur, de l'aider quelquefois dans son impuissance, d'attendre que le tems rembourse, comme il fera avec usure, les pertes & les fraix.

Ces réflexions qu'on hazarde, ne sont point destinées pour instruire du détail de la Culture. L'étendue de la matiere demanderoit un ouvrage entier pour chaque article particulier. C'est une tâche que les Savans pourront se proposer; & dont l'exécution leur sera le plus grand honneur. Je me suis contenté de montrer les points de vue sous lesquels le Philosophe, le Cultivateur & le Politique, pourront envisager ces objets.

En s'appliquant à ces connoissances intéressantes, le Philosophe aura l'occasion la plus agréable à satisfaire son désir de savoir, & à augmenter ses lumieres. Le particulier, qui met en pratique les découvertes du Philosophe, trouvera le moyen le plus sûr pour augmenter sa fortune, & pour exercer la plus noble des ambitions, celle de l'empire de l'homme sur la nature. Le Souverain, qui dirige & qui favorise les travaux de tous, fondera sa puissance indépendante sur des fondemens inébranlables.

De l'Agriculture comparée aux Arts de pur agrément.

LORSQUE l'on compare l'Agriculture aux autres arts, sur-tout aux arts de pur agrément, il faut prendre garde d'exalter trop l'une, & de déprécier trop les autres. Si l'on ne souffroit dans un Etat que les arts absolument nécessaires à la culture des terres, lesquels sont pourtant en grand nombre, & qu'on en bannît tous les autres, ou même seulement ceux qui ne servent qu'à la volupté, ou à la fantaisie, croit-on que cet Etat pût subsister long-tems, & qu'il ne seroit pas le plus misérable qu'il y eût au monde? Quand les habitans auroient assez de force d'esprit pour se passer de tant de choses nécessaires à leurs besoins factices, cette privation là-même ne les jetteroit-elle pas dans une foiblesse qui les rendroit incapables de résister à la plus petite Puissance qui entreprendroit de les conquérir? C'est un problême que je propose aux Philosophes politiques qui liront cet ouvrage. Lorsque par le progrès de l'industrie & de la perfectibilité naturelle à l'homme social, les arts ont fait naître une foule de besoins factices, ne seroit-il pas aussi dangereux de ne les pas satisfaire, qu'il l'est de se refuser à la satisfaction des besoins physiques, tels que la faim, la soif, le sommeil? Si vous supprimez les arts d'agrément, que deviendront les revenus des particuliers, & conséquemment ceux de l'Etat, ceux du Souverain? A quoi se réduira la relation de facultés entre les Citoyens? où sera cette circulation de richesses, cette progression de revenus qui vient de la dépendance où sont les arts les uns des autres? Chaque particulier vivant de sa terre, ou de son bétail, n'en retirera que ce qu'il faut précisément pour ne pas mourir de faim. Mais comme ce n'est pas quelquefois la vingtieme partie des revenus d'un Etat, il faudra que le nombre des habitans diminue en proportion, car il n'en pourra subsister que la vingtieme partie. Un fond de terre ne produit annuellement que la vingtieme partie de sa valeur; mais avec une pistole de couleur un peintre fera un tableau qui lui en vaudra cinquante. On peut dire la même chose des orfevres, des ouvriers en soie, & de plusieurs autres sortes d'artisans occupés à des superfluités qui deviennent, sous cet aspect, dans une grande société, aussi importantes

importantes que les choses les plus nécessaires à la vie. Il ne s'ensuit pas de-là que l'Agriculture ne soit le premier des arts, la base de toutes les richesses & de toutes les forces d'un Etat; mais il faut convenir qu'il est un terme dans la progression naturelle des facultés humaines, où le nécessaire nourri, pour ainsi dire, de superflu, ne peut plus s'en passer; & où l'Agriculture & les arts qu'elle suppose & requiert absolument, ne contribueroient que médiocrement à la prospérité d'un Etat, sans la foule des autres moyens de subsistance & d'opulence produits par l'industrie.

Des moyens de faire fleurir l'Agriculture.

Une des causes du peu de produit que l'on tire des terres, est qu'on ne regarde pas l'Agriculture comme un art qui ait besoin d'étude, de réflexions, ou de regles. Chacun est abandonné à son goût & à sa pratique, sans que personne songe à en faire un examen sérieux, à tenter des épreuves, & à joindre les préceptes à l'expérience. Les anciens ne pensoient pas ainsi. Ils jugeoient trois choses nécessaires pour réussir dans l'Agriculture : Le vouloir ; il faut l'aimer, s'y affectionner, s'y plaire, prendre à cœur cette occupation, & en faire son plaisir : Le pouvoir ; il faut être en état de faire les dépenses nécessaires pour les engrais, pour le labour, & pour ce qui peut améliorer une terre, & c'est ce qui manque à la plûpart des laboureurs : Le savoir ; il faut avoir étudié à fond tout ce qui a rapport à la culture des terres, sans quoi les deux premieres parties, non-seulement deviennent inutiles, mais causent de grandes pertes au pere de famille qui a la douleur de voir que le produit des terres ne répond nullement aux frais qu'il a avancés, & à l'espérance qu'il en avoit conçue, parce que les dépenses ont été faites sans discernement & sans connoissance de cause.

Nous avons beaucoup de livres qui renferment des découvertes & des expériences que les anciens & les modernes ont faites dans l'Agriculture & dans le ménage ; mais ces livres si utiles sont-ils jamais parvenus à la connoissance des laboureurs & des autres gens de la campagne ? Quelques particuliers en ont profité, & cela n'est pas allé plus loin. Les gens de la campagne savent-ils en perfection, comme il le faudroit, les choses les plus ordinaires & les plus communes ? Par exemple, la maniere la plus parfaite de planter un arbre fruitier ou sauvage, de le greffer & oculer, de le tailler & élaguer, n'est presque connue de personne à la campagne. Si elle étoit connue de tout le monde, la quantité de fruits, faisant partie des richesses de l'Etat, augmenteroit considérablement : or si la richesse de tous les hommes prend sa source dans celle des gens de la campagne, & si l'augmentation générale des biens de la terre rend tous les hommes plus riches, il est de l'intérêt de l'Etat, que les mysteres qui facilitent cette augmentation, soient manifestés à tous les gens occupés à la culture des terres, & que le défaut de l'ignorance, si aisé à corriger, n'empêche point l'avancement de la richesse de l'Etat. Voilà de la matiere pour un livre que les Princes devroient faire composer par un homme très-habile en fait d'Agriculture. Ce livre, qui seroit bien plus utile que ces romans & ces autres ouvrages frivoles dont on inonde tous les pays, donneroit d'abord l'idée la plus avantageuse de l'Agriculture, en élevant son excellence & l'heureux état des laboureurs. On ajouteroit une petite théorie de l'Agriculture simple & nette; ensuite on parleroit succintement de tous les ouvrages qui se doivent faire chaque mois pour la culture des terres, & à la fin, on mettroit les expériences & les découvertes les plus assurées, que d'habiles gens ont faites dans tout ce qui regarde l'Agriculture, en marquant soigneusement les climats, les expositions, & les terres auxquelles chaque expérience pourroit convenir. Cet ouvrage composé, le Gouvernement en feroit remettre un exemplaire à chaque famille à la campagne, & pourvoiroit, par les voies que sa prudence lui inspireroit, à ce qu'il fût expliqué à chaque Agriculteur.

Les laboureurs Polonois souffrent une étrange vexation de la part de la Noblesse dont ils sont les esclaves, & l'Agriculture est extrêmement négligée en Pologne. Les terres de ce pays-là ne produisent pas le quart de ce que produisent les terres de France, quoique la Pologne soit presque aussi fertile & presque deux fois aussi grande que la France.

Louis XIV, par son Ordonnance, avoit cherché les moyens de cultiver & d'entretenir tout ce qui sert au labourage, & il eut continué à soulager & à relever les pauvres paysans, si les grandes dépenses à quoi l'engagerent des guerres presque continuelles, n'eussent mis un obstacle au désir qu'il en avoit.

Ce Prince avoit fait établir des Haras dans toutes les Provinces de sa domination, en donnant des étalons pour empêcher que les Anglois & autres étrangers, en fournissant des chevaux à la France, n'en enlevassent l'argent, & pour mettre sa cavalerie sur le pied de la mieux montée de l'Europe.

La réformation des abus aux eaux & forêts, la fouille des mines de charbon de terre, de fer, & autres métaux & minéraux, comme celle de marbre trouvée en Bourgogne, signalerent encore l'attention de ce Prince pour l'Agriculture, qui comprend toutes ces choses.

On ne peut assez louer ceux qui ont défriché les terres en France, qui ont desséché des marais en Xaintonge, en Poitou, & dans plusieurs autres lieux; à l'exemple des Vénitiens, dans la Polésine de Rovigo, des Ducs de Ferrare, dans la vallée de Comachio, & particuliérement des Hollandois & des Flamands, dans leurs Pays-Bas, où ils ont apporté des soins si extraordinaires, qu'on a dit d'eux, que manquant de terre, ils ont labouré la mer, après l'avoir bornée par leurs digues.

L'un des principaux soins d'un sage Gouvernement, c'est d'entretenir &

d'augmenter la fertilité naturelle du pays & l'Agriculture, l'entretien des pâturages & l'art fructueux d'élever des troupeaux. La culture des terres, outre qu'elle occupe & met en mouvement une infinité de mains, qui sans cela demeureroient oisives & engourdies, attire dans un pays, par la traite des grains, les richesses des peuples voisins, & les fait couler dans les maisons des particuliers, par un commerce qui se renouvelle tous les ans, & qui est le fruit légitime de leur travail & de leur industrie.

Les hommes sont la force d'un Etat dans la paix comme dans la guerre; l'unique moyen d'augmenter le Peuple, c'est de le mettre à son aise. Sous les bons Princes, la multitude incroyable de Peuple fortifie l'Etat, & rend la terre fertile & le commerce florissant. Sous les mauvais Princes, tout cela manque.

Les Possesseurs qui négligent les fonds de terre, doivent être chassés; & ceux qui mettent en valeur une terre inculte, ou introduisent quelque production nouvelle dans les pays, récompensés.

L'oisiveté est la mere de tous les vices & la source ordinaire des séditions; elle doit être odieuse, & on ne la doit pas laisser dans la jouissance de son injuste repos. C'est elle qui corrompt les mœurs & fait naître les brigandages. Elle produit aussi les mendians, autre race qu'il faut bannir d'un Royaume bien policé. On ne doit pas compter les mendians parmi les Citoyens, parce qu'ils sont à charge à l'Etat, eux & leurs enfans. Mais pour ôter la mendicité, il faut trouver des moyens contre l'indigence, avoir soin des mariages, bien élever les enfans, & s'opposer aux unions illicites.

Pour cultiver soigneusement des terres, il faut y travailler d'affection & s'y plaire, & l'on ne s'y plait que lorsqu'on y trouve son avantage. Il est donc très-important, pour mettre en valeur toute la terre d'un Etat, de faire en sorte que chaque pere de famille qui demeure dans les bourgades & les hameaux, ait quelque portion de terre qui lui appartienne en propre, afin que le champ qui lui est plus cher que tout autre, soit cultivé avec soin, que sa famille s'y intéresse, qu'elle s'y attache, qu'elle y subsiste, & qu'elle soit par-là retenue dans le pays.

Lorsque les gens de la campagne sont simplement à gages ou fermiers, ils ne donnent qu'une partie de leurs soins, & travaillent même à regret. Une mauvaise année ou une guerre les disperse & les chasse, parce qu'ils ne tiennent point à chaque lieu par des racines. S'ils demeurent, ils sont à charge à leurs maîtres qui sont obligés de les nourrir, & s'ils se retirent, ils périssent de misere & de faim. Aucun d'eux n'a de ressource pour l'avenir, parce que tout ce qu'il peut faire, est de vivre. Aucun ne l'affectionne, parce qu'il est comme étranger dans la terre qu'il cultive. Aucun n'est rappellé après que la disette ou la guerre a cessé, parce qu'il n'a point d'intérêt à revenir & qu'un autre a pris sa place : ainsi, un accident passager dépeuple le pays & fait périr plusieurs familles, qu'un héritage paternel auroit conservées, en les retenant ou en les invitant à retourner. On voit sensiblement cette vérité dans la Flandre & dans les Provinces voisines, où la guerre a été presque continuelle pendant deux siecles, & où néanmoins tout est aussi cultivé que si l'on y avoit toujours eu la paix. La raison en est que les habitans de la Campagne ont toujours quelque chose en propre ; qu'ils aiment mieux vivre avec l'ennemi, que d'abandonner leurs héritages ; qu'ils consentent qu'on prenne une partie des fruits, pourvu qu'on leur laisse l'autre, & que si on leur enleve la récolte, on ne peut pas enlever le fonds.

Que s'il n'est pas possible que chaque pere de famille, demeurant à la Campagne, possede quelque morceau de terre qui lui appartienne en propre, tout Propriétaire, qui n'est pas de condition à cultiver lui-même la terre, doit souhaiter que ses fermes demeurent long-tems dans la même famille, & que ses Fermiers se succedent de pere en fils. Ils s'y affectionnent tout autrement, & ce qui fait l'intérêt des particuliers, fait aussi, par une conséquence nécessaire, le bien de l'Etat.

Des Sociétés d'Agriculture établies dans les différens Etats de l'Europe.

L'ANGLETERRE doit à ses Ecrivains, & plusieurs de ses Ecrivains sont des hommes illustres d'ailleurs par leurs emplois ou par leur naissance, les progrès des arts, de son industrie, de son commerce, les prodigieux succès de son Agriculture, & presque tout ce qu'elle a de meilleures institutions dans son Administration. C'est à force de répéter des vérités utiles, qu'ils ont porté l'Etat à former un nombre infini d'heureux établissemens. Leurs écrits excitent d'abord l'applaudissement général ; car on lit en Angleterre les écrits sérieux, les ouvrages qui n'ont que l'utilité publique pour objet, avec le même empressement, avec la même avidité, qu'on lit ailleurs les écrits légers & frivoles, les romans & les ouvrages de pur agrément. Les suffrages d'un nombre infini de Lecteurs Citoyens & Philosophes, se réunissent, forment le vœu public ; & le vœu public force enfin l'attention des Législateurs. Telle est la cause d'une grande partie des richesses de la Grande-Bretagne, d'un grand nombre d'établissemens utiles & de monumens élevés chez cette Nation en l'honneur de l'humanité.

Un petit nombre de François, également Philosophes & Citoyens, commencerent, il y a quelques années, à imiter les Ecrivains Anglois. Ils traduisirent d'abord leurs modeles, & les ont bientôt surpassés en beaucoup de choses. Ils ont traité les mêmes matieres avec autant de zele & de désintéressement, & avec cette noble liberté qu'exige la discussion de l'intérêt public. Ils ont employé tous les agrémens, toutes les richesses de la Littérature, à traiter des sujets utiles ; ils ont fait naître & répandu le goût des Sciences les plus nécessaires à la prospérité de l'Etat. C'est ainsi qu'on éleve & qu'on ennoblit, de plus en plus, en France, les connoissances de pur agrément, en les faisant servir aux progrès des Sciences les plus utiles au bonheur de l'humanité, & qu'on sait employer l'art de séduire à accroître & perfectionner l'instruction publique.

Les Anglois, cette Nation qui pense, qui réfléchit, qui calcule plus que toute autre, ont donné l'exemple de cet esprit public qui s'est répandu chez les autres Nations. Les Anglois ont écrit les premiers, & seuls pendant long-tems, sur l'Agriculture; sur les arts & le commerce. C'est chez eux que se sont formées les premieres Sociétés qui ont fait choix de ces matieres, &, depuis un grand nombre d'années, leurs papiers publics sont remplis de prix proposés aux Citoyens qui se distinguent, tant dans la pratique, que dans la théorie.

L'Italie, la Suisse, l'Allemagne, le Danemarck, la Suede, la Russie, ont successivement tourné leurs études vers les Sciences les plus utiles. » Qui eut deviné, il y a cinquante ans, « dit M. Christian Hebenstreit dans un discours sur les moyens que doit employer l'industrie des colons, pour augmenter la fertilité des terres, prononcé à la Séance de l'Académie de St. Petersbourg du 6 Septembre 1756, » que des plantes Asiatiques & » Africaines, accoutumées à n'habiter que les climats les plus chauds, puis» sent se conserver & se propager dans cette région boréale, ainsi que dans » les plages du Midi & dans celles de l'Orient? « La Russie a ses Duhamels, & l'on y trouve rassemblés les avantages & les prodiges de l'Agriculture.

Pendant que M. Massie faisoit imprimer à Londres, en 1760, ses Observations sur la Science du Commerce qui intéresse sa Nation, & sur les moyens de la perfectionner en Angleterre, ouvrage tiré de plus de 1500 volumes Anglois sur le Commerce; l'Evêque de Bergue, M. de Pontoppidan, publioit en Danemarck un ouvrage qui a pour objet la Recherche des moyens les plus propres à augmenter la prospérité de l'Etat, dans lequel il expose l'état présent de la Population du Danemarck, de son Commerce tant d'importation que d'exportation; de l'Agriculture, de l'Industrie, *&c.* On publioit en même-tems en Italie, un Plan & un Système théorique d'Agriculture, dédié à l'Académie des Georgophiles, instituée à Florence pour hâter les progrès des études d'Agriculture.

C'est la Société établie en Bretagne en 1757, qui a servi de modele à celle de Berne, & à celles qui s'établirent à Paris & dans plusieurs Provinces de France en 1761. La Société de Paris se distingue singuliérement dans son institution, par la réunion d'une sage théorie avec une pratique éclairée: là, le laboureur se trouve assis à côté du Maréchal de France, du Prince, du Ministre & du Magistrat, dans le rang que le sort lui donne (*). On n'est peut-être point assez étonné d'une telle association,

(*) On a tiré au sort pour dresser le tableau des Membres de la Société.

qui n'a d'autre principe & d'autre lien que l'amour du bien public. Ce principe de l'institution, est l'ame de toutes les délibérations de la Société.

Croirons-nous encore long-tems que le mal moral a toujours dans le monde le facheux avantage de la balance sur le bien moral, à la vue de ce grand nombre de Sociétés de Citoyens de tous états, que le seul amour du bien public, de la Patrie & de l'humanité, vient de former depuis peu d'années chez toutes les Nations de l'Europe? Qui ne verroit dans le monde, que les ouvrages qui sortent de ces sources respectables, & ceux d'une multitude d'Ecrivains qui sont animés du même esprit, dont les écrits respirent le même zele, oseroit espérer de voir réaliser bientôt la fameuse République de Platon; de voir des Peuples de Philosophes gouvernés par des Philosophes. C'est ce coup-d'œil intéressant qui a fait faire cette réflexion à un Journaliste estimable, en annonçant l'établissement d'une *Société économique* à Soleure. » Tous ceux qui aiment l'humanité, doivent considérer avec plaisir cette fermentation universelle, qui semble animer tous » les esprits en faveur de l'Agriculture, & qui produira vraisemblablement dans peu une révolution heureuse dans la constitution des Gouvernemens, & peut-être dans le systême politique de l'Europe. «

C'est à cet esprit public, qui semble animer aujourd'hui la plus saine partie de l'Europe, qu'est dû l'établissement de la *Société des Sciences utiles* à Zurich, inconnue chez l'Etranger pendant plusieurs années. Ce ne fut d'abord que la réunion de quelques bons Citoyens qui ne se proposoient que de s'instruire, formée par les soins d'un homme (*) célébre par ses mœurs & par son savoir; c'est-à-dire formée par la vertu, & la vertu marche sans éclat & sans ostentation. C'est aujourd'hui un arbre excellent, qui a acquis toute sa force, & qui s'annonce par la bonté de son fruit.

Les Membres savans de ces Sociétés s'appliquent avec succès à faire connoître les différentes qualités des terres; combien il y en a de sortes propres aux différentes sortes de productions; à quelles marques on doit les reconnoître relativement à chaque espece de production, à la nature du climat, aux intempéries de l'air. Ils s'étudient à fixer les momens des différentes récoltes, la meilleure maniere de les faire & de les conserver; ainsi que les tems des semailles & la méthode la plus avantageuse de semer; les qualités & les quantités des semences nécessaires, la maniere de les préparer; la meilleure maniere de préparer les terres, de leur donner les divers engrais qui leur conviennent, sur-tout de les rendre propres à mieux recevoir les influences de l'atmosphere, l'engrais le plus naturel, le meilleur de tous les engrais; de détruire les mauvaises herbes, les ennemis les plus redoutables du bon grain. Ils nous apprennent la maniere la plus sûre

(*) M. Jean Gesner, Docteur en Médecine, Chanoine de la Cathédrale, & Professeur en Physique & en Mathématiques à Zurich.

& la plus avantageuse d'élever les bestiaux, de les nourrir, de les multiplier; de rendre la toison des moutons d'une meilleure qualité; de reconnoitre & de fixer son degré de maturité; l'art de cultiver & de conserver les arbres de toute espece. Ils se réunissent pour demander des bras au luxe, des bras & des encouragemens à l'Administration de la Finance, qui peut trouver, dans une sage économie, de quoi enrichir en même-tems l'Agriculture & le trésor public. Ils demandent encore des Cultivateurs aux riches Propriétaires, à la Noblesse oisive, & font valoir l'exemple illustre de l'Auteur du Mémoire *sur les défrichemens* (*). Ils sauront faire connoître combien un homme est précieux à l'Etat, & combien est fausse & ridicule la maxime triviale; que la perte d'un homme n'est d'aucune conséquence, parce qu'il s'en présente cent pour le remplacer. On ne remplace point un homme qu'on perd, on lui donne quelquefois un successeur; mais la perte n'en est pas moins une pour l'Etat, plus ou moins grande suivant son mérite personnel. C'est toujours une valeur de moins, un appauvrissement qu'il est aisé de calculer. Il faut animer les bras, les conserver & les multiplier.

Mais les découvertes, a-t-on dit, seroient un trésor oisif, si elles ne parvenoient aux possesseurs des terres, & ne perçoient jusqu'aux Cultivateurs. C'est une objection qui a été prévue par les Sociétés. Leurs Mémoires sont à la portée des lecteurs les moins intelligens. D'ailleurs pour instruire le général des Cultivateurs, il suffit qu'il y en ait quelques-uns qui lisent & pratiquent en conséquence: leur exemple sera, pour les autres, une instruction prompte & facile. La Société de Dublin a changé la face de l'Irlande en publiant ses feuilles. Pourquoi, avec les mêmes soins, les autres Sociétés n'auroient-elles pas les mêmes succès?

INSTITUTION D'AGRICULTURE.

Au milieu de tant de Sociétés d'Agriculture, il manquoit une Ecole où des jeunes Laboureurs pussent recevoir, sans frais, les instructions nécessaires & les élémens d'un art si important. Nous avons vu se former en France le premier établissement en ce genre par les soins de M. Sarcey de Sutieres, & avec l'approbation du Gouvernement. Quels éloges ne mérite pas ce Citoyen zelé! Cerès eut des Autels: il mérite des Statues.

Voici le projet ou prospectus de cette Institution d'Agriculture, tel qu'il parut imprimé en 1771.

Les Sociétés d'Agriculture ont procuré de grands avantages dans les différentes Provinces où elles ont été établies, par l'exemple & l'encouragement qu'elles ont donné aux Cultivateurs. Il restoit un bien à faire, c'étoit

(*) M. le Marquis de Turbili, Membre de la Société d'Agriculture de Paris.

de s'assurer de la meilleure maniere connue jusqu'à ce jour de cultiver les terres, afin de la répandre par-tout; mais elle ne peut être enseignée, & les leçons du premier des Arts ne peuvent être données, que sur le terrein avec la charrue ou le hoyau dans les mains.

On est enfin parvenu à trouver un Propriétaire de bonne volonté (M. Panelier) qui veut bien prêter les terreins dépendans de sa terre d'Annel, près Compiegne, & formant avec ceux de Bestinval qui la joignent, une étendue de plus de six cens arpens, pour servir à des enseignemens de toute espece de culture, & qui consent à fournir gratuitement les logemens & les ustensiles nécessaires pour les jeunes laboureurs qu'on enverra pour recevoir les instructions.

D'une autre part, on a reconnu, par les succès multipliés & bien constatés dans les Provinces où elle a été mise en usage depuis plusieurs années, que la méthode de cultiver les terres, du sieur Sarcey de Sutieres, Membre de la Société d'Agriculture de Paris, est la plus sûre & la plus utile; il veut bien donner gratuitement tous ses soins pour instruire chaque année douze laboureurs, de la meilleure maniere de cultiver, qui leur sera enseignée conformément aux détails ci-après.

1°. A connoître les principes généraux de la végétation & du développement des Plantes, & l'on aura soin de se mettre à leur portée pour leur apprendre cette opération de la Nature.

2°. A bien distinguer chaque espece de terre par les productions naturelles de chacune, c'est-à-dire, que quand la terre sans culture produit telle plante, telle graine, & pousse telle racine, elle est propre à la culture de tel ou tel autre grain.

3°. La culture qui doit convenir à chacune de ces terres.

4°. Les différentes especes de charrues, & les raisons de préférence en faveur de la charrue de Brie rectifiée.

5°. Le nombre des labours, leur profondeur nécessaire suivant chaque nature de terrein pour une bonne production, & le tems de faire ces labours.

6°. Les engrais convenables à chaque nature de terre & leur quantité. On leur démontrera à cette occasion, que trop d'engrais nuit aux Plantes, & que trop peu ne produit qu'un médiocre effet.

7°. Le tems & la saison pour appliquer les engrais.

8°. Le bombage des terres labourées plus ou moins fort, suivant leur nature seche ou humide.

9°. La maniere de former des *sangsues* ou saignées dans des terreins trop humides; ce qui conduira naturellement à leur apprendre les moyens de dessécher les terres marécageuses & de les rendre propres à donner de bonnes productions.

10°. La qualité & la quantité des semences qui conviennent à tel ou tel sol; c'est-à-dire, que celui-ci peut porter du froment, un autre du blé

ramé,

ramé, un autre du gros, moyen, petit, méteil ou seigle. On fera connoître les moyens de rendre les épis plus forts & plus grenés, & de donner plus de qualité aux grains, ce qui leur fait rendre beaucoup plus de farine & de meilleure qualité.

11°. La maniere & la nécessité d'apprêter les semences, la composition de ces apprêts, leurs avantages & les inconvéniens qui résultent pour les semences quand le chaulage en est mal fait. On comprend dans cet article l'explication des maladies des blés, de leurs causes & les moyens d'en garantir les grains.

12°. Le véritable tems de faire les semences, & la raison de les enterrer plutôt avec la herse qu'avec la charrue.

13°. Les soins qu'il faut donner aux terres ensemencées jusqu'au mois de Mai.

14°. La maniere de faire & de serrer une récolte.

15°. Les moyens de conserver sans risque & sans frais les blés pendant plusieurs années.

16°. Quelles sont les causes & l'origine de tous les insectes & vermines, tant sur terre que dans les granges & greniers; les précautions pour en garantir les grains, ainsi que des charansons & autres insectes.

17°. Les moyens de faire les défrichemens à peu de frais, & de tirer promptement du profit des terres nouvellement défrichées, même de faire rapporter aux plus mauvaises les trois premieres récoltes, sans avoir besoin d'engrais. On comprendra, dans cet article, l'explication des défrichemens nécessaires dans les différens terreins où l'on voudroit planter des bois; on y apprendra aux éleves jusqu'à quel point un sol doit être défriché plus qu'un autre, puisque, par le défaut de ce soin, souvent les meilleures plantations dépérissent.

18°. Les moyens d'améliorer les prés bas & les prés hauts, sans avoir besoin d'engrais: en parlant des prés, on traitera des prairies artificielles, l'on expliquera les terres propres à chacune, & dans quels climats les unes ou les autres doivent être semées; on fera voir en même-tems le danger de les établir indifféremment dans toutes sortes de terres & dans tous les climats.

19°. Le moyen de détruire dans les terres les mulots & les autres animaux destructeurs.

20°. On apprendra quels sont les moyens qu'il faut employer pour se mettre à l'abri des mauvaises herbes, plantes, racines ou graines, soit par les labours, hersages, engrais, *&c.* On y expliquera les trois façons d'appliquer le parc suivant les différentes qualités de terres.

21°. On enseignera la forme des labours, la façon d'appliquer les engrais, les différentes natures de semences analogues aux especes & aux qualités des terres; on leur fera voir que l'apprêt appliqué à ces mêmes semences en les enterrant avec la herse au-lieu de la charrue, peut garantir toutes les récoltes de blé d'être versées comme il n'arrive que trop souvent.

22°. On leur enseignera une vraie culture économique, à ménager les engrais, les semences, les chevaux même pour les labours ; & de cette économie nécessaire, ils retireront de plus fortes productions.

23°. On leur apprendra quelles sont les productions analogues au Pays & aux climats, & ce qu'ils pourroient faire de leurs grains, fourrages & autres productions, dans le cas où ils ne seroient pas à portée de pouvoir les transporter, soit par rapport aux défauts de communication, soit à cause des mauvais chemins.

24°. On entrera ensuite dans les détails des dépenses nécessaires pour monter une ferme avec économie, savoir combien il faut de chevaux pour une charrue, combien d'arpens par charrue, &c. enfin leur produit net. On fera connoitre en même-tems aux éleves combien la culture par les chevaux est supérieure à celle qui est faite avec les bœufs.

25°. On leur enseignera les moyens d'élever des chevaux & de se procurer des fourrages pour les bien nourrir & les entretenir sains & vigoureux.

26°. On leur apprendra aussi à élever d'autres bestiaux, comme vaches, bœufs, moutons, cochons, volailles, &c. & à les garantir des maladies auxquelles ils sont sujets par le défaut de soin ou de bonne nourriture.

27°. On fera connoitre les précautions qu'il faut prendre pour prévenir les maladies du bétail, en leur faisant observer le tems & la qualité des pâturages & des nourritures.

28°. On leur fera connoître quelles sont les especes de bestiaux qu'il convient d'avoir dans une ferme, soit par rapport au sol, soit par rapport aux climats, & quels sont les dangers d'en user autrement.

29°. On leur enseignera les moyens de bien connoitre les sols propres aux communes & ceux qui doivent être défrichés.

30°. On apprendra encore aux Eleves à cultiver la vigne par principes ; ce qui la garantira d'une grande partie des intempéries auxquelles elle est sujette.

31°. On leur expliquera quelles sont les terres propres à planter tels ou tels arbres fruitiers, leurs différentes cultures & leurs tailles.

Le Roi à daigné approuver cette Institution d'Agriculture, & pourvoir aux autres dépenses nécessaires à cet établissement.

Conditions.

1°. Les Laboureurs qui seront envoyés au château d'Annel, près Compiegne, pour y recevoir des instructions pratiques, seront pourvus de l'agrément de M. Bertin, Ministre & Secrétaire d'Etat.

2°. Ils seront âgés de vingt à trente ans, de bonne vie & mœurs ; ils donneront de bons répondans de leur fidélité.

3°. Ils seront sous la conduite & direction du sieur Sarcey de Sutieres, à qui ils seront tenus d'obéir ou à ses préposés, & de se conformer en tout à ses ordres dans les travaux ; à peine, en cas de désobéissance ou de mauvaise conduite, d'être renvoyés, sans que sous quelque prétexte que ce soit, ils puissent être admis de nouveau dans l'institution.

4°. Les Laboureurs se rendront, à leurs fraix, au Château d'Annel, munis de l'agrément du Ministre ; ils seront logés, nourris & blanchis gratuitement dans ce lieu d'instruction pendant une année, & leurs répondans seront tenus seulement de leur entretien en habillement & chaussure.

5°. A la fin de leur année d'instruction, il sera délivré à chaque Laboureur qui aura bien mérité, par sa conduite & par son travail, une charrue neuve construite suivant les principes de l'institution, & une herse.

6°. Le sieur Sarcey de Sutieres donnera à chaque Laboureur, un certificat de sa capacité & de sa bonne conduite pendant l'année dans laquelle il aura reçu ses instructions.

PROJET

D'UNE LEGION AGRICO-MILITAIRE,

Proposé par M. le Comte D'HUI DE BETHUSY, *Conseiller Privé d'Etat de S. A. E. de Saxe, Membre de plusieurs Académies & Sociétés, &c. qui veille lui-même à la culture d'une Terre considérable qu'il possede dans la Haute-Lusace.*

TOUT le monde écrit sur l'Agriculture ; on crée par-tout des Sociétés économiques dont le zele & les travaux méritent l'estime des vrais amis de l'humanité. Les Souverains s'empressent à l'envi de soutenir ces établissemens. On en a vu plusieurs venir s'asseoir parmi leurs sujets Laboureurs, leur donner une idée honorable de leur état, & leur inspirer, par leur présence, l'esprit de zele & de bienfaisance dont ils sont animés. Toute l'Europe commence à se pénétrer de cette Philosophie douce & sensible qui semble n'être faite que pour ramener les beaux jours de Saturne.

C'est cette même Philosophie, amie de l'humanité, qui a inspiré à M. le Comte de Béthusy, le plan d'une Légion Agrico-Militaire, composée d'un certain nombre de vieux Cultivateurs que l'on transporteroit dans un terrein inculte, pour le défricher, & parmi lesquels on meneroit une jeunesse robuste & capable de s'enflammer par l'exemple de ses modeles. On les instruiroit d'une maniere claire, précise & courte, joignant toujours l'exemple à l'instruction, & encourageant ces colons par des récompenses & des distinctions accordées sans partialité aux sujets qui en seroient jugés les plus dignes.

Pour former une colonie d'hommes qui, transplantés dans un pays inculte soient bientôt en état de fournir eux-mêmes à tous leurs besoins, M. le Comte de Béthusy ne demande qu'un Régiment de treize compagnies, chacune de trente hommes également instruits de tout ce qui concerne l'Agriculture, & formés aux exercices Militaires; ce qui peut se trouver aisément dans les Gouvernemens Militaires, ou les sujets sont à la fois soldats & Laboureurs. Comme ce nombre n'est pas suffisant pour l'établissement projetté, les autres hommes que l'on demande pour en faire des colons, peuvent être des pauvres, des vagabonds, des mendians; pourvu qu'ils soient jeunes & robustes, cela suffit. Chaque homme des treize compagnies, qui sont les colonnes de l'établissement, aura cinq ou six, plus ou moins, de ces jeunes gens à former. Il logera avec eux, il les instruira des premiers principes de l'Agriculture & de leurs devoirs journaliers, il les conduira à la campagne, & étant réunis à leurs camarades aussi dirigés par un vétéran, ils s'exciteront mutuellement au travail. Les plus jeunes seroient subordonnés aux vétérans, & tous au chef de la colonie protégé par le Souverain. Cette jeunesse apprendroit en même tems à manier la bêche & le sabre sous ses conducteurs qui pratiqueroient eux-mêmes ce qu'ils feroient observer à leurs éleves. On introduiroit dans la colonie les arts de premiere nécessité, pour qu'elle pût se loger, se vêtir, s'armer, se fournir d'instrumens par elle-même.

Pour ce qui est des fraix de l'établissement, si le Souverain ne veut pas y entrer, M. le Comte de Béthusy, offre de faire toutes les avances sous l'autorisation du Souverain, sûr d'être bientôt remboursé par le produit de l'exploitation du terrein qui servira à l'école pratique de défrichement & d'Agriculture.

La colonie sera divisée en *Agriculteurs-Militaires* qui instruiront les autres dans les travaux de la campagne, & dans les travaux domestiques de l'Agronome, de même que dans les arts Mécaniques de premiere nécessité, & qui s'appliqueront à leur donner des principes de morale, de probité, de fidélité, *&c.*; en *Colons-Ouvriers*, pour vêtir & nourrir les autres, & leur fournir tout ce qu'il faut à une population regardée comme isolée, dont on veut écarter toute assistance étrangere. Une troisieme partie des Colons sera employée à distribuer aux autres les choses nécessaires à leur subsistance, & à leur payer la solde dont on sera convenu avec eux; les distributeurs seront chargés de veiller à la discipline, mais ils n'auront qu'une autorité précaire & bien subordonnée. Enfin une quatrieme partie de la Légion, qui sera la plus considérable, sera occupée aux travaux de l'Agriculture, à défricher & mettre en valeur les terres de l'habitation.

Voilà une légere idée de la nature de l'établissement proposé par M. le Comte de Béthusy, des occupations de sa Colonie, & des moyens de la rendre heureuse & stable. Elle lui semble d'une facile exécution. Il demande à-peu-près mille à douze cens hommes en tout, un tiers d'Agriculteurs-Militaires formés, des Artisans de divers métiers en suffisance pour les besoins de la Colonie, & le reste qui est la plus grande partie, de mendians, gens sans place & sans occupation. Il n'est pas difficile de rassembler cette troupe d'hommes. Sans que le Souverain fasse agir directement son autorité, il suffiroit qu'il permît à l'Auteur de publier des placards pour inviter les gens de bonne volonté à le suivre. Il importe peu à un vaste Etat que cent ou deux cens lieues quarrées soient habitées par mille hommes plus ou moins, sur-tout le lieu de l'habitation étant placé dans des cantons ou négligés ou abandonnés. Il n'est pas de Royaume où l'on ne trouve beaucoup de gens désœuvrés; une pareille émigration ne sauroit faire aucun tort ni aux Arts ni à l'Agriculture, en prenant les précautions convenables pour ne prendre les Agriculteurs formés que dans les endroits qui peuvent absolument s'en passer. Du reste, les enrôlemens seroient à terme, méthode qui paroit la plus favorable à l'établissement de la colonie.

M. le Comte de Béthusy regarde comme démontré que, sur dix mille lieues quarrées, dont le sol peut être cultivé, & dont la culture pourroit tourner à l'avantage du pays, il n'y en a guere que deux mille qui soient cultivées avec soin, & qui se trouvent dans un certain état de perfection; qu'environ trois mille sont dans un état de médiocre culture; & que tout le reste ne l'est pas du tout. Voilà donc la moitié d'un pays tout-à-fait perdue pour la Contrée. C'est-là qu'on placera la nouvelle Légion, pour rendre fertiles ces cantons absolument incultes. Si ces terres en friche n'appartiennent à personne, il ne sera pas difficile de s'en mettre en possession. Si ce sont des propriétés, comme les propriétaires n'en peuvent retirer qu'un revenu bien modique, puisqu'on les suppose incultes, on les achetera à bas prix, & l'on entrera dans tous les arrangemens convenables, non-seulement pour que personne ne soit lézé dans ses possessions, mais plutôt que chaque propriétaire se trouve avantagé.

On voit que dans ce projet, il ne s'agit point d'aller troubler le repos d'aucun peuple; le terrein qu'on demande à défricher est supposé sans habitans. La Colonie ne formera point un peuple à part; ce n'est qu'une famille un peu plus considérable que les autres, & qui sera toujours sous les yeux du Gouvernement. Le Souverain n'aura pas besoin de violence pour étendre son Empire sur cette Colonie, puisqu'elle ne sera composée que de ses enfans & de ses sujets. La population venant à augmenter, & le Souverain n'augmentant pas les possessions, il faudra nécessairement que les hommes que produira la Colonie, refluent dans le Royaume.

Il est aisé de sentir les avantages qu'un Etat retireroit de cet établissement Agrico-Militaire qui formeroit une pépiniere de soldats & d'Agriculteurs, c'est-à-dire, de défenseurs & de peres-nourriciers de la Patrie. La population en recevroit un grand accroissement; car les Colons, qui étoient des gens perdus pour l'Etat dans la misere où ils languissoient, se trouvant dans l'aisance, seroient dans le cas de ne plus craindre de donner l'existence à des malheureux. L'abondance les inviteroit à multiplier. M. le Comte de Béthusy croit qu'au bout de dix ans, un espace de terrein donné auroit rendu toutes les avances, de sorte qu'alors les récoltes produiroient un bénéfice considérable en grains, en bétail, &c. Les nouvelles subsistances auxquelles la Colonie donneroit l'existence, viendroient grossir les différentes branches du commerce national. Comme l'Agriculture est l'objet principal de cet établissement, on doit se flatter qu'il sortiroit de cette Colonie, où cet art seroit porté à sa perfection, des éleves capables de le faire fleurir également dans toutes les Provinces du Royaume.

Quant à l'Administration de la Colonie, l'Auteur veut que le fond en soit purement Militaire; que la discipline y soit maintenue par des Loix rigoureuses; & que tous les Colons soient contenus dans l'ordre le plus exact. Mais, ajoute-t-il, loin de nous à jamais les Loix cruelles & sanguinaires qui changent les jours du Peuple en supplices, & son existence en esclavage! Un Souverain qui seroit l'épouvantail de ses sujets, seroit bien près de sa chûte; & les Arts fuiroient loin de son trône où ils ne pourroient trouver que des fers. Le génie veut une entiere liberté, à quelque chose qu'il s'applique; si vous le soumettez à un maitre qui l'intimide, vous lui enlevez toute sa force, vous lui ôtez son élévation, il devient lui-même son propre destructeur. Aussi n'a-t-on vu fleurir les Arts que sous les Princes assez sages pour leur permettre un essor proportionné à la carriere qu'ils ont à parcourir. Heureux le Souverain qui rassemble tous les talens au pied de son Trone, qui les protege contre leurs persécuteurs, & aux yeux duquel la probité est le premier mérite, qui voit du même œil toutes ces petites cabales, ces sectes & ces disputes fatales qui ont tant causé d'horreurs! M. le Comte de Béthusy veut que le Chef de son établissement ait toujours devant les yeux les maximes mises en usage par des Princes tels que celui-là; que l'humanité soit sa vertu par excellence; qu'il se garde bien de punir les petites fautes comme on punit des atrocités; qu'il évite aussi une indulgence trop voisine de la foiblesse, & permette à des Loix justes, prudentes & humaines de punir lorsqu'elles auront condamné.

Enfin l'Auteur veut qu'on donne une grande fête à la Colonie arrivée sur les lieux, pour lui faire oublier les fatigues du voyage; il veut que cette fête dure quelques jours, mais en diminuant chaque jour, pour que les ouvriers ne passent pas subitement de la joie au travail. Après la fête, on liroit publiquement les engagemens par lesquels le Chef & les Membres de la Colonie se seroient mutuellement liés. On se garderoit bien surtout de manquer jamais à ces engagemens; c'est de la fidélité à les observer que doit naitre la confiance générale de la Colonie; & de cette confiance générale dépend tout le succès d'un pareil établissement.

Quoi que l'on puisse penser de ces vues & de ces spéculations d'un Agronome éclairé, nous nous sommes fait un devoir & un plaisir de les analyser, afin de mettre les Gouvernemens en état de juger de l'importance qu'on doit y attacher.

*L'Etat florissant de l'*AGRICULTURE *est un des indices les plus fideles du bonheur des Peuples. Supériorité de l'*AGRICULTURE *des modernes sur celle des anciens.*

IL y a deux grands indices de la félicité publique : l'Agriculture & la population. Je nomme l'Agriculture avant la population, parce que s'il arrive qu'une Nation peu nombreuse cultive avec beaucoup de soin une grande quantité de terres, il en résultera que cette Nation consomme beaucoup, & qu'elle ajoute à l'aliment nécessaire à la vie, l'aisance & la commodité qui en font le bonheur. Si, au contraire, l'accroissement du Peuple est en proportion avec celui de l'Agriculture, qu'en peut-on conclure, sinon que cette multiplication de l'espece humaine, comme celle de toutes les autres especes, vient uniquement de son bien-être ? L'Agriculture est donc un indice du bonheur des peuples antérieur & préférable à celui de la population.

Mais l'Agriculture des modernes est-elle supérieure à celle des anciens ? C'est une question qui demanderoit un ouvrage à part, si elle étoit traitée dans toute son étendue. Nulle matiere ne donneroit plus d'occasions de déployer une vaste érudition, ce qui est un attrait puissant pour les savans ; & cependant de toutes les recherches sur l'antiquité, c'est la plus négligée. Pour nous, il nous suffira de hasarder nos conjectures, & de les appuyer seulement de quelques autorités ; persuadés, comme nous le sommes, que toutes les fois qu'on ne veut pas se jetter dans le polémique, il est aisé de marquer les points principaux sur lesquels un homme impartial doit appuyer son opinion.

Quoique Terentius Varron & Columelle aient cité un grand nombre d'Auteurs Grecs qui ont écrit sur l'Agriculture, il me semble que de nos jours lorsqu'il est question de la culture des anciens, c'est toujours celle des premiers âges de Rome qu'on met en avant. Au commencement, deux journaux de terre formoient tout le domaine de chaque famille. Dans des tems plus prosperes, lorsque la République s'enrichit par ses conquêtes, des Magistrats ambitieux voulant acheter les faveurs du Peuple par une condescendance extraordinaire, on proposa un partage de sept journaux par famille, partage qui fut regardé comme exorbitant, & qui n'eut même jamais lieu. Delà les modernes ont conclu qu'il falloit que l'Agriculture Romaine fût poussée à un grand point de perfection ; puisque deux journaux de terre suffisoient à la subsistance d'une famille entiere, qu'on doit évaluer à cinq personnes à-peu-près. Mais ces admirateurs de l'antiquité n'ont pas pris garde que les preuves même qu'ils apportoient pour soutenir leur opinion, tendoient à la détruire suivant ce proverbe trivial, *qui prouve trop, ne prouve rien.* On estime que dans une famille de gens qui travaillent, il se consomme annuellement deux septiers de bled par tête ; compensation faite des femmes & des enfans. Il falloit donc à une famille Romaine dix ſeptiers de bled tous les ans. Or, il eſt rare qu'une terre, quelque bien cultivée qu'elle ſoit, n'ait jamais beſoin de repos, & celle qui rend ſept pour un de la ſemence, eſt regardée comme une bonne terre. Deux journaux de terre, dont la meſure n'excédoit pas d'un quart celle de l'arpent de Paris, ne pouvoient guere rapporter en trois ans, y compris une année de repos & une année de mars, plus de ſix ſeptiers de froment, & à-peu-près autant d'orge, ſemence prélevée. Suppoſons qu'un travail aſſidu faſſe produire cette terre tous les ans; il eſt à préſumer que la troiſieme année ne rendra que quelques lupins, quelques mauvais pois, ou quelques autres légumes de cette eſpece. Ainſi notre famille Romaine n'aura, année commune, que deux ſeptiers de froment & deux ſeptiers d'orge pour ſe nourrir. Trouvez-vous mon calcul trop bas, & ſuppoſez-vous que la fécondité d'une terre cultivée comme un jardin, excede de beaucoup celle de nos vaſtes campagnes? Doublez le produit : vous ne trouverez pas encore deux ſeptiers de grains par tête; & cependant il faut obſerver que ſi le travail journalier d'un petit héritage peut le rendre plus fécond que le ſol d'une grande ferme, cet avantage eſt compenſé par le manque de fumier, de marne & autres engrais.

Mais il ne ſuffit pas aux hommes de ſe nourrir, ils ont beſoin d'armes, de vêtemens, de quelques meubles, de quelques outils. Je conviens, à la vérité, que dans un climat chaud il faut peu de vêtemens; mais qu'on ſe ſouvienne qu'on a fait produire à la terre beaucoup plus qu'on ne peut attendre d'un ſol tel que celui des environs de Rome; que malgré cela, on n'a pu trouver une ſubſiſtance ſuffiſante en grains, & que, par conſéquent, nulle place n'eſt reſtée pour la culture du chanvre, des arbres fruitiers; des bois de charpente, *&c.*

Il ſuit delà qu'il étoit néceſſaire qu'un autre travail que l'Agriculture aidât à la ſubſiſtance du Peuple. Or, ce travail, par qui pouvoit-il être payé, ſinon par ceux qui avoient du ſuperflu, par ceux qui avoient des ſubſiſtances au-delà de leurs beſoins, c'eſt-à-dire, qui poſſédoient plus de terres qu'il n'en falloit pour fournir à leur conſommation & à celle de leur famille? Mais du moment que vous admettez un partage inégal, il n'eſt plus étonnant qu'une famille vive avec deux journaux de terre; parce que chacun, outre ſa propriété, a ſon induſtrie; & l'on peut aſſurer que dans beaucoup de villages de la France nombre de familles vivent aiſément, ſans avoir autant de territoire. Si l'on en croit Plutarque, Numa diviſa les Citoyens de Rome en différens corps de métiers, comme ceux de Charpentiers, de Tailleurs, d'Orfevres, de Teinturiers, *&c.* Or, ces métiers repréſentent une certaine quantité d'ouvrage, & cette quantité d'ouvrage repréſente quelque excédent de ſubſiſtance, tant parmi les riches, que dans les revenus publics; mais, quelle notion pouvoit-on avoir d'aucun partage de terre avant ce même Numa, qui le premier apprit à marquer les limites des héritages, & ſut rendre ces limites ſacrées, en établiſſant le culte du Dieu *Terminus?*

minus? Les paroles de Denys d'Halicarnasse méritent une attention particuliere. *Numa*, dit-il, *ordonna à chacun de circonscrire son héritage, & d'en marquer les limites par des pierres, qui reçurent le nom de Terminales.* Remarquez qu'il ne dit pas que Numa fit vérifier les partages, ni qu'il ordonna un nouvel arpentage; mais seulement qu'il enjoignit à chacun de marquer les limites de sa possession.

Suivons encore Denys d'Halicarnasse : il nous apprendra que Tullus Hostilius sçut se concilier l'affection du Peuple, en lui distribuant les domaines royaux que Numa lui avoit laissés : *car les Rois*, ajoute notre Auteur, *avoient des champs riches & féconds, au moyen desquels ils pouvoient suffire à la dépense des sacrifices, & vivre splendidement chez eux.* Tullus partagea ses domaines entre les plus pauvres, qui, par là se trouverent dispensés de faire le métier de mercenaires. Son Successeur Ancus Marcius à son avénement au trône, rappella encore le Peuple à l'Agriculture, & renouvella les établissemens de Numa. Mais alors il ne fut pas question de partage, non plus que sous le regne de Tarquin l'ancien. Dans quel tems en placerons-nous donc l'époque? Et comment arrive-t-il que lors du cens établi par Servius Tullius, nous trouvions tout-à-coup une différence si marquée dans les fortunes & un si grand nombre de riches Citoyens? Quatre-vingt centuries ne doivent être composées que de Citoyens qui possédent cent mines, c'est-à-dire, près de 8000 liv. de notre monnoie actuelle, somme considérable, si l'on fait attention à la rareté des especes & au manque de Commerce qui devoient décupler la valeur de ce numéraire. Or, je demande si jamais une propriété de deux, de quatre, de sept journaux de terre a pu représenter un pareil capital, & si dans un pays purement agricole, on n'auroit pas dû établir ce cens, plutôt sur un toisé que sur une évaluation en especes? Il paroit bien plus raisonnable de penser que Numa, Tullus & Servius, jugerent convenable que chaque famille possédât une certaine quantité de terres qui remplit le double objet de lui procurer quelque subsistance, & de l'attacher à sa patrie : qu'à la vérité deux journaux de terre furent regardés comme la plus petite portion possible; mais que ce *minimum* étant fixé, on ne prit aucune précaution pour limiter la trop grande étendue de propriété; enfin que l'inégalité de fortune commença avec les Rois, & continua toujours d'exister dans la République. C'est ainsi qu'on peut expliquer comment près de 400 ans après la fondation de Rome, le Peuple se plaignoit encore de ce qu'on ne lui distribuoit les terres qu'à raison de deux journaux par famille, tandis que quelques Patriciens qui en avoient plus de 500, possédoient à eux seuls le partage de 300 Citoyens; &, ce qui est bien digne de remarque, ils ajoutoient que le terrein qu'on leur donnoit, suffisoit à peine à leur logement, & à leur sépulture; preuve qu'on ne pensoit pas alors qu'une famille pût vivre avec deux journaux de terre. De même, lorsque nous voyons par la suite taxer de motifs secrets & d'adulation pour le Peuple, ceux qui proposent de donner sept journaux de terre, il faut entendre qu'il s'agit encore des portions des *Colonistes*, ou de la plus petite répartition à faire au moindre Citoyen.

Or, comme un grand nombre de Plébéiens avoit vendu, ou aliéné ses propriétés, il eut été très-difficile de trouver près de Rome de quoi donner sept journaux de terre à chacun d'eux, & une pareille opération n'auroit pu se faire sans diminuer considérablement le revenu du fisc, ou sans attaquer les propriétés des Patriciens, chose qu'ils craignoient encore bien davantage. Il est, en effet, peu d'exemples d'une conduite plus injuste que celle de ces vertueux Patriciens, si révérés de tous les historiens, excepté de Mr. Hook. Elle présente un tissu non interrompu de toutes sortes d'atrocités, depuis la condamnation de Spurius Cassius, jusqu'au meurtre des Gracques; mais renfermons-nous dans les bornes de notre sujet, & après nous être convaincus que le partage des terres parmi les Romains ne prouve rien en faveur de l'Agriculture, voyons si nous avons d'autres autorités positives qui puissent répandre plus de lumiere sur cette question.

Parmi le grand nombre d'Auteurs anciens qui ont écrit sur l'Agriculture, quatre seulement ont passé à la postérité : Marcus-Porcius Caton, Marcus-Terentius Varron, Virgile & Columelle. Nous n'entrerons point ici dans le détail des préceptes qu'ils nous ont transmis, nous nous contenterons seulement d'observer que, s'ils different dans quelques parties de détail, ils s'accordent assez sur les principes généraux, & concourent à nous donner une même idée de la culture des Romains. Voici à-peu-près ce qui en résulte. Leur maniere de cultiver ressembloit beaucoup plus à celle qui subsiste de nos jours en Languedoc, en Provence & en Italie, qu'à celle des pays à bled, c'est-à-dire, qu'on s'attachoit de préférence aux oliviers, aux arbres fruitiers, & sur-tout à la vigne : culture qui paroit particuliérement annexée aux climats chauds. Quant aux terres labourables, nous n'avons aucun indice qu'elles aient été plus fécondes que de nos jours & dans nos climats. On semoit dans un journal de terre quatre ou cinq boisseaux de froment, c'est-à-dire, à-peu-près quatre-vingt ou cent livres pesant. Il est vrai que Terentius Varron cite quelques endroits de l'Italie, où la semence rend dix & jusqu'à quinze pour un; mais sa maniere de s'exprimer prouve assez qu'il regardoit un pareil produit comme une chose très-rare, & qu'il n'avoit pas lieu dans les environs de Rome. D'ailleurs Ciceron, dont l'autorité a d'autant plus de poids que cet Orateur célebre étoit lui-même grand agriculteur, Ciceron nous apprend que la semence rapportoit communément huit pour un, & que, lorsque cela alloit jusqu'à dix, c'étoit une faveur des Dieux. La plupart des terres reposoient de deux années l'une. Virgile & Columelle conseillent cette pratique pour celles qui produisent de l'orge ou du froment. Il est vrai que Varron parle de certaines terres qui ne reposent jamais; mais ces terres étoient dans l'Olynthie, & non dans l'Italie, encore moins dans les environs de Rome. D'ailleurs, le même Auteur cite sur le champ, & sans le contredire, un certain Licinius, qui conseille de laisser reposer les terres de deux années l'une. Le seul mot *Vervactum*, employé à désigner une terre en repos, montre assez que cet usage étoit commun chez les Romains ; d'autres passages prouvent encore que toutes les campagnes n'étoient pas cultivées; tel est celui où Columelle conseille de choisir un domaine composé de terres *arables* & de terres incultes. Je conviens qu'on pourroit m'objecter que cet Auteur a écrit dans un tems où l'Agriculture étoit déchue parmi les Romains; mais il seroit aisé de prouver que de tout tems il y eut chez eux de vastes pâtures & des terres en friche. On pourroit encore ajouter que les famines, dont les premiers siecles de la République nous offrent de fréquens exemples, les blés importés de Sicile & de Grece, en différentes occasions, forment de nouvelles présomptions contre cette préférence singuliere qu'on veut donner à l'Agriculture Romaine sur la nôtre. Quant à celle de certains pays privilégiés, comme la Sicile, quelques parties de la Grece, l'Egypte & plusieurs Provinces de l'Asie mineure, il n'en faut parler que pour féliciter ces heureuses contrées sur la nature de leur climat & de leur sol, qui leur donnent presque spontanément, ce qu'on n'obtient ailleurs que d'un travail long & pénible. La seule chose à examiner, c'est si les Loix des anciens & leur application aux travaux rustiques leur ont procuré une Agriculture supérieure à la nôtre, abstraction faite de tout avantage local. Or, j'avoue que je ne vois rien qui me le démontre, & que jusqu'à ce que l'on me fournisse de nouvelles lumieres, je crois que nous n'avons rien à leur envier. Au contraire, s'il falloit soutenir l'opinion opposée, je ne manquerois pas d'arguments assez plausibles. Je me contenterai d'en indiquer, qui me paroissent même décisifs : c'est le changement dans la température de l'air, & la diminution des forêts. M. Hume a remarqué, d'après l'Abbé Dubos, que le climat de Rome étoit autrefois beaucoup plus froid qu'il ne l'est de nos jours. L'an 480 de la fondation de Rome, la gelée fit mourir tous les arbres fruitiers; le Tibre fut pris en entier, & la terre couverte de neige pendant quarante jours. Juvénal, en nous peignant une femme superstitieuse, la représente rompant la glace du Tibre, afin de pouvoir y faire ses ablutions, *&c.* M. Hume ajoute à ces observations un passage de Diodore de Sicile, dans lequel cet Auteur fait une description des Gaules, telle que nous pourrions de nos jours l'appliquer à la Norvege, & un autre de Strabon, qui nous apprend qu'au Nord des Cevennes, les raisins ne mûrissent plus. Or, on sçait que la température de l'air tient encore plus à la nature du sol & à la perfection de l'Agriculture, qu'à la plus ou moins grande distance de l'équateur. Quebec est à-peu-près à la même latitude que Paris ; & cependant le Canada est couvert de glaces la moitié de l'année. Il en est de même d'une grande partie de la Russie, qui est beaucoup plus froide que l'Allemagne & la

Hollande, quoiqu'elle soit plus méridionale. Et quant à l'immensité des bois, qui couvroit autrefois l'Italie, on en peut juger aisément par la facilité avec laquelle les Romains construisoient les flottes les plus nombreuses. En général nous ne pouvons concevoir ni les armemens de Xerxés, ni ceux des Carthaginois & des Romains, ni même, dans des tems postérieurs, ceux de S. Louis sur les côtes de Provence, si nous ne supposons pas qu'il y avoit autrefois beaucoup plus de bois que de nos jours, & qu'on les trouvoit presque toujours à portée des côtes. Tout le monde a entendu parler de cette forêt sacrée que César fit abattre lors du siege de Marseille. Or, on peut assûrer que dans toute la Provence, on ne trouveroit pas un seul arpent de bois propre à faire des charpentes. Le desséchement d'une grande quantité de marais, l'écoulement procuré aux eaux stagnantes, dans une infinité d'endroits, & sur-tout dans cette partie des Gaules appellée Belgique, sont encore de nouvelles preuves de l'augmentation de l'Agriculture. Mais en voilà assez sans doute pour convaincre quiconque ne se sera pas fait un systême, & n'aura pas entrepris de donner la torture aux faits, pour en tirer quelques dépositions en sa faveur. *De la Félicité Publique, ou Considérations sur le sort des hommes dans les différentes époques de l'Histoire.*

NOUVELLE MÉTHODE D'AGRICULTURE.

A PEINE met-on l'Homme des champs au dessus de l'Homme des bois, & il n'est pas rare de trouver des gens qui nous dépeignent comme une espece mitoyenne entre l'Homme & la Brute, la classe de Citoyens la plus respectable, la plus utile, la plus nécessaire d'un Royaume. Levés avant le jour, sans être remis des fatigues de la veille, ces hommes laborieux ne cessent d'arroser de leur sueur les productions de la terre, qu'ils ne cultivent que pour des ingrats qui les méprisent, & les avilissent. Que deviendroient tous ces automates insolens, infatués de leur prétendue grandeur?... Pourroient-ils passer, comme ils font, toute leur vie dans l'oisiveté, la mollesse & la débauche, sans les travaux continuels des gens de la campagne? Où trouveroient-ils le pain, le vin, la viande, le fil, la laine, en un mot tout ce qu'ils consomment, sans le connoître, & sans être capables de se le procurer? Comment osent-ils parler avec mépris des hommes sans l'intelligence desquels ils ne pourroient pas subsister?

C'est précisément cet avilissement, bien injuste, & bien ridicule, dans lequel est tombé cet état si noble, & si respectable, qui est la cause premiere de l'engourdissement, & du défaut d'émulation, d'où résulte nécessairement la langueur de l'Agriculture, *seul vrai nerf d'un Royaume.*

Les bestiaux sont l'ame de l'Agriculture; & je crois pouvoir établir, comme un principe incontestable, que les excrémens des animaux, surtout leur urine, & leur transpiration, sont l'engrais le plus puissant, le plus vrai, & le plus naturel : ce sont des sels purs, & même un mélange de sels végétaux, & animaux. Les fumiers que l'on porte sur les terres n'en retiennent qu'une partie; le plus volatil, qui est le meilleur, est évaporé dans l'air auquel il est exposé très-long-tems, pompé par le Soleil, ou détaché par les pluies; on croit réparer ces pertes par la paille, c'est une erreur : il y a plus de sel dans un verre d'urine, que dans cent bottes de paille.

On m'objectera, peut-être, qu'il est prouvé, par l'expérience, que le fumier fait un effet sensible pendant deux ans, & que le parc ne fait d'effet que la premiere année. Je le crois bien, toutes les fois qu'on parquera sur des terres nuement exposées aux rayons du Soleil de Juin, Juillet, Août, & Septembre. Mais qu'on mette le parc sur un pré : l'herbe, arrêtant les sels, les garantira de l'ardeur du Soleil & donnera aux rosées le tems de les introduire dans la terre; cela est si vrai, que si on ne change pas le parc deux fois dans la nuit, on brûlera le pré. Donc, toutes les fois que les bestiaux parqueront sur des terres couvertes, c'est l'engrais le plus puissant. Il seroit donc avantageux de trouver une méthode qui procurât aux Agriculteurs la facilité d'avoir toujours beaucoup de bestiaux.

On a, dans presque toute la France & ailleurs, la mauvaise habitude de laisser les terres incultes une année sur trois : ce prétendu repos leur est plus nuisible qu'utile. 1°. Parce qu'étant absolument découvertes, elles sont pendant toute cette année, exposées à l'ardeur du Soleil, qui les brûle, & les desseche. 2°. Parce que les mauvaises graines que le vent y a portées, & y porte sans cesse, s'y enracinent, profitent seules de tous les sucs, épuisent inutilement le sol & l'empoisonnent. D'ailleurs, ce tiers de toutes les terres labourables ne produisant rien, fait un tort considérable au Commerce, au Propriétaire, & à l'Etat.

Le vrai repos de la terre est le changement de productions. La terre renferme dans son sein une multitude innombrable de sels différents, par leur nature, & par leurs combinaisons; chaque végétal s'approprie celui qui lui convient, & laisse les autres. Comme de tous les animaux qui couvrent sa surface, les especes en sont innombrables, depuis l'éléphant jusqu'au ciron, chacun trouve, & prend la nourriture qui lui est propre, & ne fait aucun tort à la subsistance des autres. D'après ce principe, qui me paroît incontestable, voici une méthode, par laquelle la terre produiroit deux fois tous les ans, sans avoir jamais besoin de repos : elle nécessite la population, procure une multiplication de bestiaux immenses, & met à portée de faire des éleves, & des engrais, dans toutes les Provinces, & par-tout, même dans les plaines.

Je suppose que j'ai vingt-quatre arpents de terre : je les partage en vingt-quatre pieces, d'un arpent chacune. On peut voir par le tableau ci-joint, la suite de culture de toutes ces pieces pendant vingt-quatre ans; & ce que chaque piece rapportera chaque année.

TABLEAU DE CULTURE,
Pendant vingt-quatre ans.

1	2	3	4	5	6	7	8	9	10	11	12	13	14	15	16	L.	L.	L.	L.	L.	L.	L.	L.
2	3	4	5	6	7	8	9	10	11	12	13	14	15	16	L.	L.	L.	L.	L.	L.	L.	L.	1
3	4	5	6	7	8	9	10	11	12	13	14	15	16	L.	L.	L.	L.	L.	L.	L.	L.	1	2
4	5	6	7	8	9	10	11	12	13	14	15	16	L.	L.	L.	L.	L.	L.	L.	L.	1	2	3
5	6	7	8	9	10	11	12	13	14	15	16	L.	L.	L.	L.	L.	L.	L.	L.	1	2	3	4
6	7	8	9	10	11	12	13	14	15	16	L.	L.	L.	L.	L.	L.	L.	L.	1	2	3	4	5
7	8	9	10	11	12	13	14	15	16	L.	L.	L.	L.	L.	L.	L.	L.	1	2	3	4	5	6
8	9	10	11	12	13	14	15	16	L.	L.	L.	L.	L.	L.	L.	L.	1	2	3	4	5	6	7
9	10	11	12	13	14	15	16	L.	L.	L.	L.	L.	L.	L.	L.	1	2	3	4	5	6	7	8
10	11	12	13	14	15	16	L.	L.	L.	L.	L.	L.	L.	L.	1	2	3	4	5	6	7	8	9
11	12	13	14	15	16	L.	L.	L.	L.	L.	L.	L.	L.	1	2	3	4	5	6	7	8	9	10
12	13	14	15	16	L.	L.	L.	L.	L.	L.	L.	L.	1	2	3	4	5	6	7	8	9	10	11
13	14	15	16	L.	L.	L.	L.	L.	L.	L.	L.	1	2	3	4	5	6	7	8	9	10	11	12
14	15	16	L.	L.	L.	L.	L.	L.	L.	L.	1	2	3	4	5	6	7	8	9	10	11	12	13
15	16	L.	L.	L.	L.	L.	L.	L.	L.	1	2	3	4	5	6	7	8	9	10	11	12	13	14
16	L.	L.	L.	L.	L.	L.	L.	L.	1	2	3	4	5	6	7	8	9	10	11	12	13	14	15
L.	L.	L.	L.	L.	L.	L.	L.	1	2	3	4	5	6	7	8	9	10	11	12	13	14	15	16
L.	L.	L.	L.	L.	L.	L.	1	2	3	4	5	6	7	8	9	10	11	12	13	14	15	16	L.
L.	L.	L.	L.	L.	L.	1	2	3	4	5	6	7	8	9	10	11	12	13	14	15	16	L.	L.
L.	L.	L.	L.	L.	1	2	3	4	5	6	7	8	9	10	11	12	13	14	15	16	L.	L.	L.
L.	L.	L.	L.	1	2	3	4	5	6	7	8	9	10	11	12	13	14	15	16	L.	L.	L.	L.
L.	L.	L.	1	2	3	4	5	6	7	8	9	10	11	12	13	14	15	16	L.	L.	L.	L.	L.
L.	L.	1	2	3	4	5	6	7	8	9	10	11	12	13	14	15	16	L.	L.	L.	L.	L.	L.
L.	1	2	3	4	5	6	7	8	9	10	11	12	13	14	15	16	L.	L.	L.	L.	L.	L.	L.

Les vingt-quatre pieces différentes forment les vingt-quatre quarrés de la premiere rangée d'enhaut ; & chacun des vingt-quatre quarrés qui sont dessous chaque piece, représente une année.

Le N°. 1. est une prairie artificielle que je défriche, & dans cette piece j'y mets de l'avoine.

Le N°. 2. désigne la seconde année : j'y seme encore de l'avoine : il faut toujours deux avoines sur un défriché. 1°. Pour ôter le grand feu qui s'est concentré dans la terre. 2°. Pour que les gazons aient le tems de se pourrir, & de se convertir en terreau. 3°. Parce qu'il faut que la terre ne soit plus compacte pour y mettre du blé.

Années.
1ere. Avoine.
2de. Avoine.

Le N°. 3. désigne la troisieme année : j'y seme du blé de Mars. Dès que la recolte est faite, j'y donne un labour, & j'y seme, *très-dru*, de la graine de grosses raves : dès que leurs feuilles commencent à jaunir, je les fais faucher pour les bestiaux.

Le N°. 4. désigne la quatrieme année. Dès le mois de Janvier je fais porter, & étendre sur ces raves, du fumier très-consommé : je donne un labour *en travers*, & tout de suite un droit, *laissant les raves dans la terre*; & j'y seme de l'orge, ou de l'avoine. Dès que la récolte est faite, je donne un labour *en travers*, & tout de suite *un droit très-profond*, pour achever de hacher les raves, & je séme du beau blé d'automne, bien net, & bien criblé.

Le N°. 5. désigne la 5me. année : ma terre est semée en blé d'Automne. Dès que la recolte est faite, je donne un labour, & je seme des légumes, des navets, des carottes, des pommes de terre; ou bien j'y plante des choux. Si ce sont des navets, ou des carottes, dès que les feuilles jaunissent, je les fais faucher pour les bestiaux, cela leur fait grand bien, & les navets ou carottes, en profitent davantage. Si l'hiver n'est pas fort rude, je les laisse dans la terre, & je les prends à mesure que j'en ai besoin, pour la consommation, ou pour vendre. Si je crains la gelée, je les enleve & je les serre.

Le N°. 6. désigne la 6me. année : dès que mes légumes sont enlevés, j'y donne un labour *en travers*, & *un droit*; puis j'y seme du chanvre. Dès que la récolte est faite & enlevée, j'y donne un labour, & je seme, *très-dru*, de la graine de grosses raves; je fauche les feuilles dès qu'elles sont mûres, & je les laisse monter en graine l'année suivante.

Le N°. 7. désigne la septieme année. Dès que les graines de raves sont mûres, je coupe les tiges qui les portent, je donne un labour en travers, puis un droit très-profond, laissant les raves dans la terre; j'y seme ensuite de beau blé d'automne, bien net, & bien criblé, & la quantité de seigle qui m'est nécessaire pour faire tous les liens de mes récoltes.

Le N°. 8. désigne la huitieme année : ma terre est semée en blé d'automne. Dès que le blé est enlevé, je donne un labour, & j'y seme, ou plante des légumes, comme la cinquieme année.

Le N°. 9. désigne la neuvieme année. Dès que les légumes sont levés, j'y seme du lin, ou du colza, ou des lentilles, ou tous autres mars. Dès que cela est enlevé, j'y donne un labour, & j'y seme, *très-dru*, de la graine de grosses raves : je fauche les feuilles.

Années.
3me. Blé de Mars & Raves.
4me. fumer
Orge ou Avoine.
& Blé d'Automne.
5me. Blé d'Automne & Légumes.
6me. Chanvre & Raves pour graines.
7me. Raves pour graines & Blé d'Automne.
8me. Bl. d'Aut. & Lég.
9me. Lin... Colza ou autres Mars. Raves.

	Années.
Le N°. 10. déſigne la dixieme année : dès le mois de Janvier j'y porte, & étends du fumier bien conſommé ; j'y donne un labour en travers, & un droit, laiſſant toujours les raves dans la terre, & j'y ſeme de l'orge, ou de l'avoine. Dès que cela eſt enlevé, je donne deux labours, & j'y ſeme du beau blé d'Automne, bien net, & bien criblé.	10me. Fumer. Orge ou Avoine. Bl. d'Aut.
Le N°. 11. déſigne la onzieme année : ma terre eſt ſemée en blé d'Automne. Dès qu'il eſt enlevé, je donne deux labours, & je ſeme des légumes comme la cinquieme & huitieme année.	11me. Blé d'Automne. Légumes.
Le N°. 12. déſigne la douzieme année. Dès que mes légumes ſont enlevés, je donne deux labours, un de travers & un droit, & j'y ſeme des haricots blancs *ſous la charue*... c'eſt-à-dire par quelqu'un qui ſuit la charue. Dès qu'ils ſont enlevés, je donne un labour, & j'y ſeme de la graine de groſſes raves, *très-dru ;* je fauche les feuilles.	12me. Haricots blancs. Raves.
Le N°. 13. déſigne la treizieme année : je porte, & j'étends ſur ces raves du fumier très-conſommé ; je donne deux labours, un en travers & un droit, laiſſant toujours les raves dans la terre, & j'y ſeme de l'orge, ou de l'avoine. Dès que cela eſt enlevé, je donne un labour en travers, & un droit très-profond, j'y ſeme du beau blé d'Automne, bien net, & bien criblé.	13me. Fumer. Orge ou Avoine. Blé d'Automne.
Le N°. 14. déſigne la quatorzieme année ; ma terre eſt ſemée en blé d'Automne : dès qu'il eſt enlevé, je donne un labour, & je ſeme ou plante des légumes comme la cinquieme, huitieme & onzieme année.	14me. Blé d'Automne. Légumes.
Le N°. 15 déſigne la quinzieme année. Dès que les légumes ſont enlevés, je donne deux labours très-profonds, un en travers, & l'autre droit ; & j'y ſeme du blé de Mars. Dès qu'il eſt enlevé, je donne un labour, & je ſeme pour la derniere fois des légumes.	15me. Blé de Mars. Légumes.
Enfin le N°. 16 déſigne la ſeizieme & derniere année des labours. Dès que mes légumes ſont enlevés, je donne un ſeul labour droit, & j'y ſeme des pois, ou des veſſes ; je herſe bien, & ſeme par-deſſus de la graine de luzerne. Je fauche mes coſsâs quand il eſt tems, & l'année ſuivante ma terre eſt en luzerne.	16me. Pois ou Veſſes. Graine de Luzerne.

Je la laiſſe huit ans en luzerne ; les quatre premieres années, les beſtiaux d'aucune eſpece, n'y entrent jamais ; la cinquieme & ſixieme, ils y vont après la premiere coupe ; la ſeptieme & huitieme elle eſt abſolument en pâture : je ne la fauche pas, les beſtiaux d'engrais y reſtent jour & nuit. Après ces huit ans, marqués par des L. ſur le tableau, je défriche, & recommence comme au N°. premier.

Tous

Tous les hyvers, les moutons parquent sur les raves, ou sur les pieces dont les légumes sont enlevés; c'est une erreur de croire qu'il leur faut des bergeries, au contraire, ils se porteront beaucoup mieux à l'air. Dans les pays où on fait des éleves, il n'y a, pour tous bâtimens, que de petites cahuttes de pâtres ou bergers. La Nature, prudente & sage, a donné à ces animaux de bons habits d'hiver, qui leur deviennent très à charge, & même *nuisibles*, dans les bergeries, où il fait toujours trop chaud pour eux.

Voyons les avantages de toutes especes & dans tous les genres, que procure cette méthode.

1°. Elle exige beaucoup d'hommes, la population devient nécessaire & forcée; les pays de vignobles sont toujours beaucoup plus peuplés que les autres, parce qu'un homme ne peut cultiver que deux arpens de vigne; il faut donc nécessairement autant d'hommes, qu'il y a de fois deux arpens : il faut une femme à un homme... s'il n'y en a pas assez dans le pays, il va en chercher; les femmes font des enfans, ceux-là en font d'autres, *&c.*

2°. Il faut nécessairement beaucoup de bestiaux; les laboureurs auront des femelles : ayant de quoi faire des éleves, la multiplication devient certaine.

3°. On peut faire, par cette méthode, des éleves, & des engrais, partout, même dans les plaines; il n'y a point d'endroit, où l'on ne puisse faire des puits plus, ou moins profonds : il ne faut qu'une pompe à cheval. La mécanique a bien simplifié, & simplifie tous les jours les machines : on peut en faire une pour cinq ou six cens livres; une fois fait, c'est pour cent ans.

4°. Selon cette méthode, on ne fume que trois fois sur vingt-quatre ans; on peut même ne fumer que deux, si on veut, en supprimant le fumage de la dixieme année. Que de fumier de reste, pour mettre au pied des arbres fruitiers, où il fait un effet surprenant; dans les vignes, puisqu'on le veut, pour les potagers, & les petits légumes, en un mot, où l'on voudra. Le fumier est bon à tout, excepté sur les prés, car le foin contracte un mauvais goût, qui dégoute les chevaux. Etant moins pressé de fumier, on peut le laisser consommer davantage : plus il le sera, plus il fera d'effet, pourvû qu'il soit gras, & point desséché; *on devroit, selon moi, le tenir toujours dans un lieu couvert, à l'abri du soleil, & des pluyes :* il vaut mieux en avoir moins.

5°. Le grand embarras des Laboureurs, selon leur routine actuelle, est qu'ils n'ont jamais assez d'hommes, ni de chevaux, dans le tems des labours, semailles & récoltes : tout le reste de l'année, ils ne savent que faire du peu qu'ils ont; pour qu'ils ne leur soient plus à charge, ils sont obligés de les louer. On leur estropie leurs chevaux : on casse leurs voitures : on brise leurs harnois : ce qui va souvent plus haut que le profit du louage, &, qui pis est encore, tout cela arrive en mauvais état, & leurs chevaux se trouvent harrassés, dans les momens où ils en ont besoin pour leurs travaux; *l'ouvrage n'en va pas mieux.* Selon ma méthode, tout est occupé chez le Fermier toute l'année; par la grande variété de productions différentes, il y a toujours à faire; & tout est toujours sous ses yeux; *l'œil du Maître est le baume de l'Agriculture.*

6°. Cette variété de productions différentes le met à portée d'avoir toujours de l'argent; il a à faire à beaucoup de gens, si l'un ne lui en donne pas, un autre lui en donne. Un Laboureur n'a maintenant que du grain à vendre... si son Marchand fait banqueroute, ce qui arrive, malheureusement souvent, il faut nécessairement qu'il la fasse aussi... un Fermier démonté, ne se remonte presque jamais.

7°. Selon ma méthode, la terre n'est jamais découverte, ni exposée à nud, aux rayons du Soleil : c'est *le fourneau de la Nature*... mais il est pour la terre, comme pour nos yeux; *il faut toujours un voile entre deux.*

8°. Selon ma méthode, la terre n'est jamais oisive : les mauvaises herbes n'ont pas le tems d'y prendre racine; ce qu'on y seme profite des sucs que les mauvaises plantes consommeroient inutilement; car ces plantes *gourmandes* s'approprient toutes les especes de sels, tout leur est bon.

9°. Ces raves, que je laisse toujours dans la terre, font un engrais puissant, & naturel; mêlées avec le fumier, & les excrémens des animaux qui parquent dessus, elles se pourrissent, & renouvellent la terre, qui étant ensuite dans une espece de repos, pendant les huit ans qu'elle reste en luzerne, devient capable de produire, avec la plus grande abondance, tout ce qu'on voudra y semer.

10°. Le Commerce de blé n'est peut-être bon que dans l'intérieur de l'Etat. On a éprouvé en France les mauvais effets de l'exportation, soit qu'elle fût mal entendue, mal dirigée, mal raisonnée, soit qu'en elle-même elle soit un mal. Laissons nos voisins venir chercher nos blés chez nous. 1°. Plus on manie le blé, plus il déchoit. 2°. Les frais de voitures, de charger le bateau; le déchet du fond, & du dessus qui sont *toujours gâtés*; les frais pour transporter du bateau au vaisseau, le déchet nécessaire de ce transport; les mêmes inconvéniens dans le vaisseau, que dans le bateau; les frais, & le déchet en sortant du vaisseau, les frais d'emmagazinement; les gages des Commis, Porteurs... Remueurs, & autres gens nécessaires; les friponneries de tous ces Employés; les loyers des bateaux, vaisseaux, magazins; les faux frais, & mille autres choses, *sans compter les crédits*, absorbent, nécessairement, au moins le profit. *Voyez* EXPORTATION.

Le Commerce des bestiaux est bien plus sûr, plus commode, & plus facile. Il ne faut pas m'objecter les maladies auxquelles ils sont sujets; j'en ai suivi, avec attention, dans beaucoup de Provinces, & j'ai toujours observé que c'étoit faute de soin, & d'attention.

La démonstration en est facile : toutes les maladies des bestiaux ne viennent que de trois causes. 1°. Les bestiaux *s'empansent;* on les oublie, & on les laisse jeûner long-tems, puis on leur donne du fourrage sec, dur, & plein de poussiere, sans le secouer jamais; ils le mangent avec avidité; cela s'amasse, tout-à-coup, dans la partie de leur estomac qu'on nomme *le feuillet*, avec raison, car il est composé de cloisons, comme les feuillets d'un livre. Ce feuillet trop plein, n'a plus d'élasticité, il ne peut plus se resserrer; ayant un volume beaucoup plus gros qu'il ne doit avoir, il gêne la respiration; les liqueurs ne pouvant plus circuler, refluent sur elles-mêmes, & causent un gonflement général, qui augmentant toujours, empêche enfin le jeu des poumons: l'animal périt sans qu'on puisse lui donner du secours, car il n'y en auroit pas d'autre à lui donner que de vuider le feuillet; mais il faut ouvrir l'animal pour cela. Si on avoit eu du soin, & de l'attention, cela ne seroit pas arrivé.

2°. Leur poumon s'attaque, parce qu'on leur donne la nuit du fourrage sec, dur, pourri, plein de poussiere; on dit toujours: *cela sera bon pour les bestiaux.* C'est toujours le plus mauvais; *on a grand tort... il n'y a rien de trop bon.* Qu'arrive-t-il de cette prétendue épargne? La chaleur de l'étable, ou bergerie, produit une vapeur épaisse, gluante, & bitumineuse; elle fait colle avec cette poussiere du fourrage, & reste attachée au poumon: sa partie stiptique y cause une effervescence. On mene ensuite, ou on laisse aller les bestiaux aux champs, avant que la rosée soit passée; le froid les saisit, fixe cette humeur qu'ils ont respirée la nuit, & qui n'est pas expectorée; elle s'attache fortement au poumon. Les sels dont la rosée est imprégnée, la font fermenter. La chaleur de la fermentation la rend corrosive: elle ulcere le poumon: la suppuration interne s'établit, picote tous les conduits, l'animal tousse; bientôt elle les corrode, & l'animal périt.

3°. Leur foie s'échauffe par les mêmes causes auxquelles j'attribue l'ulcération de leur poumon: on les mene ensuite boire de mauvaises eaux stagnantes, vertes, puantes. *Point de puanteur sans putréfaction.* Les parties putrides de cette eau s'attachent à leur foie déja échauffé, & s'y fixent. Ces corps étrangers font de petits engorgemens dans les conduits biliaires, & communiquent à la bile qu'ils rencontrent, le degré de putridité dont ils sont imprégnés. L'épaississement est une suite nécessaire de la fermentation qui s'y établit. Les glandes, engorgées par cet épaississement, se tuméfient. La circulation interceptée, l'humeur & la bile elle-même deviennent corrosives. Les tumeurs s'ouvrent, s'ulcerent; la suppuration s'établit, infecte toutes les liqueurs, & l'animal périt.

Enfin les maladies deviennent, dit-on, épidémiques, parce qu'on n'a pas le soin & l'attention de tuer, & enterrer, ou au moins de séparer les animaux malades. La mastication exprime des glandes salivaires une liqueur crue & âcre, qui est un excrément, & par conséquent participe à toutes les qualités de nos liqueurs: elle coule de la bouche des animaux lorsqu'ils mangent. Quand un animal est malade, cette liqueur est imprégnée de l'humeur morbifique. Les autres bestiaux qui mangent avec, ou après lui, avalent cette humeur avec la nourriture, & s'empoisonnent nécessairement. Sans compter encore les atômes putrides, qui s'exhalent de sa transpiration, & de ses excrémens dans la bergerie, ou étable, & que les autres respirent.

Il faudroit un gros volume pour ce seul article : mais ce précis suffit, je crois, pour faire voir qu'il est facile, avec des soins, & de l'attention, de préserver les bestiaux de beaucoup d'accidens.

J'ai vu des Agriculteurs, soigneux & attentifs, qui avoient toujours beaucoup de bestiaux, & qui en perdoient fort peu. *Nous sommes tous mortels :* je le sçais, j'en conviens ; il arrive toujours des accidens qu'on ne prévoit pas ; mais avec du soin & de l'attention, ils seront rares.

Je ne finirois pas si je voulois détailler tous les avantages de la nouvelle méthode, en voilà bien assez, ce me semble, pour en prouver l'utilité.

On m'objectera, peut-être, que *selon la routine actuelle, sur ces vingt-quatre pieces il y en auroit tous les ans huit en blé... que, selon ma méthode, il n'y en a que six... & qu'encore, sur ces six, il y en a deux en blé de Mars, qui ne vaut pas, à beaucoup près, le blé d'Automne.*

Je réponds. 1°. Que ne voyant d'avantages réels pour l'Etat dans l'exportation, je ne désire que la quantité de blé suffisante pour y entretenir l'abondance, & une subsistance assurée pour deux années d'avance. 2°. Que ces six pieces, cultivées selon cette méthode, produiroient, *plus d'un tiers de blé en sus*, de ce qu'on récolte maintenant dans les huit, j'en suis le garant. 3°. Que le blé de Mars est très-bon, en en mettant un tiers, sur deux tiers de blé d'Automne ; une partie de la farine que l'on amene à Paris est préparée ainsi... & c'est le lieu de l'Univers où l'on mange de meilleur pain, de l'aveu de tout le monde. 4°. Qu'on peut, si on le veut, garder ce blé de Mars pour la consommation de la ferme : mêlé avec le seigle, & les criblures de l'autre blé, il fera de très-bon pain de ménage. 5°. Que selon la routine actuelle on n'auroit de même que huit pieces en Mars ; selon ma méthode, il y en a *onze*. 6°. Enfin, que selon la routine actuelle, il y a toujours un tiers des terres qui ne produisent rien, & qui se gâtent : un Fermier n'a que ses blés, & ses mars à récolter. Selon cette méthode, la terre est toujours couverte, & produit toujours deux fois l'année, & *outre mes blés, & mes mars*, j'ai cinq pieces, tous les ans, en légumes, quatre en raves, qui font un fourrage rafraîchissant, & salutaire à toutes especes de bestiaux, & huit en luzerne, dont deux toujours en pâture ; en y ajoutant la multitude d'éleves, & d'engrais de bestiaux, qui font un profit réel & sans frais, puisque je trouve chez moi tout ce qu'il leur faut, & la facilité d'en faire par-tout, même dans les plaines, je ne crois pas qu'on puisse mettre ces deux cultures en comparaison. Je ne me crois pas infaillible, à beaucoup près... mais je peux assurer que je n'y vois pas un seul inconvénient, pour contrebalancer tous ces avantages,

& beaucoup d'autres dont je ne parle pas, parce que cela deviendroit trop long; si on m'en faisoit voir de réels, j'en conviendrois de bonne foi.

Le seul que j'y connoisse, est que tous les hommes, sur-tout les gens de campagne, sont fort attachés aux anciens usages : ils font telle chose, parce que leur pere la faisoit : ils la font, tel jour, parce qu'ils l'ont fait les autres années, à pareil jour; ils n'en sçavent, n'en cherchent, ni même n'en veulent jamais sçavoir d'autre raison.

D'après cette connoissance, je crois qu'il seroit très-utile, & même nécessaire, qu'il y eut, dans chaque district des Commissaires de Police, un, ou même deux bons agriculteurs, payés par l'Etat, pour faire toute l'année, avec le plus grand soin, & la plus grande attention, toutes les expériences possibles dans tous les genres, sur toutes sortes de terres... & à toutes sortes d'expositions; & que les résultats, & produits de ces expériences, fussent, tous les mois, rendus publics. Quand même on donneroit, dans les commencemens, à de petits Fermiers de l'argent pour adopter des méthodes dont on auroit reconnu les avantages par des expériences faites dans le Canton, cet argent seroit bien employé. Plus on augmentera les produits de la terre, plus on enrichira les particuliers, & par conséquent l'Etat, dont les intérêts se trouvent intimement & nécessairement liés à ceux des particuliers. Si des méthodes utiles étoient adoptées par quelques Laboureurs, & qu'ils y fissent un profit évident, leur exemple seroit promptement suivi, & l'on reviendroit par-tout des usages ridicules auxquels on est attaché par entêtement. Nous parlerons dans la suite de plusieurs autres méthodes d'Agriculture, aux mots CULTURE, LABOURAGE, REPOS DES TERRES, SOLE, TERRE, &c. &c.

AGRIPPA, *ami d'Auguste, trois fois Consul, deux fois Tribun, & une fois Censeur.*

MARCUS VIPSANIUS AGRIPPA, d'une naissance obscure, s'éleva, par son mérite, aux premieres dignité de l'Empire. Attaché à Auguste, dès sa premiere jeunesse, il fut constamment l'ami le plus fidele de ce Prince, qui le combla d'honneurs, pour le récompenser des services signalés qu'il en avoit reçus.

Agrippa avoit déja donné des preuves de sa valeur, lorsque, l'an 38 avant J. C. il fit rentrer dans le devoir, les Gaulois rebelles, & eut la gloire d'être le second des Romains, après César, qui passa le fleuve du Rhin. Auguste, en le rappellant auprès de sa personne, le nomma Consul pour l'année suivante, & lui fit décerner le triomphe. Agrippa accepta le Consulat, mais il refusa le triomphe. Comme on l'avoit mandé, pour le charger du soin de construire une nouvelle flotte, & de former des rameurs & des matelots, il s'acquitta de ce double emploi avec tout le zele & toute la capacité possibles, présidant lui-même à la construction des vaisseaux, & aux exercices par lesquels on habituoit à la manœuvre vingt mille esclaves, à qui Auguste avoit donné la liberté, pour en faire des rameurs. De plus, comme la côte de l'Italie ne lui offroit aucun port bien commode, ni capable de contenir un grand nombre de vaisseaux, il conçut & exécuta le magnifique dessein de joindre ensemble, & avec la mer, le lac Lucrin, & le lac Averne, pour en faire un vaste bassin, où les plus nombreuses flottes pussent être reçues, & se trouver à l'abri des vents & des tempêtes.

Le lac Lucrin, situé entre Misene & Pouzzol, étoit séparé de la mer par une ancienne chaussée de mille pas de long, sur une largeur qui suffisoit pour la voie d'un chariot. Agrippa répara & exhaussa cette chaussée, qui, affoiblie en plusieurs endroits, par vétusté, étoit souvent inondée, & par conséquent impratiquable. Il la perça de deux ouvertures pour donner passage aux bâtimens; & du fond du lac Lucrin, il conduisit un canal dans le lac Averne. Il paroît que c'étoit celui-ci proprement, qui formoit le port, & qui donnoit une retraite assurée aux vaisseaux. Pour corriger la mauvaise qualité de l'air, qui passoit pour infect & pestilentiel, Agrippa abattit de grandes forêts, qui embrassoient tous les environs du lac Averne, & qui la couvrant d'une ombre épaisse, empêchoient l'air d'y circuler librement. Par-là, ce lieu tout-à-fait décrié, au-dessus duquel, si nous en croyons les poëtes, les oiseaux ne pouvoient voler sans ressentir l'effet des exhalaisons empestées, qui s'élevoient du Lac, & sans tomber morts, devint un séjour salubre, & même agréable. Agrippa, toujours attentif à rapporter à son chef & à son protecteur, la gloire de tout ce qu'il entreprenoit, voulut que le nouveau port fût appellé le port de Jule, du nom que portoit Auguste, adopté par Jule-César; ce fut là qu'il rassembla tous les vaisseaux neufs, qui avoient été bâtis en différens ports de l'Italie, & qu'il exerça les vingt mille rameurs ou matelots, dont nous avons parlé.

L'année de son premier Consulat expirée, Agrippa s'embarqua sur la flotte qu'il venoit de préparer, & remporta une victoire complette sur celle de Sextus Pompée. Auguste, pour récompense, lui fit présent d'une couronne d'or, qui avoit pour rayons des éperons de vaisseau. On remarque que, de son tems, toutes les charges, à Rome, avoient perdu leur lustre & leur éclat, sous le Gouvernement triumviral qui absorboit toute la puissance publique; & en particulier, l'Edilité, chargée de dépenses prodigieuses à cause des jeux qu'il falloit donner au Peuple, tomba dans un tel discrédit, qu'il y eut une année qui se passa sans Ediles, parce que personne ne voulut d'un titre sans pouvoir, & onéreux. Agrippa entreprit de relever cette Magistrature de son avilissement, en la prenant lui-même; & quoiqu'il eût été Consul, il ne dédaigna point une place beaucoup inférieure, persuadé qu'il n'y perdroit rien, & que la charge y gagneroit. D'ailleurs les fonctions de l'Edilité qui se rapportoient principalement, soit aux embellissemens & aux commodités de la ville, soit aux plaisirs de la multitude, convenoient parfaitement au zele qu'avoit Agrippa, pour concilier de plus en plus les cœurs des Citoyens au jeune Triumvir, son Général & son Protecteur.

Agrippa remplit magnifiquement cette vue, premiérement par des édifices publics, qu'il répara, ou construisit à neuf. Il rétablit les anciens aqueducs, qui tomboient presqu'en ruine, & il en construisit un nouveau, auquel il donna encore le nom de Jule, dans un espace de quinze mille pas ou de cinq lieues. Pour rendre commode & accessible, l'usage des eaux, qu'il amenoit ou rendoit à la ville, il fit faire sept cens abreuvoirs, cent cinq fontaines, cent trente regards; de façon qu'il n'y eut presque aucune maison de Rome, qui n'eût de l'eau en abondance. Tous ces Ouvrages étoient ornés & décorés richement & avec goût. On y comptoit trois cens statues de marbre ou d'airain, & quatre cens colonnes de marbre. Agrippa étoit si passionné pour l'embellissement de la ville & de tous les lieux destinés aux usages publics, qu'il eût voulu que l'on y eût consacré tout ce qu'il y avoit de statues & de tableaux dans Rome. Personne n'ignore la magnificence des égoûts, bâtis par les deux Tarquins. Faute de soins & d'entretien ils s'étoient remplis d'immondices, & engorgés en plusieurs endroits. Agrippa ramassa des eaux en si grande quantité, qu'il en forma comme sept torrens, qui, introduits par les ouvertures des égoûts, & y coulant rapidement, entraînerent toutes les saletés qui s'y étoient amoncelées; & après cette opération, il s'embarqua lui-même sur les égoûts ainsi nettoyés, & par une navigation souterreine il les parcourut d'un bout à l'autre jusqu'à leur embouchure dans le Tibre.

Le second objet d'Agrippa, dans son Edilité, regardoit les jeux & les largesses au Peuple. Il s'acquitta de cette partie de ses fonctions avec une somptuosité étonnante; spectacles de toute espece, comédie, combats de Gladiateurs, courses dans le Cirque pendant cinquante-neuf jours, & durant tous les tems, barbiers & baigneurs payés de ses deniers pour le service des Citoyens; cent soixante-dix bains ouverts, & entretenus à ses frais, pendant toute l'année; provisions de toutes sortes, achetées des marchands, pour être livrées au pillage de la multitude. Enfin, dans le théâtre, il jetta d'en haut des especes de billets de loterie; & ceux qui rapportoient ces billets, en recevoient le contenu, c'est-à-dire, argent, étoffes, meubles, & autres choses semblables. Il orna aussi le Cirque de statues de dauphins, & de ce que l'on appelloit des œufs; c'est-à-dire, de grosses masses figurées en œuf, & placées sur des colonnes, qui posées à l'extrémité de la carriere, & se faisant appercevoir de loin, dirigeoient les conducteurs des chariots dans leurs courses, & leur marquoient l'endroit où il falloit tourner, pour revenir au point d'où ils étoient partis.

Agrippa s'étant mis à la tête d'une puissante escadre, 31 ans avant l'Ere Chrétienne, s'empara de plusieurs Villes Grecques ; & ce succès commença à détacher du parti d'Antoine, plusieurs de ses partisans. Ce fut lui qui commanda l'armée navale, à la fameuse bataille d'Actium, qui assura à Auguste l'Empire du monde. On rapporte que cet Empereur voulant alors abdiquer la souveraine Puissance, ou du moins en faire semblant, consulta Agrippa. Ce Courtisan qui avoit l'ame grande & noble, opina pour le parti le plus généreux. Il conseilla donc à Auguste de remettre l'autorité suprême au Sénat & au Peuple Romain, conformément aux engagemens tant de fois pris avec eux, & de prouver ainsi la bonne foi & la candeur de ses procédés : il prétendit que la sûreté même de sa personne y étoit intéressée ; & pour le prouver, il lui allégua les exemples contraires de Sylla & de César. Son avis ne fut cependant pas suivi. L'année suivante, la 28e. avant J. C., il se vit de nouveau, revêtu du titre de Consul. Ce fut alors que l'Empereur, après se l'être associé dans la charge de Censeur, ou de réformateur des mœurs & des loix, l'unit à sa famille, en lui faisant épouser Marcella, sa niece, sœur du jeune Marcellus. L'histoire ne nous apprend point si Agrippa étoit veuf, ou si, pour être en état de contracter ce mariage, il se sépara d'Attica, dont il avoit une fille qui fut mariée à Tibere.

La dignité Consulaire lui fut prorogée l'année qui suivit, & c'étoit pour la troisieme fois qu'il en étoit décoré. Quand il fut sorti de cette charge, il mit la derniere main à un grand ouvrage projetté par Jule-César, avancé considérablement par Lépidus, & que les guerres civiles avoient obligé de laisser imparfait. Il y ajouta les ornemens, incrustations de marbre, sculptures & peintures exquises. Dans la dédicace solemnelle, qu'il en fit, il les appella les *Parcs-Jules*, nom qui rappelloit en même-tems la mémoire de César, auteur du projet, & d'Auguste, sous qui il avoit été amené à sa perfection. Agrippa acheva l'année suivante le Panthéon, édifice admirable, qui subsiste encore aujourd'hui sous le nom de *Notre-Dame de la Rotonde*, & qui est regardé par les connoisseurs, comme le chef-d'œuvre & la merveille de l'Architecture. Il lui donna le nom de *Panthéon*, qui signifie assemblée de tous les Dieux, soit à cause du grand nombre de Divinités, dont il y plaça les représentations, soit à cause de la forme ronde de l'édifice, qui imitoit la voûte céleste, qui, selon le langage payen, étoit la demeure de tous les Dieux.

Agrippa, suivant sa pratique constante, vouloit faire honneur de ce magnifique ouvrage à Auguste, & prétendoit même y placer la statue de ce Prince. Auguste, incapable de jalousie contre un Ministre si fidele, & d'ailleurs résolu de ne point souffrir qu'on lui rendit, dans la Ville, un culte divin, s'opposa aux desirs d'Agrippa. La statue de Jule-César, divinisé depuis long-tems, fut consacrée dans l'intérieur du Temple. Agrippa posa celle d'Auguste & la sienne dans le vestibule. Son nom s'est conservé sur

l'inscription

l'inscription du Frontispice. On y lit ces mots : *M. AGRIPPA S. F. COS TERTIUM FECIT ;* c'est-à-dire : *M. Agrippa, trois fois Consul, a bâti ce Temple.* On cite encore d'autres édifices construits par lui ; des bains publics, ornés de tableaux & de statues ; un temple de Neptune, monument de ses victoires navales, où il fit peindre l'expédition des Argonautes. Si l'on ajoute tant de beaux ouvrages à ceux dont il a été parlé ci-dessus, on se convaincra qu'il n'est point de particulier, & que l'on ne peut guere compter d'Empereurs qui aient eu la gloire de contribuer, autant qu'Agrippa, à l'embellissement de Rome, & à la commodité des habitans de cette Capitale de l'Univers.

Cette même année, la 25ᵉ. avant l'Ere Chrétienne, il dompta les Cantabres, & présida, en l'absence de l'Empereur, aux noces de Marcellus. On voit par cette commission donnée à Agrippa, qu'Auguste en élevant son neveu, ne négligeoit pas son ami. Il ajouta une nouvelle preuve de considération pour ce grand homme, en le logeant avec lui dans son Palais, parce que la maison qu'Agrippa occupoit, avoit été consumée par un incendie. Auguste étant tombé malade, deux ans après, donna son anneau à Agrippa ; préférence qui choqua infiniment Marcellus, & qui étonna tout le monde, parce qu'on n'avoit point douté jusques-là, qu'il ne destinât ce neveu pour lui succéder. L'Empereur guérit de sa maladie ; mais le rétablissement de sa santé fut suivi de près de l'éloignement d'Agrippa. Ce grand homme, accoutumé, depuis tant d'années, à tenir le premier rang auprès de l'Empereur, ne pouvoit cacher son chagrin sur l'élévation & les espérances de Marcellus ; & celui-ci, neveu d'Auguste, souffroit avec peine de se voir balancé par Agrippa. Leur rivalité éclata sans doute plus librement, à l'occasion de la maladie du Prince ; & la confiance singuliere, témoignée par Auguste, presque mourant, à Agrippa, acheva de porter à l'excès, le mécontentement de Marcellus.

Auguste, revenu en santé, se crut obligé de sacrifier Agrippa. On peut croire qu'il ne prit cette résolution qu'à regret. Au moins essaya-t-il de déguiser l'abaissement de son plus ancien ami, sous des apparences d'honneur, & il le fit Gouverneur de Syrie, l'une des plus riches & des plus belles Provinces de l'Empire. Agrippa non-seulement ne s'y trompa point ; mais trop grand pour en témoigner quelque mécontentement, il fut bien-aise de faire sentir qu'il n'étoit pas la dupe d'un traitement qui, sous l'apparence d'une faveur, avoit la réalité d'une disgrace. Il accepta ce Gouvernement comme un honorable exil, & sans vouloir profiter du masque qu'on lui offroit, pour couvrir sa retraite, il affecta de la manifester en envoyant simplement ses Lieutenans en Syrie, & se retirant à Mitylene, pour y vivre en particulier.

Il n'y demeura pas long-tems. Dès l'année suivante, Auguste, sentant le besoin qu'il avoit d'un homme de tête, pour tenir Rome dans le devoir, en son absence, saisit cette occasion pour rappeller Agrippa. Et voulant lui donner un nouveau relief, & l'attacher étroitement à sa personne, il lui fit épouser sa fille, veuve de Marcellus, qui ne survécut pas long-tems à la disgrace de son rival. Agrippa se sépara, pour cet effet, de Marcella. Peu de tems après, il acheva de réduire les Cantabres, & refusa de nouveau les honneurs du triomphe. Il les refusa encore une autre fois dans la suite. Son exemple passa depuis en loi; de sorte qu'on ne vit plus de Général Romain entrer triomphant dans Rome.

L'an de Rome 733, ou la 19e. année avant l'Ere Chrétienne, Agrippa fut associé à la Puissance Tribunitienne, & envoyé quatre ans après en Syrie, d'où Tibere étoit revenu. Il y soutint la gloire de sa sagesse & de sa valeur. Nous apprenons de Joseph, quelles furent l'équité & la bonté de ses procédés envers les Juifs; & c'est un exemple par lequel on peut juger de la conduite qu'il tint à l'égard des autres Peuples, sujets des Romains, ou protégés par eux. Hérode qui joignoit à de grands vices des talens supérieurs, acquit, auprès d'Agrippa, beaucoup de crédit & de considération. Sur la recommandation de ce Prince, l'Officier Romain accorda sa protection aux Juifs répandus dans l'Asie mineure, à qui les Grecs, par haine contre une Nation dont le culte singulier condamnoit le leur, suscitoient mille chicanes. Agrippa maintint des Juifs dans la possession des droits de Citoyens des Villes où ils étoient établis. Il défendit qu'on les troublât dans l'exercice de leur religion, ou même qu'on les forçât à comparoître devant les Tribunaux, en leurs jours de fêtes. Il leur assura la liberté de transporter à Jérusalem, les sommes que la piété les engageoit à envoyer à la Ville sainte; il vit lui-même Jérusalem, où il fut reçu magnifiquement par Hérode; & il y offrit à Dieu un sacrifice solemnel; politique louable & bien différente du zele persécuteur qui anima, dans la suite, les Empereurs de Rome contre les Juifs & les Chrétiens.

Agrippa étant revenu des Provinces de l'Orient à Rome, y reçut une nouvelle preuve de l'estime, & de la bienveillance d'Auguste, qui lui prorogea la Puissance Tribunitienne pour cinq ans. La grandeur & la haute fortune d'Agrippa sembloient ainsi s'affermir de plus en plus. Mais ce fut un bien de courte durée; parce qu'il touchoit au terme de ses prospérités & de sa vie. Ayant été envoyé contre les Pannoniens, qui faisoient quelque mouvement & ayant pacifié le Pays par sa seule présence, il fut, à son retour, attaqué en Campanie d'une maladie aiguë qui l'emporta en très-peu de tems. Il mourut sous le Consulat de Messala Barbatus & de Sulpicius Quirinius, environ 12 ans avant l'Ere Chrétienne. Auguste, à la premiere nouvelle qu'il reçut de la maladie d'Agrippa, partit de Rome pour se rendre auprès de lui. Mais il apprit sa mort en chemin. Ainsi, tout ce qu'il put faire pour lui, ce fut d'honorer sa mémoire par de magnifiques funérailles, dans lesquelles il prononça lui-même son éloge; & comme il l'avoit étroitement uni pendant sa vie, à sa personne & à sa famille, il voulut aussi qu'après sa mort, il n'eut pas d'autre tombeau que le sien.

Agrippa eut six enfans de deux femmes. D'Attica, fille d'Atticus, il eut Vipsania qui fut mariée à Tibere, & devint mere de Drusus, fils unique de cet Empereur. De Julie, fille d'Auguste, Agrippa eut trois fils, Caius & Lucius, Césaro, & Agrippa, qui étant né après la mort de son pere, fut nommé, par cette raison, Agrippa Posthume; deux filles, Julie, qui imita les déréglemens de sa mere, & Agrippine, femme de Germanicus, la seule des enfans d'Agrippa qui ait soutenu la gloire de son pere. Tous ces enfans, à l'exception de Vipsania, moururent d'une mort tragique ou du moins prématurée. *Dict. pour l'intelligence des Auteurs Classiques, par M.* SABBATHIER.

AGUESSEAU, (*Henri-François d'*) *Chancelier de France.*

HENRI-FRANÇOIS D'AGUESSEAU, Chancelier de France, Commandeur des Ordres du Roi, nâquit à Limoge, le 27 Novembre 1668. Quoique sa gloire soit indépendante des dignités possédées par ses ancêtres, nous ne pouvons passer sous silence son aïeul & son pere, qui lui laisserent un héritage de science & de probité dont leur famille avoit une longue possession. La Nature libérale jetta en lui les semences de tous les talens & de toutes les vertus. Son pere qui fut son seul maître, partagea ses momens entre son éducation & l'Administration publique. L'intendance de Limoge confiée à ses soins, l'assujettissoit à de fréquens voyages qui opposoient des obstacles au plan d'une éducation domestique. La tendresse paternelle sut tout applanir. Le jeune d'Aguesseau fut de tous ces voyages, & le carrosse de son pere devint une école où il puisa les plus riches connoissances. Le pere avoit toujours l'attention de se faire accompagner par des hommes, dont la conversation étoit également instructive & amusante : tant de soins furent suivis d'un heureux succès. Les Langues Savantes lui devinrent aussi familieres que la Françoise : la lecture des Poëtes Italiens, Espagnols, Portugais & Anglois fut une passion de sa jeunesse. Il cultiva particuliérement le Latin, le Grec, l'Hébreu & les Langues Orientales. Une mémoire heureuse & facile hâta ses progrès; & jamais il n'oublia rien de ce qu'il avoit appris. Homere & Démosthene firent ses délices; mais il ne borna point son affection aux maitres de l'antiquité; il se lia avec Racine & Despréaux, & apprit d'eux l'art difficile de faire de bons vers. Ses talens devoient être consacrés à l'utilité publique; il ne fit que badiner avec les Muses, & quoique sans prétention pour leurs faveurs, il se délassa à faire des vers François assez bons pour établir la réputation d'un Poëte; mais il résista à la tentation de les publier, pour ne pas déroger à la gravité des emplois auxquels il étoit destiné. Un penchant victorieux l'entraina vers les Mathématiques qui demandent une application pénible & sombre, qui souvent éteint le feu de l'imagination en la tenant trop captive. Son génie propre à tout n'éprouva aucun dégoût au milieu de ces sentiers hérissés d'épines. Il y trouva le fil qui conduit dans les autres Sciences; il ne connut point cette antipathie qu'il y a entre les choses de goût & de raisonnement, entre les Sciences abstraites & les arts agréables : habile à tout concilier, d'une main il cueilloit les fleurs de la Littérature, & dans l'autre, il tenoit le compas de la Géométrie; & ne trouvant de délassement que dans la variété du travail, il passoit de la lecture d'Horace & de Ciceron, à celle de Descartes & de Newton. Les arts libéraux ne furent point oubliés. Le Dessin & la Peinture l'occuperent avec succès, sans jamais le dominer. Il en connoissoit toutes les beautés, & censeur sans amertume, il donnoit des leçons aux maîtres de l'art. Les ames délicates & sensibles ne sont jamais indifférentes aux charmes de la Musique : D'Aguesseau la cultiva en homme de goût, & comme Philosophe, il démêla les causes physiques de l'impression qu'elle fait sur nos organes. Son esprit de combinaison s'étoit appliqué à calculer les hazards du jeu; mais il ne profita point de cette connoissance dangereuse. Il n'aima que les échecs qu'il jouoit avec supériorité, & les plus habiles briguoient l'honneur de lutter avec lui, moins pour le vaincre, que pour recevoir une leçon. Sa jeunesse n'eut point de jours orageux; & inaccessible aux promesses des passions, il ne fut sensible qu'au plaisir de s'instruire. La malignité de la censure n'eut aucune foiblesse à lui reprocher, & il n'eût du printems de l'âge, que le feu de l'imagination & la vivacité de l'esprit. Dès qu'il fut entré dans les écoles de la Jurisprudence, il s'enfonça dans l'étude des Loix Romaines, & des Constitutions Grecques & Latines des Empereurs. Après s'être enrichi de ces dépouilles étrangeres, il voulut les rendre utiles à sa Nation, en étudiant le Droit coutumier, & pour mieux connoître l'esprit des Loix, il porta ses méditations jusques sur le Droit civil des autres Nations. Il n'avoit encore que vingt ans qu'il possédoit déja les qualités d'un parfait Magistrat; & il ne lui manquoit qu'un théâtre pour les développer avec gloire. Son pere le mit dans l'exercice de ses talens, & il en fit l'heureux essai dans la charge d'Avocat du Roi au Chatelet. Son début fut si brillant, qu'après un exercice de trois mois, il remplit la charge d'Avocat général au Parlement. Sa nomination ne fut que la récompense de son mérite. Sans empressement pour la fortune, il n'aspiroit ni aux biens, ni aux honneurs; & pendant toute sa vie, ce furent les dignités qui vinrent le chercher. A peine eut-il paru dans le premier Tribunal du Royaume, qu'on présagea sa grandeur future. Denis Talon, dont la mémoire est si précieuse, s'écria : *je voudrois finir comme ce jeune-homme commence!* Ce fut sur ce théâtre qu'il développa tous les trésors d'une érudition choisie, d'un raisonnement victorieux & d'une éloquence riche & brillante. Les applaudissemens publics ne lui inspirerent point cette confiance présomptueuse qui est l'écueil du talent; & toujours précautionné contre la séduction de l'amour-propre, il fut un censeur rigide de lui-même : & tandis que tout le monde s'extasioit sur ses productions, lui seul en paroissoit mécontent. Il parloit sans préparation avec cette force & cette éloquence qui dans les hommes ordinaires n'est que le fruit tardif d'un pénible travail. Il n'écrivoit ordinairement que le plan de ses harangues. Ce fut dans le loisir philosophique des vacances qu'il composa celles qui demandoient le plus d'exactitude. Toutes ses productions portent l'empreinte d'une imagination féconde & sans écarts. La raison sans être chargée d'ornemens, s'y montre avec des traits brillans & majestueux, qui la font chérir & respecter. C'est, comme dit Ciceron, un homme de bien qui parle & qui sait bien parler. L'idée que l'on avoit de son intégrité, prêtoit une nouvelle force à ses raisonnemens. On savoit qu'il ne vouloit qu'éclairer, & qu'il étoit incapable de séduire. Toujours juste dans la pensée, toujours exact dans l'expression, sans affectation & sans ambiguité dans le style, il occupe sans fatiguer, en rendant familieres les idées les plus abstraites, en les exposant dans leur plus beau jour. Peintre gracieux de la Nature, il ne l'imite jamais dans ses irrégularités, ni dans ses profusions. C'est une terre bien cultivée qui produit le nécessaire, & dont l'on a arraché les plantes superflues. D'Aguesseau riche de son propre fonds, pouvoit se suffire à lui-même, mais il n'avoit pas assez de confiance dans ses forces pour marcher sans appui, & ce fut en cherchant dans l'antiquité des modeles, qu'il parvint à en servir à son siecle & aux générations suivantes. Il puisa à l'école de Rome & de la Grece ce goût général & universel qui est indépendant des préjugés & des modes éphémeres, ce vrai beau qui affecte également la trempe des différens esprits, qui les frappe aussi-tôt qu'il est offert, & qui excite l'admiration, sans exciter la surprise, parce qu'il se montre avec une simplicité noble & décente également ennemie de la bassesse & de l'enflure. On ne pouvoit lui reprocher que d'être toujours beau, & en effet, c'est une espece de défaut de n'offrir rien à la censure. Il est des négligences dans les compositions qui font sentir le mérite de ce qu'il y a de parfait, & une beauté sans tache n'en est pas toujours plus touchante. Mais si ce reproche est un défaut, il est le plus difficile à corriger. Une logique lumineuse soutenue de la Géométrie, lui ouvrit une route, où il marcha sans chanceler. Les sujets les plus arides devinrent féconds sous sa plume. Aucun ne lui fut étranger, parce qu'il s'étoit approprié les richesses de toutes les contrées des sciences & des Lettres. Ainsi on peut dire que s'il parloit en Orateur, c'est qu'il pensoit en Philosophe. En vain il avoit caché son talent pour la Poésie ; sa prose harmonieuse trahissoit son secret. Il falloit être né Poëte pour écrire avec autant de feu & pour offrir autant d'images.

Une nouvelle dignité fut la récompense de dix années de travaux & de succès. Le premier Président de Harlai, observateur de ses talens, fit connoitre au Roi que ce que d'Aguesseau avoit fait jusqu'alors, n'étoit qu'une préparation à des fonctions plus importantes & plus difficiles. La charge de

Procureur-général vint à vaquer ; le Monarque frappé des applaudissemens publics qui appelloient ce jeune Magistrat à une dignité qui exige un esprit de détail, & en même tems capable de s'élever au grand, se détermina en sa faveur. Cette nouvelle position qu'il n'avoit ni sollicitée, ni prévue, sembloit le tirer de sa sphere naturelle. Riche de ce que la Poésie a de plus riant, de ce que la Philosophie a de plus grave, de ce que l'Histoire a de plus intéressant, il se livra à l'étude des Loix Romaines, des Ordonnances & du Droit coutumier. Il en médita l'esprit pour mieux veiller à leur exécution. La vaste érudition qui souvent s'élance au-delà des limites du goût & de la délicatesse, n'affoiblit point la clarté & la précision de ses idées. Chargé de la grande Police, il ne se servit du glaive que pour protéger le foible & l'innocent contre l'avide usurpateur. Sensible à tout ce qui intéresse l'humanité, il étendit indistinctement sa vigilance sur tous les objets, & ce fut avec le même scrupule qu'il discuta les intérêts du pauvre & des grands ; parce que l'importance des affaires est toujours proportionnée à la fortune des personnes, dans des tems de calamités. Il montra la tendresse d'un pere de famille pour assister les hôpitaux qui seroient les asiles des infortunés, si les malheurs des tems ne s'opposoient au but de leur institution. Dans l'année 1709, la gelée étouffa les semences, & la Nature avare refusa ses dons ordinaires. La fécondité des ressources de d'Aguesseau sauva la France des horreurs de la disette. Les hôpitaux, objet de sa tendresse, ne manquerent jamais du nécessaire. Son état le condamnoit à vivre avec les pauvres & les criminels, spectacle bien douloureux pour une ame tendre & sensible. Sa bonté compatissante partageoit leurs maux, & n'en étoit pas moins ferme à purger la Patrie des monstres nés dans son sein. Sa vigilance ne se bornant point aux hommes, s'étendoit jusques sur les animaux qui ont une relation de besoins avec eux. La mortalité du bétail se fit sentir dans tout le Royaume ; d'Aguesseau rechercha la cause du mal pour lui opposer un remede ; & sa main industrieuse adoucit les horreurs de ce fléau. Défenseur intrépide du patrimoine de nos Rois, il fut toujours prêt à combattre pour réprimer les attentats des usurpateurs. Il porta même l'héroïsme jusqu'à hazarder de déplaire au Monarque, en montrant un zele généreux pour défendre les intérêts de sa Couronne. Il avoit pour maxime que l'homme public devoit quelquefois contredire l'autorité pour ne pas la compromettre, & pour en prévenir les abus. Il eut plusieurs fois à combattre la piété timide & délicate de son maitre qui, par scrupule, consentoit de sacrifier au Sacerdoce les Droits de l'Empire ; & placé entre le Trône & l'Autel, il combattit sans cesse pour conserver à chacun ses limites & ses prérogatives. Les Ministres qui avoient une égale confiance dans ses lumieres & sa probité, discutoient en secret avec lui les affaires les plus épineuses. Le Chancelier de Pontchartrin qui étoit assez sage pour déférer à ses avis, n'entreprit rien dans les affaires litigieuses sans l'avoir consulté ; & ce fut ainsi que, sans le savoir, il lui fit faire un apprentissage d'une dignité éminente, où il fut appellé quelque tems après. Le Chancelier Voisin étant mort, le Régent n'hésita point sur le choix de son Successeur. D'Aguesseau, seul étonné de son élévation, ne partagea point la joie du Public, qui reçut comme un bienfait la récompense dont on honoroit le mérite. Il ne vit dans sa nouvelle dignité que des obligations multipliées à remplir. Les tems étoient si orageux qu'à force d'opposer des remedes aux maux de l'Etat, on le faisoit tomber dans la langueur & le dépérissement. Le Chancelier eût à combattre ces charlatans politiques, dont le systême éblouissant ne put l'entraîner dans la séduction, parce qu'il reconnût qu'ils ne faisoient que pallier des maux qu'ils prétendoient guérir. Le Régent qui croioit avoir besoin d'eux, eut la complaisance de les débarrasser d'un censeur importun & trop clairvoiant. Il n'y avoit qu'onze mois qu'il exerçoit la suprême Magistrature, quand les sceaux lui furent ôtés. Ce fut sur la fin de Janvier 1718, qu'il reçut ordre de se retirer dans sa terre de Frêne. Il ne fût pas plus sensible à cette disgrace qu'il ne l'avoit été à son élévation; & rendu à lui-même, il ne s'occupa que de ses devoirs & de l'instruction de ses enfans, dont il forma le cœur & l'esprit par ses exemples & ses leçons. La Philosophie & les Belles-Lettres furent ses amusemens. Il n'eût pas besoin de consolateur, parce que celui qui lit & médite avec fruit, ne connoit ni les tourmens de l'ennui, ni les inquiétudes de l'ambition. Heureux, parce qu'il jouissoit de lui-même, il ne sollicita point son retour, mais il avoit un puissant intercesseur dans son propre mérite, auprès d'un Prince qui aimoit à le récompenser; en 1720, il reçut ordre de venir reprendre les sceaux, & toujours inébranlable dans ses principes, il essuia une nouvelle disgrace en 1722, & obligé de remettre les sceaux, il eut ordre de se retirer à Frêne, où maître de son tems, & plus maître encore de lui, il consacra son loisir à l'étude des Livres sacrés, dont il éclaircit les textes écrits en différentes Langues; & n'oubliant jamais les obligations imposées par sa dignité, il forma le projet qu'il exécuta à son retour, de perfectionner la Législation. Quoique tout y décele l'élévation & la fécondité d'un génie créateur, il avouoit qu'il s'occupoit des Arts & des Sciences par goût, & des affaires par devoir. Quand on lit ce qu'il a publié sur les donations, les testamens, les substitutions, sur la poursuite du faux & sur les évocations, on est tenté de croire que l'étude des Loix fut son unique occupation. Tout y annonce le Jurisconsulte, le Géometre & même l'Orateur, parce qu'il est toujours & par tout éloquent. L'Académie des Sciences ne crut pouvoir mieux s'associer à sa gloire, qu'en lui donnant une place d'honoraire qu'il remplit avec autant de satisfaction que de succès. Les savans de toutes les Nations entretenoient des relations avec lui. Quelques réflexions judicieuses qu'il hazarda sans dessein dans une Lettre, furent suivies de la réformation du Calendrier en Angleterre. Le Cardinal de Fleury appellé au Ministere, l'arracha de sa retraite philosophique en 1727. C'est un des plus beaux traits de l'usage que ce Ministre fit de ſon pouvoir. Le Public lui ſut gré du préſent qu'il faiſoit à la Patrie, qui le regardoit comme le défenſeur des Droits du Citoyen. Dès qu'il fut rentré dans l'exercice de ſes fonctions ſublimes, il fit parler le Souverain avec la dignité d'un maître & la tendreſſe d'un pere. Sujet reſpectueux, & Citoyen ſenſible, il expoſa au pied du Trône la miſere d'un Peuple ſouffrant avec une liberté généreuſe qui fait l'éloge d'un Roi qui l'écoutoit avec attendriſſement. Pluſieurs Sieges Royaux furent ſupprimés pour diminuer les degrés de juriſdiction qui ne faiſoient que multiplier les dépenſes. Il publia pluſieurs réglemens qui tous portent l'empreinte du Juriſconſulte, du Philoſophe & du Citoyen. Il eut étendu plus loin la réforme dont il ſentoit la néceſſité; mais il craignit qu'une ſecouſſe trop violente ne renverſât la fortune d'une multitude de particuliers qui n'avoient d'autres reſſources que leurs charges pour ſubſiſter; & pour opérer le bien, il aima mieux élaguer que détruire.

D'Agueſſeau ſupérieur au reſte des hommes par ſes talens, le fut encore par ſes vertus. Il eſt un héroïſme domeſtique, qui ſeul a le ſceau de la grandeur réelle, parce qu'alors l'ame n'étant plus en ſpectacle, n'a que ſes propres forces pour ſe ſoutenir. C'eſt le fruit d'une raiſon dégagée de la ſervitude des ſens; c'eſt une ſimplicité de mœurs qui n'a pas beſoin d'ornemens étrangers pour intéreſſer; c'eſt une égalité de caractere qui ſe ſoumet à tous les événemens ſans s'enorgueillir, ni murmurer; c'eſt un ſublime dédain des applaudiſſemens, qui fait préférer des amis à des admirateurs. Ce fut par ces qualités, que d'Agueſſeau après avoir trouvé la gloire dans l'exercice des emplois publics, trouva la félicité dans l'intérieur de ſa famille. La ſociété d'une épouſe tendre & cherie fit ſes délices. Les vertus naiſſantes de ſes enfans tous dignes de lui, furent la récompenſe des ſoins qu'il prenoit à les former. C'étoit un ſpectacle touchant de voir le plus ſavant des hommes entouré d'une famille qui recevoit ſes carreſſes & ſes inſtructions, & deſcendre, pour ainſi dire, de la dignité d'une intelligence divine, pour ſe rapprocher des ſentimens de l'humanité. Ses domeſtiques aſſujettis à une diſcipline exacte, mais ſans auſtérité, faiſoient de ſa maiſon une eſpece de ſanctuaire où tout reſpiroit la pudeur & la ſainteté. Les Payens croyoient que leurs Dieux habitoient dans le ſilence des forêts; d'Agueſſeau dans le calme de la vie privée, paroiſſoit auſſi reſpectable que lorſqu'il étoit revêtu des attributs de ſa dignité; & ce qui fait le caractere de la véritable grandeur, c'eſt qu'il paſſoit ſans altération d'une vie tranquille au tumulte des affaires. Naturellement frugal, ſa table n'en fut pas moins ſervie avec la ſomptuoſité qu'exigeoit la décence de ſa dignité, & il y donnoit l'exemple d'une tempérance que les convives imitoient pour avoir la gloire de ſe rapprocher de lui. Sa religion ne fut point une crédulité ſuperſtitieuſe & bornée, ſa piété tendre & compatiſſante fut ſans caprice & ſans aigreur, & il ne crut point avoir droit de haïr ceux qui s'écartoient du ſentier de la foi. L'Evangile lui avoit appris que Dieu

s'eſt

s'est réservé le droit de punir les erreurs de l'esprit, & que le glaive de la Loi ne doit frapper que les vues & les crimes qui troublent l'ordre public. Son corps affoibli par les années & le travail, étoit menacé d'une destruction prochaine, & sa grande ame respiroit encore toute entiere sous des débris. En 1750 des infirmités multipliées ne lui permirent plus de se livrer à ses fonctions ordinaires. Dès qu'il sentit l'impuissance de remplir ses devoirs, il regarda ses infirmités comme un ordre du Ciel d'abdiquer sa dignité. Il sollicita lui-même sa démission. Le Roi aimoit trop son Peuple pour n'être pas touché de perdre celui qui en étoit regardé comme le bienfaiteur. Il lui conserva les honneurs de sa dignité avec une pension de cent mille livres dont il ne jouit pas long-tems. La mort l'enleva à la France le 9 Février 1751, qu'il alla jouir dans le Ciel de l'immortalité que la supériorité de ses talens & l'innocence de ses mœurs lui avoient assurée sur la terre. Comme il avoit étudié la science de mourir, il vit approcher son dernier moment avec la sérénité d'un Sage, qui ne quitte une terre d'exil que pour rentrer dans sa véritable patrie. Sa mort causa un deuil public, & les François pour se consoler, se souvinrent qu'il laissoit ses exemples à suivre à ses successeurs, & ses ouvrages pour éclairer la postérité. Epoux tendre & fidele jusqu'à son dernier moment, il voulut que ses dépouilles mortelles fussent confondues avec celles de sa femme qui avoit fait sa félicité. Il est enterré auprès d'elle dans le Cimetiere d'Auteuil. La reconnoissance de la postérité le vengera sans doute de l'avarice de son siecle, qui n'a érigé aucun monument public à la mémoire d'un Magistrat, qui dans lui seul a fait revivre Aristide, Platon, Démosthene, Papinien & Caton. Mais peut-être ne lui a-t-on jusqu'ici refusé cet honneur, que parce que c'est à la postérité qu'appartient le privilege d'apprécier le mérite de ceux qui ont vécu armés du pouvoir. Les trophées qu'on leur a érigés, de leur vivant, n'ont fait qu'immortaliser leurs vices. Chaque trait de la vie de ce grand homme, est un éloge. T.

AGUIERRE, (Joseph Saenz de) *né à Zagrogno en Espagne, en 1630, & mort à Rome en 1699.*

JE ne fais mention de cet Auteur Espagnol, que pour citer deux ouvrages : l'un qu'il a composé sous ce titre, *Défense de la Chaire de St. Pierre*, contre les quatre fameux articles de l'Assemblée du Clergé de France de 1682 ; & l'autre intitulé, *de Libertatibus Ecclesiæ Gallicanæ*, livre violent qui lui a été faussement attribué : il est d'un Prêtre François, nommé *Charles*, qui s'étoit retiré à Rome lors de la Régale.

AGUIRRE, (Michel de) *mort en 1588.*

CET Ecrivain Politique Espagnol, né à Aspéitia dans le Diocese de Pampelune, fut d'abord Membre du College de St. Clément à Bologne, puis Juge en divers Tribunaux du Royaume de Naples, & enfin Conseiller au Conseil de Grenade. Il défendit avec zele les prétentions de Philippe II, Roi d'Espagne à la Couronne de Portugal, dans un ouvrage intitulé, *Responsum pro Successione Regni Portugalliæ pro Philippo Hispaniarum Rege, adversùs Pononiensium, Patavinorum & Perusinorum Collegia*, imprimé à Venise en 1581.

AI

AJAO, AJAOIENS.

JE ne mets ici ce nom d'une Isle & d'un Peuple supposés, que pour donner le précis d'un petit Roman politique, composé il y a plus d'un siecle, & publié seulement il y a quelques années, à Amsterdam, sous ce titre : *La République des Philosophes*, ou *Histoire des Ajaoïens*, *relation d'un voyage de Mr. S. Van Doelvelt en Orient en l'an 1674*, *qui contient la description du Gouvernement*, *de la Religion & des Mœurs de la Nation des Ajaoïens*, *traduite sur l'original Flamand*. L'Editeur l'attribue, peut-être sans assez de fondement, à l'illustre Fontenelle. Ce titre pompeux *la République des Philosophes*, est encore une addition de l'Editeur. J'ai vu cet ouvrage en manuscrit dans une bibliotheque à la Haye, d'où l'on m'a dit qu'il avoit été tiré pour être livré à la presse, & certainement ce titre n'y étoit point. Du reste, il est fort rare, & presque inconnu en France & dans plusieurs autres pays.

Quoi qu'il en soit, cette République des Ajaoïens, toute supposée qu'elle est, pouvant offrir quelques réglemens utiles, applicables à l'un ou l'autre Gouvernement actuel, mérite de nous occuper un moment.

Arrivée du Sieur Van Doelvelt chez les Ajaoïens. Sa réception.

ENNUYÉ des troubles qui déchiroient sa Patrie, & qui étoient causés par des esprits factieux qui, de quelque parti qu'ils fussent, étoient animés par de honteux motifs d'intérêt, de haine & d'ambition, le Sr. Van Doelvelt résolut de voyager, dans l'espoir qu'à son retour il trouveroit dissipées les factions auxquelles il ne pouvoit prendre part sans se rendre coupable ou d'injustice au tribunal de sa conscience, ou de trahison envers sa Patrie. Par le crédit d'un des Directeurs de la Compagnie Hollandoise des Indes-Orientales, il obtint une place distinguée sur un des vaisseaux de cette Compagnie qui partirent vers la fin de l'an 1673. Arrivé à Batavia, il se procura les moyens d'aller découvrir de nouvelles terres. Vers le 48e. degré 12 minutes de latitude, & environ le 197e. de longitude, il découvrit une Isle spacieuse. Une tempête violente le fit échouer sur la côte. Quelques habitans de l'Isle, témoins de son naufrage, vinrent à son secours, l'aiderent lui & ses compagnons à se sauver, & les inviterent par signe à les suivre & à prendre courage.

Après avoir traversé une riche campagne, ils arriverent à la vue d'une grande ville, & furent conduits dans une grande maison qu'on nomme l'*Hôtel des Etrangers*, dont on les laissa maitres en les y logeant. Cependant le Sr. Van Doelvelt seul entra dans la ville accompagné de quatre guides qui l'escortoient. On lui fit traverser plusieurs rues qui lui parurent toutes semblables, & il se trouva sur une grande place, vis-à-vis d'un vaste palais d'une simple architecture. Il y fut introduit, monta un magnifique escalier, & entra dans une grande salle, où il trouva un homme qui parloit Hollandois, & lui dit qu'il alloit paroitre devant le Souverain Magistrat de l'Isle, & qu'il lui serviroit d'interprete. En même tems, il fit retirer les quatre guides, & entra seul avec l'étranger dans la salle du Conseil.

Vingt-quatre hommes âgés d'environ 50 à 60 ans, assis en rond sur un grand tapis sans distinction ni pour le rang ni dans les habits, formoient ce Souverain Conseil, qui regle avec une sagesse sans égale toutes les affaires de cet Etat assez étendu. La chambre n'étoit ni magnifiquement meublée, ni enrichie de sculpture d'or, de marbre ou d'azur; les murailles aussi bien que le platfond enduits d'un certain plâtre luisant, travaillé dans le pays, étoient d'une blancheur plus propre que tous les ornemens de l'art. Il n'y avoit là ni Secrétaire ni Greffier. Quatre gros livres qui étoient au milieu du cercle, dont l'un étoit le Registre de la Police, le second celui des Jugemens & des Résolutions, le troisieme celui des Finances & le quatrieme celui de la Guerre & des Esclaves, renfermoient toutes les Loix de l'Etat & tous les secrets de ce sage Magistrat dont je parlerai plus au long dans un autre endroit.

Lorsque Doelvelt fut introduit avec son interprete, ils se tinrent debout proche du cercle, & aussi-tôt ceux des Magistrats qui leur tournoient le dos ou le côté, se tournerent tous vers eux, & le plus proche de Doelvelt lui adressant la parole lui dit en son langage, „ Etranger, tout notre peuple „ prend part à votre malheur, & nous sommes sensiblement touchés de „ votre naufrage, d'autant plus que ne commerçant avec aucun des peu- „ ples qui nous environnent, nous ne pourrons trouver le moyen de vous „ renvoyer dans votre Patrie. Si on vous donnoit de quoi radouber „ votre petite barque, peut-être seriez-vous assez insensé pour vous expo- „ ser à périr au milieu de la vaste mer, dans la vue d'aller avec bien de „ l'incertitude rechercher votre pays. Mais en conscience, nous ne pou- „ vons occasionner la perte de tant d'hommes utiles à la Nature. Ainsi nous „ trouvons à propos que l'on fasse brûler tout ce que l'orage a jetté avec „ vous sur nos terres; qu'on vous donne la maison où l'on a déja logé vos „ gens, & que vous y demeuriez pendant quatorze lunes pour apprendre „ les mœurs de nos Peuples. On vous y nourrira & entretiendra de toutes „ choses, comme le font les autres Citoyens, & après ce tems expiré, „ ceux des vôtres qui ne voudront pas vivre parmi nous, pourront re- „ tourner avec le tems dans leur Patrie. Cette offre vous est-elle agréable? „ répondez, sage étranger,"

Doelvelt rendit graces au Magiſtrat, & lui demanda la permiſſion de faire part de cela à ſes compagnons de fortune, pour leſquels il ne pouvoit répondre. On acquieſça à ſa demande & il ſe retira comme il étoit entré, c'eſt-à-dire, ſans cérémonie.

Il retrouva tous ſes gens dans une impatience égale à leur inquiétude, mais auſſi-tôt qu'ils eurent ouï le rapport qu'il leur fit du diſcours du Magiſtrat, ils bénirent le moment, où ils avoient échoué dans une terre où ils trouvoient à vivre en repos, & à leur aiſe le reſte de leurs jours. Doelvelt retourna au Palais où il fut auſſi-tôt introduit avec l'aide de ſon interprete ; il aſſura le Souverain Magiſtrat de la ſoumiſſion de tout ſon monde à ſes juſtes Loix, & il demanda qu'on nommât quelqu'un pour conférer avec lui ſur les moyens auxquels on auroit recours pour leur établiſſement. Sa demande ſurprit extrêmement cette vénérable aſſemblée, & un d'eux prenant la parole : „ ami, dit-il, nos affaires ſe traitent ici en „ public : c'eſt pour cela que nous ſommes aſſemblés, parlez, on vous „ répondra. "

Il s'excuſa ſur ſon ignorance des Loix du pays, & il ſe retira en demandant la permiſſion de paroître une autre fois, & d'avoir auprès de lui ſon interprete pour l'informer des choſes dont il auroit beſoin, ce qui lui fut accordé ſur le champ. Paſſons à l'hiſtoire du Peuple de cette Iſle, le plus heureux qui ſoit ſur notre globe terreſtre, tant par la ſageſſe de ſes Loix, que par l'exactitude avec laquelle on les pratique. Au moins c'eſt le jugement qu'en porte Doelvelt. Le Lecteur ſera bientôt en état de l'apprécier.

Deſcription de l'Iſle des Ajaoïens.

On pourroit mettre cette Iſle au nombre des plus ſpacieuſes, car elle reſſemble beaucoup à la Sicile & pour l'étendue & pour la forme. C'eſt un pays de plaines, excepté vers l'Orient où il y a quelques montagnes qui ont leur utilité, puiſque c'eſt de leur ſein que ces peuples tirent tous les métaux dont ils ſe ſervent. C'eſt de ces montagnes que ſort la riviere d'Ajao qui traverſe l'Iſle d'Orient en Occident, où, en ſe jettant dans la mer, elle forme l'un des deux Ports de l'Iſle. Cette riviere eſt groſſie des eaux de deux autres plus petites, le Peridi qui coule du Midi au Nord, & le Lamo qui, ayant ſa ſource dans un petit lac vers le Septentrion, coule vers le Midi. Ces deux rivieres ſe jettent dans l'Ajao proche d'une Iſle que forme le fleuve, & dans laquelle eſt la fortereſſe du Fu. Elle eſt ſituée ſur la cime d'un rocher eſcarpé & qui eſt au milieu de cette Iſle. L'Iſle eſt environnée des eaux de ces trois rivieres qui forment là un lac aſſez large auquel on donne le nom de cette fortereſſe.

Ces trois rivieres nourriſſent une ſi prodigieuſe quantité de poiſſons de toutes les eſpeces, excepté le brochet & l'anguille, que tout ce qu'on dit de l'abondance des lacs & des rivieres d'Irlande, n'eſt rien en comparaiſon.

Ce ſeul lac de Fu pourroit nourrir toute l'Iſle, car on diroit que tout ce poiſſon s'y raſſemble pour faciliter la pêche aux habitans.

Les montagnes qui ſont dans la partie Orientale de l'Iſle, renferment aſſez de tréſors pour contenter l'avidité des Peuples les plus avares de notre Europe. Mais la plus grande partie reſte enſevelie dans leur ſein, d'où les Ajaoïens ne les tirent qu'autant qu'ils en ont beſoin pour leur uſage. Trois montagnes des plus Septentrionales renferment une ſi grande quantité de fer, que quoiqu'on en tire continuellement & qu'on en ait toujours tiré depuis plus de deux mille ans que cette Iſle eſt peuplée, cependant les mines ſont auſſi abondantes que ſi on ne faiſoit que de les ouvrir. Ses montagnes du Midi ſont pleines d'or, mais il n'y a que deux mines ouvertes, où chacun en va tirer, ſelon qu'il en a beſoin. Celles qui ſont vers le milieu fourniſſent l'argent qui eſt d'un grand uſage parmi ce Peuple, car ils en font tout ce que nous faiſons de terre, d'étain & de cuivre. La raiſon de cela eſt qu'on ne trouve dans l'Iſle aucun de ces métaux, & que s'ils ont de la terre propre pour la potterie, ils ne ſavent pas la travailler. Ils ſe ſervent de même de l'or pour les choſes où nous employons le plomb, comme pour couvrir les édifices publics, & depuis qu'ils ont l'uſage de la poudre dont ils ne ſe ſervent que pour les canons, car ils ne veulent point d'autres armes à feu, ils en fondent leurs boulets.

Les campagnes ſont fertiles en blés de toutes les ſortes : on y recueille du froment, du ſeigle, de l'orge, du riz, du millet, des pois, des feves, dans une telle abondance qu'on eſt quelquefois obligé de laiſſer repoſer pendant une année toutes les terres de l'Iſle, pour n'être pas dans la néceſſité de brûler ce qu'on a de trop des années précédentes.

Ces plaines ſont ſi bien partagées en terres labourables & en prairies, que ſi les unes ſont d'un revenu abondant, les autres ont auſſi de grands avantages, puiſqu'elles nourriſſent les bœufs qui ſervent au labourage, les autres animaux qui ſervent à la nourriture, & les chevaux dont les Ajaoïens ſe ſervent comme nous pour les voitures. La laine de leurs moutons, qui ne le céderoit pas à celle d'Eſpagne & d'Angleterre, ſert pour l'habillement des habitans. Les vaches & les bœufs leur fourniſſent plus de cuir qu'ils n'en ont beſoin pour couvrir les voitures, pour leurs ſandales & pour les eſpeces de barques dont ils ſe ſervent ſur leurs rivieres. En un mot, cette Iſle fournit à ſes habitans tout ce dont ils ont beſoin pour mener la vie la plus douce & la plus heureuſe qu'on puiſſe s'imaginer. Leurs forêts ſont ſi pleines de gibier, (dont ils mangent fort peu) qu'on le rencontre par-tout par troupe comme les moutons dans nos prairies. Leurs arbres fruitiers leur donnent des fruits de toutes les eſpeces que nous connoiſſons & que nous ne connoiſſons pas.

Il eſt vrai que cette Iſle ne fournit pas de vin, & que ces habitans ignorent l'uſage de toutes les boiſſons fortes. Mais ce défaut même, ſi c'en eſt un, ſert à la conſervation de leur ſanté, & la maniere dont ils ſavent apprêter une espece de bierre de riz, y supplée suffisamment. On n'oseroit assurer que cette Isle n'ait jamais eu de vignes : car les esclaves des Ajaoïens, qui sont les originaires de l'Isle, ont quelques chansons en leur langue qui font mention du vin. C'est une espece de tradition que les Législateurs des Ajaoïens firent arracher cette plante, sachant combien l'homme est sujet à faire un mauvais usage de son fruit, & à quelles extravagances ils s'exposent par ce mauvais usage d'une chose bonne en soi.

Cette Isle est divisée en six districts ou territoires, & elle n'a pas un plus grand nombre de villes qui sont Ajao, Jardi, Lamo, Kalure, Operidi, Dorao, lesquelles ont chacune sous elles, un certain nombre de bons villages bien peuplés, comme je le dirai en parlant du Gouvernement. Cette Isle n'a que deux ports, celui d'Ajao & celui de Jardi, qui sont les deux seuls endroits où cette Isle est accessible. Car, comme si la Nature eût voulu préserver les Ajaoïens de la fréquentation &, par conséquent, de la corruption des autres Peuples de la terre, elle les a placés au milieu des rochers & des écueils dont leur Isle est environnée, & comme défendue de tous côtés.

De la Religion des Ajaoïens.

LA Religion, dans tous les Etats, a une si grande influence sur le Gouvernement, sur les Loix, sur la Politique & sur les Mœurs, qu'avant de parler des Loix, du Gouvernement & des Mœurs des Ajaoïens, il est à propos de donner une juste idée de leur Religion, ou, pour mieux dire, de leurs sentimens sur ce qu'on nomme *Religion.*

Mais il est à craindre, qu'en jugeant des sentimens des Ajaoïens sur nos notions vulgaires, on ne conçoive contre eux de prime-abord des sentimens d'indignation. En effet, nous nous imaginons ordinairement que les idées doivent être les mêmes dans tous les hommes, & que parce que nous pensons d'une certaine maniere sur certain sujet, chacun doit penser comme nous & être de notre opinion. Aussi-tôt que le contraire se rencontre, un certain zele dévorant nous anime, & nous condamnons impitoyablement ces gens qui ont sur nous le même droit que nous nous imaginons avoir seuls sur eux. Nous ne nous donnons pas la peine de considérer que les préjugés ne sont point par-tout les mêmes, & que, par conséquent, il doit y avoir de la différence dans les opinions, qu'ainsi il y a de l'injustice à condamner les autres parce qu'ils ne pensent pas comme nous.

Ces Peuples ne reconnoissent aucun fondateur, ni de leur République, ni de leur Religion. Aussi n'y eut-il parmi eux, ni secte, ni parti, soit dans la Religion, soit sur les affaires d'Etat. Ils n'ont, ni Livre sacré, ni Loi écrite; ils ont seulement certains principes, qu'ils jugent émanés du sein de la raison la plus saine, & de la Nature même; principes dont l'évidence & la certitude leur semblent incontestables, & sur lesquels ils réglent tous leurs sentimens & toutes leurs opinions.

I. Principe. Ce qui n'est point ne peut donner l'existence à quelque chose.

II. Principe. Traitez les autres comme vous voudriez qu'ils vous traitassent.

Du premier de ces principes sont tirés leurs sentimens sur la Religion, & le deuxieme regle toute leur conduite tant pour le civil que pour la Politique.

Il n'y a pas de personne de bon sens qui ne conçoive que les Ajaoïens, suivant ces deux principes, regardent la seule Nature comme leur bonne mere. Eternelle dans son existence, disent-ils, & souverainement parfaite dans son essence, elle a donné l'être à toutes les créatures, & tout se passe en elle avec tout l'ordre nécessaire pour la conservation & l'entretien de ces mêmes créatures. Voilà donc leur Divinité. Ces insulaires n'admettant point d'être spirituel dont ils n'ont point d'idée, ils ne reconnoissent point l'existence de l'ame, & ils attribuent à l'organisation & à la force organique ce que nous rapportons à un principe distinct de notre corps.

Point de culte public religieux, point de sacerdoce non plus. Les peres de famille dans leur domestique ont soin tous les jours au soir d'entretenir ceux qui dépendent d'eux des devoirs d'un bon Citoyen, & de ce que la société exige de ceux qui en sont les membres. Voilà les prédicateurs des Ajaoïens : voilà la matiere de leurs sermons.

Comment une République de gens qui ont de pareils sentimens peut-elle subsister? C'est ce qu'on verra dans la suite de cette relation. Quoi! sans divinité, sans crainte d'un éternel avenir! Sans doute, on ne doit pas juger des Ajaoïens par nous-mêmes; ils n'ont apparemment ni nos passions, ni nos inclinations, ni nos desirs; ils ne connoissent ni notre lubricité, ni notre ambition, ni notre avarice. Sûrement la nature n'est corrompue que pour nous en qui nos parens, nos maitres, les exemples, tout ce qui nous environne la corrompt; mais elle est saine où on ne reconnoit que ses Loix, & où on ne mêle point les mauvais exemples à ses saines maximes. Voilà une belle chimere Platonicienne.

De l'éducation de la Jeunesse chez les Ajaoïens.

L'Isle d'Ajao est divisée en six districts, comme je l'ai déja dit, ou pour mieux dire en six villes qui forment chacune une République à part. Ainsi cette République est composée de six petites Républiques particulieres. Quand on connoît la constitution de l'une, on connoît celle des cinq autres. Je me fixerai donc à celle d'Ajao la plus spacieuse des six : elle est la résidence du Souverain Magistrat.

Ajao est divisée en six triangles qui forment autant de quartiers : chaque quartier

quartier contient entre six à huit cens maisons. Chaque maison loge d'ordinaire vingt familles. Ce sont de longs bâtimens séparés les uns des autres, & qui sont comme autant de petits Palais qui sont habités en bas & au premier étage, n'étant pas plus hauts. Les toits sont des plates-formes couvertes ou de cuir ou même d'or, mais plus ordinairement de cuir. Chaque famille comprend son Chef, ses deux femmes, les enfans qu'il en a jusqu'à l'âge de cinq ans & ses esclaves.

Il y a deux maisons publiques, ou plutôt deux vastes Colleges, où l'on éleve toute la jeunesse de la Ville, les garçons dans l'une & les filles dans l'autre. C'est-là que les peres de famille sont obligés de les conduire dès le premier jour de leur sixieme année, & ils chargent la République du soin précieux de leur éducation, en disant en présence du Magistrat de la Ville : » Voici un Citoyen (ou une Citoyenne) que je donne à l'Etat, afin qu'il » l'éleve de maniere qu'il (ou qu'elle) lui soit utile. « Le Magistrat a la direction de ces deux maisons, laquelle est regardée comme un des plus importans devoirs de sa charge, tant on est persuadé que de la bonne éducation de ces petits Citoyens dépend le bonheur de la République. Des hommes & des femmes veuves qui ont renoncé à un nouvel hymen, sont par le choix du Magistrat, les gouverneurs & les gouvernantes, les uns des garçons & les autres des filles. Voici comme ils sont nourris & instruits : parlons d'abord des garçons.

On a un grand égard pour l'âge. Les plus jeunes dorment ordinairement huit heures, & les autres au-dessus de dix ans jamais plus de six. Aussi-tôt leur lever, on les fait laver dans des bains tiedes ou froids selon la saison. On ne peut pas croire combien cette coutume contribue à les exempter de mille petites maladies auxquelles les enfans de nos pays sont sujets : car outre qu'ils laissent dans ces bains toute la crasse qui s'amasse le jour & la nuit sur la peau, il semble que les simples que l'on mêle dans les eaux de ces bains, contribuent à donner à tous leurs membres une vigueur qui les rend propres à toutes sortes de travaux. Ils prennent ensuite leurs habits, qui consistent en une espece de chemise de coton qui est faite en pantalon, & ils en changent tous les deux jours ; une robe qui leur pend jusqu'à un pied de terre ; un bonnet de laine doublé d'une toile de coton de couleur, & lorsqu'ils sortent ils ont une espece de manteau fort léger. On ne sait ce que c'est de les mettre en prison dans des corps de baleine ; on laisse faire la nature qui jamais ne gâte son ouvrage, car on ne voit jamais chez eux ni bossus, ni boiteux, ni jambes tortues, ni pieds moignons. Cependant jamais on ne les bande dans leurs langes, comme font les meres & les nourrices de nos pays.

Dès qu'ils sont habillés, ils commencent leurs exercices, dont le premier est la lecture & l'écriture qui dure environ deux heures, après quoi ils font un léger repas consistant en un morceau de pain & quelques fruits rafraichissans, sur quoi ils boivent un verre de biere qui est de force différente selon leur âge. Ce déjeuné est suivi d'un exercice plus violent. On fait faire d'assez longues promenades aux jeunes dans les campagnes, où sous prétexte de les récréer on leur fait arracher toutes les mauvaises herbes qui croissent dans les blés naissans. Les plus âgés s'exercent les uns à monter à cheval, les autres à la lutte, d'autres à tirer adroitement une fleche, exercices par lesquels on les fait passer successivement. On les mene aussi quelquefois dans les bois : là les uns chassent, & les autres aident aux Citoyens à ramasser les bois coupés. Lorsqu'ils apperçoivent le soleil proche de leur méridien, ils retournent à la maison où un dîner frugal les attend. On leur sert d'abord une espece de soupe ou plutôt de bouillon fait du suc de plusieurs sortes de viandes cuites ensemble avec du riz : ceci est un mets qu'on sert réguliérement tous les jours. Après ce bouillon distribué par mesure selon l'âge, on leur sert un plat de rôti ou de poisson. Avant d'en manger ou après le repas, ils boivent un grand verre de la même biere que le matin, & voilà leur dîner, après lequel on leur accorde l'espace d'une bonne heure pour leur récréation qui se passe à chanter ou à jouer des instrumens qui ressemblent assez à quelques-uns des nôtres. Mais ils ne connoissent point ces airs lascifs & enchanteurs qui sont tant du goût de nos jeunes gens. Leur musique n'a rien d'efféminé, & leurs chansons ne sont que des especes d'Odes qui contiennent ou un élégant abrégé de l'Histoire de leur pays, ou les éloges dûs à la vertu, ou le récit des merveilles de la nature. En voici deux.

ODE *sur la fondation de la République d'Ajao.*

» Dans des tems reculés de plus de quarante mille lunes, nos peres, nos » sages peres ennuyés de vivre parmi des Peuples dont les mœurs barba» res étoient odieuses, & dont les sentimens étoient la superstition même, » sacrifians à des statues d'or & d'argent qu'ils reconnoissoient pour maî» tres de leur destinée ; nos peres, nos sages peres ont quitté ces nations ; » & la nature les a portés sur ses eaux avec le secours de ses vents jusques » dans la terre d'Ajao. Heureuse colonie ! Heureux peres d'un Peuple for» tuné. Nous vous devons notre tranquillité ! Nous vous devons la douceur » de notre vie ! Nous vous devons la pureté de nos mœurs. Enfans, imi» tons de tels peres : enfans, chantons leurs louanges : les imiter c'est les » louer. Enfans imitons-les : que leur race dure autant que la nature à » jamais ! «

ODE *sur la Vertu.*

» Qu'heureux sont ceux qui font le bien ! un cœur tranquille est leur ré» compense. Ils jouissent, tant qu'ils voient le soleil, des douceurs de la paix. » La patrie les aime comme ses plus chers enfans : ils en font la gloire. » Qu'il est glorieux d'être aimé d'une telle mere ! gagnons son amour,

» enfans d'Ajao. C'est la vertu qu'elle aime ! Que la justice, que la pudeur, que la tempérance, que la valeur, que la sagesse brillent dans » toutes nos actions : car la patrie aime ces vertus ; enfans d'Ajao pratiquons-les. Enfans d'Ajao soyons vertueux, nos jours en seront plus » heureux. «

Telles sont la plûpart des chansons des Ajaoïens qui ne connoissent pas ces chansons bachiques, amoureuses & équivoques qui ont été de tout tems & qui sont encore en vogue dans notre Europe, où elles servent à corrompre les deux sexes dès leur plus tendre jeunesse. De-là on peut juger quels sont leurs divertissemens, c'est-à-dire, récréatifs, modérés & honnêtes.

Après cette honnête & nécessaire récréation, ceux qui sont en âge d'apprendre quelque métier, vont travailler chez les maîtres dans la Ville, & ces maîtres sont ordinairement leurs peres dont ils ont coutume d'embrasser la profession. On occupe à lire & à écrire pendant ce tems-là ceux qui restent à la maison, & tous se trouvent au réfectoire au coucher du soleil. Là ils font un léger repas qui consiste en légumes cuits (car ils n'en mangent jamais de crus) & en fruits. Ce repas est suivi d'une autre récréation, après laquelle ils vont au lit.

Les filles sont élevées de la même maniere quant à la nourriture, mais leurs exercices sont tels qu'il convient à leur sexe, & sans parler des ouvrages de l'aiguille qu'elles apprennent toutes, on a grand soin de leur apprendre, dès qu'elles ont 15 à 16 ans, à devenir meres de famille, c'est-à-dire à conduire leur ménage, des soins duquel les Ajaoïens se reposent sur leurs femmes. Mais surtout on leur apprend à avoir un véritable attachement pour celui qui les choisira pour épouses & à étudier tout ce qui peut contribuer à lui rendre la vie douce & agréable, & à compenser les fatigues auxquelles les nécessités de la vie nous obligent. J'oubliois de remarquer que quoique les Ajaoïennes sachent toutes fort bien lire, on prend un grand soin de ne leur apprendre pas à écrire ; ceci paroîtra extraordinaire, M. Van Doelvelt en ayant demandé la raison ; c'est, lui dit-on, qu'on ne doit donner son tems qu'aux choses utiles & nécessaires, & que l'écriture est tout-à-fait inutile aux femmes qui ne se mêlent en aucune maniere du Gouvernement, ni de la Justice.

Des différens Magistrats des Ajaoïens.

CHAQUE maison contient, comme j'ai déja dit, vingt familles. Les Chefs de chaque famille qu'on appelle Minch en choisissent deux qui par ce choix acquierent le nom de Minchist, & qui ont l'inspection sur toute la maison. Chacun de ces Minchists ou Chefs supérieurs l'est deux ans, & on en change un tous les ans, ou plutôt, comme ces Peuples comptent, toutes les quatorze lunes. Les quarante Minchists de vingt maisons voisines l'une de l'autre, s'assemblent aussitôt qu'ils ont été choisis, & en choisissent deux qu'on nomme Minchiskoa & qui ont inspection sur ces quarante Minchists. Ainsi chaque quartier de la ville d'Ajao contenant 800 maisons, il y a dans chaque quartier 80 Minchiskoa ou Directeurs de vingt maisons. Les Minchiskoa s'assemblent dans la maison commune de leur quartier, & là ils élisent à la pluralité des voix, deux anciens Minchiskoa qui par cette élection deviennent Minchiskoa-Adoë, c'est-à-dire Députés en Conseils. Ainsi il y a 16 Minchiskoa-Adoë qui forment le Conseil de la ville, lequel choisit quatre des plus sages & des plus prudens de ceux qui ont été Minchiskoa-Adoë pendant les années précédentes pour les envoyer à l'assemblée des Etats, & ce sont ces vingt-quatre Députés des Etats, qui forment le souverain Magistrat devant lequel Doelvelt comparut à son arrivée dans l'Isle.

Ces Minchiskoa-Adoë Députés au Conseil Souverain, prennent le nom de Adoë-Rezi. Ils restent six ans en charge, mais on n'en change que deux tous les trois ans, afin que les deux qui restent en charge instruisent les nouveaux Députés de l'état des affaires.

On reste Minch toute sa vie, mais lorsqu'on a passé par quelqu'une des autres charges, rarement est-on élu une seconde fois : car on fait ce qu'on peut pour élever aux honneurs chaque Citoyen à son tour, afin que chacun se rende digne d'y être appellé : coutume qui donne tant d'émulation à tous les Citoyens, qu'il n'y a personne qui ne regle sa conduite, de sorte qu'elle soit irréprochable, & qu'il n'ait pas la honte d'en voir élire dans son quartier de plus jeunes que lui.

Police des Ajaoïens.

Le tien & le mien sont ignorés dans l'Isle d'Ajao. Cependant tout n'y est pas absolument en commun. Personne ne possede de terre en propre. Elles appartiennent toutes à l'Etat qui a soin de les faire cultiver, & d'en distribuer les fruits dans chaque famille. Voici comme ils pourvoient à cette culture. Aussitôt qu'un garçon est entré dans sa vingtieme année, il est obligé de se marier sous peine d'infamie, & d'y être contraint par le Magistrat, & il ne peut attendre jusqu'à sa vingt-deuxieme. Cette Loi étant aussi ancienne que l'Etat, il n'y a pas d'exemple qu'elle ait jamais été enfreinte, & un garcon a soin, dès qu'il a atteint sa vingtieme année, de se choisir ses deux femmes, car il les épouse d'ordinaire toutes deux le même jour.

Les jeunes mariés ne demeurent pas dans la ville : ils emmenent aussitôt leurs épouses à la campagne, dans le village où les Minchiskoa-Adoë devant lesquels ils se marient, leur assignent une demeure, en quoi les Minchiskoa-Adoë ont égard à l'étendue des terres dépendantes des villages de leurs districts & au nombre des laboureurs qui sont dans chaque village : car on tient des registres exacts de toutes ces choses. Ce sont ces nouveaux mariés qui peuplent les villages du district de leur ville dont ils sont tous censés Citoyens, & ils se gouvernent dans ces villages à-peu-près comme dans la ville : car ils ont des Minchists qu'ils élisent eux-mêmes, lesquels élisent des Minchiskoa qui dépendent des Minchiskoa-Adoë de la ville, auxquels ils font, toutes les nouvelles lunes, un rapport exact de tout ce qui s'est passé dans leur village.

Ces nouveaux mariés peuplent la campagne & sont chargés de l'agriculture. Aussitôt qu'un Minch de la ville a atteint 75 ans, il quitte le séjour de la ville pour aller passer le reste de ses jours à la campagne, où chaque village a un quartier qu'on appelle le quartier des vieillards, dans lequel on a un grand soin d'eux. Alors les Minchiskoa-Adoë appellent à la place de ces vieillards & de ceux qui meurent, les plus anciens des Minchs de la campagne au-dessous de soixante ans, car alors ils sont encore en âge de passer par les emplois, les Ajaoïens n'ayant égard dans leurs élections ni à la condition ni à la faveur, parce que la vertu seule leur donne droit aux premieres charges dont ils se rendent tous capables.

Il y a des greniers & des magazins publics dans chaque ville & dans chaque village, & de ceux-ci on transporte les fruits & les grains à la ville autant que les Minchiskoa-Adoë jugent qu'on en a besoin. Il en est de même de toutes les autres provisions. Il y a des pêcheurs publics, des chasseurs, des bouchers, des boulangers. Toutes ces provisions sont portées à la ville toujours dans une égale quantité, dans des halles, où il y a des personnes préposées par les Minchiskoa-Adoë pour en faire la distribution dans chaque quartier. Les Minchiskoa les font distribuer à chaque maison & les Minchists dans chaque maison à chaque famille. Cela se fait tous les quatre jours; en moins de deux heures de tems tout se passe avec ordre.

Il en est de même des vêtemens : les Minchiskoa-Adoë ont le soin de faire travailler par an certaines quantités d'étoffes, & que la distribution s'en fasse à-peu-près de la même maniere que les vivres; c'est-à-dire que lorsque quelqu'un a besoin d'une robe, d'un manteau ou d'un pantalon, car voilà tout leur habillement, il va le demander aux Minchists qui les lui donnent aussitôt.

Les autres choses de moindre importance dont on a besoin, comme les meubles, les ustenciles de cuisine, les souliers, les bonnets, toutes ces choses s'achetent par troc. Cette coutume fait que chacun s'applique à sa profession afin de ne manquer de rien. La même police s'observe à la campagne. Outre qu'il arrive souvent qu'on se fait un plaisir de se prévenir l'un l'autre dans ses besoins, comme le doivent des gens qui sont tous freres, reconnoissant une mere commune à qui ils doivent ce qu'ils sont, de sorte que si ceux d'une même maison qui sont de différentes professions, voient qu'il manque quelque chose à un autre, ils viennent d'eux-mêmes le lui offrir en se réservant à la vérité le droit de lui demander autre chose dans l'occasion. Il arrivera de même assez souvent qu'un particulier ayant besoin de quelque chose qui se trouvera chez un autre qui n'a pas besoin de ce qu'il peut lui donner en change, il ne laissera pas de l'obtenir. En un mot on se fait un plaisir véritable de s'obliger mutuellement, & cet esprit régne parmi tous les habitans de l'Isle. N'en soyons pas surpris, ils y sont accoutumés, on les éleve ainsi.

J'ai dit ailleurs que les mines étoient publiques. Il n'y a pas d'Ajaoïens qui n'y fasse au moins un pélerinage en sa vie pour admirer sur les lieux ces miracles de la Nature, & en emporter autant qu'ils croient en avoir besoin. Les habitans du district de Kaluki s'appliquent surtout à préparer les métaux, car ils ont fort peu de terres labourables, & ils les échangent avec les voyageurs pour d'autres choses qu'ils leur apportent des autres districts, sans compter que toutes les sept lunes ils en envoient une certaine quantité dans les magazins des cinq autres villes.

Fonctions des Minchists, des Minchiskoa, des Minchiskoa-Adoë, & des Adoë-Rezi.

CES quatre sortes de Magistrats, subordonnés les uns aux autres, sont chargés de tout le poids du Gouvernement, de la Police, de la Justice, de l'entretien des Peuples.

Les Minchiskoa-Adoë ont la charge la plus pénible, car ce sont comme les peres d'un vaste district dont il faut qu'ils nourrissent & gouvernent toutes les familles. Ils tiennent des Registres exacts des Citoyens qui naissent, & de ceux qui meurent dans toute leur dépendance. Car il y a une infinité de choses qui chez eux dépendent de l'âge. Ils ont un autre Registre de l'étendue des terres de leur district & de chaque village, de ce dont elles doivent être ensemencées & de leur rapport proportionnel ; un autre Registre de ceux qui sont dans chaque profession, parce que selon l'avantage que cette profession rapporte à l'Etat, on regle le nombre de ceux qui doivent l'embrasser.

Les métiers qui sont le plus en vogue chez les Ajaoïens, sont ceux de laboureurs, (ils le sont tous) d'ouvriers en drap, de boulangers, de pêcheurs, de bouchers, de serruriers, de chaudronniers, (qui font toute la vaisselle d'or & d'argent) de charpentiers, de maçons, de cordonniers, de brasseurs, d'armuriers & de bucherons. Ils n'ont ni médecins, ni chirurgiens, ni apothicaires, ni cuisiniers, ni pâtissiers, ni tailleurs, (chaque femme fait tous les habits de toute la famille,) ni maitre de danse, ni maitre d'escrime, ni opéra, ni comédie, ni procureur, ni avocat, ni sergent, ni notaire ; quelques-unes de ces professions leur sont tout-à-fait inconnues, & les autres passent chez eux, ou pour inutiles, ou préjudiciables à la société. En effet quoi de plus inutile pour ne pas dire préjudiciable, que la médecine ? Y a-t-il un médecin, quelque habile qu'il fût, qui pût se vanter de prolonger d'une minute la vie d'un homme ? leur art est plutôt une honnête charlatanerie qu'une science certaine, & on sait assez qu'on peut à bon droit les appeller des assassins privilégiés & exempts des recherches de la Justice. Les cuisiniers & pâtissiers ne doivent être soufferts dans aucun Etat où on veut conserver la santé des sujets, qu'ils ont l'art de ruiner par la délicatesse de leurs assaisonnemens. Pour les gens de robe, on voit qu'ils sont inutiles aux Ajaoïens, qui vivent en freres & n'ont rien en propre. Mais quand cela ne seroit pas, ces sortes de gens ont si peu de conscience & tant d'avidité, qu'ils sont la peste des sociétés & le fatal flambeau qui allume continuellement la discorde. Mais treve de réflexions, venons à nos moutons.

Les Minchiskoa-Adoë prennent soin que personne ne soit inutile, & que l'Agriculture soit soigneusement exercée & la jeunesse bien élevée. Ce sont là leurs trois grandes occupations : ils envoient des ordres aux Minchiskoa des villages, pour faire transporter à la ville les choses nécessaires, & pour transporter le superflu d'un village dans un autre village qui manquera de quelque chose. Et si par quelque accident il arrive qu'une ville & son district soit en défaut de quelque chose de nécessaire, ils l'envoient demander aux Minchiskoa-Adoë des cinq autres villes, qui se cotisent pour leur fournir selon la quantité qu'ils peuvent en avoir de superflu. Or comme ces habitans de la campagne, ont une partie d'eux-mêmes dans la ville, je veux dire leurs enfans qui sont dans les maisons d'éducation, il ne faut pas s'étonner qu'ils fassent leurs efforts pour aider la nature à ne les laisser manquer de rien.

Sur le nombre des maisons de chaque quartier, dont les Minchiskoa-Adoë ont des listes, ils reglent deux fois la semaine (*) la distribution des vivres qu'ils envoyent dans les halles de chaque quartier, où les Minchiskoa ont soin de les distribuer aux Minchists, selon le juste nombre des familles de chaque maison. Les Minchiskoa des villages en font autant, ainsi toute une ville est réglée comme la maison d'un particulier.

Un autre jour de la semaine, les Minchiskoa-Adoë tiennent pour ainsi dire les assises, c'est-à-dire, qu'ils reçoivent les plaintes & les remontrances de chaque particulier, qui peut paroître sans crainte & parler avec autant de liberté qu'un Polonois dans les Diettes, ou un Anglois dans le Parlement ; & sur le champ, les Minchiskoa-Adoë prennent la chose en considération, y remédient selon que la prudence le demande : par ce moyen la paix & la tranquillité sont maintenues dans l'Etat, & les Peuples ne peuvent s'en prendre qu'à leur nonchalance & à leur timidité si quelque chose leur manque ou n'est pas dans l'ordre.

Un autre jour ils vont visiter les Minkarezi ou maisons publiques, telles

---

(*) Les Ajaoïens n'ont pas de semaines, mais on donne ce nom à ce qu'ils nomment Pehid, & qui comprend un quartier de la Lune.

que sont celles des jeunes gens, les hôpitaux des malades, les maisons des esclaves, & les magazins publics, afin de voir si tout s'y passe dans l'ordre, & si les Inspecteurs de ces lieux s'acquittent de leurs devoirs, & au cas qu'ils les trouvent en faute, ils leur ôtent tous leurs emplois qui sont de véritables charges, & ils deviennent infames par cette déposition; parce qu'ils ont manqué dans le service qu'ils doivent à la République. Ainsi l'honneur & l'intérêt propre étant les mobiles de toutes leurs actions; il ne faut pas s'étonner si l'on en trouve rarement en faute, & si ces deux motifs font sur eux ce que fait sur nous la crainte d'une Divinité redoutable.

Chaque Minchist prend connoissance de tout ce qui se passe dans la maison dont il est Minchist, & fait en sorte autant qu'il se peut, que tout y soit paisible. S'il arrive quelque désordre, les Minchists font de leur mieux pour y remédier par leur autorité, qui est toujours très-modérée, avant que la chose éclate. Mais dès qu'ils prévoient qu'ils ne pourront en venir à bout, ils en font rapport aux Minchiskoa, qui vont avec les Minchists chez les particuliers, auteurs du crime ou du trouble, examinent leurs raisons, & condamnent aux fers celui qui le mérite, ou même à l'esclavage selon la griéveté du crime; quelquefois même, mais c'est très-rarement, ils condamnent à une punition corporelle qu'on peut nommer bastonnade; mais jamais ils ne condamnent à la mort, parce, disent-ils, qu'il est contre la Nature & la raison, d'ôter à une créature ce qu'on ne peut lui donner, & qu'en ôtant la vie à un criminel connu pour tel, c'est le plus grand service qu'on lui puisse rendre, puisqu'on l'ôte à l'infamie & aux remords, suites ordinaires du crime. C'est aussi pour cette raison que leur Loi ordonne que, s'il se rencontre dans la République quelques Citoyens assez dénaturés & assez scélérats pour attenter à la vie ou à l'honneur de ses Concitoyens, il sera condamné à devenir l'esclave de celui qu'il aura déshonoré ou des parens de celui à qui il aura ôté la vie, & il ne lui sera plus permis d'avoir d'enfans, de crainte qu'il n'engendre des monstres semblables à lui, & afin de le faire connoître à tous les hommes, on écrit le nom de son crime sur son front, avec le jus de certaines herbes qui ne peut s'effacer. Mais jusqu'ici pareil monstre ne s'est pas encore vu dans toute l'Isle d'Ajao. Vivans comme freres ils n'ont jamais de querelles, & ils ignorent jusqu'au nom de vengeance. Les autres crimes qui pourroient y être plus communs, comme la paresse, la désobéissance aux ordres des supérieurs, la négligence de son domestique, sont punis par les Minchiskoa, comme je viens de le dire; mais la plus grande punition qui suit celle qui est infligée par les Minchiskoa, c'est que le condamné devient par-là-même incapable de faire aucune fonction publique, & les noms de tous les condamnés restent pendant 700 Lunes exposés dans la place publique, sur une espece de colonne où l'on marque le nom, la famille & le quartier du condamné. Mais il faut avouer que ces condamnations

nations sont très-rares, & que pendant les cinq ans que j'ai demeuré à Ajao, dit M. van Doelvelt, je n'ai vu que quatre noms de condamnés sur la colonne criminelle. Tous les Ajaoïens sont observateurs de leur Loi.

La charge des Adoë-Rezi est la plus épineuse & la plus fatiguante de toutes. Seize Minchiskoa-Adoë sont chargés du Gouvernement d'une ville & de son district; mais les vingt-quatre Adoë-Rezi le sont de celui des six villes & de leur district, de sorte que c'est le Conseil Souverain qui prend connoissance des affaires de la guerre & de la paix, des deniers & des chemins, des édifices publics & des compensations qu'on doit faire quelquefois entre les districts, lorsque la récolte n'a pas été également abondante partout. C'est encore ce souverain Magistrat, qui est dépositaire des Loix qu'il doit faire observer dans toute la République. Enfin toutes les affaires extraordinaires, telle qu'étoit celle de notre naufrage, sont portées devant ce Souverain Conseil qui réside à Ajao, & qui décide de toutes les affaires sur le champ à la pluralité des voix.

Les Adoë-Rezi ou Députés Conseillers s'assemblent tous les jours depuis le lever du soleil jusqu'à midi dans le Palais dont j'ai donné une légere idée. C'est un grand édifice où chaque Adoë-Rezi a son appartement où il loge avec sa famille qu'il fait venir demeurer à Ajao pendant les six années qu'il y réside.

Ces 24 Adoë-Rezi forment quatre Conseils. 1. Celui de la Loi qui rend la justice; 2. celui des terres qui prend connoissance du revenu de chaque année, des améliorations, & des changemens dans la culture; 3. celui des édifices qui a le soin de l'entretien des édifices publics, de toutes les villes & des chemins, ports & côtes de toute l'Isle; 4. celui des finances, de la guerre & de la paix.

Il y a une grande Salle dans le Palais, au côté de laquelle il y a 4 chambres où ces 4 Conseils tiennent leurs assemblées, & lorsque quelques affaires extraordinaires demandent un compromis, les quatre Comités se rendent dans la sale du Souverain Magistrat, où ces 24 Députés sont assis en cercle sur une espece de natte telle qu'on en trouve dans toutes les maisons d'Ajao, & qui est faite d'une espece de jonc fort souple & de différentes couleurs.

On voit dans le milieu du Cercle qui n'a pas de Président, les quatre grands livres dont il a été parlé ci-dessus, & dans lesquels chaque Adoë-Rezi est en droit d'écrire les résolutions prises en pleine assemblée, car ils n'ont ni Secrétaire ni Greffier sujet à tourner un Arrêt à l'avantage de celui qui paie le mieux. Ces livres ne sortent jamais de la sale du Conseil, où chaque Adoë-Rezi peut les consulter pendant la séance. Outre ces regitres, chaque Conseil a le sien où il couche toutes ses résolutions. Voilà l'ordre avec lequel toute la République est gouvernée de la maniere du monde la plus tranquille.

De la Guerre, du Trésor, des Esclaves & de la Politique des Ajaoïens.

Je ne dirai rien des trois Comités de la Loi, des terres & des édifices: il n'y a personne qui ne puisse aisément concevoir quelles choses sont du ressort d'un chacun. Je m'étendrai seulement sur le quatrieme qui est celui de la guerre, de la paix & des finances, parce que les Ajaoïens étant comme séparés du reste des hommes par la situation de leur Isle, & n'ayant point de monnoie, il vient naturellement dans l'esprit que ce quatrieme Conseil est assez inutile; mais on se tromperoit comme on va voir.

La plus commune opinion parmi les Ajaoïens sur leur origine est qu'ils sont sortis de la Chine ou de la Tartarie, & que leurs ancêtres n'ont abandonné leur patrie pour aller habiter quelques terres désertes, que pour se soustraire à un Gouvernement tyrannique & à la superstition, & pour se former dans cette nouvelle Patrie un Gouvernement à souhait & une Religion pure.

Cette opinion est fondée sur quelques Odes anciennes semblables à la premiere que j'ai rapportée ci-dessus, & sur quelques autres d'un langage presque ignoré des Ajaoïens, & qui ressemble beaucoup à celui des habitans de Piantsoy & de Subatzey, qui sont deux Provinces de la grande Tartarie vers la mer des Kaïmakites.

Partis de quelque contrée que ce fût, ce qu'ils ont caché à leurs descendans, ils ont abordé dans l'Isle qu'ils ont nommée Ajao. Elle étoit peuplée en partie par un Peuple assez indolent que ces nouveaux venus poursuivirent jusques dans les montagnes de Kaluki, où ils les obligerent à se rendre à discrétion, hommes, femmes & enfans. Et par une tyrannie qu'on ne peut excuser, ils en firent des esclaves, outrageant ainsi cette même Nature dont ils venoient fonder l'Empire.

Quoique les Ajaoïens séparés, pour ainsi dire, par la situation de leur Isle du reste des hommes, semblent n'avoir point à craindre qu'on vienne troubler leur repos, cependant ils ont toujours sur pied une milice qui n'a pas sa pareille dans notre Europe : comme d'un côté ils n'ignorent point l'avidité des Européens à s'emparer du bien d'autrui, & que de l'autre l'expérience les persuade que d'autres peuvent trouver le chemin de leur Isle comme ils l'ont trouvé, ce qui est arrivé au Sr. van Doelvelt lui-même, ils ont cru qu'il étoit de la prudence & du bien de l'Etat, d'être toujours en état de repousser la force par la force, ce qu'ils peuvent faire avec d'autant plus de facilité qu'il n'y a vers l'Occident que les deux plages de Jardi & d'Ajao qui soient accessibles. Mais quand ces raisons ne subsisteroient pas, il seroit de leur prudence d'être toujours en garde même contre les anciens habitans leurs esclaves : ce qui est un vice dans leur Gouvernement.

Cette Milice n'est composée que d'hommes mariés depuis 22 ans jusqu'à 50, & elle comprend tous les Citoyens qui sont divisés par compagnie dans chaque village, & dans chaque quartier de la ville, & par brigade de chaque district. Les Compagnies s'assemblent une fois toutes les lunes, & les Minchiskoa qui en sont les Capitaines, en font la revue & les exercent; & tous les ans, c'est-à-dire, à la fin de la quatorzieme lune, toutes les Compagnies s'assemblent dans une espece de champ de Mars qui est proche de chaque ville, où elles campent deux jours, & le troisieme les Minchiskoa-Adoë les conduisent proche du Lac Fu dans la Province de Lamo; où les Adoë-Rezi se rendent pour faire la revue générale de tous les Citoyens de l'Isle, qui célébrent ensuite certains jeux militaires pour lesquels il y a des prix d'honneur. Ces fêtes durent sept jours, après lesquels chaque nouveau Magistrat entre dans la charge à laquelle il a été nommé avant de partir de la ville ou du village, & avant que cette armée se sépare, on expose aux yeux du Public ceux qui, par quelque condamnation, ont mérité l'infamie.

Pendant ce voyage tous les esclaves hommes suivent le camp pour porter les vivres & les tentes qui sont de couleur rougeâtre & d'une espece de toile de coton cirée, & les femmes qui sont demeurées à la maison, la nettoient pendant l'absence de leur mari.

Quoique cette Isle semble éloignée de tous côtés de l'un & de l'autre continent, cependant les habitans paroissent craindre les armes d'une Nation qui est à leur Orient, & avec laquelle il y a apparence qu'ils ont déja eu quelque guerre; c'est peut-être les Californiens Septentrionaux ou les Américains qui habitent au-dessus du Mexique, & chez qui on n'a pas encore pénétré. Quoiqu'il en soit, les Ajaoïens se tiennent fort sur leurs gardes contre cette Nation; ils ne la cherchent pas, mais si elle revenoit les attaquer, ils sont toujours en état de la bien recevoir, & de l'éloigner de leurs côtes, aussi-bien que tous les autres ennemis.

C'est ici le lieu d'expliquer en passant, par quelle aventure, Doelvelt trouva dans l'Isle des gens qui parloient Hollandois. Les Ajaoïens étant une Colonie sortie du Continent, il ne faut pas demander s'ils savent qu'ils ne sont pas les seuls habitans de l'univers; ils savent combien on doit se tenir en garde contre l'engeance humaine, & qu'ils pourroient se voir un jour exposés au même traitement qu'ils ont fait souffrir aux originaires de leur Isle. Pour prévenir toute surprise, ils ont soin d'envoyer de tems en tems quelques-uns des plus prudens de leurs Citoyens dans les Etats voisins, sur-tout en Tartarie, à la Chine & au Japon. Ces Envoyés ou plutôt ces Espions ont un grand soin d'examiner sur-tout si on ne parle pas de leur Isle, & ce qu'on en pourroit dire, & ils ont un ordre exprès de s'appliquer sur toutes choses à découvrir les pratiques de ceux qu'ils soupçonneroient avoir quelque dessein sur leur Patrie.

Comme ces espions ont connu dans leurs différentes courses l'avidité des François, des Portugais, des Espagnols, & des Hollandois à découvrir de nouveaux Pays pour s'en rendre maitres sans aucun droit, le Comité pour la guerre, en a envoyés avec ordre de pénétrer jusqu'à Goa, à Madagascar, à Batavia, afin d'y veiller aux intérêts de leur Patrie. C'est dans ces principales villes de l'Asie Orientale, qu'ils apprennent toutes les langues de notre Europe & de l'Asie.

Il y a toujours 12 vaisseaux dans le Port d'Ajao, & 8 dans celui de Jardi, qu'on entretient avec beaucoup de soin, tant pour être toujours en état de défendre l'Isle au dehors, que pour transporter ces Envoyés selon la nécessité sur les côtes de la Chine, où ils passent dans les autres Pays à la faveur de l'habit & du langage Chinois, qui est le premier qu'ils apprennent après être sortis de leur Pays. C'est par ces Envoyés que les Ajaoïens ont une connoissance parfaite de ce qui se passe dans l'Europe & dans l'Asie, qu'ils savent les guerres qui s'y font, les révolutions qui y arrivent, & les mœurs de presque toutes les Nations. C'est ce dont on tient des registres exacts qu'on a soin de faire lire aux jeunes gens dans les maisons d'éducation. Mais ces Envoyés, quelque respect qu'on ait pour eux, quand ils sont de retour dans leur Patrie, ne parviennent à aucune charge, parce qu'on craint, avec raison, qu'ayant eu tant de mauvais exemples dans leurs voyages, ils ne viennent les pratiquer au péril de la liberté de leurs Concitoyens.

Le Comité de la guerre a soin que les Minchiskoa-Adoë de chaque ville entretiennent un certain nombre de Gardes-Côtes, qui font sentinelle jour & nuit au haut de grandes tours bâties sur le bord de la mer, pour découvrir s'il ne vient pas de flottes troubler la tranquillité de cet heureux Etat. Ce sont ces sentinelles qui avoient découvert van Doelvelt & ses compagnons; & aussi-tôt toute la brigade ou district d'Ajao avoit pris les armes, & une partie s'étoit rendue sur la côte. L'alarme étoit même déja répandue dans toute l'Isle, ce qui n'empêcha pas qu'on ne les reçût avec beaucoup d'humanité, parce qu'on vit bien qu'ils ne venoient point pour faire du mal, leur vaisseau n'étant pas armé en guerre.

On pourroit, avec raison, demander ce que font les Ajaoïens de ce trésor dont j'ai déja dit quelque chose en parlant de la forteresse & du lac de Fu. Il faut satisfaire à cette juste curiosité. Premierement ce trésor contient des sommes immenses d'or & d'argent monnoyés au poinçon & aux armes de la Chine & du Japon, & il n'y a pas d'année qu'on ne batte 10 mille livres pesant de l'or tiré pour le Public de la mine de Kei. On donne de cet or à ceux qu'on envoye épier chez les Peuples voisins. Mais le principal usage pour lequel on conserve ces trésors, c'est pour en acheter le secours des Chinois ou des Japonnois, au cas que l'un ou l'autre de ces deux Nations ou quelqu'autre, fit des entreprises sur l'Isle d'Ajao. Ces Peuples n'ignorant pas la jalousie qui regne entre les Peuples voisins, & quels ressorts l'or est capable de faire agir, ils mettent ces deux moyens à profit pour la conservation de leur liberté.

Ce trésor est dans une forteresse bâtie par la nature sur la cime d'une montagne au milieu du vaste lac que forme le confluent des trois rivieres. Si on le renferme dans cet endroit, ce n'est pas qu'on craigne que les particuliers en aillent voler; quand bien même on le laisseroit dans la place publique, il y seroit en sûreté, puisqu'ils peuvent tirer de l'or de la mine autant qu'ils en veulent. C'est afin que les ennemis, si l'on venoit à en avoir, ne pussent s'en emparer, & de peur que les esclaves ne s'en emparassent pour en faire contre l'Etat, l'usage auquel il est destiné pour le bien du même Etat.

Du Mariage & de la Naissance des Enfans.

J'AI déja dit qu'il étoit ordonné sous peine d'infamie à tout jeune-homme, qui a atteint l'âge de 20 ans, de se marier. On n'a jamais vu enfreindre cette Loi. Car tous les empêchemens qui pourroient naître parmi nous sont inconnus aux Ajaoïens; on ne voit chez eux ni langoureux, ni mutilés, ni impuissans.

L'éducation & le choix des alimens qu'on donne aux jeunes gens, obvient à ces inconvéniens. Rarement y trouve-t-on de filles qui ne soient nubiles avant 16 ans, mais elles ne peuvent se marier avant 18 accomplis. Ainsi lorsqu'un jeune homme a atteint sa 20eme année, il jette les yeux sur celles avec lesquelles il veut passer le reste de ses jours. Ce choix se fait ordinairement dans des jours de divertissement au renouvellement de toutes les lunes; alors tous les jeunes garçons & filles vont se promener dans un même endroit avec leurs gouverneurs & gouvernantes. C'est-là que ces novices en amours commencent à pousser les premiers soupirs, & lorsqu'un adorateur s'y est déclaré à une belle, il est en droit, si sa déclaration a été acceptée, d'aller dans ses heures de loisir rendre ses respects à sa maîtresse dans le Minkarezi des filles, où il y a des chambres de visites assez semblables aux parloirs des Religieuses, si l'on en excepte la grille. Là un pudique Cupidon prend plaisir à décocher toutes ses fleches sur ces jeunes & tendres cœurs. Assez ordinairement le garçon voit dans ces chambres ses deux maîtresses en même tems, afin de les accoutumer de bonne heure à vivre bien ensemble avec lui : car, comme j'ai dit, chaque Ajaoïen doit avoir deux femmes, Loi qui a été sagement établie pour rendre le ménage moins désagréable aux Citoyens, en ce que ces deux femmes disputant de complaisance pour conserver l'amour du mari, elles évitent de lui donner ces chagrins qui sont si ordinaires dans les pays où une seule femme est souvent plus maîtresse dans la maison que le pauvre mari dont la vie est un tissu de chagrin, ou pour mieux dire, un vrai enfer.

Huit jours avant qu'un jeune homme veuille se marier, il le déclare aux Supérieurs de la maison d'éducation, qui le conduisent devant les Minchistkoa qui font venir le pere & la mere de la fille, s'ils sont en vie, ou l'un des deux, ou à leur défaut le Minchist de leur maison, & le jeune homme leur dit en présence des Minchistkoa : „ La Nature m'ayant conservé jusqu'à » un âge où je peux donner des Citoyens à l'Etat, j'ai choisi votre fille

» N... pour l'une de mes compagnes sous votre bon plaisir, si elle est sans » défauts corporels qui pourroient occasionner que l'Etat auroit des Citoyens » mal faits. "

Le pere, s'il consent, prend de sa main gauche la droite de sa fille, & de sa droite la droite du jeune homme & lui répond : „ Puisque vos cœurs » sont d'accord, nous vous unissons : que la Nature vous fasse pere d'une » nombreuse postérité. " Aussi-tôt la mere va chercher sa fille qui dès ce moment sort de la maison d'éducation pour n'y plus rentrer. Elle lui met sous sa robe de dessus une espece de chemise d'une toile plus claire que la gaze. Quand elle est en présence de son amant, les Minchistkoa se retirent un moment avec le pere, & la mere ôtant à sa fille sa robe de dessus laisse voir à son gendre futur à travers la gaze toutes les beautés que la Nature a mises sur le corps de sa fille. La cérémonie pour l'autre fille se fait ordinairement le même jour, afin qu'elles ne disputent point d'ancienneté.

Huit jours après le jeune homme sort de la maison d'éducation après avoir reçu des Minchistkoa-Adoë un billet qui lui assigne sa demeure à la campagne, & il vient dans la maison où il est né, & où on lui donne une chambre : les peres de ses maîtresses les lui amenent accompagnés des Minchists de leur maison. Cette cérémonie se fait après le coucher du Soleil, & le jeune homme se couche entre ses deux femmes en présence de ceux qui les ont amenées & qui ferment la porte de la chambre & s'en vont enregistrer ce mariage. Le lendemain le nouveau marié part pour la campagne où il va former son nouveau ménage.

Lorsqu'une femme sent le moment qu'elle doit accoucher, elle envoie chercher deux femmes du Mins où elle demeure pour l'assister & pour servir de témoins. Aussi-tôt qu'elle est délivrée, les deux assistantes font entrer son mari dans la chambre ; & si c'est un garçon dont sa femme a été délivrée, elles le lui présentent après qu'il a été lavé d'eau tiede, en lui disant : „ Voici un Citoyen dont la Nature a favorisé votre femme, réjouissez-vous-en & l'élevez pour la République. Si c'est une fille, elles le lui montrent seulement du doigt en disant : „ Voilà celle dont vous êtes pere.

Les meres sont toujours nourrices de leurs enfans, à moins qu'il n'y eût quelque empêchement, & dans ce cas les femmes des Mins qui peuvent servir de nourrices, s'en chargent volontiers. On n'alaite les garçons que 8 mois & les filles 10. parce qu'on travaille à former aux premiers dès leur plus tendre enfance, une nature robuste & propre au travail, au lieu que les filles n'étant destinées qu'aux ouvrages du ménage, on peut les élever un peu plus délicatement. Je passe à l'article qui met fin à tout.

De la Mort & des Funérailles.

L'ISLE d'Ajao faisant partie du globe du monde, il ne faut pas s'étonner si les dérangemens élémentaires y causent les mêmes maux que dans d'autres pays. Cependant les Ajaoïens ne connoissent guere d'autres maladies que la fievre dont ils pourroient souvent se délivrer aux dépens de quelques saignées si l'usage en étoit établi. Mais ils n'ont recours qu'à la diete dans toutes leurs maladies, & ils laissent faire le reste à la Nature qui ne manque pas de conserver son ouvrage, de sorte que ces mortels, observant depuis leur enfance un grand régime de vie, & ne donnant dans aucune de nos délicatesses de goût, ils ne meurent guere avant l'âge de 80 ou 90 ans.

Lorsqu'un vieillard de cet âge tombe malade, on n'espere pas qu'il en releve. Ainsi ceux de ses parens, qui sont à portée, se rendent auprès de son lit pour écouter ses dernieres paroles. Ils lui font des questions sur les choses les plus remarquables qu'il a vues pendant sa vie, & ils demandent ses avis sur les défauts qu'il auroit pu remarquer dans la société. Ordinairement chaque vieillard prépare un petit discours pour ce dernier moment où il récapitule toute sa vie en peu de mots, & exhorte ses proches au maintien de la liberté dont il a joui, & à la transporter à la postérité comme il a contribué à la faire passer jusqu'à eux. Quand il sent sa derniere heure approcher, on avertit un Minchistkoa auquel il dit : „ Je suis né un tel jour dans » un tel endroit. Je retourne dans le sein de la Nature dont je suis sorti. Je » rends graces à la patrie des biens dont elle m'a comblé & de la tranquil- » lité avec laquelle j'ai passé mes jours sous sa protection. Je lui laisse » des Citoyens de mon sang qui ne se rendront dignes d'être ses enfans » qu'en faisant pour elle ce que j'ai fait moi-même. S'ils le font, je les lui » recommande de tout mon cœur. "

Après ce reconnoissant adieu ils attendent la mort tranquillement, & ils regardent leur prochaine annihilation d'un visage plus serein qu'un Mahométan n'aspire après les frivoles délices de son prétendu Paradis.

Aussi-tôt qu'ils sont expirés, on en donne avis au Magistrat qui fait dresser un bûcher dans un endroit hors de la ville ou du village, destiné aux funérailles : on y porte le cadavre après le Soleil couché, revêtu de ses habits ordinaires. Ce sont tous les Mins de sa maison qui en font la cérémonie. Le Minchist met le feu au bûcher sur lequel le cadavre est dans un cercueil de fer dont le dessous est en maniere de grillage. Aussi-tôt que le tout est réduit en cendres, on le jette avec celles du bûcher dans une fosse qu'on fait dans le même endroit.

On n'entend à ce dernier moment ni dans ces derniers devoirs, ni pleurs, ni gémissemens, ni cris de parens alarmés de la perte qu'ils font. Soumis à la Nature ils respectent ses Loix, & reçoivent ses ordres avec soumission. En effet, ces cris, ces pleurs sont chez nous moins un effet de la nature qui souffre de cette séparation (comme on dit) que de l'intérêt. Et pour preuve, c'est qu'on voit rarement cette nature souffrir à la mort de quelques parens dont la perte ne nous cause aucun dommage, ou dont nous esperons une riche succession. L'Ajaoïen n'a d'autres parens que la Patrie, c'est d'elle qu'il tient tout ce qu'il a, il regarde tous les hommes comme des êtres auxquels la Nature l'a uni pour un tems; quand elle trouve à propos de les retirer, pourquoi censurer par des plaintes aigres la conduite de cette bonne mere?

Les derniers honneurs qu'on rend aux femmes & aux jeunes gens sont précisément les mêmes qu'on rend aux hommes, mais on les exempte du discours & de l'adieu.

Voilà un abrégé de ce petit Roman politique dont quelques principes sont si éloignés de nos mœurs, & quelques-uns s'en rapprochent assez pour présenter quelques vues d'utilité.

Le Sr. Van-Doelvelt, choqué de voir un Peuple si sage à tant d'égards, livré à l'Athéïsme, conçut le projet de le convaincre de l'existence d'un Etre distinct de la Nature, d'une Intelligence infiniment sage, maitre & arbitre suprême de l'Univers qu'il a créé. Lorsque les Ajaoïens étoient tous rassemblés proche du Lac de Fu, à la quatorzieme lune, il leur fit un discours éloquent sur l'existence de Dieu, après en avoir obtenu la permission du Souverain Magistrat. Ce discours n'eut pas le succès qu'il en attendoit. Un Ajaoïen qui passoit pour le Socrate de l'Isle, le réfuta; ou plutôt, il ne put détruire les preuves & les raisonnemens de Doelvelt, mais il persuada à ces Insulaires qu'ils ne devoient pas croire ce qu'ils n'avoient pas cru jusqu'alors, & qu'ils devoient continuer de vivre, comme avoient vécu leurs peres.

Notre Hollandois & ses compagnons, ayant consenti à rester dans l'Isle, comme on l'a vu ci-dessus, furent invités à se choisir chacun deux femmes: ce qu'ils firent, & se conformerent aux autres Coutumes & Loix des Ajaoïens. Au bout de cinq ans, Doelvelt demanda à repasser les mers avec les espions qu'on envoyoit de tems en tems en Asie. Il obtint ce qu'il désiroit, à condition de se trouver au rendez-vous au tems précis qu'on iroit les reprendre. L'objet de son voyage étoit de revenir dans sa Patrie, y puiser des connoissances sur des Arts utiles inconnus aux Ajaoïens, tels que les Arts de l'imprimerie, de la potterie, de multiplier les arbres par les greffes, &c. Il ne trouva pas ses compatriotes meilleurs qu'il ne les avoit laissés. Au contraire, il les trouva doublement corrompus, sans doute parce qu'il les comparoit à la simplicité & à l'innocence des habitans d'Ajao. Dès qu'il eut acquis une nouvelle connoissance suffisante des choses qui manquoient aux Ajaoïens, il se hâta d'aller rejoindre ses femmes, ses enfans & ses amis, après avoir laissé en Hollande la Relation dont on vient de lire le Précis.

AICHSTAT ou EICHSTETT,

Principauté Eccléſiaſtique d'Allemagne.

AICHSTAT ou EICHSTETT, ville d'Allemagne dans la Franconie, eſt la capitale des Etats de même nom, dont le Souverain eſt un Evêque, Prince du Saint-Empire, qui régne ſur dix villes, un bourg & nombre de villages. *Aichſtat* fut dans le VIIIe ſiecle un des premiers monumens de la converſion des Germains : S. Boniface, leur Apôtre, l'obtint d'un Comte de Hirſchberg, qui en poſſédoit le terrein; & S. Wilibald, neveu de S. Boniface, en fut le premier Evêque. Le canton où ce terrein étoit ſitué, s'appelloit le *Nordgau.* D'abord ce ne fut qu'une ſimple chapelle où l'on alloit en pélerinage : mais placée dans un vallon où la nature invitoit à ſéjourner, cette chapelle eut bientôt un couvent auprès d'elle; ce couvent fit bâtir enſuite des maiſons, ces maiſons en firent élever d'autres; un Empereur Carlovingien permit qu'on ceignît le tout d'un haut mur; & enfin ce fut une ville que l'on nomma Eichſtett, c'eſt-à-dire, la ville aux chênes, à cauſe de la groſſeur prodigieuſe de ceux qui croiſſoient là.

Le Prince qui réſide à Eichſtett, eſt Evêque ſuffragant de Mayence, & Chancelier perpétuel de l'Univerſité d'Ingolſtadt. Il ſiege à la Diete de l'Empire, dans le college des Princes, & ſur le banc des Eccléſiaſtiques, entre l'Evêque de Worms & celui de Spire; & dans les aſſemblées du Cercle de Franconie, il prend place entre les Marcgraves régnans de Bareith & d'Anſpach. Il eſt à la tête d'un Chapitre, dont tous les Chanoines font preuve de haute nobleſſe. Quant à l'Evêque, il a ſéparément quatre Colleges divers, pour l'adminiſtration de ſes finances, de ſa judicature, de ſes affaires eccléſiaſtiques, & de celles de ſa Cour. Son contingent, ſuivant la matricule de l'Empire, eſt de 246 florins pour les mois romains, & de 284 rixdallers pour la Chambre Impériale. Ses ſujets, ainſi que la plupart de ceux des autres Princes, ſes collegues, ſont ſouples, laborieux & dévots. Son pays, fertile en grains & en fourrages, confine au haut Palatinat, à la haute-Baviere, au Duché de Neubourg, au Comté de Pappenheim, & à la Principauté d'Anſpach. (D. G.)

AIDE, f. m.

AIDE, dans le ſens le plus général, ſignifie, *aſſiſtance*, *ſecours* que l'on prête à quelqu'un.

Dans les anciennes coutumes, ce terme ſignifie un ſubſide en argent que les Vaſſaux ou Cenſitaires étoient obligés de payer à leur Seigneur en certaines occaſions particulieres.

En Droit Public & en France, les Aides ſont généralement toutes ſortes de ſubſides impoſés ſur les Peuples pour aider le Souverain dans les différens beſoins de l'Etat, & plus particulierement les impôts qui ſe levent par le Souverain ſur les denrées & les marchandiſes qui ſe vendent dans ſes Etats, ſur-tout ſur le vin & les autres eſpeces de boiſſons. Les Aides en ce ſens répondent à ce que les Romains appelloient *Vectigal*, (*à vehendo*) parce qu'il ſe levoit, à titre de péage, d'entrée ou de ſortie ſur les marchandiſes qui étoient tranſportées d'un lieu à un autre. Le *Vectigal* étoit oppoſé au tribut, *tributum*, qui ſe levoit par tête ſur les perſonnes; comme les Aides ſont oppoſées aujourd'hui à la capitation & à la taille qui ſont des taxes perſonnelles.

Les beſoins continuels de l'Etat ont rendu ces impoſitions obligatoires & perpétuelles : car originairement elles n'étoient que volontaires & paſſageres; mais elles n'ont pas changé de nature : ce ſont toujours des ſubſides dont le motif eſt la défenſe de l'Etat, la protection que le Prince doit à ſes Sujets, & toutes les dépenſes néceſſaires qui en réſultent.

CONSIDÉRATIONS

Sur les Aides ou Impôt ſur le Vin en France.

PLUSIEURS Auteurs prétendent que Chilpéric eſt le créateur de l'impôt ſur le vin, & que ſon domaine ne ſuffiſant pas à ſa dépenſe, il ordonna le premier qu'il ſeroit pris à ſon profit la quatrieme partie du vin qui ſeroit vendu. Voici ce qu'en dit Mezerai.

» Chilpéric & ſa méchante femme Frédégonde accabloient le Peuple » d'impôts : ils avoient mis une amphore de vin (l'amphore faiſoit la 7e. » ou 8e. partie du muid) ſur chaque demi-arpent de vigne, & pluſieurs » autres charges ſur les autres natures de biens, & des tributs ſur les tê- » tes de leurs ſerfs, & enſuite ſur tous les hommes libres, enſorte que leurs » Sujets s'enfuyoient de leur Royaume comme d'un lieu de torture, & s'en » alloient peupler ceux de Gontran & de Childebert. «

Les Etats aſſemblés à Paris accorderent le même droit à Charles V. pour sa rançon du Roi Jean son pere, & en outre 12. deniers par queue de vin François & 24. sous sur celui de Bourgogne en arrivant à Paris. Il est fait mention du droit de quatrieme dans un édit de Charles VI. de l'an 1408. Ce droit du quatrieme du prix des vins vendus en détail, fut établi par Lettres Patentes du mois de Février 1383, réduit au huitieme par Ordonnance du 28 Mars 1395, & remis au quatrieme trois ans après par Lettres patentes du 2 Août 1398.

C'est donc à tort que Montrelet dit » que ce ne fut que Charles VII. » qui l'imposa, & qu'avant on ne levoit que le centieme, qui fut successivement mis au cinquantieme, au vingtieme, au huitieme, au sixieme » & enfin au quatrieme; ce qui est de sûr, c'est que le 31e. article de » l'Ordonnance de ce Prince de l'an 1452. établit des commis pour la vi- » site & recherche des caves & celliers. «

Louis XII. assujettit, sans exception, tous ceux qui vendroient du vin en détail au paiement du quatrieme, non compris ceux qui auroient droit & privilege au contraire.

Henri II. imposa 4. sous 6. deniers sur chaque muid de vin qui entreroit à Paris.

L'an 1561. Charles IX. ordonna le nouveau subside de 5. sous sur chaque muid de vin, qui entreroit à Paris, que Henri III. porta jusques à 20. sous. Le même Roi établit le Gros en 1584. & ce fut aussi lui qui obligea les cabaretiers & taverniers à prendre des lettres de permission, pour avoir enseignes ou hôtellerie.

Henri IV. confirma tous ces établissemens; & imposa de plus un nouveau droit sur le vin voituré en Bretagne par la Loire.

Louis XIII. & Louis XIV. non-seulement ont suivi & confirmé ce qu'ils ont trouvé établi, mais ils ont encore fait plusieurs augmentations, qui ayant donné lieu à divers réglemens, dont la multiplicité embarrassoit également les juges & les préposés au recouvrement, il fut dressé, au mois de Juin 1680. une ordonnance, (*) sous plusieurs titres, dans laquelle on a rassemblé, compilé & rédigé tout ce qui a rapport à cette matiere, soit pour le fond du droit, soit pour la forme de la perception, soit enfin pour la procédure à observer, en cas de contestation ou de contravention.

Le premier bail des Aides a été fait en 1614. il n'étoit que de cinq cents dix mille livres, & le prix en étoit reçu par les Receveurs Généraux des finances, conjointement avec la taille.

M. de Boulainvilliers donna en *1716.* un projet, pour changer & rectifier les inconvéniens de la perception du droit d'Aides; quoique défectueux, il ne laissa pas d'être écouté. C'étoit de le supprimer entiérement;

(*) Il y en eut même deux du même mois de Juin 1680 : l'une pour la Cour des Aides de Paris; l'autre pour la Cour des Aides de Rouen.

& pour en tenir lieu, d'établir sur tous les cabaretiers du Royaume, dans les villes & à la campagne, un droit de Bouchon, dont il prétendoit que le produit pourroit monter à vingt quatre millions presque sans frais & sans surcharge, bien entendu que la vente du détail seroit réservée aux seuls cabaretiers : voici son calcul.

Il y a en France 48,112. paroisses, moitié à la campagne & moitié dans les villes closes. Parmi celles de la campagne, il s'en trouve beaucoup où il n'y a point de cabarets, mais aussi beaucoup en ont trois ou quatre, sur quoi il estime qu'il n'y a point d'erreur à en donner un à chaque paroisse de campagne, ce qui fait vingt mille.

A l'égard des 28,112. paroisses restantes, il évalue les cabarets à 40,000. ce qui fait en tout 60,000. tant à la campagne que dans les villes, dont il y en a, sur-tout à Paris, qui vendent jusqu'à 200. muids de vin, & qui paient par conséquent 7. à 8,000. liv. par an, à raison de 36. liv. le muid, pendant qu'au moyen de son projet, le cabaretier le plus accrédité ne payeroit que 400. livres & le plus foible que 50. liv. pourquoi il forme six classes.

Savoir.

10000. Cabaretiers à	50liv.	500,000liv.
10000.	100.	1,000,000.
10000.	150.	1,500,000.
10000.	200.	2,000,000.
10000.	300.	3,000,000.
10000.	400.	4,000,000.
60,000.		12,000,000.

En doublant, les plus foibles paieroient 100. liv. & les plus forts 800liv. ce qui produiroit 24,000,000liv.

On ne peut pas nier que la perception actuelle des droits d'Aides n'ait besoin de réforme; la variété de la quotité & la multiplicité des droits exigent une forme couteuse, compliquée, & contentieuse, qui donne des entraves au commerce & à la consommation de cette denrée. » Quelle » funeste science, *dit M. Melon dans son Essai politique sur le commer-* » *ce*, qui, ne pouvant s'apprendre qu'avec tant de difficultés pour les fer- » miers, laisse de malheureux redevables, qui ne savent pas lire, acca- » blés d'un monstrueux assemblage de procédures! «.

Mais le projet de M. de Boulainvilliers, en la détruisant, établit une source d'injustices, sans assurer cette partie des finances du Roi. En effet, sans parler des privileges des provinces, de ceux des villes, des communautés & des particuliers auxquels il ne fait aucune attention, comment peut-on former un plan général & commun, sur une consommation qui dépend de tant de circonstances? La situation du cabaret, l'intelligence & l'activité du cabaretier lui attireront un débit prodigieux, pendant qu'un autre cabaret moins avantageusement placé & un cabaretier moins entendu ne vendra presque rien; cependant ils devront payer également, parce qu'on les aura mis dans la même classe. Il n'y a nul principe, nulle proportion & nulle sûreté dans les produits; ceux qui gagneroient à ce marché payeroient bien, ceux qui gagneroient peu payeroient mal, & ceux qui perdroient ne payeroient point du tout.

L'objet du produit des Aides est trop intéressant pour l'Etat, & trop indispensablement nécessaire aux dépenses de la Couronne, pour hasarder de renverser l'ancien établissement, afin d'adopter un systéme qui, au premier coup d'œil, présente tant d'inconvéniens & d'incertitude dans le produit: ainsi la prudence veut que l'on s'en tienne à l'usage actuel, jusqu'à ce qu'il paroisse un projet d'une exécution plus simple & plus avantageuse. Il y a des maux connus que l'on est obligé de laisser subsister dans la crainte d'un plus grand mal, & faute d'un remede sur le succès duquel on puisse compter. En attendant qu'il soit trouvé, voici celui dont il seroit à desirer que l'on pût faire usage.

Les vins des bons crûs de France sont constamment supérieurs à ceux des autres pays, pour l'usage ordinaire de la table; ils sont sans goût de terroir & sans liqueur; ils ont de la force sans être fumeux, & du corps sans être âcres: d'ailleurs il se fait avec les vins des petits crûs une grande quantité d'eau-de-vie, qui passe pour la meilleure & la plus saine du monde, & dans quelques provinces on fait du cidre & de la biere.

Le vin & les autres liqueurs fermentées sont nécessaires à la santé, & l'on ne sauroit en priver les hommes, sans courir risque d'altérer leur constitution. Il se peut faire que l'eau soit une boisson plus naturelle & plus saine; mais il faudroit ne s'être pas accoutumé à un autre régime.

Le commerce de ces liqueurs a deux objets, la consommation qui s'en fait au-dedans, & la vente qui s'en fait au-dehors; l'un & l'autre sont très-considérables, très-intéressans, & sont une des plus grandes sources des richesses de l'Etat. Pour en tirer tout l'avantage possible, il me paroîtroit convenir d'observer ce qui suit.

1°. Quant à la consommation du dedans, au lieu de cette multitude immense de différens droits, on devroit les réduire à un seul, uniforme, raisonnable & tel qu'il ne pût nuire à la culture des héritages, & au desir que chacun a de travailler & de faire produire à la terre tout ce qu'elle est capable de rendre.

2°. Imposer ce droit ainsi réformé seulement sur la vente en détail, en prenant les mesures & les précautions convenables pour empêcher les fraudes, & laissant subsister les droits d'octrois, & autres qui se perçoivent sur les boissons à l'entrée des villes où il y en a d'établis.

3°. Assujettir à ce nouveau droit les provinces où les Aides n'ont point eu cours jusqu'à présent, nonobstant leurs privileges & l'usage.

Je sens les objections que l'on peut faire sur cette proposition, & particulierement sur le dernier article : mais on doit sentir pareillement les avantages qui résulteroient de cette uniformité; si on saisissoit le tems & les circonstances convenables, & qu'on fit trouver à ces provinces une diminution proportionnée sur les autres impôts. On ne peut regarder ce projet comme impratiquable, & l'on doit convenir qu'il faudra toujours moins de génie pour changer cette imposition en un droit simple, qu'il n'en a fallu pour imaginer les Loix qui subsistent aujourd'hui.

Ce qui vient d'être dit à l'égard du vin, devroit avoir lieu pour le cidre & l'eau-de-vie : mais pour la biere, comme les brasseries consomment une grande quantité de grain, qui pourroit être plus utilement employé, & que la consommation de cette liqueur nuit à celle du vin, il conviendroit de régler le droit qui se paie à la fabrication, à proportion de l. valeur du prix des grains au mois de Janvier de chaque année, en sorte que, dans celles qui seroient abondantes, le prix de la biere se trouvât augmenté d'un tiers ou d'un quart; & que, dans les années de disette, le droit fût assez fort pour empêcher de brasser; c'est ce qu'on appelle en finance droit exclusif.

4°. Quant à la consommation du dehors, il faudroit la favoriser, autant qu'il seroit possible, en la débarrassant de toutes les entraves, auxquelles elle est assujettie, & en réduisant les droits de sortie tant par terre que par eau, à un droit uniforme, unique & modéré. La maxime fondamentale du commerce est de procurer, par toutes sortes de voies, la sortie & le débit des denrées surabondantes du crû & des fabriques d'un Etat, & d'éloigner l'entrée de tout ce que l'art ou la nature donnent à cet Etat en quantité suffisante.

Les avantages qui résulteroient de cette augmentation de commerce & consommation intérieure & extérieure, ne tarderoient pas à influer sur toutes les autres branches, par l'abondance des especes qui entreroient dans le Royaume, & par le plus grand mouvement de celles qui y sont déjà.

L'Auteur du *Détail de la France*, dont les réflexions ne sont point à mépriser, dit au second vol. *p.* 15. en parlant de l'excès & de la multiplicité des droits d'Aides. » Dans la seule élection de Mante, le revenu » des vignes, tant par un abandon entier de la plus grande partie, quoi» qu'autrefois d'un très-grand produit aux propriétaires, que par la dimi» nution sur celles qui subsistent encore, va de perte à 2,400,000. liv. de » compte fait par un calcul juste & certain, vérifié sur les lieux; & com» me les revenus en fonds, bien que menant ceux d'industrie, n'en font » pas la quatrieme partie, ces derniers les excédant beaucoup davantage, » c'est plus de 10,000,000. de perte en pur nantissement sur une seule

» élection ; & ce sort étant arrivé à l'élection de Mante par une cause générale à tout le Royaume, on en peut tirer les mêmes conséquences & supposer certainement la même perte pour toute la France. «

Si-tôt qu'une marchandise est poussée au-delà de sa valeur naturelle, la consommation cesse ou diminue considérablement ; si-tôt que les droits imposés sur une denrée sont trop forts, ils ne manquent pas de produire ces inconvéniens, d'où il en résulte nécessairement un troisieme qui est la diminution du Droit-même. L'on ne sauroit donc avoir trop d'attention à entretenir cette juste proportion sans laquelle le commerce ne peut subsister : les cultures cessent ou s'affoiblissent, les revenus de la Nation diminuent dans toutes leurs parties, parce qu'elles ont entre elles une liaison intime & indissoluble ; & la richesse du Prince s'anéantit, parce qu'il n'en a d'autre que celle de ses Sujets.

Ces principes sont applicables à tous les Etats & à tous les Gouvernemens.

COUR DES AIDES.

LA Cour des Aides est une Cour souveraine établie en plusieurs Provinces de France pour connoitre des impositions nommées *Aides*, & de toutes les matieres qui y ont rapport. Dans quelques Provinces, telles que la Provence, la Bourgogne & le Languedoc, la Cour des Aides est unie à la Chambre des Comptes.

C'est sous les régnes de Philippe le Bel, de Jean I, & de Charles V, que les Cours des Aides ont commencé à s'établir & à se former. Les malheurs des tems avoient forcé d'abord ces Princes à demander des secours ou Aides extraordinaires à leurs Peuples. Ces secours n'étoient au commencement que momentanés, & pour un tems seulement, mais les revers continus, & les guerres éternelles que la France eut à essuyer dans ces tems-là, obligerent nos Rois à rendre ces Impositions stables & perpétuelles, ce qui se fit du consentement des Etats-Généraux, qui élurent à cet effet des Officiers pour la levée & la régie de ces Droits dans les différentes Provinces du Royaume, d'où leur vint la nomination d'*Elus*, qui est demeurée aux Officiers de l'*Election*. Les Chefs de ces Officiers élus par les Etats, & confirmés par le Roi, se nommoient *Généraux d'Aides*. Les uns avoient pour district la *Finance* des Aides, les autres la *Justice* sur le fait des Aides. Ces derniers avoient toute l'autorité des Cours souveraines. Henri II leur donna le titre de *Cour des Aides & Finances* ; mais il a été réglé depuis que le titre de *Cour des Finances* n'appartenoit qu'à la Chambre des Comptes.

Le travail de la Cour des Aides devenant de jour en jour plus considérable, le même Henri II y ajouta une seconde Chambre. Louis XIII en créa une troisieme par son Edit de Décembre 1635. C'est l'état où est actuellement la Cour des Aides de Paris. Les autres Cours & Elections répandues dans le Royaume, se sont formées & établies successivement selon le besoin qu'on en a eu pour mettre plus d'ordre dans la régie & la perception des Aides.

La Cour des Aides connoît par appel de toutes les affaires contentieuses, concernant les Aides & autres Impositions, tant en matiere civile que criminelle; de la validité des titres de Noblesse, & des privileges des Ecclésiastiques, Secrétaires du Roi, Officiers commensaux & autres, dans tous les cas, où il s'agit de l'exemption desdites Impositions, quand même les privilégiés auroient leurs causes commises à des Tribunaux particuliers: de même que des exemptions de tous les Officiers compris dans les Etats de la Maison du Roi, & des Maisons Royales, & en général de toutes les appellations des Jurisdictions qui connoissent des Droits des Fermes du Roi.

La Cour des Aides de Paris embrassoit originairement dans son ressort toutes les Provinces du Royaume; mais il s'en est fait plusieurs démembremens pour les autres Cours créées depuis sous son modele, & auxquelles on a fait les mêmes attributions.

Ce qu'elle a conservé privativement à toutes autres Cours, c'est la connoissance en premiere instance, & en dernier ressort des différens pour raison des deniers Royaux & affaires de Finances; des débets, des comptes rendus en la Chambre des Comptes, & des contestations pour les exécutions & ordonnances de ladite Chambre, excepté celles qui concernent le Domaine; de tous les contrats & actes passés entre les fermiers, traitans & munitionnaires pour raison de leurs fermes, traités, munitions, transports & associations; de la discussion des biens de tous les comptables & gens d'affaires du Royaume, & de leurs descendans & héritiers, en quelque lieu de l'obéissance du Roi que soient situés leurs biens, lesquels ne peuvent être purgés de l'hypotheque du Roi que par les Décrets de ladite Cour.

Elle connoît en outre de tous les différens concernant les privileges de l'Hôpital-Général & de l'Hôtel-Dieu, dont les causes sont commises en cette Cour; & enfin des différens par rapport au paiement des rentes assignées sur les Aides & autres Impositions. Les droits & prérogatives des Officiers d'une Cour des Aides sont l'exemption des tailles & de toutes charges publiques, des épices & gages, la préséance due aux Cours souveraines dans les cérémonies publiques.

Les Offices des Cours des Aides sont sujets à la vénalité. La réception se fait par la prestation du serment de fidélité, qui se fait auxdites Cours, après les provisions scellées du grand sceau. Il faut être au moins gradué pour les posséder.

Les Offices d'une Cour des Aides sont ceux de Premier Président, de Présidens, de Procureur-Général, d'Avocat-Général & de ses Substituts, de Greffier en chef & autres; de Trésorier payeur des gages & ses Contrôleurs; de Receveur des épices, de Controleur des arrêts, de Commis à la délivrance des arrêts, & d'Huissiers.

La

La Cour des Aides de Paris, comme l'obſerve Guenoy en ſes conférences, tom. 2 de l'édition de 1660, pag. 1425, prend ſon origine dans les Généraux qui furent créés à Paris, environ l'année 1380. Ce fut le Roi Charles V, ſurnommé le Sage, qui régnoit en 1380, qui l'érigea en titre de Cour, & lui attribua toute juſtice civile & criminelle, ſur le fait des Aides & Tailles, & depuis par de nouvelles Lettres-Patentes, lui donna pouvoir & autorité de mettre, ordonner & établir des Elus, Receveurs, Grenetiers, Contrôleurs pour le fait des Gabelles.

D'abord cette Cour ne fut composée que d'un petit nombre d'Officiers; mais à meſure que les affaires ſe multiplierent, ils furent augmentés.

Son origine & ſes progrès ſe trouvent plus détaillés dans l'Ordonnance de Louis XI de 1467.

Le Roi François I l'augmenta d'une Chambre, composée de deux Préſidens & huit Conſeillers; elle en a trois aujourd'hui, deux grandes audiences le mercredi & le vendredi, & une audience de relevée le mardi, depuis trois heures de l'après-midi juſqu'à ſix.

C'eſt ce qui ſe pratique, à l'imitation de cette Cour, par toutes les autres.

La Cour des Aides de Montpellier fut établie environ l'an 1400, & ſon état fixé par Louis XI, par un Edit du 12 Septembre 1467, confirmée dans toutes ſes prérogatives par l'Ordonnance de Charles IX, donnée à Moulins le 20 Juillet 1565.

La Cour des Aides de Guienne fut créée dans le mois de Mars 1553 par Henri II; d'abord établie à Agen, d'où elle fut transférée à Bordeaux, & réunie enſuite au corps de la Cour du Parlement.

Cette Cour avoit été transférée de la Ville de Xaintes, dans la Ville de Libourne, par Edit du mois de Novembre 1675, & enfin rétablie à Bordeaux, par Edit du mois de Novembre de la même année.

L'origine de la Cour des Aides d'Aix eſt ſi ancienne, qu'on ne peut y remonter, nous en donnerons pourtant une connoiſſance plus particuliere; ſa qualité de Cour des Aides fut fixée par un Edit du mois d'Août 1555.

La Cour des Aides de Rouen exiſtoit en 1483, comme on le voit par une Déclaration, portant Réglement de ſa Juriſdiction du 15 Décembre 1483; elle eſt aujourd'hui réunie à la Chambre des Comptes par Edit du mois d'Octobre 1705, confirmé par un autre du mois de Janvier 1706.

La Cour des Aides de Clermont-Ferrant en Auvergne, fut établie par Edit du mois d'Août 1557. *V.* Fontanon, tom. 2, liv. 3, tit. 5, pag. 822. Scorbiac, Traité des Aides, liv. 3.

Il intervint enſuite pour l'ordre de la Juriſdiction, une Déclaration du 2 Juillet 1686 ſur les Audiences qu'elle devoit tenir, & une création de nouveaux Officiers; ſavoir un Préſident, ſix Conſeillers & deux Subſtituts, par Edit du mois d'Octobre 1694. *Vid.* Brillon au mot *Aides*.

La Cour des Aides de Bourgogne a été réunie au Parlement de Dijon;

la réunion en avoit été faite à la Chambre des Comptes, & elle fut révoquée par Edit de 1626.

La Cour des Aides du Dauphiné avoit été établie à Vienne par Edit du mois de Janvier 1638. Elle fut réunie au Parlement de Grenoble par Edit du mois d'Octobre 1658, regiſtré à la Chambre des Comptes de Grenoble le 3 Décembre ſuivant.

La Cour des Aides de Pau, Capitale de la Navarre, eſt réunie au Parlement. Scorbiac, tit. 30, pag. 942, qui rapporte un Edit du mois de Mai 1633, qui ſupprima la Cour des Aides, & les Elections établies au Royaume de Navarre poſtérieurement. Il avoit été établi une Cour des Comptes, Aides & Finances de Navarre, à l'inſtar de celle de Montpellier : cet établiſſement fut révoqué par Edit du mois de Juillet 1656.

La Cour des Aides de Montauban fut établie par les Edits des mois de Juillet 1642, Avril 1643, & Juin 1692; elle l'avoit été dans la Ville de Cahors.

La Juriſdiction de ces différens Tribunaux de Juſtice, eſt preſque par-tout la même, ils connoiſſent des Aides, Tailles, Subſides, Impôts, Gabelles, Subventions, Fermes & Recettes du Roi.

Leur Juriſdiction eſt ſouveraine tant aux cauſes civiles qu'aux criminelles, comme l'obſerve Philipy en ſes Arrêts de conſéquence, art. 18.

Guenois en ſes Conférences, liv. 10, tit. 20, pag. 1425, rapporte une infinité d'Edits & Déclarations, entr'autres du 20 Août 1447, 1501, 1552, 1553, 1559, 1629, 1636, auxquels il rapproche & confere tous les autres, par leſquels l'on voit que les Juges des Fermes & Gabelles, & les Cours des Aides doivent connoitre de toutes les cauſes, querelles, débats, rébellions, injures, outrages, battures, meurtres, exactions, concuſſions, fraudes, fautes, & quelconques autres excès, crimes, délits, maléfices, fauſſetés, procès, & matieres qui viendront, s'ourdront, & procéderont de tout le fait des Aides, Tailles, Gabelles, Impoſitions foraines, & généralement de toute eſpece de Droits; c'eſt ce qui eſt exprimé dans l'Edit de Louis XII, du mois de Juin 1500, & répété d'une maniere plus ou moins étendue dans tous les autres.

L'Edit de 1551 d'Henri II, porte que les Cours des Aides ſont établies pour connoitre, juger, & décider ſouverainement & privativement à tous autres Juges quelconques, de tous procès mûs & à mouvoir, pour raiſon des tailles, crûes, gabelles, aides, traites, impoſitions foraines, trépas de Loire, équivalens, octrois dans les Pays d'Election & Pays d'Etat, deniers communs levés par octroi & impôts, & généralement de tous autres deniers mis & à mettre pour fait d'Aides, ſubvention, ou autrement levés & impoſés pour quelque cauſe & occaſion que ce ſoit, dont, en tant que de beſoin eſt, ou ſeroit, leur eſt promiſe & commiſe de nouveau la connoiſſance & commiſſion.

Pour donner une idée plus exacte de l'établiſſement de la Cour des Aides de Provence, comme nous nous le sommes proposés, nous observerons que par l'Edit de Louis XII, du 17 Janvier 1500, ce Prince s'adresse aux grands Présidens & Maîtres Rationaux de la Grand'Chambre des Archives, & Chambre des Comptes du Pays de Provence, reconnoissant que, de toute ancienneté, cette Cour a été fondée à connoître du sel, & de tous les autres Droits Royaux, de même que des abus & crimes qui peuvent s'ensuivre, des Greneriers & tous autres Officiers à sel, que ces matieres sont de sa Jurisdiction, ainsi que de toute ancienneté a été observé qu'elle doit connoître de tout ce qui concerne les Gabelles & subsides, & autres droits quelconques, & la maintient à continuer d'en jouir comme par ci-devant; défendant à tous autres Juges dudit Pays, sous de grandes peines, d'en prendre jurisdiction & connoissance qu'elle leur interdit, & de remettre & renvoyer à sadite Cour, & prescrit ensuite ce qui doit être fait de la part des Visiteurs qui devoient connoître de la même matiere qui lui appartient par appel & en dernier ressort.

Ces lettres de confirmation de l'ancienne Jurisdiction de cette Cour, furent suivies d'un Edit du mois d'Août 1555, composé de 34 articles, dont nous ne rapporterons ici que ceux qui concernent les Gabelles.

L'art. 8 porte, connoîtront des étangs, salins, marais, gabelles & greniers à sel.

L'art. 9 la confirme dans la connoissance des Droits sur le sel.

L'art. 15 lui donne celle des crûes, gabelles, traites, & étangs; sa Jurisdiction se trouve, par ces articles & les autres, étendue sur différentes matieres dont nous ne parlons pas, parce qu'elles n'entrent pas dans notre objet.

Cet Edit fut enregistré dans le Registre *Parva Reges*, N°. 43, Arm. C., fol. 33.

Les Rois l'ont toujours maintenue successivement dans cette Jurisdiction; c'est pourquoi l'on trouve qu'ayant été créé des Contrôleurs généraux des Gabelles, il lui fut enjoint, par lettres de jussion du 12 Mai 1578, d'enregistrer l'Edit de leur création pour le maintien de la Jurisdiction, & pour arrêter le cours des entreprises des Juges des autres Jurisdictions : elle fit un Réglement le 12 Octobre 1654, par lequel sur le Réquisitoire de M. le Procureur général, elle fit inhibitions & défenses aux Lieutenans de cette Province, & autres Officiers, de prendre jurisdiction ni connoissance concernant les Gabelles à sel, circonstances & dépendances, directement ni indirectement, & aux Fermiers des Gabelles, ses Commis, & tous autres personnes, de se pourvoir ailleurs pour raison de ce, que par-devant les Visiteurs, sauf l'appel, à peine de 300 liv., nullité de procédures, & pour qu'on ne pût en prétendre cause d'ignorance, elle ordonna que son Arrêt seroit lû, publié, & affiché.

Par autre Arrêt du 15 Mai 1662, elle fit les mêmes inhibitions & défenses au Lieutenant du Sénéchal d'Arles, & aux Consuls de cette Ville, de même que le 14 Juin 1685, sur les poursuites des Visiteurs des Gabelles contre le Lieutenant particulier de la Ville de Sisteron, conformément à un précédent Arrêt du 11 Avril 1612.

Par autre Arrêt du 26 Juin 1723, cette Cour fit inhibitions & défenses aux Avocats de la Ville de Fréjus, de s'immiscer dans les fonctions des Juges des Fermes.

Le 23 Avril 1731, cette Cour rendit un Arrêt par lequel elle fit défenses à tous Juges, dans la résidence desquels il y avoit des Jurisdictions des Fermes, d'informer contre les Commis & Employés, ni de les décréter.

La procédure qui avoit été prise par le Lieutenant criminel de Marseille contre le nommé Barret, Commis-Peseur, décrété sur la plainte d'Elisabeth Bernard, revendeuse à Marseille, fut cassée, & fait inhibitions & défenses au Lieutenant criminel de Marseille, au Procureur du Roi, & tous autres Juges, d'informer & décréter contre les Commis & Employés dans leurs fonctions, à peine d'interdiction, & de 1000 liv. d'amende, relativement aux art. 36 & 37 du tit. commun de l'Ordonnance de 1681, & des articles 424, 425 du Bail de Domergue, 578, 579 & 580 de celui de Carlier.

Le 31 Août 1751, elle rendit une Réglement qui justifie que sa Jurisdiction s'étend sur tout ce qui peut regarder les privileges & prérogatives des Commis, Employés & Gardes des Gabelles & Fermes de quelque espece & qualité qu'ils soient, tant Officiers généraux que particuliers, ayant commission & serment en Justice, elle les maintient dans toutes leurs franchises, immunités, exemptions & privileges, & déclare qu'ils pourront porter épée & autres armes; qu'ils sont exempts, conformément aux Edits & Déclarations de Sa Majesté & de ses précédens Réglemens, de guet, garde, tutelle, curatelle, solidité, collecte, logement des gens de guerre, & de toute charge de Ville, contributions à la milice quelle qu'elle soit, & toutes autres de cette espece quelles qu'elles soient, à peine d'en être informé, & de 1000 liv. d'amende contre les Consuls des lieux, Juges des Seigneurs, & tous autres Contrevenans; & de même suite, fait inhibitions & défenses à tous Juges, même aux Royaux, conformément aux articles 35 & 36, de décerner aucun Décret contre les susdits Commis, Receveurs, & Employés, & tous autres Préposés pour faits concernant leurs fonctions, & encore moins de les y troubler, & faire arrêter pour causes purement civiles dans leurs bureaux, magasins, entrepôts, barraques, pataches où ils sont sous la sauve-garde du Roi, & sa protection, à peine de nullité, cassation de procédure, dépens, dommages & intérêts, 3000 liv. d'amende, & sur les contraventions en être informé; ordonne enfin que son Arrêt sera imprimé, lû, publié & affiché par-tout où besoin sera.

Le 23 Août 1752, elle cassa une procédure prise par le Lieutenant de Castelane, & les Décrets qui s'en étoient ensuivis contre François Berbagé, Brigadier au Département de Castelane, que le Lieutenant avoit entrepris de décréter, non-obstant qu'il fût dans ses fonctions.

Par Arrêt du 20 Février 1753, elle fit très-expresses inhibitions & défenses à tout particulier de s'adresser, tant aux Juges Royaux que ceux des Seigneurs pour délits ou crimes imputés aux Employés des Fermes générales dans l'exercice de leurs fonctions, à peine de nullité, de cassation de procédure, dépens, dommages & intérêts, & de 1000 liv. d'amende; Elle inhiba aux Juges des Seigneurs de recevoir aucune plainte, ni d'informer sur icelles contre lesdits Employés, pour quelque délit & crime, que ce peut être, à peine d'interdiction, & d'être responsables solidairement avec les parties de tous les dépens, dommages & intérêts des Adjudicataires, & de 1000 liv. d'amende.

Elle fit pareilles inhibitions aux Juges Royaux d'informer contre les Employés dans l'exercice de leurs fonctions, hors le cas d'une nécessité, & sans qu'ils puissent, en conséquence de l'information, les décréter; leur enjoignant de renvoyer leurs informations & procédures aux Juges des Fermes, à peine d'interdiction, & d'être responsables en leur propre, aussi solidairement avec les parties, de tous dépens, dommages & intérêts, les condamnant en outre en 50 liv. d'amende: voulant que son Arrêt fût imprimé & affiché par-tout où besoin seroit.

Il résulte de tout ce qu'on vient de rapporter, cette maxime, qu'il n'y a que les Visiteurs des Gabelles, & les Cours des Aides par appel qui puissent connoître de toutes les contraventions, délits, & crimes qui peuvent être commis dans cette partie des Fermes de Sa Majesté, non-seulement par rapport aux Fauxsauniers, & autres particuliers contrevenans aux Edits, Déclarations de Sa Majesté, & Arrêts des Cours des Aides, mais encore que tous les Employés commis à l'exercice & à l'exploitation des Fermes unies, ne sont justiciables relativement à leurs fonctions que des Juges que Sa Majesté a établis en premier ressort pour connoitre de cette matiere, & par appel les Cours des Aides. *Voyez les mots* CONFLIT & COMPÉTENCE.

Il s'est élevé la question de savoir si les premiers Juges étoient compétans, pour connoître du divertissement des deniers Royaux: on prétendoit qu'il n'y avoit que les Cours des Aides, sur le fondement de ce qu'observe Guenois dans sa Conférence sur les Ordonnances, tom. 2, pag. 1433, §. 10, art. 6, où il est dit, au sujet de la Cour des Aides de Montpellier, qu'elle connoitra privativement à tous autres Juges, quels qu'ils soient, des réglemens, punitions, corrections des Présidens généraux, Conseillers, Avocats, Procureur général, Greffiers, Huissiers, Receveurs, & autres Ministres d'icelle Cour, Elus, Grenetiers, Receveurs des Magasins, Contrôleurs, Receveurs des Aydes, Juges des Traites, Maîtres des Ports, leurs Lieutenans, & autres nos Juges & Officiers ressortissants en notredite Cour, étant question des fautes, & autres abus, malversations commis en leur état & administration, injures, excès faits à leur personne, au compte des autorités, prérogatives, prééminences de leurs offices & états.

Il ne peut résulter autre chose de ces dispositions, qu'une justice correctionelle attribuée aux Cours souveraines sur tous les Juges & Officiers subalternes de leur ressort; mais il ne s'ensuit pas de-là que les premiers Juges ne puissent pas connoître des délits & crimes de quelque espece qu'ils soient, dont ses Préposés & Commis se rendent coupables.

Si l'on trouve dans ce qu'on vient de rapporter les Receveurs pour leurs malversations, c'est qu'ils étoient alors en charge, & véritablement Officiers Royaux comme tous les autres Juges dénommés par Guenois, d'où vient qu'ils étoient justiciables *omisso medio* des Cours des Aides. Aujourd'hui que Sa Majesté a mis l'exaction de ses Droits en Ferme, les Receveurs ne sont plus des Officiers Royaux, mais de simples Commis des Adjudicataires, comme tous les autres Employés, & par conséquent justiciables pour toute espece de délit & crimes des premiers Juges, de leur faillite, banqueroute, péculat & crimes en dépendans.

C'est ce que Guenois déja cité, reconnoît au même tom. 2, pag. 980, liv. 10, tit. 7, où l'on trouve qu'il rapporte un Edit portant établissement des Maîtres des Ports, qui ordonne: Voulons que nosdits Maîtres des Ports, ou leurs Lieutenans aient pleine autorité & puissance sur les Officiers créés pour cueillir & lever nosdits droits d'imposition, foraine, domaine forain, & haut passage, & pour les marchandises prohibées sous la charge par nosdits Maîtres des Ports, de procéder à l'encontre d'eux civilement & criminellement en tout ce qui concerne le fait du recouvrement de nosdits droits, & de toutes les marchandises prohibées, circonstances & dépendances jusques à suspension de leursdits états, & charges, & de punition corporelle, si le cas requiert, de sorte que, dès qu'il eut été créé par nos Rois des Visiteurs des Gabelles, & des Maîtres des Ports avec Jurisdiction contentieuse, & que les Maîtres des Ports ne s'entremirent plus dans la perception des Droits, les Officiers que Sa Majesté créa à cet effet, devinrent leurs justiciables.

C'est pourquoi la Cour des Aides de Provence, après l'Edit donné à Annet au mois d'Août 1555, ayant prétendu la connoissance de certaines matieres en premiere instance, Sa Majesté rendit un Arrêt en son Conseil, le 2 Novembre 1556, qui déclare que les Visiteurs connoitront en premiere instance des mêmes matieres dont cette Cour connoît, & qu'on trouve par une Déclaration du 11 Février 1557, qu'il lui est fait inhibitions & défenses de connoitre des Gabelles, si ce n'est par appel. On voit encore dans l'Edit de création de 14 Contrôleurs Provinciaux du mois de Mai 1577, l'étendue de leur Jurisdiction qui est la même que celle des Cours des Aides. Notamment par l'art. 6, qui leur attribue la connoissance civile & criminelle de toutes les contraventions, abus & malversations qui pourront être commis par les Officiers subalternes de leur Jurisdiction.

De-là vient que l'Ordonnance de 1681, tit. com. art. 5, les déclare compétans de connoitre de toute matiere, sauf l'appel à la Cour des Aides, de même que l'art. 1er. du tit. 12 de l'Ordonnance de 1687, & l'art. 3 de ce même titre qui porte : connoîtront aussi des malversations & fraudes des Commis & Gardes, ensemble des concussions & violences, & autres excès par eux commis dans l'exercice de leur commission.

L'on trouve dans l'art. 586 que les Juges ordinaires des Gabelles, & des autres Droits compris dans le Bail de Forceville, seront seuls compétans pour connoître des procès & différens, concernant la levée des Droits circonstances & dépendances, tant au civil qu'au criminel, sauf l'appel aux Cours des Aides, Gabelles, cinq grosses Fermes & Tabac, & les Cours de Parlement pour les affaires concernant les Domaines : enfin l'art. 580 du Bail de Forceville ne laisse aucun doute sur ce point : il y est dit ; la discussion des biens des Commis & Sous-Fermiers de l'Adjudicataire, sera portée en premiere instance par-devant les Elus, les Officiers de nos greniers ou des Traites, & des autres Juges de nos Fermes, & par appel en nos Cours des Aides, lorsque l'Adjudicataire sera saisissant ou opposant.

Si dans le tems où la plupart des Emplois étoient en titre d'offices; ces Officiers subalternes étoient justiciables des Visiteurs & des Maîtres des Ports, combien plus doivent-ils l'être aujourd'hui qu'ils ne sont que des Commis à gages, que les Adjudicataires peuvent les révoquer & destituer à leur gré, ce qui suffit pour ne mettre aucune distinction entre les Receveurs & les autres Employés ; si par l'art. 35 & 36 du tit. Com. ils sont justiciables des premiers Juges pour toutes sortes de crimes commis dans leurs fonctions, pourquoi ne le seront-ils pas pour le *Peculat*, qui n'est pas un crime aussi grave que le meurtre & l'assassinat, dont les premiers Juges des Fermes ont toujours eu la connoissance.

Cette matiere est traitée disertement dans un Arrêt du Conseil du 12 Mars 1697, où les Srs. Rougeon & de Chaumon, Receveurs des Gabelles, s'étoient pourvu en cassation de divers Arrêts rendus par la Cour des Aides de Montpellier, à l'occasion des Procédures faites par le Sr. Carrouge, Visiteur, que le Sr. Rougeon prétendoit nulles, soutenant que lorsqu'il les avoit faites, il n'étoit pas gradué, & demandoit au Conseil d'être renvoyé par-devant un autre Visiteur, & par-devant une autre Cour des Aides, sur une accusation de Pierre Pointau, Fermier des Gabelles, en déchets extraordinaires.

La Requête présentée par ce Receveur, rapportée dans l'Arrêt du Conseil, établit que les Cours des Aides ne doivent connoître, que par appel des crimes des Commis & Employés, ainsi qu'il est prescrit par les Ordonnances de Charles VII, données à Paris & Montpellier en 1439 & 1445 par Louis XII, à Lyon en 1500, par le Bail de l'Anglois, du 19 Novembre 1661, art. 14 de même que de celui de Pointau.

DIRECTEUR DES AIDES.

OFFICIER constitué par la Compagnie des Fermiers-Généraux pour exercer l'Administration & la régie des Droits d'Aides, dans un certain département, comme dans l'étendue d'une Election.

Ses fonctions sont de représenter ses Commettans en tout ce qui regarde la régie, les Droits d'Aides; de conduire & d'éclairer les employés qui lui sont soumis; de résoudre leurs difficultés; d'instruire particulierement les commis aux exercices, & de les exercer sur la connoissance des Réglemens, sur la rédaction des Procès-verbaux; de faire faire les inventaires des choses assujetties aux droits; de constater les produits, d'en envoyer les états à la Compagnie; de tenir Registre pour servir de contrôle au Journal de recette, & de dépense du Receveur-Général de l'Election; de veiller à la reddition des comptes dudit Receveur, & des autres Receveurs & Buralistes, des Commis aux exercices chargés du recouvrement.

C'est à lui à décerner les contraintes pour le paiement des droits, & de faire les poursuites nécessaires contre les redevables; de faire de tems en tems des tournées dans l'étendue de sa Direction pour découvrir ce qui pourroit y être contraire, & de rendre compte à ses commettans, par une correspondance exacte, de toutes ses opérations.

Il est chargé en outre d'envoyer à la Compagnie tous les trois mois le tableau des Officiers employés dans sa Direction avec des notes sur le travail, les talens, & la conduite de chacun d'eux.

Il a droit de porter épée & autres armes. Son emploi ne déroge point à la Noblesse. Il jouit de l'exemption de tutelle, curatelle, de logemens de gens de guerre, & autres charges publiques. Ses appointemens sont réglés par les Fermiers, dont il est le représentant.

Un Directeur des Aides est constitué tel par un acte de procuration, que le Fermier-Général dresse par devant Notaires, & auquel le Directeur fournit sa soumission. Il doit en outre donner caution, & faire enregistrer sa procuration au Greffe de l'Election dont il est.

Cet emploi ne se donne par les Fermiers, qu'à ceux de leurs Officiers, dont ils ont reconnu les talens & les services dans des emplois inférieurs.

RECEVEUR-GÉNÉRAL DES AIDES.

DANS chaque élection considérable il y a un Receveur-Général chargé de compter aux Fermiers-Généraux, tant des deniers dont il fait recette directement des redevables des droits dans le Chef-lieu de la Direction, que de ceux qui sont reçus par les Receveurs particuliers, & Buralistes, ou par les Commis aux Aides chargés du recouvrement.

Il doit tenir, à cet effet, les journaux sommiers, & autres Registres nécessaires. Il est en outre chargé du magasin de la formule, c'est-à-dire, du papier

papier & parchemin timbré, servant aux différens actes, qui ne peuvent se faire que sur ledit papier ou parchemin.

Il a des appointemens réglés par les Fermiers. Cet emploi se donne par eux, & de la même maniere que celui du Directeur des Aides. Les prérogatives en sont les mêmes.

RECEVEUR-PARTICULIER DES AIDES.

OFFICIER des Fermes, chargé d'une Recette particuliere.

Sa fonction est de percevoir dans le lieu où il est établi, les droits d'entrée, ceux de gros & augmentation, & les autres y joints; d'en remettre les deniers directement au Receveur-Général, auquel il est comptable. Il doit avoir différens Registres pour y porter tout de suite les déclarations qui lui sont faites, les noms du vendeur & de l'acheteur, l'endroit pour lequel les boisson sont destinées, le nom du voiturier, la somme payée pour les droits, la date du congé, le jour & l'heure que le voiturier doit partir.

Il doit envoyer tous les deux mois un état de sa Recette au Bureau général de la Direction.

Il a des appointemens fixes, exemption de tutelle, curatelle, de logement de gens de guerre, droit de porter épée.

C'est le Fermier qui donne ces emplois moyennant serment, & caution. Il faut avoir passé par les emplois de Commis.

AIESHA, *femme de Mahomet.*

AIESHA, que les Musulmans décorent du titre de *Mere des Croyans*, fut en effet, la plus chérie des épouses de Mahomet. On assure qu'elle avoit toutes les graces de son sexe. Elle y joignoit tout l'art de la coquetterie la plus raffinée, & un penchant violent pour le libertinage. Quelle peste dans une Cour, qu'une femme belle, coquette & libertine! Mais lorsqu'une femme de ce caractere est encore ambitieuse, intrigante, vindicative, factieuse & dévote, il n'est point d'horreurs auxquelles on ne doive s'attendre de sa part. Telle fut Aïesha. Tandis que son époux se faisoit de nombreux prosélytes, elle s'attachoit une foule d'amans; & ils étoient tous si contens de ses bontés, que l'Apôtre de Médine ne put douter de ses fréquentes infidélités. Mais, comme elle possédoit au suprême degré le talent de la séduction, Mahomet continua de l'idolâtrer. Plus elle lui donnoit de rivaux, plus il s'efforçoit de l'emporter sur eux par sa tendresse & les marques qu'il lui en donnoit. Ainsi Aïesha, sans cesser de donner dans les excès du libertinage, sut conserver le cœur du Prophete. Pendant sa premiere jeunesse, son penchant effréné pour le plaisir parut presque son unique passion. Un peu plus tard, ce penchant la jetta dans les intrigues de la Politique. Alors toute son ame se développa. La galanterie qui avoit été auparavant son objet principal, ne fut plus employée qu'à servir l'ambition, la haine, l'esprit d'intrigue & la fureur religieuse dont elle étoit dominée.

Elle étoit animée d'une haine violente contre Ali, cousin germain & gendre de Mahomet, qui le premier avoit osé informer le Prophete des amours adulteres de son épouse, & qui même en avoit donné des preuves assez convaincantes pour faire impression sur un cœur qu'Aïesha n'eût pas entierement maitrisé. Elle avoit fait tout au monde pour s'en venger. Mahomet ne punit ni l'épouse infidele, ni l'ami trop zélé. Au contraire, il les aima toujours tendrement l'un & l'autre; & lorsqu'avant de mourir il déclara Aïesha Mere des Croyans, s'il ne nomma pas formellement Ali pour lui succéder au Califat, c'est qu'il ne crut pas que le choix des Musulmans pût tomber sur un autre, puisqu'il étoit son plus proche parent, ni qu'on pût transférer cette dignité dans une autre famille sans outrager la mémoire de l'Envoyé de Dieu.

Mais à peine Mahomet eut-il les yeux fermés, qu'Aïesha d'autant plus animée contre Ali qu'elle n'avoit pu le perdre dans l'esprit de son époux, cabala pour l'exclure du Califat, & fut ainsi, la premiere cause des calamités qui affligerent dans la suite les Musulmans.

Abu-Beker monta sur le Trône, & Ali dépouillé de l'héritage du Prophete, fut contraint de le reconnoître. A la mort d'Abu-Beker, Aïesha fit élire Omar; & quand celui-ci cessa de régner, elle ne s'opposa point à l'élévation d'Othman qu'elle n'aimoit pourtant pas, mais que sa haine implacable contre Ali lui préféra, quoiqu'Omar l'eût jugé indigne du trône, à cause de son avarice. Cette élection enflamma de nouveau la rivalité des Alides, des Abassides & des Ommiades: rivalité qui plongea la Nation dans des guerres terribles.

La Mere des Croyans ne présidoit à l'élévation des Califes que pour partager avec eux l'autorité qu'elle mettoit en leurs mains. Le prétexte de la Religion couvroit son ambition que servoient encore ses intrigues galantes. Othman se croyant affermi sur le trône, prétendit gouverner sans les conseils de la veuve de Mahomet. Elle ne lui pardonna point cet affront. Elle forma une nouvelle faction, fit parler le Ciel & son céleste époux, en faveur d'Abdallah-Ebn-Zobéir, avec qui elle entretenoit assez publiquement un commerce scandaleux. Elle n'eut pas de peine à trouver des conspirateurs contre Othman, Prince efféminé qui substituoit les délices de la mollesse à l'austérité des mœurs antiques, confioit le Gouvernement à d'indignes favoris qui n'avoient d'autres titres que celui de complices de ses débauches, prodiguoit les trésors publics à ses parens & à ses flatteurs, au-lieu de les employer aux besoins de l'Etat, & à soulager le mérite indigent. Othman fut poignardé dans son Palais. Mais quelque respect que les Musulmans eussent pour leur Mere, ils ne voulurent point reconnoître son amant pour leur Calife. Honteux d'avoir privé si long-tems Ali d'une dignité où l'appelloit sa naissance, & dont il étoit plus digne que ses prédécesseurs, ils le proclamerent enfin, au grand regret d'Aïesha, qui ne tarda pas à prendre des mesures pour se venger de ce choix qu'elle regardoit comme injurieux. Elle commença par s'associer Zobéir & Thela qui s'étoient attachés à elle, car, quoiqu'elle ne fût plus dans l'âge de plaire, elle avoit encore la fureur d'aimer & d'être aimée. Ses deux amans la servirent avec d'autant plus de zele qu'elle leur persuada qu'avec son secours ils pouvoient espérer de partager la souveraine puissance. Guidés par ses instructions, ils firent leur cour au nouveau Calife, & lui demanderent quelques postes distingués. Ali n'ignoroit pas qu'ils avoient des intelligences secretes avec Aïesha : il soupçonna leur dessein, & ne jugeant pas à propos de leur fournir des moyens de lui nuire, il leur refusa leurs demandes, sous prétexte qu'ayant besoin de leurs conseils, il perdroit trop s'ils s'éloignoient de sa Cour. Ils s'en éloignerent pourtant, & se firent accorder la permission d'aller en pélerinage à la Mecque, où ils étoient attendus impatiemment par l'artificieuse Aïesha qui forma de concert avec eux le plan de la conspiration qui coûta la vie au Calife.

Ce fut dans la Syrie que la révolte commença d'éclater. Thela s'étoit procuré la tunique qu'Othman portoit lorsqu'il fut poignardé. Il la montra au peuple en accusant Ali de cet assassinat, quoiqu'il y eut toute apparence que la veuve du Prophete & Zobéir en fussent les Auteurs. A cette vue le Peuple se souleva, & se faisant une espece de baniere de cette tunique ensanglantée, jura de faire descendre Ali d'un Trône, où on lui persuadoit qu'il n'étoit monté que par un meurtre. Aïesha, Zobéir & Thela ne paroissoient brûler que du désir de défendre la Religion, & venger le sang de l'innocent. Ils oserent inviter, par une proclamation publique, tous les zélés Musulmans à s'engager dans une entreprise si juste & si pieuse ; pour les y attirer plus sûrement, ils offrirent de les défrayer & de fournir à tous leurs besoins. Une multitude de fanatiques vinrent se ranger sous les drapeaux des Ommiades & marcherent avec eux contre Ali. Aïesha se mit elle-même à la tête des troupes, animant leur fanatisme par sa présence & ses discours. On ne peut s'empêcher de gémir sur le sort déplorable des Peuples, vains jouets de la passion de ceux qui les conduisent. Les stupides Musulmans se croyoient armés pour la défense de leur Religion, & pour venger la Majesté du Trône, & ils n'étoient que les vils instrumens de la fureur d'une femme souillée de crimes & de débauches.

Ali, de son côté, rassembla toutes ses forces, & ne négligea rien pour s'opposer aux progrès des conjurés. Bientôt les deux armées furent en présence. Le Calife voulant prévenir l'effusion du sang de ses freres, demanda à négocier plutôt qu'à combattre. Aïesha, toujours fiere & ambitieuse, prit la proposition d'Ali pour une marque de crainte & de lâcheté. Le regardant comme à demi-vaincu, elle aima mieux tenter le sort du combat que d'accepter des conditions qui ne pouvoient pas être aussi avantageuses que la victoire. Alors on vit les deux armées fondre l'une sur l'autre ; & combattre avec un acharnement d'autant plus furieux qu'il étoit l'effet d'un fanatisme aveugle. L'action fut des plus meurtrieres. La victoire après avoir flotté entre les deux partis, se fixa enfin sous les étendarts du Calife. Zobéir & Thela furent tués les armes à la main. Aïesha tomba au pouvoir du vainqueur qui eut la générosité de respecter en elle la veuve du Prophete. Il se contenta de la faire conduire sous une forte escorte à Médine, & de lui recommander d'y vivre plus paisiblement.

Aïesha ne se nourrissoit que d'intrigue & de faction. Du sein de sa retraite elle suscita de nouveaux troubles. Elle souffla son esprit dans l'ame de Moavie, Général de l'armée de Syrie, fameux par ses victoires. Ce guerrier épousant la haine d'Aïesha, marcha contre Ali dont il ambitionnoit la dignité. Elle fit encore révolter Amru, Gouverneur d'Egypte. Moavie se fit proclamer Calife à Damas. Le sang des Musulmans coula de nouveau. Après une guerre cruelle, les deux partis se virent réduits à s'en rapporter à la décision de deux arbitres. De ces deux juges l'un fut corrompu, & l'autre trompé par Aïesha ; en sorte qu'Ali fut déposé, & Moavie jugé légitime Calife. L'arbitre qui avoit été trompé, protesta contre la fraude. Ali ne se crut pas obligé de s'en tenir à une décision si partiale. Pendant que les deux concurrens recommençoient la guerre avec une nouvelle fureur, il se forma une troisieme conjuration dont l'objet étoit de délivrer à la fois l'Empire des trois Tyrans qui déchiroient son sein, Moavie, Amru & Ali. Trois conjurés se chargerent de les poignarder le même jour. Ce triple assassinat leur parut d'autant plus facile à exécuter, que les trois personnes qu'ils devoient immoler, étoient dans des endroits différens. Ils frapperent chacun sa victime au moment dont ils étoient convenus. L'assassin de Moavie lui donna un coup de poignard dans les reins ; mais la blessure ne fut point mortelle. Celui qui devoit percer Amru, se méprit, & croyant lui donner le coup de la mort, il poignarda un Iman. Ali seul fut assassiné ; & Moavie s'empara du Califat. L'histoire ne nous dit point si Aïesha sortit alors de la retraite d'où elle avoit excité de nouvelles tempêtes, ou si elle avoit terminé, avant cette époque, une vie remplie de tant de crimes.

Quelle honte pour la Religion de Mahomet que la Mere des Croyans ait été une femme si méchante ! Mais est-il étonnant que l'enthousiasme aveugle d'une nouvelle secte, capable de consacrer les plus noirs forfaits, ait fermé les yeux sur les galanteries & les intrigues de la veuve du Prophete ? La foiblesse de Mahomet pour une épouse infidele sembloit les y autoriser, & doit être regardée comme la premiere cause de tous les maux que cette femme fit dans la suite aux stupides Musulmans.

Fin du Tome premier.

www.ingramcontent.com/pod-product-compliance
Lightning Source LLC
Chambersburg PA
CBHW071130270326
41929CB00012B/1697

* 9 7 8 2 0 1 2 6 5 6 1 2 3 *